가자,
고전의 숲으로

한길그레이트북스 120권 길라잡이

한길사 편집실 엮음

한길사

가자, 고전의 숲으로
한길그레이트북스 120권 길라잡이

엮은이 · 한길사 편집실
펴낸이 · 김언호
펴낸곳 · (주)도서출판 한길사

등록 · 1976년 12월 24일 제74호
주소 · 413-756 경기도 파주시 교하읍 문발리 520-11
　　　www.hangilsa.co.kr
　　　E-mail: hangilsa@hangilsa.co.kr
전화 · 031-955-2000~3　팩스 · 031-955-2005

상무이사 · 박관순
총괄이사 · 곽명호 | 영업이사 · 이경호 | 경영기획이사 · 김관영
기획편집 · 배경진 서상미 김지희 홍성광
전산 · 김현정 | 마케팅 · 박유진
관리 · 이중환 장비연 문주상 김선희

인쇄 · 현문인쇄 | 제본 · 자현제책

제1판 제1쇄 2008년 5월 10일
개정판 제1쇄 2012년 4월 15일

값 17,000원

ISBN 978-89-356-6421-4 03800

• 잘못 만들어진 책은 구입하신 서점에서 바꿔드립니다.

• 이 도서의 국립중앙도서관 출판시도서목록(CIP)은
e-CIP 홈페이지(http://www.nl.go.kr/cip.php)에서 이용하실 수 있습니다.
(CIP제어번호: CIP2012001270)

"기록된 말은 유물 중에서도 가장 귀중한 유물이다.
고전은 다른 예술품보다 더 우리에게 친밀하면서도 보편적인 것이다.
그것은 인생 자체와 가장 가까운 예술품이며,
어떤 언어로든 번역되어 읽힐 수 있을 뿐만 아니라
생명의 입김으로 조각될 수 있다."
• 헨리 데이비드 소로

"위대한 책은 가끔 문명을 승리로 이끄는 수단이 된다."
• 윈스턴 처칠

"좋은 책은 항상 우리에게 무엇인가를 제공하지만,
자신은 어떠한 것도 우리에게 요구하지 않는다.
또한 우리가 듣고 싶어할 때 말해주고,
피로를 느낄 때 침묵을 지키며,
몇 달이 지나도 우리가 다가오길 참을성 있게 기다린다."
• 폴 카를 프리드리히 에른스트

"책을 읽으면서 나는 지난날의 현인과 대화한다."
• 르네 데카르트

한길그레이트북스를 펴내면서

인간다운 삶을 가능하게 하고, 세상을 아름답게 변화시키는 책의 권능과 미학을 한사코 옹호하는 우리는, 책의 숲이야말로 한 국가사회의 역량을 말해주는 문화 인프라라고 생각합니다. 동서고금의 고전 저술들을 원전에서 번역해내는 한길그레이트북스는 우리 시대의 정신과 사상을 일으켜세우는 인프라의 일환으로 우리의 출판철학 또는 출판관을 반영하는 기획입니다. 그레이트북스는 인문학 출판을 중심작업으로 해오고 있는 한길사의 한 지향입니다.

한길사는 1976년 창립 이후 1990년대 초반까지 200종 가까운 '오늘의 사상신서'를 통해 사회과학적이고 인문과학적인 문제의식을 이 시대의 젊은 독자들과 담론해왔습니다. 1982년부터 1988년까지, 시대에 우뚝 서는 큰 사상가 함석헌 선생의 전집 20권을 펴냈습니다. 젊은 독자들을 위해서 2009년에는 『함석헌저작집』 전30권을 펴냈습니다. 1986년에 시작해 1994년에 동시 출간한 전 27권의 『한국사』는 우리 민족사의 빛나는 전개과정을 새로운 문제의식으로 기획한 것이었습니다. 2002년에는 『송건호전집』 전20권을 펴냈습니다. 2006년에는 『리영희전집』 전12권과 『이병주전집』 전30권을 펴냈습니다. 우리 현대사가 창출해낸 빛나는 정신과 사상과 예술혼을 책으로 담아내는 기획들입니다. 한길사는 이밖에도 일련의 인문학 기획을 진행하고 있습니다.

한길그레이트북스는 1970년대와 1980년대의 민주운동·민족운동의 격동기를 거쳐 1990년대의 시대 전환기를 맞으면서 보다 보편적인 인문주의·인문정신을 구현하기 위한 출판 인프라 구축운동의 일환입니다.

한국의 지식사회는 저 70, 80년대에 우리 민족공동체와 국가사회의 현실을
성찰하고 그 현실을 개혁하는 운동을 펼쳤습니다. 정치·사회의 민주화문제,
민족분단과 민족통일문제라는 당면한 과제들을 70년대와 80년대에 우리는
온몸으로 만나야 했습니다.

80년대의 이 혁명적인 민주화운동기를 거친 90년대에 우리 국가사회는
세계화시대로 급속히 진입하게 되었고, 우리의 책운동과 출판문화는 좀더
세계적인 차원에서 문제의식과 자세를 가다듬어야 했습니다.

한길그레이트북스는 바로 이런 차원에서 모색된 책의 지향, 책의 세계입니다.
새로운 시대상황은 새로운 책의 존재를 가능하게 할 뿐만 아니라 그 시대상황에
상응하는 출판문화를 요구하기 때문입니다. 한길그레이트북스는 새롭게
전변하는 이 국가사회에 대한 출판사·출판인으로서의 대응이었습니다.

한길그레이트북스와 같은 기획이란 실은 출판인·출판사에 당연하게
주어지는 과제입니다. 시대를 뛰어넘어 감동을 주고 영향을 미치는 고전적 저작
또는 당대의 명저를 집대성하는 출판작업이란 직업출판인들에겐 축제와도 같은
일입니다. 그레이트북스를 통해 인류문명사에 빛나는 고전과 당대의 뛰어난
지적 업적을 일관되게 펴내는 일을 하게 되어 우리는 행복합니다.

한 권의 책 또는 하나의 기획출판이란 어느 날 하루아침에 이루어지는 것이
아니라는 사실도 또다시 확인하게 됩니다. 우리는 90년대 초반부터
한길그레이트북스를 구상했고, 그 첫 권인 앨프레드 노스 화이트헤드의
『관념의 모험』(오영환 옮김)을 출간한 것이 1996년이었습니다. 그 100권째인
아서 단토의 『일상적인 것의 변용』(김혜련 옮김)을 2008년에 출간했습니다.
전 100권을 펴내는 데는 준비기간까지 합쳐서 15년여가 걸린 듯합니다.
그리고 2012년 2월에 119권으로 페르낭 브로델의 『지중해의 기억』을,
120권으로 폴 리쾨르의 『해석의 갈등』을 출간했습니다.

늘 같은 경험을 합니다만, 한 권의 책을 제대로 다듬어서 세상의 독자들에게
건네기까지는 참으로 많은 인고의 세월이 소요됩니다. 어떤 타이틀은 10여 년이
걸렸습니다. 어떤 타이틀은 오래전부터 번역이 의뢰되었지만 아직도 출간해내지
못하고 있습니다. 역자를 정하고, 번역을 의뢰하고, 교열작업을 하는 데 몇 년씩
걸립니다. 고전이기 때문에 당연하다 할 것입니다. 한 권의 고전이란 경외로운

존재이며, 그 세계란 위대하기 때문입니다. 고전 저작들을 만들면서 우리는 출판의 정신, 출판의 길이 어떤 것이라는 사실을 학습하고 있습니다.

한길그레이트북스를 기획하고 출판하면서 우리는 독자들의 존재를 새삼 인식하게 됩니다. 책을 쓴 위대한 사상가·이론가들과 이 책들을 번역한 역자들의 존재가 존귀하지만, 이 책들을 읽는 독자들이 우리를 감동시킵니다. 한 시대의 출판문화란 저자·출판인·독자가 더불어 창출해낸다는 출판문화의 수평적 연대를 한길그레이트북스를 만들면서 다시 확인하는 것입니다. 고급한 책읽기를 일상으로 하고 있는 한길그레이트북스의 독자들에게 우리는 헌사를 바칩니다.

한길그레이트북스는 계속되는 기획입니다. 처음부터 타이틀이 규정되어 있지 않습니다. 때로는 역자가 여의치 않아 진행이 늦어지고 있는 타이틀도 많습니다. 새로운 전공자를 만나 또 다른 타이틀로 토론할 것입니다. 작업이 계속 진행되면서 한길그레이트북스의 구성은 더 반듯해질 것입니다. 이미 번역 출간된 책들을 보완하는 작업도 계속 해나갈 것입니다.

고전에서 다시 출발하자는 생각을 합니다. 고전이란 오늘에 살아 있는 사상적·정신적 역량입니다. 창조적 상상력이란 고전적 저작을 만남으로써 가능합니다.

한길그레이트북스를 계속 출판해내면서 우리의 인문정신·인문사상을 도모해내는 일련의 연대를 해보고 싶습니다. 고전이란 참으로 아름다운 학교일 터이고, 책 읽는 일이란 결코 양보할 수 없는 우리 모두의 정신과 사상의 축제입니다. 책 쓰고 책 만들고 책 읽는 세 행위, 저자·출판인·독자라는 세 주체의 의미를 되새겨봅니다.

2012년 3월
한길사 대표
김언호

가자, 고전의 숲으로
한길그레이트북스 120권 길라잡이

한길그레이트북스를 펴내면서 | 김언호   *005*

문명의 집―오늘날 동서양 고전의 의미 | 김우창   *013*
우리시대의 '고전'을 찾아서 | 이광주   *027*
왜 고전을 읽어야 하는가 | 송재소   *033*

1 한길그레이트북스 제1권~제10권

1 관념의 모험   앨프레드 노스 화이트헤드 | 오영환   *040*
2 종교형태론   미르치아 엘리아데 | 이은봉   *046*
3 4 5 6 인도철학사   라다크리슈난 | 이거룡   *052*
7 야생의 사고   클로드 레비-스트로스 | 안정남   *058*
8 성서의 구조인류학   에드먼드 리치 | 신인철   *064*
9 문명화과정 1   노르베르트 엘리아스 | 박미애   *070*
10 역사를 위한 변명   마르크 블로크 | 고봉만   *076*

2 한길그레이트북스 제11권~제21권

11 인간의 조건   한나 아렌트 | 이진우 · 태정호   *084*
12 혁명의 시대   에릭 홉스봄 | 정도영 · 차명수   *090*
13 자본의 시대   에릭 홉스봄 | 정도영   *096*
14 제국의 시대   에릭 홉스봄 | 김동택   *102*
15 16 17 경세유표   정약용 | 이익성   *108*
18 바가바드 기타   함석헌 주석   *114*
19 시간의식   에드문트 후설 | 이종훈   *120*
20 21 우파니샤드   이재숙   *126*

3

한길그레이트북스 제22권~제30권

22 현대정치의 사상과 행동 마루야마 마사오 | 김석근   *134*

23 인간현상 테야르 드 샤르댕 | 양명수   *140*

24 25 미국의 민주주의 알렉시스 드 토크빌 | 임효선·박지동   *146*

26 유럽학문의 위기와 선험적 현상학 에드문트 후설 | 이종훈   *152*

27 28 29 삼국사기·원본 삼국사기 김부식 | 이강래   *158*

30 성과 속 미르치아 엘리아데 | 이은봉   *164*

4

한길그레이트북스 제31권~제40권

31 슬픈 열대 클로드 레비-스트로스 | 박옥줄   *172*

32 증여론 마르셀 모스 | 이상률   *178*

33 부정변증법 테오도르 아도르노 | 홍승용   *184*

34 문명화과정 2 노르베르트 엘리아스 | 박미애   *190*

35 불안의 개념 쇠렌 키르케고르 | 임규정   *196*

36 마누법전 이재숙·이광수   *202*

37 사회주의의 전제와 사민당의 과제 에두아르트 베른슈타인 | 강신준   *208*

38 의미의 논리 질 들뢰즈 | 이정우   *214*

39 성호사설 이익 | 최석기   *220*

40 종교적 경험의 다양성 윌리엄 제임스 | 김재영   *226*

5

한길그레이트북스 제41권~제50권

41 명이대방록 황종희 | 김덕균   *234*

42 소피스테스 플라톤 | 김태경   *240*

43 정치가 플라톤 | 김태경   *246*

44 지식과 사회의 상 데이비드 블루어 | 김경만   *252*

45 비평의 해부 노스럽 프라이 | 임철규   *258*

46 인간적 자유의 본질·철학과 종교 프리드리히 W.J. 셸링 | 최신한   *264*

47 무한자와 우주와 세계·원인과 원리와 일자 조르다노 브루노 | 강영계   *270*

48 후기 마르크스주의 프레드릭 제임슨 | 김유동   *276*

49 50 봉건사회 마르크 블로크 | 한정숙   *282*

6 한길그레이트북스 제51권~제60권

51 칸트와 형이상학의 문제 마르틴 하이데거 l 이선일	*290*
52 남명집 조식 l 경상대 남명학연구소	*296*
53 낭만적 거짓과 소설적 진실 르네 지라르 l 김치수·송의경	*302*
54 55 한비자 한비 l 이운구	*308*
56 궁정사회 노르베르트 엘리아스 l 박여성	*314*
57 에밀 장 자크 루소 l 김중현	*320*
58 이탈리아 르네상스의 문화 야코프 부르크하르트 l 이기숙	*326*
59 60 분서 이지 l 김혜경	*332*

7 한길그레이트북스 제61권~제69권

61 혁명론 한나 아렌트 l 홍원표	*340*
62 표해록 최부 l 서인범·주성지	*346*
63 64 정신현상학 G.W.F. 헤겔 l 임석진	*352*
65 66 이정표 마르틴 하이데거 l 신상희·이선일	*358*
67 왕필의 노자주 왕필 l 임채우	*364*
68 신화학 1 클로드 레비-스트로스 l 임봉길	*370*
69 유랑시인 타라스 셰브첸코 l 한정숙	*376*

8 한길그레이트북스 제70권~제80권

70 중국고대사상사론 리쩌허우 l 정병석	*384*
71 중국근대사상사론 리쩌허우 l 임춘성	*390*
72 중국현대사상사론 리쩌허우 l 김형종	*396*
73 자유주의적 평등 로널드 드워킨 l 염수균	*402*
74 75 76 춘추좌전 좌구명 l 신동준	*408*
77 종교의 본질에 대하여 루트비히 포이어바흐 l 강대석	*414*
78 삼국유사 일연 l 이가원·허경진	*420*
79 80 순자 순자 l 이운구	*426*

9 한길그레이트북스 제81권~제90권

81 예루살렘의 아이히만 한나 아렌트 | 김선욱   434
82 기독교 신앙 프리드리히 슐라이어마허 | 최신한   440
83 84 전체주의의 기원 한나 아렌트 | 이진우·박미애   446
85 소피스트적 논박 아리스토텔레스 | 김재홍   452
86 87 사회체계이론 니클라스 루만 | 박여성   458
88 헤겔의 체계 1 비토리오 회슬레 | 권대중   464
89 속분서 이지 | 김혜경   470
90 죽음에 이르는 병 쇠렌 키르케고르 | 임규정   476

10 한길그레이트북스 제91권~제100권

91 고독한 산책자의 몽상 장 자크 루소 | 김중현   484
92 학문과 예술에 대하여·산에서 쓴 편지 장 자크 루소 | 김중현   490
93 사모아의 청소년 마거릿 미드 | 박자영   496
94 자본주의와 현대사회이론 앤서니 기든스 | 박노영·임영일   502
95 인간과 자연 조지 마시 | 홍금수   508
96 법철학 G.W.F. 헤겔 | 임석진   514
97 문명과 질병 헨리 지거리스트 | 황상익   520
98 기독교의 본질 루트비히 포이어바흐 | 강대석   526
99 신화학 2 클로드 레비-스트로스 | 임봉길   532
100 일상적인 것의 변용 아서 단토 | 김혜련   538

11 한길그레이트북스 제101권~제112권

101 독일비애극의 원천 발터 벤야민 | 최성만·김유동   546
102 103 104 순수현상학과 현상학적 철학의 이념들 에드문트 후설 | 이종훈   552
105 106 수사고신록 수사고신여록 최술 | 이재하 외   558
107 국가권력의 이념사 프리드리히 마이네케 | 이광주   564
108 법과 권리 로널드 드워킨 | 염수균   570
109 110 111 112 고야 훗타 요시에 | 김석희   576

12 한길그레이트북스 제113권~120권

113 왕양명실기　박은식｜이종란	584
114 신화와 현실　미르치아 엘리아데｜이은봉	590
115 사회변동과 사회학　레이몽 부동｜민문홍	596
116 자본주의·사회주의·민주주의　조지프 슘페터｜변상진	602
117 공화국의 위기　한나 아렌트｜김선욱	608
118 차라투스트라는 이렇게 말했다　프리드리히 니체｜강대석	614
119 지중해의 기억　페르낭 브로델｜강주헌	620
120 해석의 갈등　폴 리쾨르｜양명수	626

문명의 집―오늘날 동서양 고전의 의미

김우창 고려대 명예교수

1

 오늘날 서양문명은 세계의 지배적인 문명이 되어 있다. 거기에 중요한 역할을 한 것은 군사력과 물질 생산능력이다. 그러나 이것을 인정하지 않으려는 경향이 있지만, 문화가 여기에 큰 요인의 하나로 작용한 것은 부정할 수 없다. 이때 문화는 우선적으로 17세기 이후 과학기술문명의 문화를 의미할 것이다. 그러나 근원을 찾아 올라가면, 이것은 고대 희랍의 인문주의 문화로 소급할 수 있다. 서양문명의 다른 정신적 근원의 하나로 유대교와 기독교의 유산 또는 헤브라이즘을 말하기도 하지만, 적어도 희랍적인 전통이 그에 필적하는 발원지임은 틀림없다. 놀라운 것은 이 고전적 유산의 지속성이다. 20세기 중반까지만 해도 서양의 교과과정에는 희랍 라틴어가 중요한 부분을 차지하고 있었다. 물론 그것은 단순히 언어 습득에 그치는 것이 아니라 고전적 전통을 자기 것으로 하려는 목표에 따른 것이었다. 고전 시대 이후에도 여러 저작들이 여기에 계속 첨가되었지만, 여러 의미에서 이러한 저작들은 일단은 고전적 전통을 딛고 진행된 새로운 출발이었다고 할 수 있다.
 서양의 고전적 전통이 어떤 것이었는가를 한마디로 농단할 수 없는 것임은 말할 것도 없다. 그러나 그것을 관류하고 있는 어떤 특징을 희랍의 건축에 대한 인상으로 시사해보는 것도 비유적인 속기술일 수 있지 않을까 한다. 서양문명의 세계적인 전파에 크게 작용한 것 가운데 하나가 건축 유산이다. 오늘날 서양의 문화 또는 문명 패권을 가장 쉽게 시각적으로 보여주고 있는 것이 세계 어디서나 볼 수 있는 서양식 건축물이다. 거기에는 그럴 만한 이유가 있다. 여기서는 그 인상을 간단히 말하여, 문화와 문명이 존재하는 방식의 한 예시로 삼아보고자 한다.

2

　유럽을 여행해보면, 오래된 건축물들이 아직도 옛날의 장대한 모습을 지니고 서 있는 것을 볼 수 있다. 이러한 건물들을 보는 사람은 절로 그 강대함과 지구성(持久性)에 압도된다. 그리고 그러한 건축물을 산출한 문명에 대하여 감탄한다. 역사의 모든 시대가 거대한 건물들을 남겼지만, 아직도 현대와의 연속성을 느끼게 하는 것은, 적어도 유럽 문명의 테두리 안에서는, 고대 희랍의 건축물이다. 그것은 단순히 그 거대함 또는 그 기괴함으로 사람을 놀라게 하는 호기심의 대상이 아니라 아직도 이어지고 있는 정신적 표현의 일부라는 느낌을 준다.
　희랍에서도 쉽게 가까이 갈 수 있고, 또 사람들이 자주 찾는 유적지는 아테네 시내의 아크로폴리스다. 고대의 성채(城砦) 도시였던 아크로폴리스의 대표적인 건물이 파르테논 신전이다. 눈에 띄는 것은 세월의 풍화에도 불구하고 반듯하게 다듬어놓은 옛 모습의 골격을 유지하고 있는 거대한 돌기둥과 들보들인데, 그 위로 다른 유적들에서 볼 수 있는 삼각형의 지붕과 그 아래 있었을 조각 장식들을 상상해낼 수 있다.
　높은 돌기둥이 떠받들어 올리는 건물들은 중동지방의 역사 유적에서도 볼 수 있지만, 이러한 건조물들과 다르게 파르테논이 느끼게 하는 것은 거대함과 육중함만이 아니라 가벼움이다. 축조물들이 어떤 정신의 가벼움을 연상시키는 것이다. 그 원인 가운데 하나는 기하학적 균형에 있다. 기둥이나 들보나 지붕이 똑바로 보이는 것은 면밀하게 계산된 착시현상이라는 설명도 있지만, 이 모든 것이 반듯한 느낌을 주는 것임은 틀림이 없다. 또 중요한 것은 기둥 사이의 간격이다. 기둥들은 너무 밀집하지도 원격하지도 않은, 적절한 간격을 유지하면서 배열되어 있다. 보는 사람은 기둥들 사이의 간격에서 시원한 느낌을 받는다. 어쩌면 지붕이 없어져서 기둥들 사이로 공기와 하늘이 더 잘 보이고 그것이 전체적인 공간감을 높이는 것인지도 모른다. 그러나 폐허가 되기 이전에도, 파르테논의 심미적 핵심이 좋은 석재와 기하학과 공간의 조화에 있었을 것이라는 것은 쉽게 추측할 수 있는 일이다. 다만 많은 부분이 무너져 내린 지금에 와서 파르테논의 공간은 단순히 기하학이 대표하는 추상 공간이 아니라 맑은 하늘이 나타내고 있는 질적인 깊이의 공간—하늘과 공기를 느끼게 하는 공간이 되어 있다. 그러나 되풀이하건대, 이것은 원래 들어 있던 요소가 전경에 노출된 결과일 것이다.

오래전에 내가 간단히 돌아본 희랍의 유적에서 이 질적인 공간을 더욱 강하게 느낄 수 있었던 곳은, 아테네에서 얼마 떨어져 있지 않은, 에게 해에 면해 있는 수니온 갑(岬)의 해신(海神)인 포세이돈의 신전이었다. 이 신전은 파르테논 보다도 더욱 폐허가 되어 있었다. 기둥들은 하나의 신전을 사각으로 포위하지 못하고 중간중간 끊기어 있다. 그러나 이 기둥들은 파르테논의 기둥보다 더 장대하고, 기둥이 없어진 사이의 빈자리 때문인지, 기둥과 공간의 어울림이 더욱 밝은 조화를 이룬다.

여기의 공간감은 이 신전의 위치와도 관계가 있다. 주변은 널려 있는 석재들 외에는 밋밋한 평지이고, 평지는 곧바로 푸른 바다로 이어진다. 늘 일기가 그러한지는 알 수 없었지만, 내가 간 날은 바다에서 불어오는 바람이 몹시 거세었다. 푸른 하늘과 바다 그리고 이것을 하나로 느끼게 하는 수니온의 작은 반도는 해신을 모시는 신전을 세우는 데 가장 적절한 장소 같았다. 희랍 사람들은 2500여 년 전에 조금 황량한 그러나 자연의 힘이 현존함을 강하게 느끼게 하는 이곳에 흰 돌기둥의 거대한 신전을 세운 것이다. 포세이돈은 인간이 섬겨야 하는 두려운 힘을 가진 신이었다. 신전을 통해서 포세이돈은 인간의 소망을 조금은 참고하는 신이 된 것이다.

파르테논이나 포세이돈 신전에서 볼 수 있는 특징들은 단순히 건축물에만 한정된 것이 아니고 전체적으로 희랍 문명의 본질을 드러내는 것으로도 생각할 수 있다. 이미 이야기한바, 그 기하학은 단적으로 유클리드의 기하학으로 이어지지만, 그것과 아울러 장대한 구성력, 그 가벼움 그리고 그 배경의 깊이 등은 플라톤의 대화편이나 아리스토텔레스의 체계에 들어 있는 논리적 참구의 끈질김 또는 소크라테스적인 탐구와 아이러니를 상기시킨다. 이러한 인간적인 노력은 인간의 이성과 건축적 노력의 위대함을 증거하면서, 그러한 노력을 초월하는 자연과의 투쟁 관계—희랍식으로 말해 아곤(agon)의 관계를 암시한다. 고대 희랍 문학의 최고봉이 인간적 삶이 나타내는 오만한 영웅들의 이야기와 함께, 자연의 필연과 운명 앞에 그 오만이 패배하는 사연을 표현하는 비극인 것은 우연이 아니다.

3

희랍의 신전들은 지금 폐허가 되어 있다. 그리고 그 사실은 이미 그러한 것을 암시적으로 포용하고 있었다고 할 수도 있다. 고전 시대 이후 희랍은 정치적으로 문화적으로 패권을 잃어버리게 된다. 그러나 그 뒤에도 유럽 문화에 희랍이 핵심적인 역할을 하게 되는 것은 새삼스럽게 말할 필요도 없다. 희랍건축도 르네상스와 18세기 낭만주의 시대에 재발견되어 유럽 건축의 중요한 영향의 원천으로 작용한다. 물론 이러한 재발견이 아니더라도 건축사에서 이야기하듯이 희랍의 건축은 이전 유럽 건축의 발전을 위한 시각적인 영감의 가장 중요한 근원이 된다. 그러나 역사적으로 되풀이되는 재발견은 새삼스러운 회고를 통하여 유럽 문명을 하나의 테두리로 묶고, 그 진로에 일정한 방향을 주는 데에 기여했다.

이러한 관점에서 다시 한 번, 일반론의 어리석음을 무릅쓰고, 희랍적 건축물의 특징 가운데 몇 가지를 살펴볼 가치가 있다. 그 시작은 희랍보다는 아시아나 이집트에 있다고 할 수 있지만, 서양 건축의 큰 특징은, 극히 거칠게 말하여, 그 재료가 주로 석재라는 것과 규모가 거대하다는 데에 있다. 그것이 희랍건축뿐만 아니라 고딕이나 로마네스크 건축들에 시대를 초월하는 모뉴멘털리티(monumentality)를 부여한다. 이것은 물론 시각적인 강한 인상 이외에 여러 의미를 갖는다. 이 거대함은 건물을 쉽게 공적인 성격—모든 사람의 눈에 강하게 비쳐오는 공적인 성격—을 갖는 상징물이 되게 한다. 물론 이 공적 성격은 강력한 전체 권력의 상징일 수도 있지만, 희랍의 경우에는 대체로 민주적으로 구성된 공권력의 상징이면서 그것을 초월하는 권위를 나타낸다고 할 수 있다. 어떤 경우에나 신전은 보는 사람들의 관점에서, 그것이 위치해 있는 공간 전체를 하나의 공공 기념비로 구성한다. 재료로 쓰인 석재의 지속성은 세대의 연면성(連綿性)을 시사한다. 공공성은 한 세대에 한정된 것이 아니다. 또 기념비라는 관점에서 이 석재는 건축물로 하여금 그 자체로 눈에 띄는 조각의 성격을 가지게 하고 또 조각에 의하여 장식될 수 있게 한다. 기둥의 밑받침이나

돌림띠 또는 이오니아식 또는 도리아식 등으로 부르는 장식들은 이러한 건물들의 공적 상징으로서 지니는 성격을 강화하면서 동시에 단순히 권력의 육중함이 아니라 아름다움의 가벼움을 부여한다. 그러면서도 이 장식들은 구조물의 유기적 일체성을 벗어나지 않는다. 이것은 따로 존재하는 무거움을 감추는 것이 아니라 이것의 일부이다.

건물의 크기는 시각적인 대상으로서만 공적인 성격을 가진 것이 아니라, 그 용도에서도 그러했다고 할 수 있다. 희랍의 신전이 반드시 사람들이 그 안에 모여서 그곳에 안치된 신을 섬길 수 있는 장소가 되었는지는 불분명하다. 그러나 로마의 많은 건축물 또는 중세의 사원 등은 공중이 모일 수 있는 정도의 실내 공간을 내장하고 있었다. 많은 사람이 모일 수 있는 실내는 공공 집단으로 구성되는 다수의 느낌을 만들어내는 데 도움을 주었을 것이다(이러한 것이 단순히 물리적인 현상이 아니라 사회 전체에 대한 이해에 차이를 가져올 것이라는 것은, 사람들이 외부에서 볼 수 없는 사적 공간의 실내에서 담화를 교환하는 경우와 비교해보면 짐작할 수 있다). 다시 공적 성격의 건물은 광장으로, 계획된 도시로 이어진다. 또 우리는 유기적인 일체성으로서의 '폴리스'(polis, 국가)도 여기에 이어서 존재하는 것으로 말할 수 있다.

이렇게 보면, 사회가 하나의 덩어리로 생각하는 것은 단순히 추상적인 것이 아니고 건물과 그 주변과 계획된 공간의 물리적인 현실과 물리적인 공간 그 안에서의 사회 교류──이러한 모든 것이 자연스럽게 하나로 이어지는 것을 생각하는 것이다. 고장이나 나라도 그렇지만, 어떤 문명권──오이쿠메네, 기독교권, 서구문명권 등의 생각도 이 연장선상에서 생각해볼 수 있다. 물론 문명권이라는 것을 구체적인 구조물의 공간 연장에서 생각하는 것은 지나친 비유의 확대일지 모른다. 그러나 적어도 문명이 어떤 일관된 구조물의 성격을 가지고 있다고 생각하는 것은 그리 드문 일이 아니다. 이 구조물을 지탱하고 있는 것은, 어떤 이론가들에 따르면, 플라톤과 소포클레스에서 칸트나 하이데거 또는 셰익스피어나 톨스토이에 이르는 서양의 사상가·문필가이다. 유럽 연합에 터키의 가입문제가 일어날 때, 문명의 역사의 차이 문제가 대두되지만, 그럴 때, 서구 세계가 일정한 정신적 유산에 의하여 뒷받침하고 있는 구조물이라는 생각이 거기에 들어 있다고 할 수 있다. 건축물은 이러한 정신적 유산의 제유(提喩, synecdoche)다.

4

그런데 이렇게 서양문명을 하나로 뭉뚱그려 단일성과 연속성을 강조하고 보면, 그것의 다양성과 단층적인 측면에 대해서도 주의할 필요가 있다. 위에서 잠깐 여행기로 소묘해본 희랍의 신전들은 이미 말한 바와 같이, 폐허로 돌아갔다. 이것이 다음 시대 여러 지역의 건축물에 영향을 미쳤다고 하더라도 그것은 그 자체로 계승 모방된 것이 아니다. 로마인들은 그들이 정복한 희랍의 문명을 높이 생각하고 그로부터 배웠지만, 원래는 그들 고유의 건축 스타일을 가지고 있었고, 그것을 발전시켰다. 중세 유럽의 고딕 건축이나 그 후의 고전주의 건축 등도 나름의 양식을 가진 것으로서, 외부의 눈으로 볼 때 아마 공통된 특징은 그 거대함, 석재, 전체적인 구조 속에 편입된 조각들, 거대 건축물들의 공적 성격 등 정도일 것이다. 그럼에도 불구하고 서양의 건축사가 그 역사를 하나의 일관된 궤적을 그린 것으로 생각하는 것을 틀렸다고 할 수는 없다.

시대적으로 크게 차이가 있는 것으로 보이지 않는, 앞에서 말한 파르테논과 포세이돈 신전이 비슷한 양식을 가진 것은 당연하다. 건축 디자인과 건축공들을 공유했을 가능성이 크다. 또는 한 건축물을 세운 사람들이 다른 건축을 모방했다고 할 수도 있다. 그러나 모방만으로 이러한 건축물들이 참으로 볼만한 것이 될 수는 없다. 모방도 성공하려면, 서로 상통하는 정신이 있지 않으면 아니 된다. 두 건축물이 비슷한 것만이 아니고 달라진 지형과 기능에 완전히 어울린다는 것은 바로 거기에 정신이 움직이고 있었다는 것을 말한다. 하나의 스타일 속에 움직이면서 스스로 새로운 상황 속에서 재창조할 수 있는 힘이 정신이다. 비슷한 정신의 움직임은 유럽의 공공 건축이 달라지면서도 하나의 건축 발전의 연속선을 그리는 경우에도 볼 수 있다.

이때 정신은 충분히 포괄적인 것이어야 한다. 편협한 개념들에 사로잡힌 것이 아니라 세계에 최대로 열린 것일 때, 포용과 전승 그리고 변주가 가능하다. 이 정신의 사고능력은 가능성을 가장 널리 조감할 수 있어야 한다. 그렇다는 것은 그것을 넘어, 사고의 가장자리에 맞닿아 있고 그 너머 사고할 수 없는 어떤 것에 이름을 말한다. 이 사고를 넘어가는 것은 대상 세계이기도 하고 존재의 열림 자체이기도 한다. 달리 말하면, 사고 자체를 부정하는 것이기도 하고 사고를 새로 시작하게 하는 사고의 바탕이기도 하다. 다시 건축물의 비유를 빌려, 사람이 짓는 집은 사람이 세계에 존재하는 방식을 집약적으로 표현한다. 희랍의 신전은, 위에서 시사한 바와 같이, 석재와 기하학과 공간의 조화로 이루어진다. 이 조화를 만들어내는 것은 사람의 구조적 활동의 결과이다. 그러나 석재는 풍화하고 공간은 지형과 더불어 바뀌고, 새로이 이룩되는 구조물에 형상화되는 기하학은 늘 새로 발견되어야 한다. 궁극적으로 물질과 공간과 기하학은 사람의 정신에 포착되는 것 같으면서도 그 너머에 있는 신비한 타자로 남는다. 사람 안에 움직이는 정신도 사람이 완전히 포착할 수 있는 것이라고는 할 수 없다. 사람이 지은 건축물, 도시 또는 도구에서, 그 언어 구조물에서, 움직임의 편린을 살필 수 있을 뿐이다.

  이러한 건조물에 비슷하면서 좀더 일관되고 유연한 것이 언어의 구조물이다. 그 가운데 가장 포괄적인 정신—스스로의 넓이에서 또 스스로 안에 포용한 다양한 사물의 현존재 그리고 그것들에 일관되어 있는 존재의 깊이—이러한 특징에서 가장 포괄적인 정신을 느끼게 하는 것이 사람들이 고전이라고 부르는 저작들이다. 그렇다고 이러한 고전들이 역사와 사회의 변화에도 불구하고 저만치 따로 존재한다는 것은 아니다. 그것들도 사람들의 눈앞에 있는 구조물로서 존재한다. 그것은 풍화하고 무너지고 폐허가 된다. 그러면서도 지속하는 인간의 정신을 나타내고 그것이 뿌리해 있는 세계—우리가 쉽게 파악할 수 없는 하나의 세계를 시사한다.

5

  19세기 말부터 20세기 초반까지 서양의 지식인들 사이에는 서양문명이 종말에 이르렀다는 생각을 가진 사람들이 적지 않았다. 그 느낌을 대표적으로 표현한 것이 1918년의 슈펭글러(Oswald Spengler)의 『서양의 몰락』이다. 당대의 사람들이 느끼던 사회나 문명의 붕괴감을 예이츠(W.B. Yeats)는 「제이의 강림」에서 예언자의 목소리로 다음과 같이 표현했다.

점점 커져가는 나선의 원추를 맴돌며
매는 매 주인의 소리를 듣지 못한다
사물은 조각나 무너져 내리고, 중심이 버티지 못한다
혼동만이 세상에 풀려나고,
피에 물든 조수가 범람한다
도처에 순박함의 의례는 익사하고
착한 사람들은 자신이 없고,
나쁜 자들은 뜨거운 정열에 차 있다

이 시는 1919년에 아일랜드 내의 정치적 상황과 관련하여 씌어진 것이지만, 예이츠는 1930년대 말 나치즘의 대두와 더불어 불안해지는 유럽의 정세에도 이 시가 적용될 수 있다고 생각했다. 문명의 붕괴에 대한 우려는 1943년에 출간된 헤세(Hermann Hesse)의 『유리알 놀이』에 실려 있는 「어느 옛 철학자를 읽으며」라는 시에도 표현되어 있다.

이 고매한 사상은 어제까지 우리의 마음을 사로잡았었다
우리는 가장 귀한 포도주를 맛보듯 이 사상을 감식하였다
그러나 이제 포도주는 시어지고, 의미는 새어나갔다

음자리표, 올림표 지워버린 악보의 가락처럼
집에서 중력의 중심이 없어지면,
집은 흔들거리다 결국 무너져 내리고
의미는 땅에 지고, 화음은 없고 잡음만 남는다

이와 같이 그는 오래된 지혜가 사라지고 모든 귀중했던 의미들이 시들어 죽는 것을 말했다. 그러면서 같은 시의 끝에서 그는 전환과 몰락에도 불구하고 살아남는 진리가 있음을 선언했다.

이 끝없는 죽음의 골짜기 위로

> 썩지 않고 정진하는 사람의 정신이 있어,
> 온힘을 다하여 등대에 불을 올리고,
> 죽음에 맞서 불멸을 그리워하고 승리하나니

헤세는 서양문명에 실망하는 대신, 인도 사상에 매료되었다. 그에게 중요한 것은 물질문명이 종말을 고해도, 인도의 종교적 고전들에 전해지는 바와 같은 정신의 진리 세계는 그대로 엄존한다고 생각했다.

사람이 의지할 수 있는 진리가 있다고 믿고자 하는 사람들에게 이것은 위로가 되는 말일 수 있다. 그러나 이 마지막 부분은 앞에서 말한 것에 모순된다고 볼 수 있다. 정신의 진리는 앞에서 말한 타당성을 상실한 노 철학자의 진리와 어떻게 다른가. 이것은 자기의 진리이기 때문에 다른 사람의 진리와 다른 타당성을 가졌다는 것일까. 어쩌면 헤세가 확인하고 싶은 것은 하나의 철학적 진리는 사라져도 또 하나의 다른 진리가 태어나게 마련이고, 그러한 의미에서 진리는 영원히 존재한다는 사실이었는지 모른다. 그럼에도 다시 한 번 물어볼 수 있는 것은, 이러한 진리가 예이츠가 말한 못된 사람들이 가진 확신 또는 광신과 어떻게 다른 것인가 하는 물음이다. 아마 갱신되는 진리의 특징은 단순한 긍정이 아니라 죽음의 골짜기에서 투쟁을 통해 태어난다는 사실이라고 할 수 있다. 그러니 만큼 그것은 더 포괄적이고 더 능동적인 것이라 할 수 있다. 그는 같은 책에 실려 있는 또 하나의 시에서 그러한 깊은 진리는 "무한과 삶의 폭풍우를 감싸고/ 드높은 성스러움의 마음과 시대를" 새롭게 하는 "신비의 문자들"로 표현된다고 말한다.

그러나 이러한 신비의 진리가 어찌 되었든, 헤세가 말하고 있는 것에 대해 예이츠에게 중요한 것은 어떤 진리보다도 "순박함의 예절"이라는 것에 주목할 수 있다. 그의 생각은 진리보다도 생활의 여러 규범과—또는 부르디외가 잘 쓰는 말로 하비투스(habitus) 또는 관습의 쇠퇴를 우려한 것이다. 이것을 원만하게 유지해주는 것이 예이츠에게는 여러 가지의 전통적 예절과 의식이었다. 헤세의 진리가 하나의 고정된 공식으로서의 진리를 말하는 것은 아니라 하더라도 그것은 현실의 삶 속에 구현된 진리는 아니라고 할 수 있다. 그것은 멀리 있는 진리로서 삶의 구조물, 문명의 집을 이루고 있는 것이 아니다.

정신은 어딘가에 남아도 그것이 현실의 삶 속에 구현되지 않는 한, 문명의 집은 이미 흔들리다가 무너져 폐허로 돌아가게 마련이다.

6

이러한 서양문명의 몰락에 대한 예언에도 불구하고, 적어도 외면적으로는 서양문명이 종말에 이르렀다고 할 수는 없다. 아직도 그것이 세계의 지배적인 문명의 지위를 누리고 있는 것은 부인할 수 없다. 그러나 그것이 중심을 잃고 무너져 내리고 있다는 느낌이 강하게 드는 것도 사실이다. 외부적으로 일어난 사건만 보아도 제1·2차 세계대전과 전체주의 정치체제의 대두 등으로 특징지워지는 서양문명은 쇠퇴기를 맞이한 것으로 보일 수 있었다. 제2차 세계대전 후에는 서양문명이 건설해놓은 거대한 제국들도 붕괴하기 시작했고, 서양의 제국주의와 폐건주의의 희생물이었던 민족들이 새로운 국가를 설립하고, 서양문명이 인간의 보편적 가능성을 참칭하고 제국주의와 식민주의의 위장술에 봉사했다는 비판들이 나왔다.

서양문명의 퇴조는 서양의 내적 비판에도 자주 등장한다. 시카고 대학의 앨런 블룸(Allan Bloom)은 저서 『닫힌 서구정신』(*The Closing of the Western Mind*, 1987)에서, 미국의 대학 교육에서 플라톤 이래의 고전이 사라지고 그 대신 대중성과 실용성이 강조되는 과목이 대종을 이루게 된 것을 비판하고, 그 결과 서양문명의 지속성, 정신의 통일성, 높은 이상에 대한 지향이 사라질 위험이 커졌다고 말했다. (여기서 서양의 고전에 대한 개념은 1920~30년대에 걸쳐 컬럼비아 대학의 어스킨(John Erskine), 시카고 대학의 허친스(Robert Hutchins) 등이 정의한 "명저"(Great Books) 또는 "서방세계의 명저"(The Great Books of the Western World)——후자는 플라톤, 아리스토텔레스, 칸트, 헤겔, 마르크스, 프로이트, 희랍의 극작가, 셰익스피어, 세르반테스, 괴테, 톨스토이, 토마스 만 등의 저자를 포함하는 도서 총서이다——이러한 고전들이 교육의 핵심이 되어야 한다는 주장을 계승한 것이다.) 이 책이 일으킨 찬반 논쟁은 정치적인 좌우와 관련된 것이었으나, 그 후의 추세로 보아, 정치적 편향에 관계없이 고전 중심의 서양문명이 후퇴해가고 있다는 블룸의 지적은 오래된 것이면서도 새삼스럽게 상기할 필요가 있는 서양 문화의 변화를 이야기한 것이다.

　서양문명의 쇠퇴는 그것을 하나의 구조물로 유지하는 내적 정신의 산일(散逸)을 말한다. 그것은 어쩌면, 그러한 정신이 필요없을 정도로 현실이 번영하는 데에서 일어나는 일이라고 할 수 있다. 근대 서양문명의 중심원리였던 이성이 그 본래의 넓은 기능을 잃고 전적으로 세속적인 현실에 봉사하는 도구로 전락했다는 비판은 여기에 관련하여 설명될 수 있다. 그러나 다른 경우들로 볼 때, 문명은 정신이 뒷받침하는 현실의 붕괴로도 무너져 내릴 수 있다. 되풀이하건대, 문명은 일관된 구조물—한편으로는 인간을 넘어가는 자연의 조건 또는 그것마저 넘어가는 존재의 어둠에 이어져 있고, 다른 한편으로는 삶의 구체적인 현실에 이어진 것이다. 그 성쇠는 그 근본과 현실적 표현 양면에서의 성패와 함께한다. 그것은 끊임없이 그 근본으로부터—정신으로부터 갱신되지 않는 한 무너지게 마련이다. 그러나 다른 한편으로 그것은 삶의 구체적인 표현으로서의 국가의 힘, 경제력, 제도, 풍속, 습관이 무너짐으로써도 붕괴한다.

　오늘날 비서양문명들이 경험한 붕괴의 느낌은 서양문명이 가져온 외적 충격으로부터 출발한다고 할 수 있다. 동양 특히 한국에서 일어난 것이 바로 그러하다. 일일이 설명할 수는 없지만, 한국에서 전통적 문명의 붕괴에 직접적인 원인이 된 것은 가장 간단하게는 제국주의의 침공에 의한 것이었다. 이것은 우선 삶의 여러 표현에서 제도적·심리적 표현의 주체성을 빼앗아갔다. 그러면서 그것은 삶의 외적 표현—제도, 복식, 도시와 건조물의 형태, 교육, 교육의 내용과 교과서, 기본 교양 도서, 이러한 것들을 완전히 바뀌게 했다. 이러한 엄청난 변화 속에서 한국문명의 고전들은 현실에 무관한 것이 되어버릴 수밖에 없었다. 그 결과 사람의 삶을 지탱하는 여러 생활의 현실제도에 이어지지 않는 고전적 유산들이 무의미해지는 것은 말할 필요도 없는 일이다. 현실이 정신에 의해 뒷받침되어야 하는 만큼 정신은 현실에 뒷받침되어 지속된다. 즉 일차적으로, 전통적으로 이어져 온 현실이 엄청난 외적인 세력의 압력에 견디지 못한 까닭은 새로 유입된 삶의 도구의 편의와 기술에 압도되었기 때문이다.

　그러나 그것은 동시에 정신적인 차원에서 충격에 대처할 만한 충분한 자원—넓이와 깊이와 유연성을 가지고 있지 못했기 때문이었다고도 할 수 있다. 서양에서 발원한 새로운 문물에 접하게 된 많은 사람에게 동양의 전통

관습과 함께 동양의 전통사상은 경직되고 억압적인 것으로 생각되었다. 이것은 조금 전에 비친 바와 같이 현실의 변화 그것이 전통 문명의 정신을 무의미하게 보이게 했기 때문이기도 하지만, 전통 자체가 그러한 경직 상태에 들어가 있었기 때문이었다고도 할 수 있다. 새로운 것을 스스로의 일부로 수용하지 못한다는 사실만으로도 그 정신은 충분히 보편적인 넓이를 가지고 있지 못한 것이었다고 말할 수 있다. 한국의 전통 정신의 핵심을 이루었던 성리학은 도덕주의의 확신에 사로잡혀 있었다. 그 윤리와 도덕의 기초는 나름의 우주론에 기초해 있었으나, 우주의 신비와 씨름하는 우주론이라기보다는 그것을 확신의 도덕에 축소 편입한 것이었다.

 물론 거기에 삶과 세계에 대한 그 나름의 지혜가 없었던 것은 아니다. 동양의 세계관이 자연 순응적인 것이었다는 주장은 상투적인 자위의 말이 되었다. 그러나 그것이 어떤 보다 높은 정신적 예지보다는 농경사회에서 나올 수 있는 세계관이었기에 그러한 면을 가지고 있었다고 한다면, 그것은 조금 더 수긍할 만한 것으로 들릴 것이다. 어쨌든 세계에 대한 동양적 접근 방법은 자연의 유기적 조화를 전제하고 그 안에서 부분적 적응을 생각하는 것이었다고 할 수 있다. 그 관심의 중심이 되었던 윤리 도덕은 우주의 질서의 조화를 당연한 것으로 받아들이면서, 거기에 역사적으로 형성된 사회제도를 맞추어보려고 한 노력의 결과라고 할 수 있다. 우주의 질서와 인간의 사회 질서를 주어진 대로 받아들이는 만큼, 이 질서의 상호 조정은 한정된 것일 수밖에 없었지만, 조정의 필요는 그 나름으로 변해가는 인간의 작은 필요들을 적절하게 수용할 수 있는 것이기도 했다. 그러면서도 그것은 모든 것의 쇄신을 요구하는 변화의 압력에 대응하기는 어려웠다고 할 수 있다. 서양의 도전에 부딪쳐, 동아시아의 많은 사람들은 첫 저항의 단계 이후에는 무조건 모든 것을 새로 시작할 수밖에 없다고 생각하기 시작했다. 일신(一新)을 위한 노력과 거기에서 야기된 갈등이 대체로 19세기 중엽으로부터 동양의 역사를 구성한다.

 그러나 이제 모든 것을 하나의 인간적 구성으로 파악한다는 것이 인간의 참월(僭越)한 생각이라는 느낌이 강해지는 시대가 되었다. 오늘날 그간 저만치 있던 자연은 생태 위기로서 인간 생존의 지평에 다시 등장하게 되었다. 그리고 자연으로의 복귀를 명령한다. 그러나 이 위기가 전통적인 자연 순응의 삶으로 환원함으로써 극복될 수 있을 것으로 보이지는 않는다. 역사는 간단히 되돌릴 수 있는 것이 아니다. 회복의 노력은 잘못된 것으로 보이는 역사까지도 하나로 통합하는 것이라야 한다. 당연한 것으로 또는 대상적으로 인식되지 않고 무의식적 전제로 남아 있던 자연의 전체는 무의식으로 되돌아감으로써 되찾아지지 않는다. 이미 여러 갈래로 달리 발전된 인간의 문명을 회복하는 데에는 모든 것을 포괄하는 새로운 전제성, 새로운 보편성의 구성이 필요하다. 그리고 그것을 담당할 수 있는 새로운 주체 활동으로서의 정신이 있어야 한다. 물론 현실 삶의 작업을 떠나서 그것이 별도의 영원한 정신으로 존재할 수는 없다. 그것은 현실의 작업과 함께 있으면서 전체로 돌아가는 움직임이어야 한다. 물론 이 움직임은 동시에 인간과 정신을 넘어가는 물질의 세계, 존재의 어둠과 밝음에 근접해가는 것이라야 한다.

우리나라에서도 그러하지만, 서양에서도 동양의 고전에 대한 관심이 높아지고 있다. 흥미 있는 것은 동양의 고전 가운데에도 선불교나 노장에 대한 관심이 유교에 대한 관심을 앞지른다는 것이다. 그러나 사회 현실 속에서의 구체적인 지혜는 유교 경전에 더 많은 자취를 남겼다. 그러나 전체가 문제가 될 때, 존재와 무, 언어와 무언어, 행동과 무행동 등의 좀더 근본적인 바탕의 주제들이 중요해지는 것은 당연한 일이다. 어느 쪽이든 이러한 생각과 그 저작의 정신은 다시 오늘의 현실과 현대의 보편적 지평 안에서 스스로를 재구성하고 새로운 지평을 열 수 있어야 한다. 이러한 작업에 서양의 고전과 동양의 고전은 두루 중요한 지표가 될 것이다.

헤세는 또 다른 시 「유리알 놀이」에서 이 영혼의 작업을 조금 더 구성적인 것으로 묘사한다.

> 우리는 존경과 주의로서 재현한다,
> 우주의 화성, 성인의 화음을,
> 우리의 길잡이는 신비의 문자들
> 무한과 삶의 폭풍우를 감싸고
> 드높은 성스러움의 마음과 시대를

티끌 없는 소통 속에 되살리며

무한과 삶의 폭풍우를 감싸드리면
혼동에 모양을 주고 우리의 삶을 다스리는
신비의 문자들을 길잡이로 한다

무늬는 마차 수정의 별들처럼 노래하고
우리가 알들을 굴릴 때면, 우리는 모든 것에 봉사하고
밀리지 않고 틀리지 않고
우주의 영혼의 궤도에 굳게 자리하고 있어

우리 시대의 '고전'을 찾아서

한길그레이트북스에 부쳐

이광주 인제대 명예교수

고전의 집대성을 반기며

한길사에서 1996년 창사 20주년을 맞아 시작한 한길그레이트북스가 16년 만에 120권을 출간하게 되었다. 1년에 약 10여 권씩을 출간한 셈이다. 한길사는 앞으로도 이 기획을 계속하여 세계의 고전과 명저를 잇달아 출간하는 작업을 진행하고 있다고 한다. 10년 후쯤엔 더 많은 명저들을 우리 독자들이 읽게 될 것이다. 경하할 일이다. 한길사의 이 '장대한' 프로젝트에 경의를 표하지 않을 수 없다.

우리 출판계에서는 전집이나 방대한 시리즈, 총서의 간행일수록 이상하게도 단시일 내에 재빨리 묶어서 내놓는 듯한 인상을 받는다. 르네상스 시대 이탈리아의 고전학자이며 뛰어난 출판인이었던 마누티우스의 출판 모토 '천천히 빨리'의 명구(銘句)가 생각이 난다. '한길그레이트북스'의 기획이 정말 제대로, 변함없이 진행되기를 기대한다.

그간 세계문학전집이 여러 출판사에서 간행된 것으로 기억되지만, 동과 서의 인문·사회·예술·자연과학 전반에 걸친 고전과 명저들을 집대성하는 본격적인 기획은 한길그레이트북스가 최초인 듯 여겨진다. 백과사전의 간행은 물론, 국어사전을 비롯한 각국어의 사전, 인명사전이나 여러 전문분야의 사전 등과 마찬가지로 문학전집(전집이라는 표현은 적절치 않아 쓰고 싶지 않지만)이나 사상류 고전·명저의 간행도 당연히 간행출판사의 명리(名利)를 떠나, 그것이 한 나라의 학계나 출판문화를 포함한 문화 전반의 위상과 높이를 곧이곧대로 상징한다는 문제의식을 출판사나 집필자가 갖는 것이 물론 바람직한 일일 것이다.

한길사는 창사 이래 30년 이상 인문과학·사회과학·예술 전반에 걸쳐 많은 책들을 폭넓게 간행해왔다. 그중에서도 오늘의 역사적 현실을 심층 있게 규명한 '오늘의 사상신서', '위대한 예술가 평전', 미술교양서인 '아트 앤 아이디어', '한국사'(전27권) 등 방대한 총서 혹은 시리즈를 기획해 얻은 노하우와 연공은, 한길그레이트북스의 발간에 귀한 효모가 되고 밑거름이 되었을 것이다.

동서고금의 고전을 집대성하여 간행할 만큼 우리 학계가 성숙해졌을까 하고 일말의 불안을 금치 못하다가도 신진기예의 많은 소장 학자들의 존재, 수준 높은 독자층의 형성에 힘입어 근래에 크게 발전된 우리의 출판문화에 생각이 미치면, 한길그레이트북스의 간행이 이 땅의 독서문화나 출판문화, 더 나아가서는 학계를 위해서도 새로운 이정표가 되지 않을까 하고 크게 기대해 마지않는다.

나는 국내외의 몇몇 유명 출판사나 외국 고서점의 도서목록을 여러 권 갖고 있어 가끔 그것들을 펼쳐본다. 그럴 때면 언제나 정신의 싱싱한 북돋움과 풍요로움이 느껴진다. 서명(書名)을 확인이라도 하듯 지그시 들여다보면 저자의 얼굴이 떠오른다. 저자와 그의 책이 타는 경쾌한 혹은 장중한 음률이 그윽한 향기 가득히 전해진다.

아름답고 우아하게 디자인된 한길그레이트북스의 안내 책자를 지금 들여다보면서 나는 그 설렘을 즐긴다. 정신의 마에스트로에 의해 씌어진 좋은 책이란 읽기에 앞서 약간은 긴장되면서도 눈부신 법이다. 마치 연주에 앞서 지휘자의 등장을 기다리는 무대와도 같이.

몇 가지 인상적인 감상을 피력해보고 싶다. 제1권에서부터 제19권까지가 한결같이 현대의 저작인 점이 매우 눈에 띈다. 이 기획이 '오늘날 우리에게 고전이란 무엇인가'라는 큰 물음을 전제로 내걸고 편집되었다는 사실을 밝혀준다고 할 것이다. 보통 고전집이라고 하면 19세기 이전의, 그것도 대체로 유럽의 고전 중심으로 천편일률적으로 구성되고 편집되기 쉽다. 그러나 한길그레이트북스는 다르다. 동서양 그리고 우리의 고전까지도 두루 안배하고, 특히 현대의 고전으로 평가받는 20세기의 명저들을 장르의 구별 없이 배치하고 있다. 지난날 고전이라 하면 대체로 철학·사상이 대종을 이루었던 관행을 대담하게 깨고 편집한 점을, 발행인의 견식과 함께 높이 평가하고 싶다. 물론 최신 저작의 경우, 책에 따라서는 아직 그에 대한 평가가 불확실할 수밖에 없기 때문에 선정에 각별히 신중을 기해야 할 것이다.

책 중의 책, 문자의 포도밭 '고전'

역사는 문화 창조의 기록이다. 인류가 만들어낸 문화 가운데 가장 고귀하면서도 마음만 먹으면 누구나 가까이할 수 있는 것으로 우리는 책을 꼽을 수 있을 것이다. 책은 성(聖)과 속(俗)을 넘나드는 광대무변의 세계, 고전은 책 중의 책이다.

'고전'(Classic)의 참뜻을 '제1급의' 저자에 의해 저술된 '모범적인' 저작으로 이해할 때, 우리는 유교문명권의 고전으로서 제일 먼저 『논어』『맹자』『시경』을 비롯한 사서육경(四書六經)을, 그리고 유럽의 고전으로서는 호메로스의 두 서사시와 소포클레스의 비극과 함께 『향연』을 비롯한 플라톤의 여러 대화록을 떠올린다.

이들 작품에서 보듯이 한 시대와 한 국민의 감성과 취향, 바람과 고뇌, 정념과 욕망, 미의식과 사상의 표상인 거대한 그림 두루마리와도 같은 고전, 그 고전에 공통된 특성은 그것이 씌어진 시대나 지역을 넘어서 한결같이 인류의 영원불변한 문화유산이라는 사실이다. 그것은 현실의 표상인 동시에 다가오는 미래를 고지(告知)하기도 한다.

아우구스티누스의 『고백록』(400)은 1천 년 그리스도교 중세를, 루소의 『사회계약』(1762)은 프랑스 혁명과 인민주권에 기초한 근대 민주주의의 개막을 예언했다. 유럽세계가 1천여 년 감추어왔던 유대인 문제를 공개적으로 드러내고 고발한 에밀 졸라의 『나는 규탄한다』(1898) 또한 보편적 인간성과 양심의 메신저가 아니었던가.

문학의 고전이 독자로 하여금 심오하면서도 흥미진진한 시적 상상력을 불러일으킨다면, 인문사회 고전은 우리로 하여금 공공선(公共善)의 증진과 반듯한 역사, 올바른 사회를 꿈꾸게 한다. 모든 고전은 무릇 우리를 반듯하고 풍요한 삶, 웰빙으로 인도한다.

동서고금을 가리지 않고 교육의 첫걸음은 고전 읽기에서 출발했다. 고전은 그 내용에 앞서 바른 말, 아름다운 문체로 디자인되었다. 고전의 큰 공덕 가운데 하나는 텍스트에 수놓인 절도와 품위 그윽한 아름다운 문체이다. 19세기 프랑스의 문학평론가 생트뵈브가 말했듯이, "작가가 자기의 사상, 관찰 또는 창의를 어떤 형태든 넓고 크며, 고상하고 생각이 깊고, 건전하고 아름다운 형식 아래 표현한" 작품을 말한다. '아름다운 형식'이란 명석하고 아름다운 문체를 말한다. 다시 생트뵈브의 말에 귀기울여보자.

"고전작가란 중용을 유지하고 정확하고 양식이 있으며, 우아하고 언제나 명석한, 항상 고귀한 정열을 지니고 부드러운 외형에 쌓인 강한 힘을 지닌 문체의 작가이다."

"언어는 선비와 군자에게 가장 귀한 것이다"라고 옛 성현이 말씀하셨던가. 옛사람들은 『논어』나 당시(唐詩), 『호메로스』를 아침저녁으로 낭랑하게 읽으며 선비와 교양인으로 자랐다.

한 국민, 한 국가의 위상과 품격은 그 교양계층의 존재에 크게 달려 있다고 할 것이다. 고전을 가까이하고 귀하게 여기는 사람됨을 교양으로 이해한다면, 교양계층이란 고전을 공유하는 사람들의 공동체라고 할 것이다. 우리의 경우, 선비라고 불린 옛 사대부계층은 분명히 교양공동체를 훌륭히 이룩했으며, 그들이 아침저녁으로 받든 고전에 대해 우리는 잘 알고 있다.

오늘날 우리의 경우는 어떠할까.

우리는 얼마만큼 고전을 가까이하고 있을까.

'나의 고전'을 찾아서

고전 작품이란 아름다운 풍경 또는 대사원과도 같다. 우리는 저마다의 몸짓으로 그에 다다른다. 많은 독서인과 마찬가지로 나도 고전에 끌리면서 마음처럼 가까이는 못하고 있다. 그러면서 애독서와도 같은 몇 권의 '나의 고전'을 갖고 있다. 20대 전후의 남독·탐독으로 얼룩진 독서 편력을 거쳐 다다른 항구와도 같았던 몇 권의 고전. 괴테의 『파우스트』를 비롯해 플라톤과 릴케 또한 20대 이후의 나의 변함없는 고전이며, 부르크하르트와 호이징가에 끌리어 유럽문화사를 전공으로 선택하게 되었다. 또한 몽테뉴의 『에세』, 하이데거의 『숲길』, 그리고 발레리의 시집과 평론집 또한 나의 책 중의 책이 된 지 오래다.

유럽 헬레니즘 시대의 의사들은 독서를 공놀이나 산책을 대신하는 치료법의 하나로 권유했다 한다. 하지만 잡스러운 일상으로부터 벗어나 나의 고전들을, 좋아하는 음악을 반주 삼아 펼쳐 드는 한유(閑遊)의 한때야말로 나에게는 최상의 '놀이'이며 흥겨운 배움의 시간이다.

10여 년 전 큰마음을 먹고 한여름 동안 배운『논어』를 비롯해 육우의『다경』, 『중국시인선집』도 여러 권의 동서미술사론과 적지 않은 화집 그리고 켐스콧 프레스판『지상낙원』을 비롯한 윌리엄 모리스와 관련된 책들과 함께 나란히 나의 서가 가장 좋은 자리를 차지한 지 오래다.

나는 독서의 세계에서도 게으른 편식가이며 새 책을 찾기보다는 재미있고 감명 깊게 읽었던 책들을 여러 번 펼쳐 드는 보수주의자이기도 하다. 한길그레이트북스에는 이전부터 읽고 싶었던 책도 여러 권 있고 전혀 몰랐던 책들도 적지 않아 그만큼 기대가 된다.

대학 강단의 오랜 서생 생활은 책을 가까이하는 축복을 안겨주면서도 어느덧 나는 책이라는 감미로운 포도밭을 마치 포도주의 감정인이나 소믈리에처럼 물색하듯 찾아드는 멋없는 습성을 지니게 되기도 하였다. 좋은 책은 참으로 호사스러운 포도주의 저장고 와이너리와도 같다.

끝으로 대단한 독서인이던 책의 미식가 몽테뉴의『에세』를 떠올리며 이 글을 맺고자 한다.

몽테뉴의 첫 번째 기쁨은 인간적인 품위와 좋은 학예를 두루 갖춘 교양인과의 우정이었다. 그에 이은 두 번째 큰 기쁨은 아름답고 정숙한 여인과의 만남이었다. 책은 몽테뉴의 세 번째 기쁨이었다. 그런데 그가 책을 좋아한 까닭은 '이별'이 따르는 앞의 두 만남과는 달리 그것은 "언제나 내가 가는 곳에 함께하고 어디에서도 나를 섬기기" 때문이었다. 벗과 숙녀와 책과의 세 가지 만남을 함께 누릴 수 있다면 인생 최고의 '금옥양연'(金玉良緣)이라 할 것이다.

왜 고전을 읽어야 하는가

송재소 성균관대 명예교수

어디선가 이런 글을 읽은 기억이 난다. 미국의 어느 대학에서 젊은 여대생이 노교수(老敎授)에게, 당시 한창 인기 있는 신간 서적을 읽었느냐고 물었는데 아직 읽지 않았다고 하자, "출간된 지 석 달이나 지났으니 빨리 읽어보시라"고 말했다. 그러자 노교수는 여대생에게 단테의 『신곡』을 읽었느냐고 물었다. 아직 읽지 않았다고 하자 "이 책은 출간된 지 600년이 넘었으니 빨리 읽어보게"라고 충고했다고 한다.

현대인의 독서 경향을 극명하게 보여주는 일화다. 여대생이 추천한 신간 서적은 이른바 베스트셀러일 터이고 단테의 『신곡』은 고전(古典)이다. 즉 새로운 것만 좋아하고 유행에 휩쓸리기 쉬운 젊은이들에게 고전의 중요성을 일깨워준 흥미로운 일화인 것이다. 이런 일이 어찌 미국에서만 일어났겠는가. 아마도 동서고금의 보편적인 현상이었을 것이다. 동양의 고전이라 할 수 있는 『고문진보』(古文眞寶)에 다음과 같은 시가 실려 있다.

　　부유하게 되려고 좋은 밭 살 필요 없네
　　책 속에 저절로 천종(千鍾) 곡식 있다오

　　편안히 살려고 높은 집 지을 필요 없네
　　책 속에 저절로 황금의 집 있다오

　　외출할 때 수행원 없다 한탄하지 말게나
　　책 속에 수레와 말, 빽빽하게 많다오

장가갈 때 좋은 중매(仲媒) 없다 한탄하지 말게나
책 속에 옥 같은 예쁜 여인 있다오

남아가 평생의 뜻 이루고자 한다면
육경(六經)을 부지런히 창 앞에서 읽어라

富家不用買良田　書中自有千鍾粟
安居不用架高堂　書中自有黃金屋
出門莫恨無人隨　書中車馬多如簇
娶妻莫恨無良媒　書中有女顏如玉
男兒欲遂平生志　六經勤向窓前讀

중국 송나라 제3대 임금인 진종황제(眞宗皇帝)의 「권학문」(勸學文)이다. 책 속에 온갖 좋은 것이 다 들어 있다. 거기엔 천종(千鍾: 鍾은 도량형의 단위로 千鍾은 매우 많은 곡식을 말한다)의 곡식이 들어 있고, 황금으로 지은 집이 들어 있고, 행차할 때 따르는 수많은 수레와 말이 들어있으며, 또한 아름다운 여인도 들어 있다. 그러니 부지런히 책을 읽으라는 것이다. 책을 읽으면 이 세상의 부귀영화를 다 누릴 수 있고 미인까지 얻을 수 있다.

이렇게 책을 읽는 것이 중요하지만 아무 책이나 읽으라는 말은 아니다. 이 글의 마지막 구절에서 "육경(六經)을 모름지기 창 앞에서 읽어라"고 했다. '육경'은 유학의 경전인데 이 육경을 읽어야 부귀영화를 누릴 수 있다는 것이다. '육경'이 곧 고전이다. 그러므로 이 글은 고전을 부지런히 읽어야 함을 역설하고 있다. 『고문진보』에는 역시 송나라 때의 개혁 정치가인 왕안석(王安石)의 「권학문」도 함께 수록되어 있는데 그 일부만 인용해본다.

창 앞에서 고서(古書)를 읽고
등불 밑에서 글의 뜻 찾아보라

가난한 자, 책으로 인하여 부유해지고

부유한 자, 책으로 인하여 귀해지며

어리석은 자, 책을 얻어 현명해지고
현명한 자, 책으로 인하여 이로워지니

책 읽어 영화 누리는 것 보았지
책 읽어 실패하는 건 보지 못했네

窓前看古書　燈下尋書義
貧者因書富　富者因書貴
愚者得書賢　賢者因書利
只見讀書榮　不見讀書墜

　여기서도 책을 읽음으로 해서 얻을 수 있는 온갖 이로움이 모두 열거되어 있다. 그러나 읽어야 할 책을 '고서'(古書)로 한정하고 있다. 이 '고서'는 고전에 다름 아니다. 왕안석도 결국 고전을 읽을 것을 강조하고 있는 것이다. 동양 문화권에서 '古'자는 단순히 시간적으로 오래되었다는 뜻만 가지는 것이 아니다. '古'자는 '옛날에 있었던 훌륭하고 모범이 될만한' 것을 가리켰다. '고법'(古法)은 옛날의 훌륭한 법, '고인'(古人)은 옛날의 훌륭한 사람이라는 뜻으로 쓰였다. 조정에서 어떤 사안(事案)을 두고 의견이 엇갈렸을 때에도 '고례'(古例)를 들어 주장하면 그쪽이 이기게 되어 있었다. 왕안석의 글에서 말한 '고서'(古書)도 단순한 '옛날 책'이 아니라 '꼭 읽어야 할 옛날의 좋은 책'이란 뜻으로 쓰인 것이다. 왕안석이 같은 글에서 '고서'를 '호서'(好書) 즉 좋은 책으로 표현한 것으로도 이를 알 수 있다.
　이렇게 보면 '고전'(古典)이란 용어에 '古' 자가 사용된 이유를 알 수 있다. 말하자면 고전이란, 오랜 시간을 거치면서 많은 사람들의 검증을 거친 책이다. 그렇기 때문에 고전은 영원한 생명력을 가지고 있다. 영원한 생명력을 가진다는 말은 시대를 초월해 항상 현재성을 지닌다는 말이다. 옛날에 나왔지만 오늘날에도 여전히 읽을 가치가 있는 책, 이것이 고전이다.

한때 유행하는 베스트셀러를 고전이라 할 수 없는 이유가 여기에 있다. 베스트셀러는 오랜 기간의 검증을 거친 책이 아니기 때문이다. 그런 의미에서 19세기 미국의 사상가인 R.W. 에머슨이 "출간되어 1년도 경과하지 못한 책은 결코 읽어서는 안 된다"고 한 말을 음미해볼 필요가 있다. 물론 이 말이 좀 지나친 것은 사실이다. 출간되어 1년이 경과하지 못한 책 중에서도 양서가 얼마든지 있을 수 있기 때문이다. 에머슨의 말은, 대중의 인기에 영합해 홍수처럼 쏟아져 나오는 알맹이 없는 책들에 대한 경고로 보아야 할 것이다.

책이라고 다 좋은 것은 아니다. 책 중에는 읽어서는 안 되는 책도 있고, 읽더라도 자세히 읽을 필요가 없는 책도 있으며 두 번 읽을 필요가 없는 책도 있다. 음식에 비유한다면 고전은 그냥 맛보는 책이 아니라 꼼꼼히 씹어가며 읽어야 할 책이다. 왜냐하면 고전에는 인류가 이루어놓은 지혜가 담겨 있어서 읽는 사람들에게 삶의 문제에 대한 해답을 언제나 제공해주기 때문이다. 그러므로 인간이 세계의 본질과 사회구조의 모든 문제 그리고 죽음과 사랑 등에 대한 근본적인 사색을 멈추지 않는 한, 고전은 언제나 유효한 생명력을 지닌다.

오늘날과 같이 책이 범람하는 시대에는 특히 책을 가려서 읽을 필요가 있다. 우리나라의 실학자 담헌(湛軒) 홍대용(洪大容)이 누군가에게 보낸 편지에 이런 말이 있다.

> 옛날의 학자는 책이 없어서 걱정이었고 오늘날 학자는 책이 많아서 걱정입니다. 옛날에는 책이 없어도 영웅과 현자(賢者)가 배출되었는데 지금은 책이 많아도 인재(人才)가 날로 줄어드니, 어찌 예와 지금의 운명이 달라서일 뿐이겠습니까? 실로 책이 많은 것이 그 빌미가 되었던 것이지요.

이 말은 물론 홍대용 사상 전체의 맥락에서 이해해야 되겠지만, 책이 많은 것이 인재가 날로 줄어드는 빌미가 되었다는 이 진술은 오늘의 우리에게 시사하는 바가 크다. 홍대용이 살았던 18세기에는 책이 그리 많지 않은 시대였을 터인데도 책 많은 것을 우려했는데, 그때보다 천 배, 만 배가 넘는 책이 쏟아져 나오는 지금의 상황에선 실로 '책 걱정'을 하지 않을 수 없다. 책을 가려서 읽어야 할 이유가 여기에 있다. 그리고 가려서 읽는 절대적인 기준이 되는 것이

고전이다. 왜냐하면 고전은 검증을 받은 책이기 때문이다.

   그런 의미에서 출간 120권을 돌파한 '한길그레이트북스'는 메마른 이 시대의 단비 같은 존재가 아닐 수 없다. 책의 선정에 약간의 문제가 없는 것은 아니지만, 이 정도면 안심하고 읽어도 좋은 책들이고 또 반드시 읽어야 할 책들로 구성되었다고 생각한다. 이 작업이 앞으로도 계속되어 200권, 300권의 '한길그레이트북스'가 출간되기를 기대한다.

1

한길그레이트북스 제1권~제10권

"가장 넓은 의미에서 예술은 문명이다.
왜냐하면 문명이란 조화의 대규모적인 완성을 끊임없이
지향하는 것 이외의 다른 것이 아니기 때문이다."

• 앨프레드 노스 화이트헤드, 『관념의 모험』에서

관념의 모험

화이트헤드 지음 | 오영환 옮김 | 468쪽

20세기 가장 탁월한 지성인 철학자 화이트헤드의 대담한 지적 모험이 담겨 있는 이 책은 심오한 관념(ideas)이 인간성을 향상시켜왔다는 관점에서 인류 문명의 역사를 명쾌하게 해석하고 있다. 그는 활기차고 혁명적인 관념의 변천이 인간 사회의 현실적인 기본 조건들을 변화시킨다는 것을 극명하게 지적한다. 그 예로서 일찍이 노예제도가 고대인들에게는 문명의 불가피한 전제조건으로 생각되었지만, 이제 현대인들은 이를 받아들이지 않는다는 점을 들고 있다.

4부로 구성된 이 책에서 화이트헤드는 어떻게 관념들이 사회, 종교, 철학, 그리고 마지막으로 완성을 갈망하는 인간 정신에 영향력을 행사하고 있는가를 설명한다. 또한 이 책에는 화이트헤드의 문명론, 사회·역사 철학이 포함되어 있고, 과학론, 미학, 그리고 그의 형이상학이 유기적으로 통합되어 있어서 화이트헤드 사상의 진면목을 가장 잘 드러낸 저작으로 평가받는다.

그의 말에 따르면 세계는 인간 존재의 문명화를 매개로 하여 당위 즉 현실, 현실 즉 당위라는 방식으로 스스로를 문명화해간다. 이렇게 볼 때, 다섯 가지 개념으로 성격지어지는 문명화된 사회에서는 예술, 도덕, 종교 등에 관한 관념들이 유기적으로 통합되어 있다는 것을 알 수 있다. 그리고 매우 인상적인 결론, 즉 문명생활의 본질적인 특질로서의 진리, 아름다움, 예술, 모험, 평화(영혼의 평화)에 관한 간결하면서도 심오한 분석을 거쳐 얻어낸 결론에 하나의 초석을 닦아놓았다. 이것은 인간 삶의 궁극적 이상과 가치에 관한 화이트헤드의 견해를 이해하는 데에 그의 여러 저서 중에서 가장 중요한 것이라고 볼 수 있다.

앨프레드 노스 화이트헤드(1861~1947)

화이트헤드(Alfred North Whitehead)는 잉글랜드 램즈게이트에서 태어났다. 어린 시절부터 종교적·교육적인 분위기에서 자란 그는 1875년 샤번 학교에 입학하여 그리스어, 라틴어 중심의 고전 연구에 대한 교육을 받았다.

이후 1880년 영국 케임브리지 대학 트리니티 칼리지에 입학하여 수학을 공부했고, 케임브리지 대학에서 특별연구원(Fellow) 및 수석 강사(1885~1947)를 거쳐, 런던 대학 임페리얼 칼리지(이공대학) 응용수학 및 이론물리학 교수(1914~24)를 지냈다. 63세에 미국으로 건너가 하버드 대학 철학교수를 역임하다가 명예교수로 은퇴했다.

본래 수학자였던 화이트헤드는 고전에도 정통했으며 새로운 물리학의 의미를 정확히 인식했고 전통적인 철학을 오랫동안 깊이 연구했다.

러셀과 함께 지은 『프린키피아 마테마티카』(수학원리, 1910~13, 전3권) 등으로 화이트헤드는 수리논리 분야에서 획기적인 업적을 남긴 수학자, 논리학자로도 높이 평가된다. 특히 아인슈타인의 상대성원리 등 현대 자연과학의 발전을 계기로, 현대과학설을 철학에 도입시켜 철학 사상사에 새로운 국면을 전개한 과학철학자이자 유기체의 철학자로서도 높이 평가되고 있다.

그의 형이상학 체계는 사물의 유동(流動)을 둘러싸고 전개되는 체계라는 형태의 우주론으로서, 개방된 체계였다. 존 듀이도 화이트헤드의 '유기체의 철학'에 대하여 '철학에의 혁명적 공헌'이라는 찬사를 보냈으며, 특히 허버트 리드는 화이트헤드를 '20세기의 데카르트'라고 칭송했다.

예술과 의식

'예술'을 가능하게 하는 경험 속의 요인은 의식이다. 다른 것과 마찬가지로 의식도 어떤 의미로는 정의 불가능한 것이라는 사실은 말할 것도 없다. 그것은 바로 그 자체이며 경험되지 않으면 안되는 것이다. 그리고 다른 것과 마찬가지로 그것은 결합된 것들의 본질에 예시되어 있는, 현현(顯現)하는 성질이기도 하다. 그것은 그 결합의 질적 측면이다. 그렇기 때문에 우리는 그 경험 속에서 결합이 의식을 낳는 그런 세부적인 것들에 대한 분석을 심문해볼 수 있다.

의식이란 어떤 사실과 그 사실에 대한 가정의 결합의 결과로서 객체적 내용 속에 출현하는 성질이다. 그것은 복합적 객체로부터 파악의 주체적 형식으로 순응적으로 이행한다. 그것은 '현실성'과 '관념성' 사이의, 다시 말해 경험 내부의 물리적 극과 정신적 극으로부터 생겨난 것들 사이의 대비(contrast)에 내재하는 성질이다. 이 대비가 경험 내의 미약한 요소일 때, 의식은 하나의 잠재능력으로서 맹아의 상태에 있게 된다. 이러한 대비가 두드러지고 우세한 한, 계기(契機)는 발전된 의식을 수반한다. 의식에 의해 조명되는 경험의 부분은 어떤 선택된 것에 지나지 않는다. 이처럼 의식이라는 것은 주의(注意)의 양식이다. 그것은 선택적인 강조의 극단을 제공한다. 어떤 계기의 자발성이 주로 그 분출구를 찾게 되는 것은 우선 첫째로 의식의 방향에서이며, 둘째는 의식적 주의의 영역으로 이행하는 관념을 산출할 때이다. 이처럼 의식, 자발성, 예술은 서로 긴밀한 상관관계에 있다. 그러나 명석한 의식 내에서 일어나는 예술이라는 것은 막연한 의식 속에서, 혹은 경험의 무의식적 작용 속에서 보다 광범하게 배치된 예술의 특수화에 지나지 않는다.

의식은 경험 계기의 인위성을 강화시켜주는 무기이다. 그것은 최초의 '실재'의 중요성과의 관계에 따라서 최종적 '현상'의 중요성을 높여준다. 그래서 의식 속의 명석 판명한 것은 '현상'이며, 의식 속에서 거의 구별되지 않는 세부적인 것들을 동반하면서 희미하게 그 배경에 놓여 있는 것이 '실재'이다. 의식적 주의력 속으로 뛰어드는 것은 '실재' 그 자체에 대한 직관이라기보다는 오히려 '실재'에 관한 한덩어리의 전제라고 해야 한다. 오류를 범하기 쉬운 것은 바로 여기서이다. 명석 판명한 의식의 진술은 경험 내의 명석하지도 판명하지도 않은 요소와의 대조를 통해서 비판될 필요가 있다. 이 요소들은 역으로 희미하며, 중후하며, 그리고 중요한 것들이다. 이 요소들은 예술이 갖는 색조의 최종적 배경을 제공해주며, 그것을 도외시한다면 예술의 효과는 미미해진다. 인간의 예술이 탐구하는 유형의 '진리'는 명석한 의식에 현시되는 객체에 늘 붙어다니는 이러한 배경을 이끌어내는 데 있는 것이다.

문명에 봉사하는 데 있어 예술이 갖는 장점은 그 인위성과 그 유한성에 있다. 그것은 그 자신의 한계 내에서 그 자신의 완성을 성취하는 인간 노력의 유한한 단편을 의식에 전시한다. 그래서 보다 많은 노고나 단순한 육체적 만족을 위해 생명을 연명하려는 노예적 목적을 위한 단순한 노고는, 시간 속에서의 무시간적인 자족적 목적의 의식적 실현으로 전환된다. '예술'작품이라는 것은 유한한 창조적 노력이

L.S. 핸더슨, H.O. 테일러, 윌리엄 M. 휠러와 함께 맨 왼쪽이 화이트헤드다.

인각된 자연의 단편이며, 그것은 그 막연한 배경의 무한성으로부터 세분화된 개별적 사물로써 자존(自存)하고 있다. 그래서 '예술'은 인간성 감각을 고양시킨다. 그것은 자연을 초월하는 느낌의 환희 같은 것을 준다. 저녁노을은 장엄한 것이지만 그것은 인간성을 왜소화시키며, 자연의 일반적 흐름에 속하는 것이다. 아무리 많은 저녁노을도 인간을 문명으로 몰고 가지는 못할 것이다. 인간의 성취를 위해 준비된 유한한 완전성을 의식 속에 불러일으키기 위해서는 '예술'이 필요하다.

의식 그 자체는 최저 형태의 예술의 산물이다. 왜냐하면 그것은 실재를 선택된 유한한 현상으로 재형성할 목적으로 관념성을 실재성과의 대비 속으로 끌어들이는 데서 생겨나는 것이기 때문이다. 그러나 예술로부터 현현(顯現)되는 의식은 그 즉시로 새로운 의식적 동물의 특수화된 예술, 특히 인간의 예술을 산출한다. 어떤 의미에서 예술은 깊숙한 자연 속에 있는 기능들이 병적으로 과다하게 성장한 것이라고 볼 수 있다. 인위적이라는 것이 예술의 본질이다. 그러나 여전히 예술이면서도 자연에 복귀하는 것이 그것의 완성인 것이다. 요컨대 예술은 자연에 대한 교육이다. 그렇기 때문에 가장 넓은 의미에서 예술은 문명이다. 왜냐하면 문명이란 조화의 대규모적인 완성을 끊임없이 지향하는 것 이외의 다른 것이 아니기 때문이다.

『관념의 모험』 제4부 제18장 「진리와 아름다움」

문명의 진보를 이끄는 '관념의 모험'

이 책 전반부의 주요 관심사는 인간으로 하여금 문명으로 향해 나아가도록 하는 완만한 추세 속에서 퇴보와 좌절의 가능성마저 없지 않은, 어떤 관념의 역사적 모험을 이야기하려는 데 있다. 다시 말하면, 저자는 여기서 야만 상태로부터 문명으로 향해가는 인류의 완만한 상승운동을 묘사하면서, 그 상승운동의 추진력이 되고 있는 어떤 '관념'의 작용을 기술하려는 것이라고 볼 수 있다. 예를 들어, 특정한 능력이나 지위와 상관없이 인간을 '인간'으로서 인정한다는 '인간의 기본권'의 관념을 들어 말하더라도 이 관념이 어떻게 해서 성립되었으며 인간들 사이에 침투되어갔는가, 그 우여곡절의 역사를 추적하면서 화이트헤드는 "이를 문명 후기단계에서 거둔 하나의 파란만장한 승리로 볼 수 있다"고 말한다.

화이트헤드는 인류의 역사를 맹목적인 충동과 자각된 열망과의 치열한 대립 내지 협력의 역사로 보면서, 후자의 힘이 전자의 힘을 압도하는 상태를 가리켜 '문명의 진보'라고 부른다. 화이트헤드는 이러한 역사관에 입각하여 유럽 문명의 형성을 특히 동양의 그것과의 교류의 장에서 해명하려고 한다.

그에 따르면, 문명이란 이러한 관념들의 조화 있는 유기적 관계를 말하는 것이지만 이 유기적 조화는 어디까지나 '관념의 모험'에 의해서만 달성된다. 그러므로 이 책을 일관하고 있는 가장 중요한 개념은 '모험'이라고 할 수 있다. 또한 "모험이란 새로운 완전성의 탐구"이며, "모험이 없는 문명은 쇠퇴한다". 화이트헤드는 자신이 '유기체 철학'이라고 부른 우주론의 체계에서, 세계를 구성하고 있는 궁극적 단위를 상정하고 이를 '현실적 존재'(actual entity)라는 개념으로 파악하는 동시에 이것을 끊임없이 스스로를 초월하는 '프로세스'라고 지적했을 때, 이미 거기에는 모험의 작용이 전제되고 있는 것이다. 현실적 존재는 경험의 주체(subject)이지만 주체는 항상 자기초월체(superject)와 하나로 간주된다.

개개의 경험 주체에 작동하는 이러한 모험이 『관념의 모험』에서 확대 해석되어 사회의 문명화과정에 적용되고 있다고 볼 수 있다. 거기에 어떤 고도의 일반성을 갖는 관념들이 인류의 문명화를 촉진하는 데 있어 지대한 영향력을 행사하는, 웅장한 드라마 같은 관념의 모험이 전개되는 것이다. 모험이야말로 문명을 진부함과 지루함과 정통주의로부터 구출해준다. 모험 정신에 찬 문명은 자유롭고, 활기차고, 창조적이다. 모험이 결여된 곳에 문학은 깊이를 잃고, 과학은 지엽말단에 사로잡히고, 예술은 보잘것없는 사소한 구별에 급급하고, 종교는 독단적인 도그마로 타락하고 만다. 화이트헤드는 그의 『대화록』에서 다음과 같이 술회하고 있다.

"사상의 생명력(vitality)은 모험에 있다. 이런 생각은 내가 평생을 두고 해온 말이다. 그밖에는 거의 말할 것이 없다. 관념은 오래 지속되지 않는다. 관념에 대하여 무엇인가가 이루어져야 한다. 관념은 끊임없이 새로운 국면에서 고쳐보도록 해야 한다. 어떤 참신한 요소를 때때로 그 속에 끌어들여야 한다. 이를 중지할 때 관념도 정지되고 만다. 인생의 의미는 모험이다."

화이트헤드는 이처럼 『관념의 모험』에서 야만 상태로부터 문명화로 나아가는 인류의 역사를 추적해보려는 것이지만, "이 표제가 갖는 또 하나의 의미는 역사상의 모험을 설명해줄 관념(ideas)의 사변적 구도를 구축하려는 저자 자신의 모험이다." 실제로 화이트헤드는 인류의 역사를 추적하는 데 있어 현대에 만연해 있는 역사관에 대해서, 그리고 그러한 역사관의 배후에 도사리고 있는 전반적인 '실증주의'에 대해서 날카로운 비판을 가하고 있다. '실증주의'는 원리적으로 말해서, 각 시점에서 밖으로부터 관찰된 자료만을 처리함으로써 일반적 기술방식을 창출하는 데만 학문의 작업을 한정시키려는 것이라고 볼 수 있겠는데, 이러한 방식으로는 자연의 사물 속의 생동하는 움직임을 통찰하지 못할 뿐만 아니라 역사의 프로세스의 방향조차도 전망하지 못할 것이다. 뿐만 아니라 '실증주의'는 엄밀한 의미에서 '경험주의'가 될 수 없다.

인류 역사의 모험을 설명해줄 관념의 사변적 구도를 '모험적'으로 구축하면서 화이트헤드가 주목하는 역사를 지배하는 두 개의 힘은 전술한 바와 같이, 한편에서는 맹목적인 충동, 즉 무분별한 힘(senseless force)이며 또 한편으로는 자각된 열망, 즉 이상의 자각적 작용자(conscious agency of ideas)이다. 이러한 두 개의 힘을 그는 야만인과 기독교인과 같은 대비에서 파악한다. 이러한 사고법은 화이트헤드의 형이상학 체계에서 자기초월체적 주체(subject-superject)로서의 현실적 존재가 물리적인 것과 정신적인 것의 통합과정으로서 성립한다는 그의 철학사상과 대응되는 것으로 보인다.

현실적 존재는 한편에서는 물리적인 것에 의해 한정되면서 다른 한편에서는 정신적인 것을 통해서 자기 스스로를 한정함으로써 새로움을 창조해간다. 거기에 자기초월적인 모험이 성립된다. 그렇기 때문에 모험에는 물리적인 것과 정신적인 것의 그 어느 요소도 없어서는 안된다. "큰 변천은 물리적인 성질과 정신적인 성질이라는 양면 세계에 뿌리박힌 힘이 일치함으로써 일어난다. 단순한 물리적 성질은 홍수를 방출하지만 관개(灌漑) 설비의 정비는 지성을 필요로 한다"고 화이트헤드는 말한다.

무분별한 작용자가 단순히 물리적으로 노출된 힘을 대변하는 것이라면, 이상을 추구하는 자각적 작용자는 정신적인 설득을 대변한다고 할 수 있을 것이다. 그래서 이 두 개의 힘이 종합 통일될 때 노출된 힘에 대한 설득의 승리가 성립될 것이다. 거기에는 관념의 모험이 작용해야 한다.

오영환

연세대 명예교수·철학

옮긴이 오영환은 1931년 충북 수안보에서 태어나 연세대학교 철학과를 졸업하고 동 대학원을 수료한 뒤, 네덜란드 라이덴 국립대학교 철학대학원을 졸업했다(Drs. Phil.). 영국 옥스퍼드 대학교 브리티시 카운슬 펠로(1983~84), 미국 프린스턴 대학교 객원교수(1991~92), 일본 쿄토 대학교 초빙교수(1993), 연세대학교 인문과학연구소 소장(1989~91), 연세대학교 철학과 교수(1972~97)를 지냈다. 한국화이트헤드학회 창립회장을 연임(1997~2000)했고, 현재 연세대학교 명예교수이며(1997~), 미국 학술저널 Process Studies의 International Advisory Board Member(1994~)다. 저서로 『과학과 형이상학』(공저) 『화이트헤드와 인간의 시간경험』이 있으며, 주요 역서로는 한길사에서 펴낸 화이트헤드의 『관념의 모험』을 비롯해, 『과학과 근대세계』 『과정과 실재──유기체적 세계관의 구상』 『열린사고와 철학』 『사고의 양태』 『교육의 목적』 『화이트헤드와의 대화』 등이 있으며, C.A. 반 퍼슨의 『문화의 전략』, C.P. 스노의 『두 문화』가 있다.

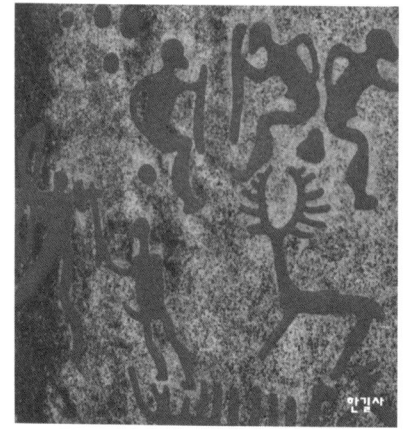

종교형태론

미르치아 엘리아데 지음 | 이은봉 옮김 | 618쪽

▷ 저자의 다른 작품
『성과 속』(GB 30)
『신화와 현실』(GB 114)

▷ 역자의 다른 번역 작품
『성과 속』(GB 30)
『신화와 현실』(GB 114)

엘리아데의 생애에서 가장 의욕적인 시기에 씌어진 『종교형태론』은 그의 종교학 방법의 핵심을 이루고 있을 뿐 아니라 그의 사상의 중요한 테마가 모두 제기되고 있어 이후에 쏟아져 나온 많은 저서들이 이 책의 내용을 반복하면서 보다 더 전문화시키는 과정이라고 할 수 있을 정도이다. 즉 『종교형태론』은 엘리아데의 전 사상체계의 원천이자 총 집대성이다.

이 책은 총 13장 172절로 나뉘어 있긴 하지만 서로서로 연결되어 있어서, 이 책 전체를 통독하고 나면 어떠한 자연물을 통해서나 인류가 그를 통해 읊어온 거대한 서사시를 접하는 느낌이 든다. 여기에 엘리아데의 특질이 있다고 할 수 있다.

또 지적할 것은, 우주 안의 자연물 내지 현상에 대한 엘리아데의 묘사가 매우 정치하다는 것이다. 그런 가운데에도 종교를 자연물에 대한 자연숭배로 왜소화하는 것을 피하고 있다. 예를 들면 하나의 나무가 숭배되는 것은 그 나무의 자연적 존재이기 때문이 아니라 그 나무가 성(聖)을 계시하는 상징이 되기 때문이라고 하여 성의 형태학을 곧바로 상징의 해석학으로 연결하고 있다.

엘리아데에 따르면 비종교적 인간을 자칭하는 근대인이라도 역사적으로는 종교적 인간의 후예에 지나지 않는다. 비록 비종교적 인간이라 하더라도 세계 안에서 실존의 의미를 찾으려고 희구하는 한 종교적인 의미를 감추고 있을 것임에 틀림없다는 것이다. 그러므로 종교학의 수단인 해석학이 맡은 역할은 이와 같이 감추어진 의미를 발견하고 드러내는 일이며, 이것은 세속화한 문화 속에서 더욱 절실해진다는 것이다.

미르치아 엘리아데(1907~86)

엘리아데(Mircea Eliade)는 루마니아의 수도 부쿠레슈티에서 태어나 미국 시카고에서 죽음을 맞이할 때까지 종교학을 중심으로 문학, 철학 등 다방면에 걸쳐 관심을 가진 학자였다. 대학생이 되어 로마에 머물면서 『이탈리아 철학, 마르실리오 피치노로부터 조르다노 부르노까지』(Italian Philosophy, from Marsillo Ficino to Giordano Bruno)를 쓸 무렵 다스굽타 교수를 만나 그의 생애는 큰 전기를 맞게 된다.

서양의 고전적 전통을 이어받은 엘리아데는 다스굽타 교수에게 산스크리트어를 배우며 인도의 사상과 상상력에서 깊은 영감을 받았다. 1936년에 쓴 박사학위 논문「요가: 인도신비주의 기원」은 파리와 부쿠레슈티에서 동시 출간되어 큰 반향을 불러일으켰다.

그후 연금술과 우파니샤드, 불교를 통한 상징해석에 남다른 특색을 보이기 시작하며, 『잘목시스: 종교학 연구리뷰』(Zalmoxis: A Review of Religious Studies)를 출간하기도 한다. 1949년에는 그의 종교연구를 집대성한 『종교형태론』(Traité d'histoire des Religions)의 출간을 계기로 그의 학문적인 무대가 미국으로 옮겨지게 되었다.

1956년 미국 시카고 대학에서 한「이니시에이션의 유행」강의는 1958년에 『이니시에이션의 의례와 상징』(Rites and Symbols of Initiation), 『탄생과 재생의 신비』(The Mysteries of Birth and Rebirth)라 묶어 출간하였다. 1982년에 『종교관념의 역사』(A History of Religious Ideas) 2권을 출간하고 그 보완작업을 하던 중 1986년에 사망했으며 『종교대백과사전』(Encyclopedia of Religions)은 1987년 그가 죽은 다음해에 출간되었다.

인간에게 주어진 종교적 태도와 종교현상의 역사

이 책에서 나는 종교현상을 역사적 관점에서 연구하는 것을 피하고 종교현상 그 자체를 히에로파니(聖顯)로 취급하였다. 이 때문에 가령 물의 히에로파니의 구조를 해명하기 위해 그리스도교의 세례와 나란히 오세아니아, 아메리카 혹은 고대 그리스-오리엔트의 신화와 의례를 나란히 제시하였는데 그들 사이의 차이, 즉 역사는 모두 무시하여 버렸다.

물론 처음부터 '역사적'이 아닌 히에로파니란 존재하지 않는다. 인간은 성(聖)의 계시를 자각한다는 단순한 사실로부터 그 계시가 어떤 면으로 작용하든지 간에 역사적인 계기를 지니고 있는 것도 사실이다. 인간의 종교적 욕구에 따라 성을 경험하자마자 역사는 개입하게 마련이다. 히에로파니를 구성하고 그것을 전달하는 과정에서 히에로파니의 '역사화'를 한층 강화시켜 주기도 한다. 그럼에도 불구하고 히에로파니의 구조는 시간을 넘어서서 동일한 채로 남아 있으며, 그리고 이 항구성 자체가 히에로파니를 인식시켜주는 것이다. 천공신은 무수한 변천을 거쳤겠지만 그 천공적 성격은 또한 영구적 요소이며, 그 인격의 항상성은 그대로 남아 있다. 풍요신의 신상에서도 무수한 융합이나 부가가 생겨나고 있지만, 그럼에도 불구하고 그 대지적 성격, 식물적 성격은 조금도 손상되지 않는다.

좀 더 자세히 말하면, 가능한 한 그 자신의 진정한 원형에 가까워지려고 하지 않는 종교적 형태는 존재하지 않는다. 다시 말하면, 가능한 한 '역사적'인 부가물이나 침전물을 벗어나려고 하지 않는 종교적 형태는 하나도 **존재하지 않는다**고 해도 지나친 말은 아닐 것이다. 가령 모든 여신은 대여신의 원형이 지니고 있는 모든 속성이나 기능을 합체함으로써 대여신이 되는 경향이 있다. 그래서 우리는 종교적 사물의 역사에서 이중의 과정을 볼 수 있다. 한쪽은 히에로파니의 연속적이고 전격적인 출현으로, 따라서 우주 안에서 성의 표명이 극도로 단편화는 결과를 가져오는 것이다. 또 한쪽은 가능한 원형을 구현하며 고유의 구조를 완전히 실현하려고 하는 히에로파니의 본래적인 경향에 따라 히에로파니를 통일하는 것이다.

절충주의(syncretism)를 몇 개의 고도로 발달된 종교 간의 접촉 결과로써만 생길 수 있는 후기의 종교현상으로 보는 것은 잘못일 것이다. 절충주의는 종교생활의 전 과정에서 어느 때나 볼 수 있다. 모든 농경신이나 부족신은 인접한 신의 여러 형태를 동화하고 그것과 일체화하려는 오랜 과정에서 생성된 것이다. 그러나 종교현상에서 흔히 나타나는 이러한 동화나 융합은 역사적 사정(두 인접한 부족 간의 상호침투, 영토의 귀속 등)에만 그 원인을 돌릴 수 없고, 그 과정은 히에로파니의 변증법적 성격 자체의 결과로써도 생겨난다. 히에로파니는 유사한 또는 상이한 종교 형태와의 접촉에 의해 생기는 것이든 혹은 그것으로 생기는 것이 아니든 간에, 그것이 히에로파니로서 계시되는 모든 사람의 종교의식에서 가장 완진하고 충실하게 나타나는 것이다. 이러한 사실은 종교사가 미치는 곳 어디서나 발견할 수 있는 현상을 설명해주고 있다. 즉 모든 종교형태는 성장하고 정화되고 고귀하게 될 가능성이 있다는 것이다. 예컨대 부족신이 새로운 에피파니에 의해 일신교의 신이 될 가능성이 있으며, 지방의 많은 여신들이 우

고대의 연금술을 상징한 그림 남녀 양성 둘레에 하나의 원을 만든 뒤, 그 원 주위에 사각형을 만들고, 그 다음에 삼각형을 만들고, 마지막으로 하나의 원을 만든다. 이것이 철학자의 돌이다.

주의 어머니로 변용할 가능성도 있다.

이와 같은 통합화와 단편화, 일체화와 분리, 편력과 저항 내지 반발 같은 일견 모순되는 움직임은 모두 성에 접근하고 성을 조작하는 모든 기법(기도, 공물, 의례 등)을 검토하면서 종교현상의 역사라는 문제에 착수하게 될 때 더욱 쉽게 이해될 것이다. 그리고 이 책의 마지막 부분에서 내가 분명히 하고 싶은 것은 원시시대부터 이미 인간의 종교적 태도의 거의 전부가 인간에게 주어졌다는 사실이다. 어떤 관점에서 보면 '원시인'과 그리스도교도 사이에는 단절이 존재하지 않는다. 오스트레일리아의 추링가(churinga, 토템풍의 마귀를 쫓음)든 로고스의 수육이든 거기에서 히에로파니의 변증법은 동일하다. 어느 경우였거나 우주의 한 단편 가운데 있는 성의 표명이 문제가 되고 있다. 양자 안에서 에피파니의 '인격성'과 '비인격성'의 문제가 암암리에 제기되고 있다. 이미 살펴본 바와 같이, 기본적인 히에로파니(마나처럼)의 경우에는 인격적 구조를 가진 성의 계시에 접하고 있는 것인지 비인격적인 구조의 성의 계시에 접하고 있는 것인지 확실히 보여줄 수단이 반드시 존재하지 않는다.

『종교형태론』「결론」

종교적 행동의 역사적인 상황과 구조의 논리

엘리아데의 종교연구에서 종교적 상징은 매우 중요하고 독특하다. 그러나 그러한 상징을 연구하는 일은 그렇게 쉬운 일이 아니다. 먼저 종교를 연구하는 사람이 직면하는 첫번째 난점은 방대한 자료에 대한 분류작업이다. 그러한 자료들은 또한 역사적 자료일 수밖에 없다. 이 자료들은 여러 문화적 맥락에서 불가결한 구성요소들로 되어 있는데, 과연 그것에 정통하여 마음대로 분류, 비교, 조작하는 일이 가능한 일인가? 자료들은 제각기 특정한 의미를 갖고 있고, 그 자료가 생겨나온 원천을 이룬 문화나 역사와 불가분의 관계를 가지고 있게 마련이다. 그렇다면 이럴 때 종교적 상징의 역할을 우리는 어떻게 서술하고 해석해야 할 것인가? 엘리아데는 종교를 연구하는 사람들이 다음의 두 가지를 동시에 수행해야 한다고 말하고 있다. 첫째는 종교적 행동의 '역사적 상황'을 가능한 한 모두 알아야 하고, 둘째는 다양한 상황에서 생겨난 종교적 행동의 '구조'를 알아야 한다.

예컨대 종교에는 여러 나라에 퍼져 있는 우주나무의 상징이 있다. 우주나무의 상징에는 세계적으로 무수한 이형(異形)이 있고, 그 이형의 상당 부분은 어떤 전파의 중심으로부터 파생했을 것이라고 생각할 수도 있을 것이다. 이때 기원의 중심, 전파경로, 편력의 과정에서 그 상징이 영향 받은 여러 가지 가치를 명료화할 수 있다면, 그에 의해서 우주나무의 상징의 '역사'가 어느 날엔가는 재구성되리라는 기대를 가질 수 있을 것이다. 그러나 이러한 기대가 과연 실현될 수 있을까? 그것이 가능하다면 종교연구에 기여하는 면은 상상할 수 없을 만큼 클 것이다. 그러나 그것은 어차피 기대하기 어려운 일이므로 오늘날에는 우주나무의 의미, 즉 종교적 상징으로서의 우주나무는 무엇을 '나타내고' 무엇을 '보여주고' 있는가 하는 것, 그리고 역사적 과정에서 나타나는 다양한 변형들이 우주나무의 상징에서 어떤 양상을 특별히 강하게 나타내고 있고, 어떤 양상을 불명료하게 나타내고 있는지, 그리고 그 원인은 무엇인지를 관찰하고 있다.

이러한 연구방법에 의하여 볼 때 엘리아데는 대체로 우주나무는 다음 세 가지 부류로 유형화할 수 있다고 말하고 있다.

첫째, 우주나무는 우주축(宇宙軸, axis mundi)의 상징으로 나타나고 있다. 가령 아직도 채집과 수렵의 경제 상태에 머물러 있는 오스트레일리아의 아룬타족을 조사해본 결과, 눔바쿨라라는 신적인 존재가 이미 신화시대부터 그들의 지역을 우주화하고 선조를 창조하고 제도를 창설하였다고 주장하고 있음을 발견하였다. 그런데 눔바쿨라는 고무(gum)나무 가지로 성주(聖柱)를 만들고 거기에 피를 바르고 올라가 하늘로 사라졌다는 신화가 있다. 즉, 이 성주는 우주축을 상징한다. 이 성주가 마련됨으로써 미지의 영역인 공간은 질서가 부여되고 그곳은 신들이 행한 근원적인 모본(模本)이 되는 일들을 재현하는 우주화와 성화의 장소가 되었다. 이 우주축이 나타내는 성현(聖顯)은 언제나 3개의 우주영역(하늘, 땅, 지하)이 서로 교차하는 '입구'의 역할을 한다. 천지를 교류하는 입구의 역할을 하는 것은 나무기둥뿐 아니라 사다리(야곱의 사다리), 산 등 여러 가지가 있으며, 이곳은 '세계의 중앙', '대지의 배꼽'에 있다고 표현된다. 단군신화에 나오는 신단수도 이러한 의미에서 우주축의 역할을 한다고 할 수 있다.

둘째, 우주나무는 '우주의 모상'(imago mundi)의 역할을 한다. 국토 전체(팔레스타인)가 우주의 모상이 되는 경우도 있고 도시(예루살렘), 성전이 모상이 되는 경우도 있다.

셋째, 우주나무는 '세계의 중심'의 역할을 하기도 한다. 우주나무는 세계의 중심이기 때문에, 우주의 주기적 재생의 기능과 창조력은 이곳을 통해서 가능하게 된다. 뿐만 아니라 세계의 중심의 상징은 인간에게 내면화되어 마음의 중심, 즉 종교적 인간인 우리에게 끊임없이 '원초의 체득'이라는 이상을 강요하고 있다고 지적한다.

그런데 종교사의 많은 자료에서는 엘리아데가 지적한 위의 세 가지 유형 이외에도 우주나무의 상징이 항상 똑같은 의미를 유지하고 있는 것은 아니다. 어떤 경우 우주나무 → 세계의 기둥 → 인류의 발생 → 우주의 재생 → 우주의 중심 → 천지를 관통하는 길 등으로 발전하기도 한다. 이러한 발전이 이루어지는 원천은 물론 우주나무가 고대인에게 있어서 마르지 않고 끊임없이 재생하는 신비의 표적이 되었기 때문임에는 틀림없다.

이때 종교를 연구하는 사람이 해야 할 일은 이 상징들의 의미가 어째서 어떤 때는 보존되고 어떤 때는 망각되는지, 그 이유를 해명해야 한다는 것이다. 우주나무 → 세계의 기둥 → 인류의 발생이라는 상징을 나타내는 신화를 가진 민족과 우주나무가 달의 상징과 연결된 체계를 가진 민족이 있을 때, 종교를 연구하는 사람은 우주나무라는 전체적인 상징구조 하에서 전자와 후자는 상보적인 관계에 놓여 있다는 것을 발견해야 하고, 그렇게 함으로써 그 문화가 지닌 혼(魂)의 내부에 깊이 들어갈 수 있고 다른 문화와의 차이를 인식할 수 있다는 것이다.

엘리아데는 이런 면에서 종교학이 심층심리학의 연구방법과 유사함을 지적하고 있다. 그에 의하면, 종교학이나 심층심리학은 다 함께 잃어버린 여러 사실을 찾으려 한다는 데 그 공통점이 있다고 한다. 또한 양자는 모두 경험적 방법을 사용하고 있고, 그 목적은 '상황'의 이해에 있다. 다만 심리학자의 경우는 '개인적 상황'을 이해하려 하고 종교학자의 경우는 '역사적 상황'을 이해하려고 하는 데 차이가 있을 뿐이다. 심리학자는 개인의 기벽(奇癖)으로부터 그 사람의 심적인 경과를 이해해야 한다. 그렇지 못하면 개인적 상황을 이해할 수 없고 또 환자를 치료할 수 없을 것이다. 그리고 심리학자는 분석과정에서 발견된 사실을 참작하면서 자기의 연구방법을 개선하고 그 현상을 읽기 위한 이론의 틀을 축조해나간다. 이와 마찬가지로 종교학자는 예컨대 위의 우주나무의 상징을 연구할 때 가능한 한 우주나무의 이형 '전체'를 고찰함으로써 부분이 지니고 있는 의미를 밝혀낼 수 있다고 기대한다.

이은봉

덕성여대 명예교수 · 철학

옮긴이 이은봉은 서울대 문리대 종교학과와 같은 학교 대학원을 졸업하였으며, 성균관대 동양철학과 대학원 박사과정을 마쳤다. 덕성여대 인문대 학장과 대학원장, 한국종교학회 회장을 지냈으며, 지금은 덕성여대 명예교수이다. 저서로는 『한국고대종교사상』 『종교세계의 초대』 『종교와 상징』 『여러 종교에서 본 죽음관』 『한국인의 죽음관』 『중국고대사상의 원형을 찾아서』 『신판(神判, 편제)』 『노자─나만 홀로 우둔하고 멍청하도다』 등이 있다. 옮긴 책으로는 한길사에서 펴낸 미르치아 엘리아데의 『종교형태론』 『성과 속』 『신화와 현실』을 비롯해 『종교학 입문』(엘리아데 · 기다가와), 『심리학과 종교』(카를 융), 『근대 중국종교의 동향』(윙치찬), 『과학, 신념, 사회』(마이클 폴라니) 등이 있다.

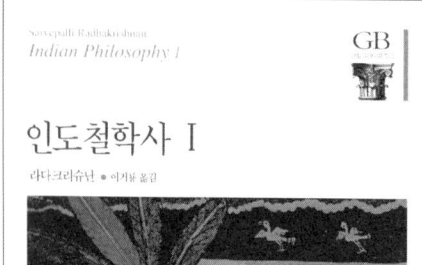

인도철학사 1~4

라다크리슈난 지음 | 이거룡 옮김 |
382쪽(1권) · 632쪽(2권) · 564쪽(3권) · 644쪽(4권)
2005 『타임스』 선정 세상을 움직인 100권의 책
『출판저널』 선정 21세기에도 남을 20세기의 빛나는 책들

라다크리슈난의 『인도철학사』는 시대를 구분하면서 단순히 지난 시대의 사상을 개관하는 그런 의미에서의 철학사가 아니다. 이 책의 주요 관심사는 철학사의 기술을 통해 라다크리슈난 자신의 철학을 펴는 데 있다. 저자는 인도사상의 여명기부터 중세의 철학파들에 이르기까지 다양한 철학 체계들을 탁월한 상상력으로 재구성하고, 각 학파들에 대한 주석과 평가를 병행함으로써, 삶과 세계에 대하여 끊임없이 제기되는 문제들에 대한 새로운 통찰을 제시한다.

그에 따르면, 철학사는 그 존재자각과 이로부터 불가피하게 제기되는 총체성의 문제로서 철학 그 자체여야 한다. 그의 『인도철학사』는 바로 이러한 관점에서 씌어진 것이며, 이런 점에서 그것은 인도철학을 역사적으로 기술하는 철학사인 동시에, 또한 그 자신의 형이상학을 담고 있는 철학서라고 말할 수 있다. 이 책이 동서의 고전으로 널리 읽히고 있는 것은 바로 이러한 이유 때문이다.

이 책의 가장 큰 특징 가운데 하나는 주제를 규명해가는 완전함과 솔직함이다. 라다크리슈난이 어떤 특정 사상에 대한 편견 없이 있는 그대로 주제를 규명해 나갈 수 있었던 것은, 그가 각 학파의 근본 경전에 입각하여 그 학파를 이해하고 해석하려고 했기 때문이다.

전4권으로 구성된 『인도철학사』는 인도 고유의 근본적인 통찰을 세련된 언어와 명쾌한 논리 전개의 방식으로 풀어내면서도 동서사상의 비교를 통하여 인도철학을 세계사상의 무대에 올려놓는 전기를 마련했다. 또한 이 책은 인도사상을 기술하는 기법과 양식에 있어 새로운 지평을 열었으며 후대 필자들의 전형이 되었다.

라다크리슈난(1888~1975)

현대 인도철학을 대표하는 라다크리슈난(Sarvepalli Radhakrishnan)은 남인도 마드라스 부근의 티루타니에서 태어나 전형적인 힌두교의 가정에서 성장하였다. 1904년 마드라스 크리스천칼리지를 졸업할 때까지 12년 동안 기독교 계통의 교육기관에서 교육을 받게 되었고, 이러한 종교적인 분위기는 이후 그의 사상에 큰 영향을 미쳤다.

마드라스 프레저던시칼리지 강사를 시작으로 마이소르 대학, 캘커타 대학의 철학교수, 그리고 동양인으로서는 처음으로 영국 옥스퍼드 대학 교수(1936~38)를 지냈다. 안드라 대학 및 베나레스 힌두대학 부총장, 그리고 델리 대학 총장을 역임했다.

제2차 세계대전이 끝나고 난 뒤 구 소련 및 중국 주재 인도대사, 유네스코 인도대표, 인도 부통령을 지냈으며, 제3대 인도 대통령으로 선출되어(1962~67) 전문 철학자가 대통령이 되는 세계 최초의 전례를 남겼다.

라다크리슈난의 사상 체계는 인도 전통의 베단타철학에 바탕을 둔 절대적 관념론이었으나, 이를 새로운 시각으로 해석하여 인도의 전형적인 범재신론자로, 혹은 비교철학자로도 이름이 높았다. 그의 대표적인 저술 『인도철학사』는 인도의 전통적인 통찰을 오늘의 언어로 풀어낸 명저이며, 특히 동서사상의 비교를 통하여 인도철학을 세계무대에 올려놓았다는 점에서 높이 평가된다.

그밖의 저서로는 처녀작인 『라빈드라나트 타고르의 철학』을 비롯해 『현대 철학에 있어서 종교의 권능』 『인도인의 인생관』 『이상주의자의 인생관』 『동양종교와 서양사상』이 있고 『브라흐마 수트라』에 대한 주석이 있다.

영적 상승을 향한 인간 사유의 끝없는 항해

 인도사상사를 통하여, 인간의 온갖 노고와 분투가 교차하는 일상의 세계 너머에 있는, 보다 실재적이고 불가해한 어떤 세계에 대한 이상이 항상 인도인들의 생각에서 떠나지 않았다. 이것은 곧 인간 영혼의 참된 본향에 대한 그리움이었다. 스핑크스의 수수께끼를 풀고, 동물적인 차원에서 윤리적인 차원, 그리고 영적인 차원으로 떠오르려는 인간의 끊임없는 노력은 인도에서 전형적인 실례를 본다. 우리는 4천 년이라는 장구한 역사에 걸치는 인간의 노력을 볼 수 있다. 만일 신드(Sind)와 판잡(Punjab) 지역에 대한 고고학적인 발굴에서 얻어진 최근의 성과가 고려될 수 있다면, 이보다 더 오랜 역사일 수도 있을 것이다.
 세계는 높은 곳에서 인간의 행위를 감시하는 태양과 창공의 신들에 의하여 통치된다는 소박하고 순진무구한 신앙이 있었으며, 신들은 기도에 의하여 설득될 수 있을 뿐만 아니라 제사에 의하여 우리의 요구를 들어주도록 강요될 수 있으며, 그들은 단지 궁극적인 유일자의 여러 형태들일 뿐이라는 믿음이 있었다. 청정무구한 우주적 자아가 곧 인간의 가장 내밀한 영혼과 하나라는 확신이 있었으며, 유물론, 회의론, 숙명론이 일어났다가 불교와 자이나교 등의 윤리적인 철학체계들에 의하여 억제되는 과정이 있었다. 우리가 생각과 말과 행위에서 죄를 짓지 않으면, 모든 고통에서 벗어날 수 있다는 가르침이 불교와 자이나교의 핵심적인 교의였다. 틀에 얽매이지 않는 『바가바드 기타』의 유신론은 우주적 자아에 형이상학적인 완전을 더하고 또한 윤리적인 완전을 부여했다.
 니야야학파의 논리학 체계는 오늘날에도 통용되는 지식의 영역에 대한 주요 범주들을 우리에게 제공했다. 또한 자연에 대한 바이셰쉬카학파의 다원론적인 해석, 과학 및 심리학의 영역에서 놀라운 성과를 남긴 상키야학파의 사색, 그리고 완전에 이르는 길을 상세하게 전하는 요가의 철학체계가 있었다. 미망사학파의 윤리적·사회적인 규범들, 샹카라, 라마누자, 마드와, 님바르카, 발라바, 그리고 지바 고스미 등에 의하여 주창된 궁극적 실재에 대한 종교적인 해석들은 인류 역사에서 철학적 발전의 괄목할 만한 기록들임에 틀림없다.
 인도인의 삶은 그 자체의 고유한 양식을 형성하며, 이따금 물리적·사회적·문화적인 상황과 관련하여 변화를 겪으면서 끊임없이 진행되어왔다. 초기 단계에서 고대 인도인들은 모든 일을 처음으로 경험하고 있었다. 그들에게는 의지할만한 과거의 지혜가 전무하였다. 더욱이 그들은 전쟁을 해야 하는 엄청난 부담을 안고 있었다. 이 모든 사실에도 불구하고, 사상과 실천의 영역에서 그들의 성취는 적지 않았다. 그러나 이 시대는 그 자체로 완성되지 않으며, 가능한 형태들의 범위는 완전히 소진되지 않는다. 왜냐하면 스핑크스는 여전히 미소 짓고 있기 때문이다. 철학은 아직 유아기에 머물러 있다.
 인도사상에 대한 고찰은 우리에게 존재의 신비와 광막함, 그리고 그것을 이해하려는 인간의 노력의 아름다움과 끈덕짐에 대한 깊은 인상을 준다. 사상가들의 오랜 노정은 인간 지혜의 전당에 어떤 작은 한 조각의 지식을 보태기 위하여, 영원히 불완전한 인간 지식의 총합에 새로운 어떤 편린을 부가하기 위하여 힘겨운

길 위의 힌두교도들

싸움을 계속했다. 그러나 인간의 사색은 이상에 미치지 못한다. 우리는 자신을 둘러싸고 있는 어둠의 깊이를 분명하게 의식하고 있으며, 그것은 우리가 위대한 과거의 상속자로서 특권으로 지니는 명멸하는 등불의 빛을 압도하고 있음을 안다. 사상가들의 힘겨운 노력에도 불구하고, 우리는 궁극적인 문제들과 관련하여 과거 우리의 위치에서 크게 벗어나지 못한 곳에 서 있으며, 아마도 우리가 인간인 한, 우리는 자신의 유한한 마음이라는 견고한 쇠사슬에 의하여 마치 프로메테우스처럼 신비의 바위에 영원히 묶여 있어야 하는 운명인지도 모른다.

그러나 철학의 추구는 결코 헛된 노력이 아니다. 그것은 우리가 쇠사슬의 속박을 느낄 수 있게 한다. 그것은 인간의 불완전에 대한 의식을 예민하게 하며, 이로써 우리 속에 완전에 대한 의식을 깊게 한다. 세계는 우리가 바랄 수 있는 것만큼 투명하지 않다는 것은 이상하게 여겨질 이유가 없는지도 모른다. 왜냐하면 철학자는 지혜를 사랑하는 자일뿐이며, 그것을 소유하는 자는 아니기 때문이다. 중요한 것은 항해의 끝이 아니라, 항해 그 자체이다. 여행의 과정은 목적지에 도달하는 것 이상이다.

우리의 노정의 끝에, 우리는 역사를 통하여 알려진 사실들이 발전의 흔적들인가, 또는 그렇지 않은가에 대하여 물을지도 모른다. 인간 사유의 행진은 진보인가, 또는 퇴보인가? 그 과정은 결코 제멋대로 진행되어온 것이 아니며, 무의미하지도 않다. 인도는 진보를 믿는다. 왜냐하면 우리가 이미 언급한 것처럼, 순환의 주기들은 서로 유기적으로 관련되어 있기 때문이다.

『인도철학사 4』 제11장 「결론」

라다크리슈난의 형이상학적 통찰로 본 절대자와 세계의 실재성

 적어도 초기의 저술에서 나타난 라다크리슈난의 사상은 인도 전통의 불이론에 근거한 절대적 관념론이다. 그러나 그의 관념론은 형이상학적인 논증이 아니라, 베단타의 신비체험에 바탕을 둔 관념론이라는 점에서 브래들리나 헤겔의 관념론과는 궤를 달리한다. 그는 브래들리에 의하여 널리 알려진 용어로 철학적인 작업을 하지만, 이것은 단지 베단타의 불이론을 현대적인 개념으로 풀어쓰기 위한 방편이었다. 헤겔철학과 마찬가지로 그의 사상에서 특히 후기에 현저해지는 근본 개념은 영혼(Spirit)이라 할 수 있지만, 헤겔이 정신을 실체(substance)로 보는 것과는 달리 그는 그것을 생명으로 본다. 이런 점에서 그는 전통적인 베단타의 입장에 서 있다고 할 수 있다.

 궁극적 실재는 오직 직관을 통해서 알 수 있다고 말할 때, 라다크리슈난의 관념론은 절정에 달한다. 그리고 이것은 직관과 이성 간의 인식론적인 가치를 구분함으로써 가능해진다. 다시 말하면, 인간의 이성은 단지 직관적인 통찰에 기여하는 종속적인 것에 불과하다는 것이다. 따라서 만일 우리가 인간과 신이 일치하는 궁극의 차원에 도달하려고 한다면, 생각을 초월하고 이원의 대립을 넘어서야 하며, 추상적인 사유 작용의 유한한 범주들에서 야기되는 이율배반을 넘어서야 한다. 즉 우리가 실재를 직접 대면하는 것은 오직 사유 작용이 직관 속에서 완전해질 때 가능하다.

 이성과 직관 사이의 인식론적인 가치 구분이 곧 양자의 상호배척, 또는 전자의 무용성을 말하는 것은 아니다. 다시 말하면 직관에 근거한 철학이 이성에 반대되는 것은 아니라는 것이다. 직관은 지성이 꿰뚫을 수 없는 어두운 곳에 빛을 던질 수 있지만, 그 결과는 논리적인 분석의 검증을 필요로 한다. 우리 개개인이 진지한 삶을 영위할 수 있는 것은 직관과 이성의 상호 교정과 보완을 통해서이다. 직관의 도움이 없다면, 지성의 결과들은 무디고 공허할 것이며 온전치 못하고 단편적인 것이 될 것이다. 반면에 만일 지성에 의한 검증이 없다면, 직관적인 통찰은 맹목적이 될 수도 있을 것이다. 라다크리슈난은 인간 이성이 추구하는 이상은 반드시 직관적인 체험 속에서, 그리고 그것을 통해서 실현된다고 생각한다.

 라다크리슈난의 초기 저술들, 특히 『현대 철학에서 종교의 권능』에서 잘 나타나는 것처럼, 그의 절대적 관념론은 샹카라의 불이론의 입장에 서 있다고 할 수 있다. 그러나 라다크리슈난은 자신의 관념론을 샹카라의 환영론(幻影論, māyāvāda)으로 해석하는 것을 부정함으로써, 샹카라와는 달리 궁극자의 개념 속에서 실재적인 세계의 위상을 구한다. 이것은 브라흐만이 유일한 실재이며 따라서 세계는 비실재적이라는 샹카라 베단타의 근본 명제에 대한 부정을 의미한다. 인격신을 최고의 범주로 받아들이지 않는 샹카라의 불이론은 사실상 유신론과 이에 근거한 종교에 대한 궁극적인 부정을 의미하며, 라다크리슈난은 이러한 논리를 받아들이지 않는다. 그에게 있어서 종교의 인격신과 형이상학적인 절대자는 두 가지 방식으로 생각할 수 있는 일자(一者)이다. 절대자는 순수 의식, 순수 자유, 무한한 가능성인 반면에, 그것이 구체화된 하나의 특수한 가능성이라는 관점에서는 신으로 나타난다는 것이 라다크리슈난의 견해이다.

사실 라다크리슈난의 사상이 지니는 가장 큰 특징 중의 하나는 그의 절대자 개념에 있다. 브라흐만은 순수 존재, 순수의식, 순수 환희, 무차별, 무형의 비인격적인 존재일 뿐 아니라, 종교의 신이며 또한 인격적인 창조자라고 한다. 브라흐만은 무한한 가능태의 충만이며, 세계는 그 가운데 하나의 실현이다. 결과로서의 브라흐만이 곧 세계라는 말이다. 절대자는 그것이 그 안에 무한한 가능성을 지닌다는 점에서 볼 때 신보다 광범위한 범주가 되지만, 구체성이라는 관점에서는 신이 보다 풍부하다고 말할 수 있다. 그에 따르면, 추상적인 가능성과 구체적인 실현은 모두가 하나의 실재, 즉 절대자 신(Absolute God) 안에 들어 있다.

무한자는 무형인 동시에 유형이며, 이들 양자의 상호 공존은 궁극적 실재의 본질이다. 그것은 상호 대립하는 양자의 병치가 아니라, 본질적으로 동질적인 양자의 존재론적인 연속이다. 절대자는 무형·무명이지만 모든 형태와 이름의 토대요 원천이며, 차별상의 경험세계는 절대자의 자기현현이다. 이러한 사고법은 절대지를 영원·완전·불변으로 보는 입장과, 그것을 시공간의 세계에 현현하는 자기한정의 원리로 보는 두 가지 상호 대립되는 입장에 대한 종합을 의미한다.

이처럼 라다크리슈난이 절대자 신(모든 것을 포함하는 보편자) 개념을 강조하는 배경에는 궁극적으로 모든 존재는 유기적으로 통일체를 형성한다는 깊은 형이상학적 통찰이 놓여 있으며, 이것이 그가 베단타의 불이론을 유지하면서도 샹카라의 환영설을 거부할 수 있는 근거가 된다. 라다크리슈난에 따르면, 샹카라가 브라흐만과 세계의 불이(不二)를 추구함에 있어서 세계의 궁극적인 실재성을 부정할 수밖에 없었던 것은, 그 둘이 본질적으로 다르다는 것을 전제하기 때문이다. 마야를 '일방적인 의존'(one-sided dependence)으로 해석하는 라다크리슈난은 브라흐만과 세계가 본질적으로 다르다는 전제를 부정하며, 오히려 양자간의 존재론적인 연속성을 강조한다. 브라흐만에 대한 세계의 '의존'은 궁극적으로 브라흐만과 세계의 존재론적인 '연속'이라는 것이 라다크리슈난의 입장이다.

이렇게 볼 때, 브라흐만의 실재성이 세계의 실재성을 배제하는 것이 아니라, 그것은 논리적으로 세계의 실재성을 포함하는 것이 된다. 다시 말해, 실재 중의 실재인 브라흐만과 존재론적으로 연속적인 세계의 실재성은 자명하다는 것이다. 뿐만 아니라 신의 인격성은 오직 불완전과 발전 가능성을 지니는 세계와 관련해서 가능하다는 것을 염두에 둔다면, 신의 존재는 세계의 존재에 의존한다고 할 수 있다.

이거룡

선문대학교 교수·심신통합치유학

옮긴이 이거룡은 동국대학교 대학원 인도철학과를 졸업하고, 인도 마드라스 대학교 라다크리슈난연구소(Radhakrishnan Institute for Advanced Study in Philosophy)에서 철학석사(M. Phil) 학위를 받은 뒤 인도 델리 대학 철학과에서 박사학위를 받았다. 현재는 선문대학교 교수로 있다. 저서로는 한길사에서 펴낸 『이거룡의 인도사원순례』『아름다운 파괴』『몸 또는 욕망의 사다리』(공저)와 그밖에 『두려워하면 갇혀버린다』『논쟁으로 보는 불교철학』(공저)『구도자의 나라』(공저)『인문학의 창으로 본 과학』(공저)『종교성, 미래교육의 새로운 패러다임』(공저) 등이 있다. 역서로는 한길사에서 펴낸 라다크리슈난의 『인도철학사』가 있다. 주요 논문으로는 「라마누자에 있어서 박티에 관한 연구」「라마누자의 범재신론에 있어서 신과 세계의 존재론적 연속성과 신의 유한화 문제」「업설과 은총의 양립 문제」「인도 육파철학의 인과론에 대한 고찰」「The Theory of Creation in the Philosophy of Viśiṣṭādvaita-A Critical Study」「God, World and the Individual: A Comparative Study of Ramanuja and Whithead」 등이 있다.

야생의 사고

클로드 레비-스트로스 지음 | 안정남 옮김 | 426쪽
2005 『타임스』 선정 세상을 움직인 100권의 책
2008 『중앙일보』 선정 신고전 50선

▷ 저자의 다른 작품
『슬픈 열대』(GB 31)
『신화학 1, 2』(GB 68, 99)

문명인의 사고와 본질적으로 다른 '미개의 사고'는 과연 존재하는가. 레비-스트로스는 이 절대적인 환상을 해체한다. 자신감에 찬 서구인들의 전통적 미개인관에 대한 근본적인 비판서 『야생의 사고』는 미개인이라고 불리는 사람들의 사고의 깊이와 내재적 논리구조를 밝혀낼 뿐 아니라 서구인이 갖고 있는 2차적 본성인 과학 또는 철학의 방법론적 선입견을 벗겨냈다. 그리하여 문자 이전의 사회를 연구하는 사람들, 특히 인류학자들에게 무한히 다양한 표현들 밑에 깔려 있는 인간사고의 유형을 발견할 수 있는 '희망'을 갖게 하였다.

야생의 사고는 이러저러한 미개인의 사고가 아니라 어떤 기호를 확립하기 위해 필요한 공리와 공준(共準)과의 체계다. 또한 '신화적 사고'와 '구체의 논리'로 표현되는 사고이다.

야생의 사고의 특이성은 그것 자체가 가지는 목적의 광대함에 있다. 이 사고는 분석적이면서 동시에 종합적이고자 하며, 또한 양 방향의 극한까지 진행되는 것을 목표로 하고 동시에 그 양극 간의 조정능력을 보유하려고 한다.

이때의 양 방향의 극한이라는 것은 인간에 관한 것이면 무엇이나 다 포함되는 극한이며, 이성과 감성, 구체와 추상, 주관과 객관, 통시태와 공시태, 과학과 주술이 모두 포함되는 극한인 것이다. 이 극한까지 진행시키고자 하는 속성은 "대립을 만들 수 없을 때까지 분류하는 일을 그치지 않는" 인간의 속성에서 비롯된다.

이 책의 출간 이후 프랑스에서는 서구문화의 자기중심적이고 우월적인 사고에 대한 비판과 반성이 일면서 절대불변이라고 믿어왔던 서구 사고의 기반이 조금씩 흔들리기 시작했다. '이성'과 '합리주의'가 비합리적·비역사적·비논리적인 '야생의 사고'와 대결한 것이다.

클로드 레비-스트로스(1908~)

레비-스트로스(Claude Lévi-Strauss)는 1908년 벨기에의 브뤼셀에서 태어나 생후 2개월 때 파리로 갔다. 파리 대학 법학부와 문학부에 입학해 1930년 법학사와 철학사에서 학위를 받았다. 재학 중에는 조르주 뒤마의 강의를 듣고 임상심리학·정신분석학 등에 흥미를 가졌고, 루소의 저작들도 탐독했으나 이때까지는 인류학이나 민족학에 아직 관심을 두지 않아 마르셀 모스의 강의도 청강하지 못했다.

합격하기 어려운 철학교수 자격시험에 최연소자로 붙었으며, 세 사람이 한 조가 되는 교육실습에서 메를로-퐁티와 같은 조가 되어 그와 친교를 맺었다.

1933년에 우연히 로버트 로위의 『미개사유』를 읽게 되어 강한 감명을 받고 인류학·민족학에 관심을 갖게 되었다. 이후 대학교수로 있으면서 카두베오족과 보로로족을 방문·조사하여 「보로로족의 사회조직에 대한 연구」「문명화된 야만인 가운데서」 등의 논문을 발표했다. 1941년에는 미국으로 가 뉴욕의 신사회조사연구원에서 문화인류학을 연구했고, 미국으로 망명해온 러시아 태생의 언어학자 야콥슨과 알게 되어 언어학에 흥미를 갖게 되었다. 야콥슨과 공동으로 『언어학과 인류학에서의 구조적 분석』을 발표했다.

이후 프랑스로 귀국하여 파리 대학에서 박사학위를 받았다. 그의 박사학위논문이 『친족의 기본구조』라는 책으로 출판되자 프랑스 학계와 사상계에 커다란 반향을 일으켰다. 그밖에도 『슬픈 열대』『구조인류학』『오늘날의 토테미즘』『야생의 사고』『신화학』 등 굵직한 저술들을 내놓아 사상계에 화제를 불러일으켰다. 콜레주 드 프랑스와 파리 대학 고등연구원에서 교수를 지냈으며, 지금은 아카데미 프랑세즈 회원으로 있다.

사회 결속을 다지는 토테미즘 신앙

여성의 교환과 음식물의 교환은 사회집단의 상호결합을 견고하게 하거나 과시하는 하나의 수단이다. 따라서 양자가 공존하거나 따로따로 존재하는 이유를 알 수 있게 된다. 이 두 종류의 교환은 같은 유형의 방법들이면서 일반적으로는 한 가지 방법의 두 면이라고 볼 수 있다. 양자는 상호보완적 관계일 수도 있고 양자택일적 관계일 수도 있다. 상호보완적 관계일 경우, 둘 다 실제적 기능을 수행할 때가 있고, 한쪽은 기능을 맡고 다른 쪽은 상징적으로 그 기능을 표현할 때가 있다. 양자택일적 관계에선, 둘 중의 하나가 전 기능을 완수하든지 상징적 표현만 하는데 후자의 경우 여성의 교환이나 음식물의 교환이 수반되지 않고서도 일어날 수 있다.

어떤 민족이 토테미즘과 아울러 외혼제를 행한다면 이는 그 민족이 토테미즘에 의해 이미 수립된 사회의 결속을 더 한층 하나의 체계로 강화하는 것이 적절하다고 판단했기 때문이다. 외혼제는 생리적·사회적 친족성이라는 요인을 통해 토테미즘에 연결되며 범(凡)친족성이 결여되어 있으므로 토테미즘과 대립되지는 않으나 서로 다른 것이다. 토테미즘과 다른 기초 위에 선 일반 사회에서도 외혼제는 이와 같은 역할을 한다. 그러므로 이 두 제도의 지리적 분포가 일치하는 곳은 지구상의 일부 지역에 불과하다.

그러나 주지하다시피 외혼제가 완전히 결여되는 법은 없다. 왜냐하면 집단의 영속은 여성에 의해 이루어지며 혼인 교환만이 항상 실질적 내용을 갖는 유일한 교환이기 때문이다. 물론 교환을 조직하는 법과 그러한 실행에 대한 견해가 사회마다 각각 다르며 그에 따라 상징적 내용의 양의 변화가 없는 것은 아니다. 음식의 교환은 문제가 다르다. 아란다족을 보자. 실제로 애를 낳는 쪽은 여자이다. 그러나 아란다족 남성은 그들의 의례가 토템의 종을 증식시킨다고 믿는 데에 그친다. 외혼제의 경우 비록 자체에 한계를 부여하는 상투적 언어로 표현되기는 해도, 문제의 관건이 되는 것은 우선 그 실행의 방식이다. 반면에 음식물 교환의 경우 문제가 되는 것은 무엇을 말하는 방식일 뿐이다.

그 내용이 무엇이든 중첩의 예는 특별한 관심을 끌어왔는데 이는 서로 다른 두 면 위에서 동일한 도식의 반복으로 인해 그것들이 더 간단하고 일관성 있게 보였기 때문이다. 토테미즘을 음식물 금기와 외혼규정의 유사점을 통해 정의한다든가, 보충적인 두 관습에 특별한 관심을 쏟는다든가 하는 것은 무엇보다도 위와 같은 이유에서이다. 그러나 결혼과 식생활 관습의 관계는 보충적이 아니라 상호보완적이며 따라서 상호변증법적인 관계가 되는 경우가 있다. 이 경우도 앞과 동일한 군에 속한다는 것은 명백하다. 인간 과학의 대상은 임의로 분리된 변환이 아니라 오직 이러한 군이다. 앞 장에서 이른바 미개 민족, 특히 과테말라 인디언의 농업에서 원주민의 농자 선택이 대단히 엄격하다는 것에 관해 식물학자의 증언을 인용한 바 있다. 이 지역에서는 또한 농작물 교환하기를 심히 꺼리고 있다는 것도 알려져 있다. 묘목을 이식할 경우 그와 함께 식물의 정령도 함께 이동하여 원래 있던 토지로부터 사라지고 만다고 여기기 때문이다. 그러므로 여성은 교환하지만 정령은 교환하지 않는다. 이런 사례는 멜라네시아에서도 자주 볼 수 있다.

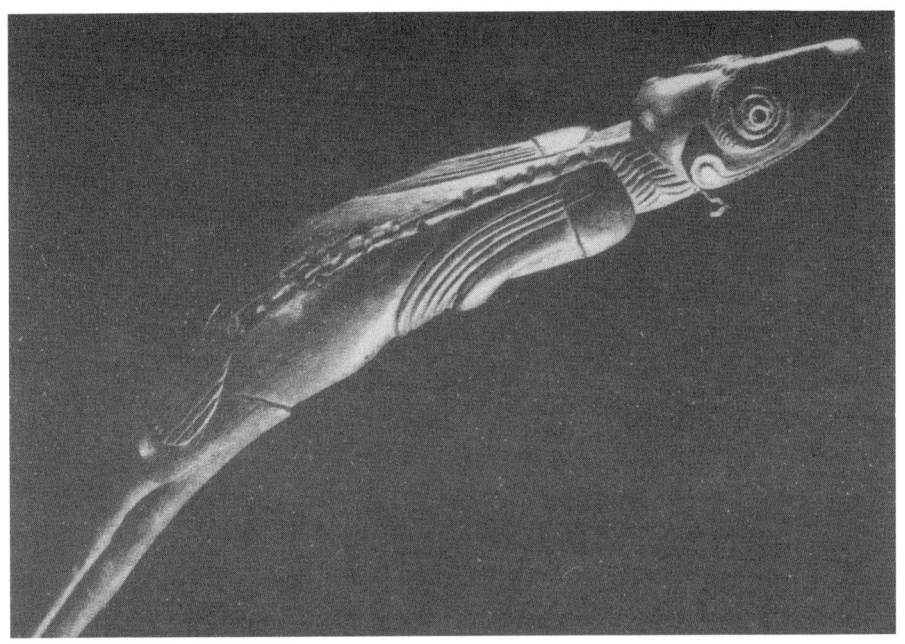

도마뱀 모양의 나무 막대기 이것은 의례에서 보호봉이나 집의 문 손잡이로 쓰인다.

뉴기니 남동쪽에 있는 도부 섬 주민들은 '수수'라고 하는 소수의 모계혈통으로 나누어져 있다. 서로 다른 '수수' 출신이기 마련인 남편과 아내는 각자의 마 종자를 가져와서 각기 다른 밭에다 심는다. 함께 심는 법은 결코 없다. 종자를 갖지 못한 자는 구원을 받을 수가 없다. 종자를 갖지 못한 여성은 결혼할 수가 없으며 고기를 잡지 않으면 도둑이나 거지 신세에 이르고 만다. 한편 자기가 속한 '수수'에서 가져오지 않은 종자는 싹이 나지 않는다고 생각한다. 농업은 외숙에게서 이어받는 주술에 의해서 비로소 가능해지기 때문이다. 마를 자라게 하는 것은 의례인 것이다. 이와 같은 주의와 배려는 마가 곧 인간이라는 신앙에 기초한다. '마는 여자처럼 애를 만든다.' 마는 밤에 밖에 나다니다가 추수 전까지 귀가하여야 한다. 이러한 이유에서 이른 아침에 마를 캐면 안 된다는 규칙이 있다. 그때까지 마가 귀가하지 않았을지도 모르기 때문이다. 수확을 잘하는 사람은 주술사로서 이웃의 마을 선동해서 자기 밭으로 오게 했다는 믿음도 여기에서 생긴다. 수확을 올린 사람은 운이 좋은 도둑이라고 여겨진다.

이와 같은 식의 신앙은 프랑스에도 얼마 전까지 존재했다. 중세에는 농작물을 더럽히고 해를 끼치는 마녀, "밀 이삭 위를 걸었도다"라는 시편 구절을 외운 뒤에 밭에서 곡식을 모두 거두어 그 좋은 수확으로 자기 곳간을 채우는 마녀는 사형에 처했다. 페리고르 지방(프랑스 중남부)의 퀴브작에서는 최근까지 다음과 같은 주술을 외우면 무를 많이 수확할 수 있다고 여겼다. "이웃집 무는 좁쌀만큼, 친척집 딸기는 씨알만큼, 우리집 무는 소 머리만하게 해주소서."

『야생의 사고』 제4장 「토템과 카스트」

신화적인 사고에 담긴 일반화 능력과 과학성

『야생의 사고』의 직접적인 주제는 우리들 문명인의 사고와 본질적으로 다른 '미개의 사고'가 존재한다는 환상의 해체이다. '미개의 사고' 또는 '사유'라는 개념은 20세기 초반의 프랑스 인류학자인 레비-브륄이 그의 저서『미개심성』과『미개사회의 사고』에서 사용한 용어이다. 여기서 레비-브륄은 미개인이란 경제적·본능적 욕구에나 충실한 존재로서 주술적이며 따라서 비과학적·비논리적이라는 것이다. 그는 그들의 사고의 특징을 전논리적(前論理的)이라는 말로 규정했다.

이것은 어떤 의미에서 레비-브륄 자신의 사상이라고 하기보다는 자신감에 찬 서구인들의 전통적인 미개인관의 표현이었다. 레비-스트로스의『야생의 사고』는 이러한 전통적인 미개인관에 대한 근본적인 비판서이다. 그는 미개인, 원시인, 또는 야만인이라고 불리는 사람들의 생활세계 전반에 걸친 양상들을 통해서 그들의 사유형태의 내재적 논리를 종합해내었다. 이 저서의 출간 이후 프랑스에서는 서구문화의 자기중심적이고 우월적인 사고에 대한 비판과 반성이 일기 시작하였으며, 절대불변이라고 생각해왔던 서구 사고의 기반이 조금씩 흔들리기 시작하였다. 나아가서 그의 인류학은 전후 이래 서구 사상계를 지배해온 사르트르의 실존주의에 도전하게 되었으며, 그 도전은 60년대의 사상계를 떠들썩하게 하는 레비-스트로스와 사르트르 사이의 논쟁을 불러일으켰다. 그 논쟁은 서구사상의 핵심주제인 이성과 합리주의가 '비합리적', '비역사적', '비논리적'인 야생의 사고와 대결한 것이었다.

이후 서구 사상계는 실존주의의 몰락과 함께 구조주의의 붐을 가져온다. 레비-스트로스는 이 책에서 미개인이라고 불리는 사람들의 사고의 깊이와 그 내재적 논리구조를 밝혀낼 뿐 아니라 서구인에게 2차적인 본성이라 할 수 있는 과학 또는 철학의 방법론적 선입견을 벗겨냄으로써 문자 이전의 사회를 연구하는 사람들로 하여금 무한히 다양한 표현에 깔린 인간사고의 유형을 발견할 수 있는 희망을 갖게 했다.

야생의 사고라는 용어는 이러저러한 미개인의 사고가 아니라 어떤 기호를 확립하기 위해 필요한 공리와 공준(共準)과의 체계이다. 야생의 사고는 또한 '신화적 사고'와 '구체의 논리'로 표현되는 사고이며, 이것은 문명인의 사고와 대립되는 것이 아니고 문명인의 사고의 일부이기도 하다는 점을 레비-스트로스는 이 책에서 지적한다. 이러한 사고 형태는 실제로 우리도 가지고 있으며 우리의 일상 세계에서 지적 조작이나 예술활동에서도 중요한 역할을 하고 있다. 이것은 인간정신 속에 꽃피워온 사고이며, 우리가 의식하지 못한 가운데 문명을 이룩해온 내재적 사고인 것이다.

인류학자로서 레비-스트로스의 학문 영역은 크게 세 시기로 구분된다. 『친족의 기본구조』를 비롯한 친족의 연구로 특징지어지는 시기, 『야생의 사고』『오늘날의 토테미즘』에서 볼 수 있듯이 미개인관이 확립되는 시기, 마지막 시기로『날것과 익힌 것』『꿀에서 재까지』『식탁예절의 기원』,『벌거벗은 인간』등의 저술을 통해 방대한 신화연구가 종합되는 시기이다.『야생의 사고』는 본격적인 신화연구를 위한 준비작업이며 서곡으로서의 의미를 지닌다.

이 책은 전부 9장으로 구성되어 있다. 제1장

에서 제8장까지는 풍부한 자료제시와 도식을 통해 야생의 사고의 모습과 그 내적 논리성을 밝히고, 제9장에서는 야생의 사고의 역사없는 사회를 대변함과 동시에 사르트르의 변증법적 역사관에 대한 비판으로 이루어져 있다.

서구인들이 가지는 편견의 하나는 미개인의 언어는 구체적인 사물에 대한 명칭은 가지고 있어도 이것들을 범주로 묶는 추상명사를 가지고 있지 않기 때문에 그들의 사고는 단순하고 비논리적이며, 사물을 객관화시키는 지적 활동이 불가능하다는 것이었다. 이를테면 나무라는 추상화된 공통의 개념이 없이 소나무, 전나무, 떡갈나무 등의 개별적인 종에 대한 명칭만 존재한다는 것이다.

그러나 이 책에서 레비-스트로스는 문명인과 미개인의 사고는 사물을 범주화시키는 방법과 관심의 영역에서 서로 다를 뿐, 이 중 어느 것이 더욱 과학적이라거나 논리적이라고 주장할 수는 없음을 밝히고 있다. 뉴멕시코의 테와족 인디언은 "작은 차이점도 놓지지 않는다……. 그 지역의 모든 침엽수마다 명칭이 따로 있지만, 평범한 백인들은 이들을 따로 구별하지 못한다……. 사실 식물학 논문을 테와족의 언어로 번역하더라도 큰 지장이 없을 정도이다……. 과학자들은 불확실성이나 좌절을 참고 견딘다. 왜냐하면 어찌할 수가 없기 때문이다. 하지만 참고 견디지 못하며 또 그래서도 안 되는 것이 있으니 그것이 바로 무질서이다. 이 무질서를 없애려는 노력은 생명의 기원과 함께 저차원에서 무의식적으로 시작되었다." 레비-스트로스는 무질서에 대한 배타성은 미개인에게도 마찬가지로 작용하고 있음을 보여준다. 우리가 미개적이라고 일컫는 사고 역시 이러한 질서에의 요청에 기초하고 있는 것이다.

미개인의 사고의 특징을 설명하면서 그들의 사고가 주술적이라고 한다. 그렇게 말할 때의 주술은 과학의 전단계라는 의미를 함축하고 있다. 그러나 과학이 인과율에 의한 결정론이라면, 주술은 인과율로만 설명될 수 없는 결정론이다. "근대과학은 우리에게 빵과 병균 사이에 인과관계를 알 수 있게 하려고 하는데, 샤먼의 치료는 환자가 진심으로 믿고 있는 신화와 괴물의 세계에 병을 결부시키는 능력에 의지하고 있다." 레비-스트로스는 주술과 과학을 발전단계로서가 아니라 사물을 이해하는 두 개의 서로 다른 태도로서 파악한다. 그에 의하면 주술역시 훌륭하게 구축된 하나의 체계를 이루고 있으며 이러한 점에서 과학체계와 별개의 것이다. 그러므로 그는 주술과 과학을 대립적으로 보지 말고, 지식습득의 병행하는 두 양식으로 받아들일 것을 권고한다.

문명인의 사고를 추상의 과학이라고 한다면 '주술적'이고 '감각적'인 미개인의 사고는 '구체의 과학'이라고 할 수 있으며, 다른 표현으로는 신화적인 사고라 할 수 있다. 신화적 사고는 표상(image)에 묶인 채 지각(percept)과 개념(concept)의 중간에 자리잡고 있어 우리에게는 표상으로밖에 나타나지 않지만, 일반화의 능력을 가지고 있으며 따라서 그 나름으로는 과학적일 수 있다고 레비-스트로스는 주장한다.

안정남
전문번역가

옮긴이 안정남은 서울대학교 문리대학 불어불문학과를 졸업하였으며, 미국 보스턴 대학 대학원 문화인류학과에서 석사학위를 받았다. 서울대·숙명여대 강사를 지냈으며, 지금은 인류학 관련 저서의 집필 및 번역에 열중하고 있다. 역서로는 한길사에서 펴낸 레비-스트로스의 『야생의 사고』가 있다.

성서의 구조인류학

에드먼드 리치 지음 | 신인철 옮김 | 380쪽

인류학사에서 에드먼드 리치는 영국의 기능주의 인류학과 프랑스의 구조주의 인류학을 성공적으로 결합시킨 학자로 그 위치를 자리매김할 수 있다.

리치의 저작들은 메마르기 쉬운 구조주의에 기능주의적 풍요를 가져다주었고, 이론적 빈약을 겪던 기능주의에 구조주의의 엄밀성을 더해 주었다.『성서의 구조인류학』은 기능주의와 구조주의 결합의 결정판이다.

이 책을 관통하고 있는 기본주장은 성서는 종교적인 메시지를 담고 있고, 그 메시지는 신화나 설화 등이 가지는 표면적 의미에서 즉각적으로 추론될 수 있는 것 이상의 그 무엇을 담고 있다는 것이다. 즉 성서는 신비를 담고 있고, 신비는 성서에 어떻게든 코드화되어 있으며, 그 코드는 해독될 수 있다는 것이다. 또한 원형과 반복이 지배하는, 즉 영원회귀의 우주 안에서는 '종말관'을 생각할 수 없다는 데서 우주와 역사를 둘로 나누어 생각한 그의 관점이 엿보인다.

우리는 그가 '우주'를 보는 시야가 대단히 넓고 큰 전체성과 통일성 아래서 정합되고 있는 데 놀라게 된다. 모든 자연물은 다른 자연물과 마치 혈족처럼 유대를 가지고 있으며 상호 조응하고 있어서, 어느 것 하나 분리되어 있거나 고립되어 있는 것이 없음을 보게 된다.

유명한 유대학 전문가인 야곱 노스너는 리치에 대해 이렇게 말했다.

"에드먼드 리치는 이전에 수없이 읽은 성서에서 우리가 지금까지 깨닫지 못했던 의미와 차원이 있음을 가르쳐준다. 그의 분석대로 따라가보면 우리가 맹목적이었다는 것을 생각하지 않을 수 없다. 에드먼드 리치는 성서를 어떻게 읽어야 하는가를 가르쳐주고 있다."

에드먼드 리치(1910~89)

영국 케임브리지학파의 리더인 에드먼드 리치 경(Sir Edmund Leach)은 1910년 영국 사이드마우스에서 출생했다. 케임브리지 공과대학을 졸업하고, 런던 대학에서 인류학을 전공했다. 처음에는 공학을 전공한 그는 당시 영국에서 기능주의적 인류학을 확립시킨 말리노프스키에게 사사하면서 인류학자로서의 길을 걷기 시작했다.

그의 현지 조사 경력은 이란의 쿠르드족(1938), 미얀마의 카친족(1941), 스리랑카의 신할리족(1954) 등 다방면에 이르고 있다. 특히 미얀마의 카친족을 조사하던 가운데 제2차 세계대전이 발발하여 미얀마군의 일원으로 참전하게 되었다.

그는 이런 경험을 바탕으로 『쿠드르족의 사회경제조직』(1940), 『버마고원의 정치체계』(1954), 『인류학 비판』(1959), 『신화로서의 창세기』(1969)와 말년에 『성서의 구조인류학』(1985) 등과 같은 저서를 남겼다. 그중에서 『버마고원의 정치체계』는 인류학의 고전으로 손꼽히고 있다.

그밖에 1953년부터 1978년까지 케임브리지 대학 사회인류학과 교수를 지냈으며, 1966년부터 1979년까지 케임브리지 대학 킹스칼리지 학장을 역임했다. 또한 대영학술원 회원, 대영박물관 이사 등을 역임한 에드먼드 리치 경은 인류학자로서의 공적을 인정받아 영국 정부로부터 작위를 받았다.

그의 또다른 저서로 『클로드 레비-스트로스』(1970), 『문화와 커뮤니케이션』(1976), 『사회인류학』(1982) 등이 있다.

성서의 구조주의적 해석

먼저 글의 첫머리에서 강조해두어야 할 점은 나는 성서를 해석하는 학자들의 의도에는 전혀 관심을 두지 않는다는 점이다. 성서의 해석에서 어떤 해석이 옳고 어떤 해석이 그르다는 식의 구별은 있을 수 없다고 생각한다. 성서의 해석에서 상상의 한계는 존재하지 않는다. 물론 이러한 해석이 더 매력적이고 더 그럴듯하다는 주장은 할 수 있다. 그렇지만 반드시 이러한 해석이어야 한다는 것은 전적으로 거절하고 싶다.

이 강연에서 나의 목적은 잘 알려져 있는 성서의 일부 내용들 중에 동일한 주제가 유형화되어 존재하고 있다는 것을 보여주는 일이다. 나는 (내게 주어진 시간 내에서) 복음서의 여러 곳에서 유형화된 동일한 주제가 반복해서 되풀이되고 있다는 것을 보여주고자 한다.

이 강연에 대한 사람들의 반응은 매우 다양할 것 같다. 예를 들면 어떤 사람들은 '그렇기는 하지만 그것은 우연에 지나지 않는다'라고 말할 수도 있고, '미처 생각을 못해봤는데, 의미가 있는 것 같다'라고 말하는 사람들도 있을 것이다. 이러한 반응은 두 가지 극단적인 반응일 것이고, 이외에도 여러 가지 다양한 반응들이 있을 것 같다.

그러나 동일한 주제가 유형화되어 있음이 우연이 아니라고 여러분들을 설득시켰다고 하자. 그러면 그것이 의도적인 유형화일 수도 있지 않은가? 그러면 그 반대의 논리도 생겨날 수 있다. 우연이 아닌 유형화는 반드시 의도적인 유형화인가? 그러나 나는 이런 식으로 논리를 전개하지는 않는다.

신약복음서가 어떻게 해서 씌어지게 되었는지 나로서는 알 수 없다. 내가 알고 있는 것은 (혹은 내가 알고 있다고 생각하는 것은) 적어도 2세기 초엽에는 현재 우리가 사용하고 있는 것과 아주 유사한 신약성서가 초기 기독교의 예배 때에 사용되고 있었다는 것이다. 신약성서가 2세기 초엽에 실제로 사용되었다는 사실 그 자체가 신약성서에 영향을 미쳤다고 생각된다. 즉 실제의 장에서 신약성서의 사용이 성서의 배열을 결정짓는 데 영향을 미쳤고, 어느 정도까지는 성서의 내용에도 영향을 미쳤다고 여겨진다.

현재 행해지고 있는 성서의 주해 방법으로 이러한 영향을 파악하기란 불가능하다. 나의 방법론으로도 이것은 가볍게 논할 문제가 아니다. 정전성서가 완전히 확립된 때부터 성서의 문맥을 읽는 것도 이미 성서의 일부가 되어버렸다. 그러므로 가설상의 실존인물인 예수가 실제로 말을 했는지 아닌지는 나의 관심 밖이다. 나는 성서의 배열이 의식적인 의도에서 나온 것이라고 주장하지는 않는다. 즉 의례적 필요에 따라 성서의 이야기들을 배열했고, 이러한 성서의 배열은 어떤 사람들의 의식적인 조작이라는 것은 아니다. 내가 말하고자 하는 것은 다음과 같다.

나는 성서의 구조화된 유형이 이제 와서 어떤 종교적 메시지를 전달한다고 생각한다. 이러한 종교적 메시지는 성서가 최초로 사용되었던 초기 기독교 교회의 종교적 이데올로기와 분리시켜 생각할 수 없다.

그렇다고 이러한 나의 논지가 성서에서 의미

그리스도의 세례
성서에서 성스러운 존재들은 왕과
선지자의 혈통이라는 양의성을 가진다.

가 다른 차원들이 있을 가능성을 배제하는 것은 아니다. 사실 성서에는 차원이 다른 의미들이 있는 것 같다. 이러한 의미들은 직접적인 미학적 직관에 의해 밝혀질 수도 있고, 강단 신학자들이 훌륭하게 해내고 있는 것처럼 복잡한 성서 주해의 다양한 절차들에 의해서도 밝혀질 수 있을 것이다.

너무 멀리 나아가지 말고 이 강연의 주제에만 국한하도록 하고, 먼저 이 강연의 주제를 간단히 설명하는 것으로부터 시작하자. 보편적 신학에 바탕을 둔 신약성서의 분석은 그 밑에 하나의 전제가 놓여 있다. 현재 우리가 읽고 있는 신약복음서는 종류가 다른 몇 개의 부분들로 분해할 수 있다. 크게 보아 두 개의 부분으로 분해하고 있다. 하나는 역사적 사건들을 시간적 순서에 따라 기록한 부분들이고, 다른 하나는 이러한 역사적 사건들의 과정 속에서 예수가 말한 교훈적 이야기들을 기록한 부분들이다. 그리고 교훈적 이야기들의 하위 범주에 해당하는 것이 비유담(parables)이다.

내가 주장하고 싶은 것은 신약성서를 이렇게 종류가 서로 다른 두 가지 장르로 분해하는 것은 근본적인 오류를 가져올 수 있다는 것이다. 텍스트는 텍스트이다. 텍스트는 전체이고, 전체로서 이해되어야 한다. 텍스트의 어떤 부분은 다른 부분의 구조적 변형임을 알아야만 비로소 텍스트를 전체로서 이해할 수 있게 된다.

「성서의 구조인류학」 제5장 「반(反)장르론」

종교적 메시지를 담고 있는 성서의 기능주의적 정의

인류학사에서 에드먼드 리치는 영국의 기능주의 인류학과 프랑스의 구조주의 인류학을 성공적으로 결합시킨 학자로 그 위치를 자리매김할 수 있다. 리치의 저작들은 메마르기 쉬운 구조주의에 기능주의적 풍요를 가져다주었고, 이론적 빈약을 겪던 기능주의에 구조주의의 엄밀성을 더해주었다. 『성서의 구조인류학』은 기능주의와 구조주의의 결합의 결정판이다.

에드먼드 리치는 신화를 '현재의 사회적 행위를 정당화시키는 목적으로 사용되는 과거의 사건들에 관한 성스러운 이야기'라는 의미로 사용한다. 이것은 신화의 기능주의적 정의이다. 리치의 대전제는 기독교 교리와 당시 사회적 맥락들이 불가분의 관계에 놓여 있다는 것이다. 성서와 기독교인의 관계는 신화와 원시인의 관계와 같다. 원시인들이 자기들의 신화를 믿듯이 기독교인은 천지창조와 인간의 타락을 믿으며, 그리스도가 십자가에서 제물이 됨으로써 인간이 죄사함을 받는다는 것을 믿는다. 신화는 원시인들의 의례와 가치 속에 살아 그들의 신앙과 행동을 규제한다. 마찬가지로 성서는 기독교인의 의례와 가치 속에 살아 그들의 신앙과 행동을 규제한다.

인류학자들은 신화와 의례는 직접적인 관련이 있다고 확신하며, 신화는 의례의 반영으로 파악한다. 즉 종교의 핵심은 종교적 관습, 곧 의례에서 발견되는 것이지 의례를 통해서 표현된다고 여겨지는 신앙의 언어적 표현, 곧 신화에서 발견되는 것이 아니다. 리치도 마찬가지이다. 리치는 "의례로부터 신화가 생겨나는 것이지 신화로부터 의례가 생겨나는 것이 아니라고 자신있게 단언할 수 있다"는 로버트슨 스미스와 말리노프스키의 가설을 받아들이고 출발한다.

신학자와 인류학자는 예수의 설교가 본래의 맥락과 결부되어 있다는 점에서 동의한다. 그러나 '본래의 맥락'이 무엇이냐 하는 점에서는 견해가 달라진다. 신학자들은 본래의 맥락이란 '서기 30년경 실제로 존재했던 예수가 실제의 배 위에서 갈릴리 바닷가에 모인 실제의 군중들 앞에서 실제로 설교했다는 맥락'이라고 한다. 그러나 에드먼드 리치에게 '본래의 맥락'이란 초기 기독교 교회에서 성서가 예배의례의 규범으로 사용되던 사회적 맥락을 의미한다.

신약성서는 2세기 초엽에 초기 기독교의 예배의례 때 사용되었고, 예배의례에서 사용되었다는 사실이 신약성서에 영향을 미쳤고, 신약의 배열을 결정지었다는 것이다. 신약성서의 세부사항들과 초기 기독교의 예배의례 사이에는 피드백 관계가 있다. 신약성서에서 예수의 설교가 특별한 그 무엇을 가지게 된 이유는 그것이 초기 기독교 교회에서 예배의례 때 사용되었던 것이기 때문이다. 예수의 설교가 초기 교회에서 사용됨에 따라 살해된 신(神)의 가르침이 되었고, 그 살해된 신이 지상에서 보낸 생애 동안 있었던 사건들에 대한 서술과 혼합되었다.

기독교의 기원은 단 하나의 사건에서 찾을 수 있는 것이 아니다. 그 당시의 광범위한 문화적 상황에서 유래한다. 기원전 2세기에는 이집트의 종교, 헬레니즘, 유태교, 페르시아의 종교 등이 혼합되어 지중해 동부지역에 널리 퍼져 있었다. 신약성서의 종교적 메시지는 초기 기독교 교회의 종교적 이데올로기와 분리시켜 생각할 수 없다.

서기 1세기의 기독교 교회는 조직도 없었고 건물도 없었으며, 정통적 교리 같은 것도 없었다. 하나님에 의해 영감을 받은 선지자들이 교회를 순회하고 다녔고, 교회에 대규모적인 위계서열적 계층성도 없었다. 초기 기독교의 각 종파들은 상호 대립적이었지만 공통적으로 전해오는 유산이 하나 있었다. 그것은 자신들이 새로운 유태인, 따라서 새로운 신의 선민이라는 믿음이었다. 초기 기독교 신자들은 그들이 세상의 종말에 살고 있다고 생각하고 있었고, 물질적인 천년왕국이 곧 도래하여 예루살렘은 재건되고 신의 선민들은 부활하게 될 것이라 믿고 있었다.

초기에 기독교는 기독교(Christianity)라는 글자의 뜻 그대로 천년왕국운동이었다. 서기 1세기의 기독교는 단일한 교회가 아니라 수많은 천년왕국 교파들이 모인 하나의 집합체였다. 인류학에서 천년왕국운동의 대표적인 예로는 멜라네시아의 화물숭배(Cargo cult), 북미 인디언들의 유령춤(Ghost Dance), 19세기 중국의 태평천국의 난 등이 있다.

천년왕국사상이 생겨나려면 스스로 박탈감을 느끼며 정치권력으로부터 소외된, 결속력 있는 공동체라는 사회적 맥락을 갖추어야 한다. 천년왕국사상은 신수설(神授說)에 의해 권력을 행사한다는 정치권력에 대한 저항운동이다. 천년왕국운동은 초기단계에서 대부분 현저한 평등주의, 공산주의, 무정부주의의 성향을 보인다. 이에 따라 천년왕국운동은 기존의 법과 질서를 위협하는 존재로 취급되고 박해와 순교가 뒤따른다. 박해와 순교는 천년왕국운동의 전형을 이루는 부분이다.

초기 기독교 교회도 마찬가지였다. 초기 기독교 신자들은 성찬의례(Eucharist)를 통해 예수와 같은 존재가 된다고 믿었다. 따라서 초기 기독교 교회에서 예수는 하나님의 종으로 간주되는 이차적 존재일 뿐이었다. 2세기에 그리스도는 곧 로고스였고, 그리스도-로고스의 탄생은 새로운 시대의 시작을 알리는 것이다. 천년왕국은 최후의 심판 이전에 오는 것이며, 선택된 자들은 기독교 신자들인 자신들로 이미 정해져 있다고 간주되었다. 즉 일반 신자들이 제물을 바치는 성직자들을 통해 하나님과 연결되는 유형이 아니라 스스로 예수와 같은 존재가 됨으로써 하나님으로부터 선택된 자가 되는 유형이었다. 그러나 후에는 그리스도-로고스보다는 그리스도-십자가로 그 강조점이 옮겨지게 된다.

서기 325년 조만간 지구상에 물질적인 천년왕국이 도래할 것이라고 믿고 기다리는 아리우스파에 대한 박해는 천년왕국 교리의 와해를 알리는 시작이었다. 천년왕국은 최후의 날에 믿음이 있는 자에게 주어지는 것일 뿐이고, 최후의 날도 곧 닥쳐올 가까운 일이 아니라 아주 먼 미래의 일이라고 해석되었다.

신인철

영남대 교수·인류학

옮긴이 신인철은 영남대학교 문화인류학과를 졸업했으며 프랑스 사회과학 대학원(Ecole des Hautes Etudes en Sciences Sociales)에서 인류학으로 석사와 박사 학위를 받았다. 현재 영남대에서 인류학을 가르치고 있다. 저서로는 『한국의 사회구조: 미분화사회에서 부계사회로』, 『고구려, 백제, 신라의 왕위계승의 원리』가 있고, 역서로는 한길사에서 펴낸 에드먼드 리치의 『성서의 구조인류학』이 있다. 주요논문으로는 「한국의 혼인체계」「친족인류학의 두 가지 이론」「신라와 유럽의 왕위계승의 원리」「프랑스의 향토사 연구」「친족 조직론」「고구려의 건국과 왕위계승」 등이 있다.

문명화과정 1

노르베르트 엘리아스 지음 | 박미애 옮김 | 426쪽
2005 연세대학교 권장도서 200선

▷ 저자의 다른 작품
『문명화과정 2』(GB 34)
『궁정사회』(GB 56)

▷ 역자의 다른 번역 작품
『문명화과정 2』(GB 34)
『전체주의의 기원 1, 2』(GB 83, 84)

노르베르트 엘리아스는 『문명화과정』에서 사회변동과 인성구조의 변화를 연결함으로써 현재 사회학이론에 부과된 시대적 과제인 미시적 관점과 거시적 관점의 통합을 이미 1930년대에 실현하였다고 할 수 있다. 구체적인 상황에서 일어나는 인간들 간의 상호작용을 중시하고 일상적 생활세계에서 엿보이는 인간의 주체적인 측면을 강조하는 점에서 그의 문명이론은 미드의 상징적 상호교환이론이나 현상학적 사회학 등의 미시사회학을 선취했다.

그러나 인간이 모든 사회현상을 결정하는 데 능동적인 자원임을 부각시키는 미시사회학은 생활세계가 유동하는 모습을 구체적으로 그려낼 수는 있지만 분석의 초점을 개인에게 맞추어 사회제도나 구조의 설명에서는 논리적 한계에 부딪힐 뿐 아니라 역사적 시각이 결여되어 있다는 비판을 피할 수 없었다.

엘리아스의 문명이론은 결합태라는 개념을 통해 구체적인 일상 생활에 대한 미시적 분석과 사회변동 및 사회과정에 대한 거시적 분석을 설득력 있게 통합하고 있다. 역사와 변동과 과정을 연구의 중심에 내세운 엘리아스의 사회학은 파슨스의 구조기능주의에 대한 주요 비판이었던 인간에 대한 무관심, 비역사성, 정태적 분석과 실증적 연구의 부족을 극복하고 있다.

권력구조를 엄격하게 관계로 파악하고 개인-사회라는 이원론의 개념적 해체를 방법론적 토대로 한 엘리아스의 사회학은 『문명화과정』이나 『궁정사회』와 같은 역사적·경험적 연구를 통해 사회변동의 전체적인 방향을 보여줄 뿐만 아니라 각 집단들 간의 상호작용에서 중요한 역할을 하는 권력과 갈등의 문제를 심도 있게 분석하고 있다.

노르베르트 엘리아스(1897~1990)

노르베르트 엘리아스(Norbert Elias)는 브레슬라우의 중산층 유대인 가정에서 태어났다. 인문계 고등학교를 다니면서 고대 그리스, 로마시대의 대가들과 괴테, 실러시대의 독일 고전문학을 두루 섭렵한다. 이때 얻은 독일문학에 대한 그의 폭넓은 지식은 훗날 『문명화과정』의 역사 실증적 분석에 중요한 밑거름이 된다.

엘리아스는 1924년 브레슬라우 대학에서 신칸트학파의 철학자 리하르트 회니히스발트의 지도 아래 박사학위 논문인 「이념과 개인」(Idee und Individuum)을 쓴다. 그는 이 논문에서 칸트의 '아 프리오리'(a priori)를 반박함으로써 종래의 철학적 인간관인 '폐쇄적 인간'을 부정하려 했지만 그의 관점은 받아들여지지 않았다. 이러한 입장을 철회하고 수정한 다음에야 비로소 그의 학위논문은 통과될 수 있었다.

1930년 프랑크푸르트에서 만하임의 지도로 교수자격 논문인 「궁정사회」(Die höfische Gesellschaft)를 쓰기 시작한다. '결합태 사회학', '문명화과정의 이론'과 같은 독창적인 사회학적 사유를 역사적 실증연구와 결합시켰던 엘리아스의 주저 『문명화과정』은 이미 1930년대에 출판되었지만, 몇몇 소수의 사회학자나 역사학자들에 의해 언급되거나 인용되었을 뿐 오랫동안 영국·미국이나 독일 사회학계에서 주목받지 못했다.

1977년 프랑크푸르트 시가 수여하는 아도르노 상을 수상한 뒤, 엘리아스의 이름은 비로소 사회학을 넘어서 여러 학계에 널리 알려지게 되었고, 1968년에 독일에서 재판된 그의 주저 『문명화과정』은 1978년 영어로 번역되었다. 독일 사회학회가 1975년 그를 명예회원으로 추대함으로써 그의 복권은 완벽하게 이루어졌다.

복잡한 방향으로 전개되는 문명의 발달과정

문명화과정은 결코 직선으로 전개되지 않는다. 우리는 우선 변화의 일반적인 경향을 집어낼 수 있다. 그 다음 이 운동을 자세히 들여다 보면 문명의 노정에는 가로와 세로의 운동들이 수없이 많고 이 방향 또는 저 방향으로의 돌출들이 있음을 우리는 알 수 있다. 그러나 우리가 보다 장기적으로 이 운동을 관찰할 경우, 우리는 무기나 물리적, 전투적 제압을 통한 위협에 기인하는 통제가 서서히 줄어들고, 의존과 종속의 형식이 강화되며, 이것은 또 자기훈련과 자기통제의 형식으로 감정생활을 규제하고 경영하는 결과를 낳는다는 사실을 알게 된다. 그 때그때의 상류층 남성들——처음에는 전사들, 다음에는 기사와 궁정인들, 마지막으로 직업을 가진 시민계급들——을 관찰할 경우, 이 변화는 가장 직선적으로 보인다. 그러나 우리가 역사적 사건들의 다층적 구조를 고찰한다면, 이 운동은 끝없이 복잡하다는 생각이 든다.

어느 시기에나 여러 가지의 변이현상들이 있다. 외적·내적 규제의 밀물과 썰물이 종종 서로 충돌한다. 특히 시간적으로 우리에게 가까운 변이현상들을 관찰할 경우 운동의 일반적 경향을 볼 수 있는 시선은 쉽게 흐려질 위험이 있다. 개인의 본능과 남녀관계에 부과된 규제와 관련된 변이현상은 아직 모든 사람의 기억에 생생하다. 제1차 세계대전 후 몇 년 동안 전쟁 전과 비교하여 '도덕의 해이'라 부를 수 있는 현상이 나타났다. 전쟁 전 행동을 구속하던 일련의 규제들이 약화되었거나 아주 사라져버렸다. 이전에 금지되었던 일들이 이제 허용된다. 가까이에서 보면 운동은 여기서 드러났던 것과는 오히려 반대 방향으로 흘러가는 것처럼 보인다. 즉 그것은 개인에 대한 사회의 제한이 느슨해지는 방향으로 진행되는 듯이 보인다. 그러나 좀더 세밀하게 고찰해보면, 그것은 전체 과정의 모든 개별적 단계에서, 역사적 운동이 지닌 복합성으로 인하여 항상 새로이 발생하는 가벼운 후퇴, 하나의 조그만 퇴행적 운동임을 우리는 어렵지 않게 알아낼 수 있다.

목욕습속을 예로 들 수 있다. 19세기에 한 여성이 현재 유행하는 수영복을 입고 공공장소에 등장했다면 그녀는 사회적인 지탄을 면할 수 없었을 것이다. 그러나 이러한 목욕습속의 변화, 스포츠의 광범위한 보급 등은 모두 본능규제의 높은 수준을 전제로 가능한 것이다. 극도의 자기억제가 당연한 사회에서만, 그리고 강한 자기통제와 엄격한 사교예절이 개개인에게 굴레를 씌울 수 있다고 남녀 모두가 확신하는 사회에서만 그런 식의 목욕습속과 스포츠 관습, 그 정도의 자유가 만개할 수 있는 것이다. 이것은 '문명화된' 표준행동의 범위 내에서, 다시 말하면 습관으로 길러진 자동적 구속과 높은 수준의 감정변형 안에서만 유지될 수 있는 이완이다.

그러나 이와 동시에 더 팽팽한 본능억압의 물결이 우리 시대에 이미 예고되고 있다. 우리는 여러 사회에서 이제까지의 수준을 훨씬 넘어서는 강도와 의식으로 감정의 사회적 규제와 관리가 시도되고 있음을 목격할 수 있다. 이 시도들은 여러 유형의 성적 조형을 통하여 개인에게 본능의 변형과 단념을 요구하는데, 그 정도는 너무 엄청나 인간태도에 미치는 영향은 아직 가늠할 수 없다.

이와 같은 가로와 세로의 교착, 전진과 후퇴,

얀 스텐, 「시골학교」 17세기에 이르러 아이들은 학교에 보내졌다.
그들은 그곳에서 욕망을 억제하는 훈련을 받기 시작했다.

긴장과 이완이 아무리 많다 하더라도, 이제까지 살펴본 바로는 커다란 운동의 방향은 어떠한 형태의 본능표출에서도 항상 동일하다. 세부사항에 있어서 사회발생적인 차이는 항상 있을 수 있지만 성본능의 문명곡선은 다른 본능들의 곡선과 유사하게 그려진다. 우선 지배계층 남성들의 수준만 측정해보아도, 규제는 점점 더 강화된다. 이 본능은 서서히 공적인 사회생활로부터 더욱더 배제되며, 이에 관한 담론에서도 극도의 자제가 요구된다.

그러나 직접적이며 외적인 폭력, 즉 물리적 폭력이 욕구발산의 억제를 강요하지 않는다. 사회생활의 구조가, 일반적으로는 사회제도의 압력이, 특수하게는 특정한 사회적 집행기관인 가족이 개인에게 자기통제의 습관을 어렸을 때부터 길러주는 것이다. 그로써 사회적 금지와 명령은 개인의 자아의 일부, 엄격하게 통제된 초자아로 만들어진다.

성본능도 다른 본능처럼 남녀 구별없이 하나의 특정한 영역, 즉 사회적으로 허용된 결혼에 집중된다. 결혼 외의 다른 관계가(여성의 혼외관계이든 남성의 혼외관계이든 상관없이) 사회여론에 의해 반쯤 또는 전적으로 인정받던 과거와는 달리 이제 그것은 점차, 물론 반동의 물결도 없지 않았지만, 사회에서 추방된다. 이러한 규정위반 또는 이를 부추기는 모든 것은 비밀에 부쳐야만 할 영역에 속한다. 사람들은 이 영역을 거론조차 해서도 안되며, 만약 거론하는 사람이 있다면, 그는 자신의 체면과 사회적 지위의 손실을 감수하지 않을 수 없었다.

『문명화과정 1』 제2부 제9장 「이성관계에 대한 사고의 변화」

일상의례로 살펴본 문명의 사회심리적 발전과정

인간들은 가족관계로부터 출발하여 국가간의 관계에 이르기까지 수없이 다양한 상호관계를 통해 서로 얽혀 있다. 그들은 사회적 결합태를 구성하며 이 결합태의 형태는 그 구성원들의 개인적 생활방식을 결정한다. 즉 개개인은 결합태의 구성원으로서 그 결합태 내에서 발달된 사회적 규범을 배운다. 이 결합태가 부단한 흐름 속에 있는 것과 마찬가지로 어느 일정한 시점에서 어떤 결합태에서 지배적인 행동과 감정 규약도 끊임없는 변화과정 속에 있다.

어느 시대 어느 특정한 사회에서 인간들이 알고 할 수 있는 것, 그들이 높이 평가하고 모범으로 받아들이는 행동, 또는 수치스럽고 불쾌하게 생각하여 거부하는 행동과 감정의 기준은 어느 날 갑자기 정해진 것이 아니라 장기간에 걸쳐 형성되어진 것이며, 미래에도 지속적으로 변해갈 것이다. 물론 이러한 사회적 행동기준의 변화는 여러 세대에 걸쳐 서서히 진행되기 때문에 개인이 사회화과정을 통해 청소년기에 겪는 사회심리적 발달과정에 견주어볼 때 보통 직접적으로 인식하기 어렵다. 사회가 분화되고 발달되면 될수록 이러한 행동수준의 발달과정을 명료화하는 작업 역시 그만큼 더 어려워지는 것이다.

엘리아스가 『문명화과정』에서 밝혀내고자 한 것은 바로 이러한 사회적 행동기준의 장기적 발전과정이다. 어린아이가 성장하면서 사회에서 통용되는 가치와 규범, 행동방식과 사고방식을 습득하여 내면화하는 과정, 즉 개인의 사회심리적 발달과정을 사회화라고 한다면, 사회나 문화의 사회심리적 발전과정이 바로 문명화과정인 것이다. 『문명화과정』 제2장의 제목은 엘리아스가 생각하는 문명화과정이 무엇인지 극명하게 말해준다. 즉 문명은 인간행동의 특수한 변화인 것이다.

프로이트에게 의존하고 있는 엘리아스의 근본전제는 어린아이의 사회화과정이 바로 이러한 장기적인 문명화과정의 반복이라는 것이다. 예컨대 어린아이는 성장하면서 스스로의 인성 속에 잠재해 있는 공격욕을 억제하는 훈련을 받게 된다. 그는 처음에는 외부로부터의 강제에 의해 자신의 욕구발산을 억제하지만, 훈련을 거듭해가면서 자율적 통제에 의해 스스로 자신의 욕구를 조정할 수 있게 된다. 종래에는 극히 자연스럽고 떳떳하게 여겨 거리낌없던 행위들, 손으로 식사하거나 함부로 방뇨하는 등의 행위는 이제 수치스럽고 부끄럽게 느껴지는 것이다. 이런 행위는 나중에 습관으로 형성되어 어른들에게는 '내면적인 것, 그들에게 천성으로 주어진 것'으로 느껴지게 된다.

인류는 개인의 차원에서 전개되는 인성구조의 변화, 인간행동의 통제방식의 변화——엘리아스의 표현을 빌리자면 개인의 심리발생적 발달——를 특정한 발달단계에서 이미 거쳐왔다는 것이 프로이트의 관점이었다면, 엘리아스는 이것을 유럽사회의 발전에 국한하여 실증적인 사료분석을 통해 수백 년에 걸친 서구인들의 행동과 감정의 변화를 정확하게 서술함으로써 근대 유럽문명의 심리적·사회적 기원을 밝혀내고 있다.

행동의 외부통제에서 내부통제로의 변화과정으로서 문명의 장기적 과정을 읽어낼 수 있는 자료로서 엘리아스는 이제까지 사회학의 이론적 전통에서 거의 취급되지 않았던 일상의례에 주목하고 있다. 프로이트가 환자들과의 대담을 기록하여 무의식 속에 감추어진 충동이나 감정의 억압된 과정을 가시화하려고 하듯이, 엘리아스는 식탁에서의 행동규칙, 코 풀고 침뱉는 방식에 관한 행동지침을 수록한 예법서의 조사를 통해 서구인의 일상의례가 12세기에서 19세기에 이르는 동안 점점 변화해왔으며, 이러한 일상의례의 변화 속에 행동의 외면적 통제에서 내면적 통제로의 전환이라는 보편적 과정이 표출되고 있음을 증명하고 있다.

우리가 나이프와 포크를 가지고 식사를 한다는 것은 특별히 문명적이라고 할 수 없을 정도로 이제 우리의 일상생활이 되어버렸다. 그러나 포크가 처음으로 식탁에 등장한 것은 그리 오래되지 않은 중세 말이었다. 11세기 비잔틴의 공주가 베니치아공국의 궁정에서 조그만 포크—금으로 만들어진 삼지창—를 사용하여 음식물을 입으로 가져갔을 때, 모든 사람들은 너무나 놀랐고 이 사건은 스캔들이 되었다. 성직자들은 하느님의 천벌이 내릴 것이라 예언했고, 곧 그녀가 끔찍한 병을 앓게 되자 자신들의 예언이 적중했다고 설교했다.

포크가 유럽인의 식탁에 널리 사용되기까지는 거의 500년의 세월이 필요했음을 엘리아스는 여러 언어로 씌어진 예법서를 추적하여 밝혀내고 있다. 식탁 위의 고기를 손으로 뜯어먹는 것은 중세 상류층에게 당연한 습관이었다. 그들은 근세 초까지 음식을 같은 접시에 담아놓고 함께 먹었으며, 특히 중세 기사들은 공동체의식에 근거하여 같은 그릇에 담긴 음식을 손으로 집어다 먹고 술잔도 공동으로 사용하였다. 식탁에 한두 개밖에 없었던 칼은 커다란 접시에서 고기를 덜어낼 때에만 사용되었다. 포크는 16세기 이래 이탈리아로부터 프랑스로, 그후 영국과 독일로 퍼져나간다. 17세기까지 포크는 상류층이 전유하는 사치품이었으나 그후 오랜 세월에 걸쳐 차츰 사회의 하류층에게로 확산된다.

중세의 기사들이 겉옷자락이나 손가락에 코를 풀어도, 길거리에서 함부로 방뇨를 해도, 또 목욕할 때 하녀의 시중을 받아도 15세기에는 그다지 특별한 일이 아니었다. 나체로 젊은 남녀가 함께 목욕하거나, 도시의 좁은 골목에서 나체, 반나체의 남녀들이 공동목욕탕을 향해 뛰어가는 것은 중세에 흔히 볼 수 있는 일이었다. 엘리아스의 『문명화과정』은, 특히 제1권은 이와 같이 중세의 일상사들에 대한 흥미롭고 인상적인 묘사들로 가득 차 있다. 그러나 앞에서 언급하였듯이 엘리아스의 주된 목적은 행동변화에 대한 여러 구체적인 사료들을 종합하여 하나의 중세상을 그려내고자 하는 문화사적인 작업이 아니라 그 속에서 드러나는 행동과 감정의 변화에 있어서 구조와 일정한 방향을 포착하려는 것이다. 그러므로 엘리아스의 구체적인 실증작업에는 항상 일관된 질문들이 관통하고 있다.

박미애
전문번역가

옮긴이 박미애는 연세대 독문과를 졸업하고 독일 아우크스부르크 대학에서 사회학 석사 및 박사학위를 받았다. 저서로는 *Patriarchat durch konfuzianische Anstandsnormen*, 『인간복제에 관한 철학적 성찰-슬로터다이크 논쟁을 중심으로』(공저)가 있다. 역서로는 한길사에서 펴낸 노르베르트 엘리아스의 『문명화과정』, 『기득권자와 아웃사이더』를 비롯해, 한나 아렌트의 『전체주의의 기원』(공역), 퓨겐의 『막스베버: 사회학적 사유의 길』, 하버마스의 『새로운 불투명성』, 히르슈의 『로자 룩셈부르크』, 슬로터다이크의 『인간농장을 위한 규칙』(공역), 『냉소적 이성 비판』(공역) 등이 있다.

역사를 위한 변명

마르크 블로크 지음 | 고봉만 옮김 | 248쪽
2008 『한국일보』 오늘의 책
2009 『동아일보』 대학신입생 추천도서

▷ 저자의 다른 작품
『봉건사회 1, 2』(GB 49, 50)

"아빠, 도대체 역사란 무엇에 쓰는 것인지 저에게 설명 좀 해주세요."

이렇게 어린 아들의 소박한 질문으로 시작되는 이 책은 비록 마르크 블로크 생전에 완성되지는 못했지만, 블로크가 역사를 주제로 쓴 마지막 글이다.

이 책 『역사를 위한 변명』에서 저자 블로크는 역사학을 대하는 일반 지식인들의 경멸과 냉소적인 풍조를 반박하면서 '역사의 대상은 인간이다'라는 기치 아래 인간학으로서의 역사학을 강조하고 있다. 그는 역사를 과거에 관한 단순한 기록이 아니라 '시간 속의 인간들에 관한 학문'으로 자리매김하고자 했다.

블로크에게 역사가의 행위란 현재와 과거를 연결하는 작업에서 실현되는 것이다. 현재와 과거는 서로 연관되어 있으므로 "현재에 관한 이해가 부족하면 필연적으로 과거를 알지 못하게 된다." 그에게는 "살아 있는 것을 이해하는 능력이야말로 진정한 의미에서 역사의 중요한 자질"이다. 간단히 말하면 현재에 관한 지식은 과거와 직접적으로 관계를 맺으며, 역사에서는 "죽은 사람에 관한 연구와 살아 있는 사람에 관한 연구가 연결되는 것이다." 그러므로 역사가의 현실 참여는 역사연구를 통해서 참다운 진실을 밝히는 비판적인 작업이라고 할 수 있다.

블로크는 이 책을 통해 역사란 과거를 연구하는 죽은 학문이 아니라 현재를 이해하고 미래를 예견하는 데 도움을 주는 유용한 실용주의적 학문임을 밝히고자 했다. 이를 위해 그는 철학적이거나 논증적인 방법을 취하는 대신 실제로 역사가들이 하는 일이 무엇인지를 소박하게, 즉 실제 역사가의 작업장을 보여줌으로써 그가 사랑하는 역사를 변호하려 하고 있다.

마르크 블로크(1886~1944)

마르크 블로크(Marc Bloch)는 파리고등사범학교를 졸업하고 몽펠리에와 아미앵의 고등학교에서 잠시 교편을 잡았는데, 제1차 세계대전이 일어나자 1915년에 입대해 종군했다. 제대 후 1919년부터 1936년까지 스트라스부르 대학에서 중세사 교수를 지냈는데, 이곳에서 그는 평생의 학문적 동반자가 된 뤼시앵 페브르와 함께 강의를 했다.

1920년「왕과 농노」라는 논문으로 소르본 대학에서 박사학위를 받은 그는 이후 사회경제사·농업사 연구에 주력했다. 1924년에는 『기적을 행하는 왕』을 펴냈고, 1929년에는 페브르와 함께 『사회경제사 연보』, 이른바 『아날』(프랑스어로 '연보'라는 뜻)지를 창간했으며, 이후 『프랑스 농촌사의 기본성격』을 발표함으로써 학계에서 사회경제사가로서의 독보적인 지위를 확립했다.

1936년에 블로크는 소르본 대학의 경제사 교수로 취임했으며, 이후 『봉건사회』라는 중세에 관한 종합 연구서를 출간함으로써 자신의 입지를 확고히 했다. 제2차 세계대전이 일어나자 53세의 블로크는 다시 연구실을 박차고 나가 자원입대해 나치군에 맞서 싸웠다.

『이상한 패배』는 블로크가 직접 참전했던 1940년 5월 전투에서 프랑스가 독일에 패한 직후인 7월부터 9월 사이에 집필된 책이다. 이 책은 프랑스의 입장에서 진술한 제2차 세계대전의 패전보고서이자 허무한 패배를 되풀이하지 않으려는 블로크의 충정이 담겨 있다.

친독괴뢰 비시 정권 수립 이후 블로크는 레지스탕스 운동에 참여한다. 1944년 3월 게슈타포에 체포된 그는 같은 해 6월 16일 리옹 북동쪽의 생 디디에 드 포르망 근처의 벌판에서 총살당했다.

역사를 연구하는 우리의 자세

각 시대간의 연대성은 매우 공고하기 때문에 시대를 이해할 수 있다는 것은 사실 이중적인 의미를 지닌다. 현재에 대한 이해 부족은 필연적으로 과거에 대한 무지 때문에 생겨난 것이다. 반대로 현재에 대해서 아무것도 알지 못하면서 과거를 이해하려고 노력한다면 아마 그것도 마찬가지로 헛된 일일 것이다.

나는 이미 다른 곳에서 다음과 같은 일화를 이야기한 적이 있다. 나는 전에 앙리 피렌 선생과 함께 스톡홀름(Stockholm)에 간 적이 있다. 우리가 그곳에 막 도착했을 때 선생이 내게 말했다. "먼저 무엇을 구경할까? 시청이 새로 세워졌다는데 거기부터 구경하도록 하지!" 그리고 놀란 얼굴을 하고 있는 나에게 이렇게 덧붙였다. "내가 골동품 연구가라면 낡은 물건들만 찾아다니겠지만 나는 역사가이거든. 그래서 나는 살아 있는 것을 사랑한다오."

살아 있는 것을 이해하는 능력, 이것이야말로 진정한 의미에서 역사가의 중요한 자질이다. 그들의 문체가 때로 무미건조하기는 하지만, 위대한 역사가는 모두 그러한 능력을 갖추고 있다. 쿨랑주나 또는 그보다 훨씬 더 문체가 딱딱했던 메이틀랜드도 미슐레에 결코 뒤지지 않는 그러한 능력을 지니고 있었다. 그리고 이러한 능력은 원칙적으로 천사의 선물이라고 할 수 있는 것으로서, 요람부터 타고난 사람이 아니면 아마 쉽게 얻을 수 없는 자질일 것이다. 그렇다고 그러한 능력을 기르고 발전시키는 의무를 소홀히 해서는 안 된다.

어떤 방법으로 그것을 실천할 것인가? 현실과 끊임없이 접촉하는 것보다 더 나은 방법이 있을까?

과거의 오래된 사료에서 인간생활의 살아 있는 느낌을 감지하려면 엄청난 상상력이 필요하며, 이것은 현실과의 끊임없는 접촉을 통해서만 얻을 수 있다. 전쟁이나 전투에 관한 이야기를 나는 여러 번 읽었고 종종 사람들에게 이야기해주었다. 하지만 나 스스로 그 공포스럽고 비참한 실상을 경험하기 전에는 한 군대가 포위당했다는 것이 무엇을 뜻하는지, 또는 한 국민이 패배했다는 것이 도대체 무슨 의미인지 알기나 했을까? 그 뜻을 뼈저리게 이해할 수 있었을까? 1918년의 여름과 가을 사이, 내가 승전의 환희를 만끽하기 전에(나는 그 기쁨을 다시 한번 누리기를 갈망하지만, 슬프게도 그 향기는 더 이상 같은 것은 아닐 것이다), 승전이라는 아름다운 말의 본래적인 의미를 진정 알고 있었을까?

사실 우리는 의식적이건 무의식적이건 과거를 재구성하는 데 쓰이는 요소를 최종적으로 분석하고, 필요한 경우 새로운 조명을 드리우기 위해 언제나 일상의 경험의 도움을 받고 있다. 우리가 고대의 정신상태나 소멸한 사회형태의 특징을 규정하기 위해 사용하는 명칭 자체도, 만약 우리가 현재 살고 있는 인간을 고려하지 않는다면, 그것이 우리에게 무슨 의미를 가질 수 있겠는가?

이처럼 본능적인 인상을 자발적이고 비판적인 관찰로 대체시킨다면 그 가치는 100배나 증가할 것이다. 생각하건대, 어느 위대한 수학자가 그가 살고 있는 세계에 눈을 돌리지 않는다고 해서 덜 위대해지지는 않을 것이다. 하지만 그를 둘러싸고 있는 인간들, 사물 또는 사건들을 관찰하는 데 흥미를 느끼지 못한 학자는 피

1917년 알제리 시절의 블로크(오른쪽)

렌이 말했듯이 쓸모있는 골동품 연구가라는 이름으로 불릴 수는 있겠지만, 역사가라는 이름은 포기하는 편이 현명할 것이다.

게다가 역사적 감수성의 교육은 그것만으로는 그다지 문제가 되지 않는다. 주어진 연구의 어떤 방향에서는 과거를 이해하는 데서 현재에 관한 지식이 더 직접적으로 중요한 경우가 많다.

실제로 역사가가 조사과정에서 반드시 사건의 순서에 입각해 연구를 진행시켜야 한다고 생각하는 것은 중대한 오류이다. 역사가가 나중에 그 방향을 다시 복원하는 한이 있더라도 메이틀랜드가 말한 바와 같이 "거꾸로" 역사를 읽어가는 것이 오히려 유익한 경우가 많다. 왜냐하면 모든 연구는 가장 잘 알려진(또는 적어도 조금 알려진) 사실에서 가장 알려지지 않은 사실로 진행하는 것이 자연스럽기 때문이다.

물론 시대의 흐름을 따라 내려온다고 해서 정상적으로 그만큼 사료가 더 분명하게 파악되는 것은 결코 아니다. 예를 들면 우리는 카이사르나 아우구스투스의 시대보다 오히려 10세기에 관해서 훨씬 적은 지식을 갖고 있다. 대부분의 경우 가장 가까운 시기는 비교적 명료하게 알려져 있다. 그런데도 기계적으로 시대의 순서를 따라 연구해갈 경우 자칫 가상의 것으로 판명될지도 모르는 현상의 기원이나 원인을 추적하는 데 시간을 낭비할 위험이 있다.

『역사를 위한 변명』 제1장 「역사 · 인간 · 시간」

역사의 대상은 인간이다

　블로크는 역사의 효용 가운데 첫번째로 역사라는 학문이 인간 개인에게 위안을 준다는 사실을 지적한다. 그는 어릴 적부터 역사는 언제나 자기 자신을 즐겁게 해주었다고 고백하고 있다. 그는 역사에는 "고유한 심미적인 즐거움이 있다"고 말하면서 다음과 같이 덧붙인다. "역사가 특별히 다루고 있는 인간 행위의 모습이 다른 무엇보다도 인간의 상상력을 사로잡기 때문이다. 특히 시간적·공간적으로 멀리 떨어져 펼쳐지는 모습이 묘한 매력으로 꾸며져 있을 때는 더욱 그러하다." 그 이유는 역사가 인간의 상상력과 지성에 끊임없이 호소하기 때문이다. 역사를 실천해왔고 오랫동안 역사가라는 직업에 몸바친 블로크는 역사가 지니는 시적인 특성과 '묘한 매력'을 부정할 수는 없었을 것이다.

　역사의 효용 가운데 두번째는 좀더 진지한 것이다. 전쟁 때문에 마비된 세계에서, 원자력 개발과 우주 탐색이 시작되려 하는 세계에서 역사는 인간이 시도하고 있는 모험을 이해하기 쉽게 해주고 본질적인 것을 이해할 수 있게 해준다. 『역사를 위한 변명』에서 블로크는 역사를 피상적이고 해로운 것이라고 "비난하는 일반적인 비방가들"이 그를 끌어들이려 하는 논쟁 속으로 들어가기를 거부한다. 대신 그는 자기 연구작업의 도구와 방법을 소개하는 쪽을 선택하게 된다. 그는 역사가 유용한가 아닌가는 독자들이 결정할 문제라고 말한다.

　블로크는 역사가 아직 "유년기에 있는 학문"이라는 사실을 인정하면서 역사는 아직 현대 물리학처럼 불변의 법칙을 갖고 있지 않다고 지적한다. 하지만 그는 그의 오랜 스승인 샤를 세뇨보스의 조심스러운 태도("질문한다는 것은 매우 유익한 일이다. 그러나 거기에 대답한다는 것은 매우 위험한 일이다")에 반대하는 동시에 뒤르켐 사회학의 인위적인 결정론 자체에도 반대한다. 그는 역사가는 자기 직업에 대해 "지성과 대담성, 놀라운 책임의식으로 무장되어 있고 무한한 개연성"으로 이루어진 아인슈타인적 세계가 제시하는 "도전에 응하는, 그리고 위험과 겨루고자 하는 가능성"을 향한 사랑을 가져야 한다고 말하고 있다.

　『역사를 위한 변명』은 서론 다음에 4개의 장과 1개의 미완성 원고로 구성되어 있다. 블로크는 당시 역사학을 대하던 지식인들의 경멸과 냉소적인 풍조에 반박하면서 "역사의 대상은 인간이다"라는 기치 아래 인간학으로서의 역사학을 강조하였다. 그는 역사를 과거의 한 사건에 관한 단순한 기록이 아니라 "시간 속의 인간들에 관한 학문"으로 정의한다. 또한 블로크는 역사학을 "시계 제조업도 고급가구 세공업도 아니다. 그것은 더 나은 이해를 향해 나아가는 노력이다. 따라서 그것은 움직이는 그 무엇"이라고 평가하면서 "표면적인 사실들의 밑바닥을 뚫고 들어가려는" 지식으로 자리매김하고자 한다. 따라서 역사가들이 오래 전부터 집착해온 "기원이라는 우상"과 과거와 현재를 나누는 인위적인 구분을 비판한다.

　그는 역사가들이 죽은 이의 주머니를 뒤져 유물을 찾아 전시관에 보관하는 행위에서 벗어나 "역사적 감수성"을 가지고 탐구해야 한다고 주장한다. 『역사를 위한 변명』에서 블로크는 시간과 공간을 광범위하게 넘나들면서 그곳에서 자유롭게 풍부한 사례를 끌어온다. 그는 '흔적'의 추적으로서의 증거의 탐구, 정보의 출처에 관한 엄격하고 비판적인 검토, 그리고 자료 분석에서 적절하고 공정한 단어의 탐색 등 역사의 방법론에 관한 개인적인 설명을 시도한다. 역사에서의 원인에 바쳐진 마지막 장(章)은 다음과 같이 끝난다. "한마디로 말해, 다른 경우와 마찬가지로 역사에서의 원인은 가정되는 것이 아니라 탐구되어야 하는 것이다."

블로크의 『역사를 위한 변명』은 역사학의 새로운 전망을 제시하였고, 역사학의 방법론을 가다듬었다. 이 책은 후학들의 연구에 '나침반' 역할을 했다. 그의 연구 방법은 학문 분과에 대한 폐쇄적인 방법론를 거부하면서 인접 사회과학의 방법론을 과감하게 받아들였다. 근대 실증주의 역사학을 수립한 랑케의 "역사가는 역사적인 사실을 본래 일어난 그대로 기술하는 것"이라는 금언도 깼다.

블로크의 방법론은 학문적 동반자였던 페브르와 함께 『사회경제사 연보』, 이른바 『아날』지를 창간했고, 『프랑스 농촌사의 기본성격』을 발표하면서 완성된 것이다. 그들의 학문적 성과는 1950년대 페르낭 브로델(Fernand Braudel)에 이르러 '아날 학파'의 형성으로 이어진다. 아날 학파는 정치보다는 사회, 개인보다는 집단, 연대(年代)보다는 구조를 역사 인식의 기본 틀로 삼으며 전통적 역사학에 지리학ㆍ사회학ㆍ경제학ㆍ심리학ㆍ문화 연구ㆍ인류학 등을 중첩시키는 거대하고 섬세한 인식 체계를 구축했다. 아날 학파는 프랑스 전통주의의 아성인 소르본으로부터는 다소 백안시되었으나, 브로델, 뒤비, 르루아라뒤리, 르고프, 샤르티에 등을 거치며 20세기의 가장 영향력 있는 역사학파 가운데 하나로 자리잡았다.

오늘날 사람들은 마르크 블로크와 아날 학파가 승리했고 그들의 역사 인식과 방법론이 역사학을 정복했다고 말한다. 그러나 바로 이런 말들은 아날의 작업과 교훈, 모델을 역사학의 고대 박물관에 처박아두기 위한 핑계일 뿐이다. 잘못된 그리고 악의적인 이런 단언은 두 가지 사실을 감추고 있다. 첫째로 만약 마르크 블로크와 아날이 역사(학)의 혁신에 결정적 영향을 미쳤다면 이러한 혁신은 문제 중심의 역사 혹은 비교사의 개념처럼 본질적으로 그들의 방향성의 차원에 한정되어 있다는 것이다. 둘째, 『역사를 위한 변명』과 같은 책이 오늘날에도 많은 부분에서 새로울 뿐만 아니라 필요로 하는 부분이 많으므로, 이 책의 효용성을 다시 찾아야 한다는 것이다.

오늘날 역사학에서 언급되고 있는 모든 문제들(역사적 시간의 복잡성, 역사적 설명의 필요성, 과거와 현재의 관계 등)에 대한 해답을 찾기 위해서는 이 책을 다시 검토해야 한다. 미래 앞에서 역사가의 태도는 어떠해야 하는지에 대해 블로크는 해답을 제시하지 않았다. 하지만 그는 이 문제를 반드시 해결해야 할 유산으로 남겨놓았다.

고봉만

충북대 교수ㆍ불문학

옮긴이 고봉만은 성균관대학교 불어불문학과를 졸업하고 프랑스 마르크 블로크 대학(스트라스부르2대학)에서 「혁명과 반혁명-바르베 도르빌리」로 박사학위를 받았다. 현재 충북대학교 불어불문학과 교수로 재직하면서 몽테스키외, 루소의 정치와 문화에 대한 성찰을 새롭게 번역ㆍ소개하는 일에 몰두하고 있다. 저서로는 한길사에서 펴낸 『프랑스 문화예술, 악의 꽃에서 샤넬 No.5까지』(공저), 『베네치아의 기억』(공저)이 있고, 역서로는 마르크 블로크의 『역사를 위한 변명』, 블뤼슈의 『프랑스 혁명』, 파스투로의 『블루, 색의 역사』, 루소의 『인간 불평등 기원론』, 몽테스키외의 『법의 정신』 등이 있다. 논문으로 「샤토브리앙과 반혁명」「시원의 신화와 루소의 사상 체계」「레비 스트로스의 루소 읽기」 등이 있다.

2
한길그레이트북스 제11권~제21권

"완전한 사회를 향한 탐구의 기능은
역사를 멈추려는 데 있는 것이 아니라
알지 못하고 알 수도 없는 가능성을
모든 사람들에게 공개적으로 드러내는 데 있다."

• 에릭 홉스봄, 『제국의 시대』에서

인간의 조건

한나 아렌트 지음 | 이진우 · 태정호 옮김 | 416쪽

▷ 저자의 다른 작품
『혁명론』(GB 61)
『예루살렘의 아이히만』(GB 81)
『전체주의의 기원 1, 2』(GB 83, 84)
『공화국의 위기』(GB 117)

▷ 역자의 다른 번역 작품
『전체주의의 기원 1, 2』(GB 83, 84, 이진우 옮김)

한나 아렌트는 유대인으로서 근대적 근본악을 온몸으로 경험하였으며, 철학자로서 이를 극복할 수 있는 인간조건을 사유했다. 그에게 "어떻게 근본악이 이 세상에 있을 수 있는가" 하는 문제는 중요한 철학적 화두였다.

아렌트는 『인간의 조건』에서 기술시대의 '근본악'을 철저히 분석함으로써 활동적 삶의 가능성을 탐구하는데, 활동적 삶을 구성하는 세 가지 활동인 '노동, 작업, 행위'가 인간실존에서 필수적인 활동이었다.

그가 인간의 활동을 분석하게 된 것은 현대사회에서 인간의 정치적 행위능력이 상실되었다고 보았기 때문이다. 그에게 정신적 차원의 '사유하지 않음'과 더불어 실천적 차원의 '정치적 행위능력'의 상실은 바로 '전체주의'라는 근본악이다.

『인간의 조건』은 이전에 나온 『전체주의의 기원』과 이후에 나온 『정신의 삶』에 이르는 철학적인 여정에서 나타난 근본악에 대한 관심을 계속적으로 유지한다. 그러므로 아렌트의 저서들은 자신의 철학적 화두에 대한 답으로 시도된 것이라 볼 수 있다.

오늘날 기술문명은 이제 자연에 예속되어 있는 인간의 실존조건을 무력화시킬 정도로 자연을 지배하고 있다. 그렇다고 해서 인간이 과연 자연으로부터 완전히 벗어날 수 있는 것인가? 노동의 절대화는 인간을 자연의 필연성에 완전히 예속시키며, 작업의 절대화는 인간에게서 자연적 성격, 즉 탄생성과 사멸성을 파괴함으로써 행위의 가능성을 완전히 박탈한다. 그렇기 때문에 한나 아렌트는 노동과 작업이 궁극적으로는 행위에 의해 통합되어야 한다고 함으로써 행위 자체를 인간활동의 규범적 토대로 제시하고 있다.

한나 아렌트(1906~75)

한나 아렌트(Hannah Arendt)는 독일 하노버에서 태어나 동프로이센의 수도인 쾨니히스베르크에서 성장했다. 독일 상류시민계급에 동화된 비교적 부유한 유대인 가정 출신인 그는 한편으로 철학에 집중적인 관심을 보였지만, 다른 한편으로는 유대인으로서의 정체성을 잃지 않았다.

철학과 신학에 관심이 많았던 그는 그의 삶과 사상에 커다란 영향을 미친 하이데거 때문에 마르부르크에서 철학공부를 시작하지만, 하이델베르크로 옮겨 평생 동안 신뢰관계를 이루었던 야스퍼스에게서「아우구스티누스의 사랑 개념」이라는 논문으로 박사학위를 받는다.

이후 아렌트는 바이마르 공화국이 몰락하고 나치가 정권을 장악하는 혼란기에 독일에서 시온주의자들을 위해 활동하다 체포되어 심문을 받은 뒤 1933년 프랑스로 망명했으나 상황이 악화되자 1941년 미국의 뉴욕으로 망명한다.

그는 나치에 의해 시민권이 박탈된 1937년부터 미국 국적을 획득하는 1951년까지 '무국적자' 생활을 하게 된다. 그곳에서 유대인 학살 소식을 접하고는 그의 주저라고 할 수 있는 『전체주의의 기원』(1951)을 집필하게 된다.

이후 그는 철저하게 정치사상가의 길을 걷는다. 『인간의 조건』(1958), 『과거와 미래 사이』(1961), 『혁명론』(1963), 『예루살렘의 아이히만』(1963) 등에서 발전된 사상의 기초는 대부분 『전체주의의 기원』에 놓여 있다. 한나 아렌트는 1975년 12월 4일 자신의 두 번째 고향인 뉴욕의 자택에서 서거했다.

사후에 『정신의 삶』(1978), 『정치란 무엇인가』(1993), 『이해에 대한 에세이』(1994), 『책임과 판단』(2003), 『정치의 약속』(2005) 등이 출간됐다.

말과 행위로 보는 인간의 다원성과 차이성

말과 행위의 기본조건인 인간의 다원성은 동등성과 차이성이라는 이중의 성격을 가진다. 만일 사람이 동등하지 않다면 서로를 이해할 수도 또 이전의 사람들을 이해할 수 없으며 미래를 계획하거나 장차 올 사람들이 필요로 하는 것을 예견할 수 없을 것이다. 그러나 또다른 한편으로 사람들이 구별되지 않는다면, 즉 모든 사람들이 현재 살고 있거나 과거에 살았거나 미래에 살게 될 다른 사람들과 다르지 않다면, 사람은 자신을 이해시키기 위하여 말이나 행위를 할 필요가 없을 것이다. 그래서 직접적이고 동일한 필요와 욕구를 전달하기 위한 기호나 표식만 있으면 충분할 것이다.

인간의 차이성은 특수성과 같은 것이 아니다―특수성은 존재하는 모든 것에 고유한 타자성(*alteritas*)의 기이한 성질로서 중세철학에서 모든 특정한 성질을 초월하는, 존재의 네 가지 기본적이고 보편적인 성격 중의 하나를 지칭하였다. 사실 특수성은 다원성의 중요한 한 측면인 동시에 우리의 모든 정의는 곧 구별이며, 어떤 것을 그밖의 것으로부터 구별하지 않고는 그것의 본질은 말할 수 없는 바로 그 이유이다.

가장 추상적 형태의 특수성은 단지 비유기체적 대상의 복제에서만 발견되는 반면, 모든 유기체의 삶은 이미 변형과 차이를 보여주며 심지어 같은 종 사이에서도 그러하다. 그러나 이들 중 오직 인간만이 자신을 (타인으로부터) 구별할 수 있고 이 차이를 표현할 수 있다. 그리고 인간만이 갈증과 배고픔, 애정이나 적대감 또는 두려움과 같은 단순한 차원을 전달할 뿐만 아니라, 동시에 자신을 세계에 전달할 수 있다. 인간이 존재하는 모든 것과 공유하는 '특수성'과 살아있는 모든 것과 공유하는 '차이성'은 인간에게서 유일성이 된다. 그리고 인간의 다원성은 유일한 존재들의 역설적인 다원성이다.

말과 행위는 이러한 유일한 차이성을 드러낸다. 사람은 말과 행위를 통하여 다른 사람과 단순히 다르다는 것을 넘어 능동적으로 다른 사람과 자신을 구분한다. 말과 행위는 인간이 물리적 대상으로가 아니라 인간으로서 서로에게 자신을 드러내는 양식이다. 단순한 육체적 존재와 구별되는 이러한 '출현'은 창발성에 의존한다. 그러나 이 창발성은 인간이면 누구나 억제할 수 없는 것이다. 이것은 활동적 삶의 다른 활동에는 적용되지 않으며 행위에만 고유하다.

사람들은 노동하지 않고도 잘살 수 있으며, 다른 사람을 강요하여 자신을 위해 노동하게 하면서도 그들 스스로는 세계에 하나의 유용한 품목도 보태지 않고 사물세계를 거저 이용하고 즐길 수 있다. 착취자나 노예 소유주의 삶 또는 거기에 기생하는 삶은 부당한 것이긴 해도 그 사람들이 여전히 인간인 것은 분명하다. 다른 한편으로, 성서적 의미에서 가장 열성적으로 모든 허영과 현상을 경멸했던 유일한 삶의 방식인 말과 행위가 없는 삶은, 문자 그대로 세계에 대해서 죽은 삶이다. 더이상 인간 사이에서 살지 않기 때문에 인간의 삶이 아닌 것이다.

말과 행위로서 우리는 인간세계에 참여한다. 이 참여는 제2의 탄생과 비슷하다. 이 탄생에서 우리는 신체적으로 현상하는 우리의 본래적 모습을 확인하고 받아들인다. 이 참여는 노동처럼 필연성에 의해 강요된 것이 아니고 작업

카를 마르크스
마르크스가 사유의 절대화로 인한 인간소외의
과정을 분석했다면, 아렌트는 세계소외
과정을 역추적하고자 했다.

의 경우처럼 유용성 때문에 추진된 것도 아니다. 이 참여는 우리가 결합하기를 원하는 타인의 현존에 의해 자극받는다. 그러나 이 참여가 타인에 의해 제약받는 것은 아니다. 참여의 충동은 태어나서 세상에 존재하게 되는 그 시작의 순간에 발생하며, 우리 자신의 주도로 새로운 어떤 것을 시작함으로써 이 시작에 대응한다. 가장 일반적 의미에서 행위한다는 것은 '선수를 치다', '시작하다'(그리스어 *archein*은 '시작하다', '이끌다' 그리고 종국에는 '지배하다'를 가리킨다), '어떤 것을 움직이게 하다'(이것은 라틴어 *agere*의 본래 의미다)를 의미한다. 사람들은 태어남으로써 새로 온 자, 시작하는 자가 되기 때문에 주도권을 쥐고 행위하게 된다. "하나의 '시작'이 존재한다. 이때 인간은 창조되었고 이 창조 이전에 누구도 없었다"라고 아우구스티누스는 자신의 정치철학에서 말했다. 이 시작은 세계의 시작과 같지 않다. 이것은 어떤 것의 시작이 아니라, 누군가의, 즉 시작하는 자 자신의 시작이다. 인간의 창조와 더불어 시작의 원리도 세상에 존재하게 되었다. 이것은 인간이 창조되었을 때 비로소 자유의 원리도 창조되었다는 것의 다른 표현이다.

이전에 발생한 무엇으로부터도 예상할 수 없는 새로운 어떤 것이 시작된다는 것은 시작의 본질에 속하는 성격이다. '사건의 예측불가능성'은 모든 시작과 기원에 내재한다. '우주적 과정'이라는 관점에서 지구의 생성이 그러하듯이 또는 동물로부터 인간의 진화과정이 그러하듯이, 비유기체적 물질로부터 생명체가 발생하는 것은 상당히 비개연적인 일이다.

『인간의 조건』 제5장 「행위」

현대의 근본악을 극복하는 인간의 조건은 무엇인가

유대인으로써 겪을 수밖에 없었던 근본악의 경험은 한나 아렌트로 하여금 인간과 지구의 유한성을 토대로 이 세계를 사랑할 수 있는 관점을 추구하도록 만들었다. 그녀의 최초의 철학적 저서라고 할 수 있는 『인간의 조건』은 라틴어 개념 Condition humana의 번역용어로서 이미 인간존재가 제한되어 있다는 사실을 암시하고 있다. 그러나 아렌트 자신이 이 저서를 Amor Mundi(世界愛, love of the world)로 불러주기를 바랐듯이, 『인간의 조건』은 세계에 관해 단순히 관조하고 성찰하는 형이상학적 전통을 넘어서 인간답게 살아갈 수 있는 실천철학적 방향을 제시한다.

한나 아렌트는 이 책에서 인간의 조건들, 인간적 활동들, 그리고 이러한 활동들이 실행되는 장소에 관해 다루고 있다. 인간실존의 조건들은 한마디로 말해서 인간이 살아갈 수 있는 전제조건들이다. 예컨대 인간이 실존하기 위해서는 첫째, 하나의 생명으로서 살아 있어야 하며, 둘째, 생성과 소멸을 거듭하는 자연의 필연성으로부터 벗어난 영속적인 자신의 세계가 있어야 하며, 셋째, 말과 행위를 통해 이 세계를 공유할 수 있는 다른 사람들이 있어야 한다. 그렇기 때문에 한나 아렌트는 생명, 세계성, 다원성을 인간실존의 세 조건이라고 명명한다.

한나 아렌트는 이 조건들에 각각 고유한 활동의 양식을 부여한다. 생명으로서 산다는 것은 신진대사를 통한 자연과의 교통을 의미하는 까닭에 노동은 생명의 조건에 부합하는 인간의 기초적 활동이다. 따라서 노동의 동물로서 인간은 자연의 필연성에 예속되어 있다. 다음으로 인간에게 비교적 영속적인 세계를 제공하는 활동은 바로 작업이다. 인공세계를 구성하는 사용물을 생산하는 작업은 따라서 수단과 목적의 범주, 즉 도구성의 지배를 받는다. 예컨대 책상의 제작이 목수 작업의 목표이듯이, 생산과정은 최종 생산물을 산출함으로써 끝이 난다. 이때 생산과정은 목적을 생산하기 위한 수단으로 기능한다.

그렇다면 우리가 창조하는 인공세계의 목적은 어떻게 결정되는가? 한나 아렌트는 이렇게 모든 사람에게 의미 있는 공동의 세계에 관해 논의하는 기초적 활동을 행위라고 규정한다. 행위는 노동의 필연성과 작업의 도구성 그 어느것도 절대화되지 않도록 하고 동시에 서로 유기적 관계를 맺도록 만드는 인간의 기초적 활동이다. 이렇게 노동의 활동은 생명의 조건에, 작업의 활동은 세계성의 조건에, 그리고 행위의 활동은 다원성의 조건에 부합한다.

그러나 한나 아렌트는 이러한 세 가지 조건들이 더욱 근본적인 조건들에게로 환원된다고 주장한다. 그것은 바로 탄생성과 사멸성의 조건이다. 생명, 세계성, 다원성이 인간의 기초적 활동에 부합하는 인간실존의 조건들이라고 한다면, 탄생성과 사멸성은 이들을 근본적으로 가능케 한다는 점에서 선험적 성격을 띠고 있다. 인간이 필연성에 의해 지배받는 생명체로 태어나지 않았다면 생존을 위해 노동을 할 필요도 없으며 또 죽지 않아도 된다면 굳이 영속적인 인공세계를 건설할 필요도 없을 것이다.

그런데 탄생성과 사멸성은 우리가 이 유한한 지구에서 살 수밖에 없는 존재라는 사실에서 추론된다. 그렇기 때문에 한나 아렌트는 지구를 가장 핵심적인 인간조건이라고 정의하는 것이다. 따라서 한나 아렌트의 사상을 정확하게 이해하려면, 우리는 세 가지 인간조건들을 탄생성과 사멸성의 맥락에서 이해해야 한다. 다시 말해서 노동, 작업, 행위의 활동들과 이에 부합하는 실존조건들은 우리가 우리의 거주공간인 지구를 떠나서는 살 수 없다는 사실을 인식할 때에만 독자적 의미를 획득한다. 이런 관점에서 보면 전체주의는—그것이 정치적이든 아니면 기술적이든 간에—인간의 탄생성과 사멸성을 부정하고 모든 것을 영구화하고자 하는 태도를 의미한다. 그러나 전체주의는 인간 자체를 목적으로 대하지 않고 수단으로 삼기 때문에 궁극적으로는 수단만을 영구화할 뿐이다. 목적이 없으면 시작이 있을 수 없다. 따라서 전체주의는 인간가치를 실현할 수 있는 세계창조라는 새로운 시작을 불가능하게 만든다.

그렇다면 왜 현대사회는 목적이 없기 때문에 끝날 줄 모르는 끊임없는 생산의 과정을 절대화하게 되었는가? 이 물음에 답하기 위해서 우리는 우선 세계애의 사상을 처음으로 발전시킨 아렌트의 학위논문을 살펴볼 필요가 있다.

아렌트가 지상의 삶보다는 신국을 높이 평가한 아우구스티누스에게서 바로 세계애의 관점을 발전시킨 것은 시사하는 바가 크다. 아우구스티누스는 아렌트에 의하면 사랑을 아페티투스(*appetitus*, 욕망)와 카리타스(*caritas*, 자비)의 이중적 관점에서 서술한다. 아페티투스는 인간의 활동을 완전히 충족시키는 궁극적 선에 대한 욕망을 의미한다. 그것은 공포와 궁핍으로부터 전적으로 해방된 완전선을 추구한다. 그렇다면 우리가 동경하는 선은 죽음 없는 삶, 즉 우리의 삶을 위협하는 미래가 없는 완전한 현재일 것이다. 따라서 이 영원을 추구하는 인간의 욕망은 지상의 유한하고 덧없는 삶을 극복해야 한다. 만약 인간의 욕망이 지상의 삶을 극복한다면, 이 욕망은 카리타스가 된다.

그런데 한나 아렌트가 문제삼는 것은 바로 이 천상의 삶에 대한 사랑, 즉 카리타스이다. 왜냐하면 그것은 완전한 선을 위하여 인간의 고향인 이 세계를 희생시켜야 하고, 천상의 것을 사랑하기 위하여 지상의 것을 경멸해야 하기 때문이다. 그밖에도 그 자신 덧없기 짝이 없으며 지상의 것에 묶여 있는 인간이 어떻게 카리타스를 실행할 수 있는가 하는 실천적 문제가 제기된다. 이에 대해 아우구스티누스는 물론 이 세계를 필요로 하지 않는 정신의 자족성을 주장한다. 정신은 본래 신에 의해 모든 인간에게 주어진 능력이기 때문에 자신의 정신을 추구하는 자기애는 이미 올바른 이웃사랑과 동시에 신에 대한 사랑을 포함하고 있다는 것이다.

이진우

포스텍 인문기술융합연구소 소장 · 철학

옮긴이 이진우는 연세대학교 독문과를 졸업하고 독일 아우크스부르크 대학에서 철학 석사 및 박사학위를 받았다. 1990년 아우크스부르크 대학 최우수 논문으로 선정된 「허무주의의 정치철학」(Politische Philosophie des Nihilismus)은 니체연구 26권으로 출판되었다. 귀국 후 계명대학교 철학과 교수를 거쳐 현재 포스텍 인문기술융합연구소 소장으로 있다. 저서로는 『이성정치와 문화민주주의』, 『탈이데올로기 시대의 정치철학』, 『탈현대의 사회철학』, 『도덕의 담론』, 『녹색 사유와 에코토피아』, 『이성은 죽었는가』, 『지상으로 내려온 철학』 등이 있다. 역서로는 한길사에서 펴낸 한나 아렌트의 『인간의 조건』(공역), 『전체주의의 기원』(공역)이 있고, 그밖에 요나스의 『책임의 원칙』, 하버마스의 『현대성의 철학적 담론』, 『탈형이상학적 사유』, 마르크스 · 엥겔스의 『공산당선언』, 매킨타이어의 『덕의 상실』, 슬로터다이크의 『인간농장을 위한 규칙』(공역), 『냉소적 이성 비판』(공역) 등이 있다.

옮긴이 태정호는 경북대학교 철학과를 졸업하고 계명대학교 교육대학원에서 철학교육을 전공했으며, 「한나 아렌트의 활동적 삶에 관한 연구」로 석사학위를 받았다. 역서로는 한길사에서 펴낸 한나 아렌트의 『인간의 조건』(공역)이 있다.

혁명의 시대

에릭 홉스봄 지음 | 정도영·차명수 옮김 | 592쪽
2005 서울대학교 권장도서 100선
2005 『타임스』 선정 세상을 움직인 100권의 책
2005 연세대학교 권장도서 200선
『출판저널』 선정 21세기에도 남을 20세기의 빛나는 책들

▷ 저자의 다른 작품
『자본의 시대』(GB 13)
『제국의 시대』(GB 14)

▷ 역자의 다른 번역 작품
『자본의 시대』(GB 13, 정도영 옮김)

영국의 유명한 역사학자 홉스봄은 1789년부터 1848년 사이의 시민혁명과 산업혁명이라는 '이중혁명'을 전체사의 관점에서 서술한다. 영국에서는 이 두 혁명이 약 100년이라는 시차를 두고 자생적으로 일어나 근대시민사회를 수립하였다. 그러나 영국 이외의 유럽 대륙의 여러 나라에서는 프랑스 대혁명을 기폭제로 시민혁명과 산업혁명이 동시에 폭발하여 진행되었고, 그 충격은 유럽 봉건사회의 구체제를 근본적으로 붕괴시키고 급격하게 근대시민사회를 수립하게 된 계기를 마련했다.

어떤 측면에서 볼 때 이중혁명에 대한 홉스봄의 강조는, 19세기 이후의 모든 역사는 자유주의적 자본주의의 궁극적인 승리가 불가피했을 뿐만 아니라 그것 자체가 역사의 법칙이라는 형태로 서술될 수 있다는 근대화론의 주장과도 상통한다.

홉스봄은 이중혁명의 전개과정을 프랑스 대혁명, 산업혁명, 전쟁, 민족주의, 노동빈민, 종교·예술·과학의 변화, 1848년의 혁명 등을 분석해서 체계화한다. 서양 근대사 중에서도 이 시기가 가장 극적이고 혁명적인 시기인데, 저자는 이 어려운 주제를 알기 쉽게 풀이하면서도 깊이 있는 학술적인 안목으로 정리함으로써 역사를 대중화한다.

인류문명사의 커다란 전환점이었던 시민혁명과 산업혁명을 다루는 저자의 시각은 정치사·사건사 중심의 구태의연한 서술체계에서 벗어나 민중의 생활상까지도 생생하게 드러내, 역사란 단지 제도사나 경제사만이 아니라 인간이 엮어내는 감동의 드라마라는 것을 실감시켜준다. 홉스봄은 바로 이러한 점이 역사의 진정한 면모임을 그의 독특한 역사관으로 보여주고 있다.

에릭 홉스봄(1917~)

에릭 홉스봄(Eric John Ernst Hobsbawm)은 이집트 알렉산드리아에서 오스트리아계 어머니와 유대계 아버지 사이에서 태어났다. 런던의 성 메리르본 고전문법학교에 다녔고 케임브리지의 킹스칼리지에 들어가 역사학을 전공했다.

1947년 런던 대학 버크벡 칼리지의 사학과 강사로 부임했다가 1959년 전임, 1970년에는 경제사 및 사회사 정교수를 지냈으며 1982년 은퇴했다. 또한 1949년부터 1955년까지 케임브리지 킹스칼리지의 특별연구원으로 재직한 바 있으며, 1984년부터는 영국아카데미 및 미국아카데미 특별회원, 뉴욕신사회연구원 교수, 버크벡 칼리지 명예교수로 고령의 나이에도 불구하고 왕성한 연구활동을 보이고 있다.

홉스봄은 오늘날 활동하고 있는 최고의 마르크스주의 역사가로 손꼽히고 있다. 특히 '아래로부터 위로의 역사'적 시각에서 전체사로서의 역사구도를 일관되게 견지하여 박식한 역사가의 면모를 드러내고 있다. 역사 3부작 『혁명의 시대』 『자본의 시대』 『제국의 시대』는 그의 대표작으로서 프랑스 대혁명과 산업혁명으로 인류사회가 어떻게 변화 · 발전해왔고, 근대세계가 어떻게 형성되었는가를 방대한 자료를 통해 완전히 새롭게 해석해내고 있다.

1948년에 첫 저서 『노동의 전환점』(*Labour's Turning Point, 1880~1900*)을 출간했으며, 1950년에는 「페이비언주의와 페이비언들, 1884~1914」로 박사학위를 받았다. 이 밖에도 『노동하는 인간』(*Labouring Men*), 『산업과 제국』(*Industry and Empire*), 『원초적 반란자들』(*Primitive Rebels*), 『의적의 사회사』(*The Bandits*), 『극단의 시대』(*The Age of Extremes, 1914~91*) 등이 있으며, 1997년에 그의 역사관을 집약적으로 보여주는 『역사론』(*On History*)을 출간했다.

산업혁명의 결과가 낳은 암흑시대의 자화상

우리는 1789년의 세계를 살펴보는 일부터 시작했었다. 그로부터 약 50년 뒤의 세계 상태, 즉 그때까지 기록된 역사 가운데 가장 혁명적인 반세기가 막을 내리는 시점에서의 세계 상태를 훑어보는 것으로 이 책의 결론을 삼고자 한다.

그것은 최상급의 시대였다. 이 계산과 산정의 시대가 세계에 관한 기존에 알고 있는 모든 국면을 기록하려던 수많은 새로운 통계들에 비추어볼 때, 이 시대의 계량될 수 있는 양이란 양은 거의 모두가 종전의 어느 때보다도 더 많았다(또는 더 적었다)는 결론을 내려도 아무런 잘못이 없을 것이다.

지도상에 표시되어 있고 서로 교류하는, 알려진 세계의 면적은 그 어느 때보다도 확대되었으며 교통은 믿을 수 없을 만큼 빨라졌다. 세계의 인구는 그 어느 때보다도 많아졌고, 어떤 경우에는 모두의 예상 또는 종전의 가능성 이상으로 증대했다. 거대한 도시의 수는 전에 없이 급속하게 증가했다. 공업 생산은 천문학적인 숫자에 달했다. 예를 들어 1840년에는 약 6억 파운드의 석탄이 지구 내부에서 채굴되었다. 국제무역에 관한 수치는 이보다 한술 더 뜨는 엄청난 것이었다. 즉 1780년 이래 네 배로 증가하여 약 8억 파운드 스털링(sterling)에 달했으며, 보다 불건전하고 불안정한 통화단위로는 이보다도 훨씬 더 증가했던 것이다.

과학은 일찍이 이토록 득의양양했던 적이 없었으며, 지식이 이처럼 널리 보급된 적도 없었다. 4000종 이상의 신문이 전 세계 시민들에게 지식을 보급했으며, 영국과 독일 및 미국에서만도 해마다 출판된 서적의 종류가 다섯 자리 숫자에 이르렀다. 발명에 대한 인간의 능력은 해마다 더욱 아찔할 만큼 높은 정상을 정복해가고 있었다. 아르강 등(1782~84)—그것은 기름등과 양초 이래 최초의 큰 진보였다—은 흔히 가스 공장으로 일컬어진 거대한 제조장에서 생산되어 끝없이 이어진 지하 파이프로 보내져 공장과 그리고 얼마 후 유럽의 여러 도시를 조명하기 시작했다. 그러나 그렇게 되자마자 벌써 그것은 이미 혁명적인 인공조명이라고 할 수 없게 되었다. 런던은 1807년부터, 더블린은 1818년부터, 파리는 1819년부터, 멀리 떨어진 시드니도 1841년부터 그것으로 불을 밝혔던 것이다. 또 전기 아크 등도 이미 알려져 있었다. 런던의 휘트스턴 교수는 이미 영국과 프랑스를 해저 전신으로 연결하려는 계획을 갖고 있었다. 연합왕국에서 철도 이용객의 수는 이미 연간 4800만 명에 이르고 있었고(1845), 대영제국에서는 3000마일—1850년까지는 6000마일 이상—의 철도 선로를, 그리고 미국에서는 9000마일의 선로를 따라 남녀들이 돌아다닐 수 있었다. 정기 기선은 이미 유럽과 인도를 연결시키고 있었다.

이와 같은 승리에는 물론 어두운 면이 따랐다. 그러나 그런 것들이 통계표로 쉽사리 요약되어 나타날 수는 없었다. 산업혁명은 인류가 살아온 세계 중에서도 가장 추악한 세계를 낳았다는 것을 부인할 사람은 오늘날 아무도 없다. 그러나 그 당시의 사람들이 어떻게 그런 것을 양적으로 표현할 줄 알았겠는가. 맨체스터의 음산하고 악취가 진동하며 연무(煙霧) 가득한 거리는 이미 그러한 사실을 증언해주고 있었다. 달리 표현하면 산업혁명은 전례 없이 많

새로운 것과 낡은 것의 대조 런던 역 사무소(1814) 바깥에 보이는 브링턴 역마차와 같은 우편마차는 도로건설자들이 건설한 자갈길 위를 달리게 되었다.

은 남녀를 토지로부터 몰아내고 대를 물려 누려온 확실성을 박탈함으로써 아마도 가장 불행한 세계를 만들어낸 것이었다.

그럼에도 불구하고 우리는 1840년대 진보의 투사들을 그들의 자신감과 그들의 결의를 보아 용서할 수 있다. "인류를 보다 행복하고 현명하며 향상시키기 위하여 상업이 자유로이 전진할 수 있게 하고, 그럼으로써 문명과 평화를 아울러 이끌어가겠다"는 그들의 자신감과 결의 말이다. 위에 인용한 장밋빛 희망에 찬 구절은 파머스턴 경이 가장 암담했던 1842년에 한 말이지만, 그는 이 말끝에 "각하, 이것은 신의 섭리입니다"라고 꼬리를 달았던 것이다.

가장 충격적이라 할 그러한 종류의 빈곤이 존재하고 있다는 것은 아무도 부인하지 못했다. 많은 사람들이 빈곤은 더욱더 증대하고 또한 그 정도가 심해지고 있다고 주장했다. 그러나 산업과 과학의 승리를 가늠한 그 전(全)시대

적 기준에서 볼 때, 이성적인 관찰자 중 가장 비관적인 자라 해도 물질적인 면의 빈곤이 과거 어느 시대보다 더 심해졌다거나, 당시의 비공업국들과 비교해서 더 심했다고 주장할 수 있었을까. 그렇게 주장할 수는 없는 노릇이었다. 노동빈민의 물질적 번영이라지만 그것은 흔히 과거의 암흑시대보다 나아진 바가 없으며, 때로는 현존하는 사람들의 기억에 남아 있는 그 시대의 것보다도 나빴다고 말한다면 이 말은 더할 나위 없이 통렬한 비난이라 할 수 있다.

『혁명의 시대』 제2부 제16장 「결론: 1848년을 향하여」

이중혁명이 근대사회에 미친 세계사적 결과

역사학자로서 홉스봄이 관심을 갖고 다루는 주제는 그야말로 광범위하다. 그는 농민사나 노동계급사와 같은 계급형성과 관련된 주제들로부터 시작하여, 자본주의 발전과 관련된 경제사 분야에서도 활발한 연구를 하고 있으며, 심지어 문화비평가로서 재즈에 대한 분석서를 낸 적도 있었다. 이처럼 광범위한 그의 관심사 가운데서도, 『혁명의 시대 1789~1848』은 자본주의의 발전, 그것도 '장기(長期) 19세기'라 불리는 시기의 첫번째 국면에서 나타난 세계 자본주의의 발전을 다루고 있다.

홉스봄은 이 책이 집필되기 훨씬 이전인 1950년대에 이미 「17세기 위기론」이라는 선구적인 연구를 제출하여 많은 연구자들의 주목을 받은 바 있으며, 이어서 『산업과 제국』에서는 영국 자본주의의 발전을 세계사적인 맥락에서 검토하였다. 「17세기 위기론」에서 그는, 유럽은 17세기에 전반적 위기를 경험하게 되었으며, 그 결과 이미 이 시기에 자본주의 체제로의 전환점이 사회경제적으로 준비될 수 있었다고 주장한다.

『산업과 제국』에서 그는 자본주의의 세계성에 주목하면서, 영국의 발전이 제국주의의 출현과 밀접한 관련이 있음을 지적하고 있다. 즉 "자본주의는 이미 상당히 자본주의화되어 있는 경제에서만 발달할 수 있다"고 지적하는 동시에 다른 나라와 비교되는 영국의 급속한 발전은 세계시장의 존재 때문이었다고 함으로써, 그는 자본주의 발전에서 해외식민지의 중요성을 제기하였던 것이다. 17세기부터 시작된 영국의 자본주의적 사회경제로의 변화와 세계시장의 존재야말로 영국이 다른 나라들보다 일찍감치 발전할 수 있는 기반이었다는 그의 지적은 『혁명의 시대』에서도 그대로 이어지고 있다.

그는 오늘날까지 계속되고 있는 자본주의의 발전과정 가운데 그것이 압도적으로 승리하게 된 시기를 '장기 19세기'로 규정한 다음, 다시 그것을 세 단계(즉 혁명의 시대, 자본의 시대, 제국의 시대)로 구분한다. 『혁명의 시대』에서는 그 가운데서도 산업자본주의가 본격적으로 승리하면서 등장하기 시작한 1789년부터 1848년까지의 첫번째 시기를 다루고 있다.

홉스봄은 이 책에서 첫째, 산업자본주의의 승리는 어떻게 가능했으며 둘째, 그 결과 세계는 어떻게 변화했는가를 추적하고 있다. 앞에서 지적했지만, 그는 18세기 후반부터 19세기 초에 이르는 이 시기는 자본주의가 시작된 시기가 아니라 자본주의가 승리한 시기로 보아야 한다고 지적하고 있다. 17세기의 일반적 위기론에서 밝힌 것처럼, 18세기 유럽은 이미 자본주의적 요소가 내재하고 있었으며, 바로 그러한 사실이 자본주의가 다른 지역이 아니라 어째서 유럽 영국에서 특히 압도적으로 승리하게 되었는지를 설명해준다는 것이다. 그가 보기에 장기 19세기의 첫번째 국면에서 설명되어야 할 것은 자본주의의 존재나 시작 여부가 아니라, 왜 이 시기에 와서 비로소 자본주의의 승리가 가능하게 되었는지였다.

홉스봄에 따르면 그것을 가능케 한 것은 바로 이중혁명이었다. 이중혁명이란 영국의 산업혁명과 프랑스 대혁명을 지칭하는데, 영국의 산업혁명이 자본주의 경제를 낳았다면 프랑스 대혁명은 자본주의 정치를 낳았다. 두 혁명의 경과에 대해서는 나중에 자세히 설명하겠지만,

홉스봄은 두 혁명이 서로 별개의 혁명이었음에도 불구하고 결코 분리될 수 없는, 자본주의 사회의 정치경제를 규정하는 통합적인 혁명이라고 규정하고 있다. 또한 두 혁명은 각각 영국과 프랑스에서 나타났지만, 자본주의 사회의 정치경제의 전형이라는 측면에서 세계사적이고 보편적인 혁명이었다고 설명한다.

그러나 홉스봄의 이러한 논지는 보편주의적, 혹은 목적론적 역사 해석이 되기에는 너무도 많은 유보 조항을 허용하고 있다. 역사적으로 볼 때, 영국은 프랑스와 같은 정치혁명을 경험하지 못했으며, 프랑스는 정치혁명에도 불구하고 산업자본주의가 그에 걸맞게 발전하지 못했다. 또한 프로이센은 정치혁명이 부재한 가운데 절대주의하에서 산업혁명을 달성한 바 있다. 이러한 형태의 여러 변종들은 홉스봄이 제시한 근대 자본주의 사회를 규정하는 이중혁명의 이론적 중요성을 상당 부분 침식하고 있다.

물론 홉스봄은 이와 같은 역사적 현실을 다룸에 있어 보다 유연한 자세를 취하고 있다. 즉 이중혁명은 혁명의 유무와 상관없이 자본주의 사회들이라면 경향적으로 경험해야만 될 사회적 변화의 기본 모델이라는 의미를 갖고 있는 것이다. 따라서 자본주의 사회의 발전에서 홉스봄이 강조한 이중혁명의 중요성은 하나의 경향성 정도로 자리잡고 있다고 보아야 할 것이다.

오히려 홉스봄이 강조하고자 했던 것은 모든 세계가 이중혁명을 겪어야만 한다는 것이 아니라, 이중혁명이 미친 세계사적 결과였다. 그에 따르면 근대 세계는 이중혁명으로 인해 비로소 공업 일반이 아닌 자본주의적 공업의 승리가, 자유와 평등 일반이 아닌 부르주아적 자유와 평등의 승리가, 근대 경제들 일반이 아닌 자본주의의 중심부의 승리가 가능하게 되었던 것이다. 자본주의의 발전에 대한 이와 같은 홉스봄의 설명은 경직된 역사적 필연성에 입각하여 자본주의의 발전을 설명하기보다는, 해당 사회가 역사적으로 발전시켜온 역사적 구체성에 입각하여 그것을 설명함으로써, 한편으로는 마르크스의 논지를 충실하게 따르면서도 다른 한편으로는 보다 역사적인 구체성을 획득하게 되었다.

홉스봄이 「17세기 위기론」과 『혁명의 시대』에서 다루고 있는 자본주의의 발전 문제는 마르크스가 단편적으로 제시한 자본주의로의 이행에 관한 문제의 연장선상에 있다. 마르크스는 이 문제를 자본론의 '소위 본원적 축적'에 관한 장에서 간략하게 검토한 적은 있었지만, 본격적으로 다루지는 않았다. 대략 16세기에서 19세기에 이르는 매우 광범위한 시간대에 걸쳐 있는 이 시기는 이론적으로나 역사학적으로 공백 상태에 놓여 있었다. 때문에 이에 관련된 문제들은 마르크스주의 역사학자들 사이에서뿐만 아니라 다른 여러 역사학자들 사이에서도 커다란 논란을 야기시킨 바 있다.

김동택
성균관대 동아시아학술원 전임연구교수·정치학

옮긴이 정도영(1927~99)은 서울대학교 문리과대학 동양사학과에서 수학했으며 합동통신사 등에서 외신부장, 경제부장, 출판국장 등을 지냈다. 역서로는 한길사에서 펴낸 홉스봄의 명저 『혁명의 시대』(공역), 『자본의 시대』를 비롯하여, 윤건차의 『현대일본의 역사의식』, 마빈 해리스의 『식인과 제왕』, 시오노 나나미의 『바다의 도시 이야기』 등이 있다.

옮긴이 차명수는 서울대학교 사회학과와 같은 대학교 대학원 경제학과를 졸업했다. 영국의 워릭 대학교에서 박사학위를 받았으며 하버드 대학교 교환교수를 지냈다. 현재 영남대학교 경제학과 교수이며 경제사학회 학회지 『경제사학』 편집위원이다. 역서로는 한길사에서 펴낸 홉스봄의 『혁명의 시대』(공역)가 있으며, 논문으로 「산업자본주의 단계의 세계자본주의 체제와 경기순환에 관한 연구」 「세계농업공황과 일제하 조선경제」 등 다수의 연구논문이 있다.

자본의 시대

에릭 홉스봄 지음 | 정도영 옮김 | 608쪽
2005 서울대학교 권장도서 100선
『출판저널』 선정 21세기에도 남을 20세기의 빛나는 책들

▷ 저자의 다른 작품
『혁명의 시대』(GB 12)
『제국의 시대』(GB 14)

▷ 역자의 다른 번역 작품
『혁명의 시대』(GB 12)

홉스봄은 이 책에서 19세기 중반의 제3, 4분기에 해당하는 약 30년간의 유럽 역사를 주로 다루고 있다. 이 시기 유럽의 역사를 나라별 또는 테마별로 다룬 연구서는 셀 수 없을 만큼 많으나, 이것들을 하나의 통일된 역사상(歷史像)으로 종합하여 19세기 중반 유럽의 통사로 엮어낸 책은 드물다.

이 시기는 유럽의 부르주아지가 고전적인 의미의 자유주의적 자본주의 경제를 만개시키면서 유럽을 정복하고, 나아가 세계의 다른 지역을 정복해간 인류역사의 격동의 공간이다. '아래로부터 위로의 역사'라는 시각에서 기술된 『자본의 시대』를 통해 우리는 종래의 상궤적(常軌的)인 역사서술방식에서는 맛볼 수 없는 매우 독특한 감동을 받게 된다. 또한 누구에게나 가장 낯익은 사건, 극적 요소라고는 없는 일들까지도 새삼스러이 솟구치는 감흥으로 단숨에 읽어내리지 않을 수 없게, 전혀 새로운 의미를 띤 역사적 풍경화로 생동감 있게 펼쳐 보이고 있다.

홉스봄의 시각에서 볼 때, 이 시대의 조그만 신문에 실린 하찮은 기사 몇 줄, 무명의 시인이 어머니에게 보낸 편지 몇 구절, 어느 희곡작가의 대사 몇 마디까지도 상징적이고 함축적인 의미를 갖게 되고, 그래서 가장 의외로운 구절들이 가장 적절한 곳에 인용되어 마치 보석처럼 빛난다.

실증적으로 많은 나라를 대상으로 하면서도 그것들이 하나의 세계로 일체화하고 다양화해가는 모습을 세계사라는 하나의 역사상으로 종합 · 귀결시켜 우리가 살고 있는 현대세계의 뿌리를 제시해주는 홉스봄의 서술력은 우리에게 깊은 감명과 중량감을 주기에 충분하다.

에릭 홉스봄(1917~)

에릭 홉스봄(Eric John Ernst Hobsbawm)은 이집트 알렉산드리아에서 오스트리아계 어머니와 유대계 아버지 사이에서 태어났다. 런던의 성 메리르본 고전문법학교에 다녔고 케임브리지의 킹스칼리지에 들어가 역사학을 전공했다.

1947년 런던 대학 버크벡 칼리지의 사학과 강사로 부임했다가 1959년 전임, 1970년에는 경제사 및 사회사 정교수를 지냈으며 1982년 은퇴했다. 또한 1949년부터 1955년까지 케임브리지 킹스칼리지의 특별연구원으로 재직한 바 있으며, 1984년부터는 영국아카데미 및 미국아카데미 특별회원, 뉴욕신사회연구원 교수, 버크벡 칼리지 명예교수로 고령의 나이에도 불구하고 왕성한 연구활동을 보이고 있다.

홉스봄은 오늘날 활동하고 있는 최고의 마르크스주의 역사가로 손꼽히고 있다. 특히 '아래로부터 위로의 역사'적 시각에서 전체사로서의 역사구도를 일관되게 견지하여 박식한 역사가의 면모를 드러내고 있다. 역사 3부작 『혁명의 시대』 『자본의 시대』 『제국의 시대』는 그의 대표작으로서 프랑스 대혁명과 산업혁명으로 인류사회가 어떻게 변화·발전해왔고, 근대세계가 어떻게 형성되었는가를 방대한 자료를 통해 완전히 새롭게 해석해내고 있다.

1948년에 첫 저서 『노동의 전환점』(Labour's Turning Point, 1880~1900)을 출간했으며, 1950년에는 「페이비언주의와 페이비언들, 1884~1914」로 박사학위를 받았다. 이 밖에도 『노동하는 인간』(Labouring Men), 『산업과 제국』(Industry and Empire), 『원초적 반란자들』(Primitive Rebels), 『의적의 사회사』(The Bandits), 『극단의 시대』(The Age of Extremes, 1914~91) 등이 있으며, 1997년에 그의 역사관을 집약적으로 보여주는 『역사론』(On History)을 출간했다.

변화하는 자본주의 시대와 노동자 계급의 분화

노동자들은 육체노동과 착취에 대한 공통된 의식으로 실상 단결되어 있었으며, 이 단결은 임금소득자라는 공동운명에 의하여 점점 더 강화되어갔다. 노동자들은 부르주아들의 부(富)가 극적으로 증대하여 그들과 부르주아들이 점점 더 동떨어지게 격리됨에 따라, 그리고 그들의 형편은 예나 다름없이 불안정한 데 반해 부르주아들의 처지는 점점 더 자기폐쇄적이 되어 밑으로부터 올라오려는 자들을 받아들이지 않으려 함에 따라 단결하게 되었다. 그도 그럴 것이 성공한 노동자 또는 전(前)노동자들이 도달하기를 온당하게 바랄 수도 있었던 수수하고 대단찮은 행복의 언덕과, 진짜로 놀라운 치부(致富)는 전혀 다른 것이었기 때문이다.

노동자들은 이러한 사회적 양극화와 아울러 적어도 도시에서는 어느 정도 공통적인 생활 스타일—자유주의적인 부르주아지가 '노동자의 교회'라고 일컬었던 선술집이 그 중심적 역할을 담당하였다—그리고 공통적인 사고의 스타일에 의하여 자신들의 공통성을 자각하게 되었다. 의식이 별로 없는 사람들은 말없는 가운데 세속화되어갔고, 가장 의식이 강한 자들은 급진주의자가 되었고 1860년대와 1870년대에는 '인터내셔널'을 지지하였으며 그 후에는 사회주의를 따랐다. 이 두 가지 현상은 서로 밀접히 관련된 것이었다. 왜냐하면 전통적인 종교는 의식(儀式)에 의한 공동체의 재확인을 통하여 사회적 단결을 유지시키는 유대(bond)의 역할을 항상 담당해왔기 때문이다. 그러나 제2제정기에 릴에서는 이러한 공중의 의식행렬과 의식이 쇠퇴하였다. 1850년대에는 『르 플레』(Le play)가 기록하고 있는 바와 같은, 가톨릭의 행렬과 그 화려한 장관에 대하여 소박한 신앙심과 순진한 즐거움을 느꼈던 빈의 소(小)수공업자들도 이제는 그러한 것들에 대해 무관심하게 되었다. 그리고 그로부터 60년이 채 못 되어 그들은 그 믿음을 사회주의로 돌리게 된다.

의심할 바 없이 '노동빈민'이라는 서로 이질적인 집단들은 도시와 공업지대에서 '프롤레타리아'라는 단일 계급으로 되어가는 경향이 있었다. 1860년대에 노동조합의 중요성이 증대한 것이 바로 이것을 나타내주고 있다. '인터내셔널'의 존재 자체는—그 영향력을 별도로 하더라도—이러한 프롤레타리아화 없이는 있을 수 없었다. 그러나 '노동빈민'들은 서로 별개인 집단들의 단순한 집합만은 아니었다. '노동빈민'들은 특히 19세기 초반의 암담한 시련의 시기에 억압받고 불만에 가득 찬 균질적(均質的)인 대중으로 융합한 바 있었다.

그런데 이러한 균질성을 이제는 바야흐로 잃어가고 있었다. 즉 번영과 안정을 향유하던 자유주의적 자본주의의 시대는 '노동자 계급'에게 집단적 조직에 의하여 노동자 공동의 운명을 향상시킬 수 있는 가능성을 제공하기에 이른다. 하지만 그저 잡다한 '빈민'의 처지에 그대로 머물러 있던 사람들에게는 노동조합이란 아무런 쓸모가 없었으며 공제회(Mutual Aid Societies) 따위는 더욱이 아무런 소용이 없는 것이었다. 비록 어떤 때는 대중적 스트라이크가 대중을 동원하기도 했지만 노동조합은 대체로 혜택받는 소수자들의 조직이었다. 더군다나 자유주의적 자본주의는 노동자 개개인에게 부르주아적 관점의 진보에 대한 명확한 전망을

1861년 노동자 계급의 한 가정

제시했던 것이다. 노동자의 대다수는 이러한 전망을 받아들일 수도 없었고 받아들이려고도 하지 않았다.

따라서 점점 더 '노동자 계급'으로 형성되어 가고 있던 자들 사이에 균열이 발생하게 되었다. 즉 '노동자'와 '빈민'이 갈라졌다. 다시 말해 '존경받을 만한 사람'과 '존경받지 못할 사람'으로 갈리게 되었다. 정치적으로는 영국의 중산계급의 급진파가 완강하게 배척했던 위험하고 누더기 같은 대중들과는 분명히 구별되었다는 말이다.

19세기 중반의 노동계급에서 '체면'(respectability)이라는 말보다 분석하기 어려운 용어는 없다. 이 말에는 중산계급의 가치관과 기준이 침투되어 있기 때문이며, 동시에 거기에는 외부적으로 노동자 계급의 자존심이 그것 없이는 성취하기 어렵고 또 이의 성취를 위한 노동조합의 투쟁운동도 불가능했을 태도들, 즉 절제, 희생, 극기와 같은 태도들이 표현되어 있기 때문이다. 만일 노동운동이 명백히 혁명적이었거나 적어도 (1848년 이전 및 제2인터내셔널기에 그러했던 것처럼) 중산계급의 세계와 확실히 격리되어 있었다면, 노동운동의 특성은 보다 분명해졌을 것이다. 그러나 19세기의 3사분기에는 개인적 상승과 집단적(계급적) 향상 사이에, 또 중산계급을 모방하는 일과 노동자 계급 스스로의 힘으로 중산계급을 패배시키려는 것 사이에 분명한 선을 그어 구분한다는 것이 불가능하였다.

『자본의 시대』 제3부 제12장 「도시·산업·노동자 계급」

산업과 농업의 변화를 가져온 자본주의 사회의 발달

자본주의 경제의 발전에도 불구하고 유럽을 포함한 1870년대의 세계는 여전히 농촌인구가 도시인구를 앞지르고 있었다. 그리고 그 시대는 『자본의 시대』였음에도 불구하고 아직도 토지와 토지에 부과된 제도에 의해 대부분의 사람들의 운명이 결정되었다고 홉스봄은 결론 내리고 있다. 물론 토지와 그것을 둘러싼 제도 및 인간들의 운명은 다가올 사회에 양보하지 않으면 안 될 것으로 보였지만 말이다.

그러나 토지문제는 나라마다 매우 상이했다. 신대륙의 농민들과, 유럽의 농노, 남미의 대농장과 동유럽의 장원 사이에 존재하는 차이는 사회의 계급구조와 생산체계뿐만 아니라 법체계와 통치형태, 토지정책들로부터 비롯된 것이기도 했다. 그러나 홉스봄이 정작 문제삼는 것은 이와 같은 차이가 아니라 발전하는 세계에서 농업이 처한 상태에 대해서였다. 그에 따르면 이미 이 시기에 농업은 공통적으로 공업을 기반으로 하는 세계경제에 종속되었다는 것이다. 공업의 수요가 농산물의 필요성을 확대시켰던 까닭에 농업은 자본주의적 형태로 점차 이행하게 되었고, 이 같은 과정은 기존의 제도적 결박을 해체시켰다고 그는 강조한다. 또한 농업 부문의 해체와 더불어 초래된 토지로부터의 인구유출은 도시를 팽창시켰으며 풍부한 임노동층을 형성시켰다.

홉스봄은 특히 산업과 농업 간의 관계에서 세계적인 규모로 진행된 분업관계에 주목하고 있다. 19세기의 3사분기는 세계경제가 광범위하게 확대되고 심화되면서, 중심부와 주변부 간의 특징적인 관계 형성이 대규모로 진행되었다는 점에서 특징적이다. 러시아와 미국이 주요한 곡물공급 국가로 등장했다. 문제는 특정 지역 전체가 특정 중심부를 향해 특정 생산을 하게 되는 경우가 왕왕 나타났다는 것이다. 벵골의 인디고와 황마, 콜롬비아의 담배, 브라질의 커피, 이집트의 면화 등이 그러했다. 하지만 이 당시에 나타난 세계시장 지향적인 단작농업의 형태는 아직은 안정된 것이 아니었고, 19세기 후반이 되어서야 안정적인 재생산 기반을 갖게 되었다.

철도와 선박에 의한 장거리 수송체계의 발달이 원거리 무역을 가능케 했으며, 인구가 들끓는 도시와 공업지역에서 필요로 하는 수요의 증대는 원거리 무역에 기초한 농업의 발달을 가져온 기본동인이었다. 이러한 과정을 거쳐 세계농업은 점차 두 부분으로 분화되어갔다. 하나는 국제적인 시장을 목표로 한 농업이고, 다른 하나는 국지적인 농업이었다. 양자의 차이는 분명했다. 전자의 경우 자본주의적인 생산과잉, 가격폭락에 사로잡혀 있었고, 후자의 경우 흉작과 기근에 사로잡혀 있었다. 전통적인 농업 부문은 가격변동의 영향에 비교적 잘 견뎌냈고, 비교적 많은 인구를 수용하고 있었다. 하지만 시장 부문에 결합된 농업은 단작으로 형성되어갔다.

극단적인 사례는 열대 플랜테이션과 대목장들이었다. 때문에 이와 같은 농업의 경우에는 생산자들과 이들의 국가, 무역상, 중개인 그리고 시장을 가진 국가들 사이에 강고한 공생관계가 이루어졌다. 미국 남부의 노예 소유주들, 아르헨티나의 농장주, 오스트레일리아의 농장주들은 자유무역의 주창자들이었으며, 수입국의 이해와 긴밀히 연결되어 있었다. 홉스봄은 이 때문에, 중심부를 겨냥한 단작농업을 영위하는 농업 부문은 산업자본이나 그것을 옹호하는 자국의 이해보다 국제시장을 가지고 있는 국가의 이해에 더욱 민감하다고 지적한다.

농업의 생산량과 생산성은 지속적으로 증가했다. 이것은 공업 부문에서의 기술발달에 힘입은 바 크다. 그러나 홉스봄은, 변화는 대부분의 경우에 지극히 완만했으며, 농업의 상업화를 가로막은 것은 생산기술의 문제라기보다는 사회제도였다고 지적한다. 농업 부문의 기능에는 식량·원자재 공급, 노동력의 배출뿐만 아니라 자본제공 기능까지도 포함되었다. 하지만 농민들 자신이나 정치·경제적 지배자들, 그리고 전통사회의 제도적 중압들이 농업의 상업화를 가로막고 있었다. 농업 자체는 자본주의화를 끊임없이 요청받고 있었지만, 농업은 이른바 농민들에게는 자연경제의 축을 이루는 것이었기 때문에 농민들은 상업적 합리화에 필사적으로 저항했다는 것이다. 홉스봄은, 그럼에도 불구하고 자본주의는 강제적으로 그것을 붕괴시켰다고 설명하고 있다.

여기에는 특히 세 종류의 농업 경영이 해당된다. 노예제 플랜테이션, 농노제 농장, 전통적 농민경제가 그것이다. 이 가운데 앞의 둘은 단작의 형태로 재편되면서 전통적인 사회관계가 파괴되었다. 노예제 플랜테이션은 노예제의 폐지에 의해 일소되었다. 농노제는 1848년과 1868년 사이에 유럽에서 해체되었다. 물론 대부분의 농노들이 반농노적인 위치에 머물러 있었고 때로는 농노제의 재강화가 이루어져가고 있었지만, 경향적으로 그것은 붕괴되고 있었다. 하지만 중심부 일부 지역에서는 여전히 전통적 농민 경제가 지속되고 있었다.

홉스봄은 농업 부문에서의 이러한 변화를 야기시킨 원인은 복합적이었다고 지적한다. 한편으로는 국가정책에 의해 추진되는 정치적 자유화도 중요한 원인이었으며, 다른 한편으로는 농민봉기 또한 부분적으로 중요성을 갖고 있었다고 한다. 물론 자본주의에 의한 경제적 압력도 어느 정도 작용하고 있었을 것이다. 분명한 것은 이 모든 것들이 인도주의적인 근거에서 진행된 것은 아니라는 점이다. 오히려 그것은 상업적 농업의 합리화 과정에서 비롯된 것이라고 할 수 있다. 노예제 폐지의 경우에도 자유임노동 계급의 확보와 구매력의 확보가 주된 동인이었지 인도주의적 근거로 진행된 것은 아니었다.

농노제의 경우에도 노역지대의 금납지대화, 생산성 확장에 적합한 소농경영의 강화로 변화되어갔고 이를 추동한 것은 특정한 이데올로기나 지배계급의 관용에 의해서가 아니라 자본주의적 경제의 발전 그 자체였다. 자유주의적 세력들은 농노제가 부르주아 시장경제에 적합치 않은 것으로 간주했지만, 대지주들은 농노제를 옹호했다. 전반적인 농노제의 해체 원인이 순수하게 경제적인지 아니면 정치적인 것인지는 분명치 않지만, 그것이 자본주의에 적합한 농업형태로 변화되어간 것은 분명한 사실이었다.

김동택

성균관대 동아시아학술원 전임연구교수·정치학

옮긴이 정도영(1927~99)은 서울대학교 문리과대학 동양사학과에서 수학했으며 합동통신사 등에서 외신부장, 경제부장, 출판국장 등을 지냈다. 역서로는 한길사에서 펴낸 홉스봄의 명저 『혁명의 시대』(공역), 『자본의 시대』를 비롯하여, 윤건차의 『현대일본의 역사의식』, 마빈 해리스의 『식인과 제왕』, 시오노 나나미의 『바다의 도시 이야기』 등이 있다.

제국의 시대

에릭 홉스봄 지음 | 김동택 옮김 | 640쪽
2005 서울대학교 권장도서 100선
『출판저널』 선정 21세기에도 남을 20세기의 빛나는 책들

▷ 저자의 다른 작품
『혁명의 시대』(GB 12)
『자본의 시대』(GB 13)

홉스봄의 『제국의 시대』는 세계 자본주의의 형성과 발전이 이루어졌던 '장기(長期) 19세기'에 관한 논술이자 그의 역사3부작의 마지막 권에 해당한다. 저자가 세 권의 책을 통해 밝히고자 했던 것은 19세기의 역사적 위치를 이해하고 설명하는 것, 과거를 검토함으로써 현재를 이루고 있는 뿌리를 추적하는 것, 그리고 무엇보다도 응집된 전체로서의 과거를 드러내는 것이다.

그는 단순한 편년체적 역사서술이 아니라 응집된 전체로서 19세기를 드러낸다. 그러기 위해서는 저자 자신이 강조하듯이, 문제 중심의 역사서술이 요구되며 또한 역사 전체를 관통하는 중심축이 필요하다.

장기 19세기를 하나로 묶으면서 저자가 본질적인 중심축으로 삼았던 것은 무엇일까? 그것은 자유주의적 판본의 자본주의 형성이다. 홉스봄은 19세기를 자본주의적 판본으로, 그리고 역사적으로 특정한 부르주아 사회의 형태 속에서 자본주의가 형성되었고 승리했으며 또 종결된 시대였다는 점을 중심축으로, 이것이 어떻게 승리하고 또 변형되었는가를 이 책을 통해 명쾌하게 밝히고 있다.

홉스봄은 '제국의 시대'가 어떤 사람들에게는 커져가는 어려움과 두려움의 시대였지만, 부르주아가 만들어놓은 세계에 살고 있는 대부분의 사람들에게는 희망의 시대였다고 파악한다. 그러나 그는 19세기의 역사가 그러했듯이 미래의 역사가 어떤 희망의 역사가 될지에 대해서는 어떠한 주장도 하지 않는다. 미래의 역사는 지금 우리가 살고 있는 시대이기 때문이다.

에릭 홉스봄(1917~)

에릭 홉스봄(Eric John Ernst Hobsbawm)은 이집트 알렉산드리아에서 오스트리아계 어머니와 유대계 아버지 사이에서 태어났다. 런던의 성 메리르본 고전문법학교에 다녔고 케임브리지의 킹스칼리지에 들어가 역사학을 전공했다.

1947년 런던 대학 버크벡 칼리지의 사학과 강사로 부임했다가 1959년 전임, 1970년에는 경제사 및 사회사 정교수를 지냈으며 1982년 은퇴했다. 또한 1949년부터 1955년까지 케임브리지 킹스칼리지의 특별연구원으로 재직한 바 있으며, 1984년부터는 영국아카데미 및 미국아카데미 특별회원, 뉴욕신사회연구원 교수, 버크벡 칼리지 명예교수로 고령의 나이에도 불구하고 왕성한 연구활동을 보이고 있다.

홉스봄은 오늘날 활동하고 있는 최고의 마르크스주의 역사가로 손꼽히고 있다. 특히 '아래로부터 위로의 역사'적 시각에서 전체사로서의 역사구도를 일관되게 견지하여 박식한 역사가의 면모를 드러내고 있다. 역사 3부작『혁명의 시대』『자본의 시대』『제국의 시대』는 그의 대표작으로서 프랑스 대혁명과 산업혁명으로 인류사회가 어떻게 변화·발전해왔고, 근대세계가 어떻게 형성되었는가를 방대한 자료를 통해 완전히 새롭게 해석해내고 있다.

1948년에 첫 저서『노동의 전환점』(Labour's Turning Point, 1880~1900)을 출간했으며, 1950년에는「페이비언주의와 페이비언들, 1884~1914」로 박사학위를 받았다. 이 밖에도 『노동하는 인간』(Labouring Men),『산업과 제국』(Industry and Empire),『원초적 반란자들』(Primitive Rebels),『의적의 사회사』(The Bandits),『극단의 시대』(The Age of Extremes, 1914~91) 등이 있으며, 1997년에 그의 역사관을 집약적으로 보여주는『역사론』(On History)을 출간했다.

진보를 통해 유토피아로 가는 길

이전과 이후의 어떤 세기에도, 사람들이 이 땅 위에서 살아가면서 그렇게도 고상하고, 그렇게도 유토피아적인 기대를 했던 적은 없었다. 단일한 세계언어를 통한 보편적인 평화, 보편적인 문화, 우주의 가장 근본적인 질문을 그저 증명하는 것이 아니라 실질적으로 대답하려 했던 과학, 과거 역사 전체로부터 여성의 해방, 노동자들의 해방, 성적 자유, 풍요의 사회를 통한 모든 인간의 해방, 능력에 따라 일하고 필요에 따라 분배받는 세계와 같은 기대들이 바로 제국의 시대에 사람들이 가졌던 기대들이었다.

이것은 혁명가들만의 꿈이 아니었다. 진보를 통한 유토피아는 근본적인 방식으로 이 세기에 건설될 것으로 생각되었다. 유토피아가 존재하지 않는 세계지도는 전혀 가질 필요가 없다고 말한 오스카 와일드의 이야기는 농담이 아니었다. 그는 사회주의자였던 푸리에뿐만 아니라 자유무역가인 코브던(Cobden)을 대변했고, 마르크스(유토피아적인 꿈을 거부하긴 했지만 청사진으로서의 유토피아만을 거부했던)뿐만 아니라 그랜트 대통령을 대변했고, 생시몽을 대변했던 것이다. 생시몽의 산업주의 유토피아는 자본주의도 아니고 사회주의도 아닌 것으로 생각되었다. 왜냐하면 그것은 둘 모두라고 주장될 수 있기 때문이다. 그러나 가장 특징적인 19세기 유토피아의 새로운 점은 역사는 결코 멈추지 않을 것이란 기대였다.

비록 자유주의적인 진보였지만 부르주아는 멈추지 않는 물질적·지적·도덕적 진보를 기대했다. 프롤레타리아들 또는 그들의 대변자임을 자처했던 사람들은 그것이 혁명을 통해 달성되기를 기대했다. 그러나 중요한 것은 양자 모두가 그것을 기대했다는 것이다. 그리고 양자 모두는 그것을 어떤 자동적으로 그렇게 되어가는 역사를 통해서가 아니라, 노력과 투쟁을 통해 달성될 것으로 기대했다. 부르주아 세기의 문화적 영감을 가장 근본적으로 표현했던 예술가들과, 말하자면 부르주아의 이념을 수렴하는 목소리가 되었던 예술가들은 베토벤 같은 사람이었다. 그는 투쟁을 통해 승리를 쟁취하는 진정한 인간으로 간주되었다. 또한 그의 음악은 운명의 어두운 힘을 극복했으며 「합창교향곡」은 자유로워진 인간정신의 승리를 축약한 것이었다.

우리가 살펴본 대로 제국의 시대에는 이와는 다른 결과를 예측한 사람들의 목소리도 분명히 존재했다——이들은 부르주아 계급들 사이에서 영향력과 깊이를 갖춘 사람들이었다. 그러나 대체적으로 대부분의 서구 사람들에게 이 시대는 이전의 어느 때보다도 세기의 약속에 가까워졌던 것으로 보였다. 물질적 개선과 교육과 문화에 의한 자유주의적 공약의 달성, 미래의 새로운 노동계급과 사회주의운동의 불가피한 승리라는 전망과 대중적인 힘의 출현에 의한 혁명적 공약의 달성 등이 바로 그것들이었다. 이 책이 보여주려고 했듯, 어떤 이들에게 제국의 시대는 커져가는 어려움과 두려움의 시대였지만 부르주아가 만들어놓은 세계에 살고 있는 대부분의 사람들에게 그것은 거의 확실하게 희망의 시대였다.

우리가 이제 돌이켜볼 수 있게 된 것은 바로 이 희망에 대해서다. 우리는 여전히 그러한 희망을 공유하고 있지만, 그것은 더 이상 회의주의와 불확실성이 존재하지 않을 정도로 확고한

해외에서의 흑인과 백인 원주민 시종들이 시중을 들고 있는 백인들의 티파티

그런 종류의 것은 아니다. 우리는 너무나 많은 유토피아적인 약속들이 예상된 결과를 만들어 내지 못한 채 현실화되는 것을 보아왔다. 우리는 가장 발전된 나라에서, 현대적인 통신·교통수단들과 에너지원들이 도시와 시골 간의 차이를 없애버린 시대, 그리고 그와 같은 것들은 한때 모든 문제들을 해결했던 사회에서만 성취 가능한 것으로 생각되었던 그런 시대에 살고 있지는 않은가? 그러나 우리들의 시대는 그렇지 않다는 것을 웅변적으로 보여주고 있다.

20세기는 그토록 많은 확신을 영원토록 가지기에는 너무도 많은 자유화와 수많은 사회적 절정의 순간들을 목격해왔다. 그렇지만 희망의 여지는 있다. 왜냐하면 인류는 희망하는 동물이기 때문이다. 반대되는 편견과 외양에도 불구하고, 물질적이고 지적인 진보—결코 도덕적이고 문화적인 진보라고는 할 수 없지만—속에서 20세기가 실질적으로 성취했던 것들이 유례 없이 인상적이었음을 부정할 수 없다는 점에서 희망의 여지는 있다.

이 모든 희망들 가운데 가장 커다란 희망, 즉 두려움과 물질적 결핍으로부터 해방된 자유로운 인간들이 훌륭한 사회에서 훌륭한 삶을 영위하게 될 세계를 창조할 수 있을 것이라는 희망이 존재할 여지는 남아 있는가? 왜 안 되겠는가? 19세기는 우리에게 완전한 사회를 향한 욕구는 모르몬적이든 오언적이든 혹은 그 무엇이든 간에 삶에 관해 이미 결정된 몇 가지 설계만으로는 결코 충족되지 않는다는 것을 가르쳐주었다. 그리고 우리는 그와 같은 새로운 설계가 장래의 모습이 된다고 해도 그것이 어떤 것이 될지는 알 수 없으며 또한 그것을 오늘에 결정할 수 없다는 점도 전혀 의심하지 않는다.

완전한 사회를 향한 탐구의 기능은 역사를 멈추려는 데 있는 것이 아니라 알지 못하고 알 수도 없는 가능성을 모든 사람들에게 공개적으로 드러내는 데 있다. 이러한 의미에서 다행스러운 일이지만, 인류에게 유토피아로 가는 길은 막혀 있지 않다.

『제국의 시대』「글을 마치며」

경제성장과 제국주의의 팽창

불황은 1890년대 중반부터 호황으로 전환하여, 제1차 세계대전에 이르기까지 번영기가 도래했다. 당시는 오늘날까지 유럽 대륙에서 '아름다운 시대'라 불릴 정도로 풍요를 구가했다고 한다. 당시 경제학의 핵심적인 문제는 세계 경제력과 지도력의 재배치, 그리고 경기변동에 관한 것이었다. 즉 영국의 상대적인 하락과 미국 그리고 무엇보다도 독일의 약진에 관한 문제는 매우 중요했으며 이와 더불어 장기 그리고 단기의 변동에 관한 문제 또한 첨예한 관심사였다.

대공황과 이어지는 세계적인 활황 사이의 대조는 세계 자본주의 발전에서의 '장기파동'에 대한 최초의 고찰인 '콘드라티예프 주기'를 만들어냈다. 그러나 홉스봄이 보기에 정작 중요한 문제는 성장하는 세계경제 내에서 누가 더 많이 그리고 더 빨리 성장했는가가 아니라 전체적인 지구적 규모의 성장 그 자체인 것이다. 이러한 관점은 특정한 나라의 발전이나 후퇴 즉 민족경제에 대한 관심보다는 자본주의의 세계적인 규모에서의 변화를 더 중시하는 홉스봄 특유의 견해를 잘 드러내고 있다.

무역의 측면에서 볼 때, 가격은 1873~96년의 놀랄 만한 하락으로부터 1914년까지 그리고 그 후에도 이어지는 상당한 정도의 상승으로 움직여왔다. 무엇이 세계경제를 그토록 역동적으로 만들었던가? 홉스봄이 이 부분에서 강조하는 것은 시장의 발전, 특히 온대 북반구를 둘러싸고 확대되어가는 산업화 도상에 있었던 나라들과 산업화된 국가들로 이어지는 중심적인 벨트에서 나타난 대중소비시장이었다. 당시 발전된 나라들은 세계경제에서 80퍼센트를 구성하고 있었을 뿐만 아니라 세계의 나머지 부분의 발전을 결정했다.

그렇다면 제국의 시대가 보여주는 세계경제를 어떻게 요약할 수 있을까? 홉스봄은 일곱 가지로 이를 정리하고 있다. 첫째, 그것은 지리적으로 이전보다 아주 넓어진 기반을 가진 경제였다. 둘째, 세계경제는 이전의 어느 때보다도 다원주의적이 되어갔다. 영국은 이제 유일하게 완전히 산업화되었지만 실질적으로 유일한 산업경제는 아니게 되었다. 미국, 독일, 프랑스가 급속한 산업화를 통해 영국의 위치에 도전하여, 국가경쟁의 시대를 열었다. 또 발전된 세계와 저발전된 세계 간의 관계는 1860년대의 그것보다 훨씬 다양했고 복잡했고 또 구조적이었다.

셋째, 앞선 시대들이 단순한 기술적 개량에 의해 산업적 발전을 이루었다면, 이 시대는 진정한 의미에서 기술혁명의 시대라는 점이다. 그 시대는 진공청소기와 아스피린, 의약품의 과학화와 첨단기술의 가정화가 이루어진 시대였으며, 전화와 무선전신, 영화와 영상, 자동차와 비행기 등이 근대생활의 한 장면이 되어버린 시대였다. 이 가운데서도 자전거의 발명은 인간해방에 크게 기여한 것으로 널리 인식되었다. 넷째, 자본주의 기업들이 구조 면에서 그리고 작동 양식 면에서 이중적으로 전환했다는 점이다. 즉 트러스트의 형성과 과학적 경영이 최초로 도입되었다. 다섯째, 소비제품 시장의 엄청난 변화였다. 대량소비가 등장했던 것이다. 여섯째, 경제의 제3부분 즉 공적이고 사적인 사무실, 가게 그리고 다른 서비스 부분에서의 노동의 절대적인 그리고 상대적인 성장으로 기록될 수 있다. 그리고 홉스봄이 특별히 강조하고 있을 뿐만 아니라 뒤에 상세히 설명되겠지만, 제국의 시대 경제의 마지막 특성은 정치와 경제의 점증하는 수렴이었다.

당시 활황은 생산혁명에 의해 성장하는 세계의 산업부문과 새롭게 특화된 지역으로 성장했던 세계의 농업부문 간의 관계, 즉 국제적인 분업관계를 점차 구조화시켰다. 즉 세계는 점차 분명 '진보된' 자들이 '후진적인' 자들을 지배하는 그러한 세상, 요약하면 제국의 세계로 나아갔다. 그러나 1875년에서 1914년까지의 시대는 그것이 새로운 종류의 제국주의를 발전시켰기 때문이기도 하지만 역설적으로 이보다는 훨씬 낡은 이유에서 제국의 시대라 불릴 수 있다고 홉스봄은 지적한다.

홉스봄이 보기에 제국의 시대는 근대 세계역사에서 공식적으로 스스로를 황제로 불렀던 지배자들의 수가 최고에 도달했던 시기이기도 했다. 또한 이 시대는 새로운 유형의 제국, 즉 식민지 제국의 시대였다. 자본주의 나라들의 경제적·군사적 우위를 공식적인 정복으로 전환시키려는 체계적인 시도는 주로 18세기 말과 19세기의 마지막 4분기 사이에 이루어졌다. 이 시기에 아프리카와 아시아는 완전히 분할되었다. 1876년과 1915년 사이에 지구 땅의 약 4분의 1이 약 6개의 국가에 의해 식민지로 분배되고 재분배되었던 것이다.

홉스봄은, 그럼에도 불구하고 당시 나타난 제국주의는 완전히 새로운 것이라 할 수 있다고 주장함으로써, 마르크스와 레닌이 강조했던 경제적 차원의 문제를 반드시 염두에 두어야 한다고 강조한다. 군사적 정복과 같은 오래된 유형의 특성을 배제할 수는 없지만, 당시의 지구적인 분화의 본질은 분명히 경제적 차원의 문제였다는 것이다.

그렇다면 제국주의의 경제적인 동기는 무엇이었을까? 우선 홉스봄은 종속국의 입장에서 볼 때, 19세기 말에 시작된 제국의 시대는 1929~33년 대공황까지 즉 1929년의 대공황 이후로 기초재의 가격이 수직적으로 하락하기 이전까지 지속되었다고 주장한다. 제국주의에 일단 편입된 주변부의 경제는 전체적인 종속성에도 불구하고 제국주의로부터 상당한 이점을 누릴 수 있었다는 것이다. 특히 1914년까지 무역의 조건은 기초재 생산자들에게 훨씬 유리했다. 금융자본의 수출의 경우 주변부에 대한 투자보다는 중심부간의 투자가 훨씬 컸고 또 유리했다고 할 수 있다. 즉 홉스봄은 제국주의를 설명하는 데 무역에서의 이점, 금융자본의 중심부 투자라는 전통적인 분석은 그 근거가 희박하다고 주장한다.

그렇다면 다른 어떤 이점이 중심부 국가로 하여금 제국주의적 팽창을 하도록 만들었을까? 여기서 홉스봄은 식민지 확장에 대한 보다 설득력 있는 일반적인 동기는 시장의 확보일 수도 있다고 지적한다. 대공황의 '과잉생산'은 수출을 지향함으로써 상당 부분 해결될 수 있었다는 것이다.

김동택

성균관대 동아시아학술원 전임연구교수·정치학

옮긴이 김동택은 서강대학교 정치외교학과를 졸업했고 같은 대학교 대학원에서 「식민지체제의 정치경제적 기원」이라는 논문으로 박사학위를 받았다. 하버드 대학교 옌칭 연구소 객원연구원(1993~94)을 지냈으며, 현재 성균관대 동아시아학술원 전임연구교수로 있다. 역서로는 한길사에서 펴낸 홉스봄의 『제국의 시대』, 지그문트 바우만의 『지구화, 야누스의 두 얼굴』 외에 『현대민주주의론』(공역)이 있다. 주요 논문으로는 「마르크스의 국가론 연구」 「현대민주주의를 둘러싼 문제제기와 과제에 관하여」 「한국 자본주의의 농업적 기원」 「대한제국 붕괴의 사회정치적 기원」 등이 있다.

경세유표 1~3

정약용 지음 | 이익성 옮김 | 한국고전번역원 엮음 |
688쪽(1권) · 696쪽(2권) · 680쪽(3권)

우리나라 실학의 집대성자로 일컬어지는 다산(茶山) 정약용(丁若鏞)의 『경세유표』는 다산이 그의 노작을 말하면서 내세웠던 일표이서(一表二書, 『경세유표』 『목민심서』 『흠흠신서』) 중에서도 제일 먼저 꼽을 만큼 다산의 방대한 저술 가운데 큰 비중을 차지하고 있다.

『경세유표』는 국가 전체의 체제를 전면적으로 개혁하기 위해 쓴 것으로 우리나라의 현실적 사정을 염두에 두며 구체적으로 설계한 이상적 국가형태를 담고 있다.

인습적 · 주구적 수탈체제는 고려시기의 폐정 이래 거의 고쳐진 것 없이 자행되고 있으며, 가령 '나라가 망하더라도'라고까지 각오하는 위대한 임금님의 결단 아래 단행된 균역법과 같은 개량정책조차 병든 사회구조를 조금도 개선할 수 없다는 것이 다산이 느낀 현실이었다. 게다가 말세의 폐정은 날이 갈수록 더욱 악화되어가고 있었다.

즉 다산에 따르면 인습에 인습을 더해온 현실 정치구조는 어느 것 하나 병들지 아니한 것이 없고, 또한 조그마한 개선책 정도만으로는 어느 한 병통도 개선이 되지 않았기 때문에 국가체제의 근본적 대개혁 · 대변통을 단행하지 않으면 안되는 현실이었다. 실로 그것은 서문에 써둔 그대로 '충신과 지사가 팔짱을 낀 채 방관하고 있을 수 있는 일'이 아니었다.

이런 상황을 배경으로 하여 저술하게 된 『경세유표』는 국가 체제의 전반적인 개혁안으로서 실학의 국가개혁론으로는 독자적인 위치를 차지하고 있다. 다산은 이 책에서 중국 고대의 『주례』를 바탕으로 당시 사회의 고질적 병폐를 진단하면서 이상적인 국가형태를 제시하고 있다. 또한 이 책은 우리나라 전근대 역사를 총체적으로 집약해둔 원천적 문헌으로서의 가치를 가지고 있다.

다산초당에 남아 있는 다산의 친필 '정석'(丁石)

다산 정약용은 1762년(영조 38)에 경기도 광주군 초부면 마현리(지금의 양주군 와부면 내리)에서 4남 1녀 가운데 4남으로 출생했으며 1836년 향리에서 서거했다. 본관은 나주이며 관명(冠名)은 약용(若鏞), 자는 미용(美鏞)·송보(頌甫), 호는 사암(俟菴)·다산(茶山), 당호는 여유(與猶)이다. 22세에 경의진사가 되었으며 암행어사·참의·좌우부승지 등을 거쳤고 『내강중용강의』(內降中庸講義), 『내강모시강의』(內降毛詩講義) 등 유학경전에 관한 저술을 했으며, 1789년 주교 준공 때 규제를 만들었고, 1792년 수원성의 규제를 짓고 「기중가도설」(起重架圖設)을 지어 4만냥을 절약했다.

1800년 정조가 죽자 고향으로 돌아가 경전을 강(講)하면서 당(當)에 여유(與猶)라는 편액을 달았으며 이때 『문헌비고간오』(文獻備考刊誤)를 완성하였다. 정조가 승하한 다음해에 책롱사건(冊籠事件)으로 체포, 투옥되었으며 출옥되자마자 포항 장기에 유배되어 전라남도 강진으로 이배될 때까지 9개월간 머물렀다. 강진군에 있는 다산학의 산실이 된 다산초당에는 11년간 있으면서 방대한 저술을 했다.

『주역심전』(周易心箋), 『상례외편』(喪禮外篇)을 비롯해서 『시경강의』(詩經講義), 『춘추고징』(春秋考徵), 『논어고금주』(論語古今註), 『맹자요의』(孟子要義), 『대학공의』(大學公議), 『중용자잠』(中庸自箴), 『악서고존』(樂書孤存), 『방례초본』(邦禮艸本, 뒤에 『경세유표』로 개명), 『목민심서』(牧民心書) 등을 차례로 저술하였고, 1818년 고향으로 돌아와 『흠흠신서』(欽欽新書), 『상서고훈』(尙書古訓) 등을 지어 그의 6경4서와 1표2서를 완결지었다. 회갑 때는 자서전적인 기록인 「자찬묘지명」을 남겼다.

잘못된 세법을 바로잡아 백성의 안정을 도모하다

사목(事目)에 이르기를, "여러 도 선박·염분(鹽盆)·어지(漁地)·곽전(藿田: 미역밭) 중에 혹 은루(隱漏)되었다가 다른 일로 인해서 발견되는 것이 있으면 수령은 전결(田結)을 은루한 죄로써 따져묻고, 감리(監吏) 및 본 주인은 엄형(嚴刑)해서 변지에 정배한다" 하였다.

어지·어홍(漁篊)에 혹 불행하게도 생선이 잡히지 않아서 이득이 없는 것은 지방관이 적간해서 세를 감하는데, 순영(巡營)에서 편비(褊裨)를 보내 적간한 다음, 감하도록 허가한다. 만약 거짓 보고한 것이 있으면 장계(狀啓)해서 죄를 논한다.

생각건대, 감사가 수령을 믿지 않고 편비를 보내서, 수령 대우하기를 도둑같이 하고, 편비를 믿어서 심복(心腹)으로 여기면 수령이 어찌 견디겠는가? 생선이 있고 없음은 수령도 오히려 알기가 어려운데 편비가 갑자기 와서 무엇으로써 알아내겠는가? 다만 연파(烟波)가 아득해서 천경(千頃)이 한결같이 파랗게만 보일 뿐이다. 법 마련한 것이 이와 같으니 또한 시행되지 못할 뿐이다.

은루된 어지를 어찌 이루 다 말하겠는가? 2년마다 균역청 낭관을 한 차례씩 보내서 어지에 암행(暗行)하여야 그 숨겨진 것을 발견할 수가 있다.

사목에 이르기를, "여러 영, 여러 고을, 여러 진(鎭)에, 만약 본청(本廳: 균역청)에서 정세(定稅)한 이외에 사사로 불법의 거둠이 있으면 장률(贓律)로써 논죄(論罪)하고 무역(貿)한 다 핑계하면서 싼값에 억지로 빼앗은 자도 죄가 같은데, 어사(御史)가 염문(廉問: 조사함)해서 일체 감률(勘律)한다" 하였다. 어·염·선세는 조례가 매우 많은데, 순영에 호방 군관(戶房軍官)과 호방 영리(戶房營吏)는 특히 관리(管理)해서 탈세를 방지해야 한다.

생각건대, 여러 어장(漁場)과 염장(鹽場)은 모두 궁벽한 바닷가나 떨어진 섬 중에 있으니 어사가 어찌 다 살피며 영비(營裨)와 영리(營吏)가 어떻게 관리해내겠는가? 모두 다 군말인 것이다. 반드시 균역청 낭관을 보내야 적발할 수 있다. 어·염·선세를 상납하는 날, 약간의 경비가 있어 돈 1냥마다 뒷돈이 5푼인데, 경기(京畿)는 서울에서 멀지 않으므로 뒷돈을 3푼으로 한다. 서울 관청 장비는 돈 100냥마다 한 냥을 더 징수한다. 상납할 때에 태가(駄價)는 결미조 사목(結米條事目)에 의해서 거행한다 (결미 사목에 "米條 船馬價는 원 액수 중에, 計減한다" 하였다. 錢條 駄價는 30리마다 5푼이고, 300리에는 5냥이며, 600리에는 10냥이고, 600리 이상은 100리마다 태가가 2냥이다. 가령 900리이면 한 마리의 삯은 6냥이 됨).

생각건대, 뒷돈 잡비라는 것은 본청 원역(員役)이 먹는 것이었다. 왕세(王稅)가 비록 중하나 백성들은 즐거이 내면서, 이것은 오직 우리 임금이 쓰는 것이라고 하지만 뒷돈 잡비야 누가 내기를 즐겨하겠는가? 여러 도에 세입 총수(歲入摠數)를 잡고 서울 관청 원역들의(員役이란 書吏·庫直·使令 등임) 쓰임새를 요량한 다음, 그 세율을 증액하여 이런 허비를 방지할 것이며 뒷돈 잡비 같은 군더더기로 보태이내는 것을 말끔히 쓸어없애면 또한 좋지 않겠는가?

왕자의 법은 엄숙하고 정대함이 마땅하며, 쇠뭉치 같아서 조금의 창우(瘡疣)도 없은 다음이라야 백성이 이에 복종한다. 지금은 원래 액

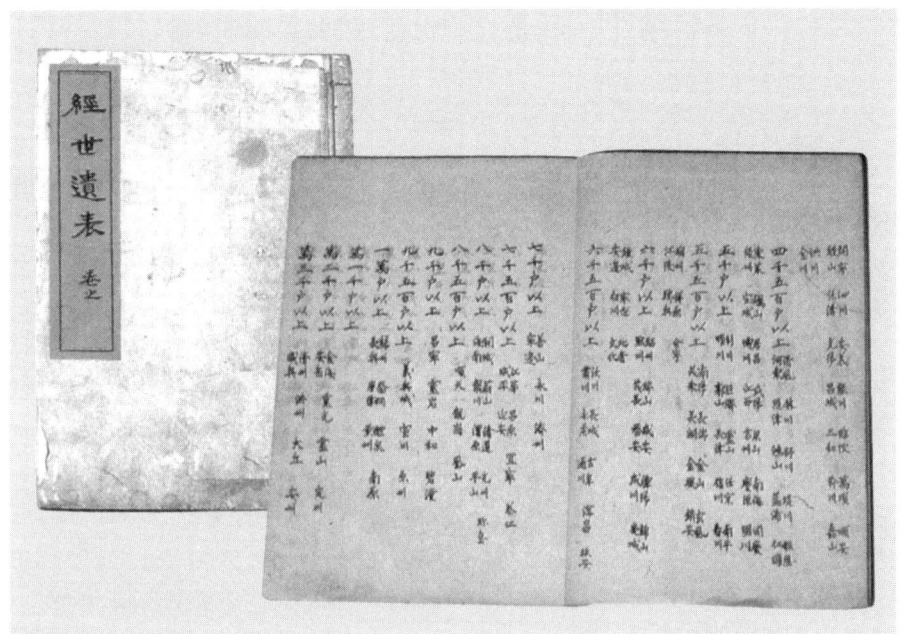

『경세유표』 전체 48권인 이 책은 정약용이 56세 되는 해에 저술을 시작했으나 끝내지는 못했다.

수 위에 군더더기를 별도로 보태어서 "나의 아전이 수고하니 너희들이 생각하고 한 문(文: 돈의 단위)을 보태서, 나에게 허비됨이 없게 하기를 바란다. 그리고 내 창(倉)에 관원이 있어 희름(餼廩)이 없을 수 없으니, 행여 3문씩 보태서 나에게 손해됨이 없게 하라" 하니 그 체면이 구차스럽고 그 말(辭令)이 자잘해서 결코 천자(天子)나 제후(諸侯)의 할 바가 아닌데, 애석하게도 일을 논의하던 당초에 어찌하여 생각이 여기에 미치지 못했던 것일까? 하물며 법은 철성(鐵城) 같아서, 만져도 걸림이 없는 다음이라야 아전이 능히 손을 쓰지 못한다. 만약 피부에라도 긁어 일으킬 만한 곳이 있으면 온갖 교활함이 층층이 나오고 많은 구멍이 엇갈려 뚫려서 마침내는 탐욕이 한량이 없는 데 이르게 되니, 뒷돈 잡비라는 것은 아전의 간사한 짓을 일으키는 것인데 어찌 생각지 않겠는가?

지금은 팔도 세안을 모두 잡아서 그 율을 고쳐 정리함이 마땅하다. 한 고을 세안책(稅案冊) 끝마다 "상납전 1천 냥 안에서(예를 들어) 100냥을 덜어서 본현(本縣)에 두어, 반은 현령에게 제공하고 반은 감리(監吏)를 도와준다"고 기록하고, 또 "서울에 올려보내는 태가는 원 액수 중에서 제감(이에 그 실제 액수를 알게 됨)한다" 한다. 이렇게 상납한 후에 그 받은 것으로 잡비를 갚아주며(서울 관청에 소용되는 것), 감리의 희름을 나눠주며, 관원의 녹봉을 계속해주며, 온 관청에 분배해서 급대(給代)하도록 한다면 한 마디 좀스러운 소리가 다시는 먼 곳 소민(小民)에게 미치지 않아서, 나라 체면이 높아지고 아전의 간사한 짓도 붙을 데가 없게 될 것이다.

『경세유표 3』 「총론」(摠論)

조선 후기, 새로운 인간상을 위한 국가개혁론

조선 후기의 실학에서는 국가체제 혹은 사회구성에 관한 여러 가지 개혁론이 나왔는데 그 가운데에서 『경세유표』는 어떠한 위치에 있는 것인가. 아마도 실학의 국가개혁론으로서는 유형원의 『반계수록』이 가장 선구적 위치를 점할 것이요, 거기 대비되면서도 또한 확고부동한 독자적 위치를 지니고 있는 것이 곧 『경세유표』가 아닌가 한다. 사실상 본격적 국가개혁론을 서술한 저술은 실학 가운데서도 이 두 가지에 불과한 편이다. 양자는 각기 어떠한 독자성을 지닌 것인가.

양자는 실로 동일한 측면을 많이 공유하고 있다. 우선 무엇보다도 양자가 개혁론의 원형이 되는 고전으로서 곧 『주례』를 활용하고 있다는 공통성을 들 수가 있다. 양자는 『주례』에 나타난 국가체제를 이상형으로 전제하고서 각자의 개혁안을 제시하고 있었던 것이다. 그러나 물론 양자 공히 『주례』 그대로를 따라 현실을 서술한 것은 아니었다. 조선 후기 실학의 학풍 일반이 대체로 그러하였던 것처럼 현실을 기준으로 하고서 그것을 개혁하기 위하여 고전을 원용하고 있었던 것이다.

양자가 모두 토지제도의 개혁을 모든 국가체제 개혁의 근본으로 하고서 이론을 전개시키고 있다는 사실에서도 공통성을 찾을 수 있다. 물론 『반계수록』의 경우는 이른바 '균전론'이요, 『경세유표』의 경우는 다 알 듯이 '정전제론'이어서 동일하지는 않다. 그러나 양자가 궁극적으로 토지의 국유를 전제하고 있을 뿐 아니라 더구나 토지를 기준으로 하고서 거기에 인간을 배치하고 있었다고 하는 매우 독특하면서도 유사한 공통성을 가지는 것이다. 그러므로 양자는 조선 후기 실학 가운데서도 가장 철저한 국가체제 개혁론에 값하는 독자성을 공통으로 지닌다 할 것이다.

그런데 그같이 국가적으로 재편성·재배치된 인간형을 두고 살피자면 양자는 다소 상이한 곳이 있다. 가령 농민상을 두고 말하자면 양자는 모두 자영농의 제도적 정립을 목표로 하고 있다. 그런데 자영농이라 할지라도 전자의 경우는 주로 자연경제 상태에서 화평한 생활을 누리고 살아가는 인간형으로 나타나 있다. 그것은 아마도 이른바 3대의 공동체적 농민상을 염두에 두고 그려놓은 인간형인 듯도 하다.

그런데 후자의 경우는 좀더 역동적인 농민상으로 나타나 있다. 여기서도 물론 인간은 기본적으로 단위 공동체의 일원으로 존재하도록 조직되어 있다. 그런데도 여기 농민은 스스로 힘써 농사짓지 않으면 공동체 일원으로서 떳떳하게 존립하기가 어려울 것으로 강제되고 있으며, 또 상업적 농업을 전제로 하여 부를 축적하기도 하고, 나아가서는 공동체의 추천을 통하여 국가 관원으로 발탁되기도 하는 등, 좀더 역동적인 존재로 그려져 있는 것이다. 여기서는 다만 균전의 이상을 실현할 제도뿐 아니라 그렇게 분여받은 전지를 어떻게 좀더 잘 경작하느냐는 '치전'(治田)에 큰 중점을 두고 있으며, 나아가서는 그 농민들로부터 어떻게 부세(賦稅)를 균평하게 거둘 것인가 하는 '균부'(均賦)에도 매우 비중을 두는 국가 관리체계가 서술되어 있는 것이다.

양자에 나타난 농민상의 차이는 어디서 온 것이었는가. 그것은 곧 조선 후기 사회상의 변화를 반영하고 있는 것으로 이해된다. 다산이

『경세유표』를 저작한 19세기 초의 조선사회 농민들은, 국가체제의 온갖 수탈을 겪으면서도, 자기 개선의 노력과 투쟁을 통하여 점차 자립적 자영농으로 자신을 정립시켜나가고 있었다.

역사적으로 보아 농민층이 자립적 자영농으로 발돋움하기 위해서 노력하는 단계에는 각자가 모두 좀더 이기적인 타산을 품은 영악한 모습의 인간형으로 등장하고 있는 편이었다. 그것은 곧 상품화폐경제의 세례를 받고서, 그같은 새로운 사회경제 현상을 발판으로 삼고서야 '발돋움'이라는 것을 하게 되어 있었던 까닭에서이다. 그러므로 『경세유표』에는 위로는 국왕으로부터 아래로는 직접생산자에 이르기까지 각자 자기 직무의 수행을 위하여 맹렬한 노력을 기울이는, 그리고 서로가 서로를 감시·감독하는 인간상으로 가득 채워져 있다.

살펴본 대로 다산은 자신의 묘지명을 쓰면서 이른바 '일표이서'를 두고, "없어져버리지 않는다면 혹 이를 취해 쓸 자가 있을 것이다"라고 하는 자신감을 피력해둔 바 있었다. 그러나 『경세유표』를 포함한 그의 개혁론이 문헌으로서는 남았지만 그것을 현실정치에 취해서 쓴 자는 아무도 없었다. 또 그 이후로 국가개혁론이라는 이름에 값할 만한 개혁론은 다시 나오지도 않았다. 세상도 더 없이 변하고 있었다. 그래서 『경세유표』는 전근대 우리나라 국가체제의 개혁론으로서는 최후의 원형에 해당하는 문헌이 되고 말았다. 그것이 전근대를 집대성한 최후의 원형인 것이므로 '근대'를 살아가는 우리들에게는 언제나 역사의 원형적 현장으로서의 의미를 지닐 수가 있게 되었으며, 끊임없는 탐구의 대상으로 남아 있을 수가 있게 되었다.

그리고 『경세유표』는 단일한 문헌으로서도 역사적 가치가 덜한 것은 아니지만, 다산의 다른 정법서인 『목민심서』『흠흠신서』와 상호 보완 관계에 있다. 다른 양자는 나름대로 특색을 지닌 것이지만, 앞서 언급한 바와 같이 특히 『경세유표』를 보완하는 부분을 갖추고 있다는 사실을 염두에 두어야 할 것이다. 그래서 세 가지 가운데는 아무래도 『경세유표』가 핵심적 위치를 차지한다는 사실도 자명한 것이다.

뿐만 아니라 다산의 학술을 제대로 짐작하기 위해서는, 실로 '육경사서'에 관한 그의 저술들을 동시에 깊이 읽어내지 않으면 안될 것이다. 가령 『경세유표』의 정전제는 현명한 왕권과 현명한 신료의 합심 아래 철칙 같은 불변의 법을 제정함으로써 점진적으로 실현할 제도인 것으로 서술되어 있다. 그런데 그같은 왕권은 궁극적으로 어떻게 창출해야 하는 것이며 그같은 왕법은 어떻게 제정할 것인지의 근원적 물음에 관한 한, 이 문헌에는 해법이 없다. 그같은 문제는 역시 그의 경전에 관한 연구를 통해서야만, 가령 다산이 만년에 이르러 특히 독특한 관심을 기울여 마무리한 『상서』 등에 관한 연찬을 통해서야만 비로소 알아낼 수 있는 것이 아닌가 하고 이해된다.

김태영

경희대 교수 · 한국사

옮긴이 이익성(1917~86)은 경남 밀양에서 태어나 사립 정진학교를 졸업했다. 역서로는 한길사에서 펴낸 『경세유표』를 비롯하여, 『이익 곽우록』(李瀷 藿憂錄), 『정상기 농포문답』(鄭尙驥 農圃問答), 『이중환 택리지』(李重煥 擇里志), 『우정규 경제야언』(禹禎圭 經濟野言), 『박제가 북학의』(朴齊家 北學議), 『박제형 조선정감』(朴齊炯 朝鮮政鑑) 등이 있으며, 『허균』(許筠), 『김육』(金堉), 『박지원』(朴趾源), 『정약용』(丁若鏞) 등의 편역한 책들이 있는데, 이는 한길사에서 실학사상 독본으로 펴낸 바 있다.

바가바드 기타

함석헌 주석 | 530쪽
2007 서울대학교 추천도서

『베다』나 『우파니샤드』와는 달리 언제나 서민 대중의 삶 속에서 호흡해온 대중들의 경전 『바가바드 기타』는 인도의 모든 지역, 모든 계층이 공유하며 다양한 인도를 하나로 묶는 공통분모격으로서 힌두교의 살아 있는 성전이라 할 수 있다.

쿠르크셰트라 전쟁이라는 역사적 사건을 무대로 하는 『바가바드 기타』는 바로 이 전쟁이 벌어지려고 하는 찰나에 전쟁에 대한 대의명분을 가지고 전쟁터로 나갔으나 상대편 군대에서 자기의 혈족들을 바라보고는 고뇌에 빠지게 되는 아르주나와 크리슈나의 대화를 기록한 것이다. 여기서의 전쟁은 인간의 마음속에서 일어나는 갈등과 모순을 나타내는 인간 내면의 전쟁이라 할 수 있겠다. "싸우라"고 아르주나에게 조언하는 크리슈나의 표현도 결국 전쟁을 명한 것이라기보다는 슬픔과 미혹으로 생겨난 장애를 제거하기 위한 촉구일 뿐이다.

현대에 들어 『바가바드 기타』는 더 큰 의미로 부각된다. 간디는 어려움에 직면할 때마다 마치 모르는 영어 단어를 영어사전에서 찾아보듯이 이 행동의 사전을 찾아보았다고 한다. 이외에도 라다크리슈난, 시성 타고르 등 수많은 인도의 정신적인 지도자들에게 『바가바드 기타』는 영감의 원천이 되었다.

우리나라에서 힌두교 경전 중 가장 먼저 번역된 이 『바가바드 기타』는 주석을 단 함석헌 선생이 토박이 우리말로 풀어썼다는 점에서뿐만 아니라 문자에 얽매이기보다는 뜻을 헤아려 새기는 가운데 우리의 고유 사상을 녹여놓았다는 점에서 『바가바드 기타』의 한국적인 토착화를 이루어 그 의미가 더욱 돋보이며 값지다 할 수 있다.

주석을 단 함석헌 선생(1901~89)

함석헌 선생은 1901년 평북 용천에서 태어나셨다. 평양고등보통학교를 다니다 3·1운동에 참가, 학업을 중단하셨는데 오산학교에 편입하여 이승훈, 유영모 선생의 영향을 받으셨다.

동경고등사범학교 문과일부를 다니실 때 우치무라 간조 선생의 성서연구 집회에 참여하셨고, 귀국하여서는 오산학교에서 교편을 잡으셨다. 1932년에는 『성서조선』에 『성서적 입장에서 본 조선역사』를 쓰기 시작하셨으며, 1938년 창씨개명과 일본어 수업을 거부하여 오산학교를 사임당하셨다.

해방을 맞아 용암포·용산군 자치위원장을 지내시고 평안북도 자치위원회 문교부장에 취임하셨다. 1947년 월남하셨으며, 서울에서 매주일 YMCA 강당에서 일요종교집회를 가지셨고, 6·25가 일어나자 부산에서 피난생활을 하시게 되었는데 이때『수평선 너머』를 발간하셨다. 1953년 서울로 올라오셨고, 서울 용산구 원효로에 사택을 마련, 1956년부터『사상계』에 집필을 하셨다.

1970년 잡지『씨올의 소리』창간호를 내셨고, 1979년 퀘이커세계협회 초청으로 미국종교대회에 참석하시기도 했다. 노벨평화상 후보로 두 차례 추천을 받으셨다. 남강문화재단을 1984년 설립하셨고, 제1회 인촌상을 수상하신 바 있다.

저서로는『뜻으로 본 한국역사』를 비롯해『인간혁명의 철학』『죽을 때까지 이 걸음으로』『씨올에게 보내는 편지』등 많이 있는데 이는 한길사에서 펴낸 '함석헌 전집' 20권에 모아져 있으며, 1996년에 나온 '함석헌 선집' 5권에 다시 정리된 바 있다.

눈을 감고 마음을 다스리는 명상의 자세

그 자리에 올라앉아, 마음을 한 점에 집중하고, 사념과 감각을 제어하여, 자기 혼을 정결케 하기 위하여 요가를 닦을지어다.

함석헌——장소나 자리에 대해 주의할 요점은 장시간 동안 밖에서 오는 여러 가지가 있을 수 있는 방해를 받음이 없이, 그리고 사람의 몸이 피로해짐이 없이 견디어갈 수 있도록 하며, 마음의 활동이 깊은 정신적 체험에 들어갈 수 있도록 순조롭게 되어가도록 하자는 데 있다. 정신일도 하사불성(精神一道 何事不成)이라는 말을 많이 쓰지만 그런 지경에 가려면 많은 훈련을 쌓은 후에야 이루어지고, 처음에는 인간은 어쩔 수 없이 육신 속에 있는 것이므로 생리적인 법칙을 무시하지 말고, 서두르지 말고, 침착한 마음으로 지킬 것을 지켜가며, 불급불완(不急不緩)의 겸손한 태도로, 단계적으로, 제 분에 맞는 대로 한다는 것을 잊어서는 아니된다.

특히 기독교 개신교 사람들이 주의할 것은 개신교에서는 신앙을 강조하는 나머지 개인 자질에 생리적 심리적 차이가 있다는 점을 생각 않고, 아직도 욕심을 제어하지 못한 사람들까지도 제멋대로 열심을 내어 구하기만 하면 된다 하기 때문에 잘못되는 일이 많다. 초심자는 반드시 신뢰할 수 있는, 체험 있는 이의 지도를 받는 것이 필요하다. 예수께서 제자들에게 하신 것을 보면 주의깊게 그 사람과 경우를 생각하여서 지도하신 것을 알 수 있고, 바울도 처음에는 어떻게 했는지 모르나 일단 폐단이 생긴 후에 그것을 바로 지도하기 위해 애쓴 것을 알 수 있다. 정신에라고 결코 법칙도, 원리도, 순서도 없는 것은 아니다. 한국의 기독교가 아직 샤머니즘을 탈피하지 못했다는 데는, 다른 여러 가지 이유도 있겠지만 이 점도 확실히 그 하나임을 생각할 필요가 있다.

라다크리슈난——12절에서 요가라 한 것은 쟈나 요가(dhyana yoga), 즉 명상을 말한다. 진리를 깨달으려면 실제적인 이해 관계에서 놓여 나지 않고는 아니 된다. 그런데 실제적 이해란 우리 사는 외계의 물질적인 세계와 서로 얽혀 있다. 그 주된 조건은 잘 수양된 가라앉은 마음이다. 우리는 사물을 대할 때 될수록 자유롭게 비틀리지 않은 지성을 볼 수 있는 힘을 길러야 한다. 그렇게 하려면 우리 자신을 국외에 세우지 않으면 아니 된다.

피타고라스(Pythagoras)는, 왜 자기 자신을 철학자라 부르느냐 하는 질문을 받았을 때 다음과 같은 이야기를 했다 한다. 그는 인생을 올림피아 같은 큰 축제에 모인 가지각색의 군중에다 비했다. 어떤 사람들은 저자에 장사를 하러 가 재미를 보고, 또 어떤 사람들은 경기에 나가 상을 타려고 가고, 그리고 또 어떤 이는 단지 그런 것을 보려고 가는데, 이 나중 사람이 철학자라고 했다. 그들은 직접적인 문제나 실제적인 필요에 버물려 들지 않는다.

샹카라는 지혜를 탐구하는 자의 가장 근본적인 자격은 영원한 것과 영원하지 못한 것을 분별할 줄 아는 능력과, 현세적 내세적 행동의 결과를 누리자는 생각에 집착하지 않음과, 자제와 정신적 자유에 대한 갈망이라고 했다. 플라톤에게는 모든 지식의 목적은 선(善), 즉 삶과 앎에 다 같이 근원이 되는 선의 관념에 대해 사색할 수 있는 데까지 우리를 높여주는 데 있다.

요가 수행자 요가는 우주적 에너지의 원천과 하나되는 체험이다.

따라서 이상적인 철학자란, 인생을 힘껏 다 살고 난 끝에 가서 그의 목적이 언제나 고요하고, 안으로 향해 잠잠하고 고적하며 떠나 있는 살림에 있는 사람이다. 그 살림 속에서는, 세상이 그를 잊음으로 인해, 그는 세상을 잊고 자기의 하늘을 선에 대한 외로운 명상 속에서 발견할 수 있을 것이다. 그것, 그것만이 참 살림이다. "마음이 정결한 이는 복이 있나니, 저가 하나님을 볼 것이다." 이 혼의 정화는 훈련에 의해서만 얻어진다. 플로티노스는 "지혜는 안정 속에 있는 심성의 한 상태라" 했다.

마하리시 마헤슈 요기──크리슈나가 밝히고자 하는 첫째는 명상은 반드시 앉은 자세로 해야지, 눕거나 서서 해서는 안 된다는 점이다. 누우면 정신이 둔해지고, 서면 마음이 자아 속으로 깊이 빠져들어 갔을 때 쓰러질 염려가 있다.

명상을 시작하려면 마음이 정상적인 상태에 있어야 한다. 마음이 둔해져도 못쓰고 너무 활발해도 못쓴다. 둔하면 잠이 와서 체험할 능력이 없어지고, 너무 활발하면 이 조잡한 의식 속에 남아 있어서, 말하자면 오묘한 체험 속에 들어가기를 거부하는 셈이 된다. 마치 수면에서 활발하게 동작하면 물 속에 빠지지 않는 것과 같다. 명상한다는 것은 마음이 자아의 속으로 빠져 들어가는 일인데, 만일 섰을 때와 같이 마음이 너무 활발히 작용하면 그 빠져드는 과정이 시작되지 못한다. 그래서 명상은 앉아서 하라고 한 것이다. "한 점에 집중하고"에서 한 점에 집중하려면 마음이 점점 더 오묘한 지경에 들어가는 대로 두어야만 잘된다.

『바가바드 기타』 제6장 「진정한 요가」

인간의 내면에서 일어나는 욕망과 분노에 대한 통찰

『바가바드 기타』는 쿠루크셰트라 전쟁이라는 역사적인 사건을 무대로 한다. 하스티나푸라(Hastināpura)에 자리 잡은 쿠루족의 두 형제 가문, 즉 카우라바(Kaurava)형제들과 판다바(Pāṇḍava) 형제들이 쿠루르셰트라 들판 양편에 군대를 대치시키고 왕권을 차지하기 위하여 살육전을 벌이려는 극적인 상황에서 『바가바드 기타』의 가르침이 시작된다. 원래 바라타 왕국의 정당한 후계자였던 유디슈티라(Yudhiṣṭhira)가 카우라바 형제들 가운데 맏형 두료다나(Duryodhana)와 도박을 하여 그 결과로 그는 왕국을 잃고 네 형제들과 함께 13년 동안 숲 속에 유배되었다. 약속한 기한이 되어 유디슈티라가 두료다나에게 자신의 왕국을 돌려달라고 요구했다. 그러나 그의 요구는 거절되고 결국 두 가문 간에 전쟁이 불가피하게 된 것이다. 『바가바드 기타』는 바로 이 전쟁이 벌어지려고 하는 찰나에 판다바 가문의 다섯 형제 중 셋째인 아르주나(Arjuna)와 크리슈나(Kṛṣṇa) 사이에 오간 대화를 적은 것이다.

아르주나는 이 전쟁에 대한 확실한 대의명분을 가지고 전쟁터로 나간다. 그러나 그는 상대편 군대에서 자기 사촌들, 아저씨, 할아버지 등 혈족들을 바라보고는 고뇌에 빠진다. 왜냐하면 그가 자신의 혈족을 죽여야 하기 때문이다. 그래서 그는 자기의 혈족을 죽이고 왕국을 되찾느니 차라리 숲으로 은거하여 명상에 몰두하는 고행자의 삶을 택하려 한다. 그때 크리슈나는 아르주나에게 '싸우라'고 말한다.

그러나 이것이 곧 크리슈나가 전쟁 그 자체를 옹호하고 있다는 것을 의미하지는 않는다. 크리슈나는 결코 전쟁을 열망하지 않았으며, 그는 오히려 두 가문 간의 갈등을 중재하기 위하여 노력하는 평화의 사절이라는 것을 알아차릴 것이다. 그런데 그의 역할은 카우라바 지도자들의 억지 때문에 실패했다. 싸우지 않겠다는 아르주나의 주장을 논박하는 과정에서, 크리슈나는 판다바족에 관한 한 그 전쟁이 정당하다는 것, 그리고 그것을 수행하는 것이 아르주나의 의무라는 것을 보여주면서 세속적인 관점에서 가장 설득력 있는 이유들을 제시하고 있는 것은 사실이다. 그러나 우리는 여기서 크리슈나의 가르침이 지니는 요체가 정작 전쟁 그 자체에 대한 옹호가 아니라, 아르주나의 결심, 즉 싸우지 않겠다는 것이 왜 옳지 않은가를 보여주는 데 있다는 사실을 간과해서는 안 된다.

아르주나가 싸우지 않겠다는 것은 단지 그 대상이 자기의 혈족이기 때문이다. 그가 자기의 사랑하는 혈족들을 죽이느니 차라리 스스로 죽겠다는 말은 일면 매우 사리에 맞는 것 같지만, 그것은 영원한 자아의 본질을 망각한 결과이며 냉철한 판단의 결과가 아니었다. 그는 무지와 이에 수반되는 걱정 때문에 고뇌했다. 결국 그는 스스로 어찌할 바를 몰랐다. 그가 그의 마음이 어두운 먹구름으로 가려졌으며, 옳고 그름을 분간할 수 없다고 고백했을 때, 크리슈나는 그에게 바른 지식을 내려 무지를 제거하려고 한다. 그 가르침은 아르주나 혼자만을 위한 것이 아니다. 그의 고뇌를 다루는 가운데, 크리슈나는 모든 인류의 선을 위하여 『바가바드 기타』를 설한다.

'싸우라'는 표현에 대하여 샹카라가 지적하고 있는 것처럼 그것은 전쟁을 명하는 것이라기보다는 슬픔과 미혹으로 생겨난 장애를 제거하기 위한 촉구일 뿐이다. 자아란 육체적 생사를 초월한다는 것과, 누구나 자기 신분에 주어진 사회적 의무를 수행해야 한다는 것을 강조하기 위하여 설정된 상황이 바로 전쟁이다. 『바가바드 기타』의 가르침은 슬픔과 미혹과 같은 윤회의 원인을 제거하자는 것이지 결코 전쟁을 명하는 것이 전부가 아니다.

『바가바드 기타』의 쿠루크셰트라 전쟁은 인간의 내면에서 일어나는 갈등과 모순을 나타내는 인간 내면의 전쟁이다. 『바가바드 기타』의 가르침이 전쟁이라는 극한 상황에 놓인 아르주나의 고뇌로 시작된다는 것은 매우 중요한 의미를 지닌다. 전쟁은 죽거나 죽여야 하는, 생명이 무참히 살해되는 인간의 극한 상황이다. 『바가바드 기타』의 가르침은 먼저 이러한 극한 상황에서 고뇌하는 아르주나의 내면을 묘사하는 것으로 시작된다. 여기서 아르주나는 내면의 싸움에서 미혹에 눈멀고 두려움에 떠는 모든 사람을 대변한다.

이어서 설해지는 가르침이 더욱 매혹적인 것은, 그것이 아르주나의 내면의 큰 위기를 나타내는 전쟁이라는 구체적인 상황 속에 설정되기 때문이다. 전쟁이라는 상황 속에서 여실하게 드러나는 죽음이라는 문제에 대한 철저한 고뇌가 있기 때문에 참다운 철학이 가능하다고 해야 할 것이다. 사람은 위기 상황에서 정확히 자신을 들여다볼 수 있다. 삶 가운데 문득 찾아오는 중대한 위기 상황은 우리의 마음속에 궁극적인 가치에 대한 생각을 자극한다. 오직 그때 영적인 세계를 추구하는 사람들은 감각의 장애를 깨부수고 내적인 실재에 닿는 데 필수적인 긴장을 얻게 된다.

아르주나의 낙심은 단지 실망한 사람의 일시적인 기분이 아니라, 모든 존재의 비실재성을 일깨우는 공허감, 가슴속에 느껴지는 일종의 죽음 상태이다. 아르주나는 만일 필요하다면 자신의 생명을 포기할 각오가 되어 있다. 그러나 그는 자기가 무엇을 해야 옳은지 모른다. 그는 전율스런 시험에 직면하였으며, 감당하기 어려운 고뇌가 그를 뒤흔든다. 아르주나 마주치는 절망감은 문득 깨달음의 길에 꼭 지나야 할 영혼의 어두운 밤이다.

이처럼 『바가바드 기타』는 전쟁 그 자체보다는 이를 통하여 내면의 세계에서 일어나는 모순과 갈등을 다루고 있다. 영혼의 삶은 쿠루크셰트라의 전쟁터로 상징되며, 카우라비족은 영혼의 진전을 방해하는 적이다. 아르주나는 시험을 물리치고 감정을 제어하여 인간의 왕국을 되찾으려고 시도한다. 전진의 길은 고통과 자기 극기를 통해서 가능하다. 내면의 삶에 대한 추구는 "사지가 주저앉고, 입은 바싹 타며, 전율이 내 몸을 휩싸고, 온몸의 털이 곤두서는" 아르주나의 고뇌를 요한다. 이어지는 크리슈나의 가르침—참된 자아에 대한—이 의미를 지닐 수 있는 것은 죽음에 대한 아르주나의 철저한 고뇌가 있었기 때문이다.

이처럼 『바가바드 기타』의 시작은 갈등과 모순, 이기심, 악마의 부드러운 속삭임이 교차하는 인간의 내면세계에 대한 깊은 통찰을 보여준다. 크리슈나와 아르주나의 대화가 진행됨에 따라 우리가 듣는 것은 전쟁의 아비규환이 아닌 신과 인간 간의 진지한 교감을 보게 된다.

이거룡

선문대학교 교수 · 심신통합치유학

시간의식

에드문트 후설 지음 | 이종훈 옮김 | 270쪽

▷ 저자의 다른 작품
『유럽학문의 위기와 선험적 현상학』(GB 26)
『순수현상학과 현상학적 철학의 이념들』(GB 102~104)

▷ 역자의 다른 번역작품
『유럽학문의 위기와 선험적 현상학』(GB 26)
『순수현상학과 현상학적 철학의 이념들』(GB 102~104)

『시간의식』의 주제는 순수한 감각자료가 시간적으로 구성되는 과정과, 이와 같은 구성의 기초인 '현상학적 시간'이 구성되는 시간의식의 지향성을 밝히는 것이다. 이 시간의식의 분석은 시계로 측정할 수 있는 객관적 시간의 경과를 미리 상정한 다음 그 실제적 세계시간 속에서 체험의 대상을 인식할 수 있는 주관적 조건을 규정하는 것이 아니다. 경험이 발생한 사실이 아니라 그 가능성과 본질을 해명하려는 인식현상학은 의식에 주어진 것, 즉 지속적으로 나타나는 내재적 시간 그 자체를 기술하는 것이다. 객관적 시간과 이 속에서 시간적-개체적으로 존재하는 객체는 이 근원적 감각질료인 주관적 시간의식에 근거해서 구성된 것이다.

후설의 현상학에서 『시간의식』은 논리학에서 인식론으로 관심을 전환한 이래 의식의 흐름 전체를 탐구함으로써 선험적 현상학에 이르는 발전과정을 파악할 수 있는 중요한 거점이다. 그는 그후에 출간된 저서들 모두에서 비록 이 책을 구체적으로 밝히고 있지는 않지만, 그 내용을 빈번히 인용하면서 자신의 논지를 전개하고 있다.

시간의식의 분석은 선험적 현상학과 생활세계적 현상학 또는 정태적 현상학과 발생론적 현상학을 통일적으로 연결하는 고리로서 후설 현상학의 총체적 모습을 밝혀주고 있다. 또한 의식이 체험하고 의미를 부여한 주관적 시간은 객관적 세계시간보다 근원적이라는 점을 해명함으로써 실존철학이 발전할 수 있는 구체적인 토대를 마련했다. '의식의 흐름'을 생생하게 기술한 그의 서술방식은 프루스트(M. Proust), 조이스(J. Joyce), 울프(V. Woolf), 포크너(W. Fualkner) 등의 심리소설 기법에 적지 않은 영향을 미쳤다.

에드문트 후설(1859~1938)

에드문트 후설(Edmund Husserl)은 20세기 독일과 프랑스의 철학사에 커다란 영향을 미친 현상학의 창시자로서 카를 마르크스, 지그문트 프로이트, 프리드리히 니체와 더불어 현대사상의 원류라 할 수 있다.

그는 1876년부터 1882년 사이에 라이프치히 대학과 베를린 대학에서 철학과 수학, 물리학 등을 공부했고, 1883년 변수계산에 관한 논문으로 박사학위를 받았다. 1884년 빈 대학에서 후설 현상학에 커다란 영향을 끼친 브렌타노 교수로부터 철학강의를 듣고 기술심리학의 방법으로 수학을 정초하기 시작했다. 1887년 할레 대학에서 교수자격논문「수개념에 관하여」가 통과되었으며, 1901년까지 할레 대학에서 강사로 재직했다.

1900년 후설 현상학의 제1주저인『논리연구』가 출간되어 당시 철학계에 적지 않은 관심을 불러일으켰다. 이후『철학과 현상학적 탐구연보』에 그의 제2주저인『이념들 I』을 발표하여 선험적 관념론의 체계를 형성했다. 1916년 신칸트학파의 거두인 리케르트의 후임으로 프라이부르크 대학 정교수로 초빙되어 1928년 정년퇴임할 때까지 이 대학에서 재직했다.

세계대전의 소용돌이와 1930년대 나치 정권의 권력장악은 유대인인 후설에게 학문적으로 커다란 시련기였으나, 지칠 줄 모르는 연구활동으로 이후에도 많은 저술작업과 후진양성에 힘썼다. 그의 주저로는『유럽학문의 위기와 선험적 현상학』『데카르트적 성찰』『시간의식』『엄밀한 학으로서의 철학』등이 있다. 후설 현상학은 하이데거와 사르트르, 메를로-퐁티 등의 실존철학자는 물론 동시대의 프랑크푸르트학파의 비판이론가들에게도 지대한 영향을 미쳤다.

의식은 끊임없는 변화 속에서 파악된다

우리는 이제 내재적 시간객체를 구성하고 있는 현상들에 대해 **나타남**이라는 표현을 될 수 있는대로 피하고자 한다. 왜냐하면 이러한 현상들은 그 자체로 내재적 객체들이며, 전혀 다른 의미에서의 **나타남**들이기 때문이다. 우리는 여기에서 **경과현상들**(Ablaufsphänomenon)에 관해, 혹은 보다 적절하게 말하자면 **시간적 방향지움**(Orientierung)의 양상들에 관해 논의하고 있으며, 내재적 객체들 자체에 관해서는 이것들의 **경과성격들**(예를 들면 '지금'이나 '과거')에 관해 논의하고 있는 것이다.

우리는 경과현상에 관해 그것이 끊임없는 변화의 연속성이고, 이 연속성은 그 자체만으로 존재할 수 있는 간격들로 분리되지 않으며, 그 자체만으로 존재할 수 있는 국면들, 즉 연속성의 시점들로 분할되지도 않는 불가분적 통일(untrennbare Einheit)을 형성하고 있다는 사실을 알고 있다. 우리가 추상적으로 이끌어내는 부분들은 전체 경과 속에서만 존재할 수 있으며, 이것은 경과연속성의 국면들이나 시점들도 마찬가지이다.

또한 우리는 이러한 연속성에 관해 그 형식상 어떤 방식으로 변화될 수 없다는 점을 명증적으로 단언할 수 있다. 국면들의 연속성이 동일한 국면양상을 두 번 포함한다든지, 부분적 간격 전체에 걸쳐 거의 펼쳐져 있는 동일한 국면양상을 포함한다는 것은 생각할 수 없다. 각각의 시점(그리고 각각의 시간간격)이 [그밖의 다른] 각각의 시점, 말하자면 개체적 시점과 구별되어서 결코 두 번 일어날 수 없는 것과 마찬가지로, 어떠한 경과양상도 두 번 일어날 수는 없다.

그렇지만 우리는 여기에서 더 상세하게 구별해서 보다 명확하게 규정해야만 한다. 먼저 우리는 내재적 시간객체의 경과양상들이 하나의 출발시점, 소위 하나의 원천시점(Quellpunkt)을 갖는다는 사실을 강조해야 한다. 그것은 내재적 객체가 그것에 의해 존재하기를 시작하게 되는 그러한 경과양상이다. 이 경과양상은 '지금'으로서 특징지워진다.

그리고 경과양상들이 끊임없이 진행된다면, 우리는 다음과 같은 주목할 만한 사실을 발견한다. 즉 그 이후 각각의 경과국면들 자체는 하나의 연속성이며, 끊임없이 확장되는 연속성, 즉 과거의 것들의 연속성이라는 사실이다. 우리는 객체지속의 경과양상들의 연속성에 대해 지속의 각 시점의 경과양상들의 연속성을 대립시키고 있다. 각 시점의 경과양상들의 연속성은 객체지속의 경과양상들의 연속성에 자명하게 포함되어 있다.

그러므로 지속하고 있는 객체의 경과연속성은 하나의 연속체(Kontinuum)이다. 이 연속체의 국면들은 객체지속에서 서로 다른 시점들의 경과양상들의 연속체들이다. 우리가 구체적인 연속성을 따라가보면, 우리는 끊임없는 변경을 통해 나아가고 있으며, 이 속에서의 경과양상, 즉 이것에 관련된 시점들의 경과연속성은 끊임없이 변화되고 있다. 항상 새로운 '지금'이 나타남으로써 '지금'은 '과거'로 변화되고, 이 경우 선행된 시점에서 과거의 것들의 경과연속성 전체가 그 **아래로**(herunter) 뒤밀려가고, 일제히 과거의 심연(Tiefe) 속으로 후퇴한다.

지속하고 있는 객체의 **산출**이 시작되는 **원천**

1917년 9월 후설이 휴가를 보냈던 베르나우

시점은 근원적 인상(Urimpression)이다. 〔근원적 인상으로서의〕 의식은 끊임없는 변화 속에서 파악된다. 즉 (말하자면 의식에 적합하게, 의식 속에 있는) 생생한 '지금'의 음은 이미 존재하였던 것 속에서 끊임없이 변화되고, 항상 새로운 '지금'의 음이 변양 속으로 이행된 '지금'의 음으로 끊임없이 교체된다.

그러나 '지금'의 음에 관한 의식, 즉 근원적 인상이 과거지향으로 이행하는 경우, 과거지향 그 자체가 다시 '지금'인 것이다. 즉 현실적으로 현존하는 것(Daseindes)이다. 과거지향 자체가 현실적인 (그러나 현실적 음은 아니다) 반면에, 그것은 이미 존재하였던 음에 관한 과거지향이다. 사념의 광선(Strahl)은 '지금', 즉 지나가버린 〔과거의〕 음으로도 향할 수 있다. 그러나 의식 각각의 현실적 '지금'은 변양(Modifikation)의 법칙에 따른다. 그것은 과거지향에 관한 과거지향 속에서 변화되고, 이것은 끊임없이 계속된다. 그 결과 그 이후의 모든 시점은 그 이전의 모든 시점에 대해 과거지향인 과거지향의 끊임없는 연속체가 생긴다. 그리고 각각의 과거지향은 이미 연속체이다. 음은 울려퍼지기 시작하고, 그 음은 끊임없이 울려퍼진다. '지금'의 음은 '이미 존재하였던' 음으로 변화되고, 인상적 의식은 끊임없이 흐르면서 항상 새로운 과거지향적 의식 속으로 이행한다. 이 〔의식의〕 흐름(Fluβ)에 따라 혹은 이 흐름과 더불어 우리는 〔근원적 인상의〕 기점(起點)에 속하는 끊임없는 과거지향들의 계열(Reihe)을 갖는다.

「시간의식」 제2장 「시간의식의 분석」

은폐된 보편적 이성을 밝히는 자기 이해로서의 철학

이 책의 제1부는 후설이 1904~1905년 괴팅겐 대학에서 겨울학기에 강의한 「현상학과 인식론의 주요문제들」——의식의 심층부에서 작용하는 '지각, 주의, 상상과 심상(心像) 의식, 시간직관'의 분석——가운데 마지막 부분이다. 제2부는 이 강의의 부록들과 1910년까지의 보충자료들이다. 1917년 이후의 시간의식에 관한 연구들은 그의 사후 1939년 란트그레베가 편집하여 출판한 『경험과 판단』으로 이어진다. 이 책의 주제는 순수한 감각자료가 시간적으로 구성되는 과정과, 이와 같은 구성의 기초인 '현상학적 시간'이 구성되는 시간의식의 지향성을 밝히는 것이다. 이 시간의식의 분석은 시계로 측정할 수 있는 객관적 시간의 경과를 미리 상정한 다음 그 실재적 세계시간 속에서 체험의 대상을 인식할 수 있는 주관적 조건을 규정하는 것이 아니다. 경험이 발생한 사실이 아니라 그 가능성과 본질을 해명하려는 인식현상학은 의식에 주어진 것 즉 지속적으로 나타나는 내재적 시간 그 자체를 기술하는 것이다. 객관적 시간과 이 속에서 시간적-개체적으로 존재하는 객체는 이 근원적 감각질료인 주관적 시간의식에 근거해서 구성된 것이다.

이러한 주제는 심리학주의나 자연주의에 대한 비판과 같이 강렬한 인상을 주지 못한다. 그리고 이 책은 그의 다른 저술들과 같이 선험적 현상학을 다양하게 소개한 것이 아니라, 현상학적 분석의 구체적 결과를 제시해주고 있다. 특히 미로와 같이 복잡하고 바닷속처럼 깊은 시간의식을 치밀하게 분석하는 작업은 생소하며 이해하기 쉽지 않다. 또한 그 당시 학계는 신칸트학파의 인식론이 지배적이었다. 더구나

이 책은 1927년 하이데거의 『존재와 시간』이 발표됨으로써 파묻혀 주목받지 못했다.

그러나 시간의식의 분석은 『논리연구』 제2권에서 의식작용과 의식대상의 상관관계를 분석함으로써 다양한 의식체험의 지향적 표층구조를 밝힌 데 이어, 그 심층구조를 구체적으로 해명하였다. 따라서 이것은 후설이 논리학에서 인식론으로 관심을 전환함으로써 선험적 현상학에 이르는 발전과정을 파악할 수 있는 중요한 거점이다. 그는 그후에 출간한 저서들 모두에서, 비록 이 책을 구체적으로 밝히고 있지는 않지만, 그 내용을 빈번히 인용하면서 자신의 논지를 전개하고 있다. 즉 시간의식의 분석은 선험적 현상학과 생활세계적 현상학 혹은 정태적 현상학과 발생론적 현상학을 통일적으로 연결하는 고리로서 후설 현상학의 총체적 모습을 밝혀주고 있다. 또한 의식이 체험하고 의미를 부여한 주관적 시간은 객관적 세계시간보다 근원적이라는 점을 해명함으로써 실존철학이 발전할 수 있는 구체적 토대를 마련하였다. 그리고 '의식의 흐름'을 생생하게 기술한 것은 프루스트, 조이스, 울프, 포크너 등 심리소설의 기법에 적지 않은 영향을 미쳤다. 후설은 다른 경우와 마찬가지로 이 강의초안과 새롭게 연구한 보충자료들을 속기로 작성하여 검토해갔다.

그후 1916년부터 프라이부르크 대학에서 후설의 연구조교가 된 슈타인은 1912년 완성된 『이념들』 제2권 및 제3권의 난삽한 원고들, '공간-구성'에 관한 비망록 및 '시간의식'에 관한 수고들을 충실히 정리하였다. 특히 그녀는 1917년 9월 후설이 정리한 원고를 스승과 3일간 집중적으로 검토하였다. 1918년 그녀가 현

상학을 새로운 방법론으로 파악하고 생철학에 관심을 갖고 수녀가 되기 위해 후설로부터 떠나면서 이 원고 역시 후설의 관심으로부터 떠났다.

1926년 4월 후설은 제자 하이데거와 함께 바덴 주 슈바르츠발트의 토트나우베르크에서 봄 휴가를 보냈다. 여기서 후설은 '시간의식'에 관해 슈타인이 정리한 원고를 출판하겠다는 의사를 피력했고, 하이데거는 이 제안을 받아들여 1928년 『(철학과 현상학적 탐구)연보』 제9집에 발표했다(이러는 가운데 하이데거는 자신의 주저 『존재와 시간』을 1927년 『연보』 제8집에 발표했다). 따라서 여기에는 후설이 1893년경부터 1911년까지 '시간의식'에 관한 문제를 발전시켜나간 자료들이 빠졌다.

1966년 뵘은 『연보』에 발표된 내용과 1893년부터 1917년까지의 관련자료들을 편집하여 후설전집 제10권으로 출간했다. 후설은 지향적 체험으로서의 의식의 복잡한 다층적 표층구조를 표상(지각, 판단), 정서, 의지의 영역으로 구분하고, 이 가운데 각 영역에 공통적으로 포함된 표상작용을 가장 기본적인 1차적 지향작용, 즉 모든 의식작용을 정초하는 근본토대로 간주하여 집중적으로 분석했다.

표상작용은 의식작용이 주어진 감각자료에 의미를 부여하여 통일적 의식대상을 구성한다. 이 의식에 내재하는 의식작용과 그렇지 않은 의식대상은 지향성을 구성하는 상관적 요소이다. 그런데 정신의 시선, 즉 주의(注意)가 방향을 전환하면 의식작용과 의식대상의 상관관계나 의식대상의 핵심은 변하지 않지만, 의식대상의 핵심이 파악되는 양상은 지금 지각하여 원본적으로 주어진 투명한 활동성에서 배경으로 물러나 비활동성으로 변한다. 이 의식작용은 여러 단계의 기억이나 상상으로 변양되기도

하고, 주의를 기울여 대상을 정립(정립성)할 뿐만 아니라 주의를 기울이지 않은 채 유사-정립(중립성)할 수도 있기 때문에 긍정, 부정, 회의, 추측 등 다양한 단계의 신념성격을 지니며, 그에 따라 의식대상의 존재성격도 변한다. 그러나 인식대상이 구성되기 이전에 시간 자체가 구성되는 의식의 심층구조에서는 이러한 의식(파악)작용과 의식(파악)대상의 상관관계가 해소되고, 모든 체험이 통일적으로 구성되는 터전인 내적 시간의식의 끊임없는 흐름만 남는다. 이 의식흐름은 '지금(생생한 현재)'이 과거로부터 미래로 이어지는 계열인 가로방향의 지향성과, '지금'이 지나가버린 그러나 흔적도 없이 사라진 것이 아니라 변양된 채 침전되어 유지되는 계열인 세로방향의 지향성으로 이중의 연속성을 지닌다. 이 연속성 때문에 의식흐름은 방금 전에 체험한 것을 현재화하여 의식하는 즉 1차적 기억으로서 지각하는 '과거지향', 근원적 인상인 '생생한 현재' 그리고 미래의 계기를 현재에 직관적으로 예상하는 '미래지향'으로 연결되어 통일체를 이루고 있다.

이종훈

춘천교대 교수·철학

옮긴이 이종훈은 성균관대학교 철학과와 같은 대학교 대학원에서 후설 현상학으로 박사학위를 받았다. 지금은 춘천교대 윤리교육과 교수로 있다. 지은 책으로는 『현대의 위기와 생활세계』(1993), 『아빠가 들려주는 철학이야기』(제3권, 1994, 2006), 『현대사회와 윤리』(1999)가 있다. 옮긴 책으로는 한길사에서 펴낸 『시간의식』(후설, 1996), 『유럽학문의 위기와 선험적 현상학』(후설, 1997), 『순수현상학과 현상학적 철학의 이념들』(후설, 2009), 『데카르트적 성찰』(후설·핑크, 2002)을 비롯해, 『언어와 현상학』(커닝햄, 1994), 『소크라테스 이전과 이후』(컨퍼드, 1995), 『경험과 판단』(후설, 1997), 『엄밀한 학문으로서의 철학』(후설, 2008) 등이 있다.

우파니샤드 1 · 2

이재숙 옮김 | 474쪽(1권) · 454쪽(2권)
2005 서울대학교 권장도서 100선

▷ 역자의 다른 번역 작품
『마누법전』(GB 36, 이재숙 · 이광수 옮김)

기원전 8세기부터 기원전 3세기까지 인도인들은 놀랄 만큼 정밀하게 인간과 자연과 우주에 관하여 탐구 · 성찰하고 분석했다. 그 탐구 · 성찰 · 분석의 성과가 바로 우파니샤드이다. 이전의 베다의 전통 속에서 형성된 우파니샤드는 이후 힌두교, 불교, 자이나교뿐만 아니라 인도 사상의 원천이 되었다.

나는 누구인가? 나는 어떻게 생겨났을까? 나의 의식은 언제부터 생겨난 것인가? 어머니의 뱃속에서 생겨난 것인가? 그 이전에 생겨난 것인가? 내가 죽으면 나의 의식은 남을 것인가, 육신과 함께 사라질 것인가? 물질 이상의 것이 있는가? 생명은 물질인가, 정신인가? 사람이 죽으면 무엇이 남는가? 우파니샤드에는 인간이 그 자신에 대하여 던지는 이러한 물음이 있다. 또한 세상에 대한 성찰과 스스로 삶의 가치를 깨닫기 위하여 몸부림치는 투명한 각고(刻苦)가 있다. 인간 본연의 모습을 그리워하는 자에게 우파니샤드의 구절구절은 일깨움과 감동을 준다.

우파니샤드의 주된 관심은 자기 자신과 세상과 우주의 원리, 그리고 상호관계에 관한 것이다. 우파니샤드를 인류사상사의 값진 유산으로 꼽는 이유는, 우파니샤드가 인간이 공통으로 갖는 정신세계와 자아추구의 문제에 대하여, 가장 깊숙이, 가장 오랫동안, 가장 많은 사람들이 집중적으로 추구하고 있기 때문이다.

현대 물질문명의 소용돌이 속에서 가치관의 혼란을 겪는 우리는 물질의 중요성만큼 정신적인 것의 가치를 깨닫지 못하는 삶을 살고 있기도 하다. 이러한 우리에게 물질과 정신의 가치를 모두 소중하게 여겨왔던 동양 선인들의 지혜는 우리가 찾아가야 할 정신의 세계로 안내하는 등불이 될 수 있을 것이다.

우파니샤드를 학습하는 스승과 제자들

이샤 우파니샤드: 인간의 피할 수 없는 의무, 현실과 이상의 균형감, 아뜨만에 대한 설명 등을 담고 있다. 아뜨만에 대한 설명 부분이 핵심이다.

께나 우파니샤드: 본문이 '께나'(누구에 의해서)로 시작되는 께나 우파니샤드는 브라흐만의 정체, 감각기관과 숨(쁘라나)의 내용을 담고 있다.

만두끼야 우파니샤드: 우리가 인식하기 어려운 신비적인 브라흐만의 영역을 단계적인 설명을 통해 '제4의 인식'으로 설명하고 있다.

슈베따슈바따라 우파니샤드: 세상의 원리를 여러 방법으로 설명하는데, 뿌루샤 · 요가 · 쁘라끄리띠 · 쉬바 · 루드라 · 박띠 등의 용어가 나온다.

아이따레야 우파니샤드: 우주의 궁극적 실체로서의 아뜨만에 대한 개념, 인간 안에 아뜨만이 어떻게 깃들게 되었는가, 지고의 아뜨만과 개체 아뜨만은 어떤 관계인가 하는 문제를 다룬다.

까우쉬따끼 우파니샤드: 이 우파니샤드의 이름은 본문 중에 나오는 성자 까우쉬따끼의 이름을 딴 것인데, '까우쉬따끼'를 글자 그대로 풀이하면 '속세의 기쁨과 슬픔을 초월하게 하는 지혜'라는 뜻이다.

마이뜨리 우파니샤드: 본격적인 산문체로 문장이 매우 길다. 내용은 하나와 다양성의 관계, 우주의 원리를 설명하는 브라흐마 · 비슈누 · 쉬바의 상징성, 지고의 존재에게로 다가가는 지름길인 오옴 소리 등을 담고 있다.

수발라 우파니샤드: 성자 수발라에게 창조가 브라흐마가 주는 우주의 원리와 아뜨만에 대한 영적인 가르침을 담고 있다.

우주의 원리와 아뜨만에 대한 영적인 가르침

이 아뜨만은 모든 것을 알고 있도다. 이 아뜨만은 모든 것의 주인이요. 이 아뜨만은 모든 것의 통치자이다. 이 아뜨만은 내재인(內在因)이요, 모든 것의 근원이요, 이 아뜨만은 모든 종류의 행복 그것이요, 스스로는 그 어떤 종류의 행복도 필요로 하지 않는다. 이 아뜨만은 모든 베다와 그 전통의 경전들이 찬양하는 것이나, 그 자신의 베다와 그 전통의 경전들을 필요로 하지 않는다. 모든 것이 그의 먹이가 되나 그 스스로는 그 누구의 먹이도 되지 않는다. 이 아뜨만은 가장 훌륭한 존재, 모두의 훌륭한 조정자이기 때문이다. 그는 모든 음식으로 이루어진 모든 물질로 된 것의 아뜨만이요, 마음으로 이루어진 모든 정신적인 것의 아뜨만이요, 이성(理性)으로 이루어진 모든 시간의 아뜨만이요, 환희로 이루어진 최종 순간의 아뜨만이다. 하나가 없는데 어찌 둘이 있겠는가. 죽음이 없는데 어찌 불멸이 있겠는가.

이것은 내적 지식도 아니고, 외적 지식도 아니며, 이 두 가지 지식도 아니며, 지식의 집합도 아니며, 지식도, 지식이 아닌 것도 아니며, 이전에 알고 있던 것과도 다르며, 알 수 있는 것도 아니다. 이것이 해탈로 이르게 하는 원리이다. 이것이 베다가 가르치는 원리이다. 이것이 베다가 가르치는 원리이다.

여기 이 모든 것, 처음에는 이들 가운데 아무것도 있지 않았다. 오로지 그 뿌리도 없고, 기반도 없는 '나라야나'만이 있었다. 그 자신이 눈이며, 눈으로 본 것이었다. 귀와 귀로 들은 것도 '나라야나', 코와 코로 냄새 맡은 것, 혀와 혀로 맛을 본 것, 피부와 피부로 만진 것도 '나라야나', 마음과 마음으로 생각한 것도, 사고력과 사고력으로 생각한 것, 자각의식과 그 자각의식으로 된 것도 '나라야나', 의식과 의식으로 된 것, 목소리와 목소리로 말한 것, 두 손과 두 손으로 잡은 것, 두 발과 두 발로 움직인 곳, 배설기관과 배설한 것, 생식기관과 생식기로 느낀 환희도 '나라야나'이다.

그는 창조하는 자이며, 파멸하는 자이며, 행하는 자요, 행하지 않는 자이니, 천상의 신이 '나라야나'의 한 모습이다. 아디띠야, 루드라, 마루뜨, 아쉬빈, 리그 베다, 야쥬르 베다, 사마 베다, 모든 제례의 찬양, 제례의 아그니, 공물과 공물을 바치는 예배와 그것들에서 나오는 결과, 이 모든 것이 천상의 빛이니, 그것이 또한 '나라야나'의 한 모습이다.

어머니, 아버지, 형제, 거처, 보호처, 동료, 길도 '나라야나'요, 비라자, 수다르샤나, 찌따, 사우미야, 아모가, 아므리따, 사드야, 마드야마, 니시다, 쉬슈나, 아수라, 수리야, 바스바띠가 모두 '나라야나'의 성스러운 통로이다. 그는 (천둥처럼) 울리고, 노래하고, (바람처럼) 흐르고, (비처럼) 내린다. 그는 바루나요, 아리야만이요, 달이며, 시간이며, 시간을 만든 자이며, 창조주 쁘라자빠띠이며, 인드라이며, 낮과 낮의 절반이며, 사방이며 이 모든 것이 '나라야나'이다.

지금 있는 이 모든 것이 뿌루샤요, 과거에 있었던 것, 앞으로 있을 것도 뿌루샤요, 그는 불멸의 상징이며, 음식으로 그 몸이 유지된다. 눈으로 하늘을 보듯, 숭고한 자리에 있는 비슈누를 본다.

그러한 성자들은 늘 즐거움 속에 있고 깨어있으며, 불을 켜고 있다. 이것이 해탈로 이르게

무한한 윤회의 축 짜까라

하는 원리요, 베다가 가르치는 원리이다. 베다가 가르치는 원리이다.

육신 안에 태어나지 않은 한 존재가 깊숙이 숨겨져 있다. 흙이 그의 몸이다. 그가 흙 안에 다니나 흙은 그를 알지 못한다. 물이 그의 몸이다. 그가 물 속에 다니나, 물은 그를 알지 못한다. 열기가 그의 몸이다. 그가 열기 속에 다니나, 열기는 그를 알지 못한다. 바람이 그의 몸이다. 그가 바람 속에 다니나, 바람은 그를 알지 못한다. 대공이 그의 몸이다. 그가 대공 속에 다니나, 대공은 그를 알지 못한다.

마음이 그의 몸이다. 그가 마음속에 다니나, 마음은 그를 알지 못한다. 사고력이 그의 몸이다. 그가 사고력 속에 다니나, 사고력은 그를 알지 못한다. 자각의식이 그의 몸이다. 그가 자각의식 속에 다니나, 자각의식은 그를 알지 못한다. 의식이 그의 몸이다. 그가 의식 속에 다니나, 의식은 그를 알지 못한다. 밖으로 드러나지 않은 자가 그의 몸이다. 그가 밖으로 드러나지 않은 자 속에 다니나, 밖으로 드러나지 않은 자는 그를 알지 못한다. 불멸이 그의 몸이다. 그가 불멸 속에 다니나, 불멸은 그를 알지 못한다. 죽음이 그의 몸이다. 그가 불멸 속에 다니나, 불멸은 그를 알지 못한다.

그가 모든 존재들 안에 들어 있는 자요, 죄악에서 자유로운, 유일한 신 '나라야나'이다. 이 지식은 아빠나따라타마스에게 전수되었으며, 아빠나따라타마스는 브라흐마에게 전수했다. 브라흐마는 고라 앙기라사에게, 고라 앙기라사는 라이끄바에게, 라이끄바는 라마에게, 라마는 만물에게 전했다. 이것이 해탈로 이끄는 원리이다. 이것이 베다가 가르치는 원리이다.

『우파니샤드 2』 제14장 「수발라 우파니샤드」

세상에 대한 성찰과 진리가 담긴 지혜의 철학

인류사상사에서 우파니샤드의 등장은 실로 혁명적인 것이었다. 그것은 한마디로 인간이 시도해온 자아추구의 노력 가운데 가장 훌륭한 결과물이라 할 만하다. 지금도 인류사상사에서 우파니샤드가 절대적인 위치를 차지하고 있는 것은 그것이 자아에 대한 능동적 탐구심이 불러일으킨 사색의 결과물이기 때문이다.

우파니샤드 사상은, 좁게는 인도라는 물리적·정신적인 공간 안에서 과거 수천여 년 동안 사람들의 철학과 종교와 삶의 대부분을 지배해왔다. 힌두교나 불교(Buddhism), 자이나교(Jainism)뿐만 아니라 인도에서 생겨난 모든 사상들이 우파니샤드를 영양분으로 하여 생겨나고 자라났다. 특히 정통 철학파들로 알려진 상키야, 요가, 니야야, 바이셰시까, 미망사, 베단따 등 이른바 육파(六派)철학도 그들에게 최고의 정통성을 부여해줄 이 우파니샤드와의 철학적 맥을 잇기 위해 고심했다. 심지어는 순수 우파니샤드 철학관을 가장 가깝게 계승한 베단따 철학에 대한 공격과 비판조차도 우파니샤드 철학을 근거로 했다. 우파니샤드는 인도 사상이라는 거대한 유기체에 젖줄과 같은 역할을 해온 것이다.

한편 우파니샤드의 신비주의적 영성(靈性) 철학은 인도 내에서뿐만 아니라 인도를 넘어 전세계로 직·간접적으로 전파되었다. 특히 불교를 통해 티베트, 중국, 한국, 일본, 실론, 말레이 반도 등에 전해졌으며, 이것은 사람들의 사고의 폭을 넓히는 데 큰 영향을 미쳤다.

라다끄리슈난(1888~1975)은 우파니샤드의 가치를 서양세계에 알리는 데 공헌을 한 대표적인 인도의 철학자이다. 그는 인류의 사상사를 추적하는 학자들에게 우파니샤드가 대단히 중요하다는 점에 주시하도록 하였다. 그의 말대로 우파니샤드의 신비주의적인 요소가 페르시아 수피즘의 신비주의, 신비적이면서도 신학적인 논리의 신플라톤학파(Neo Platonic School)와 알렉산드리아의 기독교 신비주의, 에크하르트, 타울러 그리고 19세기 신비주의적 독일 철학자 쇼펜하우어에 이르기까지 시대를 가로질러 끼친 영향은 대단한 것이었다.

우리는 불교를 통하여 알게 모르게 우파니샤드 철학을 접해왔다. 불교는 우파니샤드를 통해 그 극치에 다다른 인도사상의 전통 속에서 형성된 것이다. 세상에 만연한 고통, 존재의 허망함, 그런 가운데 끝없이 계속되는 탄생과 죽음의 의미 등에 대한 고민과 번뇌가 젊은 싯다르타로 하여금 구도(求道)의 길로 나서게 하였는데, 우파니샤드가 제기하고 있는 문제도 바로 그 고민과 번뇌였다.

우파니샤드의 많은 성자들처럼 싯다르타도 이 문제를 해결하기 위해 스승을 찾아다니기도 하고, 명상과 고행의 여러 방법을 시도해보기도 한다. 그러다가 드디어 보드가야의 어느 보리수 나무 아래서 깨달음을 얻게 된다. 그는 자신이 얻은 깨달음을 가지고 세상을 떠돌면서, 사람들에게 인간의 모든 괴로움은 애착과 증오에서 비롯되는 것이며 그 감정들을 초월함으로써만이 괴로움을 해결할 수 있다고 가르쳤다. 그의 깨달음과 가르침이 훌륭하고 그것이 대중들에게 끼친 영향이 실로 막대한 것이었지만, 새로운 발견이라고 할 수 있는 것은 아니었다. 이미 붓다 이전의 우파니샤드에 그가 가진 문제들이 제기되었고, 그것을 해결하기 위한 내적 성찰 등의 방법들이 권유되었다. 애착과 증오를 초월하는 평온한 마음 상태가 장려되고 윤회(輪廻)나 업(業)사상 등을 통해 세상과 우주를 이해하는 사상적 기반이 마련되었다. 그러므로 그의 사상은 그만의 고유한 것이 아니라 우파니샤드로 대변되는 고대 인도사상의 바탕 위에서 성립된 것이다.

싯다르타 붓다가 부패한 힌두교 사제들의 권위를 끌어내리고, 당시 힌두 사회로서는 도저히 용납할 수 없는 '만민 평등주의'를 표방함으로써 이전까지의 베다의 전통적인 흐름에서 뛰쳐나온 것 또한 베다가 가지고 있던 권위주의적인 일면에 반기를 든 우파니샤드와 맥을 같이한다. 이러한 점이, 당시 일종의 사회운동 내지 종교운동과 같은 성격마저도 띠게 된 불교가 단시간 내에 인도 민중의 마음을 사로잡을 수 있었던 중요한 요인 중에 하나였다.

시간이 지나면서 불교는 결국 힌두사상의 체계 속으로 흡수되고 말았다. 포용력이 강한 힌두사상은 신화를 통하여 붓다를 비슈누 신의 12현신(現身), 즉 화신의 하나로 받아들이고, 불교도들을 힌두교도 안으로 포용했다. 실제로 인도 안에 아주 극소수로 남아 있는 불교도들은 자신들의 종교적 정체성에 대하여 별 무리 없이 힌두교도라고 생각한다. 붓다를 섬기기 때문에 힌두교도이기도 하다는 것이다. 이것이 바로 불교가 세계적인 종교로 확산되었음에도 불구하고 인도 안에서는 독립적 종교로서의 위치마저도 희미하게 된 원인 중에 하나이다.

우파니샤드의 사상은 그 자체로 전파된 경우도 있지만, 앞에서 언급한 것처럼 대개는 불교를 통하여 퍼졌기 때문에 불교사상으로 이해되는 경우가 많이 있다. 우리가 불교용어라고 생각하는 열반, 삼고(三苦), 윤회와 업 등도 알고 보면 불교 고유의 것이 아니다. 우파니샤드사상과 불교사상은 그 뿌리를 공유하고 있는 셈이다.

하나의 진리를 두고,
여러 현명한 자들이 여러 가지 방법으로 설명하도다

이 유명한 리그 베다의 구절처럼 전통적으로 인도의 철학은 '하나의 진리'(ekam satyam)를 찾기 위한 것이다. 이것은 지금으로부터 최소한 수천 년 전 우리에게 남긴 지혜의 극치라 할 만하다. 우주의 이 하나된 원리를 추구한 흔적이 베다의 전편에 걸쳐 확연히 드러나는 것은 아니라 하더라도, 후에 우파니샤드로서 전성기를 맞게 될 인도사상의 건강한 씨앗이었던 것은 분명하다. 우파니샤드는 이렇게 진리를 추구하는 베다의 전통 속에서 태어났다. 우파니샤드는 '과거에도 있었고, 현재에도 있으며 미래에도 변함없이 있을 것'을 '진리'(satyam)라고 부르고, 인간의 일생일대의 목적을 이 진리의 발견에 두었다.

이재숙
한국외국어대 강사·인도철학

옮긴이 이재숙은 한국외국어대학교 인도어과를 졸업하고 인도 델리 대학 산스끄리트학과에서 문학석사와 철학석사(준박사) 학위를 받았으며 같은 대학 대학원에서 「야쟈발끼야와 노자 철학의 비교연구」(A Comparative Study of Upaniṣadic yājñvalkya and Tzu)로 박사학위를 받았다. 산스끄리트 원문번역을 중심으로 연구활동을 하고 있으며, 현재 한국외국어대학교와 고려대학교에서 산스끄리트, 인도철학, 산스끄리트 문학 등을 강의하고 있다. 저서로는 『나띠야 샤스뜨라』, 『인도 경전들: 베다 본집에서 마누법전까지』 등이 있으며, 역서로는 한길사에서 펴낸 『우파니샤드』 『마누법전』과 『귓속말로 전하는 지혜: 우파니샤드』 등이 있다. 주요 논문으로는 「샹까라의 '헛됨'(mithya)과 불교의 찰나멸설」 「마누법전의 다르마 사상」 「인도 대서사시의 종교문학적 성격: 마하바라따를 중심으로」 등이 있다.

3

한길그레이트북스 제22권~제30권

"여러 가지 우주의 리듬은
질서, 조화, 항상성, 풍요성을 명백히 드러낸다.
우주는 전체로서 실제적이고, 살아 있고,
또한 성스러움을 지닌 유기체다."

● 미르치아 엘리아데, 『성과 속』에서

현대정치의 사상과 행동

마루야마 마사오 지음 | 김석근 옮김 | 696쪽
2005 『타임스』 선정 세상을 움직인 100권의 책
2007 도쿄 대학교 권장도서

1945년 8월 15일, 제2차 세계대전에서 패전을 맞이한 일본 사회에는 전반적으로 깊은 좌절감과 혼돈이 팽배해 있었다. '도대체 우리가 왜 그랬을까, 그리고 무엇이 우리로 하여금 그렇게 만들었을까' 하는 답하기 어려운 의문이 맴돌고 있었다. 그런 와중에 혜성과 같이 나타나 궁금증을 가시게 해준 지성인이 있었다. 바로 마루야마 마사오였다.

그는 『초국가주의의 논리와 심리』라는 그리 길지 않은 글로써 지난날 일본을 지배했던 논리와 구조를 예리하게 분석해냈다. 일본 사회와 논단은 경이의 눈길로 그를 응시했다(이른바 '마루야마 텐노'가 탄생하는 순간이었다). 이후 그는 일본의 내셔널리즘, 파시즘, 군국주의에 대한 비판을 통해 일본인들의 왜곡된 정신구조를 파헤치는 데 평생을 바쳤다.

『현대정치의 사상과 행동』은 현대 일본을 이해하기 위해서는 반드시 읽어야 할 책으로 자리 잡고 있다. 지난날 그리고 현재, 일본의 대학생, 지식인들 중에서 그의 생각에 동의하건 하지 않건 간에 이 책을 읽지 않은 사람을 찾아보기 어렵다고 해도 지나친 말은 아닐 것이다.

그의 관심이 단순히 일본 사회에 국한된 것은 결코 아니었다. 그는 일찍부터 인간과 정치, 권력과 도덕, 지배와 복종, 이데올로기와 같은 보편적인 주제를 화두로 삼아 자신의 생각을 끊임없이 공글려왔다.

그의 목소리에 실려 있는 힘과 설득력은 바로 거기서부터 우러나오는 것이다. 한마디로 말해서 이 책은 "전쟁과 그 이후의 여파가 빚어내는 거센 물결과 성난 파도의 시대에 그 청년시절을 살았던 한 일본인의 지적인 발전의 기록"이라 할 수 있다.

마루야마 마사오(1914~96)

마루야마 마사오(丸山眞男)는 오사카에서 저널리스트이자 정치평론가로 필명을 날리고 있던 마루야마 간지(丸山幹治)의 둘째아들로 태어났다. 제1고등학교를 거쳐, 1937년 도쿄 대학 법학부 정치학과를 졸업하였고 1940년에는 같은 대학의 조교수가 되었으며 1950년에는 교수가 되었다.

그는 1940년대, 그러니까 20대 후반의 젊은 나이로 일본정치사상사 연구에 신기원을 수립했다. 오규 소라이라는 에도시대 사상가의 저작을 치밀한 독일의 사회과학적 방법론으로 분석해 일본의 '근대성'을 밝힌 독자적인 학풍을 성립시켰으며 일본 학계의 스칼라십을 전 세계에 과시했다. 뿐만 아니라 1946년 『세계』 5월호에 발표한 「초국가주의의 논리와 심리」는 일본 사회와 지식인들에게 큰 충격을 안겨주었다.

이후 그는 일본의 학계와 지성계의 흐름을 주도해왔으며, 그로 인해 '학계의 텐노'(천황) '마루야마 텐노'로 불렸다. 1971년에 은퇴할 때까지 도쿄 대학에서 가르치는 한편 하버드 대학과 옥스퍼드 대학 성 앤서니 칼리지의 객원교수를 지내기도 했다. 1973년에는 프린스턴 대학과 하버드 대학에서 명예박사학위를 수여받기도 했다. 그후 도쿄 대학 명예교수, 일본 학술원 회원, 영국학술원 외국인회원, 프린스턴 대학 고등연구소 연구원을 지내기도 했다.

『현대정치의 사상과 행동』 외에 주요저서로는 『일본정치사상사연구』 『일본의 사상』 『전중과 전후의 사이』 『후위의 위치에서』 『'문명론의 개략'을 읽다』 『충성과 반역』 등이 있으며, 『일본정치사상사연구』와 『현대정치의 사상과 행동』은 영어로 번역되어 각각 프린스턴 대학 출판부와 옥스퍼드 대학 출판부에서 간행되기도 했다.

일본의 민주주의는 현실이 아니라 당면한 과제일 뿐이다

일본의 천황제·관료기구·지방자치 등 넓은 의미의 통치기구와 그것의 물질적·사회적 지반을 정면에서 거론하며 전근대적 요소의 광범한 잔존을 지적한다는 것은 이미 많은 전문학자들에 의해 이루어지고 있으며, 그렇게 문제를 다루는 방식을 취하게 되면 자네가 이미 그런 것쯤은 알고 있노라고 머릿속으로 이해하고서 옆으로 밀쳐놓을 위험도 있어서, 가능한 한 자네의 피부감각에 호소하려고 했던 것일세. 아니 그런 행동양식론도 알고 있다면, 영국과 미국식의 민주주의 대 소련적인 공산주의의 투쟁이라는 도식에 의해서 적어도 국내의 정치적·사회적 문제를 이해하고, 전자를 후자에 대해서 방어하지 않으면 안된다고 하는 것 따위가 구체적으로 무엇을 의미하는가 하는 것에 대해서 이미 자네는 감각적으로 이해할 수 있지 않은가.

일본사회의 어디에 '방어'하기에 충분할 정도로 성장한 민주주의가 존재하는가. 지식인의 자유에서도, 넓게는 국민대중의 정치적·경제적 권리의 확충에서도, 당면한 문제는 기존의 민주주의의 방어가 아니라 이제 겨우 뿌리를 내리고 있는 민주주의를 지금부터 발전·신장시켜가는 것일세. 그것은 그야말로 '소련식 민주주의'를 말하는 것이 아니라, 바로 서구의 시민적 민주주의라는 의미로 말하는 것일세. 그런 의미의 민주주의도 우리 일본에서는 아직 과제이지 현실이 아닐세. 민주주의적인 헌법이나 법률이 정비되면 곧바로 실체적인 사회관계까지도 민주적으로 되어버린 것처럼 생각하는 울트라 형식주의자든가, 혹은 대일본제국헌법 하의 '자유'——노동법은 없어도 좋지만, 그 대신에(!) 치안경찰법·치안유지법은 반드시 필요하다고 한 바의——로 충분히 만족할 수 있었던 중신(重臣)·기성정당·자본가의 흐름을 잇는 '입헌주의'자든가, 그렇지 않으면 교묘하게 치장을 한 진정한 파시스트에게서만 '민주주의'는 새로운 '전체주의'에 대해서 방어되어야 할 기존의 현실인 것일세. 그같은 8·15 이전과 직접 연결되어 있는 모든 세력은 그야말로 '민주주의의 방어'라는 이름 하에 일단은 헌법과 법률에 보장된 근로대중의 조직적 행동을 채 몇 년이 지나기도 전에 하나하나 제한하고 있지.

내가 앞에서 말한 일본정치의 역동성에 기초한 정치적 전류의 전달작용에 의해서, 일정한 조직——예를 들면 전국공무원노동조합——에 대한 일정한 법적 제한은 곧바로 모든 장치에 영향을 미치게 되며, 실질적으로는 불특정 다수의 조직에 대한 범위가 분명하지 않은 제한이 되어 나타나게 되지. 5·30사건 이후의 정치적 집회 금지의 지령이 대학내에서 만담회나 음악회의 금지에까지 이르게 되었다는 것은 최근의 전형적인 사례일세. 그리하여 일본의 권력구조나 인간관계에서 대체적으로 '영·미식' 민주주의의 원리와 상반되는 전근대적 제 요소가 그야말로 '영·미식' 민주주의의 방어라는 이름으로 부활·강화되고 있어. 자네는 이같은 참혹한 패러독스의 진행에 대해서 과연 아무렇지도 않게 느낄 수 있는가.

물론 이렇게 말한다고 해서 내가 현재의 노동운동·농민운동, 기타 일반적으로 조직화된 대중운동 그 자체에도 마찬가지로, 내가 지금까지 말한 것과 같은 일본사회가 역사적으로

일본의 자위대 일본의 양심적 지식인들은 자국의 군사대국화 경향을 비판해왔다.

짊어지고 있는 전근대적인 제 조건과 인간상호관계가 내재하고 있다는 사실에 대해서 털끝만큼이라도 눈을 감아버린다는 것은 결코 아닐세. 그곳에는 또 그곳 나름대로 오야카타(親方)적·권위적 지배도 화(和)의 정신도 토의의 희화화도 모두 갖추어져 있다는 것은 너무나도 명백하지.

그러나 그렇다고 해서 그처럼 모두 다 같은 것이며 또 모든 것은 다 회색이라는 식으로 보는 시각은, 인식으로서는 역사의 구체적인 동태를 무시하고서 또 다른 도식화에 빠진 시각이며, 실천으로서는 사회·정치의 문제가 언제나 최선(best)과 최악(worst) 사이의 선택이 아니라, 더 나은(better) 것의 선택이라는 것을 잊어버린 태도라고 생각하네. 일반적으로 낡은 사회구조의 고정성이 강고한 곳에서는 노동운동이나 사회운동과 같은 대체적으로 기존의 질서나 지배에 대한 도전은, 그와 **동시에** 그 지배질서에 내재하고 있는 가치체계나 정신구조 같은 것을 무너뜨려가지 않으면 도저히 유효하게 진전되지 않는다는 본질적인 성격을 지니고 있어. 중국혁명은 바로 그것을 거대한 규모로 실증해주었지.

설령 일시적으로는 오히려 낡은 의식이나 인간관계를 이용하는 것이 **손쉽고 빠른** 것처럼 보여도, 머지않아 그것은 운동에서 — 특히 반동기(反動期)에 들어섬과 더불어 — 뼈아픈 복수가 되어 되돌아오게 되지. 왜냐하면 인간의 의식이나 행동에서 **타성의 힘**은 급진세력에 의해서보다도 그야말로 거기에 대중지배의 심리적 지반을 가지고 있는 보수반동세력에 의해서 훨씬 더 용이하게 동원될 수 있기 때문이지.

『현대정치의 사상과 행동』 제1부 제4장 「어느 자유주의자에게 보내는 편지」

전후 일본사회의 치부를 드러내는 날카로운 비판의 목소리

마루야마 마사오는 전후 일본 논단에 혜성과 같이 나타나 사상계를 이끌어가고 있었다. 그런 만큼 그의 사상이나 학문적 입장 그 자체가 이미 사람들의 관심거리였다. 그는, 생각하기에 따라서는 부담스러울 수도 있는(?) 그런 시선을 의식하면서, 오히려 학문적인 사유와 영역을 일반 대중들에게 과감하게 열어보이고자 했다.

이같은 그의 입장은 이 책이 취하고 있는 구성과 밀접하게 관련되어 있다. 그는 자신의 논문에 대해서, 언제 썼다는 연대기적 자료 외에 일일이 자세한 '해설'과 부연설명까지 덧붙이고 있다. 「추기」(追記)와 「보주」(補註)가 그것이다. 그래서 우리는, 왜 그런 논문을 쓰게 되었는가에 대한 설명, 전후 사정, 그리고 자신의 느낌 같은 것을 생생하게 들을 수 있다. 심지어 지난날 좌담회에서 한 발언 중에서, 그 테마와 관련된 것들을 끌어와서는 자신의 입장의 세세한 것까지 설명하고 있다. 이런 파격적인 구성은, 보기에 따라서는 마치 교주가 신도들에게 자신의 교시를 알아듣기 쉽게 해주는 것 같아서 혹 기분 나쁘게 비칠는지도 모르겠다. 혹시 그렇다면, 그것은 결코 그의 본래 의도가 아니라고, 자신있게 말할 수 있다.

한 사람의 병사(이등병)로부터 도쿄 대학 정치학과 조교수로 복귀한 후, 그가 일본사회에 대해 터트린 제1성은 앞에서 보았듯이 초국가주의(超國家主義)에 대한 비판이었다. 그는 계속해서 일본의 내셔널리즘, 파시즘 등에 대한 비판적 글들을 내놓았으며, 바로 그 글들이 이 책의 주요 부분을 이루고 있다. 그렇게 한 것은, 그에 의하면 "전쟁 이후에 사회과학 전분야에서 작업을 시작한 사람들에게서의 학문적인 출발점이며, 그것은 동시에 시민으로서의 사회적 책임감에 대한 실천적 응답이기도 했다." 그는 전쟁 이전, 그러니까 에도시대의 정치사상 관계 논문을 쓰면서도, 시대의 암울함에 비판의 고삐를 늦추지 않았다. 시국적인 학문의 대상이었던 일본 사상사에 대해서 비(非)시국적인 접근을 시도하면서, 그것을 통해서 당시의 파쇼적 상황과 그것에 추수하는 국수주의와 어용논리에 저항했던 것이다. 해서 우리는 그의 비판을 전전(戰前)의 비판과 관련시켜서, 그리고 그 연장선 위에서 이해할 필요가 있다. 그럴 때 비로소 '현재'에 대한 비판과 높은 목소리의 참된 의미가 제대로 울려퍼질 수 있다.

그는 전후의 일본사회에 대해서 '생리학적인 접근'보다는 '병리학적인 접근'을 취했다. 대상은 일본의 정치와 사회, 나아가서는 학문이나 문학 세계에까지 미치고 있다. 게다가 그의 목소리는 차라리 고발하는 어투의 그것에 가깝다. 그가 의도했던 것은 "보다 넓은 의미에서의 일본 문화의 성격을 검토하고, 일본인의 일상의 행동과 사고과정 ─ 의식적으로 품고 있던 이데올로기만이 아니라, 나아가 특히 일상생활의 행위 속에서 단편적인 방식으로 나타나는 무의식적인 제 전제가 제 가치도 포함하여 ─을 분석하는 것"이었다. 요컨대 일본인의 사유와 특성 그 자체를 대상화시키려 한 것이다. 일본정치의 특이함, 그리고 그것을 규정하고 있는 문화 패턴의 특이함을 너무나 당연한 것으로 여기고 있어서 스스로 의식하지 못하고 있는 일본인들에게 직설적으로 들려주고자 했던 것이다. 낯설게 만들기! 그의 분석이 법적이고 제도적이고 형식적인 것들에 대해 주목하기를 거부한 것은 극히 자연스러운 일이었다.

이같은 일련의 작업을 통해서 그는 일본사회의 치부를 드러내 보이려고 했다. 그와 동시에 당시 지식인사회를 휩쓸다시피한 속류 마르크스주의의 범람에 저항하려고 했다. 그는 보다 넓고 또 다양한 접근으로 발전시키려고 했던 것이다. 그는 그것을 가리켜 '두 주제의 대위법(對位法)적인 합성'이라 부르고 있다. 당연한 것이지만, 그런 작업은 말처럼 쉽지는 않다. 더구나 그가 취한 방법은 인간적으로 많은 적들을 만들어낼 수 있었으며, 또 실제로 그랬다. 그는 어느 쪽에도 속하지 않고서 모든 것들에 대해 비판의 칼날을 휘둘러댔다. 인간적인 방패막이 되어줄 수 있는 어떤 당파성도 거부했던 것이다. 예컨대 다음과 같은 발언이 그것을 말해주기에 충분하다.

이 책의 독자들은 진보적, 혁명적, 반혁명적, 반동적이라는, 독자들에게는 이미 익숙하지 않은 그런 단어를 쓰고 있다는 것을 알게 될 것이다. 나 자신에게서도, 만약 내가 오늘날 다시 쓴다고 한다면 그런 용어를 조금 더 적게 사용할는지도 모르겠다. 그러나 나는 역사에서 되돌리기 어려운 어떤 흐름을 식별하려는 시도를 아직은 버리지 못하고 있다. 나에게 르네상스와 종교개혁 이래의 세계는, 인간의 자연에 대한, 가난한 사람의 특권자에 대한, '저개발측'(undeveloped)의 '서방측'(West)에 대한 반항의 이야기이며, 그것들이 순차적으로 모습을 드러내고, 각각 서로 다른 것을 불러내어, 현대 세계에서 최대규모로 협화음과 불협화음이 뒤섞여 있는 곡을 만들어내고 있는 한가운데 서 있는 것이다. 우리는 이들의 혁명적 흐름을 추진하는 '진보적' 역할을, 어떤 하나의 정치적 진영에 선험적으로(a priori) 귀속시키는 경향에 대해서 경계를 게을리해서는 안된다. 우리는 또 무언가 신비한 실체적인 '힘들'의 전개로 역사를 해석하려는 시도에도 마음을 써야 할 것이다. 그렇지만 우리가 언어의 선동(propaganda)적 사용에 싫증이 난 나머지, 인간 능력의 한층 더 높은 성장을 배태하고 있는 그런 사건과, 인간의 역사의 '시계바늘을 거꾸로 돌리는' 의미 밖에 가지지 않는 사건을 분별하는 일체의 모든 시도를 체념해버린다면, 그것은 정말 덧정 없는 일이 아닐까.

역자는 그의 입장을 비판적인 지식인이 걸어야 할 고독한 길이라 부르고 싶다. 그는 자신이 선택한 길을, 다시 말해서 자신의 길을 아무런 후회없이 기꺼이 걸었던 것이다. 우리가 이 책의 행간에서 만날 수 있는 것은 전후의 일본사회를 대표하는 한 지성인이 고독하게 걸어간 지적인 행로(行路)에 다름 아니다.

김석근

연세대 연구교수 · 정치학

옮긴이 김석근은 연세대학교 정치외교학과를 졸업한 뒤 한국학대학원에서 박사학위를 받았으며, 도쿄 대학 법학부 대학원에서 연구했다. 고려대학교 아세아문제연구소 한국정치사상연구실장을 지냈으며, 지금은 연세대 연구교수로 있다. 역서로는 한길사에서 펴낸 마루야마 마사오의 『현대정치의 사상과 행동』『일본의 사상』과 『일본정치사상사연구』를 비롯하여, 시마다 겐지의 『주자학과 양명학』, A.D. 스미스의 『제3세계의 국가와 민족』, 하마구치 하루히코의 『근대 일본의 지식인과 사회운동』, 카이즈카 시게키의 『제자백가-고대 중국의 사상가들』, 모리모토 준이치로의 『일본사상사』, 타나카 아키히코의 『현대세계시스템』, 야마다 케이지의 『주자의 자연학』, 아라키 켄고의 『불교와 양명학』, 시노하라 하지메의 『역사정치학-유럽의 정치변동, 1789~1945』 등이 있다.

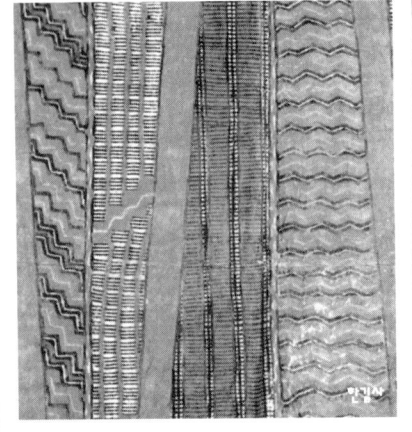

인간현상

테야르 드 샤르댕 지음 | 양명수 옮김 | 300쪽
2007 서울대학교 추천도서

샤르댕의 사상은 20세기 후반을 풍미했다. 자연과학의 발달로 공허해진 정신세계에 새로운 희망을 불어넣었던 것이다. 정신세계를 자연과학과 별개로 두지 않고 과학을 통해 정신세계를 마련하는 일. 거기에 샤르댕의 업적이 있고 바로 그 때문에 그의 영향력이 컸다.

그는 지질학자이자 고고학자로서 많은 업적을 남기고 다수의 논문을 발표했다. 그러나 그는 무엇보다도 사상가였다. 그의 진화론은 단순히 사물 바깥만 보는 과학에 머물지 않는다. 물질의 내면을 주장하고 인류의 미래를 내다보는 데까지 이르면 그는 물질과 정신을 연결선 위에서 보는 독특한 사상가로 자리잡는다.

그는 과학자로서 눈에 비치는 현상들을 놓치지 않으면서도, 천천히 그러나 점차 뚜렷하고 분명하게 어떤 세계관을 그려나갔다. 그 세계관은 깊이와 종합성 그리고 문화 발전에 이바지한 면을 살펴볼 때 이 시대에 가장 독특하고 뛰어나다.

사상은 인류를 이끌 큰 규범과 가치를 제시할 수 있어야 한다. 샤르댕에게서 과학이 철학이 되었다는 것은 가치중립 지대에서 어떤 가치를 발견했다는 것이다. 지식에서 생각으로 그리고 생각에서 지식으로. 그는 과학자이면서 사상가이고 종교인이면서 과학자였다.

우주의 사건에 대한 그의 생각을 여러 각도와 관점에서 드러낸 저서 중에서 『인간현상』은 가장 중요한 책이다. 무엇보다 그의 기본 사상이 잘 드러나 있기 때문이다. 이 책을 읽다보면 생각의 과감함이나 남다른 점은 제쳐놓고라도 저자가 확인해주는 '하나됨에 담긴 깊은 뜻'에 놀라게 된다. 이 책에서 우리는 그가 밝힌 우주의 하나됨이 우주 현상학에 크게 공헌했음을 볼 수 있다.

테야르 드 샤르댕(1881~1955)

테야르 드 샤르댕(Pierre Teilhard de Chardin)은 1881년 프랑스의 오베르뉴에서 태어났다. 예수회에 입단하면서 철학과 신학을 공부하였고 1911년에는 예수회 사제로 서품되었다. 이즈음 과학자들과 어울려 화석을 연구하면서 지질학과 생물학에 관심을 가졌는데 특히 파리 국립역사박물관에서 고생물학자인 마르셀랭 블레의 지도를 받은 것이 결정적인 계기가 되어 파리 가톨릭대학 지질학과의 교수가 되었다.

이후 고고학 자료를 얻기 위해 몽골, 중국, 자바, 북인도 등을 여행하였으며 1928년에는 샤르댕의 제자들로 구성된 중국인 발굴대가 북경원인의 유골을 발견하는 성과를 거두었다. 1939년 제2차 세계대전이 터지면서 북경에서 구금되었다. 이 기간에 대표작인 『인간현상』을 집필하였는데 지질학·생물학·인류학에 입각하여 진화론을 받아들이는 그의 신학이 프랑스 교계에 물의를 일으켰다. 그리하여 『인간현상』이 로마 교황청 서적검열에 걸리고, 70세의 나이에 교회에서 추방되어 파리를 떠나 망명길에 올랐다. 뉴욕의 그렌 재단이 그를 상임위원으로 추대하였고 1955년 세상을 떠나기까지 그곳에서 지냈다. 지질학과 고생물학 그리고 동물학에 관한 논문 120여 편, 철학과 종교에 관한 논문 90여 편을 남겼다.

그의 주된 저서로는 『인간현상』(Le phénomène humain), 『인간의 미래』(L'avenir de l'homme), 『인간의 출현』(L'apparition de l'homme), 『밝혀진 과거』(La vision du passé) 『신성한 주변』(Le milieu divin), 『동물학으로 본 인간 무리』(Le groupe zoologique humain)가 있는데, 모두 그가 세상을 떠난 뒤에 발간되었다.

'경험' 바깥의 영역에서 살펴보는 생각의 탄생

정신주의자들이 다른 자연에 대해 사람의 초월성을 고집하는 것도 일리가 있다. 한편 사람을 맨 끝에 자리잡은 동물에 불과하다고 보는 물질주의자들도 틀리지 않다. 하나의 운동 속에 둘 다 들어 있다. '상태 변화'라고 하는 가장 기본 현상이 이 운동 속에서 일어난다. 원자에서 세포에 이르기까지 일어난 것과 똑같은 과정(과열과 얼의 농축)이 세포에서 생각하는 동물에 이르기까지 한 방향을 따라 중단 없이 계속된다. 그러나 그 계속성 때문에 얼의 측면에서 보면 어떤 비약이 있어 그 과정을 따라가는 주체를 철저하게 바꾸는 일이 일어나게 되어 있다.

연속의 불연속. 생명의 첫 출현처럼 생각의 탄생도 이론으로는 그렇게 표현할 수밖에 없다.

이제, 구체적 현실에서 볼 때 그러한 역학구조가 어떤 모습의 변화를 밖으로 뿜어낼까?

우리는 그 모습을 모른다. 그 모습을 알아내는 것은 생명의 기원을 알아내는 것이 불가능한 것과 똑같은 까닭으로 불가능하다. 기껏해야 개체발생 중에 일어나는 태아의 지능 발달 정도밖에 자료가 없다. 그렇지만 두 가지를 말할 수 있다. 하나는 이 특별한 지점을 둘러싼 신비를 좀 줄이고, 또 하나는 오히려 신비를 더 깊게 만든다.

첫번째 사실을 보자. 사람이 반성의 발걸음을 내디디려면 생명은 오랜 기간 동안 무엇인가를 준비했어야 한다. 그래서 일단 '섭리'라는 생각이 들지 않도록 되어 있어야 한다.

그렇다. 결국 사람이 되는 것은 기관으로 볼 때 더 나은 뇌의 문제다. 그러나 다른 조건들이 따라주지 않았다면 어떻게 뇌가 완벽해질 수 있었으며, 어떻게 기능을 발휘할 수 있었겠는가? 만일 사람이 나온 존재가 두 발이 아니었다면, 그리고 이빨로 잡지 않고 손으로 잡을 수 있게 손이 자유롭지 않았다면, 또한 두개골을 막고 있던 턱 근육이 느슨해지지 않았다면 어떻게 됐겠는가? 뇌가 자랄 수 있었던 것은 손을 자유롭게 풀어준 두 발 덕택이다. 한편, 잡고 끌고 사방으로 내치는 손의 작업 곧 반성에 따른 몸짓을 두 눈이 지켜볼 수 있게 된 것도 그 두 발 덕택이다.

놀랄 만한 일치이지만 놀랄 일이 아니다. 아무리 작은 것이라도 세상에서 이루어진 것치고 놀랄 만한 일치로 이루어지지 않은 것이 있을까? 처음부터 사방에서 나온 섬유들의 매듭과 같은 것 아닐까? 생명은 어느 한쪽으로만 작동하지 않는다. 몸 전체를 동시에 앞으로 민다. 그런 식으로 태가 생기며 태 속에 태아가 생긴다. 우리는 그것을 알아야 한다. 그러나 그것을 아는 것은 사람도 똑같은 물질 법칙 아래 있다는 것을 인정하는 것이다. 동시에 지성의 탄생이 단지 신경조직의 문제가 아니라 존재 전체가 자신으로 돌이키는 문제라는 것도 인정한다. 좋은 일이다. 그런데 우리를 당황스럽게 하는 것은 그러한 과정이 '단번에' 이루어졌음을 인정해야만 한다는 사실이다.

바로 그 점이 여기서 말할 두 번째 사실이다. 피할래야 피할 수 없는 사실이다. 사람의 개체발생에서 태아가 언제 지성을 얻어 생각하게 되는지, 난세포에서 어른에 이를 때까지 한 사람 속에 일어나는 일련의 '상태'에 대한 이 문제를 우리는 적당히 지나칠 수도 있다. 단절의 위치, 아니 단절의 여부마저도 뭐가 그리 중요

북경 구금 당시의 샤르댕 제2차 세계대전이 일어나자 샤르댕은 1946년까지 북경에서 구금상태에 있었다. 이 기간에 주저인 『인간현상』을 썼다.

하단 말인가? 계통의 배태형성은 전혀 다르다. 매단계, 매상태마다 '다른 존재'가 이어지는 것을 볼 수 있다.

그러나 개체발생에서는 (적어도 현재까지 우리가 생각하는 방식으로는) 불연속의 문제를 피하기가 어렵다……. 그 물리적 본질로 볼 때 우리가 이미 인정했듯이, 반성으로의 이동이 정말 임계변화요, 영(제로)에서 전체로의 이동이라면, 그 이동중의 매개체를 발견하기는 불가능하다. 그러니 불연속성을 말할 수밖에 없다. 또는 더이상 상태변화로 풀릴 수 없는, 상태변화 너머의 존재라고 해야 하리라. 말하자면 이렇다. 생각이 본능보다 나은 얼의 상태라는 것을 부인함으로써 '생각'을 생각이 아닌 것으로 만들든지, 아니면 생각은 두 상태 '사이에서' 생겼다고 하든지 해야 한다.

좀 맥이 풀어지는 얘기일지 모른다. 그러나 그리 이상한 얘기는 아니다. 새로운 존재가 탄생할 때 개체발생의 차원에서 별로 아는 게 없을 뿐 아니라, 엄밀하게 말한다면 계통발생에 대해서도 우리는 아는 게 별로 없다. 관찰해서 이론으로까지 될 만한 게 없다.

'반성'이 지구상에 처음 나타났을 때의 모습에 대해서 오늘날 과학 논의가 불가능하다. 왜냐하면 우리 자신이 그 초기 단계(진화의 폭이 아주 작은)에 속해 있으며 그 초기 단계 역시 두꺼운 과거의 벽에 가려져 있기 때문이다.

그러므로 불가능한 것에 집착하지 말자. '생각'에 접근하다보면 부딪치는 벽을 뚫으려 하지 말고 그냥 넘어가는 수밖에 없다. 우리의 '경험' 바깥에 있는 영역을 과학으로 풀 수 없다. 다만 그걸 그냥 넘어가면 생물학적으로 전혀 새로운 단계에 가 있게 된다.

『인간현상』 제3부 제1장 「생각의 등장」

참된 인류문명을 이룩하기 위한 사람 중심주의 철학

사람의 특징인 반성은 데카르트 이후 뚜렷하게 주체철학으로 발전했다. 한 사람이 주체요 목적이다. 그것은 개인주의를 낳고 인권을 확립하고 국민주권주의를 이룩했다. 한 사람이 있는 곳 거기가 중심이요 그래서 중심은 사람 수만큼 있다. 그러나 오늘날 개인주의가 원자주의로 이동하여 민주주의의 위기를 낳았다. 사회구성원이 각기 흩어져 제각기 중심인 것만 강조하면서도 하나의 '큰 중심'을 만들려 하지 않는다. 그러나 큰 중심이 없이는 흩어진 여러 중심도 있을 수 없다. 개인의 주체성 때문에 생긴 이 문제를 해결해야 하지만 그렇다고 개인의 주체성을 희생할 수는 없다. 그것은 현대가 이룬 위대한 업적이요, 생명의 역사에서 '반성하는 생명'(사람)이 그 이전의 생명과 구별되는 가장 뚜렷한 점이다.

사람 이전에는 개체보다는 종의 생존이 더 중요했으나 이제 현대에 들어서며 개인이 국가를 위해 있지 않고 국가가 개인을 위해 있게 되었다. 한 사람이 목적이다. 그것은 큰 공헌이다. 그러나 이제 '우리'를 다시 얘기할 때가 되었다. '나'를 찾아 나섰던 현대의 사상이 '자기'에 빠져 정작 '나'를 잃어버리게 되었다. 그렇다면 '우리'를 다시 찾는 것은 나를 찾는 길이다. 나를 찾아가다보면 '우리'를 찾아가지 않을 수 없다. 그러므로 여럿이 모여 '하나'가 되는 것은 새로운 해방의 길이다. 개인주의 이전의 '우리'가 과거에 집단주의에 바탕을 둔 전체주의를 이루는 데 이용되었다면 이제 개인주의를 거친 후 '우리'를 말하는 것은 현대가 한 발 내딛었으나 이루지 못한 인간해방을 이루는 새로운 길이다.

우리는 샤르댕의 글을 깊이 읽을 필요가 있다. 나는 이미 사람이지만 사람이 되어야 할 존재다. 사람됨의 문제는 개인의 문제일 뿐만 아니라 인류라는 종 전체의 문제다. 인류 속에 들어 있는 동물스런 힘을 점점 얼로 다스려 참된 인류문명을 이룩하는 것, 그것이 사람됨의 길이다. 그때는 개인 사이의 대결을 넘어서고(힘의 대결은 동물스런 찌꺼기다), 집단과 집단의 대결을 넘어서고, 국가와 국가의 대결도 넘어서게 된다. 사람이 사람답게 되어가는 과정이란 그런 것이다. 거기에 오메가 포인트가 있다. 그가 말하는 오메가 포인트는 모든 개체(개인, 집단, 민족, 국가)가 대결을 넘어 하나되는 것이다. 그 하나됨은 개체가 전체에 함몰되는 것이 아니라 하나됨으로써 오히려 개체성이 더욱 뚜렷해지는 점이다. 어떤 면에서 참된 공동체가 이루어지는 시점이다.

여기서 공동체는 물론 사람 공동체다. 사람은 생명체 가운데 가장 중요한 존재다. 그러나 사람은 생명의 열매로서 중요하고 존엄하다. 자연의 노력의 열매요 자연이 찾은 해결책이다. 그러므로 사람만 주체가 되고 사람 바깥의 모든 존재(자연)를 객체로 몰아세우는 근대 자연과학의 사람 중심주의는 고쳐야 한다. 우리는 이 책의 1,2부를 읽으면서 우리 둘레에 있는 생물 아니 무기물을 포함한 모든 존재를 가깝게 느끼게 된다. 우리 바깥의 모든 존재들과 무슨 관계가 있다. 완전한 연속이라고 할 수도 없지만 완전한 불연속이라고 할 수도 없다. 무기물도 '이른 생명'이다. 살아 있다고 하기에는 아직 이르지만 죽은 것도 아니다. 돌 속에도 이미 이른 의식이 있다고 생각해야 한다.

샤르댕은 정향진화의 시작을 무기물이 모여

결정체를 이루는 것에서 찾는다. 무기물의 운동에 이미 생명 진화의 시작이 있다. 샤르댕은 기초 물질을 에너지로 보고 에너지의 기본을 얼(정신) 에너지로 본다. 얼의 작용 그것은 이미 무기물의 운동에 들어 있다. 무기물에도 넋이 있고 나무에도 넋이 있다. 그것은 사람과 통한다는 얘기다. 종래의 과학은 물질을 죽은 것으로 보았다. 사람 바깥의 것과는 '상대'(相對)하지 않았다. 그래야 분석이 가능하다. 오직 '대상'(對象)일 뿐이었다. 그러나 샤르댕의 얘기에서 우리는 우리와 통하는 만물과 상대하는 길을 보게 된다.

그렇다면 오메가 포인트의 공동체는 사람 공동체를 넘어 모든 존재의 공동체로 갈 가능성이 생긴다. 사람만 중심으로 보고 다른 모든 것을 변두리로 몰아내는 사람 중심주의를 넘어설 길이 보인다는 말이다. 물론 사람 안에 다른 모든 존재의 중심이 모여 있다. 사람은 지금까지 지구 역사의 축적이기 때문이다. 그래서 어느 정도 저자는 사람 중심주의에 서 있다. 그러나 그가 서 있는 사람 중심주의는 사람이 얼마나 귀한 존재냐 하는 것을 말하기 위한 방법이지 다른 존재가 별것 아니라는 것을 말하려는 것은 아니다. "이 우주는 강력하게 합치는 힘으로 뭉친 하나의 조직이요 덩어리이며 하나의 양자라는 것을 모르는 사람은 역사나 의식이 우주 속에서 차지하는 자리가 무엇인지 알 수 없다"고 한다.

샤르댕을 의심하던 무리들은 그를 범신론자로 몰아붙였다. 범신론에서는 만물에 신이 들어 있는 것으로 본다. 그렇게 되면 만물을 낮게 보는 것이 아니라 너무 높게 보아 사람의 주체성이 상실되기 때문에 문제다. 샤르댕의 사상을 범신론으로 보는 사람들이 있었다는 것은 그만큼 그의 사상이 사람만 아는 사람 중심주의하고는 거리가 멀다는 얘기다. 넬슨 만델라가 남아프리카 공화국 대통령 취임사에서 사람 중심의 사회를 만들겠다고 한 것처럼 사람 중심주의는 사람이 신분이나 인종이나 재산에 관계 없이 그 자체로 귀하다는 것을 선언하는 귀한 사상이다. 사람의 존엄성 그리고 인권과 민주주의가 근대의 사람 중심주의에서 나왔다. 그리고 그것이 자연을 관찰과 이용의 대상으로 삼은 기술과학의 사람 중심주의와 밀접히 연관된 것도 사실이다.

그러나 이제 사람의 존엄성을 이룩하는 사람 중심주의는 귀한 유산으로 이어가되 자연을 이용의 대상으로만 삼는 사람 중심주의는 떼어놓아야 한다. 근대 문명에서 그 둘은 붙어서 발생한 것이기 때문에 떼어놓기가 어렵지만 이제 그 일을 해야 한다. 자연을 이용의 '대상'에서 얘기의 '상대'로 삼아야 한다. 샤르댕의 얘기는 그 점에서 현대 과학문명이 낳은 생태계 위기를 넘길 수 있는 가르침을 주기도 한다.

양명수

이화여대 교수·신학

옮긴이 양명수는 서울대학교 법대를 졸업하고 신학을 공부한 뒤, 프랑스 스트라스부르 대학에서 신학을 공부했다 (Doc. en Theo.). 현재 이화여자대학교 기독교학과 교수로 있으며, 신학과 문명론 및 사회사상을 가르치고 있다. 저서로 『호모 테크니쿠스』, 『기독교사회정의론』, 『녹색윤리: 인권과 자연권』, 『어거스틴의 인식론: 이성과 계시 또는 앎과 믿음』, 『근대성과 종교』, 『욥이 말하다: 고난의 신비와 신학 이야기』, 『오늘의 어거스틴』(공저), 『현대문명 비판과 새로운 기독교』(공저) 등이 있다. 역서로는 한길사에서 펴낸 테야르 드 샤르댕의 『인간현상』을 비롯하여, 그밖에 『예수와 비폭력혁명』, 엘룰의 『원함과 행함』, 『하나님이냐 돈이냐』, 바하니안의 『하나님과 유토피아』, 폴 리쾨르의 『악의상징』, 『해석의 갈등』, 엠마누엘 레비나스의 『윤리와 무한』이 있다.

미국의 민주주의 1·2

알렉시스 드 토크빌 지음 | 임효선·박지동 옮김 |
544쪽(1권)·386쪽(2권)
2005 서울대학교 권장도서 100선

『미국의 민주주의』는 새로운 경험에 조응하는 새로운 정치학의 수립을 위해 씌어진 것이다. 그러나 이 책은 가치중립적인 초연한 과학자의 저작이 아니다. 토크빌은 오히려 과학적 지위를 주장한 모든 사회이론들에 대해 회의적이었으며, 온갖 종류의 역사적 결정론을 거부했다. 그는 "자신의 운명을 수정하는 능력"을 갖춘 시민의 능동성을 강조했다. "신의 섭리는 인간을 전적으로 독립적이지도 전적으로 자유롭지도 않게 만들었다. 모든 인간의 주위에는 누구도 넘어갈 수 없는 숙명적인 벽이 있다. 그러나 그 넓은 벽의 테두리 내에서 인간은 강력하며 자유롭다."

인간은 조건의 평등과 불평등을 결정할 수는 없지만 평등의 상화에서 파국을 초래할지 위대함을 발현할지, 노예의 상태로 나아갈지 자유의 상태를 실현할지를 좌우할 수는 있다. 인간의 힘으로는 막을 수 없는 평등 상황이 도래했지만 그 평등 조건에서 자유에 이르는 잠재성을 발견하여 자신들에게 혜택이 되도록 하는 것은 인간의 능력이다. 그의 저작들은 인간의 실천적 능력에 대한 이와 같은 긍정적인 신념에 기초하고 있다.

적극적이고 능동적인 시민에 대한 관념은 그의 귀족적 배경과 깊이 연관되어 있다. 과거의 귀족주의 사회로부터 계승해서 미래의 민주주의 사회를 위해 유용하게 쓰일 수 있는 요소가 있다면 그것은 아마도 권력과 결정작성에 능동적으로 참여하는 시민의 태도일 것이다. 민주주의가 노정하는 여러 약점들을 인식하게 해주고 또 그 약점들을 보완할 수 있는 대안을 제시함에 있어 토크빌이 남다른 통찰력을 제시해주는 것은 바로 이와 같은 귀족적인 배경 때문이다.

알렉시스 드 토크빌(1805~59)

알렉시스 드 토크빌(Alexis de Tocqueville)은 『미국의 민주주의』(1835)와 『구체제와 혁명』(1856)이라는 저서를 통해 민주적인 사회변동을 옹호한 대표적인 자유주의 사상가다. 그는 1827년 파리에서 법학 공부를 마치고, 베르사유의 법원에서 배석판사로 근무했고, 1831년 미국 방문에서 얻은 경험과 연구를 바탕으로 1835년부터 1840년에 걸쳐 『미국의 민주주의』 1,2권을 출간해 미국과 영국에서 큰 반향을 불러일으켰다. 1839년 하원의원에 선출되었으며, 1841년 프랑스아카데미 회원이 되었다.

그는 의원활동 기간 동안 프랑스 식민지 문제와 현주민의 처우개선에 정열적인 활동을 펼쳐 현실정치에서도 그의 사상을 활발히 전개해 나갔다. 1849년 루이 나폴레옹에 의해 외무대신에 임명되나, 4개월 후 사임했다. 이후 프랑스 구체제에 대한 연구활동을 하다가 1859년 칸에서 폐결핵으로 세상을 떠났다.

토크빌은 정치권력의 분산에 대한 몽테스키외의 강조와 민주주의적 사회변동에 대한 지지를 결합한 가장 위대한 자유주의 사상가였다. 또한 그는 개인의 자율성에 대한 근대의 몰입과 그리스·로마인들의 시민정신 또는 애국주의에 대한 관심을 결합시켰다.

『미국의 민주주의』는 사실상 자신의 조국인 프랑스를 미국의 거울에 비추어본 결과의 소산물이라고 할 수 있다. 미국의 행형제도를 연구하기 위해 동료인 보몽과 함께 미국을 방문했다가 전례없는 사회적 평등과, 신분적 차별의 부재를 보고 큰 충격을 받은 토크빌은 프랑스의 낙후된 정치상황에 대해 사회적 변화의 필요성을 공감하게 된 것이다.

사회조건의 평등은 그들이 살고 있는 시대의 특수성이다

자유와 평등이 만나서 혼합되는 극한점을 상상해 볼 수는 없다. 모든 국민이 정치에 참여하며 그리고 그들 각자는 정치에 참여할 동등한 권리를 소유하고 있다고 가정해 보자. 어느 누구도 자기의 동료와 크게 다르지 않으므로 전제군주와 같은 권력을 행사할 수 없다. 인간은 완전히 평등하기 때문에 완전히 자유롭다. 민주국가는 이러한 이상적인 상태를 지향한다. 이것이 평등이 지상에 구현할 수 있는 유일하고 완전한 형태이다. 그러나 똑같이 완전하지 않으면서도 민주국가가 구현하고 있는 수천 가지의 다른 형태도 있다.

평등의 원리는 정치적인 영역과는 관계없이 민간 사회에서도 확립될 수 있다. 같은 종류의 쾌락을 추구할 수도 있고, 같은 종류의 직업에 종사할 수도 있으며, 같은 장소에 드나들 수 있는 평등한 권리가 있다. 한마디로 모든 인간이 정치에서 같은 역할을 담당하고 있지는 않을지라도 같은 방식으로 생활하고 같은 수단으로 재산을 모을 수 있다. 정치적 영역에는 비록 정치적 자유는 존재하지 않을지라도 일종의 평등은 확립되어 있을 수 있다.

인간은 한 사람 이외에는 모두가 평등한 존재인데 그 한 사람이란 무차별적으로 모든 사람의 주인이며 그의 권력의 대행자를 그들 가운데서 평등하게 선택한다. 아주 거대한 평등이, 다소간 자유로운 제도 혹은 심지어 자유라고는 전혀 없는 제도에 결합될 수 있는 몇 가지 다른 결합 방법이 쉽게 상상될 수 있다.

인간이 완전히 자유롭지 못하고서는 철저하게 평등해질 수 없고 따라서 평등이 그 극한점에 가서는 자유와 결합한다고 할지라도 그래도 이 두 가지를 구분해야 할 이유는 충분히 있다. 사실 인간이 자유에 대해서 갖는 흥미와 평등에 대해서 느끼는 흥미는 별개의 것이다. 그래서 나로는 민주국가에서 이 두 가지가 동등하지 않은 것이란 말을 첨가하지 않을 수 없다.

자세히 관찰해 보면, 어느 시대에나 모든 다른 사실들과 관계되어 있는 어떤 특별하고 우월한 사실이 존재한다는 것을 알게 될 것이다. 이 사실은 거의 언제나 어떤 풍부한 관념이나 압도적인 정열을 창출해내는데, 이것은 그 시대의 모든 감정과 견해를 좌우한다. 이것은 주위의 작은 냇물이 모여드는 큰 냇물과 같다.

자유는 여러 시대에 여러 가지 형태로 나타났다. 그것은 어떤 사회조건에 배타적으로 결합되어 있지는 않았다. 따라서 민주정치에만 국한되어 있는 것은 아니다. 그래서 자유는 민주시대의 특수한 성격이 될 수는 없다. 그 자체로서 민주시대를 특징짓는 특수하고 우세한 사실은 바로 사회조건의 평등이다. 민주시대에 있어서 인간을 지배하는 열정은 바로 이 평등에 대한 호감이다. 민주시대의 사람들이 인간의 평등에서 어떤 매력을 찾고 있는지, 또는 사회가 그들에게 제공하는 어떤 다른 이익보다 평등에 강하게 얽매일 만한 특별한 이유를 그들이 지니고 있는지 하는 것은 물을 필요가 없다. 평등은 그들이 살고 있는 시대의 특수한 성격일 뿐이며, 이 말만으로 그들이 다른 무엇보다도 평등을 더 좋아하는 이유를 설명하는 데 충분하기 때문이다.

그러나 이 이유와는 별개로 인간으로 하여금 항상 습관적으로 자유보다는 평등을 더 좋아하게 하는 몇 가지 다른 이유가 있다.

독립선언서에 서명하는 13개 식민지 대표자

설사 한 인간이 자기 몸에 배어 있는 평등에 대한 애착심을 제거하거나 감소시키는 데 성공할 수 있다 할지라도 그것은 오랫동안의 힘든 노력에 의해서만 가능하다. 그들의 사회상태가 변해야 하고 법률이 폐지되어야 하고 견해가 바뀌어야 하고 습관이 달라져야 하고 생활태도가 붕괴되어야 한다. 그러나 정치적 자유는 훨씬 더 쉽게 잃어버릴 수 있다. 즉 그것을 견고하게 유지하기 위한 노력을 게을리하는 것은 곧 그것이 사라지도록 내버려두는 것이 된다. 그래서 인간은 평등이 자기들에게 고귀하기 때문에 매달리는 점도 있지만, 그것이 영원히 지속되리라고 생각하기 때문에 매달리기도 한다.

초과상태의 정치적 자유가 개인의 평온과 재산과 생활을 더럽힌다고 하는 것은 마음이 좁고 생각하기를 싫어하는 사람의 눈에도 분명히 드러난다. 이와는 반대로 주의력이 깊고 통찰력이 뛰어난 사람만이 평등이 우리를 위협하고 있는 그 위험을 인식할 수 있는데, 그러나 그들은 보통 그것을 지적하는 것을 회피한다. 그들은 그러한 재앙을 먼 훗날의 일로 알고서 그러한 재앙은 현 세대는 생각조차 할 수 없는 일로서 미래의 세대에나 닥쳐올 것이라고 말한다. 자유에 의해서 가끔 초래되는 악은 간접적이다. 그러나 모든 사람에게 확연히 드러나 보이며, 누구나 그것에 다소간 감염되어 있다. 극단적인 평등이 초래하는 악은 서서히 드러난다. 그러나 그것은 점점 사회체제 속으로 침투하게 되고 이따금씩 드러나 보일 뿐이다. 그런데 그것이 아주 파괴적인 상태가 되어버리면 습관화되어 더이상 느낄 수조차 없게 되어버린다.

『미국의 민주주의 2』제2부 「민주주의가 아메리카인의 감정에 미치는 영향」

자유와 평등이 공존하는 미국의 민주주의

『미국의 민주주의』는 분석과 평가가 쉽지 않은 책이다. 그 이유는 토크빌이 아주 다른 두 가지 책을 쓰기로 결심한 데 있다. 1권은 본질적으로 작동 중에 있는 미국의 민주주의에 관한 설명이다. 그것은 관례적으로 민주정부의 특징들로 간주되는 것에 초점을 맞추고 있다. 즉 연방제, 권리에 대한 존중, 법률가들의 역할과 법의 지배에 대한 애착, 정당, 지방간의 관계, 주정부와 연방정부의 관계와 같은 문제들에 초점을 맞추고 있다. 토크빌은 이를 사회학적이면서 동시에 도덕주의적인 입장에서 다루고 있다. 도덕주의자로 그는 다수의 횡포에 초점을 맞춘 반면, 사회학자로서 그는 다수의 횡포에 수반된 위험을 줄임에 있어 공식적 제도들의 역할을 탐구했다. 몽테스키외로부터 출발한 전통에 충실하게 토크빌은 미국제도들을 유지함에 있어 자연환경의 역할도 다루고 있다. 유명한 제17장 서두의 일부를 인용해보면, "법률은 미국의 민주공화국을 유지함에 있어 자연환경보다도 더 큰 기여를 하고, 관습은 법률보다도 더 큰 기여를 한다".

제2권에서 토크빌은 그의 시야를 더 극적으로 높여 전체 사회의 문화에 대한 민주제도의 영향을 다룬다. 미국인들의 습관과 제도들은 토크빌이 독자들 앞에 내놓은 명제들을 예증해주고 있지만, 제1권에서보다는 훨씬 더 민주화되어가는 사회의 전망에 초점을 맞추고 있다. 제2권은 민주주의가 봉착하기 쉬운 부류의 전제주의를 검토하는 것으로 종결된다. 미국제도와 행태에 관한 생생한 묘사 때문에 제1권을 즐겼던 독자들은 제2권이 이국적인 사회에 관한 묘사로부터 중앙집권화와 권력집중을 향한 구체제의 집착을 예시하는 문제를 다룸으로써 그 생생함을 잃었다고 느낄 수도 있다.

『미국의 민주주의』처럼 복잡한 저술을 단 한 문장으로 요약하는 것이 가능하다면 그것은 다음과 같은 토크빌의 주장일 것이다. 조건의 평등에의 경향이 세계적인 추세인데, 이는 저항할 수 없는 하느님의 섭리로 받아들여야 한다. 우리는 이 과정이 어떤 다른 지역보다 더 진척된 미국에 대해 무엇을 함축하고 있는지 알 수 있으며, 유럽에 대해 그 사실이 무엇을 의미하는지 물어봐야 한다. 이를 조명하기 위해서는, 평등이 존재했던 대부분의 사회에서는 평등이 "전제군주 앞의 평등"이었다는 몽테스키외의 관찰에 의존할 필요가 있다. 이 책은 "전제군주 앞의 평등"이 미국의 상황은 아니었던 이유를 설명해주고 있으며, 이같은 행운이 지속될 수 있는가를 탐구한다. 이 책의 철학적 예리함은 '인민'이 지배할 때도 전제주의의 잠재성은 여전히 존재한다는 것이다.

제임스 밀은 인민이 자치를 할 때, 그들 자신의 이해관계에 반해 자치할 수 없다는 유명한 관찰을 했다. 그는 인민이 지배할 때 각 사람의 지위는 다른 모든 사람에 의해 지배된다고 지적한 바 있다. 또한 인민이 동의·연합해서 동일한 견해와 관점을 갖는 자립적인 대중을 이루게 되면, 동양의 전제군주들처럼 효과적으로 각 멤버들을 지배하게 될 것이라고 지적하기도 했다. 『미국의 민주주의』는 전체에 걸쳐서 이와 같은 사고의 다양한 표현들이 산재해 있다. 탤먼(J. L. Talmon) 교수는 전체 인민의 이름으로 지배하지만 신민의 권리에는 동떨어진 상황을 묘사하기 위해 "전체주의적 민주주의"라는 표현을 썼다. 비록 토크빌이 처음에는 왕이자 대통령으로서, 그 다음에는 황제 나폴레옹 3세로서 권력을 장악한 루이 보나파르트보다도 더 나쁜 상태를 예견하지는 않았다 하더라도, 민주주의적 전체주의라 부를 수 있는 상황을 묘사했다는 사실은 많은 20세기 독자들을 전율시키기에 충분하다.

『미국의 민주주의』를 분석하고자 하는 이들은 빈번히 그 저술의 성격 때문에 상당한 방해를 받는다. 한편으로, 토크빌은 이 책의 줄거리 요약에 해당하는 것을 각 장의 제목으로 두고 있기 때문에 분석을 불필요하게 만든다. 다른 한편으로는 그 두 책이 여담, 방향전환 및 어조의 변화로 차 있어서 요약할 경우 흥미 있는 것들을 많이 빠트리게 되어 이 책의 특성을 손상하게 된다고 느낄 수 있다. 거의 모든 서론이 그렇듯이 『미국의 민주주의』의 서론은 본문 전체를 쓰고 난 뒤에 씌어진 것으로 토크빌이 무엇을 성취했는지를 밝히고 있다.

"내가 미국에 머무르는 동안 가장 강력하게 나의 관심을 사로잡은 것은 사람들 사이의 조건의 일반적 평등이다. 나는 이 두드러진 사실이 사회의 전과정에 끼친 엄청난 영향을 쉽게 발견했다. 그것은 여론에 특정한 방향을 주며, 법률에 독특한 취지를 부여한다. 그것은 통치자에게는 유념할 사항을 주며, 피치자들에게는 독특한 습관을 준다."

조건의 평등은 부와 직업의 동등함이나 일상생활의 비슷함을 의미하지 않는다. 서부의 개척자들은 보스턴, 필라델피아, 뉴욕의 상인과는 전혀 다른 생활을 영위한다. 그것은 소득이 대체로 동등하다는 것을 의미하지 않는다. 또한 그것은 다른 이들에게보다도 프랑스 귀족의 눈에 명백히 보였던 평등으로서 신분의 평등, 즉 노력없이 얻거나 상속받은 존경과 같은 것이 전혀 없는 상황이다. 즉 자신을 사회적으로 열등하다고 인정하기를 철저히 꺼려하고 그와 더불어 자신을 지주 출신의 지배계급에 일체화시키려고 한 옛 귀족의 욕구가 부재하는 상태이다. 수용되었던 지위에 대한 존경의 침식은 마찬가지로 유럽 전역에 걸쳐 확산되고 있었던 경향으로 그가 "섭리에 따른 사실"이라 불렀던 것이다. 『미국의 민주주의』 제1권은 미국인들의 정치제도에 할애됐기 때문에 토크빌이 뉴잉글랜드의 기원과 그 현재의 사회적 조건에 관한 빠른 묘사로 시작한다고 해서 놀라운 일이 아니다. 그리고 미국에서 자유와 평등이 공존할 수 있도록 해준 것은 청교도들이 미국에 건너올 때 가져온 자유에 대한 이해가 유독 기독교적인 것이었다는 사실이다. 그것은 방임도 아니고 방종으로 흐를 수 있는 자유도 아닌, 우리가 자유롭게 수락하는 법률에 따라 처신할 수 있는 능력이었다.

임효선

성균관대 교수 · 정치학

옮긴이 임효선은 성균관대학교 정치학과를 졸업하고 미국 러트거스 대학교 대학원에서 정치학 박사학위를 받았다. 현재 성균관대학교 정치외교학과 교수로 있다. 저서로는 한길사에서 펴낸 『삶의 정치사상』 외에 『고대 한국정치와 국가』(공저), 『현대 한국정치의 이해』(공저) 등이 있으며, 역서로는 알렉시스 드 토크빌의 『미국의 민주주의』(공역)가 있다. 주요 논문으로는 「근대적 국가개념과 정통성의 부재문제」 「조선조 정치사사상의 성격」 "The Idea of Natural Mutualism: The Ancient Chinese World-View" 등이 있다.

옮긴이 박지동은 서울대학교 정치학과를 졸업하고 같은 대학교 신문대학원을 수료했으며 고려대학교 신문방송학과 대학원에서 석 · 박사학위를 받았다. 동아일보 기자로 근무했다. 현재는 광주대학교 신문방송학과 명예교수로 있다. 한길사에서는 『현대고급영문법해석연구』 5권을 펴냈으며 역서로 알렉시스 드 토크빌의 『미국의 민주주의』(공역) 외에 많은 역서가 있다.

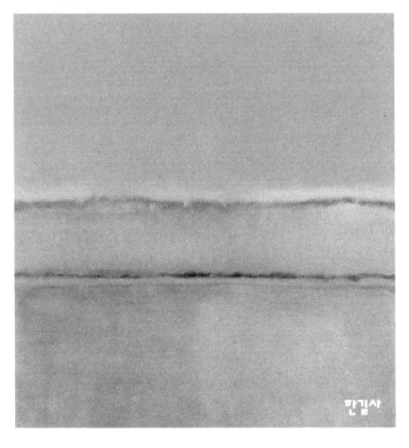

유럽학문의 위기와 선험적 현상학

에드문트 후설 지음 | 이종훈 옮김 | 658쪽
2005 서울대학교 논술출제

▷ 저자의 다른 작품
『시간의식』(GB 19)
『순수현상학과 현상학적 철학의 이념들』(102~104)

▷ 역자의 다른 번역 작품
『시간의식』(GB 19)
『순수현상학과 현상학적 철학의 이념들』(102~104)

현상학의 창시자인 후설은 현대가 직면한 이 위기를 극복할 수 있는 길은 모든 학문의 근원과 인간성의 목적을 철저히 반성함으로써 철학의 참된 출발점을 근원적으로 건설하는 데 있다고 파악했다.

그가 50년 넘는 세월 동안 철학을 하면서 궁극적으로 지향한 것은 선험적 현상학이다. 이것은 근대 이후 실증적 사실만을 추구한 객관적 자연과학이 그 의미 기반인 구체적 경험세계 즉 주관적 생활세계를 망각하고 인간의 자기반성의 주체인 이성을 불신하며 학문적 작업과 삶의 진정한 가치와 의미를 상실한 현대사회의 총체적 위기를 극복하기 위해 제시한 해결책이다.

결국 선험적 현상학은 선험적 주관성을 해명하여 진정한 자기이해와 세계이해에 도달하려는 철학이다. 그리고 선험적 주관성(자아)은 인간의 모든 활동과 사고를 궁극적 자기책임 아래 주도하는 보편적 이성을 포괄하는 몸과 정신의 통일체인 '의식의 흐름'이다.

후설은 선험적 주관성의 구조를 밝힘으로써 인격적 주체를 확립하고 인간성의 새로운 지평을 여는 '인간 개조의 혁명'을 시도했다. 여기에는 자기자신을 성찰하는 길, 객관적 태도의 실증적 자연과학이나 경험적 심리학을 비판하는 길, 생활세계의 존재론을 밝히는 길 등이 있다. 결국 '모든 길은 이성에!' 있을 뿐이다.

그는 좌절된 인간의 이성을 복원시키기 위해 병상 속에서도 죽는 날까지 진지한 구도자의 자세로 처절한 자기투쟁을 조금도 쉬지 않았다. 따라서 이 책은 작성된 시기나 다루고 있는 내용으로 볼 때 후설의 철학 혼이 깃들이고 열정이 점철된 선험적 현상학의 정점인 동시에 종점이다.

에드문트 후설(1859~1938)

에드문트 후설(Edmund Husserl)은 20세기 독일과 프랑스의 철학사에 커다란 영향을 미친 현상학의 창시자로서 카를 마르크스, 지그문트 프로이트, 프리드리히 니체와 더불어 현대사상의 원류라 할 수 있다.

그는 1876년부터 1882년 사이에 라이프치히 대학과 베를린 대학에서 철학과 수학, 물리학 등을 공부했고, 1883년 변수계산에 관한 논문으로 박사학위를 받았다. 1884년 빈 대학에서 후설 현상학에 커다란 영향을 끼친 브렌타노 교수로부터 철학강의를 듣고 기술심리학의 방법으로 수학을 정초하기 시작했다. 1887년 할레 대학에서 교수자격논문 「수개념에 관하여」가 통과되었으며, 1901년까지 할레 대학에서 강사로 재직했다.

1900년 후설 현상학의 제1주저인 『논리연구』가 출간되어 당시 철학계에 적지 않은 관심을 불러일으켰다. 이후 간행된 『철학과 현상학적 탐구연보』에 그의 제2주저인 『이념들 I』을 발표하여 선험적 관념론의 체계를 형성했다. 1916년 신칸트학파의 거두인 리케르트의 후임으로 프라이부르크 대학 정교수로 초빙되어 1928년 정년퇴임할 때까지 이 대학에서 재직했다.

세계대전의 소용돌이와 1930년대 나치 정권의 권력장악은 유대인인 후설에게 학문적으로 커다란 시련기였으나, 지칠 줄 모르는 연구활동으로 이후에도 많은 저술작업과 후진양성에 힘썼다. 주저로 『유럽학문의 위기와 선험적 현상학』 『데카르트적 성찰』 『시간의식』 『엄밀한 학으로서의 철학』 등이 있다. 후설 현상학은 하이데거와 사르트르, 메를로-퐁티 등의 실존철학자는 물론 동시대의 프랑크푸르트 학파의 비판이론가들에게도 지대한 영향을 미쳤다.

보편적 인식의 가능성에 대한 신뢰

 현대의 철학자인 우리들 자신은 다음과 같은 문제를 고찰해야만 한다. 즉 방금 위에서 상세하게 논의된 바와 같은 종류의 심사숙고가 우리에 대해 무엇을 의미할 수 있고 또한 무엇을 의미해야만 하는가? 우리는 여기에서 단지 아카데미한〔진부한〕연설을 듣고자 하는가? 우리는 우리의 철학문제에서 중단된 전문적 연구로, 즉 우리의 본래 철학을 계속 구축하는 작업에 간단히 되돌아갈 수 있을까? 현재나 과거의 모든 동료철학자들의 철학과 같이 우리〔시대의〕철학은 항상 새롭게 성장하고 소멸해가는 철학들의 화단(花壇)에서 단지 일시적으로 생존기간을 갖게 된다는 사실을 우리는 확실한 조망으로부터 진지하게 통찰할 수 있을까?

 실제로 우리 자신의 곤경, 즉 저술철학자들이 아니라 위대한 과거의 진정한 철학자들에 의해 교육되고 진리를 위해 살며 오직 이와 같이 살면서 우리들 자신의 진리 속에 있고 또 있고자 하는 우리 모두의 곤경은 바로 이러한 사실에 놓여 있다. 그러나 이러한 현대철학자들인 우리는 고통스러운 실존적 모순 속에 빠져 있다. 우리는〔하나의〕과제로서 철학의 가능성에 대한 신뢰, 곧 보편적 인식의 가능성에 대한 신뢰를 포기할 수 없다. 이러한 과제에서 우리는 우리 자신이 진지한 철학자들로서 소명을 받고 있음을 안다. 그러나 우리 모두에게 공통적인 유일한 목표, 즉 철학 자체에 대한 관계에서만 의미를 갖는 이러한 신뢰를 우리는 어떻게 확고히 유지하는가?

 우리는 가장 일반적으로 인간의 철학함과 그 성과가 인간 전체의 현존에서 사적인 목적이나 그밖의 제한된 어떤 문화목적의 단순한 의미를 갖는다는 것은 결코 아니라는 점도 이미 깨달았다. 따라서 우리는 우리가 철학함(Philosophieren)을 통해 인류의 공복들(Funktionäre)이 된다.

 그런데 어떻게 해서 우리는 이러한 사실을 도외시할 수 있었는가? 우리들 인격의 깊은 곳에서부터 사명감을 지닌 철학자들인 우리 자신의 참된 삶에 대한 인격적 책임 전체는 동시에 인간의 참된 존재에 대한 책임을 그 자체 속에 포함하고 있다. 인간성의 참된 존재는 목적을 향한 존재로서만, 그리고 가령 적어도 철학을 통해서만, 만일 우리가 진정한 의미에서 철학자들이라면 우리를 통해서만, 실현될 수 있다. 즉 여기에서 실존적 가정 '만일…이라면'(Wenn)으로부터 회피할 어떤 길이 있는가? 그러나 회피할 길이 없는 한, 우리가 믿고 있는 것을 믿을 수 있기 위해 우리는 무엇을 수행해야만 하는가? 우리는 이제까지의 철학함—〔이것들은〕철학들이지만 철학〔그 자체〕을 희망할 수는 없다—을 진지하게 계속 수행할 수는 없다.

 우리의 최초의 역사적 고찰은 현재의 사실적 상황과 이것이 처한 곤경을 꾸밈없는 사실로서 명백히 밝혀주었을 뿐만 아니라, 철학자들인 우리가 '철학'이라는 말이 시사하는 목표설정, 개념, 문제, 방법에 관해 과거의 유산을 물려받은 자들임도 상기시켜주었다. 모든 결정에 앞서 철저한 자기이해를 돌보기 위해 상세한 역사적이고도 비판적인 성찰이 필요하다(여기에 그밖의 어떤 것이 도움이 될 수 있겠는가!)는 것은 명백하다. 이것은 철학으로서 근원적이며 언제나 추구되었던 것과 역사적으로 서로 전달된 모든 철학자나 철학에 의하여 시종일관 계속 추구되

후설이 강연할 당시 대학을 중심으로 한 프라하

었던 것으로 되돌아가 묻는 일(Rückfrage)에서 가능하다. 그러나 이것은 〔철학의〕 목적설정과 방법에서 일단 파악되어 의지(Wille)를 필증적으로 받아들이도록 강요하는 궁극적인 근원적 진정함이 입증하는 것이 무엇인가를 비판적으로 고찰함으로써만 가능하다.

그런데 '우리는 어떻게 이것을 실제로 철저히 수행할 수 있는가' 그리고 '철학자로서 우리의 실존적 삶을 궁극적으로 결정하는 필증성(Apodiktizität)은 본래 무엇을 의미해야만 하는가'라는 문제는 우선 명확하지 않다.

다음에서 나는 나 자신이 걸어온 길, 즉 내가 그 수행가능성과 뿌리내려 견고하게 됨을 수십 년 동안 시험해온 길로 인도하도록 시도하겠다. 그러므로 지금부터 우리는 극단적으로 회의적이지만, 결코 미리 부정적이지는 않은 정신적 태도로 무장하고 함께 나아가자. 우리는 철학사에서 겉으로 드러난 **역사적 사실들**의 껍데기를 파헤쳐 뚫는 작업을 그것의 내적 의미 (inneres Sinn), 은폐된 목적론(verborgene Teleologie)을 묻고 제시하며 시험하면서 추구해보자.

〔그 결과〕 처음에는 거의 주목되지 못하였으나 더욱더 뚜렷해지는 완전히 새로운 시선을 전향할 가능성들이 새로운 차원(neue Dimension)을 지시하면서 점차 드러날 것이다. 그러면 지금껏 문제되지 않았던 물음들이 제기되며, 이제껏 아무도 들어서지 않았던 연구영역들 즉 지금껏 철저하게 이해되거나 파악되지 않았던 상관관계들(Korrelationen)이 나타난다. 결국 이것들은 모든 역사적 형태에 의해 시종일관 **자명한** 것으로 간주된 의미와 같은 철학의 의미 전체를 근본에 있어서 본질적으로 변경시키도록 강요한다.

『유럽학문의 위기와 선험적 현상학』 제1부 「유럽 인간성의 근본적 생활위기로 표현되는 학문의 위기」

생활세계를 통한 선험적 현상학

객관적 학문의 세계는 구체적 경험을 통해 직관할 수 있는 생활세계에 추상적 '이념과 상징의 옷'을 입힌 것이다. 자연을 '수학적 언어로 씌어진 책'으로 파악한 갈릴레이 이래로 자연과학은 이 생활세계를 수량화하고 기호로 이념화한 객관적 자연을 참된 존재로 간주한다. 그 결과 자연은 발견되었지만, 객관성에 의미를 부여하고 해명하는 주관성은 망각되었다. 이 점에서 갈릴레이는 '발견의 천재인 동시에 은폐의 천재'이다. 또한 데카르트가 사유실체(의식)와 연장실체(사물)를 구분한 이래 의식도 객관적 자연과학의 방법으로 탐구되었다.

따라서 실증적 자연과학이 추구한 객관적 인식(Episteme)은 '그 자체의 존재'가 아니라 그것에 이르는 하나의 방법에 불과하다. 오히려 단순히 주관에 상대적이기 때문에 낮은 단계의 모호한 명증성을 지닌 것이라고 경멸하였던 주관적 속견(Doxa)은 술어적으로 충분히 확증될 수 있는 진리의 영역 즉 참된 이성의 직접적인 최초형태로서, 객관적 인식이 그 타당성의 미와 정초관계상 되돌아가야(Rückgang) 할 궁극적 근원이다.

그런데 그는 생활세계가 구체적 경험에 미리 주어진 '토대'(Boden)라고도, 주관이 구성한 '형성물'(Gebilde)로서 지평과 관심의 세계라고도 주장한다. 따라서 실재론적 해석도, 관념론적 해석도 가능할 수 있다.

하지만 이러한 주장들은 서로 배척하는 것이 아니라, 부단히 상호작용한다. 즉 일단 형성된 의미는 문화와 기술, 도국 등 보편적 언어의 형태로 생활세계 속으로 흘러들어가 침전되고, 이것은 지속적 타당성을 지닌 습득성(Habitualität) 또는 관심(Interesse)으로서 현재의 경험을 동기지우고 규정하는 배경(토대)이 된다. 그리고 상호이해와 의사소통을 통해 자명하게 복원되거나 수정·폐기되면서 다시 그 의미가 더욱 풍부하게 형성되는 생생한 발생적 역사성과 사회성의 구조를 지닌다. 이러한 구조는 찻바퀴가 헛도는 것과 같은 폐쇄된 악순환이 아니라, 생소한 외국어문장을 해석할 때 그 문맥과 단어에 대한 상호이해가 점차 본래의 뜻에 접근하듯이, 개방된 나선형의 순환구조를 지닌다. 그것은 상호주관적으로 경험되며 언어적으로 논의하고 해석할 수 있는, 인격체로서 존재하는 우리 모두에게 공통적인 동일한 역사적 환경세계이다.

결국 생활세계로 되돌아가는 것은 경험된 세계를 단순히 받아들이는 것이 아니라, 그 속에 이미 침전된 역사성을 근원으로까지 소급해서 그 통일적 총체성의 지평구조를 분석하는 것이다.

그러나 후설은 이와 같이 생활세계로 되돌아가는 것만으로는 '세계가 미리 주어져 있음'을 소박하게 전제하는 자연적 태도이기 때문에 철저하지 않고, '그것이 왜 그렇게 주어질 수밖에 없는가'를 되돌아가 묻는(Rückfrage) 선험적 태도가 필요하다고 주장한다.

이렇게 철저한 선험적 태도에서 되돌아가 물으면 다양한 생활세계들이 모든 상대성에도 불구하고 그 자체가 상대적이지는 않은 보편적 본질구조와 유형이 드러난다. 이것은 '선험적인 것'(선험성), '주관적인 것'으로도 부르는 '선험적 (상호)주관성', 주관과 객관의 불가분적 상관관계를 뜻하는 '의식의 지향성'에 대한 심층적 표현이다. 이것을 밝히는 '생활세계적 존재론'(lebensweltliche Ontologie)은 곧 다른 전통에 입각한 다양한 문화 세계들을 이해할 수 있고 자신의 생활세계를 발전시킬 수 있는 근거이다.

후설은 이와 같이 생활세계의 근원적 의미연관과 정초관계를 밝힘으로써, 객관적 인식만을 추구한 실증적 자연과학이 주관적 속견을 배제하여 자신의 고향을 상실하고 본래의 의미가 소외된 학문의 위기를 극복하고자 하였다. 학문으로부터 발생한 위기는 학문을 통해서만 극복될 수 있다. 그것은 '묶은 자가 해결해야 한다'(結者解之)는 당연한 주장이다. 그 학문은 의식에 직접 주어지는 사태와 문제 자체로부터 출발하는 참된 근원에 관한 학문, 진정한 실증주의로서의 선험적 현상학이다.

그런데 그는 현대가 학문의 위기뿐만 아니라, 인격과 가치규범의 담지자인 선험적 주관성이 스스로 객관화된 인간성(Menschentum)이 이성에 대한 신념을 상실한 위기에도 처해 있다고 파악하였다. 따라서 현대의 총체적 위기를 진정으로 극복(진단인 동시에 처방)하기 위해서는 생활세계를 분석하는 경험적 현상학(방법)에 머물 수 없고, 선험적 주관성을 해명하는 선험적 현상학(선험철학)에 도달해야만 한다고 역설하였다.

후설은 선험적 현상학에 이르는 길들로 '생활세계를 통한 길' 이외에 '심리학을 통한 길'도 제시하였다. 이 길은 '경험적 심리학/현상학적 심리학/선험적 현상학'의 정초관계를 밝혀 소박한 자연적 태도의 심리학주의를 철저히 극복함으로써 선험적 주관성을 구명하려고 하였다. 그런데 '생활세계나 심리학을 통한 길'은 실증적 자연과학과 긴밀한 관련을 맺고 있기 때문에 일반인이 쉽게 접근할 수 있고(즉 선험적 현상학은 실증과학을 포기하거나 이들의 성과를 부정한 것이 아니다), 모든 학문의 궁극적 정초라는 엄밀한 선험철학의 이념을 구체적으로 밝히고 실행할 수 있다.

따라서 이 길들은 '데카르트적 길'과 배척되는 것이 아니라, 상호보완관계에 있다. 즉 선험적 현상학에 오르는 지름길은 짧지만, 가파르고 (그 의미를 이해하기) 힘들다. 우회길들은 평탄하고 도중에 아기자기한 정경들도 제공하지만 멀기 때문에 정상에서 전개될 새로운 세계(선험적 주관성)를 망각하거나 포기하기 쉽다.

이 새로운 세계 선험적 주관성은 일반적 의미의 대상과 대립된 주관이 아니라, 자아극(Ichpol)과 대상극(Gegenstandpol) 모두를 포함하는, 세계와 의식 사이에 미리 주어져 있는 본질적인 보편적 상관관계이다. 다양한 체험들을 통일적으로 파악하는 동일한 극(極)이고, 개인이나 공동체의 기억들과 습득성들을 담지하고 있는 기체(基體)이며, 생생한 현재뿐 아니라 과거와 미래의 지평을 지니고 서로 의사소통하면서 자기자신을 구성하는 모나드(Monad)이다.

이종훈

춘천교대 교수·철학

옮긴이 이종훈은 성균관대학교 철학과와 같은 대학교 대학원에서 후설 현상학으로 박사학위를 받았다. 지금은 춘천교대 윤리교육과 교수로 있다. 지은 책으로는 『현대의 위기와 생활세계』(1993), 『아빠가 들려주는 철학이야기』(제3권, 1994, 2006), 『현대사회와 윤리』(1999)가 있다. 옮긴 책으로는 한길사에서 펴낸 『시간의식』(후설, 1996), 『유럽학문의 위기와 선험적 현상학』(후설, 1997), 『수수현상학과 현상학적 철학의 이념들』(후설, 2009), 『데카르트적 성찰』(후설·핑크, 2002)을 비롯해, 『언어와 현상학』(커닝햄, 1994), 『소크라테스 이전과 이후』(컨퍼드, 1995), 『경험과 판단』(후설, 1997), 『엄밀한 학문으로서의 철학』(후설, 2008) 등이 있다.

삼국사기 1·2

김부식 지음 | 이강래 옮김 | 454쪽(1권)·494쪽(2권)
2005 연세대학교 권장도서 200선

원본 삼국사기

김부식 지음 | 이강래 교감 | 502쪽

우리나라 최고의 역사서인 『삼국사기』는 고려 인종의 명을 받아 1145년(인종 23) 경에 김부식 등이 편찬한 삼국시대의 정사(正史)이다. 한길사가 출간한 『삼국사기』의 번역본 2권과 교감본 1권은 이 책을 번역하고 교감한 이강래 교수의 집요한 노력의 산물이다. 이강래 교수는 『삼국사기』를 오늘의 시각에서, 오늘의 독자 입장에서, 오늘의 연구자 입장에서 파악할 수 있도록 현대적 감각으로 번역했다.

『삼국사기』에 대한 역사학계의 평가는 대체로 '상대적'이다. 어느 시각에서는 『삼국사기』의 사료적 가치를 높이 평가하는 데 반해 어떤 경우에는 상대적 평가절하를 하고 있다. 예를 들어 신라의 역사를 기술한 부분이 고구려나 백제에 비해 양적으로 많다거나, 특히 「열전」편에 김유신에 관한 사항을 절대적으로 많이 할애한 점을 꼽아 그 평가에 있어 객관적 수준을 유지하지 못하고 있다.

이강래 교수는 이 점에 대해서 당시의 시대상황과 역사적 자료의 빈한함 속에서 나오는 당연한 결과임을 주목해야 한다고 지적한다. 즉, 당시의 고려는 어떻든간에 신라 이후의 국가체제를 형성하였으며, 당연히 그것은 신라측 자료가 많이 남아 있을 수밖에 없는 상황으로 이어진다는 것이다.

중요한 것은 현재의 우리 시점에서 『삼국사기』가 가지고 있는 그러한 한계점들을 올바로 파악함과 더불어 당대의 시대상황 속에서 객관적으로 평가해야 하는 것이다. 이강래 교수가 『삼국사기』와 '김부식'을 서로의 대명사로 써서는 안 된다고 언급한 점이 바로 그 점이다.

김부식(1075~1151)

김부식(金富軾)은 1075년(문종 29) 김근(金覲)의 넷째아들로 경주에서 출생했다. 1096년(숙종 1, 22세) 과거에 합격하여 관료의 길로 들어섰다. 그후 요(遼)의 출병 요구를 반대하거나, 금(金)에 대한 유화적 관계를 주도하는 등 명분보다는 주로 현실적 이해를 크게 고려하는 외교 노선을 취했다. 과거시험 고시관인 지공거(知貢擧)를 몇 차례 역임했고, 왕에게 『주역』(周易)과 『상서』(尙書) 등을 강의했다.

1116년(예종 11, 42세) 송나라에 사신단의 일원으로 파견된 이후 모두 세 차례 입송했다. 특히 그가 당시 문장의 고문체(古文體) 운동에 적극적이었던 것은 송 문화를 접했던 경험에서 비롯됐을 것이다. 왕권에 도전했던 이자겸의 행태를 논박한 글 「대외조의」(對外祖議)가 있으며 대각국사(大覺國師) 의천(義天)의 비문을 작성한 바 있다.

1135년(인종 13, 61세)에는 묘청 등이 주도한 서경(西京) 반란이 일어나자 토평총책이 되어 이를 진압하였으며, 이 공으로 수충정난정국공신(輸忠定難靖國功臣)에 책봉되고, 문하시중(門下侍中)으로서 최고의 권력수반이 되었다. 그는 왕권 중심의 유교적 통치이념에 충실하고자 했으며, 신비주의적 사고나 급격한 개혁을 반대하고 비교적 온건한 현실 순응의 태도를 가지고 있었다. 그러다 1142년(인종 20, 68세) 개혁론자들의 복권을 계기로 정치력의 한계에 봉착하자 현직에서 물러났다. 이후 10여 명과 함께 『삼국사기』 편찬을 주관했다. 1145년(인종 23, 71세)에는 『삼국사기』를 완성하여 왕에게 바쳤으며 『예종실록』 『인종실록』의 편수에도 참여했다. 1151년(의종 5) 77세의 나이로 생을 마쳤다. 조정에서는 문열(文烈)이라는 시호(諡號)를 내렸으며 인종묘(仁宗廟)에 배향(配享)되었다.

문성왕(文聖王)

문성왕(文聖王)이 왕위에 오르니, 이름은 경응(慶膺)이고 신무왕의 태자이다. 어머니는 정계(貞繼)부인[정종태후(定宗太后)라고도 한다]이다.

2년(840) 봄 정월에 예징을 상대등으로 삼고, 의종(義琮)을 시중으로 삼았으며, 양순(良順)을 이찬으로 삼았다. 여름 4월부터 6월에 이르기까지 비가 내리지 않았다. 당 문종이 홍려시에 조칙을 내려 질자(質子) 및 연한이 차서 귀국하게 된 학생 모두 1백 5명을 돌려보내게 하였다. 겨울에 기근이 들었다.

6년 봄 2월 초하루 갑인에 일식이 있었고, 태백성이 진성(鎭星)을 침범하였다. 3월에 수도에 우박이 내렸다. 시중 양순이 물러나고, 대아찬 김여(金茹)가 시중이 되었다. 가을 8월에 혈구진(穴口鎭)을 설치하고, 아찬 계홍(啓弘)을 진두(鎭頭)로 삼았다.

7년 봄 3월에 왕이 청해진 대사 궁복의 딸을 맞이해 둘째 왕비로 삼으려 하자, 조정의 신하들이 간하여 말하기를 "부부가 되는 이치는 사람의 큰 윤리이옵니다. 그러므로 하(夏)는 도산(塗山)으로 인해 흥성했고, 은(殷)은 신씨(娎氏)로 인해 창성했으며, 주(周)는 포사(褒姒) 때문에 멸망했고, 진(晉)은 여희(驪姬) 때문에 어지러워졌던 것입니다. 그러한즉 나라가 보존되고 패망하는 것이 여기에 달려 있으니 어찌 신중하지 않을 수 있겠습니까? 지금 저 궁복은 섬 사람인데 어찌 그의 딸을 왕실의 배필로 삼을 수 있겠습니까"라고 하였다. 왕이 그 말을 따랐다. 겨울 11월에 우레가 있었고 눈이 내리지 않았다. 12월 초하루에 세 개의 해가 나란히 나타났다.

8년 봄에 청해진의 궁복이 왕이 자기 딸을 들여주지 않는 것을 원망하여 청해진에 웅거해 반역하였다. 조정에서는 이를 토벌하자니 뜻밖의 환란이 있을까 염려되고, 그대로 두자니 그 죄가 용서할 수 없는 것인지라, 어떻게 처리할 바를 모르고 근심하였다. 무주 사람 염장(閻長)이라는 이가 당시에 용맹과 힘으로 유명했는데, 그가 찾아와 말하기를 "조정에서 다행히 제 말을 들어준다면 제가 한 사람의 군사도 번거롭게 하지 않고 맨주먹으로 궁복의 머리를 베어 바치겠습니다"라고 하였다. 왕이 그의 말을 따랐다. 염장은 짐짓 나라에 반역한 것처럼 하여 청해진에 몸을 의탁하였다. 궁복은 장사를 아꼈던 터라 아무 의심도 하지 않고 이끌어 상객으로 삼고, 그와 더불어 술을 마시면서 매우 기뻐하였다. 급기야 술이 취하자 염장은 궁복의 칼을 빼앗아 목을 벤 다음 그의 무리를 불러 설득하니, 그들은 엎드려 감히 움직이지 못하였다.

13년 봄 2월에 청해진을 없애고, 그곳 사람들을 벽골군(碧骨郡)으로 옮겼다. 여름 4월에 서리가 내렸다. 당에 들어갔던 사신 아찬 원홍(元弘)이 불경과 불아(佛牙)를 가져 오니, 왕이 교외에 나가 맞이하였다.

17년 봄 정월에 사신을 보내 서남 지방의 백성들을 위문하고 보살폈다. 겨울 12월에 진각성(珍閣省)에 화재가 났다. 토성이 달에 들어갔다.

19년 가을 9월에 왕이 병이 들자 유언의 조서를 내려 말하기를 "과인이 미미한 자질로 높은 자리에 있으면서, 위로는 하늘이 굽어보는데 죄를 지을까 두려워하고, 아래로는 백성의

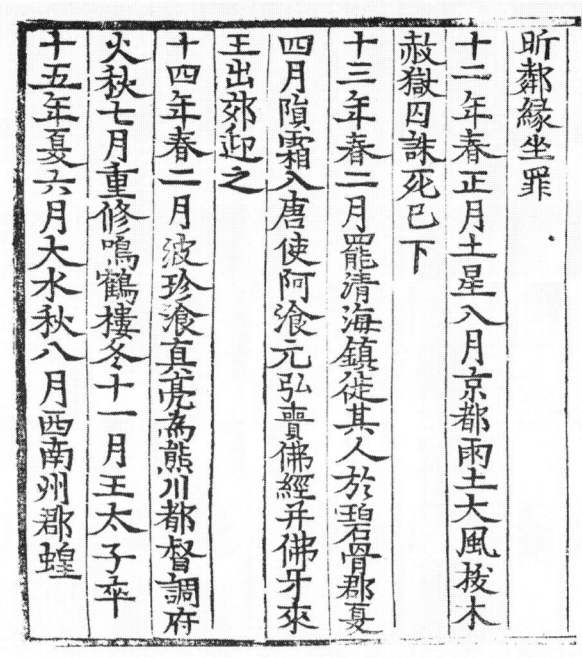

『삼국사기』 권 제11 「신라본기 제11」 '문성왕' 편의 원본

마음에 실망을 줄까 염려하노라. 밤낮으로 전 전긍긍하는 것이 마치 깊은 물과 얇은 얼음을 건너는 듯하였다. 공경대부와 여러 신하들이 좌우에서 붙들고 끌어주는 데 힘입어 왕위를 지탱해왔다. 그런데 이제 갑자기 병에 걸려 열흘이 되었으니, 정신이 흐릿하고 멍한 사이에 내 목숨은 아침 이슬처럼 스러질 듯하다. 생각해보면 선조로부터 이어온 왕업에는 그 주인이 없어서는 안되며, 군사와 정치에 관련된 제반 사무는 잠시라도 폐기할 수 없다. 돌이켜보면 서불한 의정(誼靖)은 선대 임금의 손자요 과인의 숙부로서, 효성과 우애가 있고 명민하며 관후하고 인자하여 오랫동안 재상의 자리에 있으면서 임금의 정사를 끼고 도왔으니, 위로는 종묘를 삼가 받들 만하고 아래로는 백성들을 어루만져 기를 만하다. 이에 무거운 짐을 벗어 어질고 덕 있는 이에게 맡기려 하매 당부해 맡길 만한 적임자를 얻은 것이니, 다시 무슨 한될 일이 있겠는가? 하물며 나고 죽는 것과 시작하고 끝맺는 것은 만물의 큰 기약이요, 장수하고 일찍 죽으며 길고 짧은 것은 운명의 이미 정해진 분수이므로, 떠나는 이는 하늘의 이치를 이루는 것이니 뒤에 남는 이들은 지나치게 슬퍼할 필요가 없는 것이다. 너희 여러 신하들은 힘을 다하고 충성을 다 바쳐 가는 이를 보내고 남은 이를 섬겨 혹여 예법에 어긋나지 않게 할 것이며, 나라 안에 널리 포고해 나의 뜻을 밝게 알릴 일이다"라고 하였다.

이레가 지나 왕이 죽으니, 시호를 문성이라 하고, 공작지(孔雀趾)에 장사 지냈다.

『삼국사기 1』 삼국사기 권 제11, 「신라본기 제11」

우리 역사의 소중한 사료, 『삼국사기』

『삼국사기』에 대한 비판은 고려 당시부터 곧바로 제기되었다. 주지하듯이 『삼국사기』의 삼국시대관은 넓게는 고려 중기 12세기의 유교적·합리적 세계관에 입각한 것이었으며, 좁게는 찬자 김부식의 삶과 정치적 역정이 투영되어 있다. 따라서 그것은 시대상황의 변화에 따라 새로운 역사상이 요청될 때마다 늘 재해석의 대상이 될 수밖에 없다. 예컨대 이미 의종대 김관의(金寬毅)의 『왕대종록』(王代宗錄)은 고려 왕실의 세계(世系)에 대한 인식에서 『삼국사기』 기록을 부인하고 있는 것이다.

이규보의 『동명왕편』과 일연의 『삼국유사』는 보다 근원적인 문제를 제기하였다. 그 하나는 이른바 『구삼국사』의 실체와 관련하여 『삼국사기』의 내용 및 체제에 대한 비판적 논의가 될 것이다. 나아가 이를 토대로 김부식의 수사가(修史家)로서의 객관성과 자주성에 대한 논의가 다른 한 부분을 이루고 있다. 『삼국사기』에 익숙했던 이규보가 『구삼국사』를 접하고 동명왕에 대한 서사시를 짓고자 고무되었다면, 그것은 적어도 동명왕과 같은 민족 영웅담에 있어서 『삼국사기』가 설득력과 감동을 전하는 데 얼마간 결함이 있다는 것을 인정해야 할 부분이다. 마찬가지로 『삼국사기』를 삼국의 '본사'로 존중했던 일연이 이민족의 폭압 아래 크게 왜곡된 민족사의 현실에서 체득한 각성이 『삼국유사』에 스며 있다면, 그것은 '유사'라는 표제처럼 단순한 겸양만은 아닐 수도 있는 것이다.

크게 보아 조선시대 지식인들의 『삼국사기』관 역시 원전으로서의 비중을 인정하는 것과는 별개 문제로 그다지 우호적이지 않았다. 특히 편년체 통사를 주로 편찬하던 조선 초 식자들의 눈에는 『삼국사기』의 번다하기만 한 형식적 체제가 우선 비판의 과녁이 되었다. 또 그들은 『삼국사기』의 사실보다는 김부식의 사론에 더욱 가혹한 질타를 서슴지 않았다. 다만 그것은 고려와 조선의 왕조 환경 차이에서 비롯된 것들이 대부분이라는 점에서 본질을 잠시 비켜난 것이기도 하다. 예를 들어 유교적 예의 범주를 일탈했다거나 모화의식이 크게 부족하다거나, 혹은 비현실적 내용을 절제없이 수록했다거나 하는 비난이 김부식과 『삼국사기』에 쏟아졌다. 실제 김부식의 의도가 스며든 사론의 현실 대안은 고려라는 시대환경을 떠난 순간 거의 모든 범위에서 현실성과 설득력을 상실하고 말았던 것이다.

자국사에 대한 자각에 눈뜨고 중화주의적 세계관을 극복하게 된 실학자들 또한 당연히 『삼국사기』에 만족할 수 없었다. 그곳에는 민족사에 대한 자존의식도 없었고, 단군의 역사도 발해의 역사도 없었던 것이다. 그것은 다른 대안이 없기 때문에 버리지 못하는 부실한 자료에 불과했다. 이처럼 『삼국사기』는 제대로 '모화적'이지도 '자주적'이지도 못한 채 조선시대를 지나 근대적 방법론으로 무장한 식민지시대 연구자들에게 넘겨졌다.

근대 역사학은 국권을 강탈한 일제의 연구자들과 역사 연구를 민족 해방의 방편으로 삼은 우리 연구자들의 투쟁의 양상을 띠고 전개되었다. 그러나 『삼국사기』에 대한 평가절하는 투쟁의 대상이나 투쟁 당사자들 사이에 큰 차이가 없다. 물론 비판의 맥락은 전혀 달랐다. 『일본서기』의 토양에 선 이들에게 『삼국사기』는 우선 그 내용의 사실성을 수긍할 수 없는 책이었다. 현실의 민족국가 위상이 그 역사와 역사책에게도 강요되었던 것이다. 이와는 달리 민족사관이나 유물사관에 서서 자국사를 재구성하고 이를 통해 외세에게 유린된 민족현실을 타개하려는 이들에게 『삼국사기』가 준 가장 큰 실망감은 사대성의 문제였다. 이와 함께 일부의 사실성 문제도 심도 있게 거론되었다. 연구자들은 『삼국사기』의 중세적 세련보다는 그것이 손상하거나 변형시켰을 진솔한 고대적 체질에 주목하게 되었던 때문이다. 한 예로 『삼국유사』의 가치를 재발견한 최남선(崔南善)은 "만일 『삼국사기』와 『삼국유사』 가운데 어느 하나만을 지녀야 할 경우가 있다고 한다면 마땅히 『삼국유사』를 선택하겠다"라고 말하기까지 했던 것이다.

해방은 분단과 함께 왔다. 남북의 연구자들은 먼저 지난 시기 식민사학의 독소를 제거하는 데 주력하였다. 그러나 각기 민족사관과 계급사관을 표방한 남북의 학계도 『삼국사기』에 대한 폄하에서는 여전히 상당한 일치를 보였다. 오늘날 연구 역량이 증대되고 고고학 성과가 쌓여 가면서 『삼국사기』의 사실성에 대한 의혹은 차츰 정돈되는 추세에 있다. 논의는 끝나지 않았지만, 다양한 형태로 정확성과 신빙성이 향상되는 방향을 감지하게 된다.

그러면서도 놓칠 수 없는 우려가 남아 있다. 첫째는 흔히 『삼국사기』의 사서로서의 위상과 김부식의 정치가로서의 위상을 혼용하는 무신경에 대한 염려이다. 그러나 우리는 정치가 김부식에 대한 정당한 평가가 당시의 정치·사상·외교 관계 등의 현실로 들어가 이루어져야 하듯이, 역사가 김부식을 만나기 위해서는 사론의 정밀한 음미가 필요하다는 데 동의하였다. 그러므로 『삼국사기』와 김부식이 서로의 대명사로 쓰여서는 안된다. 둘째는 삼국을 비롯한 우리 고대사의 일차 자료로서의 『삼국사기』를 향해 들이대는 평가기준의 경직성에 대한 염려이다. 독자들의 질문은 언제나 예리하고 공세적인 반면, 『삼국사기』는 너무나 빈약한 정보와 지루한 규범을 반복할 뿐이다. 만약 우리가 『삼국사기』와 그 편찬자들 역시 오늘의 우리와 다름없이 그 시대로부터 자유로울 수 없었다는 평범한 사실만 인정한다면, 『삼국사기』에 완벽한 고대사의 복원을 요구하는 가혹함도 어렵지 않게 버릴 수 있을 것이다.

『삼국사기』를 읽는 이들의 동기는 서로 매우 다를 수 있다. 동시에 서로 다른 욕구는 『삼국사기』의 여러 층위를 통해 해소될 수 있기도 하다. 『삼국사기』는 우리를 민족의 고대로 안내하는 창이지만, 그 겹겹의 창은 들여다보는 이의 손길을 기다릴 뿐, 저절로 열리지는 않기 때문이다. 말하자면 12세기 중엽의 창 속에는 고려 전기 사회의 역량이 숨어 있고, 그 다음 창에는 통일기 신라인들의 의중이 기다리고 있으며, 다시 창을 열면 삼국민들의 사유가 고여 있는 식이다. 어떤 창의 단계에서 오늘의 우리 삶과 민족국가사의 지향에 이바지할 광맥을 만나게 될 것인지는 이제 독자들의 몫으로 남았다.

이강래

전남대 교수·사학

옮긴이 이강래는 전라북도 전주에서 태어나 고려대학교 문과대학 사학과를 졸업하였고 같은 대학교 대학원 사학과에서 한국고대사를 전공하여 박사학위를 받았다. 현재 전남대학교 사학과 교수로 있다. 『삼국사기 전거론』, 『삼국사기 형성론』, 『삼국유사 기이편의 연구』(공저) 등의 저술이 있으며, 역서로는 한길사에서 펴낸 『삼국사기』가 있다. 한국 고대사 관련 기본 자료의 성격 및 형성 과정, 그리고 그를 통해 본 한국 고대인들의 사유 방식 등 주로 사학사적 맥락과 지성사적 관점에서 한국 고대 문헌 연구에 집중하고 있다.

성과 속

미르치아 엘리아데 지음 | 이은봉 옮김 | 240쪽
2005 『타임스』 선정 세상을 움직인 100권의 책
『출판저널』 선정 21세기에도 남을 20세기의 빛나는 책들

▷ 저자의 다른 작품
『종교형태론』(GB 2)
『신화와 현실』(GB 114)

▷ 역자의 다른 번역 작품
『종교형태론』(GB 2)
『신화와 현실』(GB 114)

이 책은 성과 속이라는 대립된 개념을 가지고 종교를 새로운 지평에서 이해하고 있다. 성과 속이라는 두 개의 대칭적인 잣대를 들이대 보면 원시인과 현대인이 '종교적 인간'으로서 동일한 지평에 서 있음을 볼 수 있다. 엘리아데의 종교사와 종교현상에 관한 해박한 지식, 독창성 등이 없었다면 이런 저작은 불가능했을 것이다.

그는 성과 속의 잣대를 이용하여 시간과 공간, 우주와 자연, 인간의 삶 자체를 꿰뚫어봄으로써 종교적 인간과 비종교적 인간이 실상 동일한 실재 앞에 있다는 것을 보여주고 있다. 비록 자신이 비종교적 인간이라고 여기는 사람일지라도 감추어진 형태로 남아 있는 현대의 신화나 의례에 의해 여전히 성스러움의 기억을 무의식 가운데 감추고 있음을 그는 실증하고 있다.

이 책은 종교학의 기본 안내서이지만 관점은 철학적 인간학이나 현상학, 심리학을 포괄하고 있으며 잠재적인 인간 실존의 여러 차원을 동시에 조명해주고 있다. 종교사와 종교현상에 대한 전세계적인 자료들이 백과사전적이라 할 만큼 풍부하게 나열되어 있지만 그런 자료들이 현학적으로 느껴지지 않고 명료하게 정리되어 있다. 그리고 원시 종교적인 자료와 현대의 자료들이 동일한 문맥 속에 동원되어 있음에도 불구하고 모순을 느끼지 않는 것은 이 문학적이라 할 만큼 간결하면서도 호소력 있게 펼쳐져 있기 때문이다.

한마디로 이 책은 고대인이든 현대인이든 자신이 종교적 인간일 수밖에 없다는 것을 확인하며 인간 실존의 본원을 회복하게 한다. 이것이 현대인들이 이 책을 읽어야 하는 이유이다.

미르치아 엘리아데(1907~86)

마르치아 엘리아데(Mircea Eliade)는 루마니아의 수도 부쿠레슈티에서 태어나 미국 시카고에서 죽음을 맞이할 때까지 종교학을 중심으로 문학, 철학 등 다방면에 걸쳐 관심을 가진 학자였다. 대학생이 되어 로마에 머물면서 『이탈리아 철학, 마르실리오 피치노로부터 조르다노 부르노까지』(Italian Philosophy, from Marsillo Ficino to Giordano Bruno)를 쓸 무렵 다스굽타 교수를 만나 그의 생애는 큰 전기를 맞게 된다. 서양의 고전적 전통을 이어받은 엘리아데는 다스굽타 교수에게 산스크리트어를 배우며 인도의 사상과 상상력에서 깊은 영감을 받았다. 1936년에 쓴 박사학위 논문「요가: 인도신비주의 기원」은 파리와 부쿠레슈티에서 동시 출간되어 큰 반향을 불러일으켰다.

그후 연금술과 우파니샤드, 불교를 통한 상징해석에 남다른 특색을 보이기 시작하며, 『잘목시스: 종교학 연구리뷰』(Zalmoxis: A Review of Religious Studies)를 출간하기도 한다.

1949년에는 그의 종교연구를 집대성한 『종교형태론』(Traité d'histoire des Religions)의 출간을 계기로 그의 학문적인 무대가 미국으로 옮겨지게 되었다. 1956년 미국 시카고 대학에서 한 「이니시에이션의 유행」 강의는 1958년에 『이니시에이션의 의례와 상징』(Rites and Symbols of Initiation), 『탄생과 재생의 신비』(The Mysteries of Birth and Rebirth)라 묶어 출간했다. 1982년에 『종교관념의 역사』(A History of Religious Ideas) 2권을 출간하고 그 보완작업을 하던 중 1986년에 사망했으며 『종교대백과사전』(Encyclopedia of Religions)은 1987년 그가 죽은 다음해에 출간되었다.

신성성은 세계의 구조 안에서 어떻게 계시되는가

종교적 인간에게 자연은 결코 단순한 '자연'이 아니다. 그것은 항상 종교적 의미로 충만해 있다. 이 사실은 쉽게 이해할 수 있다. 왜냐하면 우주는 신의 창조물이고, 세계는 신들의 손으로 완성된 것이어서 성스러움으로 가득 차 있기 때문이다. 이는 예를 들면, 신의 현존에 의해서 정화된 장소나 사물에 머무르는 경우와 같이 직접 신들과 교류하는 신성성만의 것은 아니다. 신들은 그보다 더 많은 것을 행했다. 그들은 세계와 우주적 현상의 구조 그 자체 안에서 다양한 성의 양태를 현현한다.

종교적 인간의 입장에서 관찰한다면, 세계는 성스러운 것, 따라서 존재의 다양한 양태를 발견하는 방식으로 드러난다. 무엇보다도 세계는 실존하고, 실제로 거기에 있고, 그리고 어떤 구조를 가지고 있다. 세계는 카오스가 아니라 코스모스이다. 따라서 세계는 신들의 작품인 피조물로 자신을 드러낸다. 이 신의 작품은 항상 어떤 종류의 투명성을 지니고 있는데, 즉 스스로 성스러운 것의 여러 양상을 계시한다. 하늘은 직접적으로 '자연스럽게' 무한한 거리, 신의 초월성을 계시한다. 대지도 마찬가지로 투명한데, 즉 그것은 우주적인 어머니이자 양육자로서 자신을 나타낸다. 여러 가지 우주의 리듬은 질서, 조화, 항상성, 풍요성을 명백히 드러낸다. 우주는 전체로서 실재적이고 살아 있고, 또한 성스러움을 지닌 유기체이다. 즉, 그것은 존재와 신성성의 여러 양태를 계시한다. 존재 현현과 성현이 서로 만나는 것이다.

이 장에서 우리는 종교적 인간에게 세계는 어떻게 나타나는가, 좀더 엄밀하게 표현하자면, 신성성은 세계의 구조 안에서 어떻게 계시되는가를 이해하고자 힘쓸 것이다. 종교적 인간에게 초자연적인 것은 자연적인 것과 불가분하게 연결되어 있다는 것, 자연은 항상 특히 그것을 초월하는 무엇인가를 표현하고 있다는 점을 잊어서는 안 된다. 우리가 앞에서 언급한 바와 같이 성스러운 돌이 존경받는 이유는 그것이 신성하기 때문이지 돌 그 자체 때문이 아니다. 돌의 진정한 본질을 계시하는 것은 돌의 존재 양식 안에 나타난 신성성이다. 그러므로 이 경우에 19세기적인 의미의 자연 숭배나 자연 종교를 논하는 것은 잘못이다. 왜냐하면 종교적 인간은 세계의 자연적인 면을 통해서 '초자연'을 파악하기 때문이다.

창공은 단지 고개 들어 그것을 바라보는 것만으로 벌써 종교적인 체험을 불러일으킨다. 하늘은 그 자신을 무한한 것, 초월적인 것으로 보여준다. 그것은 인간과 그 환경에 의하여 표상된 그 어떤 것과도 비교할 수 없는 '전적으로 다른' 뛰어난 것이다. 그 초월성은 인간이 그 무한한 높이를 단순히 인식함으로써 계시된다. '지고자'의 개념이 저절로 신성의 속성이 된다. 인간이 접근할 수 없는 높은 지역, 별이 빛나는 영역은 초월자, 절대적인 실재, 영원성의 중대성을 획득한다. 거기에는 신들이 거주하고 있고, 특권을 가진 소수의 사람만이 상승 의례를 통하여 거기에 도달할 수 있다. 어떤 종교의 관념에서는 거기는 죽은 자의 영이 올라가는 곳이다. '지고자'는 인간 그 자체로서는 도달할 수 없다. 그것은 초인간적인 위력과 존재에 속해 있다. 성전의 계단과 의례의 사다리를 올라서 하늘에 이르는 자는 인간이기를 멈추게 된다. 즉 어쨌든 그는 신적인 조건을 공유

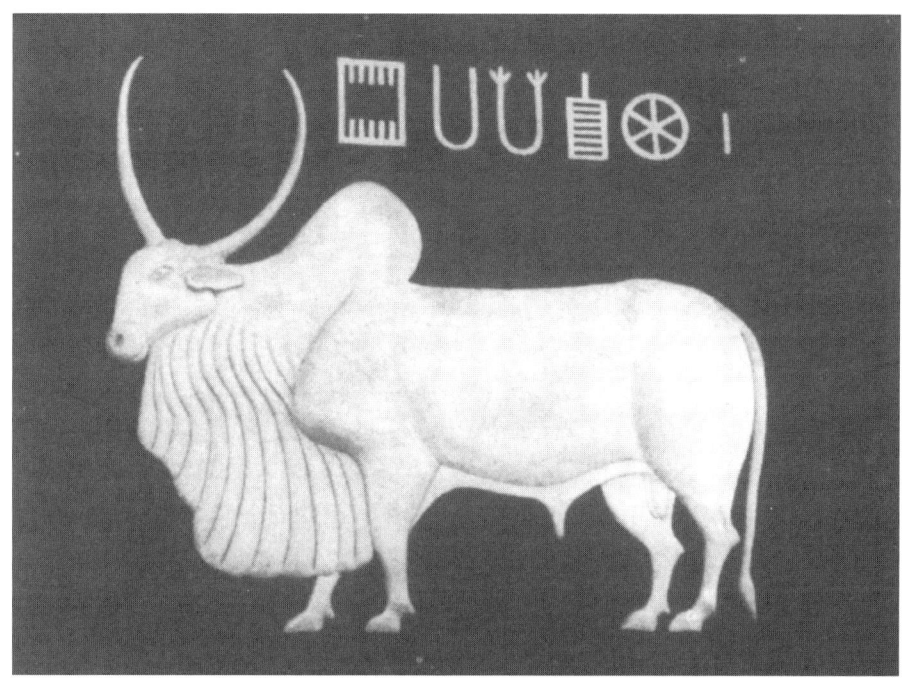

4천 년 전 드라비드의 예술가가 만든 황소의 상. 황소는 하늘의 신을 상징한다.

하게 되는 것이다.

이 모든 것은 논리적·합리적인 작용에 의해 도달되는 것이 아니다. 높음, 초지상적인 것, 무한함의 초월적 범주는 이성과 영혼을 모두 갖춘 전인(全人)에게 계시된다. 인간측에서 볼 때 그것은 총체적인 자각이다. 즉 하늘을 보면서 그는 신성의 측량 불가능성과 우주 안에서의 자신의 상태를 발견한다. 왜냐하면 하늘은 그 존재 양식에 의해서 이미 초월성, 힘, 영원성을 계시하고 있기 때문이다. 하늘은 높고, 무한하고, 영원하고, 힘이 있기 때문에 절대적으로 존재한다.

앞에서 신들이 세계의 구조 자체 안에서 다양한 성의 양태를 계시하고 있다고 언급한 것은 바로 이러한 뜻이다. 다른 말로 하면, 신들의 모범적 작품인 우주는 하늘의 단순한 현존 그 자체만으로 벌써 신적 초월성의 종교적 감정이 일깨워지도록 구성되어 있다는 것이다. 그리고 하늘은 절대적으로 **존재하기 때문에** 많은 원시 민족은 그들의 최고신을 높음, 창공, 기상 현상 혹은 단순히 하늘의 거주자, 하늘의 주인이란 이름으로 불렀다.

(……)여기에는 자연 숭배의 문제가 전혀 없다. 천신은 하늘과 동일하지 않다. 왜냐하면 우주의 창조자로서의 천신은 하늘도 창조한 것이기 때문이다. 이 때문에 천신은 창조자, 전능자, 주, 우두머리, 아버지 등으로 불린다. 천신은 하나의 인격이지 천문학상의 현현이 아니다.

『성과 속』 제3장 「자연의 신성과 우주적 종교」

민속종교의 성과 속에 대한 문제를 파고들다

성은 영속적 혹은 일시적 특성으로서 어떤 사물, 인간, 공간, 시간 등에 두루 퍼져 있다. 어떤 신비적인 사건이 계기가 되어 성이 되면, 그 순간부터 하나의 변질을 겪고 사람들한테 두려움과 숭배의 감정을 불러일으킨다. 그 성을 접촉하는 것은 위험시되기도 한다. 또한 그 성은 외부로 퍼져나가 마치 물과 같이 번지고 전기와 같이 방출되는 성격을 지닌다. 그에 비해 속은 부정적 성격으로 확인되는데, 빈약한 생명력이나 허무로 여겨지기도 한다. 이처럼 민속 종교에서도 성과 속을 구분하고 속의 허무를 극복하고 성으로 되돌아가고자 하였다.

민속 종교인들이 구원으로서 갈망한 것은 성인데, 그 성에 대한 감정은 두려움과 동시에 신뢰감과 같은 양극 감정이었다. 가령 민속 종교인들은 성소(聖所)를 한두 개씩 가지고 있게 마련인데 그곳은 도피의 장소로 사용됨은 물론 두려움의 대상이 되었다. 한편 성소는 이 지상의 속된 곳과 달리 생명력이 솟아나는 장소였다. 즉 성은 숭고한 유혹임과 동시에 자칫하면 큰 화를 자초할 수 있는 곳이기도 하다.

일반적으로 터부 현상에서 성을 유지하기 위한 소극적 방법을 찾아볼 수 있다. 폴리네시아어로 터부의 반대말은 노아(noa)라고 하는데, 노아는 '자유로운'이란 뜻이 있다고 한다. 노아 상태에서는 세계 질서에 대해 의문을 갖지 않고 자유롭게 행동함으로써 아마도 대지가 작물을 소출하지 않을지도 모르며, 일월성신이 운행의 법칙에 따르지 않을지도 모르고, 병과 죽음이 나라를 황폐하게 할지도 모른다. 터부는 세계에 관한 질서를 유지하는 데 있어 필수 불가결한 것으로 믿어진다. 터부는 우주를 규율과 안정성 가운데서 지배하는 성스러운 법이 있음을 암암리에 암시하는 것처럼 보인다.

눈에 보이지 않는 성스러운 질서와 속된 것의 혼동을 막으려고 세심하게 주의를 기울인 것에서 이 사실을 더욱 확증할 수 있다. 사회 질서가 자연 질서를 계속하여 반영한다는 생각은 민속 종교들의 믿음이다. 즉 자연 질서의 올바른 운행이 사회 질서 유지에 바탕이 된다는 것인데, 일월성신과 사계절의 운행이 도수(度數)에 맞게 운행되는 것은 사회 질서의 올바름과 밀접한 관련이 있다고 본다. 반대로 도덕의 타락 등 사회 질서의 문란은 자연 질서의 불균형을 가져온다고 믿는다. 그러므로 이 두 가지를 결합시켜 한쪽을 혼란시키는 것은 다른 쪽을 해롭게 하는 것이다. 어떤 종족은 왕을 죽이는 죄는 자연에 대한 반역 행위이고 우주의 움직임을 손상시킨다고 믿었다. 에스키모인들은 겨울 동물의 가죽을 여름 동물의 가죽에 닿지 않도록 한다고 한다. 어떤 종족은 남성의 노동 장비를 여성의 것과 동일한 장소에 놓지 않고, 각각 수확한 농산물도 같은 창고에 두지 않는다. 성과 속의 혼동을 방지하려는 태도에서 나온 사고방식인 것이다.

민속 종교들은 기쁨이나 행복을 포기하고 금욕 생활을 하였다. 현실의 행복이나 부(富)를 포기하는 것이 보이지 않는 질서에서 힘을 획득하는 길이라고 믿었다. 불가능하고 금지되어 있는 피안은 차안을 포기함으로써만 가능하다고 생각한 것이다.

최초의 생산물을 바치는 행위도 민속 종교에서 찾아볼 수 있다. 이 경우 모든 것을 얻기 위하여 일부분을 포기하는 것이라는 생각도 할 수 있지만 무엇보다도 초자연적 존재에 대한 두려움과 믿음 때문에 그렇게 한 것이라고 볼 수 있다. 줄루족은 처음 수확한 농작물을 왕이나 사제가 시식하였는데 이도 같은 맥락에서 이해할 수 있다. 히브리인들은 자신들이 심은 나무의 과실을 처음 3년까지는 불순한 것으로 여기고 4년째의 것을 하느님에게 바쳤다고 한다. 결혼을 앞둔 젊은 처녀는 큰 강이나 혹은 신에게 상징적으로 자신의 처녀성을 바쳤으며, 새로 집을 짓거나 이사를 한 경우에도 공물을 바치고 사제가 그 집을 정화하며 춤을 추기도 하였다.

이상의 경우들은 성과 속의 경험 중 극히 일부분의 사례에 지나지 않는다. 성은 순결하고 좋은 것이고 속은 더럽고 나쁜 것이라는 관념은 뿌리 깊은 것이고, 더럽고 좋지 않은 곳에서 순결하고 깨끗한 곳으로 옮겨가고자 하는 욕망이 강하였음을 알 수 있다. 그런 면에서 더러운 것을 벗어나 새로운 곳으로 옮겨가고자 하는 일정한 사회적 틀도 가지고 있었다.

원시적인 의미에서 '정화한다'는 동사는 '치유한다'는 것과 '환각에서 깨어난다'는 것을 동시에 의미한다. 순수함이 성(聖)으로까지 승화되는 경우에는 보편적으로 건강과 풍요한 생명력을 갖는 것으로 이해되었다. 순수와 불순은 서로 상반되는 특징을 지닌다. 한쪽이 고귀하면 다른 쪽은 열등하고 한쪽이 숭배, 사랑, 감사의 성격을 띠면 다른 쪽은 혐오, 공포, 위협의 감정을 불러일으킨다. 한쪽은 적극적인 힘, 건강, 사회적인 우월, 전쟁에서의 용기, 노동에서의 큰 힘을 말한다면, 다른 쪽은 죽음과 파괴적인 힘, 병과 재해, 전염병, 범죄 등을 일으킨다. 생명의 힘과 죽음의 힘이라고도 할 수 있는데, 전자는 대낮의 빛과 건조를 나타내고 후자는 어둠과 습기를 나타낸다. 동방과 정오는 태양을 상승시키고 열을 증대시키는 증가의 덕을 나타내고, 북방과 일몰은 천체의 생명력을 하강시키고 붕괴의 힘이 거주하는 곳이다. 오른손은 왕이 왕홀(王笏)을 잡는 곳, 권위의 서약, 성실을 나타내고, 왼손은 기만을 나타내며 세상에 사멸을 가져온 이브도 아담의 왼쪽 갈비뼈로 만들어졌다.

순수와 불순, 성과 속은 이처럼 분명하지만 한편 그것은 영원불변하는 것이 아니고 불순이 순수로, 속이 성으로 변할 수도 있다. 마치 복상(服喪) 기간이 끝나면 성별(聖別) 의식을 거쳐 더러움으로부터 깨끗해져 새로운 힘을 획득하는 것과 같다. 산욕기의 여성은 더러움을 방지하기 위해 격리되지만 그녀의 입술에 닿으면 귀중한 힘을 얻는다고 하여 매일 아침 암소를 데려와 입맞춤을 하는 종족도 있다. 고대 로마에서는 월경 피를 과일 나무의 해충을 방지하기 위해 과수원에 뿌렸다고 한다. 이상의 예들은 불순이 힘을 획득한 것으로 순수와 불순은 가역적임을 나타낸다.

이은봉

덕성여대 명예교수 · 철학

옮긴이 이은봉은 서울대 문리대 종교학과 및 대학원을 졸업했으며, 성균관대 동양철학과 대학원 박사과정을 마쳤다. 덕성여대에서 인문대 학장 및 대학원장을 역임했고, 미국의 세인트 존스 칼리지(Saint John's College)에서 연구한 바 있다. 한국종교학회 회장을 역임했으며 지금은 덕성여대 철학과 명예교수로 있다. 저서로는 『한국고대종교사상』, 『종교세계의 초대』, 『종교와 상징』, 『여러 종교에서 본 죽음관』, 『한국인의 죽음관』, 『중국고대사상의 원형을 찾아서』, 『노자-나만 홀로 우둔하고 멍청하도다』 등이 있으며, 역서로는 한길사에서 펴낸 M. 엘리아데의 『종교형태론』, 『성과 속』 외에 『신화와 현실』, 『종교학 입문』(공저)을 비롯해, C. 융의 『심리학과 종교』, 윈치찬의 『근대 중국종교의 동향』, 마이클 폴라니의 『과학, 신념, 사회』 등이 있다.

4

한길그레이트북스 제31권~제40권

"스스로 괴로울지라도 어느 누구에게도
마음에 상처를 주는 일은 없게 하라.
어느 누구에 대해서도 적의를 품지 말 것이며,
어느 누구에 대해서도 거친 말을 하지 말라."

● 『마누법전』에서

슬픈 열대

클로드 레비-스트로스 지음 | 박옥줄 옮김 | 768쪽
2005 서울대학교 권장도서 100선
2005 연세대학교 권장도서 200선
『출판저널』 선정 21세기에도 남을 20세기의 빛나는 책들

▷ 저자의 다른 작품
『야생의 사고』(GB 7)
『신화학 1, 2』(GB 68, 99)

현대 구조주의 사상의 새로운 장을 개척한 레비-스트로스는 기존의 인류학 연구방법론은 물론, 인문학을 비롯한 사회과학 전반에 인식론적 전환을 가져온 독특한 사유체계를 창시한 대학자이다.

현대에 씌어진 가장 탁월한 기행문학으로 전 세계의 광범위한 독자층에 일대 충격을 준 『슬픈 열대』는 레비-스트로스가 브라질에 체류하면서 조사한 네 원주민 부족에 관한 민족지(民族誌)이다. 그러나 이 책은 단순한 민족지의 차원을 넘어 저자 자신의 사상적 편력과 청년기의 체험, 인류학을 자신의 학문영역으로 설정하게된 동기와 과정 등을 지적 자서전의 형식으로 기술하고 있다.

레비-스트로스는 이 책에서 브라질 내륙지방에 살고 있던 카두베오족·보로로족·남비콰라족·투피 카와이브족 등 원주민 사회의 문화를 소개·분석하면서, 과거로부터 현재에 이르기까지 그릇된 관념으로 서구인의 사유방식을 지배해온 '문명'과 '야만'의 개념을 통렬히 비판하고 있다. 또한 서구사회가 세계의 다른 나머지 부분에 대해 그 자체의 기준을 부여하는 오만하고도 잘못된 전통에 대해 반대한다. 원주민들의 사회는 오직 서구사회와는 다른 종류의 사회일 뿐 이 세상에 더 '우월한' 사회란 없다는 것이다. 저자는 원주민들이 나무뿌리·거미·유충들을 먹기도 하고, 벌거벗은 채로 생활하는 부족이라 할지라도 우리의 사회보다 훨씬 합리적으로, 그리고 만족스럽게 사회조직의 복잡한 문제들을 해결하고 있음을 보고한다.

현대의 탁월한 고전으로 자리잡은 이 책에서 레비-스트로스는 원시인들의 사회에 대해 동경과 연민의 정을 느끼는 동시에, 비인간적인 발전이 가속화되고 있는 현대문명에 대해 강한 분노와 깊은 우수를 표명하고 있다.

클로드 레비-스트로스(1908~)

레비-스트로스(Claude Lévi-Strauss)는 벨기에의 브뤼셀에서 태어나 생후 2개월 때 파리로 갔다. 파리 대학 법학부와 문학부에 입학해 1930년 법학사와 철학사에서 학위를 받았다. 재학 중에는 조르주 뒤마의 강의를 듣고 임상심리학·정신분석학 등에 흥미를 가졌고, 루소의 저작들도 탐독했으나 이때까지는 인류학이나 민족학에 아직 관심을 두지 않아 마르셀 모스의 강의도 청강하지 못했다. 합격하기 어려운 철학교수 자격시험에 최연소자로 붙었으며, 세 사람이 한 조가 되는 교육실습에서 메를로-퐁티와 같은 조가 되어 그와 친교를 맺었다.

1933년에 우연히 로버트 로위의 『미개사유』를 읽게 되어 강한 감명을 받고 인류학·민족학에 관심을 갖게 되었다. 이후 대학교수로 있으면서 카두베오족과 보로로족을 방문·조사하여 「보로로족의 사회조직에 대한 연구」「문명화된 야만인 가운데서」 등의 논문을 발표하였다. 1941년에는 미국으로 가 뉴욕의 신사회조사연구원에서 문화인류학을 연구했고, 미국으로 망명해온 러시아 태생의 언어학자 야콥슨과 알게 되어 언어학에 흥미를 갖게 되었다. 야콥슨과 공동으로 『언어학과 인류학에서의 구조적 분석』을 발표했다.

이후 프랑스로 귀국하여 파리 대학에서 박사학위를 받았는데, 박사학위논문이 『친족의 기본구조』라는 책으로 출판되자 프랑스 학계와 사상계에 커다란 반향을 일으켰다. 그밖에도 『슬픈 열대』『구조인류학』『오늘날의 토테미즘』『야생의 사고』『신화학』 등 굵직한 저술들을 내놓아 사상계에 화제를 불러일으켰다. 콜레주 드 프랑스와 파리 대학 고등연구원에서 교수를 지냈으며, 지금은 아카데미 프랑세즈 회원으로 있다.

인간은 우주를 구성하는 하나의 '인격'이다

만약 우리가 서구문명의 진화에만 국한하여 생각하게 된다면, 우리는 의심할 여지없이 점차로 죽은 자에 대하여 고려를 덜하게 되고, 죽은 자와 계약적인 합의를 맺을 것이 분명하다. 결국에는 이와 같은 현상은 아마도 『신약성서』의 한 구절—"죽은 자로 하여금 그들의 시신을 묻게 하라"—에 나타나 있는 바와 같은 무관심에 귀착되고 말 것이다. 그러나 이 같은 진화가 어떤 보편적인 유형과 일치하는 것이라고 추측할 수 있는 아무런 근거도 없다. 오히려 모든 사회는 위에서 말한 두 가지 가능한 형식을 막연하게나마 인식하고 있는 듯하다. 이 두 가지 가능한 형식 중 어느 한쪽에 그 사회가 기울어져 있다고 할지라도, 모든 사회는 미신적인 행동을 취함으로써 반대쪽의 가능한 형식으로 기울어지려고 한다. 보로로족이나 내가 예로서 인용한 다른 종족들의 독창성은 그들이 이 두 가지 가능성을 명확히 체계화하였고 또 서로를 적용시킬 수 있는 의식과 신념의 체계를 수립하였다는 점에 있다. 말하자면 그것은 그들이 하나의 이중적인 조정을 바라면서 실천해 나가고 있는 기구이다.

만약 내가 보로로족에게는 자연사(自然死)와 같은 것이 없다고 말한다면, 나는 내 생각을 완전하게 표현하지 못한 것이다. 보로로족에 있어서는 한 인간은 한 개체가 아니라, 하나의 '인격'이다. 인간이란 사회학적 우주의 부분이다. 영원하게 존재하는 인간의 부락은 물리적 우주와 함께 천체와 기상학적 현상과 같은 다른 살아 있는 존재를 구성한다. 이같은 현상은 대지가 매우 급격히 황폐하게 됨으로써, 부락 그 자체가 어느 한 지점에서 30년 이상을 존속하기란 매우 힘들다는 사실에 의해서 영향을 받게 되는 것은 아니다. 실제로 부락이란 그것이 위치하는 땅이나 어느 일정 기간, 혹은 그것이 포함하는 오두막들로써 이루어진 것이 아니다. 부락은 내가 앞서 말하였던 지면배열(地面配列) 가운데 존재한다. 그리고 부락의 이 지면배열은 결코 변화하지 않는다. 바로 이같은 이유 때문에 선교사들은 그 지면배열을 정지시켜버림으로써 부락의 전체 문화를 파괴했던 것이다.

동물들에 관해 이야기한다면 어떤 것들은—예컨대 특히 새나 물고기는—인간의 세계에 속하고, 어떤 것들은—육서동물(陸棲動物)들은—물리적 우주에 속한다. 그러므로 보로로족은 자기들 인간의 형체를 물고기(그들은 스스로를 이들 물고기 이름으로 부르고 있다)의 형체와 '아라라' 앵무새(이 모습으로 변할 때가 윤회의 마지막 단계이다)의 형체 사이의 과도적 형체라고 간주하고 있다.

만약 보로로족의 사고가—민족학자의 사고방식처럼—자연과 문화의 근본적인 대립에 의해 지배되고 있는 것이라면, 그들은 뒤르켐이나 콩트의 생각보다 앞서고 있으며, 인간생활 그 자체는 문화의 일부분으로 간주되어야만 한다고 생각하였던 것이 된다. 그러므로 죽음이 자연적인 것이냐 또는 비자연적인 것이냐를 말하는 것은 쓸데없는 일이다. 어떤 원주민이 죽게 되면, 그와 가까운 사람뿐만 아니라 전체로서의 사회에 반드시 손실을 끼치는 것이다. 그리하여 자연은 사회에 대하여 부채를 지고 있는 상태가 된다.

실제로 우리가 보로로 사회에 있어 핵심적인 요소인 '모리'의 개념을 하나의 부채로서 가장

정장을 한 보로로족 남자

적절히 설명할 수 있다. 원주민 한 사람이 죽으면 보로로족의 부락은 하나의 집단적인 사냥을 실시하는데, 이것은 죽은 자가 소속되지 않는 반족(半族)에서 의무적으로 주최한다. 이 사냥을 하는 목적은 자연으로 하여금 부채를 갚도록 하는 것이다. 원주민들은—사냥의 대상물로서 표범과 같은 큼직한 짐승을 잡아 그 껍질이나 이빨이나 발톱을 가지고 와서 죽은 자의 '모리'로 삼았다.

내가 케자라에 도착하기 조금 전에 한 남자가 죽었는데, 불행히도 그는 멀리 떨어진 남의 부락에서 죽었다. 그래서 나는 그 이중의 매장 의식—처음에는 시체를 나뭇가지로 덮어 부락의 중앙에 있는 구덩이에 두었다가, 시체가 완전히 썩게 되면 유골을 강물에 씻은 다음에 그 유골에 색칠을 하고, 아교로 깃털을 붙여 장식하고 그 유골을 바구니에 담아서 호수나 흐르는 냇물 밑바닥에 가라앉혔다—을 목격할 수 있었다. 내가 참석하여 지켜보았던 다른 모든 의식들은, 일시적인 무덤을 파놓은 장소에서 '죽은 자'의 친척들이 방혈하는 것을 포함하여, 매우 전통적인 형식으로 거행되었을 뿐만 아니라 내가 그 부락에 도착하기 전날과 도착한 바로 그날 오후에 집단적인 사냥이 거행되었으므로 나는 그것을 볼 수 있었다.

「슬픈 열대」 제6부 23장 「죽은 자와 산 자」

원시사회를 통해 서구 문명사회의 이분법을 비판하다

초창기의 인류학자들은 그 자신들 사회의 '문명의 영광'에 대한 입증을 다른 미개민족의 후진성에서 발견하려 했지만, 레비-스트로스는 정반대의 입장에서 탐구를 시작했다. '과열된 사회'에 사는 서구인들은 변화의 궤적이 거의 없는 미개사회로부터도 많은 교훈을 얻을 수 있다. 그의 분석의 초점은 여러 가지의 다양한 문화유형과 생활형태 중에서 인간과 자연 사이에 어떤 균형과 조화가 유지될 수 있었던 시점으로 쏠리고 있다. 예컨대 그가 답사한 카두베오족의 신체장식은 자연과 인위적인 것을 구별하고 인간을 동물과 대칭적인 차원에서 표현하기 위하여, 갖가지 형태의 문양을 사용하는 회화도구를 지녔다. 그래서 카두베오족의 예술에서 발견되는 이원(二元)주의는 남자의 조각과 여자의 채색활동이라는 실제적 기능을 통해서, 각(角)에 대한 곡선, 대칭에 대한 비대칭, 선에 대한 면 등으로 이루어져서 전체 구도는 양화(陽畫)와 음화(陰畫)의 조화 가운데서 완성되었다.

보로로족의 경우에는 계급적 위계라는 비대칭성이 반족(半族, moitié)이란 대칭성에 의해서 균형을 이루며, 기타 주거지역·결혼법칙·무기나 도구의 장식·장례의식·종교생활 등에 이르기까지 이와 같은 이원주의가 적용되어 기능적 조화를 이룩한다. 뿐만 아니라 남비콰라족의 경우에는 족장의 일부다처제와 그의 역할을 설명함에 있어서 직무에 따른 책임과 의무에 대해서 심리적 위안과 격려를 제공하는 일부다처의 특권을 대칭적으로 설명하면서, 역할과 권력 사이의 균형관계란 루소가 의미했던 바의 '동의'나 '계약'을 기반으로 하여 집단이 족장에게 일부다처의 특권을 제공함으로써, 그 집단은 일부일처제에 의해서 보증되는 개인적 안전의 요소들을 교환하고, 족장으로부터 집단적 안전을 받게 되는 것이라고 설명한다.

때로 레비-스트로스는 이같은 원주민 사회의 관습이나 생활원리를 연구하는 가운데서 우리들 문명사회의 관습들을 비판하기도 한다. 예컨대 우리가 흔히 미개사회에는 야만적인 식인풍습이 있다고 비난하지만, 대부분 그와 같은 식인풍습은 원주민들에게서는 영혼과 육신의 일체화나 중화, 또는 종교적 의식의 차원에서 거행될 뿐인데, 서구 문명사회에 역사적으로 존재했던 수많은 비인간적인 행위들—유대인 학살이나 고문 따위—이나 과학의 이름 아래서 '그리스도교의 영혼과 신체의 부활'을 부정하는 시체해부 따위의 모순적인 관습들을 밝히기도 한다. 결국 레비-스트로스는 인류학적 연구를 통해서 우리들 자신의 사회와는 다른 사회에 대해 편견이 아닌 객관적 관점을 지니게 되고, 나아가 우리들의 사회가 지닌 관습들의 정당성이나 자연스러움을 당연한 것으로 여기지 않고 비판적으로 파악할 수 있는 관점을 얻을 수 있다고 생각한다.

심리학적으로 말해, 다면적이라고 할 수 있는 인류학자란 필연적으로 자신의 사회 내에서는 비판자가 되며, 자신의 사회 밖에서는 동조자가 되는 것이다. 왜냐하면 인류학자는 자신의 사회에 대해서는 이상한 반항을 느껴 다른 사회를 조사하며, 이 다른 사회가 자신의 사회에서는 결여되어 있는 무엇인가를 지니고 있는지를 발견하려는 것이다. 인류학자의 이와 같은 모순적 입장에는 더욱 회피하기 어려운 모순이 존재하고 있다. 만약 인류학자가 자신의 사회의 개선에 공헌하려고 한다면, 그는 자기가 조사하는 다른 사회에서 그 자신의 사회에서 제거하려는 것들과 유사한 조건들은 경멸하지 않을 수 없기 때문에, 객관적이고 공정한 입장을 상실하게 된다. 만약 인류학자가 현실로부터 초연하여 그가 연구하는 사회를 판단하는 것이 아니라 단지 알기 위한 것이라고 간주한다면, 그는 자신의 사회에 대해서 비난할 수 없을 뿐만 아니라, 자신의 사회에서 끊임없이 변화하고 있는 사실들에 관한 생각을 단념해야만 한다. 그러나 레비-스트로스는, 이 모순이 극복될 수 없는 것이라면 인류학자는 자기 직업의 숙명인 양자택일을 통하여 절단된 조건을 받아들이지 않을 수 없을 것이라고 한다.

레비-스트로스는 현대 문명사회에 대하여 자기 세대의 다른 지적 동료들과는 다른 태도를 지니고 있다. 그의 기본적 입장은 진보에 대한 단순한 반대론자를 벗어나서 불교의 영향을 받은 듯한 일종의 용인(容認)과 우주론적 체념을 지니고 있다. 그는 진보가 수반하는 문화적 기형(奇形)과 추악함을 경계하면서, 그의 세계관을 인간의 욕구나 고난이 감소되는 어떤 종류의 변화를 추구하게 한다. 레비-스트로스는 진보의 절대성이 그 작용을 멈추고, 기계가 사회적 개선의 과제를 떠맡아 '과열된 사회'와 '냉각된 사회'의 특징들이 단계적으로 융합되어서, 적어도 진보를 가능하게 하기 위해서는 인간을 노예화시켰던 구시대의 속박으로부터 인간성이 해방되는 먼 후일의 시대를 동경하는 것이다.

그렇다면 레비-스트로스의 탐구의 목적은 무엇일까? 아마도 그 해답은 루소가 말한 다음과 같은 상태, 즉 '이미 존재하지 않고, 과거에도 결코 존재하지 않았을 것이며, 미래에도 결코 존재하지 않을 어떤 상태'를 정확히 파악하려고 하는 데 있었던 것이다. 이와 같은 상태에 있는 사회란——그가 조사한 몇몇 사회가 여기에 해당되는 것 같다——어떤 안정된 전체감을 인간에게 제공하며, 인간은 슬픔을 축제에 의해 해결할 수 있고, 인간이 자기를 둘러싸고 있는 영혼의 지배력과 의사소통이 가능한 '황금시대'를 의미하는 것이다.

이 점에서 레비-스트로스는 루소로부터 가장 적절한 해결의 실마리를 얻고자 한다. 과연 루소는 현재의 인간들이 '황금시대'나 원시인의 순수한 생활로 돌아갈 것을 주장했던가? 레비-스트로스는 사람들이 루소가 자연상태를 그 자체로서 미화시킨 것으로 잘못 오해하고 있다고 한다. 루소에게 자연인은 사회인과는 분리된 것이 아니며, 사회란 인간에게 고유한 것이었다. 루소가 의문시했던 것은 단지 '사회의 악이 선천적인 것인가?'라는 문제에 대해서였다. 따라서 레비-스트로스는 우리들의 과제란 이 사회적 상태에서 자연적 인간을 발견해내는 것이라 했다.

박옥줄

서울대 명예교수·불문학

옮긴이 박옥줄은 서울대학교 문리대 불문학과를 졸업하고 프랑스 파리대학에서 수학했다. 한국외국어대학교 교수를 거쳐 1994년 2월까지 서울대학교 사범대학 교수로 재직했다. 현재는 서울대학교 명예교수로 있다. 저서로 『현대 불문법』이 있고, 역서로는 한길사에서 펴낸 레비-스트로스의 『슬픈 열대』를 비롯하여, 루소의 『민약론』, 그밖에 『도둑일기』 『춘희』 『이면과 표면』 등이 있다.

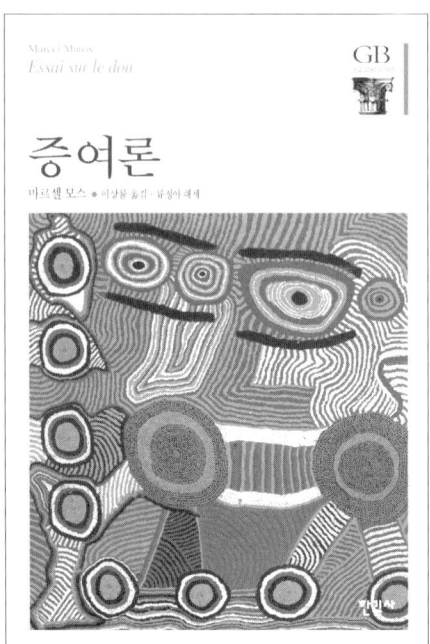

인류학자이자 사회학자인 모스가 이룩한 공헌은 '사실들을 사회적 단위들의 총체적인 관계 속에 놓고 이해한 것'이다. 이로부터 그는 '총체적인 사회적 사실'이라는 개념을 만들어냈는데, 이 개념은 추상적이며 개별적인 것으로 여겨졌던 제도·법률·의례·결혼·신화 등이 전체 사회체계를 형성한다고 볼 수 있는 이론적인 근거가 되었다.

이 개념이 적용된 것이 그의 대표적 저술인 『증여론』이다. 이는 선물 교환에 관한 가장 체계적인 비교 연구서이며, 교환의 유형과 사회적 구조 사이의 관계를 최초로 정립한 연구서이다.

원시적인 교환형태인 아메리카의 포틀래치와 멜라네시아의 쿨라, 뉴질랜드의 하우 등에 대한 민족지적 분석을 통해, 그는 증여(선물)가 사회생활의 중요한 기초라고 말한다. 선물은 물건뿐 아니라 사람의 순환에도 관계하고, 주고 받고 되돌려주어야 할 의무는 호혜성의 원리를 통해 사회를 유지시킨다. 또한 그것은 사회와 그 구성원 사이에 형성되는 감정적인 교류를 반영하기도 한다.

주기와 받기 그리고 답례로 이루어진 선물의 삼각구조는 총체적인 사회적 사실이 되어 생활의 모든 부분에 관여하며 사회구조를 작동시킨다. 고대사회의 교환과 선물의 본질에 관한 모스의 이론은 레비-스트로스와 부르디외, 푸코에게까지 그 영향을 미쳤을 뿐 아니라, 현대사회의 여러 현상에도 이러한 증여의 원칙이 적용되고 있음을 보여준다. 증여의 주제, 즉 증여 속에 들어 있는 자유와 의무, 후한 인심 그리고 주는 것이 이롭다고 하는 주제가 마치 오랫동안 잊어버린 주요동기의 부활처럼 우리 사회에서 다시 나타나고 있다.

증여론

마르셀 모스 지음 | 이상률 옮김 | 308쪽
2003 문화관광부 우수학술도서

마르셀 모스(1872~1950)

마르셀 모스(Marcel Mauss)는 프랑스 로렌 지방 에피날의 정통 유대교 가정에서 태어났다. 저명한 사회학자 에밀 뒤르켕의 조카인 그는 어릴 때부터 뒤르켕의 지대한 영향을 받았다. 1887년 모스는 뒤르켕이 교육학과 사회학을 가르치고 있던 보르도 대학에 입학해, 아믈랭과 에스피나스의 가르침을 받으며 철학을 공부했다.

1893년 철학으로 학위를 받은 그는 파리 대학의 고등연구원에서 종교사를 공부했고, 나중에 이곳에서 원시종교학을 가르쳤다. 1925년 모스가 파리 대학에 설립한 민족학연구소는 후대의 프랑스 인류학자들을 교육하는 장이 되었다. 또한 그는 학문적인 업적 외에 드레퓌스 사건 당시 법정투쟁을 돕고 사회당과 교류하는 등 정치적인 활동도 매우 활발히 펼쳤다. 1904년에는 사회당 기관지인 『위마니테』의 창간에 참여하였고, 『민중』지에 정치상황에 관한 논설들을 기고하기도 했다.

모스는 하나의 사실을 그것이 속해 있는 사회적 단위의 총체적인 관계 속에 놓고 이해하고자 하며 그의 대표적인 저술인 『증여론』에서 '총체적인 사회적 사실'(fait social total)이라는 개념을 도입했다. 초기 논문으로는 「희생제의 본질과 기능에 관한 시론」이 있으며, 주술·자아개념·장례식 같은 주제에 관해서도 많은 글을 썼는데, 1904~38년에 발표한 글들을 모은 『사회학과 인류학』(1950)이 그의 사후에 출간되었다.

레비-스트로스는 모스가 '민족지적 사유의 역사상 처음으로 경험적 관찰을 뛰어넘어 심층적 실체에 도달하려고 노력했으며, 처음으로 사회적인 것이 일화, 호기심, 교훈적 설명이나 학문적 비교를 위한 자료에 그치지 않고 하나의 체계가 되었다'고 높이 평가했다.

현대사회에도 남아 있는 '증여'의 의미

우리의 도덕과 생활 자체의 상당한 부분은 언제나 의무와 자발성이 혼합된 증여의 분위기 속에 머물러 있다. 모든 것이 아직도 구입과 판매라는 점으로만 분류되지 않고 있는 것은 다행이다. 시장가치(市場價値, valeur vénale)밖에 없는 물건들이 많이 있다 하더라도 그것들은 아직도 시장가치 외에 감정가치(valeur de sentiment)를 가지고 있다. 우리의 도덕은 단지 상업적인 것만이 아니다. 우리 중에는 아직도 과거의 풍습을 지니고 있는 사람들과 계급이 있으며, 또한 우리는 거의 모두가 적어도 1년 중의 어느 시기 또는 어느 경우에는 그 풍습을 따른다.

선물을 받고 답례하지 않으면 그 받은 사람의 인격이나 지위는 좀더 열등한 상태로 떨어지며, 답례할 생각 없이 받았을 때에는 특히 그러하다. 에머슨(Emerson, 1803~82. 미국의 사상가)의 주의깊은 논문 「증여와 선물에 관하여」(On Gifts and Presents)를 상기해 보아도, 우리는 게르만적인 영역에서 벗어나지 못한다. 자선은 그것을 받는 사람에게는 더욱 마음의 상처를 입히는 것이기 때문에, 우리의 모든 도덕적인 노력은 부유한 '보시가'(布施家, aumônier)의 무의식적이며 모욕적인 후원을 없애는 방향으로 나아가고 있다.

'예의'와 마찬가지로, 초대에도 답례를 하지 않으면 안 된다. 여기에서 우리는 오래된 전통적인 기반의 흔적, 즉 옛날의 귀족적인 포틀래치의 흔적을 직접 볼 수 있으며, 또한 인간활동의 근본적인 동기들, 즉 동성(同性)의 개인간 경쟁, 남자들의 '타고난 지배욕'—이것들은 한편으로는 사회적 바탕을 갖고 있지만, 또 한편으로는 동물적 · 심리적인 바탕을 갖고 있는 것 같다—이 드러나는 것도 볼 수 있다.

사회생활이라는 특수한 생활에서는 우리 사이에서 아직도 일컬어지고 있는 바와 같이 우리는 '빚이 남아 있는 상태로' 있을 수 없다. 받은 것보다 더 많이 답례하지 않으면 안 된다. '대접'은 언제나 돈이 더 많이 들고 큰 것이다. 따라서 나의 어린 시절, 로렌(Lorraine) 지방의 농촌 가족은 평소에는 매우 검소한 생활을 했지만, 수호성인 축제일, 결혼식, 성찬식이나 장례식 때에는 손님들을 위해 돈을 마구 쓰곤 하였다. 이러한 때에는 '대(大)귀족'이 되지 않으면 안 된다. 우리 국민의 일부는 언제나 이처럼 행동하고 있으며, 또한 손님, 축제, '연말연시의 선물'에는 아낌없이 돈을 쓰고 있다고 말할 수도 있을 것이다.

초대는 제공되지 않으면 안 되며 또 받아들이지 않으면 안 된다. 이러한 관습은 현대의 자유주의 사회에서도 여전히 존속하고 있다. 지금부터 50년 전만 하더라도, 또는 더욱 최근까지만 해도 독일과 프랑스의 몇몇 지방에서는 마을사람 모두가 결혼식 축하연에 참가하였다. 만약 어떤 사람이 빠지면, 그것은 나쁜 징조, 질투와 '저주'의 조짐 또는 표시였다. 프랑스의 많은 지역에서는 아직도 모든 사람이 의식에 참가한다. 프로방스(Provence) 지방에서는 아이가 태어나면 사람들은 각자 달걀과 그밖의 상징적인 선물을 가져다 준다.

팔린 물건이라도 그것은 여전히 영혼을 갖고 있으며, 그 예전의 소유주는 그것을 지켜보고 또한 물건 자체도 그 예전의 소유주를 따라다닌다. 보주 산맥(Vosges)의 한 계곡에 있는 코

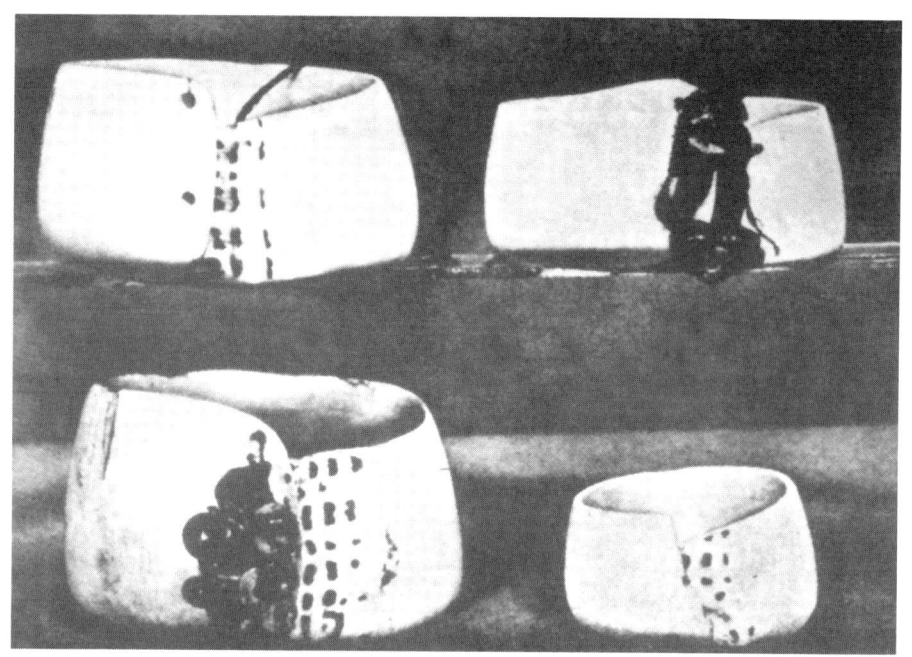

쿨라에 사용하는 장신구들 쿨라에는 귀중품, 일용품, 음식물, 축제, 갖가지 봉사, 남녀, 바다 원정 등 모든 것이 포함된다.

르니몽(Cornimont)에서는 얼마 전만 해도 다음과 같은 관습이 행해졌으며, 몇몇 가정에서는 아직도 존속하고 있는 듯하다. 즉 새로 산 가축들이 자신들의 옛 주인을 잊고 '자기 집'으로 돌아가고 싶은 생각이 들지 않도록 하기 위하여 축사 문 위에 댄 가로대에 십자가를 만들었고, 산 사람은 그 판 사람의 고삐를 갖고 있었으며, 또한 그 가축들에게는 손으로 소금을 뿌렸다. 라옹 오 부아(Raon-aux-Boix)에서는 버터 바른 빵을 쇠갈고리 주위에서 세 번 돌린 다음 오른손으로 가축에게 주었다. 물론 이것은 축사가 가옥의 일부분을 이루고 있고 또 큰 가축이 가족의 일부분이 되고 있는 경우뿐이다. 그러나 프랑스의 그밖의 많은 관습은 팔린 물건을 판 사람과 떼어놓아야 한다는 것을 보여준다. 예를 들면 팔린 물건은 두들기거나, 또는 팔린 양(羊)은 채찍으로 쳐야 한다는 것을 보여준다.

법의 일부, 즉 산업법과 상법은 오늘날 이러한 도덕과 상충되고 있다고도 말할 수 있다. 민중과 생산자의 경제적인 편견은 그들이 생산한 물건을 지켜보려는 강한 의지와 이익을 분배받지 못한 채 자신들의 노동이 전매(轉買)된다는 첨예한 감정에서 유래한다.

오늘날에는 옛 원칙들이 우리 법전의 엄격함 · 추상성 · 비정(非情)함에 반발하고 있다. 이러한 관점에서 보면, 준비중인 우리의 법 일부와 가장 최근의 몇몇 관습은 과거로 돌아가고 있다.

「증여론」 제4장 「결론」

'선물주기'와 '답례'로 풀어낸 인간사회의 실체

받거나 교환된 선물이 사람에게 의무를 지운다는 것은 받은 물건이 생명을 지니고 있다는 것을 말한다. 물건 자체가 영(靈, hau)을 갖고 있고 또 영의 것이기 때문이다. 따라서 어떤 사람에게 어떤 물건을 주는 것은 자신의 일부를 주는 것이 된다. 이러한 관념체계에서 분명한 것은 다른 사람에게 돌려주어야 할 것이 있을 때에는 실제로 그의 본성 및 실체의 일부인 것을 돌려주지 않으면 안 된다는 점이다. 어떤 사람에게서 무엇인가를 받는다는 것은 그의 정신적인 본질, 즉 영혼의 일부를 받는 것이기 때문이다.

결국 모스가 말하고자 했던 바는, 인간은 자신이 비록 물건을 소유하고 있기는 하더라도 그것의 완전한 지배자가 될 수 없다는 점이다. 오히려 인간은 사물이 가진 영혼의 지배에서 영원히 벗어날 수 없게 된다. 여기에서 사물을 넓은 의미로 자연이라고 해석할 수 있다면, 모스는 '증여'의 분석을 통해 인간과 자연의 영원한 대화 그리고 조화를 말하려고 했던 것은 아닐까.

물건을 혼자 간직하고만 있는 것은 위험하여 때로는 죽음을 초래하기도 한다. 왜냐하면 그렇게 하는 것은 위법일 뿐만 아니라, 도덕적인 의미로나 육체적·정신적인 의미에서 볼 때, 그 사람한테서 나온 영적 실체, 음식물, 동산이나 부동산 같은 재산, 여자 또는 자손, 의식 또는 성찬식 등은 생명을 가지고 있어서 그것을 받는 사람에게 주술적·종교적 영향력을 미치기 때문이다. 즉 팔린 물건이라도 그것은 여전히 영혼을 갖고 있으며, 그 예전의 소유주는 그것을 지켜보고 또한 물건 자체도 그 예전의 소유주를 따라다닌다. 프랑스의 어느 마을에서는 새로 산 가축들이 자신들의 옛 주인을 찾아 '자기 집'으로 돌아가고 싶은 생각이 들지 않도록 하기 위해서 축사 문 뒤에 십자가를 걸거나, 판 사람의 고삐를 산 사람이 가지거나, 가축에게 소금을 뿌리기도 한다는 것이다. 또한 팔린 물건을 판 사람과 떼어놓아야 한다는 생각에 팔린 물건을 두들기거나 팔린 양을 채찍으로 치는 예도 있다고 한다.

이렇게 주어야 할 의무와 함께 또 중요한 것이 받아야 할 의무이다. 받는 것을 거부하는 것은 초대하거나 주는 것을 거부하는 것과 마찬가지로 전쟁을 선언하는 것과 같기 때문이다. 후하게 주고받는 목적은 무엇보다도 도덕적인 것이며, 그 교환 대상은 문제의 두 사람 사이에 우호적인 감정을 생기게 하는 것이다. 만일 그 거래가 이러한 효과를 보지 못한다면 그것은 목적을 달성하지 못한 것이다.

선물교환이라는 형태로 나타나는 물질적·정신적 생활이 멜라네시아와 폴리네시아에서는 비타산적이며 동시에 의무적인 형태로 기능하고 있다. 게다가 이 의무는 신화적·상상적 또는 상징적·집단적이라고도 말할 수 있는 방식으로 표현되고 있다. 이러한 의무의 수행은 기본적으로 '명예'를 지키기 위함이다. 즉 명예 관념은 주술 관념과 마찬가지로 중요하기 때문이다. 원시적인 부족들에게서조차도 명예문제는 우리 사회에서와 마찬가지로 민감하며, 그것은 선물뿐만 아니라 급부, 음식물의 제공, 의례 등에서 충족된다.

모스는 현대사회의 여러 현상에도 이러한 증여의 원칙이 적용되고 있음을 보여준다. 예를 들어 원고, 발명품 또는 예술 창작품의 판매라는 행위를 넘어서 의장권·저작권·특허권이 인정되는 데에는 오랜 시간이 걸렸다. 실제로 사회는 이 인류의 은인인 저술가나 발명가의 상속인들에게 권리 소유자가 만든 물건들에 대한 일정한 권리보다 더 많은 것을 인정하는 데에는 큰 관심을 두지 않았던 것이다.

모스는 이것을 프랑스의 사회보장제도에도 적용시켜서 일종의 '집단 도덕'으로 간주한다. 즉 국가와 그 하위집단들이 보호하고자 하는 것은 개인이며, 사회는 그 사회세포를 다시 찾고자 하는 것이다. 사회는 개인이 갖고 있는 권리의식과, 그밖의 더욱 순수한 감정이 혼합되어 있는 묘한 정신상태 속에서 개인을 찾아 보살피는 것이다. 증여의 주제, 즉 증여 속에 들어 있는 자유와 의무, 후한 인심 그리고 주는 것이 이롭다고 하는 주제가 마치 오랫동안 잊어버린 주요동기의 부활처럼 우리 사회에서 다시 나타나고 있다.

그러면서 모스는 '고귀한 지출'(depense noble)로 돌아가야 한다고 역설한다. 앵글로색슨 제국과 그밖의 많은 현대사회에서와 마찬가지로, 부자들은 자발적으로 또 의무적으로도 자신들을 자기 동포들의 이른바 회계원이라고 생각할 필요가 있다는 것이다. 이것이 행해지면 우리는 변함없는 법의 기초, 도덕적인 사회생활의 원리자체로 돌아갈 수 있으리라고 보는 것이다. 시민이 너무 선량하고 개인적이기를 바라서도 안 되며, 또 너무 비정하고 현실주의적이기를 바라서도 안 된다. 시민은 자기 자신에 대해서뿐만 아니라 다른 사람과 사회현실에 대해서도 날카로운 의식을 가져야만 한다는 것이다.

개인적인 이익과 유용성의 추구라는 측면에서 살펴볼 때, 소규모 원시사회인들의 소비는 현대의 우리 정신 속에서 일어나는 것과 똑같이 작용하지는 않는다. 트로브리안드 제도 사람들이나 아메리카 인디언, 안다만 섬 사람들도 이익을 추구하지만 그것은 상인·은행가·자본가의 냉정한 동기와는 동일하지 않다. 즉 그 방식이 다른 것이다. 그들은 지출하기 위해서, 의무를 부과하기 위해서, 충복을 얻기 위해서 소비한다. 받은 것 이상으로 갚지만 그것은 처음의 증여자나 교환자를 압도하기 위해서이다. 단지 '지연된 소비'로 인해 그가 입은 손실을 보충해주기 위해서만은 아닌 것이다.

모스는 증여와 교환 그리고 호혜성의 설명을 통해서 한편으로는 인간의 기본적인 사회관계의 한 측면을 밝히는 동시에 다른 한편으로는 현재 서양인들, 아니 우리가 살고 있는 세상 속에 지배적인 논리로 작용하고 있는 경제논리, 즉 이윤의 추구, 효용의 극대화, 경쟁, 이기주의를 지적하고 있다. 우리는 이러한 것들을 당연한 사회 논리로 치부하고 있지만, 그가 분명히 말하고 있는 바와 같이 서양 사회가 인간을 경제동물로 만든 것은 아주 최근에 일어난 일이며, 인간이 계산기라는 복잡한 기계가 된 것도 그리 오래된 일이 아니다. 인간은 오랫동안 매우 다른 존재였기 때문이다.

류정아
한국문화관광연구원 연구위원·문화인류학

옮긴이 이상률은 고려대학교 문과대학 사회학과와 같은 대학교 대학원을 졸업했고 프랑스 니스 대학교에서 수학했다. 역서로는 한길사에서 펴낸 마르셀 모스의 『증여론』을 비롯하여, 막스 베버의 『유교와 도교』, 『직업으로서의 학문』, 칼 뢰비트의 『베버와 마르크스』, 장 보드리야르의 『소비의 사회』, 에드가 모랭의 『스타』, 로제 카이와의 『놀이와 인간』, 피터 버거의 『사회학에의 초대』, 세르주 모스코비치의 『군중의 시대』, 그랜트 매크래켄의 『문화와 소비』, 베르너 좀바르트의 『사치와 자본주의』, 미셸 리샤르(외)의 『오늘의 프랑스 사상가들』 등이 있으며, 그밖에 『칼 마르크스와 막스 베버』를 편역했다.

부정변증법

테오도르 아도르노 지음 | 홍승용 옮김 | 544쪽

『부정변증법』의 힘은 인식과 실천에 대한 반성에서 나온다. 이 반성은 부정의 부정을 통해 긍정적인 것을 산출하려 했던 헤겔식 변증법, 개념에 대한 인위적 정의를 통해 오류를 제거할 수 있다고 보는 논리 실증주의, 개념보다 직관을 더 우월한 인식도구로 보는 생철학과 현상학 등에 대한 비판으로 나타난다. 존재신앙으로 귀결되는 하이데거의 실존주의와 동구의 공식적 마르크스주의 내지 반영론에 대한 비판은 당혹스러울 만큼 격렬한 공격적 어조를 띠기도 한다.

『부정변증법』은 이제까지의 다양한 철학체계들이 개념과 그 대상을 동일시함으로써 개념화되지 않은 부분들을 억눌러왔다는 점에 주목하고, 그처럼 개념과 동일시되지 않는 비동일자를 존중하고자 한다. 『부정변증법』은 대상이 사유의 법칙에 들어맞지 않는 경우에조차 그 대상에 접근하려 한다. 이는 곧 체계에 대한 반대 입장이기도 하다. 『부정변증법』에서는 체계의 지위를 빈틈없는 사유과정들의 그물망이 대신한다.

아도르노의 저서들 가운데서도 『부정변증법』은 특히 난해하다. 그러나 그 한 문장 한 문장에서는 현실적 난제들에 대한 비타협적 고뇌의 흔적을 여실히 느낄 수 있다. 현실변혁의 어려움, 그 과정의 장구함, 단숨에 실현될 수 없는 바람직한 삶의 모습을 그려낼 끈질긴 노력의 필요성 등을 그로부터 읽어낼 수 있을 것이다. 설혹 그 결론이 산뜻한 행동지침으로 정리되어 나오지는 못할지라도 어떤 극단에까지 다가서려고 하는 사유과정들은, 손쉽게 정리된 교과서적 결론들과는 다른 차원에서 현재의 문제들과 대결하는 데에 도움을 줄 수 있을 것이다.

테오도르 아도르노(1903~68)

신좌파의 대표적 이론가 테오도르 아도르노(Theodor W. Adorno)는 1921년 프랑크푸르트에서 철학·음악학·심리학을 공부한 뒤 음악비평가로서의 활동을 시작한다. 1924년「후설 현상학에서의 사물적인 것과 노에마적인 것의 초월성」으로 박사학위를 받고, 다음해 빈으로 이주하여 알반 베르크에게서 작곡 수업을 받는다. 1927년 호르크하이머와 가까워지면서 음악비평과 이데올로기 비판의 결합을 시도했고, 1931년에는『키르케고르: 미의 구성』이 교수채용 논문으로 통과된다.

1933년엔 교수자격증이 나치에 의해 회수되며, 이듬해 영국으로 망명해 옥스퍼드에서 활동한다. 이후 뉴욕으로 이주해 사회연구소 회원이 되며 1941~49년까지 로스앤젤레스에 체류한다. 이 시기에 신좌파의 역사철학과 문화비판적 사유방식을 결합하는 호르크하이머와의 공저『계몽의 변증법』(1947)과『신음악의 철학』(1949)을 발간한다.

1949년 프랑크푸르트로 돌아온 그는 재건된 사회연구소와 프랑크푸르트 대학 비정규 교수(1956년에 정교수)가 된다. 이후『최소한의 도덕』『바그너론』『프리즘: 문화비판과 사회』『인식론 메타비판: 후설 및 현상학적 이율배반에 대한 연구』『불협화음: 관리되는 세계 속의 음악』『헤겔에 대한 세 연구』『문학노트』『음향도형: 음악론 1』『말러: 음악적 관상학』등 많은 저작들을 발표한다. 1961년에는 포퍼와 '실증주의 논쟁'을 벌여 사회적으로 큰 반향을 일으켰으며, 이후 1968년 8월에 스위스에서 사망했다. 그의 대표작으로는 호르크하이머와의 공저『계몽의 변증법』, 미완성상태로 사후에 발간된『미학이론』, 그리고 1966년에 나온『부정변증법』을 들 수 있다.

인식의 유토피아로 향하는 철학의 관심

역사적 위치에 비추어보면 철학은 헤겔이 전통에 따라 무관심을 표명한 것에, 즉 비개념적인 것·개별적인 것·특수한 것에 진정으로 관심을 둔다. 말하자면 플라톤 이래 덧없고 사소한 것이라고 배척당하고 헤겔이 '쓸모없는 실존'(faule Existenz)이라고 꼬리표 붙인 것에 관심을 두는 것이다. 철학의 테마는 철학에 의해, 우발적인 것으로서, 무시할 수 있는 양(quantité néligeable)으로 격하된 질들(Qualitäten)일 것이다. 개념으로는 도달하지 못하는 것, 개념의 추상 메커니즘을 통해 삭제되는 것, 아직 개념의 본보기가 되지는 않은 것, 그런 것이 개념에 대해서는 절박한 것으로 된다.

현대철학의 주역이었던 베르그송과 후설은 그 점을 감지했지만 그로부터 물러나 전통적 형이상학 속으로 달아났다. 베르그송은 비개념적인 것을 위해 무리하게도 인식의 다른 유형을 구상해냈다. 이로써 변증법적 묘미는 무차별적 삶의 흐름 속에서 씻겨나가고 만다. 또 사물처럼 고정된 것은 종속적인 것으로서 거부될 뿐, 그 종속성과 더불어 파악되지는 않는다. 경직된 보편개념에 대한 증오가 비합리적 직접성 혹은 부자유 한가운데의 절대적 자유에 대한 숭배를 야기한다.

그는 자신이 타파한 데카르트와 칸트의 학설들만큼이나 이원론적으로 인식의 두 가지 방식을 대립적으로 구상했다. 부르주아 체제 덕에 특권을 누리는 자들의 여유만만하고 솔직한 태도로 인해 부르주아 체제가 손상되는 일이 없듯이, 실용주의적 지식으로서의 인과론적·기계론적 인식은 직관적 인식으로 인해 손상되는 일이 없다. 베르그송의 철학 자체에서는 그 숭배받는 직관들이 상당히 추상적으로 나타난다. 그것들은 칸트의 경우 연대기적·물리적 시간의 기초가 되고 베르그송의 통찰에 따르면 공간적 시간의 기초가 되는 현상적 시간의식을 거의 벗어나지 못한다. 아마 정신의 직관적 반응방식은 미메시스적 반응의 태곳적 흔적으로서 물론 발전하기는 힘들지만 실제로 존속할 것이다. 그것의 전신(前身)은 굳어버린 현재를 넘어서는 무엇인가를 약속한다.

하지만 직관들은 단지 산만하게만 성공한다. 베르그송 자신의 인식을 포함해서 모든 인식은, 특히 구체화되려면, 그가 경멸한 합리성을 필요로 한다. 절대적인 것으로 격상된 지속·순수생성·순수현실태는 베르그송이 플라톤과 아리스토텔레스 이래의 형이상학을 놓고 비난한 것과 동일한 초시간성으로 전도될 것이다. 그것이 신기루에 그치지 않으려면, 그가 모색하는 것은 단지 인식도구와 더불어서만, 즉 인식 자체의 수단에 대한 반성을 통해서만 확인될 수 있으며, 처음부터 그 인식도구와 매개되지 않은 처리방식에서는 자의적인 것으로 타락한다. 이 점에 대해 그는 아무 관심도 없었다.

그에 반해 논리학자 후설은 본질 인식의 방식과 일반화하는 추상을 엄격히 대립시켰다. 그는 특수한 것으로부터 본질을 파악해낼 수 있어야 하는 특유한 정신적 경험을 염두에 두었다. 그런데 그런 경험이 적용된 본질은 흔한 보편개념들과 아무 차이도 없었다. 실제로 마련되는 본질직관들과 그것의 목표 사이에는 현격한 부조화가 존재한다.

두 사람의 탈출시도는 관념론에서 벗어나지 못했다. 즉 베르그송은 실증주의 계열의 철천

벤야민(1892~1940) 벤야민이 남긴 몇몇 주요 모티프들이 아도르노에게서 변증법적 용어로 재개된다.

지원수들처럼 의식의 직접적 소여들(données immédiates de la conscience)을 지향했으며, 후설은 이와 유사하게 의식의 흐름이라는 현상들을 지향했다. 후설도 베르그송도 주관적 내재성의 언저리에 머문다. 그들 두 사람에 맞서서는, 그들이 염두에 두기는 했지만 성취하지 못한 것, 바로 그것을 고집해야 할 것이다. 비트겐슈타인에 맞서서는, 말할 수 없는 것을 말해야 할 것이다.

이러한 요구의 단순한 모순은 철학 자체의 모순이다. 즉 철학이 자체의 개별모순들에 얽히기도 전에, 그와 같은 모순이 철학에 변증법의 자격을 부여하는 것이다. 철학적 자체반성의 작업은 그 역설을 밝히는 것이다. 다른 것은 모두 의미화(Signifikation) 내지 사후구성(Nachkonstruktion)으로서 오늘날이나 헤겔의 시대에나 철학 이전적인 것이다. 하지만 그런 것이 철학에는 가능하다는 믿음, 개념이 개념—정비하고 삭제하는 것—을 넘어서고 그로써 비개념적인 것에 접근할 수 있다는 믿음, 비록 의심스럽기는 하지만 이런 믿음이 철학에는 불가피하며, 이로써 어떤 순진성이 불가피하다. 그리고 이 순진성 때문에 철학은 괴로움을 겪는다. 그렇지 않을 경우 철학은 좌절할 수밖에 없으며, 그와 더불어 모든 정신이 좌절할 수밖에 없다. 극히 단순한 조작도 생각할 수 없을 것이며, 아무런 진리도 존재하지 않을 테고, 실로 모든 것이 그저 공허해질 것이다. 그러나 개념들의 추상적 영역 너머에서 개념들이 진리와 관련되는 것은, 개념들에 의해 억눌리고 경멸받고 배척당하는 것들을 무대로 할 뿐이다.

『부정변증법』 서론 「철학의 관심」

해방적 실천은 충분히 해방적인가

 해방적 실천은 그 주체에 대한 합당한 이해를 전제한다. 마르크스주의를 기계적 유물론과 구분하는 본질적 요인 가운데 하나는 주체의 적극성에 주목하는 점이기도 하다. 한편 현대의 인간과학들은 몇몇 주요 측면에서 주체가 역사의 산물임을 증명해왔다. 과학의 성과들을 받아들이고, 나아가 주체의 구성과정을 과학적으로 면밀히 추적할수록, 주체는 더욱 명백하게 역사의 산물로서 필연의 그물에 얽힌 모습으로 파악될 것이다. 마르크스주의적 주체이론은 주체의 적극성을 단순히 선언하는 데에 그쳐서는 안 되고, 이러한 현대과학의 성과 위에서, 그러한 성과에도 불구하고, 주체의 적극성을 입증해야 할 것이다. 이미 마르크스주의의 기본 테제들, 예컨대 "개인은 사회적 존재이다", "의식은 의식된 존재일 뿐이다", "어느 시대에나 지배계급의 사상이 지배적인 사상이다" 등도 주체가 타자에게, 곧 객체 내지 사회에 빚지는 부분에 주목케 한다. 『부정변증법』의 주체론은 이러한 인식에서 출발한다. 그러나 이로부터 힘들여 얻어내는 결론은 마르크스주의적 실천론이 아니다.

 아도르노 역시 주체의 역사성·사회성을 분명히 한다. 이 점은 우선 선험적 주체에 대한 설명에서 드러난다. 그의 주장에 따르면 선험적 주체는 "자신을 의식하지 못하는 사회"라고 해독되며, 사회가 없거나 개인이 없으면 선험적 주체는 상상할 수조차 없다. 즉 "이성을 갖춘 존재들은 아 프리오리하게 사회화되어 있다"는 것이다. 아도르노는 주관성의 형식들도 "칸트의 교리에서처럼 인식에 대해 궁극적인 어떤 것이 아니며, 인식은 그 경험의 진행과정에서 그 형식들을 깨뜨릴 수 있다"고 본다. 또한 살아 있는 경험적 의식 없이는 선험적 의식도 없다고 보며, 인식의 원천인 감각은 육체적 계기와 분리될 수 없다는 점에서 정신과 육체의 절대적 이분법은 타당하지 않다고 주장한다. 같은 맥락에서 아도르노는 "사회는 주체에 앞선다. 주체를 사회에 앞선 존재자로 오해하는 것은 주체의 필연적 착각이며, 이는 사회에 대해 단지 부정적인 것을 말할 뿐이다." 아도르노는 개인의 의식 및 경험보다 사회가 앞선다고 보며, 이런 의미에서 주체에 대한 '객체의 우선성'을 단언한다. 즉 "객체는 단지 주체를 통해서만 사유될 수 있지만, 주체에 대해 언제나 타자로서 보존된다. 하지만 주체는 그 자체의 특성상 미리 객체이기도 하다. 주체에서는 이념으로서도 객체를 결코 떼어놓고 생각할 수 없다. 하지만 객체에서 주체를 떼어놓고 생각할 수는 있다. 주관성의 의미에는 또한 객체이기도 하다는 사실이 포함된다. 하지만 객관의 의미에 주체이기도 하다는 사실이 그와 마찬가지로 포함되지는 않는다." 따라서 "철학적 경험은, 현질서에 담긴 자신의 가능성에 따라, 자신이 현질서와 궁극적으로는 계급관계와 얼마나 혼합되어 있는지를 자각해야 한다"라고 말한다.

 위의 테제들은 마르크스주의의 입장에서 벗어나지 않는다. 특히 관념론의 핵심개념을 밖으로부터 배제해버리지 않고 구체적으로 규정하고 비판하는 점에서 위의 테제들은 음미해볼 가치를 지닌다. 한편 『계몽의 변증법』에 뿌리를 두는 다음 주장의 경우, 비판의 대상은 일차적으로 관념론이지만 마르크스주의도 그 속에 포함된다고 보아야 할 것이다. "주관성의 우위는 정신화된 상태로 다윈의 생존경쟁을 계승한다. 인간의 목적을 위해 자연을 억압하는 것은 단지 자연적 관계일 뿐이다. 그렇기 때문에 자연을 지배하는 이성 및 이성 원칙의 우월성은 가상인 것이다. 스스로를 베이컨식의 주인으로, 결국 관념론적인 만물의 창조자로 선언하는 주체는 인식론적 · 형이상학적으로 그와 같은 가상에 가담한다. 그러한 주체는 지배권을 행사하는 과정에서 자신이 지배한다고 생각하는 것의 일부로 되며, 헤겔이 말하는 주인과 마찬가지로 굴복하고 만다."

아도르노의 전공은 분명 주체의 적극성을 구상하는 일이라기보다 이 주체의 '굴복' 상태를 주도면밀하게 기술하는 일이다. 그의 주장에 따르면, 의식의 통일성은 객관을 본보기로 하여 만들어진 것인 한, "상품의 객관성 내지 상품의 대상성을 비로소 성립시키는 사회 속의 생산활동들의 총체적이고 빈틈없는 결합을 개념적으로 반영한 것"이다. 또 선험적 보편성의 현실성은 "등가교환의 원칙을 통해 관철되고 영속화되는 지배관계에 있다." 나아가 "인간에 대한 인간의 매개된 지배이기도 한 바로 그 상품적 성격이 주체들을 미성숙상태에 고착시킨다." 뿐만 아니라 아도르노는 교환가치의 보편적 지배가 주체들로 하여금 주체가 되는 것을 아 프리오리하게 거부하고, 주관성 자체를 단순한 객체로 격하시키기 때문에, 주체의 주도권을 수립한다고 하는 보편성의 원칙은 허위로 된다고 본다. 이제 주체라는 것은 사회의 객관적 기능연관을 은폐하면서 사회 속에서 겪는 주체들의 고통을 무마하는 가운데 광범위하게 이데올로기화했고, 그런 한에서 비자아가 자아보다 현저히 우위를 점한다는 것이다.

이상과 같은 아도르노의 비판적 논의는 특히 자본주의사회 속의 '관리되는' 대중과 관련해 설득력 있다고 볼 수 있다. 그러나 충분히 관리되지 않고 있는, 혹은 관리상태에서 벗어나려는 변혁세력으로서의 대중에 주목하려는 노력은 아도르노의 이론에서 확인할 수 없다. 그의 기준에서 보면 오늘날의 인간은 부자유로운 기능인일 뿐이다. "만일 인간의 본질을 현재의 인간 상태에 근거해 해독해낸다면 이는 인간의 가능성에 대한 사보타지일 것이다." 하지만 "현재의 인간 상태"도 다양하며, 집단주체들의 성격 역시 천차만별이다. 이에 대한 구체적 인식과 평가 없이, 현재의 인간 모두를 "인간의 가능성에 대한 사보타지"에 얽어매 놓으면서 현실적 변혁을 기대할 수는 없을 것이다. 관리되는 세계와의 싸움에서는 비판적으로 사고하는 주체의 현실적 세력화 및 이에 따른 집단주체의 형성이 불가피하다. 문제는 어떤 성격의 집단이 역사적으로 형성되느냐에 있다. 해방적 실천의 주체로서 성장하는 집단에서는 질적인 것을 추구할 자유 내지 개별화된 인식과 이 인식의 공유 내지 대중화 사이의 부단한 변증법적 상승과정이 관건이다.

홍승용

대구대 교수 · 독문학

옮긴이 홍승용은 서울대학교 사범대학 독어교육과를 졸업하고, 같은 대학교 대학원에서 독문학 석사 · 박사학위를 받았다. 현재 대구대학교 독어독문학과 교수로 있으며, 『문예미학』 편집위원으로 일했다. 역서로는 한길사에서 펴낸 아도르노의 『부정변증법』과 『프리즘』 『미학이론』을 비롯하여 게오르크 루카치의 『문제는 리얼리즘이다』 『미학서설』 『미학논평』, 마리안네 케스팅의 『삶과 문학. 브레히트 평전』 『프리즘』 등이 있다. 주요 논문으로는 「아도르노 미학의 이해」 「루카치 리얼리즘론 연구」 「리얼리즘의 논리」 「루카치의 문예미학— '역사와 계급의식'을 중심으로」 「'부정적 변증법'의 마르크스주의적 요소」 「루카치 후기미학의 인신론적 기초— '미의 고유성'에서의 주체-객체 문제」 등이 있다.

문명화과정 2

노르베르트 엘리아스 지음 | 박미애 옮김 | 456쪽
2005 연세대학교 권장도서 200선

▷ 저자의 다른 작품
『문명화과정 1』(GB 9)
『궁정사회』(GB 56)

▷ 역자의 다른 번역 작품
『문명화과정 1』(GB 9)
『전체주의의 기원 1, 2』(GB 83, 84)

인간들이 공동으로 만들어내는 사회관계가 특정한 행동양식을 야기한다는 엘리아스의 문명화 이론은 그의 개념회피 전략에도 불구하고 다음과 같이 성격지을 수 있다. '자기 통제에 대한 사회적 강제의 증대' '장기적 시각의 필요성 확산' '대조적 행동의 감소와 행동양식의 다원화' '행위의 심리화와 합리화' '수치심과 혐오감의 강화.' 이러한 모든 것들은 두말할 나위 없이 과정들이다.

엘리아스는 이 과정을 물리적 폭력을 독점하는 근대 절대국가의 생성과 연관시켜 서술한다. 물리적 폭력의 독점은 폭력을 법으로써 형식화하는 동시에 행위의 결과와 기대를 장기적으로 예측할 수 있게 해준다. 즉 문명화과정은 상호의존관계 속에서 살아가는 개인들이 서로의 행위를 장기적으로 예측할 수 있는 평화의 공간을 만들어가는 과정이다.

그런데 이처럼 물리적 폭력의 독점을 야기한 사회변동은 동시에 당사자들에 대한 사회적 통제의 형식을 변화시킨다. 바로 이 지점이 '문명화된 인간'이 탄생하는 순간이다. 문명화된 인간은 이미 형성된 내부 평화의 유지와 존속에 기여할 수 있는 인간일 뿐만 아니라 동시에 사회통제의 대상이기도 하다. 그러므로 문명화과정은 동시에 자기통제에 대한 사회적 강제가 점차 증대되는 과정이다. 이렇게 변화된 사회적 통제는 현재의 행위뿐만 아니라 미래의 가능한 상황까지 포괄한다.

최선의 통제는 개인이 자신의 행위 결과와 타인의 행위 기대를 장기적으로 예측함으로써 사회적 규칙과 규범을 자발적으로 지키는 것이다. 따라서 사회적 통제의 방향은 점차 외부 강제로부터 자기통제로의 전환으로 정의될 수 있다.

노르베르트 엘리아스(1897~1990)

노르베르트 엘리아스(Norbert Elias)는 브레슬라우의 중산층 유대인 가정에서 태어났다. 인문계 고등학교를 다니면서 고대 그리스, 로마시대의 대가들과 괴테, 실러시대의 독일 고전문학을 두루 섭렵한다. 이때 얻은 독일문학에 대한 그의 폭넓은 지식은 훗날 『문명화과정』의 역사실증적 분석에 중요한 밑거름이 된다.

엘리아스는 1924년 브레슬라우 대학에서 신칸트학파의 철학자 리하르트 회니히스발트의 지도 아래 박사학위 논문인 「이념과 개인」(Idee und Individuum)을 쓴다. 그는 이 논문에서 칸트의 '아 프리오리'(a priori)를 반박함으로써 종래의 철학적 인간관인 '폐쇄적 인간'을 부정하려 했지만 그의 관점은 받아들여지지 않았다. 이러한 입장을 철회하고 수정한 다음에야 비로소 그의 학위논문은 통과될 수 있었다.

1930년 프랑크푸르트에서 만하임의 지도로 교수자격 논문인 「궁정사회」(Die höfische Gesellschaft)를 쓰기 시작한다. '결합태 사회학', '문명화과정의 이론'과 같은 독창적인 사회학적 사유를 역사적 실증연구와 결합시켰던 엘리아스의 주저 『문명화과정』은 이미 1930년대에 출판되었지만, 몇몇 소수의 사회학자나 역사학자들에 의해 언급되거나 인용되었을 뿐 오랫동안 영국·미국이나 독일 사회학계에서 주목받지 못했다.

1977년 프랑크푸르트 시가 수여하는 아도르노 상을 수상한 뒤, 엘리아스의 이름은 비로소 사회학을 넘어서 여러 학계에 널리 알려지게 되었고, 1968년에 독일에서 재판된 그의 주저 『문명화과정』은 1978년 영어로 번역되었다. 독일 사회학회가 1975년 그를 명예회원으로 추대함으로써 그의 복권은 완벽하게 이루어졌다.

중앙권력의 힘을 결정하는 결합 매커니즘

넓은 지역을 관장하는 견고하고 전문화된 중앙기관의 형성은 서구역사에서 획기적인 현상들 중 하나이다. 이미 말했듯이 중앙기관은 어떤 사회에나 존재한다. 그러나 사회기능의 분화 및 전문화가 지구의 모든 다른 사회들보다 서구에서 최고의 수준에 이르렀듯이—그리고 서구로부터 자극을 받아 이 지역의 수준도 서구의 그것에 육박하기 시작하듯이—이 중앙기관은 서구에서 처음으로 다른 곳에서 찾아볼 수 없을 정도로 유례없는 안정성을 획득한다. 이 때 최상층부의 사회적 조정자와 규제자로서 중앙기관과 중앙관리자들의 중요성이 커진다고 해서 반드시 그들의 사회적 권력도 따라서 커지는 것은 아니다. 우리는 중앙집중화가 계속되고 안정된 중앙이 전체 사회적 교통을 엄격하게 통제·감시함에 따라 지배자와 피지배자 간의 틈새가 더욱 벌어지고 단절이 고착화되리라고 쉽게 가정할 수 있다.

그러나 실제역사는 다른 모습으로 전개되었다. 물론 서구의 역사에서 사회적 중앙기관의 권한과 결정범위가 너무나 커져 중앙군주의 '지배'라는 말을 정당하게 쓸 수 있었던 시기도 있었다. 그러나 서구의 많은 사회들의 근대사를 살펴보면, 중앙집중화가 이루어졌음에도 불구하고 중앙제도에 관한 권한은 너무나 분리되고 분화되어 누가 지배자이고 누가 피지배자인지 분명하게 구분하기 어려운 단계도 있었다. 중앙의 기능들에 부여된 결정권의 범위는 달라진다. 그것은 종종 커진다. 그러면 이 기능을 수행하는 사람들은 '지배자'의 지위를 획득하게 된다. 그것은 때때로 줄어들기도 하는데 그렇다고 동시에 조절과 규제의 최상부기관으로 중앙기관의 중요성이 줄어드는 것은 아니다.

달리 말하면 다른 모든 사회적 기능이 그렇듯이 중앙기관의 경우에도 두 가지 특성을 구분해야만 한다. '그들 자신도 속해 있는 인간관계망 내에서 그들이 수행하는 기능과 이 기능과 결부된 사회적 힘이 그것이다.' 우리가 '지배'라고 부르는 것은 고도로 분화된 사회에서는 특정한 기능들, 특히 중앙기능들이 그 담당자에게 부여하는 특별한 사회적 힘—다른 기능의 대표자들에 비해—과 다를 바 없다. 그러나 사회적 힘이 결정되는 방식은 고도로 분화된 사회의 최상부 중앙기능들이나 그 밖의 다른 모든 기능들에서도 동일하다. 즉 사회적 힘은, 이 기능이 개인적으로 상속할 수 있는 독점재산에 대한 지속적 권한과 결합되어 있지 않다면, 오로지 상호의존적인 여러 다양한 기능들의 의존성 정도와 일치할 뿐이다. 중앙관리자들의 '통치권'이 강화된다는 것은 기능분화가 잘 이루어진 사회에서는 다른 집단들과 계층들이 최상부 조절기관 및 규제기관에 의존하는 정도가 커진다는 것을 의미한다. 반대로 그것이 작아지는 것은 우리에게 그 권한의 축소로 보인다.

여기서 우리가 중심적으로 고찰할 국가형성의 초기 단계뿐만 아니라 서구 국가사회의 현대사 역시 중앙관리자들이 지닌 사회적 힘의 변동에 관한 사례들을 충분히 제공해준다. 이것들은 모두 전체사회 내부에 현존하는 갈등체계의 특수한 변화를 입증해주는 확실한 자료이다. 우리는 여기서 다시, 사회구조의 다양성에도 불구하고—적어도 분화된 사회라면—어느 곳에서나 발견되는 사회적인 결합 매커니

캥탱 마시스, 「화폐교환사와 그의 부인」 토지 경제에서 화폐 경제로의 전환은 권력의 독점 체제를 구축할 수 있는 가능성의 증대를 의미한다.

즘, 즉 중앙권력의 사회적 힘의 강화 또는 약화를 촉진시키는 메커니즘을 발견하게 된다. 그것이 귀족과 시민계급이든 아니면 시민계급과 노동자계급이든 또 이 계급들과 연관하여 그 소수의 수뇌부집단들, 예컨대 궁정이나 최고의 군사기구와 당기구 내에서 서로 경쟁하는 집단들, 즉 어떤 사회 내의 중요한 갈등의 좌표축에서 양극을 이루는 기관들이든, 그들의 가운데에 자리잡은 중앙권력의 위치를 강화하는 것은 사회적 역학관계의 특수한 배열이며 그것을 약화하는 것은 사회적 역학관계의 또 다른 배열인 것이다.

이제부터 중앙권력의 힘을 결정하는 결합 메커니즘에 관해 간략하게 논의해보자. 결합태의 역학에 내재한 기본적인 규칙성이 사유와 관찰의 안내자로서 또 방향설정의 수단으로서 중히 여겨지지 않는다면 서구의 사회적 중앙화의 과정 그리고 그 중에서 특히 '국가형성' 과정이나 문명화과정은 이해불가능한 것으로 남을 것이다. 우리는 앞 장에서 이 '중앙화', 즉 국가형성 과정을 여러 제후가문들과 영지들 간의 권력투쟁의 관점에서, 다시 말하면 우리가 오늘날 그런 영지들의 '외교문제'라 명명할 수 있는 그런 측면에서 살펴보았다.

이제 이것과 한 쌍을 이루는 다른 문제가 대두된다. 여기서 등장하는 우리의 과제는 이 통치단위들 중 한 단위의 내부에서 전개되는 결합태의 과정, 즉 앞 단계와 비교해볼 때 중앙권력에 특별한 힘과 견고함을 부여하고 그럼으로써 그 사회전체에 '절대주의 국가'의 모습을 부여하는 과정을 추적해가는 것이다.

「문명화과정 2」 제3부 제2장 「국가의 사회발생사」

국가의 사회발생사와 문명의 매커니즘

절대주의의 사회발생사는 엘리아스의 문명화이론에서 핵심적 위치를 차지한다. 행동 및 심리구조의 변화로 이해된 문명화는 우선 절대주의적 지배형태로 표현되는 사회의 중앙집중화와 국가형성의 과정이 선행되지 않고서는 이루어질 수 없기 때문이다. 국가형성은 궁정과 같은 밀접하게 얽힌 관계구조를 산출하고, 궁정귀족들은 이 궁정 안에서 즉흥적 충동을 억누르는 법과 본성의 각지고 모난 측면들을 사회적 교제영역 밖으로 축출하는 법을 배운다.

궁정에서 형성된 행동수준과 일상의례는 사회적 상승을 꾀하던 시민계급에게 영향을 주고 궁정적 합리주의와 개인주의는 시민계급에 전형적인 양심형성의 메커니즘과 결합한다. 국가는 여러 집단들과 계급들 간의 경쟁이 평화적인 방법으로 이루어질 수 있는 조건을 마련해줌으로써 지배적인 행위규범이 전체사회로 확산되게 만든다. 이렇게 하여 엘리아스가 인상적으로 서술하는 문명화과정이 시작된다. 기사-궁정적 세계의 쿠르투아지에 이어 궁정 절대주의의 시빌리테가 나타나고 그 뒤를 민족국가의 시빌리자숑이 따르는 것이다. 지배구조의 변동이 행위유형의 변화에 영향을 미친다는 점, 즉 국가의 사회발생사는 행동의 심리발생사와 밀접하게 연관된다는 점이 분명하게 드러난다. 이 과정에서 외부강제는 자기강제로 변화하고, 감정적 절제와 자기조절을 특징으로 하는 현대적 개인이 등장하게 된다.

이와 같이 엘리아스에게는 국가의 사회발생사가 행동의 심리발생사의 전제조건이다. 이러한 인식 관심에서 출발한 분석의 초점이 관료제와 같은 국가의 행정조직적 차원이 아니라 개인의 행동을 조형하는 미시적 환경인 궁정사회에, 또 행정으로 실현되는 지배가 아니라 개인들과 집단들이 서로 빚어내는 권력관계에 맞추어져 있는 것은 자명한 일일 것이다.

앞 장에서 우리는 엘리아스가 전개한 근대국가의 사회발생사를 간략하게 살펴보았다. 그 특징들을 다시 한 번 요약해보자.

첫째, 엘리아스는 초기 중세부터 앙시앵 레짐의 종말에 이르기까지의 역사를 통일되고 일관된 하나의 과정으로 파악하고 있다. 엘리아스는 풍부한 역사적 자료들을 바탕으로 봉건구조로부터 서구의 근대국가가 발생하는 과정을 경쟁과 독점의 메커니즘이 전개되는 역동적 과정으로 서술하고 있다. 장기사의 흐름을 추적하는 엘리아스의 문명화이론은 역사가 익히 알고 있는 단절이나 일탈의 현상보다 구조적 연속성에 초점을 맞추고 있는 것이다.

봉건사회에서 시작된 변동의 메커니즘은 근대사회로까지 이어지는 장기적인 사회과정의 운동법칙이 된다. 이는 엘리아스가 자본주의의 기원을 중세사회에서 찾고 있다는 데에서도 분명히 드러난다. 엘리아스는 제국주의에서 정점을 이루는 팽창욕, 모험지향성, 도덕적 책임감의 희생 위에 이루어지는 무절제한 경쟁 등의 자본주의적 특성을 중세사회 속에서 찾아낸다. 땅에 대한 중세기사들의 끝없는 소유욕은 기업가들의 이윤추구와 다를 바 없고 제후국들 간의 경쟁은 기업들 간의 경쟁과 다를 바 없다. 엘리아스의 서술을 통해 우리에게 전달되는 중세사회의 역동성은 자족과 정체로 성격지어지는 전근대적 경제의 이미지를 와해시켜버린다. 엘리아스의 역사 모델에서 자본주의는 근대적 현상이 아니라, 이미 중세사회에서 시작된 사회분화의 산물이다. 이런 관점으로 인해 그의 이론에는 진화론의 낙인이 찍히게 된다. 그러나 그가 역사의 흐름에서 발견해내는 법칙성은 결코 고정된 도식이 아니며 직선적인 것은 더더구나 아니다. 엘리아스의 과정 모델은 고정된 법칙을 따르는 목적론적 역사과정 또는 예측불가능한 무질서의 이원론에서 벗어날 수 있는 길을 제시해준다. 역사적 발전이 우연과 함께 체계적 질서를 가진 연관성들의 산물이라는 점은 구체적인 역사서술에서 분명하게 드러난다.

둘째, 엘리아스가 그려내는 국가의 사회발생사를 통해 우리는 경제와 대립하고 시장의 맹목적 힘에 대항하는 '자기보호'의 장치와 정치영역으로 이해되는 국가는 현대적 의미의 국가일 뿐이라는 사실을 알게 된다. 즉 국가의 기능은 변하는 것이다. 중세 유럽에서 경제와 군사정치영역은 상이한 기능을 수행하는 분리된 두 영역이 아니었다. 생산의 주요수단인 땅은 곧 군사력을 의미했고 따라서 땅을 얻기 위한 경쟁은 경제적 행위인 동시에 정치적인 행위였다. 물리적 폭력행사의 독점과 경제적 소비, 생산수단의 독점은 서로 불가분의 관계를 맺고 있어 하나는 토대로, 다른 것은 단순한 '상부구조'로 간주될 수 없다는 점을 엘리아스의 국가형성이론은 설득력 있게 보여준다. 국가는 경제에 종속된 부차적인 영역으로서, 국가조직의 기능은 기업가계급에게 봉사하는 것일 뿐이라는 마르크스적 국가관은 조야한 경제주의적 단순화임이 명백하게 드러난다. 셋째, 국가형성과정은 단순히 한 통치단위 내부에만 국한된 과정이 아니다. 국가의 발생은 내부적 역학뿐만 아니라 외부의 역동성에도 달려 있다. 엘리아스는 국가의 발생을 복합적인 관계의 관점에서 해석하여 절대국가를 외부적으로 통치단위들이 서로 벌이는 권력투쟁의 산물로, 내부적으로 서로 의존하는 동시에 대립하는 여러 계급들 간의 권력이동의 결과로 서술한다. 다시 말하면 엘리아스는 투쟁, 경쟁, 권력을 사회발전의 원동력으로 간주하는 것이다. 여기서 권력은 행위자의 특성이 아니라 모든 인간관계의 구조적 속성으로 이해된다. 이런 점에서 엘리아스는 베버와 일치한다. 그러나 베버는 권력을 "사회적 관계 안에서 저항에 맞서 자신의 의지를 관철할 수 있는 모든 기회"로 정의하면서 의지를 관철하여 '권력을 가진' 자와 저항이 꺾여 '권력이 없는' 자를 암묵적으로 설정하는 반면 엘리아스는 권력을 대립적 관계뿐만 아니라 상호 의존성의 관계로 파악한다. 엘리아스의 관점에서 절대주의 군주는 단순히 신하들 위에 군림하면서 절대적인 권력을 휘두르는 자가 아니라 기능적으로 신하들에게 의존하고 있는 자이다. 중세의 봉건군주와 비교하여 절대주의 군주의 권력이 무제한적으로 보이는 것은 왕권 메커니즘의 전개에서 밝혀진 바와 같이 조절하고 규제하는 왕 기능의 중요성이 통치세력 내부의 구조로 인해 최고치에 이르렀기 때문이다.

박미애

전문번역가

옮긴이 박미애는 연세대 독문과를 졸업하고 독일 아우크스부르크 대학에서 사회학 석사 및 박사학위를 받았다. 저서로는 *Patriarchat durch konfuzianische Anstandsnormen*, 『인간복제에 관한 철학적 성찰 – 슬로터다이크 논쟁을 중심으로』(공저)가 있다. 역서로는 한길사에서 펴낸 노르베르트 엘리아스의 『문명화과정』, 『기득권자와 아웃사이더』를 비롯해, 한나 아렌트의 『전체주의의 기원』(공역), 뮈겐의 『막스 베버: 사회학적 사유의 길』, 하버마스의 『새로운 불투명성』, 히르슈의 『로자 룩셈부르크』, 슬로터다이크의 『인간농장을 위한 규칙』(공역), 『냉소적 이성 비판』(공역) 등이 있다.

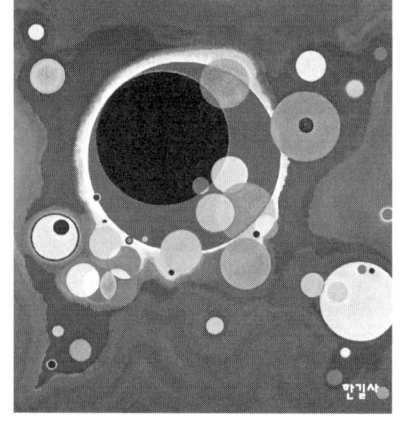

불안의 개념

쇠렌 키르케고르 지음 | 임규정 옮김 | 432쪽

▷ 저자의 다른 작품
『죽음에 이르는 병』(GB 90)

▷ 역자의 다른 번역 작품
『죽음에 이르는 병』(GB 90)

"나는 아무것도 설명할 수 없으며, 특히 내 자신을 전혀 설명할 수 없다. 내가 보건대 모든 존재는 죄로 물들어 있다. 그 중에서도 내 자신은 더욱 그렇다. 나의 슬픔은 엄청나며 끝이 없다. 오직 하늘에 계시는 하느님만이 그것을 아실 것이다. 아무도 나를 위로하려고 하지 않는다. 하늘에 계시는 하느님 이외에는 아무도 나를 위로할 수 없다." "내 아버지가 나의 영혼에 채워넣었던 불안을, 아버지 자신의 무서운 우울을, 그리고 운명을 나는 여기에 적을 수도 없다. 나는 그리스도교에 대한 불안에 빠졌다. 그런데도 그 불안에 저항할 수 없는 매력을 느꼈다."

인간 정신의 철학자 키르케고르. 그는 이처럼 유년 시절부터 유난히 불안에 시달렸으며 전 생애를 통해서 불안과 동거하다시피 했다. 비길리우스 하우프니엔시스라는 익명으로 발표된 『불안의 개념』은 철학사에서 그 유례를 찾아보기 힘들 만큼 실험성이 강하고 독창적이며, 단순히 이성에만 호소하는 것이 아니라 영혼에까지 호소하는 특징을 지닌다.

이 책은 저자 자신의 개인사에 깊은 뿌리를 두고 있는데, 여기에는 그의 심층적 정서가 형상화되어 있다. 그것은 한마디로 말하면 무(無)에서 비롯되는 존재론적 불안이라고 할 수 있다. 이 '무의 불안', 즉 미래로 정향되어 있는 의미심장한 불안, 모든 인간의 내면에 있는 본래적 요소인 불안을 처음으로 다루고 있는 것이 바로 이 책『불안의 개념』이다. 그의 삶에서 가장 근원적인 것이며, 평생 그의 마음을 뒤덮고 있던 관심사인 바로 이 '불안'이 그가 자신의 작품에서 원죄의 교의를 심리학적으로 다루는 계기로 작용한다.

쇠렌 키르케고르(1813~55)

쇠렌 키르케고르(Søren Aabye Kierkegaard)는 종교적으로 매우 신실하면서도 극도의 우울증에 사로잡혀 있던 아버지의 성격을 그대로 물려받았다. 암울한 유년 시절을 보낸 그는 17세에 아버지의 권유로 코펜하겐 대학 신학과에 입학했지만 초기에는 학업을 게을리하다가, 1838년 아버지와 스승인 묄러 교수가 세상을 떠나자 큰 충격을 받고 학업에 전념하여 2년 만에 신학사 자격시험에 통과한다.

그는 1840년 평생의 애인인 레기네 올센을 만나 약혼을 하는데, 그녀와의 사랑은 키르케고르의 지나친 불안과 우울 탓으로 결실을 맺지 못하고 만다. 1841년 레기네와 파혼한 직후 베를린으로 간 그는 베를린 대학에서 '신화와 계시의 철학'이라는 셸링의 강의에 참석하여 감명을 받는다. 1842년 코펜하겐으로 돌아온 후 반-헤겔주의적 저술 및 라이프니츠, 데카르트, 아리스토텔레스 등의 철학에 큰 관심을 기울인다. 특히 트렌델렌부르크와 텐네만의 저술을 집중적으로 연구하고 이들을 통해서 아리스토텔레스 사상에 대한 통찰력을 얻게 된다.

1843년 5월 그의 대표작이자 실존주의 철학의 탄생을 알리는『이것이냐 저것이냐』를 시작으로 실존의 영역들을 다룬『반복』『두려움과 떨림』등을 익명으로 발표한다. 1844년에는 심리학에 관한 저서『불안의 개념』을, 그리고 소크라테스와 역설적 그리스도교에 관한『철학적 단편』을 익명으로 발표한다. 1846년에는 그의 마지막 주저인『철학적 단편에 대한 결론으로서의 비학문적 후서』를 발표했는데, 이 작품으로 그 심미적 저술 활동은 완결된다. 그밖에도 그의 대표적인 기독교적 저작들인『사랑의 역사(役事)』『그리스도교적 강화집』『죽음에 이르는 병』등을 발표하다가, 1855년 마흔넷의 나이로 프레데릭 병원에서 외롭게 세상을 떠났다.

불안의 변증법적 규정들

순진함(순결)은 무지이다. 순진한(순결한) 상태에서 사람은 정신으로 규정되어 있지 않으며, 다만 자신의 자연적 조건과의 직접적 통일 안에서 영적(靈的)으로 규정되어 있다. 인간에게 있는 정신은 꿈을 꾸고 있다. 이런 견해는 성서의 견해와 완전히 일치하는바, 성서는 순진한 상태에서의 인간에게는 선악의 차이에 대한 인식이 결여되어 있다고 주장함으로써 공덕에 관한 모든 카톨릭적 공상을 물리쳐버린다.

이런 상태에는 평화와 안식이 있다. 그렇지만 거기에는 어떤 다른 것도 또한 있는데 이는 싸움이나 다툼은 아니다. 왜냐하면 거기에는 싸워야 할 대상이 없기 때문이다. 그러면 그것은 무엇인가? 무(無, Nichts)이다. 그런데 무는 어떤 작용을 하는가? 무는 불안을 낳는다. 순진함은 동시에 불안이라는 사실, 바로 이 사실이 순진함의 심오한 비밀인 것이다. 꿈꾸면서 정신은 자기 자신의 현실성을 투영한다. 그러나 이런 현실성은 무이다. 그리고 순진함은 끊임없이 이런 무를 자신의 바깥에서 본다.

불안은 꿈꾸는 정신에 대한 일종의 규정이다. 그리고 그 자체로서 불안은 심리학에 속하고 있다. 깨어 있을 때, 나 자신과 나의 타자 사이에는 차이가 성립된다. 잠들어 있을 때 이 차이는 일시 보류된다. 꿈꿀 때 그 차이는 일종의 암시되는 무가 되고 만다. 끊임없이 정신의 현실성은 자신의 가능성을 유혹하는 형태로 나타난다. 그러나 정신이 자신의 가능성을 붙잡으려고 하는 순간, 바로 그 순간에 정신의 현실성은 사라져버린다. 그런즉 정신의 가능성은 불안을 초래할 수 있을 따름인 일종의 무에 불과하다. 정신의 가능성이 그저 자신을 나타내기만 하는 한 그 가능성은 그 이상을 할 수가 없다. 그렇기 때문에 불안은 일정한 무엇을 가리키는 공포나 혹은 공포와 유사한 개념들과는 전혀 다르다는 것을 지적하지 않을 수 없다. 이런 것들과는 달리, 불안은 동물에게서는 찾아볼 수 없다. 왜냐하면 본래 동물은 정신으로 규정되어 있지 않기 때문이다.

불안에 대한 변증법적 규정들을 고찰할 때, 우리는 바로 이 규정들이 심리학적 양의성을 지니고 있다는 것을 알게 된다. 불안은 공감적 반감이며 반감적 공감이다. 이것은 우리가 앞에서 살펴본 과도한 욕망과는 완전히 다른 의미에서의 심라학적 규정이라는 사실을 사람들은 아마 쉽게 알 수 있을 것이다. 언어학적 용법은 이것을 완벽하게 확증해준다. 사람들은 어떤 달콤한 불안, 결코 싫지 않은 불안함에 관해서, 그리고 어떤 낯선 불안, 수줍은 불안 등등에 관해서 이야기한다.

순진함(순결)에서 정립되는 불안은 첫째로 허물(죄책)이 아니다. 그리고 둘째로 그것은 그 어떤 골치 아픈 짐이 아니며, 순진함(순결)이라는 행운과 어우러질 수 없는 고통도 결코 아니다. 아이들을 관찰할 때, 이런 불안이 모험적인 것, 괴상한 것, 그리고 수수께끼 같은 것에 대한 어떤 동경(憧憬)으로서 훨씬 구체적으로 암시되어 있음을 발견할 것이다. 이런 불안이 존재하지 않는 아이들이 있다는 것이 무엇을 입증하는 것은 아니다. 왜냐하면 짐승들에게도 불안은 존재하지 않기 때문이다. 정신이 덜하면, 불안도 덜하다. 이런 불안은 본래 아이에게 속하기 때문에 아이는 불안 없이 지낼 수 없다. 이 불안은 아이를 불안하게 만들면서도,

키르케고르가 레기네 올센에게
보낸 편지

또한 자신의 달콤한 불안의 감정으로 아이를 사로잡는다. 어린애 같은 요소가 꿈꾸는 정신의 상태로 보존되어 있는 문화권에는 어김없이 이런 불안이 존재한다. 불안이 깊으면, 그 문화도 깊어진다. 오로지 평범한 우둔함만이 이것을 일종의 혼란이라고 주장한다. 여기에서 불안은, 자유가 역사적으로 불완전한 형태들을 겪은 뒤 가장 심오한 의미로 자신에게 다가올 때인, 훨씬 나중 시기의 우울과 똑같은 의미를 지니고 있다.

자신의 대상에 대한, 무(無)인 어떤 것에 대한 불안의 관계가 전적으로 양의적인 것처럼, 순진함(순결)에서 허물(죄책)로 바뀌는 이행은 지극히 변증법적일 것이기 때문에, 우리는 그 설명이 마땅히 심리학적인 것이어야 함을 알 수 있다. 질적 비약은 모든 양의적인 것의 바깥에 있다. 그러나 불안을 통해서 허물있게(죄를 짓게) 되는 사람은 정말로 순진하다(순결하다). 왜냐하면 그를 붙잡았던 것은 그 자신이 아니라 불안이었으며, 어떤 낯선 힘, 그가 사랑한 게 아니라 오히려 불안을 느낀 어떤 힘이었기 때문이다. 그러면서도 그는 허물 있는(죄지은) 자이다. 왜냐하면 그가 불안 속에 빠졌기 때문인데 그는 이러한 불안을 한편으로는 두려워하면서도 다른 한편으로는 사랑했다. 이보다 더 양의적인 것은 이 세상에 없을 것이다. 그렇기 때문에 이것은 유일한 심리학적 설명이다.

『불안의 개념』 제1장 제5절 「불안의 개념」

개인의 영혼에 호소하는 심오한 삶의 철학

우리는 철학의 역사를 빛내고 있는 수많은 철학자들을 목격한다. 그들을 구분하는 한 가지 방식은 어떤 철학자의 사상이 개인의 일상적 삶과 얼마나 가깝고 또 얼마나 먼지를 생각해 보는 것이다. 즉 개인이 이런 저런 철학자들의 견해들을 받아들일 때 그 결과 어떠할지를 따져보는 것이다.

이런 방식으로 철학자들을 바라볼 때, 우리는 하나의 스펙트럼을 갖게 된다. 이 스펙트럼의 한쪽에는 아리스토텔레스, 라이프니츠, 화이트헤드, 카르나프 등의 위대한 철학 체계들이 놓이게 된다. 그들의 관심은 자연철학, 정치이론, 논리학과 과학의 기초에 이르기까지 다양하다. 하지만 그들은 모두 개인의 삶을 도외시한다는 공통점을 지니고 있다. 물론 아무도 이들의 위대한 영향을 부정할 수는 없다. 그러나 개인으로서 우리들은 그들의 영향을 오직 간접적으로만 경험할 뿐이다. 말하자면 우리들은 그들이 과학, 종교, 정치학, 그리고 학문적 원리들의 제도화된 장치들을 통해서 여과된 다음에라야 비로소 그들의 철학과 접촉할 수 있다는 말이다.

스펙트럼의 다른 한쪽에는 일상적 삶의 근심, 이유를 알 수 없는 불안, 신화, 그리고 가치에 관해 직접적이고도 구체적으로 이야기하는 한 무리의 또 다른, 위대한 통찰력을 지닌 철학자들이 놓이게 된다. 예를 들어, 에픽테토스, 니체, 카뮈, 시몬 베유 등이 여기에 포함될 것이다. 이들은 결코 철학의 일반적 문제들을 무시하지 않는다. 그들은 다만 구체적이고 일상적이며 개인적인 삶과 관련된 문제를 명료하게 하기 위해서 필요한 범위 내에서 그것들을 다룰 뿐이다.

이 가운데 키르케고르는 그 어디에도 속하지 않는다. 그는 헤겔류의 범논리주의자도 아니며, 그렇다고 니체와 같은 허무주의자도 아니다. 키르케고르는 니체처럼 범논리주의를 거부하면서도 니체와는 달리 진리가 존재한다는 투철한 확신을 가지고 진리를 전달하려고 노력했다. 이런 그의 독특한 철학은 개인에 대한 완전히 새로운 견해, 새로운 접근 방법, 그리고 영혼에 호소하는 태도로 나타났다.

이런 스펙트럼을 혼동하게 되면, 삶의 진리에 대한 통찰을 구할 때 엉뚱한 곳에서 헤매게 되는 결과를 낳는다. 철학자들은 지혜의 사상가들이며, 사람들은 지혜를 필요한 것이라고 생각한다. 그렇기 때문에 사람들은 라이프니츠의 『단자론』의 매력적이지만 불만족스러운, 게다가 난해하기까지 한 체계에 도전하는 것이다. 물론 이 작품에는 풍부한 철학적 재기가 담겨 있다. 그러나 이 작품의 관심은 17세기의 형이상학이지, 일상적 삶에 대한 철학적 문제는 아니다. 마찬가지로, 자신의 불안을 해소하기 위해서 프로이트의 '불안의 문제'에 대한 연구를 뒤적이는 사람들은 낙담한 채 돌아서지 않을 수 없을 것이다.

사실, 철학사는 우리 문명이 얼마나 커다란 지혜를 축적해 왔는가 하는 것을 우리에게 생생하게 보여주고 있다. 그러나 동시에 우리는 지금까지 개인의 삶에서 지혜가 얼마나 결여되어 왔는가도 인정하지 않을 수 없다. 그런 까닭에 우리에게 주어진 과제는 지혜를 어디에서, 그리고 어떻게 찾을 수 있는지에 대해 지금 이 자리에서 진지하게 고민하는 일이다. 그렇지 않으면 혼란만 가중될 뿐이다.

지혜의 특징은 물음의 핵심에 놓여 있는 관심사를 향해 열정적으로 돌진하는 것이다. 지혜는 일상에서 시작해서, 심오한 것으로 나아갔다가, 다시 일상으로 되돌아온다. 일단 이 과정을 거치게 되면, 우리는 탐구여행의 교훈을 실천할 수 있는 경지에 도달한 셈이다. 그렇다면 열쇠는 개인이 자신의 삶에 관해 지혜롭게 이야기하는 데 있다. 이것이 키르케고르가 채택한 과제이며, 또 그가 다른 철학자들보다 훌륭하게 수행한 과제이다. 그는 겁쟁이처럼 사는 사람들에게 그렇게 살지 말라고 촉구한다. 소크라테스의 위대한 찬미자였던 그는 소크라테스가 평생 동안 그렇게도 힘주어 강조했던 '자기 이해'가 얼마나 중요한지를 깨닫고 있었다. 그리스 사람들은 자신을 알기를 원하지 않았다. 그러므로 소크라테스의 과제는 그리스인들의 탐구를 도와주는 것이었다. 소크라테스는 자신의 과제가 어떤 새로운 이념들을 제시한다는 의미뿐 아니라 주체적으로 스스로를 열도록 그리스인들을 (나아가서 모든 사람들을) 인도한다는 의미도 지니고 있다는 것을 알았다. 그러므로 문제는 앎의 문제일 뿐만 아니라 의지의 문제이기도 했다. 그렇다면 키르케고르에게 중요한 것은 가르치는 것이 아니라 전달하는 것이었다. 플라톤의 비유를 들어 말하자면, 이런 과제는 그의 독자들에게 그저 동굴(자기에 대한 무지)의 출구를 보여주는 것이 아니라 동굴에서 떠날 수 있는 용기를 주는 것이었다.

그는 진리를 어떻게 전달하려고 했을까? 진리를 직접 전달하는 것이 불가능하다면, 간접 전달말고는 다른 방법이 있을 수 없을 것이다. 그는 자신의 모든 작품을 진리를 간접적으로 전달하는 매체로 삼았다. 그 결과 그의 저작은 철학사에서 그 유례를 찾아보기 힘들 만큼 실험성이 강하고 독창적이며, 단순히 이성에만 호소하는 것이 아니라 영혼에까지 호소하는 특징을 지니게 되었다. 혹자는, 그렇다고 해도, 키르케고르 역시 철학의 한 유파가 아니냐고 반문할지도 모르겠다. 당연히 제기될 수 있는 반문이다. 이런 반문에 대해서 옮긴이는 키르케고르가 철학을 넘어서라고 가르친다는 사실을 지적하는 것으로 대답을 대신하고 싶다.

철학을 넘어서기 위해서, 키르케고르는 자신의 앞에 우뚝 솟아 있는 철학의 산봉우리들을 타고 오른다. 아니, 엄밀하게 말하자면, 그것들을 밀어버린다. 그리고 예전에 산봉우리가 있던 자리는 빈 자리로 남겨둔다. 이 점이 바로 키르케고르의 심오한 대목이다. 그래야 산봉우리에 가려서 보이지 않던 저 너머가 보이기 때문이다. 그렇다고 그가 앞선 철학자들과 아무 상관없이 철학을 했다는 말은 아니다. 오히려 그는 자신에게 필요한 개념들을 앞선 철학자들에게 빌려와서 자기 나름대로 재규정하였다. 그리고 이렇게 재규정된 개념들을 가지고 저 철학의 고봉준령들을 그 근저에서부터 동요시켰던 것이다.

임규정

군산대 교수 · 철학

옮긴이 임규정은 전북 전주에서 태어나 고려대학교 철학과를 졸업했으며, 같은 학교 대학원에서 석사학위를 받았다. 세인트 올라프 대학 키르케고르 도서관 객원 연구원을 지냈고, 지금은 군산대학교 철학과 교수로 있다. 저서로는 『헤겔에서 리오타르까지』 등이 있으며, 역서로는 한길사에서 펴낸 쇠렌 키르케고르의 『불안의 개념』 『유혹자의 일기』(공역), 『죽음에 이르는 병』을 비롯하여, 페터 로데의 『키르케고르, 코펜하겐의 고독한 영혼』, 패트릭 가디너의 『키르케고르』, 아르투르 슈니츨러의 『카사노바의 귀향』 등이 있다. 논문으로는 「키르케고르의 실존구조」 「키르케고르의 자기의 변증법」 「'철학적 단편'에서 분석되고 있는 가능성과 필연성에 대한 고찰」 「'불안의 개념'에 대한 일 고찰」 등이 있다.

마누법전

이재숙 · 이광수 옮김 | 536쪽

▷ 역자의 다른 번역 작품
『우파니샤드 1, 2』(GB 20, 21, 이재숙 옮김)

『마누법전』은 편찬된 이래 2천 년 가까운 시기 동안 인도 사회를 형성하고 지탱하는 법의 제1의 모본 역할을 해왔다. 또한 인도 땅에서 이루어진 모든 사회 행위에 대한 재가와 승인의 원천이었으며, 인도 최초 최고의 민사·형사 법률이었다.

『마누법전』은 중국 사회에서 사서삼경(四書三經)이나 히브리 사회에서 모세의 율법만큼 혹은 그 이상으로 높은 비중을 차지하고 있을 뿐 아니라 세계 법제사에서 『함무라비법전』과 어깨를 나란히 할 만한 역사성을 가지고 있다. 뿐만 아니라 인도 바깥으로 전파되어 미얀마나 인도네시아 같은 나라에서도 오랫동안 정치·사회의 질서 형성에 지대한 영향을 끼쳐왔다.

『마누법전』은 종교·사회·정치·경제를 둘러싼 고대 인도인의 복합적인 생활양식을 잘 드러내고 있는 권위 있는 성전으로, 전체 열두 개의 장, 2,683개의 절로 구성되어 있다. 『베다』와 『우파니샤드』가 추상적이고 형이상학적으로 사회·우주관을 다루고 있는 데 비해, 이 책은 그것을 구체적이고 실용적인 개념으로 실체화시키고 있는 것이 특징이다.

여기에는 힌두의 가족관계, 삶의 가치관, 카스트, 성(性)관념, 종교적 이상, 재산관, 정치관계, 법체계, 정(淨)과 오염의 개념, 정화욕을 비롯한 여러 의례, 사회 규범, 출가인과 세속인의 관계 등 풍부한 자료가 담겨 있어 고대 인도에 관한 가장 중요한 사료일 뿐만 아니라, 귀중한 정보를 제공해주는 백과사전이라 할 만하다. 무엇보다도 『마누법전』의 의의는 다르마의 구체적 형상화에서 찾아볼 수 있다. 추상적이고 형이상학적이로 설정된 사회·무주관을 다르마라는 구체적인 개념으로 실체화시킨 이 책보다 인도 사회에 더 큰 영향을 발휘한 문헌은 없을 것이다.

『마누법전』은 총 열두 개의 장(章)으로 이루어져 있는데, 그 장은 편찬자가 임의로 구분한 것이며, 각 장이 뚜렷한 주제를 가지고 있다고 보기는 어렵다. 또 사회를 이루는 네 신분과 혼종신분을 언급하고는 있지만 전체적으로 브라만을 그 중심에 두고 있어서 다른 신분들의 삶의 양태는 상세히 언급하고 있지 않다.

제1장은 법전 전체의 서문에 해당된다. 우주의 창조와 그 과정을 소개함으로써, 『마누법전』이 가지는 의의와 권위를 강조하고자 하였다. 제2장부터는 '다르마'를 기준으로 사회구성원들의 역할과 의무를 규정함과 동시에, 모든 구성원들의 모본이 되는 브라만의 삶의 양식을 하나하나 열거한다. 제6장까지 인생주기와 정화 등을 주제로 모범적인 삶의 양식을 소개한 후, 제7장, 제8장, 제9장을 통해 왕의 다르마를 정의하고, 소송이 제기되는 경우를 들어 각기 그 해결책을 제시한다.

이 과정에서 왕의 역할은 다르마의 수호를 위해 매우 중요한 것으로 여겨진다. 『마누법전』이후 사법(司法) 부분은 다르마 문헌에서 가장 중요한 주제로 자리잡아감으로써『마누법전』은 사법 부분에 관한 한 원천의 위치를 차지하게 되었다.

제10장에서는 신분간의 혼혈로 인해 생기는 혼종신분들의 사회적 위치와 의무에 대해서, 제11장에서는 각자에게 주어진 올바른 삶의 방법을 어기고 범법을 한 자들의 속죄법을 다룬다. 마지막 제12장에서는 '다르마'가 개개인의 삶 가운데 어떻게 작용하는지를 까르마와 윤회를 통해 인식시키고, 마누의 가르침을 그대로 잘 따르는 것 또한 좋은 과보를 얻는 길이라고 결론짓고 있다.

입문의식

[36] 브라만의 입문의식(upanānayana)은 어머니 뱃속에 든 지 8년째에, 끄샤뜨리야는 11년째에, 바이시야는 12년째에 행한다.

[37] 브라흐만에 대한 총기를 바라는 브라만이라면 5년째 되는 해에, 힘을 바라는 끄샤뜨리야는 6년째 되는 해에, 재물을 바라는 바이시야라면 8년째에 (행한다.)

[38] 사위뜨리(Sāvitri)는 (의식 치를 기회를) 브라만은 16세를, 끄샤뜨리야는 22세를, 바이시야는 24세를 넘기지 않도록 하셨다.

[39] 누구든 이 정해진 때에 의식을 치르지 못하면, 사위뜨리 신으로부터 버림받아 아리야(Ārya)들의 사회에서 비난을 받으며, 브라띠야라고 불리게 된다.

[40] 브라만은 앞에서 언급한 그 깨끗한 법도를 따르지 않는 브라만들과는 절대로 브라흐만의 관계나 성적인 관계를 갖지 말라.

시물로 받은 음식의 음용

[51] 시물로 받은 음식은 숨김없이 스승(guru) 앞에 내놓고 스승에게 허락을 얻어 입을 헹군 후 동쪽을 향하고 정(淨)한 마음으로 먹어야 한다.

[52] 왜냐하면 동쪽을 향하고 음식을 먹으면 장수를, 남쪽을 향하고 먹으면 명예를, 서쪽을 향하고 먹으면 부(富)를, 북쪽을 향하고 먹으면 진리를 얻게 되기 때문이다.

[53] 재생자들은 음식을 먹을 때, 항상 입을 헹군 뒤 마음을 집중하도록 하라. 식후에도 입을 잘 헹구고 (얼굴의) 모든 구멍들을 물로 축이라.

[54] 항상 음식을 경배하고, 먹으면서 불평하지 말고, 음식을 보면 기쁜 마음으로 받아들이고, 어디서든 음식을 저주해서는 안된다.

[55] 이렇게 취한 음식은 항상 힘과 기력을 늘이는 것이 된다. 그러나 예배하지 않고 먹은 음식은 그 힘과 기력을 줄인다.

[56] 자신이 입을 댄 음식은 누구라도 먹게 하지 말고, 또 자신도 다른 사람이 입을 댄 음식은 먹지 말라. 과식은 하지 말 것이며, 먹으면서 돌아다니지 말라.

[57] 과식은 병이 들게 하고, 장수하지 못하게 하며, 천상으로 가지 못하게 하고, 덕을 쌓지 못하게 한다. 세상이 비난하는 바이니 과식하지 말라.

[58] 브라만은 언제나 (손의 부분 중에) 브라흐만의 성지 혹은 쁘라자빠띠(Prajāpati)의 성지 혹은 신들의 성지로 물을 축일 것이며, 조상들의 성지 부분으로는 물을 축이지 말라.

[59] 엄지손가락의 뿌리 부분은 브라흐만의 성지, 새끼손가락의 뿌리 부분은 브라흐마 신의 성지, 다른 손가락의 끝부분들은 그외 다른 신들의 성지, 엄지와 검지 그 중간은 조상들의 성지라고 한다.

[60] 먼저 물을 세 번 삼키고 입을 두 번 행군 후 (얼굴의) 구멍과 (몸 가운데) 아뜨만의 자리, 머리에 물을 축이라.

[61] 다르마를 아는 자, 정(淨)하게 되고자 하는 자는 한적한 곳에서 동쪽이나 북쪽을 향하면서 손의 성지 부분으로 너무 뜨겁지도 너무 차갑지도 않은 물로 입을 헹구라.

[62] 브라만은 그의 심장까지 들어온 물로 정화되고, 끄샤뜨리야는 목구멍까지 들어온 물로 정화되고, 바이시야는 입까지 들어온 물로 정화되며, 슈드라는 입술에 닿는 물로 정화된다.

재생자의 학습

[68] 재생자들이 성사로 치르는 의식은 그들이 진정 재생자임을 알리는 것이니, 이제 그들

베다 학습을 하는 스승과 제자

이 행할 바에 대해 알도록 하라.

〔69〕 입문의식을 치르고 난 뒤, 스승은 제자에게 가장 먼저 몸을 정(淨)하게 하는 법, 행동거지, 아그니에게 바치는 의식, 해 저물 때 하는 예배를 가르치라.

〔70〕 학습을 시작하려는 자는 옷을 가볍게 입고, 감각을 절제하고, 법도에 따라 북쪽을 향하면서 물로 입을 헹구고 브라흐만에 대한 경배(brahmañjalī)를 해야 학습할 준비가 갖춰지는 것이다.

〔71〕 브라흐만을 시작할 때와 마칠 때 제자가 고개 숙여 스승의 발에 손을 대고 나서 두 손을 모아 (경배)하니 이것을 브라흐만에 대한 경배라고 한다.

〔72〕 양손을 엇갈리게 하여 스승의 발끝에 대는데, 왼손으로 스승의 왼발, 오른손으로 오른발을 대어 경배한다.

〔73〕 제자는 항상 '학습하라'는 스승의 말씀에 따라 게으름 피우지 말고 학습을 시작하고, 스승이 '그만하라'고 말씀하시면 학습을 그만한다.

부드러운 말씨와 바른 자태

〔159〕 제자들을 훈련하는 데 있어 폭력을 쓰지 않는 것이 좋으니, 다르마의 구현을 원하는 (스승)이라면 말씨를 부드럽게 하라.

〔160〕 마음과 말씨가 깨끗하고 항상 바른자태를 가진 자, 그러한 자는 결국 베단따를 넘어섬으로써 그 구하는 모든 과보를 얻는다.

〔161〕 스스로 괴로울지라도 어느 누구에게도 마음에 상처를 주는 일은 없게 하라. 어느 누구에 대해서도 적의를 품지 말 것이며, 어느 누구에 대해서도 거친 말을 하지 말라.

『마누법전』 제2장 「학습자의 다르마」

고대 인도의 사회와 문화를 아우르는 최고의 법전

『마누법전』의 핵이자 정수이며 인도 사상의 전영역에 걸쳐 가장 중심이 되는 사상은 다르마일 것이다. 모든 힌두 법전은 이 다르마를 중심으로 하여 2,500년 이상 전개해 오고 있다. 이는 다르마가 힌두 사회의 시간과 공간에 대하여 보편성과 영원성을 가진다는 의미이면서 또한 힌두 사회를 유지하는 중심 축을 이루고 있다는 의미이다. '다르마'(dharma)는 '지탱하다', '지키다', '지원하다', '이루다', '부양하다'란 뜻을 가진 어근 드리(dhṛ)에서 파생되어 '인간의 이상적인 행동거지를 규정하는 규범', '인륜을 실현하기 위한 행위 규범' 등을 뜻한다. 따라서 그것은 '법', '의무', '관습', '종교', '도덕', '정의', '자연의 법칙', '보편적 진리' 등으로 번역된다.

다르마라는 것은 창조자에 의해 창조되었기 때문에 선험적인 것이고 따라서 다르마에 의해 규정된 삶의 가치 또한 이미 절대 존재에 의해 결정된 것으로 인식될 수밖에 없다. 따라서 사람들은 다르마를 반드시 지켜야 하는 적극적인 동기와 의무를 다르마 중심의 세계관으로부터는 찾을 수가 없었을 것이다.

이를 법개념의 관점에서 보다 구체적으로 볼 때 다르마는 모든 법의 판결에 기준이 되는 당위적 표준이 된다. 인도 법의 세계에서 다르마보다 더 높은 것은 없다. 그래서 고대 인도인들은 다르마를 진리라고 불렀으며 만약 어떤 사람이 무엇이 진리인가를 밝히면 그것은 곧 다르마를 밝히는 것이고, 다르마를 밝히는 것은 곧 진리를 밝히는 일이라고 이해했던 것이다. 그들에게 진리와 다르마는 결국 동일한 것이었으므로, 다르마의 개념은 다분히 종교법적인 성격이 강했다고 할 수 있다.

이러한 법의 개념은 다른 문화권에서의 그것과 비교해 볼 때 매우 독특한 위치를 차지하고 있다. 이 개념을 이해하지 못하는 다른 사람에게 다르마는 매우 불분명하고 혼란스럽게까지 보일 수도 있지만 다르마 법 안에서 생활하는 당사자들에게 이는 그 어떤 법보다도 경외스런 우주의 원리를 따르는 명확한 길로서 인식된 것이다.

이와 같이 다르마는 윤리를 중심으로 하여 종교·사회·정치에 관해 법의 함축적 의미를 갖고 있는 데 반해 이러한 포괄적인 뜻을 담는 어휘를 우리는 가지고 있지 않기 때문에 이에 관한 정확한 뜻은 문맥에 맞추어 살펴볼 수밖에 없다. 『마누법전』이 인도인들에게 그리고 나아가 우리에게 보여주는 법으로서의 의미는 바로 이 다르마의 상황에 따른 의미에 따라서 이루어진다. 따라서 우리말로 옮겨진 말 속에는 '본래의' 혹은 '마땅히 지켜져야 할'이라는 정당성의 의미가 포함되어 있음을 유념해야 한다.

그렇다면 이러한 다르마는 어떻게 발달해 왔는가? 인도 사회가 아직 고대 사회 단계로 발달되지 못한 후기 베다 시대의 반(半)유목 부족 사회에서는 리따(rta)라는 법의 개념이 통용되었다. 리따는 인간들의 세계와 신들의 세계를 통괄하는 우주 질서의 여러 가지 양상을 규제하고 관장하는 최고법의 의미를 가지고 있는 것으로 윤리적 질서, 정의나 진리의 내재를 뜻하는 것이었다. 따라서 이는 도(道), 천칙(天則), 순리(順理)와 같은 개념이었다.

베다 사회는 기원전 10세기경부터 철기 도구의 광범위한 도입과 사용으로 인해 정착 사회로 변화하고 이에 사회가 계급으로 뚜렷이 구분되고 물질문화가 발달하면서 이를 둘러싼 정치·사회·경제가 복잡하게 되었다. 이와 같은 시기로 접어들면서 부족사회의 질서를 관장하던 리따의 위치는 점차 쇠퇴하고 그 위치를 신분(varṇa)과 인생기(aśrāma)를 중심으로 엮은 다르마의 개념이 차지하였다. 이 세 개념은 바르나슈라마다르마(varṇāśrāmadhārma)라는 하나의 복합 개념으로 발달하면서, 브라만 사회를 유지하기 위한 최고의 틀임과 동시에 개인 완성의 최고 가치로 자리잡았다.

『마누법전』은 인도의 다른 많은 문헌들과 마찬가지로 편찬 연대와 편찬자를 정확히 알 수 없는데다가 때때로 논지의 일관성이 결여되어 있는 등의 문제를 안고 있는 것이 사실이다. 하지만 그렇다고 해서 『마누법전』이 가지고 있는 역사적 의의가 결코 무시되거나 축소될 수는 없다. 그것은 일차적으로 『마누법전』이 편찬된 이래 2천 년에 가까운 시기 동안 인도 사회를 형성하고 지탱하는 법의 제1의 모본 역할을 해 왔기 때문이다. 『마누법전』은 인도 땅에서 이루어진 모든 사회 행위에 대한 재가와 승인의 원천이었으며 인도 최초 최고의 민사·형사 법률이었다.

그것은 중국 사회에서 사서삼경(四書三經)이나 히브리 사회에서 모세의 율법만큼 혹은 그 이상으로 높은 비중을 차지하고 있을 뿐 아니라 세계 법전사에서 함무라비 법전과 어깨를 나란히 할 만한 역사성을 가지고 있기도 하다. 뿐만 아니라 『마누법전』은 인도 바깥으로 전파되어 미얀마나 인도네시아 같은 나라에서도 오랫동안 사회와 정치의 질서 형성에 지대한 영향을 끼쳐왔다.

더불어, 『마누법전』은 고대 인도의 사회·문화를 연구하는 데 있어서 가장 중요한 사료라는 사실 또한 대단히 의의가 크다. 『마누법전』은 우리들에게 고대 인도의 사회, 문화, 종교, 철학, 윤리, 정치, 경제, 법률, 지리, 자연, 환경 등에 관해 가장 많은 귀중한 정보를 제공해주고 있다. 그렇지만 여기에 담겨 있는 정보와 자료들은 당시 사회의 현실을 그대로 반영하고 있다기 보다는 브라만 법률가들이 자신들의 세계관을 토대로 하여 이루고자 하는 남성 중심의 불평등주의에 입각한 이상적(理想的) 사회의 당위적 형태라는 사실은 반드시 유념해야 할 것이다.

이재숙

한국외국어대 강사·인도철학

옮긴이 이재숙은 한국외국어대학교 인도어과를 졸업하고 인도 델리 대학 산스끄리트학과에서 문학석사와 철학석사(준박사) 학위를 받았으며 같은 대학 대학원에서 「야쟈발끼야와 노자 철학의 비교연구」(A Comparative Study of Upaniṣadic yājñvalkya and Tzu)로 박사학위를 받았다. 산스끄리트 원문번역을 중심으로 연구활동을 하고 있으며, 현재 한국외국어대학교와 고려대학교에서 산스끄리트, 인도철학, 산스끄리트 문학 등을 강의하고 있다. 저서로는 『나띠야 샤스뜨라』,『인도 경전들: 베다 본집에서 마누법전까지』 등이 있으며, 역서로는 한길사에서 펴낸 『우파니샤드』 『마누법전』과 『귓속말로 전하는 지혜: 우파니샤드』 등이 있다. 주요 논문으로는 「샹까라의 '헛됨'(mithya)과 불교의 찰나멸설」 「마누법전의 다르마 사상」 「인도 대서사시의 종교문학적 성격: 마하바라따를 중심으로」 등이 있다.

옮긴이 이광수는 한국외국어대학교 인도어과를 졸업하고 인도 델리 대학교 대학원 역사학과에서 석사·박사학위를 취득했다. 인도역사연구위원회 연구원을 거쳐 현재 부산외국어대학교 인도어과 교수로 있다. 저서로 한길사에서 펴낸 『내가 알고 싶은 인도』(공저)와 『인도는 무엇으로 사는가』, Buddhist Ideas and Rituals in Early India and Korea, 『인도문화, 특수성과 보편성의 이해』가 있으며, 역서로는 한길사에서 펴낸 『마누법전』을 비롯하여 『인도 고대사』 등이 있다. 주요논문으로는 「고대 인도-한국 문화 접촉에 관한 연구: 가락국 허왕후 설화를 중심으로」 「고대 인도에서의 신화와 권력의 정당화」 「인도 근대 사회 변화와 카스트 성격의 전환」(공저) 등이 있다.

사회주의의 전제와 사민당의 과제

에두아르트 베른슈타인 지음 | 강신준 옮김 | 376쪽

베른슈타인의 『사회주의의 전제와 사민당의 과제』는 1899년 출간되자마자 격렬한 논쟁을 불러일으켰다. 마르크스주의를 수정하고 그 수정을 정당화하기 위해 집필된 이 책은 베른슈타인 자신도 예상하지 못했던 거센 반발을 가져왔지만 그는 이에 굴하지 않고 해명서와 당 대회에서의 논쟁을 통해서, 그리고 이후의 저작과 강연을 통해서 마르크스주의의 이론적 결함을 지적하는 것이 허용되어야 한다는 자신의 입장을 계속 지켜나갔다.

부르주아 이론의 요소들을 일부 수용함으로써 마르크스주의 이론의 결함을 극복해야 한다는 그의 주장은 사회주의 이론이나 운동의 발전에 제기된 문제들에 대하여 새로운 답변을 제시해야 한다는 그의 요구와 함께 '정통' 마르크스주의자들에게 큰 물의를 일으켰다. 그는 사회주의 노동운동 내부에서 신성모독죄로 고발되었고 판결은 유죄로 결말을 보았다.

그는 '배신자'로 규정되었으며 그의 고민들에는 '수정주의'라는 낙인이 찍혔다. 그러나 한 세기가 경과하고 베른슈타인이 제기한 문제 가운데 많은 부분들은 오늘날 관리관료제적 사회주의의 전 세계적인 몰락과 사회발전을 위한 민주적 대안의 모색과 함께 새롭게 현실성 있는 주제로 각광을 받기 시작하고 있다.

기나긴 인류의 역사가 우리에게 가르쳐주고 있듯이 대항기제가 소멸한 체제는 그때부터 몰락의 길을 걷기 시작한다. 그리고 무엇보다 현재의 체제가 충족시켜주지 못하는 인간의 욕망은 언제나 대안을 찾게 마련이다. 베른슈타인의 '수정주의'는 그런 점에서 지금의 세기말에 한번쯤 우리가 돌아볼 만한 가치를 지니고 있는 마르크스의 유산이라 할 만하다.

에두아르트 베른슈타인(1850~1932)

에두아르트 베른슈타인(Eduard Bernstein)은 베를린에서 유대인 기관사의 아들로 태어났다. 넉넉하지 못한 경제사정으로 김나지움을 중퇴한 그는 상업교육을 마친 후 견습행원을 거쳐 정식 은행직원으로 취직했다. 은행원으로 근무하던 중 라살과 뒤링에 심취하면서 노동운동에 관심을 기울이기 시작하였고 1872년 사회민주노동자당에 입당함으로써 본격적인 활동을 시작하였다. 그러나 비스마르크에 의한 사회주의자탄압법의 발효와 자신에 대한 프로이센 정부의 고발 때문에 처음에는 스위스에서, 그 다음에는 영국에서 기나긴 망명생활을 해야 했다.

1879년 엥겔스에 심취하면서 마르크스주의자로 길을 바꾼다. 1880년부터 『조치알데모크라트』의 편집장으로 활동하면서 탁월한 역량을 발휘하여 엥겔스의 두터운 신뢰를 얻었으며 이를 발판으로 1895년까지 그는 유럽에서 지도적인 마르크스주의 이론가로서 명성을 떨쳤다. 그러나 전환점이 되는 1896년부터 3년에 걸쳐 『노이에 차이트』에 연재하였던 논문 「사회주의의 문제들」과 1899년 발간한 『사회주의의 전제와 사민당의 과제』를 통해서 마르크스주의에 대한 비판으로 마르크스주의 진영에 '수정주의 논쟁'의 불을 댕겼다.

이후 당내 최고의 이론가에서 하루아침에 당의 '배신자'로 낙인찍히고 오랜 동료들까지 등을 돌리는 수난을 겪지만 그는 끝내 자신의 '수정'을 포기하지 않았다. 그러나 베른슈타인은 자신의 '수정' 개념에 반하는 러시아혁명이 성공하고 자신이 모든 애정을 쏟아부었던 독일 사민당이 바이마르의 혼란을 거쳐서 점차로 사회민주주의를 실패의 구렁텅이로 몰아가는 것을 보면서 1932년 12월 18일 자신의 고향 베를린에서 쓸쓸하게 눈을 감는다.

혁명적 전술에 반대하는 진화론적 전술의 본질—민주주의

아직 우리는 미래의 상을 얘기할 만큼 발전해 있지 못하며 내 의도도 또한 그런 것이 아니다. 내가 생각하고 있는 것은 먼 미래에 무엇이 일어날 것인지가 아니라 지금 그리고 바로 당장의 미래에 무엇이 벌어질 수 있으며 무엇이 진행되어야 하는지에 대한 것이다. 그래서 이 글의 결론은 민주주의의 쟁취, 정치적 경제적 민주주의 기구들의 완성이 바로 사회주의의 실현을 위해서 반드시 필요한 전제조건이라는 매우 평범한 명제이다. 그러나 이에 대해 만일 정치적 파국 없이 이런 것들을 달성할 가능성이 독일에서는 거의 없다고 해도 좋으리만치 극히 희박하며 독일의 시민계급은 점점 더 보수적으로 되어가고 있지 않느냐고 반박하는 사람이 있다면 그의 말은 아마도 지금 당장에는 설사 많은 반대현상이 있긴 하지만 맞는 말일지도 모른다. 그러나 그것이 계속해서 맞는 말일 수는 없다. 우리가 시민계급이라고 부르는 것은 상당히 복합적인 계급으로서 매우 다양하고 서로 다른 이해를 가진 온갖 종류의 계층들로 구성되어 있다. 그러므로 이들 계층은 그들이 똑같이 억압받고 똑같이 위협당하고 있다고 보일 때에만 지속적으로 뭉쳐져 있다. 위의 반론에서 말하고 있는 경우는 물론 바로 이 후자의 경우에 해당될 수 있다. 즉 시민계급의 구성원 모두는 사민당으로부터 한편으로는 물적 이해에 있어서 또 다른 한편으로는 이데올로기적 이해—폭력적인 혁명의 공포로부터 나라를 지키고자 하는 그들의 종교, 그들의 애국심, 그들의 희망—에 있어서 똑같이 위협당하고 있다고 느끼기 때문에 통일된 반동세력으로 뭉쳐져 있는 것이다.

그런데 이것은 반드시 그런 것이 아니다. 왜냐하면 사민당은 그들을 모두 똑같이 위협하는 것이 아닐뿐더러 그들을 개인으로서 위협하는 것도 결코 아니며 또한 무엇보다도 사민당 스스로가 비프롤레타리아 세계 전체에 대한 폭력적 혁명에 전혀 골몰하고 있지도 않기 때문이다. 그러므로 이런 점들을 보다 분명하게 얘기하고 그 근거들을 보다 분명하게 제시한다면 그런 시민계급의 공통된 공포심은 그만큼 약해질 것이다. 왜냐하면 시민계급 가운데 상당수의 구성원들은 사민당이 아닌 다른 곳으로부터 압력을 받고 있는 것을 느끼고 있으며 따라서 노동자계급에 대항하는 전선을 형성하기보다는 오히려 노동자계급에게도 똑같은 압력을 행사하고 있는 바로 이들 다른 곳에 대항하고자 하며 이들 다른 곳보다는 차라리 노동자들을 동지로 삼고자 할 것이기 때문이다. 물론 이들은 믿을 수 없는 동지들일지도 모른다. 그러나 우리가 만일 이들에게 우리는 당신들을 도와서 적을 처부수고자 하며 그 다음에는 당신들을 처부수려고 한다라고 말한다면 그것은 동지를 적으로 만드는 일일 것이다. 우리가 의도하고 있는 것은 결코 일반적이며 동시적이고 폭력적이기도 한 그런 강제수용이 아니라 조직과 법률을 통한 점진적인 이행이기 때문에 사실상 이제 진부한 것이 되어버린 폭력혁명이란 표현을 문구들 속에서 지위버린다 하더라도 그것이 민주주의의 발전을 가로막는 것은 틀림없이 아닐 것이다.

완고한 신분제도로 이루어져 있던 봉건제도는 거의 어디에서나 폭력에 의해 폐기되어야 했다. 근대사회의 자유주의제도는 그것이 유연

1893년 8월 12일 취리히의 어느 정원에 모인 사회주의자들 사진의 맨 오른쪽에 앉아 있는 사람이 에두아르트 베른슈타인이다.

해서 변화가능하고 또한 발전가능한 것이라는 바로 그 점에서 봉건제도와 구별된다. 따라서 자유주의제도는 폐기될 필요가 없으며 단지 계속 발전시킬 필요가 있을 뿐이다. 이런 발전을 위해서는 조직과 정력적인 활동이 필요하지만 혁명적 독재는 거기에 반드시 필요한 것이 아니다. 얼마 전(1897년 10월) 스위스의 한 사민당 기관지인 바젤(Basel)판 『포어베르츠』에는 다음과 같은 글이 실렸다. "계급투쟁은 계급차별 일반을 철폐하는 목표를 가지고 있으므로 논리적으로 볼 때 이 목표, 즉 이 이념이 실현되기 시작하는 어떤 시기를 상정하고 있어야만 한다. 그런데 이 시기가 이미 시작되었고 그를 뒤이은 시기들이 이어지고 있다는 것은 이미 우리들의 민주주의적 발전과정에서 입증되었으며 이런 민주주의의 발전은 우리로 하여금 계급투쟁을 사회적 민주주의로 대체하고 그 속으로 흡수하도록 도와주고 있다." 그리고 스페인의 사회주의자 파블로 이글레시아스(Pablo Iglesias)는 최근 다음과 같은 얘기를 한 바 있다. "부르주아들은 그들이 어떤 색깔을 띠고 있든 상관없이 우리가 권력이 한때 사용하였던 것과 같은 수단, 즉 폭력행위와 유혈사태를 통해서 권력을 획득하려고 하는 것이 아니라 문명에 적합한 합법적인 수단을 통해서 권력을 획득하려고 한다는 사실을 명심해야 한다." (『포어베르츠』, 1898년 10월 16일자) 이와 비슷한 맥락에서 영국 독립노동당의 대표적 기관지인 『레이버 리더』(Labour Leader)는 파리 코뮌에 대한 폴마의 견해에 두말없이 동의를 보내고 있다.

『사회주의의 전제와 사민당의 과제』, 제4장 「사민당의 과제와 그 수행 가능성」

이론과 실천의 불일치를 바로잡기 위한 고민의 결과물, 수정주의

 베른슈타인의 수정주의로의 이탈은 바로 이런 독일 사민당의 실천적 고민과 그것의 파행적인 '자살'을 출발점으로 하고 있었다. 그것은 당이 당면했던 실천적 모순과 고민을 함께 안으면서 매우 서서히 시작되었고 처음부터 의도된 것이기보다는 다소 필연적인 발전적 산물이었다. 즉 그는 처음에는 당이 새롭게 당면한 실천문제를 이론의 지위와 무관한 독자적인 문제로, 즉 실천 그 자체의 문제로만 간주하고 그것을 솔직히 수용하도록 설득하고자 노력하였고, 그러한 설득이 당을 결박하고 있던 이론적 신앙 때문에 거의 불가능하다는 것을 알게 되면서는 실천문제의 해결을 위해 당의 이론적 신앙을 절단하고자 노력하였던 것이다. 물론 그러한 의도는 기존의 논쟁과정을 통해서 확인할 수 있었던 바와 같이 이론과 실천 간의 조화가 당내에서 어렵다는 인식을 전제로 하고 있었다. 따라서 베른슈타인의 수정주의는 이론적 회의가 아니라 실천적 고민의 산물이었으며 바로 그런 관련 아래서만 비로소 올바로 이해될 수 있다고 하겠다.

 베른슈타인은 1890년부터 1895년에 이르기까지의 당의 자살과정을 망명 중인 런던에서 조용히 지켜보고 있었다. 당시 그는 독일 사민당의 기관지 『포어베르츠』(*Vorwärts*)의 통신원이자 당의 이론지 『노이에 차이트』의 편집인으로 활동하고 있었다. 그는 농업논쟁에는 직접적으로 참여하지 않았지만 당이 당면해 있던 실천적 고민을 잘 이해하고 있었고 그것의 해결방안을 나름대로 고민하고 있었다. 그는 이미 합법화가 이루어진 이후 당이 변화된 새로운 여건 아래서 더 이상 과거와 동일한 방식으로 대응해서는 안 된다는 생각을 키워가고 있었고 그런 그의 생각은 농업논쟁 과정을 지켜보면서 결정적인 것으로 굳어져갔다. 그는 당이 자살로 치닫는 것을 막고자 하였고 이미 당이 획득한 희망——권력획득의 가능성——을 어떻게든 살려야 한다고 생각하였다. 또한 당이 당면해 있는 문제가 이론의 문제가 아니라 실천의 문제임을 정확히 파악하고 있었고 따라서 당은 현실을 직시하고 실천의 문제에 주력해야 한다고 생각하였다.

 당은 자신의 정당성——이런 정당성은 당의 존립이 부인당하고 있던 탄압법 아래서 당의 존립을 정당화시키기 위해서 필요한 것이었으며 따라서 당연히 그것은 오로지 이론에 의해서만 구원될 수 있었다——을 위협받고 있는 것이 아니라 이미 합법적으로 존재를 인정받고 있는 상황에서 그 현실적인 능력을 시험당하고 있었기 때문이다. 그러한 그의 생각은 먼저 농촌운동의 실패가 현실로 모습을 드러내고 있던 1893년 지방의회 참가논쟁을 통하여 조금씩 드러나고 있었다.

 지방의회 참가논쟁은 당시 공개, 간접, 차별선거의 형태로 치러지고 있던 프러시아의 지방의회 선거에 사민당이 참여할 것인가의 여부를 놓고 전개된 논쟁이었다. 그러나 논쟁의 핵심은 선거참여 여부 그 자체보다는 사회주의에 대한 전망과 관련된 것이었다. 즉 지방의회 선거의 참여를 주장한 베른슈타인은 노동자들의 선거참여가 극히 제한되어 있던 지방의회 선거 조건 때문에 선거참여 자체가 부르주아들과의 연대 없이는 불가능하다는 점을 전제로 사회주의의 실현이 아직 가까운 장래에는 불가능하기 때문에 현단계에서는 부르주아들과의 연대가 필요하다는 주장을 제기하였다. 그는 당이 아직 멀리 떨어져 있는 사회주의의 미래와 당면하고 있는 부르주아 사회의 현실을 구별해야 하며 미래를 현실로 착각해서는 안 된다는 점을 지적하였다. 그래서 그는 미래에만 머물러 있는 당의 시선을 현실로 돌리고자 하였던 것이다. 그러나 그의 이런 생각은 엥겔스와 베벨에 의해 저지당하고 독일 사민당은 참여를 거부하였다. 그가 조금씩 느끼고 있던 당의 실천적 무력증은 그리 단순한 것이 아니었고 무엇보다도 마르크스, 엥겔스의 단단한 끈으로 결박된 것이었다.

1895년의 농업논쟁이 당의 자살로 결말지어지자 그는 당이 지닌 실천적 무력증의 원인을 제거하기 위한 최초의 시도를 감행한다. 그는 당의 실천을 결박하고 있는 것이 바로 사회주의 이행의 혁명적 방식에 대한 맹목적인 당의 신앙이라고 생각하였고 그런 신앙은 마르크스, 엥겔스의 1848년 혁명과 1871년 파리코뮌 분석을 통해서 심겨진 것임을 포착하였다. 그리하여 그는 1895년 당의 포박을 절단하기 위해 1848년 혁명의 새로운 해석인 헤리티어의 『1848년 프랑스 혁명사』 독어판을 발간하고 그것의 주석 및 후기를 집필하였다.

마르크스, 엥겔스에게서 1848년 혁명은 이전의 모든 정치적 혁명과는 확연히 구별되는 새로운 혁명이었다. 그것은 부르주아 계급과 노동자 계급 간의 대립에 기초한 최초의 계급전쟁이었고 자본주의의 미래를 분명하게 예견해 주는 혁명으로서 사회주의 이행의 본질과 필연성을 보여주는 것이었다. 그러나 그것은 사회주의 이행의 경제적 조건, 즉 자본주의의 발전이 아직 충분히 성숙하기 전에 발발한 혁명이었기 때문에 실패할 수밖에 없었다. 그리고 또한 바로 그렇기 때문에 그것은 자본주의적 발전이 충분히 성숙하고 나면 필연적으로 다시 살아날 수밖에 없는 혁명이었다. 말하자면 1848년 혁명은 마르크스, 엥겔스에게서 사회주의 혁명의 본원적인 전형을 제공하는 것이었다.

그러나 베른슈타인은 그 혁명의 감동적인 내용보다는 그것의 결과에 주목하였다. 1848년 혁명은 영웅적인 것이긴 하였지만 그것이 가져다준 결과는 전혀 영웅적인 것이 아니었다. 그것은 반혁명을 유발하였고 보수반동의 강화에 기여하였을 뿐이었다. 혁명은 실질적으로 아무 것도 이루지 못했던 것이다. 그리하여 그는 혁명적 노력의 허구성을 신랄하게 비판하였다. 그는 혁명이 신화에 불과하며 현실을 이것과 혼동해서는 안 된다고 꼬집었다. 그것은 혁명의 신앙에 대한 그의 경고였다. 그러나 그의 이러한 입장은 자신의 희망에도 불구하고 당내에서 별로 주목을 받지 못하였다. 당은 아직 그의 충고에 의아해하고 있을 뿐이었다.

강신준
동아대 교수 · 경제학

옮긴이 강신준은 고려대학교 독문학과를 졸업한 뒤 같은 대학교 경제학과 대학원에서 석사 · 박사학위를 받았으며, 독일 프랑크푸르트 대학에서 독일 노동운동사를 연구했다. 지금은 동아대학교 경제학과 교수로 있다. 주요 저서로는 『수정주의 연구 1』, 『정치경제학의 이해』, 『자본의 이해』, 『일본 자본주의 분석』, 『노동의 임금교섭』, 『자본론의 세계』, 『한국 노동운동사 4』 등이 있으며, 역서로는 한길사에서 펴낸 베른슈타인의 『사회주의의 전제와 사민당의 과제』와 K. 카우츠키의 『프롤레타리아 독재』를 비롯하여, M. 돕의 『임금론』, 『마르크스냐 베버냐』, B. 호르바트의 『자주관리제도』, K. 마르크스의 『자본』 2 · 3, 『프롤레타리아 독재』 등이 있다.

의미의 논리

질 들뢰즈 지음 | 이정우 옮김 | 568쪽
2000 교보문고 선정 대학생 권장도서

오늘날의 형이상학은 들뢰즈와 데리다에 의해 대표된다. 들뢰즈는 베르그송과 화이트헤드에 이어 종합적인 세계관을 구축한 반면 데리다는 니체와 하이데거에 이어 서구 사유의 해체에 몰두했다. 들뢰즈는 특히 스피노자, 니체, 베르그송의 존재론을 흡수하면서 현대 존재론을 상징하는 '차이의 존재론'을 제시했으며, 1969년에 가타리를 만나 유명한 '노마돌로지'(遊牧論)를 전개했다.

한편으로 정치한 논리와 해박한 철학사적 소양을 바탕으로 독특한 존재론의 세계를 펼치고, 다른 한편으로 헤겔-마르크스의 변증법 이래 가장 인상 깊은 사회-역사철학을 펼친 들뢰즈에게는 오늘날 '철학자 중의 철학자'라는 최상의 찬사가 주어지고 있다.

의미의 논리는 기본적으로 사건이자 의미인 존재, 물질적 얼굴과 탈물질적 얼굴의 두 얼굴을 가진 존재를 다룬다. 그러한 논의를 통해 물질의 차원과 문화의 차원을 동시에 다룰 수 있는 포괄적인 사유틀을 제시한다. 들뢰즈는 서구 사유의 정점을 보여주며, 동시에 동아시아 철학과의 접점을 보여준다.

우리는 생성, 운동, 발생 등등의 개념과 사건 개념 사이에 존재하는 중요한 차이를 명확히 인식해야 한다. 들뢰즈는 단순히 19세기적 생성철학을 부활시키고 있는 것은 아니다. 즉, 그가 단지 공간-부동 중심의 사유와 시간-운동 중심의 사유 사이에서 진동해온 서구 담론사의 흐름을 반복하고 있는 것은 아니다. 들뢰즈의 기학(氣學), 나아가 들뢰즈와 선(禪), 들뢰즈와 도가(道家)의 만남이야말로 21세기 사유의 출발점이 될 것이다. 오늘날 사유한다는 것은 곧 들뢰즈와 대결한다는 것을 의미한다. 21세기의 사유는 들뢰즈의 저작들을 읽고 또 그들과 대결함으로써 펼쳐질 것이다.

질 들뢰즈(1925~95)

질 들뢰즈(Gilles Deleuze)는 프랑스의 사상가로 파리에서 태어나 소르본 대학에서 철학을 전공했다. 1969년부터 파리 제8대학 교수로 재직하면서 왕성한 저작활동을 펼쳤다.

구조주의 등 서구 근대이성의 재검토라는 사조 속에서, 철학사에 대한 깊은 이해를 배경으로 서구의 2대 지적 전통인 경험론·관념론이라는 사고의 기초 형태를 비판적으로 해명하고, 이것을 극복하는 철학을 전개했다. 더 나아가 정신분석, 마르크스주의의 개념구성을 통합적으로 원용하여 자본주의 사회를 근본적으로 재파악하는 시도를 전개하여 현대 철학에 커다란 영향을 미치고 있다.

들뢰즈의 저술은 대략 세 시기로 구분된다. 첫번째 시기는 니체, 칸트 등의 연구를 통한 철학사의 비판작업이 펼쳐진 때이다. 들뢰즈는 20세기 중반에 사르트르, 메를로-퐁티, 레비-스트로스, 라캉 등의 세대에게서 철학을 배웠다. 그러나 그는 자신이 배웠던 철학전통에서 벗어나 나름대로의 독특한 철학사 연구에 착수한다. 그의 연구는 흄, 베르그송, 니체, 스피노자, 칸트, 그리고 소설가 프루스트 등에 걸쳐 있다.

『차이와 반복』『의미의 논리』로 대표되는 두번째 시기는 그 비판작업이 수렴·확산되는 때이다. 세번째 시기는 정신분석학자 가타리와의 공동 저술이 시작되는 때로서, 『안티오이디푸스』에서『카프카』『천 개의 마루』『프랜시스 베이컨: 감각의 논리』『영화』『푸코』『주름, 라이프니츠와 바로크』 등에 이르기까지 가장 왕성한 저작이 이루어진 때이다. 이로부터 철학적 담론의 규범에서 완전히 벗어나 사유나 사회·예술의 제반 현상에 대한 분석을 통해 다양한 사유의 이미지를 추출하고 있다.

표현된 세계 속의 모나드와 공가능성

　효과화된다는 것은 또한 표현되는 것이다. 라이프니츠는 각각의 모나드는 세계를 표현한다는 유명한 테제를 제시한 바 있다. 그러나 세계를 표현하는 모나드 안에 술어들이 내재해 있다는 것으로 이 테제를 이해하는 것은 충분한 이해가 아니다. 왜냐하면 표현된 세계가 그것을 표현하는 모나드들 바깥에는 존재하지 않는다는 것, 따라서 모나드들 내에 내속하는 술어들의 계열로서 존재한다는 것은 분명하기 때문이다. 그렇지만 신이 모나드들을 창조했다기보다는 세계를 창조했다는 것, 그리고 표현된 것[효과화되는 것, 계열화된 특이점들]이 그것의 표현[모나드들]과 혼동되어서는 안 된다는 것, 표현된 것[특이점들, 순수 사건들]은 존속/재속한다는 것 또한 사실이다.

　표현된 세계는 변별적 관계들 및 인접한 특이성들로 이루어진다. 그것은 정확히 각 특이성에 의존하는 계열들이 다른 특이성들에 의존하는 계열들에 수렴하는 한에서 하나의 세계를 형성한다. 세계의 한 종합 규칙으로서 '공가능성'(共可能性, compossibilité)을 정의하는 것은 바로 이 수렴이다. 계열들이 발산하는 그곳에서, 처음의 세계와 공가능하지 않은 다른 세계[가능 세계]가 시작된다. 따라서 공가능성이라고 하는 놀라운 개념은 특이성들의 연속체(continuum)로서, 또 계열들의 수렴을 비물질적인 규준으로서 가지는 연속성으로서 정의된다. 또한, 공가능성의 개념은 모순의 개념으로 환원되지 않는다. 차라리 모순이 공가능성의 개념으로부터 일정한 방식으로 파생되는 것이다. 죄인 아담과 죄인이 아닌 아담 사이의 모순은 아담이 죄를 짓는 세계와 죄를 짓지 않는 세계가 공가능하지 않다는 사실에서 파생된다.

　각각의 세계에서, 개별적인 모나드들은 이 세계의 모든 특이성들—일종의 무한—을 표현한다. 일종의 웅얼거림 또는 일종의 소실(消失)에서처럼. 그러나 각 모나드는 일련의 특이성들만을, 즉 각 모나드 형성의 중심이 되며 또 각 모나드의 신체와 조합되는 특이성들만을 '명료하게' 내포한다/표현한다. 특이성들의 연속체는 가변적이고 상보적인 명료함의 정도에 있어 그것을 내포하는 개체들로부터 분명하게 구분된다. 다시 말해, 특이성들은 전(前)개체적이다. 표현된 세계가 개체들 안에만 실존하며, 개체 안에서 술어로서 실존하는 것이 사실이라 해도, 사실 그것[표현된 세계]은 전혀 다른 방식으로, 개체들의 구성을 주도하는 특이성들 안에서 사건으로서 또는 동사로서 존속한다. 더 이상 죄인 아담이 아니라 아담이 죄를 짓는 세계…….

　라이프니츠의 철학에서 술어들의 내재성을 특권화하는 것은 자의적이다. 왜냐하면 표현하는 모나드 내의 술어들의 내재성은 우선 표현된 세계의 공가능성을 전제하며, 이 표현된 세계 또한 수렴과 발산의 규칙들에 따른 순수 특이성들의 분포를 전제하기 때문이다. 그리고 이 규칙들은 서술 작용과 진리의 논리학에 속하는 것이 아니라 의미와 사건의 논리학에 속한다. 라이프니츠는 발생의 이 첫번째 단계—내포의 중심으로서, 세계 내에서 그리고 그의 신체 위에서 특이성들을 내포하는 것으로서 형성된 개체의 발생—를 멀리 밀고 나아갔다.

　효과화의 첫번째 층위는 개별화된 세계들과 이 각각의 세계 내에서 살아가는 개별적인 자

라이프니츠 그가 남긴 '주름' 개념은 오늘날 들뢰즈에게 계승되어 현대 문화에 큰 영향을 미치고 있다.

아들을 상관적으로 생산한다. 개체들은 그들이 내포하는 특이성들의 이웃 관계를 통해 구성된다. 그리고 개체들은 이 특이성들에 근거하는 계열들의 수렴의 원환들로서 세계를 표현한다. 표현된 것이 그 표현 바깥에서는, 즉 표현하는 개체들 바깥에서는 실존하지 않는 한에서, 세계는 곧 주체에 '귀속하는 것'(appartenance)이며, 사건은 곧 술어─한 주어의 분석적[주어를 분석하면 나오는] 술어─가 된다. '푸르러지다'(verdoyer)는 하나의 특이성-사건을 가리키며, 이 특이성-사건의 이웃 관계를 통해 나무가 구성된다. 또는, '죄를 짓다'(pécher)는 하나의 특이성-사건을 가리키며, 이 특이성-사건의 이웃 관계를 통해 아담이 구성된다. 그러나 '푸름'(être vert), '죄인임'(être pécheur)은 이제 구성된 주어들(나무와 아담)의 분석적 술어들이다. 모든 개개의 모나드들이 그들의 세계의 총체를 표현하듯이(물론 명료하게 표현하는 것은 총체의 선별된 한 부분일 뿐이지만), 그들의 신체는 명료함과 애매함의 지대(地帶)와 더불어 변하는 혼합물들, 덩어리들, 연합들을 형성한다. 관계들이 혼합물들의 분석적 술어들이 되는 것은 이 때문이다(아담이 무화과를 먹었다).

『의미의 논리』 계열 16 「정적발생(1): 존재론」

사건에서 의미를 읽어내기, 시뮬라크르를 복권시키다

들뢰즈의 논의 중에서 중요한 것은 순수 사건과 인칭적 사건의 구분이다. 순수 사건은 라이프니츠적인 '빈위'(attribut)로서 논리적 존재이다. 순수 사건은 우주에 존재하는 법칙성이며, 이들의 총체가 스토아적 의미에서의 '운명'(fatum)이다. 반면 인칭적 사건은 특정한 물질 속에 순수 사건이 구현된 경우를 말한다. '사랑하다'라는 순수 사건(부정법의 사건)은 로미오와 줄리엣에게 구현될 수도 있고, 이몽룡과 성춘향에게 구현될 수도 있다. 이 점에서 순수 사건과 인칭적 사건의 구별은 중요하다. 순수 사건이란 우주에서 발생하는 사건들이 일정하게 반복된다는 사실에 그 근거를 둔다.

인간에게 닥치는 가장 필연적이면서도 개별적인 사건은 죽음이다. 죽음은 모든 개체가 피할 수 없는 것이라는 점에서 필연적이지만, 한 개체에게 가장 힘든 일이라는 점에서 개별적인 것이기도 하다. 들뢰즈는 블랑쇼와 더불어 죽음을 사유한다. 들뢰즈는 인칭적 죽음과 비인칭적 죽음을 구분함으로써, 죽음을 바라보는 눈을 심화시키고 있다. 아울러 들뢰즈는 피츠제럴드와 더불어 몰락을 사유한다.

들뢰즈는 이런 맥락에서 스토아 학파의 시간론을 크로노스와 아이온으로 대별해 논한다. 크로노스는 물체적 운동의 시간이다. 그것은 물체적 운동의 부대물이다. 철수가 산책할 때 산책의 시간이 성립한다. 우주는 타오르는 불이고 주기적으로 타올랐다가 꺼진다. 따라서 크로노스도 주기적으로 커졌다가 작아진다. 반면 아이온은 순수 사건의 시간이다. 그것은 곧 부정법의 시간이기도 하며, 비인칭적 시간이기도 하다. 아이온은 가장 짧은 시간보다도 더 짧은 시간이며(순수 사건은 순간적인 존재이므로), 가장 긴 시간보다 더 긴 시간이다(순수 사건은 영원하므로). 크로노스와 아이온의 대립은 들뢰즈 사유 전체를 새롭게 정초한다.

들뢰즈는 사건들의 계열화를 사유하면서 라이프니츠를 논한다. 들뢰즈에게 라이프니츠는 핵심적인 철학자들 중 한 사람이다. 라이프니츠에게는 개체보다 사건들이 우선한다. 카이사르가 있어 "루비콘 강을 건너다", "클레오파트라와 사랑에 빠지다", "부르투스의 칼에 찔리다" 등등의 사건들이 성립하는 것이 아니다. 이러한 사건들의 계열화를 통해서 카이사르라는 한 개체가 성립하는 것이다. 들뢰즈는 반(反)주체주의적 사유를 전개시킴에 있어 라이프니츠에게 기대고 있다. 칸트와 대조적으로, 라이프니츠에게는 주체가 관점을 성립시키는 것이 아니라 관점이 주체를 성립시킨다. 이 뒤집어진 구도를 이해하는 것이 들뢰즈 이해를 위해서도 중요하다. 라이프니츠의 개념들 중 특히 중요한 것은 공가능성(compossibilité) 및 불공가능성(incompossibilité)의 개념이다. 공가능성은 두 계열이 동시에 가능한 경우를 말하며, 불공가능성은 그 반대 경우를 말한다. 불공가능성은 모순과 다르다. 모순은 양자가 양립 불가능한 경우를 말하지만, 불공가능은 양자가 가능하지만 같이 가능하지는 않은 경우를 말하기 때문이다. 그래서 두 계열은 서로 다른 '가능 세계'를 형성하는 것이다. 들뢰즈는 니체와 더불어 어떻게 불공가능한 두 계열을 함께 긍정할 수 있는가를 사유한다. 이 점에서 들뢰즈는 라이프니츠를 내재화한다고 볼 수 있다.

27계열 이하에서는 '동적 발생'이 다루어진

다. 동적 발생이란 물체의 운동을 통해서 의미가 발생하는 과정을 말한다. 이것은 의미가 개체, 인칭, 개념 등과 관계 맺음으로써 지시 작용, 현시 작용, 기호 작용이 성립하는 '정적 발생'보다 더 심층적 차원에서의 발생이다. 들뢰즈는 동적 발생을 논하면서 유아 정신분석학, 특히 멜라니 클라인의 정신분석학을 토대로 삼는다. 즉, 정신분석학에서 언어와 에고의 성립을 설명하는 논의를 토대로 동적 발생을 전개하고 있는 것이다.

멜라니 클라인은 유아의 성장 단계를 편집적이고 분열적인 젖먹이 단계, 우울증적인 유아(乳兒) 단계, 성적이고 오이디푸스적인 단계로 나눈다. 젖먹이 단계에서 어린아이는 투출과 투입의 과정만을 겪으며, 따라서 물질적인/심층적인 단계에 머문다. 유아 단계에서 어린아이는 조금씩 '형이상학적 표면'(= 객관적 선험)으로 올라오게 되며, 바깥에서 들려오는 목소리를 통해 물질의 차원을 벗어나게 된다. 성적인 단계에 이르러 어린아이는 오이디푸스 콤플렉스를 겪게 되며, 이 과정을 통해서 에고와 형이상학적 표면이 형성된다. 들뢰즈는 멜라니 클라인의 이론을 스토아 철학을 논하면서 제시했던 심층, 상층, 표면의 사유에 상응시킨다. 그렇게 함으로써 어린아이가 차츰 형이상학적 표면으로 상승하는 과정을 그리고 있는 것이다.

들뢰즈는 심층에 '시뮬라크르'라는 말을(그러나 차라리 '혼돈'이나 '와류'라는 말이 적절할 것이다), 상층에 '우상'이라는 말을, 그리고 표면에 '환각'이라는 말을 대응시킨다. 환각이란 "무의식적 욕망의 실현을 그리는 상상적 각본"이다. 즉, 욕망의 가상적인 실현을 그리는 '각본'이 환각인 것이다. 그런데 들뢰즈는 현실적인 것과 상상적인 것의 구분보다 더 중요한 구분은 사태와 사건 자체 사이의 구분이라고 생각한다. 사태와 순수 사건을 구분한다는 것은 사건―특이성―의미―환각―이마주 등등의 두 얼굴을 구분한다는 것을 말한다. 다시 말해 이들은 한편으로 물질적 운동의 부대 효과이지만, 다른 한편으로 의미를 담지하고 있는 것들인 것이다. 이런 논의를 통해 환각에 대한 정신분석학적 논의는 사건/시뮬라크르에 대한 들뢰즈의 논의에 접속된다.

결국 환각-사건들의 탄생은 곧 의미의 탄생이기도 하다. 여기에서 핵심적인 것은 환각의 탄생이 바로 오이디푸스 콤플렉스와 더불어서라는 사실이다. 표면이 형성되는 것이 오이디푸스 단계에서이기 때문에, 환각, 사건, 의미, 이마주 등이 탄생하는 것도 바로 오이디푸스 단계에서인 것이다. 이때 팔루스는 중요한 역할을 한다. 어린아이는 팔루스라는 상상적 존재를 매개로 해서 엄마를 사랑한다. 즉 신체적/물질적 차원에서의 소통이 아니라 팔루스라는 탈물질적/관념적 존재를 가지고서 소통하는 것이다. 이것은 곧 어린아이가 이제 의미의 왕국으로 진입했음을 뜻한다.

이정우

경희 사이버대 교수·철학

옮긴이 이정우는 서울대학교에서 공학과 미학, 철학을 공부했다. 1985년에는 아리스토텔레스와 갈릴레오의 비교로 석사학위를, 1994년에는 미셸 푸코 연구로 박사학위를 받았다. 1995~98년 서강대학교 교수를 역임했다. 2000년에 대안철학학교인 철학아카데미(Academy of Philosophy)를 창설해 원장을 맡았다. 지금은 경희 사이버대 교수로 있다. 주요 저서로는 『담론의 공간』, 『가로지르기』, 『인간의 얼굴』, 『사건의 철학』, 『세계의 모든 얼굴』 등이 있으며, 역서로는 한길사에서 펴낸 질 들뢰즈의 『의미의 논리』를 비롯하여, 한스 라이헨바하의 『시간과 공간의 철학』, 미셸 푸코의 『지식의 고고학』, 프랑수아 자콥의 『생명의 논리』 등이 있다.

성호사설

이익 지음 | 최석기 옮김 | 552쪽
2005 연세대학교 권장도서 200선
2008 서울대학교 논술축제

『성호사설』은 성호 이익이 독서를 하거나 사색을 통해 터득한 독자적인 생각을 비망록 형식으로 기록해둔 것을 모은 것이다. 그는 이 책에서 학자들이 실질을 추구하지 않고 형식적으로 장구(章句)나 암송하는 당시 학문의 폐단을 직시하고 그 원인이 과거제도에 있다고 지적했다. 또한 형이상학적인 문제에만 몰두하고 실천을 소홀히 하는 학문적 교조성을 맹렬히 비난했다.

당시 학풍의 반성을 통해 변화에 대한 인식을 새롭게 가진 그는 도탄에 빠진 백성을 구제하는 것이 어진 군자의 도리라고 역설하면서 시의론(時宜論)과 변법사상(變法思想)을 통한 사회제도의 개혁을 주장했다. 또한 그는 이러한 변화에 대한 인식을 기반으로 세계관을 확대하고 중국에 예속된 사대주의에서 벗어나 서양의 자연과학 사상을 적극적으로 수용하는 자세도 견지했다. 더 나아가 토지제도와 관련하여 한전제(限田制)의 실시를 주장해 부호들의 대토지 소유를 막고자 했다.

성호는 역사에 대해서도 깊은 관심과 통찰력을 가지고 있었다. 그는 실증주의적 자세로 사료(史料)를 고증하고 비판했다. 즉 역사에 기술되어 있는 대로 단순히 선악과 시비를 보고 거울로 삼을 것이 아니라, 그 당시의 역사적 상황이 어떠했는가를 살피는 일이 중요하다고 보았다.

우리는 이 책을 통해 학문적으로는 주자·퇴계를 이어받고 실학에서는 율곡과 반계의 사상을 수용·확장함으로써 합리적 사고와 고증적 태도로 변화를 추구하는 성호 이익의 실학자다운 면모를 볼 수 있다. 뿐만 아니라 중세적 사유의 긴 터널에서 빠져나와 근대로 나아가는 새로운 인식이 어떻게 나타나고 있는지도 엿볼 수 있을 것이다.

이익(1681~1763)

이익(李瀷)은 조선 영조 때의 실학자로, 자는 자신(子新), 호는 성호(星湖)이며, 본관은 여주이다. 성호는 어려서 체질이 허약하고 병이 많아 일찍부터 글을 배우지 못하다가, 10여 세가 지나서야 둘째형 이잠(李潛)에게서 글을 배우기 시작했다.

25세 되던 1705년 증광시(增廣試) 초시에 나아가 대책(對策)으로 뽑혔으나 이름 쓰는 것이 격식에 맞지 않는다는 이유로 탈락했다. 더욱이 그 다음해, 이잠이 상소를 올렸다가 역적으로 몰려 당쟁의 제물로 장살되자, 성호는 이때부터 벼슬을 단념하고 삼각산·청량산·백운동서원·도산서원 등을 유람하며 초야에 묻혀 학문에 몰두했다.

성호의 만년의 삶은 평탄하지 않았다. 일찍이 아들 맹휴를 잃은데다가 가세마저 기울었기 때문이다. 1763년 나라에서 노인을 우대하는 은전을 베풀어 첨지중추부사에 제수되었지만 기근과 질병에 시달리던 그는 그해 83세를 일기로 세상을 떠났다.

정치적으로 불우한 운명에 놓여 제대로 뜻을 펴지 못하고 평생 독서인으로 자처하며 학문 연구로 일생을 보낸 그는 경세치용적 실학사상과 위민사상, 그리고 중화 중심의 세계관에서 벗어난 주체적 자아의식을 지닌 실천적 사상가였다. 그가 남긴 방대한 저술은 그의 이런 학문적 자취를 잘 드러내주며, 그가 다룬 분야 또한 경학(經學) 및 실학에서부터 예설(禮說)·시문(詩文)·악부(樂府)·언해(諺解)에 이르기까지 매우 폭넓다.

주요 저서로는 『성호선생문집』『성호선생속집』『사칠신편』『예설류편』『곽우록』『관물편』『백언해』와 질서류(疾書類) 18책 등이 있다.

유민환집(流民還集)

『맹자』에 왕도(王道)를 논한 것은, '백성을 보호해야 한다'(保民)는 한 구절에 지나지 않는다. '백성을 보호해야 한다'고 하는 것은, 곧 좋아하는 사람에게 은혜를 베풀고 그들을 모으며, 싫어하는 사람에게는 은혜를 베풀지 않는 것일 따름이지, 집집마다 찾아다니며 날마다 보태준다는 말은 아니다. 사람은 저마다 지혜와 힘이 있어, 농사를 지어 밥을 먹고 우물을 파 물을 마실 줄 아니, 스스로 살아갈 방안을 꾀하는 데 충분한 능력이 있다. 2~3년 동안 홍수가 지고 가뭄이 닥쳐도 그들 스스로 원대한 생각을 하여 저축해놓은 것이 있어서, 반드시 자기 힘으로 살아갈 방안이 있을 것이다. 어찌 뿔뿔이 흩어져 구렁에 나뒹구는 지경에 이르겠는가?

『맹자』에 또 말하기를 "왕이 흉년을 탓하지 않으시면, 천하의 백성이 찾아들 것입니다"라고 하였다. 내가 우리 마을의 살림이 넉넉한 사람을 살펴보니, 농사철을 놓치지 않고 이로움을 주도면밀하게 계산하였다. 따라서 흉년도 그를 해칠 수 없었다. 이른바 '백성의 삶은 부지런함에 있으니, 부지런하면 궁핍하지 않다'는 말이 바로 그것이다. 그런데도 사망을 면치 못하는 것은 모두 포학한 정사에 시달려 살 방도가 없기 때문이다. 가령 홍수가 나고 가뭄이 들더라도 나라에서 창고를 열어 곡식을 나누어 주거나, 풍년든 지방의 곡식을 옮긴다면 그들을 넉넉히 구제할 수 있을 것이다. 그러니 백성이 살 곳을 잃고 떠돌아다니는 것은 필경 흉년의 탓으로 돌릴 일만은 아니다. 이 지경이 되면 민생이 어찌 불쌍하지 않겠는가?

내가 하루는 밖에 나갔다가 걸인을 만났는데, 어린이와 어른 4~5명이 한데 모여 있었다. 내가 그들에게 "봄이 되어 밭을 갈고 씨를 뿌릴 시기인데, 당신들은 어찌하여 고향에 돌아가 농사지을 생각을 하지 않고 타향에서 걸식을 하고 있는가?"라고 하였더니, 그 사람들이 나를 빤히 쳐다보면서 말하기를 "농사를 어떻게 짓는단 말입니까? 종자도 없고 식량도 없으니, 고향으로 돌아간들 무슨 소용이 있겠습니까?"라고 하였다. 그들은 내가 세상 물정에 너무 어두워 그들의 사정을 전혀 이해하지 못하고 있는 듯한 표정을 지었는데, 가만히 생각해보니 과연 그랬다. 그 일을 몸소 경험해보지 않았으니, 어떻게 깊이 알 수 있겠는가?

지난해 염병(染病)에 걸린 자가 있었는데 동구밖 길가에 거처하며 감히 마을로 들어오질 못하였다. 그는 병이 나았지만, 먹을 것이 없어 죽을 지경에 이르렀다. 그러자 거적으로 자기 몸을 싸매고, 새끼로 허리 아래를 묶은 뒤에 죽었다. 그가 그렇게 한 것은 개가 시신을 뜯어먹을까 염려한 것이다.

내가 이 이야기를 듣고 "이 사람은 반드시 군자였을 것이다. 스스로 자기 몸을 묶었으니 지각이 어둡지 않고, 마을에 들어오지 않았으니 남들이 꺼리는 것을 피한 것이며, 죽을 것을 알면서도 오히려 자신을 다스릴 줄 알았으니, 어진 사람이 아니면 어찌 그렇게 할 수 있었겠는가? 불행한 시대에 태어나 길가에서 죽게 되었으니 누가 다시 알아주겠는가?"라고 하였다. 나는 그 사람 때문에 차마 밥을 먹을 수가 없었다.

나는 근래 다음과 같은 얘기를 들은 적이 있다. "도성 동쪽 골짜기에 떠도는 거지들이 떼지어 모여들었다. 임금이 그들에게 의복과 쌀을

김홍도, 「논갈이」
성호는 한 가족이 최저생활을 할 수 있는 영업전(永業田)의 매매를 금지하는 것을 골자로 하는 토지제도의 개혁을 주장했다.

주라고 명하고, 측근을 시켜 그들을 고향으로 돌려보내게 하였다. 그들이 성문을 나선 뒤, 한 사람이 구호를 외치자 모두 따라 하더니, 일제히 소리를 지르며 뿔뿔이 흩어져 막을 길이 없었다." 이는 대체로 고향에 돌아가는 것이 걸식하는 것만 못하기 때문이다.

또 듣자 하니, "온 고을이 텅 빈 데가 있어서, 그 가운데 더욱 심한 고을을 가려, 측근에게 명해 은(銀)을 가지고 가서 그곳 주민을 불러 모아 안정시키게 하였다. 그러나 고을이 텅 비어 사람이 없으므로, 그 신하는 아무 일도 하지 못하고 그냥 돌아와 임금에게 보고하였다"고 한다. 그러나 도시에서는 쌀값이 매우 싸서, 아직도 쌓아둔 것이 있다고 들었다. 따라서 흉년을 탓하는 것이 실상이 아님을 더욱 분명히 느끼게 된다.

가난한 사람들은 "곡식이 지천으로 흔한 것이 도리어 원망스럽다. 곡식이 지천으로 흔하면 돈을 마련하기가 더욱 어렵다. 그래서 굶주림은 더욱 심해질 수밖에 없다. 재물은 부자들한테 다 몰리고, 백성의 재산은 고갈된다. 가령 풍년이 든다 해도 근심은 여전할 뿐이다"라고 한다. 국가에서 백성을 구제하려고 부지런히 애쓰는 것이 지극하다고 하겠으나, 형세가 이 지경에 이르렀으니 어찌한단 말인가?

백성이 사방으로 흩어져 굶주림에 시달리고 추위에 떨다 쓰러져 죽어, 살아남은 자가 거의 없다. 살아남은 자들도 남의 집에서 품팔이 신세로 구차하게 목숨을 부지하고 있으니, 고향으로 돌아갈 생각은 아예 바라지도 않는다. 친척이 남아 있지 않고 이웃도 모두 비었으니, 무슨 마음으로 구차하게 고향에 돌아가려 하겠는가?

「성호사설」 제4장 「인사문 2」

도를 얻어 인간현실을 이롭게 하는 실득지학

성호의 학문은 당시 학풍에 대한 반성에서 비롯되었다. 그는 당시의 학자들이 경건한 마음으로 경전에 담긴 성현의 깊은 뜻을 탐구하려 하지 않고, 입으로만 성인을 말하고 성인의 도를 논하는 세태에 대해 매우 개탄하였다. 그래서 그는 학문하는 자들이 떡의 모양은 잘 형용할 수 있지만 떡의 맛은 실제로 알지 못한다는 비유를 들어, 당시 학문의 허구성을 비판하였다.

이와 같이 학자들이 실질을 추구하지 않고 형식적으로 장구(章句)나 암송하는 당시의 학문 폐단에 대해, 성호는 그 원인을 우선 과거의 폐해에서 찾고 있다. 그는 과거제도가 생긴 뒤부터 선비들이 헛된 과거 문체에만 힘을 써 세상의 도가 쇠퇴하였다고 하면서, 과거제도의 폐단에 대해 다각도로 깊이 있게 지적하고 그 대책을 논하였다. 그는, 경과(經科)의 형식적인 암송(暗誦)이 학문을 황폐화시키고 있고, 문사(文詞)로써 사람을 뽑는 것이 학문을 황폐화시키고 있다고 지적하면서, 사륙문(四六文)의 폐해에 대해 극론하였다.

그리고 그는 보다 근본적인 문제로, 당시의 학문이 형이상학적인 문제에만 몰두하고 실천을 소홀히 하는 점과 학문의 교조성(敎條性)에 대해 지적했다. 성호는 당시 학자들이 송유(朱儒)들의 주석을 맹목적으로 믿고 따르며 '한 글자라도 의심스럽게 여기면 망령된 것이고, 이것 저것 상고하여 대조하면 죄를 짓는 것이다'라고 하는 학문 자세에 심한 염증을 느끼고 있었다. 그래서 그는 유문(儒門)의 금망(禁網)이 후세에 더욱 심해졌다고 비판하였다.

성호는 이와 같은 당시 학풍에 대한 반성을 통하여 변화(變化)에 대해 인식하게 되었다. 그래서 그는 "성왕(聖王)의 유의(遺意)를 따르되, 줄일 것은 줄이고 더할 것은 더해 시대에 맞게 하며, 퇴폐한 것을 바꾸고 도탄에 빠진 것을 구제하는 것이 어찌 군자가 하고자 하는 바가 아니겠는가? 팔짱을 끼고 편안하게 거처하며 백성들의 질고를 앉아서 보기만 하고 구제해 살려주려고 하지 않는 것과 같은 짓을 어찌 차마 하겠는가? 이는 마치 산길에 초목이 무성하고 들길에 물이 터졌는데도 옛길만을 고수해 길을 가다가 넘어지거나 빠지는 것을 면치 못하는 것과 같다"고 하였다.

이런 변화에 대한 인식은 시의론(時宜論)으로 나타나고, 변법사상(變法思想)으로 이어진다. 그는 "법이 오래되면 폐단이 생기게 마련이니, 폐단이 생기면 반드시 고치는 것이 당연한 이치이다"라고 하여, 시의에 맞게 법을 고쳐야 한다는 변법론을 주장하였다. 그는 『주자가례』(朱子家禮)를 예로 들면서, 이를 사서인(士庶人)이 모두 통용하는 규례로 삼는 것은 잘못이라고 하며, 서인가례(庶人家禮)를 만들어 벼슬아치가 아닌 자들이 널리 준행하도록 해야 한다고 하였다.

이런 그의 변법사상은 선대의 제도를 고쳐서는 안된다는 고정불변적 사고가 사회 발전을 정체시키고 있다고 판단하여 이를 극복하고자 한 것으로, 사회제도 개혁론의 기반이 되고 있다. 그는, 우리나라 사람들은 시무(時務)를 알지 못하는 것이 단점이라고 하면서, 우리의 실정에 맞도록 사회제도를 보완해야 한다고 주장하였다.

이런 변화에 대한 인식은 그의 세계관의 확

대를 가져왔다. 그는 청나라에서 들어온 직방외기(職方外紀) 등 세계지도를 보고 중국을 중심으로 한 세계를 전부로만 인식하던 종래의 세계관에서 탈피하여 새롭게 세계를 인식하게 되었다. 그리하여 그는 조선이 중국을 중심으로 한 지도상에서 동북방에 있는 하나의 점으로 표시되어 있듯이, 중국도 세계 지도상에서 보면 조선과 마찬가지로 세계의 일부분에 불과하다는 것을 자각하게 된다. 곧 중화(中華)의 문명만을 지상에서 유일한 것으로 여기던 중세적 틀을 깨고, 다른 세계의 다른 문물을 인정하는 방향으로 시야가 넓어진 것이다.

성호는 이와 같이 시야가 확대됨으로써 역사 인식에서도 중국 중심의 역사에 매몰되지 않고, 자국의 역사에 대한 뚜렷한 주체성을 갖게 되었다. 그는 "동국(東國)은 독자적으로 동국이니, 그 규모·제도·체제·형세가 저절로 중국의 역사와 구별된다"고 하여, 우리의 역사와 중국의 역사를 별개의 독자적인 것으로 보아 중국에 예속된 역사 인식에서 탈피한 모습을 보여주고 있다. 성호의 세계관의 확대는 결국 역사에 대한 주체적 자각을 불러일으켰고, 사대주의에서 벗어나 우리 역사에 대한 애정을 불어넣었다. 또한 이와 같은 세계관의 확대를 통해 서양의 자연과학 사상을 적극 수용하려는 자세도 보여주고 있다.

성호는 학문이 지나치게 형이상학적인 명제를 탐구하는 쪽으로 흘러 일상의 실천적인 측면과 괴리되고 있는 것에 대해 심도 있는 비판을 가하였다. 성호가 활동하던 18세기 전반기는 이기논쟁(理氣論爭)·사칠논쟁(四七論爭)·예송논쟁(禮訟論爭) 등을 거치면서 학문이 극도로 사변화되어 있을 때였다. 성호는 이런 당시의 학풍에 대해, "지금 세상은 사풍(士風)이 한결같이 변해, 오로지 본원(本源)에만 뜻을 둘 뿐, 실지(實地)로 물러날 줄은 모르고 있다. 그들의 기상을 보면 단정하고 엄숙하여 모두 좋지만, 또한 하나하나 발휘하여 모두 쓸 수 있도록 하는 점에 대해서는 모르고 있다"고 꼬집었다.

조선 후기의 학술적 분위기는 이처럼 실천을 뒤로 한 채 사변화의 길을 걸으면서, 또 한편으로는 집권층의 이념을 공고히 하는 방향으로 나아가 사고의 경직성을 드러내고 있었다. 곧 주자학 이외의 학문은 이 땅에 발을 붙이지 못하게 하는 풍조가 거세게 불고 있었다. 성호는 이런 학풍에 대해, "주자(朱子)의 장구(章句)가 세상에 행해진 뒤로 사람들이 그것을 존중하기를 일월(日月)처럼 하고, 믿기를 사시(四時)처럼 하고, 사랑하기를 골육(骨肉)처럼 하고, 두려워하기를 부월(鈇鉞)처럼 한다"고 하였다. 또 그는 "그 뜻에 대해 다른 생각을 하면 망령되다 하고, 의심을 하면 참람하다고 하며, 발휘하면 군더더기라고 한다. 한 자 한 치 정도밖에 안되는 일체의 비근한 것도 옥죄어 금망을 삼으니, 어리석은 사람이나 지혜로운 사람이나 구별이 없다"고 하였다.

최석기

경상대 교수·한문학

옮긴이 최석기는 성균관대학교 한문교육과를 졸업한 뒤 성균관대학교 대학원을 졸업하였다. 문학박사이면서 현재 경상대학교 한문학과 교수로 재직하고 있다. 주요 저서로는 『나의 남명학 읽기』, 『국역 남명집』, 『남명정신과 문자의 향기』가 있으며, 역서로는 한길사에서 펴낸 이익의 『성호사설』을 비롯하여, 『선인들의 지리산 유람록』(공역) 등이 있다. 논문으로 「남명사상의 본질과 특색」 외 50여 편이 있다.

종교적 경험의 다양성

윌리엄 제임스 지음 | 김재영 옮김 | 638쪽
2000 대한민국학술원 우수학술도서

100년 전에 출판된 윌리엄 제임스의 『종교적 경험의 다양성』은 근대 이후 서양지성사의 종교연구에 새로운 지평을 연 고전 중의 고전이다.

이 책에서 윌리엄 제임스가 이야기하는 것은 인간 삶의 다양한 현상들이란 삶과 유리된 관념이나 논리로는 파악될 수 없다는 것이다. 다시 말해 하나의 현상을 파악할 때 우리는 다른 현상들과의 상호관련성이나 맥락성을 고려하지 않고는 그 현상의 실재를 분명하게 이해할 수 없다는 것이다.

이러한 윌리엄 제임스의 전반적인 이해방식은 삶의 현상 중에서 가장 근원적이고 본질적인 요소인 종교적 현상의 이해에도 그대로 적용되고 있다.

제임스에게 종교의 근원적인 의미는 지성적이고 객관적인 표현들 속에 있는 것이 아니라 이러한 표현들을 존재하게끔 해준 종교적이고 내적인 경험들, 이를테면 양심의 갈등, 죄의식, 구원받았다는 확신, 소망, 기쁨, 감사, 겸손, 자비, 공허감 등등 인간 개개인이 표현하는 감정들과 행위들 속에 놓여 있다.

제임스는 궁극적으로 성스러운 것과의 관계 속에서 일어나는 종교적 경험을 우위에 두고, 그밖의 다른 요소들은 부차적인 것으로 보았다. 종교전통의 객관적이고 외면적인 요소들을 상호 비교해보면 시대나 종파에 따라 뚜렷한 차이를 보여주지만, 그 이면에는 인간의 마음 속에서 우러나온 종교적 경험의 표현이 공통적으로 깔려 있음을 제임스는 이 책을 통해 밝혀내고자 하였다. 바로 이러한 점이 제임스가 생각하고 있는 종교의 의미이다.

윌리엄 제임스(1842~1910)

윌리엄 제임스(William James)는 미국의 사상가로 뉴욕에서 태어나 유럽과 미국을 오가면서 심리학, 종교학, 그리고 철학을 공부했다. 처음에는 풍경화가인 헌트와 함께 그림을 공부했으나 계속하지 못하고 아버지의 권유로 하버드 대학의 로렌스 과학부 화학과에 들어갔다. 그뒤 다시 진로를 바꾸어 하버드 의과대학에 들어가 1869년 의학박사학위를 받았다. 또한 제임스는 심리학을 집중적으로 공부하여 미국 대학 최초로 1875년에 심리학 강의를 시작했고, 이후 하버드 대학에서 생리학과 철학 교수 등을 지냈다.

제임스의 저술 시기는 대략 세 단계로 구분된다. 첫번째는 스코틀랜드와 독일철학의 정신이해와 골상학의 관점에서 심리학을 연구했던 당시 미국의 분위기와는 정반대로, 실험에 기초한 심리현상연구를 통해 독자적으로 기능주의 심리학을 수립한 시기이다. 이때『심리학원론』을 출판했다.

두번째는 종교나 철학에 관련된 주제들을 연구하던 시기이다. 이 시기에 제임스는 여러 곳으로부터 초빙을 받아 강의를 했는데, 그 결과물은 책으로 출판되어 제임스에게 명성을 안겨다주기도 하였다. 이 무렵 에든버러 대학으로부터 기포드 강연 초청을 받아 '종교적 경험의 다양성'을 20개의 주제로 나누어 강연했다.

세번째는 프래그머티즘, 진리론, 그리고 그의 인식론인 급진적 경험론에 대한 강연을 통해 자기만의 독특한 사상을 확립한 시기이다. 대표적인 강연은 1908~09년에 행한 옥스퍼드 대학의 히버트 강연이다. 이 시기의 대표적 저술로는『프래그머티즘』『우주』『진리의 의미』등이 있다.

종교적인 삶과 감정의 영역

우리의 경험세계는 항상 두 부분, 즉 객관적 부분과 주관적인 부분으로 되어 있다. 그 중 전자는 후자보다 엄청나게 포괄적이지만, 후자는 결코 생략되거나 억제될 수 없다. 객관적 부분은 우리가 어느 때라도 생각하는 것은 무엇이든, 이를 모두 합한 총계이다. 주관적인 부분은 사고력이 미치는 내면적 '상태'이다. 우리가 생각하는 것이, 예를 들면 우주적 시간과 공간과 같이 거대할 수 있다. 반면에 내면적 상태는 가장 달아나기 쉽고 하찮은 사고활동이 될 수 있다. 그러나 우주적 대상물은 경험이 그것을 잉태하는 한, 우리가 그 존재를 내적으로 소유하지 못하고 외적으로 가리킬 수밖에 없는 어떤 것에 대한 이상적 표상이다.

반면에 내면적 상태는 우리의 경험 바로 그 자체이다. 그것의 실재와 우리 경험의 실재는 하나이다. 어떤 의식적인 범위 안에 느끼고 생각되는 그 대상을 첨부하고 그 대상을 향한 태도도 첨부하고 그 태도가 속한 자아의식을 첨부한 총합—그러한 구체적인 부분의 개성적 경험은 작은 부분일 수 있지만, 그것이 지속되는 한 탄탄한 부분이기도 하다. 즉, 그 부분은 공허하지 않고 그 '대상'을 혼자 떼어놓을 때처럼 경험의 단순한 추상요소가 아니다. 사소한 사실이기는 하지만, 그것은 완벽한 사실이다. 그것은 모든 실재들이 귀속되어야 하는 그런 종류의 것이다.

세계의 동력적 조류는 이와 같은 경험을 통해서 흐른다. 그것은 실제 사건과 사건을 연결하는 선 위에 있다. 개개인의 운명이 각 운명의 수레바퀴를 돈다고 우리 각자가 개인적으로 느낄 때, 개개인이 갖는 그 위기에 대한 공유할 수 없는 감정은 자기중심적이라고 비방당하고 비과학적이라 해서 업신여김당하는 경우도 있지만, 그것은 우리의 구체적 현실의 척도를 채우는 유일한 것이다. 그러므로 그러한 감정이나 유사물을 결여한 가능적 존재나 그것의 유비는 실재의 반밖에 되지 못하는 것이다.

만약 이것이 사실이라면 경험의 자기중심적 요소는 억제되어야 한다고 과학이 말하는 것은 이치에 닿지 않는다. 실재의 축은 자기중심적 장소만 뚫고 지나간다. 그 장소는 너무 많은 구슬처럼 그 축에 꿰어져 있다. 그 자체가 묘사되어 있지는 않지만 여러 가지 다양한 개인 운명의 위기감, 즉 모든 다양한 영적 태도로 세상을 묘사한다는 것—그것은 그 외의 어느 것보다도 더욱 설명적이다—은 하나의 실속 있는 식사가 아니라 인쇄되어 있는 식단표를 주는 일과 유사하다. 종교는 그러한 대실수는 하지 않는다. 개인의 종교는 자기중심적일 수 있고, 그것과 교통하고 있는 사적인 실재들은 매우 편협할 수 있다. 그러나 어떤 경우라도 종교는 사적 것은 아예 고려도 하지 않는 것을 자랑으로 여기는 과학보다 한없이 덜 공허하고 덜 추상적인 것으로 남아 있다.

'건포도'라는 단어 대신에 실제 건포도 한 개를, '달걀'이라는 낱말 대신에 실제 달걀 한 개를 식단에 올려놓는 것은 식사로는 부적합하지만, 그것은 적어도 실재의 시작이 될 수 있다. 비개인적 요소에 전적으로 집착해 있는 잔존신앙의 주장은, 마치 우리가 아무 음식도 없는 식단표를 읽는 것으로 영원히 만족해야 할 것이라고 말하는 것처럼 보인다. 그러므로 나는 개인적 숙명에 관한 특별한 질문이 대답된

뭉크, 「절규」(1893) 뭉크는 이 그림을 통해 예술가의 불안과 비관, 그리고 근원적 고독감을 표현하고 있다.

다고 하더라도, 우리가 심오해지는 것은 그 질문을 순수하다고 믿고 그것이 여는 사고의 범위 내에서 살아가기 때문이라고 생각한다. 그러나 그렇게 산다는 것은 종교적인 것이다. 그래서 나는 주저하지 않고 터무니없는 실수에 바탕을 두고 있는 종교의 잔존이론과는 절교하겠다. 우리의 선조들이 너무 많은 사실에 대한 실수를 저질러 그것들을 종교와 혼합해놓았기 때문에, 우리가 종교적으로 되는 것과 절연해야 한다는 말은 이치에 맞지 않는다. 종교적이 됨으로써 우리는 실재가 우리에게 지킬 것을 명령하는 유일한 순간에 이르러 궁극적 실재를 소유하여 스스로를 확립해 나간다. 우리의 책임 있는 관심은 결국 우리의 사적 운명으로 돌아가게 마련이다.

여러분은 지금 이 연속강연 전반에 걸쳐 내가 왜 그렇게 개인주의적이었던가를 안다. 그리고 종교에서의 감정적 요소를 부활시키고, 지성적 요소를 그 밑에 복속시키는 데 기울어 있었던 것처럼 보인 이유를 알 것이다. 개인성은 감정에서 발견된다. 보다 어둡고 맹목적인 지층인 감정의 영역은 우리가 실제 사실을 포착할 수 있고, 사건들이 어떻게 발생하고 실제 일이 어떻게 행하여지는지를 직접 인식할 수 있는 유일한 장소이다. 살아 있는 개별화된 감정들의 세계와 비교해볼 때, 지식인이 관조하는 일반화된 대상들의 세계는 박진감이나 생명력이 없다.

『종교적 경험의 다양성』 제20장 「결론」

인간 삶의 근원적인 요소로서 존재하는 종교현상

종교를 연구하는 사람들은 19세기 과학주의자들이 흔히 예상했듯이 종교현상은 역사의 발전에 따라 악화되거나 없어질 미신과 같은 것이 아니라 지금까지 존재해왔듯이 지구가 없어질 그날까지 계속 존재할 것임을 종교사의 구체적 이해를 통해서 깨닫는다. 종교현상이 사라지지 않고 계속 인간 삶의 근원적 요소로서 존재하는 까닭은 무엇인가? 다시 말해서 도대체 무엇이 종교를 살아 있도록 움직이게 하는가? 그리고 그토록 종교를 살아 있도록 움직이게 하는 근본적 목적은 무엇인가?

전자의 질문은 종교의 의미나 원천에서 이미 대답을 하였다. 그 대답은 바로 인간의 종교적 경험이 객관적으로 보인 종교현상을 역동적으로 살아가게끔 해주었다는 해석이다. 만일 그 현상을 통해서 또는 위해서 인간 자신이 어떤 본질적 삶의 경험을 갖지 못한다면 결코 살아남지 못한다. 좀더 나아가서 왜 그런 경험이 일어나야만 하는가? 종교적 경험은 어떤 목적을 내포하고 있는가? 이 질문에 대하여 지금부터 논의해보려고 한다.

종교적 경험이 일어나는 목적에 관해서는 역사적이고 사회적 원인, 철학적이고 실존적 인간의 상황 또는 심리적 분열의 원인 등과 같은 여러 요인들을 통해서 찾아보려는 현대의 학문적인 많은 노력들이 있어왔다.

제임스는 인격의 내면 속에는 두 개의 자아가 끊임없이 싸우고 있다고 보았다. 하나는 의식적이지만 현실적 자아이고 다른 하나는 무의식적이지만 매우 이상적 자아이다. 일반적으로 그 두 개의 자아는 평화의 상태를 유지하고 있는 것이 아니라 언제나 투쟁적 관계를 지니고 있다. 때로는 평화적 상태를 유지하고 있는 것처럼 보이지만 곰곰이 뜯어보면 하나의 자아가 다른 하나의 자아를 억압하고 있는 상태이다.

현실적 자아가 이상적 자아를 억누르면 평면적으로 드러나는 인격은 매우 합리적이고, 이성적이고 실질적인 것같이 보이지만 이상적 자아를 누르고 있어서 심연의 깊은 고통을 갖고 있다. 그 반대로 이상적 자아가 현실적 자아를 억누르게 되면 황홀감을 줄 수 있을는지는 모르지만 매우 비현실적이고 도피적 삶을 살아간다.

제임스는 그 분열되어서 상호투쟁 관계에 있는 자아를 통합하여 조화로운 상태, 즉 평형의 상태를 만들어내는 것을 종교적 경험의 목적으로 보았다. 특히 현실적 자아의 억누름 때문에 갇힌 다양한 무의식적 충동들을 의식적으로 소화시켜서 보다 내면적 평온을 되찾게 하는 것이 그 경험의 목적이다. 그러므로 진정한 의미에서 불행이란 내면적 자아의 분열 그 자체도 인식하지 못하는 삶의 태도이다. 오히려 고통스러워하고 불행하다고 생각하는 삶의 태도는 보다 넓은 의미의 자아를 만들어가는 출발점이므로 결코 불행한 삶이 아니다. 즉 억눌린 무의식적 본능들을 의식적으로 순화시키려는 삶의 태도가 고통을 치유할 수 있는 첫걸음이다.

이러한 통합의 경험은 회심이라는가 신비주의의 경험 속에 아주 두드러지게 나타난다. 회심의 경우에는 내면적 투쟁을 삭감하여 그 분열된 자아를 연결시켜주는데 이른바 외면적 종교가 어떤 것과도 비교가 안 되는 통합적 인격을 만들어주는 매개물로 중요한 역할을 한다. 마치 종교적 상징이 신앙인들로 하여금 의식과 무의식을 연결하여 원형적 자기를 경험하게 해주듯이, 회심자에게는 자신이 고백적으로 받아들인 종교를 내면화시켜서 자신의 분열된 인격을 연결시켜 전인적 삶을 살아간다.

그런 회심의 경험을 갖고 있는 사람은 회심을 하기 전에는 종교의 다양한 요소들이 자기와는 전혀 무관한 것들이어서 의식의 주변부에 놓여 있지만 회심 후에는 정반대로 모든 삶의 중심이 받아들인 종교의 의미에 모아져 있다. 더 나아가서 전인격을 모아서 그 의미를 구체적 삶 속에서 표현하려고 한다. 종교적 경험 이전에는 삶의 모든 에너지를 세상적 일에 쏟아 부었다고 한다면 그 이후에는 종교적 삶에 쏟아 붓는다. 계속해서 종교가 회심자에게 분열되었던 자아를 통합하도록 하나의 상징으로서 역할을 다한다면 그 회심자의 삶은 계속해서 헌신적 삶을 살게 될 것이다. 그러나 반대로 그런 기능을 담당하지 못한다면 그 회심자는 다시 회심 이전의 상태인 분열된 자아의 고통을 더욱 깊게 받을 것이다.

이와는 대조적으로 신비주의 경험의 경우에는 어떤 매개물을 통해서 분열된 자아를 통합시키는 것이 아니라 직접 그 자아를 통합시킨다. 이 경우 의식적 자아는 상대적으로 축소되어 이상적 자아가 주도가 되어서 일어나는 통합과정이다. 앞에서도 여러 번 언급했듯이 이러한 통합의 경험은 종교전통 안에서만 일어나는 것이 아니라 일상적 삶의 다양한 형태 안에서도 일어난다.

그리고 제임스는 그 통합의 경험은 두 가지 형태를 띠면서 나타난다고 하였다. 하나는 점진적 통합과정이고, 다른 하나는 갑작스럽게 일어나는 통합과정이다. 전자는 의식적이고 자발적 결단을 통해서 이루어지며, 후자는 비자발적이고 무의식적이며 자기 자신이 주체가 되어서 경험하는 것이 아니라 무엇인가에 붙잡혀서 이루어진다.

이 점에서 제임스는 한 번 더 스타벅의 연구를 참조하고 있다. 스타벅은 전자의 통합을 '의지적 유형'(volitional type)으로 후자를 '자포자기의 유형'(the type by self-surrender)으로 명명하였다. 대표적인 예로서, 제임스는 전자의 형태를 『천로역정』의 작가인 존 버니언과 러시아의 문호인 톨스토이의 삶 속에서 찾았고, 후자의 형태를 사도 바울의 종교적 경험에서 찾았다. 물론 이밖에도 비종교적 형태를 포함한 수많은 예를 제임스는 '회심'과 '신비주의' 부분에서 직접 인용하고 있다.

김재영
서강대 교수·종교학

옮긴이 김재영은 아주대학교 영어영문학과를 졸업한 뒤 전공을 바꾸어 서울대학교 종교학과에서 윌프레드 켄트웰 스미스의 인간이해를 중심으로 석사학위를, 인도 마드라스 대학교의 마드라스 크리스천 대학 철학과에서 마하트마 간디의 종교철학으로 석사학위(M. Phil)를, 그리고 캐나다 오타와 대학교 종교학과에서 카를 구스타프 융과 윌프레드 켄트웰 스미스의 인간이해에 대한 비교연구로 철학박사학위를 받았다. 아주대학교, 서울대학교, 서강대학교 대학원에서 강의했고, 지금은 서강대학교 종교학과 교수로 있다. 저서로는 『종교다원주의와 종교윤리』(공저), 『종교철학연구』(공저)가 있으며, 역서로는 한길사에서 펴낸 윌리엄 제임스의 『종교적 경험의 다양성』을 비롯하여, 존 몰건의 『죽음학의 이해: 죽음과 영성』, 에른스터 베커의 『죽음의 부정』, 월터 켑스의 『현대종교학 담론』(공역) 등이 있다. 주요논문으로는 「윌리엄 제임스의 급진적 경험론」「윌리엄 제임스의 신비주의 이론」「존 듀이의 종교적 경험론」「카를 융과 메르치아 엘리아데의 종교이론 비교—원형이론을 중심으로」 등이 있다.

5

한길그레이트북스 제41권~제50권

"어떠한 사회이든 그 사회가
사회적으로 예측할 수 있는 기준에 의해서
문화의 소산을 제한하지 않는 한
그 자체의 문화를 계획할 수 없다."

• 노스럽 프라이, 『비평의 해부』에서

명이대방록

황종희 지음 | 김덕균 옮김 | 328쪽
2000 한국출판문화상

『명이대방록』은 황종희가 애타게 갈구하던 명나라 회복의 가능성이 완전히 물거품이 된 시기에 완성된 책이다. 따라서 이 책의 내용에는 명나라에 대한 간절한 아쉬움이 고스란히 간직되어 있다.

『명이대방록』에서 '명이'(明夷)는 암울한 명나라 말기의 상황을 나타내며 '대방록'(待訪錄)은 새로운 시대를 갈망하며 기다린다는 뜻을 지니고 있다. 그가 갈망했던 신시대는 특정 왕조가 주체가 되는 사회라기보다는 백성이 주인이 되고, 정치의 주역으로 사대부 지식인 출신의 재상과 관리들이 지배하는 사회라고 할 수 있다. 이것이 근대적인 민주주의 사회와는 거리가 있다 하더라도 기존의 전제왕조사회에서 논의되던 '군주민본'(君主民本)과는 분명 다른 차원임을 알 수 있다.

황종희가 서문에서 밝히고 있듯이 이 책은 '정치의 대법(大法)'을 말하기 위해 저술된 것으로 정치 · 경제 · 사회 개혁론이라고 할 수 있다. 황종희는 이 책을 통해 군주 · 신하의 관계 및 법제도 · 인사제도 · 토지제도 · 군사제도 · 회계제도 등 제반 제도의 혁신을 주장하며 새로운 시대의 필요성을 역설하고 있다.

따라서 이 책은 현실정치에 대해 다분히 비판적이고 개혁적인 내용을 담고 있다. 이런 이유로 건륭년간(1736~95)에는 금서 처분을 받기도 했지만 그후로 일반인에게 꾸준히 읽혔으며 청나라 말기에는 신시대 · 신사회를 갈망하는 지식인들의 필독서가 되었다.

특히 황종희의 공리적(公利的) 민본 정치사상은 청말민초 변화된 사회의 요청과 요구에 적합한 논리로서 당시 환영받던 이론이었던 것이다.

황종희(1610~95)

황종희(黃宗羲)의 자는 태충(太沖), 호는 남뢰(南雷)·이주(梨洲)이며, 학자들은 그를 이주 선생이라 불렀다. 절강성(浙江省) 여요(餘姚)에서 동림당(東林黨)의 이름난 선비 충단공(忠端公) 황존소(黃尊素)의 장남으로 태어난 그는 '천붕지괴'(天崩地壞)로 일컬어지는 명청 교체기를 살다가 고향에서 파란 많은 생을 마감했다.

황종희는 부친의 유언에 따라 양명학 우파 학자인 즙산(蕺山) 유종주(劉宗周)를 스승으로 모시고 실천을 중시하는 학문에 힘쓰는 한편, 강학(講學)을 통해 수많은 제자들을 길러 냈다.

그는 21세 때 남경(南京)에서 동림당의 후신인 복사(復社)에 참여하여 환관의 횡포에 저항하고 반청운동을 전개했다. 그후 풍전등화와도 같은 명나라를 회복하고자 1645년 의병을 모아 세충영(世忠營)을 세우고 저항운동을 함으로써 노왕(魯王)으로부터 1646년 병부직방사주사(兵部職方司主事), 1649년 좌부도어사(左副都御史)에 임명되었다.

명말청초의 혼란한 사회 분위기로 그의 가계가 날로 빈궁해지자 생업을 위해 처음으로 과거시험을 보았지만 낙방하였고 이후로도 세 차례 응시하였는데 번번이 실패했다. 그는 거듭되는 불운에도 불구하고 장서(藏書)가 있는 곳이면 어디든지 찾아가 구해볼 정도로 학문 연구에 심취하여 13경주소(注疏)를 비롯해 여러 제자서(諸子書)를 독파했다.

황종희는 이런 학문적 열의를 바탕으로 『명이대방록』을 비롯해 송·원·명의 유학사상사를 정리한 『송원학안』(宋元學案)과 『명유학안』(明儒學案) 같은 중국사상사에 없어서는 안 될 중요한 업적을 남겼다.

지혜로운 군주가 갖춰야 할 법도는 무엇인가

삼대 이전에는 법이 있었지만 삼대 이후에는 법이 없다. 무엇으로 이렇게 말하는가? 이제삼왕(二帝三王)은 천하의 사람을 길러야 함을 알고 그들을 위해 농토를 주어 경작케 하였고, 천하의 사람들이 의복이 있어야 함을 알고 그들을 위해 땅을 주어 뽕나무와 삼을 심게 하였으며, 천하의 사람을 교육해야 함을 알고 그들을 위해 학교를 세웠고, 혼인의 예로 음란을 막았으며, 병역제도로 혼란을 방지하였다. 이것이 삼대 이전의 법이었는데, 진실로 자기 한 사람을 위해서 법을 세우지 않았다.

(그런데) 후대의 군주는 이미 천하를 얻었으면서도 다만 그 왕조의 명이 오래가지 못할까, 그 자손들이 보존하지 못하지나 않을까를 두려워하며 어떤 일이 아직 일어나지도 않았는데 미리 근심하며 법을 만든다. 그렇기 때문에 여기서 법이란 왕가 한 집안의 법이지 천하의 법이 아니다.

진(秦)나라가 봉건제도를 바꾸어 군현제도로 만든 것은 군현제도가 자기에게 사사로운 도움이 되기 때문이다. 한(漢)나라 때는 자식들을 제후로 봉함으로써 왕 자신의 울타리가 되어주기를 기대하였다. 송(宋)나라가 방진(方鎭)의 군사를 해체한 것은 방진이 왕 자신에게 불리하였기 때문이다. 그럼에도 그 법이 조금이라도 무슨 천하를 위하는 마음이 있다고 할 수 있겠는가! 또한 가히 법이라고 할 수 있겠는가?

삼대의 법은 천하의 재부(財富)를 천하 인민의 수중에 두는 것이었다. 국토에서 나오는 이익을 반드시 다 취하지 않았고, 상주고 벌주는 권한이 다른 사람에게 넘어가는 것을 걱정하지 않았다. 고귀한 것이라고 다 조정에 있는 것이 아니었고, 비천한 것이라고 다 조정 밖에 있는 것이 아니었다. 후세에 바야흐로 그 법을 소략하게 해야 함을 의논하였으나, 천하의 사람들이 높은 지위에 있는 것을 선망할 것도 아니며, 아랫사람의 지위를 싫어할 것도 아니라고 보았는데, 법을 소략하게 하면 할수록 혼란은 더욱 일어나지 않았다. 이것이 이른바 무법(無法)의 법이다.

후세의 법은 천하의 재부를 자기의 광주리에 담아두는 것이다. 이익이 아랫사람에게 남는 것을 좋아하지 않고, 복은 반드시 군주가 거두기를 바란다. 한 사람을 쓰면 그 사람이 사사로이 이익을 취할 것을 의심하고, 또 한 사람을 채용하면 그가 사사로운 이익을 취하는 것을 억제한다. 한 가지 일을 하면 속지 않을까를 염려하고, 또 한 가지 일을 만들어서 속는 것을 방지한다. 천하의 사람들이 모두 광주리가 어디에 있는가를 알고 있으니, 군주 자신도 또한 무서워 벌벌 떨며 날마다 오로지 광주리만을 걱정하기 때문에 그 법은 정밀하지 않을 수 없다. 법이 정밀하면 정밀할수록 천하의 혼란은 법 속에서 생기게 된다. 이것이 이른바 비법(非法)의 법이다.

논자가 말하기를, 일대(一代)에는 일대의 법이 있어서, 자손이 조상을 본받는 것을 효(孝)라고 생각하였다. 대저 비법의 법은 전대의 왕이 사리사욕의 사사로움을 이기지 못하여 그것을 만들었다. 후대의 왕은 사리사욕의 사사로움을 이기지 못하여 그것을 파괴하였다. 파괴하는 자는 진실로 천하를 해치는 데 족하고, 만드는 자 또한 천하를 해치는 자가 아닐 수 없다. 이에 반드시 이것과도 가깝고 저것과도 가깝게

팔기군(八旗軍)의 병사들 청나라의 주력 군대조직인 팔기군은 명나라 말기 극소수의 만주족이 중국 전체 인구의 대부분을 차지하던 한족을 무너뜨리고 청나라가 들어서는 데 큰 공을 세웠다.

왔다 갔다 하며, 법을 지킨다는 좋은 명성을 넓히려고 하는데, 이것은 비속한 선비가 남의 주장을 표절하여 자기 것이라고 하는 것이다.

논자가 말하기를 천하의 다스려짐과 혼란은 법의 있고 없음과 관계없다고 한다. 대저 고금의 변란은 진나라 때 한 번 극심하였고, 원나라 때 또 한 번 극심하였다. 이 두 번의 극심한 변란을 겪은 이후 옛 성왕이 측은한 마음으로 백성을 사랑하여 경영한 것들이 모두 없어졌다. 진실로 멀리 생각하고 깊게 보아 하나하나 완전히 변혁하여 다시 정전·봉건·학교·군사제도의 옛 모습을 찾지 않는다면, 비록 자질구레한 변혁을 한다 해도 백성들의 괴로움은 끝내 그치지 않을 것이다.

만일 논자가 다스리는 사람은 있어도 다스리는 법이 없다고 한다면, 나는 다스리는 법이 있고 난 뒤 다스리는 사람이 있어야 한다고 하겠다. 비법의 법이 천하 사람들의 손과 발을 묶어 놓은 이후로는 비록 유능한 정치인이 있어도 마침내 이리저리 끌려 다니며 의심이나 하고 눈치나 살피는 것을 이기지 못하고, 실시하는 일이 있어도 또한 그 자신의 분수와 한계에 머물러 일을 대충대충 처리하는 데 안주하고, 한계를 벗어나서 공명을 세우지 못한다. 선왕의 법이 있다면 법 이외의 어떤 것이 그 사이에 없을 수 없다. 그 사람(정치인)이 옳으면 좋은 일을 행하지 않을 이유가 없고, 그 사람이 그릇되면 또한 엄하고 각박하게 법망으로 몰아 천하 사람을 해롭게 하지는 않을 것이다. 그러므로 다스리는 법이 있은 이후에 다스리는 사람이 있다고 하겠다.

『명이대방록』, 「법제론」

민본 중심의 새 시대를 갈망하는 지혜의 기록

『명이대방록』의 '명이'(明夷)의 의미는 곧 명청교체기의 명왕조가 처한 상황을 잘 표현한 내용이라 할 수 있다. 황종희는 새로운 시대를 갈망하며 기다린다는 뜻에서 '대방록'을 기록했다. 한마디로 이 책은 '신시대 대망록'인 것이다. 신시대를 바라며 정치·경제의 구체적인 모습을 이 책에 수록한 것이다. 그렇다면 『명이대방록』이 드러내고자 했던 신시대의 모습은 어떤 것인가?

황종희는 이 책 첫머리를 장식하고 있는 「군주론」(원군) 편에서 인간의 자사(自私)와 자리(自利)를 언급하였다. 그런데 이 자사·자리는 개인적·주관적 이기심의 발로이기 때문에 공해(公害)를 제거하거나 공리(公利)를 추구하는 방향으로 나가지 못한다고 지적하였다. 하지만 인간은 공동사회를 기반으로 삶을 영위하기 때문에 이런 자사·자리를 공리의 차원으로 승화시켜야 한다는 주장이다. 공리의 추구는 결국 개개인의 이익을 가져다주는 결과를 낳기 때문이라는 것이다. 그런데 과거의 성인(聖人)과는 달리 당대의 군주들은 사리(私利)에 눈이 어두워 공리를 진작시키지 못한다고 하였다. 공리가 진작되지 않는 한 일반 백성들의 삶은 곤경에 빠진다. 군주가 천하 만물을 자신의 사유물로 생각하고 전횡하게 되면 개개인의 삶은 초개만도 못한 존재가 되고 만다는 판단이다.

그러나 황종희에게서 백성이란 존재는 정치의 핵심이다. 『맹자』이후 계승된 민본의 정치형태를 황종희는 더 극명하게 표출하였다. 그는 민주군객(民主君客)이란 표현으로 이를 말하였다.

객인 군주가 천하를 자기 마음대로 다루면서 주인인 백성은 평안할 날이 없다고 말한다. 군주가 정치를 농단하면서 관리와 신하는 군주의 몸종이 되었고 백성을 위해 일할 수 없다고 하였다. 그래서 그는 「신하론」(원신) 편에서 말한다. "내가 벼슬하는 것은 천하 인민을 위해서이지 군주를 위해서 하는 것이 아니다." 벼슬아치는 백성들을 위하여 봉사하는 위치에 있는 자라는 설명이다.

그래서 후대 학자들은 황종희의 사상을 군주 중심의 지배체제를 비판하고 민리민복(民利民福)을 추구하였다는 점에서 그를 가리켜 '중국의 루소' '유교의 루소'라 부르기도 하였다. 이 같은 해석은 그 이전의 중국의 정치형태를 놓고 보았을 때 결코 과장된 표현으로 볼 수 없다.

정치적으로 중국의 군신(君臣)·군민(君民) 관계는 주종관계였다. 송대에는 대신이 황제 앞에 앉아 있을 수도 없었고, 늘 서 있어야만 했다. 명대에는 정장(廷杖)이란 제도가 있어서 황제가 관료들에게 직접 체형을 가하는 경우도 있었다.

이 같은 황제의 전횡을 염두에 두고 그것을 비판하는 논리를 전개한 것은 민권신장 차원에서 큰 의미를 지니며 그런 점에서 루소의 민약론에 결코 뒤지지 않는다는 지적인 것이다.

법(法)이 존재하는 것도 군주의 전횡을 막기 위해서이다. 군주가 법 집행을 남발하면 백성들은 괴로울 수밖에 없다. 전횡하는 군주는 법 집행을 마구잡이로 한다. 법제정의 목적은 한 개인의 독단과 사욕을 제어하기 위해서이다.

따라서 황종희는 「법제론」(원법) 편에서 "치법(治法)이 있은 뒤에야 치인(治人)이 있다."고 한 것이다. 중립적인 법의 엄정한 적용을 말한 대목으로 인치(人治) 이전에 법치(法治)가 정립되어야 한다는 주장이다.

자칫 유교적 친친(親親)의 논리는 감정적 차원에 치우쳐 올바른 법 집행을 해칠 수 있다. 문제는 여기서 출발한다. 온갖 인연으로 얽힌 인간관계로 공정한 법 집행이 어렵고, 공적 질서가 무너질 수 있다는 것이다. 이 같은 문제는 유교적 전통이 깊은 중국과 한국의 오랜 관행이었고 지금도 고질병처럼 남아 있다. 명말청초 이 문제를 인식한 황종희는 이를 바로잡아야 한다고 하면서 엄정한 법치를 강조하였다.

또한 그는 정책 결정을 하는 데에도 여론·공론을 중시해야 한다고 하였다. 시비 판단의 문제를 어느 특정 개인에게 맡길 수 없다는 주장이다. 그는 시비 판단의 장으로 학교를 내세웠다. 그는 「학교」편에서 "천자가 옳다고 하는 것이 반드시 옳은 것이 아니고, 천자가 그르다고 하는 것이 반드시 그른 것이 아니다. 천자도 또한 감히 시비를 결정하지 못하고 학교에서 그 시비를 공론하는 것이다."라고 하였다.

학교는 양식 있는 선비를 양성하는 기관이다. 도덕적으로 가장 올바른 이들이 모여 학문하는 곳이 학교이다. 그렇기 때문에 사회적 주요 사안에 대한 시비 판단은 학교의 공론에 의지해야 한다고 주장한 것이다.

과거 왕조사회에서 일반 저잣거리의 여론보다도 학교의 여론에 신경을 곤두세웠던 것은 그만큼 양심과 양식을 지닌 지식인들의 여론이 정치의 향방을 결정하는 중요한 잣대가 되기 때문이었다. 동시에 지식인들의 동향이 곧 일반 민중의 여론 동향을 가늠하는 지름길이었다는 것이다. 이런 황종희의 주장을 두고 '구민주주의적 의회정치'(舊民主主義的 議會政治)라 부르기도 한다.

이렇게 볼 때 황종희의 민본정치 사상은 기존의 것과 구별되어야 한다. 선진시대 이래로 유교의 정치사상은 '절어구민'(切於救民)의 민본적 형태를 취하였다. 그러나 이때의 민본의 의미는 군주로부터 내려지는 '은혜의 산물'의 형태에 가깝다. 그래서 때로는 '민심(民心)은 천심(天心)'이라는 정치논리로 이용되기도 하였다. 이 때 민본이라 하더라도 민은 어디까지나 대상적 존재이지 주체적 존재가 될 수 없었다.

그러나 황종희의 '군객민주'(君客民主)의 논의와 시비 판단의 주체로 학교를 선정한 것은 근대적 민주정치 형태에 근접한 것이라 할 수 있다. 이 점에서 황종희의 정치사상은 기존의 민본정치 사상과 구별된다. 나아가 황종희는 이 같은 정치형태를 활성화시키기 위해서 재상제도의 활성화, 관리 선발의 엄정함과 인재 발굴의 중요성, 환관의 정치 간섭 배제 등을 골자로 한 제도개혁론을 개진하였다.

김덕균

성산효대학원대학교 효학과 교수·동양철학

옮긴이 김덕균은 성균관대학교 동양철학과를 졸업하고 같은 대학교 대학원에서 석·박사학위(철학박사)를 받았다. 중국 산동성 사회과학원에서 한국학술진흥재단 지원으로 Post-Doc. 과정을 마치고, 성균관대·중앙대·동덕여대·대전대·협성대·감신대·유한대·한국예술종합학교 강사, 산동사범대학 외국인 교수, 서울대 교양과 교수, 중국 사회과학원 객원교수를 지내고 지금은 성산효대학원대학교 효학과 교수 및 교학처장으로 재직하고 있다. 저서로는 「명말청초 사회사상」, 「새 시대를 꿈꾸며, 황종희의 명이대방록」, 「삭혀먹는 나라 비벼먹는 나라」, 「공문의 사람들」, 「전통 청바지—옛것은 과연 낡은 것일까?」(공저), 「정보기술사회의 윤리매뉴얼」(공저), 「동양사상」(공저), 「왕양명철학 연구」(공저) 등이 있다. 역주서로 「잠서」 상·하편과 역서로는 한길사에서 펴낸 「명이대방록」을 비롯하여, 「현대 중국의 모색」, 「중국봉건사회의 정치사상」 등이 있다. 연구논문으로는 명청대 실학사상 및 양명학, 효학 관련 논문이 30여 편이 있다.

소피스테스

플라톤 지음 | 김태경 옮김 | 264쪽

▷ 저자의 다른 작품
『정치가』(GB 43)

▷ 역자의 다른 번역 작품
『정치가』(GB 43)

『소피스테스』는 형식만이 아니라 내용에서 여러 주제들이 논의되는 복합적인 대화편이다. 그것들은 내적 연관성을 갖고 있어, 그것의 추적이야말로 이 대화편의 전체적 의도와 중요한 문제 파악에 도움을 줄 것이다. 그것은 인식과 관련된 변증술과 '있지(…이지) 않은 것'과 관련된 존재이해이다.

여섯 차례의 시도를 통해 드러난 소피스테스의 정의는 스스로를 모르는 일이 없는 것처럼 '보이게' 하는 자이며, 영상을 진실된 것처럼 만드는 자, 진리란 없고 각자의 의견만 있다고 믿는 자이다. 그래서 그들한테서 거짓은 있을 수 없다. 하지만 '거짓'은 현실적으로 존재한다. 거짓이 가능하려면, '있지(…이지) 않은 것'이 있어야 한다.

이 대화편은 이 논의와 연관해 존재에 관한 문제들과 존재와 관련된 논쟁을 제시함으로써 플라톤의 존재개념을 밝히려 한다. 형상론자 편에서 물질적인 것은 '있지(…이지) 않은 것'이다. 반면 유물론자 편에서 비물질적인 형상은 '있지(…이지) 않은 것'이다. 힘은 '있는(…인) 것'과 '있지(…이지) 않은 것'에 공통으로 '본래 있는 것'이다. 그래서 물질적인 것만이 아니라, 비물질적인 것도 작용을 미치고 작용을 받는다.

비물질적 형상들 상호간의 작용 미침과 작용 받음이 '형상결합'이다. 형상결합이 제대로 되려면, 결합할 수 있는 것끼리 결합해야 하고, 그러려면 결합할 수 있는 것과 결합할 수 없는 것을 알아야 한다. 이를 파악하게 해주는 것이 변증술이다. 따라서 이런 논의과정을 추적해가다보면 이 대화편의 중요한 문제인 변증술과 존재의 의미 및 그것들의 연관성을 보게 될 것이다.

플라톤(기원전 428/427~348/347)

플라톤(Platon)은 아테네 마지막 왕이었던 코드로스의 후손인 아버지 아리스톤과 어머니 페릭티오네 사이에서 태어났다. 그는 외삼촌들인 카르미데스와 크리티아스를 통해 소크라테스를 알게 되었다. 그는 청년시절에는 정치적 야망을 품고 있었지만, 현실정치에 가담하라는 과두파들의 권유를 물리친다. 과두정권의 몰락 후 들어선 민주정권이 소크라테스를 젊은이들을 타락시키고 나라가 믿는 신들을 믿지 않는다는 죄목으로 기원전 399년 사형하자, 그는 메가라로 잠시 피해 있다가 이후 12년 동안 이집트, 이탈리아 등지를 여행했다.

기원전 387년 아테네로 돌아온 그는 철학 및 학문 일반의 교육과 연구를 위한 기관으로 아카데미아를 설립했다. 아카데미아에서는 좁은 의미의 철학만이 아니라 수학이나 수사학과 같은 다양한 분야들을 탐구했다. 특히 아카데미아는 수사술의 교육에 집중되어 있는 이소크라테스의 학원과는 달리 절도 있는 공동생활과 학문적 논의 그리고 헬라스의 현상타파를 위한 참된 지적 지도자의 배출을 설립취지로 갖고 있었다. 그가 이 학원에서 활동하는 동안, 이 학원은 많은 학문적 업적을 냈고, 또 많은 훌륭한 학자들을 배출했다.

플라톤은 말년에 시라쿠사이의 현실정치에도 관여했다. 그런 다음 기원전 365년경 아테네로 돌아온 그는 그 후 활발한 학문 활동을 하다가 기원전 347년에 세상을 떠났다. 그의 철학은 피타고라스, 파르메니데스, 헤라클레이토스, 소크라테스 등의 영향을 받았으며, 그가 남긴 대표적 저술로는 『프로타고라스』『파이돈』『향연』『국가』 등의 전기 대화편들과 『소피스테스』『정치가』『티마이오스』『법률』 등의 후기 대화편들이 있다.

자유인의 지식과 진리추구

손님 그런데 모음(母音)들은 다른 것들보다도 각별히 마치 끈(desmos)처럼 모든 것을 관통하며, 그리하여 그 모음들 가운데에서 어떤 하나가 없이는 다른 문자들에서도 어떤 것이 다른 어떠한 것과 결합하는(harmottein) 것은 불가능하네.

테아이테토스 확실히 그렇습니다.

손님 그렇다면 누구든 어떤 문자가 어떤 문자와 결합할(koinōnein) 수 있는지를 알고 있는가, 아니면 장차 이를 능히 하려는 사람으로서는 기술을 필요로 하는가?

테아이테토스 기술을 필요로 하죠.

손님 어떤 기술인데?

테아이테토스 문법술(grammatikē)입니다.

손님 하지만 다음은 어떤가? 고음과 저음에 관해서도 그와 마찬가지 아닐까? 섞인 소리와 그렇지 않은 소리를 인식하는 기술을 지닌 자는 '시가(詩歌, 음악)에 능한 사람'(mousikos)이지만, 그걸 이해하지 못하는 자는 '시가(음악)를 모르는 사람'(amousos)이겠지?

테아이테토스 그렇습니다.

손님 그리고 우리는 다른 기술들 및 기술 없음의 경우에서도 그와 같은 다른 것들을 발견할 걸세.

테아이테토스 물론입니다.

손님 한데 다음은 어떤가? 우리는 유적형상들(ta genē)도 혼합(meixis)과 관련해 서로에 대해서 똑같은 상태에 있다고 의견일치를 보았으므로, 유적형상들 가운데에서 어떤 것들은 어떠한 것들과 어울리고(symphōnein) 어떠한 것들은 서로 받아들이지(dechesthai) 않는지, 더 나아가 그것들이 혼합될(symmeignysthai) 수 있도록 그것들 모두에 두루 걸쳐서 그것들을 결합시키는 그런 어떤 것들이 있는지, 그리고 다시금 나눔들의 경우에서도 전체를 관통하는 나눔의 다른 원인이 있는지를 장차 제대로 보여주려는 이는 반드시 어떠한 지식(학문)을 갖고서(met' epistēmēs) 논의해나가야 하지 않겠는가?

테아이테토스 그야 물론 지식이 필요하죠. 그것도 아마 거의 가장 큰 지식 말씀입니다.

손님 그렇다면 테아이테토스, 이번에도 우리는 이 지식을 무어라 불러야 할까? 아니면 우리는 신에 맹세코 자신도 모르는 사이에 자유인들의 지식(학문)에 마주치게 되었는가, 그리고 아마도 우리는 소피스테스를 찾는 과정에서 그보다 먼저 철학자를 발견하게 되었는가?

테아이테토스 무슨 뜻으로 하는 말씀입니까?

손님 유에 따라 나누고(kata eidē diaireisthai) 동일한 형상(tauton eidos)을 다른 것(heteron)으로, 다른 것을 동일한 것으로 생각하지 않는 것이 변증술의 지식(학문, hē dialektikē epistēmē)에 속하지 않는다고 설마 우리는 말하지 않겠지?

테아이테토스 예, 우리는 그것이야말로 변증술의 지식(학문)이라고 말할 겁니다.

손님 그렇다면 적어도 이를 할 수 있는 사람은 각기 하나 하나 분리되어 있는 많은 것들에 두루 걸쳐서 도처에 퍼져 있는 하나의 이데아를, 그리고 밖으로부터 하나의 이데아에 의해 포섭되는 서로 다른 많은 것들을, 그리고 다시금 많은 전체적인 것들에 걸쳐 하나로 연결되어 있는 하나의 형상을, 그리고 완전히 따로따로 분리되어 있는 형상들을 능히 식별할 수 있

플라톤의 아카데메이아
플라톤은 기원전 387년경 철학 및 학문 일반의 교육과 연구를 위한 기관으로 아카데메이아를 설립했다.

네. 그런데 이것이야말로 어떤 경우에는 그 각각의 것들이 결합할 수 있되, 또 어떤 때는 결합할 수 없는지를 유에 따라 구별할 줄 아는 것이네.

테아이테토스 그렇고말고요.

손님 그런데 내 생각으론 자넨 어쨌든 '변증술에 능하다는 것'(to dialektikon)을 순수하고(katharōs) 올바르게(dikaiōs) 철학하는 사람 이외의 다른 누구에게도 허용하지 않을 걸세.

테아이테토스 누가 어떻게 그것을 다른 사람에게 허용할 수 있겠습니까?

손님 우리가 철학자를 찾고 있다면, 우리는 지금이나 이후에도 그런 어떤 곳에서 철학자를 발견할 수 있을 것인데, 설령 이 사람 또한 분명히 알아보기 어렵더라도 이 사람의 어려움과 소피스테스의 어려움은 다른 성질의 것일세.

테아이테토스 왜 그렇죠?

손님 소피스테스는 '있지(…이지) 않은 것'의 어둠 속으로 도망쳐가서 요령있게 그 어둠에 적응하고 있지만, 그곳의 어둠 탓으로 분간해보기 힘든 사람이네. 그렇지 않은가?

테아이테토스 그런 것 같습니다.

손님 반면 철학자는 추론을 통해서 언제나 '있는(…인) 것'의 형상에 기숙하며, 또한 그곳의 밝음 때문에 알아보기가 결코 쉽지 않은 사람이네. 대다수 사람들의 마음의 눈은 신적인 것을 응시하는 일을 견뎌낼 수 없기 때문이지.

「소피스테스」

거짓된 논리에 맞서 진리를 밝히려는 현자의 변증술

　이 대화편에서는 소피스테스의 역할이 무엇인가를 밝히는 것이 과제이다. 그렇기 때문에 이 대화편은 '소피스테스'라는 부류(genos)가 보여주는 다양한 기능(ergon)을 대상으로 삼아 이를 여러 측면에서 접근해 살펴본 다음 여러 측면들, 즉 보임새들을 하나로 결합해 인식하는 과정을 훌륭히 보여준다. 이 과정에서 이른바 모음(synagōgē)과 나눔(diairesis) 및 결합(koinōnia)이라는 플라톤의 후기 변증술의 절차들이 동원된다. 하지만 사실은 이 과정에서 중요한 철학적 논의들이 행해진다.

　소피스테스들은 일종의 기술(technē)을 행사하는 자들로서, 이들의 기술은 소피스테스술(sophistikē)이다. 플라톤은 소피스테스술의 정체를 밝히기 위해 이분법적 나눔을 동원해서 여러 기술을 분류해나간다.

　그는 먼저 소피스테스술도 기술이기 때문에 기술을 나누기 시작한다. 그렇게 해서 소피스테스술을 획득술의 한 갈래인 장악술에서 사냥술로 나눠가며 '돈을 받고 부유한 젊은이들을 낚는 사냥꾼'으로서의 소피스테스의 한 가지 모습을 보여준다. 다음으로 획득술의 다른 한 부분인 교환술로 나눠가며 배움과 관련된 소매상이라는 모습도 드러낸다. 또한 획득술의 남은 갈래인 장악술에서 싸움의 갈래로 나눠가며 말다툼, 즉 논쟁술(eristikē)에 이름으로써 소피스테스의 또 다른 모습도 접하게 한다. 이어서 갈래를 달리해 분리기술에서 나눠가며 논박(elenchos)의 기술에 이른다. 하지만 소피스테스의 논박은 배움에 방해가 되는 의견들을 제거하는 게 아니라 남의 의견을 자신의 의견으로 대체하는 것일 뿐이다.

　플라톤은 최초의 나눔에서 남은 또 하나의 갈래인 제작술을 나누어 소피스테스의 모습을 드러내려 한다. 소피스테스는 사물들의 진리에서 아직 멀리 떨어져 있는 젊은이들로 하여금 자신이 못 하는 일이, 그리고 모르는 일이 없는 것처럼 보이게 만든다. 그래서 소피스테스술은 영상제작술과 관련이 있다. 즉 영상(eidōlon)을 진실된 것처럼 보이게끔 만드는 자, 그래서 진리란 없고 각자가 갖는 의견 내지 판단(doxa)만 있다고 믿는 자가 소피스테스이다. 그래서 소피스테스에게서는 거짓(pseudos)이 있을 수 없다.

　그러나 거짓은 있다. '…이지 않은 것'(to mē on)을 '…인 것'(to on)이라고 할 때 거짓은 성립한다. 따라서 거짓이 성립하려면 'to mē on'은 있는(존재하는) 것이어야만 한다. 하지만 파르메니데스 이래로 그건 '있지 않은 것'이란 의미로 쓰여온 말이다.

　파르메니데스는 'to mē on'을 '전적으로 있지 않은 것'(to mēdamōs on)으로만 보았다. 그러나 플라톤은 'to mē on'에서 '있지 않은 것'뿐만 아니라 '…이지 않은 것'의 의미도 찾아냄으로써 그것이 '있는 것'(to on)임을 입증한다. 'to mē on'에 대한 논의는 이 대화편의 절반을 훨씬 넘는 분량을 차지하고 있다. 이 논의는 '있는 것'에 대한 탈레스 이래의 논쟁에 관련될 수밖에 없다. 그것은 실재(ousia)와 관련된 '신들과 거인족 간의 싸움'(gigantomachia)이다. 여기서 거인족으로 비유된 이들은 물질(sōma), 즉 감각되는 것만을 존재로 주장하는 쪽인 반면, 신들은 '지성에게 알려지고 비물질적인 어떤 형상들'(noēta atta kai asōmata eidē)만을 존재로 본다.

플라톤은 이 두 진영에 대해 비판한다. 특히 플라톤은 물질적인 것들이든 비물질적인 것들이든 간에 존재하는 것들에 공통되게 '본래 있는 것'(to symphes gegonos)은 힘(능력, dynamis)이며, 이 힘은 능동적으로 '작용하는 쪽'의 것일 수도 있고 수동적으로 '겪는 쪽'(paschein)의 것일 수도 있으며, 이 힘이야말로 있는 것들을 있다(einai)고 말할 수 있게 하는 징표(horos)라고 말한다.

형상의 친구들에서도 자신을 제외시킨 플라톤은 이제부터 그 이유를 밝힌다. 우리는 몸에 의한 감각(aisthēsis)을 통해, 그리고 마음(혼)에 의한 논구를 통해 참존재(hē ontōs ousia)에 관계한다. 능동적 작용으로서의 인식함이 성립하려면 인식되는 것이 있어야만 하고, 이 관계가 성립되는 한 인식되는 것은 어떤 걸 겪게 마련이고, 그런 한에서 어떤 운동(kineisthai)관계가 성립한다. 이제 '정지해 있는 것'인 형상에 운동관계가 성립하게 되었다. 그뿐만 아니라 운동, 삶, 혼, 슬기, 지성(nous) 등이 '완벽하게 있는 것'(to pantelōs on)에 포함되지 않을 수는 없고, 지성을 지닌 것은 살아 있는 것이며, 지성·삶·생명을 지닌 것이 전혀 운동을 하지 않고 정지해 있을 리 없다. 그러므로 운동하게 되는 것도, 운동도 있다. 모든 것들이 운동하지 않는다면 지성이 관계할 아무것도 없다. 반면에 모든 것들이 운동하고 있을 뿐이라면 역시 우리는 지성을 존재하는 것들에서 제외시키게 된다.

정지를 떠나 '동일한 관점에서 동일한 상태로 있는 것'이 있을 수 없고, 이런 것들이 없다면 이것들을 인식하는 지성은 어디에서도 찾아볼 수 없다. 따라서 인식과 슬기 및 지성을 귀하게 여기는 철학자는 모든 것을 정지시키는 사람의 주장이나, 존재를 모든 면에서 운동하는 것으로 보는 사람의 주장 중 어느 한쪽만 받아들이지 말고 존재는 양쪽 다라고 말해야 할 것이라고 한다. 그래서 운동도 정지도 '있는 것'이다.

운동도 실재성(존재, ousia)에 결합하고, 정지도 실재성에 결합(koinōnein)한다. 그러나 있는 것은 운동도 정지도 아니며, 이들과는 다른 어떤 것이다. 따라서 이들 각각은 서로 다른 것으로서 타자성(thateron)과 결합관계에 있을 뿐 아니라, 각기 자기 동일적인 것으로서 동일성(tauton)과 결합관계에 있다. 반면에 운동과 정지 사이에는 결합관계가 성립하지 않는다. 이렇게 해서 어떤 것들은 서로 결합하되, 어떤 것들은 서로 결합할 수 없다는 것이 밝혀졌다. 이처럼 어떤 형상들은 서로 섞이되 어떤 것들은 서로 섞이지 않는지를, 어떤 형상은 모든 형상들과 결합하고 또 어떤 형상은 모든 것들을 통해 분리를 가져오는지를 식별할 줄 아는 학문이 변증술이다.

김태경

성균관대 수석연구원·서양고대철학

옮긴이 김태경은 성균관대학교 철학과를 졸업했다. 같은 대학교 대학원에서 서양고대철학 전공으로 철학박사학위를 받았다. 성균관대 연구교수를 거쳐 현재 수석연구원으로 있다. 저서로는 『인간의 조건과 실천철학』, 『플라톤의 후기 인식론』, 『플라톤 철학과 그 영향』, 『플라톤의 정치가』 등이 있고, 역서는 한길사에서 펴낸 플라톤의 『소피스테스』, 『정치가』와 『철학의 거장들 1』(공역)을 비롯하여, 『위대한 철학자들』, 『플라톤』, 『아리스토텔레스』 등이 있다. 주요논문으로는 「플라톤의 『정치가』에서 정치체제와 법률」, 「플라톤의 정치철학에서 소유와 정의」, 「플라톤의 『정치가』에서 측정술」, 「플라톤에서 사람됨과 훌륭한 삶」, 「플라톤의 변증술에 있어서 나눔과 결합」, 「플라톤의 후기 변증술」 등이 있다.

정치가

플라톤 지음 | 김태경 옮김 | 264쪽

▷ 저자의 다른 작품
『정치가』(GB 43)

▷ 역자의 다른 번역 작품
『정치가』(GB 43)

『정치가』는 참된 '치자'의 기능이 무엇인지 논리정연하게 보여준다. 이 작업에서 플라톤은 그의 후기 변증술의 절차들을 구체적으로 수행한다. 이 대화편도 『소피스테스』처럼 변증술의 절차를 훌륭히 수행하고 있다는 인상을 준다. 아닌게 아니라 플라톤은 이 대화편의 의도가 '모든 것과 관련해서 한층 더 변증술에 능해지도록 하기 위한 것'임을 밝힌다.

그러나 이 대화편의 더 큰 목적은 변증술을 통해 '치자'의 기능에 대한 인식에 도달하는 것이다. 특히 플라톤은 현실적인 정치가가 아니라 원론적인 의미의 '치자' 내지 '왕도적 치자'를 다룬다. 이 과정에서 왕도적 치자를 다른 정치가들한테서 분리하고, 또 왕도적 정체를 다른 정체들로부터 떼어내는 문제가 장황히 논의된다.

이때 왕도적 통치의 기준은 '지식'이기 때문에, 왕도적 정체는 다른 여섯 정체들과 구별된다. 나머지 정체들은 '지식'이 아닌 여러 기준에 의해 규정된다. 그런 기준에 의거한 정체들은 그 기준이 어떤 것이냐에 따라 그 정체가 훌륭한 것인지 아닌지가 결정된다.

이 정체들의 기초가 '법률'이라면, 그 법률의 훌륭함의 차이는 정체들의 훌륭함의 차이를 보여줄 것이다. 만일 그 법률이 대중에 의해서나 의회에서 제정된 '현실적인 법률'이라면, 그런 '현실적인 법률'은 상대적인 훌륭함만을 지닌 것이기 때문에, 그 현실정체들은 훌륭한 것들일 수 없다.

만일 법률이 진리에 근접한 그것의 모방물이라면, 이런 법률을 기초로 하는 정체들은 이상적인 왕도적 정체는 아닐지라도 훌륭한 것들일 수 있다. 이 대화편은 이런 논의들을 통해 플라톤 정치철학의 중요한 면모를 보여준다.

플라톤(기원전 428/427~348/347)

플라톤(Platon)은 아테네 마지막 왕이었던 코드로스의 후손인 아버지 아리스톤과 어머니 페릭티오네 사이에서 태어났다. 그는 외삼촌들인 카르미데스와 크리티아스를 통해 소크라테스를 알게 되었다. 그는 청년시절에는 정치적 야망을 품고 있었지만, 현실정치에 가담하라는 과두파들의 권유를 물리친다. 과두정권의 몰락 후 들어선 민주정권이 소크라테스를 젊은이들을 타락시키고 나라가 믿는 신들을 믿지 않는다는 죄목으로 기원전 399년 사형하자, 그는 메가라로 잠시 피해 있다가 이후 12년 동안 이집트, 이탈리아 등지를 여행했다.

기원전 387년 아테네로 돌아온 그는 철학 및 학문 일반의 교육과 연구를 위한 기관으로 아카데미아를 설립했다. 아카데미아에서는 좁은 의미의 철학만이 아니라 수학이나 수사학과 같은 다양한 분야들을 탐구했다. 특히 아카데미아는 수사술의 교육에 집중되어 있는 이소크라테스의 학원과는 달리 절도 있는 공동생활과 학문적 논의 그리고 헬라스의 현상타파를 위한 참된 지적 지도자의 배출을 설립취지로 갖고 있었다. 그가 이 학원에서 활동하는 동안, 이 학원은 많은 학문적 업적을 냈고, 또 많은 훌륭한 학자들을 배출했다.

플라톤은 말년에 시라쿠사이의 현실정치에도 관여했다. 그런 다음 기원전 365년경 아테네로 돌아온 그는 그 후 활발한 학문 활동을 하다가 기원전 347년에 세상을 떠났다. 그의 철학은 피타고라스, 파르메니데스, 헤라클레이토스, 소크라테스 등의 영향을 받았으며, 그가 남긴 대표적 저술로는 『프로타고라스』『파이돈』『향연』『국가』 등의 전기 대화편들과 『소피스테스』『정치가』『티마이오스』『법률』 등의 후기 대화편들이 있다.

참된 치술을 위한 측정술을 논하다

손님 긺과 짧음, 그리고 일반적으로 지나침(hyperochē)과 모자람에 관해서일세. 왜냐하면 이런 모든 것들에 관한 측정술(metrētikē)이 있을 테니까 말일세.

젊은 소크라테스 그렇습니다.

손님 그러면 이걸 두 부분으로 나누세. 왜냐하면 이것은 지금 우리가 열의를 보이고 있는 것을 위해서 필요하기 때문이네.

젊은 소크라테스 어떻게 나눌지 말씀이나 해주시죠.

손님 이런 식으로 나누네. 하나는 '서로에 대한(pros allēla) 큼과 작음의 상호관계에 관련된 것'이지만, 다른 하나는 '생성의 불가결한 성립에 관련된 것'(kata tēn tēs geneseōs anankaian ousian)이네.

젊은 소크라테스 무슨 뜻으로 하는 말씀입니까?

손님 그러니까 자네가 보기에 본성상 더 큰 것은 더 작은 것 이외의 다른 어떤 것보다도 크다고 말해서는 안 되고, 더 작은 것도 더 큰 것보다는 작지만 그 밖의 다른 어떤 것보다 작다고 말해서는 안 될 테지?

젊은 소크라테스 제겐 그렇게 여겨지는군요.

손님 다음은 어떤가? 말에서든 행위에서든 '적도의 본성'(hē tou metriou physis)을 넘어서거나 그것에 미치지 못하는 일이 그러니까 우리는 또한 실제로 일어난다고 말해야 하지 않을까? 또한 그런 사태에서 확연히 우리 가운데 '나쁜(악한) 사람들'과 '좋은(선한) 사람들'이 구별되네.

젊은 소크라테스 그건 분명합니다.

손님 그러므로 우리는 이 두 가지 것을 큼과 작음의 성립들과 판단들로 상정해야만 하네. 하지만 우리가 방금 전에 말했듯, 그것들이 서로에 대해서(상대적으로)만 성립하고 구별되어야만 한다고 보아서는 안 되네. 오히려 지금 말한 것처럼 우리는 '서로에 대한 측정술'(hē pros allēla)과 또한 '적도와 관련된 측정술'(hē pros to metrion)도 말해야하네. 그러나 우리는 그 까닭을 알기 바라는가?

젊은 소크라테스 물론입니다.

손님 만일 누군가가 더 큰 것의 본성을 더 작은 것 이외의 다른 어느 것과 관련해서도 허용하지 않는다면, 그건 결코 적도와 관련해서 성립하지 않을 걸세. 그렇지 않은가?

젊은 소크라테스 그렇습니다.

손님 그렇다면 우리는 기술들 자체와 그것의 모든 산물들을 이 말로써 파괴하거니와, 더 나아가서 우리가 찾고 있는 치술과 직조술까지도 제거하지 않을까? 왜냐하면 그와 같은 모든 것들은 확실히 적도보다 더한 것과 덜한 것을, 그게 아닌게 아니라 실제로 위험한 것이기에 일의 처리들(행위들, tas praxeis)과 관련해서 경계하고, 이런 식으로 적도를 보존함으로써(to metron sōzousai) 온갖 좋은 것들과 아름다운 것들을 완성해내기 때문이네.

젊은 소크라테스 그야 물론이죠.

손님 하지만 만일 우리가 치술을 제거한다면, 이후의 왕도적 치술에 관한 우리의 탐구는 혼란에 빠지지 않을까?

젊은 소크라테스 그도 그렇죠.

손님 그래서 이 점에서 논의가 우리를 빗겨나가기 때문에 전에 『소피스테스』에서 '있지(…이지) 않은 것'(to mē on)이 '있다'(…이

시가 교육의 모습 철학이 있기 이전, 헬라스인들에게서 시가(詩歌)는 그들의 교육 또는 교양의 전부였다.

다, einai)고 강변했듯, 우리는 지금도 더함과 덜함이 '서로와 관련해서'뿐만 아니라 '적도의 창출과 관련해서도'(pros tēn tou metriou genesin) 측정되어야 한다고 해야겠지? 왜냐하면 만일 이게 합의되지 않는다면, 치자도 행위와 관련된 사람들 가운데 다른 누구도 이론의 여지 없이 지식이 있는 사람일 수 없기 때문이네.

젊은 소크라테스 그렇다면 지금도 최대한으로 같은 것을 해야만 합니다.

손님 소크라테스여, 이 일은 저것보다 한층 더 큰일이네.—그리고 우리는 저 일이 얼마만큼 길게 되었는가도 기억하네—그러나 이것들과 관련해서 다음과 같은 것을 가정하는 것(hypotithesthai)은 그야말로 온당하네.

젊은 소크라테스 어떤 건데요?

손님 언젠가는 지금 언급된 것이 정확성 자체에 관한 설명(hē peri auto takribes apodeixis)에 필요할 것이라는 걸세. 그러나 우리가 한결같이 모든 기술들은 [적도의 창출과 관련해서] 존재하고(einai) 더함과 덜함도 동시에 서로와 관련해서뿐만 아니라 적도의 창출과 관련해서 측정된다(metreisthai)고 생각해야 한다는 우리의 이 주장은 내가 보기에 정확성 자체가 현재의 목적을 위해 충분히 그리고 훌륭히 보여졌다는 것을 시원스럽게 지지해주는 것 같네. 왜냐하면 만일 이것이 있다면 저것들도 성립하고, 저것들이 성립한다면 이것 또한 있지만, 이 둘 가운데 어느 하나가 없다면 그것들의 어느 것도 결코 있을 수 없을 테니까 말일세.

『정치가』

왕도적 치자의 정의를 위한 변증술의 수행

 이 대화편은 참된 '치자'(治者, politikos)의 기능(형상)이 무엇인지를 논리정연하게 보여주고 있다. 즉 그 형상의 인식과 관련해 각각의 형상을 『파이돈』에서처럼 '한가지 보임새'로부터 인식하려는 데서 벗어나 여러 측면에서 접근하여 인식하는 작업을 보여주고 있다.
 이 작업에서 플라톤은 그의 후기 변증술의 절차들을 구체적으로 수행한다. 따라서 이 대화편도 『소피스테스』와 마찬가지로 변증술의 절차(나눔)를 훌륭히 수행하고 있다는 인상을 줄 것이다. 아닌게 아니라 플라톤은 이 대화편의 탐구 의도가 바로 '모든 것과 관련해서 한층 더 변증술에 능해지도록 하기 위한 것'임을 밝히고 있다. 그러나 사실 더 큰 의도는 변증술을 통해 '치자'의 기능에 대한 인식에 도달하려는 것이다. 특히 플라톤은 대화편에서 현실적인 정치가가 아니라 원론적인 의미에서의 '치자' 내지 '왕도적 치자'(basilikos)를 다룬다.
 플라톤은 먼저 치술(治術)도 일종의 지식이므로 지식을 둘로 나누기 시작한다. 이런 이분법적 나눔을 통해 도달한 치술의 첫 번째 정의는 비교배종의 양육술 중에서 이족동물로서의 인간양육술이다. 그러나 인간사와 관련된 목자(牧者)들인 치자들을 향해 자신들도 인간들의 양육을 보살핀다고 나서는 자들, 즉 상인들, 농부, 방앗간 주인들, 체육교사들과 의사들이 있다. 그래서 플라톤은 이들한테서 치자를 분리시키기 위해 대 신화(mythos)를 원용하는데, 이 신화는 신이 인간들의 목자로서 인간들의 삶을 전적으로 배려하던 시대의 이야기이다.
 치술은 이런 신화시대에는 필요치 않으므로, 이 신화를 통해 앞선 정의의 두 잘못이 지적된다. 하나는 치자를 신적인 목자로서 말했다는 것이고 또 하나는 그가 어떤 방식으로 다스리는지에 대해 말하지 않았다는 것이다. 그리하여 목자 개념을 폐기하고 새로이 채택되는 것이 보살핌(therapeuein, epimeleia)이며, 첫번째 정의는 '자발적 이족동물의 무리보살핌'으로 수정된다. 그러나 이것도 치자에 관한 완전한 설명은 아니다. 다른 하나의 잘못을 바로잡아야 하기 때문이다. 이를 위해서 플라톤은 직조술(hyphantikē)을 예(본, paradeigma)로 삼아 치술을 정의한다. 플라톤은 직조의 예를 사용하기에 앞서 예의 본성을 밝힌 다음 직조술의 예를 제시하며, 또한 직조술에 관한 논의가 길어진 것 같다는 고민과 관련해서 논의의 길이를 칭찬하고 비난할 원칙을 찾는 측정술(metrētikē)도 논급한다.
 직조술의 예는 이렇다. 모직옷감을 갖기 위해서는 모직물을 짜는 데 필요한 도구들을 만드는 기술들이 필수적이다. 그러나 그것들은 모직물의 생산에 직접 관여하는 기술들은 아니며, 따라서 보조적·기여적 원인(synaitia)들인 그것들은 직조술을 찾는 과정에서 제외되어야 한다. 그러면 남은 것은 모직물의 생산 자체와 관련된 기술들인 방적술과 직조술 자체이다.
 방적술의 두 공정은 결합기술과 분리기술이다. 결합기술의 부분은 동시에 방적술의 부분이 되는데, 그 하나는 꼬는 공정이며 다른 하나는 짜는 공정이다. 꼬는 부분에는 날실의 제작과 관련된 부분과 씨실의 제작과 관련된 부분이 속한다. 날실 잣는 기술은 물레에 의해 실을 단단히 꼬는 기술이며, 씨실 잣는 기술은 늦느하게 그리고 날실과 알맞게 엮어질 수 있게끔 부드럽게 실을 잣는 기술이다. 이렇게 해서 밝혀진 직조술은 방적공정에서의 결합기술의 짝 는 부분으로서, 씨실과 날실을 엮어 짬으로써 모직옷감이라 하는 직물을 만들어내는 것이다.

직조술의 예를 치술에 적용하기에 앞서 먼저 왕도적 치술이 아닌 것들을 제거한다. 국가와 관련된 어떤 도구를 제작하는 모든 기술들은 국가나 치술이 성립하기 위해서는 없어서는 안 될 보조적 원인들이지만, '왕도적 치술의 기능'은 아니다. 그래서 도구와 그릇, 운반수단, 놀이나 오락, 광물 및 목재 등의 재료생산, 영양 및 양육과 관계되는 모든 기술들은 제외된다. 그리고 노예나 농·공·상업에 종사하는 사람들, 전령, 성직자들, 소피스테스들도 제외된다. 특히 "소피스테스들 중에서도 제일가는 마술사, 그리고 이 기술에서 가장 노련한 부류 등을 비록 제거하기가 지극히 어려울지라도 우리들이 찾는 것을 명확히 보려면 참으로 치자들이며 왕도적 치자들인 자들에서 어떻게든 떼어내야만 한다."

다음은 왕도적 치술을 행사할 수 있는 정치체제에서 그렇지 못한 정치체제들을 떼어낸다. 일인정체에는 참주체제와 왕정이, 소수정체에는 귀족정체와 과두정체가, 다수정체에는 민주정체가 있으며, 이들 정체들은 일인에 의해서냐, 소수나 여럿에 의해서냐, 또는 부나 가난에 의해서냐, 아니면 강제에 의해서냐, 자발성에 의해서냐 또는 성문법을 갖느냐 갖지 않느냐 하는 기준들에 의해 규정된 것들이다.

그러나 왕도적 통치의 기준은 지식, 즉 지혜이다. 이 지식은 인간들의 통치와 관련된 지식이다. 그런데 이런 왕도적 치술은 기술에 의해 (kata technēn) 통치하는 것이다. "기술에 의한" 다스림은 좋게 할 목적으로(ep' agathō) 지식(기술)과 정의를 사용해 국가를 구제하고 더 못한 상태에서 더 나은 상태를 만드는 것이다. 그래서 모든 정체들 가운데 유일하게 바른 정치체제는 그 안에서 참으로 지자들인 통치자들을 발견할 수 있는 그런 것이다. 그들이 통치함에 있어서 법률에 따라(kata nomous) 하는가 아니면 법률 없이(aneu nomōn) 하는가, 자발적인 사람들을 다스리는가 아니면 마지못해 하는 이들을 다스리는가, 그들 자신이 부유한가 가난한가 하는 것들은 어떤 정당성과 관련해서도 전혀 문제가 되지 않는다.

그리고 법률 없이 다스리는 이들의 정당성에 관련해, "최선의 것은 법률이 우세한 것이 아니라 지혜를 갖춘 왕도적 치자가 우세하다"는 까닭이 언급된다. 법은 최선의 것과 가장 올바른 것을 정확히 파악해서 동시에 모든 이들에게 결코 지시할 수 없다. 왜냐하면 입법가는 정확히 한 사람 한 사람에게 적합한 것을 능히 줄 수 없고, 많은 사람들에게 적합한 것(to tois pollois)을, 그것도 어쩌면 대개의 경우(hōs epi to poly) 대강 각자에게 적합한 것을 법으로 제정하기 때문이다.

김태경

성균관대 수석연구원 · 서양고대철학

옮긴이 김태경은 성균관대학교 철학과를 졸업했다. 같은 대학교 대학원에서 서양고대철학 전공으로 철학박사학위를 받았다. 성균관대 연구교수를 거쳐 현재 수석연구원으로 있다. 저서로는 『인간의 조건과 실천철학』, 『플라톤의 후기 인식론』, 『플라톤 철학과 그 영향』, 『플라톤의 정치가』 등이 있고, 역서로는 한길사에서 펴낸 플라톤의 『소피스테스』, 『정치가』와 『철학의 거장들 1』(공역)을 비롯하여, 『위대한 철학자들』, 『플라톤』, 『아리스토텔레스』 등이 있다. 주요논문으로는 「플라톤의 『정치가』에서 정치체제와 법률」, 「플라톤의 정치철학에서 소유와 정의」, 「플라톤의 『정치가』에서 측정술」, 「플라톤에서 사람됨과 훌륭한 삶」, 「플라톤의 변증술에 있어서 나눔과 결합」, 「플라톤의 후기 변증술」 등이 있다.

지식과 사회의 상

데이비드 블루어 지음 | 김경만 옮김 | 368쪽
2002 대한민국학술원 우수학술도서

과학지식은 사회학적으로 설명될 수 있을까? 데이비드 블루어는 『지식과 사회의 상』에서 지식사회학이 지금까지 과학지식의 생성과 변화, 그리고 전달에 대한 사회학적 이론과 경험적 연구를 발달시켜오지 못한 주된 이유가 지식사회학이 과학이라는 성스러운 활동에 대한 위협이 되어왔기 때문이지 결코 지식사회학이 과학의 내용을 사회학적으로 분석할 수 있는 이론적 자원의 결여 때문은 아니라고 주장한다. 블루어는 토마스 쿤을 필두로 한 후기경험주의 과학철학과 뒤르켐의 지식사회학, 그리고 여기에 비트겐슈타인의 후기철학을 더함으로써 이른바 과학사회학의 스트롱 프로그램을 탄생시켰다.

스트롱 프로그램은 과학이 제 궤도를 가고 있을 때, 즉 내적 논리와 엄격한 경험적 자료에 의해 통제될 때는 사회학적 설명이 필요하지 않고, 지식을 왜곡시켜서 주어진 내적 논리에서 벗어나게 하는 비합리적이고 사회적인 요소가 작용할 때만 사회학적 설명이 허용되어야 한다고 주장함으로써 지식사회학의 영역을 사전에 제한하려 한 라카토슈나 라우단 등의 과학철학에 정면으로 도전하면서 현재 우리가 옳다고 생각하는 과학지식도 우리가 틀렸다고 생각하는 지식을 설명하는 원인과 같은 종류의 원인을 가지고 설명해야 한다고 주장한다.

'대칭성 명제'라 불리는 이 주장은 현대 과학사회학에서 하나의 준거점이 되었으며 수많은 논쟁의 초점이 되었는데 블루어는 오일러의 정리를 비롯, 수학에 대한 역사-사회학적인 사례연구를 통하여 그의 이론적 주장을 뒷받침하고 있다. 『지식과 사회의 상』은 과학에 대한 과학적 접근을 통하여 과학지식의 사회적 성격을 분석한 최초의 저작 가운데 하나다.

데이비드 블루어(1942~)

데이비드 블루어(David Bloor)는 1942년 영국의 더비에서 태어났다. 킬 대학과 케임브리지 대학에서 수학과 철학을 공부한 그는 과학철학에서 세계적인 업적을 쌓은 헤시(Mary Hesse)에게 사사했고, 실험심리학 연구로 학위를 받았다. 그가 철학에서 실험심리학으로 전공을 옮긴 이유는 인간의 지식에 관한 문제를 '과학적', 즉 실험심리학적으로 접근하려는 데 있다.

과학을 어떤 철학적 편견 없이 경험적 현상으로 이해하고 설명하려는 블루어의 시도는 현재 이른바 '자연주의적 접근'이라 불리는 과학철학의 한 조류와 일맥상통하는 바가 있다. 이후에 블루어는 과학지식에 대한 심리학적 접근을 사회학적 접근을 사용하여 '확장'시켰고, 그 결과물이 바로 『지식과 사회의 상』이다.

1967년 케임브리지 대학을 졸업한 블루어는 그 무렵 새로 설립된 에든버러 대학의 과학학연구소(Science Studies Unit)에 부임했는데, 이것은 당시 연구소장을 맡고 있던 천문학자 에지(David Edge)의 천거에 의해서였다. 그는 그뒤, 화학을 전공하고 다시 사회학을 공부한 반스(Barry Barnes), 생물학을 전공한 후 과학사를 공부한 셰이핀(Steven Shapin) 등과 함께 연구소를 이끌어 나갔다. 이들은 이 연구소에서 함께 연구하면서 이 책의 중심주제인 이른바 '과학지식 사회학의 스트롱 프로그램'이란 사회학적 접근을 탄생시켰다.

1992년 블루어는 과학학연구소의 소장이 되었고, 또한 과학사회학회에서 이 부문에 크나큰 공헌을 한 연구자에게 수여하는 버널 상(J.D. Bernal Award)을 받았으며, 1998년에는 과학사회학 분야의 교수가 되었다.

경험과학의 가설을 사회과학에 적용하는 스트롱 프로그램

철학적 사고의 범주들은 하나의 지적인 풍경을 형성한다. 이 지적인 풍경에서 볼 수 있는 위대한 경계표들은 '진리', '객관성', '상대주의', '관념론', '유물론' 등으로 명명된다. 나는 이러한 경계표들 중 몇몇에 관한 나의 입장을 취함으로써 결론을 내릴 것이며, 어떤 입장들이 내가 옹호한 것인가를 재확인해볼 것이다.

이 책에서 나의 주장을 전개할 때, 나는 대부분의 현대과학이 취하고 있는 관점을 당연시하고 또 옹호하였다. 주로 과학은 인과적, 이론적, 가치-중립적이며, 때로는 환원주의적이며, 다소간은 경험주의적이고, 궁극적으로는 상식처럼 유물론적이다. 이것은 과학이 목적론, 인간중심주의(anthropomorphism), 그리고 초월적인 것과는 반대된다는 것을 의미한다. 이 책에서의 전반적인 전략은 사회과학을 다른 경험과학의 방법과 가능한 한 밀접하게 연결시키는 것이다. 바로 그 정통적인 방법을 따라서 나는 다음과 같이 주장했다. 다른 과학이 하는 것처럼 하면 모든 것이 잘될 것이다.

지식사회학의 스트롱 프로그램에 대해 논의하면서, 나는 사회학자들이 사회학이 가지고 있는 자연주의적 입장을 무의식적으로 택할 때, 실제로 그들이 무엇을 하고 있는가를 잡아내려고 노력하였다. 위험은 앞으로 밀고 나가는 데서 초래되는 것이 아니고, 자연주의적 입장이 가지고 있는 완전한 함의로부터 도망가려고 할 때 초래된다. 편파적인 관점은 비일관성을 초래할 것이다. 나는 과학지식 사회학에 대해 중심적인 철학적 비판을 제기하는 것으로 보이는 많은 주장들을 선택했다. 항상 나는 후퇴하거나 절충해서 대응하려 하지 않고, 사회

과학의 기본적인 관점을 정교화시켜서 이런 비판들과 맞섰다. 지식에 대한 사고는 사회적 이미지에 기반하고 있으며, 논리적 필연성은 도덕적 강제의 일종이고, 객관성은 사회적 현상이라는 이 책의 주된 주제는 전형적인 과학적 가설의 모든 특성을 가진다.

여기서 발전시킨 관점의 단점은 의심할 바 없이 무수하다. 내가 가장 예민하게 느끼는 것은, 사회학적 접근의 유물론적 특성을 강조하기는 하였지만, 여전히 유물론은 적극적이기보다 수동적인 경향이 있다는 것이다. 나는 나의 관점이 완전히 비변증법적이라고 얘기되지 않기를 바라지만, 나의 접근이 실천보다는 이론으로서의 지식을 재현하는 데 치우쳐 있다는 것은 의심의 여지가 없다. 이론과 실천의 적절한 혼합을 발견할 가능성은 나의 접근법 안에서 실현되지 않았으나, 그 안에 존재하고 있다.

지금까지의 논의 중에서 대부분의 우리 지식의 실제성과 기술적인 힘을 부정한 것은 하나도 없었지만, 이러한 실제적인 힘과 이론간의 관계는 염려스러운 것으로 남아 있다. 예를 들어 어떻게 우리의 기술이 우리의 의식과 관련되는가? 이 둘을 지배하는 법칙들은 서로 얼마나 다른가? 이 질문에 대한 최선의 대답은 비판자들도 이 문제에 관한 더 나은 해결책을 가지고 있지 않다는 것이다. 실제로 비판자들은 자연주의적 접근을 옹호하는 사람들에 비해서 이 문제들을 풀 수 있도록 해주는 자원을 덜 가지고 있는 듯하다. 포퍼의 철학이 과학을 믿을 만한 기술이라기보다 순수한 이론의 문제로 만든다는 것을 기억하는 것이 유익하다. 그는 오로지 가장 순수한 과학자들을 위한 이데올로기

존 스튜어트 밀 경험주의자였던 밀은 수학지식도 선험적인 지식이 아니라 경험에 의해서 형성되는 지식이라고 주장한다.

만을 제공하고, 엔지니어와 장인은 도와주지 않고 내버려둔다.

불행하게도 사람들이 태도를 정하고 그 자신의 위치를 발견하는 과정은 고난을 야기한다. 버니언(John Bunyan)의 성지 참배자가 거쳐간 곳들처럼 지식인이 거쳐가는 지형은 도덕적으로 중립적이지 않다. 진리의 최고봉은 매혹적으로 빛나지만, 상대주의의 더러운 구덩이는 지친 사람들을 삼켜버릴 것이다. 마치 선과 악의 힘이라도 되는 양, 합리성과 인과성은 서로 싸운다. 이 흔한 반응들과 전통적인 평가들은 지식사회학에서 충분히 예측가능한 것만큼, 지식사회학에 부적절한 것들이다.

예를 들어 상대주의를 생각해보자. 철학자들은 때때로 당황하는데, 왜냐하면 도덕적 상대주의는 철학적으로 받아들일 수 있지만, 인지적 상대주의는 받아들일 수 없기 때문이다. 두 경우에서 철학자들의 느낌이 아주 다르기 때문에, 그들은 그런 느낌을 정당화할 수 있는 이유를 찾는다. 과학적으로 도덕성과 인지에 관한 동일한 태도는 가능하고, 또 바람직하다. 상대주의는 단순히 절대주의의 반대이며, 그리고 확실히 선호할 만하다. 상대주의는 최소한 어떤 특정한 형태로 우리의 사회적 경험에 기반해서 옹호될 수 있다.

지식사회학의 스트롱 프로그램이 일종의 상대주의에 기반을 두고 있다는 사실은 부정할 수 없다. 스트롱 프로그램은 '방법론적 상대주의'라 부르는 것을 채택하는데, 이 입장은 앞서 정의되었던 대칭성과 성찰성의 원칙 속에 요약되었다.

『지식과 사회의 상』 제8장 「결론: 우리는 어떤 입장을 취하고 있는가」

지식사회학의 영역에 과학적 합리성의 문제를 제기하다

블루어는 철학자들이 지금까지 지식사회학자들에게 지식의 부스러기들만 던져주고 사회학자들은 이것을 당연하게 받아들였다고 주장한다. 지식의 부스러기는 무엇을 의미하는가? 저명한 과학철학자인 라카토슈(Imre Lakatos)나 라우단(Larry Laudan) 등은 위에서 언급한 과학의 내적 논리에서 진리를 벗어나게 하는 외부요인들, 즉 사회적 요인들이 작용하였을 경우에만 지식에 관한 사회학적 설명을 허용하고 있다.

라우단의 비합리성의 원리(arationality principle)는 이 점을 잘 보여준다. 라우단에 따르면, 과학이 제 궤도를 가고 있을 때, 즉 내적 논리와 엄격한 경험적 자료에 의해 통제될 때는 사회학적 설명이 필요하지 않고, 오직 외부적이고 사회적인 따라서 이데올로기적인, 즉 지식을 왜곡시켜서 주어진 내적 논리에서 벗어나게 하는 비합리적이고 사회적인 요소가 작용할 때만 사회학적 설명이 허용되어야 한다. 따라서 사회학자는 이렇게 과학이 비합리적이고 이데올로기적이 될 때, 즉 제 궤도에서 벗어난 오류의 과학에 대해서만 설명할 수 있으며 옳은 과학적 믿음에 대해서는 아무것도 이야기할 수 없다는 주장을 펼친다. 블루어는 이런 관점을 오류의 사회학(sociology of error)이라 명명하고 오류의 사회학은 지식사회학이 잘못된 믿음만을 설명하도록 사전적으로 지식사회학의 영역을 제한하는 것을 의미한다고 주장한다.

과학이 제 궤도를 가고 있다는 것은 구체적으로 무엇을 의미하는가? 그것은 외부세계에 대한 분류──이것은 옳다/그르다, 정당화될 수 있다/없다 등 우리가 지식이라고 생각하는 모든 것을 포괄하는 분류──가 외부세계를 있는 그대로 표상하는 것을 의미하며, 있는 그대로란 외부세계에 대한 단 하나의 옳은 분류(혹은 이론)가 존재한다는 것을 또한 의미한다. 위에서 논의한 세 가지의 지적 조류는 모두 외부세계에 대한 단일한 표상, 즉 단일한 분류의 가능성을 배제하고 있다.

그렇다면 블루어에게서 외부세계는 지식형성에 아무런 역할을 하지 못하는 것인가? 블루어는 그에게 이러한 관념론을 귀속시키는 것을 단호하게 거부한다. 물론 블루어는 이 책에서 전통적인 경험론을 부정하지만 비판자들이 잘못 지적하듯이, 경험이 우리의 지식형성에 미치는 영향을 전면 부정하지는 않는다. 다만 경험(혹은 외부대상의 속성)이 단일한 분류(unique classification)를 전적으로 결정하지 못한다는 점을 강조하고 있을 뿐이다. 우리가 경험의 괴집(塊集)만으로 밖의 세계에 어떤 질서를 부여하고 설명할 수 있는가? 또한 경험은 그 자체로 의미를 가질 수 있는가? 블루어의 대답은 경험은 그 자체로는 의미를 가질 수 없고 이미 우리가 가지고 있는 세계에 대한 집단적 해석에 의하여 해석된다는 것이다.

외부세계에 대한 감각(경험)자극은 그렇다면 기존의 분류에 아무런 영향을 미치지 않는가? 그렇지는 않다. 블루어의 그림이 보여주듯이 지식은 기존의 사회적 분류와 새로운 경험적 요소라는 두 개의 벡타(vector)의 합(合)에 의하여 결정되며, 새로운 경험적 요소가 이러한 기존의 분류에 어떻게 동화되는가 혹은 기존 분류를 어떻게 수정하게 되는가를 다루는 것이 지식사회학의 과제인 것이다. 즉 지식의 형성은 사회적인 요소로써만 결정되는 것이 아니라 새로운 경험, 즉 외부대상의 속성이 어떻게 집단에 의하여 소화되고 기존의 지식분류 체계에 동화되거나 그것을 수정하게 되는가에 의하여 결정된다. 이것은 지식사회학적 설명에서 경험도 혹은 사회도 배타적인 설명적 우위(exclusive explanatory primacy)를 갖고 있지 못하다는 것을 보여주는데, 그 이유는 지식이 사회적 요소와 외부속성의 합성물(合成物, amalgamation)이기 때문이다.

이렇게 본다면 과학이 제 궤도를 가고 있는가 혹은 제 궤도에서 벗어나고 있는가라는 질문은 그 자체가 잘못된 것이라는 결론에 도달하게 된다. 왜냐하면 지금 우리가 틀렸다고 믿는 과거의 과학도 사회/외부세계 속성의 합성물이고, 현재 우리가 맞다고 생각하는 과학지식도 사회/외부세계 속성의 합성물이기 때문이다. 따라서 틀렸다고 믿는 과거의 과학은 사회적/이데올로기적 요인으로 설명해야하고 현재 맞다고 생각되는 지식은 순전히 외부세계의 단순한 표상이므로 외부세계로만 설명되어야 한다는 전통적 합리주의자들의 주장은 기각되어야 한다.

이것이 블루어의 대칭성 명제(symmetry thesis)의 핵심이다. 이것이 많은 블루어 비판자들이 이해하지 못하는 점인데, 스트롱 프로그램이 주장하는 것은 현재 우리가 받아들이는 지식도, 또 우리가 현재 틀렸다고 평가하는 과거의 지식도 그 형성과 타당화를 같은 종류의 원인을 가지고 대칭적으로 설명해야 한다는 것이다.

과학지식 사회학자들이 던지는 질문은 누가 과학적 합리성을 사전적(a priori)으로 혹은 초월적으로 정의할 수 있겠는가이다. 과학을 연구하는 과학철학자들인가 혹은 과학자 자신들인가? 철학자들이 전자를 택했다면, 과학지식 사회학자들은 후자의 답을 택하고 있다. 무엇이 올바른 과학인가는 과학철학자들의 규범적이고 절차적(normative and procedural)이며 논리적인 선험적 기준에 의하여 결정되는 것이 아니고, 과학자들의 주장과 그에 대한 반대주장, 그리고 협상에 의해서 결정된다는 것이 과학지식 사회학자들의 핵심주장이다.

이런 주장의 타당성을 보여주기 위해서는 과학연구가 과학이 어떻게 행해져야 하는가에 관한 종래의 추상적이고 순수논리적인 연구에 기반을 둔 규범적인 것이 되어서는 안 되고, 경험적이고 역사-사회학적인 연구에 기반을 둔 것이 되어야 한다. 이 점은 현재 과학사, 과학사회학, 과학철학에서 중요한 문제로 대두되고 있는 과학적 실천의 문제에 최초의 힌트를 던졌다는 점에서 중요하다.

김경만

서강대 교수 · 사회학

옮긴이 김경만은 서강대학교 경제학과를 졸업한 후, 시카고 대학에서 과학사회학, 이론사회학, 과학철학 등을 공부하고, 1989년에 20세기 초 멘델 유전학을 둘러싼 논쟁에 관한 과학사회학적 연구로 같은 대학에서 박사학위를 받았다. 현재 서강대학교 사회학과 교수로 있다. 저서로는 한길사에서 나온 『과학지식과 사회이론』과 Explaining Scientific Consensus: The Case of Mendelian Genetics Discourses on Liberation: An Anatomy of Critical Theory 등이 있으며, 역서는 한길사에서 펴낸 데이비드 블루어의 『지식과 사회의 상』이 있다. 주요논문으로는 Philosophy of the Social Sciences, The Sociological Quarterly, Information sur les Sciences Sociales, Social Studies of Science 등에 실린 논문들을 비롯해 여러 편이 있다.

비평의 해부

노스럽 프라이 지음 | 임철규 옮김 | 706쪽
2001 「교수신문」 우리 시대의 고전

노스럽 프라이의 명저 『비평의 해부』는 이 시대 최고의 비평이론서이다. 우리는 이 책을 통해 고대 그리스에서부터 현대에 이르는 서구의 고전들이 압도적인 문학 지식과 깊이 있는 독서 체험을 바탕으로 한 프라이의 비평 지도 속에서 하나하나 자리잡아가는 것을 체험하게 된다.

이 책에는 비평이라는 행위를 정의하고 그 가치를 규명하려는 비평가 프라이의 자의식적 성찰이 뚜렷하게 드러나 있다. 그는 무엇보다 비평이 과학적 객관성을 바탕으로 하는 독립된 학문이 되어야 함을 강조한다. 문학비평은 자신이 다루고 있는 예술, 즉 문학 자체로부터 독립되어 독자적으로 존재하는 고유한 사고 체계인 동시에 지식 체계라는 것이다.

그렇다고 비평이 문학으로부터 독립된 학문이라는 사실이 곧 비평과 문학이 무관하다는 의미는 아니다. 프라이는 비평이 이러한 완결된 우주인 문학 자체에 집중해야 할 것을 역설한다. 인접한 학문의 사고틀을 차용하기를 지양하고 문학의 영역을 귀납적으로 개괄하여 개념적 틀을 추출하는 것이야말로 바로 프라이가 생각하는 비평의 이상인 것이다.

이 책은 문예비평의 범위, 이론, 원리, 그리고 기법을 개관하는 것이 가능할 수 있는가에 대한 네 개의 에세이로 짜여 있다. 여기서 프라이는 호메로스로부터 제임스 조이스에 이르는 서구의 방대한 정전(正典)을 초점을 달리하여 조망하면서 작품 속에서 드러나는 여러 가지 의미의 차원을 점검하고 있다.

물론 문학 자체는 발전하지 않는다. 하지만 문학에 대한 우리의 지식은 발전하며, 비평이 문학의 원리를 완벽하게 규명해낼 수는 없다 하더라도 그 규명의 과정에서 비평은 과학적으로 발전할 수 있을 것이다.

노스럽 프라이(1912~91)

영어권 최고의 문학이론가이자 비평가인 노스럽 프라이(Northrop Frye)는 캐나다 퀘벡주 셔브룩의 기독교 집안에서 태어났다. 토론토 대학에서 철학과 영문학, 그리고 신학을 전공한 그는 한때 목사 서임을 받기도 했지만, 옥스퍼드 대학에서 다시 영문학으로 석사학위를 받고는 1942년부터 옥스퍼드 대학 조교수, 1948년부터 생을 마감할 때까지는 토론토 대학 교수를 지냈다.

비평과 이론에 관한 대표적 저서 『무서운 균형: 윌리엄 블레이크 연구』(1947)에서부터 성서와 문학의 관계에 천착하는 『권능의 말씀』(1990)에 이르기까지 프라이는 수많은 저서와 글을 통해 문학이론을 포함한 문학비평의 문제뿐 아니라 문학과 사회, 신화와 이데올로기, 그리고 역사의 문제 등을 그만의 해박한 지식과 독특하고도 심오한 통찰을 통해 풀어나가고 있다.

특히 현대 비평의 결정적인 전환점이 된 『비평의 해부』(1957)에서 프라이는 체계적이고도 포괄적인 자신의 문학이론을 전개한다. 프라이 이론의 지나치리만큼 체계적인 속성은 때로 도식적이라는 비난을 사는 원인이 되기도 하지만, 동시에 이는 그의 이론이 지닌 부인할 수 없는 매력 중의 하나이기도 하다. 또한 단순한 절충이 아닌 진정한 포괄을 가능하게 하는 그의 넓은 사고의 지평을 엿볼 수 있다. 무엇보다도 『비평의 해부』에서는 비평이라는 행위를 정의하고 그 가치를 규명하려는 비평가 프라이의 자의식적 성찰이 뚜렷하게 드러난다.

이밖에도 그는 『동일성의 우화들』『근대의 세기』『비평의 길』『위대한 암호』『구원의 신화』『신화와 은유』등 왕성한 저작활동을 하다, 1991년 토론토에서 80세의 나이로 생을 마감하였다.

비평은 문화의 소산이다

 어떠한 사회든 그 사회가 사회적으로 예측할 수 있는 기준에 의해서 문화의 소산을 제한하지 않는 한 그 자체의 문화를 계획할 수 없다. 윤리비평이 목표로 하는 것은 가치 전환, 즉 그 시대의 여러 사회적인 가치를 냉정하게 바라보고, 그 가치들을 문화가 나타내주는 무한한 가능성의 비전과 어느 정도 비교할 수 있는 능력이다. 이런 가치 전환의 기준을 가진 사람은 지적으로 자유로운 입장에 서 있는 것이다. 이것을 가지지 않은 사람은 그가 최초로 만나는 사회적 가치의 포로가 된다. 즉 습관, 사상교육, 편견 등에 따라 움직이게 되는 것이다.

 인간은 자신의 인생의 관객이 될 수 없다는 주장이 현재 유행하고 있는데, 이 주장은 필자에게는 어떤 사회적인 병에 반응해서 발생하는 치명적인 독을 함유한 반 진리의 하나인 것처럼 보인다. 윤리적인 행동의 대부분은 습관에 의한 기계적인 반사행동이다. 그러므로 그 속에 어떠한 자유의 원리라도 수용하기 위해서는 우리는 어떤 행동이론—관점(theoria)의 의미에서의 이론(theory)—을 필요로 하는 것이다. 이 이론은 행동의 목적과 수단에 대해서 한 걸음 뒤로 물러선 채 또는 한 걸음 떨어진 채 바라보는 것인데, 이것은 행동을 마비시키는 것이 아니라 오히려 행동의 목적을 해명함으로써 행동에 대한 의욕을 높이는 것이다.

 현대 세계에서 자유론에 대한 위대한 두 고전은 밀턴의 『아레오파지티카』와 밀의 『자유론』인데, 이 둘은 물론 각각 다른 맥락에서 자유의 문제를 다루고 있다. 밀턴에게서 문화란 잠재적인 예언으로, 검열관에 의해서 대표되는 관허의 오류를 사회가 받아들이는 것에 반대하고 이 오류를 심판하는 것이다. 한편 밀에게서 문화란 사회비판이다. 그러나 이런 점을 고려하면 이 두 논문은 다 같이 문화의 자율성에 대한 직접적이고도 현재적인 보증이 있어야만 자유가 비로소 가능할 수 있다고 주장한다. 밀에게서 사상과 언론의 무제한한 자유는 행동의 자유를 기르는 최상의 방법일 뿐만 아니라 행동의 자유를 통제하는 최상의 방법이기도 하다. 왜냐하면 오직 이 수단에 의해서 충동적인 행동이나 맹목적인 행동을 방어할 수 있기 때문이다.

 밀턴에게서 양심의 자유는 유년 시절에 얻은 강박관념(보통 양심이라고 우리가 일컫고 있는 것의 대부분이 이 강박관념으로부터 이루어진다)에 귀를 기울이는 자유가 아니라 신의 말씀에 귀를 기울이는 자유이다. 이때 신의 말씀이란 무한한 정신이 유한한 정신에 전하는 말이기 때문에 유한한 정신은 결코 신의 말씀을 결정적으로 이해할 수가 없는 것이다.

 이 지점에서 비평의 이론은 보다 광범위한 인문과학의 원리 속으로 조용히 포섭되어가는 것 같다. 이 원리란 인간의 자유는 그의 문화적 유산의 수용과는 끊을 수 없을 만큼 연관되어 있다는 것이다. 필자 자신은 물론 그렇게 믿고 있으며, 이 책을 읽을 대다수의 독자들도 아마도 그렇게 믿고 있으리라 본다. 그러나 우리가 이 정도로 논의를 충분히 다했지만, 비평 기생충설이라는 그 오류의 잔재는 아직 남아 있을지도 모른다. 말하자면 비평은 문화의 소산에 기초를 두고 있으므로 비평가가 자신의 일이 중요하다고 주장하면 주장할수록 그만큼 그는 교양 있는 인간이 예술에서 얻는 당연한 즐거

미하이 뭉카치, 「세 딸에게 '실낙원'을 구술하는 밀턴」

움을 과장시켜, 뭔가 어마어마하고 가까이 하기 어려운 것으로 만드는 경향이 있는 것이 아닐까, 그리하여 문예비평은 문화 대신 탐미적인 미신을, 문학 대신 문호 숭배—아무리 세련된 종류의 것이든 간에—를 초래하는 경향이 있는 것이 아닐까 하는 느낌을 줄지도 모른다.

만일 예술의 심미적·관조적인 측면이 사실상 예술과 비평 가운데 어느 한쪽에서 최종적으로 기댈 곳이 될 것 같으면 위와 같은 비난도 이치에 맞는 것이리라. 여기서 다시 우리를 돕기 위해서 나타나는 것이 원형비평이다. 두번째 에세이에서 우리가 보여주려고 했던 것처럼 우리가 개개의 예술작품을 떠나서 그 예술의 총체적인 형태에 대한 인식으로 향할 때 예술은 이미 심미적인 관조의 대상이 되지 못하며, 하나의 윤리적인 작용인이 되어 문명의 과제에 참여하는 것이다. 이 윤리적인 것으로의 이행에는 시뿐만 아니라 비평도 관련되고 있으나, 그 관련되는 방법 중 일부는 보통 비평의 영역에 속하는 것으로서 인식되고 있지 않다. 가령 확립된 언어적인 패턴이 사회질서의 주된 원천의 하나가 되고 있는 것은 명백하다. 종교에서는 그것은 성전(聖典), 제식문(祭式文), 또는 신앙고백일 것이고, 정치에서는 성문헌법이나, 가령 현대 러시아에서의 레닌의 팸플릿 같은 일련의 이데올로기적인 지시일 것이다. 이런 종류의 언어 패턴은 몇 세기에 걸쳐서 고정된 채로 있을 수 있다. 그 사이 그 패턴에 부여된 의미는 변하여 결국에는 원래의 그림자조차도 머무르지 않을 정도로 될 것이다.

「비평의 해부」「잠정적 결론」

문학의 영역 속에서 비평의 경계를 허물다

프라이가 비평을 독자적 학문영역으로 정의하고 창작과 구별되는 비평의 역할을 확인한 이후 비평은 사실상 그 존재 근거를 의심받는 일은 거의 없게 되었다. 프라이의 기대대로 비평은 재능 없는 문학도가 감탄과 질투를 배설하는 기생적인 문학 장르에서 벗어나 '과학'과 유사해지고 있는 것이다. 현대 비평의 문제는 오히려 비평의 과학성이 너무나 강조된 나머지 비평에서 문학이 사라지고 있다는 점이다.

비평이 문학으로부터 독립된 학문이라는 사실이 곧 비평과 문학이 무관하다는 의미는 아니다. 감상이 비평이 될 수는 없지만 감상과 분리된 비평도 있을 수 없다. 비평에서는 가치판단이 배제되어야 하지만, 비평가의 가치판단은 비평에 녹아들어 그 근거가 되어야 하는 것이다. 프라이에게 문학은 언어로 이루어진 완결된 우주이며, 프라이는 비평이 이러한 완결된 우주인 문학 자체에 집중해야 할 것을 역설한다. 인접한 학문의 사고틀을 차용하기를 지양하고 문학의 영역을 귀납적으로 개괄하여 개념적 틀을 추출하는 것이야말로 바로 프라이가 생각하는 비평의 이상이다.

문학의 원리가 문학 외부에 존재할 수 없다는 사실은 음악과의 유추(類推)를 통해서 좀더 분명해진다. 마치 소나타와 푸가라는 음악형식이 음악 외부에 존재할 수 없는 것처럼 문학원리는 문학 외부에 존재할 수 없는 것이다. 이렇듯 프라이가 주장하는 비평의 독자성은 일종의 역설에 기초하고 있다. 비평의 얼개는 문학 안의 것도 문학 밖의 것도 아니다. 안의 것이라면 문학 안에 기생하는 것이 되고, 밖의 것이라면 다른 영역의 이론을 빌려오는 것이 되기 때문이다. 프라이가 말하는 문학의 체계적 연구로서의 비평은 귀납적 경험과 연역적 원리 사이의 균형에 다름 아닌 것이다.

이러한 균형을 통해 추출된 문학의 원리가 바로 신화이며, 이것이 프라이를 신화비평가로 분류하게 하는 구실이 되기도 한다. 그러나 프라이의 신화비평은 문학 내부에 존재하는 자체의 형식에 관한 연구이지 문학을 신화에 종속시키는 속류 신화비평과는 무관하다. 신화비평이 모든 언어구조의 이면에서 인간의 근원적 신화를 밝힌다고 할 때의 신화란 세계에 의미를 부여하고 인간의 사고를 규정한다는 의미에서 논리에 선행하는 서사라고 말할 수 있을 것이다. 따라서 신화비평은 뮈토스를 로고스보다 우위에 둔다는 점에서 속류 신화비평을 포함한 여타의 문학이론들과 구분되며, 플라톤과 아리스토텔레스로부터 로고스가 우위에 서는 개념비평이 시작되었다고 파악하는 프라이는 문학을 개념화하는 뿌리 깊은 개념비평으로부터 탈피하여 문학 속에 숨겨진 신화의 유추를 규명하려는 것이다.

프라이의 신화비평에 의하면, 문학은 신화의 구현체일 뿐 아니라 문학이 아닌 신화는 존재하지 않는다는 의미에서 곧 신화 자체이다. 문학은 스스로 신화임을 알고 있는 신화이다. 이때 프라이의 신화, 즉 문학은 현실에 의미를 부여하는 제의(祭儀)인 동시에 현실의 한계를 초월하는 욕망이며 현실로부터 자유로운 상상력이다. 문학이 현실의 투사라는 것은 사실이지만, 현실이 인간의 상상력을 통해서 의미가 되는 것 또한 사실이며, 나아가 상상력이 욕망을 구체화함으로써 문학을 포함한 문화와 문명이

가능할 수 있는 것이다. 문학은 상상력과 현실의 만남이며, 문학의 가치는 상상력에 있다.

이러한 상상력에 대한 강조에서 낭만주의와의 친연성을 볼 수 있는데, 프라이는 실제로 "내가 아는 모든 것은 블레이크로부터 배웠다"고 토로하기도 했다. 그러나 프라이가 말하는 상상력이란 천재의 개인적 영감과는 구분되어야 한다. 오히려 프라이의 신화와 상상력 개념은 융의 집단 무의식을 연상시키는 관습적이고 전통적인 그 어떤 것이다. 하나의 예술작품을 놓고 아버지를 관습적 형식으로, 어머니를 내용인 자연으로, 그리고 작가를 산파로 비유하는 프라이는 작가를 작품의 어머니 혹은 아버지로 비유하는 작가의 역할에 대한 격상이 후기자본주의 저작권 제도의 과장이라고 못박는다. 셰익스피어의 위대성은 독창성이 아니라 전통성에 있다는 것이다.

문학의 신화적 속성은 문학을 자기충족적 우주로 보고 문학만의 역사를 구성하는 프라이의 작업을 합리화해준다. 문학을 신화의 전이물로 본다면, 각각의 작품은 그 장르의 다른 모든 작품의 맥락에서 그리고 같은 이미지를 사용하는 다른 모든 작품의 맥락에서 이해해야 하기 때문이다. 모든 문학작품은 어떤 하나의 문학작품을 이해하기 위한 역사적 문맥을 형성한다고도 할 수 있으며, 이것은 엘리엇의 전통 개념과도 일맥상통하는 바가 있다. 전체로서의 문학의 형상을 조망함으로써 개별 작품에 대한 분석 위주의 비평을 보완하는 신화비평은 『비평의 해부』 출판 당시 비평계를 풍미하던 '신비평'(New Criticism)에 제동을 걸기도 했다.

독자에 따라서는 비평이 의미 있는 행위가 되기 위해서는 우선 독자적인 학문영역이 되어야 한다는 프라이의 결론에서 다소 제도 존중적인 성향을 읽을 수도 있을 것이다. 한편, 역설적이게도 블룸(H. Bloom)과 하르트만(G. Hartman) 등의 비평가는 이러한 프라이의 비평관을 혁명적이라 규정하면서 프라이의 독창성을 강조하기도 했다. 그러나 사회학자가 문학을 문학적 가치를 배제하고 연구할 수 있는 것처럼 문학비평가는 신학자와는 다른 방식으로 종교시를 읽을 수 있다는 프라이의 비평관은 보수적이거나 혁명적인 성향을 드러내는 것이라기보다는 비평 행위 자체에 함축된 기본적인 전제일 터이다.

결과적으로 문학비평은 그 자체의 영역 안에서 이제 더 이상 단일한 언어로 대화를 나누는 것이 불가능한 상황에 이르렀다. 문학이란 무엇인가 그리고 비평이란 무엇인가라는 기본적 질문에서부터 합의를 거부하는 현대 비평이론의 수많은 경향과 이즘의 홍수 속에서 프라이가 말하는 독자적인 학문영역으로서의 비평은 비평 내부의 경계를 허물고 비평이론 상호간의 의사소통을 개진할 이론적 가능성으로 검토되기도 했다.

임철규
연세대 명예교수 · 영문학

옮긴이 임철규는 연세대학교 영문학과를 졸업한 후 미국 인디애나 대학에서 고전(그리스/로마)문학으로 석사학위를, 비교문학으로 박사학위를 받았다. 연세대학교 영문학과와 같은 대학 대학원의 비교문학과 교수를 거쳐, 지금은 연세대학교 명예교수로 있다. 대표적인 저서와 역서로 한길사에서 펴낸 『그리스 비극─인간과 역사에 바치는 애도의 노래』, 『눈의 역사 눈의 미학』, 『우리시대의 리얼리즘』과 노스럽 프라이의 『비평의 해부』가 있다. 그밖의 저서로 『왜 유토피아인가』가 있으며, 역서로는 제베데이 바르부의 『역사심리학』, 마리오 프라즈의 『문학과 미술의 대화』, 레즐리 스티븐의 『인간의 본질에 관한 일곱 자기 이론』, 비탈리 루빈의 『중국에서의 개인과 국가』 등이 있다. 편역서로 『카프카와 마르크스주의자들』이 있다.

인간적 자유의 본질 · 철학과 종교

프리드리히 W.J. 셸링 지음 | 최신한 옮김 | 288쪽

▷ 역자의 다른 번역 작품
『기독교 신앙』(GB 82)

1809년 세상에 나온 『인간적 자유의 본질』은 셸링이 출간한 몇 안 되는 마지막 저술들 중의 하나이다. 독일관념론을 칸트-피히테-셸링-헤겔의 계보로 간주하는 관점에서 중간점으로 평가되어온 셸링은 이후 40년간 이러한 평가와는 다른 방향을 걷는다.

이 책은 철학의 강조점을 부정성보다 긍정성에, 이성보다 비이성(의지)에, 필연성보다 자유에 둠으로써 셸링 후기사상의 출발점을 형성하는 동시에 현대 사상의 디딤돌이 된다. 전통적인 정신의 형이상학을 지양하는 셸링의 '자유론'은 현대사상에 근접한 자유의 개념을 다룰 뿐 아니라 자유의 감추어진 이면을 다룬다. 악의 개념을 새로운 차원에서 정립하고 현실적인 악과 관련된 변신론의 물음을 다루며 철학사에서 마지막으로 기독교 형이상학의 재건을 시도한다.

셸링의 자유론은 무차별적인 자의의 체계가 아니며 결정론도 아니다. 인간은 물론 근원적인 창조에서는 비결정적이지만, 그는 스스로 자신의 필연적인 지성적 본질로부터 결정하고 결단할 수 있다. 자유의 행위는 그것이 시간 속의 다른 것에 의해 이루어지는 것이 아니기 때문에 그 자체로 초시간적이며 영원한 것이다. 이런 의미에서 그만의 고유한 행위로 규정되는 인간의 본질은 곧 근원의욕이며 근거의욕이다.

또한 셸링의 자유론은 인간이 창조의 시원에서 이미 자유롭게 행위했다는 의미에서 예정설로 규정될 수도 있다. 그러나 이것은 신의 의지가 인간의 행위를 선규정했다는 예정설과는 구별되어야 한다. 인간의 행위와 그 자유는 행위 이외에 그 무엇인가 전제된 것으로부터 유래하는 것이 아니라 그 자체로 시원적 행위이며 시원적 자유이다.

프리드리히 W. J. 셸링(1775~1854)

프리드리히 빌헬름 요제프 셸링(F.W.J. Schelling)은 1775년 슈투트가르트에 인접해 있는 레온베르크에서 태어났다. 개신교 목회자의 가정에서 자란 셸링은 일찍이 베벤하우젠 수도원에서 교육받았으며 튀빙겐 대학의 슈티프트에서 신학과 철학을 전공했다. 어릴 때부터 천재성을 발휘한 그는 다섯 살 위인 헤겔과 횔덜린과 함께 공부했고 진보적인 사유운동에 참여했으며 독일 관념론의 전개에 앞장섰다.

라이프치히에서 가정교사를 한 뒤 괴테의 추천으로 예나 대학 교수가 되었다. 예나에서 피히테와 초기낭만주의자들과 교류했으며 특유의 자연철학을 전개시켰다. 뷔르츠부르크 대학 교수, 뮌헨 학술원 회원, 뮌헨 조형미술원 총재를 거쳐 뮌헨 대학 교수가 되었다. 이 과정에서 이성 중심의 독일관념론을 넘어가는 긍정철학을 구체화했다.

셸링은 절대정신의 철학으로 나아가지 않고 자연철학과 정신철학의 균형 가운데 머물렀다. 절대자는 곧바로 절대정신과 동일시될 수 없다는 생각이 헤겔과 다른 셸링적 사유의 특징이다. 즉 자연과 정신 또는 정신과 자연은 절대자 가운데서 근거지어져야 한다는 것이다.

헤겔이 죽은 후 1841년 베를린 대학으로 초빙된 셸링은 '신화학의 철학'과 '계시철학'을 강조했지만 기대에 걸맞은 반향을 얻지 못했으며, 1854년 스위스의 바트 라카츠에서 생을 마감했다.

이 책에 실린 『인간적 자유의 본질』과 『철학과 종교』 이외에도 『철학의 원리로서의 자아에 관하여』 『자연철학 이념』 『세계영혼에 관하여』 『선험적 관념론의 체계』 『계시철학』 등의 저서가 있다.

인간의 본질은 자유와 필연성의 조화로 이루어진다

관념론에 따르면 모든 사물의 지성적 본질과, 무엇보다도 인간의 지성적 본질은 모든 인과적 연관을 벗어나 있다. 이것은 모든 시간을 벗어나 있는 것이나 초시간적인 것과 같다. 그러므로 지성적 본질은 그 어떤 선행적인 것에 의해 규정될 수 없다. 왜냐하면 지성적 본질 자체는 항상 전적으로 완성되어 있어야 하며, 그렇기 때문에 개별적인 행위나 규정이 그 속에서 가능할 수 있는 절대적 통일성으로서, 이 본질 가운데 존재하거나 그 속에서 형성되는 다른 모든 존재에 대해 시간적으로뿐 아니라 개념적으로 선행하기 때문이다. 말하자면 우리는 칸트적인 개념을 정확하게 그의 말로 표현하지는 못하지만, 이 개념을, 그것이 이해되기 위해 마땅히 표현되어야 하는 것으로 생각되는 것과 같이 표현할 수는 있다.

그러나 이 칸트적인 개념이 받아들여진다면 다음의 사실도 정당하게 추론되는 것으로 보인다. 자유로운 행위는 인간의 지성으로부터 직접적으로 도출된다. 그러나 자유로운 행위는 예컨대 그 다음의 것으로 이어지기 위해 필연적으로 규정적 행위, 즉 선한 행위나 악한 행위여야 한다. 그러나 절대-무규정자로부터 규정자로 이어지는 이행은 존재하지 않는다. 지성적 본질이 그 자체를, 순수한 무규정성으로부터 아무런 근거 없이 규정해야 한다는 것은, 위에서 언급한 무차별의 자의의 체계로 되돌아간다. 자기 자신을 규정할 수 있기 위해서는 지성적 본질이 앞서 내적으로 규정되어 있어야 한다. 이러한 규정은 지성적 본질의 본성에 대립하는 외부로부터의 규정도 아니고, 모든 것이 (심리적인 것이든 육체적인 것이든 간에) 지성적 본질 아래에 놓임으로써 이 규정이 단순히 어떤 우연적이거나 경험적인 필연성에 의해 이루어지는 내부로부터의 규정도 아니다. 오히려 지성적 본질 자체는 바로 인간의 본질로서, 즉 인간의 고유한 본성으로서 인간에게 규정 자체이어야 한다. 이것은 무규정적인 보편자가 아니라 인간의 지성적 본질을 규정하는 것이다.

이러한 규정성에서 볼 때 '규정은 부정'(Determinatio est negatio)이라는 명제는 결코 타당하지 않다. 이러한 규정성은 본질의 상태 및 개념과 하나이며 이로써 원래 본질 가운데 있는 본질이기 때문이다. 따라서 지성적 본질은 그것이 자유롭고도 절대적으로 행위하는 것이 확실한 만큼 그만의 고유한 내적 본성에 따라 행위할 수 있다. 혹은 행위는 동일성의 법칙에 따라 오로지 절대적 사유인 절대적 필연성과 더불어 지성적 본질의 내면으로부터 나온다. 자유롭다는 것은 자기만의 고유한 본질이 소유하는 법칙에 따라 행위하는 것이며 자기 안이나 자기 밖의 어떤 것에 의해서도 규정되지 않는 것이다.

사실(Sache)에 대한 이러한 표상으로부터는 최소한, 우연적 존재의 불합리성이 개별 행위와 멀리 떨어져 있다는 사실이 얻어진다. 개별 행위는 자유로운 존재의 내적 본질로부터 생기며 따라서 그 자체가 필연적으로 일어난다는 사실이 보다 높은 관점에서 확정되어야 한다. 이때 필연성은 늘 이러한 혼동이 생기는 바와 같이 강제력에 기인하는 경험적인 필연성과 혼동되어서는 안된다.

그러나 본질 자체의 내적 필연성이란 도대체 무엇인가? 자유와 필연성이 전반적으로 조화

베벤하우젠 수도원 튀빙겐에 인접해 있는 이 수도원은 900년 역사를 가졌다.

를 이룰 수 있는 한에서 이 둘이 통합되어야 하는 점이 바로 여기에 놓여 있다. 만약 이 본질이 죽은 존재이며 인간에 관한 한 그에게 단순히 소여된 것이라면, 행위는 그로부터 필연적으로 생겨날 수 있을 뿐이므로 책임능력과 모든 자유는 지양되어버린다. 그러나 저 내적 본질은 그 자체가 자유이다. 근본적으로 인간의 본질은 그만의 고유한 행위이다. 필연성과 자유는 하나의 본질로서 서로 뒤얽혀 있다. 이러한 하나의 본질은 상이한 측면에서 고찰할 때 이런 본질과 저런 본질로 현상하지만 그 자체로는 자유이며 형식적으로는 필연성인 것이다.

'자아는 자신의 고유한 행위'라고 피히테는 말한다. 의식은 자기정립이다. 그러나 자아는 자기정립과 다른 존재가 아니라 자기정립 자체이다. 하지만 이러한 의식은 그것이 단순히 자기-파악이나 자아의 인식으로 생각되는 한 최초의 존재가 아니다. 이 의식은 모든 단순한 인식과 마찬가지로 이미 본래적인 존재를 전제하고 있다. 그러나 인식에 앞서 추측되는 이 존재가 인식이 아니라 하더라도 이것은 존재가 아니다. 이것은 실재적인 자기정립이다. 이것은 자기 자신을 어떤 것으로 형성하는, 그리고 모든 본질성의 근거와 토대인 근원의욕이며 근거의욕(Ur-und Grundwollen)이다.

그러나 위에서 말한 진리는 이런 일반적인 의미보다는 보다 규정적이고 특정한 의미로, 인간에 대한 직접적인 관계에서 통용된다. 이미 지적한 바와 같이 인간은 근원적인 창조에서 비결정적인 존재이다. 오로지 인간 자신이 스스로 결정하고 결단할 수 있다. 그러나 이러한 결정은 시간으로 떨어질 수 없다. 이것은 모든 시간 바깥에 있으며, 그렇기 때문에 최초의 창조와 맞닿아 있다.

『인간적 자유의 본질』 제4장 「인간의 자기규정과 선악의 결단」

새로운 의미의 범신론과 자유의 철학을 위한 사유

셸링이 이 작품을 통해 보여주려고 한 문제들은 여러 가지가 있지만, 그 중에서도 가장 으뜸가는 것은 자신에게 쏟아진 범신론의 혐의를 이 책을 계기로 벗어보려고 하는 것이다. 인간 자유의 문제나 악의 가능성에 대한 논의는 범신론의 테두리 가운데서는 이루어질 수 없으며 이러한 문제를 다루지 못하는 철학은 어떤 의미에서 비도덕적인 철학으로 불릴 수도 있기 때문이다. 셸링 자신이 범신론에 대해 많은 관심을 기울이고 이 문제를 다양한 방식으로 해석한 것은 사실이지만 그의 철학이 곧 범신론으로 동일시될 수는 없다. 그는 인간의 자유 및 자유와 연관된 신과 인간의 관계 문제를 규명해냄으로써 범신론에 대한 혐의를 벗어날 수 있다고 생각한다.

셸링은 그의 철학이 신과 세계를 동일시한 범신론적인 것이라는 비난에 대해, 그의 철학은 세계가 신으로부터 전개되어나온 일련의 과정을 설명한 것이라고 맞선다. 그에 의하면, 세계는 무로부터 창조된 것이 아니라 신으로부터 전개되어나온 존재이다. 세계는 다름 아니라 이미 신 안에 내포되어 있던 것이 독자적인 존재로 자유롭게 형성된 것을 의미한다. 따라서 세계의 존재는 근본적으로 독자적인 자유의 존재이다. 세계의 존재는 그 자체가 자유롭게 세워진 것이다. 따라서 인간의 자유도 세계의 과정과 무관한 특별한 것일 수 없다. 인간이 자기 자신의 독자적인 자유로부터 행위한다는 것은 인간에게만 고유한 것이 아니라 모든 존재의 자유를 시지하는 하나의 표시이다. 『인간적 자유의 본질』에서는 신의 자유, 자연의 자유, 인간의 자유가 하나의 맥락에서 서술되고 규정된다.

셸링은 진정한 자유론의 서술을 위해 무엇보다 먼저 종래의 잘못된 철학 개념을 교정하려고 한다. 특히 자연의 생동적 근거를 옹호하는 자연철학의 관점에서 이것에 대립했던 추상적 관념론과 독단론을 공박한다. 전통철학의 오류에 대한 중요한 지적은 자유의 개념과 체계 일반의 모순을 향한다. 모든 존재의 통일성과 전체성을 요구하는 철학은 자유의 부정으로 귀결되는 것이 아니라 그 자체가 자유의 철학일 수 있다는 것이 셸링의 관점이며, 이로부터 자유의 개념과 세계 전체와의 연관이 추적된다. 세계 전체의 연관을 보여주는 체계가 범신론이라는 사실은 당시의 철학에서 일반적으로 받아들여지고 있었다면, 셸링은 이를 전혀 새로운 의미로 해석하고 이로부터 자유의 철학을 도출해낸다.

'사물의 신내재론'으로 규정되기도 하는 범신론은 그것이 모든 존재들의 절대적, 필연적 연관을 보여주기 때문에 자유와 모순되는 것이 아니라 오히려 이러한 절대적 연관 가운데서 자유론으로 드러날 수 있다는 것이다. 세계의 절대적 신의존성(神依存性)을 주장하는 범신론의 일반적 주장에서는 자유가 소멸되는 반면, '신-안의-존재'로 설명되는 유한자에게서는 자유가 구해질 수 있다.

신은 인간에게 자유를 허용하기 위해 자신의 전능을 억제한 것이 아니다. 우리는 인간의 자유와 연관된 세계의 우연성을, 신이 자신의 전능을 억제한 사실과 결부시킬 수 없다. 오히려 신은 세계와 필연적으로 관계맺고 있기 때문에 이러한 신 가운데 존재하는 인간에게 자유의 능력이 있는 것이다. 신과 세계존재의 절대적 연관성, 신과 인간의 통일성은 자유와 모순되는 것이 아니다. 자유는 오히려 신과 인간 및 세계존재의 연관성과 통일성 가운데서만 설명될 수 있다. 이러한 생각은 전체존재의 결속을 실재론적으로만 설명하는 철학체계에 관념론적 사유를 덧붙인 것이며, 이러한 작업은 실재-관념론(Real-Idealismus)을 구성하려는 이 책의 전체 기획과 맞물려 있다.

셸링은 진정한 자유론을 정립하기 위해 스피노자의 체계를 면밀히 검토하며 이 체계가 갖는 결핍을 관념론을 통해 보충한다. 전통철학에 대한 셸링의 교정작업은 구체적으로 동일률에 대한 이해의 차이에 무게가 실려 있다. 신과 인간의 절대적 결속에서 자유가 소멸된다는 것은 범신론의 주장이라기보다 결정론의 주장이다. 결정론으로 해석되는 범신론의 가장 큰 오류는, 신과 인간의 동일성 가운데서 자유가 소멸되는 것으로 생각하는 것이다. 이러한 오류는 결국 동일성과 단일성의 혼동에서 유래하며, 생성의 관점과 존재의 관점을 구별하지 못하는 데서 나온다.

예컨대 신과의 동일성을 지닌 유한자는 생성의 관점에서는 의존적이지만 존재의 관점에서는 자립적이다. 생성의 관점만을 고찰하고 존재의 관점을 고찰하지 않는 것은 철학체계의 일면성을 보여줄 따름이다. 신은 자기 자신을 그와 동일한 존재, 그리고 자기 자신으로부터 자유롭게 행위할 수 있는 존재 가운데 계시할 수 있다. 신 안에 존재하기 때문에 자유가 없는 것이 아니라, 오히려 신 안에 있다는 이유로 자유로운 것이다. 신의존적인 존재와 신과 통합되어 있는 존재에게 자유가 결핍되어 있다는 주장은 추상적인 개념체계에서 가능하며 더욱이 기계론적 체계에서 가능한 것이다.

셸링은 여기서 당시 정신세계의 주류를 이루고 있던 기계론적 사고방식을 비판하며 유기적 사고방식을 받아들인다. 셸링에 의해 비판되는 스피노자의 체계는 '기계론적 물리학'으로서의 범신론이다. 이런 맥락에서 스피노자의 체계는, 사물의 신내재론을 주장하기 때문에 잘못된 것이 아니라 전체존재의 결속을 추상적 개념으로 설명하기 때문에 잘못된 것이다. 자유가 설명될 수 있기 위해서는 추상적 개념이 생동적 개념으로 변화되어야 하며 일면적-실재론적 체계가 실재-관념론으로 탈바꿈하여야 한다. 스피노자의 일면적-실재론적 체계는 관념론의 원리에 의해 정신화되어야 한다.

그러나 관념론만으로도 진정한 자유론을 형성할 수 없다. 관념론이 독단론적 체계를 극복할 수 있는 대안이 됨에도 불구하고 관념론만으로는 또 다른 문제가 야기되기 때문이다. 셸링이 비판하는 관념론은 그 자신이 초기 철학에서 적극적으로 수용한 바 있는 피히테의 주관적 관념론이다. 자아의 활동성이 중요하며 이로부터 자유가 설명될 수 있지만, 오로지 자아성만이 모든 것이 아니라 오히려 모든 것이 자아성이라는 사실이 받아들여져야 한다.

최신한

한남대 교수 · 철학

옮긴이 최신한은 계명대학교 영문과를 졸업하고 연세대학교 대학원 철학과에서 석사학위를 받았으며 독일 튀빙엔 대학교에서 철학박사 학위를 받았다. 현재는 한남대학교 철학과 교수로 있으며, 국제헤겔연맹, 국제슐라이어마허학회 정회원이다. 저서로는 『매개적 자기의식과 직접적 자기의식』, 『헤겔철학과 종교적 이념』, 『독백의 철학에서 대화의 철학으로』, 『슐라이어마허. 감동과 대화의 사상가』가 있으며, 역서로는 한길사에서 펴낸 셸링의 『인간적 자유의 본질』을 비롯하여, 큄멜의 『자연은 말하는가』, 슐라이어마허의 『기독교신앙』, 『종교론』, G.W.F. 헤겔의 『종교철학』 등이 있다.

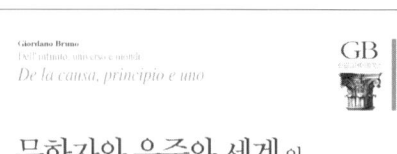

무한자와 우주와 세계 · 원인과 원리와 일자

조르다노 브루노 지음 | 강영계 옮김 | 470쪽
2001 한국출판인회의 이달의 책

브루노의 사상적 특징이 가장 잘 드러나는 저작으로는 이탈리아어로 쓴 여섯 개의 대화편이 있다. 이 대화편은 우주론적인 것과 도덕적인 것으로 나뉘는데, 이 책에 실린 『무한자와 우주와 세계』 및 『원인과 원리와 일자』는 전자에 속하며, 그의 대표적 저서들이라 할 수 있다.

『무한자와 우주와 세계』는 머리말과 다섯 편의 대화로 이루어져 있다. 이 책에서 전개되고 있는 브루노의 형이상학적 우주론은 아리스토텔레스, 프톨레마이오스, 케플러, 갈릴레이 등으로 이어지는 수학적 자연과학을 극복하고, 우주를 생명으로 충만한 유기체로 파악함으로써 '무한성'을 얻고자 하는 철학적 노력의 산물이다. 따라서 이 대화편에 나타나는 브루노의 형이상학적 우주론은 형이상학뿐 아니라 인식론과 윤리학의 영역에서도 근대적 내지 현대적 관점을 예견하고 있을 뿐만 아니라 선취하고 있다고 말할 수 있다.

『원인과 원리와 일자』도 머리말과 다섯 편의 대화로 구성되어 있으며, 『무한자와 우주와 세계』와 상호보완 관계에 있는 책이다. 브루노 철학의 특징이 형이상학적 우주론이라고 할 때 『무한자와 우주와 세계』에서는 우주론이, 『원인과 원리와 일자』에서는 형이상학이 각각 핵심 내용을 이루고 있기 때문이다.

브루노의 이 두 책은 미시적 세계관에 갇혀 있는 현대인들에게 미시적이며 동시에 거시적인 세계관을 가질 수 있는 실마리가 되어줄 것이고, 개방된 세계관에 대한 사색의 문을 활짝 열어줄 것이다.

조르다노 브루노(1548~1600)

조르다노 브루노(Giordano Bruno)는 나폴리 근처의 놀라에서 태어났다. 1565년에 도미니쿠스 교단에 입단하여 신학공부를 하지만, 예수와 성모마리아 예배에 대해 의심을 품는 비정통적인 태도를 취함으로써 교단과 갈등을 빚고, 1576년에 나폴리 교회에 의해 이단자로 고발되고 만다.

결국 브루노는 도미니쿠스 교단 및 가톨릭 교회를 떠나 도피생활을 하게 된다. 제네바를 거쳐 프랑스 툴루즈로, 다시 파리로 간 브루노는 프랑스 왕 앙리 3세의 보호를 받으며 기억술에 관한 3권의 책과 이탈리아어로 쓴 희극 『양초제조공』을 출판한다.

1583년 브루노는 런던으로 가서 옥스퍼드 대학에서 철학강의를 하며 교수직을 얻고자 시도했지만 실패하고 저술활동에 몰두한다. 이때 그는 그의 생애에서 가장 왕성한 저술활동을 하게 되는데, 1585년까지 런던에 머물면서 『성회 수요일 만찬』『원인과 원리와 일자』『무한자와 우주와 세계』 등을 포함한 6편의 대화록을 발표한다.

1591년 모체니고의 초청을 받아 베네치아로 간 브루노는, 종교에 대한 그의 거침없는 태도 때문에 이단으로 고발되고 결국 종교재판소에 의해 체포된다. 이후 로마로 인도된 브루노는 로마 교황청 감옥에 수감되어 7년 동안 재판을 받는다.

심문과정에서 그가 삼위일체와 인격신을 반대하는 자신의 입장을 당당히 설명하고 자신의 뜻을 굽히지 않자, 교황 클레멘스 8세는 그를 회개할 줄 모르는 완강한 이단자로 선고한다. 1600년 2월 8일 브루노는 캄포데이피오리에서 많은 사람들이 지켜보는 가운데 화형당하고 만다.

우주를 움직이는 운동원리는 무엇인가

필로테오 결국 모든 것은 하나의 중심점을 향해서 움직입니다. 우리들은 동물 유기체에 관해서 모든 부분들이 그것의 공간적 중심점을 향하기를 요구하지 않고—그것은 실로 불가능하며 부당합니다—부분들이 자신의 통일과 복합에 의해서 전부 중심점에 관계하기를 요구합니다. 왜냐하면 생명 그리고 분할 가능한 물질들의 관계는 바로 부분들의 통일에서만 성립하기 때문입니다. 부분들은 항상 자신의 중심점으로 파악되는 목적에 관계됩니다. 따라서 전체의 관계에서 부분들은 하나의 유일한 중심점에 관계됩니다. 그러나 모든 지체(肢體)의 구성에서 부분들은 지체의 각각의 중심점에 관계됩니다. 이는 마치 머리, 귀, 눈, 그리고 다른 기관들처럼 간이 자신의 부분들의 통일에 의해서 성립하는 것과 같습니다. 말하자면 당신은 다음의 사실을 압니다. 수많은 부분들의 관계에 따라서, 그리고 기꺼이 말한다면 모든 부분들이 한 부분을 종합하는 그러한 수많은 작은 부분들의 관계에 따라서 수많은 중심점들을 가정하는 것은 적절할 뿐만 아니라 더욱이 가장 자연적입니다. 그렇지만 지성은 이 철학자가 주장하는 것과 같은 그러한 현학을 장기간 다루는 것에 대해서 반대합니다.

엘피노 우리들은 다른 이유보다 근본적으로 그가 더 받기 쉬운 존경 때문에 그가 이해되지 못한다는 것을 시인하지 않으면 안 됩니다. 그러나 미안하지만 이 용감한 선생 자신이 이 증명의 이유들을 얼마나 마음대로 즐기는지 좀 고찰해봅시다. 말하자면 그는 승리감에 차서 다음 같은 말로 결론을 내립니다. 즉 반대자가 이 증명들과 이유들을 반박할 수 없으면, 필연적으로 오직 하나의 중심점과 하나의 둘레만 존재합니다.

필로테오 훌륭히 말했습니다. 계속하십시오!

엘피노 그러고 나서 그는, 단순한 운동들은 유한하며 제한되어 있지 않은 것이 틀림없다는 사실을 증명합니다. 왜냐하면 오직 하나의 세계만이 존재하며, 단순한 운동들에는 하나의 개별적 장소가 속한다는 명제가 이 사실을 기초로 삼기 때문입니다.

그는 다음처럼 말합니다. 즉 움직이는 모든 것은 일정한 출발점으로부터 일정한 종점으로 움직이며, 출발 경계(terminus unde)와 도착 경계(terminus ubi) 사이에는 항상 특별한 차이가 성립합니다. 모든 운동은 제한되어 있기 때문에 질병과 건강, 작음과 크기와 질(質) 사이에서도 마찬가지입니다. 치료에서 파악된 것은 임의적으로 어디로 향하는 것이 아니고 건강으로 향합니다. 그렇기 때문에 흙이나 불의 요소의 운동도 무한자가 아니라 일정한 종점으로 향합니다. 상향운동은 하향운동과 다른 운동이며, 두 가지 공간 관계는 두 운동들의 수평을 형성합니다. 그래서 직선운동은 제한되어 있으며 마찬가지로 원운동도 제한되어 있습니다. 왜냐하면 만일 우리들이 직선운동을 원의 지름에 연관시킨다면, 직선운동은 자신의 한 종점으로부터 다른 종점으로 향하는 제한된 회전운동을 보여주기 때문입니다.

필로테오 이러한 의미에서 모든 운동은 제한되어 있으며 유한하다는 것을 아무도 의심하지 않을 것입니다. 그러나 우리들이 이미 자주 말한 것처럼, 모든 운동이 일정한 방향에서 상향으로 또는 하향으로 진행하는 것이 틀림없다는

엘리자베스 1세 브루노는 엘리자베스 1세의 궁정을 자주 드나들면서 당대의 영향력 있는 인물들과 교분을 맺었다.

것은 옳지 못합니다. 모든 사물은 항상 자기 보존의 최선의 장소인 이곳 또는 저곳으로 구분 없이 움직입니다. 만일 지구 밑에 또 다른 물질의 요소가 있을 경우, 아리스토텔레스의 원리들을 기초로 삼는다면, 그곳의 흙 부분들은 단지 강제적으로만 고정되고 그곳으로부터 자연에 적합하게 상승할 것입니다. 이는 마치 불의 물질의 부분들이 자신의 권역 위에 있을 경우, 예컨대 그 부분들이 하늘이나 수성의 궁륭 자리를 정하는 곳으로부터 틀림없이 하락하는 것과 같습니다.

당신은 그처럼 전도된 전제들에서 다음의 사실을 인정해야 할 것입니다. 즉 상부와 하부는 전혀 절대적 관계가 아니고 단지 상대적 관계이며, 모든 물질들은 자신이 있는 곳에서 자기 보존의 공간을 보존하기를 추구하거나 노력합니다. 만일 모든 사물이 측정 가능한 중앙에 의해서 일정한 출발점으로부터 일정한 종점으로 움직인다면, 그로부터 결코 우주는 유한한 크기라든가 모든 복합체와 모든 생명에 작용하는 정신은 무수한 각각의 활동에서 무한하게 작용할 수 없으리라는 사실이 따라나오지는 않습니다. 따라서 다음의 사실이 합의됩니다. 즉 우리들이 현재의 운동에 관해서 그리고 절대적으로 오로지 운동에 관해서 말하는 한에서 유한하고 일정하다는 것입니다. 그리고 무수한 천체가 존재하며 각 천체는 무한하며 제한된 영역을 소유합니다. 이 영역 각각과 이 영역의 부분들에는 제한된 궤도가 할당되어 있습니다.

『무한자와 우주와 세계』「네 번째 대화」

무한한 우주 안에 새기는 형이상학적인 철학의 세계

브루노의 형이상학적 우주론은 지혜에 대한 그의 영웅적 열정이 없었더라면 열매를 맺을 수 없었을 것이다. 브루노는 인간 자신의 내면과 우주의 신적 질서의 조화를 철학함의 목표로 여겼으며, 철학함을 추상적 사유작용이 아니라 생생하고 창조적인 사유작용으로 보았다. 브루노의 형이상학적 우주론은 그의 인식론 및 윤리학과 밀접한 관계를 가지고 있다. 그의 우주론은 일자 내지 신성(神性), 전체, 우주, 천체의 순서로 도식화할 수 있는데, 전체와 우주는 흔히 동일시된다. 우주, 천체, 자연은 모두 신적 빛의 그림자인 디아나(Diana)이고, 결코 절대적 통일의 상징인 아폴론(Apollon)이 아니다. 따라서 브루노의 형이상학적 우주론은 자연의 체계를 해명하는 동시에 신적 실체를 인식하기 위한 방편이기도 하며 진, 선, 미와 실천적·이론적으로 하나가 되기 위한 학문이기도 하다. 이런 관점에서 보면 브루노의 우주론은 플로티노스의 전통을 잇는 신비주의 철학 및 범신론의 경향을 가진다고 말할 수 있다.

무한한 자연 내지 우주는 일자, 곧 신성의 모사이자 그림자이며 동시에 흔적이다. 브루노는 모사나 그림자인 우주자연의 현상을 다원론의 입장에서 설명하며, 자신의 전체 철학 체계는 일원론의 입장에서 밝힌다. 따라서 무수한 천체들은 무한한 우주 안에 있을 수 있다. 브루노의 이와 같은 견해는 그의 인식론적 입장을 전제로 해서 성립한다. 브루노는 현상계를 물리학적 관점, 우주론적 관점, 형이상학적 관점에서 바라본다. 이와 같은 그의 입장은 감각지각, 오성, 이성의 관점으로 재해석될 수 있다. 감각지각은 항상 불확실하다. 오성은 수학적 추상을 본성으로 삼기 때문에 자연을 고찰하는 데 언제나 제한적이다. 그런가 하면 이성은 추리를 본성으로 삼으므로 자연의 그림자로부터 신성을 유추해낼 수 있기는 해도 주관과 객관의 분리를 완전히 해소하지는 못한다.

브루노는 인식 대상과 하나가 됨으로써 스스로 진리 및 통일로 가는 인식 능력이 있다고 보았는데, 그것은 인식하는 영혼, 곧 직관이다. 결국 브루노의 형이상학적 우주론은 직관에서 절대적 가치를 얻을 수 있다. 브루노가 인식의 단계를 감각지각, 오성, 이성 및 직관으로 구분했을 때 각각의 단계는 구분되지만 모든 단계가 결국에는 직관에서 통일되며, 브루노의 지혜에 대한 사랑은 직관에서 완성된다는 것을 알 수 있다.

브루노의 형이상학이 스피노자와 라이프니츠에게 영향을 미쳤는지의 여부는 확실히 알 수 없다. 그러나 브루노의 실체론, 모나드론 및 영혼론 등은 그가 얼마나 선구적인 사상가였는가를 잘 보여준다. 왜냐하면 브루노 사상의 핵심은 후에 스피노자, 라이프니츠를 비롯해서 셸링, 베르그송 등의 핵심 사상에 거의 그대로 나타나기 때문이다.

이미 헤라클레이토스를 비롯해서 쿠자누스, 파라켈수스 등은 우주의 무한성과 아울러 반대의 일치를 암시하고 주장하기까지 하였다. 헤라클레이토스는 투쟁은 만물의 아버지라고 했으며, 쿠자누스는 가장 작은 것은 가장 큰 것과 동일하다 하였고, 파라켈수스는 소우주인 영혼과 대우주인 우주는 본질상 동일하다고 하였다. 브루노는 자연의 질서를 규정하는 것을 모나드라고 보았는데, 자연의 질서는 수로 나타나지만 수의 본질은 모나드이다. 따라서 브루노는 '모나드는 수의 본질이다', '수는 모나드의 우연이다'라고 말한다. 그렇다면 모나드는 생명력을 가진 근원적 통일로 이해된다. 브루노에 의하면 무수한 모나드들은 모나드들의 모나드인 세계영혼을 반영하며, 만물은 살아 있고 영혼을 가지고 있다. 즉 모나드들은 신성(神性) 내지 일자의 도구들에 해당하며 도구들은 끊임없이 새로운 형태들을 창조한다.

브루노는 전통적인 기독교의 창조설과 무로부터의 창조(Creatio ex nihilo)를 거부하며 인격신의 개념도 거부한다. 왜냐하면 영원한 순환과 영원한 창조가 이루어지는 우주에서 천체만물은 일자, 곧 신성으로부터 모나드들에 의해서 생기기 때문이다. 개개의 별들과 생물들의 세계에서는 대립, 반대, 투쟁이 끊임없이 일어나지만 무한하고 영원한 전체성으로서의 천체는 항상 동일할 수밖에 없다. 그러므로 브루노는 대립과 반대의 통일을 모나드에서 그리고 궁극적으로는 일자 안에서 직관한다.

브루노에 의하면 인간은 자신을 하나의 유기적 전체로서 체험한다. 이미 파라켈수스는 소우주 인간과 대우주의 본질은 동일하다고 주장하였고, 브루노는 이 전통에 따라서 인간 유기체를 우주로 확대한다. 우주 유기체론은 이미 브루노의 모나드 이론에 전제된 것이라 할 수 있다. 모나드는 생명과 영혼을 가진 신적 실체로서 수의 본질이며, 수는 자연적 질서를 형성하기 때문이다. 브루노가 볼 때 무한한 공간을 채우고 모든 사물을 관통하는 것은 에테르, 곧 기본실체이다. 에테르의 품으로부터 모든 존재자들, 곧 사물들과 천체들이 생겨나기 때문에 에테르는 원질에 해당한다. 다시 말해서 에테르는 모나드들의 에테르인 것이다.

브루노는 아리스토텔레스의 수학적 자연과학은 반대한다. 그렇지만 아비켄나, 아베로에스 및 아비케브론 등으로부터 세계영혼의 개념을 이어받아 천체는 세계영혼의 편재의 영향을 받는다고 말한다. 즉 우주에 생명이 두루 퍼져 있는 것은 세계영혼의 작용 때문이다. 모나드가 살아 있고 영혼이 있는 한 모든 것들 역시 살아 있으며 영혼을 가지고 있다. 그러므로 자연을 유기적인 것과 비유기적인 것으로 구분하는 것은 적절치 못하다. 자연을 구분한다면 좀 더 유기적인 것과 덜 유기적인 것과 같이 정도에 따라서 구분하는 것이 옳다. 왜냐하면 세계 전체, 곧 우주가 유기체이기 때문이다. 이와 같은 브루노의 형이상학적 우주론은 수학적·자연과학적 천문학과 확실히 질적으로 구분된다.

브루노가 생각하는 공간은 아리스토텔레스적인 수학적 직관 대상으로서의 공간이 아니고, 모든 존재와 생성 변화의 창조적 근거로서의 공간으로 무한한 힘을 지닌 무한한 공간이다. 즉 브루노의 공간은 무한한 우주 생명의 표현이므로 생명은 우주 전체에 두루 퍼져 있을 수밖에 없다.

강영계

전 건국대 교수·철학

옮긴이 강영계는 서울대학교 철학과를 졸업하고 독일 뷔르크부르크 대학에서 철학박사 학위를 받았다. 건국대학교 철학과 교수를 지냈다. 주요 저서로는 『태초에 말씀이 계시니라』, 『철학에 이르는 길』, 『기독교 신비주의 철학』, 『사회철학의 문제들』, 『베르그송의 삶의 철학』, 『철학 이야기』, 『청소년을 위한 철학 에세이』, 『니체, 해체의 모험』, 『니체와 예술』 등이 있다. 주요 역서로는 한길사에서 펴낸 조르다노 부르노의 『무한자와 우주와 세계』를 비롯하여, 하버마스의 『인식과 관심』, 칠송의 『중세철학입문』, 와인버그의 『서양중세철학사』, 프리틀라인의 『서양철학사』, 스피노자의 『에티카』, 크로너의 『칸트의 비판철학』, 카이저의 『파라켈수스』, 키르히호프의 『브루노』 등이 있다.

후기 마르크스주의

프레드릭 제임슨 지음 | 김유동 옮김 | 492쪽
2001 한국출판인회의 이달의 책

이 책의 저자 제임슨의 매력은 어떠한 재현이나 인식도, 어떠한 의미나 가치도, 그러한 것을 감당할 수 있는 개인적인 의식이나 주체라는 관념마저 부정되는 포스트모던한 시대에 이러한 조류의 중심에 있으면서도 그러한 전통적인 '재현'과 '인식'에 대한 관심을 포기하지 않는 것이다. 이러한 관심 속에서 제임슨은 포스트모던한 지금의 시대를 해석할 수 있는, '90년대에 적합한 변증법적 모델'로서 이 책을 내놓았다.

이 책을 통해 우리는 지금의 시대에 대한 '해석'을 열망하는 '이론'이 어떠한 모습을 할 수 있는가를 엿볼 수 있을 것이며, 나아가 문화나 학문 전반에 걸쳐 핵심적인 문제는 거의 빠짐없이 정확하게 맥을 짚는 제임슨의 경이로운 박학과 예리한 통찰력을 볼 수 있다.

제임슨은 이 책에서 포스트모던한 후기자본주의 시대에 적합한, 그리고 포스트구조주의의 도전을 버텨낼 수 있는 이론으로 아도르노를 제시한다. "기성세력이 볼 때 아도르노는, 강력한 반대 정치세력이 아직 존재하고 있었을 때까지는, 의심스러운 동맹자였다. 입장이 불분명하고 이해하기에 난삽한 아도르노의 정적주의는 그러한 저항세력에 대해 유보적인 태도를 취하는 독자들을 헷갈리게 하는 역할을 할 수 있었던 것이다. 그러나 이제 그러한 조류들마저 입을 다물게 되어버렸기 때문에, 세상과 타협하지 않으면서 세상에 대한 심기불편을 줄기차게 떠들어대는 아도르노의 태도는 현존하는 세상의 표면에 붙어 있는 녹을 제거할 수 있는 세척제나 유쾌한 해독제가 되었다. 스스로는 이 시대를 재현하는 어떠한 그림도 그릴 수 없는 우리에게 아도르노는 커다란 호소력을 지닌다."

프레드릭 제임슨(1934~)

현존하는 미국의 가장 탁월한 비평가 프레드릭 제임슨(Fredric Jameson)은 예일 대학에서 불문학을 전공했고, 1959년에 사르트르에 관한 논문으로 박사학위를 받았다. 하버드 대학(1959), 샌디에이고 캘리포니아 대학(1967), 예일 대학(1976) 교수 등을 거쳐 1985년부터 지금까지 듀크 대학 교수로 있다. 그는 스탠리 피시, 렌트레시아, 마이클 하트 등과 함께 비평 이론 분야의 권위인 듀크 대학의 문학 프로그램을 이끌면서 문화현상 전반에 대한 활발한 비평활동을 벌이고 있다.

이처럼 제임슨은 포스트모던한 문화의 중심인 미국에서 주로 활동하지만, 프랑스 문화에 정통할 뿐 아니라 독일의 변증법적 전통에도 든든하게 뿌리박은 철학적 사고를 토대로 포스트구조주의의 도전을 철학적으로 감당한다. 또한 그는 마르크스주의의 불모지인 미국에서 마르크스주의를 미국적으로 변형하여 유행시키고 현대 문화 전반에 대해서도 독보적인 해석을 전개한다.

1970년대 초에 이미 『변증법적 문학이론의 전개』와 『언어의 감옥』으로 이름을 얻은 제임슨은 1981년에 대표적 주저로 인정받은 『정치적 무의식』을, 1989년에는 『포스트모더니즘—후기자본주의의 문화논리』를 펴냈다.

그는 주로 모더니즘을 비롯해 제3세계 문학과 영화, 마르크스 및 프로이트, 사르트르, 현대 프랑스 소설과 영화, 프랑크푸르트 학파 등에 관해 강의를 하고 있다. 현재 그의 관심 영역은 문학을 정치적, 사회적 맥락에서 분석하는 것과 함께 변증법적 방법론을 통해 모더니스트나 포스트모더니스트의 입장들을 해석하는 것이다.

실증주의, 포스트모더니즘과 아도르노

즉각적으로 가장 무거운 의혹을 일으키고 비상벨을 요란하게 울릴 수밖에 없는 열림과 닫힘의 수사학은 현재로서는 불길하기 이를 데 없다. 물론 필자는『부정변증법』의 모델들을 이와 같은 임의적이고 요행적인 것으로 읽지는 않았으며, 아도르노를 포스트모더니즘에 소속시키는 것은 그를 후기낭만주의로 분류하는 것만큼이나 설득력이 없다는 사실을 확신한다. 그렇지만 그의 사유가 포스트모더니즘이 출현할 충분한 여지를 자신의 내부에 포함하고 있다는 사실은 의심의 여지가 없다.

문화적 우세종이라는 강력한 의미에서의 포스트모더니즘에 대한 아도르노의 중요성은 차라리 그의 사회학적 내지는 철학적 비판 속에 있을 것이다. 사실 아도르노가 실증주의라고 부른 것은 자세히 들여다보면 오늘날 우리가 포스트모더니즘이라 부르는 것으로서, 이 포스트모더니즘의 좀더 초보적 단계가 실증주의라고 할 수 있을 것이다. 용어의 변천은 대단히 중요한 의미를 담고 있다. 즉 고루한 공화주의적 소시민의 과학철학이 19세기라는 타임캡슐을 빠져나와, 초국가적이고 다민족적인 자본주의의 따사로운 늦여름에 일상적 소비생활의 장밋빛 광채로 탈바꿈하는 것이다. 그러한 변천은 또한 진리가 그때그때의 지극히 참신한 상품으로, 시민적 자긍심과 부르주아적 지위의식이 고속도로와 해수욕장으로, 구식의 권위적인 가정과 구레나룻을 기른 교수가 권위에 대한 존경심의 실추(그럼에도 불구하고 권위가 계속 지배한다)와 자유분방함으로 변화하는 것을 의미한다. '아우슈비츠 이후 여전히 시를 쓸 수 있는가'라는 질문은, 수영장의 안락의자에 누워 아도르노나 호르크하이머를 읽는 것을 참을 수 있는가라는 질문에 자리를 양보한다.

이제 이 두 사람이 우리에게 제공할 수 있는 첫번째 봉사는 사실 그러한 것이다. 그것은 상가로의 오염된 대기 속에서 모든 사람이 피부로 실감하는, 위협적인 무엇이 머리를 짓누르는 느낌으로서 이러한 느낌은 재난과 위기에 대한 꽤나 오래된 고전적인 유럽의 느낌이다. 이러한 느낌은 유럽공동체의 국가들마저 이제는 기이한 변신을 통해 자신의 뇌리 속에서 지워버리려 하는 느낌인데, 이러한 변신에는 유럽 사람들보다 미국인들이 훨씬 유능할 것이다. 왜냐하면 미국은 유럽 국가들과 비교할 때 이러한 문제에 대해서는 훨씬 단련이 된 사회이기 때문이다(그러한 문제에의 단련은, 사르트르의 표현을 빌리면, 자신의 아버지보다도 나이가 먹었다고 말할 수 있을 것이다).

중요한 것은 그러나 재현의 문제이다. 녹슨 철도와 버려진 공장의 풍경은 이미 1930년대에 볼 수 있었던 풍경이며, 소비사회나 그 이미지(하얀 이를 드러내고 웃는 모습)에 대한 비판은 이미 1950년대에도 있었다. 이 모든 것들은 이제 이미, 그 요소들을 기발한 방식으로 재결합시켜 새로운 구조를 만들어낸다 할지라도, 진부한 것이 되어버렸다. 진정한 문제는 아마, 위에서도 이미 언급했지만, 바로 재현의 문제이다. 비록 모든 포스트모더니스트들이 총체성은 존재할지 모르지만 인식될 수도 묘사될 수도 없다고 주장하지만 그럼에도 불구하고, 문제는 이 총체성을 재현하는 것이다. 변증법이란 ──부정변증법 같이 실망과 분노를 자아내는 변증법일지라도── 우리가 엄두도 내지 못

아우슈비츠 아도르노의 비관주의에 근본 모티브를 제공하는 아우슈비츠라는 카타스트로프.

했던 작업인, 이 원의 전체 넓이를 구하는 작업이다. 이 작업은 적어도, 이러한 작업이 주관적이고 개인적인 것에 그치는 것만은 아니라는 믿음을 한순간도 포기하지 않은 채, 의식의 내부로 들어가 머리속에 있는 자질구레한 상념들과 함께 시작하지 않을 수 없다. 이러한 작업이 궁극적으로 성공하여 베케트의 『마지막 유희』에 나오는 인물처럼 두 눈을 뜨고 지금의 상황을 직시하는 것이 가능하다면, 역사의 사다리가 완전히 무너져내리기 전에 한순간이나마 살아 있는 현실을 엿보는 것이 가능할 것이다.

실증주의는, 낡은 패러다임을 사용하는 철학처럼, 자신을 완성하고 그에 따라 스스로를 폐기처분하게 될 때 포스트모더니즘이 된다. 아도르노는 실증주의의 사명을 글자 그대로 받아들임으로써 우리에게 유용한 묘사를 제공한다. 실증주의는 사상이나 해석이나 확신으로서 표명되는 주관성의 형식을 폐기시킬 것이라는 것이다(아마 실증주의는 또한 이런 것들에 상응하는 언어, 즉 시적인 것, 정서적인 것, 수사학적인 것도 폐기시키고 싶어할 것이다). 이 말은 즉 실증주의란 유명론이며, 유명론인 한에서 실증주의는 우리를 경험적인 현재로 환원시키고 싶어한다는 것이다(또는 이 경험적 현재를 다른 상황이나 시간적 계기들을 떠올리기 위한 유일한 규준으로 만든다는 것이다). 실증주의는 또한, 목적이나 목표에 대해 질문하는 모든 사상과 함께 가치라는 것을 폐기처분하게 될 것이며, 이러한 폐기처분은 변증법을 배제하지 않을 뿐만 아니라 떠올릴 수 있는 모든 이데올로기를 포함시키면서 이 이데올로기에 대해 무차별적인 '종말'을 선언할 것이다.

『후기 마르크스주의』 결론 「포스트모던한 시대에 아도르노의 가치」

포스트모더니즘 시대의 눈으로 재해석된 마르크스주의

주변부의 지식인으로서 세상을 잘 조망할 수 있는 중심의 위치를 차지하고 있는 제임슨의 눈을 통해 현대를 읽기 위해서는 그의 난해성을 통과해야 하는 것이 일차적인 과제인데, "순진한 독자는 난해성을 이성적 사고의 투명성으로 재용해시키려 하는 반면, 변증법적으로 훈련된 독자는 난해성 자체의 특정한 특질과 구조를 해명하라" 들어야 한다는 그의 주문을 준수하면서 난해성을 해명하기 위해서는 먼저 난해성이 나오게 된 조건들을 살펴보아야 할 것이다.

마르크스주의는 어떤 것이든 총체적 인식으로서의 이론과 함께 실천에의 관여이기 때문에 사변적이면서도 구체적인 역사상황과 얽혀 있어 난해하기 이를 데 없지만 미국이라는 독특한 여건 속에서 다시 태어난 제임슨의 마르크스주의는 자신만의 독특한 특성과 색다른 난해성을 지닐 수밖에 없을 것이다. 정통마르크스주의란, 우리도 1980년대에 비슷한 경험을 했듯이, 사회 갈등이 날카롭게 가시화되어 어느 편에 설 것인가를 결단하고 죽을 수도 있던 총력동원의 시대가 낳은 산물이라면, 페리 앤더슨이 지적하듯, 독일과 중유럽의 프롤레타리아 혁명의 좌절에 대한 경험을 기반으로 한 서구 마르크스주의는 대중적 혁명운동이나 실천과 결별하고는, 부르주아 이론과의 공생관계 속에서 좌파적인 비판이나 급진적인 양심으로 기능해왔다. 제임슨의 마르크스주의도 이러한 서구 마르크스주의의 한 계열이지만 구세계와 진혀 다른 특징을 지닌 사회인 북미에서 새롭게 태어난 마르크스주의는 전혀 다른 속성을 지닐 수밖에 없을 것이다.

60년대 말 유럽의 마르크스주의는 완전한 좌절을 겪게 되면서 유럽에는 자본가계급과 노동자계급, 지배이데올로기와 대항담론 사이의 고전적인 투쟁보다는 제도화된 권력에 대해, 세계적인 팽창과 표준화에 대해 게릴라식으로 저항하고, 자본주의의 총체적·체계적 성격에 대항하는 유목민적·이질적·정신분열적 논리를 전개하는 포스트구조주의 시대가 도래했다면, 유럽에서 고사지경에 이른 마르크스주의는 불모지와 다름없는 북미의 아카데미 시장에서 경쟁력 있는 상품으로 화려하게 부활한다.

피로 얼룩진 역사의 녹이 두텁게 끼어 있어 역사의 무게를 힘겹게 짊어지고 다녀야 하는 구세계의 시민에게, 그러한 역사로부터 탈출한 이민들과 그들의 후손이 만든 신세계, 역사가 없는 나라 또는 "역사란 유럽 사람들이 수치로 여겨야 할 무엇"이라고 생각하는 나라, 민족국가의 범주를 넘어서는 다민족·다문화의 나라이기 때문에 나라(nation)보다는 초국가(superstate)라는 단어가 그럴듯하게 들리는 나라, 이러한 초국가적인 속성과 영어라는 소통매체 덕분에, 개인적 경험지평을 의미하는 국가라는 경계가 무너지는 다국적자본주의 시대의 세계화과정에서는 이미 양지를 선점하고 있는 것처럼 보이는 나라인 미국은 기이한 거리감을 갖게 만든다.

그러한 미국의 시민에게는 '역사 이후'의 영원한 현재에 산다는 착각이 가능할지도 모르지만 구세계의 시민에게는 역사를 청산하고 새로운 세계시민으로 다시 태어나는 것이 어떻게 가능할 수 있는지 막막함만을 준다. 어쨌든 이러한 미국과는 다른 여건 속에 있는 제3세계의 시민에게, 질(質)이나 '가치'를 부정하는 돈이라는 교환가치만이 지배하게 된 세계에서 바로 그 돈의 위기를 뜻하는 금융체계의 위기는 요동치는 역사의 날개를 피부로 느끼게 한다.

세계체제의 헤게모니를 쥐게 된 이러한 미국이 구세계에 대한 문화적 콤플렉스에서 벗어나 자신의 문화를 스스로 긍정하고 외부에 대해 당당하게 외치게 된 것이 포스트모더니즘이라면, 제임슨의 총체성 개념은 북미의 전지구적 헤게모니와 연관성이 있다는 호머의 지적처럼, 미국의 중심적 위치로부터 총체적인 조망을 시도하는 이론이 나오는 것은 필연적이라고 여겨진다. 이러한 이론을 대표하는 것이 제임슨의 마르크스주의라면 이것은 사회변혁이나 실천과 깊이 연루되어 있던 예전의 마르크스주의와는 다른 것일 수밖에 없다. 제임슨은 현대의 미국 사회에서 실천 문제는 그 자체가 이론적인 문제라고 지적하면서, "거리의 투사가 현대국가의 테크놀러지에 대항해서 승리할 수 있는가가 아니라 '거리'가 도대체 어디에 있는가? 예전 스타일의 거리가 존재할 수 있는가?"라는 명제를 던진다. 초기에는 그래도 제3세계를 통한 변화에의 기대나 문화정치에 대한 신뢰가 있었고 이러한 신뢰가 마르크스주의의 확산을 위한 명분으로 작용했었다면 1980~90년대가 진행되면서 그러한 문화정치의 가능성은 점점 비관적이 된다.

학문이 대중사회에 대한 영향력을 행사할 가능성이 차단된 채 고립적이고 자율적인 부분영역으로 전락한 아카데미에서 정치적인 어떤 주장도 학자들간의 탁상공론, 즉 찻잔 속의 태풍 이상일 수 없게 되었다. 이런 맥락에서 미국의 학계에서 유행하는 용어인 '정치적으로 올바름'(political correctness)에 대해 제임슨과 함께 듀크 대학을 대표하는 또 한 명의 인물인 스탠리 피시가 '직업적인 올바름'(professional correctness)을 주장하고 나선 것은 어느 정도 설득력이 있을 것이다(물론 제임슨의 마르크스주의는 포스트모더니즘이라는 큰 흐름을 중화하는 기능을 하고 있다). 오슨 웰스 류의 반항은 "할리우드에게 테크닉의 변화와 현대화를 허용하는 마케팅 전략의 한 형식으로 간주되며, 기술혁신 자체는 판에 박힌 작품생산을 위한 도구로 전락한다"는 자본주의의 메커니즘은 마르크스주의를 미국적 풍토에 맞게 변조하는 제임슨의 작업에도 해당될 것이다. 이러한 정황 속에서 포스트모던한 시대의 이론은 어떤 것이든(그러한 시대를 비판하는 이론도 포함하여) 가상현실 속에서의 언어놀이일 수밖에 없었다. 이제 이론은 삶의 표현인 사상이 아니라 아카데미라는 전문가 집단 속에서 이루어지는 유희로서 이러한 유희에서 이기는 길은 모든 것을 이야기하면서 아무것도 이야기하지 않는 기술일 것이다. 이러한 기술을 누구보다 잘 구사하는 제임슨의 글이 난해해지는 것은 어쩔 수 없을 것이다.

김유동

경상대 교수·독문학

옮긴이 김유동은 서울대학교 독문학과와 같은 대학교 대학원을 졸업했으며, 베를린 자유대학에서 수학했다. 프레드릭 제임슨 초청으로 미국 듀크 대학에서 1년간 공부를 했고, 지금은 경상대학교 교수로 재직하고 있다. 저서로는 『아도르노 사상—고통의 인식과 화해의 모색』, 『아도르노와 현대사상』이 있으며, 역서로는 한길사에서 펴낸 프레드릭 제임슨의 『후기 마르크스주의』와 『아도르노』를 비롯하여, 『미니마 모랄리아』, 『계몽의 변증법』 등이 있다. 주요 논문으로는 「루카치 문학관의 총체적 이해와 올바른 수용을 위하여」, 「루카치냐 아도르노냐」, 「니체와 아도르노:총체적 니체상 정립을 위한 시론」, 「아도르노와 하버마스:이론의 심미화 대 실천의 구제」, 「벤야민의 새로운 천사」, 「현대에서의 아도르노 사상」 등이 있다.

봉건사회 1 · 2

마르크 블로크 지음 | 한정숙 옮김 | 670쪽(1권) · 400쪽(2권)
2002 대한민국학술원 우수학술도서

▷ 저자의 다른 작품
『역사를 위한 변명』(GB 10)

▷ 역자의 다른 번역 작품
『유랑시인』(GB 69)

마르크 블로크는 20세기 역사학에 가장 큰 영향을 미쳤던 아날 학파의 공동 창시자이다. 그는 역사란 시간 속에서 변화하는 인간의 삶을 총체적 전망으로써 고찰하는 학문이라고 여겼다. 경제 · 종교 · 정치 등 인간생활의 특정한 요소만을 중시하여 단일한 인과론을 전개한다든가, 그러한 개별요소들의 작용과 변화를 단순히 병렬하는 것이 아니라, 이러한 모든 것이 상호작용함으로써 전개되는 인간생활 전체를 '종합'하는 것이 역사라고 본 것이다.

『봉건사회』는 이같은 사관이 가장 잘 반영된 그의 주저이다. 이 책은 블로크 특유의 문학적 서술방식을 굳이 염두에 두지 않는다 할지라도 마치 중세 유럽을 배경으로 펼쳐지는 하나의 빼어난 대하소설과도 같은 느낌을 주는 역사서이다. 그 융융한 흐름을 따라가다 보면 때로는 길을 잃고 헤매는 듯한 느낌을 받을 때도 있다. 하지만 별다른 부연설명 없이 그가 유럽 역사의 어느 구석에선가 불쑥 끄집어내온 예화(例話) 하나하나가 궁극적으로는 저자의 논지에 녹아들면서 그 시대 인물들의 삶의 갖가지 모습을 생생하게 드러내 보여주는 역할을 하고 있다.

가신제, 장원제, 봉토 수수관계, 정치적 분권상태 같은 봉건제의 개별적 측면들에 관한 더욱 상세한 '지식'을 얻고자 한다면 그러한 주제만을 집중적으로 다룬 다른 책들을 참조하는 편이 나을지도 모른다. 그러나 그같은 개별적 연구성과들을 토대로 봉건시대인들의 삶의 총체성을 드러내준다는 점에서는 그 어떤 저작도 아직 이 책을 따르지 못하고 있다. 그리고 바로 이 점에 종합적 안복의 소유자로서의 블로크의 탁월함이 있다.

마르크 블로크(1886~1944)

마르크 블로크(Marc Bloch)는 파리 고등사범학교에 입학하여 역사학과 지리학을 공부하였으며, 1908년에는 역사학·지리학 교수자격시험에 합격한 뒤 독일로 건너갔다.

고등학교에서 교편을 잡고 있던 블로크는 제1차 세계대전이 일어나자 입대하여 종군하였다. 제대 후 1919년부터 1936년까지는 스트라스부르 대학에서 중세사 교수를 지냈는데, 이곳에서 그는 필생의 학문적 동반자가 된 뤼시앵 페브르와 함께 강의하였다. 카페 왕조 왕령지에서의 농민해방을 다룬 「왕과 농노」라는 논문으로 1920년에 소르본 대학에서 박사학위를 받은 후 그는 차츰 사회경제사·농업사 연구에 주력하였다. 1924년에는 『기적을 행하는 왕』을 펴냈고, 1929년에는 페브르와 함께 『아날』지를 창간하여 역사 연구에 획기적인 전기를 마련하였으며, 1931년에는 『프랑스 농촌사의 기본성격』을 발표하여 학계에서 사회경제사가로서의 독보적인 지위를 확립하였다. 1937년 소르본 대학 경제사 교수로 자리를 옮긴 그는 1939~40년에 '인류의 진보' 총서 가운데 하나로 『봉건사회』를 출간함으로써 그의 명성을 부동의 것으로 굳히게 되었다.

제2차 세계대전이 발발하자 53세의 블로크는 자원입대하여 나치군에 맞서 싸우기 시작하였다. 『이상한 패배』는 전운이 감돌 무렵, 그가 프랑스 사회의 정치적·지적 풍토를 반성할 목적에서 집필한 것이었다. 그는 친독괴뢰비시 정권의 수립 이후 레지스탕스 운동의 지도자가 되어 활약하던 중 틈틈이 자신의 생각을 정리해 『역사를 위한 변명』이라는 제목의 유고를 남기기도 하였다. 그러나 이 원고를 채 완성하기도 전에 그는 레지스탕스 비밀본부를 급습한 게슈타포에게 체포되어 58세의 나이로 생 디디에 드 포르망이라는 마을 들어귀의 들판에서 총살당했다.

장원제의 소멸에 따른 봉(封)과 가신제의 해체

13세기 중엽 이래 유럽의 여러 사회는 봉건적인 유형에서 결정적으로 벗어났다. 그러나 하나의 사회체제란, 기억을 지닌 인간집단의 태내에서 계속적으로 이루어지는 진화의 한 시점을 포착해서 말하는 것일 따름이어서, 이러한 사회체제가 한꺼번에 완전히 죽어 없어져버릴 수는 없는 법이다. 봉건제는 꼬리를 길게 늘어뜨리고 있었다. 장원제는 봉건제의 특징을 뚜렷이 새겨 지니고 있었지만 봉건제보다 오래 살아남았다. 그러면서도 한편 장원제는 수많은 변화―여기에서 우리가 직접 다룰 대상은 아니다―를 겪기도 하였다. 그러나 이제 장원제가 더 이상 그 자체와 밀접하게 결부되어 있던 봉건적 지배제도의 그물코 가운데 한 부분으로 짜여들어가 있지 않게 되었을 때, 종속민들의 눈에는 장원제가 점점 더 이해할 수 없고 따라서 점점 더 가증스러운 것으로 비칠 수밖에 없었음을 어찌 간과할 수 있겠는가.

장원 내부에 존재하고 있던 모든 종속관계의 형태들 중에서도 가장 진정하게 봉건적인 성격을 지녔던 것은 농노제였다. 이 제도는 깊디깊은 변화를 겪어, 인간에 관한 것이라기보다는 오히려 토지에 관한 제도가 되어 있기는 하였지만 그럼에도 불구하고 프랑스에서는 대혁명 전야까지 존속하였다. '재산상속 불능 농노'(mainmortable) 가운데는 보호자에게 자진해서 '탁신'한 사람의 후손도 분명히 있었다는 사실을 그 당시 어느 누가 기억하고 있었겠는가. 그리고 설령 이 까마득한 기억이 살아 있다고 하더라도, 그 덕택에 이 시대착오적인 상태가 좀더 견디기 수월한 것으로 바뀌기라도 했단 말인가.

17세기에 일어난 첫 혁명(청교도혁명)에 의하여 기사의 봉토와 그밖의 토지 보유형태와의 구별이 전적으로 폐지된 잉글랜드를 빼놓는다면 토지에 뿌리박고 있던 가신적·봉건적 의무는 프랑스의 경우처럼 장원제가 지속되는 그때까지 존속하기도 하였고, 또는 18세기에 봉토의 전반적인 '자유토지화'를 행한 프로이센에서처럼 장원제가 소멸되기 조금 전까지 존속하기도 하였다.

국가는 그때 이후로 종속관계의 위계서열을 활용할 수 있는 능력을 가진 유일한 존재였던 터라, 이 종속관계 덕택에 국가의 수중에 장악할 수 있는 것으로 여겨지고 있던 군사적 수단의 이용을 그리 빨리 포기하려 들지 않았다. 루이 14세는 아직도 몇 번씩이나 가신에 대한 '배신(陪臣) 포함 소집령'을 내렸다. 하지만 그것은 이제 병력부족에 시달리는 정부가 취한 궁여지책에 지나지 않았으며, 더군다나 벌금과 면제금을 거두어내서 재원을 확보하려는 단순한 재정적 미봉책이기조차 하였다.

봉토의 여러 특징들 가운데 중세 말기 이후에도 진정으로 실제적인 가치를 유지하고 있던 것은 봉토에 부과되는 여러 금전적 부담과 봉토의 상속에 적용되는 고유한 규정들뿐이었다. 이제 더 이상 영주의 솔거가신은 존재하지 않았으므로 이때 이후로 신종선서는 일제히 토지 보유와 결부되었다. 신종선서의 의례적인 측면은 새로운 시대의 합리주의의 세례를 받으면서 양성된 법학자들 눈에야 지극히 '헛된 것'으로 비쳤겠지만, 그래도 예법에 당연히 신경쓰고 있던 귀족계급의 입장에서 보면 이는 무심히 넘길 수 없는 문제였다. 그러나 일찍이

마상 무술시합 기사들이 말을 탄 채 무술을 겨루는 마상경기는 중세 귀족층의 가장 중요한 여흥행사 중의 하나였다.

그토록 깊은 인간적 의미를 지니고 있던 이 의식 자체도—때때로 이것이 화폐 징수의 기회를 제공하고 있었다는 점을 별개로 치더라도—이제는, 관습에 따라 좀더 수지맞고 좀 덜 수지맞는 차이는 있었겠으나 어쨌든 이익을 낳는 권리의 원천인 재산의 소유권을 확인해주는 구실밖에는 거의 아무것도 하지 못하고 있었다.

봉건사항(封建事項)이란 본질적으로 소송쟁의에 관한 것이었으며 법학이 다루던 대상이었다. 봉건사항은 법학 이론가와 실무자의 방대한 문헌에 포함될 훌륭한 논문 주제를 제공해주었다. 그러나 이 구조물은 몹시 심하게 썩어 있었고, 수익자들이 이것으로부터 기대하고 있던 이익도 요컨대 아주 보잘것없는 것이었으니, 이 점을 그 무엇보다도 잘 보여주는 것은 프랑스에서 이 구조물이 맥없이 무너지고 말았다는 사실이다. 하긴 장원제의 소멸은 수많은 저항을 겪으면서 겨우 실현되었으며, 이때 재산의 분배상태를 크게 혼란시켜놓은 면도 없지는 않았다. 요컨대 봉(封)과 가신제의 소멸은 오랜 단말마의 고통 끝에 다다른 피할 길 없으면서도 별로 보잘것없는 결말인 것으로 보였다.

그러나 변함없이 수많은 혼란에 휩싸여 있던 한 사회에서 종사제라는 옛 관행을, 그리고 이에 이어 가신제라는 옛 관행을 태어나게 했던 필요성은 효력을 계속 발휘하고 있어서, 사람들은 끊임없이 그 필요성을 느끼고 있었다.

『봉건사회 2』 제3책 제2장 「유럽 봉건제의 연장」

인간의 상호작용이 만든 특수한 사회에 대한 고찰

봉건사회의 성립에 대한 블로크의 견해는 종래의 그것에 비해 무척이나 특이하다. 블로크는 봉건제에 선행하는 양대 사회, 곧 로마적 사회조직과 게르만적 사회구조가 모두 급격하게 붕괴되는 와중에서, 발전단계가 상이한 이 두 사회형태가 폭력에 의해 강제적으로 결합된 결과로서 봉건제가 태어났다고 파악하는 점에서는 오토 힌체나 또는 마르크스주의 사가들과 크게 다르지 않다. 그러나 이때의 폭력적 상황은 블로크에게서는 게르만족의 민족이동에 따른 것이라기보다 이슬람 교도, 스칸디나비아인 및 헝가리인의 침입의 산물이다.

따라서 블로크에게서 봉건사회의 서술은 로마 제국의 붕괴나 메로빙거 왕조하의 제도들로부터 시작되는 것이 아니라 8, 9세기에 이민족의 침입을 받고 불안에 떠는 유럽 사회의 정경으로부터 시작된다. 그 이전 시기, 그러니까 게르만족의 이동에서 8, 9세기에 이르기까지의 기간을—중세 초기라는 통칭 이외에—블로크가 어떻게 이름붙이려 했던가는 유감스럽게도 명백하지 않다(이것에 이름을 붙이는 것은 그의 의도 밖의 일이었는지도 모르겠다).

그런 한편 그가 봉건사회를 제1, 2기로만 나누었을 뿐, '봉건제의 위기'라는 말로 대표되는 봉건제 말기의 상황은 따로 설정하지 않은 것(중략) 또한 특징적이다. 이것이 봉건제에 대한 그의 남다른 해석 자체에 기인하는 것인지 (중략) 아니면 다른 이유가 있어서인지—예를 들면 『프랑스 농촌사의 기본 성격』에서는 '영주재산의 위기' '영주제의 반동' 같은 절이 설정되어 통상 봉건제 말기, 봉건반동이라 불리는 상황이 서술되어 있는데, 이를 보더라도

블로크는 『봉건사회』를 넘어서서 서유럽 경제 전반의 전환에 대한 저서를 따로 저술하려 했던 것으로 보인다—명확히 알 길이 없다. 다만 이같은 봉건사회 내부에서도 대략 11세기 중엽부터 하나의 전환이 일어나기 시작해서 서유럽 사회가 봉건시대 제2기로 들어가게 된다는 블로크의 파악은 누구에게나 별 이의 없이 받아들여질 수 있는 것이라고 생각된다. 어쨌든 그가 이른바 '중세 천년' 전체를 봉건사회로 규정한 것이 아니라 그 가운데 불과 4, 5세기만을 그 이름 아래 포괄한 점은 특기할 만하다.

앞에서도 이야기했듯이 블로크는 넓은 의미에서의 물적 토대에 대한 천착에서는 누구보다 탁월했고 또한 '경제'의 의미를 매우 중시한 것도 사실이지만 (봉건시대 제1, 2기를 구분하는 기준을 대체로 화폐경제·상업제도·도시의 발달 등과 관련된 현상들에서 찾고 있는 것을 보더라도 이를 잘 알 수 있다), 모든 현상을 좁은 의미의 경제적 요인에 기인하는 것으로 설명하는 방식에는 명백히 반대하였다. 그는 다음과 같이 말한다.

전혀 다른 계열에 속하는 두 개의 특수한 현상—예를 들면 거주형태의 특정한 분포와 법률적 편성의 특정한 형태들—을 병렬하는 경우에는 원인과 결과라는 미묘한 문제가 틀림없이 제기되게 마련이다. 그런데 본질적으로 상이한 두 계열의 현상을 수세기에 걸친 발전과정에 비추어 비교한 후, '한쪽에는 모든 원인이 있고 다른 한쪽에는 모든 결과가 있다'고 말하는 것만큼 무의미한 이분법도 없을 것이다. 정신과 마찬가지로 사회

도 끊임없는 상호작용의 조직이 아닐까.

이는 곧 관념론은 물론 속류화한 상하부 구조론도 거부함을 의미한다. 블로크는 물질생활과 정신생활은 서로 영향을 주고받으며, 이러한 상호작용 속에서 새로운 삶의 방식이 태어난다고 보았다. 블로크에게 가장 중요한 것은 '인간환경 전체가 어떻게 작용하여 어떠한 인간관계의 전체적인 망(網)이 형성되고 또 변화하는가'라는 문제였다. 봉건제가 로마적인 것과 게르만적인 것의 융합의 산물로 규정되고 있음은 분명하되 이때 로마적인 것과 게르만적인 것이 (예를 들어 마르크스주의자들에게서처럼) 노예제적 생산양식과 원시공동체적 생산양식이라는 말로써가 아니라 각기 국가와 친족제라는 말로 대표되고 있는 것도 이 때문이다.

장원제에 대한 블로크의 견해도 이러한 파악방식에서 벗어나지 않고 있다. 블로크는 장원제가 좁은 의미의 봉건제(봉토 수수관계)보다 먼저 발생하였으며, 따라서 기원에서는 봉건제와 직결된 것이 아니지만, 어쨌거나 봉건제의 본질적인 구성부분을 이루고 있음에 틀림없으며, 또한 봉건시대에는 이 역시 '봉건적'인 성격을 지니게 되었다고 말하고 있다. 이때의 '봉건적'이라는 것은 봉건적 '토지 소유'의 측면을 말하는 것이라기보다 영주—농민 사이에 성립한 인적 유대관계라는 측면을 말하는 것으로 보인다.

위에서 말한 이런저런 점들을 고려할 때 블로크에게서 유럽 봉건사회는 내적 발전과정의 필연성에 따르는 역사적 단계로서 출현한 것이라기보다는 오히려 당시의 특수한 상황의 복합적 작용에 의한 (거의 '우연'이라고까지 할 만한) 산물이라고 파악하고 있었던 것으로 보인다. 앞에서 인용한 '사회형으로서의 봉건제' 절에서 블로크가 유럽 봉건제의 특징을 늘어놓은 것은 결국은 비교사의 근거를 제공하기 위해서였는데, 봉건제가 보편적인 현상인가에 대해 그가 선뜻 대답하려 하지 않았던 것(일본의 경우를 인정한 것 말고는)은, 그의 겸손한 성격에도 기인하겠지만 어느 면에서는 바로 그같은 봉건제 파악방식과도 관련이 있으리라 여겨진다.

유럽 봉건제 파악에서 블로크가 보여주고 있는 또 하나의 특징 가운데 하나는 그가 계약의 상호성을 극히 중시하고 있다는 점이다. 그는 봉건적 위계서열의 맨 꼭대기에 위치한 존재에게도 신민의 복지 도모라는 의무를 부여하는 것이어서, 그것이 제대로 지켜지지 않을 때에는 신민이 군주에게 저항할 수 있는 권리까지 인정해주는 것이었다고 파악하고 있다. 혹자는 이같은 봉건적 계약의 원칙을 시민혁명기의 계약사상에까지 연결시키고 있지만, 그 동안의 다른 여러 가지 여건에 대한 고려, 예를 들어 자본주의적 관계의 발달과 계약 개념의 성숙 등에 대한 고려 없이 이 점을 그 자체로서만 지나치게 강조하는 것은 논리적 비약을 범하는 (또는 블로크 자신의 말을 빌리면 기원의 우상을 숭배하는 오류에 빠지는) 꼴이 될 것이다.

한정숙

서울대 교수 · 서양사학

옮긴이 한정숙은 서울대학교 역사교육학과와 같은 대학교 대학원 서양사학과를 졸업한 뒤 독일 튀빙겐 대학교에서 혁명기 러시아의 경제사상사 연구로 박사학위를 받았다. 부산여자대학(현 신라대학교) · 세종대학교 교수를 거쳐 지금은 서울대학교 서양사학과 교수로 있다. 주로 러시아사, 우크라이나사에 관한 논문과 저서를 발표하는 틈틈이 여성사에 관한 글들을 써서 『여성은 이렇게 말했다』로 묶어냈으며, 한길사에서 펴낸 『노동의 역사』(헬무트 슈나이더), 『봉건사회』(마르크 블로크), 『유랑시인』(타라스 셰브첸코, 편역)을 비롯하여, 『비잔티움 제국사』(게오르크 오스트로고르스키) 등등 서양사에 관한 여러 책을 번역했다.

6

한길그레이트북스 제51권~제60권

"낭만적 비평은 언제나 본질적인 것을 거부한다.
즉 형이상학적 욕망을 초월하여 죽음 너머로
빛을 내뿜는 소설의 진실로 가기를 거부한다."

• 르네 지라르, 『낭만적 거짓과 소설적 진실』에서

칸트와 형이상학의 문제

마르틴 하이데거 지음 | 이선일 옮김 | 440쪽
2003 대학민국학술원 우수학술도서

▷ 저자의 다른 작품
『이정표 1, 2』(GB 65, 66)

▷ 역자의 다른 번역 작품
『이정표 2』(GB 66)

기존의 신칸트주의가 칸트의 『순수이성비판』을 인식론으로 해석한 반면, 『칸트와 형이상학의 문제』에서 하이데거는 칸트의 이 제1주저를 형이상학을 정초한 작품으로 해석한다. 따라서 『칸트와 형이상학의 문제』는 하이데거 스스로가 해석의 강압성을 인정할 정도로 많은 논란을 일으킨 작품이다.

『칸트와 형이상학의 문제』에서 하이데거는 칸트가 명확히 말했던 내용만을 문제삼는 주석가의 입장에 머물지 않고 "칸트가 말하고자 했던 바"를 말하도록 강요하는 해석학적 모험을 감행한다. 아니 그보다 하이데거는 칸트가 서 있던 사태의 장에 직접 뛰어들어 칸트조차 보지 못했던 사태의 실상을 밝혀내고자 한다. 그러한 사태의 실상이 『존재와 시간』에서 논의된 현존재와 존재, 혹은 존재와 시간의 연관임은 물론이다. 따라서 하이데거의 칸트 해석은 단순하게 '역사학적 칸트'를 복원하는 작업이 아니라, '칸트와의 역사적 대결'을 통해 기초존재론의 이념의 필연성을 입증하는 작업인 것이다.

자신의 문제의식의 지평에서 원저자와 대화를 나누어가며 자신의 철학을 원저자의 언어로 구체화하는 하이데거의 이러한 작업은 인간의 사유가 얼마나 위대할 수 있는가를 전율적으로 보여준다. 따라서 우리는 하이데거의 칸트 해석이 '역사학적으로' 부당하다라고 말하기 보다는 오히려 하이데거의 칸트 해석이 드러내고자 했던 미래의 사유가 참으로 우리 시대의 형이상학적 위기를 헤쳐나갈 대안이 될 수 있는가를 숙고해야 한다. 하이데거의 칸트 해석은 '역사적' 해석으로서, 오로지 미래의 사유를 위한 준비에만 관련되어 있기 때문이다.

마르틴 하이데거(1889~1976)

마르틴 하이데거(Martin Heidegger)는 이성 일변도로 치닫던 서구의 전통 형이상학을 뒤흔든 20세기 철학의 거장이다. 1889년 9월 26일 독일 남동부 슈바르츠발트의 한 작은 마을 메스키르히에서 가톨릭 교회지기의 아들로 태어난 그는 일찍부터 종교에 관심을 보여 1909년 프라이부르크 대학 신학부에 입학한다. 그러나 2년 뒤 그는 심장에 관련된 질병으로 인해 그토록 열망하던 신학공부를 포기하고 철학연구에 전념한다.

프라이부르크 대학 시절 하이데거의 사상 형성에 커다란 영향을 끼친 것은 에드문트 후설의 『논리연구』였다. 박사학위 논문인 「심리주의의 판단론」, 교수자격 취득논문인 「둔스 스코투스의 범주론과 의미론」은 물론, 초기의 대표작인 『존재와 시간』과 『칸트와 형이상학의 문제』는 '현상학적인 봄'을 바탕으로 한 작품이었다. 특히 1927년에 출판된 『존재와 시간』은 그를 단숨에 세계적인 철학자의 반열에 올려놓았다.

하이데거가 현상학적 시각에서 보고자 한 것은 현대를 가늠하는 존재이해의 지평이었다. 우리의 시대를 정초하는 숨겨진 의미를 사유함으로써 현대 기술과학 문명을 대신할 새로운 삶의 보금자리를 열어 보이는 것이 그의 철학적 관건이었다.

비록 1933년 프라이부르크 대학 총장에 취임함으로써 한때 정치적 오점을 남기긴 했지만 그가 1976년 자신의 고향 메스키르히에 조용히 잠든 이후에도 계속 발간되고 있는 100여 권에 가까운 그의 전집은 그의 존재사유가 오늘의 우리들에게 미치고 있는 막강한 영향력을 보여준다.

인간이 갖는 감정의 본질은 무엇인가

칸트는 이미 『순수이성비판』에서 이렇게 말한다. "자유를 통해 가능한 것 모두는 실천적이다." 이론이성의 가능성에 자유가 속하는 한, 이론이성 그 자체는 이론적인 것으로서 실천적이다. 그런데 자발성으로서의 유한한 이성은 수용적 성격을 지니므로 초월적 상상력으로부터 발원한다면, 실천이성 또한 필연적으로 초월적 상상력에 근거한다. 그러나 실천이성의 근원은 비록 그 논증이 설령 정당한 논증이라 하더라도 하나의 논증을 통해 "개시"되어선 안 된다. 오히려 "실천적 자기"의 본질에 관한 해명을 통해 명확히 개현될 것을 요구한다.

순수통각의 "자아"에 관해 언급된 바에 따르면 자기의 본질은 "자기의식"에 있다. 그러나 이러한 "의식" 안에서 자기가 무엇으로 어떻게 있는가는 이미 드러나 있는 자기의 존재로부터 규정된다. '자기의 드러나 있음'은, 그것이 자기의 존재를 더불어 규정하는 한에서만, 그 본연의 무엇이다. 이제 실천적 자기가 그것의 가능근거에 관련하여 물어질 때, 우선은 이 자기를 자기로서 가능케 하는 그러한 자기의식을 한정하는 작업이 필요하다. 이 실천적 즉 도덕적 자기의식을 주목함과 더불어, 우리는 이 자기의식의 본질적 구조가 그것의 근원인 초월적 상상력을 얼마나 지시하고 있는가를 반드시 캐어물어야 한다.

도덕적 자아 즉 인간의 본래적 자기와 본질을 칸트는 인격이라고도 명명한다. 인격의 인격성의 본질은 어디에 존립하는가? 인격성 자체는 "도덕법칙에 관한 불가분적 존경심을 지닌" "도덕법칙의 이념이다." 존경심은 도덕법칙에 대한 "감수성", 즉 이 법칙을 하나의 도덕법칙으로 받아들임을 가능케 하는 것이다. 그러나 존경심이 도덕적 자기인 인격의 본질을 구성한다면, 앞서 언급된 바에 따라 존경심은 자기의식의 존재방식을 현시해야 한다. 존경심은 얼마큼이나 그러한 것인가?

존경심이 칸트의 고유한 표현대로 "감정"이라면, 과연 존경심은 자기의식의 존재방식으로 기능할 수 있는가? 유쾌함이 강조된 상태들이건 불쾌함이 강조된 상태들이건 여하튼 감정들은 감성에 속한다. 그러나 감성이 필연적으로 육체적 상태들만을 통해 규정되지는 않으므로, 촉발에 의해 규정되지 않고 오히려 "스스로에 의해 야기된" 순수한 감정의 가능성은 여전히 열려 있다. 따라서 먼저 감정 일반의 보편적 본질에 관해 물어야 한다. 이러한 본질이 해명되어야, "감정" 일반 및 순수한 감정으로서의 존경심이 자기의식의 존재방식과 같은 것을 얼마나 현시할 수 있는지가 비로소 결정될 수 있다.

이미 유쾌함과 같은 "열등한" 감정들에서 하나의 독특한 근본구조가 나타난다. 유쾌함은 어떤 것에 따른, 또한 어떤 것에 관한 유쾌함이다. 그뿐 아니라 언제나 동시에 즐거워하는 상태, 즉 인간이 자신을 즐거워하는 것으로서 경험하는, 즉 인간이 유쾌한 상태에 있는 그 존재방식이다. 그러므로 (좁은 의미에서의) 모든 감성적 감정과 비-감성적 감정에는 여하튼 이러한 분절된 구조가 들어 있다. 감정은 ……에 대해 감정을 갖는 것이며, 또한 이러한 것으로서 동시에 감정을 느끼는 자신에 대해 스스로―감정을 느끼는 것이다. 자신에 대한―감정이 그때마다 자기를 드러내주는, 즉 존재케 하는 그 양식과 방식은, 감정의 주체가 감정

프라이부르크 대학 1929년 이래 하이데거가 몸담았던 곳이다.

을 느끼는 그 대상의 성격을 통해 본질적으로 언제나 더불어 규정된다. 그런데 존경심은 감정의 이러한 본질구조에 얼마나 대응하며 또한 왜 순수한 감정인가?

칸트는 『실천이성비판』에서 존경심을 분석한다. 다음의 해석은 단지 본질적인 점만을 강조한다.

존경심 그 자체는 도덕법칙에 대한 존경심이다. 존경심은 행위들에 대한 평가에 기여하지 않으며, 또한 어떤 인륜적 행동에 뒤따라 비로소 생기지도 않는다. 즉 가령 우리가 이미 실행된 행위에 대해 태도를 취할 때 갖는 그런 양식과 방식이 아니다. 법칙에 대한 존경심은 오히려 행위의 가능성을 비로소 구성한다. ……에 대한 존경심은 법칙이 우리에게 비로소 도달하게 되는 그런 양식과 방식이다. 여기에는 다음의 사실이 동시에 깃들어 있다. 법칙에 대한 존경심의 감정은, 칸트 스스로 표현하듯, 법칙의 "근거정립"에도 기여하지 않는다. 법칙은 우리가 그것에 대해 존경심을 갖기 때문에 본연의 그 무엇인 것이 아니다. 오히려 그 반대다. 법칙에 대해 이처럼 존경하는 감정을 갖는다는 것, 그리고 이와 더불어 법칙을 드러내는 이 특정한 양식은 우리에게 법칙 그 자체가 여하튼 다가올 수 있는 그 방식이다.

감정은 ……에 대해 감정을 갖는 것이므로, 이로써 여기에서는 감정을 느끼는 자아가 자신에 대해서도 동시에 스스로 감정을 느낀다. 따라서 법칙에 대한 존경심에서는 존경심을 갖는 자아 자신도 동시에 어떤 특정한 방식에 따라 스스로 드러나야 한다.

『칸트와 형이상학의 문제』 제3장 제30절 「초월적 상상력과 실천이성」

초월적 상상력의 지평으로 실천이성을 해석하다

우리는 하이데거에 의해 철저히 왜곡된 또 하나의 칸트를 실천이성과 초월적 상상력의 관계에 관한 하이데거의 해석에서 발견한다. 하이데거는 실천이성을 초월적 상상력으로부터 발원된 것으로 규정한다. 그렇다면 실천이성도 감성적 차원에서 논의되어야 한다. 그러나 다보스 논쟁에서 카시러가 지적하듯이, 윤리적 사태에서 인식자의 유한성은 더 이상 상관적이지 않다. 오히려 자유의 문제는 절대자의 관점에서 제기된다. 따라서 칸트는 윤리적 사태에서 도식화작용을 금지한다. "(감성적으로는 전혀 제약되지 않은 원인성으로서의) 자유의 법칙의 근저에는, 또한 무제약적-선(善)의 근저에는 아무런 직관도 있을 수 없다. 그러므로 거기에 적용되기 위한 아무런 도식도 구체적으로 있을 수 없다." 오히려 도덕법을 매개하는 것은 상상력이 아니라 지성이다. 지성은 실천적 판단력을 위한 법칙으로서 도덕법의 전형(全形, Typus)만을 갖는다. 따라서 칸트에게서는 이론이성과 실천이성의 분리가 난제(難題)로 남아 있긴 하나, 실천이성을 초월적 상상력의 지평에서 해석하는 하이데거의 시도는 분명 강압적이다.

하이데거의 칸트 해석은 강압적 해석이다. 후기 하이데거는 자신의 잘못을 누누이 고백한다. 그러나 이것은 엄격히 말해 잘못의 고백이라기보다는 하이데거 스스로가 칸트 해석을 포기했다는 선언이다.

하이데거가 칸트를 해석한 근본의도는 존재와 시간의 연관을 밝혀내는 것이었다. 하이데거는 『순수이성비판』의 해석을 통해 나름대로는 자신의 의도를 관철했다. 그러나 중요한 점은 하이데거에게서 문제시되는 존재는 유한한 인간이 구성한 존재가 아니라, 그야말로 존재자를 존재자로서 드러내는 단적인 존재를 의미한다는 사실이다. 『존재와 시간』에서 현존재의 존재이해는 '피투적 기투'로 규정된다. 또한 후기 철학에서는 피투성이 '존재의 부름'으로 규정된다. 존재는 구성된 것이 아니라 오히려 인간에게 말을 건네는 것이요, 인간은 거기에 응답하는 것이다. 그러나 하이데거가 칸트에서 해석해낸 존재는 결국은 초월적 상상력에 의해 구성된 존재다. 이런 이유에서 하이데거는 초월적 상상력이 근원적 시간을 구성해낸 것이 아니라, 오히려 "근원적 시간이 초월적 상상력을 가능케 한 것"이라 다소간 극적으로 강변하기도 하나, 이는 칸트 철학의 텍스트 안에서는 설득력을 지니지 못한다.

그래서 하이데거는 궁여지책으로 '형이상학의 정초작업의 회복'이란 표제하에서 현존재의 형이상학을 언급한 것이다. 하지만 현존재와 초월적 상상력은 분명히 구별된다. 현존재가 존재에 대해 열려 있는 인간의 존재방식이라면, 초월적 상상력은 존재자의 존재를 구성함으로써 비로소 인간과 존재자를 주관과 객관이게끔 하는 근원적 능력이다. 따라서 후기 하이데거가 칸트에서의 문제는 자신이 의미하는 '존재와 시간의 연관'이 아니라, 그리스 철학 이래 논의되어 오던 존재자의 "존재자성과 시간의 연관"이었다라고 고백한 것은 참으로 용기 있는 고백이다.

하이데거가 칸트에게 시도한 대화는 고약스럽다. 하이데거는 칸트가 말하지 않은 바를 자기 나름대로 말하도록 강요한다. 그러나 이런 이유에서 우리가 하이데거의 칸트 해석을 버릴 필요는 없다. 여하튼 모든 텍스트에 대해 해석의 가능성은 열려 있다. 중요한 것은, 해석자가 자신의 해석을 통해 무엇을 말하고자 했던가를 파악하는 것이다. 하이데거는 칸트가 서 있던 사태의 실상을 현상학적으로 꿰뚫어본다. 초월적 상상력은 초월적 도식을 구성해냄으로써 인간과 존재자가 만날 수 있는 근원적 시간지평을 개시한다. 그러나 칸트는 머뭇거린다. 칸트는 로고스 중심의 철학적 전통 안에서 헤어나지 못하고, 결국 초월적 상상력을 지성의 하위 기능으로 전락시키고 만다. 이로써 칸트 철학은 자연과학에 대한 인식론으로 탈색된다.

칸트조차 형이상학의 고향을 망각해버린다. 시간적 존재자인 인간은 시간을 지평으로 존재와 공속한다. 존재와 인간의 공속의 근거는 시간이다. 존재와 시간이야말로 "사태의 실상"(Sach-verhalt)이다. 본래적 시간의 지평에서 존재의 감추어진 참다운 의미를 찾아낼 것, 그래서 존재자에게 본래의 고유한 의미를 되돌려줄 것, 이것이야말로 하이데거가 현대인에게 요청하는 간곡한 부탁이다. 참으로 존재를 사유하는 경건한 사유의 가능성을 하이데거는 열어보이고자 한다. 그동안 서구 형이상학이 난도질한 '존재와 사유의 연관'을 하이데거는 회복하고자 한다. "존재와 사유"(Sein und Denken)에서의 이 "와"(und)야말로 "이제까지의 철학과 오늘날의 사유가 사유해야 할 가치 있는 것(das Denkwürdige)"을 간직하고 있다.

그러나 전통적 형이상학은 눈앞의 존재자만을 주목할 뿐, 존재자가 존재자로서 드러나는 존재 지평을 망각한다. 존재자의 존재자성을 한손에 쥔 채 전통적 형이상학은 존재자를 지배한다. 형이상학의 역사는 존재자 지배의 역사다. 그래서 하이데거는 존재론사에 대한 현상학적 해체를 단행한다.『칸트와 형이상학의 문제』는 이러한 의도에서 쓰여진 작품이다. 이 작품은 미래의 사유를 준비한다. "이러한 칸트 해석은 '역사학적으로는' 부당하다. 그러나 확실히 이 해석은 역사적 해석이다. 즉 미래의 사유에 대한 준비에, 아니 단지 그러한 준비에만 연관되어 있다. 본질적으로 이 해석은 [칸트와는] 전혀 다른 것에 대한 역사적 지적이다."

물론 다른 이(칸트)의 언어를 빌려 자기(하이데거)의 철학을 말하는 것은 하나의 속임수다. 그런데 속임수의 진정한 의미는 아찔한 현기증이다. 숨막히는 형이상학적 지배의 역사를 청산하고자 시도된 하이데거의 현상학적 해체작업은 우리에게 아찔한 현기증을 느끼게 한다. 그러나 우리는 그러한 현기증 속에서 인간의 사유의 본래적 고향이 어디인지를 보게 된다. 존재와 시간의 연관, 존재와 사유의 연관이야말로 우리에게 잊혀졌던 고향의 모습이다. "아찔한 현기증의 극단적 위험이 있는 곳에, 사유와 물음의 진정함의 최상의 가능성도 있다. 이러한 진정함을 위한 욕구를 일깨워 생생하게 보유하는 것이 철학함의 의미다."

이선일

가톨릭대 강사 · 철학

옮긴이 이선일은 서울대학교 철학과를 졸업하고 같은 대학교 대학원에서 철학박사학위를 받았다. 지금은 가톨릭대와 세종대에서 강의를 하고 있다. 저서로는 『하이데거의 기술의 문제』, 『하이데거 『존재와 시간』』, 『하이데거 언어로의 도상』이 있다. 역서로는 한길사에서 펴낸 『칸트와 형이상학의 문제』, 『이정표』(공역)가 있으며, 그밖에 『이데올로기의 시대』, 『마르크스 레닌주의의 실천논쟁』이 있다. 논문으로는 「하이데거와 현대성 비판의 문제」, 「환경철학과 하이데거의 존재사유」, 「열려 있음의 미학: 하이데거와 장자의 비교를 중심으로」, 「하이데거의 칸트 읽기」 등 다수가 있다.

남명집

조식 지음 | 경상대 남명학연구소 옮김 | 624쪽

남명 조식 선생은 16세기 성리학이 꽃피던 시기, 형이상학적인 문제에만 몰두해 이론적인 논쟁만을 일삼는 풍조를 우려해 실천적인 학문을 역설한 영남 사림의 거두이다.

남명 선생이 남긴 저술은 크게 시문집(詩文集)과 『학기유편』(學記類編)으로 나누어볼 수 있다. 시문집은 선생이 직접 지은 시(詩)와 문(文)을 모아 편찬한 것이고, 『학기유편』은 선생이 독서하는 과정에서 학문하는 데 절실한 문구를 뽑아 기록해둔 것을 문인 정인홍(鄭仁弘)이 유별(類別)로 모아 편찬한 일종의 독서기(讀書記)이다.

『학기유편』은 선생의 글이 아니기 때문에 후대에 크게 변질되지 않았지만, 시문집은 시대 상황의 변화에 따라 본래의 모습을 잃고 내용이 변하여 다시 간행되기도 하였는데, 이는 선생에게 누가 될 만한 문구를 고침으로써 선생의 뜻을 높이자는 의도였지만 선생의 참모습을 변질시키는 결과를 낳고 말았다.

이 책은 『남명집』의 여러 판본 가운데 이른바 경진판 계통의 마지막 판본인 '을유후판'을 저본으로 하였고, 을유후판에 없는 선생의 시문은 '보유'(補遺)라는 별도의 장을 마련해 문체별로 모아놓았다. 그리고 선생이 손수 지은 시문을 수집해 번역함으로써 선생의 시문을 총정리하고, 교감본도 함께 실어 일반 독자들도 누구든지 쉽게 읽을 수 있도록 했다.

『남명집』의 출간은 일반인은 물론 연구자들이 그동안 정당한 평가를 받지 못했던 남명의 사상에 올바르게 접근할 수 있는 토대를 마련해줄 것이다.

조식(1501~72)

우리나라의 대표적 사상가이자 대학자인 남명(南冥) 조식(曺植) 선생은 경상남도 삼가현 토동 외가에서 태어났다. 자는 건중(楗仲), 본관은 창녕(昌寧)이고 남명은 호이다. 아버지는 승문원(承文院) 판교(判校)를 지낸 조언형(曺彦亨), 어머니는 인천 이씨(仁川李氏)이며 충순위(忠順衛) 이국(李菊)의 따님이다.

선생은 어린 시절을 외가에서 보내다가 7세 무렵부터 아버지의 임지를 따라다니며 백성들의 생활상을 눈여겨보게 되었다. 젊은 시절 선생은 선비의 출처(出處)에 대한 원나라 학자 허형(許衡)의 글을 읽고서 깨달은 바 있어 과거를 포기하였다. 이후 30세 때부터 김해 신어산 아래에 산해정(山海亭)이라는 정자를 짓고서 학문에만 전념했다.

45세 되던 해에 을사사화가 일어나 평소 가까웠던 인재들이 억울하게 화를 당하는 것을 보고서 선생은 더욱 세상에 뜻을 잃게 된다. 그러나 선생은 평생 한 차례도 관직에 있지는 않았으나 당대 현실에 대한 과감한 비판과 임금의 잘못된 정치에 대한 직언으로 그 명성을 조야에 떨침으로써 이후 조선시대의 대표적인 산림처사로 평가받게 되었다.

남명 선생은 명종, 선조로부터 여러 차례 부름을 받았으나 끝내 고사했고, 대신 임금 자신이 정치에 힘써 나라를 바로잡을 것을 간언하는 상소를 여러 차례 올렸다.

61세에 선생은 만년의 은거지로 지리산 아래 덕산에 산천재(山天齋)를 지어 제자를 가르치고 학문에만 전념하다가, 72세 되던 해에 그곳에서 일생을 마쳤다. 이후 광해군 때에 문정공(文貞公)의 시호가 내렸고 영의정에 추증되었다.

을묘년에 사직하는 상소문 乙卯辭職疏

선무랑(宣務郎) 단성 현감(丹城縣監)에 새로 제수된 조식(曺植)은 진실로 황공하여 머리를 조아리며 주상 전하께 소(疏)를 올립니다.

엎드려 생각하옵건대, 선왕(先王, 중종)께서는 신이 변변치 못한 사람이라는 것을 모르시고 처음에 참봉(參奉)에 제수하셨습니다. 그리고 전하께서 왕위를 이으신 뒤에, 주부(注簿)로 제수하신 것이 두 번이었는데, 지금 또 제수하여 현감으로 제수하시니 떨리고 두렵기가 언덕과 산을 짊어진 것 같습니다. 그런데도 아직까지 감히 황종(黃琮) 한 자쯤 되는 땅에 나아가서 하늘의 해와 같은 은혜에 사례 드리지 못하고 있습니다. 임금이 사람을 쓰는 것이 목수가 나무를 쓰는 것과 같습니다. 깊은 산과 커다란 못 어느 곳에 있는 것이든 재목을 버려두지 않고 그것을 가져다가 커다란 집을 짓는 일을 이룩하는 것은 훌륭한 목수가 하는 것이지 나무가 스스로 참여할 수 없는 일인 것입니다. 전하께서 사람을 쓰시는 것은 나라를 다스리시는 책임 때문입니다. 제가 걱정이 되어 견딜 수 없는 것은 이 때문이니, 감히 그 큰 은혜를 저 혼자 누릴 수 없습니다만 머뭇거리며 나아가기 어려워하는 뜻을 끝내 측석(側席) 아래 감히 말씀드리지 않을 수 없습니다.

신은 벼슬에 나아가기 어려워하는 뜻은 두 가지가 있습니다. 지금 저의 나이는 예순에 가깝고 학문은 어두우며, 문장은 과거시험(科擧試驗) 끝자리에도 뽑힐 수 없고 행실은 물 뿌리고 비질하는 일을 제대로 해내기에도 모자랍니다. 과거시험을 보기 10여 년 동안에, 세 번이나 떨어진 뒤 물러났으니, 애초부터 과거 공부를 일삼지 않은 사람은 아니었습니다. 만약 과거를 탐탁하게 여기지 않는 사람이 있다고 해도 그런 사람은 성질 급하고 마음 좁은 평범한 백성에 지나지 않을 뿐이니 큰일을 할 만한 온전한 인재는 아닙니다. 하물며 그 사람 됨됨이가 선한가 선하지 아니한가는, 과거를 보려고 하느냐 과거를 보려고 하지 않느냐 하는 데에 달려 있는 것은 아닙니다. 보잘것없는 신이 이름을 도둑질하여 집사(執事)에게 제가 훌륭한 인물이라고 잘못 판단하게 했고, 집사는 이름만 듣고서 전하께서 제가 훌륭한 인물이라고 잘못 판단하시도록 한 것입니다.

전하께서는 과연 신을 어떠한 사람이라 생각하십니까? 도(道)를 지니고 있다고 생각하십니까? 문장에 능하다고 생각하십니까? 문장에 능한 사람이라고 해서 반드시 도를 지닌 사람은 아니며, 도를 지닌 사람은 반드시 신처럼 이렇지는 않습니다. 신에 대해 다만 전하께서 아시지 못한 것일 뿐만 아니라 재상도 또한 알 수 없는 것입니다. 그 사람을 알지 못하면서 등용하여 훗날 국가의 수치가 된다면, 어찌 죄가 보잘것없는 신에게만 있겠습니까? 헛된 이름을 바쳐 몸을 파느니, 알찬 곡식을 바쳐 벼슬을 사는 것이 낫지 않겠습니까? 신이 차라리 신의 한몸을 저버릴지언정 차마 전하는 저버릴 수 없습니다. 이것이 나아가기 어려운 첫 번째 까닭입니다.

또 전하의 나라일이 이미 그릇되었고 나라의 근본이 이미 망했으며 하늘의 뜻은 이미 떠나버렸고 민심도 이미 이반되었습니다. 비유하자면, 백 년 동안 벌레가 그 속을 갉아먹어 진액이 이미 말라버린 큰 나무가 있는데, 회오리바람과 사나운 비가 어느 때에 닥쳐올지 전혀 알

남명집 위 책은 1825년경에 간행된 것으로, 선생의 시문과 『학기유편』 및 사우연원록 등이 모두 들어 있다.

지 못하는 것과 같으니, 이 지경에 이른 지가 오랩니다. 조정에 있는 사람 가운데 충성된 뜻 있는 신하와 일찍 일어나 밤늦도록 공부하는 선비가 없지는 않습니다. 하지만 이미 그 형세가 극도에 달하여 지탱할 수 없고 사방을 둘러보아도 손쓸 곳이 없다는 것을 알면서도, 낮은 벼슬아치는 아래에서 히히덕거리며 주색만을 즐기고, 높은 벼슬아치는 위에서 어름어름하면서 오로지 재물만을 늘리며, 물고기의 배가 썩어들어가는 것 같은데도 그것을 바로잡으려고 하지 않습니다.

게다가 궁궐 안의 신하는 후원하는 세력 심기를 용이 못에서 끌어들이는 듯하고 궁궐 밖의 신하는 백성 벗기기를 이리가 들판에서 날뛰듯 합니다. 그들은 가죽이 다 해어지면 털도 붙어 있을 데가 없다는 것을 알지 못합니다.

신은 이 때문에 은근히 걱정하고 깊게 생각하면서 낮에는 하늘을 우러러보며 탄식한 것이 여러 차례이고, 크게 한탄하면서 아픈 마음을 억제하며 밤에 천장을 쳐다본 지가 오래되었습니다.

자전(慈殿)께서 생각이 깊으시기는 하나 깊숙한 궁중의 한 과부에 지나지 않고, 전하께서는 어리시어 다만 선왕의 한 외로운 아드님이실 뿐이니, 천 가지 백 가지의 천재(天災)와 억만 갈래의 민심(民心)을 어떻게 감당해내며 무엇으로 수습하시겠습니까? 냇물이 마르고 곡식이 비처럼 내리니, 그 조짐이 무엇이겠습니까? 노랫가락이 구슬프고 입는 옷이 흰색이니, 나라가 어지러울 형상이 이미 나타났습니다.

『남명집』, 본집(本集)「소」(疏)

세상을 바로잡는 경(敬)과 의(義)에 대한 깊은 성찰

선생의 성리사상은 한마디로 수양론에 치중해 있다. 선생은 성리(性理)에 관한 구구한 이론을 전개하기보다는 자신의 심성을 어떻게 하면 잘 수양해 덕성을 함양하느냐가 더 중요하다고 생각했다. 그래서 선생은 물론 제자들에 이르기까지 자신의 견해를 피력한 성리설이 거의 없다. 선생은 만년에「신명사도」(神明舍圖)를 그려 심성수양의 요점을 도식화했는데, 그 핵심이 경(敬)을 통한 내적 존양(存養), 의(義)를 척도로 하는 외적 성찰(省察), 그리고 사욕(私慾)이 일어나는 것을 삼엄한 기상으로 살펴 사욕이 생기면 즉석에서 물리치는 극치(克治), 이렇게 3단계 수양론으로 되어 있다. 이런 수양 과정을 거쳐 극기복례(克己復禮)·한사존성(閑邪存誠)의 지어지선(止於至善)의 경지에 도달하는 것이 선생의 목표였고, 이것이 바로 선생의 성리사상이다.

선생은 젊은 사람들이『소학』(小學)의 쇄소응대진퇴지절(灑掃應對進退之節)도 모르면서 함부로 천리(天理)를 말한다고 당시의 학풍을 여러 곳에서 지적하고 있다. 이는 격물궁리(格物窮理)가 실제 일의 옳고그름을 판단하는 의리의 강명(講明)에 있지 않고, 이치(理致) 그 자체의 문제에 매달려 시시비비하는 풍조를 못마땅하게 여긴 것이다. 결국 성리학이 이론적 탐구에 몰두해 사변화되기보다는 본연의 수양에 치중해 올바른 인격을 완성해나가는 것이 더 중요하다고 본 것이다. 이 점은 조선조 학술사에서 성리학이 개화(開花)하는 시기에 나타난 하나의 학맥(學脈)으로 그 위치가 다시 조명되어야 한다.

선생의 성리사상은 한마디로 수양론에 치중해 있다. 선생은 성리(性理)에 관한 구구한 이론을 전재하기보다는 자신의 심성을 어떻게 하면 잘 수양해 덕성을 함양하느냐가 더 중요하다고 생각했다. 그래서 선생은 물론 제자들에 이르기까지 자신의 견해를 피력한 성리설이 거의 없다. 선생은 만년에「신명사도」(神明舍圖)를 그려 심성수양의 요점을 도식화하였는데, 그 핵심이 경(敬)을 통한 내적 존양(存養), 의(義)를 척도로 하는 외적 성찰(省察), 그리고 사욕(私慾)이 일어나는 것을 삼엄한 기상으로 살펴〔審幾〕사욕이 생기면 즉석에서 물리치는 극치(克治), 이렇게 3단계 수양론으로 되어 있다. 이런 수양 과정을 거쳐 극기복례(克己復禮)·한사존성(閑邪存誠)의 지어지선(止於至善)의 경지에 도달하는 것이 선생의 평생 목표였고, 이것이 바로 선생의 성리사상이다.

선생은 훈구 세력과 사림이 대립해 여러 차례 사화(士禍)가 발생한 어려운 시기를 살면서, 출처(出處)의 대절(大節)을 드러내 후인들의 본보기가 되었다. 또한 16세기 성리학이 한창 꽃을 피우던 시기에 형이상학적인 문제에만 몰두해 이론적인 탐구만 일삼는 풍조를 반대하고, '아래로 인사(人事)를 먼저 배우고, 그 다음 위로 천리에 통달해야 한다'〔下學人事 上達天理〕는 논리를 펴, 일상생활의 쉽고 가까운 것부터 차례차례 배워 올라가야 한다는 실천적 학문을 역설하였다. 선생은 이런 정신에 입각해『소학』(小學)과 사서(四書)를 매우 중시했다. 또한 선생은 독서할 때 장구(章句)의 해석에 연연하지 않고, 글의 뜻을 깊이 완미해 자득하는 데 목표를 두었으며, 일상에 긴요한 말이 있으면 세 번 반복한 뒤에 기록해두었는데, 그것이『학기』

(學記)다. 이러한 선생의 학문자세를 제자 정인홍(鄭仁弘)은 '염번취간 반궁조약'(斂繁就簡 反躬造約)이라고 했다. 이런 학문정신을 가졌기에 선생은 강론(講論)·변석(辨釋)이나 하는 것을 좋아하지 않고, 현실에 쓸모가 있고 실천하는 것을 급선무로 삼았다.

이상으로 선생의 생애와 학문을 개괄적으로 살펴보았는데, 선생의 학문적 특성은 뭐니뭐니해도 경(敬)과 의(義)로 대표된다. 물론 이 경·의는 송대 학자들이 앞서 말한 것이고, 특히 경은 우리 나라 성리학자들이 한결같이 중시한 것이다. 따라서 선생만의 특이한 학설은 아니다. 문제는 선생이 경과 아울러 의를 상징적으로 드러냈다는 것인데, 이 점은 선생의 성리사상이 수양론에 치중해 있다는 데서 그 실마리를 찾을 수 있다. 선생은 내적 존심양성(存心養性)의 바탕으로 경을 내세우고, 마음이 움직였을 때 외적 성찰(省察)의 기준으로 의를 내세웠다. 대체로 성리학자들은 의를 경 속에 포함시켜 보다 근원적인 경만을 내세웠는데, 선생은 이 둘을 해와 달에 비유하여 안으로 마음을 밝히는 것과 밖으로 일을 처리하는 두 단계로 나누어보았다. 즉 정시(靜時)와 동시(動時)의 수양을 나누어, 외적 수양을 내적 수양과 동등하게 보고 있다. 이 점은 경의검(敬義劍)에 '마음을 밝히는 것은 경(敬)이고, 밖의 일을 처단하는 것은 의(義)다'[內明者敬 外斷者義]라는 문구를 새긴 데서도 알 수 있다. 이처럼 의를 경에 포함시키지 않고 따로 드러내 두 축으로 내세운 것은 내적 존양과 마찬가지로 외적 성찰을 중시한 것인데, 이 성찰을 단순히 의리를 강명하는 궁리(窮理)의 일로만 보지 않고 범위를 넓혀 보면 마음이 발동해 응사접물(應事接物)하는 모든 외적인 일을 다 포함시킬 수 있다. 그렇게 보면 이 성찰 속에는 심기(審

幾)·극치(克治)하는 극기(克己)의 일이 저절로 뒤따라 이어진다고 할 수 있다. 이 점이 선생의 학문을 더욱 실천적인 방향으로 나아가게 한 논리적 근거다. 자신의 심성을 수양할 때 의를 척도로 하는 성찰은, 현실 사회의 일을 성찰하는 쪽으로 외연이 확대되면 의(義)와 불의(不義)를 냉철히 살피게 되고 불의를 용납하지 않는 사회적 비판정신이 저절로 생기게 된다.

최석기

경상대 교수·한문학

옮긴이

허권수(許捲洙): 1952년 경남 함안 출생. 경상대학교 국어교육과 졸업. 성균관대학교 대학원 졸업. 문학박사. 현재 경상대학교 한문학과 교수. 이 책 본집의 시(詩) 및 보유의 시·명(銘)을 번역했다.

최석기(崔錫起): 1954년 강원 원주 출생. 성균관대학교 한문교육과 졸업. 성균관대학교 대학원 졸업. 문학박사. 현재 경상대학교 한문학과 교수. 이 책 본집 및 보유의 서(書)를 번역했다.

윤호진(尹浩鎭): 1957년 경기 남양주 출생. 국민대학교 한문학과 졸업. 성균관대학교 대학원 졸업. 문학박사. 현재 경상대학교 한문학과 교수. 이 책 본집의 소(疏)·논(論) 및 보유의 기(記)·소·묘지(墓誌)를 번역했다.

장원철(張源哲): 1959년 경기 수원 출생. 고려대학교 국문학과 졸업. 고려대학교 대학원 수료. 현재 경상대학교 한문학과 교수. 이 책 본집 및 보유의 잡저(雜著)를 번역했다.

황의열(黃義洌): 1954년 전북 전주 출생. 전북대학교 농업경제학과 졸업. 성균관대학교 대학원 졸업. 문학박사. 현재 경상대학교 한문학과 교수. 이 책 본집의 묘지를 번역했다.

이상필(李相弼): 1955년 경북 성주 출생. 영남대학교 국문학과 졸업. 고려대학교 대학원 졸업. 문학박사. 현재 경상대학교 한문학과 교수. 이 책 본집의 부(賦)·명(銘)·기(記)·발(跋)을 번역했다.

원문 교감자

김윤수(金侖壽): 1959년 경남 함양 출생. 동국대학교 교육대학원 수료. 민족문화추진위원회 전문위원 역임.

낭만적 거짓과 소설적 진실

르네 지라르 지음 | 김치수·송의경 옮김 | 624쪽
2002 대한민국학술원 우수학술도서

르네 지라르의 『낭만적 거짓과 소설적 진실』은 오늘날 우리의 욕망 체계를 소설 주인공의 욕망 체계에서 발견하여 우리가 살고 있는 사회의 특성을 제시한 탁월한 작품이다.

지라르의 관심은 소설 속의 인물들이 어떻게 욕망하는가 하는 인간 욕망의 구조를 밝혀내는 데에서 출발한다. 세르반테스의 『돈키호테』부터 스탕달의 『적과 흑』, 플로베르의 『보바리 부인』, 프루스트의 『잃어버린 시간을 찾아서』, 그리고 도스토예프스키의 「영원한 남편」을 비롯한 여러 소설들에서 그는 이 소설 속의 인물들이 대상을 직접 욕망하는 것이 아니라 어떤 중개자의 암시를 통해서 욕망한다는 사실을 밝혀낸다.

우리는 어떤 대상을 자발적으로 욕망한다고 믿고 있지만, 그것은 '낭만적 거짓'에 불과하다. 사실은 우리가 욕망의 주체와 대상 그리고 중개자를 세 꼭지점으로 하는 삼각형의 욕망구조에 편입되어 있으며, 이것이 소설의 주인공들을 통해 드러나는 '소설적 진실'이다. 중개자는 『돈키호테』의 경우처럼 전설적인 가공의 인물이어서 주인공에게서 멀리 떨어져 있을 수도 있고, 『적과 흑』 또는 「영원한 남편」의 경우처럼 자기와 처지가 비슷한 아주 가까운 사이일 수도 있다.

지라르에 따르면 삼각형의 욕망이란 거의 우리 모두가 앓고 있는 형이상학적 질환에 속한다. 이 병이 무서운 이유는 암처럼 자각증세가 없기 때문이다. 정확한 진단이 선행되지 않는다면 우리가 형이상학적 질환에서 치유될 수 있는 희망은 없어 보인다. 지라르가 낭만적 거짓을 폭로하고 삼각형의 욕망이라는 소설적 진실을 드러내려는 이유가 바로 여기에 있다.

르네 지라르(1923~)

문학평론가이자 사회인류학자인 르네 지라르는 1923년 남프랑스 아비뇽에서 태어나 1947년 파리 고문서학교를 졸업하고, 미국 인디애나 대학에서 역사학을 전공했다.

인디애나 대학 프랑스어 강사를 시작으로 듀크 대학, 존스 홉킨스 대학, 뉴욕 주립대학, 스탠퍼드 대학 등에서 정교수·석좌교수 등을 지내며 프랑스의 역사·문화·문학·사상에 관한 강의를 하였다. 1961년에는 존스 홉킨스 대학에서 '비평언어와 인문학'에 관한 국제 심포지엄을 개최하였는데, 여기에는 바르트·데리다·골드만·이폴리트·라캉·풀레·토도로프·베르낭 등 많은 학자들이 참가했다.

지라르의 관심은 소설 속의 인물들이 어떻게 욕망하는가 하는 인간 욕망의 구조를 밝혀내는 데에서 출발한다. 그것이 그의 첫 저서인 『낭만적 거짓과 소설적 진실』(1961)에서 다루고 있는 내용이다.

인간의 욕망과 구조를 밝혀내려는 작업의 결실인 『폭력과 성스러움』(*La violence et le sacré*, 1972)은 1973년 프랑스 아카데미상을 받았다. 그밖에도 그는 『지하실의 비평』(*Critique dans un souterrain*, 1976), 『세상이 만들어질 때부터 숨겨져온 것』(*Des choses cachées depuis la fondation du monde*, 1978, 공저), 『이중규제』(*To Double Business Bound: Essays on Literature, Mimesis and Anthropology*, 1978), 『희생양』(*Le Bouc émissaire*, 1982), 『옛 사람들이 걸어간 사악한 길』(*La Route antique des hommes pervers*, 1985), 『나는 번개처럼 빠르게 떨어지는 사탄을 보았노라』(*Je vois Satan tomber comme l'eclair*, 1999) 등 많은 작품을 발표했다.

낭만적 비평은 언제나 본질적인 것을 거부한다

소설의 결말은 모두가 전향이다. 이것은 아무도 의심할 수 없는 사실이다. 그런데 여기서 더 나아갈 수 있을까? 이러한 전향들이 모두 같은 의미를 지닌다고 주장할 수 있을까? 결말들은 애초부터 기본적인 두 범주로 구분될 수 있는 것으로 보인다. 다른 사람들과 합류하는 주인공을 보여주는 결말과, 고독을 쟁취하는 '군집성' 주인공을 보여주는 결말이라는 두 범주이다. 도스토예프스키의 소설들은 첫번째 범주에 속하고, 스탕달의 소설들은 두번째 범주에 속한다. 라스콜리니코프는 고독을 거부하고 타인들을 포용하는 반면, 쥘리앵 소렐은 타인들을 거부하고 고독을 선택한다.

이 대립은 극복할 수 없는 것처럼 보인다. 하지만 그렇지 않다. 만일 전향이 우리가 찾아낸 의미를 지닌다면, 또한 그것이 삼각형의 욕망에 종지부를 찍는다면, 그 결과는 절대고독이라는 용어로도 또 세계로의 회귀라는 용어로도 표현될 수 없다. 형이상학적 욕망은 타인과의 어떤 관계 그리고 자신과의 어떤 관계를 맺게 만든다. 진정한 전향은 타인과 그리고 자기 자신과의 새로운 관계를 발생시킨다. 고독과 군집성, 참여와 비참여 사이의 기계적인 대립을 제시하는 것은 낭만적 사고이다.

스탕달과 도스토예프스키의 결말을 좀더 자세히 관찰하면 언제나 진정한 전향의 두 가지 양상이 나타나지만, 그 두 가지가 똑같이 전개되지 않는다는 사실을 확인할 수 있다. 스탕달은 주관적인 면을 더 강조하는 반면, 도스토예프스키는 상호주관적인 면을 더 강조한다. 소홀히 다루어진 면도 전혀 사라진 것이 아니다. 쥘리앵은 고독을 획득하지만 고립을 이겨낸다.

그가 레날 부인과 누렸던 행복은 타인들과 맺은 관계에서 일어난 근본적인 변화의 훌륭한 표현이다. 재판이 시작될 무렵 주인공이 사람들에게 둘러싸였을 때, 그는 자기가 타인들에 대한 예전의 증오심을 더 이상 느끼지 않음을 깨닫고 놀란다. 그는 타인들이 과연 자기가 생각했던 것처럼 나쁜 사람들일까 의아해한다. 더 이상 그들을 매혹하거나 지배할 욕망이 사라진 쥘리앵은 더 이상 그들을 증오하지도 않는다.

반대로 라스콜리니코프는 결말에서 고립을 이겨내지만 그도 역시 고독을 쟁취한다. 그는 복음서를 읽게 되고, 오래 전부터 맛보지 못하던 평화를 느낀다. 고독과 인간교류는 상호관련해서만 존재한다. 그 둘을 분리하면 낭만적 추상화에 빠질 위험이 있다.

소설의 결말들간의 차이는 본질적인 것이 아니다. 대립보다는 강조의 이동이 더 중요하다. 형이상학적 질환이 치유되는 다양한 양상들간에 부재하는 균형은 소설가가 자신의 낭만주의에서 완전히 자유롭지 못하다는 사실을 드러낸다. 그는 도식들에 사로잡혀서 도식들이 정당화의 구실을 한다는 사실을 알지 못한다. 도스토예프스키의 결말에 사회참상 묘사주의가 전혀 없지는 않다. 스탕달의 결말에서는 들레클뤼즈(Delécluze) 살롱에서 기세가 등등하던 부르주아 낭만주의의 몇 가지 흔적들을 찾아볼 수 있다. 이러한 차이점들을 강조하면 소설 결말들의 통일성을 놓쳐버리기 쉽다. 다름아닌 바로 그것이 비평가들이 바라는 것인데, 통일성이란 그들의 언어로 진부함이며 진부함은 최악의 저주인 까닭이다. 만약 비평가들이 이 결

「카라마조프 가의 형제들」 러시아 현대화가가 그린 그림으로 대심문관 장면이다.

말을 완전히 거부하지 않을 경우, 그들은 이 결말이 독창적임을, 즉 소설의 다른 결말들과 모순된다는 사실을 입증하려 애쓴다. 그들은 언제나 소설가를 자신들의 낭만적 기원으로 환원시킨다. 그들은 작품에 봉사한다고 믿는다. 교양 있는 대중의 취향인 낭만적 취향의 수준에서 본다면, 그들은 틀림없이 작품에 봉사하고 있다. 좀더 파고들어가본다면 그들은 작품에 해를 끼치고 있다. 그들이 작품 내부의 소설적 진실과 모순되는 것을 칭찬하기 때문이다.

낭만적 비평은 언제나 본질적인 것을 거부한다. 즉 형이상학적 욕망을 초월하여 죽음 너머로 빛을 내뿜는 소설의 진실로 향해 가기를 거부한다. 주인공은 진실에 도달하면서 죽는다. 그리고 자신을 창조한 작가에게 자신의 선견지명을 유산으로 남긴다. 소설의 주인공이라는 칭호는 비극적인 결말에서 형이상학적 욕망을 이겨내고, 그리하여 소설을 쓸 수 있게 된 인물에게 부여되어야 한다. 주인공과 그의 창조자는 소설이 진행되는 동안 내내 분리되어 있다가 결말에서 서로 합쳐진다. 죽어가면서 주인공은 잃어버린 자신의 삶을 돌이켜본다. 그는 그 삶을 시련과 병마와 추방을 클레브 부인에게 지니게 해준, 그리하여 이 여류소설가3)의 관점과 동일해진 '더욱 폭넓고 객관적인 시선'으로 바라본다. 이러한 '더욱 폭넓고 객관적인 시선'은 마르셀 프루스트가 『되찾은 시간』에서 말하고 있는 '망원경'(télescope)과 크게 다르지 않으며, 스탕달의 주인공이 감옥 안에서 도달하는 탁월한 태도와도 다르지 않다. 멀어짐과 상승의 모든 이미지들은 더욱 초연해진 새로운 견해, 즉 창조자 자신의 견해를 표명한다.

『낭만적 거짓과 소설적 진실』 제12장 「결말」

삼각형의 욕망으로 투영되는 현대인의 욕망

이 책에서 맨 먼저 분석의 대상이 되는 것은 세르반테스의 『돈키호테』이다. 그가 이 소설의 분석에서 얻어낸 결론은 『돈키호테』의 주인공들의 욕망은 간접화한 욕망(désir médiatisé)이라는 것이다. 다시 말하면 한 개인이 무엇을 욕망한다는 것은 그 개인이 지금의 자기 자신으로 만족하지 못해 자기 자신을 초월하고자 하는 것인데, 이때 초월은 자기가 욕망하게 되는 대상을 소유함으로써 가능하다는 것이다. 이것을 도표로 그려보면 개인에 해당하는 주체가 밑에 있고 대상이 그 수직선상에 놓이게 된다.

이러한 관계를 『돈키호테』에서 살펴보면 주인공 돈키호테는 이상적인 방랑의 기사가 되고자 한다. 여기에서 돈키호테는 주체가 되고 이상적인 방랑의 기사는 대상이 된다. 그러나 돈키호테는 그 이상적인 방랑의 기사가 되기 위하여 아마디스라는 전설의 기사를 모방하고 있다. 다시 말하면 돈키호테는 직접 이상적인 기사도에 도달하고자 하는 것이 아니라 아마디스를 모방함으로써 거기에 도달하고자 한다.

따라서 이상적인 기사도에 도달하고자 하는 돈키호테의 욕망은 아마디스라는 중개자(médiateur)에 의해 간접화되고 있으며, 주체와 대상 사이에는 간접화 현상(médiation)이 일어난다. 즉 주체의 욕망이 수직적으로 상승하는 것이 아니라 비스듬히 상승하여 중개자를 거쳐 대상에 이르게 된다는 것이다.

이러한 욕망의 간접화 현상은 기독교에서도 발견할 수 있는 구조이다. 어느 기독교인이 진정한 기독교인이 되어 구원받기를 원한다면 그는 곧 예수라는 중개자를 모방하면 된다. 이때 기독교인과 예수와 진정한 기독교인은 삼각형의 세 꼭지점을 형성하게 된다. 다시 말하면 욕망하는 주체와 욕망의 대상과 그 욕망의 중개자가 삼각형의 구조를 갖게 되고, 이처럼 간접화한 욕망을 '삼각형의 욕망'(désir triangulaire)이라고 부른다.

지라르는 현대인의 욕망은 이처럼 삼각형의 구조로 되어 있다고 보면서 소설의 주인공이 지니고 있는 욕망의 왜곡되고 비진정한 속성을 분석하고 있다. 이로써 시장경제체제 사회 속에서 개인은 그 욕망마저 자연발생적인 것이 아니라 중개자에 의해 암시된 욕망을 소유하게 되었음을 제시한 셈이 되었으며, 그렇게 함으로써 주인공의 욕망의 구조와 주인공을 태어나게 한 사회의 경제구조 사이에 구조적인 동질성을 발견하게 하는 데 크게 기여한다.

지라르는 따라서 돈키호테의 욕망이 돈키호테 내면에서 자연발생적으로 생긴 것이 아니라 아마디스라는 중개자에 의해 암시됨으로써 생긴 것이라고 말한다. 그러한 점에서 종래의 돈키호테를 이상주의자로, 산초 판사를 현실주의자로 규정한 것은 부분적으로는 진실이지만 전체적으로는 진실이 아니다. 예전에는 산초 판사의 욕망(작은 섬 하나를 소유하는 것, 딸에게 공작부인의 칭호를 갖게 하는 것)이 실현 가능성이 있다는 점에서 그를 현실주의자로 보았다. 그러나 지라르는 산초 판사의 바로 그 두 가지 욕망이 그의 내부에서 자연발생적으로 생긴 욕망이 아니라 그의 주인인 돈키호테에게서 암시받은 욕망이라고 지적한다. 그것은 돈키호테가 산초 판사의 욕망의 중개자라는 것을 의미한다. 지라르는 이처럼 하나의 작품이 여러 개의 삼각형으로 구성되어 있다는 점에 주목하고 있다. 그가 분석하고 있는 스탕달의 『적과 흑』, 플로베르의 『보바리 부인』, 프루스트의 『잃어버린 시간을 찾아서』도 주인공들의 욕망이 여러 개의 삼각형으로 이루어져 있다는 것을 밝히고 있다.

지라르는 모든 삼각형의 욕망이 동일한 관계에 의해 형성된 것이 아니라 좀더 복합적인 관계에 의해 형성된 것이라는 점에 주목함으로써, 자신의 이론을 더욱 복합적이고 풍요롭게 만들고 있다. 그에 따르면 삼각형의 구조에서 주체와 중개자 사이의 거리는 고정된 것이 아니라 경우에 따라 달라지기 때문에 분석에서 가장 먼저 고려해야 하는 것은 그 둘 사이의 거리이다.

다시 말하면 『돈키호테』에서 주체 돈키호테와 중개자 아마디스는 동일한 세계에 있지 않다. 즉 아마디스는 전설적인 가공의 인물이어서 돈키호테와 만날 수 없는 인물이다. 이때 주체와 중개자의 거리는 극복될 수 없을 만큼 떨어져 있다. 그런 관점에서 주체로서의 산초 판사와 중개자로서의 돈키호테 사이의 거리는 함께 다니고 있기 때문에 동일한 공간에 있는 것이라고 생각하기 쉽다. 하지만 이때의 거리를 물리적인 거리로 생각해서는 안 된다. 돈키호테는 주인이고 산초 판사는 시종이기 때문에, 둘이 함께 다닌다고 해서 그 둘 사이의 거리가 극복되는 것은 아니기 때문이다.

산초 판사는 단 한 번도 자신이 돈키호테라는 주인의 자리를 꿈꾸어본 적이 없고 주인과 경쟁해보고자 한 적이 없다. 그것은 두 인물이 동일한 공간에 살고 있으면서도 엄연하게 구분되는 정신적 거리를 유지하고 있다는 것을 뜻한다. 반면에 스탕달의 『적과 흑』에서 마틸드가 쥘리앵을 소유하고자 하는 것은 그의 경쟁자인 페르바크 원수부인과의 경쟁관계에서 비롯되고 있다. 이처럼 주체인 마틸드와 중개자인 페르바크 원수부인이 동일한 공간 안에서 대상인 쥘리앵을 욕망하는 데 서로 경쟁관계에 있다는 것은 욕망의 간접화가 훨씬 더 비극적이라는 것을 의미한다. 르네 지라르는 전자를 외적 간접화라 하고 후자를 내적 간접화라고 하며 전자의 범주에 플로베르의 『보바리 부인』을 분류하고 후자의 범주에 프루스트의 『잃어버린 시간을 찾아서』를 분류한다. 그는 현대인의 욕망이 주체와 중개자의 거리가 가까워짐으로써 주체와 대상을 구분할 수 없게 된 점에서 훨씬 더 비극적이라고 결론짓고 있다.

김치수
이화여대 명예교수·문학평론가

옮긴이 김치수는 서울대학교 문리대 불문과를 졸업한 뒤 같은 학교 대학원 불문과에서 석사학위를, 프랑스 프로방스 대학에서 「소설의 구조」로 박사학위를 받았다. 현재 이화여자대학교 명예교수로 있으며, 문학평론가로 활동 중이다. 저서로는 『문학의 목소리』, 『삶의 허상과 소설의 진실』, 『공감의 비평을 위하여』, 『문학과 비평의 구조』, 『박경리와 이청준』, 『문학사회학을 위하여』, 『한국소설의 공간』, 『현대 한국소설의 이론』, 등의 평론집과 『누보 로망 연구』, 『표현인문학』, 『현대 기호학의 발전』, 등의 학술서가 있다. 그리고 편저서 『구조주의와 문학비평』과 역서로 한길사에서 펴낸 지라르의 『낭만적 거짓과 소설적 진실』을 비롯하여, 『기원의 소설 소설의 기원』, 『새로운 소설을 찾아서』, 『누보 로망을 위하여』 등이 있다

옮긴이 송의경은 서울대학교 인문대학 불문과를 졸업하고, 이화여자대학교 대학원 불문과에서 석사, 박사학위를 받았다. 현재 이화여대, 덕성여대 등에서 강의를 하고 있다. 역서로 한길사에서 펴낸 지라르의 『낭만적 거짓과 소설적 진실』을 비롯하여, 키냐르의 『은밀한 생』, 『떠도는 그림자들』, 『로마의 테라스』, 『혀끝에서 맴도는 이름』, 『섹스와 공포』와 카미유 로랑스의 『사랑 소설같은 이야기』, 마에바 푸파르의 『달을 따는 이야기』, 마리 나미에의 『슬픈 아이의 딸』 등이 있다. 논문으로 「미셀 투르니에의 다시 쓰기」 등이 있다.

한비자 1 · 2

한비 지음 | 이운구 옮김 | 528쪽(1권) · 442쪽(2권)
한국간행물윤리위원회 추천도서
2007 서울대학교 추천도서

▷ 역자의 다른 번역 작품
『순자 1, 2』(GB 79, 80)

한비는 스승인 순자의 유물론적 세계관을 토대로 하여 인간을 본질적으로 이(利) 지향적인 동물로 파악하고 있다. 사람과 사람 사이는 이해가 서로 엇갈려 모순 대립한다. 그것은 결코 사랑과 미움 때문에 일어나는 반목이 아니다. 어디까지나 공리적인 치밀한 계산에 의하여 전개되는 일종의 투쟁상태이다. 여기서 그는 시시비비, 선과 악이라는 도덕적 가치 평가를 일체 배제하고 진위의 사실인식만을 문제삼았다.

한비의 철학체계는 한마디로 통치공학적 논리라고 말할 수 있다. 그는 이해관계의 상호모순에 대한 인식을 가지고 특히 신하를 통제 관리할 때 군주가 취할 기본자세를 밝혔다. 군주는 추호도 신하를 은애하는 마음을 길러서는 안 되며 끝까지 위엄을 보여야 된다고 강조하였다. 이는 한비가 인간의 애정이나 의리 자체를 경솔하게 부정하려는 것이 결코 아니다. 현실적으로 사랑보다는 힘(권력)의 논리가, 다시 말해서 '의'(義)보다는 '이'(利)가 앞선다는 생각이다.

한비는 전국기의 냉엄한 국제정세 하에서 다른 나라에 침략당하지 않으려면 무엇보다도 먼저 부국강병해야만 한다고 주장했다. 그러기 위해서는 군주가 강력한 통치권력을 직접 관장해야 한다. 힘에 의존하는 것을 마다하고 덕(德)을 베풀어 민(民)을 감화시키려는 발상은 하나의 환상에 지나지 않는다. 빈틈없는 권력체계를 정비하는 길만이 통치의 요체다. 한비는 체계적인 통치공학의 방법을 법(法)·술(術)·세(勢)로 설명했다. 그는 법가 이론의 선구 정치사상가인 상앙의 '법'과 신불해의 '술'과 신도의 '세' 논리를 계승하여 수정을 가하고 새로운 체계로 집대성했다.

한비(?~기원전 233)

한비(韓非)는 오늘날 우리가 중국 고대의 법가(法家) 사상을 담은 대표적인 고전이라고 부르는 『한비자』(韓非子)의 저자인데 그의 생애는 분명하게 알려져 있지 않다. 다만 사마천(司馬遷)이 쓴 『사기』(史記) 「노자한비열전」(老子韓非列傳)의 기록에 따르면, 그는 고대중국 전국시대 말기 한(韓)나라의 여러 공자 가운데 한 사람이며 일찍이 형명(刑名)과 법술(法術)을 익혀 중앙집권적 봉건전제정치 체제를 적극적으로 창도한 법가 이론의 집대성자이다.

"과거의 낡은 관행을 청산하고 현실이 요구하는 새 대책을 세운다." 그는 이러한 정치슬로건을 내걸고 신흥지주 계층의 변법운동에 이론적 근거를 제시했다. 그러나 한나라 권력구조 자체의 모순 때문에 그의 노력은 실패하고 말았다. 변법과 반변법의 격동 속에서 한비는 정치·경제·사회 등 모든 현실이 내포하고 있는 제모순들을 너무나 절실하게 감지할 수 있었다.

한비의 생애는 참으로 비극적이었다. 한비는 선행 법가가 직접 체험한 역사적 교훈을 살려 끊임없이 한왕(韓王) 안(安)에게 '법·술·세'에 대한 의견을 진언했으나 받아들여지지 않았다. 오히려 그 이론을 채택하여 정책에 실제로 활용한 사람은 진왕(秦王) 정(政)이다. 그는 한비의 저술을 읽고 크게 감탄했다고 한다.

진왕이 이사(李斯, ?~기원전 208)가 세운 계략대로 한나라를 공격하자 한왕은 당황하여 한비를 진에 사자로 보내어 화해를 요청했다. 진왕은 한비를 만나보고 그에게 호감을 가졌는데 순자 문하에서 한비와 함께 수학했던 동창생 이사의 질투로 인한 음모에 걸려 그는 투옥당하였다가 끝내 음독 자살하고 말았다.

강한 나라를 만드는 군주의 법도는 무엇인가

● 군주의 과실은 이미 신하에게 일을 맡겼으면서도 반드시 역으로 그 일을 맡지 않은 자에게 감시시키는 데 있다. 이 논리로 말하자면 반드시 그 일을 맡은 자와 적대관계가 된다. 그리고 군주는 반대로 그 일을 맡지 않은 자에게 견제당한다. 지금 함께 남을 감시하는 자가 먼젓번에 또한 감시당했기 때문이다. 군주가 법을 분명하게 밝혀 중신들의 위세를 견제하지 못하면 서민들의 신뢰를 얻어낼 길이 없다. 군주가 법을 버려두고 신하로 하여금 신하를 감시하게 한다면 친한 자 사이는 한통속이 되어 서로 칭찬하고 미워하는 자끼리 작당하여 서로 헐뜯는다. 이처럼 비방과 칭찬이 서로 다투어 일어나면 군주는 혼란에 빠질 것이다.

신하란 자는 평판을 좋게 받는가 은밀히 청탁을 하지 않고서는 나아가 일할 수 없고 법을 어겨 제멋대로 하지 않고서는 위세를 부릴 수 없으며 성실과 신의를 위장하지 않고서는 금제로부터 면할 수 없다. 이 세 가지가 군주를 혼란시키고 법을 무너뜨리는 근본이다. 군주는 신하가 비록 지혜와 능력을 갖추었더라도 법을 어겨 가며 처신할 수 없게 하고 비록 뛰어난 행동을 하더라도 실제 공적을 넘어서 상줄 수 없게 하며 비록 성실하고 신의가 있더라도 법을 버려두고 금제를 풀 수 없게 하여야 할 것이다. 이렇게 하는 것이 법을 분명히 밝힌다고 하는 것이다.

● 군주는 사업에 유혹당할 수 있고 언론에 귀가 가려질 수 있다. 이 두 가지를 살펴서 조심하지 않을 수 없다. 신하들 중에 사업을 쉽사리 말하는 자는 적게 비용을 견적내어 근사한 사업인 양 군주를 속이며 군주는 유혹되어 알아차리지 못하고 그대로 칭찬을 하지만 그렇게 되면 신하가 도리어 군주를 제압하게 된다. 이와 같은 것을 가리켜 사업에 유혹당한다고 말한다. 사업에 유혹당하는 자는 그 화로 고통받는다. 한편 진언할 때의 견적은 적었는데 실제로 일한 비용이 많아졌다면 비록 공이 있다 하더라도 그 진언한 말이 신용 없는 것이 된다. 진언한 말에 신용이 없는 자는 벌받고 사업에 공이 있는 자는 반드시 상을 받게 된다면 여러 신하들이 감히 말을 꾸며 군주의 눈을 흐리게 할 수 없을 것이다. 군주가 취할 길이란 신하에 대하여 앞서 말한 것이 그 뒤에 이룬 사업과 일치하지 않거나 뒤에 하는 말이 그 앞서서 이룬 사업과 일치하지 않을 경우 비록 그 사업에 성과가 있다 하더라도 반드시 죄를 물어야 한다. 이를 가리켜 아랫사람에게 일을 잘 맡긴다고 하는 것이다.

● 신하가 군주를 위하여 일을 계획하면서 비난이 두려우면 해명할 말을 미리 만들어 내어 말하기를 '이 일을 비판하는 자는 이 일에 대하여 시새움하는 자다'라고 한다. 군주는 이 말을 가슴속에 담아 두고 신하들의 의견을 다시 들으려 하지 않으며 신하들도 이 말을 꺼려 하여 감히 일을 비판하려 하지 않는다. 이 두 가지 정황이 작용하면 충신의 의견은 받아들여지지 않고 평판 좋은 신하만이 홀로 신임받게 된다. 이와 같은 것을 가리켜 언론에 귀가 가려진다고 한다. 언론에 귀가 가려진 군주는 신하에게 제압당하게 된다. 군주가 취할 길이란 신하로 하여금 반드시 발언에 책임질 수 있게 하

협곡(夾谷)에서 제나라 군주와 만나 회담하고 있는 공자

고 또한 발언하지 않은 책임도 질 수 있게 하는 것이다. 발언이 시종일관성이 없는 경우 이를 발언에 따르는 책임이라 한다. 한편 발언하지 않은 것으로 책임을 면하면서 계속 중요한 직위에 있는 경우 이를 발언하지 않은 데 따르는 책임이라 한다. 군주가 신하로 하여금 발언하게 한 것에 대하여 반드시 그 처음 의견을 기억해 두고서 실제 성과를 책임추궁하며 발언하지 않은 것에 대하여 반드시 그 찬부를 물어서 책임추궁한다면 신하가 감히 아무렇게나 망언할 수 없을 것이며 또한 감히 침묵만 지켜 가만히 있을 수도 없을 것이다. 이를 발언과 침묵에 모두 책임이 있는 것이라고 한다.

● 군주가 일을 하고 싶은데 전체를 파악하지 못하면서 의욕만을 미리 밝혀 그것을 하는 경우 그 하는 일이 이익을 얻지 못하고 반드시 손해로 돌아오게 된다. 이를 잘 알고 있는 자는 일의 원칙에 맡기고 욕심을 버린다. 실제로 일을 하는 데도 정해진 규정이 있어 수입을 많게 계획하고 지출은 적어야 할 만하다. 눈이 어두운 군주는 그렇지가 않아서 수입만을 계산하고 지출은 계산하지 않는다. 지출이 비록 배가 되더라도 그 손해를 알아차리지 못한다면 이는 명목만의 이득이고 실제는 없는 것이다. 이와 같을 경우 공은 작고 해는 크다. 무릇 공이란 수입은 많고 지출이 적어야만 바로 공이라고 말할 수 있다. 만일 막대한 비용을 들이고서도 죄가 안 되고 소득은 적은데 공이 된다면 신하들은 막대한 비용을 써가며 그러한 작은 공을 이룰 것이다. 작은 공을 이루면 군주는 역시 손해를 보는 것이다.

『한비자 1』제18장 「남면」(南面)

통치공학적 인간이해와 심층적 분석을 통한 '부국강병'의 길

기원전 535년 정(鄭)나라 재상 자산(子產)이 처음으로 '형서'(刑書)를 형정(刑鼎)에 새겨 제정 공포함으로써 정치적 성과를 올렸다고 한다. 이것이 이른바 성문법의 원류이다. 한편 공자(孔子)는 법 제정 자체를 부정적으로 평가하였다.

한비는 군주들을 향해 신하에게 각별히 법을 주지시켜야 한다고 목소리를 높였다.

"현명한 군주의 도는 법만을 오로지하고 지혜를 구하지 않는다." 그렇게 다져진 기반 위에서만 '술'을 쓸 수 있다. '술'은 군주 자신이 마음속에 깊숙이 간직하여 남에게 드러나 보이지 않도록 하는 일이 긴요하다. 군주의 생각이 겉으로 드러나 보이면 신하가 거기에 영합하여 군주의 눈을 현혹시키기 때문이다. 한마디로 '술'은 군주가 신하를 통제하는 권모술수이며 일종의 정치테크닉이다.

'세'는 군주가 '법'과 '술'을 행사할 수 있도록 해주는 힘, 즉 권력이다. 이는 개인의 능력에 의한 것이 아니라 정치적 지위가 결정짓는 권위를 말한다. 신도는 군주 개인의 능력(성·현)에 기대를 거는 유가에 반대해 군주의 지위에 걸맞은 권세의 중요성을 말한 바 있다. 그의 경우는 도가적인 자연사상의 성격이 짙지만 한비는 그것을 전환시켜 인위적으로 조성한 권세를 법률주의 중심에 정착시켰던 것이다.

정치기술이란 측면에서 한비는 군주가 자기 마음대로 신하를 부릴 수 있는 두 가지 조율수단인 '이병'(二柄)을 창출해 냈다. 그 하나는 '상'(賞)이고 다른 하나는 '벌'(罰)로, 이른바 '신상'(信賞)·'필벌'(必罰)을 표방하였다. 이는 바로 한비가 "사람은 누구나 이득을 좋아하고 해악을 싫어하게 마련이다"라고 지적한 인간 본래의 정서에 바탕을 둔 것이다.

한비는 상벌 집행권을 군주 스스로 직접 행사하여야 되며 다른 사람에게 맡기거나 넘겨주면 결코 안 된다고 경고하였다. 호랑이가 능히 다른 짐승들을 제압할 수 있는 까닭은 어금니와 날카로운 발톱을 갖고 있기 때문이다. 만일 호랑이에게서 어금니와 발톱을 모두 뽑아버린다면 개도 호랑이를 무서워하지 않을 것이다.

그는 객관적 기준에 맞추어 상벌을 운영해야만 비로소 효과를 거둘 수 있다는 '형명(刑名) 참동(參同)'의 논리를 폈다. 여기서 '형'(刑)은 '형'(形)자로도 통하는데, 바꾸어 말하자면 군주에게 제출한 신하의 업무계획이 '명'이며 실제로 해낸 고과표가 '형'이다. 군주가 신하를 통제하기 위한 술책으로는 성과의 많고 적음이 그다지 중요하지 않다. 결과적으로 드러난 '형'과 앞서 신고한 '명'의 일치 여부를 확인하여 상벌을 가하는 일이 가장 중요하다. 그런데 신하가 미리 제시한 계획보다 성과가 의외로 클 경우에도 반드시 처벌해야 된다. 많이 거둔 성과가 결코 싫어서가 아니다. 정상이야 어떻든 간에 시행착오에 대해서는 한치의 관용도 있어서는 안 된다는 냉담한 통치논리이다. 실제와 명분과의 괴리가 결국은 더 큰 손실과 모순을 일으키기 때문이다.

한비는 오로지 군주권의 확립만이 부국강병을 실현할 수 있는 길이라고 내다보았다. 군주권의 확립은 바로 '공'(公)과 '사'(私)의 엄격한 구분을 말한다.

"자환자(自環者)를 일러 사(私)라 하고, 배사자(背私者)를 일러 공(公)이라 한다."

사(私)의 원래 글자는 사(厶)이다. 이 글자는 개인이 땅에 줄을 그어 자기의 영역 표시로 못을 막은 형상이다. 한편 이를 부정하고 파기시킨 형태가 공(公)이다. 한비는 '공'의식을 강조하고 개인의 '사'적 지배영역을 일체 봉쇄한다. 공개념과 사개념을 대립시켜 공공의 이익과 사리(私利)가 결코 양립할 수 없다는 법칙성을 밝힌 것이다.

한비의 생애는 참으로 비극적이었다. 한비는 끊임없이 한왕(韓王) 안(安)에게 '법·술·세'에 대한 의견을 진언하였으나 받아들여지지 않았다. 오히려 그 이론을 채택하여 정책에 실제로 활용한 사람은 진왕(秦王) 정(政)이다. 그는 한비의 저술을 읽고 크게 감탄하였다고 한다. 진왕이 이사(李斯, ?~기원전 208)가 세운 계략대로 한나라를 공격하자 한왕은 당황하여 한비를 진에 사자로 보내어 화해를 요청하였다. 진왕은 한비를 만나 그에게 호감을 가졌는데 순자 문하에서 한비와 함께 수학했던 동창생 이사(李斯)의 질투로 인한 음모에 걸려 투옥당하였다가 끝내 음독 자살하고 말았다. 역시 정치권력의 냉엄한 속성을 잘 드러낸 사례이다.

그 후 3년 되던 해에 한이 망하고 또 10년 뒤에는 진이 천하통일을 성취하여 진왕 정은 최초로 시황제(始皇帝)를 칭하기에 이른다. 시황제의 정책은 모두 한비가 제시한 견해에 따른 것으로, 사실상 한비의 정책 건의가 크게 실효를 거둔 셈이었다. 이러한 측면에서 보면 진시황을 한비의 제자격이라고도 할 수 있다.

『한비자』전 55편을 모두 한비 자신이 직접 서술하였는가에 대하여는 의심의 여지가 많다. 그러나 전체가 법가사상으로 일관되어 있으며 한비의 주의 주장이 그대로 실려 있다는 점만은 말할 나위가 없다. 다만 「주도」(主道) 「양권」(揚權) 「해로」(解老) 「유로」(喩老) 네 편은 내용상 『노자』와 관계가 깊다고 보는 학설이 유력시되어 있다. 또한 1973년 장사(長沙) 마왕퇴(馬王堆) 고분에서 발견된 고문서 연구결과에 근거하여 이미 한비 생존 시기에 도가, 법가의 절충사상이 별도로 있었다는 이설이 제기된 바 있다. 이는 앞으로 학계가 풀어야 할 과제 가운데 하나이다.

최근 중국에서 법가가 역사 발전의 추동세력이었다는 평가를 받아 『한비자』에 관한 연구책자가 활발하게 출판되고 있다. 한비의 세계관, 특히 통치공학적 차원의 냉철한 인간 이해와 심층적 분석은 현대 기업경영에서 인사관리 측면에 적용시킬 수 있다고 하여 크게 관심을 끄는 추세이다. 한편 고대 중국의 한비를 유럽 르네상스기의 정치사상가인 마키아벨리(1469~1527)와 비교 연구해 보려는 경향도 나타나 대단히 흥미를 끌고 있다. 근대 지향적 통치철학이라 할 심리조작(권모술수)의 성격이 공통성을 띠기 때문이다.

이운구

전 성균관대 교수·동양철학

옮긴이 이운구(1933~2007)는 충남 전의에서 태어났다. 성균관대학교 문리대 동양철학과를 졸업하고 같은 학교 대학원에서 석사·박사 과정을 수료했다. 일본 와세다 대학과 도시샤 대학에서 연구원을 지냈으며, 성균관대학교 동양철학과 교수 및 유학대학 대학원장, 대동문화연구원 원장 등을 역임했다. 저서로는 『동아시아 비판 사상의 뿌리』 『중국의 비판사상』 『묵가철학연구』 등이 있고, 역서로는 한길사에서 펴낸 『한비자』 『순자』가 있다.

궁정사회

노르베르트 엘리아스 지음 | 박여성 옮김 | 520쪽

▷ 저자의 다른 작품
『문명화과정 1, 2』(GB 9, 34)

▷ 역자의 다른 번역 작품
『사회체계이론 1, 2』(GB 86, 87)

상호의존의 구조가 복잡해질수록 사람들의 공격성은 축출되고 그 자리에 문명화된 인간이 들어선다. 그것을 궁정적 합리성의 틀로서 형성한 최초의 공간이 바로 프랑스 루이 14세의 궁정이다. 앙시앵 레짐의 궁정은 우리가 지금까지 몰두해왔던 사회학 연구의 세부적 대상인 인간이 형성한 봉건사회나 대도시 같은 사회구성체에 관한 어떠한 연구보다도 많은 문제를 사회학자들에게 제기한다. 그런 '궁정'에서는 수백 아니 종종 수천 명의 사람들이, 나라를 무소불위로 지배하고 자신의 뜻에 따라 모든 사람의 운명·지위·생계·흥망성쇠를 상당한 정도로 그리고 일정한 한계 내에서 좌우한다고 믿어왔던 왕을 섬기며 보좌하고 그와 친교를 맺어왔다.

물론 이때 그 봉사자와 국외자는 쌍방간에 행사했던 특유한 억압기제를 통하여 한 장소에 얽매인 사람들이었다. 어느 정도 확고한 서열과 깍듯한 예법이 그들을 결속하였다. 그러한 결합태 속에서 자신의 우월성을 드러내거나 무엇을 관철하려는 필요성은 그들 모두에게 오로지 하나의 특유한 각인, 즉 궁정인의 특징을 부여한다.

그러한 결합태를 핵심축으로 형성할 수 있었던 사회영역의 구조는 무엇이었는가. 권력기회의 분배, 사회적인 욕구, 종속관계는 이 사회영역 안에 있는 사람들이 여러 세대에 걸쳐 이 결합태, 즉 궁정과 궁정사회 안에서 살아가는 데 어떠한 영향을 미쳤는가. 궁정사회의 구조로부터, 궁정사회 속에서 출세하거나 그렇게 되기를 원했던 사람들에게 어떠한 요구가 제기되었는가. 대략 말하자면 그것들이 앙시앵 레짐의 궁정과 궁정사회라는 사회구성체가 사회학자들에게 던지는 몇 가지 질문이다.

노르베르트 엘리아스(1897~1990)

노르베르트 엘리아스(Norbert Elias)는 브레슬라우의 중산층 유대인 가정에서 태어났다. 인문계 고등학교를 다니면서 고대 그리스, 로마시대의 대가들과 괴테, 실러시대의 독일 고전문학을 두루 섭렵한다. 이때 얻은 독일문학에 대한 폭넓은 지식은 훗날 『문명화과정』의 역사실증적 분석에 중요한 밑거름이 된다.

엘리아스는 1924년 브레슬라우 대학에서 신칸트학파의 철학자 리하르트 회니히스발트의 지도 아래 박사학위 논문인 「이념과 개인」(Idee und Individuum)을 쓴다. 그는 이 논문에서 칸트의 '아 프리오리'(*a priori*)를 반박함으로써 종래의 철학적 인간관인 '폐쇄적 인간'을 부정하려 했지만 그의 관점은 받아들여지지 않았다. 이러한 입장을 철회하고 수정한 다음에야 비로소 그의 학위논문은 통과될 수 있었다.

1930년 프랑크푸르트에서 만하임의 지도로 교수자격 논문인 「궁정사회」(Die höfische Gesellschaft)를 쓰기 시작한다. '결합태 사회학', '문명화과정의 이론'과 같은 독창적인 사회학적 사유를 역사적 실증연구와 결합시켰던 엘리아스의 주저 『문명화과정』은 이미 1930년대에 출판되었지만, 몇몇 소수의 사회학자나 역사학자들에 의해 언급되거나 인용되었을 뿐 오랫동안 영국·미국이나 독일 사회학계에서 주목받지 못했다.

1977년 프랑크푸르트 시가 수여하는 아도르노 상을 수상한 뒤, 엘리아스의 이름은 비로소 사회학을 넘어서 여러 학계에 널리 알려지게 되었고, 1968년에 독일에서 재판된 그의 주저 『문명화과정』은 1978년 영어로 번역되었다. 독일 사회학회가 1975년 그를 명예회원으로 추대함으로써 그의 복권은 완벽하게 이루어졌다.

절대주의 시대의 권력을 차지한 궁정사회의 형성

인간의 모든 사회적 단위나 통합형식들이 모두 다 거주 및 주거 단위는 아니다. 하지만 그것들은 늘 서로 연관되고 연루된 인간들의 단위이다. 이러한 관계의 방식이나 유형이 공간적인 범주를 통하여 규정될 수 있다. 그것들은 늘 서로 연관되고 연루된 인간들의 단위이다. 이러한 관계의 방식이나 유형이 공간적인 범주를 통하여 궁극적인 본질까지 표현해줄 수는 없더라도, 어쨌든 늘 공간적인 범주로 표현될 수 있다. 왜냐하면 인간의 모든 '공존'의 방식은 그 공간에 속하는 사람들 전부는 아니더라도 적어도 부분단위에서는 실제로 공존하거나 공존할 수 있는 특정한 공간의 형성과 상응하기 때문이다.

그렇다면 사회적 단위는 공간에 배치될 수 있으며, 그 공간 형성의 유형은—낱말의 원래 의미대로—〔단위의〕고유성을 일목요연하게 보여주는 표상이다. 이러한 점에서 궁정인의 거주방식 또한 궁정사회 특유의 일정한 사회적 관계들을 이해하는 데 더 확실하고 매우 구체적인 접근경로를 제공한다.

궁정인의 거주방식에서 특징적인 것은 일단, 그들 모두 또는 적어도 상당수가 왕의 궁정인 베르사유 궁전 안에 하나의 주택, 즉 파리 시내에 호텔(Hôtel)을 소유하는 점이다. 특히 그들 대부분이 소유했던 별장들(Landhäuser)도 이런 맥락에서 해석될 수 있다.

우리는 궁정귀족과 왕의 거주지로서의 프랑스 궁정의 원래 가옥인 베르사유 성 그 자체를 관찰하거나 이해할 수는 없다. 그 안에서 행한 모든 발언 속에서 위계적으로 분절된 사회의 극단현상이 형성된다. 왕이 어떻게 살았고 귀족이 왕의 옆에서 어떻게 살았는지를 이해하려면 궁정귀족이 어떻게 살았는지를 보아야 한다. 귀족의 시내 주택인 '호텔'은 일단 비교적 명확하고 단순한 형태로 겹으로 여러 채가 지어졌으며, 왕의 각별한 지배 및 의전(儀典) 기능을 통하여 그 공동체를 통째로 숙박시켜야 할 왕궁의 형태를 결정하는 이 공동체에서 사회적으로 요구된 거주 욕구를 드러낸다.

앙시앵 레짐의 궁정귀족이 거주했던 건물은 소유자의 지위와 상응하는 규모에 따라 '호텔' 또는 '팔레'(王宮, Palais)라고 불렸다. (디드로와 달랑베르의) 『백과사전』에는 그런 호텔의 설계도가 복제되어 실려 있다. 건물들에 대한 『백과사전』의 설명과 그에 상응하는 표제항목은 건물의 개별 부위와 공간의 기능을 완벽하게 보여준다. 그렇다면 거기에서 사회학적으로 유효한 것은 무엇인가.

일단 각 부분이 직각으로 된 거대한 궁정 주위에 늘어선 건물들을 볼 수 있다. 가운데의 넓은 '현관'을 입구인 동시에 마차를 위한 통로로 사용하는 바깥쪽으로 폐쇄된 주랑(柱廊, Säulengang)을 따라 길 쪽으로 궁정의 좁다란 측면이 배치된다. 주랑은 건축물 좌우의 익랑(翼廊, Flügelbauten)을 따라 다른 쪽 좁은 곳의 건물 중앙부까지 연결되어서, 방문자는 발에 물을 묻히지 않고 입구에서 건물 중앙부에 도달할 수 있다. 그 뒤와 옆으로 거대한 정원이 연결되는 건물 중앙부에는 사교공간이 포함되어 있다. 건물의 양쪽 익랑 연결부는 그 자체로 '사유 아파트'(appartements privées)를 포함한다. 다시 그 뒤쪽으로는 욕실과 화장실 공간을 통하여 큰 정원과 분리된 커다란 행랑(行

살롱 문화를 보여주는 그림 루이 14세의 사후 사교활동의 중심지는 궁정으로부터 이탈하기 시작했고 이러한 배경 속에서 살롱 문화의 전성기가 이룩되었다.

廊, Galerie)이 배치되며, 그 좌우에는 각각 작은 화원(花園)이 있다.

끝으로, 길에 접한 익랑 부분에는 마구간, 부엌, 하인들의 가옥과 곳간이 늘어서 있다. 그것들은 사유 아파트의 창문 앞에 있는 작은 화원의 건물부분을 통하여 분리되는 '가금사육장'(家禽飼育場, basse-cour)이라는 작은 집 좌우에 늘어서 있다. 부엌일을 하는 공간이자 마차의 소유주가 건물 중앙부의 계단에서 내리면 손님을 위한 마차가 정차되는 마구간 사이의 작은 소궁정 영역에는 '하인들'(domestiques)의 생활공간이 반영된다.

그것이 바로 궁정인들이 호텔에서 창출한 도시 특유의 주거유형이다. 그것들은 도시 주택이기는 하지만 건물의 구조는 여전히 농장주의 토지 소유와 관련되었다는 느낌을 준다. 농장은 여전히 존재하지만 원래의 기능 가운데서 진입로와 의전용 기능만 유지할 뿐이다. 마구간·곳간 그리고 하인들의 주택도 여전히 존재하지만, 주인의 주택이 커지면서 크기가 줄어들었고 주변 자연환경 중에서는 정원만 남아 있다.

지방의 영주저택의 유형과 호텔 사이의 관계에는 암시적 의미가 있다. 물론 궁정인들은 도시거주자이며, 어느 정도까지는 도시생활이 그들의 삶을 각인하였다. 그러나 그들과 도시와의 관계는 직업시민들이 도시와 맺는 관계보다는 느슨하다. 그들 대부분은 여전히 한 군데 이상에 토지를 소유하고 있다.

「궁정사회」「사회구조의 지표로서의 주거구조」

절대주의 권력 메커니즘의 해부: 궁정사회의 결합태

상호의존의 구조가 복잡해질수록 사람들의 공격성은 축출되고 그 자리에 문명화된 인간이 들어선다. 그것을 궁정적 합리성의 틀로서 형성한 최초의 공간이 바로 프랑스 루이 14세의 궁정이다. 엘리아스는 일단 귀족과 시민층의 긴장구조 안에서 사회적인 행동규범의 각인을 추적하고, 루이 14세의 절대주의 왕정 치하에서 궁정의 위계조직과 결합태를 보기로 공동체의 구성원들이 구축한 상호의존의 고리를 묘사한 『궁정사회』(1969)를 출간한다. 뒤이어 『개인들의 사회』(1987)에서는 인간의 인성구조의 발전도 구성원들 사이의 의존성과 권력관계의 그물 속에서 변동하며, 인간 그 자체가 의존관계 속에서 움직이는 변동 그 자체라는 지론을 집약한다.

이 책의 핵심개념인 '결합태'(Figuration)란 사회의 구성원인 개인들이 커뮤니케이션 과정에서 엮어가는 상호관계의 망이다. 부부와 가족, 학교와 직장, 이익단체와 지역단체, 국가에 이르기까지 결합태를 이루는 사람들의 수가 많아질수록 그들 사이의 경우의 수도 폭증한다. 그런 점에서 궁정사회는 구성원들 사이의 관계의 가능성을 총지휘하는 절대주의 군주를 정점으로 구축된 기능복합체이다.

중세의 무사(기사)귀족을 온건한 궁정인으로 길들여서 확립한 상호소통의 모델, 즉 결합태의 총체, 그것이 바로 루이 14세를 정점으로 하는 프랑스 절대주의 궁정이다. 그 안에서 요구되는 인간형으로서 궁정인이란 감정을 제어할 줄 알고 심사숙고와 장기적인 안목, 광범위한 지식을 갖춘, 이른바 궁정적 합리성을 갖춘 사람을 말한다.

뛰어난 처세술과 관찰력, 문재(文才)를 통하여 사교세계를 주무른 생-시몽이야말로 궁정인의 전형이었다. 이제 궁정적 생활양식과 합리성은 앙시앵 레짐의 법복귀족을 거쳐서 산업적 시민사회로 이월된다. 즉 베르사유의 궁정적 유산이 향후 유럽 사회 전체를 규정하는 합리성의 표상으로 확산되는 것이다.

한편, 엘리아스의 이론은 목적론적 도식주의라고 비판받기도 한다. 예를 들어 『외설과 폭력』의 저자로 유명한 문화사학자 한스 페터 뒤르(H.P. Duerr)는, (유럽) 사회에 늘 존재하며 새롭게 출발하는 파괴적 경향을 보건대 엘리아스의 서구 중심적인 정서억제 모델은 설득력이 없다고 지적한다. 다른 한편 『문명화과정』과 『궁정사회』에서 제시한 학제적 연구방법론과 권력순환 모델은 정태적 구조주의를 극복한 미셸 푸코나 문화유동성(Cultural Mobility) 이론을 주창한 그린블랫(J. Greenblatt), 마투라나와 슈미트의 구성주의 인식론을 선취한 업적으로 조명되기도 한다.

결합태 사회학의 매력에도 불구하고 엘리아스의 사회학에는 학파를 중심으로 구축된 에피스테메 또는 이론소가 선명하지 않다. 그것은 그의 저작이 하버마스(J. Habermas)나 루만의 거대담론이 형성된 후에 독일에 수용된 학문사적 운명과도 무관하지 않다.

그러나 풍부한 자료에 대한 면밀한 관찰을 토대로 구축된 결합태 사회학은 고프먼(E. Goffmann)의 프레임(Frame, 행위 틀) 개념과 유사한 접근을 보여준다. 또한 문화의 역사적인 발전을 각 문화 특유의 종교적인 상징체계와 사회제도, 이른바 이상형(Idealtypen)의 구성과정으로 간주하는 베버(Max Weber)와 역사의 본질을 역사 기술자의 '이야기'로 환원하려는 골로 만(Golo Mann)의 입장과 연계된다.

프레임 이론에 따르면, 모든 특정한 상황에서 행역자(Aktant)에 대해 일정한 기대가 할당된다. 이를테면 사무실에 들어설 때 입는 정장이나 넥타이, 파티에서 오락의 역할, 창문 밑에서 바치는 세레나데 등은 고유역학을 충족하는 하나의 프레임이라는 것이다. 그렇다면 궁정에서 펼쳐지는 권력투쟁, 시민층에 대한 매관매직과 세습귀족에 대한 이간질, 과시적인 주택치장과 사치스러운 의상풍속, 가식적인 궁정예법, 이 모든 것은 루이 14세가 창출한 절대주의 궁정이라는 결합태의 고유역학이 담긴 일종의 프레임이다. 그 안에서 영주들의 권력을 궁정이라는 제한된 공간에 결집하여 일인지배자가 좌우하는 메커니즘이 창발한 것이다.

결정적인 것은 엘리아스가 몽테스키외의 관찰을 토대로 '가난한 귀족 → 봉토 수령 → 영지 매각/부유한 상인 → 매관매직 → 귀족으로 신분 상승 → 가난한 귀족으로 전락'이라는 순환구조를 발견했다는 점이다. 귀족은 시민으로, 시민은 귀족으로 부침을 반복하며, 지배자로서 왕의 존립근거도 역으로 피지배자들의 존재에 의하여 규정(재입력, Re-entry)된다. 따라서 궁정사회의 구성원이 만드는 커뮤니케이션은 그 자체가 궁정사회의 결과물인 동시에 그 체계를 만들어내는 성장판이다. 그것은 마치 피부가 자신 스스로를 만드는 조직인 동시에 결과물이라는—마투라나의 용어로—자기생산(Autopoiese)이나 재귀준거(Selbstreferenz)의 역학과 흡사하다.

엘리아스는 『시간론』(Über die Zeit)에서 "우주는—그 자체도 자연의 일부인—커뮤니케이션의 세계이다. 왜냐하면 인간은 그들 입장에서 다시 실재의 새로운 가능성을 개시하는 성찰의 진화라는 잠재력과 고유한 형식을 완성한다는 점에서 동물과 공통점이 있다"고 말하며, 이처럼 커뮤니케이션을 통하여 구성된 층위, 즉 인간을 위한 메시지를 담은 4차원 세계의 사건을 정보로 변환하는 층위를 5차원으로 부른다. 이 차원은 상징의 진화를 통해 이루어지며, 커뮤니케이션의 대상 자체를 산출하는 층위이다.

그렇다면 궁정은 중앙집권이라는 권력 메커니즘으로 구현된 커뮤니케이션 현실의 층위이며, 문명화과정에서 발현된 자기억제라는 메커니즘은 한편으로는 참여하고 다른 한편으로는 거리두기를 취하는 가운데 재귀성찰적인 시야를 창출하는 자기규정이다. 이런 식으로 관찰자는 거리를 둠으로써 자신이 관찰한 대상을 기술하는 능력을 확보한다. 우리는 늘 스스로의 구성자로서 자신과 만난다. 그렇다면 이 책은 결국 생-시몽이 관찰한 궁정시대를 다시 관찰하는 엘리아스의 메타-관찰이다.

박여성

제주대 교수 · 독일학

옮긴이 박여성은 고려대학교 및 같은 학교 대학원을 졸업했고, 독일 뮌스터 대학에서 언어학 박사학위를 받았다. 현재 제주대학교 독일학과 교수로 재직하고 있다. 저서로는 한길사에서 나온 『몸 또는 욕망의 사다리』(공저), 『월경하는 지식의 모험자들』(공저)과 『지식의 최전선』, 『한국텍스트과학의 제과제』, 『기호학으로 세상읽기』, 『기호, 철학 그리고 예술』, 『책으로 읽는 21세기』, 『텍스트언어학의 이해』 등이 있고, 역서로는 한길사에서 펴낸 『궁정사회』, 『사회체계이론』을 비롯하여, 『구성주의』, 『미디어인식론』, 『괴델-에셔-바흐』, 『생명의 황금나무야 푸르러라』, 『로티』, 『구성주의 문학체계이론』, 『칸트와 오리너구리』 등이 있으며, 텍스트과학, 기호학, 번역의 이론과 실제에 관한 다수의 논문을 썼다.

에밀

장 자크 루소 지음 | 김중현 옮김 | 888쪽
2005 서울대학교 권장도서 100선
2000·2006 서울대학교 논술출제

▷ 저자의 다른 작품
『고독한 산책자의 몽상』(GB 91)
『학문과 예술에 대하여』(GB 92)

▷ 역자의 다른 번역 작품
『고독한 산책자의 몽상』(GB 91)
『학문과 예술에 대하여』(GB 92)

『에밀』을 쓴 루소는 자연으로 돌아갈 것을 주장한 사상가로 알려져 있다. 루소의 '자연으로 돌아가라'는 외침은 그가 살던 시대나 지금이나 실천하기 어려운 것으로 보인다.

하지만 여기에 분명한 우리의 오해가 있다. 루소가 자연으로 돌아가자고 한 것은 우리 모두 문명을 등지고 산 속으로 들어가자는 것이 아니라 인간 본성을 되찾자는 것이다. 인간 본성에 대한 성악설이니 성선설이니 하는 이분법적인 논쟁은 필요 없다. 우리는 선함과 악함을 함께 지니고 태어났다. 따라서 교육을 통해 선함은 더욱 발전시키고, 악함은 드러나지 않게 다스릴 수 있는 능력을 길러주자는 것이다.

루소의 교육은 철저한 전인교육이자 일 대 일 맞춤교육이다. 그는 아이가 성장해감에 따라 각 시기에 적합하게 교육할 것을 주장한다. 아이에게는 자연이 허락한 발육 순서가 있고, 그 순서에 따르는 일이 바로 아이를 아이로 다루는 일이며 자연을 따르는 일인 것이다.

『에밀』의 구성은 교육이 단계별로 행해져야 할 시기에 따라 나뉘어 있다. 각 시기마다 교육 목표가 다르기 때문에, 당연히 교육방법도 달라져야 한다. 그러한 능력들이 순서에 따라 계발되지 않을 경우 아이에게 역기능으로 작용하여 성장을 방해하며 인간을 뒤죽박죽으로 만들어, 결국 심성을 파괴하고 만다.

올바른 교육을 위해서 아이에게는 반드시 교육자가 있어야 한다. 하지만 루소는 그 교육자가 자연의 대리자 이상이어서는 안 되고, 아이의 유일한 안내자는 성장 질서가 내재된 자연이어야 한다고 말한다.

장 자크 루소(1712~78)

장 자크 루소(Jean-Jacques Rousseau)는 스위스 제네바에서 태어났다. 16세 때 제네바를 떠나 각지를 떠돌다 후원자인 바랑 남작부인을 만났고, 귀족의 집에서 집사나 가정교사로 일하면서 공부할 기회를 얻는다. 음악이론가이기도 한 루소는 1742년 과학아카데미에서 「새로운 악보에 관한 연구」를 발표하고, 아카데미는 루소에게 음악 자격증을 수여한다. 루소는 파리로 나와 디드로와 콩디야크를 알게되어 『백과전서』의 간행에도 협력한다.

1749년 뱅센 감옥에 수감되어 있던 디드로를 면회하러 가던 중 디종 아카데미의 현상논문 공모 주제 '학문과 예술의 진보는 품성의 순화에 기여했는가?'를 『메르퀴르 드 프랑스』지에서 읽고, 그때부터 「학문과 예술에 대하여」를 쓰기 시작했다. 이 글은 1750년 1등상을 수상했으며 이를 출판한다.

1753년 디종 아카데미 현상논문 공모 주제 '인간 불평등의 기원은 무엇인가, 그 불평등은 자연법에 의해 허락될 수 있는가?'를 『메르퀴르 드 프랑스』지에 게재했으나 공모에서는 떨어지고 1755년 책으로 발간한다. 1761년 소설 『신 엘로이즈』가 파리에서 시판되어 큰 성공을 거둔다.

1762년 『에밀』이 암암리에 판매되기 시작했으나, 파리 대학 신학부에서 이를 고발한다. 이때부터 경찰이 『에밀』을 압수하고, 발행 금지령과 구속영장이 발부되어 루소는 은둔과 유배생활을 시작한다. 루소는 생애 마지막 10년 동안 자신에 대한 여러 비난에 답하는 자전적인 글인 『고백록』과 『루소가 장 자크를 재판한다』를 쓰고, 『고독한 산책자의 몽상』을 집필했으나 끝맺지 못하고 죽었다.

인간의 자유의지에서 비롯된 선과 악의 문제

모든 행동의 근원은 자유로운 존재자의 의지 안에 있네. 그 이상으로 거슬러 올라갈 수는 없지. 아무 의미가 없는 것은 '자유'라는 단어가 아니라 '필연'이라는 단어일세. 능동적인 근원에서 파생하지 않는 어떤 행위나 결과를 가정하는 일은, 정말 원인 없는 결과를 가정하는 일일 걸세. 그것은 악순환에 빠지는 일이야. 최초의 충동이라는 것은 없거나, 아니면 모든 최초의 충동은 그에 앞선 어떤 원인도 가지고 있지 않거나 할 걸세. 자유가 없는 의지는 진정한 의지가 아니야. 그러므로 인간은 그의 행동에서 자유로우며, 자유로운 존재이기에 비물질적인 어떤 실체에서 생명을 얻고 있지. 그것이 바로 나의 세 번째 신앙 조목이라네. 그 세 항목으로부터 자네는 내가 그후의 모든 조목에 대해 말하지 않더라도 쉽게 추론할 걸세.

인간이 능동적이고 자유롭다면 그는 스스로 행동하지. 그가 자유롭게 행하는 모든 것은 신의 정연한 질서 체계 속에 들어가지 않으므로 신의 탓으로 돌릴 수 없네. 신은 자신이 부여한 자유를 인간이 악용하여 악을 행하는 것을 전혀 바라지 않네. 하지만 신은 인간이 악을 행하는 것은 막지 않네. 너무나도 나약한 존재가 행하는 그 악이 그의 눈에는 아무것도 아닌 것으로 보이기 때문일 수도 있고, 아니면 그것을 방해하면 인간의 자유를 구속하게 되어 더 큰 악을 행함으로써 그의 본성을 더욱 타락시키게 될지도 모르기 때문일 수도 있지.

신은 인간 자신이 알아서 악을 행하지 말고 선을 행하도록 하기 위해 인간을 자유로운 존재로 만들어놓았네. 신은 인간이 자신으로부터 받은 많은 능력을 잘 이용함으로써 그러한 선택을 할 수 있도록 만들었네. 하지만 신은 너무나 인간의 힘을 제한해놓아서, 그가 준 자유를 인간이 아무리 남용한다 한들 전체 질서를 혼란시킬 수는 없지. 인간이 저지르는 악은 그 자신에게로 다시 떨어질 뿐 우주 체계에 전혀 변화를 주지 못하며, 인간 그 자체가 존속되는 것—그것이 아무리 싫더라도—을 방해하지는 않지.

인간의 악을 신이 막지 못한다고 불평하는 것은, 신이 인간을 뛰어난 본성을 가진 존재로 만든 것과 인간의 행동에 그 행동을 고상하게 만드는 도덕성을 부여한 것, 그리고 미덕에 대한 권리를 부여한 것 등을 불평하는 것과 같네. 최고의 즐거움은 자족에 있지. 우리가 자유를 부여받아 지상에 살고 있는 것은, 정념에 의해 유혹받으면서도 양심에 의해 억제받는 것은 바로 그런 자족을 누릴 만한 자가 되기 위해서이지. 신의 힘은 우리를 위해 그 이상의 무엇을 해줄 수 있었겠는가? 그것은 우리의 본성에 모순을 부여해놓고, 악을 행할 능력이 없는 사람에게 선을 행했다고 상을 부여할 수 있었겠는가? 아니, 뭐라고! 도대체 인간이 악해지는 것을 막기 위해 그를 본능에만 만족하게 하여 짐승처럼 만들 필요가 있었다는 말인가? 아니다. 내 영혼의 신이여, 나는 내가 당신처럼 자유롭고 선하고 행복할 수 있도록 인간을 당신의 모습으로 만든 당신에 대해 전혀 비난하지 않을 것입니다.

우리를 불행하고 악하게 만드는 것은 바로 우리의 능력의 남용이지. 우리의 슬픔, 우리의 근심 걱정, 우리의 고통은 우리 자신으로부터 발원하는 것이네. 정신적인 악은 곧 우리 자신

자캉, 「뤽상부르 원수의 부인」

의 작품이라는 것에는 이론의 여지가 없네. 육체적인 고통도 우리로 하여금 그것에 예민하게 만든 우리의 악습이 없다면 아무런 고통이 되지 않을 걸세. 자연이 우리로 하여금 필요물을 느끼도록 만드는 것은 우리를 보존하기 위해서가 아닌가? 신체의 고통은 몸 조직에 탈이 생기고 있다는 신호이며, 그것에 대비하라는 경고가 아닌가? 죽음은……. 악한 사람들은 그들 자신의 생명과 우리의 생명에 해를 끼치고 있는 것이 아닌가? 누가 영원히 살고 싶어할까? 죽음은 우리가 우리 자신에게 만들고 퍼뜨리는 악에 대한 치료제일세. 자연은 우리가 영원히 고통받는 것을 원하지 않네. 원시적인 단순한 상태에서 사는 인간은 얼마나 고통으로부터 자유롭게 사는지! 그는 정념도 병도 거의 없이 살며, 죽음을 예감하지도 의식하지도 않는다네. 그가 죽음을 의식할 때에는 그의 비참함이 그로 하여금 죽음을 원하게 만들지. 그러니 죽음은 그에게 더 이상 불행이 아니라네.

우리가 현재의 우리 자신에 대해 만족하면, 우리는 전혀 우리의 운명을 한탄하지는 않을 걸세. 그런데 우리는 상상의 행복을 추구하기 위해 우리 자신에게 현실의 고통을 많이 주고 있네. 아주 적은 고통도 참을 줄 모르는 사람은 많은 고통을 각오해야 할 걸세. 사람들은 문란한 생활로 몸을 망쳐놓고는 약으로 건강을 회복하고자 하지. 사람들은 지금 느끼는 아픔 그 자체에다 두려워함으로써 느끼게 되는 아픔을 더하지. 죽음에 대한 예상은 그를 공포에 떨게 하며 죽음을 재촉할 뿐이야. 죽음을 피하고자 하면 할수록 죽음을 더 느끼지. 그리하여 자연을 거역함으로 말미암아 자신에게 초래한 고통인데도, 그 탓을 자연으로 돌리며 불평하면서 사람들은 일생 동안 두려움에 떨며 산다네.

『에밀』, 「도덕과 종교교육—열다섯 살에서 스무 살까지」

인간의 본성에 바탕을 둔 제대로 된 교육방안의 제안

루소가 『에밀』을 쓸 당시 프랑스의 교육적 상황은 어떠했을까? 루소 자신이 걱정한 대로, 루소의 교육 사상에 대해 사람들은 '교육론을 읽는다기보다는 한 환상가가 쓴 교육에 관한 몽상'으로 생각할지도 모른다. 하지만 분명한 것은 당시의 교육적 상황에는 많은 문제가 있었다. 따라서 설령 그것이 '몽상'에 불과한 것이라 할지언정, 어떤 사회적 현실이 자신에게 작용하고 있었기에 그에 대한 반작용이 있었을 것이다. 그렇듯 당시의 사회적인 현실 역시 그로 하여금 교육에 대한 '몽상'을 하도록 만들었을 것이며, 그런만큼 '몽상'으로만 그치지 않은 부분 역시 많을 것이다.

루소는 서문에서 이렇게 말하고 있다. "나는 훌륭한 교육의 중요성에 대해서는 거의 언급하지 않을 것이다. 현재 통용되고 있는 교육의 좋지 못한 점을 증명하는 일 역시 하지 않을 것이다. 많은 사람이 나 이전에 이미 그 같은 시도들을 했으니, 나는 모두가 아는 것들로 내 책을 채우고 싶은 마음이 없다. 단지 나는 아주 오래 전부터 누구도 더 나은 교육 방법에 대해서는 제안할 생각을 하지 않으면서 기존의 방법에 대해 비판하는 외침만 있어왔다는 점을 지적해두고자 한다. 이 시대의 문학과 학문은 인성을 교화하기보다 그것을 훨씬 더 파괴하는 방향으로 나아가고 있다."

그렇다면 기존의 방법은 과연 어떠했기에 비판의 외침이 높아져왔으며, 인성을 교화하기보다는 오히려 파괴하는 방향으로 아이들을 인도하고 있었을까?

당시의 부모들(물론, 대체로 귀족들에 관계되는 이야기이다. 서민들은 교육 기회를 거의 얻지 못하던 시대였으니까)은 자신들의 인생을 향유하기 위해 의무마저 게을리하는 경향이 많았다. 어른들의 그러한 쾌락 추구에 아이들은 걸림돌이 될 수밖에 없었다. 그리하여 부모들은 아들은 주로 콜레주로, 딸은 수녀원으로 보냈다. 그렇지 않을 경우에는 자격 미달의 가정교사나 여자 가정교사에게 아이들의 교육을 맡겼다.

하지만 그런 곳들은 교육기관이라기보다 무관심과 가혹함과 감금의 장소였다. 콜레주나 수녀원은 무엇을 가르치느냐 이전에, 즐겁게 뛰어놀면서 자유롭게 자라야 할 아이들에게 가혹한 규율과 훈육으로 주눅이 들게 했으며, 기숙사 생활은 감금이나 다름없었다. 부모의 무관심과 맞물려 아이들은 그와 같은 교육기관이나 무능력한 가정교사의 손아귀에서 아이 시절을 잃고 있었다. 그리하여 그렇게 교육받은 아이들은 가정에 대해 전혀 애착을 느끼지 못했으며, '마음'이 결여된 어른으로 성장할 뿐이었다.

루소의 말을 들어보자. "멀리 기숙사나 수녀원 또는 콜레주에 흩어져 있는 아이들은 가정에 대한 사랑을 다른 곳으로 향하게 할 것이다. 더 정확히 말하면, 그들은 아무것에도 애정을 갖지 않는 습관을 집으로 가지고 돌아올 것이다. 형제자매는 서로를 거의 알지 못할 것이다. 모두가 의례적으로 모일 것이고, 그들은 그때 서로를 아주 정중하게 대할 것이다. 그들은 그렇게 서로를 타인처럼 대할 것이다. 부모 사이에 친밀감이 존재하지 않게 되면, 다시 말해 가족 사회가 더 이상 안락한 공간이 되지 못하면, 그것을 보충하기 위해 아무래도 좋지 못한 풍속에 의지하게 된다. 그 모든 연관 관계를 알지 못할 만큼 어리석은 자가 어디에 있는가?"

그런 곳들의 교육은 그처럼 아이들을 인간성이 결여된 아이로 만들면서 인성을 파괴한다. 루소는 당연히 그런 곳들을 진정한 공공 교육기관으로 인정하려 들지 않는다. 그리하여 그는 콜레주를 그저 '우스운 시설'에 불과하다고 몰아붙인다. 그는 마찬가지로 상류 계층의 교육 역시 진정한 교육으로 생각하려 들지 않는다. 그 교육은 언제나 타인을 위하는 것처럼 호들갑을 떨지만 실상은 정반대라는 것이다. 자신만을 생각하는 이중인격의 이기주의적인 인간을 만들어내는 데 적합할 뿐이라는 것이다. 따라서 그런 교육은 쓸데없이 정성을 허비하는 일일 뿐이다.

그런 교육기관에 대해 루소가 비판하는 또다른 한 가지는 기성의 관습에 얽매여 있는 교육방식이다. 루소는 이렇게 말하고 있다. "제네바 아카데미와 파리 대학에는 내가 좋아하고 존경하는 몇몇 교수가 있어서, 그들이 기성의 관습을 따르도록 강요받지 않는다면 젊은이들을 잘 교육시킬 수 있으리라고 나는 생각한다. 나는 그들 중 한 사람에게 그가 마음에 품고 있는 개혁안을 출판하도록 권유하고 있다. 병을 고치는 데 약이 없지 않다는 것을 알면, 사람들은 아마도 그 병을 고쳐보고 싶은 마음이 들 것이다." 그처럼 아이들은 그런 교육기관에서 관습의 노예가 되어가고 있는 것이다.

루소는 아이들에 대한 그와 같은 교육을 가리켜 '아이들을 살해하는 행위'라고 가혹하게 비판하면서 그 폐해를 경고하고 있다. 그런 교육기관들에서 아이들은 살아가는 데 아무 도움도 되지 않는 지식을 쌓고 있으며, 체벌에 대한 공포와 포상에 대한 희망 속에서 비굴한 정신을 기르고 있는 것이다. 그리하여 그들은 아첨하는 법을 배우며, 계략을 짜내는 법을 배우며, 질투와 시기심으로 뒤범벅이 된 경쟁만을 배울 뿐이다.

그렇게 아이 시절의 속박과 구속에서 벗어나면 이제는 관습의 멍에라는 것이 그들을 기다리고 있다. 청년기에 이른 그들은 자유를 찾았다고 생각하면서 환호할지 모르지만, 세상의 준칙의 노리개가 되어야 하는 운명에 처하게 된다. 그들은 그들 자신이 되는 것을 배우지 못하고, 그들 자신이 되어보는 때를 찾지 못한다. 아이 시절에는 아이로, 청년 시절에는 청년으로 살지를 못한다. 그 시절은 그저 빨리 흘려보내야만 하는 의미 없는 시기일 따름이다.

그들에게는 작위가 있고 재산이 있다. 그들은 그와 같은 가문의 상속자들이다. 따라서 그들은 얼른 어른이 되어 그에 걸맞은 지위에서 사회생활을 해야 한다. 자신의 지위에 걸맞은 교육, 그것은 당연히 그들이 몸담고 있는 세계의 관습을 배우는 교육이다. 그러므로 그런 교육은 당연히 아이를 아이로 대하는 교육도, 청년을 청년으로 대하는 교육도 아니며, 아이 자신을 위한 교육도 아닐 것이다. 그것은 어른이 원하는 모양으로 아이를 주조하는 교육일 뿐이다. 또한 그것은 자기 자신(자아)으로부터 이탈하는 교육, 자신의 진정한 얼굴에 가면을 씌우는 교육에 불과하다.

김중현

한남대, 성균관대 강사 · 불문학

옮긴이 김중현은 한국외국어대학교 불어과와 같은 학교 대학원을 졸업하고, 프랑스 낭시 2대학교에서 발자크 연구로 불문학 박사학위를 받았다. 지금은 한남대와 성균관대에서 강의하고 있다. 저서로 『발자크-생애와 작품세계』, 『발자크 연구-서양문학 속의 아시아』, 『세기의 전설』, 『사드』, 『대중문학의 이해』(공저) 등이 있다. 역서로 한길사에서 펴낸 장 자크 루소의 『에밀』, 『고독한 산책자의 몽상』, 『학문과 예술에 대하여』와 앙드레 지드의 『앙드레 지드의 콩고여행』이 있고, 장 마리 펠트의 『향신료의 역사』, 토마 나르스작의 『추리소설의 논리』, 오노레 드 발자크의 『골동품 진열실』, 알랭 드코의 『나폴레옹 어머니 레티치아』 등이 있다.

이탈리아 르네상스의 문화

야코프 부르크하르트 지음 | 이기숙 옮김 | 660쪽
2004 한국간행물윤리위원회 추천도서
2005 연세대학교 권장도서 200선
2009 『동아일보』 대학신입생 추천도서

부르크하르트가 르네상스를 연구하고 서술하면서 애초부터 염두에 두었던 것은 바로 근대의 기원을 두 방향에서, 즉 형식과 스타일을 형성하는 데서의 예술사적 기원과 사유와 감정에서의 문화사적 기원을 동시에 추적하는 일이었다. 오랜 우여곡절 끝에 1860년 9월 출간된 『이탈리아 르네상스의 문화』는 세기적인 사건이 되었다. 그의 책을 모르고서는 1860년 이후의 르네상스에 대한 연구성과들을 제대로 이해할 수 없게 되었기 때문이다.

오늘날 페트라르카(Petrarca)에서 현재에 이르는 르네상스 이념의 역사를 서술하려는 서양의 학자들은 한결같이 르네상스 개념의 긴 역사를 구분하는 기준으로 부르크하르트를 잡는 데 이의를 제기하지 않는다. 즉 그를 기준으로 그 이전과 그 이후를 구분해서 논의해야 한다는 것이다. 그만큼 그는 이 주제에 관한 한 고전적인 인물로 자리잡고 있다.

이 책은 크게 6개의 부로, 또 각 부는 적게는 4~5개에서 많게는 10여 개의 장으로 구성되어 있다. 6개 부의 구성 내용을 보면, 제1부는 '인공물로서의 국가'라는 제목 아래 당시의 정치 상황을, 제2부에서 제5부까지는 '개인의 발전' '고대의 부활' '세계와 인간의 발견' '사교와 축제' 등 문화상황을, 마지막으로 제6부 '관습과 종교'에서는 사회풍습과 종교상황을 다루고 있다.

부르크하르트는 이 구성을 통해 역사는 국가·종교·문화라는 세 개의 잠재력들 사이의 규제·견제·대립·포괄·보완 등 변증법적 상호작용 속에서 하나의 통일적인 상을 형성해간다는 내용의 역사이론을 자신의 역사서술에 충실히 반영하고 있다. 즉 이론과 실제를 일치시키려는 그의 노력과 실천적인 모습을 작품 속에 투영하고 있는 것이다.

야코프 부르크하르트(1818~97)

야코프 부르크하르트(Jacob Burckhardt)는 스위스 바젤의 유복한 집안에서 태어났다. 바젤에서 가장 훌륭한 인문계 고등학교를 졸업하고, 바젤 대학에서 신학을 공부했으나 이 길이 자신의 길이 아님을 깨닫는다. 그는 문헌학과 역사에 대한 관심이 깊어 1839년 가을, 당시 역사학 분야에서 명성을 떨치던 랑케를 찾아가 베를린 대학으로 적을 옮긴다. 그는 그곳에서 1843년까지 랑케·드로이젠·쿠글러·그림·뵈크 등에게서 역사학·예술사·문헌학·고전학 수업을 듣는다.

1843년 다시 바젤로 돌아온 부르크하르트는 베를린 대학 시절에 작성한 몇 편의 논문을 바젤 대학에 제출하고 박사학위를 받는다. 1844년에는 바젤 대학에서 「1444년 아르마냐크 원정 시기의 프랑스 상황에 대하여」라는 제목으로 취임 강연을 하고 교수 자격을 취득한다. 바젤 대학의 역사학 정교수에 임명되기 전까지 그는 『바젤 신문』의 편집일과 여러 지면에 글을 기고했다.

1852년 최초의 역사 대작 『콘스탄티누스 대제 시대』를 쓰고, 1855년 『여행 안내서:이탈리아 예술작품의 감상을 위한 안내서』를 발표하는데, 이 책을 근거로 취리히 연방 공과대학의 예술사 교수로 초빙된다.

1858년 바젤 대학 역사학 정교수가 되어 돌아온 후로는 1893년 퇴임할 때까지 이곳에서 강의 생활을 충실히 했다. 1860년 오랜 기간 준비한 대작 『이탈리아 르네상스의 문화—시론』을 발표하고, 이를 계기로 그의 명성이 높아진다. 부르크하르트는 빌헬름 뤼프케와 공동 저술한 『근대 건축 예술사』를 마지막으로 더 이상 어떠한 책도 발표하지 않는다. 그 밖의 『세계사적 고찰』이나 『그리스 문화사』 등은 그의 사후에 출간된 것이다.

이탈리아에 도래한 새로운 고대문화의 부활

이탈리아 문화사에 대한 개관이 이 시점에 이른 지금, 우리는 그것의 '부활'이라는 말로 이 시대 전체를 일방적으로 아우르게 된 고대를 뒤돌아보지 않을 수 없다. 지금까지 묘사한 사건들은 고대가 아니었어도 이탈리아를 뒤흔들고 성숙시켰을 것이고, 앞으로 열거할 새로운 정신적인 방향들도 그 대다수는 고대 문화 없이 생각할 수 있다.

그러나 지금까지 얘기한 것들이나 앞으로 논의할 모든 현상은 고대 세계의 영향 아래 다양한 색채를 띠는 것들이며, 비록 문제의 본질은 고대가 아니어도 이해할 수 있고 존재한다고 하더라도, 그것이 삶에서 표현되는 방식은 고대와 함께 또한 고대를 통해서만 이해할 수 있다. 만일 고대를 쉽게 무시했더라면 '르네상스'는 결코 그 커다란 세계사적 필연에 이르지 못했을 것이다.

하지만 유럽 세계를 정복한 것은 고대 하나만이 아니었다. 고대와 함께 병존하며 끈끈한 유대를 맺고 있던 이탈리아의 민족정신도 서구 세계를 사로잡았다. 우리는 바로 이 점을 이 책의 핵심명제로 주장하려고 한다. 이 가운데 이탈리아의 민족정신이 지켜간 독자성은 한결같지 않았고, 일례로 근대의 라틴어 문학만 보더라도 그 힘의 발휘는 상당히 미미했지만, 조형미술을 비롯한 다른 분야에서는 눈에 띄게 큰 힘을 발휘하였다. 따라서 같은 민족이 긴 세월을 사이에 두고 선보인 두 문화기의 결합은 독자성이 높은 대등한 결합이며, 결국 정당하고 생산적인 결합임을 증명하는 것이다.

서구의 여러 나라는 이탈리아에서 밀려오는 거대한 자극에 저항하거나 그 일부 또는 전체를 수용하였다. 전체를 수용한 경우, 우리는 중세의 문화와 사상이 일찍감치 몰락한 것을 슬퍼할 필요가 없다. 만약 중세의 문물들이 저항했다고 한다면 그것들은 지금도 여전히 살아 있을 것이다. 중세를 추모하는 감상적인 사람들이 한 시간만이라도 그 속에서 생활한다면 아마 그들은 열렬히 근대의 공기를 호흡하고 싶어할 것이다. 물론 이러한 대변혁기에는 여러 우수한 문물이 전통과 시문학 속에서 불멸의 자취를 남기지 못하고 사라지는 것도 사실이다. 그렇다고 이 거대한 사건이 일어나지 말기를 바랄 수는 없는 노릇이다.

이 사건이란, 그때까지 (오랫동안은 아니지만) 서구를 결속시켜온 교회 외에 하나의 새로운 정신적인 매개체가 등장한 것을 말하며, 이것이 이탈리아부터 확산되면서 서구 모든 교양인에게 삶의 환경이 된 것을 말한다. 여기에 가해질 수 있는 가장 신랄한 비판으로 우리는 이 사건이 대중성을 확보하지 못했다는 것과, 그로 인해 필연적으로 전 유럽에서 교양인과 비교양인으로 계층이 분리되었다는 것을 들 수 있다.

그러나 교양층과 비교양층의 분리는 오늘날에도 여전히 존재하는 것을 우리가 알면서도 없앨 수 없는 것임을 인정할 때, 위의 비판은 전혀 근거가 없는 것이다. 게다가 이탈리아에서는 교양인과 비교양인의 구분이 다른 나라에서처럼 그렇게 가혹하고 엄격하지 않았다. 이탈리아 최고의 시인인 타소의 작품들은 빈민들의 손에도 들려 있지 않았는가.

14세기부터 이탈리아인의 삶에 강력히 파고든 고대 세계—어떤 때는 문화의 토대와 근원

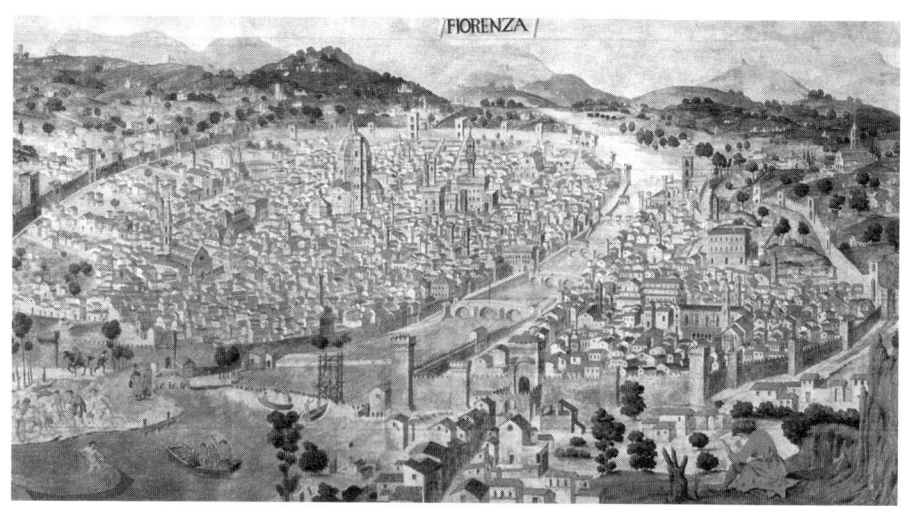

15세기 무렵의 피렌체 전경 피렌체는 이탈리아 르네상스의 시기인 14~16세기에 예술과 상업 그리고 학문 발전의 중심지였다.

으로, 어떤 때는 존재의 목표와 이상으로, 또 일부는 전 시대를 대신할 의식적인 대안으로 등장한 고대 그리스와 로마 문화는 이미 오래 전 중세에도 이탈리아 외의 다른 나라에 영향을 준 바 있다. 카를 대제가 대표했던 문화는 본질적으로 7세기와 8세기의 야만성에 맞선 하나의 르네상스였고 그것 아닌 다른 것은 될 수 없었다. 또 북유럽의 로마네스크 건축술에 고대에서 전승된 보편적인 기본형식 외에 뚜렷하게 고대를 직접 모방한 형식이 스며들었듯이, 수도원의 학자들도 다량의 학문적 자료를 고대 로마의 작가들에게서 취했으며 문체에서도 아인하르트 이래로 줄곧 로마를 모방하였다.

그러나 이탈리아에서는 고대가 북유럽과는 다른 방식으로 부활하였다. 야만의 시대가 끝나자마자 아직 절반쯤 고대의 모습을 간직하고 있던 이 민족의 마음속에 과거에 대한 인식이 일어나기 시작했다. 그들은 과거를 찬양했고 그것을 재생하고자 했다. 다른 나라는 학문과 성찰의 목적으로 몇 가지 고대의 요소를 이용했지만, 이탈리아에서는 학자는 물론이고 일반 대중까지 고대 문화 전반에 실제적인 흥미를 보였다. 고대는 그들의 위대함을 상기시키는 것이었기 때문이다. 라틴어를 쉽게 이해할 수 있다는 것과 아직 남아 있는 수많은 과거의 기억과 기념물들이 이 같은 흐름을 강하게 밀고 갔다.

이 흐름과 더불어 그 사이 변화한 게르만족과 롬바르드족 국가의 민족정신, 보편적인 유럽의 기사도, 북유럽 문화의 영향 그리고 종교와 교회에 대한 반작용으로 새로운 기운이 싹트기 시작했다. 서구의 본보기가 될 운명을 안고 태어난 근대 이탈리아 정신이었다.

『이탈리아 르네상스의 문화』 제3부 고대의 부활 「들어가는 말」

이탈리아 르네상스 문화를 포괄적으로 해석한 문화사의 전범

이 책은 흔히 문화사 쓰기의 전범으로 간주되어왔다. 문화사란 어떻게 연구되고 어떻게 서술되어야 하는가에 대한 답변은 이 작품을 보여주는 것으로 대신해도 된다고 많은 사람들이 주장해왔던 것이다.

그러나 우리가 이러한 고정관념을 깨뜨리고 다시 현대적 시각에서 이 작품을 찬찬히 뜯어보면 그 안에 전혀 새로운 모습이 담겨 있음을 발견하게 된다. 가령 오늘날의 사회사나 일상사, 역사적 인간학에서 다루는 주제나 소재들이 이 책 곳곳에 스며 있다. 언어 · 관습 · 축제 · 가족 · 결혼 · 출생 · 어린이 · 음식 · 질병 · 죽음 등 일상생활과 관련된 신문화사적 · 일상사적 · 미시사적 소재들은 말할 것도 없고, 청소 · 화장 · 화장실 · 청결 등의 위생사적 문제나 각 사회계층간의 서열과 이동 등의 사회사적 문제, 도시와 농촌에서의 주거형식이나 거주습관과 관련한 역사적 인구학(historical demography)의 문제, 대학 · 학교 · 도서관 · 교회 등의 사회적 조직과 사회제도의 문제 등이 그 예이다. 그밖에 범죄 · 사랑 · 도덕 · 종교 등 평범한 문화사적 소재들도 부분적으로 당시의 일반 민중 또는 하층민과의 연계 속에서 취급되고 있다는 점에서 이른바 '아래로부터의 역사'를 추구한 20세기 사회사의 앞선 모델을 보는 듯한 인상도 준다.

또한 특기할 점은 제1부에서 당시 피렌체와 베네치아의 경제적 규모를 예시하면서, 또는 제3부에서 고대 문헌 수집가의 수집 규모를 설명하면서, 그밖에 필요하다고 생각되는 부분에서는 언제나 당시의 통계를 제시하고 있다는 점이다. 물론 일정한 도표나 그래프까지 이용한 것은 아니지만, 그래도 통계수치를 적극적으로 활용하고 있다는 점은 분명 오늘날의 사회-경제사에서의 통계-계량적 방법을 '부분적으로' 선취하고 있다는 사실을 의미한다.

더 나아가 르네상스기의 상층부 여성과 소녀 · 매춘부들을 별도의 장에서 취급하고 있는 이 책은 여성사나 젠더의 역사 분야에서도 충분히 주목할 만한 가치를 지닌 작품으로 평가받을 수 있다. 이 부분은 특히 별도의 연구가 필요한데도 거의 주목받지도, 또 그래서 제대로 평가받지도 못하고 있는 실정이다. 이미 여러 분야에서 시대를 앞선 사상가로 평가받고 있는 부르크하르트가 언젠가 뛰어난 페미니스트적 감각을 지닌 역사가이기도 했다는 새로운 평가가 나오기를 기대해본다.

끝으로 이 작품이 안고 있는 문제점을, 지금껏 누차 지적되어왔고 여전히 논쟁을 벌이고 있는 르네상스 해석과 관련한 부분이 아니라 약간 다른 시각에서, 즉 이 작품을 포함한 그의 문화사 자체가 안고 있는 몇 가지 문제점을 짚고 넘어가고자 한다.

우선 부르크하르트는 자신의 문화사가 다른 일반 역사와 개념적 · 방법적으로 차별성이 있다고 주장하지만 실제로 그의 역사 서술에서는 그 차이가 거의 드러나지 않는다. 이러한 혼란은 일차적으로 그의 문화사가 전통적인 의미의 제도적 정치사를 배제하지 않았기 때문에 나타난 현상일 것이다. 더 나아가 그의 문화사학은 나름대로 새로운 연구와 서술 방법을 제시하고 또 지향하고 있으면서도 전통적인 해석학적 연구방법과 서사적 서술방식을 완전히 탈피하지 못했다는 비판에서 결코 자유롭지 못하다. 20

세기의 사학이 이 한계들을 꽤 많이 극복해나간 모습을 보면 어쩌면 이러한 문제점들은 시대적 한계인지도 모르겠다.

이러한 방법과 이론상의 한계보다 더 심각한 문제는 그 주제와 내용상의 한계, 구체적으로는 부르크하르트의 사상과 이념상의 한계이다. 프랑스 혁명과 산업화로 열린 19세기 근대 산업사회의 모든 폐해, 즉 권력국가의 등장, 배타적이고 폭력적인 민족주의, 물질만능주의, 경제지상주의, 과격한 사회주의와 공산주의, 급진적 민주주의 사상들, 저급한 대중문화 등의 불안한 현실과 불확실한 미래, 즉 혁명시대의 이러한 총체적 위기 앞에 부르크하르트는 구유럽의 고전 문화와 그 전통의 수호를 유럽 지식인의 시대적 사명으로 간주하였다.

그가 서양 역사상 문화적으로 가장 번성했던 기원전 5세기의 아테네와 르네상스기의 피렌체를 "위대한 정신적 교합장소"로 이상화하고, 그들의 역사적 재구성 작업에 몰두했던 것은 그 점에서 별로 놀랄 일이 못 된다. 그 심정이야 이해 못할 바도 아니지만, 어쨌든 자기 학문 구성의 궁극적인 목표를 과거의 찬란했던 전통에 맞추는 행위는 자칫 복고적 또는 반동적 보수주의라는 협소하고 위험한 정치이념적 틀을 생산해내고 그 안에서 안주할 우려가 있다. 거기에서 파생될 수 있는 여러 문제에 대해서는 더 이상 논급할 필요조차 없을 것이다.

이념상의 한계와 관련된 문제점이 한 가지 더 지적될 수 있다. 정치사가나 사회사가 등 특수한 영역의 역사를 연구하고 서술하는 사람들에게서 대체로 나타나는 일반적인 현상이겠으나, 부르크하르트에게서도 문화나 예술이 인간 삶의 다른 그 어떤 영역보다도 상위에 놓이고, 경우에 따라서는 거의 절대적인 가치를 부여받는다. 문제는 특정 영역에 대한 과도한 선호 자체가 아니라, 그러한 현상으로 인해 자칫 본말이 전도될 수 있는 위험성이다. 즉 문화나 예술은 정치나 경제와 마찬가지로 인간의 삶 또는 인간 사회를 구성하는 여러 영역 가운데 일부에 불과하다. 하지만 그것이 지나치게 무비판적으로 강조될 경우 문화나 예술 자체가 마치 인간의 삶 자체인 양 인식되고 취급될 수 있다. 특정 영역에 과도한 가치가 부여됨으로써 나타날 수 있는 이러한 문제점은 그에 대한 예리한 자기반성적 인식이 전제되지 않는 한 쉽게 극복되지 않는다. 부르크하르트는 이러한 문제점을 적어도 그의 역사 서술 안에서 냉철하게 통찰하거나 반성하고 있다는 인상을 거의 주지 않기 때문에, 그에게서 문화와 예술에 대한 절대적 가치 부여에 따른 가치 전도의 위험성은 상존한다. 그러나 이러한 비판들은 오늘날에도 퇴색하지 않고 여전히 빛을 내뿜고 있는, 그래서 꾸준히 재해석되고 재평가되고 있는 부르크하르트의 위대한 업적에 비한다면 한낱 계란으로 바위 치기에 불과하다.

최성철

서강대 인문대학 강사 · 서양사학

옮긴이 이기숙은 연세대학교 독어독문과를 졸업했고, 독일 뒤셀도르프 대학에서 독어학을 전공하여 박사학위를 받았다. 현재 전문번역가로 활동하고 있다. 역서로는 한길사에서 펴낸 『이탈리아 르네상스의 문화』를 비롯하여, 『가톨릭에 관한 상식사전』『푸르트벵글러』『용기 있는 목소리』『식도락 여행』『뒤러의 예술』『세계신화이야기』『유럽의 살롱들』『기호와 해석』『언어변화』 등이 있다.

분서 1·2

이지 지음 | 김혜경 옮김 | 560쪽(1권)·672쪽(2권)
2004 문화관광부 우수학술도서

"책에서 말한 바가 요즘 학자들의 고질병에 적중했으니, 그들은 반드시 나를 죽이고 싶겠지. 때문에 나는 이 책을 태우려 했으니, 『분서』라는 책제목은 응당 불태워 없애야 하고 남겨두면 안 되는 사정을 말한 것이다."

『분서』의 서문에서 탁오는 작명의 이유를 위와 같이 설명한다. 『분서』는 봉건의 폐단이 커커이 누적되어 더 이상 사회적 발전을 기대하기 어렵던 명대 말기에 명확한 논조로 시대의 문제점을 지적하고 거기에 대한 자신의 생각을 사람들에게 펼쳐 보인 책이다.

그는 서신·잡문·역사평론·시가 등 다양한 문체를 구사하며 뛰어난 위트와 문학감각을 보여주었고, 반봉건·반전통·반도학(反道學)의 가장 대표적인 저작으로 군림한다는 데 지금까지 이의가 없다.

탁오의 서술에 두드러진 특징이 있다면, 그것은 시대가 강제하는 획일적 사고에는 반감을 느끼면서도 경우에 따라 어떤 대목에서는 또 전통 자체를 무가치한 것으로 몰아붙이진 않는다는 것이다. 그는 어디에도 매이지 않는 자유로운 사고를 희구했지만, 그렇다고 해서 거기서 완전히 자유로운 것은 아니었다. 허위에 찬 도덕을 공격했지만 도덕을 저버린 적도 없었다.

탁오는 책에서 이학의 기반이 되는 성현의 절대적인 권위를 부정하고, 주체적인 의식과 아울러 평등사상을 고취시켰으며, 근대적 인문주의로 일컬을 수 있는 계몽사상의 발휘에 온 힘을 다한다. 봉건적인 교조와 예교의 속박은 탁오가 평생을 두고 거부했던 투쟁대상이었고, 치열한 구도정신과 열정으로 이뤄낸 지식의 세계는 한마디로 광대무변 그 자체였다.

이지(1527~1602)

이지(李贄)의 원래 이름은 재지(載贄), 호는 탁오(卓吾)이다. 조상 중에는 페르시아 만을 오가며 무역을 하다가 색목녀를 아내로 맞거나 이슬람교를 믿은 이도 있었지만, 이지 본인은 중국의 전통문화 안에서 성장했다. 그러나 훗날 노장과 선종, 기독교까지 두루 섭렵한 이력으로 인해 그의 사상은 중국 근대 남방문화의 결정체로 설명되기도 한다.

그는 26세 때 거인(擧人)에 합격해 하남·남경·북경 등지에서 줄곧 하급 관료생활을 하다가 54세 되던 해 운남의 요안지부를 끝으로 퇴직했다. 이지는 40세 전후 북경의 예부사무로 근무하던 중 왕양명과 왕용계의 저작을 처음 접한 뒤 심학에 몰두했다.

나이가 들어 불교에 심취하고는 62세에 정식으로 출가해 절에서 기거했다. 그는 유불선의 종지가 동일하다고 인식했고, 유가에 대한 법가의 우위를 주장했으며, 소설과 희곡 같은 통속문학의 가치를 긍정하는 평론 활동을 폈다. 유가의 정통관념에 도전하는 『장서』를 집필했고, 공자가 아닌 자신의 기준으로 경전을 해설한 『사서평』을 출간했으며, 선진 이래 줄곧 관심 밖에 있던 『묵자』의 가치를 새롭게 조명하기도 했다.

이렇듯 스스로 이단을 자처하며 유가의 말기적 폐단을 공격하고 송명이학의 위선을 폭로한 그에게 세인은 양쪽으로 갈려 극단적인 평가를 부여했다. 결국 혹세무민의 죄를 뒤집어쓰고 감옥에 갇혀 있던 중 76세에 자살로 생을 마감했다. 그의 저작들은 명·청대의 가장 유명한 금서였지만 대부분은 지금까지 전해지고 있으며, 그의 이름을 빌린 수많은 위작 또한 횡행하고 있다.

위의 글로 말미암아 지난 일을 기록해보다 因記往事

예전에 황안(黃安)에서 살 때, 오소우(吳少虞)라는 큰 두건(大頭巾)이 나를 희롱한답시고 이렇게 말한 적이 있다.

"공께서 임도건을 안다고 할 수 있을까요?"

임도건은 원래 복건(福建)과 광동성(廣東省) 사이에 걸쳐 살았던지라, 복건 사람을 놀릴 때면 반드시 임도건을 거론하게 마련이었다. 나는 그에게 '당신의 이 말은 나를 욕하는 거요, 아니면 찬양하는 거요?' 하고 물었다. 만약 그 말이 칭찬이었다면, 오소우는 임도건을 거도(巨盜)로 몰고 나는 청렴한 관리로 만들어주는 폭이었다. 하지만 나는 오소우란 큰 두건이 결코 이런 식으로 사람을 칭찬할 위인은 아닌 줄 익히 아는 터였다. 만약 그 말이 욕설이었다면 내 어떤 사람이라고 감히 임도건의 만분의 일이나마 따라갈 수 있으랴?

임도건은 바다 위에서 삼십여 년이나 횡행하였다. 질강과 남직예로부터 광동과 복건에 이르는 몇 개 성의 연근해 지역에서 재화가 많이 난다고 이름났거나 사람과 물산이 몰려드는 지역은 해마다 그에게 노략질을 당했다. 성과 고을이 함락되고 관리들이 살육을 당하는 통에 조정에서는 임금조차 제때 식사를 못하는 판이었다. 정형과 도총통 같은 문무대신을 제외하고도 그를 잡아들이라는 명을 받고 파견되었다가 길에서 잡혀 죽은 사람이 또 얼마인지 알 수 없을 정도였다. 하지만 임도건은 여전히 유유자적 횡행을 그치지 않고 있다. 지금은 요행히 성군께서 윗전에 계시어 형벌이 적절히 시행되고 왜구는 멀리 쫓겨났으며 백성들도 높은 베개 베고 편안히 잠을 자건만, 임도건만은 한사코 예전처럼 무탈하게 지내는 형편인 것이다. 자칭 왕이라 하고 패자(覇者)로 호칭하는데도 사람들은 그를 따르고 싶어하며 아무도 배신하려 들지 않는다. 그의 재주와 식견이 보통을 뛰어넘고 담력과 기상이 무리를 압도하리라는 것쯤은 말하지 않아도 알 수 있는 노릇이렷다. 만약 임도건으로 하여금 이천 석의 녹을 받는 군수의 직책을 맡긴다면 해상에서 또다른 임도건이 출현하더라도 결코 방자히 굴지는 못할 것이다. 가령 이탁로(李卓老)를 임시변통으로 해상의 임도건과 교체시킨다고 가정해보자. 나는 안다. 군수 임도건은 며칠 안에 이탁로를 잡아죽일 텐데, 이 일에 병사 한 명 다치지 않고 화살 한 개도 소요되지 않을 것임을 말이다. 또 이탁로가 군수 노릇하던 시절은 마침 임도건이 횡행하여 편안한 날이 없을 때였는데, 그때 국가는 과연 이탁로가 반드시 훌륭한 계략으로 임도건을 잡아죽임으로써 해상에서 수십 년이나 버틴 도적을 소탕할 거라 보증할 수 있었을까? 이 모두는 눈에 보이는 뻔한 사실인데 어찌하여 스스로를 헤아릴 줄 모르고 날뛰겠는가 말이다!

아아! 평소 무사안일로 그저 얌전이나 빼고 고개나 숙이면서 진종일 단정히 앉아 흙인형이나 똑같이 구는 자를 두고 잡념을 일으키지 않으시니 진실로 대성인이자 큰 현인이라 여기는구나. 개중에 어느 정도 간사함을 배운 자는 또 양지(良知)를 강론하는 자리에 끼여들어 고관대작 될 길을 은연중 도모하기도 한다. 그러나 일단 놀랄 일이 생기면 서로 멍하니 얼굴이나 쳐다보고 인간다운 낯빛은 없어질뿐더러 심한 경우는 서로 책임을 전가함으로써 명철보신할 수 있다고 여기는 판국이렷다. 따지고 보면 국가에서 원래 이런 놈들만 골라 등용한 탓에 막

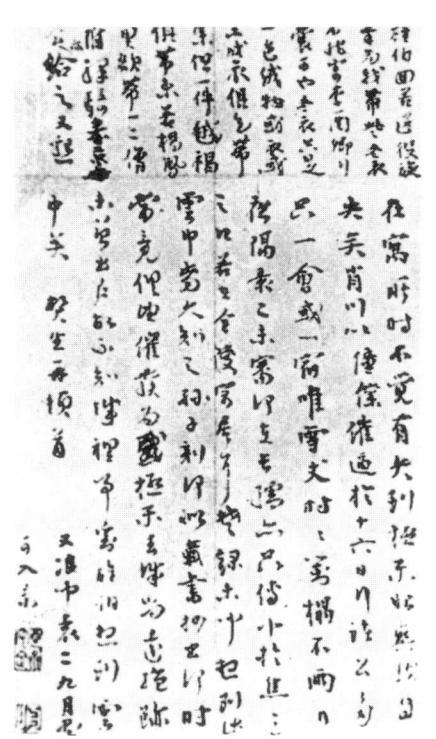 

왼쪽 | 이지의 수고(手稿) 간결하지만 힘이 넘치는 서체에서 그의 담박하면서도 꼿꼿한 성품을 엿볼 수 있다.
오른쪽 | 이지의 묘 북경시 외곽 통주의 서해자공원에 있는 이지의 묘비이다.

상 일을 당해서는 쓸만한 사람이 없는 것이다. 또 재주와 담력과 식견이 있는 그런 사람들을 내치고 임용하지 않거나, 또 그들이 관료가 되는 길을 엄격히 제한하며 천하를 어지럽힐 자들로 간주해버리니, 비록 도적질을 안 하고 싶다 한들 그 형세는 절로 그리되지 못한다. 만약 국가가 그들을 등용하여 군수나 영윤의 벼슬을 시킬 수만 있다면, 이들이 어찌 삼십만의 용맹한 군사를 감당하는 정도에 그치겠는가? 또 만약 그들을 등용하여 호랑이처럼 용맹한 무신으로 키운다면 변방의 일은 그들에게 전담시킬 수 있으니, 사방 국경을 지켜야 할 근심은 조정에서 절로 사라질 것이다. 온 세상의 시비가 뒤집힌 탓에 호걸로 하여금 불만과 한을 품게 하고 영웅은 힘쓸 곳 없는 비애를 느끼게 한다면, 이는 그들로 하여금 도적이 되는 길로 내모는 것에 다름 아니다. 나는 여기에 대해 통한의 염을 품고 있는데 오소의란 큰 두건은 도리어 놀림감으로나 여기고 있구나. 나는 바야흐로 이를 부끄럽게 여기는데 큰 두건은 이를 조롱하고 있으니, 천하가 언제 태평해지겠는가? 그런 연유로 재주와 식견과 담력을 논급하던 차에 급기야 십여 년 전에 들었던 말을 다시 떠올리게 되었던 것이다. 아! 반드시 임도건 같은 자라야만 이백 퍼센트의 재주가 있고 이백 퍼센트의 담력이 있다고 말할 수 있을 것이다.

「분서 2」 권4 잡술 雜述

전통사회의 위선을 비판하고 진리추구를 위한 일침을 가하다

 이지의 저술에서 가장 눈에 띄는 특징이 있다면, 그 섭렵의 범위가 광범위하면서도 문제를 보는 관점과 해석이 대단히 예리하다는 것이다. 그는 유교·불교·도가사상 외에도 법가를 위시한 제자백가와 역사에 깊은 조예를 지니고 있었다. 심지어 기독교나 회교 등에도 관심이 많았고, 문학적인 소양은 고전을 위주로 하면서도 그의 소설이나 희곡론에서 보이는 것처럼 당대의 어느 사대부보다 다양하면서도 선진적이었다. 이러한 인식 기초는 역사와 사회를 평가할 때에 그로 하여금 모호하지 않은 정확한 어휘로 시비장단을 가리고 요점을 지적해내게 만드는 배경이 되었다. 이는 대체로 그의 사상이 형이상학의 추상적 영역에만 국한되지 않고 삶의 현실적 요인들을 고려할 작정을 하고 있기 때문에 가능한 일이었다.

 명대는 이전 왕조에 비해 내부적으로 변화가 요동치던 시기였다. 목가적인 풍경을 연출하던 초기가 지나자 상업과 무역이 활발해지는 가정(嘉靖, 1522~66) 시대가 도래했고, 만력 연간에 이르러서는 온 천하가 금전에 목을 매는 상황으로 돌입하게 되었다. 현실적인 요구에 발맞춰 명 왕조는 노역을 은으로 대납하는 장적제도(匠籍制度)나 실물 납세와 요역을 화폐로 계산하는 일조편법(一條鞭法) 등의 경제적 개혁을 단행함으로써 상품경제의 발달을 촉진시키고, 조상 전래의 해금정책(海禁政策)을 철폐시켜 서태평양의 무역과 제해권의 경쟁에서 유리한 위치를 점유하게 된다. 그러나 명나라는 정치적인 혼란을 극복하지 못해 결국은 잇단 농민 반란과 유목민족의 침입으로 장강 중하류와 연안 해역에 형성했던 상업경제권까지 일거에 훼멸되는 운명을 맞아야 했다. 이러한 어지러운 사회에는 자연 역사적인 변화가 수반되게 마련이었는데, 특히 명대 말기에는 각 계층 간의 모순이 교직되면서 혼란이 가중되었다. 하지만 이런 상황은 역으로 지식인들을 각성시켜 그들의 사유활동을 촉진시켰을 뿐 아니라 각자의 배타성을 허물어뜨리는 데도 일조한 측면이 없지 않았다.

 명대 말기의 사회사조는 유불도의 혼융이 형식이 되고 개성의 해방이 내용이 된다. 당시에는 삼교를 놓고 두 가지 현상이 나타났는데, 하나는 삼교를 독립시켜 보는 게 아니라 삼자를 융합해 일종의 합치된 종교로까지 발전시킨 경우이다. 예컨대 삼일교(三一教)를 제창한 임조은(林兆恩, 1517~98) 같은 경우가 대표적으로, 그는 육왕심학(陸王心學)에 도교와 불교를 가미한 삼일교를 제창하여 유교를 종교적인 방식으로 민간에 선교하였다. 하지만 지식인 사회에서 이런 경향은 보편적인 것이 아니었으니, 그들의 입장은 어느 한 교리에 연연하지 않고 삼교를 폭넓게 받아들이며 삼자의 공통성에 유의하는 편이었다. 이러한 성질은 개성을 존중하는 명말의 사회사조와 서로 맞물려 문학해방운동으로 발전해나간다. 당시에는 삼교 모두에 '경전과 교리를 경시'(離經慢教)하는 기풍이 성행했는데, 이는 곧 문학의 해방에 일정한 의지로 작용하게 되었다. 이는 또 전통사상에 대해 새로운 해석을 실현하는 표현방식으로 나타났고, 이지는 그런 신념을 열렬하게 실천한 사상가 중 가장 대표적인 인물이었다. 결과적으로 그를 위시한 좌파 사상가들은 삼교의 유사성을 주장했으며 또 어느 한 교파가 절대적으로 옳다는 것을 부인한 것에 특징이 있다. 이 같은 결합은 그의 문장 곳곳에 나타나는데, 아래의 미학론에서 좀더 구체적으로 확인해보기로 하자. 이지 사상의 본류는 물론 유가에 있지만, 그의 미학적인 관점은 대부분 도가에서 나온 것이었다. '진'(眞)에 관해 장자는 다음과 같이 말한다.

> 진이란 정성의 지극함이다. 정성스럽지 않으면 사람을 감동시키지 못한다. ……진정한 슬픔은 울음이 없어도 슬프고, 깊은 노여움은 굳이 화를 내지 않아도 위엄이 서며, 진정한 친함은 웃지 않아도 화합이 된다. 진정이 안에 있으면 밖으로 정신이 드러나니, 이것이 진정을 귀하게 여기는 까닭이다. ……예란 세속인이 행하는 바이고 진정이란 하늘로부터 품수받은 것이므로 자연 바꿀 수가 없다. 그러므로 성인은 하늘을 본받고 진정을 귀하게 여기며 세속에 구애되지 않는다.

장자가 말하는 진이란 세속의 예나 허위와는 직접적으로 대립되는 개념이다. 『노자』에서도 진이나 덕은 적자(赤子)의 품격을 가리키는 뜻으로 사용되는데, 이는 이지가 「동심설」에서 주장하는 "동심은 진실한 마음이며 거짓이 없는 순진무구함으로 사람이 태어나서 가장 처음 갖는 본심이다. 만약 동심을 잃게 되면 진심도 잃게 되고, 진심을 잃으면 진실한 인간성도 잃어버리게 된다"는 주장과 일맥상통하는 내용이다. 당시는 또 도가의 영향으로 위·진(魏晋)의 명사풍류(名士風流)가 재현되는 풍조가 있었는데, 이지도 혜강(嵇康)과 완적(阮籍)을 흠모하는 부류 중의 한 사람이었다. 이지의 저술 중에서 『노자해』(老子解)와 『장자해』(莊子解)는 모두 이런 배경 아래 지어진 작품으로 도가사상이 그의 인생관과 심미적 정취, 문학사상 및 작품의 풍격에 미친 영향을 알 수 있게 해준다.

그런데 도가의 자연사상을 상징적으로 말하는 담박(淡泊)은 이지와는 거리가 있는 개념이었다. 이런 풍격은 명말의 회오리치는 듯한 시풍과 현격한 차이가 있었고 또 이지의 성격과도 걸맞지 않았다. 이지는 비록 자연을 숭상하긴 했지만 문학에 있어서는 비분강개나 항장격월(亢壯激越)의 풍격을 귀하게 치는 성향이었던 것이다.

> 일단 그럴싸한 풍경을 보면 감정이 솟구치고 눈길 닿는 사물마다에 탄식이 흘러나온다. 그리하여 다른 사람의 술잔을 빼앗아 자신의 쌓인 우수에 들이붓게 되고, 마음속의 울분을 하소연하거나 천고의 기박한 운명에 대해 한탄하게 되는 것이다.

여기서 그가 말하는 자연은 정성(情性)의 표현양식으로서 정감을 중시하지 않는 도가의 소극적인 자연 운용과는 완전히 다른 것인데, 이는 유가의 적극적인 인생관 내지는 태도에서 그 이론적 근원을 찾아볼 수 있다.

김혜경
한밭대 교수·중문학

옮긴이 김혜경은 대전에서 태어나 이화여대에서 중국문학을 전공하고 국립대만사범대학교 국문연구소에서 석사와 박사학위를 받았다. 하버드 대학 옌칭 연구소에서 연구했으며, 1991년부터 국립한밭대학교 외국어학부 교수로 있다. 명말청초 및 근대의 문학과 사상을 주로 공부하면서 이 시기의 고전을 우리말로 옮기는 작업에 관심을 기울이고 있다. 역서로는 한길사에서 펴낸 『분서』, 『속분서』가 있고, 그 밖에 『요재지이』(전6권)가 있다. 논문으로는 「이탁오와 그의 문학이론」 「호적연구」(胡適研究) 등이 있다.

7

한길그레이트북스 제61권~제69권

"되돌아가는 것이 도道의 움직임이요,
유약한 것이 도의 쓰임이니,
세상의 만물은 유有에서 생겨나고,
유는 무無에서 생겨난다."

● 왕필, 『왕필의 노자주』에서

혁명론

한나 아렌트 지음 | 홍원표 옮김 | 448쪽
2005 대한민국학술원 우수학술도서

▷ 저자의 다른 작품
『인간의 조건』(GB 11)
『예루살렘의 아이히만』(GB 81)
『전체주의의 기원 1, 2』(GB 83, 84)
『공화국의 위기』(GB 117)

과연 현대인은 근대 혁명을 이해하는 데 많은 시간을 투자할 필요가 있는가. 근대 혁명들이 과연 현대 정치를 이해하는 데 많은 교훈을 제공하는가. 이러한 질문에 회의적인 독자들은 『혁명론』에 주목하지 않을 것이다. 그러나 아렌트는 『혁명론』에서 분명히 우리 시대의 정치적 삶이 무엇을 의미하는가에 대한 근본적인 해답을 제시한다.

'혁명'의 이름으로 정당화되었던 폭력에서 희망의 빛을 발견하기란 쉽지 않다. 외형적으로 보면 이 책은 미국 혁명과 프랑스 혁명에 관한 이야기로 구성되어 있다. 아렌트는 미국 혁명은 '성공한' 혁명이지만, 프랑스 혁명은 '실패한' 혁명이라는 점을 강조한다. '실패한' 혁명이란 자유를 확립한다는 명분으로 자유를 유린한 혁명을 일컫는 것이다.

아렌트는 폭력을 수반하는 혁명을 연구하면서 인간의 고통을 야기했던 역사를 반복하지 않도록 혁명정신을 지속적으로 발현시키자는 데 더 역점을 두고자 했다. 혁명정신은 외형적으로 모순되는 두 가지 요소를 담고 있다. 하나는 새로운 정치구조의 안정성과 지속성에 대한 자각이며, 다른 하나는 인간의 시작 능력에 대한 자각을 포함한다.

사람들은 영구적으로 지속될 수 있는 세계를 건설하고자 하지만, 아렌트는 새로운 시도와 자유의 중요성을 부각시키고 있다. 그는 프랑스 혁명에서 역사의 필연성을 발견했던 헤겔의 역사이론뿐 아니라 사회혁명의 필연성을 주장하는 마르크스의 역사이론에도 의존하지 않은 채, 이야기하는 방식으로 혁명 참가자들의 행적에 담긴 의미를 현대의 인간관계망과 해석망으로 끌어들인다.

한나 아렌트(1906~75)

한나 아렌트(Hannah Arendt)는 독일 하노버에서 출생하여 유년시절을 대부분 쾨니히스베르크에서 보냈는데, 이때 어머니를 통해 유대인의 삶을 이해하게 되었다. 그는 대학시절 하이데거와의 만남을 계기로 철학에 관심을 갖게 되었으며, 야스퍼스의 지도 아래 「아우구스티누스의 사랑 개념」이란 주제로 철학 박사학위를 받았다.

아렌트는 나치 체제의 등장으로 정치에 관심을 갖게 되면서 1933년 프랑스로 망명한 이후 발터 벤야민 등 많은 지식인을 만나 유대인 운동에 참여했다. 1941년 미국으로 이주한 그는 1951년 미국 시민권을 획득해 18년 동안의 무국적 상태를 벗어나게 되었는데, 이때의 경험을 바탕으로 쓴 그의 첫번째 책이 『전체주의의 기원』(1951)이다.

이후 아렌트는 정치이론가로서 정치현상의 근본적 의미를 밝히는 데 전념해 『인간의 조건』(1958), 『과거와 미래 사이』(1961), 『예루살렘의 아이히만』(1963), 『혁명론』(1963) 등 중요 저작들을 연이어 출간했다. 이 가운데 『혁명론』에는 아렌트의 최종적인 '정치'사상이 담겨 있는데, 그가 1956년 헝가리 혁명을 계기로 혁명 연구에 관심을 갖게 되면서 프린스턴 대학 세미나에서 「미국과 혁명정신」이란 주제로 강연한 것을 정리해서 완결지은 것이다.

『혁명론』은 '새로운 시작'과 자유를 기리는 혁명송이자, 정치학도들에게 다양한 정치적 통찰력을 제공하는 귀중한 교과서로서 의미 있는 저작이다. 그는 1970년부터 1975년 12월 심근경색으로 사망하기 직전까지 주로 뉴스쿨 세미나와 애버딘 대학의 기퍼드 강의를 통해 정신의 삶을 연구하는 데 전념함으로써 자신의 정치철학을 거의 완결하게 되었다.

자유의 확립을 가져온 미국혁명의 의의

신세계와 구대륙 국가들 사이의 유대를 붕괴시킨 하나의 사건이 있었다면, 그것은 당대 사람들의 관점에서 볼 때 대서양 다른 편의 영광스러운 본보기가 없었다면 결코 발생하지 않았을지도 모르는 프랑스 혁명이었다. 17, 18세기 전체를 통해 존재했던 아메리카와 유럽 사이의 강력한 정신적·정치적 유대를 궁극적으로 단절시키는 데 기여했던 것은 혁명이라는 사실이 아니라 프랑스 혁명의 참혹한 과정과 프랑스 공화국의 파괴였다. 따라서 바스티유 감옥이 함락되기 3년 전에 출간된 콩도르세의 『미국혁명이 유럽에 미친 영향』(Influence de la Révolution d'Amérique sur l'Europe)은 적어도 잠정적으로 대서양 문명의 시작이 아닌 종지부를 찍는 것이었다.

사람들은 18세기 말에 발생했던 반목이 20세기 중반에는 치유될 것이라는 희망을 갖고 싶어 한다. 20세기 중반 확실히 서구 문명은 대서양 공동체에서 생존할 수 있는 마지막 기회를 갖게 되었다. 제2차 세계대전 이후 역사가들이 19세기 초보다 서구 세계 전체를 더 많이 고려하는 경향을 보였다는 사실 역시 이러한 희망을 정당화하는 징표다.

미래가 우리를 위해 무엇을 준비하고 있든, 18세기 혁명 이후 두 대륙 간의 소원(疏遠)은 엄청난 결과를 초래했다. 주로 이 기간 중 신대륙은 유럽 내 지도층의 안목에서 정치적 중요성을 상실했고, 미국은 자유로운 사람들의 땅이 되지 못하고 거의 전적으로 가난한 사람들의 약속된 땅이 되었다. 확실히, 신세계의 이른바 물질주의와 비속성(卑俗性)에 대한 유럽 상류 계급의 태도는 신흥 중간 계급의 사회문화적 속물주의가 거의 자동적으로 성장한 결과였다. 따라서 이러한 태도는 그렇게 중요하지 않았다.

19세기 유럽의 혁명 전통은 미국 혁명이나 미공화국의 발전에 대해 지나가는 정도의 관심 밖에는 보이지 않았다는 것이 중요했다. 미국 혁명이 발발하기 오래전 신세계의 사건과 제도가 철학가들의 정치사상을 조율했던 18세기와 명백히 대조적으로, 19, 20세기의 혁명적 정치사상은 마치 신세계에는 혁명이 결코 발생하지 않을 것처럼 진행되었으며, 정치 영역과 정부 영역에서 사유할 가치가 있는 미국적 개념과 경험이 결코 없었던 것같이 진행되었다.

혁명이 거의 모든 국가와 대륙의 정치적 삶 속에 발생하는 가장 일반적인 사건들 가운데 하나가 된 최근에 미국 혁명을 혁명 전통에 포함시키지 못한 실수는 미국의 대외 정책으로 부메랑이 되어 돌아오고 있다. 따라서 미국은 전 세계적 무지와 선천적인 망각에 대한 혹독한 대가를 치르기 시작했다. 마치 그들이 프랑스·러시아·중국 혁명이라는 교과서는 암기해가며 이해했지만 미국 혁명과 같은 것에 대해서는 전혀 들어본 적이 없기라도 한 듯, 아메리카 대륙의 혁명이 언급되고 진행될 때, 그 핵심이 불쾌하게 드러나게 되었다.

세계는 미국에 대해 무지했고 미국 역시 같은 오류를 범했다. 즉 혁명이 미국을 잉태했으며 공화국이 '역사적 필연성'이나 유기적 발전으로 존재한 것이 아니라 심사숙고한 행위, 즉 자유의 확립을 통해 존재하게 되었다는 사실을 기억하지 못하는 오류는 아마도 극적이지는 못해도 확실히 적잖이 실재적이다. 이 오류는 주

1787년에 열린 필라델피아 헌법제정회의

로 아메리카 내의 혁명에 대한 강력한 공포에 기인한다. 왜냐하면 이러한 공포는 미국인들이 프랑스 혁명의 관점에서만 혁명에 대해 생각하는 것이 얼마나 올바른지를 세계에 증명하고 있기 때문이다. 혁명에 대한 두려움은 현상(現狀)의 안정화를 위한 처절한 시도에 내재한 전후 미국 외교 정책의 숨겨진 동기가 되어왔다. 그 결과 미국의 권력과 권위는 오래전부터 미국 시민들 사이에 증오와 경멸의 대상이 되었던 부패하고 타락한 정치 체제를 지원하는 데 선용되고 이용되었다.

기억하지 못하고 이해하지 못하는 오류는 소비에트 러시아와 나눈 적대적 대화가 원리의 문제에 영향을 미칠 때마다 중대한 순간에 부각되어왔다. 우리는 자유를 자유로운 모험으로 이해한다는 이야기를 듣고도, 이 기이한 거짓을 추방할 생각을 하지 못했다. 그리고 우리는 그보다 더 흔히 마치 동구의 '혁명적' 국가들과 서구 사이의 전후 갈등에서 중요한 것이 부와 풍요라고 믿고 있는 양 행동해왔다. 우리는 부와 경제적 번영이 자유의 결실이라고 주장해왔지만, 이러한 종류의 '행복'이 혁명 이전 미국의 축복이었다는 것을 알고 있다. 그리고 우리가 아는 바에 따르면, 그 축복의 원인은 '온건 정부' 아래서 누리는 자연적 풍요였지 자연적 부의 결핍 상태에서 모든 지역을 불행과 대중 빈곤으로 치닫게 하는 자본주의의 무제약적인 '사적 주도권'이 아니었고 정치적 자유도 아니었다.

『혁명론』 제6장 「혁명 전통과 상실된 보고」

행위의 자유와 다원성이 가져온 혁명에 대한 고찰

『혁명론』을 구성하는 기본 축 가운데 하나는 '공과 사의 구분'이다. 행복, 활동 유형, 활동 영역, 미덕이라는 용어 들은 공적인 요소와 사적인 요소를 모두 지닌다. 마찬가지로 『혁명론』의 가장 중요한 개념어인 자유 역시 공과 사를 전제한다. 자유를 개인적 차원과 공적 차원으로 구분하는 방식은 구태의연할 수도 있다. 그러나 우리는 근대 혁명을 통해 정치적 자유의 진정한 의미를 이해할 수 있다는 아렌트의 지적에 주목할 필요가 있다.

신체적 필요나 다른 사람들의 제약에서 벗어나는 것은 자유를 향유하기 위한 본질적 전제조건이다. 그러나 자유는 해방과 동일하지 않다. 그에 따르면 시민적 자유(civil liberty)는 본질적으로 사적인 문제이고, 정치적 자유는 공공 문제에 참여하는 문제와 연관된다. 자유란 해방과 다른 무엇이다. 해방은 필연의 조건에서 벗어난 상태이며, 개인적 욕구와 욕망에 따라 선택하고 행동하는 능력을 의미한다. 따라서 해방 속에 내재된 '개인적 자유'(liberty)는 '소극적'이다. 정치적 자유(freedom)는 동등한 사람 사이에서 합의를 창출하는 것이며 권력을 행사하는 것이다. 그러므로 정치적 자유는 사람들이 동등한 사람들 사이에서 활동할 수 있는 공간을 필요로 한다.

아렌트는 공과 사의 관점에서 리버티와 프리덤의 차이를 명백히 밝힌다. 프리덤은 정치적, 공적 자유를 의미하는 데 비해, 리버티는 시민적, 사적, 개인적 자유를 의미한다. 따라서 정치적 자유를 시민적 자유와 혼동해서는 안 된다. 이때 시민적 자유는 시민들의 사적 삶을 중심으로 보호막을 형성하는 권리다. 시민적 자유는 사적인 문제다. 반면 정치적 자유는 본질적으로 공적이며, 공공 문제에 참여하는 활동과 연관된다. 정치사상의 일상적인 구분에 익숙한 사람들은 이러한 개념 정의에 어려움을 겪게 된다. 여기서 아렌트의 '정치적 자유'와 '적극적 자유'―이때 적극적 자유란 루소의 전통에 기반을 두고 있으며, 우리가 일반의지에 따라 자신을 규제한다는 것을 의미한다―를 동일하게 취급한다는 점에 주의해야 한다. 아렌트에 따르면, 이러한 자유는 비정치적이며 인간적 다원성을 무시하는 것이기 때문이다.

정치혁명은 공적 자유의 실현을 목표로 하지만, 사회혁명은 사적 자유의 실현에 역점을 둔다. 초기에 프랑스 혁명은 정치적 목표를 실현하는 데 주력했지만, 로베스피에르 이후에는 사회적 빈곤을 해결하는 또 다른 목표, 즉 사회 복지의 증진을 실현하고자 했다. 이러한 전통은 이후 혁명의 모델이 되었다. 러시아 혁명에서 레닌은 혁명의 목표를 '소비에트와 전기 사업'으로 규정했는데, 이는 정치적 목표와 더불어 사회적 목표를 동시에 지향하는 것이었다. 그러나 레닌은 혁명에 성공한 후 권력의 분산을 부정하고 집중화를 추구했으며, 혁명의 목적을 경제적 사회주의화로 삼았다. 헝가리 혁명 이외에 대다수 현대 혁명은 프랑스 혁명을 모델로 했다.

정치적 자유는 공동 세계를 구성하기 위한 행위에 있다. 정치적 자유의 중요성은 행위가 야기하는 세 가지 좌절을 통해 증명된다. 행위는 예측하기 어려우며, 과정을 반전시킬 수 없으며, 익명성을 띨 수가 없다. 이러한 것들은 다원성이라는 상황에서 발생하는 행위의 재앙이다. 하지만 물론 그것을 치유할 방법은 있다.

자유로운 행위는 예측하기 어렵다. 이는 근본적으로 인간적 탄생(무엇인가를 자발적으로 행하는 능력)에 근거를 두기 때문이다. 따라서 인간에게는 인간이 자유를 향유하는 대가로 이러한 예측 불가능성에 대한 치료책이 필요하며, 그 치료책은 약속을 하고 이를 준수하는 행위다. 이러한 점에서 모순적 표현인 '자유는 자유롭지 못하다'는 말은 정치적 자유의 유지가 어렵다는 것을 간접적으로 보여준다.

정치 행위는 완결되면 되돌릴 수 없다. 행위를 되돌릴 수 없다는 것은 교정할 수 없는 난관에서 기인한다. 결과를 되돌릴 수 없게 되면 그때 정치적 자유는 진정한 자유일 수 없는 위험한 상황에 처하게 된다. 이 경우에 다원성은 발휘되기 어렵다. 이를 치유하는 것이 용서다. 행위의 세번째 재앙은 행위자의 익명성 문제와 연계된다. 정치적 출생은 행동하는 주체의 정체를 노출시키는 것이다. 개개인은 세계 속에서 행위를 통해 자신의 특이성을 증명한다. 실명이 아닌 익명으로 진행되는 행위는 무의미하다. 정치 행위는 다른 사람의 존재를 요구하며, 행위자는 인간관계망에 진입하기 때문에 그는 익명으로 참여할 수 없다. 공적인 세계에서는 "당신은 누구인가"라는 질문이 지속적으로 제기된다.

아렌트의 경우, 새로운 시도와 말은 행위의 두 요소다. 그러나 말이 없는 행위는 행위가 아니다. 새로운 정치질서를 확립하려는 시도는 고귀한 행위다. 이 과정에 수반되는 언어 행위는 논쟁의 형태를 취하기도 하고, 동의, 합의, 타협의 형태를 취하기도 한다. 『인간의 조건』에서는 주로 전자의 형태를 강조했지만, 『혁명론』에서는 후자의 형태를 강조했다. 혁명 참가자들은 자유를 확립하고자 사후적으로 정당화되는 폭력을 행사하면서도 공동으로 활동하고자 대화를 진행한다.

그러나 새로운 시도를 한다는 것은 자유롭다는 것을 의미한다. 아렌트는 그리스 시민들의 정치 행위를 통해 이를 확인했으며, 인간의 탄생을 통해 이를 확인했다. 따라서 아렌트의 자유 개념은 행위론의 핵심이다. 행위의 두 가지 중심적 측면은 자유와 다원성이다. 자유란 단순히 일련의 가능한 대안들 가운데 어느 하나를 선택하는 능력을 의미하지는 않는다. 오히려 자유란 새로운 것을 시작하는 능력—모든 사람이 태어나면서 부여받은 능력—이다. 자유의 구현으로서 행위는 출생에 근거를 두고 있다. 그러므로 행동하는 것과 자유롭다는 것은 동일한 의미다. 자유는 행위를 통해 실재화된다. 자유롭다는 것은 행위에 참여한다는 것을 의미한다.

따라서 자유의 근거는 모든 인간이 소유한 능력과 새롭게 시작하는 능력이다. 그러나 이 인간적인 자발성은 일차적으로 전정치적(pre-political)이다. 이것이 모든 사람에 의해 명백히 드러난 현실적인 실재가 될 때만 개인적인 자발성은 자유가 될 수 있다. 정치는 자유가 구체화될 수 있고 실재가 될 수 있는 장소다.

홍원표

한국외국어대 교수 · 정치학

옮긴이 홍원표는 한국외국어대학교 정치외교학과를 졸업하고, 같은 대학교 대학원에서 「고전적 합리주의의 현대적 해석: 스트라우스, 보에글린, 아렌트를 중심으로」라는 논문으로 정치학 박사학위를 받았다. 지금은 한국외국어대학교 사회과학대 교수로 있으면서 아렌트 정치철학 연구와 번역에 힘쓰고 있다. 저서로는 『현대 정치철학의 지형: 언저리에서의 사유』 『정치의 대전환』(공역) 등이 있으며, 역서로는 한길사에서 펴낸 『혁명론』, 그밖에 『정신의 삶 1』 『자연권과 역사』 『데리다와 푸코: 동일성의 차이』 등이 있다.

표해록

최부 지음 | 서인범 · 주성지 옮김 | 660쪽
2005 대한민국학술원 우수학술도서

『표해록』은 500여 년 전, 제주도에 파견된 전라도 나주 출신의 선비 최부가 아버지의 부음을 듣고, 장례를 치르기 위해 일행 42명과 함께 고향을 향해 떠났다가 바다에서 큰 풍랑을 만나 표류하게 된 사정을 쓴 여행기다.

저자 최부는 뜻하지 않은 난파와 표류 끝에 조선인의 왕래가 전혀 없었던 중국의 명대 강남 지방에 표착해서 환국하기까지 그 반년 동안의 기구한 경험을 일기체로 기록하고 있다.

『표해록』은 당시 중국 명나라의 해안 방비와 지리 · 민속 · 언어 · 문화 · 조선과 중국의 관계사 등, 중국 문헌에도 나오지 않는 정보를 담은 희귀한 자료집이자 여행의 주인공인 최부의 시각과 사상을 통해 당시 조선 지식인의 국가관 · 윤리관 · 유교관 등이 어떠했는가를 살펴볼 수 있는 귀중한 문학작품이기도 하다.

그가 관찰한 명의 문화는 유교적 질서에 크게 어긋나는 것이었다. 여행을 마치고 난 뒤 명나라의 문화를 총평하면서 상하 · 존비의 질서가 없으며, 귀신이나 불교와 도교를 숭상하고 상업을 중시한다고 했다. 이는 당시의 해이한 사회경제와 문물제도를 반영한 날카로운 관찰이었다.

최부는 제례를 중시하는 유학자였고, 사림파 거두 김종직의 제자 중 하나로서 자신의 철학과 신념을 저버리는 행위는 도무지 할 줄 모르는 꼬장꼬장한 선비였다. 그러나 이론에만 집착해 탁상공론만 일삼는 학자는 아니었다. 그는 실학적인 풍모도 지니고 있었는데, 소흥부를 지날 때 본 수차(水車)의 제조 방법을 배워와 가뭄이 잦은 당시 조선의 농업에 이용한 일화에서 그 면모를 가늠할 수 있다.

그는 또한 날카로운 관찰자로서 중국 관리의 호송을 받으며 돌아오는 편치 않은 여정 가운데서도 세세한 중국의 풍경과 사람 사는 모습 그리고 인심까지 그려내고 있다.

최부(1454~1504)의 필적

최부(崔溥)의 본관은 탐진, 자는 연연(淵淵), 호는 금남(錦南)이다. 김종직의 문인으로 1478년 진사에 급제하고, 1482년 친시문과에 을과로 급제해 교서관저작과 군자감주부 등을 지냈다. 여러 관직을 거쳐 전적으로 있을 때 『동국통감』 편찬에 참여했고, 1486년 문과 중시에 급제해 홍문관교리에 임명되어 사가독서(賜暇讀書)했다.

1487년 9월 추쇄경차관으로 임명되어 제주에 갔으나 다음 해 부친상을 당해 돌아오던 중 풍랑을 만나 14일 동안 표류한 끝에 명나라 태주부 임해현에 도착했다. 도적을 만나고, 왜구로 오인받아 죽을 고비를 넘기는 등 고초를 겪었으나 관가를 찾아가 도움을 요청해 북경으로 호송되었다가 귀국길에 올라 한양 청파역에 도착했다. 귀국 직후 성종의 명을 받아 『금남표해록』을 3권으로 기록했다. 이 책에는 중국 연안의 해로와 기후, 산천, 도로, 관부, 풍속, 민요 등이 소개되어 있다. 특히 최부는 수차의 제작과 이용법을 배워와 충청도 지방의 가뭄 때 활용하도록 했다.

1498년(연산군 4) 무오사화 때 김종직 문하인 이종준, 이구, 김굉필, 박한주 등과 함께 붕당을 이루어 국정을 비난했다는 죄명으로 함경도 단천에 유배되었다가 1504년 갑자사화 때 처형되었다. 사관은 왕조실록에 "부는 공렴정직하고 경사(經史)에 널리 통했으며, 문사(文詞)에 능했다. 간관이 되어서는 아는 것을 말하지 아니하는 것이 없었으며, 회피하는 일이 없었다"고 묘사했다. 또한 1506년 중종 즉위와 동시에 신원되어 승정원도승지로 추증되었다. 『금남표해록』은 국내에서 한문과 한글본으로 간행되었고, 일본에서도 『당토행정기』(唐土行程記)나 『통속표해록』 등으로 출간되었다.

새로운 문화의 감흥을 섬세하게 기록한 여행기

【4월 19일】상을 받다.
이날은 흐렸다. 예부의 서리 정춘과 왕민, 그리고 왕환 등이 와서 정보 등 40여 명을 불러가서 나는 혼자 옥하관에 머물렀다. 정보 등이 대궐에 들어가서 상을 받고 왔는데, 내가 받은 것은 흰 모시옷 한 벌, 붉은 비단으로 속을 댄 원령 한 개, 흑록색 비단으로 만든 습자 한 개, 청색 비단으로 만든 답호 한 개, 가죽신발 한 켤레, 털로 짠 버선 한 쌍, 녹면포 한 필이었다. 정보 이하 42명이 받은 것은 반오(胖襖) 각 한 건, 면고 각 한 건, 옹혜 각 한 쌍이었다. 이상이 돈을 요구하여 시장 근처 대서소에서 서장(書狀)을 써서 홍려시에 보고했는데, 그 내용은 다음과 같았다.

조선 사람 최부 등에게 상을 내려주신 일에 대하여 말씀드립니다.
바다에 표류되어 절강에 도착했다가 경사에 호송되어, 지금 황제께서 의복과 반오(胖襖), 그리고 화혜(靴鞋, 가죽신) 등을 하사하시니, 마땅히 홍려시에 나아가 명단을 보고하고, 4월 20일 아침에 황제의 은혜에 사례하겠습니다.

이상이 정보에게 말했다.
"그대의 상관에게 알려서 내일 아침에 길복 차림으로 와서 황제의 은혜에 사례하도록 하시오."
이름을 잊었지만 관직이 서반(序班)인 서씨가 와서 정보 등이 관대를 갖추고 있는가를 점검하고 '숙배절차'(肅拜節次)의 의례를 가르쳤다. 서 서반은 비록 통사라고 하지만, 우리 말을 잘 알아듣지 못했다.
나는 정보를 시켜 문지기 한 명과 같이 이상의 집을 찾아가서 나의 뜻을 알렸다.
"친상은 진실로 자기의 정성을 다해야 하는 것인데, 만약 화려한 옷을 입는다면 효가 아니오. 나 또한 사람의 자식인데 상복을 경솔히 벗고 효가 아닌 명분에 처신할 수 있겠소?"
이상이 말했다.
"오늘 내가 예부상서 대인과 함께 의논했는데, 이 상황에서 친상은 가볍고 천은(天恩)은 중하니, '숙배'(肅拜)의 예를 그만둘 수 없습니다. 4경쯤 동장안문(東長安門) 밖에 상으로 하사한 의복을 입고 오기를 틀림없도록 하십시오."
저녁에 달단의 대령위(大寧衛) 남녀 15명이 그들의 본국에서 도망해 와서 서회동관(西會同館)에 잠시 거주했다.

【4월 20일】대궐에서 황제의 은혜에 사례하다.
이날은 흐렸다. 축시에 이상이 와서 나에게 말했다.
"관복을 갖추고 입궐하여 황제의 은혜에 사례해야 하니 지체해서는 안 됩니다."
나는 머리의 상관(喪冠)을 가리키며 말했다.
"이 상을 당하여 그 비단옷을 입고 사모(紗帽)를 쓴다면 마음이 편안하겠소?"
"당신이 빈소 곁에 있다면 아버지가 중하겠지만 지금은 이곳에 있으니 황제가 계실 뿐이라는 것을 알아야 합니다. 황제의 은혜를 입고 만약 가서 사례하지 않는다면, 인신(人臣)의 예절을 크게 잃게 되는 것입니다. 그런 까닭으로 우리 중국의 예제는 재상이 상을 당할 적에

「표해도」, 1792, 일본판 목판본

황제께서 사람을 보내어 부의를 하면 비록 초상 중이라도 반드시 길복(吉服)을 갖추어 입고 달려가 입궐하여 배사(拜謝)한 연후에 다시 상복을 입습니다. 대개 황제의 은혜는 사례하지 않을 수 없는데 사례할 때는 반드시 궐내에서 해야 하나 대궐 안에 최복(衰麻)을 입고 들어갈 수 없으니, 이것은 형수가 물에 빠지면 손을 잡아 꺼내주는 것과 같은 권도(權道)입니다. 당신이 지금 길복을 갖춰야 함은 사세(事勢)에 의한 것입니다."

"어제 상을 받을 때도 내가 직접 받지 않았는데, 지금 사은할 때도 역시 따라온 이(吏)를 시켜서 배례하도록 하는 것이 어떻겠소."

"상을 받을 때는 배례하는 절차가 없었으니 대신 받아도 되지만, 지금은 예부와 홍려시가 함께 당신에게 사은하는 일을 의논하여 이미 상주하기를 '조선이관(朝鮮夷官) 최부 등 ……'이라고 했소. 당신은 일행의 우두머리로서 어찌 편안히 물러나 앉아 있을 수 있겠습니까?"

나는 할 수 없이 정보 등을 거느리고 이상을 따라 장안문에 이르렀으나 차마 길복을 입지 못했는데, 이상이 몸소 나의 상관을 벗기고 사모를 씌우면서 말했다.

"만약 국가에 일이 발생하면 기복(起復)의 제도가 있습니다. 당신은 지금 이 문에서 길복을 입고 들어가서 사은하는 예를 행하고 마친 후 다시 이 문으로 나와 상복으로 바꿔 입는 잠깐 동안뿐이니 하나만을 고집하여 융통성이 없어서는 안 됩니다."

이때 황성의 외문이 열리면서 상참조관(常參朝官)이 줄을 서서 들어갔다. 나는 추세에 밀려 길복을 입고 대궐로 들어가는데, 1층 문과 2층의 두 대문으로 들어가니 또 2층 대문이 있었는데, 오문(午門)이었다. 군대의 위용이 엄정하고 등불이 휘황찬란했다. 이상이 나를 오문 앞에 앉히고 조금 후에 오문의 왼쪽에서 북을 치더니 이 일이 끝나자, 오문의 오른쪽에서 종을 쳤으며, 그것이 끝나자 세 개의 홍문이 열렸는데 문마다 각기 두 마리의 큰 코끼리가 지키고 있어 그 형상이 매우 기이하고 훌륭했다.

『표해록』「4월-황제로부터 상을 받다」

광범하고 자유로운 필치로 중국의 문화를 기록하다

오늘날 학계에서 이 책을 분류할 때는 경우에 따라 때로는 해양문학 작품으로 구분하기도 하고, 때로는 중국 견문기로 분류하기도 한다. 앞에서 말했듯이 북한 김찬순의 한글번역본은 『표해록』을 문학작품으로 다루었다. 남한에서도 정병욱이 1961년에 「표해록 해제」에서 해양문학으로 취급한 이래, 최강현이 금남의 『표해록』을 해양문학의 범주에 넣어야 한다는 주장을 하여, 이후 이러한 설은 국문학계의 공통적인 견해가 되었다.

한편 이를 중국 견문록으로 취급한 경우도 있다. 1962년 성균관대학교 대동문화연구소에서 『연행록선집』을 영인본으로 출판한 데서 비롯되는데, 이러한 경향은 『국역 연행록선집』에 이재호가 『표해록』 번역을 담당하는 일로 이어졌다. 이들 연행록선집은 대부분 조천기(朝天記) 내지 연행록과 같이 모두 명청시대 중국 견문기인데, 유독 『표해록』만은 이들과 이름을 달리하고 있다. 그러나 내용의 성질상 연행록으로 분류하고 있는 것이다.

『표해록』을 해양문학 작품으로 보든 중국 견문기로 보든 우리가 일관되게 볼 수 있는 점은 조선 선비 금남의 꿋꿋한 정신자세다. 그는 수하 43명을 거느리고 태풍을 만나 대양 중에서 사투를 벌이는 가운데서도 유교적 이치에 닿지 않는 어떠한 행위도 용납하지 않았다. 예컨대 뱃사람들이 위기상황에서 천신(天神)에 대한 기도를 올리자는 요청을 단연코 받아들이지 않았다. 또한 그들이 중국 연안에서 해적을 만났을 때, 금남으로 하여금 관복으로 갈아입어 조선 관인의 어엿한 모습을 보이도록 하자는 일행의 요청도 일언에 거절했다. 예에 어긋난다는 이유에서였다.

그리고 그들이 북경에 당도하여 황제를 알현하는 과정에서도 상복 대신 길복(吉服)으로 갈아입어야 한다는 명나라 예부(禮部)의 요청도 처음에는 받아들이지 않았다. 결국은 알현시에 잠시 길복으로 갈아입기는 했지만, 상주로서 상복을 벗을 수 없다는 이론을 내세워 예부 측과 논쟁을 벌이기도 했다. 이와 같이 그는 어떠한 경우라도 유교적 사리에 어긋난다고 생각되는 일에 대해서는 타협을 거부하고 자신의 주장을 관철하려 했다.

금남은 조선인에게 금역으로 되어 있던 강남 지방을 깊숙이 여행하면서 관찰한 중국의 실상을 매우 흥미롭고 사실적으로 묘사하고 있다. 물론 그가 묘사한 중국 사회는 성리학자로서의 안목을 통한 것이다. 성리학에서 '화하'(華夏)는 달성해야 할 지상의 가치이며, 그 진수는 경전에서 찾을 수 있다. 그러나 현실적으로 존재하는 '화하'인 중국은 그것과는 너무나 달랐다. 『표해록』은 조선의 성리학자 금남의 시각을 통하여 그려진 것이기 때문에 현실적 중화인 '대명'(大明)까지도 일정한 비판의 대상이 되었으며, 자신의 나라 조선도 '화'의 질적 측면에서 비교의 대상으로 삼고 있다. 그러한 점에서 『표해록』은 사행(使行)으로 다녀온 이의 중국 견문록인 조천록이나 연행록과는 달리 훨씬 광범하고 자유로운 필치로 중국의 현실을 기록한 특징을 가지고 있다.

금남의 눈에는 항시 '화하'가 문제의 표적이었기 때문에 '이적'(夷狄)인 일본이나 여진족에 대한 관심은 거의 찾아볼 수가 없다. 그들이 운하를 따라 북상하면서 노교역(魯橋驛)을 지날 무렵, 그곳 뱃사람들이 오야기(烏也機), 즉 중국 발음으로 오야지(어른)라고 부르는 말을 들었는데, 이는 뱃사람들이 일본 사신들을 실어 날랐던 경험이 있기 때문이다. 당시 일본의 대명(對明) 사신은 10년마다 1회씩 해로로 지정된 영파항에 입항하도록 되어 있었다. 그들은 절강시박사(浙江市泊司)의 입국 수속을 거친 뒤 운하를 따라 북경으로 가서 황제를 알현하고 다시 영파로 돌아와 귀국하도록 되어 있었다. 이때 중국에 체재하는 기간은 약 6개월인데, 그동안 허가된 범위 안에서 무역과 필요한 물건을 구입하게 된다.

앞에서 말했던 사쿠 겐의 『입명기』도 금남보다 약 반세기 후 두 차례나 조공사신으로서 왕래한 내용을 견문기로 쓴 것이다. 명대에 들어 한·중간에 사신들의 왕래가 육로로만 이루어졌던 것에 비하면, 일본은 바다를 통해 들어가 강남지방을 직접 견문할 수 있는 기회가 부여되고 있었던 셈이다.

금남이 처음 중국에 상륙하자 왜구로 오인되어 그 혐의가 풀리기까지 동남 연해의 물샐틈없는 왜구의 침범에 대한 비왜(備倭) 상황이나, 운하를 따라 북상하면서 관찰한 현지 소식들에 대한 자세한 기록은 자료로서의 가치가 훌륭하다. 일반적으로 왜구는 가정(嘉靖, 1522~66) 연간부터 창궐한 것으로 알려지고 있는데, 명 전반기에도 동남 연해에는 그같이 삼엄한 방어체제를 가동하고 있었음을 알 수 있다.

또한 그가 전문을 베껴 쓴 산동 황가갑(黃家閘)의 「미산만익비」(眉山萬翼碑)는 원래 이 운하가 서주(徐州)에서 계속 서북방으로 통하도록 되어 있었으나, 명 영락제의 북경 천도로 새 운하를 열기 시작하여 정통(正統, 1436~49) 연간에 완성되었다는 사실을 알려주고 있다. 이 비문은 『표해록』에서 묘사한 기록이 현재 전하는 유일한 자료라고 한다.

그리고 한·중간의 사신왕래나 문화 교류에 대한 현지로부터의 전문(傳聞)도 생생하게 기록하고 있다. 즉 항주에서는 경태(景泰) 연간에 사신으로 와서 『황화집』(皇華集)을 지은 급사중(給事中) 장녕이 지금은 휴직하여 고향 해염현(海鹽縣)에 있는데, 금남이 표류한 사실을 듣고 만나러 왔다가 늦어서 돌아갔다는 이야기, 석산역(錫山驛)에서는 우연히 만난 어사들로부터 천순(天順, 1457~64)·성화(成化, 1465~87) 연간에 조선 출신 환관으로서 명사가 되어 조선에 다녀온 태감 정동·강옥·김흥의 생몰 등에 대한 소식, 그리고 호송인 부영을 통하여 선종(宣宗)의 후궁으로 간택되어 온 한씨가 헌종(憲宗)의 유모로 있다가 작고했다는 이야기 등등 생생한 내용들이다.

조영록

동국대 명예교수·동양사학

옮긴이 서인범은 동국대학교에서 사학을 전공하고 일본 도호쿠 대학교 동양사연구실에서 『명대병제사의 연구』로 문학박사 학위를 받았다. 지금은 동국대학교 사학과 교수로 있다. 역서로는 한길사에서 펴낸 『표해록』이 있으며, 주요 논문으로는 「土木の變と動王兵」「명대의 연납제와 군호」「최부 『표해록연구』-최부가 묘사한 중국의 강북과 요동」「명 중기의 매첩제연구」 등이 있다.

옮긴이 주성지는 동국대학교에서 사학을 전공하고 같은 대학교 대학원에서 박사과정을 수료했다. 지금은 국사편찬위원회에서 사료연구위원으로 일하고 있으며, 동국대학교에서 강사를 겸하고 있다. 역서로는 한길사에서 펴낸 『표해록』이 있으며, 주요 논문으로는 「백제의 웅진천도와 대외정책」「웅진시대 백제의 섬진강 수계 진출」「표해록을 통해 본 한중항로 분석」 등이 있다.

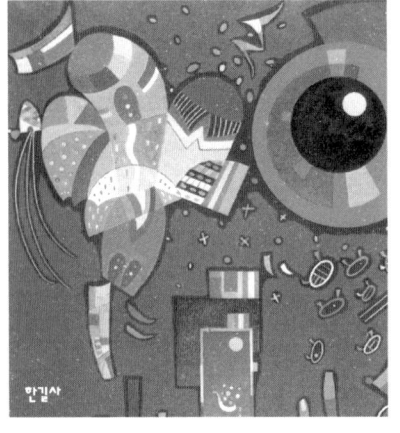

정신현상학 1·2

G.W.F. 헤겔 지음 | 임석진 옮김 | 456쪽(1권)·376쪽(2권)
2006 대한민국학술원 우수학술도서
2005 연세대학교 권장도서 200선
2005 프랑크푸르트도서전 한국의 아름다운 책 100
2008 서우철학상

▷ 저자의 다른 작품
『법철학』(GB 96)

▷ 역자의 다른 번역 작품
『법철학』(GB 96)

헤겔의 주저인 『정신현상학』은 오늘에 이르기까지 세계 철학사상 유례를 찾아보기 힘들 만큼 난해하기로 정평이 나 있는 불후의 대작이다. 그토록 난해할 수밖에 없는 이유는 이 책이 안고 있는 웅장한 사상체계와, 치밀하고 심오하며 오묘하기까지 한 헤겔 특유의 변증법적 사유논리가 실로 인간과 신과 자연을 포함한 존재 전체의 본질 규명을 위한 궁극의 경지를 아우르는 초인간적인 고투의 결실이기 때문이다.

헤겔은 "이 책은 '생성하는 지'(das werdende Wissen)를 서술하고 있다. 『정신현상학』은 지를 정초(定礎)하는 데서 심리학적인 설명이나 추상적인 논의를 대신하기 위한 것이다. 이는 하나의 관점에 의거하여 학문이 성립돼가는 양상을 고찰한 것으로서, 이 관점에 따라서 이제 정신의 현상학은 새롭고도 흥미로운 학문, 즉 철학의 제일 학문이 된다. 이러한 관점은 정신이 거쳐가는 각이한 형태의 도정(道程)을 중간 단계로 삼아서 이를 자체 내 흡수하는바, 이 길을 따라서 정신은 순수한 지 또는 절대정신이 된다"라고 말한다.

'실체성'의 회복이라는 시대적 과제 앞에는 복고적(復古的)인 낭만과 동경의 요소와 새로운 여명의 시대를 향한 진취적인 요소라는 두 개의 길이 앞에 놓이게 된 셈이다. 이때 전자의 길과는 분명히 결별을 고한 헤겔은 장기간에 걸친 반성에 의하여 구축된 경험·개념·필연성·자기의식·오성 등을 올바른 위치에 올려놓음으로써 이를 매개로 한 그 자신의 명확한 입장, 즉 이성지이며 개념지, 나아가서는 절대지에서 절대정신에까지 이르는 '학문'의 길을 택했던 것이다.

G.W.F. 헤겔(1770~1831)

게오르크 빌헬름 프리드리히 헤겔(Georg Wilhelm Friedrich Hegel)은 독일 슈투트가르트에서 태어났다. 1788년부터 튀빙겐 신학교에서 철학과 고전을 공부하면서, 절친한 동료인 횔덜린·셸링과 함께 그리스 문학과 프랑스 혁명에 관심을 기울였다. 대학을 마친 헤겔은 3년 동안 베른에서 사강사(私講師) 생활을 하며 모든 생의 창조적인 동력으로 작용하는 변증법적 원리가 지닌 생동하는 당위성 문제에 주목하기 시작했다.

1797년에는 프랑크푸르트로 옮겨 특유의 정신적 생명의 전체 구조를 변증법적인 법칙 아래 총괄하려는 시도에 착수했다. 1801년부터 예나 대학에서 정치학·생리학 등 다양한 분야의 연구를 통해 자기만의 학문체계를 완성해 나갔으며, 1805년에는 예나 대학 교수가 되었다. 1807년 세계정신으로서의 나폴레옹을 칭송하며, 『정신현상학』을 출간했다.

1808~16년에는 김나지움의 교장직을 수행하며 『논리학』을 완성했고, 1817년 하이델베르크의 교수로 강의를 시작하면서 그의 철학체계 전반을 설명하는 『철학강요』를 출판했다. 1818년에는 베를린 대학 교수가 되었고, 『법철학강요』(1821)를 출판했다. 1823~27년은 그의 활동이 최고조에 달했던 시기였다.

그는 미학·종교철학·역사철학·철학사에 대한 책을 출판했으며, 그의 명성은 국내외로 퍼져나갔다. 1831년 독일에 퍼진 콜레라로 사망하기 직전까지 헤겔은 생명의 변증법적 운동을 통한 생동하는 정신의 본원적인 회복을 위하여 시대가 안고 있는 분열과 대립, 시대적 한계와 모순을 극복하는 일에 몰두했다.

진리는 전체이다

생동하는 실체야말로 참으로 주체적인, 다시 말하면 참으로 현실적인 존재이다. 그것은 실체가 자기 자신을 정립하는 운동이며 나아가서는 스스로 자기를 타자화하는 가운데 자기와의 매개를 행하기 때문이다. 실체가 곧 주체라고 하는 것은 바로 이 실체에 순수하고도 단순한 부정성이 작용하면서 바로 이로 인하여 단일한 것이 분열됨을 뜻한다. 그러나 이렇듯 분열되는 데서 오는 대립이 이중화됨으로써 분열된 양자가 서로 아무런 관계도 없이 차이와 대립을 빚는 그런 상태는 부정된다.

이렇게 해서 회복된 동일성, 다시 말하면 밖으로 향하면서 곧 다시 자기 자체내로 반성·복귀하는 움직임, 즉 최초에 있던 직접적인 통일과는 다른 이 두번째의 동일성이 바로 진리이다. 진리는 자체적으로 생성되는 것으로서, 이는 자기의 종착점을 사전에 목적으로 설정하고 이 지점을 출발점으로 하여 중간의 전개과정을 거쳐 종착점에 다다를 때라야 비로소 현실적인 것이 되는 원환(der Kreis)과 같은 것이다.

그리하여 신의 생명과 신의 인식을 두고 사랑이 자기 자신과의 유희를 벌이는 것이라는 투로 표현하는 것까지는 무방하더라도, 만약 여기에 진지함과 고통과 인내와 부정의 작업이 결여되어 있다면 사랑의 유희라는 논지는 얄팍하게 치장된 설교에 그치고 말 것이다. 애당초(an sich) 신의 생명이란 필경 티없이 맑은 자기동일성 또는 자기통일성으로서, 여기에 타자존재가 섞여들어서 소외가 야기되거나 다시 이 소외가 극복되거나 하는 일이라곤 있을 수가 없다.

그러나 이러한 신의 원상(原像)은 추상적인 보편성에 그치는 것으로서, 여기서는 생명에 자기와 대결하는 성질이 있음으로 해서 형태가 자기(自己)운동을 행한다는 사실이 간과되어 있다. 형식과 본질은 동일하다는 관점에서 인식은 원래 있는 그대로의 본질만을 다룰 뿐, 형식은 생략될 수 있다고 한다면 이는 크게 잘못된 생각이다. 절대적인 것에 관한 기본명제를 세우거나 이를 직관하는 데서는 형식의 구현과 본질의 전개 그 어느 쪽도 결코 없어서는 안 되는 것이다.

본질에게는 형식이 바로 본질 그 자체와 마찬가지로 본질적이므로 본질은 한낱 본질로서, 다시 말하면 직접적인 실체 또는 신의 순수한 자기직관으로서 파악되고 표현된다. 뿐만 아니라 그에 못지않게 형식으로서도, 더욱이 풍부함이 넘치는 발전된 형식으로서도 파악되고 표현되지 않으면 안 된다. 이렇게 되었을 때에야 비로소 본질은 현실적인 것으로 파악되고 표현되는 것이다.

진리는 곧 전체이다. 그러나 전체는 본질이 스스로 전개되어 완성된 것이다. 절대적인 것에 대해서 얘기한다면, 이는 본질상 결과로서 나타나는 것이며 종국에 가서야 비로소 그의 참모습을 드러낸다고 해야만 하겠다. 바로 이 표현 속에는 절대적인 것의 본성은 현실적인 주체로서 그 스스로 생성되는 것이라는 사실이 명시되어 있다. 절대적인 것은 본질적으로 결과로서 파악되어야만 한다는 것이 비록 이상하게 들린다 하더라도 조금 더 생각을 기울여보면 그 헷갈리는 느낌은 곧 해소된다.

즉 애초에 곧바로 내세워지는 원리나 절대적인 것이란 일반적인 것에 지나지 않는다. 내가 '모든 동물'이라고 얘기할 때 이 말이 곧 동물

강의하는 헤겔 헤겔은 철학과 그리스 문학을 공부하기 위해 사강사(私講師)가 된 이후 줄곧 연구하고 강의하는 활동을 했다.

학의 개념으로 통용될 수 없는 것과 마찬가지로 '신' '절대적인 것' '영원한 것' 등등의 낱말이 실제로 거기에 함축되어 있는 것을 나타내고 있지 않은 것은 틀림없으니, 이런 낱말이 실제로 나타내는 것은 우리 머릿속에 직접 떠오른 것에 지나지 않는다.

그런 낱말로만 그치지 않는 그 이상의 것은 문자의 형식으로 나타내야만 하는데, 그러기 위해서는 일단 말로써 타자화(他者化)된 것이 다시금 되돌아오는 매개작용이 따라야만 한다. 그런데 이 점이야말로 사람들이 기피해 마지않는 것인데, 그 이유는 매개라는 것은 절대적이지도 않고 또 절대적인 것 속에는 전혀 있지도 않다는 그 이상의 것을 주장하려 한다면 결국 절대적 인식은 단념할 수밖에 없는 것이 아닌가 생각되었기 때문이다.

그러나 사실 이러한 기피증은 매개와 절대적 인식이 어떤 것인지 제대로 모르는 데서 비롯된 소치이다. 매개란 자기동일적인 것이 스스로 운동하는 것이며, 자기와 맞서 있는 자아가 이를 자각하는 가운데 자체 내로 복귀하는 순수한 부정성으로서, 이 운동을 순수하게 추상화해본다면 이는 단순한 생성의 운동이다. 여기서는 자아 또는 생성 일반이 매개라고 불리는데, 이는 그 단순함으로 인하여 직접 있는 그대로의 것이 생성되면서 동시에 그 자체가 직접적으로 있다는 것이다.

『정신현상학 1』 「서설: 학문적 인식에 관하여」

자기자신을 정립해나가는 정신의 혼

각기 고정화된 양자의 대립을 지양하는 것이야말로 이성의 유일한 관심사이다. 여기서 말하는 이성의 관심사란 결코 이성이 대립이나 제한에 반대함을 뜻하는 것이 아니다. 왜냐하면 필연적인 분열은 영원히 대립을 이루면서 자기를 형성해나가는 생의 한 요인이며, 더 나아가 총체성이란 오직 극단적 분리, 분화로부터의 재생을 통해서만 가장 줄기찬 생명력을 지니는 것이기 때문이다. 바로 이런 점에서 이성은 오히려 오성에 의한 분열의 절대적인 고착화에 항거할 뿐 아니라 더욱이 절대적으로 대립된 것 그 자체가 이성에서 발원되었을 경우에는 두말 할 나위도 없다. …… 통합의 힘(Macht der Vereinigung)이 사라지고 동시에 모든 대립이 그의 생동한 관계와 교호작용을 상실하여 저마다의 자립성을 획득하게 될 때 철학의 욕구는 생겨나는 법이다.

정신사적인 반성에 입각한 헤겔의 표명에 따른다면 지금껏 고대 그리스의 폴리스(Polis, 도시국가)적인 생활과 중세 기독교의 직접적인 신앙에 안주하여 절대자와의 화해를 이룬 가운데 내외적인 평정을 누려왔던 인류 문화사상 최초의 '실체적'인 단계가 이제는 계몽적 오성이 지배하는 생명 분열의 시대로 전화, 전락했다는 것이다.

로마 시대 이래로 이미 개별성과 보편성, 주관과 객관이라는 양단으로 대립, 분화된 시대적 정신이 '자기소외된 정신'의 단계로 접어들었고 다시 르네상스에서 계몽주의 시대에 와서는 자연과학에 대한 신뢰를 싹트게 한 합리적인 사고의 지배 아래 놓이게 되었다. 이로써 개별적이며 주관적인 '자기'의 각성과 반성에 따른 분열과 더 나아가서는 무한에서 유한으로, 신적 실재에서 차안의 현상계로 생활과 경험의 중심이 옮겨지는 결과가 초래된 것이다.

결국 주관적 반성을 통하여 대립과 분열을 자초하고 보편적인 피안의 세계에 등을 돌린 채 유한적이고 상대적인 생명으로 경도된 시대의 분열상은 정신과 물질, 영혼과 육체, 신앙과 오성, 자유와 필연의 대립을 사상의 국면으로까지 침투시켜서 끝내는 이성과 감성, 예지계와 자연계 사이의 대립을 고착화하게 된 것이다.

그런데 이렇듯 '통합의 힘이 사라지고' '실체성'의 상실이 자각된 마당에 이제는 다시금 존재의 견고함을 위해 실체적 전체성(das substantielle Ganze)을 회복하려는 욕구가 발생하기에 이르렀으니, 바로 이것이 헤겔로 하여금 "우리의 시대가 탄생의 시대이며 새로운 시기로의 과도기임을 알아차리기란 어렵지 않다"고 언명하게 한 역사적 배경을 이룬다.

그러나 이러한 사상적 기류에 편승한 독일 낭만주의는 반대로 오성 또는 계몽적 이성으로써는 판별되지 않는 인간의 현실 측면에 치중하여 오직 감정이나 직관, 더 나아가 신앙의 회복에 주력하는 가운데 실체적 전체성을 사유나 분석에 따라 전개하기보다는 실체적 감정을 북돋우는 일에만 몰두하였다. 장기간에 걸쳐 축적된 경험·개념·필연성·자기의식·오성 등에 의한 '매개된' 실체성 회복에 동참하지 않고 다만 신심(信心)을 설교하고 신성한 경지에서의 철학함을 자칭하며 내용의 우연성이나 자의를 임으로 발동시키는 가운데 그들은 중세로의 회귀를 꿈꾸었던 것이다.

결국 헤겔 당대의 기본적인 사조는 비록 실

체성의 상실을 자각하여 고대 그리스에 실현되었던 바와 같은 인륜적 총체성의 회복을 희구하였을지언정, 여전히 반성·경험·개념·필연성·유한성을 매개로 한 사유하고 분석하는 중간 단계는 방기한 채 오직 실체적 감정에 의탁하는 결과를 낳을 뿐이었다. 여기서 프랑스혁명 이후 발흥하기 시작한 독일 낭만주의 철학은 직접지(unmittelbares Wissen)에 의탁하여 이를 추구하고 고착화하는 길로 들어서버렸다. 이로써 '실체성'의 회복이라는 시대적 과제 앞에는 복고적(復古的)인 낭만과 동경의 요소와 새로운 여명의 시대를 향한 진취적인 요소라는 두 개의 길이 앞에 놓여 있었던 셈이다. 이때 전자의 길과는 분명히 결별을 고한 헤겔은 장기간에 걸친 반성에 의하여 구축된 경험·개념·필연성·자기의식·오성 등을 올바른 위치에 올려놓음으로써 이를 매개로 한 그 자신의 명확한 입장, 즉 이성지이며 개념지, 나아가서는 절대지에서 절대정신에까지 이르는 '학문'의 길을 택했던 것이다.

이제 그 '실체적인 전체'는 더 이상 직접적이고 무매개적인 통일 속에서 절대성과 상대성, 개별성과 보편성, 주관과 객관 사이의 미분화에서 절대성과 상대성, 개별성과 보편성, 주관과 객관 사이의 미분화(미분화)된 대립의 상태 속에서가 아니라 구별이나 운동을 스스로 이끌어내고 지탱해나가는, 즉 실체가 '자기자신을 정립하는 운동'(die sichselbstsetzende Bewegung)으로 자리매김되어야만 한다. 그러나 즉자적·본원적인 상태(an sich)에서 현시되기 시작한 이 시대는 아직은 단지 개인의 주관적이며 비교적(비교적)인 소유물은 될지언정, 오성적인 형식에 따른 형성과 발전의 도정 속에서 구현되어 있는 것은 아니다.

헤겔은 "실체적인 내용을 이루는 정신의 혼(die geistige Seele)을 가꾸어내는 일과, 이 혼을 대상으로서, 그것도 사유의 형태를 지닌 대상으로서의 의식 앞에 창출해내는 것이야말로 철학의 지상과제"라고 천명했다. 여기서 헤겔이 지시하고 있는 것은 "오늘 지금 중요한 것은 내면에 포함되어 있는 것을 밖으로 드러나도록 하는 것"(das Heraussetzen des innerlich Enthaltenen)이다. 모든 철학적 진리의 탐구를 위한 선결과제는 진리를 '실체'로서뿐 아니라 또한 '주체'로서도 파악하고 표현해야만 하는 것이라는 헤겔 정신의 기조 위에서 다시금 그는 "진리는 전체이다. 그러나 전체는 본질이 스스로 전개되어 완성된 것일 뿐이다. 절대적인 것에 대해서 얘기한다면 이는 본질적으로 결과로서 나타나야만 하는 것"이라고 명확히 밝히고 있다.

임석진

한국헤겔학회 명예회장·철학

옮긴이 임석진은 서울대학교 정치학과를 졸업하고, 하이델베르크 대학에서 사회학을 전공한 뒤, 프랑크푸르트 대학에서 아도르노에 사사했고 철학박사 학위를 받았다. 서울대학교 강사, 명지대학교 철학과 교수를 지냈으며, 한국헤겔학회를 창설하여 회장직을 20여 년 동안 수행했다. 국제헤겔연맹과 국제변증법철학회 정회원이며, 『헤겔 연구 총서』의 국제자문위원으로서 현재 명지대학교 명예교수, 한국헤겔학회 명예회장으로 있다. 주요 번역서는 독일 슈투트가르트 시 소재 '헤겔박물관'에 전시되어 있다. 저서로는 『헤겔 노동의 개념』 『시대와 변증법』 『헤겔 변증법의 모색과 전망』 『변증법적 통일의 원리』 등이 있으며, 역서로는 한길사에서 펴낸 『정신현상학』 『법철학』을 비롯하여, 그밖에 『세계철학사』 『이데올로기와 유토피아』 『역사 속의 이성』 『대논리학』 『마르크스 사상 사전』 『피히테와 셸링철학 체계의 차이』 『철학사 강의』 등이 있다.

이정표 1·2

마르틴 하이데거 지음 | 신상희·이선일 옮김 |
400쪽(1권)·300쪽(2권)

▷ 저자의 다른 작품
『칸트와 형이상학의 문제』(GB 51)

▷ 역자의 다른 번역 작품
『칸트와 형이상학의 문제』(GB 51, 이선일 옮김)

하이데거의 사유는 존재로의 도정이다. 비유적으로 말하자면, 하이데거의 존재사유는 하나의 별을 향해 다가서는 것, 단지 이것뿐이다. 그런데 존재는 하이데거의 존재사유의 길이 이르고자 하는 목적지일 뿐 아니라 그 길 자체를 밝혀주는 빛이 된다. 마치 깜깜한 한밤중에 하늘의 별은 나그네의 여정을 안내하는 길잡이가 되듯, 존재의 빛은 존재 사유의 길을 안내하는 이정표가 된다.

이정표는 존재의 이정표다. 이정표는 우리에 의해 임의로 만들어진 것이 아니다. 만약 우리가 아직까지 그러한 편견을 고집한다면, 그것은 주관주의적 형이상학의 오만에 불과하다. 오히려 우리는 이미 존재의 빛 안에 들어서 있는 것이며, 존재의 빛이 끊임없이 우리에게 닥쳐오면서 존재에 이르는 길을 열어준다.

그렇다면 존재를 향한 사유는 그것의 도정에 비추는 존재의 빛에 순응해야 한다. 끊임없이 우리에게 닥쳐오는 존재의 빛을 그 빛이 제시하는 이정표에 따라 있는 그대로 받아들여 감내할 때, 우리는 비로소 존재의 진리에 도달한다.

『이정표』는 하이데거의 사유의 여정을 고스란히 담고 있다. 그의 전기 사유의 대표작「근거의 본질에 관하여」와 후기 사유의 대표작「휴머니즘 서간」은 물론, 전기 사유에서 후기 사유로의 도약을 대표하는 작품인「진리의 본질에 관하여」등이 수록되어 있는 것이『이정표 2』다. 하이데거의 존재사유의 도정 속에서 이제까지 전통적 형이상학에서 존재자의 차원에서만 거론되어 오던 근거의 본질, 진리의 본질, 그리고 인간의 본질은 종래의 형이상학적 개념 규정을 가능하게 하면서도, 감추어져 있던 존재 진리의 빛 속에서 새롭게 조명되고 있다.

마르틴 하이데거(1889~1976)

마르틴 하이데거(Martin Heidegger)는 이성 일변도로 치닫던 서구의 전통 형이상학을 뒤흔든 20세기 철학의 거장이다. 1889년 9월 26일 독일 남동부 슈바르츠발트의 한 작은 마을 메스키르히에서 가톨릭 교회지기의 아들로 태어난 그는 일찍부터 종교에 관심을 보여 1909년 프라이부르크 대학 신학부에 입학한다. 그러나 2년 뒤 그는 심장에 관련된 질병으로 인해 그토록 열망하던 신학공부를 포기하고 철학연구에 전념한다.

프라이부르크 대학 시절 하이데거의 사상 형성에 커다란 영향을 끼친 것은 에드문트 후설의 『논리연구』였다. 박사학위 논문인 「심리주의의 판단론」, 교수자격 취득논문인 「둔스 스코투스의 범주론과 의미론」은 물론, 초기의 대표작인 『존재와 시간』과 『칸트와 형이상학의 문제』는 '현상학적인 봄'을 바탕으로 한 작품이었다. 특히 1927년에 출판된 『존재와 시간』은 그를 단숨에 세계적인 철학자의 반열에 올려놓았다.

하이데거가 현상학적 시각에서 보고자 한 것은 현대를 가늠하는 존재이해의 지평이었다. 우리의 시대를 정초하는 숨겨진 의미를 사유함으로써 현대 기술과학 문명을 대신할 새로운 삶의 보금자리를 열어 보이는 것이 그의 철학적 관건이었다.

비록 1933년 프라이부르크 대학 총장에 취임함으로써 한때 정치적 오점을 남기긴 했지만 그가 1976년 자신의 고향 메스키르히에 조용히 잠든 이후에도 계속 발간되고 있는 100여 권에 가까운 그의 전집은 그의 존재사유가 오늘의 우리들에게 미치고 있는 막강한 영향력을 보여준다.

우리는 진리의 본질 안에서 비본질을 어떻게 파악해야 하는가

　인간의 모든 태도는 언제나 그것의 존재방식에서 보자면 열린 자세이고 그것이 관계 맺는 것에 관여하기 때문에, [존재자를] 존재-하게 한다는 의미에서의 자기억제, 즉 자유는 표상활동을 그때마다의 존재자에게 동화시키라는 내적인 지침을 부대적 선물로서 인간에게 허용해 주었음에 틀림없다. "인간은 탈-존한다"라고 함은, 역사적 인류의 본질적 가능성들의 역사가 '전체 안에서의 존재자'의 탈은폐 안에 간직되어 있음을 의미한다. 진리의 근원적 본질이 현성하는 방식으로부터, 역사의 그 드물고도 단순 소박한 결단들이 발원한다.
　그렇지만 진리는 본질적으로 자유이기 때문에, 역사적 인간은 존재자를 존재하게 할 때 존재자를 본연의 그 무엇과 어떻게로서 존재하게 하지 않을 수도 있다. 그렇다면 존재자는 은닉되고 위장된다. 가상(假象)이 힘을 얻게 된다. 이 힘 속에서 진리의 비본질이 출현한다. 그러나 진리의 본질로서의 탈-존적 자유는 인간이 속성이 아니다. 오히려 인간은 단지 이러한 자유의 소유물로서 탈-존하며 그로써 역사를 영위할 능력을 갖게 된다. 때문에 진리의 비본질도 인간의 단순한 무능력과 태만으로부터 비로소 추가로 발원할 수 없다. 비진리는 오히려 진리의 본질로부터 유래해야 한다. 진리와 비진리는 본질적으로 서로에게 무관계하지 않고 오히려 공속하기 때문에, 참인 명제는 그에 상응하는 참이 아닌 명제에 대해 여하튼 날카롭게 대립할 수 있다. 진리의 본질에 관한 물음이 진리의 완전한 본질을 '앞서 봄'(豫視)에 입각해 비진리에 대한 성찰까지도 [진리의] 본질을 해명하는 작업에로 이끌어들였을 때 비로소, 이

물음은 캐어물어지는 것의 근원적 영역에 도달한다. 진리의 비본질에 관한 구명은 [진리와 비진리 사이의] 간격을 추가로 채우는 것이 아니라, 오히려 진리의 본질에 관한 물음의 충분한 설정을 향한 결정적 발걸음이다. 하지만 우리는 진리의 본질 안에서 비본질을 어떻게 파악해야 하는가? 진리의 본질이 진술의 올바름 안에서 몽땅 길어내어지지 않는다면, 비본질도 판단의 올바르지 못함과 동일시될 수 없다.
　진리의 본질은 자유로서 개현된다. 자유는 탈-존하면서, 존재자를 탈은폐하면서 존재하게 하는 것이다. 각각의 열린 자세의 태도는 존재자를 존재하게 하는 가운데 요동치고 있으며, 그때마다 이런 저런 존재자와 관계를 맺고 있다. 전체 안에서의 존재자 그 자체를 탈은폐함에 관여하는 것으로서의 자유는, 모든 태도를 이미 전체 안에서의 존재자를 향해 거기에 맞춰 기분에 젖게 하였다. 그렇지만 '기분에 젖어 있음'(기분)이 결코 체험과 느낌 따위로 파악될 수는 없다. 왜냐하면 만약 그런 식으로 파악된다면 '기분에 젖어 있음'은 단지 자신의 본질을 빼앗길 뿐이고 또한 생과 영혼과 같은 그러한 것에 입각해 해석될 것이기 때문이다. 생이나 영혼과 같은 그러한 것은 '기분에 젖어 있음'에 대한 위장과 곡해를 자신 안에 담지하고 있는 한, 그 자신 단지 본질적 권리의 가상만을 주장할 수 있을 뿐이다. '기분에 젖어 있음' 즉 전체 안에서의 존재자에로 탈-존적으로 내어놓여져 있음이 체험되고 느껴질 수 있는 유일한 까닭은, 체험하는 인간이, 기분의 본질을 예감하지 않은 채, 전체 안에서의 존재자를 탈은폐하는 '기분에 젖어 있음'에로 언제나 관

사색 중인 하이데거 주저 『존재와 시간』에서 하이데거가 존재의 의미를 밝혀내기 위해 선택한 방법은 철두철미하게 현존재의 실존 구조에 대해 실존론적으로 분석하는 방법이었다.

여되어 있기 때문이다.

역사적 인간이 취하는 개개의 태도는, 강조되었든 그렇지 않든, 개념적으로 파악되었든 그렇지 않든, 여하튼 기분에 젖어 있으며 또한 이러한 기분을 통해 전체 안에서의 존재자에게로 고양되어 있다. 〔그러나〕 전체 안에서의 존재자의 드러나 있음은 우리에게 직접적으로 숙지된 존재자의 총합과 일치하지 않는다. 오히려 그 반대다. 〔물론〕 사물들에 대한 기술적 지배의 가능성이 무제한적으로 행세함에 따라, "우리에게 숙지되고 어느 때건 인지될 수 있는 것"은 조망할 수 없을 정도로 확장되고 또한 인지의 활발한 움직임에 대해 아무런 것도 더 이상 저항할 수 없게 된다. 그러나 이러한 경우보다는 오히려, 존재자가 인간에게 덜 숙지되고

과학을 통해서는 거의 인식되지 않거나 단지 조잡하게만 인식되는 경우에, 전체 안에서의 존재자의 드러나 있음은 더 본질적으로 전개될 수 있다. 모든 것을 반반하고 매끄럽게 만들어 인지하고 또한 단지 인지할 뿐인 경우에 이르면 실로 존재자의 드러나 있음은 천박하게 변모하여 명백한 무(無)가 되고 만다. 이러한 무에 대해 우리는 이제 무관심하지도 않고 아예 단지 망각하고 있을 뿐이다.

『이정표 2』「진리의 본질에 대하여」

존재론적 차이의 본질근거를 해명하다

전통 형이상학이 존재자와 존재의 존재론적 차이를 망각한 채 존재물음을 제기함으로써 그 물음의 참다운 밑바탕에 이르지 못했다는 것을 하이데거는 일찍이 경험하였으며, 이러한 경험의 토대 위에서 망각의 근거를 찾고 이로 인해 아직껏 밝혀지지 않은 채 남아 있어야 했던 존재의 열린 장을 열어젖히려 한 것은 오로지 하이데거 자신이 떠맡아야 할 사유의 노정이었다. 이러한 사유의 노정은 새로운 것을 발견해 내세우는 과학의 진보와는 무관한 것이며, 오히려 아직 사유되지 않은 서양 사유의 근거로 되돌아가는 길이어야 했다.

우리는 이런 맥락에서 『이정표』에 수록된 「근거의 본질에 관하여」라는 하이데거의 글을 숙고해야 할 것이다. 따라서 이 글의 핵심적인 주제는 '존재론적 차이'의 본질근거를 해명하는 것이다. 존재는 존재자와는 단적으로 구분되는 것이기 때문에 존재자를 논의하듯 그와 동일한 차원에서는 결코 주제화될 수 없다. 그런데 하이데거는 그의 기초존재론적 입장에서 바라보았을 때 이러한 존재론적 차이의 근거가 존재자에 관계하면서 그것의 존재를 이해하는 인간존재의 '초월'에 있다고 사유하였다. 여기서 초월이란 모든 존재자를 뛰어넘어 존재자의 존재 그 자체 혹은 존재 일반으로 향해 나가는 인간존재의 가장 근원적인 기투방식을 의미한다. 이 초월이라는 기투방식을 통해서 인간에게는 존재 일반이 경험될 수 있는 존재가능성이 부여되며, 이러한 가능적 기반 위에서 비로소 존재자로서의 존재자가 자신의 고유한 존재의미를 획득하게 된다. 그러므로 초월은 존재론적 차이의 본질근거가 됨과 동시에 존재론적 진리가 존재자적 진리의 가능근거라는 진리현상 이해의 토대를 마련해주기도 한다. 그러나 이러한 초월의 본질을 좀더 적극적으로 다루면서 존재의 진리의 고유한 영역으로 다가서고자 시도한 글이 있다면 그것은 「형이상학이란 무엇인가」일 것이다.

하이데거 스스로가 고백하듯이, 그의 사상의 전체적인 흐름은 『이정표』에 수록되어 있는 「진리의 본질에 관하여」(1930)라는 그의 저술을 중심으로 하여 서서히 내재적인 변화를 경험하면서 존재물음의 기초존재론적 시각궤도에서 존재역사적인 생기-사유(Ereignis-Denken)의 시각궤도로 전환되기 시작한다. 따라서 「형이상학이란 무엇인가」라는 글은 형이상학의 본질에 관한 그의 탁월한 담론을 잠시 도외시하더라도 이 글 자체가 이미 하이데거 자신의 전기 사상과 후기 사상의 통일성과 그 변화의 긴밀한 관계를 이해하는 데 더없이 귀중한 문헌으로 평가된다.

"도대체 왜 존재자이며 오히려 무가 아닌가?"라는, 하이데거의 익히 잘 알려진 이 물음은 형이상학의 다양한 방식이나 특성을 묻는 물음이 아니라 종래의 형이상학이 망각하고 있는 형이상학의 고유한 근본바탕에로 소급해가려는 형이상학적인 물음이다. 그러나 이렇듯 소급해 묻는 물음은 "도대체 왜 없는 것이 아니라 도리어 어떤 것이 존재하는가?"라고 일찍이 이 물음을 제기하였던 라이프니츠의 형이상학적 물음과는 완전히 다른 것이다. 왜냐하면 존재하는 모든 사물의 최고원인으로 소급해가려는 라이프니츠의 그 물음 역시 형이상학의 근본바탕을 망각한 채 제기되고 있기 때문이다.

하이데거에 따르면 전승된 형이상학은 이미 플라톤과 아리스토텔레스 이래 존재자로서의 존재자의 영역 안에서 움직이면서 이 존재자의 존재자성만을 사유하고 표상하며 문제삼아왔기 때문에, 철저히 존재자에 머물러 있을 뿐 존재로서의 존재로는 향해 나아가지 못한다는 것이다. 전승된 형이상학은 어디에서나 존재자의 존재자성을 이중적인 방식으로, 즉 존재자의 가장 보편적인 특징에서 혹은 최고 존재자의 신적인 특성에서 표상할 뿐이어서 근본적으로는 존재-신-론적 구성틀을 벗어나지 못하고 있다. 그럼으로써 종래의 형이상학은 그 근본바탕을 이미 떠나버린 셈이다. 왜냐하면 전통 형이상학은 존재를 그의 진리에서 사색하지 않으며, 이 진리를 비은폐성으로서, 그리고 이 비은폐성을 그 본질에서 사유하지 않고 있기 때문이다.

따라서 존재의 비은폐성이라는 시원적 고향으로 언제나 머물러 있고자 하는 하이데거의 사유의 길에서는 망각된 형이상학의 근본바탕으로 되돌아가는 것이 중요했다. 이러한 근본바탕으로의 귀환은 무의 경험을 통해 이루어질 수 있다고 보는 것이 이 강연논문의 핵심주제다. 그는 서구의 형이상학이 존재자 자체를 탐구하고 세계를 해석하는 과정에서 철저히 배제해버린 무에 관한 물음을 제기한다. 무는 존재자가 아니다. 다시 말해 무는 존재하는 것 일체에 대한 완전한 부정이다. 그러나 이러한 부정이 무의 본질은 아니다. 오히려 '부정'의 범주 아래서 무를 다루는 논리학의 지배 영향권 아래서는 무가 무 그 자체로 경험될 수 없다. 무는 존재하는 모든 것에 대한 완전한 부정으로서 존재자와는 단적으로 다른 것이고, 따라서 존재자와의 존재론적 차이에서 여실히 경험될 수 있는 것이다. 이런 점에서 '차이로서의 무'는 존재와 동일한 것인데, 이러한 것으로서의 본래 시원적인 무의 경험은 지성의 논리적 활동 속에서 이루어지는 것이 아니라, 오히려 깊은 권태감 속에서 혹은 더 나아가 현대인의 삶의 위기를 일깨우는 불안이라는 근본기분 속에서 이루어진다고 그는 보고 있다. 어느 날 세상만사가 무상하게 여겨질 때, 우리의 마음 깊은 곳에서는 우리 자신을 포함해 일체의 모든 사건과 사물을 모조리 걷잡을 수 없는 무관심 속으로 휘몰아버리는 묘한 기분이 일어나기도 하는데, 이런 기분 속에서는 존재하는 일체의 것이, 즉 존재자 전체가 뒤로 아스라이 물러나며 꺼져가게 된다.

신상희

전 건국대 학술연구교수 · 철학

옮긴이 신상희는 건국대 철학과를 졸업하고 독일 프라이부르크 대학에서 철학박사 학위를 받았으며 건국대 인문과학연구소 학술연구교수를 지냈다. 저서로 『하이데거의 진리물음과 전회』『시간과 존재의 빛』『하이데거와 신』『현상학과 실천철학』(공저), 『하이데거의 존재사유』(공저), 『하이데거의 언어사상』(공저), 등이 있으며, 역서로는 한길사에서 펴낸 하이데거의 『이정표』(공역)와 『동일성과 차이, 초연한 내맡김』『강연과 논문』『숲길』『사유의 사태로』, 그밖에 한길사에서 나온 발터 비멜의 『하이데거』, 헤르만의 『하이데거의 존재와 시간을 찾아서』, 한스 자너의 『야스퍼스』 등이 있다. 주요 논문으로 「하이데거의 존재사유의 지평에서 근원적 윤리학의 정초」「하이데거의 예술론」 외 다수가 있다.

옮긴이 이선일은 서울대학교 철학과를 졸업하고 같은 대학교 대학원에서 철학박사학위를 받았다. 지금은 가톨릭대와 세종대에서 강의를 하고 있다. 저서로는 『하이데거의 기술의 문제』『하이데거 존재와 시간』『하이데거 언어로의 도상』이 있다. 역서로는 한길사에서 펴낸 『칸트와 형이상학의 문제』『이정표』(공역)가 있으며, 그밖에 『이데올로기의 시대』『마르크스 레닌주의의 실천논쟁』이 있다. 논문으로는 「하이데거와 현대성 비판의 문제」「환경철학과 하이데거의 존재사유」「열려 있음의 미학: 하이데거와 장자의 비교를 중심으로」「하이데거의 칸트 읽기」 등 다수가 있다.

왕필의 노자주

왕필 지음 | 임채우 옮김 | 395쪽
2006 문화관광부 우수학술도서

왕필은 어려서부터 총명하고 타고난 재주가 남달랐다고 전한다. 10세 때 이미 노자를 좋아했으며 논변에 통달했다. 왕필이 나이 18세(243)에 『노자주』를 저술하고, 22세에서 24세 사이에 『주역주』를 썼다고 하는 것을 보면, 왕필은 대략 20세 이전에 이미 철학체계를 완성한 보기 드문 천재였음을 알 수 있다.

사회철학적으로 그는 현실의 변화에 대한 시의적절한 대응과 더불어, 궁극적으로는 무(無) 관념을 통해 어지럽게 동탕하는 세계를 평정할 수 있다고 보았다. 먼저 개인의 과욕(過慾)과 교위(巧僞)를 잠재우고 소박한 도를 회복함으로써, 사회적으로 영원한 안녕과 질서를 확립할 수 있다고 보았다. 결국 무의 추구는 한의 거대하고 복잡한 명교체제와 '번망'(煩妄)했던 한대 경학(經學)에 대한 반성을 통해 도출된 철학이념이라고 할 수 있다.

『왕필의 노자주』는 철학성이 풍부한 내용을 간결한 문체로 표현한 것이 특징이다. 그래서 "왕필이 『노자』에 주를 단 것인지 노자가 왕필에 주를 단 것인지 모르겠다"라는 탄식이 나오기도 했다. 왕필은 노자 사상의 요지를 한마디로 하면 "근본을 높이고 말단을 줄이는 것"(崇本息末)이라고 하면서, 유와 무라는 한 쌍의 개념을 중심으로 자신의 사상체계를 수립하였다. 특히 그것은 무를 근본으로 삼는다는 점을 들어 '귀무론'(貴無論)이라 부른다. 왕필의 사상은 불과 그의 나이 20대에 이룬 것이기는 하나 위진현학(魏晉玄學)을 대표하며, 중국철학사에서 한 획을 긋는 의의를 지닌다.

왕필(226~249)

왕필(王弼)은 삼국시대 위(魏)나라 사람으로, 당시 수도였던 낙양(洛陽)에서 태어났다. 활약했던 시대는 위 정시년간(240~49)으로 조상과 하안이 정권을 잡고 있던 때에 해당된다. 자(字)는 보사(輔嗣)이며 명제(明帝) 때 상서랑(尙書郎)을 지냈다.

23세의 나이에 요절했으나 후견인이었던 하안(何晏)과 함께 위진 현학(玄學)을 대표하는 사상가로 명성을 떨쳤다. 정시 10년에 사마의가 정변을 일으켜 조상과 하안은 피살되었는데, 왕필도 이에 관련되어 면직되었다가 같은 해 가을에 바로 병사했다.

왕필은 어려서부터 총명하고 타고난 재주가 남달랐다고 한다. 파란의 시대를 살았던 짧은 생애에도 불구하고 현존하는 노자주 가운데 최고의 명주석으로 꼽히는 『노자주』(老子注)와, 천여 년 동안 과거시험의 교과서로 쓰였던 『주역주』(周易注)를 남겼다. 이외에 『노자』 사상을 간결하게 요약한 「노자지략」과 『주역』 해석의 방법론을 체계화한 「주역약례」라는 명문이 전해지며, 『논어』의 일부에 주석을 단 것이 있다.

문호의식(門戶意識)에 갇힌 채 경전의 자구(字句)에 집착하는 한(漢)나라의 훈고학(訓詁學)이나 상수학(象數學)과는 달리, 복잡한 형식에 얽매이지 않고 유가와 도가를 넘나들며 간결하게 경전의 뜻을 풀이하는 왕필의 학풍은, 한대 관학(官學)을 무너뜨리고 자유로운 현학의 정신을 불어넣었으며 당시 사상계의 판도를 뒤바꾸어 놓았다. 특히 무(無)를 본체로 하는 귀무론(貴無論)과 체용론(體用論) 등은 도가사상뿐만 아니라 불교와 성리학을 비롯한 중국철학사 전반에 큰 영향을 끼쳤다.

오색은 눈을 어지럽히고

오색(五色)은 사람의 눈을 어둡게 하고,
오음(五音)은 사람의 귀를 멀게 하고,
오미(五味)는 사람의 입맛을 버리게 하고,
말달리며 사냥질하는 것은 사람의 마음을 미치게 만들며,
얻기 어려운 재화는 사람의 행실을 헤살놓는다.
그래서 지혜로운 사람은
실속을 구하지 겉모양을 부리지 않는다.

완전히 비우고 조용함을 지키라

완전히 비우고, 아주 조용함을 지키라.
만물이 다함께 자라나고 있지만,
나는 오히려 그 되돌아감을 보나니,
저 만물은 무성하지만
각기 그 뿌리로 다시 되돌아간다.
근원으로 돌아가면 고요해지니
이를 일러 명(命)을 회복한다고 하고,
명을 회복하면 영원하게 되며
영원함을 알면 밝다고 하나니,
영원함을 알지 못하면 망령되게 흉한 일을 저지르게 된다.

최상의 덕을 가진 왕은

최상의 덕을 가진 왕은
아래 백성들이 왕이 있다는 사실만 알 뿐이요,
그 다음의 왕은 그를 친근하고 자랑스럽게 여기고,
그 다음의 왕은 두려워하며,
그 다음은 업신여기나니,
왕이 믿어주지 않으므로,
아랫 사람들이 믿지 않게 된 것이다.
왕은 묵묵히 말을 귀하게 여기나니,
백성들은 공(功)이 이루어지고 일이 이루어지는 것을
우리 스스로가 저절로 그렇게 되었다고 말한다.

굽히면 온전해지고

굽히면 온전해지고
구부리면 곧아지고,
패이면 채워지고,
낡으면 새로워지고,
적으면 얻게 되며,
많으면 미혹된다.
이 때문에 도를 얻은 사람은
오직 하나만을 가지고 세상의 준칙을 삼는다.
스스로 드러내지 않으므로 밝아지고,
스스로 옳다고 하지 않으므로 드러나고,
스스로 자랑하지 않으므로 공이 있으며,
스스로 뽐내지 않으므로 오래간다.

잘 다니는 이는 흔적이 없고

잘 다니는 이는 흔적이 없고,
잘한 말에는 흠잡을 것이 없고,
잘하는 계산에는 산가지를 쓰지 않고,
잘 닫으면 빗장이 없어도 열 수 없고,
잘 매두면 밧줄로 묶지 않아도 풀 수가 없다.
그래서 지혜로운 이는
항상 남을 도와서 구해주므로 버리는 사람이 없고
늘 사물을 구제해주므로 버리는 사물이 없나니,
이를 일러 밝음을 간직하고 있다고 한다.
그러므로 착한 사람은 착하지 않은 사람의 스승이며,
착하지 않은 사람은 착한 사람의 바탕이 된다.

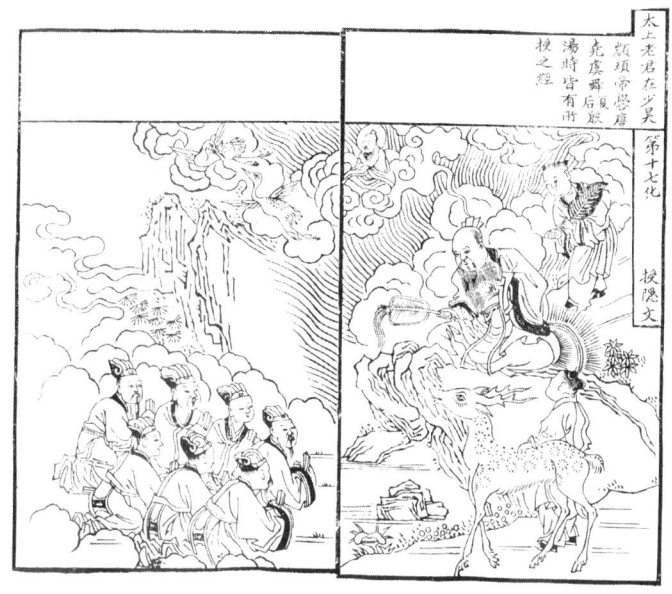

「노자 설법도」
노자가 사람들에게 무위자연의 도를 설법하는 모습이다.

그 스승을 귀하게 여기지 않고, 그 바탕을 아끼지 않으면
지모가 있더라도 크게 미혹하게 되니,
이를 일러 현묘한 요점이라고 한다.

줄이고 싶으면 먼저 퍼주고

상대를 줄이고 싶으면
먼저 퍼주고,
약하게 만들고 싶으면
먼저 강하게 해주고,
쓰러뜨리려고 하면
먼저 일으켜 주며,
빼앗으려고 하면
먼저 주어야만 하니,
이것을 일러 은미한 밝음이라고 한다.
부드러움이 강한 것을 이기나니,
물고기는 연못을 벗어나서는 안 되며
나라의 이기(利器)는 사람들에게 보여서는 안 된다.

되돌아가는 것이 도의 움직임이요

되돌아가는 것이
도의 움직임이요,
유약한 것이
도의 쓰임이니,
세상의 만물은 유(有)에서 생겨나고,
유는 무(無)에서 생겨난다.

『왕필의 노자주』

대의 혼란을 극복하는 철학과 사상이 담긴 해석

왕필이 살았던 시대는 대격동기였다. 영원할 것 같았던 대제국 한(漢)은 농민반란과 여러 내우외환이 겹치면서 그 말기적 혼란을 드러내고 있었다. 당시 명문 집안이었던 왕필의 일가는 그 한말의 격동기에 고향 산동(山東)을 떠나 유랑의 길을 떠나게 되었다. 처음에는 외증조부였던 형주자사 유표에게 의탁했다가 유표가 죽자 다시 당대의 영웅이었던 조조에게 의지하였는데, 그 와중에서 왕필의 조부는 당시 모반 사건에 연루되어 죽임을 당하는 수난을 당했다. 그리고 훗날 약관의 나이에 당대 사상계의 기린아였던 왕필마저 사마의의 쿠데타로 인해 뜻을 펴지 못하고 24살의 젊은 나이로 병사하고 말았다.

이러한 파란의 가사(家史)는 오히려 그로 하여금 천재적 사상을 형성하는 직접적인 계기가 되었다. 본래 왕필의 집안은 한대의 명문세족으로 훌륭한 학문적 배경을 갖고 있었다. 외증조부 유표와 사조부(嗣祖父) 왕찬은 형주학의 중심 인물이었고 왕필의 고조부 왕창이나 왕필의 친형 왕굉이 모두 역학으로 이름을 떨쳤다. 특히 혼란의 시기에 유랑하던 왕필의 집안을 이끈 중심인물이었던 왕찬은 소위 건안칠자의 대표적인 문학가로서 유명했을 뿐만 아니라 당시 명리(名理) 방면의 대가였다. 왕찬이 친족을 거느리고 고향을 떠나 유표에 의탁함으로써 왕찬 일가는 당시 가장 선진적 학문이었던 형주학과 접하게 되었고, 다시 조조에 의해 중용됨으로써 왕필의 지음(知音)이자 후견인이었던 하안을 위시한 진보적인 현학인사(玄學人士)들을 만나게 되었다. 왕찬의 두 아들이 모반 사건으로 죽임을 당하자, 왕필의 부친 왕업이 왕찬의 사자(嗣子)가 됨으로써 채옹(蔡邕, 132~192)에게 물려받은 왕찬의 대장서가 왕필에게 직접 전해지는 학문적 행운을 얻기도 했다. 동한말의 혼란기에 많은 전적들이 사라졌지만, 왕필은 이 장서로부터 큰 도움을 받았음을 짐작할 수 있다. 그래서 왕필의 학문에 대해서만 말한다면, 왕필은 본래 학문적 가문에서 성장했고, 또한 일가의 정치적인 불운은 오히려 왕필에게는 더욱 학문에 열중할 수 있는 계기를 제공했다고 할 수 있다.

왕필은 그의 짧은 생애에서 18세에『노자주』를 쓰고, 22세에서 24세 사이에『주역주』를 저술했다고 하니, 중국 역사상 아마 최고의 천재였다고 해도 과언이 아닐 것이다. 그의 이 두 저작은 천여년간 과거시험의 교과서로 중국의 사상계에 엄청난 영향을 남겼고, 지금까지도 중국 고전중의 불후의 명저로서 읽혀지고 있다.

당시는 바로 소설『삼국지연의』의 무대가 된 시기로 위·오·촉 삼국 사이에 생사를 건 전쟁이 계속되었고 사회 전체에는 부화(浮華)한 말폐가 만연해 있었다. 한말 동중서적 명교(名敎) 체제는 더 이상 설득력을 상실했고, 새로운 사회질서와 이 질서를 뒷받침할 만한 사상체계는 아직 수립되지 못했다. 왕필은 한말(漢末) 대제국의 피폐와 붕괴, 대규모 농민 반란과 삼국의 하극상적 발호와 무질서를 목도하면서, 당시의 시대적 혼란을 구제할 수 있는 근본적 방안을 자신의 철학적 문제의식으로 갖게 되었다. 당시는 한대의 명교 체제를 대체할 새로운 질서를 모색하는 것이 하나의 시대 사조를 형성하고 있었는데, 왕필 사상도 이러한 시대 사조의 영향 아래 생겨난 신사상이었다. 그는『주역』고괘(蠱卦) 주석에서 다음과 같이 말한다.

> 고(蠱)라는 것은 일이 생겨나서 유능한 이를 기다리는 때이니 바로 유위(有爲)할 때다. 사람들이 기쁘게 따르면 일을 벌여서 그 일을 안정시킨다. 덕을 기르고 업(業)을 닦아 나아가니 형통하다. 그러므로 크게 형통하고 큰 내를 건너는 것이 이롭다(利涉大川).

또 이어서 다음과 같이 말했다.

> 고괘는 일이 생겨나서 유능한 이를 기다리는 때이므로 군자는 이를 본받아 백성을 제도하고 덕을 배양해야 한다.

이는 당시의 시대 상황에 대한 인식과 밀접한 관련을 갖는다. 당시는 '벌레먹은'(蠱) 시대로 능력 있는 이가 덕을 기르고 사업을 벌여서 적극적으로 일을 해야 할 때이며, 새로 제도와 법령을 마련해서 새롭게 사회를 정비해야 한다는 것이다. 이 왕필의 시세론(時勢論)은 불변의 진리라고 믿었던 유교적 윤리관념을 토대로 천인(天人)을 관통하는 영원불변의 대통일제국을 건설하려했던 한나라 때의 생각과는 차이가 있다. 즉 현실과 시세의 변화에 따른 시의(時宜)를 강조하는 그의 사상에는, 대일통(大一統) 세계를 구축하려 했던 한대의 거대한 형식주의적인 사고에서 벗어나 현실의 변화에 대응하려는 능동적 사고방식으로의 전환이 보인다.

나아가 그는 현실의 문제를 직시하고 근원적으로 검토하면서, 자신의 철학적 문제의 토대를 구축했다. 그는 당시의 사회 문제에 대해서 단순히 비판과 부정에만 그치거나 현실도피적인 방향으로 일탈하지 않았고, 윤상(倫常)을 확립하자고 구호를 외치는 정도에서 그치지 않았다. 왕필이 문제로 삼았던 것은 좀더 근본적인 문제였다. 그는 특히 명교(名敎)의 근원과 근거 문제를 추구했다. 한초의 대사상가 동중서는 삼강오상(三綱五常)의 도는 영원히 변치 않는다(天不變, 道亦不變)고 믿었지만 왕필은 삼강오상이 참으로 영원하고 불변한 것인가 의심했다. 유교에서 부자간의 천륜은 어떤 경우에도 의심받을 수 없는 절대적인 것이었다. 그러나 왕필은 인간이 정말로 위급한 상황에 닥치면 자신의 목숨을 지키느라 부자간의 정리를 돌볼 사이가 없다는 반증을 들었다. 그래서 그는 불변으로 믿어 의심치 않았던 명교의 존재 근거를 근본적으로 반성했다. 아울러 법(法)·명(名)·유(儒)·묵(墨)·잡가 등 당시 유행하던 다섯 가지 현학(顯學)을 일러 "근본을 버리고 말단적인 것을 추구하는 것"(棄母用子)이라고 비판했다. 이런 근본적인 반성과 비판 위에서 욕망의 소종래(所從來)와 명교의 소이연(所以然) 문제에 대한 사유를 통해 우리가 진정으로 믿고 따를 수 있는 참된 도가 무엇인지를 찾았다. 왕필은 이런 문제의식을 통해 무를 근본으로 하는(以無爲本) 철학체계를 수립했다.

임채우

국제뇌교육종합대학원대학교 교수·중국철학

옮긴이 임채우는 연세대학교에서「장자(莊子)의 수양론」으로 석사학위를,「왕필 역 철학 연구」로 철학박사 학위를 받았다. 지금은 국제뇌교육종합대학원대학교 교수로 있다. 주요 저·역서로는「왕필의 노자주」외에「주역천진(周易闡眞)-도교의 주역풀이」,「주역 왕필주(周易王弼注)」「언어의 금기로 읽는 중국문화」,「술수와 수학사이의 중국문화」등이 있다. 이외에「노장(老莊)의 세계이해방식-정체와 부분」,「노자 11장을 통해본 노자의 유·무관-있음과 없음으로의 세계이해 방식」「원시도가의 여성주의 사상」「도교(道敎)의 페미니즘적 성격」「고대동양의 여성숭배사상에 대한 고찰」등 다수의 논문이 있다.

신화는 단순한 옛날 이야기가 아니다. 자연현상을 설명하는 것도 아니다. 개인이 창조한 동화나 소설과도 다르다. 신화는 집단의 산물이다. 그런데 어떻게 신화 속의 여우는 사람이 될 수 있을까. 어떻게 사람이 새가 될 수 있을까. 그렇다. 신화적 사고는 무엇이든 될 수 있고 창조될 수 있다. 그렇다면 신화는 무질서한 인간 정신의 산물일까.

레비-스트로스는 『신화학』의 「서문」에서 "민족지적인 관찰을 통해 정확히 정의할 수 있고 각 특수한 문화의 관점으로도 이해할 수 있는, 날것과 익힌 것, 신선한 것과 부패한 것, 젖은 것과 태운 것 등등의 경험적인 범주들이 어떻게 추상적인 개념에 적용될 수 있고, 개념도구로 사용될 수 있으며, 명제로 연관시킬 수 있는지를 증명하려는 것이 이 책을 쓰는 목적이다"라고 밝히고 있다.

그는 남아메리카의 신화를 분석함으로써 비이성적·비합리적으로 보이는 이 모든 것을 합리적이고 이성적이며 논리적인 것으로 환원시킨다. 무질서 속에 질서를 부여하는 것은 인간 정신의 본질이다. 또한 그는 야생적 사고와 합리적 사고를 통합하는 인간 정신의 심층에 존재하는 초합리성을 찾으려 한다. 이것은 과거와 현재 내 문화와 타문화를 초월하여 어디에나 존재했고 또 존재하는 인간 정신 속의 초월적·구조적 무의식의 법칙을 증명하는 일이다. 이 책은 이런 과정의 시작이며 연속이다.

이런 점에서 얼핏 진부해 보이는 '날것과 익힌 것'의 대립으로 출발하지만 독자들은 곧 남아메리카 부족들이 상정하는 취사의 신화학 논리의 위력적인 전개를 볼 것이다. 그리고 사회와 정신철학의 씨앗인 신화적 사고의 몇몇 일반적 특성의 분출을 보게 될 것이다.

신화학 1

클로드 레비-스트로스 지음 | 임봉길 옮김 | 672쪽
2007 대한민국학술원 우수학술도서
2008 『동아일보』 인문과 자연의 경계를 넘어 30선

▷ 저자의 다른 작품
『야생의 사고』(GB 7)
『슬픈 열대』(GB 31)
『신화학 2』(GB 99)

▷ 역자의 다른 번역작품
『신화학 2』(GB 99)

클로드 레비-스트로스(1908~)

레비-스트로스(Claude Lévi-Strauss)는 1908년 벨기에의 브뤼셀에서 태어나 생후 2개월 때 파리로 갔다. 파리 대학 법학부와 문학부에 입학하여 1930년 법학사와 철학사에서 학위를 받았다. 재학 중에는 조르주 뒤마의 강의를 듣고 임상심리학·정신분석학 등에 흥미를 가졌고, 루소의 저작들도 탐독했으나 이때까지는 인류학이나 민족학에 아직 관심을 두지 않아 마르셀 모스의 강의도 청강하지 못했다. 합격하기 어려운 철학교수 자격시험에 최연소자로 붙었으며, 세 사람이 한 조가 되는 교육실습에서 메를로-퐁티와 같은 조가 되어 그와 친교를 맺었다.

1933년에 우연히 로버트 로위의 『미개사유』를 읽게 되어 강한 감명을 받고 인류학·민족학에 관심을 갖게 되었다. 이후 대학교수로 있으면서 카두베오족과 보로로족을 방문·조사하여 「보로로족의 사회조직에 대한 연구」「문명화된 야만인 가운데서」 등의 논문을 발표했다. 1941년에는 미국으로 가 뉴욕의 신사회조사연구원에서 문화인류학을 연구했고, 미국으로 망명해온 러시아 태생의 언어학자 야콥슨과 알게 되어 언어학에 흥미를 갖게 되었다. 야콥슨과 공동으로 『언어학과 인류학에서의 구조적 분석』을 발표했다.

이후 프랑스로 귀국하여 파리 대학에서 박사학위를 받았는데, 박사학위논문이 『친족의 기본구조』라는 책으로 출판되자 프랑스 학계와 사상계에 커다란 반향을 일으켰다. 그밖에도 『슬픈 열대』『구조인류학』『오늘날의 토테미즘』『야생의 사고』『신화학』 등 굵직한 저술들을 내놓아 사상계에 화제를 불러일으켰다. 콜레주 드 프랑스와 파리 대학 고등연구원에서 교수를 지냈으며, 지금은 아카데미 프랑세즈 회원으로 있다.

신화 속에서 이끌어내는 인간의 역사

신화보다 객관화된 사고를 더 훌륭히 예시하고 현실을 경험적으로 증명할 수 있는 것은 아무것도 없다고 믿는다. 신화를 만들고 전수하는 토착인(발화주체)들이 신화 구조와 조작방법을 의식하며 신화를 만들 수 있다는 사실을 배제하지 않더라도 의식적인 조작은 정상적인 양상일 수 없다. 그렇다 하더라도 의식적인 조작은 단지 부분적이거나 간헐적일 수밖에 없을 것이다.

이것은 언어에서와 마찬가지로 신화에서도 그렇다. 주체가 과학적 소양과 필요한 기교를 가졌다고 가정하더라도 그가 말하는 동안 의식적으로 음운법칙과 문법을 응용하려 한다면 그는 금방 자신이 말하려 했던 바를 잊어버리게 될 것이다. 이와 마찬가지로 신화적 사고를 사용하고 운용하려면 신화의 특성들은 숨겨져 있어야만 한다. 그렇지 않으면 우리는 신화의 특성을 증명하려는 행위로 인해 신화를 믿지 않고 객관화하는 신화 연구자의 위치에 서게 될 것이다.

신화 분석은 인간이 어떻게 사고하는가를 제시하는 것이 목적이 아니며, 이를 목적으로 할 수도 없다. 여기에서 우리가 관심을 갖는 특별한 경우는 중앙 브라질의 토착민들이 그들을 매혹시키는 신화들 이상으로 우리가 축소한 신화의 관계 체계를 우리처럼 해석하는지가 (적어도) 의심스럽다는 점이다. 우리가 브라질 신화들을 기반으로 우리 고유의 민족 언어 가운데 고전적인 비유가 풍부한 몇몇 표현들을 이해하려 했을 때에도 같은 사실이 확인된다. 왜냐하면 이번에는 우리 편으로부터 소극적 자각이 일어나게 되는데, 이것은 비교된 사실들이

외국의 신화 법칙 밑에 있고 또 비교하는 신화들이 외부로부터 온 것이기 때문이다. 그래서 우리는 인간이 신화 속에서 어떻게 사고하는가를 제시하고자 하는 것이 아니라, 신화가 인간이 모르는 사이에 인간 속에서 어떻게 사고하는가를 제시하고자 하는 것이다.

그리고 이미 우리가 암시했던 것처럼 어떤 양상으로는 신화들이 마치 모든 생각의 주체를 빼고 생각하는 것처럼, 신화끼리 서로 사고한다는 것을 검토하기 위해서 좀더 멀리까지 이야기를 진전시키는 것이 합당할 것이다. 왜냐하면 신화 속에 있는 (더구나 인간 의식 속에 있는 것이 아닌) 어떤 것을 끌어내기보다는 신화를 통해 차라리 무의식의 정신적 작품에 공통된 의미를 줄 수 있고, 가능한 한 가장 훌륭한 코드(code)를 정의하는 명제와 전제들의 체계를 끌어내려는 것과 관계되기 때문이다.

무의식의 정신적 작업은 서로 가장 멀리 떨어져 있지만 서로 연관된 문화 · 사회 · 정신적 작품들의 형성과 관련되어 있다. 신화가 두 번째 서열의 코드 위에(언어는 첫 번째 서열의 코드로 구성되어 있다) 위치하는 것과 같이, 이 책은 여러 신화의 상호적 해석을 보장하는 제3서열 코드의 초벌그림을 나타낸다. 바로 이런 이유 때문에 우리가 이 책을 하나의 신화로 보는 것이 틀린 것은 아니다. 다시 말해서 어떤 의미로는 신화학(신화들)의 신화인 것이다.

그렇지만 이 코드는 다른 코드와는 달리 외부에서 지어낸 것도 간청해서 가져온 것도 아니다. 이 코드는 신화 자체에 내재되어 있으며, 우리는 단지 그것을 발견하도록 할 뿐이다. 남아메리카에서 현지조사를 하는 어떤 민족지 학

보로로족의 장례식 모습 보로로족은 이중 장례를 지낸다. 마을광장에 가매장을 한 뒤 뼈를 추려 강이나 호수에 집어넣는다.

자는 신화가 이야기되는 양상 때문에 놀랐다고 말한다. 그는 "이야기하는 각자는 심지어 중요한 부분들까지도 제멋대로 말한다. 그래서 그 변화의 폭이 엄청났다……"라고 놀라움을 표현했다. 그렇지만 토착민들은 이런 상태에 대해서 전혀 관심이 없었다. "이 마을 저 마을로 나를 수행했던 한 카라자인이 이런 유형의 많은 변화된 이야기를 들었으며, 모두를 거의 같은 신뢰성을 가지고 수집했다. 그가 모순되는 점을 지각하지 못해서가 아니라 이런 모순들이 그에게는 아무 문제도 되지 않았기 때문이다." 다른 행성에서 온 순진한 해설가가 있다면, 그가 프랑스 혁명을 다루는 많은 양의 책들이 같은 사건들을 어떤 곳에서는 신중하게 다루고 다른 곳에서는 다루지 않으며, 여러 저자가 이야기한 같은 사실들이 서로 다른 조명을 받는 것을 보고 놀라는 것은 매우 당연한 일일 것이다(왜냐하면 이것은 신화가 아니라 역사기 때문이다).

그러나 이러한 변이형들은 같은 나라·같은 시대·같은 사건과 관련되어 있으며, 이들의 실재는 층상 구조의 여러 층위에 분산되어 있다. 그러므로 정당성의 준거를 찾아야 할 곳은 역사의 요소들이 아니며, 개별적으로 추구된 각 요소의 의미는 포착될 수 없을 것이다. 적어도 이들 가운데 어떤 요소들은 일련의 시리즈로 통합될 때 확실한 의미를 가질 수 있는데, 시리즈의 전체적 결합력으로 통합된 항들은 다소간의 신뢰성을 갖게 된다.

신화와는 다른 조건에 접근하기 위해서 가치 있고 필수적인 노력을 해온 역사 전문가들은 역사가 신화의 성격을 결코 완전하게 벗어날 수 없다는 사실을 이제 고백해야만 할 것이다. 역사에서 진실한 것은 신화에서는 더욱 그렇다.

『신화학 1』「서문」

신화의 리듬을 따라 연주되는 민족지의 기록

일부 독자들은 이 책의 서문과 본문은 물론 역자의 해제 또한 읽기가 쉽지 않을 것이다. 왜냐하면 일반적으로 접할 수 있는 신화나 신화를 논한 신화학과는 전혀 다른 체제와 방법론을 따르기 때문이다. 더욱『신화학』4권 모두가 방대한 논문이다. 그렇기에 그냥 한번 쉽게 읽을 수 있는 책으로 생각한다면 실망할 가능성이 크다. 새로운 것을 알고자 하는 각오와 지식에 대한 호기심이 있고 인내심이 있는 독자라면 아주 흥미롭고, 재미를 느끼는, 그러면서도 많은 것을 배우고 응용할 수 있는 책이 될 것으로 생각한다.

또한 신화 하나하나에 이렇다 할 가시적 결론을 이끌어내기 위해 쓰인 책이 아니다. 계속적인 분석이 이어지다 보면 저자가 무엇을 말하려는지를 알아차릴 수 있게 기술되어 있다. 레비-스트로스는 『신화학』 서문에서 말한다. "우리의 논증 역시 대단히 간결하거나 너무 길지만 신화적 사고의 자율적인 움직임에 따라 진행되기를 원한다. 신화의 요구에 순응해야만 하며, 신화의 리듬을 존중해야 한다. 이러한 점에서 신화연구서인 이 책 역시 나름대로 하나의 신화인 것이다. 이 책이 '일체성'을 갖는다고 생각한다면, 그것은 텍스트로부터 한 발 물러서거나 텍스트 너머에 머무를 때에만 나타날 것이다. 모든 일이 순조롭게 진행된다면 일체성은 독자들의 머릿속에 성립될 것이다."

이 책의 구성(차례)을 보면 다른 책과는 달리 음악 악장의 형식으로 되어 있다. 앞에서 잠시 언급한 바 있지만, 레비-스트로스는 이 책이 하나의 오케스트라 작품으로 이해되기를 바란다. 특히 음악이 가진 마법의 힘처럼 처녀지에 머무르던 신화의 마법을 오케스트라의 선율을 감상하듯이 이해하기를 바란다. 저자의 이런 바람은 신화와 음악의 유사성을 바탕으로 한다. 그래서 선적(線的)인 시간을 따라 이어지는 신화의 이야기, 앞에서 사용한 학문적 용어로 표현한다면 신화의 공시적 서열(통합적 연대)을 따라 읽는 것이 아니라, 오케스트라의 악보처럼 각 악기의 소리가 상응하는 (악보의) 계열적 집합(을 이루는) 기둥에서 다른 기둥(즉, 한 계열축에서 다른 계열축으로)으로 읽어야 한다.

그래서 레비-스트로스는 독자들이 동시성의 감정을 의식할 수 있는 작성기법이 필요했다. 왜냐하면 이야기를 읽는 순서에 얽매여 있는 독자에게는 동시적인 감정을 갖는다는 것이 무리라고 생각한 저자는 서로 비슷하게 상응하는 것들을 찾을 수 있도록 입체적으로 차례를 정했다. 여러 지점에서 연주된(신화의 경우 분석된) 음이 동시에 만나 화음을 이루듯, 그렇게 신화의 분석과정은 여러 개의 축을 따라 진행된다.

레비-스트로스가 직접 신화분석의 예를 보인 것은 오이디푸스 신화와 아스디왈 이야기 신화이다. 오이디푸스 신화는 하나의 신화를 신화소들로 나눈 후 같은 의미가 있는 것끼리 모아 계열축을 구성하고, 이를 비교하는 형식의 분석방법을 사용하였다. 그러나 아스디왈 이야기는 북태평양 캐나다 해안지역의 침시안 인디언 신화로 오이디푸스 신화와는 다른 방식으로 분석한다. 먼저 신화에 나타난 다양한 코드, 즉 사회학적, 지리적, 우주적, 기술-경제적 코드의 층위에서의 대립을 통해 신화를 분석한다. 하늘과 땅, 하늘과 물 등 대립의 강도가 큰 것에서 땅과 물, 산정상과 계곡, 강 언덕과 물 등 대립의 강도가 적은 것으로 옮아간다. 이러한 대립은 사회학적(친족과 인척간의 갈등), 지리적(나스강과 스키나 계곡), 우주적(하늘과 땅), 기술-경제적(어로와 사냥, 바다와 강의 어로 등) 대립들을 통해 주인공의 여정과 관련을 갖고 분석된다. 주인공은 결국 집단의 갈등과 대립을 해결하지 못한 채 산정상과 계곡의 중간지점인 산중턱의 바위로 변한다.

이 두 신화 이외에 레비-스트로스가 분석하는 것은 남·북아메리카의 신화들이다. 앞의 두 신화분석에 사용했던 방법을 응용하지만, 또 다른 방식을 취한다. 하나의 신화를 완전하게 분석하고 다른 신화의 분석으로 넘어가는 전통적 분석이 아니라, 하나의 신화(참조신화)를 선택한 후 이 신화의 여러 특성들 중 몇 개와 이웃 신화의 특성을 비교하여 공통된 특성을 찾은 후 이를 바탕으로 신화군을 구성하는 방법을 사용한다. 하나의 신화만으로는 신화의 완전한 의미를 알 수 없다. 그래서 같은 구조의 신화들을 묶어 비교함으로써 감추어진 의미를 찾고, 또한 비교를 통해 같은 집단의 신화라는 것을 확인한다. 남겨놓았던 특성들은 또 다른 신화들과의 비교를 통해 의미를 밝힌다. 이런 작업은 『신화학』 4권이 모두 끝날 때까지 점진적으로 계속된다.

『날것과 익힌 것』에서 레비-스트로스는 새둥지 터는 사람의 보로로 신화를 참조신화로하여 분석을 시작한다. 신화를 소개한 후, 신화에 등장하는 보로로족의 사회와 믿음에 대한 민족지적 사실을 열거한다. 처음 시작은 독자들에게 좀 지루하고 따분할 수 있다. 복잡한 원주민의 언어로 된 부족이름과 동물, 사회의 구성 요소 등 생소한 것들과 대면하지만, 등장하는 주인공의 부족명과 주인공의 이름 등 모두 의미를 지니는 요소들이다. 이런 것들은 당장 밝혀지지 않지만, 다른 신화들과 계속 연계분석되면서 상당 부분 진전이 이루어진 후에 밝혀진다. 본격적인 시작은 보로로족 신화 이외에 제족의 신화가 나오면서부터 시작된다. 독자들은 인내심을 갖고 시작해야 한다. 또한 독자들은 앞으로 나아가면서 여러 개의 신화와 연계된 특성들과 내용, 골조, 코드 등을 확인하기 위해 뒤로 돌아가서 다시 확인하는 과정을 반복하면서 읽어야 한다. 『신화학』 1권에만도 200개 정도의 신화가 분석되기 때문이다.

임봉길
전 강원대 교수·문화인류학

옮긴이 임봉길은 서울대학교 불어불문학과를 졸업하고, 대학원 재학 중 프랑스 외무부 장학생으로 도불, 파리5대학교(옛 소르본 사회과학부)와 몽펠리에3대학에서 인류학 학사(리상스 학위), 석사, 박사학위를 받았고, 한국문화인류학회 회장, 강원대학교 문화인류학과 교수를 지냈다. 저서로는 『구조주의 혁명』, 『아편을 심는 사람들, Hmong(몽)족 민족지』, 『한국 중산층의 생활문화』가 있으며, 역서로는 한길사에서 펴낸 『신화학』을 비롯하여, 『정치인류학』(공역), 『루시는 최초의 인간인가』, 『문화인류학의 역사』(공역) 등이 있다. 주요논문으로 「문화에 있어서의 진보의 개념」, 「한국인의 이중성-문화인류학적 접근」, 「동북시베리아지역 퉁구스족의 민족정체성」, 「프랑스 입양고아의 정체성의 형성과 위기」 등이 있다.

유랑시인

타라스 셰브첸코 지음 | 한정숙 편역 | 596쪽

▷ 역자의 다른 번역 작품
『봉건사회 1, 2』(GB 49, 50)

우크라이나의 국민시인으로 추앙받는 타라스 셰브첸코는 폴란드의 지배와 러시아 제국의 지배를 거치면서 스스로 독자적인 민족으로서 확신을 가지지 못했던 우크라이나인에게 자신의 시를 통해 그 확신을 불어넣어준 인물이다. 근대 우크라이나인의 민족적 정체성, 역사의식은 그에 의해 큰 틀이 지어졌다고 해도 과언이 아니다.

이 책은 바로 우크라이나의 역사와 시정(詩情)을 탁월하게 묘사한 그의 대표 장시(長時) 21편을 엄선해 묶은 것이다. 대단히 맑고 순수한 개인적인 정서를 노래한 서정시나 환상적인 담시뿐만 아니라 뛰어난 작품성을 인정받는 우크라이나의 역사와 현실을 소재로 삼거나 억압적 정치체제와 농노제에 반대하는 혁명적인 정치사상을 담고 있는 주요 시들을 싣고 있다.

책의 제목은 1840년 처녀 시집인 『콥자르』(Kobzar, 유랑시인)의 이름을 차용했다. 아울러 이 책은 충실한 해제와 꼼꼼한 주석으로 열정적 혁명문학가로서의 셰브첸코의 삶을 조명한 훌륭한 평전으로도 부족함이 없다. 또한 화가 셰브첸코로서의 면모를 보여줄 수 있는 시인의 그림을 함께 실어 보는 즐거움을 더했다.

우크라이나의 넓은 들판 위에서 호곡하는 시인의 비감한 정서 등에 대한 시적 묘사는, 셰브첸코의 시들을 어느 모로 보나 낭만적 비가(悲歌)의 대표적인 작품들로 손꼽게 하기에 손색이 없다. 그러나 그의 시는 엄연한 역사성을 가지고 있으며, 우크라이나 민족의 소생에서 대단히 큰 현실적 의미를 가지고 있다. 우크라이나인이 스스로 우크라이나 민족임을 인식하게 되는 결정적 계기를 제공한 것, 그것이 바로 그의 시였던 것이다.

타라스 셰브첸코(1814~61)

타라스 셰브첸코(Тарас Шевченко)는 러시아 제국의 지배를 받던 우크라이나의 키예프 부근에서 농노신분으로 태어났다. 지주인 파벨 엥겔가르트의 시동이 되어 각지를 떠돌던 그는 1835년 상트페테르부르크에서 화가 소셴코를 만났는데, 소셴코는 그의 미술적 재능을 높이 사서 해방을 주선했다. 러시아의 문화계와 사교계 인사들이 도운 덕에 그는 1838년 농노신분에서 해방되었다. 그후 상트페테르부르크 미술 아카데미에 입학하는 행운도 누렸다. 1840년 처녀시집 『유랑시인』(콥자르)을 출판하여 가장 아름답고 강렬한 우크라이나어를 구사하는 시인으로 떠올랐으며 이후에는 미술가보다 시인으로 널리 알려졌다.

그는 작품에서 우크라이나의 역사와 현실을 소재로 삼았으며, 차르 전제정과 농노제에 반대하는 혁명적 정치사상을 담아냈다. 1843년 이후 고향 우크라이나를 여행하면서 현지 지식인들과 우크라이나의 민족문제를 논했다. 특히 우크라이나 민족의 자율 및 해방적 범슬라브주의를 지향하는 최초의 근대적 정치결사인 키릴루스-메토디우스 형제단원들과 가까이 지냈다.

그의 시집 『삼 년』은 형제단 지식인들의 현실 비판의식을 고취시켰다. 이 일로 러시아 정부와 마찰이 생겨 1847년 봄에 체포되었다. 그는 일체의 집필과 미술창작 활동이 금지되고 유배형에 처해졌다. 다시 부자유민이 되어 각지를 떠돌며 고난을 겪던 셰브첸코는 새 황제가 내린 사면령에 따라 10년 만에 유배형에서 풀려났다. 1857년 상트페테르부르크로 돌아와 미술 아카데미에서 강의하며 시 창작을 계속했으나, 유배생활에서 얻은 중병으로 인해 외로움 속에서 세상을 떠났다.

생각들이여, 내 생각들이여

내 생각들이여, 내 생각들이여.
너희가 나를 괴롭히누나!
어찌하여 종이 위를
슬픈 시구로 떠다니나?
한 줄기 바람 일어 너희들을
초원 위로 먼지처럼 흩뿌리지 않았더냐?
불행이 너흴 제 자식인 양
잠재워버리지 않았더냐?

불행이 너흴 낳아 세상 웃음거리 만드니,
너희는 울기만 하누나……차라리 물에 빠져
죽기나 할 일이지
바닷속 깊이 깊이 갈앉기나 할 일이지, 들판
으로 아득히 사라지거나 할 일이지.
그랬더면 누구도 묻지 않을 걸, 내 슬픔이 어
디서 비롯됐는지,
그랬더면 묻지 않을 걸, 내 운명을 내가 왜
이리도 탓하는지,
어이하여 새벽같이 신세 한탄하는지. 그랬더
면 날 비웃어
'쓰잘데없는 자식'이라 말들 하지도 않을
걸…….

      내 꽃봉오리여, 내 아이들이여!
난 왜 너흴 이리도 애지중지 가꾸나?
이 세상에 단 하나의 마음이라도 너희 위해
내가 울 듯
울 수 있을까? 어쩌면 그럴 수 있을지도 모
르지……
어쩌면 그 어느 아가씨의 마음과
그녀의 빛나는 밤빛 눈동자가
이 생각들 위해서 울어줄지도 모르리—

그렇다면 나는야 더 바랄 게 없다네……
밤빛 눈에서 눈물 한 방울 흘러준다면—
나는야……정녕 왕 중에서도 왕일세!
내 생각들이여, 내 생각들이여!
너희가 나를 괴롭히는구나!

빛나는 밤빛 눈과
까만 눈썹 생각하니,
마음이 생기 되찾네, 마음이 웃음짓네,
시구들을 쏟아내네,
거침없이 쏟아내네.
어두운 밤에 대한 시를,
녹음 짙은 벚꽃 동산 시를,
사랑스러운 아가씨 시를……
초원에 대한 시를, 무덤에 대한 시를,
우크라이나 땅의 무덤에 대한 시를.
헌데 마음이 아뜩하네, 마음이 내키잖네,
낯선 타향 땅에서 노래하고 싶지 않네……
눈 속으로, 숲 속으로
코사크들의 회합을
철퇴 홀(笏, bulava)이랑 군기까지 갖춰
소집하고 싶지 않네.
코사크의 정신은
우크라이나에서 피어야지—
그곳은 넓고 즐거운 곳
땅 끝에서 땅 끝까지……
그 옛날의 자유처럼
드니프로는 드넓어 바다 이루고
끝없는 초원 너머 급류가 고함치는 곳,
무덤 언덕은 높이 솟아 큰 산을 이룬 그 곳.
거기서 태어나고 거기서 춤추었지
코사크의 자유는.

트루토프스키, 「드니프로 강변의 콥자르」, 1875

폴란드인들, 타타르인들로
들판을 갈았었지,
그들의 시체로 들판을 갈았지
그러나 그 자유는 차디차게 식었네……
누워 쉬게 되었네…… 그리고 그때부터
무덤 언덕들 솟아오르게 되었네,
그 위로 검은 독수리
파수꾼인 양 빙빙 날고,
콥자르는 그 자유에 대해
선남선녀에게 노래하네.
그 모든 옛 일을
눈먼 늙은이는 노래하네,
재간 있는 늙은이……그런데 나는…… 나는……
할 줄 아는 것이라곤 다만 울음 우는 것뿐,
우크라이나 위해서 눈물 흘려 우는 것뿐
단 한 마디 말조차 하지 못하네……
괴로움 이야기라면…… 아니, 그 따윈 관두라지!

괴로움 모르는 이 이 세상에 어디 있담!
영혼의 눈으로 우리네 모두를
볼 수 있는 그런 이 혹시라도 있다면—
그 사람에게 이 세상은 지옥이리라,
그리고 저 세상도 그러하리라.

　　　　슬픔으로
행복을 얻을 수는 없겠지,
나 스스로가 마냥 행복해할 줄 모른다면.
불운들은 사흘만 계속되라지—
나는 그것들 감추리,
사악한 이 독사들을
내 심장에 둘러감아 꽁꽁 감추리,
적들이 그것들 발견해내고
고소해하면서 웃지 않도록.
(하략)

• 1840년 3월, 상트페테르부르크

우크라이나에 울려 퍼지는 자유와 혁명의 외침

우크라이나의 민족주의가 유달리 강렬한 언어 민족주의적 성격을 가진다는 점에서 셰브첸코 문학이 우크라이나인들에게 가지는 가장 큰 의미는 그가 우크라이나어의 잠재성을 최대로 발현한 근대 우크라이나 언어의 건설자라는 데 있다. 그는 자신의 시를 통해서 제대로 된 우크라이나어를 가진 우크라이나 민족을 만들어냈다.

따라서 셰브첸코의 문학에서 이념의 문제는 부차적인 문제일 수도 있다. 그러나 이와 동시에 그가 자신의 시에서 우크라이나인은 러시아와 별개의 역사를 가진 별개의 민족임을 역설함으로써 우크라이나인들의 민족의식과 역사관에 직접적인 영향을 미쳤던 것도 명백하다. 우크라이나 최초의 근대적 정치결사였던 키릴 루스-메토디우스 형제단의 핵심 회원들이 그의 정치관·역사관이 가장 강렬하게 표현된 시집 『삼 년』의 필사본을 애독하였다는 사실, 그리고 바로 그 자신이 형제단 회원들과 밀접한 관계를 맺었다는 사실이 이를 입증한다.

따라서 셰브첸코의 시들을 문학 내적 관점에서만 평가하고자 하는 사람들에게는 다른 문제이겠으나, 이를 정신사적·지성사적 관점에서 바라보고자 하는 사람에게는 그의 시에 표명된 사상·역사관이 무엇보다도 중요한 관심의 대상이다.

오늘날 '정치적으로 올바른' 입장에 서고자 하는 독자의 관점에서 본다면 그의 역사관에는 반드시 긍정적으로만 볼 수 없다고 생각되는 면도 없지 않을 것이다. 위에서 언급한 폭력성 문제는 차치하고라도 혹자는 그가 표방하는 민족주의가 지나치게 배타적이지 않은가 하는 문제를 제기할지도 모르겠다. 셰브첸코는 역사적으로 우크라이나인들과 대립하던 시기의 유대인이나, 폴란드인, 러시아인 등을 부정적으로 그리고 있을 뿐 아니라 때로는 그들에 대한 적대 감정까지 직설적으로 드러내고 있다. 따라서 셰브첸코가 우크라이나인에게는 민족의식을 함양한 시인일지 몰라도 이념적인 면에서는 보편성이 없지 않느냐고 물음을 제기할 수도 있을 것이다.

이러한 문제들이 제기될 수 있음은 일찍부터 인식되었다. 특히, 유대인에 대한 부정적인 표현은 곧바로 반유대주의의 혐의를 받을 수 있다는 점 때문에 셰브첸코의 옹호자들이나 연구자들은 이 문제에 대해 조심스러워질 수밖에 없었는데, 나치의 유대인 학살이 자행된 이후에는 오해를 피하고자 하는 차원에서 그 같은 조심성이 더욱 강화되었다. 그렇기 때문에 제2차 세계대전 후에 나온 셰브첸코 시 선집 혹은 전집의 러시아어 번역본 편찬자들은 유대인에 대해 부정적으로 표현한 부분은 임의로 아예 삭제하거나 다른 표현으로 바꾸어버리는 것이 일반적이었다. 일부 평자들은 그의 시에서 드러나는 바로 이런 거친 모습에 거부감을 느꼈던 것이 사실이다. 벨린스키가 셰브첸코를 혹평한 이유도 적어도 표면적으로는 무엇보다 그의 시가 보편성을 결여하고 있다는 데 있었다.

그러나 셰브첸코가 주장한 민족주의의 배타성 여부를 논하기 위해서는 그의 시를 역사적 맥락 속에 놓고 파악해야 하며, 이를 위해서는 그의 시대를 이해해야 한다. 그의 시대에는 억압받는 민족과 억압하는 민족의 경계가 비교적 뚜렷했고, 억압받는 민족의 해방과 자유를 위해 몸 바치는 것이 진보적인 지식인들의 대의였다. 민족이 차별의 기준이던 시기에는 민족적 차별의 철폐를 위해 노력하는 것이 당연하였다. 문제는 구체적 이름이 아니라 원칙 자체이다. 구체적 이름은 민족이 될 수도 있고 여성이 될 수도 있고 장애인이 될 수도 있고 동성애자가 될 수도 있다.

셰브첸코의 원칙은 어떠한 이름이건 약자들이 그 이름 때문에 받는 억압을 철폐해야 한다는 것이었다. 그렇기 때문에 그는 농민들의 고통, 하층 여성들의 고통을 마치 자기 자신의 아픔인 양 느끼면서 이 같은 아픔을 주는 사회구조를 되풀이하여 고발하였던 것이다. 그리고 한때 자신들을 억압하였던 폴란드인들을 향하여, 폴란드인들의 종교적 억압만 아니었다면 그들과 우크라이나인들은 얼마든지 형제로 지낼 수 있었으리라고 역설하며 강조하였던 것이다. 그는 실제로 자신의 시에서 폴란드인들을 벗이요 형제라고 불렀다.

> 우리가 아직 코사크였던 시절,
> 종교통합은 꿈도 안 꾸던 시절,
> 그땐 살기가 즐거웠지.
> 자유로운 폴란드인들과 우린 형제 되어서
> 자유로운 대초원을 맘껏 누렸지.
> ……
> 그렇듯 폴란드인들이여, 벗들이여, 형제들이여!
> 우리를 갈라놓고 우릴 분열시킨 것은
> 탐욕스런 신부들, 권귀(權貴)들이었다오
> 그게 아니었던들 오늘날도 우린 형제처럼 살았을 것을.
> 그러니 손을 주오 코사크들에게,
> 그리고 진실한 그대들 마음도 주오!
> 그러면 그리스도의 이름으로 우린 또다시 고요한 낙원을 누리게 될 거라오.
> (「폴란드인들에게」 중)

또한 그렇기 때문에 셰브첸코는 폴란드인들이 우크라이나인들과 마찬가지로 러시아 제국의 지배를 받고 있던 상황에서 폴란드인 혁명가들에게는 아낌없는 마음의 성원을 보냈으며, 유배지에서 폴란드인 정치범들과 깊은 우정을 나눌 수 있었던 것이다. 그의 사망 직후 페테르부르크에서 장송의식이 행해졌을 때 많은 폴란드인 지식인들이 그에게 마지막 경의를 표하기 위해 장례식장을 찾았던 사실도 주목할 만하다. 한 폴란드인 참석자는 이제 폴란드와 우크라이나의 적대 관계는 끝날 것이며, 셰브첸코가 호소하였던 사랑과 형제애의 정신이 지배하게 될 것이라는 조문 연설을 하였다. 셰브첸코의 시는 폴란드인들에게도 자신들의 역사를 반성적으로 성찰하게끔 하는 자극제가 되었으며 자민족 중심주의를 극복하기 위한 노력의 한 계기를 제공하였다는 사실을 이를 통해서도 알 수 있다.

한정숙
서울대 교수·서양사학

편역자 한정숙은 서울대학교 역사교육학과와 같은 대학교 대학원 서양사학과를 졸업한 뒤 독일 튀빙겐 대학교에서 혁명기 러시아의 경제사상사 연구로 박사학위를 받았다. 부산여자대학(현 신라대학교)·세종대학교 교수를 거쳐 지금은 서울대학교 서양사학과 교수로 있다. 주로 러시아사, 우크라이나사에 관한 논문과 저서를 발표하는 틈틈이 여성사에 관한 글들을 써서 『여성은 이렇게 말했다』로 묶어냈으며, 한길사에서 펴낸 『노동의 역사』(헬무트 슈나이더), 『봉건사회』(마르크 블로크), 『유랑시인』(타라스 셰브첸코, 편역)을 비롯하여, 『비잔티움 제국사』(게오르크 오스트로고르스키) 등등 서양사에 관한 여러 책을 번역했다.

8

한길그레이트북스 제70권~제80권

"윗사람의 행동은 백성의 모범이 되어야 합니다.
윗사람이 하지 않는 것을
백성 중 어떤 사람이 이를 행하여 형벌을 가한다면
백성들이 감히 경계하지 않을 수 없을 것입니다."

• 좌구명, 『춘추좌전』에서

중국고대사상사론

리쩌허우 지음 | 정병석 옮김 | 644쪽
2005 『한겨레』 올해의 책
2006 문화관광부 우수학술도서

▷ 저자의 다른 작품
『중국근대사상사론』(GB 71)
『중국현대사상사론』(GB 72)

리쩌허우는 문화심리 구조, 실용이성, 인학모체(仁學母體) 구조라는 독특한 관점을 통해 중국의 고대사상사를 종횡으로 분석한다. 그의 이런 독특한 시각이나 관점은 기존의 다른 철학사나 사상사와 확연히 구별되는 점이다. 그것은 중국사상사 전체를 종횡으로 관통하는 주된 맥락을 매우 효과적으로 지적하는 뛰어난 서술을 하고 있다는 점이다.

리쩌허우가 주의를 기울여 논의한 문제는 공자와 묵자, 맹자와 순자, 노자와 한비자, 『주역』과 동중서, 장자와 선종, 송명 이학 및 명청 시기의 경세치용 등이다. 제자백가 중에도 묵자와 손자에 대해 많은 관심을 기울이고, 특히 손자의 사상을 중요하게 다룬 것은 그가 강조하는 실용이성과 관련이 있어 보인다. 또한 순자와 『역전』이 공유한 문제를 분석하는 관점 역시 빼어나다.

그러나 이 중 가장 주목할 만한 점은 진한 시기의 철학을 문화심리 구조가 완성되는 단계로 본다는 사실이다. 즉 공자가 제기한 원시유학의 기본정신, 즉 혈연적 기초, 치국평천하의 이상, 실용이성, 중용관념 등은 모두 이 시기 음양오행의 도식을 통해 보존되고 확대되었다고 말한다.

이렇듯 리쩌허우는 이른바 '문화심리 구조'를 통해 중국의 사상사를 종횡으로 분석한다. 리쩌허우가 다루고 있는 범위나 자료들은 역시 기존의 통사와 다를 바 없다. 그러나 그의 독특한 시각이나 관점은 기존의 철학사나 사상사와는 확연히 구별된다.

그는 문화심리 구조와 실용이성의 관점을 이용하여 중국의 사상사와 전통문화를 해석하는 한편, 동시에 현대 중국이 가야 할 길을 제시하고 있다.

리쩌허우(1930~)

리쩌허우(李澤厚)는 1930년 후베이(湖北) 우한(武漢)에서 태어났다. 12세에 아버지를 여의어 어려운 가정환경 속에서 명문이자 학비가 면제되는 후난성립제일사범학교에 진학했다. 이 시기 루쉰(魯迅)과 빙신(冰心)의 작품을 즐겨 읽었는데, 그 심득(心得)은 「20세기 중국문예 일별」에 잘 녹아 있다.

19세에 어머니를 여읜 그는 잠시 초등학교 교사를 지내다가 1950년 베이징 대학 철학과에 입학했다. 그때 그는 런지위(任繼愈)의 근대사상사 강의로 인해 캉유웨이와 탄쓰퉁에 관심을 가지게 되었다. 이는 훗날 『캉유웨이·탄쓰퉁 사상 연구』로 이어지고 다시 『중국근대사상사론』으로 발전한다. 졸업 후 중국사회과학원 철학연구소에서 철학과 미학 연구에 종사하고 『철학연구』 창간 작업에도 참가했다. 1956년 미학에 관한 논문 「미감, 미 그리고 예술을 논함」을 발표하면서 학자적 명성을 날리게 된다.

1966~76년 문화대혁명 기간 동안 허난(河南)으로 하방(下放)되어 사상 개조의 압박을 받았다. 이 기간은 리쩌허우에게 시련인 동시에 전환의 계기였다. 칸트 철학 연구서인 『비판철학의 비판』은 이때의 독서를 바탕으로 집필된 것이다. 이후 『중국고대사상사론』 『중국근대사상사론』 『중국현대사상사론』의 '사상사 3부작'을 출간했다. 아울러 『미의 역정』 『중국미학사』 『화하미학』 『미학4강』 등의 미학 관련 저서를 출간했다.

톈안먼 사건 이후 미국으로 망명하여 콜로라도 대학 객원교수를 지냈고, 프랑스 국제철학아카데미로부터 정식 원사(院士)로 위촉된 바 있다. 지금은 중국과 미국을 오가며 활동하고 있다. 최근의 저서로는 『고별혁명』 『세기신몽』 『논어금독』 『기묘오설』 『역사본체론』 등이 있다.

중국 고대사상의 주를 이루는 실용이성의 정의

만약 혈연적 토대가 중국 전통사상의 기초적인 면에서의 근원이라고 말한다면, 실용이성은 바로 중국 전통사상 자체의 성격이 지니고 있는 특색이다. 선진 시대의 각 학파는 당시의 사회 대변동 속에서 미래의 출로를 찾기 위해 학설을 세우고 제자들에게 전수하여, 은나라와 주나라의 무사문화(巫史文化)에서 해방되어 나온 이성이 그리스처럼 한가롭고 조용한 추상적 사유의 길로 향하지 않도록 만들었다. 또한 인도처럼 인간세계를 버리고 해탈을 추구하는 길로 깊게 빠져들지도 않게 하여 인간세계의 실용적 탐구에 집착하게 만들었다. 씨족혈연을 사회적 유대로 삼아 인간관계(사회윤리와 실제의 인간사)가 두드러지게 강조되어 사상적 고려라는 측면에서 가장 중요한 위치를 차지하게 되었고, 장기간의 농업 소생산의 경험은 이러한 실용이성을 더욱 완강하게 보존하는 중요한 원인이 되게 했다.

중국의 실용이성은 중국의 문화, 과학, 예술 등 각 부문과 서로 연계되고 스며들면서 형성되고 발전하여 장기간 연속되어왔다. 중국 고대에는 어떤 학파가 어떤 관직에서 유래한다는 관점을 말하기 좋아했다. 내가 보기에 중국의 실용이성은 주로 중국의 4대 실용문화인 군사, 농업, 의학, 예술과 밀접하게 관련되어 있다고 할 수 있을 것 같다. 중국의 병법에 관한 서적은 매우 일찍 발달했고, 중국의 의학은 오늘날까지도 여전히 실효성이 있으며, 중국 농업의 세밀한 경작법, 중국 기예(技藝)의 독특한 면모는 세계문화사에서 찾아보기 힘든 매우 중요한 현상이다. 그것들은 천문(天文), 역법(曆法), 제조(製造), 연단(煉丹) 등과 다른 점이 있다. 군사, 농업, 의학, 예술은 매우 광범위한 사회민중성, 생사(生死)와 관련된 매우 중요한 실용성을 가졌으며, 아울러 중국 민족의 생존과 유지에 직접적인 관계를 가지고 있다.

그러므로 나는 이 글에서 노자의 군사(兵), 순자와 『역전』의 농업, 음양오행의 의학, 장자와 선종의 예술의 관계를 끊임없이(계속적으로) 지적한 적이 있다. 이에 대한 연구가 충분치 않으므로 견강부회가 있을 수도 있지만, 중국 실용이성의 철학 정신과 중국 과학 문화의 실용적인 성격은 분명하게 관계 맺고 있다고 생각한다.

철학적인 입장에서 보면 중국 고대의 변증법 사상은 매우 풍부하고 성숙하긴 했지만, 그것은 인생을 다룬 변증법이지 정확한 개념을 다룬 변증법이 아니다. 사회의 안정, 인간 사이의 조화를 강조했기 때문에 그것들은 상호보완적인 변증법이었으며, 부정(否定)의 변증법은 아니다. 그것의 중점은 대립하는 두 항의 보충, 상호삼투와 운동의 추이로 사물 또는 시스템의 역동적 평형과 상대적 안정성을 획득하려는 것을 제시하는 데 있는 것이지 개념이나 사물의 투쟁이나 성패(成敗), 또는 서로 용납할 수 없음을 강조하려는 것은 아니었다.

중국 고대에도 유물론과 관념론의 구분이 있었다. 맹자와 순자, 왕양명과 왕선산 등을 예로 들 수 있지만, 주체와 객체의 대립이나 '나'와 '남'의 구분이 중국 고대철학에서 그리 중요한 위치를 차지하지 못했기 때문에 유물론과 관념론의 투쟁은 근대 서양의 인식론처럼 그렇게 큰 중요한 의의를 얻고 있지는 못했다. '기'(氣)· '신'(神)· '도'(道)· '이'(理) 등과 같은 것들

공자(맨 왼쪽)와 그의 제자들

은 중국 철학뿐만 아니라 중국 전체문화 가운데 가장 중요한 기본범주였다. 그러나 어떤 경우에 그것들이 도대체 정신인지 물질인지를 정확하게 규정할 수 없었다. '기'는 '활동하고 있는 물질'이라고 할 수 있고 '생명력'이라는 정신개념일 수도 있다. '신'·'이'·'도'는 정신적인 것 같지만(으로 보이지만) '기'는 또 어떤 물질적인 기능 또는 법칙이라고 할 수 있다.

중국 또한 인식론을 말하지만, 그것은 어디까지나 윤리학에 종속되어 있다. 그것이 강조하는 것은 주로 윤리적 책임의 자각적 의식이며, 공자의 "아직 지혜가 부족한데 어떻게 어질다고 할 수 있겠느냐"는 것에서 이학의 '격물치지'에 이르기까지 모두 그러하다.

전체적으로 말하면 중국의 실용이성은 유물론적인 성격을 지니는 어떤 기본방향을 가지며, 그중 가장 중요한 것은 그것이 특별히 역사에 집착한다는 점이다. 역사의식의 발달은 중국 실용이성의 중요한 내용이며 특징이다. 그러므로 중국의 실용이성은 원대하고 체계적인 각도에서 객관적으로 각 개별 사물을 고찰하고 사색하고 예측했을 뿐, 눈앞에 놓여 있는 순간적인 득실·승부·성패, 이해 등을 중요하게 여기지 않았다. 이런 관점은 중국의 실용이성을 다른 실용주의와 구별시켜 준다. 선진의 각 학파, 예컨대, 유가·묵가·노자·한비자 등은 모두 다른 각도에서 이러한 역사의식을 표현했다.

「중국고대사상사론」,「중국의 지혜」

'문화심리 구조'의 체계와 실용이성

리쩌허우는 '문화심리 구조'라는 개념을 '민족성의 문화심리'라는 특정한 의미로 사용하기도 한다. 이런 관점은 그가 몇 년 전에 쓴 「중일문화심리비교시설략고」(中日文化心理比較試說略稿)에 있는, 중국인과 일본인의 의식과 심리를 장악하고 있는 문화심리를 분석하고 있는 문장에서 매우 극명하게 드러난다. 리쩌허우는 이런 문화심리 구조는 일단 만들어지기만 하면 불변하는 어떤 선험적인 존재가 아니라 장구한 역사 속에서 조성된 항상 살아서 움직이는 구조원칙 또는 창조원칙이라고 말한다. 여기서 말하는 '문화심리 구조'의 '구조'(構造)라는 말은 영어의 'structure'가 아니라 'formation'에 해당한다. 즉 '구조'라는 말의 정확한 의미는 'shaping'이나 'forming'이라는 말에 해당하는 것으로, 더 이상 변화하지 않고 고정되어 있는 것이 아니라 끊임없이 계속적으로 발전하면서 형성되어 가는 것을 말한다. 이 '문화심리 구조'의 체계는 마치 생물들이 자연환경에 적응해 살아남는 것처럼, 외부환경에 적응하면서 장기적으로 자신의 존재를 지속시켜온 놀라운 생존력을 지니고 있다. 여기서 리쩌허우가 주목하고 있는 것은 '문화심리 구조'의 '전통문화에 대한 강한 영향' 또는 '문화심리 구조'가 지니고 있는 보수성이다.

리쩌허우가 '문화심리 구조'를 강조하는 것은 단순한 전통 문화의 보수성과 강한 영향이라는 문제를 기술하는 것으로 그치지 않는다. 그는 여기에서 한 걸음 더 나아가 현대적인 관점에서 중국의 '문화심리 구조'를 변화시키고 개조하며, 또 역사가 남겨 놓은 봉건적 여독을 벗기고 깨끗하게 청산해 창조적으로 새롭게 전환하는 것을 더욱 중요한 문제로 여기는 것 같다. 또한 이것이 바로 오늘날의 중국 철학이 반드시 주의를 기울여 살펴보아야 할 시대적 과제라고 그는 분명하게 말하고 있다.

리쩌허우가 제기하고 있는 '문화심리 구조'라는 개념은 『중국고대사상사론』(中國古代思想史論)의 「공자와 맹자의 철학」(원문은 「孔子再評價」)에서 처음으로 언급되고 있다. 여기서 공자는 '인'으로 '예'를 해석해 사회의 외재규범을 개체의 내재적 자각으로 전환시키고 있다. 이것은 중국 철학사에서 가장 중요한 창조적 사건으로 중국 민족의 '문화심리 구조'에 기초를 놓은 것이라고 할 수 있다. 이로부터 공자는 중국 문화의 상징과 대표가 된다. 리쩌허우는 공자가 말하는 철학적 핵심을 인(仁)에서 찾으면서 인이 가지고 있는 가장 중요한 네 가지 측면을, 혈연의 기초, 심리원칙, 인도주의, 개체인격으로 보고 있다. 또 이 네 가지 요소가 유기적 전체를 이루는데, 그 정신의 특징이 바로 '실용(천)이성'이다.

리쩌허우가 이 책의 「공자와 맹자의 철학」에서 말하는 '실용이성'이라는 말은 주로 현실생활에 깊은 관심을 기울이고 순수 추상적인 사변을 일삼지 않는 것을 의미한다. 또한 모든 일에 '실용'·'실제'·'실행'을 강조해 이를 통해 문제를 해결하는 경험을 중시하는 사유방식 또는 생활태도를 말한다. 서양철학이 이지적 사변이나 분석을 강조해 실용과는 무관하게 발전해 매우 치밀한 철학 체계를 구성한 것과는 달리 중국 철학은 현실세계의 실용적 측면에 더욱 치우친 것이 사실이다.

리쩌허우는 처음부터 '실용이성'이란 말을

사용하지 않고 '실천이성'이라는 말을 먼저 사용했다. 그는 이후 칸트가 말하는 '실천이성'이라는 개념과의 혼란을 피하기 위해 나중에 이 말을 '실용이성'이라는 말로 바꾼다. 리쩌허우가 말하는 '실용이성'과 칸트가 말하는 '실천이성'의 가장 큰 공통점은 둘 다 윤리적 행위를 강조하고 있다는 점에 있다. 그는 유가철학을 중심으로 하는 중국 철학의 특징을 "현실생활을 긍정하는 세계관 또는 생활태도"에서 찾고 있다.

중국 철학, 특히 유가학설은 사실상 다만 반(半)철학일 뿐이다. 반(半)철학이기 때문에 추상적인 사변적 논증이나 엄밀한 논리적 추리, 체계적인 이론구조 등을 중요하게 여기지 않는다. 반대로 중국 철학에서 이론은 반드시 실천적이고 실용적인 품격을 가지고 있어야 함이 특히 강조된다.

물론 리쩌허우가 여기서 말하는 '반(半)철학'이라는 중국 철학에 대한 성격 규정에 중국 철학이 철학의 자격을 갖추고 있지 못하거나 또는 중국 철학을 폄하하려는 의도가 있는 것은 결코 아니다. 다만 중국 철학 속에는 순수한 철학적 요소 이외에 종교적인 성분이 함께 섞여 있다는 점을 강조하려는 데 있다. 이런 점은 유가에서 더욱 분명하게 나타난다.

유가는 보통사람들의 일상적인 생활, 그들의 행위와 활동에 직접적인 영향을 발휘하려고 한다. 서양의 경우라면 이것은 종교이지 분명히 철학의 임무는 아니다. 사실상 전통적인 중국 사회에서, 특히 사대부들 속에서 유학이 발휘하는 작용은 분명히 준종교적인 것이다.

이처럼 리쩌허우는 중국 철학이 가지고 있는 독특한 특성을 준종교적인 성격이 포함된 '실용이성'에서 찾고 있다. 중국인의 문화심리 활동의 구조원칙인 '실용이성'은 앞에서 말한 '문화심리 구조'와 마찬가지로 결코 정지되어 불변하는 형식이 아니다. 오히려 이것이 강조하려는 것은 변화·확대·갱신·발전에 있다. 그러므로 중국의 전통사상, 유학과 실용이성은 현대화에 결코 장애가 되는 것만은 아니다.

리쩌허우는 중국의 철학 사상은 중요한 몇 단계를 거치면서 발전해온 것으로 보고 있다. 선진 시기에 다루어진 중요한 철학적 문제들은 대부분 정치철학 또는 사회철학의 영역에 속하는 것들이다. 왜냐하면 유가·묵가·도가·법가 등의 제자백가들이 모두 당시 사회의 기본 문제와 사회적 문제들에 대해 관심을 기울였기 때문이다. 진한 시기에 이르면 그것은 우주론의 철학으로 변한다. 위진 철학의 핵심은 본체론의 철학이다. 송명(宋明)은 심성론의 철학이다. 근대에 이르러서 비로소 탄쓰퉁·장타이옌·쑨중산의 인식론의 철학이 출현한다.

정병석

영남대 교수·철학

옮긴이 정병석은 영남대학교 철학과와 같은 대학 대학원을 졸업했으며, 타이완 중국문화대학 철학연구소에서 박사학위를 받았다. 계명대학교 철학과 교수를 거쳐 지금은 영남대학교 철학과 교수로 있다. 주요 연구 및 관심분야는 주역, 중국 고대 유학, 현대 신유가 등이다. 역서로는 한길사에서 펴낸 『중국고대사상사론』을 비롯하여, 『중국철학특강』(공역), 『주역철학의 이해』 『인륜과 자유』 『동양철학과 아리스토텔레스』 등이 있다.

중국근대사상사론

리쩌허우 지음 | 임춘성 옮김 | 792쪽
2005 『한겨레』 올해의 책
2006 문화관광부 우수학술도서

▷ 저자의 다른 작품
『중국고대사상사론』(GB 70)
『중국현대사상사론』(GB 72)

이 책을 관통하고 있는 핵심 기조는 '이성적인 개량'이다. 리쩌허우는 20세기를 관통하며 진행되었던 중국 혁명이 격정적인 정서에 휩싸였다는 점을 인식하면서 '과도한 격정의 혁명'보다는 '이성적인 개량'이 중국에 필요했다는 자신의 학문적 결론을 책의 기조로 삼고 있다.

중국의 '근대' 80년은 효력을 상실하여 무용지물이 되다시피 한 전통사상을 대체할 새로운 사상체계의 수립을 모색하던 시기였다. 전통적 사상체계와 새로운 서양의 사상체계가 그들 앞에 놓여 있었고, 그들은 각자 취사선택했다. 그들의 취사선택은 개인의 기질과 취향에 영향을 받았지만, 그 속에는 시대적 과제와 맞물린 역사의 흐름이 내재해 있었다.

그는 근현대 중국의 역사과정에서 중국의 전통이 가지는 힘이 외래(外來)를 압도했다고 본다. 그러므로 그의 과제는 전통을 해체하고 재해석하는 것이다.

리쩌허우는 이 책에서 태평천국으로부터 신해혁명에 이르는 중국 근대의 주요한 사조와 중요한 사상가들을 체계적으로 논술하고 세밀하게 분석했다. 첫 편은 사상적 각도에서 태평천국을 해부함으로써 농민혁명전쟁의 제반 법칙과 현상을 지적했다. 그 다음 몇 편은 무술변법 유신사상과 인물을 상세하게 분류 해부했고, 특히 캉유웨이(康有爲)의 대동사상(大同思想)과 탁고개제(託古改制) 전략을 높이 평가했다.

그밖에도 중국 근대사상사에서 옌푸(嚴復)의 특수한 위치, 장타이옌(章太炎)의 인민주의적 사상의 특징에 초점을 맞추었고, 애국에서 혁명으로 나아갔던 20세기 지식인의 역정을 다루었으며, 량치차오(梁啓超)와 왕궈웨이(王國維) 등의 독특한 의미와 루쉰(魯迅)의 사상 역정 등을 논술했다.

리쩌허우(1930~)

리쩌허우(李澤厚)는 1930년 후베이(湖北) 우한(武漢)에서 태어났다. 12세에 아버지를 여의어 어려운 가정환경 속에서 명문이자 학비가 면제되는 후난성립제일사범학교에 진학했다. 이 시기 루쉰(魯迅)과 빙신(冰心)의 작품을 즐겨 읽었는데, 그 심득(心得)은 「20세기 중국문예 일별」에 잘 녹아 있다.

19세에 어머니를 여읜 그는 잠시 초등학교 교사를 지내다가 1950년 베이징 대학 철학과에 입학했다. 그때 그는 런지위(任繼愈)의 근대사상사 강의로 인해 캉유웨이와 탄쓰퉁에 관심을 가지게 되었다. 이는 훗날 『캉유웨이·탄쓰퉁 사상 연구』로 이어지고 다시 『중국근대사상사론』으로 발전한다. 졸업 후 중국사회과학원 철학연구소에서 철학과 미학 연구에 종사하고 『철학연구』 창간 작업에도 참가했다. 1956년 미학에 관한 논문 「미감, 미 그리고 예술을 논함」을 발표하면서 학자적 명성을 날리게 된다.

1966~76년 문화대혁명 기간 동안 허난(河南)으로 하방(下放)되어 사상 개조의 압박을 받았다. 이 기간은 리쩌허우에게 시련인 동시에 전환의 계기였다. 칸트 철학 연구서인 『비판철학의 비판』은 이때의 독서를 바탕으로 집필된 것이다. 이후 『중국고대사상사론』 『중국근대사상사론』 『중국현대사상사론』의 '사상사 3부작'을 출간했다. 아울러 『미의 역정』 『중국미학사』 『화하미학』 『미학4강』 등의 미학 관련 저서를 출간했다.

톈안먼 사건 이후 미국으로 망명하여 콜로라도 대학 객원교수를 지냈고, 프랑스 국제철학아카데미로부터 정식 원사(院士)로 위촉된 바 있다. 지금은 중국과 미국을 오가며 활동하고 있다. 최근의 저서로는 『고별혁명』 『세기신몽』 『논어금독』 『기묘오설』 『역사본체론』 등이 있다.

중국근대사회를 관통하는 우연과 필연의 역사

헤겔과 마르크스는 거대한 역사적 사실과 인물이 항상 두 차례 출현한다고 했다. 역사의 많은 유사점은 후세 사람들을 경탄하게 만든다. 어떤 유사점은 외재적 형식에 그칠 뿐이지만, 어떤 것은 동일하거나 유사한 본질적 법칙의 작용에 기인하기도 한다. 중국 근대사 연구를 중시해야 하는 이유도 중국 근 100년간의 수많은 법칙과 요소, 전통과 역량 등이 오늘날까지도 여전히 중요하게 작용한다는 점에 있다. 이데올로기적 측면에서는 특히 그러하다. 죽은 사람이 산 사람을 끌어안고 봉건적 잔재가 사회의 전진을 가로막고 있다. 따라서 우연한 사건이 접근해오고 역사가 재미 삼아 순환식의 바퀴놀이를 할 때, 필연의 법칙과 나아갈 길을 밝히는 것은 여전히 큰 임무이다.

역사의 필연은 항상 사건과 인물의 우연을 통해 나타난다. 만약 웨이창후이와 스다카이의 변이 없었거나 당시 전군이 북진했다면, 태평천국 운동은 성공할 수 있었을 것이다. 청나라 황제가 여전히 지고무상(至高無上)의 개인적 권위를 유지하고 있었을 때, 광쉬가 아닌 다른 사람이 황제였다면 무술변법은 몇몇 성과를 거두었을 것이다. 츠시 태후와 위안스카이가 요절했다면 신해(辛亥) 전후의 국면은 아마도 상당히 달라졌을 것이다. 그러나 설사 그랬다 하더라도 수천 년을 이어온 봉건세력의 중압과 수많은 인구를 가지고 있던 중국의 대지에서 공업화 사회를 향한 매진과 부강의 실현은 여전히 험난한 일로, 결코 순풍에 돛을 단 듯 이루어지지는 않았을 것이다.

태평천국이 베이징을 공격했다 하더라도 여전히 농민전쟁의 역사법칙의 제약을 벗어 던지지 못하고 결국은 전력을 다하지 못했을 것이다. 또한 역사법칙에 지배되어 안목의 협소함을 드러내거나 이미 획득한 승리에 만족한 채 정체·부패·분열·권력쟁탈 등의 봉건적인 것이 필연적으로 드러나는 결과를 야기했을 것이다. 무술변법 당시 탄쓰퉁이 위안스카이를 찾아가지 않고 위안스카이가 밀고하지 않았더라면 상황은 확실히 달랐을 것이다. 그러나 개량파의 연약함과 무력함은 끝내 봉건세력에 의지할 수밖에 없었을 것이고, 봉건반동파는 결코 쉽게 변법개량을 용인하지 않았을 것이며, 신구 세력이 확연하게 갈라지던 시점에 '유신(維新)의 명망을 가진' 정객과 군벌이 필연적으로 배반했을 것이다. 이는 모두 필연적인 것들이었다. 모든 개인의 소질·성격·교양, 그리고 사건의 우연함과 묘하게 들어맞음과 돌변은 한 세대 또는 여러 세대 사람에게 엄중한 영향을 조성하는 대단히 중요한 요소이다. 그런데도 역사의 필연적 노정과 비교해보면 역시 상대적으로 부차적임을 알 수 있다.

『자정신편』과 개량파의 '서양학습'이 근대화의 실행을 요구한 이래 100년이 지나갔다. 여러 세대 사람들에게는 지루한 고난의 역정이었지만 역사에서는 한순간에 불과하다. 그러나 구불구불한 지점들을 가능한 한 좀더 단축시키기 위해 개인 또는 우연은 대단히 중요한 의미를 가지고 있다. 필연론은 숙명론이 아니다. 객관적 역사법칙과 주동적 역사창조를 통일하려는 이유 또한 이 점에 있다. 역사의 우연적인 한순간은 한 세대 사람들의 몇 십 년에 해당할 수 있다. 그러므로 각종 우연을 통해 필연을 이해·파악하고, 우연이 보다 많고 보다 충분하

변법유신 지지세력들 탄쓰퉁(뒷줄 왼쪽 첫 번째 인물)을 비롯한 변법유신 지지세력들이 한자리에 모였다.

게 역사전진의 필연을 체연하게끔 촉진하는 것은 대단히 중요한 학습임무이자 역사과학의 우선 과제가 되어야 한다. 우연과 필연이 예술과 생활 속의 최고 철학 범주인 것과 마찬가지로, 그것은 심화연구가 요구되는 역사철학의 최고 범주이다.

우연은 필연의 표현형식일 뿐 아니라 그 보충이기도 하다. 다시 말해, 결코 모든 우연이 반드시 필연의 구현은 아니라는 말이다. 마르크스가 청년기에 필연법칙에 들어맞지 않는 에피쿠로스의 원자 편리(偏離) 운동을 십분 중시했던 것과 마찬가지로, 우리는 역사연구에서도 각종 다른 성격의 우연과 그것이 가져온 각종 결과, 그리고 필연에 대한 영향과 관계에 주의해야 한다. 그래야만 역사는 경직된 공식과 건조한 법칙이 아닌, 그리고 숙명론이나 자유의지론이 아닌, 피와 살을 가진 살아 있는 인간이 창조한 역사가 될 수 있다.

그러나 사상사는 정치사와 다를 수밖에 없다. 정치사는 대량의 사건과 인물활동, 그리고 각종 우연 속에서 역사법칙과 계급투쟁의 필연과 우연을 드러내고, 사실(史實)의 상세하고 활발한, 살아 숨쉬는 마름질의 기술(記述) 속에서 역사발전의 생명과 방향을 간파해야 한다. 반면에 사상사는 더욱 직접적이고 적나라하며, 더욱 건조한 논리형식으로 필연을 표현해낸다. 필연적이지 않은 수많은 것은 인물의 일생 활동부터 별 관계없는 사상, 학술, 대의와 관계없는 사상 자체의 디테일의 탐구·토론과 고증 등에 이르기까지, 모두 묘사 논술에서 제외시킬 수 있다.

『중국근대사상사론』, 「후기: 중국 근대사상사의 교훈」

중국의 근현대화와 민족화의 패러다임

'중체서용'이란 '중학위체(中學爲體)와 서학위용(西學爲用)'의 약칭으로, 아편전쟁 이후 물밀듯이 밀려들어오는 서양문화에 대한 중국의 대응논리라 할 수 있다. 여기서 중학(中學)은 유교의 경학(經學)과 그것에 기초한 봉건예교(禮敎)를 가리키고, 서학(西學)은 과학 기술 → 정치제도 → 사상의식의 순차적이고 단계적인 과정을 거치는 서양문화를 가리킨다. 그것은 중국의 전통을 본체로 삼되, 이전에는 업신여기던 서양의 정신적·물질적 문화를 부분적으로 수용하겠다는 태도였다. 체(體)와 용(用)이라는 가치평가를 염두에 둔다면, 중체서용은 중화주의 또는 중국 중심론의 변형이라 할 수 있다.

최초로 중체서용을 주장한 동시에 그 대표자로 평가되는 장즈둥(張之洞)의 『권학편』(勸學篇)은 광쉬(光緒) 황제에게 "논리전개가 공정하고 통달했으므로 학술과 인심에 커다란 도움이 될 것"이라 칭찬받았고, 그로 인해 "조정의 힘을 빌려 전파되고 빠르게 국내에 퍼졌으며" 그 영향이 매우 넓던, 양무파의 거짓 변법론의 전형적인 대표작이었다. 장즈둥은 "공자와 맹자가 다시 살아난다 하더라도 어찌 변법의 그릇됨을 논의하겠는가?"라고 하면서 자신이 변법을 반대하지 않는다고 선언했다. 그리고 각종 주장을 내놓음으로써 자신도 진보적인 변법유신주의자임을 드러냈다. 그러나 그가 주장한 '변법'의 특징은 "몇몇 지엽적인 주장을 제출하되 절실한 의의가 있는 당면 변화문제의 주요관건이던 의회개설과 정치법률 제도의 개혁을 근본적으로 반대했고 당면한 구체적인 실제 요구(이금厘金 폐지, 관세부가 등)에 대해 가능한 한 언급을 회피했다"는 점에 있었다. 이런 이유로 당시 유신파 인사들은 이를 강렬하게 비판했다. 특히 허치(何啓)와 후리위안(胡禮垣)은 별도로 책을 지어 조목조목 반박함으로써 그 지배계급적 입장의 본질을 폭로했다.

장즈둥은 변법유신의 구체적 문제에 대해서는 유신파를 가장하는 속임수를 썼지만, 보다 핵심적이던 유신파의 민권평등 이론·사상에 대해서는 진보적인 사상을 정치적으로 박해하고 이론적으로 공격함으로써 자신의 본질을 폭로했다. 사실 양무파는 부르주아 민권평등 사상을 두려워한 점에서 완고파와 다를 바가 없었다. 그들은 이 사상이 인민을 선동·현혹시킴으로써 더 이상 충효와 절개가 무엇인지 알지 못하게 하고 기강이 흐트러져 노예와 병졸들이 귀족과 관리 위에 군림할 것을 두려워했다. 그러므로 자신들의 통치를 수호하기 위해선 수천 년간 내려온 "군주는 군주답고 신하는 신하다우며 아비는 아비답고 자식은 자식다운"(君君臣臣父父子子) 사회질서와 사회의식이 동요되지 않도록 진력해야 했다.

중학은 내학이고 서학은 외학이며, 중학은 심신을 다스리고 서학은 세상사에 호응한다. 모든 것을 경문에서 찾을 필요는 없지만 반드시 경의(經義)에 어그러지지 말아야 한다. 그 마음이 성인의 마음이고 성인의 행동을 행하며 효제와 충신을 덕으로 삼고 군주존중과 백성비호를 정(政)으로 삼는다면, 아침에 자동차를 운전하고 저녁에 철로를 달리더라도 성인의 제자 됨에 해가 없을 것이다.

이것이 바로 유명한 양무파의 '중체서용'설

이다. 그것이 의식적인 강령으로 제출된 것은 본래 캉유웨이(康有爲) 등의 민권평등 이론을 겨냥한 것이었다. 그것은 당시와 이후, 심지어 오늘날까지도 커다란 영향을 미쳤지만, 당시부터 유신파 사상가들의 소박하면서도 신랄한 조소를 받았다.

체용(體用)은 한 사물에 대해 말하는 것이다. 소의 본체가 있으면 무거운 짐을 지는 작용이 있으며, 말의 본체가 있으면 멀리 달리는 작용이 있다. 소를 본체로 삼고 말을 작용으로 삼는다는 말을 들어보지 못했다. 중학과 서학의 다름은 중국인과 서양인의 얼굴 생김새만큼이나 다르고 억지로 비슷하다 할 수 없다. 그러므로 중학은 중학의 체용이 있고 서학은 서학의 체용이 있다. 그것을 분별하면 함께 설 수 있지만 그것을 합하면 둘 다 망한다.

옌푸가 비판하는 기준은 체용불이(體用不二)의 관점이다. 흔히 양무파의 핵심인 '중체서용'설은 유신파가 시대의 주류가 된 시점에 유신파의 민권평등 사상을 비판하기 위해 장즈둥에 의해 제기되었다. 그것은 표면적으로 유신파가 제기하는 변법의 내용을 받아들이는 태도를 취하는 듯이 보였지만, 사실상 핵심적인 측면에서는 그것을 거부한 것이었다. 다시 말해, '본체'와 '작용'을 나눌 수 없고 부르주아 민권평등과 변법유신이 일치한다는 유신파의 주장과는 달리, 민권평등은 반대하되 선박과 철도는 주장하는 것이었다. 그러므로『천연론』(天演論)을 번역하고 서양의 경험론 철학을 소개했으며 '자유를 본체로 삼고 민주를 작용으로 삼았다'(以自由爲體, 以民主爲用)는 평가를 받고 있는 옌푸는 체용불이의 관점에서 장즈둥의 '중체서용'을 예리하게 비판한 것이다.

리쩌허우는 이 시기의 사상사적 의미를 다음과 같이 평가했다.

캉유웨이와 탄쓰퉁(譚嗣同) 등의 '탁고개제', '삼세대동'(三世大同)의 사상은 '중체서용' 사상과 얼마나 본질적인 차별이 있는지도 쉽게 알 수 있다. 전자는 '공자의 도'라는 성인의 외투 속에 성도(聖道)와 괴리되는 일련의 신선한 부르주아 사상을 주입했고 (이는 거꾸로 '서체중용'이라 할 수 있음), 후자는 오히려 봉건성교를 사력을 다해 수호하기 위해서 서양의 황금으로 도금하여 강화·보호했다. 그러므로 '중체서용' 이론은 일찍 사상영역에 반영되어 봉건체제라는 강시(僵尸), 즉 '본체'를 완고하게 끌어안고 놓지 않았다.

임춘성

목포대 교수 · 중어중문학

옮긴이 임춘성은 한국외국어대학교 중국어과를 졸업했으며, 같은 대학 대학원에서 석사학위와 박사학위를 받았다. 지금은 목포대학교 중어중문학과 교수로 재직하고 있다. 한국 중국현대문학학회 회장(2006~2007)을 역임했다. 저서로는『소설로 보는 현대 중국』이 있고,『중문학 어떻게 공부할까』『중국현대문학과의 만남』『홍콩과 홍콩인의 정체성』『영화로 읽는 중국』등의 공저가 있다. 역서로는 한길사에서 펴낸『중국근대사상사론』을 비롯하여,『문학이론학습』,『중국통사강요』(공역),『9인의 문예사상』(공역) 등이 있으며,『중국근현대문학운동사』를 편역했다.
주요 논문으로는「사기(史記) 의론문(議論文)의 내용과 기법 분석」,「양무파와 유신파의 중체서용」,「동아시아문학론의 비판적 검토」,「20세기 중국 문학의 '근현대화' '민족화' '대중화'의 관계」,「중국 근현대 무협소설의 근현대성」,「홍콩영화에 재현된 홍콩인의 정체성과 동남아인의 타자성」,「중국 대중문화 교육의 실제와 이론—敎學相長의 변증법을 위해」,「이민과 타자화: 상하이 영화를 통해 본 상하이인의 정체성」,「'서유럽 모던'과 '동아시아 근현대'에 대한 포스트식민적 고찰」,「도시 폭력의 우연성과 익명성—에드워드 양의『위험한 사람들』읽기」,「이주와 디아스포라—중국영화에 재현된 뉴욕의 중국인」등이 있다.

중국현대사상사론

리쩌허우 지음 | 김형종 옮김 | 568쪽
2005 『한겨레』 올해의 책
2006 문화관광부 우수학술도서

▷ 저자의 다른 작품
『중국고대사상사론』(GB 70)
『중국근대사상사론』(GB 71)

중국 5·4운동 70주년을 맞이해 1989년에 전개된 톈안먼(天安門)사건의 와중에서 중국의 대학생들은 5·4의 민주주의와 과학의 이상은 여전히 실현되지 않았다고 호소했다. 5·4운동에서 추구된 민주주의와 과학, 독립적이고 부강한 중국의 건설이라는 희망은 여전히 실천과제로 남았음을 느꼈던 것이다.

20세기 중국 현대사를 특징짓는 무수한 정치·사회·경제적 격변을 겪고 나서도 왜 다시 민주주의와 과학, 근대화가 당면과제가 될 수밖에 없었을까? 이 책은 바로 그러한 문제에 대한 반성과 답안의 모색을 위해 쓰였다.

리쩌허우는 이러한 상황이 진정 현대 중국과 중국인에게는 쓰라린 비극이라고 지적하면서, 그러한 상황이 초래된 이유를 계몽(啓蒙)과 구망(救亡)의 이중변주라는 독특한 이론적 틀로 설명한다. 즉 중국의 근현대는 시종일관 외국의 핍박과 침략이 심화되는 형세 아래 있었으므로 반제(反帝)의 임무가 중요한 과제로 느껴졌다는 것, 특히 장기적인 군사투쟁과 전쟁 때문에 봉건적인 잔재와 농민적인 소생산자의식이 제대로 청산될 수 없었다고 설명한다. 계몽(사상계몽, 개인의 인권과 자유, 민주주의와 과학, 반봉건 등의 의미)이 구망에 의해 억압당해 버렸다는 것이다.

이것을 그는 농민혁명의 후유증이라는 용어로 표현하지만, 결국 계몽과 구망이라는 두 주제의 관계는 중국혁명의 성공에도 불구하고 합리적으로 해결되지 않았다고 지적한다. 나아가 심지어는 이 문제가 이후 이론적으로 충분히 탐구되거나 중시되지 않은 이러한 상황이 앞에서 지적한 비극적 상황을 초래했다고 설명한다.

리쩌허우(1930~)

리쩌허우(李澤厚)는 1930년 후베이(湖北) 우한(武漢)에서 태어났다. 12세에 아버지를 여의어 어려운 가정환경 속에서 명문이자 학비가 면제되는 후난성립제일사범학교에 진학했다. 이 시기 루쉰(魯迅)과 빙신(冰心)의 작품을 즐겨 읽었는데, 그 심득(心得)은 「20세기 중국문예 일별」에 잘 녹아 있다.

19세에 어머니를 여읜 그는 잠시 초등학교 교사를 지내다가 1950년 베이징 대학 철학과에 입학했다. 그때 그는 런지위(任繼愈)의 근대사상사 강의로 인해 캉유웨이와 탄쓰퉁에 관심을 가지게 되었다. 이는 훗날 『캉유웨이·탄쓰퉁 사상 연구』로 이어지고 다시 『중국근대사상사론』으로 발전한다. 졸업 후 중국사회과학원 철학연구소에서 철학과 미학 연구에 종사하고 『철학연구』 창간 작업에도 참가했다. 1956년 미학에 관한 논문 「미감, 미 그리고 예술을 논함」을 발표하면서 학자적 명성을 날리게 된다.

1966~76년 문화대혁명 기간 동안 허난(河南)으로 하방(下放)되어 사상 개조의 압박을 받았다. 이 기간은 리쩌허우에게 시련인 동시에 전환의 계기였다. 칸트 철학 연구서인 『비판철학의 비판』은 이때의 독서를 바탕으로 집필된 것이다. 이후 『중국고대사상사론』『중국근대사상사론』『중국현대사상사론』의 '사상사 3부작'을 출간했다. 아울러 『미의 역정』『중국미학사』『화하미학』『미학4강』 등의 미학 관련 저서를 출간했다.

톈안먼 사건 이후 미국으로 망명하여 콜로라도 대학 객원교수를 지냈고, 프랑스 국제철학아카데미로부터 정식 원사(院士)로 위촉된 바 있다. 지금은 중국과 미국을 오가며 활동하고 있다. 최근의 저서로는 『고별혁명』『세기신몽』『논어금독』『기묘오설』『역사본체론』 등이 있다.

중국의 전통에서 살펴보는 현대사회의 조망

오늘날 우리가 5·4의 전통을 계승하고 발전시키기 위해서는 그것들을 다시 제기하는 것 말고도 그것들에 대해 좀더 깊이 있는 구체적인 분석, 자세한 연구와 이론 건설을 수행할 필요가 있다. 또한 중국 전통의 모든 것들에 대해서도 마찬가지여야 한다. 단순하게 5·4시기의 격정적인 외침이나 5·4 이후 혁명시기의 추상적인 부정에 머물러서는 안 된다. 현재는 기본적으로 비교적 오랫동안 평화로운 환경에 있고, 여전히 국가의 부강(근대화)이 중국인의 으뜸가는 과제이기는 하지만 계몽과 구망의 관계는 결국 군사적인 형세나 혁명시기와는 다를 수밖에 없다. 오늘날은 이미 통수의지(統帥意志)와 절대복종을 강조하는 전쟁의 시대가 아니라 사회주의적 민주주의가 급박한 의사일정에 올라 있는 건설의 시대인 것이다.

개인의 권익과 요구를 중시하고, 개성의 자유·독립·평등 및 개인의 자발성·창조성의 발휘를 중시하여 이것이 더이상 길들여진 도구, 피동적 나사못이 되지 않게 하고, 아울러 나아가 철저하게 전통의 이 방면에 대한 타성을 해소하는 것은 근대의 어느 시기보다도 오늘날에 가장 긴요한 과제이다. 외국의 일부 학자들은 중국의 개인주의 전통을 인정하지만 기실 이러한 개인주의의 특징은 소극적인 것이며 기껏해야 현실과 타협하지 않는 현실비판의 태도일 뿐이고, 장자(莊子)나 선종(禪宗) 불교의 사상으로 대표되는 것이다.

중국의 전통에는 모든 것을 자신의 독립적인 분투·모험정신에 의지하는 적극적이고 진취적인 개인주의가 결여되어 있다. 민주주의의 문제 역시 이와 마찬가지이다. 중국 전통의 민주주의라는 것은 '인민을 위하여 주인이 되는' 것이지 '인민이 주인이 되는' 것은 아니다. 청렴한 관리, 어진 황제가 '백성을 귀하게 여기는' 것이지 백성 자체가 스스로를 귀하게 여기는 것은 아니다. 오늘날에도 여전히 이러한 부당한 사상의 혼동이 존재한다. 인민이 주인이 되는 것과 인민을 위해 주인이 되는 것을 혼동하는 것은 고대와 근대를 혼동하는 것이다.

근대의 자유민주주의는 마르크스주의와 마찬가지로 대공업 생산의 토대 위에서 점차 성숙된 성과로서, 중국의 전통과 전혀 닮지 않았으며 서구에서 수입된 것이다. 물론 수입된 이후 이것을 어떻게 인민을 중시하는 중국의 전통적인 집단관념과 결합하여 발전시키는가 하는 문제는 이론적·실천적으로 중시되어야 할 것이다. 하지만 우선 이 둘을 뒤섞어버려서는 안 되며, 그것들의 근본성질은 결코 같지 않다는 점을 알아야 한다.

서구 자유주의의 수많은 문헌들은 자유와 민주주의라는 것이 제한이 없거나 자기마음대로 하는 것도, 대단히 훌륭한 이상적인 사물도 아니라는 점을 밝혀준다. 그것들은 본질적으로 인간 자신의 권한에 대한 일종의 명확한 제한이자 법률적인 규제이다. 옌푸가 그해에 밀의 『자유론』을 『군기권계론』(群己權界論)이라 번역한 것은 상당히 적절한 일이었다. 민주주의와 자유의 특징은 바로 군부독재나 파시즘, 무정부 상황, '반혁명분자 숙청의 거듭된 확산' 등과 같은 최악의 상황이 발생하는 것을 막는 데 있다. 따라서 그 가운데 핵심매듭은 수많은 법률·규정·조례의 엄밀한 제정과 엄격한 집행에 있다.

중화인민공화국을 정식으로 선포하는 마오쩌둥

민주주의에 대해서 말한다면 수십 년에 걸친 중국의 혁명정치, 심지어 군사생활 속에서도 민주주의적인 협상이나 집단토론, 대중노선 등 우량한 방법과 전통이 없는 것도 아니다. 하지만 그것들은 결코 규범화된 법률의 형식으로 고정되어 사회 전체나 전국으로 확산되고, 오랜 기간 정착되어 유지된 것은 아니었다. 오히려 전쟁 환경과 혁명형세 아래 형성되고, 개인이나 소수의 사람들이 제정·장악·시행한 대단히 융통성이 강하고 변동의 폭도 큰 이른바 '방침정책'(方針政策)이 인민민주주의에 대한 수많은 왜곡과 손상을 가져왔다.

자유에 대해서 말한다면 중국의 전통에는 엄격한 규정이 없고 관대한 무제한의 자유는 있었지만 법률로 제한되는 자유는 없었다. 따라서 항상 강자가 약자를 능멸하고 다수가 소수를 기만하고 위에서 아래를 누르는 일만 있어왔다. 그러나 동시에 '한 줌의 모래'나 '한 자루의 감자'와 같은 식으로 서로 관여하지 않는 '자유'도 있었다. 이것은 진정한 자유가 아니며, 소수의 독재와 무정부상태만 이끌 뿐이다. 엄격한 법제를 수립해서 각종 권력을 명확히 분산시키고 서로 견제하고 서로 감독하게 하여, "중(和尙)이 우산을 쓰는 것처럼 무법무천(無法無天)"하거나, 당 위원회가 헌법보다 위에 있거나, 당의 기율이 국가의 법률을 대체하는 것 따위의 일을 철저히 없애야만 비로소 근대적이고 구체적인 사회주의적 민주주의와 자유를 실천할 수 있을 것이다. 이것은 사상교육이나 무슨 정심수신(正心修身) 따위의 것으로 이루어지는 것이 아니라 법률의 제정과 집행에 의해서만 이루어질 수 있다.

『중국현대사상사론』, 「계몽과 구망의 이중변주」

중국사회를 관통하는 사상의 계몽과 구망

역사상 가장 빠른 속도로 성장하고 있는 중국 경제의 양적·질적 발전은 이미 국내외 모든 사람들이 인정하고 주목하는 바가 되어 있다. 그에 따라 지역간·도시와 농촌간 발전의 불균형이나 빈부격차의 심화라는 심각한 내재적 모순이 증대하고 있는 것도 사실이다. 하지만 지금에 와서는 정치·군사적으로뿐만 아니라 경제적 강대국으로 등장하고 있는 중국의 국제적 위상 때문에 21세기는 중국의 세기가 될 것이라는 말이 이제는 결코 귀에 낯설지 않게 되었다. 한국과 중국의 경제적 관계도 1992년의 국교 수립 이후 이제는 다른 어떤 나라와의 관계 못지 않게 중요한 비중을 차지할 정도로 발전하고 있다.

하지만 이와 같은 놀라운 사회경제적 발전의 성과가 있었음에도 21세기에 들어선 지 몇 년이 지난 현재의 입장에서 1989년 봄 베이징의 대학생들이 호소했던 요구가 얼마만큼 실현되었는가 하는 문제를 생각해본다면, 반드시 긍정적인 답변을 들을 수 있다고 하기는 어려울 것이다. 톈안먼사건 이후 중국 사회와 경제에 거대한 발전과 변화가 있었음에도 정치적 민주주의의 진전이라는 측면에서는 그에 비례하는 상당한 변모가 있었다고 보기는 어렵기 때문이다. 물론 이러한 변화는 단기간의 성과를 기다리기보다는 앞으로도 좀더 많은 시간을 기다려야 하는 과제가 될 것이다.

동시에 이러한 점 때문에 출판된 지 거의 20년이 가까운 세월이 지났고 방금 이야기한 것처럼 중국 사회도 거대한 내부적인 변화를 겪었음에도 이 책이 여전히 가치를 잃지 않고 있다고 할 수 있는 것이다. 물론 그 동안의 역사적 변동으로 인해 이제는 이미 지나간 이야기가 되어버린 부분도 적지 않지만, 이 책이 담고 있는 핵심적인 내용의 상당 부분은 아직까지도 참고할 만한 가치가 충분하다고 생각된다.

여하튼 앞서 이야기한 것처럼 여러 차례의 전쟁과 대중운동, 사회혁명 등 20세기 중국 현대사를 특징짓는 무수한 격변을 겪고 나서도 중국의 대학생들이 1989년의 시점에서 다시 한 번 70년 전 할아버지 세대가 제기했던 '민주주의와 과학', '근대화'라는 구호를 당면과제로 삼을 수밖에 없었던 것은 어떠한 연유에서일까? 사실 간단하게 말하자면 이 책은 바로 그러한 문제에 대한 반성과 답안의 모색을 위해서 씌어졌다고 평가할 수도 있다.

다시 말해 중화인민공화국 성립 이전에 가장 절박한 과제로 여겨졌던 정치상의 '반제구망'이란 주제가 이제 와서는 경제적으로 '개제구적'을 면하기 위해서 어떠한 경제적 발전을 이루어야 하는 주제로 중점이 바뀌었을 뿐 놀라울 정도로 과거와 유사한 상황이 반복되고 있다는 인식이 이 책의 밑받침이 되고 있는 것이다. 이러한 인식 아래, 필자 리쩌허우는 이러한 상황이 진정으로 현대중국과 중국인에게는 쓰라린 비극이라고 지적하고 있다. 그리고 필자가 제기한 이러한 고통스러운 현실상황의 절박함, 그에 따른 위기의식·문제의식과 '비원'(悲願)의 심각성이 결국 저 '톈안먼사건'이라는 하나의 비극적인 정점과 모순의 폭발을 통해 다시 한 번 확인을 받게 되었던 것은 이 책의 생명력을 입증해주는 바이기도 하다.

그러면 도대체 이러한 사태는 어떻게, 왜 가능했던 것일까? 이것은 당연히 중국의 근현대사 연구자뿐만 아니라 중국에 관심을 갖는 모든 사람에게 다가오는 하나의 중대한 질문이라 할 수 있을 것이다. 이 점에 대해 리쩌허우는 그러한 상황이 초래된 근본적인 이유를 계몽(啓蒙)과 구망의 이중변주(二重變奏)라는 독특한 이론적 틀로 설명하고자 하고 있다. 즉 중국의 근현대는 시종일관 강국의 핍박과 외국의 압력이 계속 심화되는 형세에 있었기 때문에 반제(反帝)의 임무(이른바 '구망')가 다른 무엇보다도 중요한 과제로서 대단히 돌출하게 되었고, 특히 장기적인 군사투쟁과 전쟁이라는 형세에 있었던 까닭에 그러한 임무를 수행하는 과정에서 봉건적인 잔재와 농민적인 소생산자의식(小生産者意識)이 제대로 청산될 수 없었다고 설명하고 있다. 즉 계몽(사상계몽, 개인의 인권과 자유, 개성, 민주주의와 과학, 반봉건 등의 의미로 사용된다)이 이것들에 의해 압도당하고 억압당해버렸다. 다시 말해 이것은 '구망'이라는 주제가 '계몽'이라는 주제를 압도함을 의미한다는 것이다.

이것을 그는 '농민혁명의 후유증'이라는 용어로 표현하고 있지만, 결국 '계몽'과 '구망'이라는 두 주제의 관계는 중국 혁명의 성공과 그것을 상징하는 중화인민공화국의 성립에도 불구하고 합리적으로 해결되지 않았다고 지적하고 있다. 나아가 심지어는 이 문제가 이후 이론적으로 충분히 탐구되거나 중시되지 않은 결과, 앞서 지적한 것과 같은 커다란 비극적 상황이 초래될 수밖에 없었다는 것이다. 기존에 나왔던 한국어판 저자 서문(1991)에서 리쩌허우는 이렇게 말한 적이 있다.

> 현실생활은 역사성을 가진 존재입니다. 과거의 것이 오늘을 억누르고 오늘에 작용하고 있습니다. 이것은 중국인에 대해서 말하자면 너무도 많은 것을 의미하고 있습니다. 그 가운데 100여 년 동안의 제국주의, 특히 일본제국주의의 침략에 대한 항쟁 때문에 눈물과 피, 그리고 집단적 영웅주의로 가득 찬 '구망'의 주선율은 중국 현대사에서는 너무나 고양되고 격양된 것이었습니다. 그 때문에 '구망'은 기타 중요하지 않은 모든 목소리·색채·흥취와 성취를 거의 압도해버리거나 아니면 억압해버리고, 농민의 무장투쟁으로 휘황찬란한 승리를 거두었습니다. 따라서 다시 상당한 시기 동안 그에 대한 대가를 지불하기도 했습니다. 이것이 '필연'인가 아니면 '우연'인가, 개인적인 요소인가 아니면 사회적인 요소인가, 이 점은 생각해보아야 할 문제입니다.

> 오늘날 이러한 역사는 어떻게 연속되고 있는가, 그것은 또 어떠해야 하는가, 어떻게 과거를 회고하여 역사와 공정한 대화를 진행시킬 수 있을 것인가, 이것은 여전히 오늘날의 중국이 직면하고 있는 커다란 문제입니다.

이 인용문은 리쩌허우가 지닌 문제의식, 이 책이 담고 있는 문제의식을 아주 간명하게 요약하고 있다고 할 수 있다.

김형종
서울대 교수 · 동양사학

옮긴이 김형종은 서울대학교 인문대학 동양사학과를 졸업하고, 같은 학교 대학원에서 석사, 박사학위를 받았다. 서울대학교, 한국외국어대학교, 가톨릭대학교, 한림대학교 강사를 거쳐 지금은 서울대학교 동양사학과 부교수로 있다. 저서로는 『청말 신정기(新政期)의 연구─강소성(江蘇省)의 신정(新政)과 신사층(紳士層)』, 『아틀라스 중국사』(공저)가 있고, 역서로 한길사에서 펴낸 『중국현대사상사론』을 비롯하여, 『신중국사』(공역), 『진인각, 최후의 20년』(공역) 등이 있다.

자유주의적 평등

로널드 드워킨 지음 | 염수균 옮김 | 732쪽
2006 문화관광부 우수학술도서
『동아일보』 '정의에 관하여' 20선

▷ 저자의 다른 작품
『법과 권리』(GB 108)

▷ 역자의 다른 번역 작품
『법과 권리』(GB 108)

이 책의 주제인 평등의 문제는 고대 그리스에서 현대에 이르기까지 줄곧 정치철학의 핵심 문제로 다루어져 왔다. 플라톤과 아리스토텔레스의 정치철학에서는 평등이 비례적 평등과 산술적 평등으로 나뉘며 진정한 평등을 어떤 것으로 보는지에 따라서 정치체제들이 구분된다. 따라서 그들의 정치철학에서 정의로운 정치체제에 관한 문제는 궁극적으로는 어떤 평등관을 선택하는가 하는 문제가 된다. 그러나 현대 정치철학에서는 평등에 관한 문제가 진정한 평등에 관해서라기보다는 평등과 비교되는 다른 덕목, 예를 들어 자유 같은 정치적 덕목과 비교해서 평등이 얼마나 중요한가 하는 문제를 주로 다룬다.

드워킨이 말하는 평등한 배려로서의 평등은 추상적인 개념이다. 우선 그것은 어떤 물품이나 기회와 관련해서 사람들에게 평등한 몫을 주는 것과 다르다. 드워킨이 최고의 덕목이라고 말하는 평등은 구체적인 평등이 아니라 더 추상적인 차원의 평등이다.

드워킨은 지금까지 현대 정치철학의 일반적인 경향과는 달리 대부분 정치사상의 입장들을 평등에 대한 하나의 견해로 해석할 수 있다고 보고, 고대 그리스 사람들과 마찬가지로 정치철학의 문제를 진정한 평등이 무엇인가 하는 문제로 다루고자 한다.

정치철학에서의 쟁점을 그렇게 보는 것은 평등의 구체적인 모습이 어떤 모습이든 모든 정치체제의 정당성의 근거는 그 체제가 구성원들을 평등한 사람으로 대우하고 있다는 것이어야 한다는 점을 전제로 한다. 평등이 최고의 덕이라고 말하는 것은 바로 그런 의미에서이다.

로널드 드워킨(1931~　)

로널드 드워킨(Ronald Dworkin)은 1931년 미국에서 태어나 하버드 대학 철학과와 영국 옥스퍼드 대학 법학과를 졸업했다. 1957년에 하버드 법학전문대학원을 졸업하고 핸드 판사의 서기로 일한 뒤 변호사로 활동했다.

그후 학계로 진출하여 1962년부터 69년까지 예일 대학의 법학전문대학원 교수로 재직한 다음 옥스퍼드 대학의 법리학 교수가 되었고, 1998년 옥스퍼드에서 은퇴한 다음 지금까지 런던 대학에서 법철학을 가르치고 있다. 또한 옥스퍼드 재직시인 1975년부터 지금까지 뉴욕 대학의 법철학 교수직을 겸하고 있다.

법철학자로서 드워킨이 현대의 영미 법철학에 끼친 영향은 지대한데, 특히 그에 의해서 영미의 법철학은 법리학의 모습을 넘어서 정치철학이자 도덕철학으로서의 모습을 갖추게 되었다. 도덕철학 속에서 법철학의 기초를 찾고자 하는 그의 철학은 법실증주의가 주류를 이루고 있던 영미의 법철학에서는 혁신적인 것이었고, 그가 지금 법철학계에서 누리는 위상은 그런 혁신의 성공을 증명하는 것이다.

그의 철학은 또한 정치철학이자 도덕철학이기도 한데, 특히 그의 자유주의적 평등론은 현대 정치철학계에서 커다란 주목을 받고 있다.

현대 사회에서 첨예한 문제가 되는 것들, 예를 들어 유전공학, 동성애, 안락사 등의 문제를 비롯해서 선거비용 한계에 대한 것에 이르기까지 사회적 문제가 논의되는 곳에서는 어디에서나 우리는 평등주의적 자유주의에 입각한 그의 견해를 들을 수 있다.

주요 서서로 『권리론』(Taking Rights Seriously), 『법의 제국』(Law's Empire), 『원칙의 문제』(A Matter of Principle), 『생명의 지배』(Life's Dominion), 『자유의 법』(Freedom's Law) 등이 있다.

자원의 평등과 다른 자유주의

자원의 평등 이론과 사유 재산에서 다양한 형태의 로크적 이론이 시장을 이용하는 것에서의 차이는 분명하다. 노직(Robert Nozick)에게는 분배를 정당화하는데 시장의 역할은 소극적이면서 우연적인 것이다. 만일 어떤 사람이 정당하게 획득된 것을 갖고 있다면 그리고 그것을 어떤 다른 사람의 재화나 서비스에 대한 대가로 그 사람과 교환하는 것을 선택한다면 그렇게 해서 결과하는 분배에 대해서는 정의의 이름으로 어떤 반대도 있을 수 없다. 거래의 역사가 그것을 공격에서 격리시키고 소극적인 방식으로 그것의 도덕적 혈통을 보증한다.

이 이론에서는 증명된 과거의 부정을 복구하기 위한 특별한 경우를 제외하고는 어떤 형태의 가설적 시장도 들어설 여지가 없다. 왜냐하면 노직은 단순히 그가 "정형적" 정의론이라고 부르는 또 다른 이론을 정의하기 위해서 그 시장을 사용하지는(예를 들어 어떤 재산 극대화주의자가 그렇게 하는 것처럼) 않기 때문이다. 정의는 합리적인 사람들의 공정한 시장이 도달하게 될 분배가 아니라 어떤 시장 거래도 포함할 수 있는(포함할 필요는 없다) 과정에 의해서 역사적 우연으로서 실제로 도달하게 될 분배에 달려 있다.

그러나 자원의 평등 아래서 시장이 들어올 때는 더 적극적인 방식이지만 더 종속적인 방식으로 들어온다. 시장이 자원의 평등론 속에 들어오는 것은 다른 사람들에 대해서 갖는 기회비용으로 측정된 것으로서 사회적 자원의 평등한 몫만을 그 사회의 구성원들이 가져야 한다는 근본적인 요구 사항을 적어도 어느 점까지는 실현하기 위한 가장 좋은 수단으로 평등의 개념에 의해서 시장이 옹호되었기 때문이다. 그러나 실제 시장의 가치는 바로 그 점에서 끝나게 된다. 만일 어떤 방향에서든지 이론적 분석에서 시장이 이 과업에서 실패했다거나 전적으로 다른 이론적 장치 또는 제도적 장치가 더 기여할 것이라는 점을 보여줄 때는 그 시장은 포기되거나 제약되어야 한다. 이 목적을 위해서 가설적 시장은 분명히 실제의 시장과 비슷한 이론적 중요성을 갖는다. 우리는 그것의 결과에 대해서는 실제 시장의 결과에 대해서보다 확신을 덜 갖게 되겠지만 그것의 설계 면에서는 더 많은 유연성을 갖고 있다. 그리고 그것이 역사적 정당성을 갖고 있지 못하다는 반론은 논점을 벗어난 이야기다.

나는 마지막으로 우리의 자원의 평등론과 롤스의 정의론의 연결과 차이에 대해서 말하려 한다. 롤스의 이론은 두 가지 다른 차원에서 연결의 문제를 제공하기에 충분할 만큼 내용이 풍부하다. 먼저 자원의 평등을 지지하는 논변들이 롤스가 전개하는 논의의 구조를 얼마나 멀리 따라가는가? 즉 그것들이 롤스가 기술한 원초적 입장의 사람들이 무지의 장막 뒤에서 자원의 평등 원칙을 선택할 것이라는 가설에 얼마나 의존할 것인가? 둘째, (첫째 문제와 별개의 문제로서) 자원의 평등이 요구하는 것이 롤스가 원초적 입장의 사람들이 실제로 선택할 것이라고 제시한 정의의 두 원칙과 얼마나 다른가?

이 문제들 가운데 두번째 것에서 시작하는 것이 명백히 더 좋다. 문제가 되는 비교 사항은 자원의 평등과 롤스의 2원칙의 비교다. 롤스의 2원칙의 주요 부분은 차등의 원칙인데 그것은 가장 못사는 경제 계층에게 이익이 되는 경우

404

이사야 벌린(왼쪽)과 존 롤스

를 제외하고는 기초적 선들에서의 절대적 평등에서 변화를 요구하지 않는다. 차등의 원칙은 우리의 자원의 평등의 견해처럼 복지(복지에 대한 어떤 견해에서도)의 평등의 방향으로 오직 우연적으로만 작용한다. 만일 우리가 평등론을 복지의 평등 이론과 자원의 평등 이론으로 크게 구분한다면 차등의 원칙은 자원의 평등에 대한 하나의 해석이 된다.

그러나 그것은 우리의 견해와는 다소 다른 해석이다. 우리의 견해의 관점에서 보면 차등의 원칙은 여러 방식으로 충분하게 세분되어 조정되어 있지 않다. 최소수혜자 집단을 기술할 때 어느 정도의 자의성이 허용되는데 어떤 경우이든 최소수혜자 집단의 처지는 그 집단의 어떤 신비적인 평균적 구성원 또는 대표적 구성원을 통해서만 표시될 수 있다. 특히 그 구조는 자연적인 장애를 가진 사람들에 대해서는 충분히 민감하지 않은데 그들은 그들 자체로서는 최소수혜자 집단을 구성하지 않는다. 왜냐하면 최소수혜자 집단은 경제적으로 정의되며 장애자들은 어떤 집단의 대표적 또는 평균적 성원으로 간주되지 않기 때문이다. 롤스는 그런 장애를 가진 사람들에게 보상이 이루어져야 한다고 주장하는 원칙으로서 그가 보상의 원칙(the principle of redress)이라고 부르는 것에 대해서 언급하고 있다. 우리의 평등의 견해에서는 그 보상이 내가 기술했던 방식으로 이루어진다. 그러나 롤스는 차등의 원칙이 예를 들어 장애인을 위한 특별한 훈련이 경제적으로 최소수혜자 계층의 이익이 되도록 작용하는 한에서 보상의 원칙과 같은 방향으로 가기는 하지만 차등의 원칙이 보상의 원칙을 함축하지는 않는다고 지적한다. 그러나 적어도 정상적인 여건에서 동일한 방향으로 갈 것이라고 생각할 근거는 없다.

「자유주의적 평등」 제2장 「자원의 평등」

재산의 분배에서 진정한 평등의 기준

이 책의 제목인 'Sovereign Virtue'를 그대로 옮기면 '최고의 덕'이 될 것이다. 드워킨이 '최고의 덕'이라는 말로 실질적으로 의미하려는 것은 정치적 덕목으로서의 평등이다. 최근 현실 정치에서는 평등주의를 표방하였던 사회주의 세력의 쇠퇴와 함께 정치적 이상으로서의 평등은 천대받고 있지만, 그와는 대조적으로 학계에서는 다른 어떤 때보다도 평등주의적 정치철학이 번창하고 있다.

법철학자로서 더 명성을 떨치고 있는 드워킨은 1981년 "What is Equality"라는 정치철학적 논문을 발표하였다. 그곳에서 개진된 그의 평등론은 자유주의자가 경제적 평등이라는 비자유주의적 가치를 자유주의적 가치로 끌어안고자 하는 최초의 시도로서 20세기 후반의 가장 뛰어난 정치철학적 업적 중의 하나로 평가받고 있다. 이 논문은 이 책의 2장에 실린 것으로서 이 책의 핵심 부분이라 할 수 있다.

드워킨은 지금까지의 현대 정치철학의 일반적인 경향과는 달리 대부분의 정치사상의 입장들을 평등에 대한 하나의 견해로 해석할 수 있다고 보고 정치철학의 문제를 진정한 평등이 무엇인지의 문제로 다루고자 한다. 정치철학에서의 쟁점을 그렇게 보는 것은 평등의 구체적인 모습이 어떤 모습이든지 간에 모든 정치체제의 정당성의 근거는 그 체제가 구성원을 평등한 사람으로 대우하고 있다는 것이어야 한다는 점을 전제로 한다. 평등이 최고의 덕이라고 말하는 것은 바로 그런 의미에서이다.

한 국가에서 국민이 평등한 사람으로 대우받기 위해서 가장 중요한 것은 그 국가가 분배할 수 있는 가치들을 국민에게 평등하게 분배하는 일이다. 그 가치들 가운데 대표적인 것은 정치적 권력과 재산이며 바로 그것들을 어떻게 분배하는 것이 정의롭다고 보는가에 따라서 정치사상적 입장이 달라지게 된다. 고대 정치철학과 현대 정치철학이 다른 점 가운데 하나는 고대 정치철학은 주로 정치 권력에서의 평등의 문제를 다루었다면 현대 정치철학은 주로 재산의 평등의 문제를 다룬다는 점이다. 드워킨이 문제삼고 있는 평등의 문제도 재산의 분배에서의 평등에 대한 견해이다.

현대 정치사상은 재산의 평등에 대해서 어떤 입장이냐에 따라서 그 위상이 정해진다. 우측으로는 개인의 재산권을 신성한 것으로 간주하면서 국가가 인위적으로 분배하는 것을 전적으로 부정하는 입장에서부터 좌측으로는 국가의 권력을 통해서 모든 재산을 평등하게 나누어야 한다는 입장 사이에 다양한 입장이 있을 수 있다. 전자의 입장에 있는 사람들은 재산의 평등보다는 소유의 권리로서의 경제적 자유의 중요성을 강조하는 반면 후자의 입장에 있는 사람들은 개인의 절대적 소유권을 인정하지 않고 경제적 측면에서의 평등을 강조한다는 점에서 각각 자유의 입장과 평등의 입장이라 불린다.

하지만 드워킨은 현대 정치사상에서 쟁점이 되고 있는 그런 문제를 자유와 평등의 갈등으로 보지 않고 진정한 평등에 대한 하나의 견해로 보고자 한다. 드워킨은 과거 평등주의 정치철학을 대표했던 구사회주의적 평등을 자유의 이름이 아니라 평등의 이름으로 비판한다. 그는 어떤 삶을 살았고 어떤 처지에 있든지간에 모든 사람들에게 동일한 재산을 분배하는 것을 거부하는데, 그가 그런 평등을 거부하는 것은 그것이 정당하지 않아서이기도 하지만 그런 평등을 진정한 평등이라고 보지 않아서이기도 하다. 드워킨에 따르면 그런 평등은 지나친 평등이 아니라 아예 평등이 아니라는 것이다.

드워킨은 자신이 어떤 삶을 살 것인지를 개인의 선택에 맡기는 자유주의에서는 어떤 삶을 선택하는가에 따라서 재산상의 차이는 날 수밖에 없다고 보며, 그것은 정당한 차이라고 생각한다. 놀기를 선택한 사람과 일하기를 선택한 사람의 재산이 같다는 것은 평등이 아니라 불평등이라는 것이다. 따라서 드워킨의 평등론에서는 재산의 절대량이 같지 않아도 그 재산이 평등하게 분배된 것으로 볼 수 있는데, 그렇게 볼 수 있기 위해서는 재산의 차이가 정당한 근거에서 비롯된 것이어야 하고 또 당사자들이 그렇게 생각해야 한다. 드워킨은 자신의 선택에 기인하는 재산상의 차이는 정당한 것으로 보지만 운에 기인하는 차이는 정당하지 않은 것으로 본다. 즉 시인의 삶을 선택해서 다른 사람보다 적은 재산을 갖는 것은 정당하지만 가난한 부모를 만났거나 재능을 갖추고 태어나지 못해 다른 사람보다 적은 재산을 갖게 된 것은 정당한 것으로 인정되지 않는다.

드워킨의 이런 입장은 재산의 차이에서 개인의 선택의 책임을 인정했다는 점에서 자유주의적으로 볼 수 있고, 타고난 능력이나 여건에 의한 차이는 부당한 것이기 때문에 시정되어야 한다고 보았다는 점에서 평등주의적이라 할 수 있다.

드워킨은 비록 재능이나 운에 의한 차이를 정당하지 않은 것으로 보기는 하지만 그 차이를 완전히 없앨 수 있다고 생각하지 않는다. 그는 자유주의적 윤리학의 전제 위에서 가능한 한 그런 차이를 없애면서 선택에 기인하는 차이는 보존하게 되는 그런 분배의 기준을 정하는 방법을 이 책에서 제시하려 한다. 그리고 그런 평등관을 기초로 해서 그것과 어울리는 민주주의와 공동체에 대한 견해가 무엇인지, 그런 평등관의 기초가 될 수 있는 윤리는 어떤 것이 되어야 할 것인지의 문제에 대해서 따지고 있다. 또한 의료보호, 실업수당, 선거비용, 적극적 우대조치, 동성애, 안락사, 유전공학 등 현대 윤리학과 미국의 정치에서 제기되는 다양한 실제적인 문제들에 대한 자유주의적 해결책을 제시하고 있다.

롤스 이후 정치철학계의 주류로 등장한 자유주의철학에 대해서 그동안 이른바 공동체주의자들이나 신자유주의자들에 의한 비판이 있어 왔다. 그렇지만 그런 비판들 가운데 일부는 자유주의철학에 대한 오해에 기인한 것이었고 또한 그들이 서 있는 이론적 기반이 매우 취약했기 때문에 자유주의를 대체할 만한 철학으로 떠오르지 못했다. 자유주의 철학은 자신의 철학에 대한 다양한 외적인 비판에 대한 대응을 통해서 그리고 내적인 자기성찰을 통해서 꾸준히 자신의 모습을 새롭게 하려고 노력해왔다.

염수균

조선대 교수 · 철학

옮긴이 염수균은 프랑스 철학자 베르그송에 관심을 가지면서 철학에 입문한 뒤 서울대학교 철학과를 졸업하였다. 같은 대학교 대학원에서 플라톤을 연구하였고, 플라톤의 『프로타고라스』와 『메논』에 대한 논문으로 박사학위를 받았다. 그 후 플라톤의 윤리와 정치철학을 중점적으로 연구하면서, 현대 정치철학으로 관심을 넓혔다. 2001년에는 롤스의 정치철학을 정리한 『롤스의 민주적 자유주의』를 출판한 다음, 2005년에는 로널드 드워킨의 Sovereign Virtue를 번역한 『자유주의적 평등』을 출판하였다. 논문으로는 「플라톤의 『국가』에서 덕의 교육방법」 등 다수가 있다. 조선대학교에 재직하면서 교육대학원과 철학과, 글로벌법학과에서 강의를 하고 있다.

춘추좌전 1~3

좌구명 지음 | 신동준 옮김 |
628쪽(1권) · 448쪽(2권) · 532쪽(3권)

『춘추』는 공자가 편수한 것으로 알려진 중국 춘추시대 노나라의 역사서로, 노은공(魯隱公) 원년(기원전 722)부터 노애공(魯哀公) 27년(기원전 468)에 이르기까지 총 255년에 걸쳐 명멸한 열국의 역사를 담고 있다. 그 『춘추』에 다 역사가 좌구명이 해설을 단 주석서가 『춘추좌전』이다.

유교의 문(文)·사(史)·철(哲)을 대표하는 기본 텍스트를 들라면 문학의 『시경』과 사학의 『춘추좌전』, 철학의 『논어』를 들 수 있다. 이 가운데 『춘추좌전』은 중국 문명의 뿌리가 되는 춘추전국시대의 역사를 파악하는 데 빼놓을 수 없는 텍스트이다.

중국 문명의 연수(淵藪)는 시대적으로 춘추전국시대이고, 중국 사상의 연원은 공자를 포함한 춘추전국시대의 제자백가(諸子百家)라 해도 과언이 아니다. 제자백가에 대한 이해의 출발점이 바로 당시의 인물 및 사건을 정확히 기록해놓은 『춘추좌전』인 것이다.

우리나라의 춘추학은 『좌전』을 중심으로 시작되었다. 통일신라 때 신문왕이 세운 국학에도 『좌전』은 교과목의 하나였고, 독서삼품과가 설치된 뒤에는 상품과(上品科)의 고급과목으로 설정되었다. 조선시대에 들어오자 정조는 규장각을 통해 『좌전』을 펴냈다. 당시 이 작업에는 정조는 물론 채제공과 정약용, 성해응 등 당대 학자들이 모두 참여했다.

이렇듯 『춘추좌전』은 중국을 비롯한 동양을 이해하는 관건이라는 데 그 가치가 있다. 또 경학과 사학은 물론 제자학과 문학을 연구할 때에도 반드시 참고해야만 하는 소중한 자료이다.

좌구명(?~?)

좌구명(左丘明)은 대략 춘추시대 말기에 공자의 가르침을 받고 『춘추좌전』(春秋左傳)과 『국어』(國語)를 저술한 노나라의 현대부로 알려져 있으나 자세한 약력은 알 길이 없다. 『논어』「공야장」편에 그에 관한 공자의 호평이 실려 있는 점에 비추어 실존인물이었던 것만은 확실하다.

일찍이 사마천은 『사기』「태사공자서」(太史公自序)에서 "좌구명은 실명(失明)한 뒤 『국어』를 지었다"고 주장하면서도 좌구명의 실명 원인과 『춘추좌전』 저술 등에 대해서는 아무런 언급도 하지 않았다. 후한의 반고(班固)는 『한서』(漢書)「사마천전찬」(司馬遷傳贊)에서 "공자가 노나라 사서를 바탕으로 『춘추』를 짓자, 좌구명이 그 내용을 논집(論輯)하여 『춘추좌전』을 짓고 동시에 나머지 이동(異同)을 찬(纂)하여 『국어』를 지었다"고 기록했다. 삼국시대 오나라의 위소(韋昭)는 이를 이어받아 『춘추좌전』을 '춘추내전'(春秋內傳), 『국어』를 '춘추외전'(春秋外傳)으로 정의했다. 이후 이 견해가 오랫동안 유지되어왔으나 좌구명이 과연 어떤 인물인지에 관해서는 논란이 끊이지 않았다.

전한제국 초기의 공안국(孔安國)은 좌구명을 노나라의 태사(太史)라고 주장했는데, 『한서』「예문지」(藝文志)도 이를 따랐다. 북송대의 형병(邢昺)은 노나라 태사로서 공자로부터 『춘추』를 수업한 자라고 보았다. 이에 대해 남송대의 주희(朱熹)는 '좌구'와 '좌씨'를 구분해 『논어』에 나오는 좌구명과 『춘추좌전』을 저술한 좌구명을 별개의 인물로 간주했으며, 정이천(程伊川)은 아예 옛날의 문인(聞人: 전설적인 인물)으로 평했다.

윗사람의 행동은 백성의 모범이 되어야 한다

21년 봄 주력(周曆) 정월, 공이 진나라로 갔다. 주나라의 서기(庶其)가 칠(漆)·여구(閭丘)를 들어 망명했다. 여름, 공이 진나라에서 돌아왔다. 가을, 진나라의 난영이 초나라로 망명했다. 9월 경술 삭(朔), 일식이 있었다. 겨울 10월 경진 삭(朔), 일식이 있었다. 조백이 내조했다. 공이 진후·제후·송공·위후·정백·조백·거자·주자와 상임(商任)에서 만났다.

● 21년 봄, 노양공이 진나라로 갔다. 이는 노나라를 위해 출병한 일과 주(邾)나라의 땅을 베어준 일을 배사하기 위한 것이었다. 이때 주나라 대부 서기(庶其)가 자국의 칠(漆: 산동성 추현 북쪽)과 여구(閭丘: 산동성 추현 남쪽) 땅을 들어 노나라로 도망쳤다. 이에 계무자가 공고자(公姑姊: 노양공의 고모를 지칭)를 서기에게 주어 아내로 삼게 하고 그의 종자들에게도 재화를 나누어주었다. 이때 노나라에는 도적이 매우 많았다. 이에 계손숙(季孫宿)이 장무중에게 말했다.

"그대는 어찌해서 도적을 단속하지 않는 것이오?"

"도적을 모두 단속할 수 없습니다. 나는 그런 능력이 없습니다."

"우리 나라는 4봉(四封: 사방의 국경)을 지키는 관서가 있어 도적을 단속하고 있는데 무슨 까닭으로 할 수 없다는 것이오? 그대는 사구(司寇)가 되어 마땅히 도적을 없애는 데 진력해야 하는 데 어찌하여 능력이 없다고 하는 것이오?"

"그대가 외도(外盜: 주나라 대부 서기를 지칭)를 불러들여 크게 예우하는데 어떻게 국내의 도적을 막는단 말입니까. 그대는 나라의 정경으로 외국의 도적을 불러들이고 나에게 국내의 도적을 제거하라고 하니 무엇으로 이를 이룰 수 있겠습니까. 서기가 주나라의 고을을 훔쳐 가지고 왔는데도 그대는 희씨로써 아내를 삼게 하고 채읍을 준 데다 그의 종자들에게도 재화를 나눠주었습니다. 만일 대도(大盜)를 예우하여 군주의 고모를 아내로 맞이하게 하여 큰 고을을 채읍으로 주고, 그 밑에 있는 자에게 조목(皁牧: 노복)과 거마를 주고, 다시 그 아래에 있는 자에게까지 의복과 패검(佩劍)을 주었으니 이는 도적에게 상을 주는 일입니다. 밖에서 온 도적에게 상을 주면서 국내의 도적을 없애려 한다면 이는 어려운 일입니다.

내가 듣건대 '윗자리에 있는 자는 자신의 마음을 깨끗이 하여 한결같이 사람을 대하고, 법도를 지켜 사람들의 신망을 사고, 그것이 밝게 증명이 된 뒤라야 사람을 다스릴 수 있다'고 했습니다. 윗사람의 행동은 백성의 모범이 되어야 합니다. 윗사람이 하지 않는 것을 백성 중 어떤 사람이 이를 행하여 형벌을 가한다면 백성들이 감히 경계하지 않을 수 없을 것입니다. 그러나 만일 윗사람이 하면 백성도 이를 좇아 하게 되니 이는 필연적인 추세입니다. 그러니 어찌 능히 금할 수 있겠습니까.

『서경』「하서」(夏書: 다음 내용은 실전)에 이르기를, '어떤 일을 하고자 하면 마음이 그 일에 있고, 하지 않고자 할 때도 마음이 그 일에 있고, 명하고자 할 때도 마음이 그 일에 있고, 진실로 추진하고자 할 때도 마음이 그 일에 있으니, 오직 천제(天帝)만이 그 공을 기억할 것이다'라고 했습니다. 이는 스스로 한결같아

춘추시대의 사농공상을 묘사한 그림

야 함을 이른 것입니다. 성신(誠信)은 자신이 한결같은 후에야 가능한 것이니 이때야 비로소 공을 생각할 수 있는 것입니다."

서기는 주나라의 경이 아니었다. 땅을 들어 노나라에 왔으면 비록 미천한 신분이라도 반드시 『춘추』에 그의 이름을 쓰는 것이다. 이는 땅을 중히 여기기 때문이다.

● 제장공이 최저의 무리인 경좌(慶佐)를 대부로 삼은 뒤 다시 공자 아(牙)의 무리를 토벌하여 공자 매(買)를 구독지구(句瀆之丘)에 잡아 가두었다. 이에 공자 서(鉏)는 노나라, 숙손선(叔孫還)은 연나라로 달아났다.

여름, 초나라 영윤 자경(子庚: 공자 오)이 죽자 초강왕이 위자빙(蔿子馮)을 영윤으로 삼았다. 그러자 위자빙이 영윤을 맡는 것이 어떤지를 묻기 위해 대부 신숙예(申叔豫: 申叔時의 손자)를 사적으로 방문했다. 이에 신숙예가 말했다.

"나라에는 총신이 많은 데다가 왕 또한 어리니 나라의 정사를 제대로 보기가 어려울 것입니다."

위자빙이 이 말을 듣고 질사(疾辭: 병을 칭해 사퇴함)했다. 이때는 마침 한여름이었다. 위자빙이 지하실을 파고 그 안에 얼음을 채워넣은 뒤 몸에는 두 겹의 비단 옷과 가죽 옷을 껴입고 침상 위에 누워 음식을 조금씩 먹었다. 초강왕이 의원을 보냈는데 그가 돌아와 말했다.

"수척해지기는 했으나 혈기는 이상이 없습니다."

이에 초강왕이 자남(子南)을 영윤으로 삼았다.

『춘추좌전 2』「노양공」

상세한 고증으로 '좌전독패'의 시대를 열다

'춘추3전' 가운데 가장 늦게 출현한 『좌전』이 '좌전독패'의 시대를 열게 된 데는 무엇보다도 『좌전』의 사서로서의 특징이 가장 큰 동력으로 작용했다. 이는 『사고전서』(四庫全書)의 「총목제요」(總目提要)에서 『좌전』을 사서의 일종으로 분류하면서 다음과 같이 기록해놓은 사실을 보면 보다 분명히 확인할 수 있다.

역사서는 찬술은 간략히 하되 고증은 자세히 하는 것이 도리이다. 지금까지 『좌전』보다 고증을 상세히 하고 『춘추』보다 찬술을 간략히 한 것은 존재하지 않는다. 진실로 사적이 없다면 비록 성인이라도 『춘추』를 지을 수 없고, 진실로 사적을 모른다면 비록 성인이 『춘추』를 읽더라도 그 포폄하는 바를 모를 것이다.

이는 경학과 사학을 제왕학의 두 축으로 간주하는 관점에서 나온 것으로 『춘추』를 최고의 사서로 평가한 셈이다. 사실 『좌전』은 동양 최고(最古)의 편년체 사서라고 할 수 있다. 『춘추』의 뒤를 이어 나온 편년체 사서가 바로 사마광의 『자치통감』이다. 사마광은 『자치통감』을 지으면서 『좌전』의 뒤를 이어 역사를 기록한다고 분명히 밝힌 바 있다.

그러나 성리학이 만연하면서 『좌전』은 말할 것도 없이 『춘추』 자체를 과연 경서로 볼 수 있는가 하는 문제가 중요한 쟁점으로 등장했다. 사실 춘추시대에 일개 제후국에 불과했던 노나라의 역사서 『춘추』가 경서의 하나로 숭앙된 것은 전적으로 공자가 『춘추』를 편수했다는 믿음에서 비롯된 것이었다. 이로 인해 줄곧 『춘추』를 경전으로 보려는 견해와 공자의 편수 사실을 부정하고 단순한 역사서로 몰아가려는 견해가 오랫동안 대립해왔다.

『춘추』를 경전으로 간주하는 흐름은 춘추학을 추종하는 모든 사람들의 기본적인 입장이기도 했다. 이는 특히 경전의 색채가 짙은 『공양전』 및 『곡량전』을 중시하는 사람에게는 절대 양보할 수 없는 것이기도 했다. 심지어 『곡량전』과 『공양전』만을 경서로 간주하고 『좌전』을 사서에 가까운 것으로 보는 사람들조차 『좌전』 「성공 14년조」에 나오는 다음과 같은 기록을 내세워 자신들의 입지를 강화하고자 했다.

『춘추』의 기사는 미이현(微而顯: 은미하면서도 뚜렷이 드러남)하고, 지이회(志而晦: 기록하되 흐릿하게 감춤)하고, 완이성장(婉而成章: 완곡하면서도 조리가 있음)하고, 진이불오(盡而不汚: 곡진하면서도 비루하지 않음)하고, 징악이권선(懲惡而勸善: 악을 징계하고 선을 권함)한다. 성인이 아니고서야 누가 능히 이를 편수(編修)할 수 있겠는가.

『좌전』은 말할 것도 없고 『춘추』 자체를 사서로 몰아붙이려는 사람들은 이 구절에 대해 명백한 반론을 제시하기가 쉽지 않았다. 특히 성리학의 이념적 교조인 맹자가 공자를 『춘추』의 편수자로 단정하고 나선 점 또한 이들을 당혹스럽게 만들었다. 『맹자』 「등문공 하」편을 보면 『춘추』를 경서로 보지 않으면 안 될 이유가 다음과 같이 보다 명쾌하게 설명되어 있다.

세상이 쇠퇴하고 도가 희미해져 사설과 폭

행이 일어났다. 신하로서 자신의 군주를 죽이는 자가 생기고 자식으로서 그 아비를 죽이는 자가 생기자, 공자가 이를 두려워해『춘추』를 지었다.『춘추』는 천자의 일을 다룬 것이다. 그래서 공자는 말하기를, "나를 알아주는 것은 오직『춘추』를 통해서일 것이고, 나를 벌하는 것도 오직『춘추』를 통해서일 것이다"라고 한 것이다.

맹자의 이같은 주장은 오랜 세월 동안 거의 이의 없이 사실로 받아들여졌다. 그러나 남북조시대를 거치면서 공양학파와 곡량학파를 비판하는 좌전학파 및 역사학파 내에서 이에 대한 이의를 제기하기 시작했다.

원래『좌전』만큼은 전한 말기의 '금문고문 논쟁' 당시부터 경서로 분류하는 것을 강력히 반대하는 흐름이 존재해왔다. 당시『공양전』과『곡량전』을 추종하는 금문경학자들은『좌전』을 경서가 아닌 사서로 분류해야 한다고 주장하면서 학관을 세우는 것을 극력 반대했다.『좌전』을 사서로 분류해야 한다는 주장이 한대에는 공양학파 및 곡량학파에 의해 제기된 데 반해 당대 이후에는 좌전학파 및 역사학파 내에서 일어난 점이 커다란 차이라고 할 수 있다.

'금문고문 논쟁' 당시『좌전』을 경서로 분류해야 한다고 주장한 사람들은 말할 것도 없이 좌전학파를 비롯한 일군의 고문경학자들이었다. 이들은 금문경학자들로부터 주도권을 빼앗기 위해서라도『좌전』을 금문경학자들이 내세운『공양전』 및『곡량전』과 똑같이 경서의 위치로 편입시키지 않으면 안 되었다. 이는 당시 각 학파 간에 생사를 건 싸움이기도 했다. 이로 인해 좌전학파를 비롯한 고문경학자들은『좌전』내에서 경서로 해석될 수 있는 부분을 부각시키는 데 심혈을 기울였다.

결국 이는 고문경학파의 승리로 끝났다. 이때『좌전』을 경서로 안착시키는 데 결정적인 공헌을 한 인물이 바로 고문경학파의 거두 유흠(劉歆)이었다. 그는 당시 대권을 장악했던 왕망(王莽)과 손을 잡고 고문경학의 승리를 이끌어냈다. 그러나 왕망이 몰락한 후 고문경학은 또다시 위축되지 않을 수 없었다. 결국 후한 말기에 정현이 나타나 고문경학을 다시 부활시키기 전까지 후한제국의 학술계는 금문경학이 주도하는 양상으로 전개되었다.

그러나 삼국시대를 거치면서 금문경학과 고문경학은 완전히 자리바꿈을 하게 되었다. 특히 진대에 들어와 두예가 출현하면서 '좌전독패'의 시대가 열렸다.

신동준
동양사상사

옮긴이 신동준은 경기고등학교 재학시절에 태동고전연구소의 임창순(任昌淳) 선생 밑에서『춘추좌전』등의 고전을 배웠다. 서울대학교 정치학과에서 학사와 석사학위를 받은 뒤 언론계에서 10년간 활동하다가 다시 모교에 들어가 박사과정을 이수하고 도쿄 대학교 동양문화연구소에서 객원연구원으로 활동하며 동양정치사상을 집중 연구했다. 1998년 춘추전국시대 유가와 법가의 통치사상에 관한 비교연구로 박사학위를 받은 뒤, 지금까지 여러 대학에서 동양전래의 통치 리더십을 가르치며 서양의 '대통령학'을 대치할 '통치학'의 정립을 위해 진력하고 있다. 그동안『조선일보』『동아일보』등 주요 일간지의 자매지에 칼럼을 기고해 난세에 활약한 한·중·일 3국의 사상가와 역사적 인물에 대한 독특한 인물평을 전개해왔다. 저서로는『관중과 제환공』『치도와 망도』『역사내장교』『연산군을 위한 변명』『통치학원론』『삼국지통치학』『조조통치론』『중국문명의 기원』등이 있고, 역서로는 한길사에서 펴낸『춘추좌전』을 비롯하여,『자치통감-삼국지』『오월춘추』『전국책』『국어』『후흑학』등이 있다. 그밖에 논문으로는「역대대통령 통치행위 비교분석」「몽양주의 분석」「중도주의 이념정립에 관한 고찰」등이 있다.

종교의 본질에 대하여

루트비히 포이어바흐 지음 | 강대석 옮김 | 516쪽

▷ 저자의 다른 작품
『기독교의 본질』(GB 98)

▷ 역자의 다른 번역 작품
『기독교의 본질』(GB 98)
『차라투스트라는 이렇게 말했다』(GB 118)

『기독교의 본질』이 포이어바흐의 초기 주저라면 이 책 『종교의 본질에 대하여』는 그의 철학과 종교이론을 결산하는 중요한 후기 저술이다.

포이어바흐는 종교철학자이자 유물론 철학자이다. 『종교의 본질에 대하여』는 그가 평생에 걸쳐 연구한 업적이 잘 정리되어 있는 저술이다. 포이어바흐는 이 책에서 수많은 종교의 현상들을 비교하고 분석하면서 종교의 본질이 무엇인가 하는 문제를 집요하게 추구해간다. 그는 결코 일정한 종교를 합리화하는 방향으로 자신의 종교철학적인 연구를 끌고 가지 않는다. 그가 내린 결론은 인간이 중심이 되고 인간의 존엄성을 유지해주는 종교는 참된 종교이며 인간을 비하시키고 인간을 왜소하게 만드는 종교는 잘못된 종교라는 것이다.

올바른 철학 발전을 위해서는 유물론 연구와 관념론 연구가 서로 대등한 입장에서 수행되어야 한다. 관념론은 인간에게 아름다운 이상을 심어주고, 유물론은 인간에게 과학적인 현실습득을 가르쳐준다. 그러나 오늘날 우리나라에서는 관념론이 철학계를 주도하고 유물론이 경시되고 있다. 이러한 상황에서 포이어바흐의 저술은 우리에게 유물론 철학의 가치를 일깨워주는 중요한 역할을 하고 있다.

"하나의 대상은, 나에게 어려움을 가져다줄 때에만, 내가 깨끗이 청산하지 못하는 한에서만, 내가 곧바로 싸워야 할 때에만 나에게 흥미를 불러일으키고 나를 사로잡는다. 그러나 그 대상을 극복하자마자 나는 다른 새로운 대상으로 달려간다. 왜냐하면 나의 생각은 일정한 분야나 일정한 대상에 제한되어 있지 않기 때문이다."

루트비히 포이어바흐(1804~72)

루트비히 포이어바흐(Ludwig Feuerbach)는 독일의 유물론 철학자이며 종교철학자이다. 남부 독일의 작은 도시 란츠후트에서 법률가의 아들로 태어난 그는 개신교의 전통 속에서 자랐고 소년시절의 꿈은 개신교 목사가 되는 것이었다. 고등학교를 졸업한 포이어바흐는 아버지의 소원에 따라 1823년 하이델베르크 대학 신학과에 입학했으나 맹목적인 신앙의 강조나 합리적인 짜깁기에 불과한 궤변으로 강의를 주도하는 신학 교수들에게 실망하고 베를린 대학으로 옮겨 헤겔 철학을 공부했다.

그러나 포이어바흐는 헤겔의 절대정신이 보편자로서 감성이나 현상의 상위에 있는 주재자가 아니라 개별자 속에서 작용한다는 사실을 지적했고, 동시에 헤겔 철학 체계의 절대적 진리에 관하여 회의를 품기 시작했다.

청년 헤겔파, 특히 슈트라우스의 영향 아래 포이어바흐는 종교문제에 많은 관심을 갖게 되었고, 이에 대한 연구의 결과를 출간하였는데, 이 책이 바로 『죽음과 불멸성에 관한 고찰』(1830)이다.

『죽음과 불멸성에 관한 고찰』 등에서 펼친 비판적인 종교해석이 논란이 되어 대학 강단에 설 수 있는 길이 막혀버린 그는 부르크베르크라는 시골에 은거하면서 철학사, 종교비판, 행복론 등의 광범위한 저술에 전념했다.

그의 주요 저서로는 『기독교의 본질』 『베이컨에서 스피노자에 이르는 근세철학사』 『라이프니츠 철학의 서술과 비판』 『피에르 벨』 등이 있다. 그의 철학 공적은 기독교 및 관념적인 헤겔 철학에 대한 비판을 통해 유물론석인 인간 중심의 철학을 제기한 데 있으며, 이는 뒷날 마르크스와 엥겔스에 의해 비판적으로 계승되었다.

세계를 초월해 생각할 수 있는 신은 존재하는가

자연에는 결코 시작이나 종말이 없다. 자연 속의 모든 것은 상호작용을 하고 있다. 모든 것은 상대적이며 모든 것은 결과인 동시에 원인이다. 자연 속의 모든 것은 전면적이며 상호연관적이다. 자연은 결코 군주제의 첨단으로 흘러가지 않는다. 자연은 하나의 공화국이다. 군주제의 통치에만 길들여 있는 사람은 물론 군주 없이 어떤 국가나 인간 사이의 사회적 공동생활을 생각할 수 없다. 이와 마찬가지로 어렸을 때부터 신에 대한 상상에 길들여 있는 사람은 신 없이 자연을 생각할 수 없다. 그러나 자연은 신 또는 자연을 벗어나 있거나 초월해 있는 본질 없이도 우리 생활 속에 들어올 수 있다. 그것은 민족을 벗어나 있거나 초월해 있는 군주적 우상이 없이도 국가와 민족을 생각할 수 있는 것과 마찬가지이다.

그렇다. 공화국이 인류의 역사적인 과제이고 실천적인 목표인 것처럼 인간의 이론적 목표는 자연의 성격을 공화주의적으로 인식하는 것이며 자연의 지배를 자연 밖으로 옮겨놓지 않고 자연 자체의 본질 속에 들어 있는 것으로 규명하는 것이다. 자연을 하나의 일면적인 결과로 만들고 다른 본질의 결과가 아닌 초자연적인 본질을 상상하면서 자연과 하나의 일면적인 원인을 대비시키는 것은 어리석은 일이다.

만일 내가 영원히 계속해서 골똘히 생각하고 상상하지 않을 수 없으며 자연 속에서 멈출 수 없고 내 오성의 원인추적이 자연의 모든 상호작용 속에서 만족을 찾을 수 없다면 또한 신을 넘어 나아가지 말도록 나를 억제하는 것이 도대체 무엇이겠는가? 왜 나는 신에서 머물러야 하는가? 왜 신이 있게 되는 근거나 원인에 대한 물음 또한 제기하지 말아야 하는가? 신에서도 자연적인 원인과 결과의 고리에서 나타나고 하나의 신을 가정하면서 내가 바로 지양하려 하던 것과 똑같은 관계가 발견되지 않는가?

내가 신을 세계의 원인으로서 생각할 때 신은 또한 세계에 의존하지 않는가? 도대체 결과 없는 원인이 있을 수 있는가? 세계를 배제하거나 배제하면서 생각할 때 신에서 남아 있는 것은 도대체 무엇인가? 신이 아무것도 만들지 않는다면 그의 힘은 도대체 어디에 있는가? 세계가 없다면 세계를 지배하는 데에서 바로 존재하는 신의 지혜는 어디에 있는가? 신이 선을 베풀려는 대상이 없다는 그의 선은 어디에 있는가? 신이 의식하는 대상이 없다면 신의 의식은 어디에 있는가? 유한한 것이 없다면 신의 무한성은 어디에 있는가? 왜냐하면 신은 유한성에 대한 상반성에서만 무한하기 때문이다.

그러므로 내가 세계를 박탈해버릴 때 나에게 신에 관해서 남은 것은 아무것도 없다. 그러므로 우리가 결코 세계를 초월하거나 벗어날 수 없다면 우리는 세계에 머물러야 되는가? 왜냐하면 신에 대한 상상이나 가정까지도 우리로 하여금 세계에 다시 눈을 돌리게 하며 자연과 세계를 제거해서 생각한다면 모든 현실, 따라서 신의 현실까지도 신이 세계의 원인으로 생각되는 한 지양해버리기 때문이다.

세계의 시초에 대한 물음에서 우리의 정신에 나타나는 난제는 그러므로 세계를 벗어나 있는 본질인 신의 가정을 통해서 밀쳐지거나 제쳐지거나 도색되는 것에 불과하며 해결되는 것이 아니다. 그러므로 세계가 영원했고 영원하리라고 가정하는 것이, 그러므로 세계는 존재근거

피에로 델라 프란체스카, 「그리스도의 세례」
서양의 모든 선진적인 철학자처럼 포이어바흐도 예수의 모습 속에서 인간의 불멸성을 승화하려는 인간의 모습을 찾고 있다.

를 자체 안에 갖고 있다고 가정하는 것이 가장 이성적이다.

칸트는 『철학적 종교론에 대한 강의』(Vorlesungen üer die philosophische Religionslehre)에서 말한다. "우리가 모든 가능한 본질 중에서 최고의 본질로 상상하는 하나의 존재는 곧바로 자신에게 다음과 같이 말한다는 생각을 우리는 거부할 수도 없고 용인할 수도 없다. 나는 영원에서 영원으로 존재한다. 나 이외의 모든 것은 단순히 나의 의지를 통해서 존재하는 어떤 것이다. 그러나 나는 도대체 어디서 왔는가?"

그것은 다른 말로 말하면 다음과 같다. 신은 도대체 어디서 왔는가? 왜 나는 신에서 멈추어야 할 필요가 있는가? 결코 없다. 나는 오히려 신의 근원에 대해서 물어야 한다. 그런데 이러한 근원은 결코 비밀이 아니다. 유신론자, 신학자, 이른바 사변철학자들의 의미에서 사물의 최초의 보편적인 원인은 바로 인간의 오성이다. 오성은 개별자나 특수자로부터 보편자로, 구체적인 것으로부터 추상적인 것으로, 일정한 것으로부터 일정하지 않는 것으로 상승해간다. 오성은 이처럼 구체적이고 일정하고 특수한 원인으로부터 오랫동안 멀리 상승하여 마침내 원인 그 자체, 곧 구체적이고 일정하고 특수한 결과를 산출하지 않는 원인에 도달한다.

신은 유물론자들이 주장하는 것처럼 천둥이나 번개, 불과 물, 태양과 달의 직접적인 원인이 아니다. 이러한 모든 사물과 현상은 일정하고 특수하며, 감성적인 원인을 가질 뿐이다. 신은 보편적인 최초의 원인, 원인 중의 원인에 불과하다.

『종교적 본질에 대하여』 제12강 「신의 힘과 자연의 힘」

물질과 정신의 문제를 깊이 있게 다룬 종교비판서

포이어바흐의 주저는 물론 『기독교의 본질』이라고 말할 수 있다. 그러나 그것은 종교비판가로서의 포이어바흐만을 염두에 둔 판단이다. 포이어바흐는 종교비판가로서 명성을 얻었지만 무엇보다도 철학자였다. 종교비판가 및 철학자로서의 포이어바흐를 염두에 둔다면 『종교의 본질에 대하여』가 이전의 모든 저술을 결산하는 중요한 저술이라는 사실을 우리는 알 수 있다. 왜냐하면 이 책에는 종교비판뿐만 아니라 유물론 철학의 중요한 요소가 포함되어 있기 때문이다.

포이어바흐의 목표는 종교비판을 통해서 유물론 철학을 재확인하는 것이었다. 루게는 이 책이 『기독교의 본질』의 한 변형에 불과하다고 평했다. 포이어바흐 자신도 『기독교의 본질』과 『종교의 본질에 대하여』를 비교한다면 두 책은 성인과 젊은이, 스승과 제자의 관계에 있다고 말했다. 그러나 젊은이나 제자가 더 많은 용기와 발전가능성을 지니고 있다는 사실을 우리는 잊지 말아야 한다. 유물론 철학을 적용한 점에서 『종교의 본질에 대하여』가 『기독교의 본질』보다 더 완숙한 상태에 있다고 말할 수 있다. 포이어바흐는 1843년에 『철학의 개혁을 위한 예비명제』와 『미래철학의 근본명제』라는 단편적인 저술들을 발표했는데 여기서 이미 헤겔의 관념론 철학을 극복하고 유물론으로 나아가는 포이어바흐의 철학이 성숙해 있음을 엿볼 수 있다. 철학적으로 매우 중요한 이들 저술 속에는 포이어바흐가 『종교의 본질에 대하여』에서 적용할 유물론 철학이 이미 확고하게 자리 잡고 있었던 것이다.

포이어바흐의 유물론과 연관하여 우리는 일반적으로 나타나는 유물론에 대한 오해를 바로잡아야 한다. 유물론은 물질과 정신의 근원이 무엇인가를 논하는 철학적인 개념인데 철학의 발전과정을 피상적으로 이해하는 사람은 유물론을 단순한 생활태도로 생각한다. 다시 말하면 정신의 가치를 비하하고 육체적인 향락만을 추구하는 태도를 유물론적이라 생각하여 비난하기 쉽다. 그러나 유물론자들도 결코 정신의 가치를 비하하지 않는다. 정신은 물질의 최고 형태이므로 최고의 가치를 지닌다. 대부분의 유물론자들이 쾌락을 존중하지만 정신적인 쾌락을 최고의 것으로 존중했다. 그리스의 유물론자 데모크리토스도, 로마의 유물론자 에피쿠로스나 루크레티우스도, 포이어바흐나 마르크스도 결코 정신의 가치를 부정하거나 비하한 적이 없다. 이들은 정신이 물질에서 벗어나 독자적으로 존재한다든가 물질이 정신적인 것에서 파생되었다는 관념론적 사고를 부정할 뿐이다. 그러므로 포이어바흐가 한 서간문에서 "인간은 먹는 것이다"라고 말한 것은 인간을 다만 먹는 존재로서 규정한 것이 아니라 인간생활의 기초가 먹는 것에 있다는 사실을 강조하기 위한 말로 이해해야 한다.

포이어바흐의 『종교의 본질에 대하여』는 무엇보다도 철학적인 성격을 갖는 학술저서이다. 이 책이 대학 강의를 기초로 하여 기술되었다는 사실이 그것을 잘 말해준다. 대부분의 종교비판서들은 물질과 정신의 문제를 깊이 있게 다루지 않는다. 다시 말하면 유물론과 관념론의 문제를 논쟁의 출발점으로 삼지 않는다. 그것은 종교의 본질문제 대신에 현상문제를 다루는 것에 불과하다. 이에 비하여 포이어바흐는 종교비판에 유물론 철학을 적용하면서 종교의 본질문제로 파고들었다. 이런 의미에서 포이어바흐는 18세기의 프랑스 계몽주의 철학을 넘어섰다. 프랑스 계몽주의자들은 종교가 성직자들의 속임수 때문에 존재하기 때문에 그 속임수를 간파하기만 하면 종교가 소멸할 것이라는 소박한 이상을 제시했다. 포이어바흐는 종교의 발생이 관념론의 발생과 같은 맥락에 서 있다는 사실을 밝혀냈다. 관념론은 다 같이 사물의 의인화에서 시작한다. 자연의 법칙을 알지 못한 인간은 우선 자연물도 인간처럼 정신과 물질로 되어 있다고 생각한다. 그 다음에는 이 두 요소를 분리시켜 독자적인 것으로 만든다. 마지막으로 정신에 물질보다 더 고차적인 특성을 부여한다. 결국 관념론이란 합리화된 신학에 불과하다. 헤겔의 철학이 가장 대표적인 예이다.

종교감이 모든 인간에 생득적이라는 가설에 대한 비판에서도 포이어바흐는 유물론 철학을 적용한다. 인간에게 생득관념은 존재하지 않는다. 욕망을 충족시키려는 이기심이 없었다면 종교는 발생하지 않았고 인간에게 종교감도 나타나지 않았을 것이다. 그에 의하면 종교와 예술은 다 같이 인간의 상상력에 의존한다. 그러나 예술은 예술품이 상상력의 산물이라는 것을 인정하는 데 반하여 종교는 신이 진짜로 존재한다고 주장하는 데 양자의 차이가 있다.

포이어바흐의 『종교의 본질에 대하여』는 많은 장점과 단점을 지닌 저술이다. 여러 가지 단점이 있음에도 이 책은 종교나 철학에 관심이 있는 독자가 읽어야 할 필독서이다. 그 이유는 첫째, 포이어바흐가 종교의 본질을 논하기에 앞서 현대의 대표적인 종교인 기독교에 관해서 학술적인 연구를 충분히 했기 때문이다. 기독교에 대하여 잘 알지 못하는 사람이 기독교를 올바르게 비판할 수 없으며 종교의 본질에 관해서도 올바른 주장을 제시할 수 없다는 사실은 자명하다. 물론 세상에는 기독교만 있는 것이 아니다. 불교, 이슬람교, 힌두교를 비롯한 고등종교의 수만 해도 한 둘이 아니다. 포이어바흐의 종교비판에서는 불교가 자세하게 다루어지지 않는다. 그러나 어느 한 종교를 합리화하려는 입장에서가 아니라 인간을 사랑하는 입장에서 종교를 보편적으로 다루고 있으며 그의 종교철학을 포괄적으로 적용한다.

둘째, 올바른 철학 발전을 위해서는 유물론 연구와 관념론 연구가 서로 대등한 입장에서 수행되어야 한다. 관념론은 인간에게 아름다운 이상을 심어주고, 유물론은 인간에게 과학적인 현실습득을 가르쳐 준다. 그러나 오늘날 우리나라에서는 관념론이 천편일률적으로 철학계를 주도하고 있고 유물론이 경시되고 있다. 이러한 상황에서 포이어바흐의 저술은 우리에게 유물론 철학의 가치를 일깨워주는 중요한 역할을 할 수 있다.

강대석

전 대구효성여대 교수 · 철학

옮긴이 강대석은 경북대학교 사범대학 교육과와 같은 대학교 대학원 철학과를 졸업했다. 이후 DAAD(독일학술교류처) 장학생으로 독일 하이델베르크 대학에 2년간 유학했으며 스위스 바젤 대학에서 5년간 수학했다. 조선대학교 독일어과 교수 및 대구효성여자대학교 철학과 교수를 지냈다. 지금은 대전에서 저술활동을 하고 있다. 국제헤겔학회 및 국제포이어바흐학회 회원이다. 주요저서로는 『미학의 기초와 그 이론의 변천』(1984), 『서양근세철학』(1985), 『니체와 현대철학』(1986), 『그리스철학의 이해』(1987), 『현대철학의 이해』(1991), 『새로운 역사철학』(1991), 『김남주 평전』(2004), 『니체 평전』(2005), 『인간의 철학』(2007) 등이 있다. 역서로는 한길사에서 펴낸 루트비히 포이어바흐의 『종교의 본질에 대하여』(2006)와 『기독교의 본질』(2008) 등이 있다.

삼국유사

일연 지음 | 이가원·허경진 옮김 | 620쪽
2007 서울대학교 추천도서

『삼국유사』는 많은 문헌을 챙겨본 일연의 꼼꼼한 편찬으로 이룩되었다. 지금 그 정체를 알 수 있는 것과 그렇지 못한 백수십 종의 전적·금석문·단편적인 글들이 『삼국유사』에 실려 있다. 그만한 인용자료를 당대에 열람한 사실만으로도 놀랍거니와 내용에 따라 적절히 분류, 인용하고 있다는 점에서 우리는 감탄할 수밖에 없다.

이 책은 유사(遺事)라는 이름에서 볼 수 있듯이 『삼국사기』에서 빠뜨린 것을 끼워 보완한다는 성격을 가진다. 국가의 대사업으로 편찬된 『삼국사기』는 방대하고 정확한 자료를 바탕으로 한 것이지만, 역사를 기술하는 태도와 자료를 다루는 방식에서 편찬자의 시각이 지나치게 합리성을 강조하고, 중국 중심적이어서 중요한 역사적 사실을 소홀히 다루거나 왜곡하는 경우가 있었다. 특히 기존의 역사에서 중요한 비중을 차지하는 불교적 측면을 무시하거나 소홀히 다룬 점은 승려인 일연의 입장에서 수긍하기 어려웠을 것이다.

따라서 『삼국사기』에서는 가치가 없다고 제외시키거나 소홀히 다룬 자료들에 대해서 주목하고 새로운 의미를 부여한 결과 『삼국사기』에서는 볼 수 없는 내용도 있고, 다르게 기술하거나 해석한 부분도 적지 않다. 이런 면에서 『삼국유사』는 『삼국사기』와 서로 대조적이면서도 상호 보완적인 성격을 가진다. 『삼국사기』가 합리적이고 공식적인 입장을 취한 정사(正史)라면, 『삼국유사』는 초월적이고 종교적인 입장을 견지한 야사(野史)에 해당한다.

『삼국유사』에 담긴 수많은 설화는 역사이면서도 상상 속의 이야기이고, 세상을 살아가는 이야기이면서도 초자연적인 구도(求道)의 기록이다.

일연(1206~89)

일연(一然,)은 장산군(지금의 경상북도 경산)에서 태어났다. 14세에 설악산 진전사로 출가하여 고승 대웅(大雄)의 제자가 되어 구족계(具足戒)를 받았다. 22세에 승과(僧科) 선불장(選佛場)에 응시하여 상상과(上上科)에 급제한 다음에 비슬산 보당암으로 옮겨 참선에 몰두했다.

1236년에 몽고가 침입하자 병화를 피하려고 문수(文殊)의 오자주(五字呪)를 염하면서 감응을 빌었는데, 문수가 현신하여 "무주암에 머물라"고 하였다. 그곳에서 "생계는 줄지 않고 불계는 늘지 않는다"(生界不減, 佛界不增)는 구절을 화두로 삼았다가 깨달음을 얻어 "오늘 삼계(三界)가 꿈과 같음을 알았고, 대지가 털끝만큼의 거리낌도 없음을 보았다"고 했다. 1249년 남해 정림사에 머물면서 대장경을 주조했으며, 1256년에는 윤산 길상암에 머물면서 『중편조동오위』(重編曹洞五位) 2권을 지었다. 1264년부터 운제산 오어사(吾魚寺)로 옮겨갔다가, 비슬산 인홍사(仁弘社) 주지 만회가 주석을 양보하자 주지가 되어 후진을 길러냈다.

1274년 절을 중창하자 원종이 '인흥'(仁興)이란 새 이름을 친필로 써서 내렸다. 충렬왕의 명에 의해 1277년부터 81년까지 운문사에 머물면서 『삼국유사』를 집필하기 시작한 것으로 보인다. 1282년 충렬왕의 부름으로 대궐에 들어가 설법하고 개성 광명사에 머물렀으며, 이듬해 3월 국존(國尊)으로 책봉되었다.

그의 어머니가 1284년에 세상을 떠나자 조정에서 군위 화산의 인각사를 수리해 머물게 했으며, 1289년 6월 8일 새벽에 제자들과 선문답을 나눈 뒤 입적했다. 시호는 보각(普覺)이다.

월명사의 「도솔가」

경덕왕 19년 경자(760) 4월 1일에 두 태양이 나란히 나타나 열흘 동안이나 없어지지 않았다. 그러자 일관(日官)이 아뢰었다.
"인연이 있는 중을 청해 산화(散花) 공덕을 드리면 재앙을 물리칠 수 있습니다."
그래서 조원전(朝元殿)에 불단을 깨끗이 차리고 왕이 친히 청양루(靑陽樓)에 나가 인연이 있는 중이 오기를 기다렸다. 이때 월명사(月明師)가 긴 밭두둑 남쪽 길을 걸어가고 있었는데, 왕이 사람을 보내 그를 불러왔다. 단을 열고 기도문을 짓게 하자 월명이 아뢰었다.
"신은 원래 국선(國仙)의 무리에 속해 있으므로 향가만 알 뿐 범패에는 익숙지 못합니다."
왕이 말했다.
"이미 인연이 있는 중으로 뽑혔으니 비록 향가를 불러도 좋다."
월명이 이에 「도솔가」(兜率歌)를 지어 바쳤는데, 사(詞)는 이러하다.

> 오늘 이에 산화(散花) 불러
> 솟아나게 한 꽃아 너는,
> 곧은 마음의 명(命)에 부리워져
> 미륵좌주(彌勒座主) 뫼셔 나립(羅立)하라.

이 노래를 풀이하면 이렇다.

> 오늘 용루에서 산화가를 불러
> 푸른 구름에 한 조각 꽃을 뿌려 보내네.
> 은근하고도 정중한 곧은 마음이 시킨 일이니
> 멀리 도솔천의 부처를 맞으리라.

지금 세상에서는 이 노래를 「산화가」라고 하지만 잘못이다. 「도솔가」라고 해야 마땅하다. 「산화가」는 따로 있지만 글이 길어 싣지 않는다.
(「도솔가」를 지어 바친 뒤에) 얼마 안 되어 태양의 괴변이 사라졌으므로 왕이 이를 가상히 여겨 좋은 차 한 상자와 수정염주 108개를 주었다.
이때 갑자기 깨끗한 모습의 동자 하나가 차와 구슬을 꿇어앉아 받들고 궁전 서쪽에 있는 작은 문으로 나왔다. 월명은 동자가 궐내의 사자인 줄로 알았고, 왕은 월명사의 종자라고 생각했다. 그러나 서로 알아보니 둘 다 아니었다. 왕이 매우 이상히 여겨 사람을 시켜 뒤를 쫓게 했더니 동자는 내원탑 속으로 들어가 숨어버리고, 차와 염주만 남쪽 벽에 그린 미륵상 앞에 놓여 있었다.
이 일로 해서 월명의 지극한 덕과 정성이 미륵보살을 이같이 감동시켰음을 알게 되었다. 조정과 민간에서 그를 모르는 사람이 없게 되자 왕이 더욱 그를 공경했다. 다시 비단 100필을 주어 큰 정성을 표시했다.
월명이 또 일찍이 죽은 누이를 위해서 재를 올리고 향가를 지어 제사했는데, 갑자기 모진 바람이 불어 지전(紙錢)을 서쪽으로 날려 없어지게 했다. 노래는 이러했다.

> 생사(生死) 길은
> 예 있으매 머뭇거리고
> 나는 간다는 말도
> 못 다 이르고 어찌 갑니까
> 어느 가을 이른 바람에
> 이에 저에 떨어질 잎처럼,

인각사 일연은 만년에 원효가 창건한 인각사를 중창하였을 뿐만 아니라 이곳에 머물면서 총림법회 등 대규모 불교행사를 개최하기도 했다.

한 가지에 나고
가는 곳 모르온저.
아아, 미타찰(彌陀刹)에서 만날 나
도 닦아 기다리겠노라.

월명은 늘 사천왕사(四天王寺)에 살았는데 피리를 잘 불었다. 일찍이 달밤에 피리를 불며 문 앞의 한길을 지나가자 달이 그를 위해 자리에 멈췄다. 그래서 그 길 이름을 월명리(月明里)라고 했다. 월명사도 역시 이 때문에 이름나게 되었다. 월명사는 능준대사(能俊大師)의 문인이다. 신라 사람들이 향가를 숭상한 지는 오래 되었으니, 향가는 대개 『시경』의 송(頌) 같은 것이었다. 그러므로 이따금 천지와 귀신을 감동시킨 일이 한두 가지가 아니었다. 이에 찬한다.

바람이 지전을 날려 세상 떠나는 누이의 노잣돈으로 쓰게 하고
피리 소리가 밝은 달을 흔들어 항아가 발길을 멈췄네.
도솔천이 하늘 멀리 있다고 말하지 마오.
만덕화도 한 곡조에 맞아들였다오.

『삼국유사』 제7장 「감통」

불교적 상상력으로 다시 써내려간 우리 역사

『삼국유사』에는 향가 14수가 실려 있다. 신라시대 향가는 『삼국유사』밖에는 남아 있지 않다. 그는 향가 자체에 관심이 있던 것이 아니라, 향가와 함께 전하던 설화에 관심이 있었다. 미륵사 이야기를 기록하다보니 무왕의 「서동요」를 기록했고, 망해사의 연기설화를 기록하다보니 자연스럽게 「처용가」까지 기록했다. 이 경우에 향가와 설화는 따로 떼어낼 수 없는 하나의 완결구조이다.

향가가 실려 있는 설화 「처용랑 망해사」는 권2 「기이 하」에, 「분황사 천수대비 맹아득안」은 권3 「탑상」(塔像)에, 「광덕 엄장」, 「월명사 도솔가」, 「융천사 혜성가」는 권5 「감통」(感通)에, 「신충괘관」(信忠掛冠), 「영재우적」(永才遇賊)은 권5 「피은」(避隱)에 실려 있는데, 「기이」라든가 「감통」등의 항목 이름만 보더라도 상상 속의 이야기들임을 알 수 있다. 불자들이 자주 겪었던 초월적 경험의 진실성을 일연은 노래의 힘을 빌려서 전했던 것이다.

"선화공주가 맛동방을 밤에 몰래 안고 간다"는 노래가 서라벌에 가득 퍼지자, 왕은 그 사건의 진실을 알아보기도 전에 공주를 내쫓았다. 그는 사랑하는 딸의 변명보다도 노래의 진실성을 믿었던 것이다. 그 노래를 일부러 퍼뜨리고 공주가 왕궁에서 쫓겨날 거라고 믿었던 맛동(서동)은 길목에서 기다려 공주를 수행했는데, 하룻밤을 같이 지낸 뒤에 그의 이름을 들은 공주는 "그 동요가 실현되었다"고 믿었다(乃信童謠之驗). 그러한 바탕에는 노래의 힘을 믿었던 신라인들의 소박한 믿음이 깔려 있다.

국문학의 여러 장르 가운데 향가는 가장 연구하기 어려운 갈래이다. 지금은 쓰지 않는 신라시대 언어를 재구성하기도 힘들거니와, 불교적인 상상력에서 창작된 노래를 제대로 이해하기도 힘들다. 우리가 신라시대 사람이 되고 그들의 불심을 가져야만 그 노래를 제대로 이해할 수 있다. 「도천수관음가」(禱千手觀音歌)가 실려 있는 「분황사 천수대비(千手大悲) 맹아득안(盲兒得眼)」 기사를 살펴보자.

경덕왕 때에 한기리(漢岐里)에 사는 여인 희명(希明)의 아이가 태어난 지 5년 만에 갑자기 눈이 멀었다. 어느 날 그 어머니가 아이를 안고 분황사 왼쪽 불전 북쪽 벽에 그린 천수대비 앞에 나아가, 아이를 시켜 노래를 지어 기도했더니 드디어 눈이 밝아졌다.

그 노래는 이렇다.

> 무릎을 낮추며
> 두 손바닥 모아,
> 천수관음(千手觀音) 앞에
> 기구(祈求)의 말씀 두노라.
> 천 개의 손엣 천 개의 눈을
> 하나를 놓아 하나를 덜어,
> 두 눈 감은 나니
> 하나를 숨겨주소서 하고 매달리누나.
> 아아, 나라고 알아주실진댄
> 어디에 쓸 자비라고 큰고.

이 기록은 몇 가지 불교적인 상상력으로 이뤄졌다. 손이 천 개 있고 그 손마다 눈이 달렸다는 천수관음은 물론 상상 속의 존재인데, 분황사 벽에 그려져 있어 많은 불자들이 찾아와 기도하였다. 그들이 기도한 사연이 다 남아 있지는 않지만, 일연은 그 가운데 눈먼 아들과 함께 찾아와 "눈을 뜨게 해달라"고 기도하는 희명이라는 여인의 이야기를 기록하였다. 희명은 천수관음 앞에 나아가 기도하면 눈을 뜰 수 있다고 믿었기에 찾아왔는데, 물론 그 믿음도 상상에서 비롯되었다. 그러나 그의 믿음은 상상에 그치지 않고, "천 개의 눈 가운데 하나를 내게 달라"는 구체적인 기도로 나타난다. 희명의 아들이 눈 뜬 뒤에는 많은 불자들이 이 노래를 부르며 자신들도 눈 뜨기를 바랐을 것이다.

신라인들은 정성을 다하여 노래를 부르면 하늘도 감동한다고 믿었기에 어려운 일에 부딪칠 때마다 노래를 지어 불렀다. 경덕왕 19년(760) 4월 1일에 하늘에 태양 두 개가 나란히 나타나 열흘 동안이나 없어지지 않자, 일관이 "인연 있는 중을 청해 산화(散花) 공덕을 드리면 그 재앙을 물리칠 수 있다"고 왕에게 아뢰었다. 그러자 왕이 조원전에 불전을 깨끗이 차리고 인연 있는 중을 기다려 월명사에게 향가를 부탁했다. 월명사가 「도솔가」를 지어 바치자, 얼마 뒤에 태양의 변괴가 사라졌다. 경덕왕과 일관은 산화공덕의 노래를 지어 부르면 태양의 변괴가 그칠 것이라고 믿어 의심치 않았는데, 이러한 믿음은 불교적 상상력에서 비롯되었다.

월명사도 자신이 향가를 지어 부르면 태양의 변괴가 그칠 것이라고 믿어, 사양치 않고 지어 바쳤다. 불길한 혜성이 나타났을 때 융천사가 혜성가를 짓고, 수로부인이 바다의 용에게 납치되었을 때 바닷가 백성들이 해가(海歌)를 부른 것도 모두 정성껏 노래 부르면 하늘도 감동시킬 것이라는 소박한 믿음에서 나왔다.

향가는 대부분 이야기 속에 노래 부르는 형태로 실려 있는데, 불교를 알리는 방법에 강론과 강창 두 가지가 있는 것과 비슷하다. 물론 향가의 가사 자체는 질병, 사랑, 재앙 등을 해결해달라는 내용이지만, 이러한 현실적 괴로움을 해결하기 위해서는 부처의 도움이 필요했다. 향가는 결국 부처에 대한 믿음이고 고백이었는데, 이러한 믿음과 고백이 불교적인 상상과 문학적인 이미지가 어울려 향가라는 독특한 장르를 만들어냈으며, 그 시대 사람들은 향가를 지어 불렀더니 이적이 실현되었다고 믿었다. 그 노래를 전해 듣는 당시 사람들 모두 불심이 돈독해졌을 텐데, 일연은 자신이 살았던 고려 후기의 독자들에게도 그러한 세계를 알리기 위해 이 책을 썼다. 우리도 『삼국유사』를 한참 읽다보면 자신도 모르게 그 세계에 빠져드는데, 신라시대의 불교적 상상이 일연을 거쳐 현대의 독자들에게까지 이어진 것이다.

허경진

연세대 교수 · 국문학

옮긴이 이가원(1917~2000)은 안동에서 퇴계의 14대손으로 태어나 일제 식민지교육을 거부하고 전통적인 서당교육을 받으며 자랐다. 명륜전문학교를 졸업한 뒤 성균관대 교수를 거쳐 연세대 교수로 정년했다. 아호는 연민(淵民), 자는 철연(裡淵)이다. 한길사에서 펴낸 『삼국유사』를 비롯하여, 『열하일기』『금오신화』『구운몽』『춘향전』 등의 주석서와 문집 6권을 합해 60여 권의 역 · 저서를 간행했다. 도산서원 · 심곡서원 · 죽수서원 원장을 지냈으며, 네 차례 개인 서전을 열었다. 그의 학문과 사상을 연구 계승하는 연민학회에서 『연민학지』를 간행하고 있다.

옮긴이 허경진은 대학을 졸업할 때까지 시를 쓰고 1974년에 시 「요나서」로 연세문학상을 받았지만, 대학원 시절 도서관 고서실에 쌓여 있는 한시 문집들을 보고 "저 많은 한시를 요즘 독자들이 읽을 수 있도록 쉬운 한글로 바꿔봐야겠다"는 생각에 한문학으로 전공을 바꾸었다. 지금은 연세대학교 국문과 교수이다. 1986년부터 간행되기 시작한 『한국의 한시』는 최치원부터 황현까지 총 40여 권이 간행되었다. 대전과 충남의 누정문학 연구서를 냈고, 『한국의 읍성』이란 사진집도 냈다. 저서로 『사대부 소현대 호연재 부부의 한평생』, 『악인열전』이 있다. 역서로는 한길사에서 펴낸 『삼국유사』를 비롯하여 여러 편이 있다.

순자 1·2

순자 지음 | 이운구 옮김 | 378쪽(1권)·390쪽(2권)
2007 서울대학교 추천도서

『순자』는 중국 철학 발전의 획기적인 사건이었다. 『논어』『도덕경』『맹자』『장자』 등과 같은 초기 철학 서적들은 일화·경구(警句)로 채워진 서술양식을 가지고 있어서 당시의 복잡한 철학적 논의를 더 이상 설득력 있게 전달해주지 못했다. 이와는 달리 순자는 유가 철학자 가운데 최초로 스승의 말·대화를 기록한 제자들의 글뿐만 아니라, 자기가 직접 쓴 체계적인 논문을 통해 자신의 사상을 표현했다. 또한 총론적인 설명, 연속적인 논증, 세부적인 상술, 명료성에 중점을 두는 엄격한 서술 형태를 취했다.

순자는 이상사회를 건설하기 위해서는 '예'가 기본적인 바탕이 된다고 보았다. 이상사회를 다스려야 할 학자나 관리의 첫 번째 임무는 예의 보전과 전달이며, 통치자가 되는 자격은 가문이나 재산이 아니라 교양과 도덕성에 있다고 주장했다.

순자의 또다른 중요한 논설은 천론(天論)이다. 여기에서 순자는 미신과 초자연적인 것에 대한 믿음을 논박했다. 천론의 주요 주제 가운데 하나는, 일식·월식 등은 드물게 일어나는 불규칙한 자연현상일 뿐 불길한 징조가 아니기 때문에 마음 쓸 필요가 없다는 것이다.

초자연적인 힘을 부정한 그는 이어 일반 백성의 종교적인 의식·미신에 대해서도 세련된 해석을 했다. 기우제와 같은 미신적인 의식은 단지 인간의 감정을 달래줄 뿐이라는 해석을 내리고, 그러한 의식은 일반 사람들에게는 정상적으로 감정을 표현할 수 있는 출구가 되므로 유익한 것이지만, 지식인은 그것을 감정의 꾸밈 정도로 여겨야지 귀신의 일로 믿으면 안 된다는 것이다. 이와 같이 그는 유가사상 속에서 처음으로 과학적 사고와 일치하는 합리주의의 흐름을 열었다.

순자(기원전 298~기원전 238)

순자(荀子)의 이름은 순황, 자는 순경(荀卿)이다. 전국시대 말기 조나라 사람이다. 그는 일찍이 제(齊)나라의 직하학궁(稷下學宮)에서 오랫동안 학문 연구와 강의에 종사했다. 후에 모함을 받아 초(楚)나라로 가서 기원전 255년부터는 그 나라의 지방 수령을 지냈으며, 만년에는 세상을 떠날 때까지 그곳에서 일생을 보냈다.

인간 본성에 관한 순자의 견해는 인간은 태어날 때부터 선하다는 맹자의 견해와 근본적으로 대조를 이룬다. 물론 두 사람 다 모든 인간이 잠재적으로 성인이 될 수 있는 능력을 가지고 있다는 데는 의견의 일치를 보인다. 이것이 맹자에게는 모든 인간은 태어날 때부터 이미 선(善)의 4단(四端)을 가지고 있으며, 인간의 내부에 그것을 발전시킬 수 있는 능력도 가지고 있다는 것을 의미하지만, 반면 순자에게는 모든 인간이 사회로부터 자기 내부에 있는 반사회적인 본능을 극복하는 방법을 배울 수 있다는 것을 의미한다. 두 사람의 이러한 견해차로부터 유가의 주요논쟁이 시작되었다.

순자가 바라던 사회는 실현되지 못했다. 순자 이전의 유가사상가인 공자나 맹자와 마찬가지로 그 또한 스스로 실패자라고 생각하며 죽었을 것이다. 그러나 그의 글 속에 가득 차 있는 합리주의, 종교에 대한 회의, 사회 속의 인간에 대한 관심, 정치적·문화적 감각력, 고대의 전통과 관습에 대한 선호 등은 2천 년 이상 중국 지식인들의 사고에 영향을 미쳤다.

방대한 영토와 거대한 인구를 지닌 중국은 전통적으로 유교 국가였으므로 그는 세계에서 유례가 없는, 크나큰 영향력을 남긴 철학자라고 해야 할 것이다.

현명한 군주가 되기 위한 최상의 가르침

나라를 어지럽히는 군주는 있어도 저절로 어지러워지는 나라는 없으며 다스리는 사람은 있어도 저절로 다스려지는 법은 없다. 예(羿)의 활 쏘는 법이 없어지지 않았지만 예의 법이 대대로 적중시키지는 못했으며 우(禹)의 법이 아직도 존속하지만 하(夏)가 대대로 왕 노릇을 하지는 못하였다. 그러므로 법은 홀로 설 수 없고 유례(類例)도 혼자서 행해질 수 없으며 그 사람을 얻으면 존속되고 그 사람을 잃으면 없어진다.

법이라 하는 것은 다스리는 단서이고 군자라 하는 것은 법의 원천이다. 그러므로 군자가 있으면 비록 법이 간단하더라도 족히 두루 미치고 군자가 없으면 비록 법을 갖추어 전후로 시행하더라도 일의 변화에 대응할 수 없어서 족히 어지러워진다. 법의 본뜻을 이해하지 못하고 법의 개별조항만 바르게 하는 자는 비록 박식하더라도 실제 일을 당하면 반드시 어지러워진다. 그러므로 현명한 군주는 그 사람을 얻는 데 먼저 힘쓰고 어두운 군주는 그 세를 얻는 데 먼저 서두른다.

그 사람을 얻는 데 먼저 힘쓴다면 그 자신은 편안하고 나라가 다스려지며 공적이 크고 명성은 훌륭하니 상질은 왕이 될 수 있고 하질이라도 패자가 될 수 있다. 그 사람 얻는 데 먼저 힘쓰지 않고 그 세 얻는 데 먼저 서두른다면 그 자신은 고생하고 나라가 어지러우며 공적이 폐하고 이름이 욕되어 사직이 반드시 위태롭게 될 것이다. 그러므로 군주 된 자는 그 사람을 구하는 데 수고더라도 그 사람을 부리는 데는 쉽게 된다. 『서』에 이르기를 '문왕이 삼가 두려워하여 훌륭한 사람을 택하였다'라고 하니 이것을 가리켜 하는 말이다.

부절(符節)을 합치고 계권(契券)을 나누는 것은 신의를 기하기 위함이다. 그러나 군주가 권모 부리기를 좋아한다면 신하와 모든 관리, 거짓을 일삼는 사람까지 이를 틈타서 남을 속일 것이다. 제비를 뽑아 일을 결정짓는 것은 공정을 기하기 위함이다. 군주가 마음대로 편들기를 좋아한다면 신하와 모든 관리가 이를 틈타서 편향된 짓을 할 것이다. 저울에 추를 달아 무게를 다는 것은 형평을 기하기 위함이다. 군주가 뒤집어엎기를 좋아한다면 신하와 모든 관리가 이를 틈타서 음험한 일을 하게 될 것이다. 말을 갈겨서 분량을 재는 것은 평정을 기하기 위함이다. 군주가 이를 탐하기 좋아한다면 신하와 모든 관리가 이를 틈타서 많이 거두고 적게 주어 규정도 없이 민을 갈취할 것이다. 그러므로 도구나 세부 항목이라 하는 것은 정치의 말류이며 정치의 근원은 아니다.

군자라고 하는 자는 정치의 원류다. 관리는 세부 항목을 지키지만 군자는 근원을 배양한다. 근원이 맑으면 말류도 맑으며 근원이 탁하면 말류도 탁하다. 그러므로 군주가 예의를 좋아하고 어진 자를 높이며 유능한 자를 쓰고 이를 탐하는 마음이 없다면 아랫사람도 역시 겸손을 극진히 하고 성실을 다하여 신하와 자식된 도리에 힘쓸 것이다. 이와 같다면 비록 소민(小民)의 처지에 있더라도 부절을 합치거나 계권 나누기를 기다리지 않고 신실해지고 제비뽑기를 기다리지 않고 공정해지며 저울에 추를 달아 무게다는 것을 기다리지 않고 형평이 이루어지고 말을 갈겨서 분량 재는 것을 기다리지 않고 평정이 이루어질 것이다.

개기(改琦), 「취중팔선가」

그러므로 상을 주지 않아도 민이 힘쓰고 처벌하지 않아도 민이 복종하며 정사 맡은 자가 수고하지 않아도 일이 잘되고 정령이 번다하지 않아도 풍속이 훌륭하며 백성은 감히 군주의 법을 따르고 군주의 뜻을 본받으며 군주의 일을 힘써서 안락을 취하지 않을 수 없는 것이다. 그러므로 세금을 거두더라도 허비라 생각하지 않고 토목공사에도 수고를 잊고 외적의 침략에도 죽음을 잊고 성곽은 손질을 기다리지 않아도 단단하고 병기는 연마를 기다리지 않아도 굳세고 적국은 정벌을 기다리지 않아도 굴복하고 사해의 온 민중이 영을 기다리지 않아도 하나가 된다. 대저 이를 가리켜 최상의 평치(平治)라 한다. 『시』에 이르기를 '왕의 선정이 두루 다 미쳐서 서(徐) 땅 사람까지 다 모여든다'라고 하니 이것을 가리켜 하는 말이다.

'남의 군주 됨이 어떠해야 하는가 묻고 싶다.' 대답해 말하기를 '예를 가지고 나누어 베풀고 두루 고르게 하여 치우치지 말아야 할 것이다'라고 한다. '남의 신하 됨이 어떠해야 하는가 묻고 싶다.' 대답해 말하기를 '관대하고 은혜로우며 예를 지켜야 할 것이다'라고 한다. '남의 자식 됨이 어떠해야 하는가 묻고 싶다.' 대답해 말하기를 '존경하고 사랑하며 예를 다하여 꾸며야 할 것이다'라고 한다. '남의 형 됨이 어떠해야 하는가 묻고 싶다.' 대답해 말하기를 '인자하게 사랑하며 우애를 보여야 할 것이다'라고 한다. '남의 아우 됨이 어떠해야 하는가 묻고 싶다.' 대답해 말하기를 '겸손하게 몸을 낮추어 거슬리지 말아야 할 것이다'라고 한다. 이 도(道)가 한쪽만 행해지면 어지럽게 되고 양쪽 다 행해지면 잘 다스려진다.

『순자 1』 제12장 「군도」(君道)

인간의 능동성을 강조한 순자의 철학

순황은 자연에 대처하는 인간의 능동성을 중시하여 천지와 인간을 병립시키는 데 일종의 의의를 부여하였다. 하늘에는 그 때가 있고 땅에는 그 재(財)가 있다. 그와 함께 사람에게는 그 치(治)가 있다. 그러므로 인간이 천지와 병립하여 '능삼'(能參)이 된다고 했다. 이것은 인간의 창조능력이 무한함을 인식하기에 이른 말이었다. 일반적으로 동물은 자연계에 갖추어져 있는 그대로를 찾아 그것을 생활자료로 삼는 데 불과한 존재다. 그러나 인간은 자연계에 이제까지 존재하지 않은, 자연물이 아닌 가공된 것을 독자적으로 창조할 수 있다. 따라서 '삼'(三)을 이룬다. 인간의 창조능력은 비단 생활재의 제조·생산에만 국한되어 있지 않다. 향락 자료와 발전 자료의 생산을 그 속에 내포하고 있다.

순황이 주장하고 있는 '능삼'의 진정한 의미는 이것만이 아니다. 그 밖에 더 큰 의의를 지니고 있다. '인유기치'(人有其治)에 역점을 둔 것이다. 여기서 '인유기치'의 진정한 의미는 인간이 한 사회를 조직하고 그 사회의 질서를 수립할 수 있다는 것을 말한다. 이와 같은 사회조직과 질서는 인간을 떠나서는 존재할 수 없는 것이다. 인류사회 역시 자연계 속에 실재한다. 그러나 그것은 일면 자연계와 대립되는 것이기도 하다. 자연계 속에 있는 하나의 특수 영역이라고 할 수 있다. 이 점에서 인간은 천지와 병립하여 '삼'이 된다고 하는 것이다.

순황은 인간이 '천'의 능력이 지대하다고 하여 그것을 사모하고 은혜로 여기는 태도보다 오히려 '천'을 자연물로 파악하여 그것을 제재하고 다시 물질을 생산·관리하는 것이 더 현명하다고 지적하였다. '천'을 추종하여 그것을 칭송하는 것과 '천명'을 제재하여 그것을 이용하는 것은 어느 편이 더 나은가? 시절만 바라보며 기다리고 있는 것과 계절의 변화에 맞추어 응용하는 것은 어느 편이 더 나은가? 물(物)에 따라 그것을 늘리려는 것과 자신의 능력을 구사하여 물을 증대시키는 것은 어느 편이 더 나은가? 물을 얻으려고 하면서 그것을 밖의 것으로 여기는 일과 직접 물을 다루어 손실을 막는 일은 어느 편이 더 나은가? 물이 저절로 생성하기를 바라는 것과 물을 이루는 데 나가서 작용을 하는 것은 어느 편이 더 나은가? 그러므로 인간의 능력을 버려두고 '사천'(思天)만을 일삼는다면 결국 만물의 실정을 파악하지 못하고 모든 것을 다 잃고 만다는 것이다.

사람이 해야 할 바를 놓아두고 하늘만 의지하려 한다면 만물 본래의 실정을 잃게 될 것이다.

이것은 고대 중국 철학에서 가장 뚜렷하게 인간의 능력에 의한 자연의 개조를 제창한 표어다. 종교적 신비주의의 입장은 자연계의 법칙성마저 신비화시켰다. 인력으로 어찌할 수 없고 인식할 길도 없는 맹목적인 어떤 힘을 '명'(命)이라고 했다. 인간의 지혜와 능력으로 자연을 개조시킬 수 없다는, 즉 인간은 거기에 절대 복종해야 된다고 규정한 말이다. 그러나 순황은 '천'을 추종·칭송하는 것보다 오히려 '천'을 제재하여 그것을 이용후생하는 것이 더 현명한 길이라고 주장하였다. 다시 말해서 순황은 그 '명'을 조정하여 자연을 개조하는 길에 나선 것이다. 이것은 인간의 주관적 능동성을 발현시킴으로써 자연을 인간에게 봉사하게 하려는 하나의 염원이었다. 자연은 의지적인 것이 아니다. 또한 자연의 법칙이 인간의 의지에 따라 바뀌는 것도 아니다. 그러나 인간은 이 법칙성을 이용하여 자연계 속에 실재하지 않는 별개의 것을 생산하고 그것으로 자신의 후생에 쓰고 있다.

순황이 인간을 천지와 병립시켜 '삼'을 설정한 것은 인간의 자각적인 능동성을 발현해보려는 의도에서였다. 공·맹에서도 인간이 지성(至誠)함으로써 천지의 화육(化育)을 돕고 함께 참여, 즉 '삼'이 된다고 보는 같은 사상이 있었다. 그러나 공·맹의 입장은 인간을 자연계의 일부분으로 파악하지 않는다. 오히려 자연계를 인간의 일부분으로 이해하고 그것을 포용함으로써 자연과의 대결을 방기하였다.

순황의 「천론」편은 한편으로는 인간이 자연에 의존하는 것으로 자연이 일차적인 성격을 갖는다고 지적하였으며, 다른 한편으로는 인간이 자연을 통제하고 개조할 능력을 갖는다고 지적함으로써 신비주의와 자연인순(自然因循)적인 태도를 함께 비판하였다. 그리고 천·인 관계에 관한 문제를 정확하게 처리하였다.

이와 같이 정당하고 극히 합리적인 사고의 경향성은 전국시대의 생산기술과 과학지식의 향상·발전에서 온 산물이며 신흥 토지 소유계층의 생산증진에 대한 적극적인 요구와 관심이 반영된 것으로 본다. 순황은 그의 과학적인 자연관을 토대로 하여 고대의 주술과 미신을 단호히 거부하였다.

사람의 생김새나 안색을 보고 그 길흉화복을 알아낸다고 한다. 세상 사람들이 그를 크게 칭찬하지만, 옛날 사람은 이것을 무시하였고 학문하는 자는 말을 하지 않았다. 생김새를 보고 미래를 알아냄은 논심(論心)하는 것만 같지 못하고 논심은 택술(擇術)하는 것만 같지 못하다. 외형은 마음의 상태를 이겨내지 못하고 마음의 상태는 그 택술을 이겨내지 못하므로 택술이 바르고 마음이 순직하다면 생김새가 비록 추악하더라도 마음과 행위 기준은 착할 것이니 군자 되는 데 해가 없을 것이다.

'상인'(相人)은 오히려 '논심'(論心)하는 것만 못하다. '논심'은 또한 '택술'(擇術)하는 것만 못하다. 순황이 여기서 말하는 '술'(術)은 인간의 사고방식과 행위의 정당한 길을 의미한다. 인간이 합리적인 사고방식과 객관적인 올바른 길을 선택한다면 선인(善人)이 될 수 있으며, '길'(吉)하다는 것이다. 그리고 선인이 길한 것은 그의 생김새와는 아무런 관계가 없다는 것이다.

이운구

전 성균관대 교수·동양철학

옮긴이 이운구(1933~2007)는 충남 전의에서 태어났다. 성균관대학교 문리대 동양철학과를 졸업하고 같은 학교 대학원에서 석사·박사 과정을 수료했다. 일본 와세다 대학과 도시샤 대학에서 연구원을 지냈으며, 성균관대학교 동양철학과 교수 및 유학대학 대학원장, 대동문화연구원 원장 등을 역임했다. 저서로는 『동아시아 비판 사상의 뿌리』『중국의 비판사상』『묵가철학연구』 등이 있고, 역서로는 한길사에서 펴낸 『한비자』『순자』가 있다.

9

한길그레이트북스 제81권~제90권

"자아는 고독 속에서 실감할 수 있는 것이지만,
그 정체성은 나와 동등한 사람과
신뢰할 수 있는 교제를 나눌 때에만
비로소 확인될 수 있다."

● 한나 아렌트, 『전체주의의 기원』에서

예루살렘의 아이히만

한나 아렌트 지음 | 김선욱 옮김 | 424쪽
2006 『한겨레』 올해의 책
2006 한국간행물윤리위원회 추천도서
2007 『한국일보』 오늘의 책
2007 대한민국학술원 우수학술도서

▷ 저자의 다른 작품
『인간의 조건』(GB 11)
『혁명론』(GB 61)
『전체주의의 기원 1, 2』(GB 83, 84)
『공화국의 위기』(GB 117)

▷ 역자의 다른 번역 작품
『공화국의 위기』(GB 117)

제2차 세계대전이 지난 뒤 유대인 학살 소식이 전세계에 알려졌을 때, 다른 사람들과 마찬가지로 한나 아렌트도 그것이 진실이라고는 믿지 못했지만 결국 그 소식이 사실임을 알게 되었다. 그런데 유대인 학살의 주범이라 할 수 있는 아돌프 아이히만이 이스라엘 비밀경찰에 의해 잡혀와 예루살렘에서 재판을 받게 된다는 소식을 듣게 된다.

아렌트는 예정되었던 대학의 강의를 취소하고, 『뉴요커』지의 재정적인 지원을 받아 특파원 자격으로 예루살렘에 가서 재판을 참관하게 된다. 이로써 이 책, 『예루살렘의 아이히만』이 탄생한 것이다.

예루살렘에서 있었던 아이히만의 재판에 대해 보고를 하면서 아렌트는 '악의 평범성'에 주목했다. 이 악행은 악행자의 어떤 특정한 약점이나 병리학적 측면, 또는 이데올로기적 확신으로 그 근원을 따질 수 없는 것으로, 그 악행자의 유일한 인격적 특징은 아마도 특별한 정도의 천박성이라고 할 수 있을 것이다. 그 행위가 아무리 괴물 같다고 해도 그 행위자는 괴물 같지도 악마적이지도 않았다.

그리고 재판과정에서 또 그에 앞서 있었던 경찰심문에서 보인 그의 행동뿐만 아니라 그의 과거에서 사람들이 탐지할 수 있었던 유일한 특징은 전적으로 부정적인 어떤 것이었다. 그것은 어리석음이 아니라 흥미로운, 사유의 진정한 불능성이었다.

그는 한때 자기가 의무로 여겼던 것이 이제는 범죄로 불리게 되었다는 사실을 알았고, 그래서 그는 이러한 새로운 판단의 규칙을 마치 단지 또 다른 하나의 언어규칙에 불과한 것처럼 받아들였던 것이다.

한나 아렌트(1906~75)

한나 아렌트(Hannah Arendt)는 독일 하노버에서 태어났다. 철학과 신학에 관심이 많았던 그녀는 마르부르크 대학으로 가 불트만과 하이데거에게 배운다. 거기서 하이데거와 사랑에 빠졌던 그녀는 곧 그를 떠나 하이델베르크의 야스퍼스를 찾아 그의 지도로 「아우구스티누스의 사랑 개념」이란 주제로 철학박사 학위를 받는다. 이후 아렌트는 정치적 억압과 유대인 박해가 점차 심해지던 독일에서 시온주의자들을 위해 활동하다 체포되어 심문을 받은 뒤, 1933년 프랑스로 망명했으나 상황이 악화되자 결국 1941년에 미국으로 망명한다.

첫 번째 주저인 『전체주의의 기원』(1951)의 발간과 더불어 그녀는 본격적인 정치사상가의 길을 걷는다. 이후 『라헬 파른하겐』(1958) 『인간의 조건』(1958) 『과거와 미래 사이』(1961) 『예루살렘의 아이히만』(1963) 『혁명론』(1963) 『공화국의 위기』(1972) 등 중요 저작들을 출간했다. 특히 유대인 학살의 핵심 책임자 아이히만이 아르헨티나에서 체포되고 예루살렘으로 압송되어 재판을 받자 아렌트는 예루살렘에 머물면서 그 재판에 대한 보고서, 『예루살렘의 아이히만』을 쓰게 된다.

이 책을 통해 설명한 악의 평범성 개념은 수많은 논쟁을 낳았다. 이 경험을 바탕으로 아렌트는 정치적 악을 유발하는 정신의 문제에 집중하여 『정신의 삶』(1978)을 남긴다. 아렌트의 판단이론의 강의내용을 담은 『칸트 정치철학 강의』(1982)가 아렌트 사후에 출간되고, 또 유고들을 정리해 『이해에 대한 에세이』(1994) 『정치의 약속』(2005) 『판단과 책임』(2005) 등이 출간되었다.

악을 처단하는 정의와 예루살렘 재판의 최종판결

"커다란 범죄는 자연을 거스르는 것이기 때문에 바로 지구가 복수를 부르짖는다, 악은 자연적 조화를 훼손하는데, 이는 오직 보복을 통해서만 회복될 수 있다. 잘못을 범한 집단은 악인을 처벌해야 한다는 도덕적 질서에 의무가 발생한다"는 명제들을 우리는 거부하며, 또한 야만적인 것으로 간주한다. 그런데 아이히만이 일단 재판받으러 온 것은 바로 이처럼 오랫동안 잊혀진 주장들에 근거한 것이었고, 따라서 이러한 명제들이 사실상 사형판결을 내리게 된 최고의 정당화였다는 것은 부인할 수 없다고 나는 생각한다.

그가 관련되어 특정 '인종들'을 지구상에서 완전히 제거하는 것을 공개적 목적으로 하는 기획에서 중심적 역할을 담당했기 때문에 그는 제거되어야 했다. 그리고 만일 '정의가 이루어져야 할 뿐 아니라 그것이 이루어지는 모습이 보여야 한다'는 것이 옳다면, 만일 판사들이 다음과 같은 말로서 된 어떤 것을 그들의 피고에게 감히 언급했더라면, 예루살렘에서 이루어졌던 정의가 드러나 모두가 볼 수 있었을 것이다.

피고는 전쟁기간 동안 유대인에게 저지른 범죄가 기록된 역사에 있어서 가장 큰 범죄라는 것을 인정했고, 또 피고가 거기서 한 역할을 인정했습니다. 그런데 피고는 자신이 결코 사악한 동기에서 행동한 것이 아니고, 누구를 죽일 어떠한 의도도 결코 갖지 않았으며, 결코 유대인을 증오하지 않았지만, 그러나 그와는 다르게 행동할 수는 없었으며, 또한 죄책감을 느끼지 않는다고 말했습니다. 우리는 이러한 것이 전적으로 불가능한 것은 아니지만 그러나 믿기가 어렵다고 보았습니다. 이러한 동기와 양심의 문제에서 합당한 의심을 넘어선 것으로 입증될 수 있는 당신에 대한 증거는 비록 많지는 않지만 일부 존재합니다. 피고는 또한 최종 해결책에서 자신이 맡은 역할은 우연적인 것이었으며, 대체로 어느 누구라도 자신의 역할을 떠맡았을 수 있으며, 따라서 잠재적으로는 거의 모든 독일인들이 똑같이 유죄라고 말했습니다. 피고가 말하려는 의도는 모든 사람, 또는 거의 모든 사람들이 유죄인 곳에서는 아무도 유죄가 아니라는 것입니다.

이것은 실로 상당히 일반적인 결론이기는 하지만 우리가 피고에 대해 기꺼이 내주고 싶은 결론은 아닙니다. 그리고 만일 피고가 우리의 거절을 이해하지 못한다면 우리는 성서에 나오는 두 이웃하는 도시인 소돔과 고모라의 이야기에 주목해 볼 것을 권합니다. 이 두 도시는 거기에 사는 모든 사람들이 똑같이 죄가 있었기 때문에 하늘로부터 내려온 불로 인해 파괴되었습니다. 이것은 말하자면 '집단적 죄'라는 최신식 개념과는 무관합니다. 이 개념에 따르면 그들 자신이 행하지 않았더라도 그들의 이름으로 행해진 일에 대해서는 유죄로 추정한다는 것, 또는 죄책감을 느낀다는 것입니다. 다른 말로 하자면 법 앞에서의 유죄와 무죄는 객관적인 본질의 것이지만, 그러나 비록 8000만 독일인이 피고처럼 행동했다 하더라도 그것이 피고에 대한 변명이 될 수 없을 것입니다.

운 좋게도 우리는 그만큼 멀리 나갈 필요는 없습니다. 피고 자신은 전대미문의 범죄

아이히만의 재판현장

를 저지르는 것이 주된 정치적 목적이 된 국가에서 산 모든 사람의 편에 서서 그 죄가 현실적으로가 아니라 오직 잠재적으로만 유죄라고 주장했습니다. 그리고 내적이고 외적인 어떠한 우연적 상황을 통해 피고가 범죄인이 되는 길로 내몰렸는지 간에, 피고가 행한 일의 현실성과 다른 사람들이 했을지도 모르는 일이라는 잠재성 사이에는 협곡이 있습니다. 우리는 여기서 오직 피고가 한 일에만 관여할 뿐, 피고의 내적 삶과 피고의 동기에서 가능한 비범죄적 본성 또는 피고 주위에 있는 사람들의 범죄적 가능성에는 관여하지 않습니다.

피고는 피고의 이야기를 불운에 찬 이야기로 만들어 들려주었습니다. 그리고 그러한 상황을 알고 있는 우리는 어느 정도까지는 만일 상황이 보다 유리했더라면 피고는 우리 앞이나 또는 다른 형사재판소로 나오지 않았

을 가능성이 상당히 있다는 점도 당신에게 인정해 줄 용의가 있습니다. 논증을 위해서 피고가 대량학살의 조직체에서 기꺼이 움직인 하나의 도구가 되었던 것은 단지 불운이었다고 가정을 해봅시다. 피고가 대량학살 정책을 수행했고, 따라서 그것을 적극적으로 지지했다는 사실은 여전히 남아 있습니다. 그리고 이 지구를 유대인 및 수많은 다른 민족 사람들과 함께 공유하기를 원하지 않는 정책을 피고가 지지하고 수행한 것과 마찬가지로, 어느 누구도, 즉 인류 구성원 가운데 어느 누구도 피고와 이 지구를 공유하기를 바란다고 기대할 수 없다는 것을 우리는 발견하게 됩니다. 이것이 바로 당신이 교수형에 처해져야 하는 이유, 유일한 이유입니다.

「예루살렘의 아이히만」, 「에필로그」

시대적인 상황이 만든 '악의 평범성'에 대한 고찰

　모든 관계는 자아와 타자의 비대칭적 차이와 더불어 시작한다. 윤리적 또는 도덕적인 것은 서로에 대한 적절한 질서지음 또는 서열 매기기에 기초한다. 이제 아렌트가 『예루살렘의 아이히만』에서 제기한 윤리 또는 도덕의 문제, 즉 아이히만의 '악의 평범성'의 문제를 살펴보자. 20세기는 철학이 '윤리적 전회'를 한 세기라고도 불린다. 나는 이 윤리적 전회—책임을 향한 코페르니쿠스적 전회—에 집중해 보겠다. 여기서 말하는 코페르니쿠스적 전회란 프톨레마이오스의 지구 중심주의에서 코페르니쿠스적인 태양 중심주의에로의 패러다임 전환을 말한다. 코페르니쿠스적 전회를 통해서 자기 중심성은 타자 중심성(또는 타율성)에 의해 대체되거나 능가된다. 도덕의 미래의 계보학뿐만 아니라, 아이히만의 '악의 평범성'에 대한 우리의 논의 및 이것이 갖는 정치와 법의 미래의 연대기를 위한 함축에 대한 논의에 있어서 지금은 고인이 된 유대계 프랑스 철학자 에마뉘엘 레비나스(Emmanuel Levinas)는 적절할 뿐만 아니라 필수 불가결한 학자이다. '악의 평범성'에 대한 아렌트의 담론의 중요성 및 우리가 오늘날 하고 있고 또 내일 하게 될 모든 일에서의 윤리적 문제에 대한 아렌트의 가장 중요한 기여가 여기에 놓여 있다.

　아이히만은 타인 또는 타자의 관점에서 '사유'할 능력이 없기 때문에 그는 또한 '행위'할 능력, 또는 더 잘 말하자면 도덕행위를 '수행'할 능력도 없다. 예컨대 그에게는 어떤 것을 '말하기'란 언어놀이를 하는 것과 동일했다. 그는 수행행위로서의 말하기에 대한 이해, 즉 필연적으로 윤리적인 발화행위에 대한 이해가 전혀 없었다. 아이히만의 문제는 그가 본질적으로 혼돈에 빠진 '동일주의자'—인간관계에서 차이를 알지 못하거나 차이에 대해 생각할 능력이 없는 사람—라는 점이다. 예컨대 아렌트에 따르면 아이히만은 교수대 아래에서 자신의 사형선고를 '회피'하는 것을 죽음의 수용소에서 가까스로 '생존'한 것과 부적절하게 동일시했다. 아이히만은 또한 자신의 '복종'과 칸트의 '의무' 또는 '책무'와 구별하지도 못했다. 그는 자신이 『유대인의 국가』를 쓴 테오도어 헤르츨(Theodor Herzl)과 같은 '이상주의자'라고 잘못 생각했는데, 왜냐하면 그에게 '이상주의자'란 단지 '자신의 이상을 위해 살았던 사람'이었기 때문이다. 요약하면 아이히만은 타자의 관점에서 '생각'할 수 없었기 때문에 자신의 책임을 회피했던 것이다.

　레비나스에게는 윤리학이 '제일철학'(philosophie première)이다. 그에게는 인간의 대화가 윤리적이지 않을 수 없다. 윤리적이라는 것은 그에게 타자 중심적이거나 타자 정향적인 것이다. 윤리적인 것에 있어서 타자는 인간관계의, 또는 인간의 복수성의 성소('보다 높은 자리')에 위치한다. 홀로코스트를 일으킨 나치 치하에서 비유대인이 유대인을 구한 것 같은 이타주의는 책임 윤리의 모범이 된다. 레비나스에서 단서를 얻어 나는 타자 정향적 윤리를 '타율적 책임윤리'라고 부른다. 이는 철학의 미래에 대한 논의에 나오는 '너'(Thou)에 대한 루드비히 포이어바흐의 발견에 철학적 뿌리를 둔 것이다. 너에 대한 그의 발견은 타자를 인간관계의 성소에 놓고 있다. 그것은 인간의 대화에서 자기 중심성을 타자 중심성으로 탈중심화하기 때문에 정치적, 윤리적, 사회적 사상에 있어 윤리적 전회라 불릴 수 있다.

아이히만은 타자의 관점에서 사유할 수 없었기 때문에 책임의 윤리를 실천할 수 없었다. 그의 '인류에 대한 범죄'에 대한 아렌트의 판결은 칸트적인 윤리적 의도의 원리에 기초한 것이 아니다. 오히려 그것은 단일한 개인이 단독적으로 책임 있게 되는 결과의 원리에서 도출된 것이다.

'끔찍하게도 또 전율스럽게도 정상적'인 아이히만에 의해 자행된 '인류에 대한 범죄'는 폭력의 행위(즉 홀로코스트)를 포함한다. 폭력은 차이를 지우려 할 때 우리가 지불해야 하는 값비싼 대가이다. 인종차별주의로서의 나치즘의 경우가 그러했다. 나치즘의 반유대주의의 목표는 어떠한 수단을 동원해서라도 유대인종을 이 지구상에서 쓸어 내려는, 멸절시키려는 것이었다. 전쟁도 또한 '전율스럽게도 정상적'으로 되었다.

전쟁은 정치만큼이나 필수 불가결한 것이 되었다. 카를 클라우제비츠에 따르면 전쟁은 폭력적 형태의 정치이다. 전쟁은 '다른 수단을 사용한 정치의 연장'이라고 했던 것이다. 로버트 리 장군은 우리가 전쟁을 너무 좋아하게 되는 것을 두려워했다. 퀸시 라이트는 전쟁에 관한 그의 기념비적 저술에서 인류의 문명 즉 인류의 야만의 연대기에서 매 2년마다 한차례씩 중요한 전쟁이 있었음을 오래전에 발견했다. 우리는 전쟁에 마취되어버렸거나 그것을 정상적인 것으로 여기게 되었다. 간단히 말해 전쟁을 일상적인 인간의 삶의 한 측면으로 '아무 생각 없이' 받아들임으로써 우리는 평범하게 되어버렸다. 아렌트가 주장한 것처럼, "우리 모두의 안에 아이히만"이 존재하고 있는 것이다. 기술, 특히 미디어 기술이 우리를 점점 더 일차원적으로, 심지어 전체주의적으로 만들고 있다. 미디어(매체)가 메시지가 되어감에 따라, 간단히 말해, 미디어는 우리를 더욱더 평범하게, 획일적으로, 그리고 생각 없이 만든다.

필자가 주장하고자 하는 것은, 점점 더 일차원적으로 그리고 전체주의적으로 되어왔고, 또 그렇게 되어가게 될 이 지구상의 인류를 위해 아이히만의 '악의 평범성'에 대한 아렌트의 담론에서 우리가 배울 수 있는—가장 궁극적이지는 않다고 하더라도—두 번째로 궁극적인 메시지라는 것이다. 여기서 벗어나는 길은 없어 보인다. 지구상의 인류뿐만 아니라 자연에 대해서도 불필요한 잔인함, 죽음, 고통을 끼치는 데 이를 것이라고 필자가 두려워하는 '무사유'를 우리 모두의 모습으로 갖는 데 이르게 될 것이다. 바로 이때 인류의 역사는 깨어날 길이 없는 악몽이 될 것이다.

정화열

미국 모라비언 대학 명예교수 · 정치학

옮긴이 김선욱은 숭실대학교 철학과를 졸업하고 미국 뉴욕주립대(버펄로)에서 철학박사 학위를 받았다. 뉴욕주립대(버펄로), 호튼 칼리지, 캐니시어스 칼리지, 동국대, 경기대 등에서 강의를 했고 서울대 미국학연구소 책임연구원, 한국철학회 사무총장, 제22차 세계철학대회 한국조직위원회 사무총장, 사회연구를 위한 뉴스쿨의 풀브라이트 방문교수 등을 지냈다. 현재 숭실대학교 철학과 교수 및 숭실대 부설 가치와윤리연구소 소장, 베어드학부대학 학장으로 있으며, 한반도평화연구원의 연구원과 기독교윤리실천운동 본부장으로 사회활동에 참여하고 있다. 저서로 『정치와진리』, 『한나 아렌트 정치판단이론』, 『한나 아렌트가 들려주는 전체주의 이야기』, 『키르케고르가 들려주는 죽음에 이르는 병 이야기』, 『마르틴 부버가 들려주는 만남 이야기』, 『행복의 철학』 등이 있다. 역서로 한길사에서 펴낸 한나 아렌트의 『예루살렘의 아이히만』, 『공화국의 위기』를 비롯해 『칸트 정치철학 강의』(한나 아렌트), 『정치의 약속』(한나 아렌트), 『휴머니티』(조너선 글로버, 공역), 『한나 아렌트와 유대인 문제』(리처드 J. 번스타인, 공역) 등이 있다. 마이클 샌델의 『공동체주의와 공공성』을 공역하고 『하버드 대학 명강의: 정의』를 감수했다.

기독교 신앙

프리드리히 슐라이어마허 지음 | 최신한 옮김 | 488쪽
2008 대한민국학술원 우수학술도서

▷ 역자의 다른 번역 작품
『인간적 자유의 본질 외』(GB 46)

『기독교신앙』은 슐라이어마허 신학 사상의 집대성이자 결정판이다. 초기 사상을 대변하는 작품이 '종교를 멸시하는 교양인을 위한 강연'인 『종교론』이라면, 이 책은 완숙기에 들어선 신학자의 진면모가 유감없이 드러나 있는 대작(opus magnum)이다. 슐라이어마허는 이 책을 통해 '경건한 감정'의 사상가로 각인된다. 신앙은 경건한 심정과 절대의존감정으로 규정된다는 핵심사상은 이 책에서 비로소 구체화된다.

슐라이어마허가 신앙론에서 강조한 것은 인간의 유한성과 신앙을 통한 유한성의 극복이다. 인간은 신앙의 이름으로 신 의식을 소유하지만, 신 의식은 시공의 차원에 제약된 자기의식의 매개를 통해서만 드러날 뿐이다.

인간은 경건한 감정을 통해 신 의식에 이를 수 있지만 신 의식을 통해 신 존재나 모든 존재를 담아낼 수는 없다. 신앙론이 주장하는 신과 인간의 하나됨은 이른바 '만유 속의 만유'라는 형이상학적 구조를 갖는다기보다 항상 인간적 조건 속에서 이루어지는 현실적 체험의 구조를 갖는다. 현실적 체험은 늘 개별적이며 순간적이라는 점에서 또다시 유한적이다.

한편으로 인간의 유한성을 극명하게 드러내면서 다른 한편으로 유한성의 극복을 지향하는 신앙론의 정점은 당연히 구원론과 그리스도론에서 찾을 수 있다. 그리스도를 통한 구원에서 인간의 유한성이 극복될 수 있다는 것은 모든 사실에 선행하는 기독교신앙의 핵심이다. 인간은 경건한 의식과 감각적 의식의 분열과 대립을 벗어날 수 없는 반면, 구원자는 이러한 분열을 지양하고 극복한 존재이기 때문이다. 기독론과 구원론의 요체는 분열과 대립의 극복에 있다.

프리드리히 슐라이어마허(1768~1834)

프리드리히 슐라이어마허(Friedrich Daniel Ernst Schleiermacher)는 교부신학의 전통을 계승하면서 프로테스탄트 신학을 집대성한 근대 신학의 아버지이자, 칸트 철학의 한계를 극복한 초기관념론과 초기낭만주의 철학을 주도한 사상가이다.

할레 대학에서 신학, 철학, 고전학을 공부하고, 베를린의 샤리테 병원 원목을 지냈으며, 슐레겔, 노발리스 등과 함께 초기낭만주의 운동을 주도했다. 할레 대학 교수를 역임하고 베를린 대학 창립을 주도했으며, 베를린 학술원 회원으로서 신학부와 철학부의 교수를 지냈다. 고전문헌학자로서 플라톤 전집을 독일어로 옮겼으며, 독일 문화계에 지대한 영향을 끼친 문화철학자였고, 베를린 삼위일체교회의 설교자로서 국가와 교회의 개혁을 주도한 실천적 지성인이었다.

슐라이어마허의 삶은 끝없이 피어오르는 불꽃과 같았다. 현실정치와 교회정치의 현장에서 첨예하게 대립하는 논쟁을 주도하면서도 그는 매주 삼위일체 교단을 지켰으며 견진성사 수업을 진행했다. 갑자기 발생한 폐렴으로 1834년 삶을 마감하기까지 그는 교회와 대학과 정치의 현장에 있었다. 그의 장례행렬에는 3만여 명의 베를린 시민과 교인들이 참석해 행동하는 지성인의 마지막 길을 슬픔으로 동반했다.

주요 저서로는 계몽주의의 물결 속에서 종교의 독자적 지평을 보여준 『종교론』과, 신앙이 절대의존감정임을 역설한 『기독교신앙』이 있으며, 이밖에도 『독백』『성탄 축제』『신학연구서술』 등의 저서가 있다. 철학 분야에서는 『변증법』『해석학』『윤리학』『심리학』『미학』 등 다수의 강의록을 남겼으며, 이 강의들은 새로운 지평을 모색하는 오늘날의 철학에 중요한 시사점을 제공하는 것으로 평가된다.

인간의 자기의식과 상호작용

모든 경건한 자극이 갖는 공통적인 것, 즉 경건의 본질은 우리가 우리 자신을 절대의존적으로 느끼는 것, 다시 말해서 우리가 신에게 의존하고 있음을 느끼는 것이다.

사람들이 오로지 자신의 순수한 자아 자체만을 의식하게 되는, 시간을 충족시키면서 등장하는 순수한 자기의식이 있는가 하면, 하나이든 여럿이든, 규정적으로 총괄되어 있든 무규정적이든 간에 항상 어떤 것과 관계하는 의식이 있다. 왜냐하면 특별한 계기에는 우리가 항상 동일한 계기로서의 우리 자신에 대한 자기의식을 가지며 특별한 계기에는 다시금 한 순간에서 다른 순간으로 변화하는 계기로서의 우리 자신에 대한 다른 자기의식을 갖는 것이 아니라, 각각의 의식은 인간이 변화하는 자신에 대해 갖는 직접적 의식이므로 이 둘은 각각의 규정적 자기의식을 구성하는 요소에 지나지 않기 때문이다.

그러나 우리는 두 번째 구성요소를 우리 자신에 의해 산출되고 본이 떠진 것으로 의식하지 않는다. 오히려 규정적 자기의식과 직접적으로 결합되어 있는 것이 존재한다. 이것은 우리의 상존(常存, Sosein)을 함께 작용하는 원인과 같은 어떤 것으로, 다시 말해서 그것이 없이는 우리의 자기의식이 지금 이렇게 존재할 수(so sein) 없을지 모르는 의식 — 이것이 우리 자신과 구별되는 것이든 상관없이 — 으로 회부하는 의식이다. 그런데도 자기의식은 이런 이유로 대상의식으로 변모하지 않으며 자기의식으로 머문다. 자기의식의 첫 번째 구성요소는 개별자의 대자(對自)존재를 표현하지만, 두 번째 구성요소는 개별자가 타자와 공존하는 것을 표현한다. 우리는 이 명제에 동의할 것을 무조건적으로 요구할 수 있지만, 이 연구로 들어갈 수 있는 사람은 그 누구도 이를 거부하지 못한다.

우리가 지금 우리 자신을 우리의 상존 가운데서 어떤 것에 의해 규정되어 있는 것으로 내면화하고 여기서 수용성과 자기활동성의 공존에 대해 생각함으로써, 감정은 여기서 전체의 진행에서나 그때마다 되돌아오는 관계에서 동일한 모습을 보여주고 이로써 자기의식이 의존성의 관계를 표시하거나, 감정은 저항이든 규정적인 것에 대한 주도적 영향이든 간에 반작용의 영향을 미치며 이로써 상호작용이나 반작용의 관계를 표시한다. 그러나 이러한 구별은 나중에 첨가되는 것이 아니라, 각자가 촉발(Affekt)에 선행하는 모든 느낌에서 쉽게 인지할 수 있는 바와 같이 반작용을 유발하는 감정이 순수한 감정으로 남아 있으면서 애당초 다르게 형성됨으로써 감정 자체 가운데 이미 정립되어 있다.

경건한 감정이 그 모든 상이한 형태에서 항상 순수한 의존감정이며 결코 상호작용의 관계를 표시할 수 없다는 것은 부정할 수 없는 사실로 선취된다. 그러나 다른 감정에서는 함께 규정되는 감정과의 동일화가 언제나 같지 않은데, 작용이 반작용보다 강하며 반작용보다 자주 나타나는 정도에 따라 감정은 [경건한 감정이 아닌] 다른 감정에 가깝다. 이러한 등급 매기기에서는 아버지에 대한 어린이의 감정과 조국과 그 공권력에 대한 시민의 감정과 같이 가능한 한 순수한 의존성의 관계에 토대를 두는

미켈란젤로, 시스티나 예배당 천장화 중 「천지창조」

감정이 경건한 감정에 가장 가까우며 따라서 자주 동일한 이름으로 불린다. 그러나 이 의존성은 이미 점차 약화되고 소멸되는 의존성으로 느껴지기도 하며, 개인은 관계를 지양하지 않으면서도 조국과 그 지도적 공권력에 대해 한편으로 반작용을 행사하고 다른 한편으로 주도적인 영향을 미칠 수 있다. 따라서 의존성은 비록 잠정적이라 하더라도 그것에 병행해서 상호작용이 가능한 부분적인 의존성으로 느껴진다.

인간의 자기의식에 의해 아버지와 조국으로 함께 규정될 수 있는 것보다 더 크고 유한한 자기의식이 있다면, 비록 더 저급한 등급이라 할지라도 이러한 자기의식과의 상호작용이 가능할 것이다. 이러한 사실은 모든 육체적, 정신적 유한 존재의 총체성인 세계에 대해서도 타당하다. 세계에 의해 함께 규정되는 인간의 자기의식은 물론 자유의 의식이다. 인간은 모든 부분에 대해 동일한 반작용을 행사할 수 있다는 것을 통해 모든 것에 영향을 미치기 때문이다. 따라서 완전하고 항구적이며 그렇기 때문에 어떤 종류의 상호작용에도 제약되거나 절단되지 않는 의존성이 경건한 자극을 특별하게 그려내면서 주어져 있는 가운데 동반규정자의 무한성이 필연적으로 함께 정립되어 있다면, 내적으로 분리되고 유한하게 형태화된 세계의 무한성이 아니라 단순하고 절대적인 무한성이다. 이것이 바로 절대의존적으로 느끼는 것과 신에 대해 의존적으로 느끼는 것이 하나라는 위의 표현이 함축하고 있는 뜻이다.

「기독교 신앙」「서론」

인간이 행하는 경건의 표현과 기독교의 본질

이 책은 교의학적 서술의 규준을 무엇보다 기독교의 본질에서 찾는다. 슐라이어마허는 기독교의 본질이 기독교의 테두리 안에서보다는 이를 타 종교와 비교할 때 보다 객관적으로 획득될 수 있다고 생각한다. "기독교적 경건의 본질이 어디에 있는지 알아내기 위해 우리는 기독교를 넘어가야 하며 이를 다른 신앙양식과 비교하기 위해 우리의 관점을 기독교 위에 두어야 한다." 교의학의 객관성과 학문성은 기독교를 메타적으로 서술할 때 비로소 드러날 수 있다는 것이다.

여기서 기독교를 '넘어가야' 한다는 표현 때문에 슐라이어마허가 신학사적으로 치른 대가는 결코 적지 않았다. 그러나 이러한 비판은 기독교의 내용 위에 서는 관점과 기독교의 본질을 학문적으로 발견하기 위한 메타적 관점을 구별하지 못한 오해에서 발생한 것이다. 일반적으로 슐라이어마허를 신학적 자유주의자로 몰아붙이는 입장도 이러한 오해와 깊이 연관되어 있다.

기독교를 타 종교와 비교하는 학문적 방법은 의식이론에서 마련된다. 슐라이어마허에 의하면 모든 종교는 경건의 의식이나 경건한 심정 상태의 자극에 토대를 두고 있다. 기독교의 본질을 규명하기 위해 필수적인 것은 모든 경건한 자극이 갖는 공통적인 것을 기독교적인 경건과 구별하는 일이다. 슐라이어마허는 경건을 다음과 같이 특징적으로 규정한다. "경건 자체는 지식이나 행위가 아니라 감정의 경향과 규정성이다." 감정이 경건의 자리라는 것이다. 직접적 자기의식으로도 이해되는 경건한 감정은 지식과 행위에 선행한다. 모든 이론적 활동과 실천적 활동에 선행하는 것은 직접적 자기의식이다. 경건은 이러한 직접적 자기의식의 최고 단계로 규정된다. 그 이유는 경건의 상태에서 인간은 신과 세계라는 무한자와 접촉할 수 있는 반면 그 밖의 상태에서는 유한한 존재와 관계할 뿐이기 때문이다.

세계의 부분과 관계하는 인간의 감정은 부분 존재에 대해 영향을 미칠 수 있다는 점에서 '자유의 의식'이지만, 무한한 존재에 대해서는 아무런 영향을 미칠 수 없다는 점에서 '의존의 의식'이다. 결국 "경건의 본질은 우리가 우리 자신을 절대의존적으로 느끼는 것, 다시 말해서 우리가 신에게 의존하고 있음을 느끼는 것이다." "경건한 자극은 자기의식 가운데 놓여 있는 유한자와 무한자의 결합에 대한 의식이다."

경건은 인간감정의 최고 단계이지만 항상 낮은 단계의 감각적 감정과 결합되어 있다. 두 감정이 결합되어 있는 이유는 한편으로 경건 자체가 지속적인 것이어야 하며 다른 한편으로 인간은 감각적 감정 없이 한순간도 존재할 수 없기 때문이다. 이러한 결합으로 인해 경건한 감정은 이른바 '쾌(快)와 불쾌(不快)의 대립'에 관계한다. 쾌와 불쾌라는 감정의 분열은 낮은 단계의 감정에서뿐만 아니라 경건한 감정에서도 동일하게 나타난다. 경건한 자극이 자기의식 가운데서 유한자와 무한자의 결합을 의식하는 것이지만, 이러한 결합은 기쁨과 슬픔이나 쾌나 불쾌와 같은 대립의 감정과 관계하지 않을 경우 전혀 실제적인 의식이 될 수 없다. 경건한 자극의 실제적인 모습은 쾌와 불쾌의 감정과 결합되어 있으며, 이러한 결합은 경건한 자극의 규정성을 드러낸다.

경건한 자극은 감각적 감정의 대립과 연관될 때 실제적인 신 의식이 되고, 실제적인 신 의식은 다양하게 나타난다. 경건한 자극의 다양성은 경건한 자극에 관계하는 감각적 자기의식에서만 기인한다. 경건한 자극에 다양한 감정이 깃들어 있다는 설명은 그때마다 다르게 형성되는 신앙의 고유성을 탁월하게 설명한다. 왜냐하면 경건한 감정이 쾌와 불쾌의 대립과 관계한다는 사실은 한 사람의 내면 가운데 등장하는 분열의 모습, 즉 신을 향해 나아가려는 마음과 신으로부터 벗어나려는 마음의 대립과 투쟁도 함께 설명할 수 있기 때문이다. 더 나아가 경건한 자극과 감각적 감정의 혼합이 공동체에 적용되면, 여기서 상이한 종교와 종교사의 영역이 발생한다. 두 감정의 혼합에서 발생하는 경건한 자극의 다양성에서 개인의 신앙적 특수성과 고유성이 드러날 뿐 아니라, 상이한 신앙공동체와 이 공동체가 만들어내는 상이한 종교의 역사가 드러나는 것이다.

슐라이어마허는 이미 『종교론』에서 교회공동체가 개인적 신앙의 상호전달에서 형성된다고 주장한 바 있다. 신앙론에서도 이러한 맥락은 이어진다. "경건은 자기의식의 자극하는 표현능력을 통해 공동체로 형성된다." 경건한 자극은 다른 사람에게 인정받을 수 있는가 하면 배척될 수도 있다. 경건의 자극의 표현을 인정하는 곳에 공동체가 있으며 이를 배척하는 곳에 개별화가 있다. 따라서 역사 속에 분명한 모습으로 등장하는 모든 교회공동체는 "제한된 공동체"일 수밖에 없다.

여기서 기독교와 여타 종교의 구별이 중요한 주제로 떠오른다. 모든 종교의 토대를 경건한 심정상태에서 설명하는 것으로부터 출발한 슐라이어마허는 이제 개신교회의 교의학을 위해 기독교를 다른 종교와 구별할 수 있는 이론적 근거를 제시해야 한다. 그는 다른 종교와 구별되는 기독교의 특징을 다음과 같이 규정한다. "기독교는 신학적 방향을 잡고 있는 경건의 특유한 형태로서 그 가운데 속한 모든 개인이 나사렛 예수를 통해 구원의 의식에 관련되는 사실로써 다른 모든 경건의 형태와 구별된다."

예수의 인격은 다른 종교와 구별되는 기독교의 고유한 역사적 출발점이다. 이런 점에서 기독교는 보편적인 경건한 자극의 공동체라기보다 그리스도의 구원이라는 목적론적인 연관을 갖는 특수한 경건한 자극의 공동체이다. 따라서 기독교인에게 그리스도는 역사적으로 한 번 등장한 사건으로서 그 심정상태 가운데 지속적으로 내재해야 한다. 그리스도와의 지속적인 관계가 결여된 공동체는 더 이상 기독교가 아닌 것이다. 바로 여기서 『종교론』의 독자들에 의해 흔히 제기되는 '종교론'과 '기독교 신앙론'의 경계가 선명하게 드러나며 기독교의 정체성 문제가 명확하게 해결된다.

최신한

한남대 교수 · 철학

옮긴이 최신한은 계명대학교 영문과를 졸업하고 연세대학교 대학원 철학과에서 석사학위를 받았으며 독일 튀빙엔 대학교에서 철학 박사학위를 받았다. 현재는 한남대학교 철학과 교수로 있으며, 국제헤겔연맹, 국제슐라이어마허학회 정회원이다. 저서로는 『매개적 자기의식과 직접적 자기의식. 헤겔과 슐라이어마허에서 철학과 종교의 관계』, 『헤겔철학과 종교적 이념』이 있으며, 역서로는 한길사에서 펴낸 셸링의 『인간적 자유의 본질』을 비롯하여, 큄멜의 『자연은 말하는가』, F.D.E. 슐라이어마허의 『종교론』, G.W.F. 헤겔의 『종교철학』 등이 있다.

전체주의의 기원 1·2

한나 아렌트 지음 | 이진우·박미애 옮김 |
556쪽(1권)·332쪽(2권)
2005 『타임스』 선정 세상을 움직인 100권의 책
『출판저널』 선정 21세기에도 남을 20세기의 빛나는 책들

▷ 저자의 다른 작품
『인간의 조건』(GB 11)
『혁명론』(GB 61)
『예루살렘의 아이히만』(GB 81)
『공화국의 위기』(GB 117)

▷ 역자의 다른 번역 작품
『인간의 조건』(GB 11, 이진우 옮김)
『문명화 과정 1, 2』(GB 9, 34, 박미애 옮김)

한나 아렌트는 전체주의의 이론가이고 정치적 자유의 철학자이다. 전체주의는 우리에게 더 이상 문제가 되지 않는 것인가? 20세기 서양이 배출한 가장 탁월한 정치사상가 중의 한 사람인 아렌트는 21세기의 우리에게 어떤 의미를 갖고 있는가? 아렌트가 평생 동안 씨름했던 문제는 두말할 나위 없이 '전체주의'였다. 수많은 유대인을 죽음으로 몰고 갔을 뿐만 아니라 인간의 자유 자체를 압살한 전체주의는 결코 일어나서는 안 될 일이었으며 도무지 이해할 수 없는 일이었다. 아렌트의 정치철학은 바로 이해할 수 없는 일을 이해하고자 하는 과정에서 탄생했다.

한나 아렌트는 이 방대한 저서에서 "정치는 여전히 의미를 갖고 있는가?"라고 묻고 있다. 아렌트에게 전체주의는 가장 극단적 형태의 정치부정이다. 전체주의는 인간의 행위를 불가능하게 만듦으로써 인간의 자유를 총체적으로 폐지하려 한다. 그렇기 때문에 우리는 새로운 세기, 새로운 천 년의 도래와 함께 마침내 '악의 시대'를 극복했다고 자위하는지도 모른다.

과거와 미래, 이미 일어난 것과 앞으로 일어날 일을 구분하는 이 시대적 전환기에 아렌트가 더욱 의미 있게 여기는 것은 무엇 때문일까? 그것은 아렌트가 정치와 자유의 문제를 그 뿌리로부터 근본적으로 사유하고 있기 때문이다.

전체주의에 대한 시대 비판적 성찰은 지금도 우리 사회에 만연해 있는 정치 혐오를 설명해 줄 수 있다. 정치로 되는 일이 아무것도 없다는 인식이 보편화된다면, 즉 정치에 대한 부정적 태도가 심화된다면 우리의 자유도 역시 위험해진다. 아렌트는 이렇게 정치적 자유라는 불안한 문제를 건드린다.

한나 아렌트(1906~75)

한나 아렌트(Hannah Arendt)는 독일 하노버에서 태어나 동프로이센의 수도인 쾨니히스베르크에서 성장했다. 독일 상류 시민계급에 동화된 비교적 부유한 유대인 가정 출신인 그는 한편으로 철학에 집중적인 관심을 보였지만, 다른 한편으로는 유대인으로서의 정체성을 잃지 않았다.

철학과 신학에 관심이 많았던 그는 그의 삶과 사상에 커다란 영향을 미친 하이데거 때문에 마르부르크에서 철학공부를 시작하지만, 하이델베르크로 옮겨 평생 동안 신뢰관계를 이루었던 야스퍼스에게서 「아우구스티누스의 사랑 개념」이라는 논문으로 박사학위를 받는다.

이후 아렌트는 바이마르 공화국이 몰락하고 나치가 정권을 장악하는 혼란기에 독일에서 시온주의자들을 위해 활동하다 체포되어 심문을 받은 뒤 1933년 프랑스로 망명했으나 상황이 악화되자 1941년 미국의 뉴욕으로 망명한다.

그는 나치에 의해 시민권이 박탈된 1937년부터 미국 국적을 획득하는 1951년까지 '무국적자' 생활을 하게 된다. 그곳에서 유대인 학살 소식을 접하고는 그의 주저라고 할 수 있는 『전체주의의 기원』(1951)을 집필하게 된다.

이후 그는 철저하게 정치사상가의 길을 걷는다. 『인간의 조건』(1958), 『과거와 미래 사이』(1961), 『혁명론』(1963), 『예루살렘의 아이히만』(1963) 등에서 발전된 사상의 기초는 대부분 『전체주의의 기원』에 놓여 있다. 한나 아렌트는 1975년 12월 4일 자신의 두 번째 고향인 뉴욕의 자택에서 서거했다.

사후에 『정신의 삶』(1978), 『정치란 무엇인가』(1993), 『이해에 대한 에세이』(1994), 『책임과 판단』(2003), 『정치의 약속』(2005) 등이 출간됐다.

자아상실의 외로움이 가져온 전체주의 사회

고독은 외로움이 될 수 있다. 내가 혼자 있으면서 나 자신의 자아에게 버림받을 때 이런 일이 발생한다. 고독한 사람들이 이중성, 애매모호성과 의혹으로부터 자신들을 구해줄 교우관계의 장점을 발견할 수 없을 때면 항상 외로움의 위험에 빠지게 된다. 이 위험이 많은 사람들의 주목을 받아 역사의 기록에 남을 정도로 커진 때는 역사적으로 19세기뿐인 것처럼 보인다. 고독을 생활 방식이자 작업 조건으로 삼는 유일한 사람들인 철학자들이 "철학은 단지 소수를 위한 것이다"는 사실에 만족하지 않고 아무도 자신들을 "이해하지 못한다"고 주장하기 시작하면서, 이 위험이 명확하게 드러났다. 이런 측면에서 시사하는 바가 큰 예는 헤겔의 임종에 관해 전해지는 일화이다. 그 이전의 위대한 철학자들에 관해서는 이런 일화가 알려진 적이 없다. "한 사람 빼고는 아무도 나를 이해하지 못했다. 그런데 그 역시 나를 오해했다." 반대로 외로운 사람이 자신을 발견하고 고독의 사색적 대화를 시작할 기회는 항상 있다. 「실스 마리아」에서 니체가 『차라투스트라는 이렇게 말했다』를 구상할 때 아마 이런 일이 일어났을 것이다. 두 시에서 (「실스 마리아」와 「고산 지대에서」) 그는 고독한 자의 공허한 기대와 간절한 기다림을 이야기하고 있다. 그리고 갑자기 "정오 무렵, 하나는 둘이 되었다. 이제 우리는 일치의 승리를 확신하며 이제 우리는 거행한다/축제 중의 축제를/손님 중의 손님, 친구 차라투스트라가 왔다!"

외로움을 참을 수 없게 만드는 것은 자아 상실이다. 이 자아는 고독 속에서 실감할 수 있는 것이지만, 그 정체성은 나와 동등한 사람과 신뢰할 수 있는 교제를 나눌 때에만 비로소 확인될 수 있다. 이런 자아 상실의 상황에서 사람은 자기 사유의 파트너로서 자기 자신에 대한 신뢰를 상실하며, 또한 경험하기 위해 반드시 필요한 세상에 대한 기초적인 확신을 잃어버린다. 자아와 세계, 사유하고 경험할 수 있는 능력을 동시에 상실한 것이다.

안전하게 작동하기 위해 자아도, 타자도, 세상도 필요 없는 인간 정신의 유일한 능력은 논리적 추론이다. 논리적 추론은 사유로부터 독립되어 있듯이 경험과도 무관하며, 그 전제는 자명하다. 남을 납득시킬 수 있는 증거인 기초적 규칙, 2 곱하기 2는 4라는 자명한 공리는 절대적인 외로움의 조건 아래서조차 뒤집어질 수 없다. 그것은 인간들이 상호 보증, 즉 인간이 공동의 세계에서 경험하고 살며 알기 위해서 필요한 상식을 잃게 될 때 그들이 의지할 수 있는 유일하게 믿음직한 '진리'이다. 그러나 이 '진리'는 아무것도 밝혀내지 않기 때문에 공허하며 진리라 할 수 없다. (현대의 몇몇 논리학자들처럼 일관성을 진리로 정의하는 것은 진리의 실존을 부정하는 것이다.) 그러므로 외로운 상황에서 자명성은 더이상 지성의 단순한 수단이 아니라, 스스로 생산적이 되어 그 자체 '생각'의 노선을 전개하기 시작한다. 피할 수 없이 엄격하게 자명한 논리성을 특징으로 하는 사유 과정이 고독함과 관계가 있다는 것을 루터는 "인간이 혼자여야 한다는 것은 좋지 않다"는 성경 구절에 대한 논평에서 지적한 바 있다. (루터는 고독과 외로움이라는 현상의 경험에서 누구에게도 뒤지지 않았으며, "인간은 그가 믿을 수 있는 존재를 필요로 하기 때문에 신은

아돌프 히틀러 그는 세계를 전쟁과 죽음의 소용돌이로 몰고 갔다.

반드시 있을 것이다"고 감히 말하기도 했다.) 외로운 인간은 "언제나 하나를 다른 것으로부터 추론하고 최악의 경우만 생각한다." 전체주의 운동의 유명한 극단주의는 진정한 급진주의와는 아무런 관계도 없는데, 바로 이 '최악만 생각하는' 경향, 언제나 가능한 가장 나쁜 결론에 도달하는 추론 과정이 바로 그 특징이다.

비전체주의 세계의 사람들이 전체주의 지배를 맞이할 자세를 갖게 된 것은 한때 노년처럼 사회적으로 주변부적 조건에서 겪는 한계 경험이었던 외로움이 이제 우리 세기의 점점 더 많은 대중이 매일 겪는 일상 경험이 되었기 때문이다. 전체주의는 대중을 무자비한 과정 속으로 내몰고 그들을 조직하는데, 이 과정은 현실로부터의 자멸적인 도피 행각처럼 보인다. "너를 바이스로 죄는 것 같은" 변증법의 "강력한 촉수"와 "얼음처럼 차가운 추리력"은 아무도 믿을 수 없고 어떤 것도 의지할 수 없는 이 세상에서 마지막 받침대처럼 보인다. 다른 사람들과의 관계 밖에서 한 사람의 정체성을 확인해주는 것은 내부의 강제이며, 이 강제의 유일한 내용은 엄격하게 모순을 피한다는 것이다. 내부의 강제는 한 사람을, 그가 혼자 있을 때조차 테러의 강철 끈 속에 스스로를 맞추게 하며, 전체주의 지배는 단독 유폐라는 극단적 상황을 제외하고는 그를 결코 혼자 내버려두지 않는다. 사람들 사이의 모든 공간을 파괴하고 서로를 압박하게 만들어 고립의 생산적인 잠재력조차 말살시킨다.

『전체주의의 기원 2』 제13장 「이데올로기와 테러: 새로운 국가 형태」

전체주의 정권은 어떻게 대중을 조작하는가

아렌트는 인간의 행위와 자유를 동일시한다. 우리는 정의를 최고의 덕목으로 생각했던 고대를 돌이켜보면서 자유의 사상은 근대의 산물이라고 주장할 수도 있다. 그러나 아렌트는 인간학적 관점에서 자유는 인간이 태어나면서 동시에 발생한다고 말한다. 새로운 것의 시작을 의미하는 탄생은 근원적 의미에서 자유 행위 자체라는 것이다. "인간이 행위를 하는 한, 사람은 자유롭다. 행위와 자유존재는 동일하기 때문이다." 인간은 물론 신처럼 완전히 자족적인 존재가 아니기 때문에 인간의 자유와 행위는 다른 사람의 존재, 즉 다원성에 기반을 두고 있다. 아렌트의 자유는 다른 사람들과 함께 자유를 실천하는 생활방식이다. 우리는 다른 사람들과 함께 행위를 하면서 정체성을 획득하고, 인간의 자유를 실현하고 확대할 수 있는 공간을 만들어 간다.

아렌트가 전체주의를 보는 관점은 바로 자유이다. 그녀의 전체주의 이론이 우리에게 깊은 인상을 남겨놓는 것은 결코 전체주의에 관한 역사적 서술의 세밀함도 이론을 정당화하는 실증적 논거의 정교함도 아니다. 서양 문명의 토대를 파괴하는 정치적 현상의 출현을 바라보는 아렌트의 단호함과 일관성이 우리를 오히려 감동시킨다. 나치즘과 스탈린주의라는 두 개의 거대한 전체주의 정권이 사라진 후에도 여전히 우리의 자유에 대한 잠재적 위협이 상존한다는 아렌트의 경고가 설득력을 가지는 것도 바로 이 때문이다. 아렌트는 전체주의를 바라보면서 이렇게 묻는다. 우리는 어떤 종류의 자유를 원하는가? 자유는 무엇인가? "모든 것이 가능하다"는 믿음으로부터 출발한 전체주의적 운동이 결국 "모든 것은 파괴될 수 있다"는 것만을 보여주었다면, 전체주의는 우리에게 항상 자유에 관한 근본적 성찰을 요구한다.

이런 관점에서 바라보면 전체주의 정권에서 일어난 것은 결코 독일과 러시아의 특별한 역사로 국한되지 않는다. 전체주의를 가능하게 만든 핵심적 요소는 당시 근대사회에 만연했던 '쓸모없는 존재'(superfluousness)의 경험이었다. 이 경험은 근대 국민국가가 몰락하고 현대적 대중사회가 출현하는 과정에서 이루어졌다. 아렌트는 『전체주의의 기원』의 세 번째 부분인 전체주의를 계급사회의 붕괴에 관한 서술로 시작한다. 대중이 없으면 전체주의적 운동이 일어날 수 없으며, 전체주의 운동이 없이는 전체주의적 국가체제가 형성될 수 없다. 전체주의 운동을 구성하는 대중들은 정당이나 조합과 같은 확고한 조직에 소속되지 않고 표류하는 모래처럼 사회를 떠다닌다. "조직되지 않고 구조화되지 않은 대중, 절망적이고 증오로 가득 찬 개인들의 대중"이 생겨난 것이다. 아렌트가 주목하는 것은 이처럼 사회적으로 분리되고 원자화되고 그래서 지도자에게서 구원을 기대하는 대중을 둘러싼 전체주의적 운동이다.

여기서 우리는 '운동'의 개념에 주목할 필요가 있다. 인간의 행위 역시 정치적 공간 속에서 이루어지는 자유의 운동이라는 점을 감안한다면, 인간의 운동은 자유에 기여할 수도 있고 자유의 가능성을 파괴할 수도 있다. 아렌트는 전체주의적 운동에서는 궁극적으로 운동만이 지속될 뿐 엄밀한 의미에서는 지도자도 대중도 독립적 인격으로서 존재하지 않는다고 주장한다. 지도자 역시 그가 이끄는 대중들의 대표자에 지나지 않는다. "지도자 없는 대중은 한갓 무리에 지나지 않으며, 대중이 없다면 지도자는 아무런 존재도 아니다." 따라서 전체주의의 핵심적 목표는 대중의 운동을 끊임없이 유지하는 일이다. 왜냐하면 이런 종류의 전체주의 운동을 통해서만 모든 개인이 총체적으로 지배될 수 있기 때문이다.

전체주의 정권은 대중을 통솔하고 끝까지 대중의 지지에 의존한다. 전체주의 정권이 대중을 끊임없이 만들어내야 하는 까닭이 여기에 있다. 대중을 움직이는 운동에는 이처럼 항상 전체주의적 요소가 숨겨져 있다. 그렇다면 대중의 운동이 왜 전체주의 정권을 가져왔으며 또 전체주의 정권은 어떻게 대중을 조직하는가? 아렌트는 이 물음에 간단하게 대답한다. 전체주의 정권은 개인을 쓸모없는 '잉여 존재'로 만드는 정치적 도구와 장치를 발전시킨다는 것이다. 이 현상을 설명하기 위해 아렌트는 '폭민'(mob, 暴民)이라는 개념을 사용한다. 잘 알려진 것처럼 폭민은 사전적으로 '조직되지 않은 거대한 폭력적 군중'을 의미한다.

폭민은 기존의 사회계급이 붕괴되는 과정에서 발생했으며 계급과 국가, 어떤 공동체에도 속하지 않는 조직되지 않은 잉여 집단이다. 자본주의는 잉여자본과 잉여 인간을 발생시켰는데, 제국주의가 잉여자본의 조직이라면 전체주의는 잉여 인간의 조직이라고 할 수 있다. 역사가들이 포착하지 못했던 사실은, 폭민은 성장하는 산업 노동자와도 또 더욱 분명하게는 국민 전체와도 동일시될 수 없으며, 실제로 모든 계급의 폐물들로 구성되었다는 사실이었다. 이들은 자신들을 조직하여 공허한 소속감과 정체성을 부여할 지도자를 기다린다. 이렇게 전체주의 정권은 탄생한 것이다.

전체주의는 간단히 말해 폭민의 정권이다.

"인간을 무용지물로 만들려는 전체주의의 시도는 과잉 인구로 시달리는 지구에서 자신들이 별 쓸모없다는 것을 알게 된 현대 대중의 경험을 반영한다." 전체주의 정권은 이들에게 개인적 정체성을 부여하는 대신 역사적 운동의 주체라는 허위의식을 심어준다. 그들은 거대한 운동에 기여한다는 목적을 위해 자신의 인격과 개성을 희생한다.

이진우

포스텍 인문기술융합연구소 소장 · 철학

옮긴이 이진우는 연세대학교 독문과를 졸업하고 독일 아우크스부르크 대학에서 철학 석사 및 박사학위를 받았다. 1990년 아우크스부르크 대학 최우수 논문으로 선정된 「허무주의의 정치철학」(Politische Philosophie des Nihilismus)은 니체연구 26권으로 출판되었다. 귀국 후 계명대학교 철학과 교수를 거쳐 현재 포스텍 인문기술융합연구소 소장으로 있다. 저서로는 「이성정치와 문화민주주의」 「탈이데올로기 시대의 정치철학」 「탈현대의 사회철학」 「도덕의 담론」 「녹색 사유와 에코토피아」 「이성은 죽었는가」 「지상으로 내려온 철학」 등이 있고, 역서로는 한길사에서 펴낸 한나 아렌트의 「인간의 조건」(공역), 「전체주의의 기원」(공역)이 있고, 그밖에 요나스의 「책임의 원칙」, 하버마스의 「현대성의 철학적 담론」, 「탈형이상학적 사유」, 마르크스 · 엥겔스의 「공산당선언」, 매킨타이어의 「덕의 상실」, 슬로터다이크의 「인간농장을 위한 규칙」(공역), 「냉소적 이성 비판」(공역) 등이 있다.

옮긴이 박미애는 연세대 독문과를 졸업하고 독일 아우크스부르크 대학에서 사회학 석사 및 박사학위를 받았다. 저서로는 Patriarchat durch konfuzianische Anstandsnormen, 「인간복제에 관한 철학적 성찰 – 슬로터다이크 논쟁을 중심으로」(공저)가 있다. 역서로는 한길사에서 펴낸 노르베르트 엘리아스의 「문명화과정」, 한나 아렌트의 「전체주의의 기원」(공역)과 퓨겐의 「막스 베버: 사회학적 사유의 길」, 하버마스의 「새로운 불투명성」, 히르슈의 「로자 룩셈부르크」, 슬로터다이크의 「인간농장을 위한 규칙」(공역), 「냉소적 이성 비판」(공역) 등이 있다.

소피스트적 논박

아리스토텔레스 지음 | 김재홍 옮김 | 232쪽
대학 신입생을 위한 추천도서

현실세계에서 우리는 많은 사람과 어울려 살아야 하고 그들과 토론하면서 자신의 주장을 관철시켜야 한다. 그래서 아리스토텔레스는 자족적이며 순수한 학문방법이라는 이상을 따르지 않고, 순수학문이 위기에 처하는 그 시기에 우리가 실천할 수 있는 보편적인 방법적 규칙을 가르쳐주고자 했다.

당시 아테네에서는 철학자, 정치가, 소피스트들뿐만 아니라 일반인들도 운동경기를 즐기듯 쟁론적 놀이에 적극적으로 참여해 토론을 벌였다. 그들은 자신들이 직면한 여러 사회적·정치적인 문제들뿐 아니라 산술적 문제를 포함해 지적인 문제까지도 쟁론술을 통해 그 해답을 구했다. 교양인이 되기 위해 교육받고자 하는 학생들과 그 가르침으로부터 이익을 얻고자 하는 학생들 모두 웃음거리가 되지 않으려면 말로써 싸울 수 있어야 했고, 논증을 구성하는 기술, 논증을 부정하는 기술, 적을 공격하는 기술, 적을 논박하는 기술, 직업적인 논쟁꾼(소피스트)의 기술을 마스터해야만 했던 것이다.

그들이 즐겼던 쟁론술은 일종의 지적인 승부를 걸고 승자와 패자를 분명히 했으며, 또한 그것은 명예와 정치적 출세를 할 수 있는 매개수단이 되기도 했다. 그래서 그들은 언어를 잘 구사하는 능력인 수사학, 논리학과 같은 교육을 원했다. 이러한 시대적 요청에 따랐던 사람들이 바로 소피스트들이다.

아리스토텔레스에게 있어서 '방법론적 순수성'에 대한 결함은 아주 자연스럽다. 아리스토텔레스는 이론적 분야는 물론이고 인간의 삶을 전체적으로 포괄하는 모든 것에 적용될 수 있는 방법, 즉 변증술을 통해 규정된 원리에 입각하여 찾을 수 없는 공통의 기반을 확보하려고 했다.

아리스토텔레스(기원전 384~322)

아리스토텔레스(Aristoteles)는 그리스 북동부 칼키디케의 스타게이로스(Stageiros)에서 태어났다. 아버지 니코마코스는 마케도니아의 왕 아뮨타스 2세의 시의(侍醫)였다고 한다. 그 덕택으로 어린 시절 펠라에 있는 궁전에서 수준 높은 교육을 받으면서 자랄 수 있었다.

그의 후견인은 아리스토텔레스를 플라톤 밑에서 공부시키기 위해 17살이 되자 아테네로 보낸 것으로 추정된다. 그는 플라톤이 죽은 기원전 347년경까지 20년이라는 긴 시간을 그의 문하에서 학문에 정진했다. 플라톤이 죽고 그의 조카 스페우시포스가 아카데미아의 새 원장이 되자 아리스토텔레스는 몇몇 동료와 함께 아테네를 떠난다.

아소스로 간 아리스토텔레스는 아타르네우스의 통치자인 헤르메이아스의 도움을 받아 독자적인 학문연구에 정진했다. 알렉산드로스가 아시아 원정 준비에 들어가던 기원전 335년 다시 아테네로 돌아와 아폴론 신전 안 '뤼케이온'(Lykeion)에 자신의 학원을 설립한다. 기원전 323년에는 어머니의 고향인 칼키디케로 가서 이듬해에 세상을 떠난다.

우리에게 전승되는 아리스토텔레스의 저작 가운데 철학적 저술을 주제별로 정리하면 다음과 같다. 논리학적 저작으로는 『범주론』, 『명제론』, 『분석론 전서』, 『분석론 후서』, 『변증론』, 『소피스트적 논박』이, 이론 철학적 저작으로는 『자연학』, 『형이상학』, 『영혼론』 등이 전해진다. 실천 철학적 저술로는 『니코마코스 윤리학』, 『정치학』, 『에우데모스 윤리학』, 『대윤리학』이, 언어학적·철학적 저작으로는 『수사학』이 전해진다. 예술이론적 저작으로는 『시학』이, 생물학에 관련된 작품으로는 『동물지』, 『동물의 부분』, 『동물의 운동』 등이 전해진다.

오류의 해결책을 탐구하는 이유와 훈련의 필요성

우리는 지금까지 경쟁을 목적으로 하는 토론에서 질문들이 그것들에 토대를 두고 세워지는 여러 토포스들과 어떻게 질문을 내놓아야만 하는가 하는 방법을 설명해왔다.

다음으로 답변에 관하여 말해야 할 텐데, 어떻게 그 궤변적 질문(오류)을 풀어야 하는지 또 무엇을 풀어야 하는지, 그리고 이러한 논의들이 어떤 목적에 유용할 수 있는지 등에 관하여 말해야만 한다.

그런데 이것들에 대한 탐구는 두 이유 때문에 철학에 대해서 유용하다. 왜냐하면 첫째로, 그 대부분은 말씨(어법)에 의존해서 생겨나기 때문에 이 논의들은 각각의 낱말이 얼마나 많은 의미로 사용되는지, 또 사물들 사이에서, 그리고 그 사물의 이름들 사이에서 어떤 유사성과 어떤 차이가 일어날 수 있을지를 파악할 수 있도록 우리를 더 나은 입장에 놓아두기 때문이다.

둘째로, 이 논의들에 대한 연구는 우리 자신의 탐구를 위해서도 유용하다. 왜냐하면 다른 사람에 의해서 쉽게 오류를 저지르게 되고, 그리고 그것을 알아채지 못하는 사람은 홀로 생각(탐구)하는 경우에도 역시 자신이 종종 이러한 잘못에 빠질 수 있기 때문이다.

셋째로, 맨 나중의 이유는 이 논의들의 연구가 더욱이 우리의 평판, 즉 모든 것에 관해서 잘 훈련되어 있으며 또 어떤 것에 대해서도 경험하지 않은 바가 없다고 하는 평판을 얻는 데 기여한다는 것이다. 왜냐하면 논의에 참여한 사람이 논의의 어디에 결함이 있는지를 정확하게 지적하지 못한 채로 논의가 잘못되었다고 비난하는 것은 그 문제의 참 때문이 아니라[그 문제에 대한 자신의] 무경험 때문에 성질을 부리고 있는 것이 아닌가 하는 미심쩍은 생각을 불러일으키기 때문이다.

만일 우리가 그것으로부터 그러한 오류들이 생기는 여러 가지 토포스들에 대해 앞에서 설명한 바가 올바르다고 한다면, 그리고 만일 우리가 질문을 내세울 때 사용된 속임수의 여러 가지 형식을 충분히 구별했다고 한다면, 답변자는 이러한 논의에 대해서 어떻게 대처해야만 할 지를 분명하게 알 수 있을 것이다.

그러나 논의를 포착해서 그 잘못을 찾아내고, 그리고 그것을 풀어내는 것은 누군가에게서 질문을 받으면서 그것에 재빠르게 대처할 수 있는 것과 같은 것이 아니다. 왜냐하면 우리가 아는 것도 다른 형식으로 제기되면 종종 알 수 없게 되기 때문이다.

게다가 다른 것들에 있어서도 더 빠르다 혹은 더 늦다 하는 속도의 문제는 오히려 훈련을 통해서 생겨나는데, 이것은 논의의 경우에서도 마찬가지이다. 그러므로 설령 논의에서의 어떤 문제점이 우리에게 분명히 드러난다 할지라도, 우리가 연습을 결여하고 있다고 하면 우리는 종종 적절한 때를 놓치고 뒤처져버리고 만다.

때로는 기하학의 도형에서 일어나는 것과 같은 일이 또한 (논의에서도) 일어난다. 왜냐하면 거기에서 우리는 때때로 도형을 분석할 수는 있지만 그것을 다시 구성할 수는 없기 때문이다.

논박에서도 이와 마찬가지인데, 우리가 설령 논의가 어떻게 연결되고 있는지 알고 있다고 해도 우리는 그 논의를 헤쳐서 풀어낼 수 있는

정치적 토론이 벌어지곤 하던 아고라

길을 찾아내지 못한다.

그렇기 때문에 첫째로 때때로 참이라기보다는 차라리 일반적으로 그렇게 여겨지도록 무언가를 추론해나가게 하는 방식을 선택해야만 한다고 우리가 말하는 것과 마찬가지로, 그러한 방식으로 우리는 때때로 참에 따라서라기보다는 오히려 일반적으로 그렇게 여겨지도록 논의를 풀어가야만 한다. 왜냐하면 일반적으로 말해서 우리는 쟁론가들에 맞서 [참으로] 논박하는 것으로써가 아니라, 단지 논박하는 것처럼 보이는 것으로써 싸워야만 하기 때문이다. 왜냐하면 우리는 그들이 [어떤 것도 참으로] 추론하는 것이 아니라고 말하고, 그래서 그렇게 하고 있는 것처럼 보여지지 않도록 그들을 바로잡아야만 하기 때문이다. 왜냐하면 만일 논박이 어떤 전제들에서 따라나온 애매함(호모뉘모스)을 가지지 않은 모순이라고 한다면, [문장의 의미에 대한] 모호함과 [말의] 애매함에 대하여 [구태여] 구별할 필요가 없을 것이기 때문이다. 사실상 그들은 추론을 구성하지 못하기 때문이다.

그러나 거기에다가 구별을 덧붙이는 다른 유일한 이유[동기]는 [그들의 논의에서 따라나온] 그 결론이 논박인 것처럼 보이기 때문이다. 그렇기 때문에 우리가 조심해야만 하는 것은 실제로 논박된 것이 아니라 논박된 것처럼 보이는 것에 대해서이다. 왜냐하면 모호함을 지닌 질문을 하는 것과 애매한 표현에 의한 질문을 하는 것, 또 그밖의 이것들과 비슷한 다른 속임수를 사용하는 것은 참된 논박조차도 가로막는 것이고, 나아가 누가 논박당하고 누가 논박당하지 않았는지를 불명확하게 만들기 때문이다.

『소피스트적 논박』「오류의 해소」

모순을 밝히는 방법과 진리탐구를 위한 변증술

궤변술(sophism)은 겉치레적인 지혜에 의하여 돈을 버는 하나의 기술이다. 그렇기 때문에 그들은 단지 외견상의 추론만을 목표로 한다. 싸움을 좋아하는 사람들과 궤변론자들은 모두 같은 논의를 사용하지만, 그 목표로 하는 바는 다르다. 그래서 같은 논의가 궤변적이면서 동시에 쟁론적이게 되지만, 그것은 같은 관점에서 그런 것은 아니다. 다시 말해서 그 목표로 하는 바가 외견상의 승리에 있는 한 그 논의는 쟁론적이고, 외견상의 지혜에 있는 한 그 논의는 궤변적이다. 왜냐하면 궤변술은 실재가 없는 외견상의 지혜에 불과하기 때문이다.

궤변적 논의는 상대방의 주장을 외견상의 추론에 따라 상대방의 논의를 공격해서 파기시키는 논의이다.

왜 아리스토텔레스는 학문적 방법의 순수성을 깨뜨려버릴지도 모르는 이와 같은 '궤변적 논의'들에 대하여 상세히 논의하고 공부할 것을 가르쳤는가? 이 점이 '변증술'이 학문에 대한 부차적이면서도 이류급에 해당하는 학문방법으로 받아들이게 하는 하나의 요인이 되었다. 아닌게아니라, 아리스토텔레스의 진정한 의도가 무엇인지 의심스럽게 만들고 또 이해하기 곤란하게 만드는 여러 대목이 발견되고 있다. 특히 『변증론』의 제9권으로 간주되는 『소피스트적 논박에 관하여』라는 제목 자체가 '소피스트의 논변에 대한 논박'과 '소피스트적 논박'이라는 이중적 의미를 동시에 가지는 것으로 이해될 수 있다.

따라서 『변증론』 작품 전체가 학문방법이 아니라, 하나의 '삶'의 기술로서의 '궤변적 논의'에 대해서 서술하는 저작으로 받아들여지게 했으며, 이러한 견해는 엔독사(통념)로부터 출발하는 변증술적 방법을 비학문적이고 저속한 학문방법으로 해석하려는 경향을 강화시켰다.

사실상 아리스토텔레스는 소피스트적 기술을 변증론자의 방법에서 분리하지 않았다. 그가 어떻게 그것을 할 수 있었겠는가? 외견상으로 양자는 동일하다. 우리가 양방법의 차이를 찾아내기 위해서는 각각의 방법이 행해지는 그 배경을 반드시 고찰해야만 한다. 우리가 양자의 방법이 이루어지는 배경을 확인할 수 있을 때, 어떤 방법이 진정한 변증론적 탐구방법인지를 확인할 수 있게 된다.

즉 논의에서 내세워진 하나의 주장(입론)은 참으로써 보편적으로 받아들일 수 있는 주장인가? 하나의 주장을 검토하는 데에서 공통적인 토대 위에서 이루어지고 있는가? 어떤 대가를 치르더라도 승리만을 쟁취하기 위해서 경쟁에 참여하고 있는가 아니면 진리 추구를 위해서 그 논의에 참여하고 있는가? 이것들에 따라서 양방법은 구별된다. 이 두 경우에서 상대자를 침묵하게 한다거나 모순에 빠지게 함으로써 승리하게 되거나, 혹은 모든 공격에 저항하고 자신의 주장을 고수하고 모든 관련 있는 질문에 대답함으로써 질문자는 승리하게 된다.

물론 공격과 방어는 논의의 주제에서 벗어날 수도 있고, 때로는 불공정한 방식으로 진행될 수도 있다. 그러나 무엇보다도 중요한 것은 올바른 변증론자라면 상대방이 어떤 의도를 가지고 또 자신의 목적을 이루기 위해 시도하는 논의 속에 내재하는 방해를 알아야 할 뿐 아니라 악의있는 술책을 반드시 깨달아야만 한다는 것이다.

아리스토텔레스는 하나의 순수한 학문방법

에 대한 이상을 따르지 않는다. 그는 보편적인 실천적 규칙을 주고자 했다. 우리는 많은 사람과 어울려 살아야 하고 그들과 토론하면서 자신의 주장을 관철시켜야 한다. 그래서 그는 순수학문이 위기에 처하는 그 시기에 우리에게 보편적으로 실천할 수 있는 방법적 규칙을 가르쳐주었다. 교양인이 되기 위해서 교육받고자 하는 학생들과 그 가르침으로부터 이익을 얻고자 하는 학생들 모두가 웃음거리가 되지 않기 위해서는 말로써 싸울 수 있어야 했고, 논증을 구성하는 기술, 논증을 부정하는 기술, 적을 공격하는 기술, 적을 논박하는 기술, 직업적인 논쟁꾼(소피스트)의 기술을 마스터해야만 했다.

당시 아테네에서는 철학자, 정치가, 소피스트들뿐만 아니라 일반인들도 운동경기를 즐기듯 모두 쟁론적 놀이에 적극적으로 참여해 토론을 벌였던 모양이다. 그들은 자신들이 직면한 여러 사회적·정치적인 사실적 문제들뿐 아니라 산술적 문제를 포함하는 지적인 문제까지도 쟁론술을 통해 그 해답을 구하였다.

그들이 즐겼던 쟁론술은 일종의 지적인 승부를 걸고 승자와 패자를 분명히 했으며, 또한 그것은 명예와 정치적 출세를 할 수 있는 매개수단이 되기도 했다. 그래서 그들은 언어를 잘 구사하는 능력인 수사학, 논리학과 같은 교육을 원했다. 이러한 시대적 요청에 따랐던 사람들이 바로 소피스트들이다.

아리스토텔레스에게 있어서 '방법론적 순수성'에 대한 결함은 아주 자연스럽다. 아리스토텔레스는 이론적 분야는 물론이고 인간의 삶을 전체적으로 포괄하는 모든 것에 적용될 수 있는 방법, 즉 변증술을 통해 규정된 원리에 입각하여 찾을 수 없는 공통의 기반을 확보하려고 했다.

기하학자는 그의 학문의 근본원리들을 논의하지 않는다. 변증론자는 기하학의 순수기술적인 물음에 관심을 갖지 않는다. 그러나 변증론자는 수학의 의미에 관한 그 고유한 원리들에 관해 물어야만 하고, 물을 수 있어야 한다. 또한 그 철학적 의미에 관해서, 또 그 보편적 적용의 정당성과 정당하지 않음에 관해 물어야만 한다.

인간은 모순을 추구한다. 우리가 적어도 다른 사람과의 연관된 삶 속에서 이러한 추구의 습관을 획득하지 못한다면, 우리는 그것을 추구하지 못한다. 논쟁에서 승리하고자 하는 바람은 모든 학적 탐구 속으로 스며들어가야만 한다. 그렇게 하는 것이 좋다. 이러한 바람만이 논쟁의 왕도의 규칙을 정복한다. 결국 변증술은 사실적인 혹은 가능할 수 있는 주장에 대한 검증적 관점에서의 '훈련'이고, 방법과 진리에 대한 탐구의 관점에서의 '검토'인 셈이다.

김재홍

관동대 학술연구교수, 정암학당 연구원·철학

옮긴이 김재홍은 숭실대학교 철학과를 졸업했다. 같은 대학교 대학원에서 서양고전철학을 전공해 1994년에 「아리스토텔레스의 학문방법론에서의 변증술의 역할에 관한 연구」로 박사학위를 받았다. 캐나다 토론토 대학 고중세 철학 합동 프로그램에서 철학연구를 한 뒤, 가톨릭대학교 인간학연구소 전임연구원, 서울대학교 철학사상연구소 선임연구원을 지냈다. 지금은 관동대학교 학술연구교수 및 정암학당 연구원으로 있다. 호메로스, 아리스토텔레스, 그리스 미학, 그리스 사유의 연원에 관련된 여러 편의 논문이 있고, 저서로 『그리스 사유의 기원』, 『아리스토텔레스 「니코마코스 윤리학」』(공저), 『에픽테토스 「담화록」』 등이 있다. 역서로는 한길사에서 펴낸 아리스토텔레스의 『소피스트적 논박』과 『니코마코스 윤리학』(공역)을 비롯해 『변증론』, 브루노 스넬의 『정신의 발견』, 에픽테토스의 『엥케이리디온』, 『소크라테스 이전 철학자들의 단편 선집』(공역), 장 피에르 베르낭의 『그리스 사유의 기원』 등이 있다.

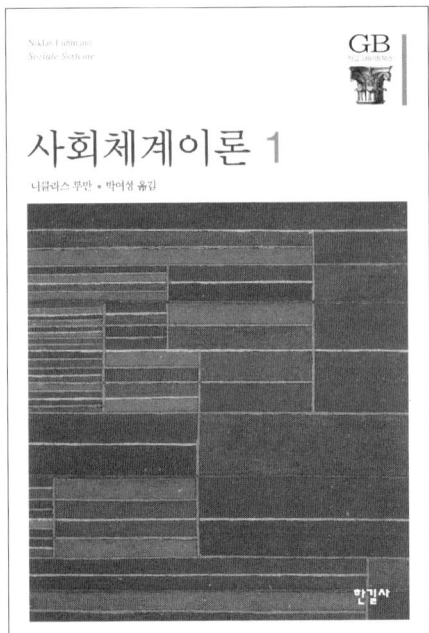

사회체계이론 1 · 2

니클라스 루만 지음 | 박여성 옮김 |
456쪽(1권) · 396쪽(2권)
2008 문화체육관광부 우수학술도서

▷ 역자의 다른 번역 작품
『궁정사회』(GB 56)

『사회체계이론』의 핵심사상은 심리체계와 사회체계에서 드러나는 시간화된 복잡성의 문제를 재귀준거현상에서 포착하려는 것이다. 니클라스 루만의 사회체계이론은 보편적으로는 사회체계 전체를, 개별적으로는 기능체계들을 설명하는 가운데 자율성에 대한 요구를 고유한 연구대상으로 삼는다.

루만은 종래의 사회학에서 논의된 단계들을 극복하려는 가운데, 일반체계이론으로의 패러다임 전환이 사회이론에 새로운 가능성을 선사할 것이며 체계 개념의 '기술적' 도입을 거부하는 여타의 반론들까지도 잠재울 수 있다고 주장한다. 체계들은 매우 근원적인 의미에서 재귀준거체계로 간주된다. 물론 이때 재귀준거를 요소들의 층위(자기생산)에서만 거론하는 것은 아니다.

이러한 이론적 전환에 따르자면 사회체계는 그 자체가 단위로서 동원하는 모든 것을 단위로서 취하여 스스로를 구성하는 그런 체계이다. 이를 위해서 체계이론은 환경 복잡성도 동시에 축소되어야 한다고 전제한다.

루만은 이 책에서 일상언어를 사용해 종래 사회학에서 거의 성공하지 못했던 개념적 복합성과 상호의존관계를 서술한다. 그가 구상하는 이론적 단위는 한편으로는 사회학적 전통을 회고하지만 다른 한편으로는 사이버네틱스, 생물학, 커뮤니케이션 이론 및 진화론에서 얻어진 업적들에 연계하여 수많은 개념적 결정들을 조율하는 과정에서 모습을 드러낸다.

루만은 이러한 조합을 시도하면서 근대사회에 관한 여타 연구들을 위한 본질적인 전제조건을 목격한다. 오늘날 사회체계에 대한 충분한 이해에서 전 생애에 걸쳐 이룩한 루만의 방대한 연구에 필적할 만한 업적은 없을 것이다.

니클라스 루만(1927~98)

니클라스 루만(Niklas Luhmann)은 독일 뤼네부르크 근교에서 태어났다. 1946년부터 1950년까지 법학을 공부한 뒤 고향에서 판사를 지냈고 니더작센 주 문화부에서 공직생활을 했다. 1960년부터 하버드 대학교에서 수학하면서 파슨스와 함께 사회체계이론의 설계에 착수한다. 이후 그는 잠시 슈파이어 행정대학교 강사를 거쳐 도르트문트 대학교 사회학 연구소장으로 부임한다. 박사학위와 교수자격 학위를 취득한 루만은 빌레펠트 대학교의 창설과 함께 1969년 사회학과 창립교수로 초빙되었다.

1993년에 정년퇴임한 후에도 왕성한 활동을 하면서 전 세계의 유수한 대학에서 명예박사 학위를 수여받았다. 그는 사회학 이론의 완성에 꼬박 30년을 바쳤고 매체과학, 정치학, 법학, 철학, 언어학, 인공지능 연구, 심리학과 교육학 그리고 환경과 생태학에까지 연구의 스펙트럼을 넓혀 무려 70여 권의 저서를 남겼다. 특히 『사회적 체계들: 일반이론의 개요』(이하 『사회체계이론』)는 그가 생애를 바쳐 정립하려던 '사회학 이론'의 결정판이었다.

체계이론에 대한 기초단계로 저술된 저작으로는 『형식적 조직들의 기능과 성과』 『권력』 『사회적 커뮤니케이션 체계의 변화와 대중매체』 『사회구조와 의미론』, 하버마스와의 공저 『사회이론 또는 사회공학』과 당대 이론가들과의 논쟁을 담은 『사회학적 계몽주의』가 있다. 총론격인 『사회체계이론』의 각론으로 집필된 『사회의 경제』 『사회의 과학』 『사회의 법』 『사회의 예술』이 있고, 그밖에 『열정으로서의 사랑』 『대중매체의 현실』, 사후에 출간된 『사회의 정치』 『사회의 종교』 『사회의 교육체계』 등 '사회체계이론'의 각론을 완성하는 방대한 저작을 내놓았다.

화폐의 계량화와 근대사회의 경제체계

개별적인 전체사회의 부분체계들의 층위에서의 재귀준거적 자율성은 비로소 17/18세기에 와서야 확립되었다. 그 이전에는 종교적 세계관이 [재귀준거적 자율성에 해당했던] 기능의 위치를 차지해왔다. 아마 모든 체험과 행위에 할당된 신에 대한 관계가 전체사회체계의 신비한 재귀준거로서 작용했다고 말할 수도 있다. 그래서 사람들은 신이 없으면 어떤 작품도 성공할 수 없을 거라고 말했던 것이다. 이를 통하여 사회적 요구와 도덕적 요구가 동시에 확립되었다. 그러나 종교적 의미론은 전체사회의 재귀준거가 아니라 외율준거, 즉 선험태로서 공식화되었다(이것은 오늘날에도 여전히 그러하다).

일단 전체사회체계가 계층적 분화에서 기능적 분화로 전환됨으로써 비로소 공동진행하는 외율준거가 공동진행하는 재귀준거로 대체될 필연성이 배태된다. 왜냐하면 이 새로운 분화유형이 위계적 세계질서를 분쇄하며 기능체계들을 그 질서에서 독립시키기 때문이다. 근대사회의 경제체계에서는 공동진행하는 재귀준거는 화폐의 커뮤니케이션적 사용을 통해서 실현된다.

화폐의 계량화는 화폐를 임의적으로 분할할 수 있게 만든다. 물론 이때 화폐가 무한정 분할되는 것은 아니지만, 모든 분할요구에 대해 시의적절하게 적용된다. 이를 통해 화폐는 그것이 아무리 집약적 경제재로서 주어졌더라도 보편적으로 사용될 수 있게 된다. 특히 교환을 위한 적절한 상응체를 발견할 수 없는 분할 불가능한 대상들에서도 화폐는 모든 경제적 연산과정을 표현할 수 있다. 그렇다면 화폐야말로 그것에 모든 개체성이 적응할 수 있는 공통분모이다. 근대 경제체계는 화폐 속에서 자신의 단위를 확보한다. 즉 전적으로 화폐화되었다는 말이다. 다시 말해 경제적으로 유효한 모든 연산과정들, 오직 그 연산과정들만이 화폐에 연관된다는 뜻이다. 그 연산과정들의 토대에는 화폐 자체의 가치도 포함되는 가격이 있다. 그 체계를 구성하는 자기생산적 기본과정인 동시에 더 이상 해체될 수 없는 궁극적 커뮤니케이션이 바로 현금거래이다. 현금거래는 그 자체로 보면 또 다른 상거래를 성립시키는 행위와 다를 바 없다.

그러나 현금거래에는 그 자체로는 현금거래가 아닌 예컨대 투자에 대한 결정이나 세율조정 같은 여타의 커뮤니케이션도 관련될 수 있다. 비교적 대규모의 현금거래는 서로 누적되어, 이를테면 자기자본율이나 예산과 대차대조 같은 광범위한 사용단위의 형태로도 운영될 수 있다. 경제 자체에 대해서도 그러한 단위표현들이 거론될 수 있다. 그러나 그런 재귀준거적 증식의 단위는 실은 이런 형태가 아니라 인플레이션이든 디플레이션이든 화폐가치의 변화라는 형태로 자신의 의미를 획득한다. 그 이유는 지불행위의 기본연산 과정이 (현금거래라는 가정에서) 지속적으로 동기를 부여받아야 하기 때문이다. 따라서 그 체계의 존재를 각각의 순간마다 중단시키면 안 된다. 여기에 또한 가격과 화폐가치를 구별하는 중요한 가능성이 있는 것이다. 가격은 기대 프로그램인 반면, 화폐가치는 그 경제체계의 자기생산적 증식을 제어한다.

경제체계는 현금거래에 기초하여 폐쇄적 재귀준거체계가 된다. 여기에서 우리는 실제로는

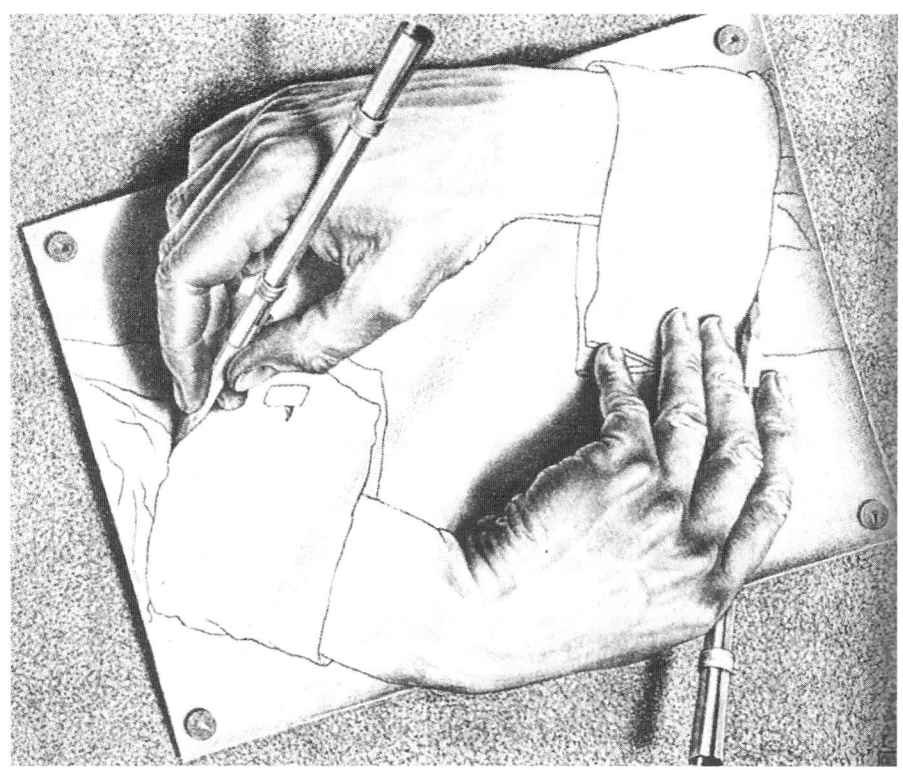

코르넬리스 마우리츠 에셔, 「손을 그리는 손」(1948)

매우 혼미하게 진행되는 과정을 완곡히 표현하는 순환과정이라는 은유를 항상 사용해왔다. 그러나 이런 은유로는 그 연산과정의 중요성에 대해 절반만 언급한 것이다. 현금거래는 재화나 서비스 또는 다른 화폐상품의 역방향 이동도 늘 요구한다.

이런 관점에서 보자면 그 연산의 중요성은 결국 환경, 즉 사물, 활동, 욕구 등을 겨냥한다. 완전히 화폐화된 경제는 폐쇄된 체계인 동시에 개방된 체계에 대한 탁월한 사례이다. 경제체계의 배타분화에 영향을 주는 것은 결국 폐쇄성과 개방성 사이의 조건맥락이다. 왜냐하면 재귀준거적 의미준거와 외율준거적 의미준거 사이의 강제적 연동은 모든 경제적 연산에서 그 체계의 환경에서는 어떤 상응체도 찾을 수 없는 각별한 구조적 조건을 요구하기 때문이다.

기능체계로서의 정치에는 이와 딱 일치하는 동형태는 없지만 기능적 등가로 불릴 만한 것은 있다. 방금 완전히 합치하는 동형태는 없다고 말했는데, 그 이유는 권력이라는 커뮤니케이션 매체가 화폐와 동일한 기술적 세분을 구비하지 못하며 화폐에 맞먹을 정도로 수준 높은 통합력을 보유하지도 못하기 때문이다.

『사회체계이론 2』 제11장 「재귀준거와 합리성」

사회를 구성하는 체계들 사이의 커뮤니케이션

루만은 체계와 환경 사이의 구별을 통해 작업한다. 체계는 자신과 환경과의 차이를 만들고 유지하는 가운데 스스로를 구축하고 보존한다. 체계가 이 차이를 유지하려면 자신을 환경에서 분리시키는 동시에 환경에 개방하는 경계선도 필요하다. 따라서 환경은 체계에 의해서만 규정될 수 있다. 여타의 구별은 체계 속에서 반복되며, 체계분화의 과정은 체계 내의 여타 체계-환경 차이들을 연속적으로 분화한다. 그 결과 체계분화는 복잡성을 증가시키며 그 체계에 고유의 정체성을 부여한다.

그 정체성을 결정하는 요소(Element)와 관계(Relation) 사이의 분화는 교호적 관계에 의해서만 성립할 수 있다. 요소의 단위는 존재론적으로 주어진 것이 아니라, (그 요소가) 관계를 형성하는 요소로서 사용할 무엇인가를 요구하는 가운데 그 체계에 의해 구성된다. 요소와 관계 사이의 관계가 체계복잡성을 규정한다면, 내적인 체계와 환경 사이의 관계는 체계분화를 규정한다.

복잡계는 환경뿐 아니라 내재적 결핍과 불가능성이라는 문제도 해결해야 하기 때문에, 지속적인 자기적응이 필요하다. 루만에 의하면 하나의 체계가 자신을 구성하는 요소들을 기능단위로서 스스로 구성하고, 요소들 사이의 모든 관계 속에서 그 체계를 지속적으로 재생산할 경우에 재귀준거가 성립한다. 이때 선택과정을 취하는 모든 복잡계는 시간과 결부되어 구조와 과정이라는 공식을 동원한다. 구조는 선별가능성이라는 한정된 목록을 개방하지만, 행동기대를 일반화하는 방식으로 시간을 가역적(可逆的)으로 고정한다.

이와 달리 비가역적 사건들로 구성된 과정들은 시간의 비가역성을 각인한다. 하나의 체계가 자신의 고유한 요소들을 시간화할, 즉 시간에 관련시킬 경우에는 자신의 복잡성을 시간화한다. 그렇기 때문에 체계들은 한편으로는 시간의 비가역성에 연계되면서도, 다른 한편으로는 불안정하며 체계구심적으로 생성된 역학에 노출된다.

루만은 이처럼 복잡성과 재귀준거의 형태를 (어떤 체계의) 의미라고 부른다. 의미라는 현상은 체험과 행위의 여타 가능성에 대한 잉여성의 형태로 나타난다. 의미는 잉여적 가능성을 갖는 눈앞의 모든 체험을 촉발하고, 사회체계들은 커뮤니케이션에서 의미와 의식으로서의 심리체계를 활성화한다. 바로 눈앞에 주어진 것과 이를 토대로 성립되는 것 사이의 차이에 기초해야 비로소 하나의 체험에 정보가치가 부여된다.

이때 루만은 의미에 대해 사태차원, 시간차원과 사회차원을 구별한다. 사태차원이란 의미지향적 의도를 갖는 심리체계의 모든 대상 또는 의미지향적 커뮤니케이션의 모든 주제들을 나타낸다. 시간차원은 '이전'과 '이후' 사이의 차이를 통해 구축된다. 사회차원은 우리가 자신과 동일하다고 간주하는 타아(他我, alter ego)와 관련된다. 체계 내에서 행위로 간주되는 것, 그리고 행위로서 환경에 할당되는 것은 사회차원을 통해 조절된다. 집단행위는 전체사회를 결속하는 상징에 의해 구체화되는 개별행위이다.

이제 구성주의 사회이론의 틀 안에서 사회학의 기본개념들을 전개하는 논증단계를 살펴보

자. 로트는 마투라나에 기대어 인간을 (자기생산이 아니라) 재귀준거적으로 작동하는 두뇌를 보유한 자기유지 생명체계로 구상한다. 인간은 두뇌의 도움과 환경, 그리고 다른 사람들과의 부단한 상호작용을 통해 불변소, 평형상태의 인지적 정서적 관련체계, 상황과 파트너 모델, 즉 의미라고 지칭될 수 있는 총체를 구성한다.

인간두뇌의 재귀준거적 작업방식을 수용한다면, 인간의 인지영역이 바로 의미산출의 경험적 장소임을 수긍해야 한다. "인지는 …… 지각과 분리될 수 없다. 왜냐하면 지각, 표상과 사고 사이의 차이는 인지체계 자체가 결정한 구분이기 때문이다."

하나의 생명체계가 다른 생명체계들과 상호작용을 하면, 그 생명체계는 자신의 환경에서 이 부분에 대한 신뢰할 만한 명제에 도달하기 위해 자신의 상태들을 ('대상들'의 경우처럼) 더 이상 일방적으로 변경할 수 없다. 대신에 등위질서(Heterarchy)에 따라서 교호적 변화과정에 진입해야 한다. 그 과정은 상호작용하는 (인지)체계들의 재귀준거적 하위체계들 사이의 부분적 평행화를 야기한다. 생명체계들은 그 평행화, 다시 말해 의미층위에서 비교가능한 현실구성체를 토대로 사회영역들을 탄생시킨다.

이 점을 루만의 이중의 우발성(우발성의 중합)개념으로 설명할 수 있다. "사회체계는 그 체계 안의 양쪽 파트너가 이중의 우발성을 체험하고 상대방 파트너의 상황에 대한 규정 불가능성이 그 이후에 시작하는 모든 활동에 구조를 형성하는 의미를 부여함으로써 생성된다." 따라서 사회영역들은 개개인의 인지영역 내부에서 생성되지만, 오직 다수의 행역자들이 상호작용하는 과정에서만 탄생한다.

재귀적으로 작동할 수 있는 커뮤니케이션 체계가 탄생하면, 우리는 바로 사회적으로 구성된 현실을 지시영역으로 삼는 언어를 보유하게 된다. 구성주의 이론의 틀에서 커뮤니케이션은 정보교환이 아니라 상호작용하는 행역자들의 인지영역에서 정향되는 상호작용들 사이의 공감적 구성과정으로 묘사된다.

기능적으로 분화된 공동체에서 각 개인은 예를 들면 가장, 공무원, 가톨릭 신자, 정당의 당원 등으로서 상이한 사회체계에 관여한다. 개개의 사회체계에서 개인은 핵심요소이다. 다른 모든 체계와 마찬가지로 사회체계들은 그 요소들의 상호작용을 통해 작동한다. 이것이 어느 한 체계에 고유한 현실구성체와 그것과 연관된 상호작용을 전제로 진행된다면, 바로 그러한 행역자만이 이 체계의 요소로서 행위를 실행한다. 모든 개인은 사회체계들의 교차점이자 절점으로서, 요소를 구성하는 상이한 체계들의 영향에 노출되어 있다.

박여성

제주대학교 교수 · 독일학

옮긴이 박여성은 고려대학교 및 같은 학교 대학원을 졸업하였고, 독일 뮌스터 대학에서 언어학 박사학위를 받았다. 현재 제주대학교 독일학과 교수로 재직하고 있다. 저서로는 한길사에서 나온 『몸 또는 욕망의 사다리』(공저), 『월경하는 지식의 모험자들』(공저)과 『지식의 최전선』, 『한국텍스트과학의 제과제』, 『기호학으로 세상읽기』, 『기호, 철학 그리고 예술』, 『책으로 읽는 21세기』, 『텍스트언어학의 이해』 등이 있고, 역서로는 한길사에서 펴낸 『궁정사회』, 『사회체계이론』,을 비롯하여, 『구성주의』, 『미디어인식론』, 『괴델-에셔-바흐』, 『생명의 황금나무야 푸르러라』, 『로티』, 『구성주의 문학체계이론』, 『칸트와 오리너구리』 등이 있으며, 텍스트과학, 기호학, 번역의 이론과 실제에 관한 다수의 논문을 썼다.

헤겔의 체계 1

비토리오 회슬레 지음 | 권대중 옮김 | 592쪽

회슬레의 『헤겔의 체계』는 우리에게 많은 시사점을 제공한다. 이 책은 철학사에 등장한 가장 방대하고 야심찬 체계에 대한 실로 방대하고 야심찬 연구서이다. 왜냐하면 이 책에서 저자는 헤겔의 체계를 요약적으로 따라가는 데 그치지 않고 거기에서 드러난 많은 부정합성과 부적합성을 드러낼 뿐 아니라, 나아가 새로운 판본의 객관적 관념론 체계를 이룩할 수 있는 이론적 방향성을 설정함으로써, 객관적 관념론을 단지 철학사의 한 지점으로 과거화하는 것이 아니라 지속적으로 현실화할 수 있게 해주는 동인을 제공하기 때문이다.

회슬레는 헤겔의 체계를 가장 헤겔적으로, 그러나 가능한 한 헤겔 고유의 용어법에서 벗어나 비판적으로 논증하거니와, 원칙적으로 객관적 관념론을 가장 정열적으로 옹호하면서도, 헤겔의 체계라는 한 역사적 개별자를 결코 그것의 완성된 판본 또는 가능한 유일한 판본으로 보지 않는다.

그는 삼분구조로 구성되었지만 실질적으로는 이분구조인 헤겔의 논리학을 진정한 변증법적 삼분구조로 개조하고, 그럼으로써 전체 체계를 사분구조로 완성시키려 한다. 이를 위해 회슬레는 주관성 개념을 능가하는, 실질적인 제3의 종합적 범주로서의 간주관성을 다만 사회적 합의나 의사소통과 같은 현상론적 차원에서가 아니라 논리적으로 정초하고자 한다.

그리고 이를 통해 헤겔 체계의 숨길 수 없는 아킬레스건인 '과거주의'와 '이론지상주의'를 구조적으로 지양해 헤겔판 종말론과 허무주의를 극복하고 있다.

비토리오 회슬레(1960~)

비토리오 회슬레(Vittorio Hösle)는 이탈리아 밀라노에서 태어났다. 레겐스부르크, 튀빙엔, 보훔, 프라이부르크에서 철학, 고전문헌학, 인도학 등을 공부했다. 1982년 튀빙엔 대학에서 파르메니데스로부터 플라톤에 이르는 서양 고대철학사의 흐름을 유형학적으로 재구성한 박사학위논문『진리와 역사』로 일약 독일 철학계의 신동으로 떠올랐다.

1986년 이 책의 근간이 된 교수자격논문『주관성과 간주관성: 헤겔의 체계에 대한 연구』로 객관적 관념론의 현대적 부활 가능성을 현실성 있게 정초했다. 그의 나이 28세이던 1988년 거장 한스 요나스의 후임으로 뉴욕의 신사회연구원(New School for Social Research)에서 정년보장 교수직에 오르면서 철학교수로서의 본격적인 활동을 시작했다.

회슬레는 그 후 독일 에센 대학 교수, 하노버 철학연구소 소장 등을 역임한 뒤, 1999년부터 지금까지 미국 노터데임 대학(University of Notre Dame) 교수로 재직 중이다. 철학사적 측면에서 보면 그는 플라톤, 헤겔로 이어지는 객관적 관념론을 21세기적 유형으로 계승·발전시키고자 노력한다. 그는 생태학적 문제를 현대 실천철학의 핵심화두로 설정하며, 또한 모든 철학적 명제를 비로소 의미 있게 만드는 초월적·선험적 논증을 통해 철저한 학적 엄밀성으로 철학을 강화하고자 한다.

저서에『진리와 역사』『헤겔의 체계』『생태학적 위기의 철학』『현대의 위기와 철학의 책임』『도덕과 정치』『다윈』『우디 앨런』『철학적 대화』등이 있다.

체계의 인식은 '이성의 가장 숭고한 과제'

물론 우리의 관심을 끄는 중요한 문제는 [단순한] '너'가 아니라, 오히려 첫 번째 주체와 '너' 사이의 관계임이 분명하다. 왜냐하면 '너'의 관점에서는 다른 주체 역시 [또 하나의] '너'가 되는 까닭에, 그 '너'는 오로지 한갓된 객체 이상의 것으로서만 드러나기 때문이다. 즉 '너'-관계는 필연적으로 상호적인 것이다. 따라서 여기에서 간주관성의 개념이 도출되는 것은 명백하다. 즉 간주관성은 객관논리학과 주관논리학에 이어지는, 논리학의 제3의 종합적인 부분이 도대체 어떤 방식의 것이어야 하는가 하는 문제를 가장 잘 해결할 수 있는 개념이라고 여겨진다.

물론 이러한 간주관적 구조가 어떤 비반성적인 것으로 이해되어서는 결코 안 된다는 점은 매우 중요하다. 왜냐하면 관념론적 정초의 근본사상은 그 핵심에서 무엇보다도 반성성 또는 반성에 토대를 두고 있거니와, 변증법의 추동적 원리인 반성성을 포기한다는 것은 곧 관념론적 단초 자체를 아예 버리는 것이 될 것이기 때문이다. 따라서 간주관성을 반성을 대체하는 것으로 내세우면서 동시에 객관적 관념론의 틀을 견지하기를 요구하는 것은 결코 진지하게 고려할 사항이 될 수 없을 것이다. [따라서] 우리가 생각해볼 수 있는 것은 오로지 간주관성을 반성개념의 필연적인 결과로 해석하고, 또한 한갓된 주관성에 맞서는 간주관성에 주어지는 바의, 반성의 특수한 형식을 최고의 것으로 드러내는 방식의 구상일 것이다. 사실 앞에 개괄된 통찰에서 언급되고 있다고 여겨지는 것은, 간주관성은 바로 반성적 주체-객체-동일성으로부터 도출되거니와, 그러한 주객동일성은,

그것이 정녕 동일성이라면, 오로지 주체-주체-관계일 수밖에 없다는 점이다. 더욱이 반성성은 간주관적 구조의 결과로 쉽사리 해석될 수 있는 것이다. 우리는—여기서 실재철학적 용어를 다소간 유보적으로 사용하자면—상호인정의 개념, 즉 대칭적이면서[도] 타동적인 관계(symmetrische und transitive Relation)의 개념을 생각해볼 수 있다(반면에 가령 증오는 대칭적이지만 자동적[intransitiv]이며, 정반대로 지배관계는 타동적이지만 비대칭적이다). 그러한 관계의 계기인 대칭성과 타동성으로부터는 매개된 반성성이 도출된다. 왜냐하면 타동성을 함축하는 논리적 관계인 $R(a, b) \wedge R(b, c) \supset R(a, c)$와 대칭성을 보증하는 언명인 $R(a, b) \wedge R(b, a)$가 타당하다면, c에 a를 대입할 경우, 바로 $R(a, a)$가, 즉 관계 R의 반성성이 타당하게 되기 때문이다. 실재철학의 지평에서 볼 때 거의 모든 자기의식이 매개적으로 반성적(vermittelt reflexiv)이라는 점, 즉 상호적인 인정에 의해 제약된다는 점은 경험적으로 그리 어렵지 않게 확인할 수 있다. 내 생각으로는 이러한 매개된 반성성의 논리적 구조는 논리학의 지평에서도 다루어져야만 한다고 여겨진다. 왜냐하면 오로지 그러한 구조만이 객관논리학적 관계유형과 주관논리학적 관계유형의 종합을 나타낼 수 있기 때문이다. 앞의 217쪽에서는 그러한 종합적 관계의 근본 모델이 순수 형식적 차원에서 언급된 바 있다. 이제 내용적인 지평에서 보자면 그러한 형식적 구조는 바로 대칭적이고 타동적인 간주관적 관계에 의해 성취된다는 것이 드러난다. 왜냐하면 a와 b의 반성성은 여기에서는 그것들의 관계를 통해 조

게오르크 빌헬름 프리드리히 헤겔
(Georg Wilhelm Friedrich Hegel, 1770~1831)

건지어지기 때문이다. 즉 그것들은 상호적으로 연관됨으로써 자기 스스로에 관계하는 것이다.

내가 보기에 여기에서 거론되는 긍정적인 간주관적 관계는 두 가지의 이어지는 계기들을 반드시 더 지녀야만 한다는 점이 명확하다. 이미 말했듯이 간주관성을 반성에 대립되는 방식으로 표방하는 것은 어불성설이므로, 앞에서 언급된 구조가 반성을 포함할 수 있는 것도 그것이 바로 '사유'로서 구상되는 한에서이다— 물론 이때의 '사유'는 독백적인 것이 아니라 대화적인 것으로 파악되어야 할 것이다. 그리고 둘째로 이러한 구조는, 그것이 실제로 [범주 진행의] 종결부를 이루는 것이라면, 자기목적이어야 한다. 이는 그 구조가 종결부라는 데서 즉각 도출된다. 가령 헤겔의 경우 사유의 사유로서의 절대이념은 최종의 목적이지 다른 어떤 것을 위한 수단이 아니다. 이와 유사하게 간주관성은 한낱 주관적인 목적에—한낱 고유한 자기의식의 산출에도—봉사하는 것이어서는 안 되거니와, [오로지] 간주관성 그 자체의 자격으로(qua Intersubjektivität), 즉 주관성을 [궁극적으로] 완수하고 또 입증하는 것으로 생각되어야만 할 것이다. 가장 중요한 문제는 '타자 속에서[도 오로지] 자기 자신에 있음'(im Anderen bei sich zu sein)이 아니다. 오히려 우리는, 중요한 문제는 '타자와 더불어 상호적으로 바로 타자 속에서 자기 자신에 있는 것'(zusammen mit dem Anderen wechselseitig im Anderen bei sich zu sein)이라고 말할 수 있을 뿐이다.

『헤겔의 체계 1』 제4장 「논리학」

간주관성의 논리학을 통한 헤겔 체계의 비판적 계승

헤겔의 체계에서 모든 실재하는 것은 오로지 (헤겔 자신의) 철학을 위해서만 그 궁극적인 존재가치를 지닌다. 따라서 결국에는 절대자의 인식인 철학에서 모두 지양되는 것이 마땅한 것으로 설정되어 있다. 우리가 철학에서 기대하는 미래적 전망의 가능성이 헤겔에게서는 철저하게 절멸되어 있다. 미네르바의 올빼미는 황혼녘에야 비로소 날기 시작한다는, 그의 『법철학』 서문의 유명한 명제가 여실히 보여주듯이, 헤겔의 체계에서 "철학의 너무 늦게 옴"(Zuspätkommen der Philosophie)은 종종 그의 철학 전체에 대한 거부감을 불러일으키는 구실이 되고 있다. 가령 "나는 무엇을 해야 하는가?"와 같은 칸트의 문제의식은 헤겔의 체계에서는 거의 의붓자식 취급을 받고 있다. 이 질문에 대한 헤겔의 가능한 대답은 기껏해야 "현실에 깃들어 있는 이성을 인식하라!" 정도에 그친다.

그러나 헤겔에게서 직접 나타나는, 실재철학의 삼분적 구성을 통한 전체 체계의 이러한 사분적 구성을 회슬레가 제안하는 간주관성 범주의 도입과 조화시키면, 헤겔 철학의 또 하나의 중요한 맹점인 이 이론지상주의가 원리적으로 극복될 수 있게 된다. 간주관성의 범주에 객관정신과 절대정신이 함께 편입된다면, 특히 이 둘의 관계가 이행과 지양의 관계가 아닌 생산적 상호작용의 관계로 인식된다면, 절대적 "인식"만을 목표로 함으로써 헤겔이 빠져들 수밖에 없었던 철학의 무력함은 근본적으로 해결될 수 있다. 왜냐하면 원래의 헤겔판 절대정신철학은 "개념 속으로의 도피"(Flucht in den Begriff)로 끝나도록 설정되어 있지만, 회슬레는 철학에서 이루어진 절대적 인식이 객관정신의 영역에서 재객관화되는 가능성을 이론적으로 구조화함으로써 정치적 현실에 대한 철학적 선취를 가능케 하며, 많은 헤겔 비판가들이 헤겔에게 요구하는 철학의 규범적 기능 역시 복원할 수 있기 때문이다. 이는 말하자면 헤겔의 미네르바 올빼미를 새벽에도 날 수 있게 하는 것이다. 회슬레의 이러한 작업이 특히 철학적으로 의미심장한 것은, 그는 이론적 인식을 위해 모든 존재 영역이 지양되는, 헤겔식 관념론의 극복을—대부분의 자칭 '실천철학자'들처럼—그저 요구하거나 목청 높여 선언하는 것을 넘어, 냉정하고도 엄밀한 논증을 통한 진정한 학(學)의 형식으로 모색한다는 점에 있다.

게다가 이를 통해서는 헤겔의 여러 주장 가운데 또 하나의 악명 높은 종말론적 사고가 극복될 수 있는바, 그것은 예컨대 '예술의 종언'이라는 그의 미학적 테제를 근본적으로 수정할 수 있게 해준다. 다시 말해 철학 이후에 객관정신이 다시 올 수 있게 하는 논법은 예술 역시 철학 이후에 올 수 있는 것으로 설명하는 이론적 장치로도 매우 강력한 기능을 발휘할 수 있기 때문이다. 게다가 절대정신의 영역 안에서 예술이 철학에 대해 지니는 위치가 이렇게 수정된다면, 미적 영역에서 이론적 영역과 실천적 영역을 매개하는 교량 역할을 기대했던 초기 독일관념론의 이념이 다시 활성화될 수 있게 된다. 더욱이 이러한 회슬레의 수정 모색이 지니는 매력 가운데 하나는, 그것이 정신철학의 영역에서 절대정신과 객관정신의 관계를 재설정하고 또한 절대정신철학에서 철학과 예술의 관계를 재설정하고 있음에도, 인식적인 측면에서 철학이 지니는 양보할 수 없는 우월성을 계속해서 인정할 수 있다는 점이다. 다만 인식 그 자체가 모든 존재영역의 궁극목표는 아니라는 것이다.

간주관성의 범주 그리고 실천철학의 본질과 관련하여 회슬레는 또한 프락시스와 포이에시스의 근본특징을 독일관념론과는 다른 방식으로 재설정할 것을 제안한다. 왜냐하면 피히테와 마찬가지로 헤겔이 실천철학의 근본개념으로 끌어들이는 "선의 이념"(Idee des Guten)은 그 규정에 따르면 아리스토텔레스의 분류법에서의 '프락시스'가 아닌 '포이에시스'에 해당하는 것이기 때문이다. 즉 실천철학의 근본원리가 주체들간의 간주관적 관계인데도, 헤겔은 주체-객체 관계를 그 근본범주로 끌어들이는 오류를 범한다는 것이다. 이에 회슬레는 포이에시스를 "주체에서 출발하는, 객체에 대한 작용"으로 그리고 프락시스를 "주체에서 출발하는, 주체에 대한 작용"으로 재설정함으로써, 객관정신철학의 내용에 제대로 상응하는 범주를 도출하고자 한다. 이에 따라 테오리아 · 포이에시스 · 프락시스에 각각 해당하는 범주는 바로 객관성 · 주관성 · 간주관성이라는 결론이 자연스럽게 나올 수 있게 된다.

물론 앞에서 보았듯이 회슬레의 이러한 제안은 어떤 정치철학적 당파성에 의거한 단순한 선언으로 그치는 것이 아니다. 왜냐하면 그는 궁극적으로는 실재철학에서 객관정신과 절대정신을 관통하는 간주관성에 대한 논리학적 선형식이 마련되어야 한다는 것을 분명히 하고 있으며, 그럼으로써 논리학이라는 근본철학의 제일과제인 보편적 정초의 역할을 강하게 요구하기 때문이다. 더욱이 이 새로운 범주의 도입을 통해 근본학으로서의 논리학은 겉보기에는 존재론 · 본질론 · 개념론이라는 삼분적인 구성으로 이루어졌지만 실질적으로는 객관성과 주관성이라는 이원적 구성으로 이루어졌다는 심각한 구조적 결함에서 벗어나 형식적으로나 내용적으로나 진정한 삼분구조의 골격을 갖출 수 있게 된다.

이상에서 논의된 회슬레의 입장을 마무리하면 다음과 같이 축약될 수 있을 것이다. 그는 세계의 본질적 이성성을 확신한다는 점에서 헤겔의 입장과 기본적으로 일치하지만, 그렇다고 헤겔의 체계를 이를 위해 가능한 유일한 판본으로 보지는 않는다. 헤겔이 할 수 있었던 것보다 더 탁월하고 엄밀한 철학적 기준에 의거했을 때 그의 진술들에서 사실적 부적합성이나 논리적 부정합성이 발견되었다면, 그것은 마땅히 반박되어야 한다. 즉 객관적 관념론 그 자체는 결코 양보할 수 없는 철학적 노선이지만, 맹목적인 헤겔주의자들이 보지 못한, 헤겔 철학의 현대화와 개선의 여지는 꽤 많이 발견된다.

권대중

계명대 교수 · 철학

옮긴이 권대중은 서울대학교 철학과(미학 전공)를 졸업하고, 같은 대학 대학원 미학과에서 석사학위를, 그리고 독일 아헨 대학(RWTH Aachen)에서 이 책의 저자인 회슬레 교수와 반트슈나이더 교수의 지도로 박사학위를 취득했다. 귀국 후 서울대, 한신대 등에 출강하다가 2003년부터 계명대학교 철학부 교수로 재직하고 있다. 저서로 *Das Ende der Kunst. Analyse und Kritik der Voraussetzungen von Hegels These*, 『미학의 역사』(공저), 『미학의 문제와 방법』(공저) 등이 있고, 역서로 한길사에서 펴낸 비토리오 회슬레의 『헤겔의 체계 1』을 비롯하여, D. 헨리히의 『예술의 죽음과 부활』, P. 슬로터다이크의 『세계의 밀착』 등이 있다. 주요 논문으로 「헤겔의 이론정신철학에서의 "사유"」 「전통적 진리대응론의 전개 및 문제점들: 플라톤에서 칸트까지」 「헤겔의 '예술의 종언' 명제의 수정가능성 모색」 「관념적 정합론으로서의 헤겔의 진리관」 「3의 변증법과 4의 변증법」 「헤겔의 언어철학」 등이 있다.

속분서

이지 지음 | 김혜경 옮김 | 692쪽
2008 대한민국학술원 우수학술도서

▷ 저자의 다른 작품
『분서 1, 2』(GB 59, 60)

▷ 역자의 다른 번역 작품
『분서 1, 2』(GB 59, 60)

"선생은 한평생 읽지 않은 책이 없고 가슴속에 품었다가 토해내지 않은 말이 없었다. 읽지 않은 책이 없었다 함은 마치 먹고 마시는 일에 기갈 난 사람처럼 굴어 충분히 배부르지 않으면 그만두지 않은 것을 말한다. 그분은 토해내지 않은 말이 없었는데, 흡사 음식물을 먹다가 목에 걸리기라도 한 듯 죄다 구토로 토해내지 않으면 또한 멈추지 않으셨다.

이런 연유로 일단 그의 손길을 거치면 천하와 만세의 시비가 저절로 만족스러워졌으니, 그의 기침소리 한 번도 천하와 만세의 명교(名教)와 실로 관계가 있었다. 비단 즐기고 웃고 성내고 욕하는 모든 것이 문장이 되는 데 그치진 않았던 것이다.

원래 그의 언어는 진실하면서도 지극히 고명했고, 문장은 하늘이 놀라고 땅이 흔들릴 정도여서 귀머거리가 듣게 하고, 장님에게 빛을 되찾아주었으며, 꿈꾸는 자는 깨게 하고, 취한 자는 정신이 들게 했으며, 병든 자는 일어서고, 죽은 자는 살아나며, 시끄러운 자는 조용하게 만들었고, 소란을 피우는 자는 결박짓고, 뱃속이 차가운 자는 열이 나게 하며, 심장이 뜨거운 자는 식히고, 함정 가운데 빠진 자는 스스로 벗어나게 할 수가 있었다. 뻣뻣해서 굴복하지 않은 자 역시 뜻을 굽히고 마음을 접지 않게 하는 경우가 없었던 것이다.

이 얼마나 신통하면서도 기이한 감성적 촉발일까! 하지만 결국은 이 때문에 화를 입고 스스로 목숨을 끊기에 이르렀으니, 내가 또 감히 안다고 나설 분이 아닌 것이다."

• 왕본아(汪本鈳)

이지(1527~1602)

이지(李贄)의 원래 이름은 재지(載贄), 호는 탁오(卓吾)이다. 조상 중에는 페르시아 만을 오가며 무역을 하다가 색목녀를 아내로 맞거나 이슬람교를 믿은 이도 있었지만, 이지 본인은 중국의 전통문화 안에서 성장했다. 그러나 훗날 노장과 선종, 기독교까지 두루 섭렵한 이력으로 인해 그의 사상은 중국 근대 남방문화의 결정체로 설명되기도 한다.

그는 26세 때 거인(擧人)에 합격해 하남과 남경, 북경 등지에서 줄곧 하급 관료생활을 하다가 54세 전후 되던 해 요안지부를 끝으로 퇴직했다. 이지는 40세 전후 북경의 예부사무로 근무하던 중 왕양명과 왕용계의 저작을 처음 접한 뒤 심학에 몰두했다.

나이가 들어 불교에 심취하고는 62세에 정식으로 출가했다. 그는 유불선의 종지가 동일하다고 인식했고, 유가에 대한 법가의 우위를 주장했으며, 소설과 희곡과 같은 통속문학의 가치를 긍정하는 평론 활동을 폈다. 유가의 정통관념에 도전하는 『장서』를 집필했고, 공자가 아닌 자신의 기준으로 경전을 해설한 『사서평』을 출간했으며, 선진 이래 줄곧 관심 밖에 있던 『묵자』의 가치를 새롭게 조명하기도 했다. 이렇듯 스스로 이단을 자처하며 유가의 말기적 폐단을 공격하고 송명이학의 위선을 폭로한 그에게 세인은 양쪽으로 갈려 극단적인 평가를 부여했다. 결국 혹세무민의 죄를 뒤집어쓰고 감옥에 갇혀 있던 중 76세에 자살로 생을 마감했다.

그의 저작들은 명과 청대의 가장 유명한 금서였지만 대부분은 지금까지 전해지고 있으며, 그의 이름을 빌린 수많은 위작 또한 횡행하고 있다.

초약후에게 부침 寄焦弱侯

내년 봄에는 명을 받들어 형이 출장을 오실 수 있겠지요. 다만 한양에는 아직도 저를 어여삐 여기는 사람들이 없습니다. 만약 유공이 다른 곳으로 옮겨간다면 강물 위로 조만간 어떤 풍파가 불어닥칠지 또 알 수가 없으니, 어쩌면 여기서 오롯이 형이 오기만을 기다리진 못할 것 같습니다.

양복로(楊復老, 楊起元)는 주우산이 사천(四川)으로 들어간 줄 모르고 편지를 보내왔더이다. 제가 편지 안에 담긴 뜻을 살짝 훔쳐보니 쪼개져버린 도에 대한 염려가 크신 까닭에 저를 위해 적극적으로 분란을 조정하려 나섰더군요. 이 사단은 어쩌면 소문에서 흘러나왔을 듯한데, 이 같은 일은 응당 없어지게 될 것입니다. 경로(耿老, 경정향)가 대체 어떤 분이십니까! 천하와 만세의 중임을 한 몸에 짊어지시어 만세 이후의 사람이라도 제자리를 얻지 못하면 마음으로 안타까워하실 분인데, 저 같은 자에게야 나위가 있겠습니까! 그분의 각별한 사랑이 한층 도탑게 이른 곳이 바로 눈앞에 얼쩡거리는 한 명의 길 잃은 얼간이였으니, 어떻게 측은지심으로 상대방을 공격함으로써 정상적인 길로 되돌아오게 하는 데 힘쓰지 않을 수가 있겠습니까? 내가 긴요한 사안을 모른다고 말하는 것은 괜찮지만, 경로(耿老)의 검은 약(烏藥)이 너무나 혹독하다고 말하는 것은 대단한 잘못입니다! 이는 풍문을 잘못 들었기 때문인데, 예컨대 이곳에서 접하게 된 세 사람의 편지 따위가 그렇더군요. 이제 세 사람의 편지를 베껴보고 나니 풍문이 웃기는 줄을 알겠더이다. 저간의 사정은 대체로 이러합니다.

무릇 도라는 것은 중용(中庸)에 근본을 둡니다. 만약 터럭 한끝만큼이라도 타당하지 못하면 바로 엄청난 잘못이 빚어지고, 그런 장난을 저지른 이는 즉시 요물로 일컬어지게 되지요. 하심은(何心隱) 같은 이는 본래가 한 당당한 영웅호걸이고 혜업문인(慧業文人)입니다. 하지만 그가 말하는 바는 전부 세속에서 놀라 경기를 일으키는 것들이고, 행하는 바는 하나같이 바보들이 무서워하는 바였지요. 언행 하나하나가 곧바로 사람들을 놀래키고 두려워하게 만들었으니, 그가 요물로 일컬어지는 것이 어찌 당연하지 않겠습니까? 방담일 같은 이는 제아무리 총명영리하고 인물이 준수하며 문무에 뛰어나 남을 감동시키기에 절로 충분할지라도 실질이 없고 명성을 훔치는 자에 불과합니다. 급기야는 그런 허명(虛名) 따위로 현인을 선동하여 자기를 따르도록 만들려 했으니 그는 또 사람 중의 요물일 것이지만, 그렇다고 무엇을 탓할 수 있겠습니까!

저 같은 자는 성격이 제멋대로여서 나 혼자 옳은 줄만 알고 세상일은 내팽개치며 고요를 사랑하고 소음은 미워하니, 요물 중에서도 진짜 물건이라 할 것입니다. 의당 산속에서나 살아야 하고 성안에 들어가거나 저자 가까이에 가면 안 될 놈이지요. 도시에 들어서면 반드시 사회에 저촉되고 사람을 거스르게 됩니다. 이미 사람을 거슬렀다면 어떻게 또 요망한 인간으로 일컬어지지 않을 수 있겠습니까! 저는 유독 일념으로 현인을 좋아하고 또 성(性)에 근본을 두는데, 큰 성곽 가까이가 아니면 저보다 나은 벗을 만날 수가 없었습니다. 특별히 제가 훌륭한 벗이라 간주해도 남들은 혹 그렇지 않게 보기도 하고요. 이런 까닭에 손가락질당하

이지의 무덤 전면에 세워진 비석

는 요물이 되고 말았는데, 비단 경로만이 그런 말씀을 하신 것은 아니었지요. 저는 실로 이 양반의 엄격한 훈도에 감격하고 있으니, 어떻게 그분이 저를 좋아하지 않는다고 여길 수 있겠습니까! 조만간 황안(黃安)에 들르면 기간이 얼마가 되든 함께 기거하면서 이 양반이 내려주는 유익한 가르침을 모조리 받아들이게 되길 바라고 있지요.

근래에 양복로가 저를 원양(原壤)에 비기며 추켜세우셨는데, 이 얼마나 원양을 깔보고 불초소생은 후대한 처사란 말입니까! 원양은 고대의 광인입니다. 공자께서 성인이 되길 기대하시며 날마다 중용의 도리에 언행이 합치하길(中行) 바란 자이지요. 그래서 "성인은 내가 만나보지 못했다"는 말씀을 하셨는데, 그 원양은 오래된 자취는 밟지 않을 수 있던 진취적인 자였습니다. 중용의 도리에 합치하는 자를 만나지 못해 백이와 같이 성품이 꼿꼿한 자를 만나고 싶어한 것은 이미 공자의 초심이 아니었지요. 그래서 "나는 증점과 같다"고 말씀하신 것입니다. 증점 같은 이조차 만나지 못하자 "돌아가자"고 생각하셨습니다. 하나로 관통하는(一貫) 뜻을 단번에 "예" 하고 대답(一唯)한 증점에게 주시니, 중행하는 선비를 기르려던 희망은 마침내 꺾이고 말았지요. 안회가 죽은 뒤 아무도 없어 호학하는 자를 들어보지 못했다는 말씀을 살펴보면, 증참이 비록 냉큼 "예"라고 대답하긴 했지만 그 역시 호학한다고 말해줄 수는 없었던 것입니다. 어째서 그럴까요? 성품이 꼿꼿한 자는 결국 광사(狂士)와는 비교가 안 되기 때문입니다.

『속분서』 권1 「편지 모음」

시대의 새로운 가치체계를 이룩하고자 한 열망의 기록

집 떠나 만리길 헤매다 낯선 마을에 묵는다
외로운 혼백 타향만리 성문 안에 갇혔구나.
고개 들어 푸른 하늘 즐거이 바라보니
커다랗고 둥근 달 온 누리에 비추네.

위에 인용한 시는 이지가 죽기 직전 감옥에 갇혔을 때 지은 것으로 그의 절명시라고도 말할 수 있다. 이 시에서 화자는 평생 도를 찾아 방랑한 끝에 감옥에 갇힌 자신을 회고하다 문득 허공에 뜬 밝은 달을 바라보게 된다. 온 누리를 비추는 둥근 달! 그 달처럼 진리를 밝히고 싶던 그는 결국 감옥 안에서 쓸쓸히 삶을 마치게 되지만 그런 자신을 즐거운 마음으로 담담하게 관조하고 있다. 이지의 한평생이 고스란히 압축된 듯한 이 시는 『속분서』라는 책의 성격을 여실히 보여준다. 고뇌하는 한 인간이 오욕 가운데서 빚어 낸 생의 마지막 노래가 바로 위의 시이기도 하고 시가 실린 책이기도 하다. 탁오의 사상편력은 자신을 알고자 하는 열망에서부터 시작하였다. 저 유명한 다음과 같은 문장에서부터 확인할 수 있다.

나는 어려서부터 성인의 가르침이 담긴 책을 읽었지만 그 내용이 무엇인지 알지 못했고, 공자를 존경했지만 공자에게 어떤 존경할 만한 점이 있는지 알지 못했다. 그야말로 난쟁이가 광대놀음을 구경하다가 사람들이 잘한다고 소리치면 따라서 잘한다고 소리지르는 격이었다. 나이 오십 이전의 나는 정말로 한 마리의 개에 불과하였다. 앞의 개가 그림자를 보고 짖으면 나도 따라서 짖어댔던 것이다. 만약 남들이 짖는 까닭을 물어오면 그저 벙어리처럼 쑥스럽게 웃기나 할 따름이었다. 쉰이 넘은 뒤 몸이 쇠약해져 죽을 지경에 이르자 친구들의 권유와 가르침을 받아들여 불경을 뒤적이며 읽기 시작하였다. 요행 생사의 근원에 대해 약간의 자취나마 엿볼 수 있게 되었으므로 다시 『대학』과 『중용』의 요체를 궁구하였다. ……오호라! 나는 오늘에서야 공자를 이해하게 되었다. ……기왕에 성인에 대해 안다고 스스로 자부하게 되었으니 그 때문에라도 불교를 믿는 무리와 더불어 그것을 또 공유하고자 한다. 예전에 친구들이 보여준 마음을 불교 신도에게 넓혀 나가 그들로 하여금 도는 영원히 하나일 뿐 둘이 아니고 다른 것도 없음을 알게 하려는 것이다.

쉰 이전의 그는 군중의 일부였고 그러한 상태를 당연시하며 살아간 일개 하급관료에 불과하였다. 하지만 그는 쉰 살 이후에 자신만의 세계를 가진 개별자가 되었다. 우리는 그렇게 되기까지 그의 유별난 사상편력에 주목할 필요가 있다. 유가만을 공부할 때는 도의 실체를 명확히 알지 못했는데 불가를 공부하고 나니 비로소 공자가 이해되더란 그의 말은 시사하는 바가 적지 않다. 탁오와 같은 유학자가 당시로서는 이단으로 배척받을 출가의 길을 걷게 된 것은 바로 유가라는 틀을 깨고 보다 자유롭게 사고하려는 열망 외에는 달리 설명할 길이 없어 보인다. 형식에 상관없이 도는 하나라는 그의 언급은 중국인의 의식 속에서 유불도가 분리되지 않는 까닭의 단초를 제공해주기도 하지만, 한편으로 당시의 사상계를 지배하고 있던 주자학의 일원론적 세계관을 뿌리부터 뒤흔드는 중대한 도전이었다. 이로부터 그는 '집일'(執一)을 반대하며 음양을 보다 실제적인 의미로 풀어낸 '부부'(夫婦)라는 개념으로 정리하는 등 형이상학의 선험론에만 안주하지 않고 보다 실제적인 차원에서 자신의 글쓰기를 진행시켰다.

한편으로 탁오는 인생의 최고 목표를 생사를 초월한 자유자재의 초연한 경계에 다다르는 것, 곧 구속 없는 상태의 심리적 자유라고 보았다. 그 때문에 평생 도를 찾아 헤맸고 또 이를 도와줄 벗의 존재에 목마르다고 저술 곳곳에서 부르짖는다. 이 책 『속분서』에는 나이 들어 노쇠를 자각하기 시작한 그가 얼마나 가열차게 성명(性命)의 도를 탐구했는가 확인할 수 있는 대목이 곳곳에 보인다. 따라서 생사에 관한 언급도 눈에 많이 띈다. 『분서』에서도 '원래 삶과 죽음이 없다'(原無生死)라는 불경의 한 대목을 설명하면서 믿고 안 믿고 내려놓고 내려놓지 못하는 모든 것이 결국은 생사에 속하는 문제이며, 생사에 속한다는 것은 또한 자신에게 달린 문제라고 결론지은 바 있었다. 기성의 시비선악을 모두 '무'(無)로 돌리며 인간의 실존에 입각한 성명의 본질을 추구했던 그는 마침내 도가의 '도'나 석가의 '무'가 유가의 '인'과 다를 바가 없다는 '삼교귀유'(三敎歸儒)에 도달하게 된다. 이는 외연이야 다를 수 있어도 초월을 지향하는 진리의 실체만큼은 각 사상이 결코 다르지 않다는 이지 고유의 철학론이다. 『분서』에 실린 「동심설」(童心說) 같은 글은 거기서 한 걸음 더 나아가 제가의 인성론을 두루 융합해 엮어낸 통합적 사유의 보다 구체적인 실례가 될 것이다.

이렇듯 선악에 대한 기존의 시비를 부정했던 그는 명말이라는 복잡한 시대를 살며 그 시대에 합당한 새로운 가치체계를 창출해내려 하였다. 탁오를 읽을 때는 이러한 해제와 통합의 사유과정을 진지하게 고려할 필요가 있다. 그래야만 다양한 외연으로 표현되었더라도 진리의 내용이나 인간적 삶의 진실은 차라리 단순할 수 있다는 그의 깨달음의 과정과 실체가 석연해질 것이기 때문이다. 『속분서』를 정리한 왕정보는 「서문」에서 다음과 같이 말하였다.

"선생은 바로 선생 자신만이 아니다. 선생 스스로 온 천하와 만세의 사람들과 함께 알아나가야 하는 것이다."

그의 말에 절절히 동의한다. 가장 가까운 지인에게도 그는 불가해한 측면이 있었고, 이 때문인지 오늘날에도 그를 신비화, 우상화하거나 혹은 그 반대쪽의 이단으로 취급하는 폭력적인 경향이 잔존한다. 하지만 현실이야 어떻든 니체가 20세기 들어 하이데거나 들뢰즈, 데리다 같은 철학자들에 의해 재발견되고 되살아났듯이, 탁오 역시 그런 대접을 받아야 할 시점이 되지는 않았을까? 사실 요즘처럼 시장의 가치가 인간을 꼭대기에서부터 짓누르는 때라면 그가 다시 살아온들 무슨 특별한 대접을 받을 성싶진 않지만, 역설적으로 그렇기 때문에 혼탁한 세속적 가치에 침을 뱉고 삶의 진실을 일깨웠던 탁오 같은 이가 더욱 아쉬운 것이다.

김혜경

한밭대 교수 · 중문학

옮긴이 김혜경은 대전에서 태어나 이화여대에서 중국문학을 전공하고 국립대만사범대학교 국문연구소에서 석사와 박사학위를 받았다. 하버드 대학 옌칭 연구소에서 연구했으며, 1991년부터 국립한밭대학교 외국어학부 교수로 있다. 명말청초 및 근대의 문학과 사상을 주로 공부하면서 이 시기의 고전을 우리말로 옮기는 작업에 관심을 기울이고 있다. 역서로는 한길사에서 펴낸 『분서』, 『속분서』가 있고, 그밖에 『요재지이』(전6권)가 있다. 논문으로는 「이탁오와 그의 문학이론」, 「호적연구」(胡適硏究) 등이 있다.

죽음에 이르는 병

쇠렌 키르케고르 지음 | 임규정 옮김 | 284쪽
『한겨레』 고전 다시 읽기 선정
2006 서강대학교 논술출제

▷ 저자의 다른 작품
『불안의 개념』(GB 35)

▷ 역자의 다른 번역 작품
『불안의 개념』(GB 35)

이 책은 절망에 대한 키르케고르의 장기간의 사색을 집약해놓은 작품이다. 키르케고르는 사람은 나약하기 때문에 고, 죄를 짓고 절망하기 때문에 또 죄를 짓는다고 생각했다. 죄를 짓는 사람은 절망에 빠진 채 점점 종교적인 죽음에 다가가면서 죄를 짓고, 죄를 짓고 절망하기 때문에 또 죄를 짓는다고 생각했다.

절망은 결국 사람의 연약함에서 기인한다. 그러나 사람은 연약함에 머물러 있고자 애쓴다. 왜냐하면 연약함을 벗어나는 것은 엄청난 용기를 필요로 하기 때문이다. 마치 등에 화살을 맞고서도 화살을 뽑을 용기가 없어 화살을 등에 꽂고 사는 사람처럼, 연약한 사람은 자신의 연약함을 떨쳐내지 못한다. 연약함에 매여 있는 것이 바로 절망이다. 얽매임이 강할수록 절망도 깊어진다.

죽어가는 자신의 비참한 모습을 본다는 것은 언제나 혐오스러운 일이다. 그러나 환자가 건강을 되찾으려면 반드시 자신의 병을 잘 알아야 하는 것처럼, 정신적으로 병든 사람이 정신적 건강을 되찾아 종교적인 죽음의 길에서 벗어나려면 자신이 어떤 병에 걸렸는지를 똑바로 알아야 한다.

키르케고르는 여러 익명의 작품에 등장하는 다양한 인물의 삶의 모습을 보여주는 간접적인 방법으로 죽음을 향해 다가가는 사람들의 절망을 보여준다. 절망에 빠진 독자들은 이런 책들을 읽으면서 문득 자신의 삶의 모습을 돌이켜 생각하게 되고, 이런 책들에 등장하는 인물들과의 유비를 통해서 자신들이 어떻게 살고 있는지 깨닫게 된다. 이런 깨달음은 그들이 삶의 길로 인생의 방향을 바꾸는 계기가 될 수도 있을 것이다.

쇠렌 키르케고르(1813~55)

키르케고르(Søren Aabye Kierkegaard)는 종교적으로 매우 신실하면서도 극도의 우울증에 사로잡혀 있던 아버지의 성격을 그대로 물려받았다. 암울한 유년 시절을 보낸 그는 17세에 아버지의 권유로 코펜하겐 대학 신학과에 입학했지만 초기에는 학업을 게을리하다가, 1838년 아버지와 스승인 뮐러 교수가 세상을 떠나자 큰 충격을 받고 학업에 전념하여 2년 만에 신학사 자격시험에 통과한다.

그는 1840년 평생의 애인인 레기네 올센을 만나 약혼을 하는데, 그녀와의 사랑은 키르케고르의 지나친 불안과 우울 탓으로 결실을 맺지 못하고 만다. 1841년 레기네와 파혼한 직후 베를린으로 간 그는 베를린 대학에서 '신화와 계시의 철학'이라는 셸링의 강의에 참석하여 감명을 받는다. 1842년 코펜하겐으로 돌아온 후 반-헤겔주의적 저술 및 라이프니츠, 데카르트, 아리스토텔레스 등의 철학에 큰 관심을 기울인다.

1843년 5월 그의 대표작이자 실존주의 철학의 탄생을 알리는 『이것이냐 저것이냐』를 시작으로 실존의 영역들을 다룬 『반복』 『두려움과 떨림』 등을 익명으로 발표한다. 1844년에는 심리학에 관한 저서 『불안의 개념』을, 그리고 소크라테스와 역설적 그리스도교에 관한 『철학적 단편』을 익명으로 발표한다. 1846년에는 그의 마지막 주저인 『철학적 단편에 대한 결론으로서의 비학문적 후서』를 발표했는데, 이 작품으로 그 심미적 저술 활동은 완결된다. 그밖에도 그의 대표적인 기독교적 저작들인 『사랑의 역사(役事)』 『그리스도교적 강화집』 『죽음에 이르는 병』 등을 발표하다가, 1855년 마흔넷의 나이로 프레데릭 병원에서 외롭게 세상을 떠났다.

절망으로 인한 죽음은 끊임없이 삶으로 전환된다

 이 개념, 즉 죽음에 이르는 병은, 그렇지만, 특별한 방식으로 이해되어야 한다. 말 그대로 이것은 그 끝과 결과가 죽음인 질병을 의미한다. 그렇기 때문에 우리는 "불치의 병"이라는 표현을 죽음에 이르는 병과 동의어로 사용한다. 그런 의미에서는 절망을 죽음에 이르는 병이라고 할 수는 없을 것이다. 그리스도교적으로 이해할 때, 죽음 그 자체는 삶으로의 변화이다. 따라서 그리스도교적 관점에서 보자면, 그 어떤 세속적, 육체적 질병도 죽음에 이르는 병이 아닌데, 왜냐하면 죽음은 사실 모든 질병의 끝이기는 하지만, (궁극적인) 끝은 아니기 때문이다. 만일 엄밀한 의미에서 죽음에 이르는 병에 대한 그 어떤 물음이 있다고 한다면, 그 병은 곧 그 끝이 죽음이고 또 죽음이 그 끝인 그런 질병이어야 한다. 이것이 바로 절망이라고 하는 것이다.

 그렇지만 또 다른 의미에서 절망은 그보다 훨씬 더 명확하게 죽음에 이르는 병이다. 사실대로 말하자면 그 누구도 이 병으로 생명을 잃을 가능성이나 또는 이 병이 육체적 죽음을 결과할 가능성은 털끝만큼도 없다. 오히려 절망의 고통은 바로 이처럼 죽으려 해도 죽을 수 없는 무능력이다. 따라서 그것은 병상에 누워 죽음과 투쟁하고 있으면서도 그러나 죽을 수도 없는 불치병에 걸린 사람의 상황과 오히려 공통점을 훨씬 더 많이 지니고 있다. 그렇기 때문에 죽음에 이르는 병을 앓고 있다는 것은 죽으려 해도 죽을 수 없다는 것인데, 그런데도 이는 삶의 희망이 있는 것 같은 상황도 아니다. 천만에, 희망 없음은 최후의 희망, 즉 죽음조차 없다는 것이다. 죽음이 가장 큰 위험일 때, 우리는 삶을 희망한다. 그러나 우리가 그보다 훨씬 큰 위험을 깨달아 알 때, 우리는 죽음을 희망한다. 위험이 너무나 큰 탓에 죽음이 희망이 될 때, 그때 절망은 심지어 죽으려 해도 죽을 수 없는 암담함이다.

 절망이 죽음에 이르는 병이라는 것은 이 마지막 의미, 즉 영원히 죽어가야 하는, 또 죽어가면서도 죽을 수 없는, 죽음을 죽어야 하는 이 고통스러운 모순, 이러한 자기의 질병이라는 의미에서이다. 왜냐하면 죽는다는 것은 그것이 모두 끝난다는 것을 의미하기 때문인데, 그러나 죽음을 죽는다는 것은 죽어가는 것을 경험한다는 사실을 의미하는 것이며, 또 만일 이것이 단 한 순간만이라도 경험된다면, 사람은 이를 통해서 그것을 영원히 경험하는 것이기 때문이다. 만일 사람이 질병으로 죽는 것처럼 절망으로도 죽는다고 한다면, 그 안에 있는 영원한 것, 즉 자기는 육체가 질병으로 죽는 것과 같은 의미에서 죽을 수 있어야 한다. 그런데 이것은 불가능하다. 절망으로 인한 죽음은 끊임없이 삶으로 전환된다. 절망에 빠져 있는 사람은 죽을 수 없다. "칼이 사상을 죽일 수 없는 것처럼" 절망은 영원한 것을, 즉 절망의 뿌리에 자리 잡고 있는 자기를 태워 없앨 수가 없는데, 절망의 벌레는 죽지 않거니와 또 그 불도 꺼지지 않는다. 그럼에도 불구하고 절망은 분명히 자기를 태워 없애려는 것이지만, 그 자신이 하고 싶어하는 것을 할 수 없는, 헛되이 "자기를 태워 없애려는 것"이다. 절망이 하고 싶어하는 것은 그 자신을 태워 없애는 것, 그 자신이 할 수 없는 어떤 것인데, 이러한 무기력은 자기를 태워 없애는 또 하나의 새로운 형태인바, 이러

죽음의 선택 인간은 자신이 삶의 길을 선택하고 있다고 여기나, 실은 삶이 아닌 죽음의 길을 선택하고 있는 것이다.

한 형태의 절망은 또다시 자기가 하고 싶어 하는바, 즉 그 자신을 태워 없애는 일을 할 수가 없다. 이것은 강화(强化), 또는 강화의 법칙이다. 이것은 절망의 도발성(挑發性) 내지 차가운 불인데, 이러한 끊임없는 고통은 헛되이 자기를 태워 없애버리려고 더욱더 깊이 파고든다. 그를 태워버리지 못하는 절망의 무능력은 절망에 빠져 있는 그 사람에게는 결코 위안이기는커녕 오히려 위안과는 정반대의 것이다. 이러한 위안은 다름 아닌 고통이며, 저 끊임없는 고통을 계속 생생하게 만들고 삶을 끊임없는 고통 속에 빠트리는 것인바, 왜냐하면 (절망하지 않은 탓에) 그가 절망하는 대상이 바로 이것, 즉 그가 자기 자신을 태워 없애버릴 수 없다는 사실, 자기 자신으로부터 벗어날 수 없다는 사실이기 때문이다. 이것이 훨씬 고귀한 권능에까지 고양된 절망의 공식이며, 자기의 이러한 병 안에서 점차 높아가는 열이다.

절망에 빠져 있는 개인은 그 무엇인가에 절망한다. 그것은 당분간은 그렇게 보이는바, 그러나 오직 잠시만 그럴 뿐이다. 똑같은 순간에 진짜 절망 내지 그 본래 형태의 절망이 모습을 드러낸다. 그 무엇인가에 절망할 때, 그는 사실 자신에게 절망한 것인데, 그런즉 이제 그는 자신으로부터 벗어나고 싶어한다. 예컨대 "제왕 아니면 무(無)"라는 슬로건을 내건, 저 야망을 품은 사내가 어떻게든 제왕이 되지 못하게 될 때, 그는 그 사실에 절망한다. 그렇지만 이것은 동시에 다른 어떤 것을 의미하기도 한다. 정확히 그는 어떻게든 제왕이 되지 못하였기 때문에, 그는 이제 자기 자신이라는 사실을 참을 수 없는 것이다.

『죽음에 이르는 병』「절망은 죽음에 이르는 병이다」

죽음에 이르는 절망을 알기 위한 자기의 정의

『죽음에 이르는 병』에서 절망은 죽음에 이르는 병으로서 인간의 병으로 설명되고 있다. 그런데 인간은 정신이고, 정신은 자기이다. 따라서 절망을 알기 위해서는 먼저 자기를 알아야 한다. 그럼 자기가 무엇인지를 알기 위해서 키르케고르의 자기의 정의로 눈을 돌려보자.

인간은 정신이다. 그런데 정신은 무엇인가? 정신은 자기이다. 그러면 자기는 무엇인가? 자기는 자기 자신과 관계하는 관계이며 또는 그 관계 안에서 자기 자신과 관계하는 관계이다. 자기는 관계가 아니라 자기 자신과 관계하는 관계이다. 인간은 무한한 것과 유한한 것의, 시간적인 것과 영원한 것의, 자유와 필연의 종합이며, 간단히 말해서, 종합이다. 종합은 그 둘 사이의 관계이며, 이렇게 보건대, 인간은 아직도 자기가 아니다. 그 둘 사이의 관계에서, 관계는 부정적인 통일로서 제3의 것이며, 그 둘은 관계에 이어져 있되 관계 안에서 관계에 이어져 있다. 이리하여 영혼의 조건 아래에서는 영혼과 육체 사이의 관계는 하나의 관계이다. 만일, 그렇기는 하지만, 그 관계가 자기 자신과 관계한다면, 이러한 관계는 긍정적인 제3의 것인데, 그런즉 이것이 자기이다.

우리는 이와 같은 자기의 정의에서 키르케고르가 자기란 자신을 자기 자신과 관계시키는 역동적 활동체로 보고 있다는 것을 알 수 있다. 자기를 역동적 활동체로 보는 키르케고르의 이러한 자기관은 자기를 정적 실체로 보는 전통적 자기관과는 상당히 다른 것이다. 따라서 키르케고르의 자기에 대한 정의를 이해하기 위해서는 그의 정의에서 '자신을 자기 자신과 관계시키는' 역동적 활동이 뜻하는 바를 정확히 알 필요가 있다.

위의 인용문을 살펴보면, 키르케고르는 자기를 정의하기 위해서 두 가지 계열을 사용하고 있다. 첫 번째 계열은 영혼, 무한, 가능성이며, 두 번째 계열은 육체, 유한, 필연성이다. 첫 번째 계열의 요소들은 두 번째 계열의 요소들과 순서대로 짝을 이루고 있다. 그래서 영혼과 육체, 무한과 유한, 가능성과 필연성의 세 개의 짝이 나오게 된다. 시간적인 것과 영원한 것의 짝(종합)은 논리적 순서상 나중에 논의하기로 하고, 우선 세 개의 짝에 논의를 한정하기로 하자.

그런데 이 세 개의 짝을 모두 고찰할 필요는 없을 것 같다. 왜냐하면 가능성과 필연성의 짝이 나머지 둘을 대표하기 때문이다. 그래서 여기에서는 가능성과 필연성의 종합만을 살펴보기로 한다. 가능성과 필연성의 종합을 이해하려면, 먼저 필연성이 무엇인지를 정확히 알아야 한다. 키르케고르가 말하는 필연성이란 인간을 제약하고 구속하는 구체적인 자연-사회-정치-문화적인 환경, 성, 종족, 개인적인 경험, 정서적인 안정감, 재능, 관심, 능력, 단점들을 포함하는 환경, 조건, 처지 또는 상황을 말한다. 인간은 생리적 본능을 타고난 생물의 일종일 뿐만 아니라 사회를 떠나서는 살 수 없는 사회적 동물이기 때문에, 이런 여러 조건이나 환경 또는 상황에 의해서 제약받고 구속당하며 살아갈 수밖에 없는 존재이다.

그러나 인간은 동물과 달리 끊임없이 자신의 한계 너머를 동경하며, 한계를 넘어가려고 하고, 실제로 한계를 넘어가기도 한다. 다시 말해서 인간은 여러 조건이나 환경 또는 상황과 같은 필연성에 의해서 제약받고 구속당하는 존재인 동시에 그런 한계를 자유롭게 넘어갈 수 있는 가능성을 가진 존재이다.

자기는 자기 자신과 관계하는 무한성과 유한성의 의식적 종합이며, 자기의 과제는 자기가 되는 것이다. 그런데 그것은 오직 신과의 관계를 통해서만 수행될 수 있다. 자기가 된다는 것은 구체적으로 된다는 것이다. 그러나 구체적으로 된다는 것은 유한적으로 되는 것도 아니고 무한적으로 되는 것도 아니다. 왜냐하면 구체적으로 된다고 하는 것은 실로 하나의 종합이기 때문이다. 따라서 생성의 과정은 자기의 무한화 과정에서 자기 자신으로부터 무한히 멀어지는 것이며, 유한화하는 과정에서 자기 자신에게로 무한히 돌아오는 것이어야만 한다.

자기는 자신의 의지와는 상관없이 유한성, 즉 필연성에 얽매여 있다. 자기는 자신의 이런 유한성 내지 필연성을 벗어던지거나 외면할 수 없다. 그럼에도 불구하고 자기는 자신의 유한성 내지 필연성을 뛰어넘으려고 한다. 어떻게 이런 일이 가능한 것인가?

유한성이 무한성에 대한 관계에서 한정하는 축이듯이, 필연성은 가능성에 대한 관계에서 한정하는 것이다. 자기는 유한성과 무한성의 종합으로서 성립되고 **잠재적이므로**, 자신이 되기 위해서 자기는 상상을 매개로 자신을 반성하며 그럼으로써 무한한 가능성이 명백해진다. **잠재적으로** 자기는 필연적인 것만큼 가능적이다. 왜냐하면 자기는 자신이기 때문이다. 그러나 자기는 자신이 되는 과제를 지니고 있다. 자기가 자신인 한에서 자기는 필연적이다. 그리고 자기가 자신이 되는 과제를 지니고 있는 한에서 자기는 가능성이다.

이 구절에서 알 수 있듯이 그는 자기가 유한성 내지 필연성을 뛰어넘을 수 있는 것은 상상 때문이라고 생각한다. 상상은 자기가 자신의 유한성을 반성하고 자신의 가능성을 그리는 방법이자 역량이다. 자기는 반성적 상상을 매개로 유한성 내지 필연성을 가능성과 관계시킨다. 이제 자기의 정의는 다음과 같이 좀더 구체화될 수 있다. 자기란 상상을 매개로 자신의 이상적 자기를 자신의 현실적 자기와 관계시키는 관계자로, 즉 역동적 활동체로 정의될 수 있다. 그런데 여기에서 자유가 문제된다. 자신의 이상적 자기와 현실적 자기를 관계시키는 역동적 활동체가 자유로운 존재가 아니라면, 자기는 이상적 자기와 현실적 자기를 관계시키는 관계자의 역할을 할 수 없을 것이기 때문이다.

임규정

군산대 교수 · 철학

옮긴이 임규정은 고려대학교 철학과를 졸업했으며, 같은 학교 대학원에서 석사학위를 받았다. 세인트 올라프 대학 키르케고르 도서관 객원 연구원을 지냈고, 지금은 군산대학교 철학과 교수로 있다. 저서로는 『헤겔에서 리오타르까지』 등이 있으며, 역서로는 한길사에서 펴낸 쇠렌 키르케고르의 『불안의 개념』, 『유혹자의 일기』(공역), 『죽음에 이르는 병』을 비롯하여, 페터 로데의 『키르케고르, 코펜하겐의 고독한 영혼』, 패트릭 가디너의 『키르케고르』, 아르투르 슈니츨러의 『카사노바의 귀향』 등이 있다. 논문으로는 「키르케고르의 실존구조」 「키르케고르의 자기의 변증법」 「『철학적 단편』에서 분석되고 있는 가능성과 필연성에 대한 고찰」 「'불안의 개념'에 대한 일 고찰」 등이 있다.

10

한길그레이트북스 제91권~제100권

"표상이란 모두를 하나로 보편화하는 것으로,
이는 사유에 속하는 문제이다.
뭔가를 보편적으로 만든다는 것은
그것을 사유한다는 것이다."

• G.W.F. 헤겔, 『법철학』에서

고독한 산책자의 몽상

장 자크 루소 지음 | 김중현 옮김 | 216쪽

▷ 저자의 다른 작품
『에밀』(GB 57)
『학문과 예술에 대하여 외』(GB 92)

▷ 역자의 다른 번역 작품
『에밀』(GB 57)
『학문과 예술에 대하여 외』(GB 92)

이 책은 루소가 죽기 2년 전부터 쓰기 시작한 미완성 작품이다. 거의 삶의 종착점에 와 있음에도 불구하고 끊임없이 자신에게 쏟아지는 비난과 음모들 속에서 필사적으로 스스로를 방어하기 위해 쏘아댄 '말의 포탄'이 바로 『고독한 산책자의 몽상』이다. 실제로 루소의 이 책은 '몽상에 관한 일기'라기보다 '명상, 혹은 성찰에 관한 일기'이다. 루소 자신도 이 책에는 '창조보다 레미니선스(reminiscence)가 더 많이' 깃들어 있다고 시인하고 있다

이 책은 모두 열 번의 산책으로 이루어져 있으며, 많은 부분이 자신에게 가한 동시대인들의 비난과 비방에 대한 해명에 바쳐져 있다. 루소는 이 책을 씀으로써 '그가 처한 가혹한 상황 속에서 그의 정신이 날마다 양식으로 삼는 감정과 사고에 관한 앎을 통해 그의 본성과 기질에 대한 새로운 인식의 도출'이라는 효과를 노리고 있다.

루소는 자신의 유일한 방어 겸 공격무기인 '말의 포탄'이 그의 시대에는 아무런 위력이 없다는 것을 알았다. 그렇지만 그는 어딘가를 향해 그것을 쏘아댔다. 그것은 바로 미래였고, 후세였으며, 역사였다.

그는 미래를 믿었고, 역사를 믿었다. 성공적인 인간의 업적은 '불멸의 칙령' 속에 기록된다는 사실을 의심하지 않았다. 그의 믿음대로 그것은 그 어떤 무기보다 큰 힘과 영향력을 발휘하면서 세세손손 그를 옹호해주고 있다. 아니, 그만을 옹호하는 데 그치지 않고 진리와 정의를 수호하는 사람들, '본질적인 것'을 추구하고 실천하는 사람들을 옹호해주며 격려해주는 불멸의 힘으로 작용하고 있다. 그리하여 그는 최후의 승리자가 된 것이다.

장 자크 루소(1712~78)

장 자크 루소(Jean-Jacques Rousseau)는 스위스 제네바에서 태어났다. 16세 때 제네바를 떠나 각지를 떠돌다 후원자인 바랑 남작부인을 만났고, 귀족의 집에서 집사나 가정교사로 일하면서 공부할 기회를 얻는다. 음악이론가이기도 한 루소는 1742년 과학아카데미에서 「새로운 악보에 관한 연구」를 발표하고, 아카데미는 루소에게 음악 자격증을 수여한다. 루소는 파리로 나와 디드로와 콩디야크를 알게 되어『백과전서』의 간행에도 협력한다.

1749년 뱅센 감옥에 수감되어 있던 디드로를 면회하러 가던 중 디종 아카데미의 현상논문 공모 주제 '학문과 예술의 진보는 품성의 순화에 기여했는가?'를『메르퀴르 드 프랑스』지에서 읽고, 그때부터 「학문과 예술에 대하여」를 쓰기 시작했다. 이 글이 1750년 1등상을 수상했으며 이를 출판한다.

1753년 디종 아카데미 현상논문 공모 주제 '인간 불평등의 기원은 무엇인가, 그 불평등은 자연법에 의해 허락될 수 있는가?'를『메르퀴르 드 프랑스』지에 게재했으나 공모에서는 떨어지고 1755년 책으로 발간한다. 1761년 소설『신 엘로이즈』가 파리에서 시판되어 큰 성공을 거둔다. 1762년『에밀』이 암암리에 판매되기 시작했으나, 파리 대학 신학부에서 이를 고발한다. 이때부터 경찰이『에밀』을 압수하고, 발행 금지령과 구속영장이 발부되어 루소는 은둔과 유배생활을 시작한다.

루소는 생애 마지막 10년 동안 자신에 대한 여러 비난에 답하는 자전적인 글인『고백록』과『루소가 장 자크를 재판한다』를 쓰고,『고독한 산책자의 몽상』을 집필했으나 끝맺지 못하고 죽었다.

한적한 섬에서 즐기는 고독한 사색과 행복 예찬

지상의 모든 것은 끊임없는 흐름 속에 존재한다. 따라서 외부의 사물에 대한 우리 감정은 그 사물처럼 어쩔 수 없이 사라지고 변한다. 그 사물들은 항상 우리 앞에 더 이상 존재하지 않는 과거를 회상시키거나 아니면 흔히 존재하지 않을 미래를 예고한다.

지상에는 우리 마음이 변함없이 애착을 가질 수 있는 것이 아무것도 없다. 그러므로 사람들은 이 세상에서 일시적인 쾌락밖에 얻지 못한다. 나는 지속적인 행복이 이 지상에 있다고 믿지 않는다. 이 순간이 영원히 지속되었으면 좋으련만 하는 마음이 우러나는 바로 그 순간에만 겨우 지상(至上)의 행복을 즐길 뿐이다.

그런데 행복이, 영혼이 온전히 휴식을 취할 만큼, 또한 과거를 회상할 필요도 미래를 기대할 필요도 없이 그 전 존재를 집중시킬 만큼 견고한 토대를 갖는 어떤 상태라면, 그리하여 시간이 영혼에 아무런 영향을 미치지 못하는 상태라면, 또한 현재가 그 지속에 흔적을 남기지 않음으로써 어떠한 연속의 자취도 없이 오로지 우리의 존재에 대한 감정(그 감정만이 영혼을 온전히 채울 수 있으리라)을 제외한 어떠한 박탈이나 즐거움, 쾌락, 고통, 공포의 감정이 없이 영원히 지속되는 상태라면, 그 상태가 지속되는 한 그 속에 있는 사람은 행복하다고 말할 수 있을 것이다.

그 행복은 우리가 인생의 쾌락 가운데 느끼는 것과 같은 불완전하고 보잘것없는 행복이 아니라, 채워야 할 어떠한 공허함도 영혼에 남겨두지 않는 만족스럽고 완전하며 충만한 행복이다. 그것이 바로 성 베드로 섬에서 물결 따라 흐르도록 내버려두었던 돛배에 누워서, 파도치는 호숫가에 앉아서, 아름다운 시냇가나 자갈 위로 졸졸졸 흐르는 실개천가에 앉아서 고독한 몽상에 잠긴 내가 자주 빠져들곤 했던 상태이다.

그러한 상황 속에서 사람들은 무엇을 즐길까? 결코 자기 밖의 것은 아니다. 오직 자기 자신과 자신의 존재만을 즐긴다. 그 상태가 지속되는 한 사람들은 신처럼 홀로 충분한 존재이다. 어떤 애착도 없는 그러한 존재의 감정은 이 세상에서 끊임없이 우리의 평온함을 방해하러 오는 온갖 관능적인 인상을 떨쳐내버릴 줄 아는 사람만이 도달할 수 있는 평안하고 만족스러우며 고귀한 감정일 것이다.

끊임없는 격정으로 흥분에 빠지는 대부분의 사람은 그 상태를 경험하지 못하며, 혹 경험한다 할지라도 아주 짧은 순간 불완전하게 맛볼 뿐이기에 그 상태에 대한 매력을 알지 못한다. 그 감미로운 도취를 갈망하는 사람이 끊임없이 솟구치는 욕망에 의해 의무처럼 지워지는 적극적인 삶에 지긋지긋해하는 것은 현실의 삶을 살아나가는 데에도 좋지 않을 것이다. 반면 사회로부터 격리당해 이 세상에서 타인에게도 자기 자신에게도 더 이상 유용하고 좋은 일을 할 수 없는 불행한 사람은 지복이 있는 그러한 상태 속에 있음으로써 운명과 타인들이 빼앗아갈 수 없는 보상을 받을 수도 있을 것이다.

그러한 상태의 보상이 모든 영혼이나 온갖 상황에서 항상 느껴질 수만은 없는 것이 사실이다. 이를 위해서는 마음이 평화로워야 하며, 어떠한 격정에 의해서도 영혼의 평온이 흔들리지 말아야 한다. 또 보상을 받고자 하는 사람의 준비뿐 아니라 주위 대상들의 협력을 얻기 위한 준비도 필요하다. 그 보상에는 절대적인 고

에르메농빌에 있는 루소의 무덤

요나 지나친 동요가 아닌 동요도 공백도 없는 절제되고 변함없는 움직임이 필요하다.

움직임이 없는 삶은 가사 상태이다. 만일 움직임이 불규칙적이거나 지나치게 강하면 사람을 깨어나게 만든다. 주위 대상으로 되돌아오게 되면 그런 움직임은 몽상의 도취를 깨뜨려 즉각 우리를 운명과 타인들의 지배하에 다시 밀어넣기 위해, 또한 우리에게 불행한 감정을 되돌려주기 위해 우리를 내부로부터 끌어낸다.

절대적인 고요는 우울을 부추긴다. 그것은 죽음의 이미지를 환기시킨다. 그러므로 어떤 아름다운 상상의 도움이 필요한데, 하늘로부터 그 상상의 능력을 부여받은 사람이라면 누구에게나 당연히 그러한 도움이 주어진다. 그러므로 외부에서 오지 않는 움직임은 우리 내부에서 생겨난다.

휴식은 상쾌함이 덜하다. 영혼의 밑바닥을 뒤흔듦 없이 유쾌하고 달콤한 생각들이 그 영혼의 표면만을 가볍게 어루만질 때 더 상쾌하다. 모든 불행을 망각함으로써 자신을 돌이켜보기 위해서는 충분한 휴식이 필요하다. 그러한 종류의 몽상은 우리가 침잠할 수 있는 곳이면 어디에서나 가능하다. 그러므로 나는 자주 바스티유 감옥이나 아무것도 볼 수 없는 지하 감옥에서조차 쾌적하게 꿈을 꿀 수 있으리라 생각했다.

『고독한 산책자의 몽상』「다섯 번째 산책」

인간존재의 본질과 진리를 위해 쏘아댄 말의 포탄

루소는 프랑스에서 떠난 뒤, 끊임없이 뒤로 밀렸다. 수세를 취해보지만 계속해서 변방으로 내쫓겼다. 그는 적어도 정신적으로는 이미 아무도 살지 않는 외딴섬으로 도피해있었다(실제로 그는 모티에에 피신해 살고 있을 때 그의 집에 돌이 날아들자 한동안 성 베드로 섬으로 몸을 피해 있었다).

그는 이제 더 이상 뒤로 물러날 곳이 없었다. 배수지진이었다. 끊임없이 후퇴하다가 배수지진의 상태에 처한 그는 어디로 더 물러날 수 있었을까? 이제 그에게 남은 일은 무엇인가? 필사적인 공격(이 공격은 오로지 방어용 공격일 뿐이었다. 루소는 애초부터 증오심이 없는 사람이기에 타인을 해치고 싶은 마음이 전혀 없었다)뿐이다.

그에게 무슨 무기가 남았던가? 펜이라는 무기였다. 이미 세상은 하나로 똘똘 뭉쳐 그의 적이 되어 있었기에 펜이라는 무기는 현실적으로 무력하기만 했다. 하지만 달리 어떤 방법이 있으랴. 그는 펜을 통해 말의 포문을 열 수밖에 없었다. 자신을 옹호하고 방어하기 위해 펜이 쏘아대는 '말의 포탄', 그것이 바로 『고독한 산책자의 몽상』이다.

어찌 보면 루소는 콤플렉스가 많은 사람이며, 그의 말대로 여리고 소심한 사람이다. 그럴 수밖에 없는 것이, 그는 그야말로 '미천한 존재'로 태어났기 때문이다. '미천한 존재'라는 말은 물론 사회적인 측면에서 하는 말이다. 아무런 작위도 없는 가정에서 태어났을 뿐 아니라 가난하게 자란 그에게는 사회적으로 내세울 수 있는 게 거의 없었다. 그의 출세작이라 할 수 있는 『학문과 예술에 대하여』가 디종 아카데미로부터 상을 받은 것은 38세(1750) 때이다. 그 뒤로 이어지는 그의 주목할 만한 저서들은 그를 민주주의와 낭만주의에 지대한 영향을 준 18세기의 주요 인물로 만든다. 가진 것이라고는 오로지 그 정신적인 자산뿐이었으므로 그는 그것을 빼앗길 수 없었으리라. 그것마저 빼앗겨 무화(無化)되어버린 날에는 붙잡을 수 있는 것이라고는 아무것도 남지 않을 것이기 때문이다.

어떻든 그는 현실적으로는 아무런 힘이 없는 사람이었다. 앞에서 말했듯이, 그가 가진 유일한 방어 겸 공격무기는 '말의 포탄'뿐이었다. 그러면 그것은 힘을 가졌던가? 아니다. 적어도 그가 사는 현실에서는 아니었다. 그의 말에 따르면, 『고독한 산책자의 몽상』을 쓰기 시작하기 두 달 전에야 그는 자신이 그 동안 쏘아댄 여러 '말의 포탄'이 아무 위력도 없었음을 깨달았다.

그렇다면 그는 또다시 어디를 향해 그것을 쏘아대야 할 것인가? 그것은 미래였고, 후세였으며, 역사였다. 그는 우회적인 방법으로 승리를 겨냥했다. 그가 살던 시절에 쏘아댄 '말의 포탄'은 당대의 시공(時空)에서는 아무런 파괴력도 갖지 못했다. 이미 세론이 그의 '말의 포탄'에 대한 방공시설을 철저히 구축해놓았기 때문이다. 그리하여 그는 자신이 쏘아올린 그 말의 포탄이 미래로 시간여행을 하도록 조작한다. 시간이 흐를수록 그것은 현실적인 힘을 얻어갈 것이다. 마침내 그것은 원자탄보다도 더 큰 파괴력을 갖게 될 것이다. 그 포탄은 그때 다시 그것이 쏘아올려진 시대로 되돌아가 루소를 학대했던 사람들에게로 날아갈 것이다.

루소는 미래를 믿었다. 역사를 믿었다. 성공적인 인간의 업적은 '불멸의 칙령' 속에 기록된다는 사실을 의심하지 않았다. 그의 믿음대로 나약한 펜에서 쏟아져 나온 검은 '말의 포탄들'은 그 어떤 무기보다 큰 힘과 파괴력을 발휘하면서 세세손손 그를 옹호해주고 있다. 아니, 그만을 옹호해주는 데 그치지 않고 루소 자신의 신조가 그러했듯이 진리와 정의를 수호하는 사람들, '본질적인 것'을 추구하고 실천하려는 사람들을 옹호해주며 격려해주는 불멸의 힘으로 작용하고 있다. 그리하여 그는 최후의 승리자가 된 것이다.

이 책을 쓰면서 그가 기대했던 '그의 본성과 기질에 대한 새로운 인식의 도출' 효과는 이제 개인을 뛰어넘어 '인류의 본성과 기질에 대한 인식의 도출'로 그 효과를 증폭시킨다. 인류는 자연의 보편적 질서 속에서 살아가는 존재이다. 그러므로 그 질서에 순응하는 미덕을 고양시킬 필요가 있다.

진리도 자연의 일부다. 그러므로 진리에 따라 행동하는 것은 인간의 본성으로 돌아가는 일이다.『고독한 산책자의 몽상』을 관통하는 한 단어가 있다면 바로 그 진리(혹은 진실)일 것이다. 루소는 일찍부터 '진리를 위해 일생을 바치다'라는 말을 자신의 신조로 삼았다. 그리고 그 신조에 합당하게 살려고 노력했다. 그러한 삶이었기에 기어코 세인의 미움을 사기에 이르렀던 것이다. 그러니 어떻게 보면『고백』과『고독한 산책자의 몽상』은 "나는 오로지 진리에 따라 살려고 노력했을 뿐이다. 그런데 당신들은 왜 나를 미워하느냐?"라고 외쳐대는 항변일 수도 있을 것이다.

우리 사회는 도처에서 진리가 빛을 발하지 못하고 있다. 거짓이 진리를 가리고 있다. 거짓이 진리를 능욕하고 있다. 이기주의와 편의주의, 소인배 기질, 아량의 결핍, 지나친 시기심, 역사의식 부족, 그리고 탐욕 때문에 거짓이 증폭되고 있다. 그들은 진리를 눌렀다고 생각하며 승리감에 젖어 있다.

하지만 진리는 소멸되는 것이 아니다. 진리에는 패배라는 말이 있을 수 없다. 패배한 듯이 보일 뿐이다. 진리는 진리 그 자체로 언제나 변함없이 존재하기 때문이다.

사실 그들의 마음도 개운치 못할 것이다. 마음 속의 신(神)인 양심이 끈질기게 따라다니며 그들을 놓아주지 않을 것이기 때문이다. 그러므로 그들은 그저 자신들이 한 거짓을 잊고 싶을 뿐이다. 그들은 승리하지 못했다. 그런데 그들은 왜 그렇게 패배할 게임을 일삼는 걸까?

자연으로 돌아갈 때이다. 실개천이 흐르는 숲속을 거닐면서 아집과 집착과 탐욕을 씻어야 할 때이다. 영롱하게 빛나는 창공의 별을 바라보며 양심을 되찾을 때이다. 평화로운 전원을 호흡하며 마음의 평정을 되찾을 때이다. 그리하여 '자연이 내게 원하는 상태', 곧 나의 본성으로 되돌아갈 때이다. 아마도 그것이 여전히 정신적 아노미 상태에서 벗어나지 못하고 있는 이 사회에『고독한 산책자의 몽상』이 보내는 진정한 메시지가 아닐까.

김중현
한남대, 성균관대 강사 · 불문학

옮긴이 김중현은 한국외국어대학교 불어과와 같은 학교 대학원을 졸업하고, 프랑스 낭시 2대학교에서 발자크 연구로 불문학 박사학위를 받았다. 지금은 한남대와 성균관대에서 강의하고 있다. 저서로 『발자크–생애와 작품세계』, 『발자크 연구–서양문학 속의 아시아』, 『세기의 전설』, 『사드』, 『대중문학의 이해』(공저) 등이 있다. 역서로 한길사에서 펴낸 장 자크 루소의 『에밀』, 『고독한 산책자의 몽상』, 『학문과 예술에 대하여』를 비롯, 앙드레 지드의 『앙드레 지드의 콩고여행』이 있고, 장 마리 펠트의 『향신료의 역사』, 토마 나르스작의 『추리소설의 논리』, 오노레 드 발자크의 『골동품 진열실』, 알랭 드코의 『나폴레옹 어머니 레티치아』 등이 있다.

학문과 예술에 대하여·
산에서 쓴 편지

장 자크 루소 지음 | 김중현 옮김 | 518쪽

▷ 저자의 다른 작품
『에밀』(GB 57)
『고독한 산책자의 몽상』(GB 91)

▷ 역자의 다른 번역 작품
『에밀』(GB 57)
『고독한 산책자의 몽상』(GB 91)

이 책에 실린 두 작품 『학문과 예술에 대하여』와 『산에서 쓴 편지』는 각기 루소의 사상을 이해하는 데 중요한 작품이지만, 두 작품을 관류하는 한 가지 감정을 발견할 수 있다. 위선과 속임수에 대한 증오가 곧 그것이다.

『학문과 예술에 대하여』에서는 약자에 대한 배운 자들의 위선과 속임수를, 그리고 『산에서 쓴 편지』에서는 약자에 대한 권력을 가진 자들의 위선과 속임수를 비판하고 있다. 그 감정은 곧 진실과 진리 그리고 정의를 추구하는 감정이기도 하다.

학문은 재능과 이성의 걸작으로 그 자체로서는 선하며, 우리의 삶에 안락을 가져다준 유익한 발명을 낳기도 했다. 저자들은 진리의 원천이며, 지식을 습득하는 일은 인간의 신성한 특권 가운데 하나이다. 그러므로 지식의 습득은 인식의 범위를 확대시킴으로써 최고의 지성행위에 참여하는 일이다.

배운 자들과 권력을 가진 자들의 위선과 속임수가 지금의 우리 사회에 루소가 살았던 때보다 덜하다는 증거는 없다. 이 사회가 갈수록 양극화 현상이 두드러지는 것은 그 방증이기도 하다. 곡학아세(曲學阿世)하는 사람들은 얼마나 많은가? 권력을 오로지 개인적인 축재와 약자를 억압하는 수단으로 생각하는 사람은 얼마나 많은가? 과연 그들의 이성을 믿어도 좋을지 강한 회의를 불러일으키는 배운 사람들, 권력을 가진 사람들은 이 사회에 얼마나 많은가?

이 두 작품은 그런 사람들을 몹시 싫어하는 사람의 글이다. 숭고할 정도로 양심적이며, '진리를 위해 일생을 바친' 사람의 글이다.

장 자크 루소(1712~78)

장 자크 루소(Jean-Jacques Rousseau)는 스위스 제네바에서 태어났다. 16세 때 제네바를 떠나 각지를 떠돌다 후원자인 바랑 남작부인을 만났고, 귀족의 집에서 집사나 가정교사로 일하면서 공부할 기회를 얻는다. 음악이론가이기도 한 루소는 1742년 과학아카데미에서 「새로운 악보에 관한 연구」를 발표하고, 아카데미는 루소에게 음악 자격증을 수여한다. 루소는 파리로 나와 디드로와 콩디야크를 알게 되어 『백과전서』의 간행에도 협력한다.

1749년 뱅센 감옥에 수감되어 있던 디드로를 면회하러 가던 중 디종 아카데미의 현상논문 공모 주제 '학문과 예술의 진보는 품성의 순화에 기여했는가?'를 『메르퀴르 드 프랑스』지에서 읽고, 그때부터 「학문과 예술에 대하여」를 쓰기 시작했다. 이 글이 1750년 1등상을 수상했으며 이를 출판한다.

1753년 디종 아카데미 현상논문 공모 주제 '인간 불평등의 기원은 무엇인가, 그 불평등은 자연법에 의해 허락될 수 있는가?'를 『메르퀴르 드 프랑스』지에 게재했으나 공모에서는 떨어지고 1755년 책으로 발간한다. 1761년 소설 『신 엘로이즈』가 파리에서 시판되어 큰 성공을 거둔다. 1762년 『에밀』이 암암리에 판매되기 시작했으나, 파리 대학 신학부에서 이를 고발한다. 이때부터 경찰이 『에밀』을 압수하고, 발행 금지령과 구속영장이 발부되어 루소는 은둔과 유배생활을 시작한다.

루소는 생애 마지막 10년 동안 자신에 대한 여러 비난에 답하는 자전적인 글인 『고백록』과 『루소가 장 자크를 재판한다』를 쓰고, 『고독한 산책자의 몽상』을 집필했으나 끝맺지 못하고 죽었다.

학문과 예술의 발전은 인간을 행복하게 하는가

인간이 쉬는 것을 싫어하는 어떤 신이 학문을 발명했다는 고대의 전설이 이집트에서 그리스로 전해진다. 학문이 시작된 이집트에서 사람들은 도대체 학문에 대해 어떤 생각을 품었을까? 그들은 학문의 발원지를 가까이에서 보았으니 말이다. 실제로, 세계사를 공부하든지 아니면 불명확한 연대기의 부록을 철학적 연구물로 보충해보라. 인간이 지식 연마에 흥미를 느끼고 있다는 생각을 뒷받침해줄 증거를 발견하지 못할 것이다. 천문학은 미신에서 생겨났으며, 웅변술은 야망과 증오와 아첨과 거짓에서 생겨났다. 기하학은 탐욕에서 생겨났으며, 물리학은 공연한 호기심에서 생겨났다. 그처럼, 윤리학까지를 포함하여 모든 학문은 인간의 오만에서 생겨났다. 그러므로 학문과 예술은 우리의 악덕에 근원을 두고 있음에 틀림없다. 학문과 예술이 우리의 미덕에서 발원하는 것이라면 그것의 이점에 대해 의심이 덜 갈 것이다.

그것들의 기원의 결함은 목적을 생각할 때 매우 잘 보인다. 예술은 자신의 양식이 되는 사치가 없다면 어떻게 될까. 인간의 불의가 없다면 법학이 무슨 소용이 있을까. 폭군·전쟁·음모자들이 없다면 역사는 어떻게 될까. 오로지 의무를 이행하고 욕망을 채우는 일에만 관심이 있는 사람이 자신의 나라와 불행한 사람들 그리고 친구들을 위해 그의 시간을 다 바칠 수 있을까. 요컨대, 보상도 없는 연구에 누가 자신의 삶을 다 바치려고 할 것인가. 도대체 우리는 진실이 숨어 있는 우물의 가장자리에 비끄러매진 채 죽어가도록 만들어졌단 말인가. 이 하나의 성찰거리만으로도 철학 연구를 통해 배우려고 열심히 노력하는 모든 사람을 시작부터 질색하게 만들기에 충분하리라.

학문 연구에는 얼마나 많은 위험이 도사리고 있는가. 또한 잘못된 길은 얼마나 많은가. 진리에 도달하기 위해서는 얼마나 많은 오류——그 오류는 진리가 유익한 것 이상으로 훨씬 더 위험하다——를 거쳐야 하는가. 불리한 처지라는 것은 불을 보듯 뻔하다. 왜냐하면 오류는 무한한 존재 양식을 가질 수 있지만, 진리는 오로지 한 가지 존재 양식밖에 갖지 않기 때문이다. 그건 그렇고, 진리를 정말 진지하게 탐구할 사람이 있는가. 설령 최선을 다하여 탐구한들 어떤 표지를 통해 진리라는 것을 확신할 수 있는가. 그 많은 상이한 생각들 가운데 진리를 제대로 판단하기 위한 기준은 무엇인가. 더 어려운 일은, 다행히 우리가 드디어 그 진리를 찾아낸다 한들 누가 그것을 유익하게 사용할 줄 알 것인가 하는 점이다.

학문은 그것이 계획하는 목적을 볼 때 무용한 것이지만, 그보다는 그것이 불러일으키는 결과로 말미암아 훨씬 더 위험하다. 무위(無爲)에서 태어난 학문은 이제 그 무위를 더 공고히 한다. 그리하여 만회할 수 없는 시간 손실은 학문이 불가피하게 야기한 첫번째 폐해이다. 도덕에서와 마찬가지로 정치적으로도 선행을 하지 않는 것은 큰 악이다. 그러므로 무용한 시민은 모두 해로운 사람으로 간주될 수 있다.

그러니 저명한 철학자들이여, 당신들 덕택에 우리는 공간 속에서 물체들이 서로 끌어당기는 이유를 알게 되었는데, 내게 답변해주시오, 다음의 물음들에 말이오. 즉 행성들의 운행에서 동일한 시간의 주파 면적비는 얼마인가? 공액

얀 판 데어 헤이든, 「수집품이 있는 방 모퉁이」(1712)

점·변곡점·첨점을 갖는 곡선에는 어떤 것들이 있는가? 인간은 어떻게 신의 섭리를 깨닫는가? 영혼과 육체는 두 괘종시계처럼 어떻게 의사소통도 없이 서로 교류하는가? 어떤 별에 사람이 살 수 있는가? 일반적인 방식과는 다르게 번식하는 벌레에는 어떤 것들이 있는가? 부탁하건대, 내게 좀 대답해주시오, 우리에게 그토록 고상한 지식을 전해준 당신들이여. 당신들이 그것에 대해 아무것도 가르쳐주지 못한다 해서 인구가 줄어들며, 통치가 제대로 되지 않고, 침략받을 위험이 덜하며, 발전이 더 미진하거나 아니면 더 타락하겠는가. 그러니 당신들이 연구한 결과물들의 중요성을 다시 생각해보시오. 가장 견식 있는 학자들과 시민들의 노력의 결실조차 우리에게 거의 유익함을 주지 못하는데, 국가의 재산을 무익하게 축내는 그 많은 이름 없는 작가들과 무위도식하는 학자들에 대해서는 어떻게 생각해야 하는지 이야기해주시오.

내가 '무위도식'이라는 말을 썼던가. 차라리 그들이 무위도식이나 하면 좋으련만! 그러면 그들의 품성은 오히려 더 건전해질 것이고, 사회는 더 평화로워질 것이다. 그런데 쓸모없이 미사여구만 늘어놓는 그들은 해로운 역설로 무장하고는 사방으로 내닫는다. 신앙의 토대를 흔들어대며 미덕을 파괴하는 그들은 조국이니 종교니 하는 묵은 말들에 조소를 보내며, 인간들 사이의 신성한 모든 것을 파괴하고 모독하는 일에 자신들의 재능과 철학을 바치고 있다.

『학문과 예술에 대하여』 제2부

곡학아세식 학문을 비판하다

학식의 연마는 자기도 모르게 정중함을 낳는다. 그러므로 학식을 연마한 사람일수록 정중한 태도로 진실을 가린다. 내부가 타락할수록 외부는 더 그럴싸하게 포장하는 법이다. 마음속에서는 온갖 악이 성행하고 있는데 예의바른 말과 몸짓으로 모든 사악한 의도를 윤색한다. 세상은 솔직하지 못한 그런 사람들 때문에 오히려 불신이 만연된다.

본문에서 보듯 루소는 학문 자체를 비판하지는 않는다. 다만 학문의 남용을 문제 삼는 것이다. 학문의 연마는 진리와 정의를 옹호하기 위한 것이 되어야 하며, 연마된 학문은 사회와 인류에 이바지해야 한다. 그러기에 그럴 만한 능력이 있는 사람들만이 학문의 문을 두드려야 할 것이다. 그러한 능력이 없는 사람은 일찍이 장색(匠色)의 길을 걷는 편이 자기 자신이나 사회를 위해 더 낫다. 왜냐하면 그렇게 하면 적어도 사회에 불신과 혼탁을 가중시키지는 않을 것이기 때문이다.

이를테면 학문의 유익성을 창달할 수 있는 소수를 제외하고 학문한답시고 달려든 사람들은 그 학문으로 말미암아 자신에게 오만과 탐욕, 기만과 음모, 간교함과 위선, 독선과 시기심, 이기심과 비열함을 조장함으로써 자기 자신의 인간성을 타락시킨다. 나아가 사회를 불신과 부정 그리고 악덕이 우글거리는 정글로 변화시키기까지 한다.

그것은 그토록 순수한 기원과 찬양받을 만한 목적을 가진 학문이 비록 숭고할지라도 전혀 인간을 위해 연구되지 않았고, 정신이 지나치게 편협한 나머지 학문의 진보에 기여할 수 없기 때문이며, 마음속에 지나친 정념을 품고 있어서 오용을 피할 수 없었고, 그저 잘 연구하는 것만으로 의무를 끝냈기 때문이며, 끝으로 학문에 필요한 이성의 빛을 누구나 부여받았기 때문이다. 그러므로 학문과 예술의 발전은 인간의 참된 행복에 아무런 기여를 하지 못했으며, 오히려 인간의 품성과 사회의 풍속을 타락시켰다.

루소의 주장을 요약하면 대략 이상과 같다. 물론 루소의 이러한 주장은 역사적인 실례를 풍부하게 들어 충분히 논증되고 있다. 그러기에 마치 각 시대마다 명성을 떨친 여러 나라와 민족에 대해 학문의 발전과 풍속의 타락, 나아가 패망 사이의 역학관계를 조망한 논문처럼 느껴지기도 한다.

그렇다면 학문은 어떤 사람이 연마해야 하며, 교육은 어떤 식으로 행해져야 하는가. 루소에 따르면, 학문은 소수의 천재들에게만 국한되어야 한다. 여기서 천재란 누구의 도움도 받지 않고 학문의 발자취를 혼자의 힘으로 따라가며 발전시킬 능력을 자기 안에서 느끼는 그런 사람들이다. 그러므로 "인간 정신의 영광을 위하여 기념비를 세우는 일"은 자연의 질서를 혼자의 능력으로 깨달을 수 있는 그런 사람들에 한정되어야 한다. 범용한 선생들은 그들을 교육시키지 못한다. 천재들의 비범한 오성을 자신들의 협소한 오성 안에 가둠으로써 천재들의 오성이 무한한 우주 공간으로 비상하는 것을 방해하기 때문이다. 물론 그 천재들은 높은 미덕을 겸비해야 한다. 어떻게 보면 그들은 학문을 드높이고 진리를 수호할 수 있도록 하늘이 점지해놓은 사람들이다.

그러나 모두가 천재일 수는 없다. 수많은 사

람들이 학문에 투신하고 도처에 교육기관들이 세워져 있는 것이 현실이다. 그러므로 학문이 인간을 타락시키지 않게 하기 위해서는 교육기관들의 진정한 교육 목표가 관건이다.

참다운 교육은 지식의 습득이 아닌 미덕의 고양에 초점이 맞추어져야 한다고 루소는 말한다. 어른이 되어 사회 생활을 하는 데 필요한 것을 배워야 하는데, 건강한 육체를 연마하고 용기를 기르며 의무를 철저히 수행할 줄 아는 인간 육성이 바로 그것이다. 어떻게 보면 그의 교육지론은 '난 사람'보다 '된 사람'의 배양이다.

사회 교육 문제의 발원지는 어른들이다. 세계적으로 높은 교육열을 자랑으로 내세우는 이 사회가 부패의 온상처럼 변한 것은 참다운 교육의 실패 때문이다. 루소는 사회의 풍속을 타락시키는 그러한 교육보다는 오히려 무지가 낫다고 주장한다. 어떻게 보면 우리 사회도 그 무지로 돌아가는 게 각자의 진정한 행복을 위해 더 나을지도 모른다. 루소가 주장하는 무지는 다름 아닌 이러한 무지이다.

> 악한 마음과 교활한 정신에서 나오는 잔인하고 난폭한 무지가 있다. 또한 인간 의무의 영역까지 파고들어 악덕을 증대시키고 이성을 해치는, 나아가 영혼을 타락시키고 인간을 짐승과 다름없이 만드는 무지가 있다. …… 반면, 또다른 종류의 분별 있는 무지가 있다. 그것은 인간의 호기심을 그들(인간)이 부여받은 능력의 범위 안으로 국한시킨다. 그것은 미덕에 대한 뜨거운 사랑의 소산으로, 인간의 마음을 빼앗을 가치가 조금도 없는 모든 것에 대해 무심함을 갖게 할 뿐, 인간의 마음을 더 나은 상태로 만드는 데는 도움을 주지 않는 겸손한 무지이다. 그것은 또한 자신을 반성하는 일에서 큰 즐거움을 느끼고, 자신의 지식에 대해 타인이 가질 수도 있는 평가에서 거짓되고 헛된 행복을 찾을 필요성을 느끼지 않으면서 스스로에게 만족하는 순수한 영혼의 보물로, 온순하고 귀중한 무지이다. 바로 그것이 내가 예찬하는 무지이며, 학문을 무시함으로써 학자들에게 불러일으켰던 소란에 대한 벌로 하늘에 요구하는 무지이다.

이 논문 이후의 여러 작품을 통해 개진되는 루소의 교육론은 이 논문에서부터 시작된다고 말할 수 있다. 그가 주장하는 교육은 위 인용에서 볼 수 있는 무지, 곧 자연 상태로 돌아가자는 것이기 때문이다.

루소의 「학문과 예술에 대하여」는 이 논문 하나만을 읽는 독자들에게는 많은 모순과 의문을 불러일으킨다. 그러기에 당대에도 수많은 반박문이 줄을 이었던 것이다. 그러나 그 반박문들에 대한 답변(또는 재반박문)들이 독자가 느끼게 될 모순과 의문을 하나하나 해결해줄 것이다.

김중현

한남대, 성균관대 강사 · 불문학

옮긴이 김중현은 한국외국어대학교 불어과 같은 학교 대학원을 졸업하고, 프랑스 낭시 2대학교에서 발자크 연구로 불문학 박사학위를 받았다. 지금은 한남대와 성균관대에서 강의하고 있다. 저서로 『발자크-생애와 작품세계』 『발자크 연구-서양문학 속의 아시아』 『세기의 전설』 『사드』 『대중문학의 이해』(공저) 등이 있다. 역서로 한길사에서 펴낸 장 자크 루소의 『에밀』 『고독한 산책자의 몽상』 『학문과 예술에 대하여』를 비롯, 앙드레 지드의 『앙드레 지드의 콩고여행』이 있고, 장 마리 펠트의 『향신료의 역사』, 토마 나르스작의 『추리소설의 논리』, 오노레 드 발자크의 『골동품 진열실』, 알랭 드코의 『나폴레옹 어머니 레티치아』 등이 있다.

사모아의 청소년

마거릿 미드 지음 | 박자영 옮김 | 382쪽
20세기 미국대학생 필독 교양도서

이 책 『사모아의 청소년』은 마거릿 미드가 미국령 사모아의 한 조그만 섬에서 민족지적 현지조사를 통해 그곳 청소년기 소녀들의 삶과 성장과정을 관찰한 후, 그 결과를 미국 청소년의 성장과정과 비교한 연구이다. 이 책은 크게 두 부분으로 구성되어 있다. 먼저 사모아의 어린이가 태어나서 가족, 친족, 친구, 이성, 지역사회와 관계를 맺고 사모아인으로서 배워야 할 것들을 습득하며 성장하는 과정을 청소년기 소녀들의 삶을 중심으로 살폈다.

그 다음에 사모아 청소년에 대한 민족지적 자료와 미국인으로서 저자가 알고 있는 미국 청소년에 관한 지식을 바탕으로 사모아 청소년과 미국 청소년의 성장과정과 교육을 비교함으로써 미국 청소년들의 교육문제를 고찰하고 나아가 그 해결방안을 모색했다.

『사모아의 청소년』이 나왔을 때 이 책은 본성 대 양육 논쟁에서 "양육"을 지지하는 중요한 증거를 제공한 사례연구로 인류학자들뿐만 아니라 다른 사회과학자들과 교사들 사이에서 열렬한 호응을 얻었다. 이 책은 사람들이 인간 행동을 이해하는 방식과 인종, 문화에 대한 미국인의 견해에 오랫동안 큰 영향을 미쳤고, 미드를 단번에 미국에서 가장 유명한 인류학자로 부상시켰다.

미드가 사모아 문화와 미국 문화에 대해 관찰한 것은 당시의 인류학 세계가 스스로를 재고해보게 했고 인류학을 하는 방식을 쇄신하게 만들었다. 그리고 당시로서는 획기적으로 일반 대중들이 이해할 수 있는 언어로 생생하고 흥미롭게 쓴 그녀의 연구는 사람들로 하여금 다른 문화를 통해 자신의 문화를 성찰하고 당면한 문제에 대한 통찰력을 가질 수 있게 해주었다.

마거릿 미드(1901~78)

마거릿 미드(Margaret Mead)는 뉴욕의 컬럼비아 대학교에서 인류학을 공부했다. 프란츠 보아스와 루스 베네딕트의 영향을 많이 받았으며, 주로 육아양식을 통해 문화가 인성에 영향을 미치는 방식, 성역할의 문화적 변이, 국민성, 문화변동 등을 연구했다.

미국령 사모아에서 청소년들을 연구하고 펴낸 『사모아의 청소년』(1928)으로 대중적인 성공과 학문적인 명성을 얻었다. 파푸아 뉴기니와 발리 등지에서도 현지조사를 수행하고 『뉴기니에서의 성장』(1930), 『세 원시사회의 성과 기질』(1935), 『발리인의 성격: 사진을 통한 분석』(1942) 등 문화와 인성 연구에 중요한 저작들을 펴냈다.

1926년부터 1969년까지 미국 자연사박물관의 민족학분과 학예관을 지냈으며, 1954년부터 컬럼비아 대학교 인류학과 겸임교수를 지냈고, 정력적인 강연, 저술, 대담 활동으로 인류학을 널리 알리는 데 큰 공을 세웠다. 또한 대중매체의 힘을 잘 알고 그것을 이용하여 현대사회에 관련된 광범위한 문제에 대해 비판하고 논평함으로써 여론과 정책결정에 많은 영향을 미쳤다.

미국 정부의 여러 주요 위원회와 국제적인 위원회에서 일했으며, 미국인류학회, 미국과학진흥협회 등 주요 학회의 회장을 지냈다. 1969년, 『타임』지는 그녀를 '올해의 어머니'로 선정했다. 1979년에는 미국에서 민간인에게 주는 최고훈장인 대통령자유훈장을 추증받았다.

저서로는 위에서 든 것 외에 『남성과 여성: 변화하는 세계의 남녀에 대한 연구』(1949), 『오래된 문화의 새로운 삶: 마누스의 문화적변모』(1956), 『인류학: 인간과학』(1964), 『문화적 진화의 연속성』(1964), 『문화와 참여』(1970), 『블랙베리의 겨울: 나의 젊은 시절』(1972) 등 40여 권의 저서와 편저, 공저가 있다.

문화적인 배경이 청소년의 성장에 미치는 영향

성장을 무척 수월하고 간단한 일로 만드는 사모아의 배경은 사회 전반에 걸친 태평스러운 태도다. 사모아는 대단한 도박을 하는 사람도, 아주 무거운 대가를 치르는 사람도, 신념 때문에 순교하거나 특별한 목적을 위해 죽을 때까지 싸우는 사람도 없는 곳이기 때문이다. 부모와 자식 사이의 불화는 자식이 길 건너로 이사를 나감으로써 해결되고, 남자와 그의 마을 사이의 불화는 남자가 옆 마을로 이사 가는 것으로 해결되며, 남편과 그의 아내를 유혹한 사람 사이의 불화는 정교한 돗자리 몇 개로 해결된다.

가난이나 엄청난 재난에 위협을 받아 사람들이 삶에 애착을 가지고 목숨을 부지하기 위해 벌벌 떠는 일도 없다. 화를 잘 내고 벌을 잘 주는 무자비한 신이 있어서 그들의 평탄한 나날을 방해하는 일도 없다. 전쟁과 식인풍습은 이미 오래전 이야기이며, 지금은 죽음 자체만 빼놓으면 눈물을 흘릴 제일 큰 이유가 친척이 다른 섬으로 여행을 떠나는 것이다.

아무도 급히 살라고 재촉받지 않으며, 발달이 늦다고 심한 벌을 받는 사람도 없다. 대신 재능 있는 사람, 조숙한 사람은 제일 느린 사람이 따라잡을 때까지 저지당한다. 그리고 대인관계에서도 상대방에게 큰 애정을 쏟지 않는다. 사랑과 증오, 질투와 복수, 비탄과 사별, 이 모두는 몇 주일만에 끝나는 문제다. 아이는 한 여자의 손에서 다른 여자의 손으로 아무렇게나 넘겨지는 생후 첫 몇 개월 때부터 한 사람을 너무 많이 좋아해서도, 어느 한 관계에 큰 기대를 걸어서도 안 된다는 교훈을 배운다.

그리고 서양은 명상을 좋아하고 활동은 질색인 불운한 사람들을 처벌하는 문명이라고 볼 수 있듯이, 사모아는 애정을 주지 않는다는 교훈을 배운 사람들에게는 친절하지만 그 점을 배우지 못한 소수의 사람들에게는 냉혹한 문명이라고 할 수 있다. 롤라와 말라, 그리고 롤라의 동생인 어린 시바는 모두 동료들보다 감정이 더 풍부한 소녀들이었다. 그리고 열렬히 애정을 원했지만 그것을 받지 못한 데 대한 실망감을 지역사회에 너무 격렬하게 토해낸 롤라와 말라는 둘 다 실패를 가볍게 받아들이고 미소를 지으며 다른 목표를 향해 돌아서는 사람들에게만 보상을 해주는 사회에서 비행 청소년이자 불행한 부적응자였다.

삶에 대한 이러한 가벼운 태도와 더불어 갈등이나 가슴 쓰라린 상황을 기피한다는 점에서 사모아는 미국뿐만 아니라 대부분의 원시 문명들과도 크게 대조된다. 그리고 우리가 아무리 그런 태도를 안타깝게 여기고 그렇게 얄팍한 사회에서는 중요한 인물이나 위대한 예술이 나오지 않는다고 생각하더라도, 우리는 여기에 아동에서 여성으로 고통 없이 성장할 수 있는 강력한 요인이 있음을 인정해야만 한다. 왜냐하면 아무도 아주 강렬한 감정을 느끼지 않는 곳에서는 청소년들이 가슴 쓰린 상황 때문에 고통받는 일이 없을 것이기 때문이다. 신을 섬기려면 중세 때처럼 영원히 세상을 등지거나 평원 인디언들처럼 종교적 봉헌으로서 손가락을 잘라야 한다고 생각한 젊은이들이 직면했던 것 같은 비참한 선택들이 이곳에는 없다.

사모아인들은 이렇게 감정을 깊이 느끼지 않는 것을 삶에 대한 모든 태도의 틀이 될 정도로 관습화했다. 그러므로 우리는 사모아인들은 깊은 감정을 느끼지 않는다는 점을 우리의 설명

마거릿 미드 1926년 사모아의 소녀들과 같이 찍은 것이다.

목록 맨 위에 놓아야 한다.

다음으로는 고립된 원시문명들 모두와 많은 현대문명들이 우리 미국 문명과 아주 현저히 다른 점을 들 수 있는데, 개개인에게 허용된 선택의 수가 그것이다. 우리 아이들은 자라면서 그들의 익숙하지 않은 눈을 현혹시키는 수많은 선택들을 만난다. 그들은 종교적으로 가톨릭 신자일 수도, 신교 신자일 수도 있고, 크리스천 사이언스교 신자나 심령주의자일 수도 있으며, 불가지론자나 무신론자일 수도 있다. 아니면 종교에 전혀 관심을 두지 않을 수도 있다.

이것은 외부의 영향에 노출되지 않은 원시사회에서는 생각할 수도 없는 상황이다. 그런 곳에서는 한 무리의 신들과 인정된 하나의 종교만 있으며, 믿지 않는 사람이 기댈 수 있는 유일한 방법은 동료들보다 덜 믿는 것뿐이다. 그는 비웃을 수는 있지만 그가 선택할 수 있는 새로운 종교는 없다.

오늘날의 마누아의 상황이 이에 가깝다. 즉 모두가 같은 교파의 기독교인이다. 교회에 나가는지, 나가지 않는지에서 관행의 차이를 볼 수는 있지만 신앙문제 자체에는 아무런 갈등이 없다. 성장기 소녀 몇 명의 경우에 이 두 관행 가운데에서 선택할 필요성 때문에 언젠가는 갈등이 생길 수도 있다는 점을 앞에서 언급한 바 있다. 그러나 현재로서는 청소년들에게 어떤 결정을 내리도록 강요할 만큼 교회가 미혼 젊은이들을 신도로 끌어들이려는 노력을 하고 있지는 않다.

『사모아의 청소년』 제13장 「사모아와의 대조를 통해 고찰해 본 우리의 교육문제」

인류학의 대중화를 이끈 문화·인성연구 보고서

미드가 사모아로 갈 당시 미국에서는 미국 청소년들에게서 관찰되고 있던 어려움과 부적응의 원인이 무엇인지에 대한 활발한 논의가 있었다. 당시 유행하던 이론은 청소년들이 겪는 정서적 어려움과 반항적인 태도는 그 시기의 신체적 발달에 따르는 자연적이고 보편적인 현상이라는 것이었다. 인간의 유연성과 사회문화적 환경의 중요성을 탐구하던 인류학자들은 이에 의문을 품었다. 미드는 미국의 청소년들이 겪는 문제가 청소년기 자체의 본질에서 연유하는지, 아니면 그들이 다른 사회가 아닌 바로 미국의 청소년이기 때문에 겪는 문제인지를 알기 위해서는 다른 사회문화적 조건에서 성장하는 청소년들을 연구하는 것이 도움이 될 것이라 생각했다. 그래서 미국과 아주 다른 조건을 가진 사모아로 갔다. 이를 통해 발달과정에 있는 청소년기 인간에게 문화가 미치는 영향을 이해하고자 한 것이다.

미드의 결론은 사모아의 소녀들은 심각한 정서적인 위기를 겪지 않고 상대적으로 수월하게 청소년기를 거쳐 성인으로 성장한다는 것이었다. 그녀가 연구한 소녀들은 미국의 소녀들이 겪는 것과 같은 극심한 심리적 스트레스와 갈등의 증상들을 보이지 않았다. 그녀는 사모아의 소녀들이 정서적 어려움을 겪지 않는 이유로 다음의 두 가지를 들었다. 첫 번째는 단순하고 동질적인 사모아 문화다. 복합적이고 이질적인 20세기 미국 문화에서는 청소년들이 상충하는 수많은 기준들 가운데 하나만을 빠른 시일 안에 선택하라는 압력을 받는다. 그러나 보다 단순하고 동질적인 사모아 문화에서는 가치관과 역할이 명백하고 획일적이기 때문에 청소년들의 선택범위가 좁을 뿐만 아니라 무엇을 선택해야 하는지가 잘 정의되어 있다. 따라서 청소년들이 그만큼 갈등을 덜 겪는다는 것이다.

사모아 청소년들의 성장이 상대적으로 수월했던 또 다른 이유는 사모아 사회 전반에서 볼 수 있는 삶에 대한 가볍고 태평스러운 태도였다. 즉 개방적이고 자유로운 거주양식, 사생활의 비밀이 없는 가정생활, 대가족 내 권위와 애정의 분산, 그에 따른 개별화된 감정 및 애정의 부재, 강렬한 감정을 기피하는 태도, 느긋한 육아관습과 성에 대한 개방적인 태도 등이 사모아 소녀들의 성장을 덜 고통스럽게 만든다는 것이다. 미드는 이러한 사모아 문화의 특징을 미국의 폐쇄적인 핵가족 중심 문화 및 성도덕과 비교분석하고 미국이 사모아의 예에서 배울 점이 많고 미국의 아동교육에 변화가 있어야 한다고 주장했다.

미드의 이러한 연구결과는 청소년기에 일어나는 생물학적 변화들에는 사회적, 심리적 스트레스가 반드시 따른다는 당시의 일반적인 믿음에 도전하는 것이었다. 미드는 청소년기의 이른바 "질풍노도"는 모든 인간에게 보편적으로 나타나는 현상이 아니라 문화적 조건의 결과라고 주장했다. 이로써 개인이 경험하는 발달단계들의 양상이 문화적 요구와 기대로부터 영향을 받는다는 생각을 처음으로 대중에게 제시했다. 이러한 미드의 주장은 많은 미국인들, 특히 신세대 미국인들에게 설득력이 있었고 이 책은 미국에서 출간되자마자 베스트셀러가 되었다.

이 책이 미국에서 큰 인기를 끌었던 이유 가운데 하나는 그녀가 출판인인 모로의 제의에 따라 사모아 연구의 결과가 미국의 육아와 교육에 가지는 함의를 논하는 서론(제1장)과 결론(제13장과 제14장)을 다시 썼기 때문이다. 이렇게 "원시문화"에서 자신이 경험한 것을 현대 미국 사회의 문제들에 관련시키는 방식은 미드가 장래에 수행한 모든 연구의 모형이 되었다.

이 책이 대중적으로 크게 성공할 수 있었던 또 다른 이유는 첫 번째 이유와 관련이 있다. 이 책은 학문적인 전문용어가 아닌 "영어로", 즉 일반 미국인들이 알아들을 수 있는 일상어로 쓰여진 첫 번째 인류학적 현지연구물이었다. 미드는 1973년판 서문에서 이 책을 대중적인 책으로서 쓴 것은 아니라고 했지만, 사실 이 책은 일반 대중에게 가장 많이 읽힌 인류학 책이다. 게다가 미드는 출판인의 권유로 대중에게 쉽게 다가갈 수 있는 문체로 이 책을 썼다. 예를 들어 사모아의 일상을 재구성하여 스케치한 「사모아의 하루」(제2장)는 유연하고 아름다운 문체의 문학적인 글이다. 하지만 한편으로는 바로 이런 문학적인 요소 때문에 학문적인 비판의 대상이 되기도 했다. 그리고 결론인 마지막 두 장은 학문적으로 견실하지 못한 몇 가지 일반화를 포함하고 있어서 비판을 받았다.

미드는 또한 인류학을 실용적인 목적에 사용함으로써 인류학의 대중화를 시도한 사람이기도 했다. 미드는 『사모아의 청소년』 서론에서 인류학은 다른 사회에 대한 연구를 통해 미국 사회 청소년기의 불안과 동요의 진정한 근원을 알아낼 수 있게 해주는 유일한 학문분야라고 주장했다. 그리고 자신은 "청소년기가 서구사회에서처럼 스트레스와 긴장의 시기일 필요는 없다는 희망을 품고" "이 책의 주제를 가장 유용하게 이용할 만한 사람들"을 위해 이 책을 썼다고 했다. 미드는 이후 연구에서도 세상을 위해 대중이 이용할 수 있는 인류학 연구를 한다는 이 원칙을 고집했다. 그녀는 자신의 연구, 저술, 강연, 대중매체와의 대담이나 인터뷰 등의 활동에서 다른 사회 사람들의 행위패턴에 대한 지식을 통해 미국의 육아방식, 아동교육, 혼인문제 등을 변화시키고 다양한 사회문제들을 해결하는 데 도움을 주기 위해 인류학이라는 학문을 사용했다. 그녀는 이런 방식으로 인류학을 해야하지만 인류학자들이 학계라는 엘리트 소수집단이 아닌 "전 세계"를 위해 저술할 수 있고 사람들에게 도움이 되며 그들의 삶을 개선시킬 수 있다고 주장했다. 그리고 실제로 미국에서는 미드가 인류학을 대중화한 직접적인, 또는 간접적인 결과로서 육아관행과 아동교육에 대한 재평가가 이루어졌다. 그리하여 미드는 육아법 서적으로 유명한 소아과 의사 스폭(Benjamin M. Spock)과 더불어 미국의 육아패턴을 변화시킨 인물로 평가받았다.

『사모아의 청소년』은 또한 미국 문화인류학의 한 흐름인 '문화와 인성' 분야의 연구발달사에서 중요한 초기 저술이다. 미드는 육아양식과 아동의 성장과정에 대한 현지조사 자료를 통해 문화유형과 인성특징의 관계를 설명함으로써 문화와 인성 연구에 기여했다. 이러한 그녀의 학문적 공헌의 시발점이 바로 이 사모아 연구다.

박자영

전문번역가 · 인류학

옮긴이 박자영은 서울대학교 인류학과 대학원을 졸업하고 뉴욕 주립대학교에서 인류학 박사과정을 수료했다. 지금은 번역가로 일하고 있다. 역서로는 한길사에서 펴낸 『사모아의 청소년』과 『인류학과 인류학자들』(공역)이 있다.

자본주의와 현대사회이론

앤서니 기든스 지음 | 박노영·임영일 옮김 | 464쪽
1999 서울대학교 논술출제
2009 대한민국학술원 우수학술도서

이 책에는 마르크스, 뒤르켕, 베버 등 사회(과)학의 세 거인으로 불리는 인물들의 저작에 관한 기든스의 소개와 해석이 담겨 있다. 기든스는 오늘날 사회학자들 가운데 고전에 관한 이해가 가장 충실하다는 점에서 남다른 강점을 지닌 인물로 알려져 있는데, 그의 그런 면모를 가장 잘 보여주는 것이 바로 이 책이다.

먼저, 기든스는 마르크스, 뒤르켕, 베버의 순서로 각자의 저작을 면밀하게 검토한다. 이 부분에서 그는 세 이론가의 저작을 각자가 처해 있던 시대적·사회적 배경에 비추어 살피고, 또 각자의 총체적인 사상적·이론적 맥락에 비추어서 해석한다. 마지막으로, 마르크스의 주요 아이디어들을 중심에 두고 그것을 베버 및 뒤르켕의 주요 아이디어들과 비교한다. 그는 이런 작업을 통해 초기 마르크스와 후기 마르크스 사이에 인식론적 단절이 있다는 주장이 적절치 못하다거나, 뒤르켕이 사회만을 내세울 뿐 인간이라는 주체를 무시하는 이론가라고 보는 것이 적절하지 않다고 하는 등 주목할 만한 해석을 제시한다.

이 책에 담긴 기든스의 고전에 대한 연구성과는 세계 사회(과)학계의 주목을 끌 만큼 가치 있는 일일 뿐 아니라, 그 자신 향후의 전 학문활동의 밑바탕을 이루는 것이기도 하다. 그가 고전 연구로부터 얻은 것은 이론적, 방법론적 통찰에 그치지 않는다. 그가 현대사회를 '급진화된 모더니티'로 파악하게 된 배경에는 고전 연구를 통해서 도달한 모더니티에 관한 깊은 통찰이 있다. 그런 의미에서 이 책은 독자들을 마르크스, 뒤르켕, 베버의 세계로 충실하게 안내해준다는 의의를 가질 뿐만 아니라, 현대의 가장 중요한 사회학자 가운데 한 사람으로 일컬어지는 기든스 자신의 전체 학문세계로 안내하는 길잡이로서의 의의를 갖기도 한다.

앤서니 기든스(1938~)

앤서니 기든스(Anthony Giddens)는 영국 에드먼턴에서 태어나 헐 대학교에서 사회학을 전공한 뒤 런던 경제학교에서 석사학위, 케임브리지 대학교에서 박사학위를 받았다. 1970년 케임브리지 대학교를 시작으로 미국·프랑스·독일 등지에서 사회학 교수로 활약했다.

기든스의 학문적 장점은 마르크스와 막스 베버, 에밀 뒤르켕 등의 고전과 현상학·구조주의 같은 현대 사회이론을 토대로 하여 현대 사회와 자본주의의 현상을 분석한 데 있다. 1980년대 이후 좌우이념 대립 및 그 극복방안을 연구한 끝에 구조주의와 행동이론을 결합한 '구조화 이론'을 발표하여 명성을 얻었으며, 그 연구결과는 영국의 정치가 토니 블레어가 주장한 '제3의 길'의 이론적 기반이 되었다.

그는 폴리티라는 학술전문 출판사를 세워 1985년부터 매년 80여 권에 이르는 학술서적을 출판하고 있고, 1997년부터는 런던 경제학교 총장 겸 교수로 있다.

또한 기든스는 미국기초학문아카데미의 펠로이자 케임브리지 대학교 킹스 칼리지의 종신 펠로이다. 분명하고 유창한 언변으로도 유명한 그는 덴마크의 아르후스 대학교로부터 '세계최우수강사' 타이틀을 받기도 했고, 2002년에는 '에스파냐의 노벨 상'으로 알려진 프린스 오브 아스투리아스 상(Prince of Asturias Prize) 사회과학부문 수상자가 되기도 했다.

저서에 『자본주의와 현대사회이론』(1971), 『선진사회의 계급구조』(1973), 『사회학방법의 새로운 규칙들』(1976), 『사적 유물론의 최신비판』(1981), 『국민국가와 폭력』(1985), 『포스트 모더니티-모더니티의 결과들』(1990), 『모더니티와 자아정체성』(1991), 『친밀성의 변동』(1992), 『좌파와 우파를 넘어서』(1994), 『사회학의 변론』(1996), 『제3의 길』(1998) 등이 있다.

자본주의가 부른 소외의 극대화

마르크스와 뒤르켕, 그리고 베버의 사회학적 시각은 근대적 사회형태의 기본 구조 및 발전 추세에 관한 서로 다른 파악에 그 뿌리를 두고 있음을 강조하는 것이 이 장의 목적이었다. 마르크스는 자기 나름대로 분업 확장(그리고 그에 따른 소외 형태들의 분화)과 양극화된 계급 구조 출현 사이의 연관성을 상정하고, 전적으로 그것을 근거로 삼으면서 자본주의를 분석한다. 마르크스는 생산자를 그 생산수단으로부터 축출해온 역사적 과정이 서구 자본주의의 기원을 이룬 으뜸가는 요소였다고 본다. 따라서 자본주의는 본질적으로 계급사회다. 즉 부르주아 계급의 존재는 무산노동자라는 종속계급을 그 전제로 하며, 그 역도 마찬가지다.

그러나 자본주의의 계급체계는 유럽에서 그것에 선행했던 사회형태의 계급체계와는 전혀 다르다. 봉건제에서 지배는 분명히 생산수단, 즉 토지재산의 통제에 대한 차별적 접근(access)에 토대를 둔다. 그러나 신분의 분화로 표현되는 봉건적 계급구조는 개인을 공동체적 관계들에 대한 참여로부터 완전히 격리시키지는 않는다. 즉, '사회적'인 것과 '경제적'인 것이 명료하게 구별되지 않는 것이다. 자본주의의 출현은 시민사회의 유대를 순수한 시장의 유대로 바꾸어놓는다. 개인은 '정치적' 영역이라는 하나의 별도의 영역에서 시민으로서 권리를 보유한다는 추상적인 의미에서만 '공동체'의 일원으로 기능한다. 그러므로 근대적 사회질서는 '인간의 주체적 실체를' 인간적 통제로부터 '분리'시키며, 인간의 능력들을 변형시켜 그것들이 '외화'되어 있는 형태를 취하게 한다. 따라서 노동자의 생산수단으로부터의 축출—역사적으로 말하자면 이것은 부르주아 사회의 계급체계의 형성과 같다—은 그의 '유적 존재'로부터의 소외, 즉 사회에 대한 참여가 잠재적으로 그에게 부여할 수도 있는 역량과 재능의 행사로부터의 소외와 나란히 진행된다. 달리 말해서, 자본주의는 사회의 생산력을 엄청나게 증대시키지만, 그것은 소외의 극대화라는 대가를 치르고서야 이루어지는 일이다.

부르주아 사회에서는 과학을 통한 합리적인 세계 설명이 현실을 궁극적으로 지배하는 것은 신이나 정신이라고 설명하는 종교적 세계관을 많이 추방해왔다. 그러나 그것은 이런 형태의 인간소외를 인간이 시장의 경제력에 의해 통제되는 형태의 인간소외로 대체했다. '신의 지배'가 '시장의 지배'로 대체된 것이다. 따라서 인간의 최종 목표와 당면 목적들은 외부의 경제적 힘들의 작용에 의해 지배되는 것으로 드러난다. 구체적인 수준에서 이것은 분업에 종속되어 있는 전문가(Fachmensch)의 무력감 속에서 잘 나타난다.

『자본론』의 경제학적 용어들로 이를 표현하자면, 자본주의는 교환가치 극대화의 추구를 추진력으로 하는 상품생산 체제이다. 사용가치가 아니라 교환가치가 자본주의 생산논리의 필수요소이고, 심지어 인간 노동 자체에까지 적용된다. 노동은 단지 노동력으로서만, 즉 추상적인 에너지의 지출로서만 가치를 가진다. 자본주의 경제에 내재하는 기본적 '모순들'은 그것이 교환가치의 생산에 바탕을 두는 체계라는 특성으로부터 직접 파생된다. 이윤율을 유지하거나 높이려는 욕구는 이윤율 저하의 경향적 법칙과 대립된다. 생산자와 소비자의 분리(즉

레제, 「건축공사장 인부들」, 1950

알려진 필요에 따라 생산하기보다는 교환가치의 극대화를 위해 생산할 수밖에 없는 자본주의의 필연성)는 자본주의가 주기적으로 겪는 공황의 배후에 놓여 있는 주요인이다. 그리고 자본주의 시장의 작동은 노동력이 그 교환가치 이상으로 매매될 수 없도록 만들고(그리하여 대다수의 노동계급을 지속적인 경제적 궁핍상태에 빠뜨리면서), 빈곤 속에서 살도록 운명지어진 대규모의 '산업예비군'을 산출한다. 자본주의 생산의 '운동법칙'에 의해 생겨난 경제적 변화는 한편 그 체계를 내부로부터 변형시키는 동시에 그것을 변증법적으로 대체할 새로운 사회질서를 마련한다. 마르크스에 의하면, 부르주아 사회의 계급체계가 극복되면 지금까지 행한 분업과는 근본적으로 달라진 분업을 갖는 사회의 발전이 가능해진다.

반면에 뒤르켕과 베버는 계급구조가 분업의 점진적 진전에 필수적으로 수반되는 것이라고 보지 않는다. 두 사람은 모두 근대적인 사회형태는 계급사회임을 인정하지만 이 계급분화를 본질적 특성이라고 보는 견해를 받아들이지 않는다. 뒤르켕의 생각으로는 '강제적' 분업은 '비정상적 형태'이긴 하지만 반드시 사회적 분화의 확대 그 자체의 필수적 결과인 것은 아니다. 오늘날의 사회에서 계급투쟁은 "계급제도가…… 타고난 재능의 배분과 일치하지 않거나 또는 더 이상 일치하지 않게 되었다"는 사실의 결과이다. 다시 말하면 계급 갈등의 발생을 설명해주는 것은 주로 부당한 계약을 강요하기 위한 경제력의 행사이다.

『자본주의와 현대사회이론』 제15장 「사회분화와 분업」

미래지향적 유토피아의 수립을 위한 대안

마르크스의 전 학문세계의 기초가 되는 것이 그가 초기에 얻은 '유물론적 역사 이해'이듯이, 기든스의 전체 학문세계에서 기초가 되는 것도 그가 초기에 구축한 '구조화이론'(theory of structuration)이라는 데 이의를 느낄 사람은 별로 없을 것이다. 기든스의 구조화이론은 사회이론의 오랜 숙제인 구조와 행위, 도는 구조와 에이전시(agency)의 문제를 해결해보려는 시도의 산물이다. 그의 구조화이론은 구조만을 중시하거나 에이전트만을 중시하는 두 극단적 입장을 피하고, 양자의 상호 관계를 해명함으로써 양자 모두를 만족스럽게 설명하려고 한다.

사회학에서 구조결정론을 제시한 대표적인 인물은 뒤르켕으로 알려져 왔다. 뒤르켕은 『사회학적 방법의 규칙』에서 '사회적 사실'이 개인(행위자)들로는 환원되지 않는 그 자체의 속성과 그 자체의 논리를 갖는다거나, 따라서 '사회적 사실을 다른 사회적 사실들을 통해서 설명하라'거나 하는 식의 주장을 펼쳤다. 기든스는 1976년에 나온 『사회학적 방법의 새로운 규칙』(*New Rules of Sociological Method*)에서 뒤르켕의 이런 입장을 비판하는데, 거기에는 베버의 '이해의 사회학'으로부터의 영향이 고스란히 드러난다. 기든스는 뒤르켕의 '사회실재론'을 베버의 가치 해석적 사회학과 대조하면서 행위자인 개인의 동기에 초점을 맞춘다.

기든스에 의하면 개인들은 비록 행위를 선택하는 데 전적으로 자유롭지도 않고, 완전한 지식을 갖고 있지도 못하기는 하지만, 그럼에도 불구하고 사회구조를 재생산하고 사회변동을 낳는 에이전시다. 기든스는 행위자는 언제나 자신이 하는 일을 얼마간 이해하고 있다고 주장하면서, 사회이론에서 행위자의 중요성을 강조하기 위해서 해석학적 전통의 논리를 사용한다. 기든스는 사회과학자들은 자연과학자들과 달리 사회세계 속에서 살아가는 행위자들에 의해서 이미 해석된 사회세계를 해석해야 한다고 주장한다. 그런 의미에서 그것은 '이중적 해석학'(double hermeneutic)의 상황을 연출한다.

기든스는 구조와 행위의 연결이 사회이론의 근본요소 가운데 하나라고 말한다. 그는 구조와 에이전시는 하나 없이 다른 하나를 생각할 수 없는 관계에 있다고 본다. 기든스의 주장의 핵심은 '구조의 이중성'(duality of structure)이라는 표현에 들어 있다. 기본 아이디어는 사람들이 사회를 만들지만, 그들은 동시에 사회에 의해 제약당한다는 것이다—여기에서 '사회'라는 말을 '환경'이라는 말로 바꾸기만 하면 정확히 『루이 보나파르트의 브뤼메르 18일』에서 마르크스가 한 말과 같아진다. 기든스에 의하면 행위와 구조는 별개로 분석될 수 없다. 구조는 행위를 통해서 창조되고 유지되고 변동한다. 동시에 행위는 오직 구조라는 배경을 통해서만 유의미한 형식을 부여받는다. 여기에서 인과의 경로는 무엇이 무엇을 변화시키는지를 말할 수 없게 만들 정도로 두 방향으로 진행된다. 기든스 자신의 말로는 "사회구조는 인간 에이전시에 의해 구성되는 동시에 이 구성의 매개자다."

여기에서 그는 구조를 인간 행위와 관련되는 규칙들(rules)과 자원들(resources)로 구성된다고 본다. 규칙들은 행위들을 제약하고, 자원들은 행위들을 가능케 한다. 그는 또한 시스템과 구조를 구별한다. 시스템은 구조 비슷한 속성들을 보이지만, 구조 자체는 아니다. 그는

"사회 시스템의 구조화를 연구하는 것은 그 시스템이 그것을 생성하는 규칙들과 자원들을 통해서 사회적 상호작용 속에서 생산, 재생산되는 양식을 연구하는 것"이라고 말한다. 여기에서 구조들이 시스템들을 생산하는 과정을 '구조화'라고 부른다.

초기의 기든스가 주로 구조화이론을 구성하는 데 심혈을 기울였다면, 그후의 기든스는 이렇게 다져진 이론을 바탕으로 자신이 관심을 갖는 실제의 문제들을 향해 나아간다. 그런 문제들 중 하나는 모더니티와 관계된 문제다. 그는 포스트모더니즘 담론이 유행하던 1990년에 『모더니티의 결과들』(The Consequences of Modernity)이라는 책을 발표했다. 그는 여기서 인식론적 토대의 구축을 포기하려 드는 것을 포함하여 포스트모더니즘의 주요 입장을 거부하고, 모더니티와 포스트모더니티에 관한 독자적인 견해를 펼친다. 그는 우리가 "포스트모더니티의 시대로 접어들고 있다기보다는 오히려 모더니티의 결과들이 전보다 더욱 급진화되고 보편화되는 시대로 옮아가고 있으며, 더 나아가 모더니티를 넘어서서 '포스트모더니티'라는 하나의 새로운 사회질서의 윤곽을 포착할 수 있는 시점에 와 있다"고 말한다. 그러나 그것은 "오늘날 많은 사람들이 '포스트모더니티'라고 부르는 것과는 다른 것이다." 그는 그것을 지금까지의 시대를 만들어왔던 것들과 똑같은 사회적 힘들의 확장에 의해서 생겨나게 된 '급진화된 모더니티의 시대'라고 부른다. 다른 사람들이 '포스트모더니티'라고 부르는 것이 기든스에게는 발전된 모더니티의 가장 극단적인 형태일 뿐이다.

기든스는 제도의 측면에 초점을 맞춰서 모더니티와 급진화된 모더니티를 고찰한다. 그는 모더니티의 제도적 차원을 자본주의(경쟁적 노동과 상품시장 안에서의 자본축적), 감시(정보에 대한 통제와 사회적 관리), 군사적 힘(전쟁의 산업화와 관련된 폭력수단의 통제), 산업주의(자연의 변형: '인위적 환경의 발달') 등 상호 얼마간 독립적으로 움직이는 네 가지로 식별한다. 지구화 시대를 맞아 그것들은 세계 자본주의 경제, 민족국가 체계, 세계 군사질서, 국제적 노동분업의 모습으로 드러나고 있다. 그러나 이 세계는 많은 위험과 위협 요인을 안고 있다. 전체주의 권력의 성장, 핵전쟁을 포함한 대규모 전쟁의 가능성, 생태학적 붕괴와 재앙, 경제성장 메커니즘의 붕괴 같은 것들이 그것이다. 여기에서 그는 '유토피아적 현실주의'를 대안으로 제시한다. 그가 말하는 유토피아적 현실주의의 차원들은 생활정치(자아실현의 정치)와 해방적 정치(불평등에 저항하는 정치), 지역의 정치화와 세계의 정치화 등이다. 여기에서 해방적 정치가 '무엇으로부터의 자유'를 지향하는 정치라면 생활정치는 '무엇을 향한 자유'다.

박노영

충남대 교수·사회학

옮긴이 박노영은 서울대학교 사회과학대학 사회학과와 같은 학교 대학원을 졸업했다. 지금은 충남대 사회학과 교수로 있다. 역서로는 한길사에서 펴낸 기든스의 『자본주의와 현대사회이론』을 비롯하여, C.W. 밀즈의 『정치·권력·민중』(공역), 앤더슨의 『사회계급론 서설』(공역) 등이 있다.

옮긴이 임영일은 서울대학교 사회과학대학 사회학과에서 학사·석사, 부산대학교에서 박사학위를 받았다. 경남대학교 사회학과 교수(1986~2006)를 지냈으며, 지금은 창원 노동사회교육원 이사장 및 산업노동연구소 소장으로 있다. 역서로 한길사에서 펴낸 기든스의 『자본주의와 현대사회이론』이 있다.

인간과 자연

조지 마시 지음 | 홍금수 옮김 | 486쪽

오늘날 인간의 무분별한 환경개입과 그로 인한 영향은 생물 종의 소멸, 유로변동에 따른 범람위협의 증가, 수질오염과 대기오염, 사막의 확장 등 다양한 양상으로 진행되고 있다. 천지창조 당시 태초의 인간이 목격했을 시원의 자연을 다시 확인한다는 것은 불가능하고 단지 기정사실이 된 변화의 유형, 비율, 속도만이 의미를 지닐 뿐이다.

요컨대, 인식론상으로 인간과 자연의 이원론을 인정한다 하더라도 전자가 후자에 대해 대립각을 세우며 우위를 과시하고자 했던 것이 사상사에서 확인된다. 또 어떤 이는 인간의 역사를 환경침탈에 의해 자연이 인문화되는 과정으로 해석하기도 한다. 인간본위의 자연관은 성서적 가치에 입각해 인간이 신의 대리인으로 자처한 이후 계몽주의 시대의 개막과 함께 고착되었으며, 얼마 지나지 않아 파괴적 본색을 드러내기 시작했다.

환경의 희생 위에 이룩한 성장과 발전에 도취되어 있던 인류를 미몽에서 깨운 장본인이 바로 마시였다. 그가 저술한 『인간과 자연』은 파괴의 실상을 알리고 환경의 보호, 보존, 보전의 당위성을 알리는 복음서가 되었다. 마시는 자연의 풍요로움에 미혹되어 과학이라는 합리적인 수단으로 자연을 개발해야 하고 나아가 자연을 통제하는 것이야말로 문명발전의 필수과제라는 공학자나 임학자 같은 자원관리자의 순진한 믿음에 경종을 울렸다.

환경을 상품으로 인식하여 양적인 성장을 최고의 미덕으로 삼았던 근대와 근대성을 비판적으로 성찰함으로써 환경윤리를 정립하며, 환경정의를 구현하고, 올바른 환경가치를 내면화할 수 있는 방안을 이 책에서 모색해볼 수 있을 것이다.

조지 마시(1801~82)

조지 마시는 미국 북동부 버몬트 주의 우드스톡에서 태어나 다트머스 대학교에서 공부한 뒤 한동안 변호사로 활동했다. 다양한 분야에 걸쳐 폭넓은 관심을 지니고 있었던 그는 법률은 물론 고전문학과 어학을 비롯한 인문학 분야와 응용과학 방면에서도 해박한 지식을 자랑했다. 여러 나라의 언어와 문화에 익숙하여 향후 정치 외교가로 활동하는 데 밑거름이 되었다.

1842년에는 국회의원으로 선출되어 의정활동을 활발히 펼침으로써 정치가로서의 역량을 입증했다. 당시 천연자원의 보존과 관리에 대한 정부의 역할을 구상하던 동료 의원 존 퀸시 애덤스의 영향을 많이 받았다. 두 번째 임기를 마친 뒤에는 재커리 테일러 대통령으로부터 터키 공사로 임명을 받았다. 외교관으로 터키에 머무는 동안 마시는 중동과 지중해 연안의 지리와 농경에 대해 깊이 있는 연구를 병행했다.

1854년에 고향으로 돌아온 마시는 컬럼비아 대학교와 보스턴 소재 로웰 협회에서 영어학과 영문학에 관해 강좌를 개설할 정도로 학자로서의 소양도 널리 인정받았다. 1861년에 링컨 대통령으로부터 이탈리아 공사로 임명을 받은 뒤 현지에서 생을 마감할 때까지 이 직무를 수행했다.

자신의 경험과 재직 중 여러 국가를 여행하면서 보고 느낀 실상이 계기가 되어 환경문제에 깊은 관심을 갖게 되었고, 인간의 행위로 인한 환경 변화와 파괴에 경종을 울려 큰 족적을 남겼다. 환경과 관련된 그의 핵심사상은 『낙타』, 『관개』 등에 단편적으로 피력되다가 『인간과 자연』(1864)에서 종합되었다. 이로써 그는 환경보존운동의 선구가 되었다.

인간이 행하는 삼림파괴의 실상과 그 영향

불이 삼림의 토양에 미치는 영향

농업활동에 의한 교란과 자연스럽게 경지에 가해지는 태양, 비, 대기 등의 기계적, 화학적 영향을 제외하면, 불 그 자체도 토양의 조직과 상태에 중요한 영향을 미친다. 불은 미네랄 성분을 함유하고 강수를 저장하는 데 도움을 주는 반쯤 썩은 부엽토 일부를 태우고, 그렇게 함으로써 토양을 느슨하게 만들고 분쇄하며 건조하게 만든다. 화재는 파충류, 곤충, 알을 가진 벌레, 그리고 수목과 작은 식물의 종자를 파괴하며, 지표에 퇴적되는 재 안에 새로운 숲의 형성에 중요한 요소를 공급한다. 이러한 변화를 통해 불은 자연발생적으로 지표를 덮었던 식생과는 성격이 다른 새로운 식생을 맞을 수 있도록 대지를 적응시킨다. 이들 새로운 상황들은 불을 놓아 개간했다가 방기된 임야에서 일반적으로 관찰할 수 있는 삼림의 자연적 천이를 설명하는 데 도움을 준다. 그러나 다른 요인들도 이와 비슷한 결과를 낳을 수 있다는 데에는 의심의 여지가 없는데, 강풍, 벌목꾼의 도끼, 심지어 자연적으로 썩어갈 때에도 같은 결과가 초래된다.

삼림파괴에 따른 영향

삼림의 파괴에 수반되는 자연지리적 영향은 크게 두 가지로 나눌 수 있다. 이들 각각은 어떤 형태가 되었든 식물과 동물의 생활은 물론 농촌의 경제활동 전반과 나아가 인간의 물질적 이해 모두에 중요한 영향력을 행사한다. 첫 번째는 그러한 영향력이 행사된 지역의 기상, 두 번째는 해당 지역의 외형적 지리로서 다시 말해 지표면의 형태, 지속성, 피복에 관련된다.

제1장에 제시된 여러 가지 이유로 이 주제의 기상학 또는 기후학적 측면은 모호하기 이를 데 없고, 그에 관한 자연과학자의 결론은 대체로 추론에 불과한 것으로서 실험이나 직접적인 관찰에 근거한 것은 아니다. 예상할 수 있듯이 결론은 일관성이 없고 일부 일반적인 결론이라는 것도 거의 보편적으로 받아들여지기는 하지만 너무나 당연시되기 때문에 진지하게 문제를 제기하지는 못한다.

수목의 전기적 영향

개별적으로나 집단적으로 전기를 촉발하고 전도하는 물체로서의 나무의 속성과 나무가 대기의 전기상태에 초래한 영향에 대해서는 그다지 많은 조사가 이루어진 것 같지 않다. 숲의 상황 자체는 너무 다양하고 복잡해서 그의 전기적 영향과 관련된 어떤 일반적인 문제에 대한 해답을 찾는다는 것은 매우 어렵다. 두터운 수증기의 바다, 즉 구름이 전기조건에 어떤 변화도 겪지 않고 훌륭한 전도체가 빽빽하게 들어선 표면 위를 수마일 동안 그냥 지나간다는 것은 상상도 할 수 없는 일이다.

이미 알려진 전기작용의 법칙으로부터 변화의 특성을 추론할 수 있는 가설적인 사례를 제시해볼 수 있을 것이다. 그렇지만 실제 상황에서는 관여하고 있는 요인들이 너무 많아 모두 파악할 수 없다. 구름이나 숲의 진정한 전기적 상태에 대해서는 알 수 없으며, 수증기가 숲 위를 떠갈 때 흩어지는지 아니면 비로 쏟아지는지 예상할 수도 없다. 있을 수 있는 숲의 전기적 영향은 작용의 범위가 여전히 넓기 때문에 그 불확실성이 더욱 크다. 그 하나만으로 확실

모래의 이동 사구는 식생의 존재 여부에 따라 이동의 양상을 달리한다. 사진 속 중국 둔황의 명사산같이 풀과 나무가 자라지 않는 모래언덕은 바람에 형태와 위치가 자주 바뀐다.

하거나 아니면 적어도 그럴 듯한 결론으로 유도할 수 있는 데이터는 없다. 이런 이유로 중요하긴 하지만, 이 기상학적 요인을 잘 알져지고 이해된 기상현상과의 인과관계의 틀에서 논의하고자 한다면 논쟁에 혼란을 가중시킬 뿐이다. 그러나 지금도 많은 사람들이 그렇게 생각하지만 한때 특별한 전기작용에 의해 생산되는 것으로 여겨졌고 적어도 전기의 교란에 수반된다는 폭풍우는, 노출된 모든 지역의 삼림이 제거되는 데 비례해 찾아오는 빈도가 잦고 파괴력도 강해진다는 정도는 이야기할 수 있다.

카이미(Caimi)는 이렇게 말한다. "알프스와 아펜니노 산맥의 크고 웅장한 나무들이 잘려 나가기 전에는 현재 롬바르디아의 기름진 평야를 초토화시키고 있는 5월 우박이 지금보다는 잦지 않았다. 그러나 숲이 전체적으로 폐허가 된 다음에 이 험악한 기상현상은 산지의 토양까지 황폐하게 만들어놓았는데, 그것은 예전 주민들이 전혀 알지 못하던 피해였다. 파라그란디니(paragrandini)는 학식 있는 리볼타의 목사가 곧추세운 짚단과 함께 싸락눈을 방지하기 위한 전도체로서 드넓은 경작지대에 세우도록 권고한 것이었다. 그러나 이것은 알프스 및 아펜니노 산맥의 산꼭대기와 능선에 자리한 파라그란디니와 자연적으로 자라난 수백만 그루의 소나무, 낙엽송, 전나무에 비하면 단지 소인국 이미지에 불과했다."

『인간과 자연』 제3장 「삼림」

환경문제의 근원을 분석·반성하는 윤리적 비전의 제시

환경변화는 과거의 문제만이 아니라 현재, 나아가 미래에도 계속될 사안으로서 지속적인 관심과 경각심을 요한다. 궁극적으로는 인간이 자연에 개입함으로써 빚어진 환경문제의 현실을 직시하고 그 불확실성을 경계하며, 성찰을 통해 환경윤리를 정립하고 환경정의를 구현하는 데 목표를 두어야 할 것이다. 그간 환경을 이야기할 때 윤리와 정의의 측면을 고려한다거나 윤리문제를 거론할 때 환경을 배려하는 경우는 드물었다. 인본주의를 지지해온 일부 학자들조차 환경 그 자체에 의미를 두기보다는 단순히 동정심을 유발해 목적하는 바를 관철시키는 수단으로 환경을 간주한 데 불과했던 만큼, 진정한 의미의 환경윤리를 정립하기 위해서는 또한 냉철한 반성이 전제되어야 한다.

반성의 출발선상에 마시와 『인간과 자연』을 올려놓는 것은 큰 의미가 있다. 19세기 중반을 넘기면서 자연을 정복하여 환경을 마음대로 이용하고자 했던 인간의 의도에 의해 초래된 역기능과 부정적 영향에 대한 경고성 메시지가 빈번하게 제기되었다. 마시 당대에는 삼림파괴, 과목, 토양침식, 홍수 등의 문제가 거론되었으며, 오늘날에는 대기오염, 산성비, 온난화, 방사능 폐기물 등 새로운 형태의 환경위협이 추가되었다. 여러 형태의 위험신호로 인해 성장과 발전에 걸었던 신념은 점차 흔들리기 시작했다. 세계 각 지역의 환경파괴의 실상이 전해지면서 자연은 과학기술의 희생양으로, 결과적으로 인간은 파괴의 주범으로 인식되기에 이른다.

환경문제의 근원은 "인간이 자연 위에 군림한다"는 신념과 무관하지 않다. 이와 관련해 한 가지 중요한 사실은 파괴를 포함한 환경논의의 중심에는 항상 성장과 발전의 논리에 기초한 시대정신으로서 근대성이 자리한다는 것이다. 『인간과 자연』의 서문에서는 흥미롭게도 근대의 야망이 자연의 정복을 꿈꾸고 있다는 다소 은유적인 표현으로 근대 이후에 첨예해지는 환경문제의 심각성을 진단했다.

근대의 사상적 연원은 계몽주의로서 신의 전능함과 마찬가지로 인간의 전능함이 실현 가능한 목표라는 믿음이 굳건했던 마지막 시기, 즉 18세기를 배경으로 형성된 사조다.

계몽주의는 궁극적으로 인간 중심적인 사고였으며, 무한한 가능성의 비전을 여는 사상적 단초를 준비했다고 할 수 있다. 계몽주의 세계관에서 신은 멀리 떨어진 곳에 있는 존재였지만 인간은 가까운 자연 안에서 활동하는 직접적인 동인이었다. 자연을 사유의 세계에서 완전히 분리된 외적인 사물로서의 타자로 간주한 데카르트식 사상과 연결되는 계몽주의는, 정복, 통제, 인문화 등 표현은 다양하지만 인간에 의한 자연의 지배와 통솔을 지상의 가치로 내세우는 신념, 행동, 담론이었다. 계몽철학에서 자연의 지배라는 테제는 자유의 생명력을 상실한 자연이 인간의 의지에 따라 아무런 제약 없이 조작된다는 것, 뒤집어 말하면 인간의 해방과 자아실현을 대변한다.

사상사의 궤적에서 계몽주의와 함께 실증주의, 합리주의, 진보주의 등의 여타 신사고와도 연결되는 근대는, 역사적으로 중세 봉건주의 이후에 등장하는 새로운 시대로서 신대륙의 발견, 르네상스, 종교개혁 등 일련의 사건과 밀접한 관련이 있다. 직접적으로는 과학의 발전 및 정치경제와 자본주의적 가치의 확산과 맥을 같이한다. 자본주의 자유시장 경제와 산업화를 통해 과학의 발달이 촉진되었고, 이는 곧 문명의 진보로 칭송되었다. 상업과 과학은 낙관론을 지탱하는 강력한 원동력이었으며 성장과 발전의 시대정신은 계몽사상의 가스펠과 다름없었다. 고전 정치경제학의 논리는 동시에 환경에 대한 패권의 확대를 정당화했다.

산업시대 이전에는 돌, 호수, 산 등의 지형지물을 의인화된 실체로 인정해 인간의 심성과 의지를 소유하고 있다고 믿고 춤, 주술, 의례와 같은 상징적인 의사소통 행위를 통해 상호작용했다. 산업시대 들어 마법이 풀리면서 의인화된 윤리적 가치가 흔들리고 이내 기계론적 자연관으로 대치되자, 인간은 이제 이성에 좇아 만물에 대한 장악을 기도하는 한편 자연에 근대적 통제를 강화했다. 문제의 본질은 자연이 사용가치보다는 이윤, 즉 교환가치의 극대화를 위해 상품화된다는 데 있었다.

근대화에 수반되는 환경파괴의 위험요소는 단순히 근대를 거부한다고 해서 해결될 성질의 것이 아니다. 근대를 합리화하는 논리를 급진적으로 전환해 사유할 필요가 있으며 기본적으로 성찰을 전제로 한다. 성찰의 기회는 아이러니하게도 세기말의 시대적인 상황에서 배태되었다. 일반적으로 세기 말엽은 비관적인 분위기 속에서 막을 내리는 경향이 있으나 동시에 반성의 기회를 제공하는 귀중한 시간이기도 하다.

이어지는 20세기 전반 역시 자연 위에 군림하던 인간의 자부심이 흔들리는 가운데 환경에 대한 고민이 첨예해지는 생태적 전환기로서 사회적으로 성찰, 조정, 재평가에 대한 요구가 가득했다. 당대의 지성인들은 자원보존과 생태에 높은 관심을 보였다. 그들은 지역을 초월한 국제적 감각에 눈을 뜨면서 세계질서와 제국주의의 정당성에 대한 의문을 끊임없이 제기하는 한편, 생태 제국주의에 대한 윤리적 반성의 자리를 만들고자 했다.

전근대의 사회구조를 해체하며 등장한 근대는 신근대 또는 후기 근대로 이행하고 있다고 하는데, 벡(U. Beck)에 의하면 후기 근대는 문명이라는 화산 위에 선 리스크 사회의 시대라고 한다. 생태적 재앙은 대표적인 리스크의 하나로서 다음 세대에 영향을 미치기 때문에 시간을 초월한다. 또한 공간적으로는 심리의 영역인 자아로부터 전 인류를 포괄하는 범세계에 걸쳐 계층을 가리지 않고 침투하는 특징을 가진다. 올바른 환경가치를 심어줄 수 있는 사유적 도구는 근대성에 대한 성찰에서 마련되며, 리스크 사회와 공존하는 신근대는 그런 의미에서 성찰적 근대로 설명되기도 한다. 결국 환경에 대한 근대의 윤리적 비전이 실상은 파멸에 이르는 환락의 통로이기에 인간 우위의 근대적 자연관을 극복하는 길로서 생명중심의 윤리관을 확립해야 한다는 과제가 남는다.

홍금수

고려대 교수 · 지리학

옮긴이 홍금수는 고려대학교 지리교육과를 졸업하고 같은 대학교에서 문학석사 과정을 마쳤다. 미국 루이지애나 주립대학교에서 레드 강 유역의 취락발달에 관한 논문으로 박사학위를 받았다. 경희대, 고려대, 동덕여대, 상명대, 성신여대, 이화여대 강사를 지낸 뒤 지금은 고려대학교 사범대학 지리교육과 부교수로 있으면서, 한국문화역사지리학회 편집이사로 활동하고 있다. 저서로는 한길사에서 펴낸 『월경하는 지식의 모험자들』(공저)과 『조선시대 소금제조방법』(공저)이 있으며, 역서로는 조지 마시의 『인간과 자연』이 있다. 그밖에 「강화 교동도의 해안저습지 개간과 수리사업」「일제시대 신품종 벼의 도입과 보급」「산성취락연구」「재령 여물평(나무리벌)의 역사지리적 재조명」「조선후기~일제시대 영남지방 지역체계의 변동」 등 역사지리에 관련된 여러 편의 논문이 있다.

법철학

G.W.F. 헤겔 지음 | 임석진 옮김 | 612쪽

▷ 저자의 다른 작품
『정신현상학 1, 2』(GB 63, 64)

▷ 역자의 다른 번역 작품
『정신현상학 1, 2』(GB 63, 64)

광범위한 여러 학문의 근본개념을 정초짓는 철학적 연원을 논술한 이 책에서 헤겔이 집대성해놓은 것은 대상세계에 대한 경험적 다양성의 총합적인 통일과 함께 바로 이 대상세계에 대한 본질적 고찰에서 얻어진 사상의 총결을 이루는 하나의 웅장한 학문의 전체상이다.

첫째, 존재하는 것 그 자체의 근원적인 형상을 탐구하는 논리학과, 둘째, 무기적·유기적 자연의 총체를 이루는 자연의 전 과정이 서술되는 자연철학에 이어 셋째, 정신철학 부문에서는 위의 양면을 넘어서는 인간세계의 전체가 주관·객관·절대(das Absolute)로 분화한 가운데 법의 철학을 통하여 그 두 번째 장인「객관적 정신」이 전개된다. 여기에서 인간의 정신과 의지가 작동하는 일정한 사회적·현실적 상황과 제도 아래 이들이 서로 어떻게 대응하며 발전해나가는가 하는 객관적인 양태가 밝혀지면서 동시에 법의 본질에 대한 물음이 제기된다.

독일어의 '법', 즉 'Recht'는 법이라는 뜻 말고도 '정의' '권리' '정당성'과 같은 의미를 함유하는데, 바로 이렇듯 옳은 것, 올바른 것, 지당한 것을 어떻게 정의하고 밝혀내는지가 법의 철학이 추구하는 법의 본질적인 문제가 된다.

인간은 본래 누구나 태어날 때부터 단순한 유아적·단일적이 아닌 가족이라는 공동성을 걸머진 존재이다. 따라서 무엇이 올바른 삶의 자세이고 어떻게 하는 것이 삶의 정도(正道)를 가는 것이냐 하는 판단은 자타를 망라하는 이 공동성을 떠나서 있을 수 없다. 즉 개별적인 삶의 자세보다 전체 사회의 질서체계 내에서 법의 본질을 추구하는 것이 헤겔 법철학의 기본 취지이다.

G.W.F. 헤겔(1770~1831)

게오르크 빌헬름 프리드리히 헤겔은 독일 슈투트가르트에서 태어났다. 1788년부터 튀빙겐 신학교에서 철학과 고전을 공부하면서, 절친한 동료인 횔덜린·셸링과 함께 그리스 문학과 프랑스 혁명에 관심을 기울였다. 대학을 마친 헤겔은 3년 동안 베른에서 사강사(私講師) 생활을 하며 모든 생의 창조적인 동력으로 작용하는 변증법적 원리가 지닌 생동하는 당위성 문제에 주목하기 시작했다.

1797년에는 프랑크푸르트로 옮겨 특유의 정신적 생명의 전체 구조를 변증법적인 법칙 아래 총괄하려는 시도에 착수했다. 1801년부터 예나 대학에서 정치학·생리학 등 다양한 분야의 연구를 통해 자기만의 학문체계를 완성해나갔으며, 1805년에는 예나 대학 교수가 되었다. 1807년 나폴레옹이 예나 전투에서 승리를 거두기 얼마 전 헤겔은 세계정신으로서의 나폴레옹을 칭송하며 『정신현상학』을 출간했다.

1808~16년에는 김나지움의 교장직을 수행하며 『논리학』을 완성했고, 1817년 하이델베르크의 교수로 강의를 시작하면서 그의 철학체계 전반을 설명하는 『철학강요』를 출판했다. 1818년 헤겔은 베를린 대학 교수가 되었고, 『법철학강요』(1821)를 출판했다. 1823~27년은 그의 활동이 최고조에 달했던 시기였다. 그는 미학·종교철학·역사철학·철학사에 대한 책을 출판했으며, 그의 명성은 국내외로 퍼져나갔다.

1831년 독일에 퍼진 콜레라로 사망하기 직전까지 헤겔은 생명의 변증법적 운동을 통한 생동하는 정신의 본원적인 회복을 위하여 시대가 안고 있는 분열과 대립, 시대적 한계와 모순을 극복하는 일에 몰두했다.

법의 기본요소로서의 자유

법의 요소를 이루는 것은 정신적인 것(das Geistige)이며, 그 구체적인 입각점과 출발점이 되는 것은 자유로운 의지(der Wille)이다. 자유야말로 법의 실체와 사명을 이루며, 또한 법의 체계(das Rechtssystem)란 실현된 자유의 왕국이며, 정신 스스로가 제2의 자연(eine zweite Natur)으로서 산출해낸 정신의 세계이다.

|추가| 의지의 자유는 물리적인 자연을 참조하는 데서 가장 잘 설명된다. 즉 자유라는 것은 중력이 바로 물체의 근본규정인 것과 꼭 마찬가지로 의지의 근본규정이기 때문이다.

"물질은 무겁다"라고 할 때 이 술어는 단지 우연적일 뿐이라고 생각될 수 있지만 사실은 그렇지가 않다. 왜냐하면 물질치고 그 어느 것도 무게가 없는 것은 없기 때문이다. 물질은 오히려 무게 그 자체이다. 무겁다는 것이 곧 물체를 구성하며, 이것이 그대로 물체인 것이다.

자유와 의지도 이와 마찬가지여서, 자유로운 것이 다름 아닌 의지이다(das Freie ist der Wille). 의지는 자유가 없이는 빈말일 뿐이며, 자유 역시 오직 의지일 때 그리고 주체 또는 주관일 때 비로소 현실적인 것이다. 그런데 의지와 사유가 서로 어떻게 연관되어 있는지에 대해서는 다음과 같은 점을 지적해두어야만 하겠다. 정신은 사유 일반이며, 사유에 따라 인간은 동물과 구별된다. 그렇다고 인간이 한편으로는 사유하고 다른 한편으로는 의욕하는 것을(daß der Mensch einerseits denkend, andererseits wollend sei), 즉 한쪽 주머니에는 사유를 그리고 다른 쪽 주머니에는 의욕을 지니고 있는 듯이 생각되어서는 안 된다. 그것은 공허한 표상일 테니까 말이다.

사유와 의지의 구별은 이론적인 태도와 실천적인 태도(theore-tischen und praktischen Verhalten)를 구별하는 것과 같은데, 여기에는 두 개의 능력이 있는 것이 아니라 의지는 사유의 특수한 한 가지 방식(eine besondere Weise des Denkens)이다. 즉 의지란 사유가 스스로 현존하는 세계로 옮겨가는 방식이며, 스스로가 현실로 존재하고자 하는 충동으로서의 사유이다(das Denken als sich übersetzend ins Dasein, als Trieb, sich Dasein zu geben). 사유와 의지의 이러한 구별은 다음과 같이 표현될 수도 있다. 나는 어떤 대상을 사유하는 가운데 이 대상을 사상으로 이루어내고는 여기에서 감각적인 것을 제거한다. 즉 나는 그것을 무언가 본질적이며 직접적으로 있는 내 것이 되게 만든다. 왜냐하면 사유하는 데서 비로소 나는 나와 더불어(bei mir) 있기 때문이며, 개념적으로 파악하는 데서 비로소 대상을 꿰뚫어보게 되기 때문이다(erst das Begreifen ist das Durchbohren des Gegenstandes). 이렇게 되면 대상은 더 이상 나와 대립해 있지 않고 나에게 맞서서 대상이 자기만의 것으로 간직하고 있던 것을 내가 탈취해버리게 되기 때문이다. 아담이 이브에게 "너는 육(肉) 중의 육(肉), 내 골(骨) 중의 골(骨)"이라고 했듯이, 정신은 이것이야말로 내 정신 중의 정신이라고 함으로써 그에게서 낯선 이질성은 사라져버린 것이다.

표상이란 모두를 하나로 보편화하는 것으로, 이는 사유에 속하는 문제이다. 뭔가를 보편적으로 만든다는 것은 그것을 사유한다는 것이다(Etwas allgemein machen heibt, es

장 밥티스트 르뇨, 「자유와 죽음」(1795)

denken). 자아는 사유하는 것이며 동시에 보편적인 것이다. 내가 나·자아라고 말하면서 나는 성격·소질·식견·연령과 같은 특수성을 모두 다 떨쳐내버린다. 자아는 완전히 비어 있고 점처럼 단일한 가운데 이 단일성 속에서 내가 활동하는 것이다(Ich ist ganz leer, punktuell, einfach, aber tätig in dieser Einfachheit). 다채로운 세계의 화폭이 내 앞에 있고 나는 그것과 마주해 있으면서 이런 자세로 나와 세계의 대립을 지양하고(hebe bei diesem Verhalten den Gegensatz auf), 그렇게 지양된 내용을 내 것으로 삼는다. 자아가 세계를 알면, 아니 그보다도 세계를 개념적으로 파악하게 되면, 자아는 세계 속에서 내 집에서와 같은 안온함을 느낀다. 이상이 이론적인 태도이다.

이에 반하여 실천적인 태도는 사유에서 시작되고 자아 자신에게서 시작되지만 무엇보다도 그것은 대치해 있는 모습을 나타내는데, 왜냐하면 실천적인 태도는 애초부터 하나의 분열을 설정하기 때문이다. 내가 실천적이고 활동적인 이상, 즉 행동하는 이상 나는 나를 규정하는데, 나를 규정한다는 것은 곧 구별을 정립하는 것을 뜻한다. 그러나 이렇게 내가 정립하는 모든 구별은 이 또한 내 것이고 여기에 따르는 갖가지 규정도 나에게 안겨진 것이며 또한 내가 그쪽으로 떠밀려가는 갖가지 목적도 나에게 속하는 것이다. 비록 내가 그러한 규정이나 구별을 밖으로 밀어낸다 해도, 다시 말하면 이른바 외계 속으로 정립한다 해도 그것은 여전히 내 것으로 있다. 그들은 내가 행하고 내가 만들어낸 것으로서 내 정신의 흔적(die Spur meines Geistes)을 안고 있는 것이다.

『법철학』 서론 「법철학의 개념-의지·자유와 법의 개념」

만인의 보편적인 의지로서의 법철학

추상법에서 시작되는 헤겔의 법의 세계는 자유로운 의지의 직접적·개별적 존재로서의 인격(Person)과 그의 인격이 자신의 의지를 외적인 사물(Sache)에 담아넣음으로써 사물을 자기 지배 아래로 포섭하는 데서 성립되는 사유물(私有物)·재산(Eigentum)을 기반으로 하여 전개된다. 재산이란 나에게 고유한(eigen) 것을 뜻한다. 내가 '자유롭다'고 하면서도 만약에 나에게 직접 속해 있는 생명·신체·재산은 도외시한 채 '나는 자유이다'라고만 한다면 그야말로 나는 나 자신을 송두리째 텅 빈 공간 속에 자리잡아놓는 것이나 마찬가지이다. 이렇게 되면 "의지란 절대적인 추상 또는 절대적인 보편성이라는 제한 없는 무한성이며, 자기 자신에 대한 순수한 사유이다." 그런데 소유·계약·불법(에 대한 법)이라는 근대 시민사회를 기초짓는 법적 관계, 즉 시민법이 추상법으로 불리는 이유는 여기서 인간은 인권이라는 형식적인 권리의 담당자로 간주될 뿐, 인간 개개인으로서 지니는 특수성이나 법적 관계의 배후에 있는 공동체적 존재양식 등은 도외시되고 사상(捨象)되기 때문이다.

이렇듯 추상적인 권리 또는 법을 주제로 한 제1부에서는 사회적인 세계 안에 몸담고 있는 모든 개개의 인간이 제각기 분리된 채 뿔뿔이 흩어진 하나의 점으로 존재한다고 할 수 있다. 그러나 만약 이 경우 다수결 원칙에 따른 표결이 행해진다면 그들 개인이라는 점 하나하나마다는 단지 외부의 영향이나 간섭을 감수할 수밖에 없는 그토록 무기력하고 전적으로 조종 가능한 그런 존재일 수만은 없다. 점으로서 산정되는 투표지의 표면마다에는 각 개인의 의지가 담겨서 바로 그것이 표로 나타나 있으니, 즉 여기에는 개인의 내면에서 표출되는 자유롭고 자립적인 의지, 즉 점으로 표출되는 개인의 자유로운 의지가 작동하는 것이다.

이렇게 볼 때 추상법을 논하는 헤겔의 처지에서 법이란 어디까지나 자유의지의 주체로서의 인간에 의해 생성된 것이며 따라서 통틀어서 인간존재의 으뜸가는 의미가 생동한 창발력, 즉 살아 움직이는 인간 의지와 욕구를 구현하는 데 있다고 한다면, 이때 법은 이를테면 권력에 의한 분쟁 해결의 규준이라는 등의 통상적인 용도와 용법을 훨씬 능가하는 더 넓은 의미를 띠게 마련이다. 즉 여기서 법은 보통 법이라는 말로 이해되는 시민법·추상법을 뜻하는 데 그치지 않고 도덕성과 인륜까지를 모두 포괄하기에 이르는 것이다. 이로써 법의 체계란 '실현된 자유의 왕국', 정신이 자기 자신에게서 산출해낸 '제2의 자연'에 다름 아닌 것이 된다.

결국 헤겔에게서 법이란 개인의 자유를 성립되게 하는 기반으로서의 만인의 보편적인 의지로 파악된다. 이때 법 또는 정의(Recht)란 '법의 이념' '이성적인 법'으로서 '자유 그 자체'를 뜻한다. 이 자유로운 의지는 외적인 물건이나 타자의 인격과 관계하는 반성적인 위치에서 더욱 보편적인 것, 즉 자타를 포함하는 행복, 만인의 '보편적인 행복'을 실현하고자 하는 주체적 행위자이다. 헤겔은 주로 로마법에 나타난 사례를 통하여 인격을 곧 소유의 주체 또는 계약의 주체로 간주하면서 주체와 그 의지, 주체와 소유물, 주체와 소유권, 주체와 도덕의 문제를 계약, 주체와 다른 주체, 주체와 법률 사이에서 현시되는 정의 또는 법이 어떻게 성립되는지를 밝히는 데 주력하였다.

이러한 전개과정을 거쳐 드디어 정신은 자기 내면으로 복귀하는 것이다. 이제 주체는 자기를 둘러싸고 있는 온갖 사회적 현실에서 몸을 빼고 자기 내면으로 복귀해간다. 사회적 현실 속에 구현되는 정의·법보다도 이제는 주관의 내면에서 자기의 독자적 확신으로 자리잡은 정의·법이 객관적 정신의 영역 속에 닻을 내린 것이다.

이렇듯 자유의 획득을 위한 '한층 더 높은 지반'을 이루는 것이 바로 도덕성의 영역이다. 이때 도덕적 의지는 법의 정신에 기초한 교양형성을 통하여 주관성에 대응하는 객관성을 명확히 의식하기에 이른다. 여기서는 '세계의 절대적 궁극목적'인 선(善) 그 자체와 그것을 규정하고자 하는 양심이라는 이중구조가 도덕성의 귀착점으로 떠오른다. 양심의 특질은 '자기 자신에게서의 순수한 자기확신', 나아가서는 '오직 자기를 통하여 무엇이 선인지를 내용으로 규정'하는 데에 있다.

그러나 이렇게 양심에 의해 규정된 선은 추상적인 데 머무른 채 양심의 자기 내면에 침거하여 어느덧 자기와는 정반대의 악으로 전화할 수 있는 지경을 맞이하기도 한다. 그야말로 양심과 악은 추상적인 자기규정이라는 공통의 근원을 갖고 있으니, 주관성을 순화한 극점에서 실로 정반대의 것이 생겨나면서 선과 양심이라는 추상적인 양태가 그대로 드러나기에 이른다.

헤겔은 주관적·객관적 윤리로서의 도덕(Moralität)을 객관적이며 공동적인 윤리로서의 인륜(Sittlichkeit)과 구별하면서 특히 '도덕'을 근대에 고유한 윤리, 특히 칸트로 대표되는 윤리로 간주한다. 이처럼 헤겔이 도덕성의 개념을 논하는 데에는 기본적으로 칸트의 도덕이론이 비판적으로 함의되어 있다. 즉 헤겔에 따르면 칸트의 도덕론은 '독자(대자)존재와 개별성을 원리로 하는' 근대 특유의 입장(『자연법 논문』)으로 '시민 또는 사인(私人)의 윤리'에 그치고 있다. 그것은 동어 반복적인 무모순성에서 성립되는 형식적인 보편성을 '도덕법칙'으로 정립한 것일 뿐이므로 여기서는 언제라도 개인의 특수성과 보편적 도덕법칙이 대립을 빚을 수밖에 없으며, 그 결과 '강제, 즉 보편적 자유라는 개념에 따른 개별자의 자유제한'이 또다른 모습으로 공동성을 유지하기 위한 목적으로 화하게 된다. 이럼으로써 칸트의 도덕론은 오히려 그의 뜻에 반하여 개개인에게 부자유를 강요하는 내용으로 전락하고 만다. 그리하여 헤겔은 "칸트 철학의 실천적인 원리는 전적으로 이 도덕 개념에만 국한된 채 심지어 인륜적인 입장마저 불가능하게 만들었다"고도 말한다.

임석진

한국헤겔학회 명예회장·철학

옮긴이 임석진은 서울대학교 정치학과를 졸업하고, 하이델베르크 대학에서 사회학을 전공한 뒤, 프랑크푸르트 대학에서 아도르노에 사사했고 철학박사 학위를 받았다. 서울대학교 강사, 명지대학교 철학과 교수를 지냈으며, 한국헤겔학회를 창설하여 회장직을 20여 년 동안 수행했다. 국제헤겔연맹과 국제변증법철학회 정회원이며, 『헤겔 연구 총서』의 국제자문위원으로서 현재 명지대학교 명예교수, 한국헤겔학회 명예회장으로 있다. 주요 번역서는 독일 슈투르가르트시 소재 '헤겔박물관'에 전시되어 있다. 저서로는 『헤겔 노동의 개념』, 『시대와 변증법』, 『헤겔 변증법의 모색과 전망』, 『변증법적 통일의 원리』 등이 있으며, 역서로는 한길사에서 펴낸 『정신현상학』, 『법철학』을 비롯하여, 그밖에 『세계철학사』, 『이데올로기와 유토피아』, 『역사 속의 이성』, 『대논리학』, 『마르크스 사상 사전』, 『피히테와 셸링철학 체계의 차이』, 『철학사 강의』 등이 있다.

문명과 질병

헨리 지거리스트 지음 | 황상익 옮김 | 412쪽
2009 대한민국학술원 우수학술도서

질병과 질병의 역사에 대한 관심은 의사들만의 몫은 아니었다. 어떤 시대든 질병은 중요한 사회적 문제였으며, 특히 대역병은 나라의 흥망성쇠를 좌우하는 결정적인 요인이 되기도 했다. 이에 따라 역사가들도 오래전부터 질병과 그 역사에 대해 기록을 남겼다. 고대의 역사가 헤로도토스의 『역사』나 중세시대 보카치오의 『데카메론』 등에서 질병의 역사를 연구하는 데 소중한 사료들을 찾아볼 수 있다. 이처럼 질병의 역사에 대해 관심을 나타내고 기록을 남기기 시작한 것은 매우 오래되었다고 볼 수 있다.

질병사 연구가 새로운 모습으로 변모하게 된 것은 대체로 의학사 전반에 걸쳐 변화가 나타나던 1960, 70년대부터다. 이전까지의 백과사전적·문헌학적·서지학적인 연구를 지양하고, 협소한 의학적 시각으로 질병의 역사를 바라보던 것에서 보다 넓은 관점을 갖추게 된 것이다. 또한 의학 의외에 사회학, 인구학, 인류학 등의 문제의식과 연구방법이 도입되면서 질병의 연구는 단순히 의학적인 문제에만 그치지 않았다.

의학적인 측면에서만 고려하던 데에서 벗어나 사회구조의 차원으로 발전한 질병사 연구는 점차 사회 및 문명과 질병의 상호관계에 관심을 갖게 되었다. 이러한 새로운 변화가 나타나는 데에 가장 중요한 역할을 한 사람이 바로 지거리스트이며, 특히 『문명과 질병』을 대표적인 저작으로 꼽을 수 있을 것이다. 그는 질병사 분야에서 선배들의 업적을 계승하면서 새로운 경향을 만드는 데 기여하기도 했다. 또한 20세기 중엽 이래 세계학계를 주도하고 있는 미국에 그 당시로는 거의 새로운 분야인 의학사를 도입, 정착시키는 보다 근본적인 역할을 했다.

헨리 지거리스트(1891~1957)

헨리 지거리스트(Henry Ernest Sigerist)는 스위스 취리히 대학교에서 의학을 공부하는 한편, 문헌학과 오리엔트 언어를 공부했다. 의과대학 졸업 후 의학사를 공부하기로 결정하고 당대 전 세계 의학사 연구를 주도하던 독일의 라이프치히 대학교 의학사연구소로 가서 카를 주드호프 소장의 문하생이 되었다. 곧 유능한 의학사 연구자로 인정을 받은 지거리스트는 모교인 취리히 대학교의 의학사 교수로 근무하다 불과 서른넷이 되던 1925년 주드호프의 후임으로 라이프치히 대학교 의학사연구소 소장으로 발탁되었다. 1932년에는 라이프치히 의학사연구소를 모델로 신설된 미국의 존스홉킨스 대학교 의학사연구소 소장으로 자리를 옮겼다.

지거리스트는 이 연구소를 불과 몇 해 안에 당시 세계 최고이던 독일 수준으로 높였으며, 그로써 이곳은 미국 의학사 연구·교육의 센터로 자리잡았다. 또한 1925년에 설립된 미국의학사학회를 일신하고 세계 의학사학계의 대표적 학술지인 『의학사학회지』를 창간했다.

지거리스트는 대중적인 활동도 활발히 벌였는데, 각종 의사단체, 시민단체, 여성단체, 대학교, 포럼 등에서 기품 있고 설득력 있는 강연으로 커다란 명성을 얻었다. 저술가로도 왕성한 활동을 벌였는데, 『위대한 의사들』(1933), 『미국 의학』(1934)에 이어 『문명과 질병』(1943)은 대중들로부터도 큰 사랑을 받았다.

1939년 1월 30일, 『타임』지는 지거리스트를 표지 인물로 다루었는데, 그를 세계 최고의 의학사학자이자 전국민건강보험과 보건정책에 관해 미국에서 가장 권위 있는 전문가라고 소개했다. 지거리스트는 1947년 미국을 떠나 모국인 스위스에 정착했으며, 꼭 10년 뒤인 1957년에 세상을 떠났다.

질병의 공격에 대처하는 우리의 자세

건강상태는 매우 다양한 요인들에 의해 결정된다. 그 중 매우 중요한 한 가지가 사회적, 경제적 요인이다. 빈곤은 인류에 대한 저주이다. 오늘날 세계에서는 전 인류의 식량수요를 충족시킬 수 있을 만큼 식량이 생산된다. 과학은 필요한 자연자원을 체계적으로 얻을 수 있을 만큼, 사람들이 필요로 하는 모든 상품들을 생산할 수 있을 만큼 발전했다. 하지만 오늘날 전 인류의 대다수가 건강한 삶을 누리기 어려운 정도의 생활수준에 머물고 있다.

빈곤은 여전히 질병의 주된 원인이며, 이것은 의학이 당장 어찌해볼 수 없는 요인이다. 처방은 명백하다. 서방의 몇몇 부유한 국가들만이 아니라 인도, 중국, 아프리카 등 전 세계 모든 지역의 생활수준을 향상시켜야 한다. 어떤 나라든 다른 나라들의 희생을 바탕으로, 또 어떤 계층이 다른 계층들을 희생시키며 번영을 누려서는 안 된다. 세계는 좁아져서 한 나라에서 벌어지는 비극이 다른 나라들에도 직접적인 영향을 주게끔 되었다. 우리가 적어도 사회생활의 기본과정과 생산, 분배, 소비 등에 과학적 원리를 적용하는 방법을 터득한다면, 그리고 과학적 방침에 따라 전 세계적 규모로 사회생활을 계획한다면, 지구촌 주민들의 생활수준은 크게 높아질 것이다.

건강상태는 교육수준에 의해서도 결정된다. 무지 역시 질병의 중요한 원인이다. 건강은 외부에서 사람들에게 주어질 수 없다. 사람들에게 건강을 강제할 수도 없다. 사람들이 의사들의 조언을 받아들일 능력과 의지가 없거나 협조하지 않는다면 우리의 노력은 실패할 수밖에 없다. 어쨌든 교육은 읽고 쓰기를 배우거나 질병에 대한 몇 가지 지식을 얻는 것 이상의 의미가 있다. 건강에 대한 적극적 태도와 사회에 대한 개인의 책임 등을 받아들이게 하고 건강생활에 위해가 되는 관습, 그리고 전통에 의해 뒷받침되는 편견을 극복할 수 있도록 해야 한다. 교육은 심리학적인 이해와 전술을 필요로 하기 때문에 매우 힘든 과업이다. 하지만 보건교육뿐만 아니라 일반교육은 모든 보건활동의 기초이다.

건강상태는 궁극적으로 보건의료 서비스의 효율성에 의해 결정된다. 과학적 의학은 유보 없이 적용되지 않는다면 무용지물이다. 우리는 건강한 사람과 환자, 부자와 빈민 모두가 향유할 수 있는 보건의료체계를 필요로 하며, 이제 그러한 체계를 갖추지 못할 이유는 없다. 대규모의 조직적인 개입이 필요한 보건문제들이 그동안 해결되어왔고 특히 세계대전을 치르고 있는 요즘에도 그렇게 해결되고 있다.

우리에게 필요한 것은 가능한 한 질병의 굴레에서 벗어나 건전하고 건강한 국가를 만들겠다는 강철같은 결심이다. 우리는 지난 100년 동안 상황이 크게 변했다는 사실도 인식해야 한다. 두 차례의 산업혁명 이후 사회구조는 과거와 다르다. 그러한 진보의 결과로 의학 역시 크게 변화했다. 의학기술은 더욱 고도화되었고, 일반의와 전문의의 협조는 더욱 필요해졌으며, 진료소와 병원의 광범위한 사용도 더욱 요청된다.

새로운 사회에 부응하는 새로운 의학은 새로운 형태의 의료서비스를 요구한다. 무엇보다 예방의학과 치료의학 사이의 인위적 장벽을 무너뜨려야 한다. 치료가 필요해 병원을 찾은 환

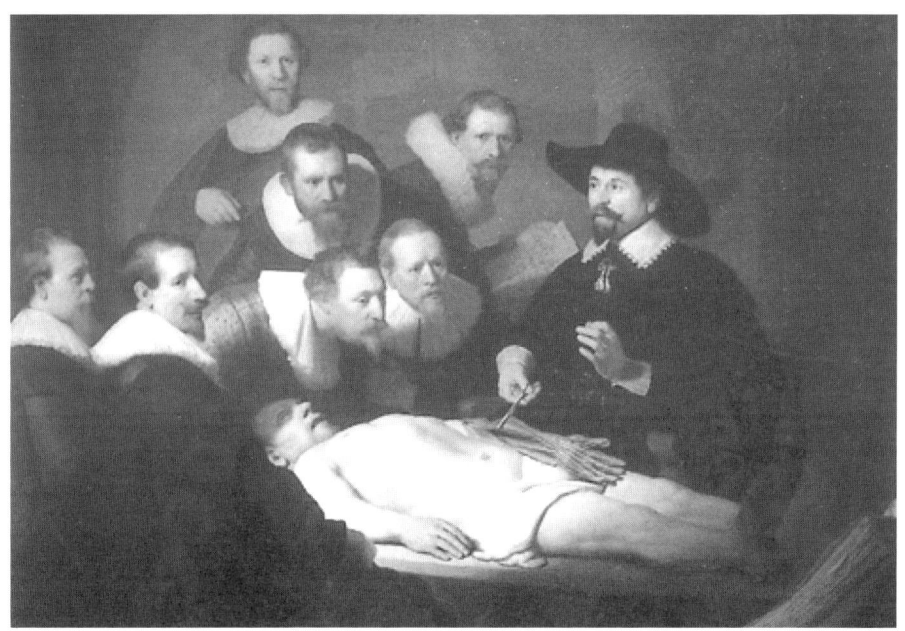

렘브란트, 「툴프 박사의 해부학 강의」(1632)

자에게 주치의를 찾아가 보라는 말이 사라지지 않는 이상, 매우 효율적인 건강센터를 짓더라도 낭비일 수밖에 없다. 수많은 사람에게 자신을 돌보아줄 주치의가 없기 때문이다.

의학의 과제는 건강을 증진시키고, 질병을 예방하며, 예방이 실패하여 질병이 발생하면 치료하고, 치유된 뒤에 나타나는 후유증으로부터 환자를 재활시키는 것이다. 이것들은 매우 사회적인 기능들로서, 우리는 의학을 기본적으로 사회과학으로 보아야 한다. 의학은 문명국이라면 당연히 발전시켜야 할, 일련의 사회복지 제도 중 하나일 뿐이다. 오늘날 우리가 시행착오를 저지른다면, 그것은 대개는 의학이 가진 사회적 측면을 무시해왔다는 사실에 기인한다. 오랜 동안 우리는 의학을 과학적으로 연구하는 데만 집중해왔고 의학연구의 결과는 저절로 활용될 것이라고 생각해왔다. 하지만 실제로는 그렇지 않았다. 의학의 기술적 측면이 사회적 측면을 압도한 것이다.

여기는 보건의료 서비스의 재조직 문제를 논하는 자리는 아니다. 하지만 미래의 문명사회에서 모든 가정에는 주치의뿐만 아니라 담당 건강센터가 있어 필요한 모든 조언과 도움을 공공서비스로 제공받게 될 것이며 그로써 국민 전체의 건강이 향상될 것이다. 의사는 과학자, 사회사업가, 그리고 교육자로서의 구실을 다하는 공복이 될 것이며, 의학의 관심사는 질병에서 건강으로 강조점이 점점 더 옮겨질 것이다.

「문명과 질병」 제12장 「질병에 맞서온 문명」

인류의 역사는 곧 질병에 대한 역사이다

인류의 역사는 곧 질병의 역사라 했지만, 질병은 생명체의 탄생과 함께 나타난 것으로 인류보다 몇백 배나 긴 역사를 가지고 있다. 그런 점에서 질병의 역사는 생물의 역사이자 지구의 역사라고 말해야 할 것이다. 인간들이 겪는 질병의 바탕에는 그러한 자연사적인 측면도 있지만, 인류가 문명을 이룬 뒤에 더 중요하게 작용해온 것은 질병의 사회사적인 특성이다.

이것이 이 책『문명과 질병』의 주제인 셈이다. 다시 말해, 생물학적 개체라기보다는 사회적 존재의 성격이 더 뚜렷한 "인간의 질병은 사회와 문명이 만든다. 그리고 질병은 다시 인간의 역사발전에 커다란 영향을 미친다"라는 논지가 이 책의 바탕을 이루고 있다. 또한 인간사에서 질병이 가지는 의미를 온전하게 파악하는 데에 역사적, 문명적 관점이 많은 도움을 준다는 견해도 이 책이 내세우는 바다. 이러한 생각이 지거리스트에게서 처음 나타난 것은 아니다. 하지만 이 책이 당시까지의 그러한 논지와 연구결과들을 잘 정리했으며 더욱이 그러한 논지를 일반 교양인들에게까지 전파한 데에 큰 의의가 있다. 19세기 중엽 독일에서 본격적으로 시작된 근대적 의학사(醫學史)를 학문의 새로운 중심지로 떠오르던 미국에 보급, 정착시키는 데 결정적인 역할을 한 지거리스트는 이 책을 통해 질병에 대한 문명적, 역사적 관점을 제시하는 데 성공을 거두었다고 평가된다.

질병은 개인의 생사뿐만 아니라 사회의 흥망성쇠에 관련된 것이지만, 그것이 사회와 문명과 어떻게 관련되는지는 크게 관심을 끌지는 못했으며 오늘날도 그러한 점에서 별로 다르지 않다. 그러나 앞에서도 말했듯이 질병, 특히 대유행병은 개개인뿐만 아니라 민족과 국가의 운명을 좌우해왔고, 문명에 넓고도 뿌리 깊은 영향을 미쳐왔다.

질병이란 무엇인가? 그것은 내가 걸린 독감이고, 내 아이의 급성 위장염이고, 내 친구가 고통받는 간암이다. 나는 열이 심해 직장에 나가지 못하고, 내 아이는 배탈로 괴로워하고, 내 친구는 악성종양 때문에 죽을지도 모른다. 질병은 나와 내 아이와 내 친구의 아픔이고 고뇌다. 이렇듯 질병은 나와 내 아이와 내 친구라는 구체적인 인간의 질병이다. 다시 말해 질병은 저 혼자만 있을 수 없고, 병에 걸린 인간과 더불어 존재한다. 이처럼 질병은 인간과 관련된 것인 만큼, 그것은 동시에 우리가 속해 있는 사회의 질병이고 문명의 질병일 수밖에 없을 것이다. 또한 질병이 사회적이고 문명적인 것인 이상, 사회와 문명에 역사가 있듯이 질병에도 역사가 있다. 질병은 의심할 바 없이 생물학적 현상이다. 발열은 기도에 침입한 인플루엔자 바이러스 때문에 일어나고, 간암은 간조직에 생겨난 암세포들이 비정상적으로 증식한 것이다. 그것뿐이라면 질병은 바이러스와 세포 등의 문제, 즉 생물학적인 것일 뿐이다. 하지만 실제는 그렇지 않아서 이 질병이라는 단어 속에는 넓고도 깊은 의미가 함축되어 있다. 질병의 직접적인 원인은 바이러스나 비정상적으로 증식하는 세포일지 모른다. 하지만 병원체는 어디에서 어떻게 만들어져, 어디로 어떻게 전해져서 질병을 일으키는가? 조직에 장해를 일으키는 근본적 원인은 무엇인가? 어떠한 물질이 어떤 과정에서 발암인자로 작용하는가? 또 그 물질은 어떻게 해서 만들어지는가? 이렇듯 어떤 직접적 원인도 근본적으로 천착해보면, 사회와 문명을 함께 고찰할 때에만 이해가 가능하다는 사실을 알게 된다.

유기수은 중독, 기관지 천식과 같은 환경성 질병, 교통사고, 신경증과 같이 문명병이라고 부르는 질환, 그리고 직업병 등은 문명이 낳은 질병임이 틀림없다. 그러나 그뿐만이 아니다. 결핵이나 성병과 같은 만성감염병, 콜레라나 장티푸스와 같은 급성전염병도 다만 병원균이 있기 때문에 저절로 병에 걸리는 것이 아니다. 병원균을 전파, 증식시키는 조건이 더불어 있기 때문에 질병이 생겨나는 것이다. 그러한 조건에는 자연적인 것도 있지만, 대부분은 인간 자신이 만들어낸 것, 곧 문명적이고 사회적인 조건이다.

전쟁과 가난이 온갖 질병의 온상이라는 점은 다시 말할 필요도 없다. 식주의(食住衣)의 상태는 질병의 상태를 규정한다. 식탁의 메뉴는 질병의 목록과 잘 부합하고, 난방과 조명 등의 주거생활 양식, 의복의 패션 등이 질병의 역사를 다시 쓰도록 해왔다. 이렇듯 문명과 사회는 각각 특유한 질병의 구조와 상태를 갖는다.

문명의 교류는 질병의 교류기도 하다. 사람과 물건이 오가면서 질병도 전해진다. 경제와 정치만 질병을 만드는 것이 아니다. 사상도 질병을 만든다. 정신병은 시대사조의 굴절된 투영이라고 할 수도 있다. 약물피해나 의원병(醫原病) 등, 의학 자체가 질병을 만들기도 한다. 또한 거꾸로 질병은 문명을 변화시키고 사회를 움직인다. 질병은 고대 그리스와 로마 제국을 멸망케 한 중요한 원인 가운데 한 가지였다. 중세말 유럽을 덮친 흑사병은 근대 사회를 여는 진통이 되었고, 발진티푸스는 나폴레옹이 러시아에서 패퇴한 결정적 원인이었다.

아무리 파괴력이 큰 무기라도 국가와 민족 그리고 문명에 미친 영향력으로 볼 때, 발진티푸스를 매개하고 페스트를 전파하는 벼룩에 비하면 보잘것없었다. 어떤 문명은 말라리아 원충 때문에 쇠퇴했고, 어떤 부대는 맨눈으로 볼 수 없을 만큼 작은 콜레라균이나 이질균 때문에 궤멸했다. 결핵과 매독이 없었더라면 근대 문명의 색조는 크게 달랐을지 모른다.

문명이 질병을 만들고, 또한 질병이 문명을 만들어왔다. 이 두 가지 과정이 서로 겹쳐져서 나타나며, 역사를 통해 그러한 과정이 되풀이 되었다. 그러한 까닭에, 질병 자체에는 뚜렷한 역사적 성격이 있다. 질병의 역사적 법칙성이라고 일컬을 만한 것도 있을지 모른다. 역사학적 분석을 통해, 그동안 풀리지 않았던 질병의 비밀을 찾아낸 경우도 있다. 에스파냐 군대의 아메리카 정복처럼 질병의 비밀을 밝혀냄으로써 풀리지 않던 역사가 해명된 경우도 있다.

황상익

서울대 의대 의사학교실 교수 · 의학사

옮긴이 황상익은 서울대학교 의과대학을 졸업하고, 같은 학교 대학원에서 의학석사 · 박사학위를 받았다. 지금은 서울대학교 의과대학 교수로 있다. 영국 옥스퍼드 대학교 약리학연구소와 미국 UCSF 의학사연구소 초빙연구원을 지냈다. 한국과학사학회와 한국생명윤리학회 회장을 지냈으며, 지금은 대한의사학회 회장으로 있다. 저서로는 『문명과 질병으로 보는 인간의 역사』, 『첨단의학시대에는 역사시계가 멈추는가』, 『인물로 보는 의학의 역사』, 『1950년대 사회주의 건설기의 북한보건의료』, 『황우석 사태와 한국사회』(공저) 등이 있다. 역서로는 한길사에서 펴낸 지거리스트의 『문명과 질병』을 비롯하여, A.S. 라이언즈의 『세계의학의 역사』, 타다 토미오의 『면역의 의미론』, 에르빈 슈뢰딩거의 『생명이란 무엇인가』, 프란스 드 발의 『침팬지 폴리틱스』 등이 있다.

기독교의 본질

루트비히 포이어바흐 지음 | 강대석 옮김 | 556쪽

▷ 저자의 다른 작품
『종교적 본질에 대하여』(GB 77)

▷ 역자의 다른 번역 작품
『종교적 본질에 대하여』(GB 77)
『차라투스트라는 이렇게 말했다』(GB 118)

이 책 『기독교의 본질』의 저술목표는 종교, 특히 기독교의 철학적인 분석을 통해 새로운 세계관을 제시하는 것이었다. 그러므로 이 책은 종교비판적인 의미뿐만 아니라 철학비판적인 의미도 갖는다. 전통적인 철학과 종교에 대한 비판은 독일의 통일과 민주화 과정에서 필연적으로 나타나는 시대적인 요구였다. 포이어바흐는 이 책에서 기독교 전반에 관한 분석과 비판을 시도한다. 즉 기독교의 입장에서 기독교를 비판하며 신학과 사변적인 종교철학을 포괄적으로 비판한다. 그는 종교, 특히 기독교의 본질은 인간심정의 본질에 불과하며 그러므로 신학의 본질은 인간학이라고 주장한다.

"종교는 무한한 것에 대한 의식이다. 종교는 인간이 자기의 본질, 곧 유한하고 제한된 본질이 아니라 무한한 본질에 대해 갖고 있는 의식에 불과하다." 저서 전체를 관철하고 있는 이러한 이념을 포이어바흐는 크게 두 부분으로 나누어 전개한다. 하나는 종교를 인간의 본질과 일치시키는 관점에서이고, 다른 하나는 두 범주의 모순을 지적하는 방향에서이다. 동시에 포이어바흐는 기독교의 오류와 함께 기독교를 옹호해주는 관념론 철학, 특히 헤겔 철학의 오류를 밝히고 정신이나 신 대신 자연, 존재, 물질을 근원적인 존재로 설정하는 유물론 철학의 정당성을 규명하려 한다.

기독교 비판을 통해 포이어바흐가 제시한 최종 목표는 결국 휴머니즘의 실현을 목표로 하는 인간해방, 즉 종교적인 소외로부터 해방된 인간의 실현이었다. 신이 아니라 인간이 중심이 되는 종교, 정신이 아니라 자연이 주체가 되는 철학의 복원이 이러한 휴머니즘의 실현에 필수적인 전제가 된다.

루트비히 포이어바흐(1804~72)

루트비히 포이어바흐(Ludwig Feuerbach)는 독일의 유물론 철학자이며 종교철학자이다. 남부 독일의 작은 도시 란츠후트에서 법률가의 아들로 태어난 그는 개신교의 전통 속에서 자랐고 소년시절의 꿈은 개신교 목사가 되는 것이었다. 고등학교를 졸업한 포이어바흐는 아버지의 소원에 따라 1823년 하이델베르크 대학 신학과에 입학했으나 맹목적인 신앙의 강조나 합리적인 짜깁기에 불과한 궤변으로 강의를 주도하는 신학 교수들에게 실망하고 베를린 대학으로 옮겨 헤겔 철학을 공부했다.

그러나 포이어바흐는 헤겔의 절대정신이 보편자로서 감성이나 현상의 상위에 있는 주재자가 아니라 개별자 속에서 작용한다는 사실을 지적했고, 동시에 헤겔 철학 체계의 절대적 진리에 관하여 회의를 품기 시작했다.

청년 헤겔파, 특히 슈트라우스의 영향 아래 포이어바흐는 종교문제에 많은 관심을 갖게 되었고, 이에 대한 연구의 결과를 출간하였는데, 이 책이 바로 『죽음과 불멸성에 관한 고찰』(1830)이다.

『죽음과 불멸성에 관한 고찰』 등에서 펼친 비판적인 종교해석이 논란이 되어 대학 강단에 설 수 있는 길이 막혀버린 그는 부르크베르크라는 시골에 은거하면서 철학사, 종교비판, 행복론 등의 광범위한 저술에 전념했다.

그의 주요 저서로는 『기독교의 본질』 『베이컨에서 스피노자에 이르는 근세철학사』 『라이프니츠 철학의 서술과 비판』 『피에르 벨』 등이 있다. 그의 철학 공적은 기독교 및 관념적인 헤겔 철학에 대한 비판을 통해 유물론적인 인간 중심의 철학을 제기한 데 있으며, 이는 뒷날 마르크스와 엥겔스에 의해 비판적으로 계승되었다.

인간본질의 근본적인 타락에 대한 교리

아우구스티누스주의(Augustianismus)와 펠라기우스주의(Pelagianismus)의 차이는 후자가 합리주의의 방식으로 표현하는 것을 전자는 종교의 방식으로 표현한다는 것이다. 양자는 같은 것을 말하며 다같이 선을 인간의 소치로 돌린다. 그러나 펠라기우스주의가 그것을 합리적·도덕적 형식으로 직접 말한다면, 아우구스티누스주의는 신비적, 곧 종교적 형식으로 간접적으로 말한다. 왜냐하면 인간의 신에게 부여되는 것은 실제로 인간 자신에게 부여되는 것이며, 인간이 신에 관해서 말하는 것은 실제로 자기자신에 관해서 말하는 것이기 때문이다. 인간이 악마를 자신의 신으로 섬기고, 의식을 갖고 악마를 자기의 최고 존재로서 존경하며 찬미할 때만 아우구스티누스주의가 진리, 곧 펠라기우스주의와 대립되는 진리가 될 것이다. 그러나 인간이 선한 존재를 신으로 존경하는 한 그는 신 안에서 자기자신의 선한 본질을 직관하는 것이다.

인간본질의 근본적 타락에 관한 교리는 인간이 어떤 선도, 다시 말하면 어떤 일도 자기자신으로부터 자기자신의 힘으로서는 행할 수 없다는 교리와 다를 바 없다. 인간의 힘과 활동의 부정은 인간이 신 속에서도 도덕적 활동을 부정하고, 동방의 허무주의자 또는 범신론자처럼 신적 본질은 절대적으로 의지와 무관하며 행위와도 무관하며, 아무런 관심도 없고 선과 악의 구별에 대해서도 아무것도 모르는 본질이라 말할 때에만 타당성을 얻게 된다.

그러나 신을 활동적인 존재, 더욱이 활동적일 뿐만 아니라 도덕적으로 활동적이며 도덕적으로 비판적인 존재로서 규정하는 사람—선을 사랑하고, 선을 행하고, 선에는 보상하고, 악을 벌하고, 악을 거부하고, 악을 힐난하는 존재로서 규정하는 사람—은 단지 외관상으로만 인간의 활동을 부정할 뿐 실제로는 인간의 활동을 최고의 가장 확실한 활동으로 천명하는 셈이다. 그는 다음과 같이 말한다. 활동적이 아닌 신, 도덕적으로 또는 인간적으로 활동하지 않는 신은 신이 아니다. 그러므로 신은 신성의 개념을 인간의 활동을 염두에 두면서 행위의 개념에 의존시킨다. 왜냐하면 그는 인간적 활동보다 더 높은 활동을 알지 못하기 때문이다.

인간은 스스로의 본질을 대상화하고, 스스로를 다시 이처럼 대상화되고 주체나 인격으로 변화된 본질의 대상으로 삼는다. 이것이 종교의 비밀이다. 인간은 스스로를 사유하고 스스로의 대상이 된다. 그러나 대상의 대상으로서 다른 본질의 대상이 된다. 바로 그렇다. 인간은 신의 대상이 된다. 인간이 선하거나 악한 것이 신에게 결코 무관한 일이 아니다. 결코 아니다! 신은 인간이 선하다는 것에 생생한 깊은 관심을 가지고 있다. 신은 인간이 선하고 행복해지기를 원하고 있다. 왜냐하면 선이 없이는 행복도 없기 때문이다.

이와 같이 종교적인 인간은 인간행위의 무의미성을 철회한다. 곧 인간은 자기의 생각과 행위를 신의 대상으로 삼으며, 인간을 신의 목표로 삼으며—정신 속의 대상은 행위 속의 목표이므로—신의 행위를 인간구원의 수단으로 삼으면서 인간행위에 의미를 부여한다. 신이 활동하는 것은 인간이 선하고 행복해지도록 하기 위한 것이다. 이와 같이 인간은 외관상으로 가장 비하되는 것 같지만 실은 가장 높게 올려진다. 인간은 신 안에서 그리고 신을 통해서만 자신의 목표를 달성하려 한다. 인간이 신 안에 자기의 목

마르틴 루터 비텐베르크 교회의 문에 반박문을 붙이고 있다.

표를 두는 것이 사실이지만 신은 그 행위의 목표를 인간의 도덕적이고 영원한 구원 이외의 다른 곳에 두지 않는다. 그러므로 인간의 목표는 자기자신이다. 신의 행위는 인간의 행위와 구별되는 것이 아니다.

만일 신의 행위가 인간의 행위와는 다른 행위, 본질적으로 차이가 있는 행위라면 그것이 어떻게 신의 대상이 되는 나 안에서 작용할 수 있겠는가? 만일 신의 행위 자체가 인간적인 행위가 아니라면 어떻게 그것이 인간적인 목표, 곧 인간을 선하게 하고 행복하게 하는 목표를 가질 수가 있겠는가? 목표가 행위를 규정하는 것이 아닌가? 만일 인간이 도덕적인 개선을 자신의 목표로 설정한다면 인간은 신적 결단과 신적 계획을 갖고 있는 것이다. 그러나 신이 인간의 행복을 목표로 삼는다면 신은 인간적 목표와 이 목표에 상응하는 인간적 행위를 갖고 있는 것이다. 이와 같이 신 안에서 인간에게는 **스스로의 행위만이 대상이 될 뿐이다.**

그러나 인간은 스스로의 행위를 스스로와 구별되는 대상적 행위로서 직관하며 선을 오직 대상으로서 직관하기 때문에 필연적으로 인간은 **충동과 동기를 자기자신으로부터가 아니라** 이러한 대상으로부터 받는 것처럼 생각한다. 인간은 자신의 본질을 자기 외부에서 찾고 그것을 선으로 생각한다. 그러므로 선행에 대한 충동이 오직 그가 선하다고 하는 곳에서만 나타나는 것은 자명하며 그것은 동어반복에 불과하다.

신은 가장 주관적이고 가장 본래적인 인간본질인데, 그것이 **추상화·독자화**되기 때문에 인간 자신이 아무것도 할 수가 없고 모든 선은 신으로부터 나온다. 신이 주체가 **되면 될수록, 인간적** 이 되면 될수록 인간은 더욱더 자신의 주체성과 **인간성을 상실한다.** 왜냐하면 신 자체가 소외된 인간이고 인간은 다시 소외를 벗어나 스스로가 되기 때문이다.

「기독교의 본질」 서론 제2장 「일반적인 종교의 본질」

인간을 위한 인간중심의 종교 실현

소외(Entfremdung) 또는 자기소외(Selbstentfremdung)란 '자기가 자기를 위해서 만든 것' 또는 '근본적으로 자기에게 속하는 것'이 자기와는 낯선 것으로 다가와 자기를 위협하거나 자기에게 이질감을 느끼게 하는 현상을 말한다. 예컨대 자기와 하나가 되어 자기를 보호해줄 안식처인 가정이 낯설게 생각되어 집에 들어가기가 싫은 사람은 가정으로부터 소외를 느끼는 것이다. 타인으로부터 따돌림을 받거나 타인을 기피하는 고립의 현상은 소외와는 약간 다른 현상이다. 현대 철학, 특히 실존철학에서 소외의 문제가 많이 거론되고 있는데 소외의 문제를 철학적으로 다룬 것은 이미 오래전부터다. "자연으로 돌아가라!"라고 호소한 프랑스 철학자 루소는 이미 문명상태에서 소외된 인간의 모습을 지적하면서 참된 인간해방 또는 행복의 길을 제시했다.

헤겔이 자연을 절대정신의 외화현상으로 파악한 사실을 염두에 두면서 인간의 소외문제를 체계적으로 제시한 철학자는 『기독교의 본질』 및 다른 종교비판적 저술에서 종교적 소외의 문제를 다룬 포이어바흐라 할 수 있다. 포이어바흐는 인간이 개인적으로는 사멸하지만 인류는 영원하며 그러므로 인간의 유적 본질이 완전하고 영원하다는 전제에서 출발하여 이러한 본질에 대한 자의식을 절대화시킨 것이 신이라고 주장한다. 신에 대한 의식은 인간의 자의식이고 인간은 인간에게 바로 신이다. 그러나 점차 이러한 신이 독자화되어 인간을 지배하는 존재로 변한다. 다시 말하면 인간을 위해서 인간이 만든 신이 인간 위에 군림하며 인간을 지배하기 시작한다. 바로 이것이 종교적 소외며 이러한 소외를 벗어나 인간을 해방시키고 인간을 위한 인간중심의 종교를 실현하는 것이 포이어바흐의 과제였다.

포이어바흐의 영향을 받은 청년 헤겔파의 헤스(Moses Hess)는 『독불연감』에 발표한 「화폐의 본질에 대하여」란 글에서 화폐의 본질을 분석하면서 소외문제를 사회문제로 확대했다. 자본주의 사회에서 인간은 스스로의 본질을 돈으로 외화시킨다. 돈이 신으로 변하고 인간은 돈벌이에 눈이 어두운 이기주의적인 동물이 되어 돈의 노예처럼 살아간다. 공동사회 대신에 고립적인 개인주의가 사회를 주도한다. 이러한 소외상태로부터의 해방은 도덕이나 교육 또는 종교적 사랑의 실천만으로는 부족하며 그 근본 원인인 사유재산의 폐기로만 가능하다.

헤스의 주장은 청년 마르크스에게도 지대한 영향을 미쳤으며 마르크스는 초기의 『경제-철학 수고』에서 소외의 문제를 체계적으로 연구했다. 마르크스는 사유재산을 기초로 하는 자본주의 사회에서 인간은 노동의 산물, 노동 자체, 다른 인간, 그리고 인간의 유적 본질로부터 소외되어 있다는 사실을 밝히고 이러한 소외로부터의 해방이 사유재산을 폐지하는 공산주의 사회에서만 가능하다고 주장했다.

현대의 실존주의 철학자들은 소외의 원인을 주로 현대 문명의 과학기술에 돌리며 사회구조의 문제를 회피하고 있다. 소외는 인간에게 영원히 붙어 다니는 현상이므로 사회구조와 무관하다는 것이다. 이에 반해 마르크스주의자들은 소외는 사회구조와 직결되는 역사적인 범주에 속하는 것으로서 사회주의가 실현되면 소외도 사유재산 및 착취와 함께 사라진다고 주장한다. 예컨대 컴퓨터 같은 기계가 많이 발전하여 인간이 소외되었으므로 기계와 공장을 파괴함으로써 소외에서 벗어날 수 있다는 생각은 시대착오적이다. 컴퓨터를 생산하는 자본가들의 의도와 그것을 어떻게 분배하고 어디에 사용하는가 하는 문제가 더 중요하며 이런 문제는 사회구조와 직결된다. 더 많은 이익을 남기기 위해서 무조건 컴퓨터를 더 많이 보급하고 새로운 컴퓨터를 더 많이 개발하는 것과 사회의 안정과 개인의 창조적 이용을 위해서 컴퓨터를 보급하거나 제한하는 것은 질적으로 차이가 나며 그것을 결정하는 것이 사회제도다. 현대인의 암울한 분위기, 자살의 증가, 퇴폐주의, 저돌적인 공격성과 침략전쟁 등의 구체적인 원인과 그 해결책을 모색하기 위해서도 소외문제는 매우 중요하다. 이 소외문제의 해결을 위해서는 포이어바흐의 '종교적 소외', 헤스의 '화폐에서 오는 소외', 마르크스의 '노동에서 오는 소외' 등을 잘 비교하고 분석해볼 필요가 있다.

포이어바흐가 활동하기 시작하던 19세기 초반에 독일의 철학뿐만 아니라 일반적인 정신세계를 지배한 것은 헤겔의 철학이었다. 청년 헤겔파들은 바우어처럼 헤겔로부터 자아를 강조하는 피히테로 되돌아가거나 슈트라우스처럼 개인주의적 도덕을 강조하는 스피노자로 되돌아갔다. 반면 보수적인 셸링은 기독교 철학으로 되돌아가 철학을 후퇴시켰다. 그러나 이들 모두의 보편적인 특성은 관념론 철학을 벗어나지 못하는 것이었다. 이때 나타난 것이 『기독교의 본질』이었고 기독교를 분석하고 비판한 이 책이 헤겔의 철학을 뒤집는 유물론 철학을 기저로 하고 있었기에 그 충격은 대단했다.

포이어바흐에 의하면 자연은 모든 철학, 모든 정신적인 것으로부터 독립하여 그 자체로 존재한다. 자연이 기초가 되고 인간이나 인간의 정신은 그로부터 발생한 산물이며 나아가 신은 인간정신이 만든 산물이다. 이렇게 하여 포이어바흐는 신학, 신학에 의지하려는 철학적 몽매주의, 관념론 철학으로부터 해방을 주도하는 선구자가 되었다. 엥겔스뿐만 아니라 마르크스도 포이어바흐의 이 책이 당대의 지식인들로 하여금 그때까지의 종교적, 철학적 편견으로부터 벗어나게 해준 계기가 되었다고 극찬했다. 포이어바흐의 이념을 지옥에서 천당으로 가는 길에서 반드시 거쳐야 하는 연옥에 비유하기도 했다. 포이어바흐를 통하지 않고서는 새 시대의 이념에 적응할 수 없다는 것이다.

『기독교의 본질』에 대한 평가와 영향은 어떤 철학을 추구하느냐에 따라 달라진다. 이미 말한 것처럼 마르크스와 엥겔스는 포이어바흐의 종교비판을 계승·발전시켜 변증법적 유물론을 만들어갔다. 벨린스키, 헤르첸, 체르니셰프스키 등 러시아의 진보적인 사상가들도 이 책의 영향을 받아 유물론에 관심을 돌리고 유물론적인 문학비평을 시도했다.

강대석

전 대구 효성여대 교수 · 철학

옮긴이 강대석은 경북대학교 사범대학 교육과와 같은 대학교 대학원 철학과를 졸업했다. 이후 DAAD(독일학술교류처) 장학생으로 독일 하이델베르크 대학에 2년간 유학했으며 스위스 바젤 대학에서 5년간 수학했다. 조선대학교 독일어과 교수 및 대구효성여자대학교 철학과 교수를 지냈다. 지금은 대전에서 저술활동을 하고 있다. 국제헤겔학회 및 국제포이어바흐학회 회원이다. 주요저서로는 『미학의 기초와 그 이론의 변천』(1984), 『서양근세철학』(1985), 『니체와 현대철학』(1986), 『그리스철학의 이해』(1987), 『현대철학의 이해』(1991), 『새로운 역사철학』(1991), 『김남주 평전』(2004), 『니체 평전』(2005), 『인간의 철학』(2007) 등이 있다. 역서로는 한길사에서 펴낸 루트비히 포이어바흐의 『종교의 본질에 대하여』(2006)와 『기독교의 본질』(2008) 등이 있다.

신화학 2

레비-스트로스 지음 | 임봉길 옮김 | 716쪽
2008 「동아일보」 인문과 자연의 경계를 넘어 30선

▷ 저자의 다른 작품
「야생의 사고」(GB 7)
「슬픈 열대」(GB 31)
「신화학 1」(GB 68)

▷ 역자의 다른 번역 작품
「신화학 1」(GB 68)

꿀과 담배의 신화학을 다룬 이 책 『꿀에서 재까지』는 취사 주변부를 조사하기 위해 취사로부터 한 걸음 비켜서 있다. 자연에 의해 전적으로 준비되고 희석시키기만 하면 농축된 음식으로 인간에게 제공되는 꿀은 취사 이편에, 담배는 취사 저편에 위치하기 때문이다. 더욱이 담배는 익히는 것보다 더 나아가야 하는데, 소비하기 위해서는 이를 태워야 하기 때문이다.

그런데 취사에 대한 연구가 레비-스트로스를 샤리바리의 연구로 인도했듯이 취사 주변부에 대한 연구는 또 다른 활용의 방향으로 궤적을 바꾸게 했다. 또 다른 이 활용은 일종의 야단법석의 청각적 양태인 어둠의 악기 사용으로 나타났으며 이 악기 역시 우주적인 암시적 의미를 포함한다. 이 악기들이 존재하는 곳이라면 어디서나 계절의 변화와 연관되기 때문이다.

계절의 변화에서도 경제적 · 사회적 생활과의 연계는 자명하다. 취사의 신화는 불, 고기, 재배식물과 관련되는 반면 취사 주변부에 대한 신화는 이것들의 상대적인 실재 혹은 부재, 즉 일년의 한 시기 또는 다른 시기를 특정짓는 풍요 혹은 결핍과 관련된다.

무엇보다 중요한 것은 레비-스트로스가 제시한 것처럼 취사의 기원신화들은 혼인동맹의 생리기능과 관련되는데, 그 조화로운 기능은 취사기술의 정상적 활용으로 표현된다. 반면 청각과 우주적 층위에서 샤리바리와 일 · 월식은 사회적 · 우주적 병리현상과 관련된다. 이처럼 취사와 취사 주변부 신화는 사회적 · 계절적 · 우주적 현상과 관련된 신화들과 연계된다.

클로드 레비-스트로스(1908~)

레비-스트로스(Claude Lévi-Strauss)는 1908년 벨기에의 브뤼셀에서 태어나 생후 2개월 때 파리로 갔다. 파리 대학 법학부와 문학부에 입학해 1930년 법학사와 철학사에서 학위를 받았다. 재학 중에는 조르주 뒤마의 강의를 듣고 임상심리학·정신분석학 등에 흥미를 가졌고, 루소의 저작들도 탐독했으나 이때까지는 인류학이나 민족학에 아직 관심을 두지 않아 마르셀 모스의 강의도 청강하지 못했다. 합격하기 어려운 철학교수 자격시험에 최연소자로 붙었으며, 세 사람이 한 조가 되는 교육실습에서 메를로-퐁티와 같은 조가 되어 그와 친교를 맺었다.

1933년에 우연히 로버트 로위의 『미개사유』를 읽게 되어 강한 감명을 받고 인류학·민족학에 관심을 갖게 되었다. 이후 대학교수로 있으면서 카두베오족과 보로로족을 방문·조사하여 「보로로족의 사회조직에 대한 연구」「문명화된 야만인 가운데서」 등의 논문을 발표했다. 1941년에는 미국으로 가 뉴욕의 신사회조사연구원에서 문화인류학을 연구했고, 미국으로 망명해온 러시아 태생의 언어학자 야콥슨과 알게 되어 언어학에 흥미를 갖게 되었다. 야콥슨과 공동으로 『언어학과 인류학에서의 구조적 분석』을 발표했다.

이후 프랑스로 귀국하여 파리 대학에서 박사학위를 받았는데, 박사학위논문이 『친족의 기본구조』라는 책으로 출판되자 프랑스 학계와 사상계에 커다란 반향을 일으켰다. 그밖에도 『슬픈 열대』『구조인류학』『오늘날의 토테미즘』『야생의 사고』『신화학』 등 굵직한 저술들을 내놓아 사상계에 화제를 불러일으켰다. 콜레주 드 프랑스와 파리 대학 고등연구원에서 교수를 지냈으며, 지금은 아카데미 프랑세즈 회원으로 있다.

사회학적인 의미로 살펴본 신화의 변형체계

고기를 먹고 싶어하는 한 여인이 있었다. 그러나 그녀의 남편은 형편없는 사냥꾼이라 늘 빈털터리로 돌아왔다. 그래서 그녀는 자신이 사냥하기로 결정하고는 사슴의 자취를 따라 며칠 동안 추적했으나 사슴을 따라잡지 못했다. 이 사슴은 사람이 변한 것이었다. 그녀의 계획을 무산시키려고 남편이 말했던 것처럼 사슴으로 변한 남자는 그녀가 추적하기에는 너무 빠르지 않느냐고 말하며 그녀를 설득했다. 그리고 그는(사슴은) 그녀에게 청혼했다. 사슴으로 변한 남자가 당신은 결코 집으로 돌아갈 수 없을 것이라는 경고에도 불구하고 여자는 집으로 돌아가기로 결심했다.

사실상 여자는 그녀가 믿고 있는 것처럼 3일이 아니라 이미 3년 동안이나 사냥을 계속하고 있었다. 인간-사슴은 그녀를 붙잡아 뿔로 그녀의 몸을 관통시켰다. 그리고 시체를 버렸는데 가죽을 제외한 그녀의 살(고기)은 표범이 먹었다. 그리고 그녀의 가죽은 빽빽하게 털이 난 덤불숲의 늪식물로 변했다. 그녀의 머리카락 속에 있던 서캐는 야생 벼가 되었으며, 그녀의 골수에서는 흰개미와 흰개미집이 생겨났다.

아내의 오만함에 처음에는 재미있어 하던 남편은 결국 그녀를 찾으러 떠났다. 길을 가는 도중에 그는 먹이를 맹렬히 쫓는 몇몇 새들을 만났는데, 이 새들은 그에게 불행한 여인의 운명에 대한 정보를 주었다. 그리고 새들은 이제부터 인간들이 늪식물로 둘러싸인 흰개미집 앞을 지날 때마다 흰개미들이 내는 휘파람 소리를 들을 것이라는 말을 덧붙였다. 새들의 충고에도 불구하고 남자는 계속해서 추적하고자 했다. 큰 강가에 도달한 그는 결국 물에 휩쓸려 진흙에 파묻혀 죽었다. 그의 시체에서 수컷과 암컷 두 마리의 카피바라(스컹크과의 동물)가 생겨났는데, 이들은 엄청난 냄새를 풍겼다. 이것이 이 동물의 기원이다.

이 신화는 이중의 흥미를 제공한다. 지리적으로 대단히 거리가 멀리 떨어져 있음에도 불구하고 차코 지역의 신화들과 베네수엘라의 와라우 신화를 연결해서 볼 수 있게 한다. 이 신화들의 한 명 또는 몇 명의 실망하고(사기당하고) (또는) 불복종적인 여인들은 결국에는 카피바라로 변하는 여인들과 관계있다. 틀림없이 이 경우 수상동물로의 변신을 감내해야 하는 것은 남편이다. 반면에 여자는 수상식물로 변한다(아직 더 찾을 수 있는 또 다른 이유로 인해 이 수상식물에 늪의 휘파람 소리를 내는 흰개미가 추가된다). 변형체계 내에서 나타나는 이러한 차이를 설명할 수 있는 열쇠는 새둥지터는 사람의 보로로 신화가 제공한다.

사실상 이것은 2차적인 주제이기는 하지만, 두 신화는 부분적으로 서로 일치(또는 교차)한다. 왜냐하면 어디서나(두 경우 모두) 남편으로서나 자식으로서나 자신의 기능을 포기하는 배반자인 한 인척(여성 배우자 혹은 아버지[아버지는 모계출계 사회에서는 인척이다])은 유사한 벌을 받기 때문이다. 말하자면 사슴의 뿔에 꿰어 물속으로 던져진 인물(인척=아버지)은 육식 동물(표범이나 혹은 피라니아 물고기)에게 잡아먹히고, 나머지 부분(주변적인 것들: 가죽, 서캐, 골수 또는 중심 부위: 내장)에서 늪식물이 생겨난다. 그리고 만일 타카나 신화가 사냥꾼인 여인과 분리된 남편(그러나 새들의 충고에도 불구하고 아내를 다시 만나려고 집요하

아라앵무새 사냥꾼 보로로 인디언들은 사람이 죽은 후 그 영혼이 어느 시기에는 아라앵무새로 변한다고 믿는다.

게 노력한다)을 카피바라로 변형시키고 있다면, 그것은 또 다른 한 보로로 신화의 방식에 따라서이다. 이 신화에서 남편과 분리된(남편들은 그대로 있기를 바란다) 어부인 여자(배우자)들은 남편들을 야생돼지로 변형시킨다. 타카나 여인은 사슴-인간이 자신에게 고기를 제공하고 있지만 그의 구애를 거절한다. 또 다른 판본에서 보로로 여인들은 실상 남자인 수달로부터 물고기를 공급받는다. 왜냐하면 여자들은 수달의 구애에 자신을 양보했기 때문이다.

『날것과 익힌 것』에서 우리가 야생돼지의 기원에 관한 보로로족과 제족의 신화를 비교했을 때 우리는 사회학적 성격(특성)의 변형을 통해 이들의 차이를 요약할 수 있었다. 제족들에 있어서 형제와 혼인한 누이 사이에 위치하는 잠재적 단절선은 보로로족에 있어서는 아내와 남편 사이에 위치한다.

만일 우리가 타카나 신화에서 이제는 더 이상 관찰할 수 없는 잘 알려지지 않은 사회구조로 거슬러 올라가 볼 권리가 있다면, 이 타카나 인디언들에게서 우리는 세 번째의 유형의 경험적인 상황과 만날 수 있다. 이런 상황의 유형은 사실상 앞(제족과 보로로족)의 두 유형의 상황에 걸쳐 있을 것이다. 이 상황의 근저에는 긴장 상태 대신 도리어 두 성(性) 사이에 기술적인 간격(사냥과 농업)을 무력화하고 서로 접근하려는 의지가 있을 수 있다. 말하자면 남자는 자신의 아내처럼 농부이기를 원하고, 여자(아내)는 자신의 남편처럼 사냥꾼이기를 원하는 상태이다. 여기에서 단절은 틀림없이 이런 불분명한 욕구의 결과로부터 나타나지만 이것은 부차적인 것이 된다. 왜냐하면 이 경우 단절은 누이의 남편(매형)과 아내의 형제(처남) 사이에 나타나는데, 처남은 누이의 남편(매형)에게서 누이의 단순한 중복(여성의 일)을 보고 싶어하지 않기 때문이다.

『신화학 2』 제3부 제3장 「새둥지 터는 사람의 귀환」

신화의 변형과 신화집단의 구성

신화의 특성은 다른 요소와의 연결고리로 사용되는데, 이것은 인류의 모든 사고를 지배하고 있는 야생적 사고의 덕으로 가능하다. 한때는 합리적 사고가 아닌 것은 인간의 진정한 사고가 아닌 것처럼 생각하는 경향이 있었으나 인간의 삶의 모든 부분을 지배하는 문학, 시, 신화, 전설 등은 인간 사고의 한 주류를 구성하는 은유적 사고와 환유적 사고를 근간으로 하고 있다. 주술적 사고의 근간은 바로 이 은유적·환유적 사고의 산물이다.

『신화학』 1권의 해제에서 보았던 것처럼 우리는 원숭이 엉덩이는 빨개, 빨간 건 사과, 사과는 맛있어 등등으로 이어지는 노래를 불러본 경험이 있다. 이 가사가 허황된 것처럼 들리지만 우리 인간의 은유적 사고를 나타내는 노래이다. 이러한 연결은 과학적·합리적 사고로는 원숭이 엉덩이=사과=바나나로 이어지는 사고가 불가능하다. 그러나 모든 인간, 그들이 원시인이든 현대인이든 모두 이러한 사고를 한다는 데 주목할 필요가 있다. 원숭이 엉덩이나 사과는 여러 가지 특성을 갖는다. 사과는 둥글거나, 시거나, 달거나, 맛있거나 또한 빨갛다는 특성도 있다. 원숭이 엉덩이 또한 빨간 특성만 있는 것이 아니다. 다른 특성들도 있다. 여기서 원숭이와 사과가 연결되기 위해서는 사과의 빨간 특성과 원숭이 엉덩이의 빨간 특성이 연결고리가 되어 두 요소가 연결된다. 이처럼 신화를 구성하는 여러 요소의 특성들을 먼저 아는 것이 우선이다. 단군신화를 구조적으로 해석할 경우 곰과 호랑이, 쑥과 마늘의 특성을 먼저 아는 것이 우선이다.

또한 구조분석은 신화를 구성하는 요소들의 의미를 찾아 분석하는 의미분석이 아니라 요소와 요소들의 대비를 통해 유사성과 대립 그리고 두 대립개념의 매개를 찾는 것에서 시작한다. 그래서 신화를 해체하고 유사한 계열과 대립되는 계열을 만들어 그 뒤에 숨어 있는 또 다른 의미를 찾는 것이다. 그렇게 하기 위해서는 신화의 각 부분(요소)들의 특성을 찾아야 하고 각 요소들의 특성이 대립을 이루는가를 보아야한다. 여기서 중요한 것은 앞에서도 보았듯이 한 요소는 하나의 기능이나 상징, 의미를 갖는 것이 아니라 다수의 특성을 갖는다. 즉 다수의 기능이나 의미, 모호한 상징성을 갖는 경우가 있다.

레비-스트로스의 견해에 따르면 꿀이나 담배는 그 안에 서로 대립되는 기능이나 상징, 의미를 모두 가질 수 있는 애매한 위치를 차지한다. 이러한 애매한 위치 때문에 다른 신화의 여러 요소들과 연결될 수 있고, 또 신화학에서 중요한 위치를 차지할 수밖에 없다. 그래서 꿀을 찾는 딱따구리와 꿀을 탐하는 남아메리카 신화의 여우, 꿀에 미친 소녀, 개구리 등과 연결되는 신화집단을 형성하게 된다.

독자들은 초반부에서 꿀의 다양한 의미를 이해할 수 있게 될 것이다. 담배 역시 『신화학』 1권에서 등장하지만, 특히 『신화학』 2권에서는 다른 신화의 요소들과 연계되면서 또 다른 신화집단을 구성한다. 신화와 신화가 연결될 수 있는 것은 앞에서 예를 들어본 원숭이 엉덩이 ↔ 사과 ↔ 바나나로 연결되는 이유에서이다. 같은 코드를 사용하거나(이러한 경우 골조가 같다) 내용이 유사한 경우에 한쪽의 신화가 다른 쪽의 신화로 변형된 것으로 볼 수 있다. 연계되는 이유는 유사성을 바탕으로 한 은유적 관계를 통하거나 근접성을 바탕으로 한 환유적 관계를 통해 연결된다.

예를 들어 유사한 대립을 통해 우리는 차코 신화가 가이아나 신화로 이전(변형)할 때 나타나는 도치의 열쇠를 찾을 수 있다. 차코 신화는 건기에 수확하는 꿀과 관계있고 또한 건기는 차코와 가이아나 그리고 우오페 유역의 어로와도 연관이 있다. 여기에서 가이아나 신화는 차코 지역의 신화를 두 축(본래의 의미와 비유적 의미) 위에서 변형한다. 한쪽 신화는 다른 쪽 신화가 본래의 의미로 말하는 것을 비유적 의미로 표현한다. 그런데 가이아나 신화는 우기의 활동인 카이만악어 사냥을 건기에 할 수 있는 길을 열어놓고 있다. 이것은 해(건기의 책임자이기도 하다)와 수달(물과의 관계에서 해와 상동관계에 있다)이 주인인 어로와 양립할 수 없는 것으로 보인다. 그러므로 수달은 이중적으로 카이만악어와 대립할 수 있다. 레비-스트로스는 이와 같이 하나의 신화만으로는 이해할 수 없는 것들이 (구조적 대립관계를 통해) 신화와 신화의 연계를 바탕으로 새로운 의미를 찾을 수 있음을 보여준다.

이러한 시도는 특수한 각 신화들의 개별적인 설명으로부터 같은 축 위에 배열된 몇몇 길잡이 도표(구조)를 설명하는 것으로 한 단계 올라가게 된다. 하나의 도표로 제시된 축의 각 꼭지점에 수직으로 또 다른 축들을 놓는다. 이 축들은 하나의 민족으로부터 유래하는 신화에서 얻은 것이 아니다. 모두 외형적으로는 다른 신화들, 말하자면 여러 민족에서 유래하지만 몇몇 원초적인 유사성을 보이는 신화들의 연계를 바탕으로 한 조작(이미 실행된 조작)의 결과로 얻은 것이다. 이러한 시도를 통해 길잡이 도표들은 단순해지거나 풍부해지고 또는 변형된다.

각 도표는 이전 도표들과 직각으로 또 다른 면 위에 그려질 새로운 도표의 시점(始點)이 된다. 전망적이고 회고적인 이중 운동에 의해 추출된 여러 장면(squence)이 새로운 축 위에 달라붙게 된다. 이렇게 하여 다차원적인 신화집단이 형성된다.

취사를 위해서는 물과 불은 물론 구워야 할 고기가 있어야 한다. 그래서 이 세 요소의 기원에 대한 신화는 물의 기원신화(보로로 신화)와 불의 기원신화(제족 신화) 그리고 야생돼지의 기원신화가 등장한다. 레비-스트로스는 이 세 집단의 신화를 하나의 커다란 신화집단으로 묶고 이를 초신화집단(méta-groupe)이라고 했다. 이 신화집단을 구성하는 신화들은 재배식물 및 어로와 관련된 양식의 기원을 이루는 신화들과 연결되어 더욱 커다란 신화집단을 형성한다. 또한 물의 기원신화에서 늪에 떠다니는 살해당한 아버지의 폐는 수상식물과 관련되고 수상식물은 플레이아데스와 연관되고 참조신화의 변형인 아사레 신화의 형제들은 하늘로 올라가 플레이아데스 성단이 된다. 이렇게 천체의 기원신화들과도 연결되어 더욱더 큰 초신화집단을 이룬다.

임봉길

전 강원대 교수 · 문화인류학

옮긴이 임봉길은 서울대학교 불어불문학과를 졸업하고, 대학원 재학 중 프랑스 외무부 장학생으로 도불, 파리5대학교(옛 소르본 사회과학부)와 몽펠리에3대학에서 인류학 학사(리상스 학위), 석사, 박사학위를 받았다. 한국문화인류학회 회장, 강원대학교 문화인류학과 교수를 지냈다. 저서로는 『구조주의 혁명』 『아편을 재배하는 사람들, Hmong(몽)족 민족지』 『한국 중산층의 생활문화』가 있으며, 역서로는 한길사에서 펴낸 레비-스트로스의 『신화학』 외에 『정치인류학』(공역), 『루시는 최초의 인간인가』, 『문화인류학의 역사』 등이 있다. 주요논문으로 『문화에 있어서의 진보의 개념』 『한국인의 이중성-문화인류학적 접근』 『동북시베리아 지역 퉁구스족의 민족정체성』 『프랑스 입양고아의 정체성의 형성과 위기』 등이 있다.

일상적인 것의 변용

아서 단토 지음 | 김혜련 옮김 | 448쪽
2009 대한민국학술원 우수학술도서

단토는 예술철학뿐만 아니라 형이상학, 인식론, 역사철학, 행위이론, 심리철학 등에 걸쳐 다양한 주제에 관심을 기울여왔다. 예술철학에서 그가 다루는 문제들은 표상과 지향성, 역사성, 그리고 내러티브에 초점이 모아진다. 이 주제들은 그의 역사철학과 심리철학, 그리고 행위이론의 연장선상에 있다.

이 책 『일상적인 것의 변용』에서 단토가 전개하는 예술철학은 "무엇이 어떤 것을 예술로 만드는가"라는 물음으로부터 시작한다. 이 물음에 답하기 위해서 단토는 예술이 지각 가능한 매체로 이루어지는 것임에도 불구하고 과연 예술의 본질이 지각적 관찰에 따라서 밝혀질 수 있는 것인지를, 다시 말해 예술의 본질이 있다면 그것은 지각 가능성에 의존하고 있는 종류인지를 분석하고 있다.

이러한 분석을 위해 단토가 택하는 방법은 일종의 사고실험이며, 이 사고실험의 중심축은 지각적인 식별 불가능성이라는 개념이다. 특이하게도 단토가 식별 불가능성을 적용하는 사례들은 그가 '후기 예술사 시대'라고 부르는 시기의 전조인 마르셀 뒤샹의 「샘」이나 앤디 워홀의 「브릴로 비누상자」 같은 작품들이다.

식별 불가능성 논제를 이러한 사례들에 적용해봄으로써 그는 예술과 비예술, 예술과 단순 표상, 예술과 변용적 표상을 차례로 비교하며 예술의 종차(種差)를 밝히려 한다. 예술을 다른 것들과 구별하는 종차는 지향적인 동시에 내포적이기 때문에 그는 단순한 논리적 분석이나 지각적 검사를 통해 드러나지 않는다는 점을 매우 집요할 정도로 추적한다. 그리고 결론부에서 그는 예술이 갖는 지향적 구조의 정점에 예술가의 스타일로서의 표현성이 있음을 보여준다.

아서 단토(1924~)

아서 단토(Arthur Coleman Danto)는 미국의 미술비평가이면서 철학자이다. 미시건 주의 앤아버에서 태어나 디트로이트에서 자랐다. 웨인 주립대학교에서 미술과 역사를 공부한 뒤 컬럼비아 대학교 철학과 대학원에 진학해 철학을 수학했다. 1949년부터 1950년까지 풀브라이트 장학생으로 파리에서 모리스 메를로퐁티의 지도를 받았다. 그 이듬해인 1951년에 컬럼비아 대학교로 돌아와 철학교수를 지냈으며, 은퇴 후 존슨 명예 철학교수가 되었다.

단토는 미국 철학회 부회장과 회장, 미국 미학회 회장을 역임했다. 그는 철학의 여러 분야에 크나큰 공헌을 해왔지만 특히 철학적 미학과 역사철학 연구로 가장 잘 알려져 있다. 그의 관심은 사고, 감정, 예술철학, 표상이론, 철학적 심리학, 헤겔 미학, 그리고 모리스 메를로퐁티와 아르투르 쇼펜하우어의 철학에 이르기까지 광범위하다. 그가 다루는 다양한 주제들은 서로 배음을 이루듯이 일관성을 갖고 있다. 또한 미술평론가로 활동하면서 예술작품을 통해 예술가들이 보여주는 세계와 개별 정신의 면모들을 깊이 공감하며 철학적 함의를 끌어내기도 한다.

미술평론에 관한 저서로는 『만남과 성찰: 예술의 역사적 현재』(1990, 미국 도서평론가협회 평론부문 수상), 『후기역사적 관점에서 본 시각예술』(1992), 『가장자리의 유희: 로버트 매플도르프의 사진예술적 업적』(1995), 『예술의 종말 이후: 컨템퍼러리 아트와 역사의 울타리』(1995), 『미래의 마돈나: 다원주의적 예술계에서 쓰는 에세이』(2001), 『비자연적인 기적들: 예술과 삶 사이의 틈에서 쓰는 에세이』(2007) 등이 있다.

예술적 경험은 근본적으로 인지적인 반응이다

은유가 갖는 힘은 속성들의 목록으로서의 은유와는 완전히 다른 논리적 범주에 속하는 것으로, 그것은 은유가 함의하는 유의어들에 의해 전달될 수 있는 것이 아니다. 그렇다면 은유를 이렇게 확장된 의미로 해석하는 것을 업무로 삼는 비평활동은 결코 작품의 대체재가 될 수 없다. 오히려 비평은 독자나 관객에게 작품의 힘에 반응할 수 있도록 필요한 정보를 제공하는 것이며, 그것은 결국 예술 개념이 변할 때 유실될 수 있고 또는 관례화된 문화적 관습이 수용하기 어려운 작품 외적인 난점들 때문에 아예 접근 불가능할 수도 있다. 흔한 말이지만 은유는 저절로 신선함을 잃는 것이 아니다. 은유가 죽을 때 때로는 학문적인 복구작업을 해야만 한다. 그리고 그러한 작품들을 다시 살려내어 접할 수 있게 하는 데에 예술사와 문학사 같은 전문분과의 위대한 가치가 있다.

그렇다면 "작품 자체에 주목해야 한다", 즉 직접적인 경험을 대신하는 것은 없고 또 있을 수가 없다는 주장에는 일말의 진리가 들어 있다. 매우 잘 알려진 경험주의 이론에서 그와 유사한 제안이 있는데, 피상적으로 해석하면 그 유비는 예술작품에 고유한 것으로 기대되는 것을 어느 정도 훼손한다고 비판받을 수 있다. 왜냐하면 만일 '빨강' 같은 술어를 이해한다고 할 경우, 빨강 같은 단순한 성질은 그 직접적 경험을 대신하는 것이 있을 수 없고, 아무리 기술구를 확장시킨다 해도 그러한 원초적인 경험과 맞먹을 수 있는 것은 없기 때문이다. 의심할 것도 없이 경험론이 추앙하는 다른 원초적 성질들에 관해서도 그렇게 말할 수 있는 것처럼, 이 유비를 토대로 예술작품에는 고유하고 환원 불가능한 어떤 것이 있다고 주장할 수 있다. 즉 빨강이라는 단순한 성질이 그렇듯「야경」의 고유한 속성은 그 나름대로 우주를 구성하는 기본 요소의 일부라고 말할 수 있다. 그런 식으로 각 예술작품의 고유성에 대해 설명할 수 있을 것이다! 이것은 대단히 매력적인 이론이긴 하지만 결국 충분할 정도로 설득력 있는 이론은 아니다. 왜냐하면 다시금 말하지만 예술작품의 구조는 은유의 구조와 비슷하며 예술적 경험은 그 구조와 내적으로 연관되어 있다.

그렇기 때문에 예술적 경험은 근본적으로 인지적 반응이며, 단순 속성과 인지 주체로서의 우리 사이의 원초적인 만남과는 완전히 다른 종류의 복합성을 이해하는 활동이다. 빨강을 직접 대면함으로써 '빨강'이라는 낱말을 사용할 수 있듯이, 우리는 지시체를 직접 인지함으로써 의미를 배우고 그에 의거해「야경」이라는 이름을 적절하게 사용할 수 있을지도 모른다. 그러나「야경」이든 다른 어떤 그림이든, 그림들에 대해 반응하는 것은 동일시할 수 있는 능력을 훨씬 넘어선다. 정확히 말해서 반응적인 이해의 복잡성은 많은 경우 뚜렷이 비평의 매개가 촉발하는 것이 틀림없다. 그러나 이류급 작품들을 비난하는 것이 우리를 '작품 자체'로 인도하려는 사람들이 의도하는 바이듯, 작품을 기술하기 위해 우리가 사용하는 언어와 작품 자체에 대한 인지적 경험 사이의 미묘한 상호관계뿐만 아니라 작품의 향수 과정이 포함하는 구조적 복잡성을 간과하면서, 원초적 경험이라는 유비를 허용하고—전형적으로, 기껏해야 비어(卑語)가 유일한 언어적 상관물인 일종의 미적 결함이나 재난처럼 예술적 경험을 취급하

니콜라 푸생, 「나르키소스와 에코」(1628~30)

는 이들은 바로 그들이다.

한 가지가 더 있다. 나는 예술작품의 동일성과 구조의 기원이 되는 역사적 그리고 일반적으로 인과적 배경으로부터 예술작품들을 분리시키는 것에 반대해왔다. 그러므로 이른바 '작품 자체'라는 것은 예술적 환경과의 수많은 인과적 연관성들을 전제하기 때문에 초역사적인 성격의 예술 이론은 철학적으로 전혀 옹호받을 수 없다. 그렇지만 이 이론은 작품의 수사적 힘에 준거하여 옹호하는 것보다 한층 더 강력하다. 작품의 수사법은 축약논증, 수사적 물음, 그리고 수사기법에 의해 성취된 개념들에 대한 접근 가능성을 전제로 하며, 그런 것들을 이해하지 않고서는 작품의 힘을 느낄 수 없으므로 결국 작품 자체를 음미할 수 없다. 그러나 이런 것들 외에도 나는 수사법 자체를 지향적 활동으로 보며, 특정 부류의 주체들만이 그것을 사용할 수 있다는 것은 분석적 진리에 해당한다.

만일 나의 이 주장이 참이라면, 그것은 작품과 예술가 사이의 어떤 중요한 관계를 함축한다. 즉 어떤 사람이 다른 사람으로 하여금 그 작품에 (아마도 그릇되게) 반응하게 하려고 그를 수사적으로 조종한다는 사실을 암묵적으로 지시한다. 물론 '지향적'(intentional)이라는 것이 반드시 '의식적'(conscious)인 것을 함축하는 것은 아니며, 따라서 예술과 그 제작 의도 간의 개념적 관계를 조금도 변경시키지 않고서도 "예술은 예술가의 무의식을 지시한다"는 이론을 옹호할 수 있는 여지가 있다. 결국 은유는 만들어져야 한다.

『일상적인 것의 변용』 제7장 「은유, 표현, 그리고 스타일」

미학과 예술철학의 관계

18세기에 학문으로서 미학이 성립되었을 때, 근대 미학이 초석으로 삼은 것은 인간의 특수한 내적 능력으로서의 취미(taste) 또는 판단 능력(faculty of judgment)이었다. 취미 능력은 외부세계로부터 경험적 정보를 직접 얻는 오감과는 달리, 오감이 외부에서 얻은 감각자료들을 내적으로 관조하는 내적 감각(inner sense)으로서 일종의 '마음의 눈' 같은 것이었다. 취미 능력은 흔히 미의식 또는 미적 감각이라고 불리기도 하며, 이 특수한 인지 능력에 의거해 예술을 정의하려는 시도들이 있다. 디키는(George Dickie) 그러한 미학이론들을 '미적 태도론'(theories of aesthetic attitude)으로 일축하면서 미적 태도는 예술의 성격을 특징짓지 못한다고 주장한다. 그는 일상적인 지각과 구별되는 미적 지각(aesthetic perception) 같은 것이 존재한다고 믿지 않으며, 설혹 그런 것이 있다고 해도 그것은 동일한 대상에 대해 택할 수 있는 여러 가지 관점들 중 하나일 뿐인 미적 관점을 취미라고 주장된 내적 능력에 귀속시키려는 시도에 불과하기 때문이다.

미적 지각의 문제를 미적 관점의 문제로 해소할 경우, 그것이 곧 대상에 대한 주관적인 평가를 반드시 함의하는 것은 아니다. 그러나 보통사람들이나 전문가들의 반응에서조차 흔히 볼 수 있듯이, 미적 지각은 대상에 대해 갖는 일종의 우호적인 태도로서 미적 반응으로 대체될 수 있다. 물론 미적 반응이 반드시 우호적인 평가를 함축하는 것은 아니다. 대상의 어떤 면모에 관해 부정적인 평가를 산출할 수도 있다. 미적 지각의 실재성 여부가 철학적으로 문제시되었다면, 미적 반응의 문제는 대상의 어떤 측면에 주목하는 것이 미적으로 적합한가, 미적 적합성(aesthetic relevance)에 주어지는 제한 조건들이 있는가, 그리고 그러한 제한조건들이 있다면 그것은 무엇인가 하는 것이다. 만일 미적 반응이 단순히 주관적인 인지 능력을 행사한 결과일 뿐이라면, 미적 반응은 예술의 정의와 논리적 연관성을 갖지 않는다. 미적 지각과 미적 반응을 근간으로 삼는 한, 미학은 예술철학과 논리적 연관성을 갖지 않게 될 것이다.

디키와 마찬가지로 단토 역시 미적 지각이라는 특수한 인지 능력을 전제하지 않지만, 디키와는 달리 그러한 능력을 전제하지 않더라도 '미적' 반응은 가능하다고 본다. 그러나 그는 미적 반응은 단순한 인지 능력의 문제가 아니라 예술사적 배경과 예술이론에 관한 지식에 의해 뒷받침되는 예술적 동일시(artistic identification)의 문제로 본다. 다시 말해 단토의 경우 미학은 예술철학과 구조적으로 융합되어 있는 것이다. 단토가 논의하려는 것은 바로 미적 반응의 근본적인 성격이 어떠한가, 그리고 그것은 예술의 정의와 어떻게 연관되는가 하는 것이다.

예를 들어 저녁놀을 배경으로 이국 도시의 스카이라인을 바라볼 때 우리가 나타낼 수 있는 미적 반응은 지극히 자연스러운 것이다. 붉게 물든 하늘빛과 스카이라인에 주목하기 위해 우리가 사전에 예술작품들을 많이 감상해야 할 필요는 없다. 이 상황에서 미적 반응이 '자연스럽다'는 것은 문제의 미적 반응이 모종의 개념적 매개를 갖지 않는다는 것을 함축하는데, 역으로 말하면 그것은 만일 감상자가 그 광경이 예술작품의 일부라는 것을 알 때 그것에 반응하는 방식이 달라질 수 있는 것을 의미한다.

단토는 자연 대상에 관한 것이건 예술에 관한 것이건 모든 미적 반응이 이런 식으로 자연스러운 지각 경험에 의해 산출되는 것이 아니라고 말한다. 그에 의하면, 예술작품에 대한 미적 반응은 우선 그것이 예술이라는 것을 아는 의식, 그리고 그와 동시에 그것의 토대가 되는 특정한 예술 개념과 예술이론에 대한 지식에 의해 어떤 측면에 주목할 것인지, 그리고 그 측면들을 어떻게 동일시할 것인지 인도받으면서 형성된다. 그리고 그러한 배경지식의 변화에 따라 주목의 대상과 동일시가 달라질 수 있다는 점에서 미적 반응은 개념-매개적 또는 개념-의존적이다. 따라서 각 예술작품이 요구하는 적절한 종류의 미적 반응이 있다. 원근법에 따라 그려진 풍경화를 보는 방식과 원근법과 일치하지 않는 동양의 산수화를 보는 방식이 다른 것은 지각능력의 차이 때문이 아니라, 문제의 그림이 어떤 종류의 대상인가를 아는 개념적 틀의 차이 때문이다.

한편 미적 반응은 적극적인 측면뿐만 아니라 부정적인 측면도 갖는다. 코헨(Ted Cohen)은 압핀이나 종이컵처럼 미적으로 반응할 수 없는 사소하고 무의미한 대상들이 있다고 말한다. 따라서 코헨이 염두에 두고 있는 미적 반응이란 미적 가치를 갖는, 대상의 우호적인 미적 성질에 대한 반응이다. 아름다운 꽃 같은 대상들에 대해 거의 누구나 우호적으로 반응할 수 있겠지만, 우호적인 반응을 이끌어내는 꽃의 측면들이 특별히 '미적 성질'을 갖는 것인지는 불분명하다. 이렇듯 코헨의 주장은 미적 반응의 문제를 다시금 생득적인 인지능력의 문제로 되돌려버린다. 그러나 단토는 미적으로 주목할 만한 가치가 없는 대상이나 면모가 어떤 것인지는 미리 알 수 없으며, 미적 반응의 부정적인 면이란 오직 대상이 예술작품이 아니라는 것을 알게 될 때 더 이상 주목하지 않는 경우일 뿐이라고 말한다. 즉 미적 반응의 적극적인 면이나 부정적인 면을 확정짓기 위해서는 대상이 어떤 종류의 대상인가 하는 것에 대한 지식이 필요하다.

그 반면에 디키는 미적 반응의 차이를 주목 대상의 차이로 설명할 뿐인데, 그에게 있어서 특별한 종류의 미의식이나 지각 같은 것은 없고 미적 반응이란 대상의 어떤 흥미로운 측면에 주목하는 것에 불과하기 때문이다. 결국 디키는 감상을 주목(attention)의 문제로 다룸으로써 미적 반응을 지각의 차원으로 남겨둔다. 단토가 보기에, 디키는 코헨처럼 미적 반응을 미적 가치를 갖는 미적 성질로 환원시켜버리지는 않지만, 미적 반응에 관한 논의를 여전히 지각적 차원에서 전개하고 있기 때문에 어떤 주목이 적절한 것이며 주목의 변화가 문제의 대상에게 존재론적으로 어떤 유의미한 결과를 초래하는지에 대해 설명할 수 없다.

김혜련

연세대 미디어아트연구소 HK연구원 · 철학

옮긴이 김혜련은 연세대 철학과를 졸업하고 서울대 미학과 석사과정을 수료한 뒤, 미국 뉴욕 주립대학교(SUNY at Buffalo) 철학과에서 현대미학 전공으로 박사학위(Ph. D)를 받았다. 뉴욕 주립대학교 연극과 대학원에서 디자인을 공부하면서(M.A.) 5년간 셰익스피어 페스티벌(Delaware Park, Buffalo)에 참가하는 행운을 누리기도 했다. 지금은 연세대 미디어아트연구소 HK연구원으로 있다. 귀국 후 현대미학과 환경미학, 여성주의 미학과 관련된 논문을 썼고, 현재는 예술과 감정, 여성주의를 중심으로 연구하고 있다. 저서로는 『아름다운 가짜, 대중문화와 센티멘털리즘』 『예술과 사상』(공저)이 있고, 역서로는 한길사에서 펴낸 아서 단토의 『일상적인 것의 변용』을 비롯하여, 조지 디키의 『예술사회』, 넬슨 굿먼의 『예술의 언어들』 등이 있다. 주요 논문으로는 「미적수반 이론의 가능성」 「실용주의와 환경미학의 문제」 「인지주의 감성론과 픽션의 역설」 「여성 내러티브 읽기 경험과 여성 주체의 변화 가능성」 등이 있다.

11

한길그레이트북스 제101권~제112권

"맹목적으로 남용되는 권력은 자기 자신을 파멸시키므로
스스로를 보존하고 발전시키기 위해서는
합목적적인 규칙이나 규범이 따라야 한다."

● 프리드리히 마이네케, 『국가권력의 이념사』에서

독일 비애극의 원천

발터 벤야민 지음 | 최성만·김유동 옮김 | 404쪽

발터 벤야민은 비애극(Trauerspiel)을 비극(Tragödie)과 엄격하게 구별한다. 역사적으로 형성되어온 비극에 관한 거대담론, 그리고 오늘날에도 이 분야를 논구하는 여러 사상가 및 학자들과는 달리 그는 기본적으로 Tragödie란 용어를 고대 그리스 시대의 비극에 국한시켜 사용하려 했으며, 그 이후 생겨난 드라마 유형에 적용하는 관습에 거리를 둔다. 그가 역사철학적 관점에서 이 두 드라마 형식을 구분하고 그 특성들을 고찰하기 때문에 우리말로 옮기는 과정에서 이 용어들을 구별할 필요가 있었다. 그래서 Trauer(비애)와 Spiel(연극, 놀이, 유희)이 합쳐 이루어진 이 용어를 '비애극'으로 하였다.

난해하기로 소문이 난 이 책은 엄청난 양의 사료, 문헌자료를 인용하고 있다. 아마 근대 서양의 인문학 분야에서 비의성과 난해성, 나아가 그 역사철학적 진폭과 언어철학적 깊이에서 이 책을 능가할 책을 찾기란 쉽지 않을 것이다. 바로크 연구 분야에서『독일 비애극의 원천』은 지속적인 논쟁의 대상이 되어왔다. 그런데도 더할 나위 없이 독창적인 이 책은 바로크 연구에 크나큰 기여를 했을 뿐만 아니라 오늘날에도 여전히 풍부한 자극을 던진다. 나아가 이 책에서 벤야민이 다루는 모티프들이 비단 문헌학이나 예술철학분야뿐 아니라 여러 학문분야에서 다양하게 논의·인용되고 있는 것을 보면 그 성찰의 깊이와 영향의 폭이 얼마나 심대한지를 짐작할 수 있다.

비극과 비애극 등 드라마 장르의 역사적 형식들뿐만 아니라 엠블럼·상징·알레고리 등의 예술적 표현형식을 비롯해 멜랑콜리·예술철학·역사철학·인식론 등 다양한 주제영역에서 벤야민이 일구어낸 성과를 이 책을 통해 확인할 수 있다.

발터 벤야민(1892~1940)

벤야민(Walter Benjamin)은 유대계 집안의 장남으로 베를린에서 태어났다. 하우빈다 기숙학교에서 구스타프 비네켄을 알게 된 후 이상주의적인 청년운동에 가담한다. 프라이부르크·베를린·뮌헨에서 대학생활을 보낸 그는 베를린의 한 모임에서 평생 깊은 우정을 함께 나눌 게르숌 숄렘을 만난다. 1919년 스위스의 베른 대학에서『독일 낭만주의의 예술비평 개념』으로 박사학위를 취득했으며, 1924/25년에 에세이「괴테의 친화력」을『신독일기고』지에 발표한다. 프랑크푸르트 대학에서『독일 비애극의 원천』으로 교수자격을 취득하려 했으나 인정받지 못하고, 1925년 스스로 교수자격 취득신청을 철회한다. 이후 자유문필가로서의 삶을 살아간다. 학문간 경계를 가로지르는 이 예술철학적 논문은 1928년 출판되며 저자가 생각했던 것보다 큰 반향을 불러일으킨다. 특히 생애 마지막 10년 동안 가장 중요한 대화 상대자 중 하나였던 아도르노는 1932/33년 프랑크푸르트 대학에서『독일 비애극의 원천』에 관한 세미나를 연다.

에른스트 블로흐와 아샤 라치스와의 만남, 이탈리아에서의 파시즘 체험 등을 통해 벤야민의 사고는 1920년대 후반 정치적으로 급진화된다. 바이마르 공화국 시기 비평활동과 방송활동을 펼치고 많은 지식인과 교류하던 그는 1933년 나치를 피해 파리에서 망명생활을 시작한다. 극심한 경제적 궁핍 속에서 신문과 잡지에 꾸준히 기고하는 한편, 19세기의 근원사를 그려내려는 야심찬 프로젝트인 '파사주 작업'에 몰두한다. 1940년 5월 독일 군대가 프랑스로 진격하자 스페인으로 밀입국하기 위해 길을 떠나지만 출국비자가 없다는 이유로 스페인 관리들에 의해 입국을 거부당하고 국경지대의 포르부에서 자살함으로써 생을 마감한다.

비애극의 내실로서의 역사

"비극은 영웅서사시와 맞먹는 위엄을 지니고 있다. 그 밖에 비극은 낮은 신분의 인물들이나 평범한 일들을 도입하는 일로 고심하는 일이 거의 없다. 왜냐하면 비극은 오직 왕의 의지/살인/절망/친자살해와 부친살해/화재/근친상간/전쟁과 반란/한탄/울부짖음/탄식 그리고 이와 비슷한 일들을 다루기 때문이다." 근대 미학자들은 이러한 정의를 아주 대단한 것으로 보려 하지는 않았을 것이다. 왜냐하면 이러한 정의는 단지 비극의 소재들의 윤곽을 정해놓은 것에 지나지 않는 것처럼 보이기 때문이다. 따라서 그것은 한 번도 주목할 만한 것으로 평가받지 못했다. 하지만 이러한 외관은 우리를 속인다. 오피츠는 위에서 언급된 사건들이 소재라기보다는 비애극에 들어 있는 예술의 핵심이라는 점을 말하지는 않았지만 그것은 그의 시대에는 자명한 것이었다. 그 시대에 재현된 역사적인 삶이 비애극의 진정한 내용인 것이다. 이 점에서 비애극은 비극과 구분된다. 왜냐하면 비극의 대상은 역사가 아니라 신화이며, 등장인물에게 비극적인 상황을 부여하는 것은 그들의 신분, 절대군주제가 아니라 그들의 현존의 전사(前史), 과거의 영웅적 행위이다. 오피츠적인 의미에서 살아 있는 민족성의 형성을 위한 열쇠는 신, 운명과의 대결이나 태곳적 과거의 현재화가 아니라 군주를 비애극의 주인공으로 만드는 것, 즉 군주의 덕의 확증, 군주의 악덕의 재현, 외교적인 활동의 본질에 대한 통찰, 모든 정치적인 간계들의 실행 등이다. 군주는 역사의 첫 번째 대표자로서 거의 역사의 구현체로 간주된다. 거친 방식으로 당대의 시학은 곳곳에서 현실 세계사 진행에 대한 관심을 언급한다. 리스트는 『최고로 고상한 즐거움』에서 다음과 같이 적고 있다. "비극을 쓰려고 하는 자는 고금의 역사적 사건들이나 역사서들에 정통해야 한다. 그는 정치의 진면모가 담겨 있는 세상사나/나랏일을 철저히 알고 있어야 한다. ……그는 또 전시나 평화 시/왕과 군주의 심정이 어떠한지/어떻게 국가와 백성들을 다스려야 하는지/어떻게 통치력이 유지되어야 하는지/어떻게 모든 해로운 조언들에 잘 대응해야 하는지/정권을 잡거나/반대파들을 몰아낼 때나/심지어 제거하고자 할 때에는/어떤 조치를 취해야 하는지를/알고 있어야 한다. 한마디로 말해/그는 자신의 모국어를 이해하고 있는 것처럼/그렇게 철저히 통치술을 이해해야만 한다." 사람들은 역사의 흐름 자체에서 비애극을 파악할 수 있다고 믿었다. 이를 위해서는 적절한 말을 찾기만 하면 되었다. 이러한 처리에서조차도 사람들은 자신이 자유롭다 느끼려 하지 않았다. 비록 하우크비츠가 독일 바로크 비애극 작가들 가운데 가장 재능 없는 작가라 할지라도, 아니 진정으로 유일하게 재능이 없었다 할지라도, 『메리 스튜어트』를 위해 그가 작품 뒤에 덧붙인 주석에 있는 한 언급을 그의 작가적 역량부족을 증명하는 것으로 본다면, 이는 비애극의 기술적 장치를 잘못 이해하는 것이 될 것이다.

(……………)

오늘날 '비극적'이라는 명칭이 그렇듯이, 아니면 이 명칭보다 더욱 정당하게 '비애극'이라는 단어는 17세기에 드라마와 역사적 사건에 동일하게 적용되었다. 심지어 양식은 당대인의 의식 속에 양자가 얼마나 가까이 서로 근접해

알브레히트 뒤러, 「멜렌콜리아 I」

있는가를 증명해주고 있다. 사람들이 드라마 작품에서 과장문체라고 비판하곤 했던 것은 대부분의 경우 에르트만스되르퍼가 이 시대의 역사문헌들의 어조를 특징지은 글에 가장 잘 기술되어 있다. "전쟁과 전쟁으로 인한 고난에 대해 쓴 모든 저술들에는 거의 애처롭게까지 들리는 과장된 한탄조가 고정적으로 담겨 있다. 말하자면 절망에 찬 표현방식을 지속적으로 사용하는 일이 보편적이었던 것이다. 비참함은 그것이 아무리 크다 할지라도 정도의 변화가 있는 반면, 비참함을 기술하는 데에서 당대의 저술들은 뉘앙스의 차이를 거의 알지 못했다." 작품을 쓰는 데조차도 그 누구보다도 역사집행의 수임자들이 지명되었다는 사실은 연극무대가 역사무대에 동화되는 것에 대한 극단적인 결과일 것이다. 오피츠의 『트로이의 여인들』 서문은 다음과 같이 시작한다. "비극을 쓰는 일은 예전에는 황제나/군주/위대한 영웅 그리고 현자의 일이었다. 이들 가운데 율리우스 카이사르는 청년시절에 오이디푸스를/아우구스투스는 아킬레스와 아이아스를/마이케나스는 프로메테우스를 집필했으며/카시우스 세르베루스 파르멘시스, 폼포니우스 세쿤두스/네로 그리고 그 밖의 인물들도 이와 같은 일을 했다." 오피츠의 의견을 따르는 클라이는 "비극을 쓰는 것은 오직 황제, 군주, 위대한 영웅, 현자의 일이었지 하층사람들의 일이 아니었다는 것을 보여주는 일은 어렵지 않다"라고 말한다.

「독일 비애극의 원천」, 「비애극과 비극」

가로질러 생각하는 사상가의 창의적인 사고

발터 벤야민의 교수자격 논문『독일 비애극의 원천』은 그의 전반기 사유를 매듭짓는 대표 저작이다. 비록 벤야민이 1925년 숄렘에게 보내는 편지에서『독일 비애극의 원천』은 결코 새로운 "시작"이 아니라 "종결"을 의미한다고 언급하고는 있지만, 그는 이후에도 편지와 서평, 그리고『파사주』프로젝트, 「중앙공원」, 「수집가이자 역사가 에두아르트 푹스」에서『독일 비애극의 원천』을 계속 언급한다.『독일 비애극의 원천』은 분명 벤야민이 강한 애착을 가지고 있던 저작이었으며 실제로 그의 사유를 지속적으로 자극했다.

벤야민은 1932년 한 편지에서 "유물론적"이진 않지만 "변증법적인" 이 저작을 통해 "진정 학술적인 연구방법의 엄격한 관찰이 오늘날 시민적이고 이상주의적인 학문사업이 보여주는 자세로부터 얼마나 멀리 벗어나 있는가"가 검증되었다고 술회한다. 그는 학계에서『독일 비애극의 원천』이 기대했던 만큼의 반향을 얻지 못했음을 아쉬워했지만 이 저서는 분명 그가 생각한 것보다 더 많은 반응을 불러 일으켰다.

『독일 비애극의 원천』은 읽기가 쉽지 않은 텍스트이다. 벤야민은 "모든 장애를 넘어가되 너의 다리를 부러뜨리진 말라"라는 글을 서론의 모토로 사용할 것을 고려한 적이 있는데, 이 경고를 이 저작을 완전히 파헤쳐보려는 욕망에 대한 경고로 이해해도 무방할 것이다. 벤야민의 문장은 압축적이고 난해하며 그가 사용하는 개념들은 그 경계가 분명하지 않다. 서로 모순되기도 하는 테제들은 항상 텍스트의 전체 연관 속에서 파악되어야 하는데 벤야민의 논의는 대단히 복합적으로, 때로는 비약을 동반해가며 전개되기 때문에 이 연관을 파악하는 것은 수월한 일이 아니다. 이러한 상황에서 텍스트에 집중하는 대신 "시간적인 압박"에서 글을 써야 했던 그의 처지 또는 바로크 시대에 대한 지식이 풍부하지 못하다는 그의 고백만을 두드러지게 강조한다면 우리는『독일 비애극의 원천』이 담고 있는 통찰력 있는 관점들을 간과하게 될 것이다.

텍스트의 복잡성에 상응하여 벤야민 연구가들은『독일 비애극의 원천』을 실로 다양한 관점에서 해석해왔다. 일부는 「인식비판적 서론」과 관련하여 벤야민의 인식이론을 전통적인 헤겔 철학에 입각하여 또는 카시러의 학문론 및 비트겐슈타인의 초기 언어이론과 관련시켜 재해석하려 했다. 또 다른 일부는『독일 비애극의 원천』을 바로크 드라마에 투사된 아방가르드 예술정신의 산물로 보려고도 했다.『독일 비애극의 원천』을 멜랑콜리에 빠진 저자의 나르시스적인 자기반영으로 해석하려는 시도가 있었으며, 해체주의적 또는 포스트모던적 접근도 있었다. 물론 이 저작을 외재적 관점에서 파악하려는 이러한 시도들 외에 내재적인 접근을 통해 내용층위와 구조층위를 심도 있게 분석하면서 텍스트를 통일적으로 파악하려는 연구들도 있었다. 그 밖에『독일 비애극의 원천』을 특정 작가 및 사상가의 세계와 비교함으로써 이 저서의 현재성과 영향력을 부각시키려는 시도들도 많았다.

『독일 비애극의 원천』을 읽는 어려움은 이 저서가 우리에게는 낯설기만 한 독일 바로크 비애극에 대한 이해를 필요로 한다는 점에 의해 가중된다.『독일 비애극의 원천』은 바로크 연구자들에 의해 줄곧 인용되었지만 바로크 연구분야에서 이 저작의 학문적 가치는 지금도 논쟁의 대상이 되고 있는 실정이다. 하지만 다음과 같은 점들은 벤야민이 바로크 연구분야에 남긴 학문적 업적으로 평가되어야 한다. (a) 비애극과 비극을 역사철학적인 관점에서 구분한 점, (b) 바로크 드라마를 아리스토텔레스의 비극이론의 영향에서 벗어나게 한 점, (c) 독일 바로크 비애극에 나타나는 군주의 우유부단함을 밝힌 점, (d) 바로크 비애극에 내재해 있는 감정상태인 멜랑콜리를 구체화한 점, (e) 알레고리를 단순한 예술적 처리방식이 아니라 예술적 표현형식으로 규정하고 그것이 지닌 미학적인 차원을 복원시킨 점, (f) 바로크 비애극에서 멜랑콜리와 알레고리가 내적으로 결합되어 있다는 점을 해명한 점, (g) 엠블럼과 바로크 드라마의 연관성에 주목한 점, (h) 바로크 드라마의 특성을 종파적인 맥락에서 밝힌 점. 또한 『독일 비애극의 원천』은 바로크 연구가 부흥하기 시작하던 1920년대에 의(擬)고전주의적 규범의 영향에서 벗어나 바로크를 문학사적으로 규정한 극소수의 저술들 가운데 하나이다. 하지만 벤야민의 "원천"에 대한 이론에 비추어볼 때 바로크 비애극의 전사와 후사에 대한 서술이 미흡한 점, 절대주의의 관료체계에 대한 구체적인 역사적 분석과 함께 바로크 비애극의 특성을 논하지 못한 점 등은 논문의 한계로 남아 있다.

『독일 비애극의 원천』이 지닌 가장 큰 매력 중 하나는 이 저작이 문화, 미학, 철학, 신학, 역사, 미술사, 정치학 등 제반 학문영역을 넘나드는 실로 다면적인 통찰을 제공한다는 점이다. 벤야민은 1928년에 작성한 자신의 한 이력서에서 "예술의 영역성에 대한 이론"과 "학제들을 구분하는 완고한 벽들"을 허물고 "학문의 통합 과정"을 촉진하는 것이 지금까지 자신이 견지해온 작업의도였음을 밝히고 있는데, 우리는 이 점을 이 저서에서 그대로 확인할 수 있다. 새로운 관점들을 압축된 형태로 쉴 새 없이 제공하고 있는 이 저서는 관습과 도그마에서 벗어나 가로질러 생각하는 사상가(Querdenker)의 창의적인 사고를 유감없이 보여주고 있다. 이런 점에서 『독일 비애극의 원천』은 학문상호적인 대화가 강조되는 현재의 학문경향을 일찍이 선취하고 있다고 할 수 있다.

김유동

강원대 교수 · 독어독문학

옮긴이 최성만은 서울대학교 전자공학과를 졸업했으며, 같은 대학교 대학원에서 독어독문학을 전공하여 석사학위를 취득했다. 독일 베를린 자유대학에서 독문학과 철학을 수학했으며, 『미메시스와 역사적 경험: 발터 벤야민의 미메시스론 연구』(Mimesis und historische Erfahrung: Untersuchungen zur Mimesistheorie Walter Benjamins, 1995)로 박사학위를 취득했다. 저서로 『표현인문학』(공저, 2000)이 있다. 역서로는 한길사에서 펴낸 『예술의 사회학』(아놀드 하우저, 공역, 1983), 『윤이상의 음악세계』(공역, 1991), 『한 우정의 역사-발터 벤야민을 추억하며』(게르숌 숄렘, 2002) 외에 『아방가르드의 이론』(페터 뷔르거, 2009), 『발터 벤야민 선집』(2007) 등이 있고, 미메시스를 비롯해 독문학과 미학 관련 논문이 다수 있다. 주요 관심분야는 발터 벤야민, 테오도르 아도르노, 미학, 미메시스론, 매체이론, 문화연구 등이다. 현재 이화여자대학교 독어독문학과 교수로 있다.

옮긴이 김유동은 서울대학교 독어독문학과를 졸업했으며, 같은 대학교 대학원에서 석사학위를 취득하고 박사과정을 수료했다. 독일 괴팅겐 대학과 오스나브뤼크 대학에서 독어독문학을 수학하고 오스나브뤼크 대학에서 『발터 벤야민의 비애극서와 바로크 비애극: 수용, 성좌 그리고 하나의 공간적 독법』(Walter Benjamins Trauerspielbuch und das barocke Trauerspiel: Rezeption, Konstellation und eine raumbezogene Lektüre, 2005)으로 박사학위를 취득했다. 발터 벤야민과 안드레아스 그리피우스를 주제로 한 논문들을 발표했다. 현재 강원대학교 독어독문학과 교수로 있다.

순수현상학과 현상학적 철학의 이념들 1~3

에드문트 후설 지음 | 이종훈 옮김 |
492쪽(1권) · 544쪽(2권) · 272쪽(3권)
2010 대한민국학술원 우수학술도서

▷ 저자의 다른 작품
『시간의식』(GB 19)
『유럽학문의 위기와 선험적 현상학』(GB 26)

▷ 역자의 다른 번역 작품
『시간의식』(GB 19)
『유럽학문의 위기와 선험적 현상학』(GB 26)

우리는 후설 현상학을 충분히 이해하고 있는가. 그렇다고 인정할 수 없다. 철학 이외 분야에서도 현상학에 대한 관심과 요구가 급증함에도 현상학계가 별다른 도움을 줄 수 없는 이유는 후설 현상학의 참모습을 통일적으로 온전히 밝혀놓지 못한 데 있다고 보기 때문이다. 그리고 현상학계에서조차 후설 현상학을 제대로 파악하지 못하는 것은 그의 현상학을 그의 입장에서 충실하게 이해하고 있지 않기 때문이다.

특히 그의 사상이 발전해나간 단계를 '기술적(記述的) 현상학 vs. 선험적 현상학 vs. 생활세계적 현상학', '정태적 분석 vs. 발생적 분석' 또는 '주관적 관념론 vs. 객관적 실재론'이라는 단절된 도식적 틀 속에 억지로 집어넣어 단편적으로 이해하고, 심지어 현상학의 기본문제인 의식의 '지향성'에 대한 기초적 이해도 없거나 일관성 없이 자의적으로 왜곡시켜 해석하기 때문이다.

물론 이러한 단절된 도식적 이해의 틀도 부분적으로는 후설 현상학이 발전해나간 단계의 일정한 모습을 전달해준다. 그러나 전체적으로는 후설이 이전 단계에서 드러난 문제점을 단순히 땜질해 보완하거나 이전 단계에서 분석하고 주장한 것을 완전히 거부한 것으로 묘사함으로써 후설 현상학의 참모습을 왜곡시킨다. 그 결과 후설 현상학이 제시해주는 새로운 분야를 생생하게 연구할 열정과 에너지는 곧바로 식고 그 무한한 지평은 간단히 차단될 뿐이다. 옮긴이는 이러한 문제의식에서 『이념들』의 제1권, 제2권, 제3권을 동시에 번역 출판해야만 한다고 판단했다. 그 이유는 후설 현상학이 총체적으로 '선험적 현상학'으로 이해될 수 있고, 또 그렇게 이해되어야만 한다는 데 있다.

에드문트 후설(1859~1938)

후설(Edmund Husserl)은 독일의 메렌 주(당시는 오스트리아)에서 유대인으로 태어났다. 수학자로 출발한 그는 브렌타노의 영향을 받아 심리학적 방법을 취했으나, 『논리연구』(1900/1)에서 심리학주의를 비판하고 의식체험의 지향적 본질구조를 분석했다. 이렇게 시작된 그의 현상학은 엄밀한 이성비판을 통해 궁극적 자기책임에 근거한 학문적 이론과 실천적 삶을 정초하려는 선험철학의 이념을 추구한 것이다. 그 방법은 의식에 직접 주어진 '사태 자체'를 직관하는 것이다.

이 선험적 현상학을 처음 구체적으로 제시한 『이념들』(1913)은 제1권만 발표되었고, 당시 완성된 제2권은 수정과 보완을 거듭하다 제3권과 함께 40년이 지난 1952년에야 출간되었다. 그래서 후설 현상학을 일관되게 발전한 총체적 모습으로 이해하기보다, 그때그때 발표된 그의 저술로 '의식을 강조한 주관적 관념론' '경험의 지평구조를 분석한 객관적 실재론'으로 전혀 다른 시각에서 접근하던 기존의 편견에 철저히 얽매여 단절된 도식적 틀에 꿰맞춰 왜곡시키는 오해가 더욱 굳어졌다. 당시 미처 다루지 못한 현상학적 철학의 이념을 밝히고자 노력했으나, 그 성과에 만족하지 못해 어떤 책도 출간하지 않았다. 그러나 1904년 『시간의식』을 발표하는 한편, 나치 정권의 유대인 탄압 속에서도 왕성하게 강연활동을 벌였으며, 『형식논리학과 선험논리학』 『데카르트적 성찰』 『유럽 학문의 위기와 선험적 현상학』 등의 저술로 선험적 현상학을 모색했다. 후설 현상학은 하이데거, 사르트르, 가다머, 하버마스, 데리다 등 현대철학뿐 아니라, 인문·사회과학과 문화예술 심지어 영화·체육·의학에도 깊은 영향을 끼치고 있다.

모든 학문적 정초는 경험의 작용에 의거한다

이제 우리는 우리의 특별한 관심을 심리학과 현상학의 관련으로 돌리고자 한다. 이 절의 총체적 분석은 그 자체로 현상학적 분석이었으며, 심지어 그 분석이 현실적 경험에 연결되는 곳에서도, 경험과학적 분석으로 오해될 수는 없을 것이다. 예를 들어 그 어떤 '파악' '지각' 등 단일적 경험의 자료는 어디에서나 단지 범례로 적용되었으며, 우리는 항상 즉시 본질태도로 이행했고, 본질에 속한 것을 형상적으로 탐구했다. 그것은 어떤 파악의 본질 속에 포함된 가능성, 일련의 직관들이나 경험들로 이행할 수 있는 가능성, 이에 따라 그 의미, 즉 그 속에서 사념된 것이나 경험된 것 자체의 의미를 일치시켜 충족할 수 있는 것 그리고 이와 함께 관련된 대상성의 의미를 설명할 수 있는 것이다.

현상학적 분석은 한편으로 추구된 성과들의 방법과 종류를 직관적인 본질분석의 부분들에서 예시(例示)한다. 그러나 동시에 [다른 한편으로] 현상학적 분석은 서로 뒤섞어 기초 지어진 실재성의 범주들—물질·신체·영혼과 영혼적 자아—의 본질을 근원원천으로부터 길어내는 데에, 나아가 이 본질을 통해 규정된 그에 상응하는 학문영역의 원본적 의미를 파악하는 데에 이바지한다. 이와 동시에 만약 필요하다면 상이한 방향들에 관해 동일한 의미에서 계속 실행할 수 있는 이 분석들을 통해—이러한 학문들의 방법의 원리적 특유성을 규정하기 위해, 또한 예를 들어 물리적-자연과학적 방법과 심리학적 방법이 어디까지 평행하게 갈 수 있으며 또 이 방법들이 어디까지 근본적으로 달라야만 하는지를 통찰적으로 이해하게 만들 수 있기 위해—모든 예비조건이 충족된다(또는 보충하면서 충족될 수 있다).

여기에서 원본적으로 생기는 규범들은, 학문의 진행을 혼란시키지 않는다면 또 학문을 잘못된 문제설정과 경험방식으로 유혹해 잘못 이끌지 않는다면, 결코 무시될 수 없다. 방법을 만드는 것은 '현대 과학'이라 일컫는 것도, '전문가들'이라 일컫는 것도 아니다. 오히려 대상들의 본질 그리고 관련된 범주의 대상들에 관한 그에 속한 가능한 경험의 본질(이것은 현상학적 구성의 아프리오리이다)이 방법의 모든 원리적인 것을 지정하며, 이러한 본질을 직관적으로 파악하고 (비록 철학적으로 엄밀한 개념들과 정식화된 규범들로 이끌지 않더라도) 이에 따라 특별한 문제들과 특별한 방법들에 방향을 정하게 하는 것은 천재적 전문가를 특성 짓는다. 전문가들의 모든 발견과 발명은 절대적으로 넘어갈 수 없는 어떤 아프리오리(Apriori), 즉 사람들이 자신들의 학설에서가 아니라 오직 현상학적 직관에서만 길어낼 수 있는 아프리오리의 테두리 안에서 움직인다. 그러나 이 아프리오리를 학문적으로 파악하는 것은 철학의 특별한 과제이지, 독단적 학문 자체의 과제는 아니다. 물론 방법 일반을 규범적으로 규정하는 것은 대상성(Gegenstndlichkeit)들과 구성적 직관들의 모든 범주를 넘어서 포착하는 일반적인 인식작용학(Noetik)의 주제이다.

그러나 우리는 아직 이 인식작용학을 갖고 있지 않다. 이것은 직관의 측면에 관해서뿐만 아니라 특수한 사유작용의 측면에 관해서도 아주 충분하게 실행된 인식의 일반적인 현상학적 본질학(Wesenslehre) 다음에야 비로소 가능

후설의 부인 말비네 그녀는 후설이 사망한 후 유대인 탄압으로 말살될 위기에 처한 수많은 유고와 자료를 구해냈다.

할 것이다. 그렇지만 모든 학문의 방법은 그 학문(어쩌면 다른 학문들과 함께)에 관련된 대상범주에 본질적으로 속한 원본적으로 [대상을] 부여하는 직관의 종류 또는 원본적 파악의 근본종류를 통해 규정되어야만 한다는 사실은 완성된 인식작용학이 없어도 그만큼 분명하다. 모든 자연인식은 그 궁극적 원천을 경험 속에 갖는다는 사실, 구체적으로 말하면, 모든 학문적 정초는 최종적으로 경험의 작용들(원본적으로 [대상을] 부여하는 작용의 자연대상성)에 의거한다는 사실은 흔해빠진 상식이다. 그리고 우리가 그렇게 해야만 하듯이, 만약 이러한 상식을 타당한 것으로 받아들인다면, 경험이 그 자체로부터 제시하고 또 경험의 본질 속에 명백히 근거하는 방법적 규범들은 자연과학적 방법을 규정하는 것이어야만 한다는 사실은 분명하다. 물론 동일한 사실이 모든 학문 일반에 적용되어야만 하며, 모든 학문에서 필연적으로 정초는 최종적으로 사유작용의 분야를 넘어 직관으로 이끌고, 또 최종적으로는 원본적으로 [대상을] 부여하는 직관으로 이끈다. 이 직관은, 만약 그 대상성이 다른 대상성들을 경험의 대상성들(자연분야의 실재성들)로 간주한다면, 결코 경험일 수는 없다. 실로 우리는 본질적으로 상이한 구성적 파악들, 따라서 원본적으로 [대상을] 부여하는 작용들의 근본형식들도 상이한 대상범주들에 상응해야만 한다는 사실을 이미 확인했다.

「순수현상학과 현상학적 철학의 이념들 3」 제2절 「심리학과 현상학의 관련」

후설의 현상학은 충분히 이해되고 있는가

 현상학(Phänomenologie)은, 객관적 실증과학을 극복할 새로운 방법론으로 간주되든 전통 철학의 심화된 형태로 간주되든, 다양한 '현상학 운동'으로 왕성하게 발전하면서 현대의 철학뿐 아니라 인문·사회과학과 문화예술 전반에 매우 깊은 영향을 끼쳐왔다. 우리나라에도 이제 현상학과 관련된 논문이나 입문서가 결코 적지 않으며, 후설(Edmund Husserl)과 하이데거(M. Heidegger), 메를로-퐁티(M. Merleau-Ponty) 등 주요 현상학자의 원전도 여러 권 번역되었다. 그래서 문학(예술)비평·영화·체육·의학(간호학) 등에서도 현상학을 강렬하게 요구하고 있다. 그러나 현상학의 창시자인 후설을 본격적으로 다룬 연구는 오히려 점점 줄어들고 있다. 과연 이러한 현상은 후설 현상학이 충분히 이해되었다는 사실을 뜻하는가?

 수학자로 출발한 후설은 수학의 기초를 논리학에서, 또 논리학의 기초를 인식론에서 정초함으로써 철학의 참된 출발점을 근원적으로 건설하고자 자신의 입장을 끊임없이 비판해갔다. 이 과정에서 스스로 만족할 수 없으면 줄곧 검토하고 수정했을 뿐 어떠한 자료도 발표하지 않았다. 그래서 생전에는 『산술철학』(1891), 『논리연구』(1900~1901), 『엄밀학』(1911), 『이념들』 제1권(1913), 『시간의식』(1928), 『형식논리학과 선험논리학』(1929), 『성찰』(프랑스어판, 1931), 『위기』(1936)만 출간되었다. 더구나 그의 사상에 엄청난 변화가 일어났던 『논리연구』부터 『엄밀학』까지 10년 동안, 또 『이념들』 제1권부터 『형식논리학과 선험논리학』까지 16년 동안의 모습은, 제1차 세계대전으로 많은 제자가 희생되었을 뿐 아니라 정상적으로 살기조차 너무 힘든 시대상황 때문에 전혀 알려질 수 없었다.

 그 결과 후설의 사상은 일관되게 발전된 총체적인 모습보다는 그때그때 발표된 저술을 토대로 '의식(이성)을 강조한 관념론인가, 경험의 지평구조를 밝힌 실재론인가' '주관적 합리론인가, 객관적 경험론인가' 등 근본적으로 다른 시각에서 인식되고 평가되었다. 이처럼 혼란스러운 해석은 그가 어떤 전제로부터 정합적 체계를 구축하기보다 사태 자체로 접근하기 위해 부단한 사유실험으로써 분석해갔기 때문에, 스스로 길을 찾아가는 독창적인 사상가에게 흔히 일어날 수 있다. 그러나 후설 현상학은 좀 더 독특한 배경과 원인 때문에 오랫동안 고정된 편견과 왜곡된 해석으로 뒤엉킨 두꺼운 껍질에 에워싸여 있다. 무엇 때문인가?

 그 원인은 무엇보다도 후설 자체에게 있다. 그의 문제는 독일어를 모국어로 사용하는 사람조차 이해하기 힘들 정도로 매우 길고 복잡하며, 다양하게 얽혀 끊임없이 흐르는 의식의 구조와 기능을 치밀하게 분석한 용어와 과정도 쉽게 파악하기 어렵기 때문이다. 또한 이렇게 밝혀낸 풍부한 성과는, 4만 5000장의 속기 원고와 1만여 장의 타이프 원고로 남겨진 방대한 자료가 지금도 계속 편집되어 출판되고 있어서, 이미 일정한 모습으로 알려진 그의 사상과는 외견상 다르게 해석될 수 있기 때문이다. 그런데 이러한 어려움은 후설 현상학을 제대로 알고 싶다면 당연히 감수해야만 할 것이다.

 더 심각한 원인은 후설 현상학을 그의 입장에서 이해하지 않는 데 있다. 특히 후설 사상의 발전단계를 '기술적(記述的) 대(對) 선험적

(先驗的) 대 생활세계적(生活世界的)' 현상학, '정태적(statisch) 대 발생적(genetisch)' 분석이라는 단절된 틀 속에서 도식적으로 이해하는 데 있다. 물론 이러한 구분은 어떤 시기의 후설 사상과 그 발전과정을 이해하는 데서 나름대로 큰 의미가 있다. 그러나 이렇게 단절된 도식적 이해 틀에 맞추어 후설 현상학을 이해하거나 소개하는 문헌, 더구나 후설에 충실하기보다 자신의 철학을 전개하는 데 급급했던 현상학자들의 피상적인 비판에 의존하는 2차 문헌들은 후설 현상학의 참모습을 철저히 왜곡시키고 그의 현상학이 제시해주는 생생하고 다양한 연구의 새로운 지평을 뿌리째 잘라낼 뿐이다.

그렇다면 이 단절된 도식적 이해 틀은 어떻게 발생할 수 있었는가?

첫째, 후설은 『논리연구』 제1권(1900)에서 심리학주의를 회의적 상대주의라고 철저히 비판함으로써 객관주의자로 부각되었으나, 제2권(1901)에서 다양한 의식체험을 분석함으로써 간단히 주관주의자로 각인되었다. 이미 1898년경 완성된 이 두 책이 동시에 출간되었다면, 후설 현상학이 출발한 처음부터 '객관주의 대 주관주의'의 논란조차 일지 않았을 것이다. 물론 그가 여러 곳에서 밝혔듯이 "현상학 전체를 포괄하는 문제의 명칭"인 의식의 지향성(Intentionalität)을 제대로만 파악한다면, 이러한 가정조차 쓸데없을 것이다.

둘째, 후설은 가장 근원적인 종합의 형식인 내적 시간의식(Zeit-bewußtsein)을 1904~1905년 강의에서 체계적으로 분석했다. 이 성과는 그 후 이 책을 포함해 여러 저술에서 빈번히 강조되면서 인용되었지만, 1928년에야 비로소 하이데거가 편집해 『시간의식』으로 발표되었다. 그러나 1927년 비슷한 주제로 발표된 하이데거의 『존재와 시간』에 파묻혀버렸다. 결국 1917년에 벌써 탈고되었던 그 초고가 좀 더 일찍 알려졌다면, '정태적 대 발생적'으로 대립시켜 후설 현상학에 접근하는 시각은 아예 생기지도 않았을 것이다.

셋째, 후설은 『이념들』 제1권(1913)에서 최초로 현상학의 원리와 규범, 방법과 문제를 제시했다. 제2권은 1912년에 이미 탈고되었지만, 몇 차례 수정과 검토를 거치다 그가 죽고 나서도 한참 후인 1952년에야 출간되었다. 신체(Leib)의 운동감각을 통해 동기가 부여되는 발생적 구성(Konstitution)의 문제를 치밀하게 분석한 제2권이 마지막 세 번째 전반적으로 수정되었던 1917년에라도 발표되었다면, '정태적 대 발생적' 분석 또는 '선험적 대 생활세계적' 현상학으로 단절시켜 이해하는 소모적인 논의도 일지 않았을 것이다.

결국 후설 현상학의 참모습을 밝히고 그 바탕 위에서 다양하게 발전시키는 길은 이러한 단절된 도식적 이해 틀이 근본적인 오류임을 정확하게 인식하는 데서 출발할 수밖에 없다.

이종훈

춘천교대 교수 · 철학

옮긴이 이종훈은 성균관대학교 철학과와 같은 대학교 대학원에서 후설 현상학으로 박사학위를 받았다. 지금은 춘천교대 윤리교육과 교수로 있다. 지은 책으로는 『현대의 위기와 생활세계』(1993), 『아빠가 들려주는 철학이야기』(제3권, 1994, 2006), 『현대사회와 윤리』(1999)가 있다. 옮긴 책으로는 한길사에서 펴낸 『시간의식』(후설, 1996), 『유럽학문의 위기와 선험적 현상학』(후설, 1997), 『데카르트적 성찰』(후설 · 핑크, 2002)을 비롯해, 『언어와 현상학』(커닝햄, 1994), 『소크라테스 이전과 이후』(컨퍼드, 1995), 『경험과 판단』(후설, 1997), 『엄밀한 학문으로서의 철학』(후설, 2008) 등이 있다.

수사고신록

최술 지음 | 이재하 외 옮김 | 512쪽
2010 대한민국학술원 우수학술도서

수사고신여록

최술 지음 | 이재하 옮김 | 416쪽
2010 대한민국학술원 우수학술도서

최술은 공자와 같은 성인의 모습이 심각하게 왜곡되어 있다는 사실이 매우 안타까웠다. 학문이 넓고 깊어질수록 그러한 안타까움은 더욱 커져만 갔다. 그는 공자의 진정한 모습을 파악하려면 선후를 고찰해 진위를 명확히 판단해야 하며, 위학(僞學)이 경전을 어지럽히지 못하게 해야 하고, 사설(邪說)이 성인을 무고할 수 없도록 해야만 한다고 굳게 믿었다. 그는 이러한 작업이야말로 학자들이 마땅히 해야만 할 의무로 여겼다. 그리하여 벼슬살이의 꿈을 접고 공자의 행적과 『논어』를 중심으로 파고들기 시작했다.

'정확한 고증을 통해 믿을 수 있는 것만 믿는다'(考信)는 최술의 취지가 잘 드러난 『고신록』 가운데에서도 핵심은 단연 공자의 행적을 변증한 『수사고신록』과 그 제자들의 행적을 변증한 『수사고신여록』이다.

'수사'(洙泗)는 공자가 수수(洙水)와 사수(泗水) 사이에 학당을 열고 제자들을 가르쳤기에 붙여진 이름이다.

최술은 『수사고신록』에서 공자의 평생에 걸친 행적을 낱낱이 고증하여 바로잡고 변증했으며, 『수사고신여록』을 엮어 공자의 제자들에 대해서도 하나 하나 고증했다. 그러한 그의 작업은 매우 정밀하고 자상해 어느 누구도 미칠 수 없을 정도이다.

청나라의 고증학은 중국의 고대문화 전반에 대한 새로운 인식과 깊이를 더해주었으며, 최술은 실로 방대한 『고신록』을 완성함으로써 20세기 들어 고증학의 중요 인물로 각광을 받게 되었다. 최술은 간난신고(艱難辛苦)의 삶을 살았지만, 자신의 학문적 소양을 바탕으로 시대를 초월한 역사학의 대가로 자리매김하기에 이르렀다.

공자의 전신상

최술(崔述)은 청대를 대표하는 고증학자로 자는 무승(武承), 호는 동벽(東壁)이다. 몰락한 사대부의 후예로 57세 때부터 6년 동안 복건(福建) 나원현(羅源縣) 지현(知縣)을 지냈다. 궁핍한 생활 속에서도 경사서(經史書)에 필생의 정력을 쏟은 나머지 선진사(先秦史) 고증의 획기적인 저술인 『고신록』(考信錄) 36권 등 총 34종 88권을 남겼다. '고신록'이란 철저한 고증을 거쳐 믿을 수 있는 것만 기록한다는 의미이며, 최술만의 독특한 고증학적 방법은 중국의 역사학을 과학적이고 합리적인 단계로 발전시키는 원동력이 되었다. 특히 『고신록』의 일부인 『수사고신록』(洙泗考信錄)과 『수사고신여록』(洙泗考信餘錄)은 공자와 제자들의 행적에 덧씌워진 신화와 왜곡을 걷어내고 원형을 복원하는 데 결정적인 공헌을 한 불후의 명저로 꼽힌다. '수사'는 공자가 살았던 노(魯)나라 곡부(曲阜) 북쪽의 '수수'(洙水)와 '사수'(泗水)란 두 강으로, 공자는 이 두 강 사이에 학당을 열고 제자들을 가르쳤다. 때문에 공자나 유가(儒家)의 별칭으로 줄곧 쓰인다.

『고신록』은 출간 당시 기존의 학설과 통념을 부정한 파격적인 주장 때문에 철저히 외면당했으나, 최술 사후 87년인 1903년 일본에서 『최동벽선생유서』가 출판됨으로써 일본 사학계를 들끓게 했으며, 다시 중국으로 역수입되어 1920년대 고사변파(古史辨派)를 형성하는 등 대단한 반향을 일으켰다. 최술의 저술에 대해 중국 신사학(新史學)의 대가인 양계초(梁啓超)는 '고대사 연구의 표준', 신문화운동의 중심인 호적(胡適)은 '중국의 새로운 역사학의 출발점'이라며 극찬을 아끼지 않았다.

인류 이래 공자보다 성대한 인물은 없다

공자는 "나는 태어나면서부터 모든 것을 안 사람이 아니다. 다만 옛것을 좋아하고 힘써 그것을 탐구했을 따름이다"라고 했으며, 자공은 "문왕과 무왕의 도가 아직 모두 없어지지 않아 사람들 사이에 남아 있답니다. 현명한 자는 그 가운데 큰 것을 알고 있으며, 그렇지 못한 자는 작은 것을 알고 있지요. 그러니 스승님께서는 어디에서인들 배우지 않았겠습니까!"라고 했는데, 이 말은 공자야말로 태어나면서부터 모든 것을 안 사람이 아니며, 배워서 알게 된 사람이란 뜻이다.

그런데도 정자(程子)는 "공자는 태어나면서부터 모든 것을 안 사람이다. 하지만 배움으로 말미암아 그런 경지에 이르렀다고 말하고 있는데, 이는 훗날 배우는 사람들에게 힘쓰도록 북돋우기 위해서이다"라고 했다. 정자가 이렇게 말한 뒤로 마침내 모두들 공자는 태어나면서부터 모든 것을 안 사람이라 여기게 되었다.

나의 생각은 이렇다.

『논어』의 다른 장이라면 때로는 자신을 낮춰 남을 깨우치기 위한 말도 있다. 하지만 '지학장'(志學章)이라면 열다섯 살부터 일흔 살까지의 나이이며, 덕으로 나아가는 차례로 '지'(志)·'입'(立)·'불혹'(不惑)에서 '불유구'(不踰矩)에 이르기까지 뚜렷하게 지적하고 있다. 만일 공자가 배움에 바탕을 두지 않고 그런 경지에 이르렀다면, 없는 사실에 빙자하여 그런 차례와 공력의 과정을 엮어 후세 사람들을 속였단 말인가!

재아(宰我)는 "내가 보기에 우리 스승님은 요임금이나 순임금보다 훨씬 훌륭한 분이시다."라고 했고, 자공은 "인류가 살아온 이래로 우리 스승님과 같은 분은 아직껏 없었으리라!"라고 했으며, 유약(有若)은 "우리 인류가 살아온 이래로 공자보다 성대한 분은 아직 없었으리라!"라고 말했다. 이처럼 제자들이 공자를 추존(推尊)하는 데서는 조금도 말을 아낀 적이 없지만, 어느 한마디도 공자가 태어나면서부터 모든 것을 알았다고 언급한 적은 없다.

공자 자신이야 간혹 겸손의 의미를 담아 말할 수도 있겠지만, 제자들까지 공자를 대신해 겸손을 떨 필요야 없다. 공자 자신의 말도 자신은 태어나면서부터 모든 것을 안 사람이 아니라 했으며, 제자들도 한결같이 공자가 태어나면서부터 모든 것을 안 사람이라고 말하지 않았다. 그런데 공자 이후 2천 년이나 뒤늦게 태어난 후세 사람이 도대체 무엇을 근거로 공자가 태어나면서부터 모든 것을 안 사람이라는 것을 알 수 있었단 말인가?

『중용』에서는 "혹은 태어나면서부터 알기도 하며, 혹은 배워서 알기도 하며, 혹은 노력을 기울여서 알기도 한다. 그러나 앎이란 점에서는 똑같다"고 했다. 이러한 까닭으로 태어나면서부터 아는 것과 배워서 아는 것은 힘이 드느냐 안 드느냐의 차이야 있겠지만, 무엇이 높고 무엇이 낮다는 차이는 없다. 그것을 지위로 비유하자면, 성인은 천자이다. 태어나면서부터 모든 것을 안 사람은 태어나면서부터 천자인 셈이다. 하지만 배워서 알게 된 사람은 보통 사람으로부터 대부나 제후를 거쳐 천자의 자리에 오른 셈으로, 순임금·우왕·탕왕·무왕 등이 바로 그렇다. 따라서 태어나면서부터 천자가 된 사람이 단계를 거쳐 천자가 된 사람보다 존귀하다고 말할 수는 없으리라.

공자의 고향인 곡부성
곡부에는 공자가 제자들을 가르쳤다는 행단(杏壇)이 있다.

그렇다면 공자가 비록 배워서 알게 된 사람이라 하더라도 공자의 지극한 성스러움에 흠될 게 없으며, 비록 태어나면서부터 알았다 하더라도 지극한 성스러움에 보탬 될 게 없다.

하물며 공자는 오로지 사람들이 자기를 태어나면서부터 모든 것을 아는 사람으로 여길까 염려했으므로, 배워서 아는 사람임을 스스로 밝히기 위해 조바심 냈을 정도였다. 따라서 후세의 유학자들은 공자의 말을 그대로 좇아, 그가 배워서 안 사람임을 믿는다 하더라도 거리낄 게 없을 듯하다. 그런데 무슨 까닭으로 기필코 공자를 태어나면서부터 모든 것을 안 사람으로 치부하려 든단 말인가?

맹자는 "요임금과 순임금은 본성대로 행하신 분이며, 탕왕과 무왕은 수양으로 본성을 회복한 분이다"라고 했는데, 본성대로 행했다 함은 태어나면서부터 모든 것을 알아 자연스럽게 행동했음을 뜻하며, 수양으로 본성을 회복했다 함은 배워서 알고 제대로 행동했음을 뜻한다. 그런데 여기에서도 공자에 대한 언급은 한마디도 없다.

그러다가 『맹자』의 맨 끝 장에서 공자를 탕왕이나 문왕과 함께 '들어서 알게 된'(聞知) 사람 속에 열거했으며, 요임금과 순임금은 그 속에 포함시키지 않았다. 그렇다면 맹자 또한 대체로 공자를 배워서 알게 된 사람이라 여긴 것이다.

나는 성인 공자의 말을 독실하게 믿을 따름이며, 감히 조금이라도 달리 생각하고 싶지 않다. 더욱이 세상 사람들이 너나 할 것 없이 성인 공자를 태어나면서부터 모든 것을 안 사람으로 여기고, 배워서 알게 된 공력이 크다는 것을 모를까 염려스럽기만 하다. 때문에 공자를 논의하거나 찬양한 제자들의 말 뒤에 이에 관한 변증을 덧붙인다.

『수사고신록』「사후의 모습들」

사설(邪說)이 성인을 무고할 수 없도록 해야 한다

최술에게 부친이 죽은 뒤로 10년은 참으로 불행의 연속이었다. 어머니를 여의고, 아들과 아우마저 잃었다. 게다가 병으로 사경을 헤매기도 했고, 어려운 살림살이를 꾸리기 위해 동분서주해야만 했다. 그 동안 최술은 태행산(太行山) 자락을 떠돌며 아이들을 가르쳐서 살림을 꾸려나가고 있었지만, 그렇다고 『고신록』을 향한 원대한 꿈을 접은 것은 아니다. 10여 년 고문헌에 대한 공부도 게을리 하지 않았고, 그런대로 많은 자료도 모았다. 어느덧 마흔넷, 건륭 48년(1783)이었다. 새롭게 각오를 다진 최술은 발분망식(發憤忘食), 저술에 힘을 쏟았다.

그리하여 마흔아홉에 『오복동이휘고』(五服同異彙考)와 『삼대정삭통고』를 완성했으며, 쉰둘에는 『수사고신록』과 『보상고고신록』의 초고도 엮을 수 있었다. 잠시 한눈을 팔기도 했다. 벼슬자리에 솔깃한 나머지 쉰셋에는 북경으로 올라가 관리 선발을 기다리기도 했다. 하지만 때로는 허튼짓도 보약이 되는 법이다. 만일 최술이 북경에 가지 않았다면, 진리화와의 운명적인 만남이 이루어질 수 있었을까? 그런 만남이 없었다면 시골 서생에 머물던 그의 위대한 저술은 영영 빛을 보지도 못한 채 묻혀버리고 말았으리라.

가경 원년(1796) 정월, 쉰일곱의 최술은 복건(福建)의 나원현(羅源縣) 지현으로 임명되었다. 당시 『당우고신록』(唐虞考信錄)을 탈고한 최술은 아내와 함께 임지로 향했다. 회수(淮水)와 양자강(揚子江)을 건너 항주(杭州)를 거쳐 전당강(錢塘江)에 이르렀다. 복건의 관문 선하령(仙霞嶺)을 넘었다. 비록 지방관 자리였지만 그토록 염원했던 벼슬자리에 취임했다.

그러나 결과는 후회막급이었다. 살림살이는 여전히 궁핍했고, 책 몇 줄 들여다볼 겨를도 없었다. 하루빨리 저술에만 몰두하고 싶었다. 3년이 흘렀다. 병약을 이유로 성청(省廳)에 사직서를 올렸지만 받아들여지지 않았다. 이듬해 봄 다시 사직서를 올렸다. 허락은 고사하고 나원현보다 훨씬 크고 일도 많은 상항현(上杭縣)의 업무를 보라는 지시가 내려왔다. 어쩔 도리가 없었다. 발걸음을 떼기도 쉽지만은 않았다. 최술을 존경하고 따랐던 현민들이 길을 메워 지나가기 어려울 정도였다. 샛문으로 몰래 빠져나가 상항현으로 향했다. 가는 길에 종자(從子)들은 신바람이 나서 덩실덩실 춤을 추었다. 풍요로운 고을이니 살 맛 나겠다고 여긴 것이다. 하지만 최술은 여유로운 공금을 풀어 해적들을 소탕하는 데 노력을 기울일 뿐, 검소한 생활로 일관했다. 어느덧 회갑을 맞이한 최술은 10월 나원현으로 복귀했다. 비단을 드리우고 양옆으로 늘어선 현민들의 품이 마치 죽마놀이를 방불케 했다. 사직서가 받아들여지지 않는 이유가 바로 여기에 있었던 것이다.

이듬해 10월 마침내 사직서가 받아들여졌다. 예순셋에 접어든 최술은 아내와 함께 정월 대보름이 지나자마자 북녘 고향을 향해 길을 재촉했다. 최술 부부는 선하령에 올라 축배를 들었다. 미처 이루지 못한 책을 차분히 쓸 수 있다는 기대에 부풀어서였다. 부부는 선하령 관제묘(關帝廟)에 이런 글귀를 써넣었다. "복지(福地, 福建省)에 오는 게 복이 아니었소, 선하령을 벗어나는 게 바로 신선이려니!"

이후 10여 년 동안 최술은 생애 최고의 희열을 맛보았다. 마음먹은 대로 저술은 일사천리였다. 죽기 1년 전인 일흔여섯에 진리화에게 전달되기를 바라며 아홉 상자에 차곡차곡 넣은 책은 모두 34종 88권이었다. 그 가운데에서도 핵심은 단연코 『고신록』이다. 『고신록』은 중국의 선진사(先秦史) 전반에 걸쳐 철저히 고증한 역작으로 총 36권이다.

『고신록』 가운데에서도 핵심은 공자의 행적을 변증한 『수사고신록』이라고 말할 수 있다. 최술은 공자와 같은 성인이 허황된 이야기로 더럽혀져 있다는 사실이 안타까웠으며, 학문이 넓고 깊어질수록 의혹은 더욱 커져만 갔다. 그는 공자의 진정한 모습을 파악하려면 선후를 고찰하여 진위를 명확히 판단해야 하며, 위학(僞學)이 경전을 어지럽히지 못하게 해야 하고, 사설(邪說)이 성인을 무고할 수 없도록 해야만 한다고 굳게 믿었다. 그는 이러한 작업이야말로 학자들이 마땅히 해야만 할 의무로 여겼다. 그래서 최술은 벼슬살이의 꿈을 접고 공자의 행적과 『논어』를 중심으로 파고들기 시작했다. 그러나 파고들면 들수록 연구 범위가 한없이 확대될 수밖에 없다는 사실도 깨달았다.

최술은 『고신록』 가운데 공자의 행적에 관한 고증서인 『수사고신록』을 무엇보다도 먼저 착수했으며, 가장 먼저 초고를 완성했다. 하지만 최술은 여기에 만족할 수 없었다. 그는 『수사고신록』을 완성한 뒤에도 19년이라는 긴 세월에 걸쳐 수정을 거듭한 끝에, 1810년 일흔한 살이 되어서야 마침내 정본을 결정하기에 이르렀다. 따라서 『수사고신록』이야말로 전후 27년간에 걸쳐 온갖 정성을 다한 최술의 학문적인 결정체라고 해도 과언이 아니며, 공자 사적 연구의 집대성이자 막대한 공헌을 한 명쾌한 저술이라 할 수 있다. 이 책의 「정본자지」(定本自識)와 「본서종지」(本書宗旨)에는 이러한 최술의 의지와 저술 과정이 잘 드러나 있다.

최술은 『수사고신록』에서 복합적으로 자료를 배치하는 치밀함을 보였다. 전적(典籍)의 신뢰도나 신빙성에 따라 본문 말고도 보(補)·부론(附論)·부록(附錄)·부통론(附通論)·존참(存參)·비람(備覽)·존의(存疑) 등의 표제를 달았으며, 모두 150여 개의 변증을 적재적소에 활용하고 있다. 이런 최술의 배려는 자칫 백과전서식 고증으로 인해 지리멸렬할 수 있는 요소를 줄이기 위한 방편이었다. 그의 이러한 유기적인 체례(體例)야말로 당시 어느 누구도 시도한 적이 없었던 독특하면서도 효과적인 방법이었다.

그렇다. 모름지기 사람이라면 뜻을 크게 가져야만 한다. 사람들은 흔히 "내 능력에 무슨 호랑이를 그릴 수 있겠어! 아쉽지만 고양이나 한 번 그려보는 게지"라고 말한다. 호랑이를 열심히 그리려다가 잘못되면 고양이는 그릴 수 있는 법이다. 그러나 고양이나 그리려고 마음먹었다면, 자칫 쥐새끼도 못 그리고 마는 것이 세상사이다. 최술이야말로 공자라는 호랑이 한 마리를 정확하게 그리려다가, 종국에 호랑이 식구는 물론 산에 깃든 온갖 짐승까지 그리게 된 것이다. 참으로 망외(望外)의 수확을 거둔 셈이다. 실로 경하할 일이 아니고 무엇이랴!

이재하

경성대 교수 · 중어중문학

이 책은 이재하(경성대 중문과 · 대한중국학회장)를 중심으로 정우열(해동문화재연구원) 오창화(경성대 중문과) 박준원(경성대 한문과) 김언하(동서대 중문과) 하영삼(경성대 중문과) 김창경(부경대 국제지역학부) 최낙민(해양대 해양문제연구소) 이성혜(부산대 한문과) 임형석(경성대 중문과) 이현(경성대 중문과) 나도원(경성대 한자연구소) 등의 윤독과 분담작업으로 이루어졌다.

국가권력의 이념사

프리드리히 마이네케 지음 | 이광주 옮김 | 672쪽

『국가권력의 이념사』는 근대 이후 유럽에서 전개된 정치권력과 윤리의 역학관계에 관한 이념사적인 저술이다. 권력과 윤리문제는 마이네케가 역사가로 입신한 이래 면면히 이어진 가장 관심 있는 주제 가운데 하나였다.

마이네케는 동시대 대다수 독일 지식인과 마찬가지로 처음에는 제1차 세계대전을 강국 독일을 위해 불가피하고도 당위적인 것으로 받아들였다. 전쟁을 수행하는 조국의 도덕성을 의심하지 않았던 것이다. 그러나 패전을 계기로 비스마르크 제국 창건기의 '현실정책'에 대한 회의와 더불어 특히 국가권력의 자연적 암흑에 눈을 뜨게 되었다.

권력과 윤리는 과연 조화를 이룰 수 있을까, 그렇지 않으면 영영 대립되고 모순될 수밖에 없을까. 역사적일 뿐만 아니라 철학적이기도 한 국가이성의 문제가 이제 마이네케를 사로잡았다. 그 문제는 막스 베버나 트뢸치와는 달리, 마이네케에게는 서로 모순되고 타협되고 혹은 조화를 이루는 등 다양한 모습을 드러내는 역사적 위상의 끈질긴 규명을 통해 인식된다. 그는 말한다. "국가이성에 의한 행동 내부에는 원초적 과정과 도덕적 과정이 점차 혼합해가는 무수한 단계가 있다." 『국가권력의 이념사』는 그 변화무쌍한 역사적 전개에 대한 추적과 검증의 보고서이다. 그러므로 그것은 마키아벨리즘과 반(反)마키아벨리즘의 역사이기도 하다. 발터 호퍼는 이 책을 이렇게 평했다. "그 시대에 대해 정신사적으로 깊은 의미를 지닌 대결의 책이다." 권력의 불길한 데몬적 성격을 비로소 파헤치고, 독일에서 권력숭배의 전통을 적발하고자 한 이 저서는 독일 역사학과 정치학의 새로운 이정표가 되었다.

프리드리히 마이네케(1862~1954)

마이네케(Friedrich Meinecke)는 독일의 역사가로 베를린에서 보수적인 프로테스탄트의 정통파적인 분위기에서 자랐다. 할아버지는 프리드리히 대왕의 치세에서 살았으며, 아버지는 나폴레옹에 항전한 해방전쟁을 체험한 세대였다. 마이네케는 칸트, 괴테, W. 폰 훔볼트로 대표되는 19세기 초기의 이상주의적 정신세계에 대한 외경은 자신의 부조(父祖)와 같은 '영원한 세대'에서 비롯되었다고 술회했다. 그 '영원한 세대'에 대한 귀속감 같은 심정에도 불구하고 그는 비스마르크의 통일 창업세대에 더 가까이 있었다.

베를린 대학 시절의 스승은 드로이젠(Johann Gustav Droysen, 1808~84)과 트라이치케(Heinrich Treitschke, 1834~96)였다. 당시 그는 민족을 통일로 이끈 교육을 펼친 트라이치케에 대해 깊은 경의를 표시했다. 제국 창건시대의 국민적·자유주의적인 역사가들과 마이네케의 관계는 이처럼 직접적이었다.

마이네케는 『세계시민주의와 국민국가』(1904), 『국가권력의 이념사』(1924) 및 『역사주의의 성립』(1936)의 3대 저서를 통해 이념사의 새 영역을 개척, 랑케 이후 독일 최대 역사가로 명성을 얻었다.

슈트라스부르크 대학과 프라이부르크 대학의 교수를 거쳐 1914년부터 베를린 대학의 교수로 재직하였고, 세계적인 역사학술지인 『역사잡지』(*Historische Zeitschrift*)의 편집책임자로 오랫동안 활동했다. 제2차 세계대전 이후에는 신설된 베를린 자유대학의 초대 총장에 취임했다. 전후의 저술로는 『독일의 비극』(1946), 『랑케와 부르크하르트』(1947) 등이 있다.

국가이성은 국가행동의 기본원칙

국가이성(國家理性)이란 국가행동의 기본원칙, 국가의 운동원리이다. 그것은 건전하고 강력한 국가를 유지하기 위해 정치가가 해야 할 일을 말하는 것이다. 그런데 충분한 국가의 힘이란 국가가 어떠한 방법으로든 성장할 수 있는 경우에만 유지되는 유기적 형성체이므로, 이 힘의 성장 과정이나 목표를 국가이성이 원하는 대로 선택할 수 있는 것은 아니다. 즉 모든 국가에서 보편타당하게 동일한 형태로 정할 수 있는 것도 아니다. 국가는 또한 독자적인 생활이념을 지닌 개체적 형성체이며, 이러한 개체적 형성체에서 그런 종류의 보편적 법칙들은 독특한 구조와 고유한 환경에 의해 한정되기 때문이다.

이렇듯 언제나 존재와 생성으로부터 인식에 의해 매개된 당위와 필연이 파생된다. 정치가가 자기 인식의 정당성을 확신한다면, 스스로 내세운 목표에 도달하기 위해서는 그 인식에 따라 행동해야 한다. 목표에 이르는 과정을 선택할 때에는 국가나 환경의 특수한 상황에 의해 일정한 제약을 받는다. 엄밀히 말하면 목표에 이르는 단 하나의 길만이, 다시 말하면 그 순간 가능한 한 최선의 길만이 항상 문제가 될 수 있다고 할 것이다. 각 국가에는 각 순간에 행동의 이상적인 선(線), 즉 하나의 이상적인 국가이성이 존재한다. 그것을 인식하는 것이야말로 행동을 과제로 하는 정치가 혹은 회고를 과제로 하는 역사가의 치열한 노력인 것이다. 국가행동에 관한 모든 역사적인 가치판단이란, 그 국가의 진정한 국가이성의 비밀을 발견하고자 하는 시도이다.

정치가는 무엇이 진정한 국가이성인가를 모색하는 한에서만 선택할 수 있을 것이다. 그러나 때로 이러한 선택은 처음부터 행해지지 않는 것이 많으며, 이익에 따르는 유일하고 좁은 길 때문에 행위자는 앞뒤를 가리지 않고 그 궤도 속으로 진입하게 된다. 국가이성은 국가의 필요라는 심오하고 중대한 개념이 된다. 그러므로 개체적 국가의 독특한 생활이념은 갖가지 원인과 결과의 깊은 관련 속에서 전개되지 않을 수 없다. 자유롭고 독립된 생활이란 국가에서 국가이성이 명하는 여러 법칙에 따름을 의미하는 것이다. 존재와 당위, 인과관계와 이념, 자유와 필연, 일반적인 것과 개체적인 것. 그렇듯 격렬하게 움직이는 갖가지 근대철학의 문제 속에 우리는 서 있는 것이다. 역사가에게는 직관적 이해가 긴요하며 자기 문제의 배후에서 일어나는 윤리적이거나 형이상학적인 문제는 반드시 철학자에게 위임해야 하므로, 역사가는 이상의 문제에 대해서는 단지 다음과 같이 말할 수 있을 뿐이다.

국가이성에 의한 모든 행위 중에서 제일 먼저 나타나는 것은 엄밀하고도 완벽한 인과관계로서, 그 위에 그것은 역사적 삶에서만 볼 수 있는 명백하고 분명한 모습으로 나타난다. 국가의 자기 유지 및 발전의 불가항력적인 동기로 인해 정치가는 개체적이면서 일반적인 성격을 띤 행동을 하게 된다. 즉 그 순간의 상황에 대응하는, 그러므로 결코 두 번 다시 되풀이되지 않는, 전적으로 유일하고도 독자적인 목표를 모색한다. 그런 경우 현행의 보편적인 도덕법칙이나 실정법에 때때로 배반하는 한에서 개체적인 성격을 띤다.

한편 모든 국가에 공통되는 영속적 근본충동

마키아벨리 이탈리아의 정치사상가 마키아벨리와 함께 근대 국가이성의 이념사는 시작되었다.

이 행동을 낳는 한 그 행동은 일반적 성격을 띠는 것이다. 국가이성에 의한 행위 중 개체적인 어떤 것은 이렇듯 일반적 원리로부터 돌출된 필연적인 결과이다. 역사적 삶의 그치지 않는 다양성, 특히 자기 생존을 위해 싸우는 한 국가의 불안정한 상황은, 꼭 같이 불안정한 여러 국가에서는 일반적 충동의 지극히 미미한 변화나 개체화를 초래하게 마련이기 때문이다. 그러므로 국가이성에 의한 행동 중에서 개체적인 것과 일반적인 것은 적어도 사상(事象)의 보편적인 인과관계에서 마찰 없이 순응하게 되는 것이다.

그러나 국가이성에 의한 행동이 그 자신에게 형성시키는 특수한 인과관계는 목적연관인 동시에 가치연관이다. 바꾸어 말하면 합목적적인 관계이다. 정치가는 일정한 목표와 가치를 실현하고자 한다. 그 목표와 가치는 어떤 종류인가. 또 무엇에서 유래되는가. 사람들은 그것을 분석하고 그 기원을 찾고자 노력했으며, 그리하여 애초에 갖가지 어려움에 부딪친다. 국가 및 국가에 포함된 국민공동체의 복지야말로 가치와 목표이며, 권력, 권력 주장, 권력 확대는 다름 아닌 그것을 위해 절대 요구되어야 할 불가결의 수단이다. 이러한 수단은 필요하다면—적어도 대다수 의견과 되풀이된 숱한 실천에 따르면—도덕이나 실정법을 고려하지 않아도 요구되어야 할 절대적인 것이다.

그럴 경우 부딪치는 문제는 그와 같은 무시가 얼마나 허용되느냐 하는 것이며, 그에 관한 견해는 당연히 분분했고 지금도 그러하다. 국가에 필요한 권력은 절대, 즉 어떠한 수단으로든 획득되어야 한다는 명제는 한 무리의 사람들이 강력히 주장했다. 또 어떤 사람들은 그에 대해 이의를 제기한다. 여기에서 우리가 애초에 지녔던 국가이성에 의해 단순하고 인과적으로 완전한 행동 상(像)을 도덕적 가치판단이 복잡하게 만든다.

『국가권력의 이념사』 「서론 | 국가이성의 본질」

'빛과 어둠' 사이를 끊임없이 동요하는 국가이성

　나치스 제3제국 치하에서 겪은 갖가지 체험과 패전의 시련으로 인해 전후 독일 지식사회는 일찍이 없었던 지적(知的) 전환을 필연적이며 당위적인 것으로 받아들여야 했다. 특히 역사학은 각별한 변혁을 겪지 않으면 안 되었다. 왜냐하면 역사학은 랑케 이래 여러 세대에 걸쳐 독일 내셔널리즘과 깊은 유대관계를 맺으며, 권력국가를 지향하기 위한 국민의식의 주요한 교육력으로 기능했기 때문이다. 그리하여 민족의 정신적 재생을 위한 전제로, 패전의 폐허에서 널리 주창된 이른바 '과거로부터의 결별'은 바로 종래 역사관의 극복 및 수정을 의미했으니, 그 또한 당연히 정통사학에 대한 치열한 비판을 야기했던 것이다.

　이렇듯 전환기적인 과제와 맞선 독일 사학에서 프리드리히 마이네케는 역사학계를 넘어 지식사회 전반에 걸쳐 주목을 받았다. 그가 랑케 이후 독일 최대 역사가로서 현대 독일 사학의 지도적 위치에 있었다는 이유뿐만 아니었다. 지난날 역사왜곡이 판을 치고 아카데미즘에 '충실한' 역사가 중 적지 않은 인사들이 나치스 체제의 실상을 올바르게 인식하지 못했던 1930년대에, 일찍부터 히틀러의 권력 장악을 독일에 대한 '더할 나위 없이 불행한 날'의 시작으로 단죄하고, 갖은 박해에도 시종일관 제3국에 저항한 이 '노투사'에 대한 국민적 존경과도 관련이 있었다.

　지난날 마이네케는 국가를 역사적 삶의 최대 창조물로, 진정한 '정신적인' 창조로 생각하고, 권력과 윤리의 조화에 대한 낙관적 견해를 지녔다. 그가 이념과 현실의 종합을 '유럽 정신사의 근원적 문제'라고 지칭하면서 그 과제를 오랜 시일에 걸쳐 다루어왔던 것도—첫 번째 주저인 『세계시민주의와 국민국가』는 그에 대한 확신에서 구상되었다—이러한 낙관적인 확신에서 비롯되었다. 그러나 제1차 세계대전과 패전 뒤의 혁명과 독일 제국의 붕괴를 본 그는 자신의 입장에 수정을 가해야 했다. "세계대전의 파국은 갖가지 결과와 더불어 역사적 사고를 불가피하게 새로운 길로 이끌고 있다"고 그는 『국가권력의 이념사』의 마지막 장에서 토로했다. 그러므로 『국가권력의 이념사』는 무엇보다 마이네케가 행한 자기비판의 저술로 읽혀야 할 것이다.

　마이네케는 동시대의 대다수 독일 지식인과 마찬가지로 제1차 세계대전을 처음에는 강국 독일을 위해 불가피하고도 당위적인 것으로 받아들였다. 전쟁을 수행하는 조국의 도덕성을 의심하지 않았던 것이다. 그러나 패전을 계기로 비스마르크 제국 창건기의 '현실정책'에 대한 회의와 더불어 특히 국가권력의 자연적 암흑에 눈을 뜨게 되었다.

　권력과 윤리는 과연 조화를 이룰 수 있을까, 그렇지 않으면 영영 대립되고 모순될 수밖에 없을까. 역사적일 뿐만 아니라 철학적이기도 한 국가이성의 문제가 이제 마이네케를 사로잡았다. 그 문제는 베버나 트뢸치와는 달리, 마이네케에게는 서로 모순되고 타협되고 혹은 조화되는 등 다양한 모습을 드러내는 역사적 위상의 끈질긴 규명을 통해 인식된다. 그는 말한다. "국가이성에 의한 행동 내부에는 원초적 과정과 도덕적 과정이 점차 혼합해가는 무수한 단계가 있다." 『국가권력의 이념사』는 그 변화무쌍한 단계에 대한 추적과 검증의 보고서이다.

그러므로 그것은 마키아벨리즘과 반(反)마키아벨리즘의 역사이기도 하다.

이 저작의 구성을 살펴보자. 첫째, 마키아벨리에서 비롯되어 대체로 17세기 중엽에 이르는 절대주의의 생성기, 둘째, 17세기 중엽 이후부터 프랑스 혁명까지의 절대주의 성숙기, 셋째, 프랑스 혁명 이후에서 비스마르크의 몰락에 이르는 근대 국민국가의 생성기 등으로 크게 나뉜다. 그 시대에 국가이성의 문제를 대표한 많은 사상가들과 현실 정치가들이 망라된다. 그들 중 특히 마키아벨리, 프리드리히 대왕, 헤겔 등이 주요한 인물로 다루어진다.

『국가권력의 이념사』는 단순한 국가권력의 연대기적인 저술이 아님은 물론이다. 이 저서를 그러한 성격의 저술들과 명확히 구별짓고 있는 것은 국가권력의 이념적이면서도 리얼한, 리얼하면서도 이념적인 그 이중성을 냉철한 역사적 분석을 통해 응시하는 마이네케의 마이스터다운 역사의식과 이념사적 방법론이다. 국가권력의 역사를 추적하는 데서 마이네케는 정치지도자나 사상가들의 권력관이나 권력의지 및 행위를 단지 도덕과 관련을 지어 다루는 정치사학의 테두리에 머무르지 않는다.

마이네케는 전통적 정치사학과 구별 짓는 이념사(Ideengeschichte)에 대한 입장을 이렇게 밝힌다. "이념사는 일반사의 본질적이며 불가결한 한 부분으로 취급되어야 한다. 사색하는 인간이 역사적 체험에서 무엇을 형성했는가, 또 그것을 어떻게 정신적으로 극복했는가, 그것에서 어떠한 이념적 귀결을 얻었는가를. 말하자면 삶의 기본적인 것으로 향하고 있는 여러 정신 속에 사상(事象)의 핵심이 반영되어 있는 모습을 서술하는 것이 이념사이다."

이상과 같은 이념사적 규명으로 국가이성의 역사는 단순한 국가권력사가 아닌, 인간 삶의 가장 필연적이며 당위적인 문제로, 역사인식의 마스터키로 인식되고 규명되었다.

마이네케는 역사적 추적에 앞서 국가이성의 본질에 관해 먼저 숱한 논의를 거듭한다.

'국가이성'이란 무엇인가. "국가행동의 원리, 국가의 운동법칙이다. 그것은 정치가에게 국가를 건전하고 강력하게 유지하기 위해 해야 할 일들을 알려준다." 이와 같이 '국가행동의 원리'를 뜻하는 국가이성은 마이네케에 따르면, 스스로 "자연으로 향하는 측면과 정신으로 향하는 측면", 바꾸어 말하면 권력충동에 의한 행동(Kratos)과 도덕적 책임(Ethos)의 양면성을 지닌다.

이렇듯 "빛과 어둠 사이를 끊임없이 동요하는" 국가이성의 문제적 이중성은 특히 정치가에게서 두드러지게 나타나며, 국가가 처한 상황이나 발전단계에 따라서 불투명하며 이질적이다. 분명한 것은 어쩌면 서로 모순되는 그 이중성이 "하나가 되어 국가를 형성하고 발전시키며 역사를 창조한다"는 사실이다. 이상과 같은 논의에서 우리는 지난날 그처럼 국가권력의 필연성과 우월성을 생각하고, 국가의 이념(윤리)과 현실(권력)의 종합을 확신해 마지않았던 마이네케가 회의적으로 변모하는 모습을 본다.

이광주

인제대 명예교수 · 서양사

옮긴이 이광주는 고려대학교 사학과와 같은 학교 대학원을 졸업했다. 그 뒤 지성사를 중심으로 유럽 문화 전반에 대해 폭넓은 연구를 해오고 있으며, 지금은 인제대학교 명예교수로 있다. 저서로는 한길아트와 한길사에서 각각 펴낸 『아름다운 지상의 책 한권』 『동과 서의 차 이야기』 『윌리엄 모리스, 세상의 모든 것을 디자인하다』 『편력: 내 젊은 날의 마에스트로』 『아름다운 책 이야기』 『교양의 탄생: 유럽을 만든 인문정신』을 비롯해 『정념으로서의 역사』 『지식인과 권력: 근대 독일 지성사 연구』 『유럽사회 풍속산책』 『대학사』 등이 있다.

법과 권리

로널드 드워킨 지음 | 염수균 옮김 | 568쪽

▷ 저자의 다른 작품
『자유주의적 평등』(GB 73)

▷ 역자의 다른 번역 작품
『자유주의적 평등』(GB 73)

이 책에서 다루어지는 권리는 국가에 대한 개인의 권리인데, "개인의 권리를 인정한다"라는 말은 "개인은 전체적 이익을 희생시켜서라도 보호받을 자격이 있음을 인정한다"라는 의미로 해석된다. "개인의 권리는 으뜸패이다"라는 주장은 정치적 결정에서 전체적 이익이라는 명분을 누를 수 있는 개인의 권리의 힘을 비유한 것이다. 드워킨이 이 점을 강조하는 것은, 인권을 보장한다는 점을 체제의 자랑으로 삼고 있는 미국 같은 국가도 개인의 권리가 권력자들에게 불편을 줄 경우에는 그것을 묵살하고, 그러한 행위를 전체의 이익이라는 명분으로 합리화하려는 경향이 있기 때문이다. 개인의 권리를 인정한다고 공언하면서도 실제의 행위와 주장에서는 그것을 부정하고 있는 관리나 정치인들의 위선을 비판하고, 개인의 권리를 수호하는 것에서 법관의 역할이 무엇인지를 밝히고자 하는 것이 이 책 전체를 관통하는 주제이다. 법관의 고유한 임무는 도덕적 권리가 아니라 법적 권리를 보장하는 것에 있지만 미국이나 우리나라같이 헌법이 인권을 포함한 개인의 도덕적 권리를 인정하는 나라에서는 개인의 도덕적 권리의 문제는 법적 권리의 문제도 된다.

법정에서는 사생활에 대한 권리처럼 헌법에 명시되지 않은 권리의 문제도 다루어지며, 미국헌법에서의 평등보호조항처럼 권리를 규정하는 조항들은 대부분 추상적이다. 그렇기 때문에 개인의 권리에 대한 재판에서는 그 재판을 담당하는 법관의 판단에 따라 판결이 좌우되는 경우가 많고, 판결의 정당성에 대한 문제가 끊임없이 제기되기도 한다. 이 책은 평등권같이 구체적인 권리의 문제도 다루기는 하지만 권리 자체보다는 권리에 대한 판결이 어떻게 이루어져야 하는가의 문제를 다루는 재판이론에 관한 책이라 할 수 있다.

로널드 드워킨(1931~)

드워킨(Ronald Dworkin)은 미국에서 태어나 하버드 대학교 철학과와 옥스퍼드 대학교 법학과를 졸업했다. 1957년 하버드 대학교 로스쿨을 졸업한 후 저명한 핸드 판사의 서기를 지냈고, 세계적인 로펌 설리번 앤드 크롬웰에서 일하다가 1962년 예일 대학교의 로스쿨에서 강의를 맡아 학계로 진출했다. 1969년에 하트의 후임으로 옥스퍼드 대학교에서 법철학을 가르치기 시작한 드워킨은, 옥스퍼드 대학교를 떠난 1998년부터 2008년까지 런던 대학교(UCL)에서 가르쳤다. 그리고 옥스퍼드 대학교에 재직할 때인 1975년부터 지금까지 뉴욕 대학교(NYU)에서도 강의를 하고 있다.

그의 법철학은 주류 법철학인 실증주의의 기본 전제를 받아들이면서도 그것을 넘어서서 법이 도덕과 관련될 수 있는 방식을 천착함으로써 법의 발전에서 법학과 도덕철학의 협동적 노력이 필요함을 보여주었고, 사회주의권 몰락과 함께 정치영역에서 천대받았던 평등의 이념을 새롭게 해석해 자유주의의 정치적 이상으로 다시 살려놓았다. 그는 이에 대한 공로를 인정받아 2007년에 인문사회과학의 노벨상이라 할 수 있는 홀버그상을 받았다.

드워킨의 주요 사상은 근본적이고 추상적인 철학적 문제에 대한 것이지만 자신의 이론을 실제 재판이나 구체적인 사회문제에 적용하는 데에 어떤 학자들보다 적극적이다. 관타나모 수용소나 안락사 문제 등 현대사회에서 논란이 되는 대부분의 사회문제에서 우리는 그의 견해를 접할 수 있다.

주요 저서로는 『법의 제국』(*Law's Empire*), 『자유주의적 평등』(*Sovereign Virtue*), 『원칙의 문제』(*A Matter of Principle*), 『자유의 법』(*Freedom's Law*), 『생명의 지배영역』(*Life's Dominion*) 등이 있다.

권리를 진지하게 받아들이기

권리에 대한 말들이 지금 미국의 정치토론을 지배한다. 정부는 시민의 도덕적 권리와 정치적 권리를 존중하는가? 아니면 정부의 외교정책이나 인종정책은 이런 권리를 무시하는가? 권리를 침해당한 소수집단 사람들은 법을 위반할 권리를 갖는가? 아니면 침묵하는 다수가 법을 위반한 사람들은 처벌되어야 한다는 권리를 포함한 권리들을 갖는가? 이런 문제들이 지금 두드러진 문제라는 것은 놀랄 일이 아니다. 권리라는 개념, 특히 정부에 대한 권리(rights against the government)라는 개념은 정치사회가 분열되어 있을 때, 그리고 협동이나 공동의 목표에 호소하는 것이 의미가 없을 때 가장 자연스럽게 사용된다.

지금의 정치토론은 시민들이 그들의 정부에 대하여 모종의 도덕적 권리들을 갖는지에 대한 문제는 포함하지 않는다. 시민들이 그 권리들을 갖는다는 것은 모든 편에서 받아들여지는 것처럼 보인다. 일반적인 법률가들과 정치인들은 우리의 법체계가 예를 들면 자유언론과 평등과 적법절차에 대한 개인의 권리를 인정한다는 점을 자랑으로 여긴다. 그들은 우리의 법이 존경받을 만하다는 그들의 주장을 적어도 부분적으로는 그 사실에 근거 지운다. 왜냐하면 그들은 전체주의 체계가 동일한 충성을 받을 만하다고 주장하지는 않을 것이기 때문이다.

물론 어떤 철학자들은 법이 시민들에게 준 것 이외의 권리를 그 시민들이 갖는다는 이념을 거부한다. 벤담은 도덕적 권리라는 이념을 "죽마 위에서 하는 허튼소리"라고 생각했다. 그러나 그 견해는 우리의 정통 정치이론의 부분이 된 적이 없다. 양당 정치인들 모두 그들이 하고 싶은 것의 많은 부분을 정당화하기 위해서 국민의 권리(the rights of the people)에 호소한다. 나는 이 글에서 시민들이 그들의 정부에 대한 도덕적 권리를 갖는다는 테제를 변호할 생각은 없다. 그 대신 현재의 미국 정부를 포함해서 그 테제를 받아들인다고 공언하는 사람들에게 그 테제가 갖는 함의가 무엇인가를 따져보고자 한다.

미국에서는 때때로 이런 모든 것들이 헌법체계에 의해서 애매해진다. 미국헌법은 제1수정조항, 적법절차조항, 평등보호조항과 그와 비슷한 조항에서 일군의 개인의 법적인 권리를 제공한다. 현재의 법적 관행 아래서 대법원은 의회나 주 입법부가 제정한 법이 이런 조항들을 위반했다고 판단할 경우, 그것이 무효라고 선언할 권력을 갖는다. 이런 관행은 몇몇 전문가들이 개인의 도덕적 권리가 이 체계에 의해서 충분히 보호받는다고 가정하게 했다. 그러나 그것은 그렇지 않으며, 또한 그렇게 될 수도 없다.

미국헌법은 법의 타당성을 어떤 특정한 제정법이 모든 사람들의 본래적 평등을 존중하는지 어떤지의 문제 같은 복잡한 도덕적 문제에 의존하게 함으로써 법의 문제와 도덕의 문제를 융합시킨다. 이 융합은 시민불복종에 관한 토론에서 중요한 결과를 갖는다. 나는 그 토론을 다른 곳에서도 기술한 바 있으며 나중에 그것을 언급할 것이다. 그렇지만 그것은 두 개의 두드러진 문제들을 열린 것으로 놓고 다루지 않는다. 그것은 미국 헌법이 적절하게 해석된다 하더라도 과연 시민들이 갖는 모든 도덕적 권리들을 인정할 것인지에 대해서 우리에게 말해

토머스 페인, 『상식』 드워킨은 페인의
정치철학을 그가 이 책에서 제시하는 권리에 기초한
정치철학으로 해석한다.

주지 않으며, 많은 사람들이 생각하듯이 시민들은 법이 그들의 도덕적 권리를 침해한다 하더라도 그 법에 복종해야 할 의무가 있는지 없는지에 대해서도 말해주지 않는다.

그 두 가지 문제는, 어떤 소수집단이 그 집단의 지방학교 체계를 운영할 권리같이 법이 그들에게 주지 않으며 헌법에 의해서 보호되지 않는다고 법률가들의 견해가 일치하는 도덕적 권리를 요구할 때, 매우 중요하게 된다. 두 번째 문제는 지금처럼 자기부죄(自己負罪) 거부권 같은 권리를 제거하기 위한 헌법 수정조항이 진지하게 제안될 정도로 다수가 분기했을 때 중요하게 된다. 그것은 또한 영국처럼 그와 비슷한 성격의 헌법을 갖지 않은 국가에서도 중요하다.

물론 미국헌법이 완전하다고 하더라도, 또한

다수가 그것을 그대로 둔다 해도, 대법원이 시민들의 개인의 권리를 보장할 수 있다는 결론이 나오는 것은 아니다. 대법원의 판결은 여전히 법적 결정일 뿐이어서, 그것은 도덕뿐만 아니라 판례를 고려해야 하고 법원과 의회 사이의 관계 같은 제도적 고려사항들도 감안해야 한다. 그리고 어떤 사법적 판결도 필연적으로 옳은 판단이 되는 것은 아니다. 법관들은 논란이 되는 법과 도덕의 문제들에 대해서 다양한 입장을 취하고 있으며, 닉슨의 대법원 법관지명에 대한 다툼이 보여주듯이 대통령은 법관들이 정직하고 능력이 있을 경우 누구나 자신과 신념이 같은 사람을 지명할 자격이 있다.

『법과 권리』 제7장 「권리를 진지하게 받아들이기」

도덕적 권리를 침해하는 법에는 불복종할 권리가 있다

드워킨이 이 책에서 다루는 권리는 개인이 국가에 요구할 수 있고 국가는 보장할 의무가 있다는 의미에서 개인의 국가에 대한 권리(rights against the state)이다. 그러한 권리에는 법적 권리도 포함된다. 학자들은 자주 법적 권리가 권리라는 것을 자명한 것으로 간주하기도 하고 오직 법적 권리만 진정한 권리로 인정하기도 한다. 그러나 어떤 법이든지 법이 보장한다는 이유에서 권리가 성립한다는 것은 자명한 명제가 아니다. 그것은 어떤 것이 법이라고 해서 그 법을 준수해야 하는 의무가 있다는 것이 자명하지 않은 것과 같다. 드워킨은 법적 권리의 성격과 근거에 관한 문제를 『법의 제국』에서 다룬다.

드워킨은 법적 권리 이외에 법에 근거하지 않은 도덕적 권리도 인정한다. 드워킨은 그것을 자연적 권리라고 표현하는데, 그때 "자연적"이라는 말은 "숙고적인 사회적 결정이나 정치적 결정의 산물이 아니"라는 의미만을 갖는다. 그런데 어떤 것에 대해 도덕적 권리가 성립하기 위해서는 그것을 갖거나 행위하는 것이 단순히 도덕적이라는 것만으로는 충분하지 않다. 물론 단순히 옳다(right)는 이유만으로도 그에 대해 권리(right)가 성립한다는 주장도 존재하는데, 드워킨은 그러한 주장에서 등장하는 권리를 약한 의미에서의 권리로 부르면서 강한 의미에서의 권리와 구분한다. 정치철학적으로 문제 되는 권리는 강한 의미에서의 권리이고, 그런 권리는 인간의 존엄성이라는 중요한 가치를 보호하는 특별한 경우에만 인정된다.

드워킨은 개인의 도덕적 권리들 가운데 평등한 배려와 존중을 받을 권리를 가장 근본적인 권리로 본다. 이 권리는 재산이나 권리에서 동일한 몫을 받을 권리같이 구체적인 권리가 아니라 추상적인 권리로서, 평등한 자로 대우받을 권리와 동일한 것으로 간주된다. 그는 중요한 정치도덕적 권리들은 모두 이 근본권리로부터 도출될 수 있다고 본다. 이 책에서는 그 권리들에 어떤 것들이 있는지는 다루지 않고, 그러한 권리를 인정한다는 것이 어떤 의미인지에 대해서만 다룬다.

개인의 권리는 본성상 그것을 보장하기 위해서 전체가 손해를 볼 수도 있다. 따라서 개인의 권리를 인정한다고 말하면서 전체의 이익이라는 명분으로 그 권리를 유보하고자 한다면, 그것은 권리를 말로만 인정하는 것이 된다. 즉, 권리를 진지하게 받아들이지 않는 것이다.

드워킨은 만일 어떤 도덕적 권리가 성립한다면 그 도덕적 권리를 침해하는 법에 대해서는 준수하지 않을 권리가 자동으로 성립한다고 주장한다. 그러한 법에 복종하지 않을 권리는 별도로 성립하는 추가적 권리가 아니라 도덕적 권리를 인정할 경우 자동적으로 그와 함께 인정되는 권리이다.

드워킨의 그런 주장은 부정한 법은 복종하지 않을 권리가 있다는 주장이 아니다. 왜냐하면 개인의 권리를 침해하는 법은 부정한 법들 가운데서 일부에 지나지 않기 때문이다. 또한 그 주장은 도덕적 권리가 침해되었다고 생각한다면 언제나 법에 복종하지 않을 수 있다는 주장도 아니다. 왜냐하면 그에 대한 정부의 생각이 다를 수 있기 때문이다. 드워킨은 이른바 시민불복종 문제가 발생하는 것은 문제의 법이 권리를 침해하는지 어떤지에 대해 당사자와 정부의 견해가 다를 때라고 생각한다. 그에 따르면 단지 어떤 법이 부정한 법이라면, 또는 개인의 권리를 침해한다면 복종하지 않을 권리가 있다는 말은 현실적으로 아무런 해결책도 담고 있지 못하다.

드워킨은 이 책에서 어떤 법이 도덕적 권리를 침해했다는 이유에서 그 법에 복종하지 않을 경우, 정부가 그의 생각에 동의하지 않더라도 가능한 한 관용을 베풀려고 노력해야 한다고 주장한다. 그렇지만 『원칙의 문제』(*A Matter of Principle*, 1985)에서는 불복종의 이유를 인테그리티(integrity), 정의, 정책으로 나누면서 각각의 경우에서의 관용의 문제를 다룬다.

도덕적 권리를 침해하는 법에는 불복종할 권리가 있다는 주장은 도덕적 권리가 법적 권리보다 더 중요하다는 것을 함축한다. 도덕적 권리가 인간의 존엄성의 이념에서 나오는 보편적 권리라 한다면, 법적 권리는 특정한 조건을 갖춘 공동체에서만 성립하는 특수한 권리이다. 드워킨은 법을 준수할 의무의 원천이 공동체라는 점에서 그것을 공동체적 의무(associative duty)로 규정한다. 그는 그 의무에 상응하는 공동체적 권리에 대해서는 말하지 않지만 공동체의 법을 근거로 해서 성립하는 법적 권리를 그러한 권리로 볼 수 있을 것이다.

드워킨은 국가가 추구해야 하는 정치적 목적으로서의 개인의 권리를 그것과 다른 정치적 목적인 전체의 이익과 비교해 정의한다. 그에 따르면 국가가 어떤 이익이나 행위에 대한 개인의 권리를 인정한다는 것은, 그것을 허용하는 것이 국가 전체에는 손해라 하더라도 그것을 보장한다는 것을 의미한다. 이 책의 서문에서 개인의 권리는 "개인이 지닌 정치적 으뜸패"라고 주장되는데, 그것은 개인의 권리와 전체 이익이 충돌할 때 권리가 그 이익을 누를 수 있다는 것을 의미한다.

물론 개인의 권리가 언제나 전체의 이익을 누를 수 있는 것은 아니다. 국가적 재앙을 피하거나 큰 전체의 이익을 위해서는 개인의 권리가 무시될 수 있다. 그렇다면 개인의 권리를 유보할 수 있는 전체의 이익이 어느 정도 중요하고 긴급한 것이어야 하는가의 문제가 제기될 수 있다. 그에 대한 드워킨의 견해는 개인의 어떤 이익을 위해서 전체의 이익을 조금이라도(marginally) 희생할 수 있을 경우에는 그 이익에 대한 개인의 권리가 인정되는 것으로 볼 수 있다는 것이다. 개인의 권리가 무시할 수 있는 전체 이익의 정도는 권리에 따라서 다를 수 있을 것이며, 특정한 권리의 중요성은 그것을 보장하기 위해 감수할 수 있는 전체 이익의 크기의 정도에 따라 정해진다. 드워킨은 근본적이고 보편적인 권리인 인권을 다른 정치적 권리와 구별하면서 인권의 경우는 국가의 주권까지 무시할 수 있다고 주장한다.

염수균

조선대 교수 · 철학

옮긴이 염수균은 프랑스 철학자 베르그송에 관심을 가지면서 철학에 입문한 뒤 서울대학교 철학과를 졸업하였다. 같은 대학교 대학원에서 플라톤을 연구하였고, 플라톤의 『프로타고라스』와 『메논』에 대한 논문으로 박사학위를 받았다. 그 후 플라톤의 윤리와 정치철학을 중점적으로 연구하면서, 현대 정치철학으로 관심을 넓혔다. 2001년에는 롤스의 정치철학을 정리한 『롤스의 민주적 자유주의』를 출판한 다음, 2005년에는 로널드 드워킨의 Sovereign Virtue를 번역한 『자유주의적 평등』을 출판하였다. 논문으로는 「플라톤의 『국가』에서 덕의 교육방법」 등 다수가 있다. 조선대학교에 재직하면서 교육대학원과 철학과, 글로벌법학과에서 강의를 하고 있다.

고야 1~4

훗타 요시에 지음 | 김석희 옮김 |
404쪽(1권) 424쪽(2권) 396쪽(3권) 440쪽(4권)
2010 한국간행물윤리위원회 추천도서

고야는 '근대'로 들어가는 문을 열어젖힌 예술가입니다. 고전주의를 주류로 삼았던 예술이 고야라는 전환점을 맞으면서 그 흐름을 바꾸었다는 뜻입니다. 이를 좀 더 부연하면, 고전주의는 미와 예술의 결합을 추구했으나, 고야는 오히려 그 둘의 이혼을 꾀했다는 얘기가 될 것입니다. 고전주의적 조화가 고야를 거치면서 파탄나기 시작했다는 것, 여기에 고야의 미술사적 자리가 놓여 있습니다.

그러나 '근대……'라는 말을 썼을 때 내가 염두에 둔 것은 좀 다른 맥락입니다. 고야가 당대의 현실 속에서 통찰한 '근대'는 차라리 지옥과 천국이 공존하는 카오스였습니다. 그가 문을 열고 들어간 곳은 어둠이었습니다. 그곳, 이성의 이면에서 그가 목격한 것은 인간의 광기와 야수성이었습니다. 민중은 세계 질서를 앞세운 나폴레옹의 야욕 아래서 신음하고 있었고, 이를 바라보는 귀머거리 고야에게 세상은 온통 소리 없는 절규였습니다. 유럽의 중심부가 산업혁명과 시민혁명을 거치면서 새로운 코스모스를 획책하고 있을 때, 깨어 있는 변방인의 눈에 보인 것은 그 '정돈' 속의 '혼돈'이었던 것입니다. '검은 그림' 연작이 그의 마지막 창작 활동이었다는 것도 이와 무관하지 않을 것입니다. 그것은 또한, 작가도 언급하고 있듯이, 유럽의 또 다른 변방에서 도스토옙스키가 신과 인간의 새로운 관계를 통찰한 것과도 닿아 있습니다.

카오스 속의 코스모스, 또는 코스모스 속의 카오스—이것이 바로 이 시대의 증후군이며, 고야는 바로 그것을 예견했고, 그 예지의 증거를 우리는 이 책에서 확인하게 됩니다. 그의 '검은 그림'은 결국 '블랙 홀'인 것입니다. 그러므로 고야를 읽는다는 것은 이 혼돈의 시대를 살고 있는 우리 자신과 인간을 탐구하고 인식하는 깨달음의 여행이 될지도 모릅니다.

훗타 요시에(1918~98)

훗타 요시에(堀田善衛)는 일본 도야마(富山)현 다카오카(高岡)시에서 태어나 1942년 게이오 대학 불문학과를 졸업하였다. 그 후 태평양전쟁이 일어나자 징집되어 중국에서 복무하다가 상하이에서 패전을 맞았다. 1951년 『광장의 고독』을 발표하여 작가의 길로 들어섰으며 이듬해 '아쿠타가와상'을 받았다.

1956년부터 아시아·아프리카 작가회의 활동에 주도적으로 참여하였다. 아시아를 비롯해 러시아·에스파냐·프랑스·쿠바·체코 등지를 장시간 여행하며 『쿠바기행』 『소국의 운명, 대국의 운명』 『인도에서 생각한 것』 등을 발표하였다.

1974년부터 출간하기 시작하여 1977년 4부작으로 완성한 『고야』로 '오사라기 지로상' '알폰소 10세 십자상' '아시아-아프리카 로터스상'을 받았다.

1978년부터 10년 동안은 에스파냐를 중심으로 유럽 각지에 거주하면서 서양의 사상사·지성사·문화사를 폭넓게 탐구하였는데, 이는 그의 저작활동에 커다란 영향을 주었다.

1991년부터 쓰기 시작하여 1994년 완성한 3부작 『미셸 성관(城館)의 사람』은 프랑스의 위대한 지성 몽테뉴의 생애와 사상, 그리고 그의 시대를 파헤친 거작이다. 같은 해 4월에는 『라 로슈푸코 공작』을 발표하기도 하였다. 역사와 시대, 사상과 철학, 예술과 종교의 문제를 긴 호흡과 통찰력 있는 사색을 통해 문학적으로 형상화한 그는 전후시대 일본의 대표적인 진보적 작가이자 사상가로 명성과 존경을 받았다.

이름 없는 군중을 회화에 등장시키다

「5월 2일」의 경우 가해자는 이름 없는 군중이고 마드리드의 프롤레타리아트였다. 개개인의 얼굴이 그려져 있긴 하지만, 본질적으로는 얼굴 없는 군중이다. 그리고 피해자는 나폴레옹 황제의 군대였다.

고야는 아마 회화 역사에서 이름 없는 군중을 의식적으로 화면에 등장시킨 거의 최초의 화가일 것이다. 프랑스 혁명 이후의 현대사는 이름 없고 얼굴 없는 군중이 역사라는 무대의 중앙에 나서는 시대다. 고야는 민중이 없는 마드리드의 베르사유풍 궁전에서 항간의 군중 봉기까지 이르는 모든 과정을 충실하게 살고 묘사한 유일한 화가였다. 또한 이 새로운 사회적 존재의 출현과 그 맹목적인 힘을 예감하고 표현한 화가도 오직 고야뿐이었다.

군중이란 과연 누구를 말하는 것일까. 군중은 하나 이상의 내적·외적 요인에 따라 움직이고, 하나 이상의 목적을 갖는 존재여야 한다. 게다가 군중은 일정한 형태가 없다. 군중에게는 영웅이 필요하지 않다. 적어도 군중이 움직이기 시작한 초기에는 그렇다. 그런 새로운 사회적 존재를 묘사하기 위해서는 종래의 전통적 방법이나 수단은 통용되지 않는다.

5월 2일 대낮에 프랑스군을 습격한 군중은 저녁에는 이미 군중이 아니었다. 뮈라 장군은 전군을 동원하여 이 군중을 체포했다. 체포된 사람들 중에는 현장에서, 즉 태양문 광장이나 프라도 가에서 즉결 처형된 이들도 있었다. 처형당하고 죽어가는 사람은 군중이 아니다. 죽어가는 사람은 개인이다. 사람은 개인으로 돌아가, 개인으로서 개개의 죽음을 맞이해야 한다. 그리고 여기서 이름도 얼굴도 없는 사람이 되는 것은 군대라는 조직으로서의 처형자인 프랑스군이다. 「1808년 5월 3일, 프린시페 피오 언덕에서 벌어진 처형」은 바로 이 얼굴 없는 근대 조직이 강제에 의해 군중에서 개인으로 돌아간 사람들을 처형하는 그림이다.

(……………)

이탈리아의 미술사가인 벤투리가 "고대의 시가 호메로스에서 출발하듯, 근대 회화는 고야에서 시작된다"고 말했듯이, 여기에 묘사되어 있는 것은 「5월 2일」과 마찬가지로 이른바 '미'와는 아무 관계도 없다는 것이다. 이 그림은 아름답기는커녕 오히려 추하고, 그림인데도 차마 똑바로 바라볼 수 없는 '진실'이다.

그때까지의 고전주의적인 미와 예술의 이혼이 여기서 시작된다는 역사적 사실이 이 두 점의 작품에 가장 명백히 나타나 있다. 그런 의미에서는 문학에 대한 접근이 시작되었다고 해도 좋을 것이다. 앙드레 말로가 고야론의 결론으로 삼은 "여기서 근대 회화의 막이 열린다"는 말은 좀 아니꼬운 표현이지만, 이것도 결국에는 같은 의미다. 따라서 그것은 미술사의 반환점인 동시에 유럽인의 정신 상태가 완전히 변혁되어버리는 시기의 출발점이기도 하다.

이 총살대와 처형당하는 자들을 신의 눈으로 바라본다면, 즉 양쪽을 모두 대등한 인간이나 인류 자체로 바라본다면, 우리의 현대라는 것이 자살하면서 동시에 탄생하는 존재임을 깨달을 수 있을 것이다. 이 두 점의 처형도가 프라도 미술관의 조화로운 고전주의 작품들이나 고야 자신이 30대와 40대에 그린 작품들과는 확연히 다르고, 미술관 벽에 소리 없는 폭발과 요동을 주고 있는 것은 그 때문이다. 유럽인이 인

고야, 「5월 3일」 고야는 「5월 2일」과 「5월 3일」 두 점을 통해 종래 미술사의 문을 닫고, 근대 회화의 문을 활짝 열어젖혔다.

간을 보는 눈의 구조에 근본적인 변혁이 찾아오고 있는 그 현장에 우리는 지금 입회해 있다.

그때까지의 유럽 미술과 예술의 상태를 여기서 간단히 돌이켜보면, 사태는 더욱 확실해질 것이다. 유럽 미술은 무엇보다도 먼저 기독교 미술로 출발했다. 그리고 기독교 미술은 이 종교가 포함하고 있는 다양한 관념들을 상징적으로 전달할 필요성에서 생겨났다. 따라서 중세를 통해 그림쟁이들의 임무는 기독교와 그 주변에 있는 인간의 관념 및 꿈을 묘사하는 것이었고, 인간의 다양한 형태를 그림으로써 그 임무를 수행했다. 그러다가 르네상스 시대에 이르자 모든 것이 인간화되고, 기독교만이 아니라 신화도 묘사 대상이 되었다. 인간을 그리는 것이 근본적인 테마가 되고, 거기서 초상화가 탄생한다. 위대한 인물과 행동이 묘사되고, 거기에서 역사화가 싹튼다. 위대한 인물을 더욱 위대하게 묘사하는 역사화는 영웅을 그리게 된다.

그러나 이런 영웅화도 불가능한 시대가 다가오고 있다. 주인공은 이름 없는 민중이다. 민중은 영웅화될 필요도 없고, 그것을 요구하지도 않는다. 화가는 자신의 판단과 인상을 직접 캔버스에 발산하면 된다. 이리하여 주제에는 아름다움만이 아니라 인간의 추악함, 야수성의 표현도 당연히 들어가게 된다. 역사화를 그릴 때에도 묘사해야 할 것은 화가 자신의 판단과 인상, 감정이다. 고야는 이 두 점을 통해 종래의 미술사의 문을 닫고, 근대 회화의 문을 활짝 열었다. 그것은 회화 역사상의 혁명이었다.

「고야」 「5월 3일」

홋타 요시에의 유럽론

『고야』는 홋타 요시에의 '유럽론'이라고 할 수 있다. 이것은 '고야 평전'이지만, 그는 이 책에서 고야의 전기를 쓰려고 한 것도 아니고 작품 연구를 의도한 것도 아니다. 유럽의 '근/현대'는 어떤 양상을 띠고 나타났는가. '근/현대'의 예술가는 그 안에서 어떻게 태어났는가. 고야라는 위대한 재능에 빛을 비추면서 그것을 이야기한 것이 4권으로 이루어진 이 노작이다. 때는 프랑스 혁명에서 나폴레옹의 원정과 좌절로 이어지는, 18세기에서 19세기로 넘어가는 격동의 과도기이다. 홋타 요시에는 이 정치의 계절 속에서 풍부한 재능을 가진 한 궁정화가가 어떻게 독립된 예술가의 경지에 도달했는지를 고야의 내면과 기량이라는 두 가지 측면에서 추구하고 있다.

고야와의 만남을 홋타 요시에는 머리말에서 이렇게 회고하고 있다.

"전쟁 때인 학창시절에 나는 뉴욕에서 간행된 고야의 『전쟁의 참화』라는 판화집을 한 권 갖고 있어서, 전쟁 동안 되풀이하여 보곤 했다. 이 판화집은 나폴레옹 군대가 에스파냐에 침입했다가 에스파냐 게릴라의 저항에 부딪히자 온갖 만행을 저지르고, 프랑스군도 에스파냐 게릴라한테 참살당하는 광경을, 게릴라 쪽에도 프랑스 쪽에도 기울어지지 않고 객관적인 시선으로 충실히 묘사해낸 작품집이다. 여기에는 양쪽이 겪는 '전쟁의 참화', 즉 '인간'에게 일어나는 전쟁의 참화가 남김없이 묘사되어 있다.

그것은 전쟁을 겪고 있는 젊은이에게는 하나의 계시였다. '황군(皇軍)'이라는 말이나 '귀축미영(鬼畜米英)'이라는 표현이 날이면 날마다 신문이나 라디오에서 고함치듯 울려 퍼지고 있을 때, 전쟁이 '인간'에게 참화라는 것을 판화집은 말없이 젊은이에게 알려주고 있었던 것이다."

그랬던 홋타 요시에가 50대 중반에 이르러 다시 『전쟁의 참화』를 들여다보면서 상념에 잠겨 있다.

"그 상념을 여기서 감히 말해본다면 다음과 같은 것이 될까.

프랑스 혁명 이후 나폴레옹이 창설한 근대국가와 거기에 따라다니는 폭력장치인 근대적 국민군, 그리고 나폴레옹의 국가와 국민군에 대항하여 창설된 유럽의 다른 근대적 국가와 국민군, 이 양대 세력이 시작한 제국주의 시대.

그 나폴레옹이 에스파냐의 농민과 하층민으로 이루어진 게릴라와 러시아의 쿠투조프 장군이 이끄는 군대와 동토의 농민들로 이루어진 파르티잔에게 궤멸당한 사건의 상징성은 그 후 19세기와 20세기에 일어난 '전쟁으로 하여금 전쟁을 치르게 한다'는 방식의 전쟁을 거쳐, 궁극적으로는 베트남 인민의 30년에 걸친 게릴라 전쟁으로 이어진 셈이다. 『전쟁의 참화』를 되풀이하여 보고 있으면, 나는 이것으로 국가 단위의 '현대'가 끝났으면 좋겠다는 원망이 솟아나 내 마음을 가득 채우는 것을 억누를 수가 없다. 이 은밀한 소망이 나로 하여금 이 책 『고야』를 쓰게 하는 정열의 원천일 거라는 생각이 든다."

판화집 『전쟁의 참화』에 대해 홋타 요시에는 "다비드는 혁명가였을지는 몰라도 혁명적 예술가는 아니었다. 고야는 혁명가도 계몽가도 아니었지만 혁명적 예술가일 수는 있었다"고 말하고 있다. 그것은 이런 것이다. "여기서 고야는, 화가란 그림을 그리는 사람, 캔버스에 뜻

깊은 표현을 하는 사람이라는 종래의 정의에서 한 걸음 더 나아간다. 예컨대 다비드는 국민공회에서 루이 16세와 마리 앙투아네트 처형에 찬성표를 던졌다. 하지만 그의 작품은 어떤 의미에서도 혁명적이 아니다. 처형당하는 앙투아네트가 수레에 실려 기요틴까지 압송되는 모습을 그린 데생까지도 마찬가지다. 그것은 단지 묘사되어 있을 뿐이다. 잘 그려진 그림에 머물러 있을 뿐이다. 〔…〕 고야는 전투도 전쟁도 회전도 그리지 않는다. 그가 그린 것은 모두 전쟁의 '결과'이다. 판화집 『전쟁의 참화』의 원제가 '에스파냐가 보나파르트와 싸운 피비린내나는 전쟁의 숙명적 결과들과 그밖의 강렬한 변덕'이었던 이유가 거기에 있다. 〔…〕 여기에 '은밀히' 고발되어 있는 '피비린내나는 전쟁의 숙명적 결과들'은 인간에 대한 인간의 고발로서는 영원한 것이다."

또한 홋타 요시에는 "고야는 이미 우리와 동시대인이다. 게다가 이 동시대인 '현대'가 시작된 그 순간, 이미 우리는 인간이 무슨 짓을 저지를 수 있는지에 대해 엄격한 경고를 받고 있었다"라고도 쓰고 있다.

고야는 예술가이지 혁명가일 수는 없다고 홋타 요시에는 말한다. 그 이유는 고야의 '자기중심주의'(에고티즘)이다. 그리고 이 예술가로서의 '자기중심주의'야말로 그의 내면의 자립을 떠받치고 예술의 자립을 떠받치는 것이다. "그는 상황을 인식하고 표현하긴 하지만 선동자나 혁명가는 아니다. 그것은 인간 세상에서 별개의 천직이다."

『고야』라는 대작에서 몇 마디 인용한다 해도 별로 의미가 없지만, 이 부분은 전쟁 말기와 상하이에서 패전을 맞은 체험을 통해, 천황제를 기둥으로 삼고 있는 일본의 지배체제에 격렬한 비판의식을 품게 된 홋타 요시에가 왜 결국 혁명가 즉 실행가가 아니라 문학자 즉 표현자의 길을 선택했는가 하는 의문에 대한 해답이기도 하다. 『고야』는 근대를 프랑스 혁명이나 나폴레옹 쪽이 아니라 '자유·평등·박애'를 강요당한 에스파냐 쪽에서 묘사했는데, 홋타 요시에의 내면에서는 미국 점령군에게 '민주화'를 강요당한 일본의 경험과 에스파냐가 어딘가에서 공명하고 있었을지도 모른다.

유럽을 쓰기 위해 고야라는 주인공을 선택한 것은 실로 홋타 요시에답다는 생각이 든다. '그림'은 지금 거기에 사물로서 계속 존재하고 있기 때문이다. '역사란 사물이다'라는 그의 생각을 앞에서 소개했지만, 지금까지 전해져 내려오는 고야의 그림들은 역사 자체로서 우리 눈앞에 존재한다. 따라서 사물로서의 역사와 대면했을 때 생겨나는 '감흥'을 무엇보다 중요하게 여기는 홋타 요시에는 어디까지나 현물을 보려는 노력을 아끼지 않았다. 그는 고야의 그림 한 점을 보려고 에스파냐 국내는 물론 프랑스와 독일, 미국, 모스크바의 푸슈킨 미술관까지 찾아갔다. 여기에서도 '현장'에 대한 홋타 요시에의 집착을 볼 수 있다.

김석희

번역가

옮긴이 김석희는 서울대학교 인문대 불문학과를 졸업하고 같은 학교 대학원 국문학과를 중퇴했다. 1988년 한국일보 신춘문예에 소설이 당선되어 작가로 데뷔했으며, 영어·불어·일어를 넘나들면서 번역작업을 하고 있다. 시오노 나나미의 『로마인 이야기』(전15권, 제회 한국번역상 대상 수상), 『르네상스의 여인들』『신의 대리인』 등을 비롯하여, 자코모 카사노바의 『카사노바, 나의 편력』(전3권), 앤드루 그레이엄 딕슨의 『르네상스 미술 기행』, 이나미 리츠코의 『중국의 은자들』, 존 러스킨의 『나중에 온 이 사람에게도』, 허먼 멜빌의 『모비 딕』, 쥘 베른 걸작선(전15권), 알렉상드르 뒤마의 『삼총사』 등 수많은 저작을 번역했으며, 역자후기 모음집 『북마니아를 위한 에필로그 60』과 『번역가의 서재』를 펴냈다.

12

한길그레이트북스 제113권~제120권

"형제여,
사랑과 함께 창조와 함께 그대의 고독으로 가라.
그러면 정의가 그대의 뒤를 따라갈 것이니."

• 프리드리히 니체,『차라투스트라는 이렇게 말했다』에서

왕양명실기

박은식 지음 | 이종란 옮김 | 464쪽

왕수인의 양명학은 명나라 초기의 형식화된 주자학에 대한 반발로 등장했다는 것이 학계의 정설이다. 곧 명나라 초기의 학술은 원나라 때에 관학이 된 주자학을 잇고 있었는데, 이(理)와 법도를 몸으로 실천하는 것과 앞선 유학자들의 전통을 고수하려는 경향을 띠고 있었다. 사상적 자율과 창의성은 오히려 송나라 때보다 퇴보했다고 말할 수 있다.

이런 현상은 조선에서도 보인다. 주자학을 도입하여 새로운 나라를 세우고, 제반 문물을 정비하여 그 이념을 구현하려던 조선 초기의 학문의 자율성과 실천성이 서인(西人) 세력들이 정권을 잡은 조선 중기 이후로 넘어오면서 그 힘을 잃게 된다. 즉 주자학의 교조적인 현상이 드러나면서 학풍은 경직화되고 형식적인 법도를 고수하려는 경향이 강했으며, 여타 학문을 사문난적(斯文亂賊)이나 이단으로 규정하여 학문의 자율성과 창의성을 상실한 것과 비교할 수 있다.

이런 분위기 속에서 명나라에서는 왕수인이 새로운 학풍을 일으켜 주자와 두드러지게 배치되며, 그의 문도는 천하에 가득 차 그 가르침이 크게 행해졌다고 『명사』(明史)에 전하고 있다. 그리고 그의 문인들이 상당기간 동안 학술계를 이끌었지만, 청나라 때에 쇠락의 길을 걷다가 중국 근·현대에 와서 다시 부흥하게 되었다.

이 책의 내용은 편년체(編年體) 형식으로 왕양명의 일대기를 기록한 것이다. 그 가운데 각종 일화와 어록, 그리고 시가 포함되어 있다. 그리고 중간중간에 유교를 양명학으로 개혁하고자 하는 의도에서 이 책을 쓴 박은식 자신의 '안'(按) 설(說)을 붙여 의견과 소감을 피력하고 있다.

박은식(1859~1925)

박은식(朴殷植)은 황해도 출생으로 어려서 부친에게서 한학을 배웠고, 청년기에는 관서지방을 여행하며 정통 주자학을 공부하였다. 한때 정약용의 문인들과 접촉하면서 다산의 실학사상을 섭렵했다. 그때까지는 주자학자로서 명망을 쌓아갔다. 그러다가 1898년 독립협회의 민권·자주·자강운동이 본격화되던 때에 애국계몽운동가로 변신한다. 독립협회에도 가입하였고, 『황성신문』이 창간되자 장지연과 함께 주필로 활동한다. 잠시 경학원 강사와 한성사범학교 교관으로 교육활동에 종사하였고, 또 서우학회를 발기하고 서북학회의 회장직을 맡았으며, 그 기관지의 주필로 활동하였다. 그리고 애국비밀결사 단체인 신민회가 창립되자 적극 참여하였다.

이러한 교육·학회·언론활동은 당시 지식인 사회에 유행하던 서양의 사회진화론과 계몽주의사상, 그리고 과학사상의 영향으로 형성된 민족자강론에 바탕을 둔 애국계몽운동이었다. 특히 우리가 서양처럼 발전하려면 그들의 종교개혁처럼 우리도 주자학을 양명학으로 개혁해야 한다는 취지에서 「유교구신론」(儒敎求新論)을 발표하였다. 같은 맥락에서 『왕양명실기』를 저술하였다. 그것은 유교의 동력을 국권회복에 이용하기 위해서였다.

나라가 강제 합병된 이후에는 해외로 망명해 독립운동을 전개함과 동시에 우리 역사를 발굴하고 저술하였다. 특히 『한국통사』와 『한국독립운동지혈사』 등을 통해 민족사학자로서 민족해방운동의 정신적 기반을 다졌다. 그는 망명 가운데서도 언론활동을 펼침과 동시에 여러 독립운동 단체를 조직하여 국권회복에 헌신하였으며, 대한민국임시정부 제2대 대통령을 지냈다. 그 공로로 1962년 건국훈장 대통령장이 추서되었다.

성인의 도는 내 안에 있으므로 밖에서 구할 필요가 없다

만력(萬曆) 12년(1584)에 조서를 내려 선생을 공자묘에 배향했다.

황이주(黃梨洲)가 말했다.

선생의 학문이 처음에는 사장(詞章)에 흘러 넘치고, 고정(考亭)의 글을 모아 엮으면서 격물(格物)의 차례를 따르다가, 사물의 이치[物理]와 내 마음[吾心]이 끝내 둘로 나누어져 마음에 들어오는 것이 없었다.

이에 오랫동안 노자와 불교에 출입하다가, 오랑캐의 땅에서 곤란을 겪을 때에 "그 마음을 삼가 움직여 천성(天性)을 굳건히 참으면서" 성인이 이곳에 처한다면 달리 무슨 도리가 있을까 생각했다. 그러다가 홀연히 격물치지(格物致知)의 뜻을 깨달으니, "성인의 도가 내 본성에 절로 족히 있으므로 내 마음 밖에서 구할 필요가 없다"고 했다.

그리하여 선생의 학문은 세 번 변하여 비로소 한 학파를 이루었다. 그 후로 지엽적인 것을 모두 버리고 한결같이 본원(本源)에 뜻을 두어 고요히 앉아 마음을 맑게 하는 것을 학문의 목표로 삼았다. 선생은 '(희로애락이) 아직 발동하지 않은 중'[未發之中]이 있어야 비로소 '발동하여 절도에 맞는 화'[中節之和]가 있을 수 있다고 하여, 보고 듣고 말하고 행동하는 것이 대개 거두어 모으는 것을 위주로 하고, 밖으로 발산하는 것은 부득이 한 일이라고 했다.

강서에 온 이후부터는 오로지 치양지 세 글자에 치중했는데, 고요히 앉을 시간도 없고 마음이 맑게 되기를 기다릴 겨를이 없었지만, 익히지도 생각하지 않아도 마음 밖에 드러낼 때 저절로 천리가 들어 있었다.

대개 양지는 '(희로애락이) 발동하지 않은 중(中)'이니, 이 양지 이전에 다시 아직 발동하지 않은 것이란 없다. 또 양지가 곧 '발동하여 절도에 맞는 화(和)'이니 이 양지 이후에 다시 이미 발동한 것도 없다. 이 양지에 거두어 모을 수 있는 능력이 있어서 다시 거두어 모으는 일에 집중할 필요도 없고, 발산할 수 있는 능력이 있어서 다시 발산을 기대할 필요도 없다. 거두어 모으는 것이란 느끼고 움직이는 것의 주체이니 고요하면서도 움직이는 것이요, 발산이란 고요함의 작용이니 움직이면서도 고요한 것이다. 앎[知]의 진실하고 절실하며 독실한 곳이 바로 행동[行]이요, 행동의 분명하게 깨닫고 정밀하게 살핀 곳이 바로 앎이다. 앎과 행동은 둘이 아니다. 강서에서는 모두 이와 같이 말했다.

월 땅에 거처한 이후에는 생각한 것이 더욱 무르익고 얻은 것이 더욱 변하여 시시각각 옳고 그름을 알며, 시시각각 옳고 그름의 구별이 없어, 입을 열 때마다 본심을 얻으니 다시 무엇을 빌리거나 의지하여 머무는 곳이 없었다. 마치 붉은 해가 공중에서 만물을 모두 비추어주는 것과 같으니, 이것은 선생이 학문을 완성한 이후에 또 세 번의 변화가 있었기 때문이다.

송나라 유학자 이후로 배우는 자들이 지식을 앎으로 삼아 이르기를, "사람 마음에 갖추고 있는 것은 '밝히 깨닫는 것'[明覺]에 불과하고 이치는 천지만물이 공통으로 갖고 있는 것"이라 한다. 그러므로 반드시 천지만물의 이치를 모두 빠짐없이 궁리한 이후에 내 마음의 '밝히 깨닫는 것'과 함께 그 지식이 혼합하여 틈이 없게 된다. 선생은 이렇게 말하면 흡사 안과 밖의

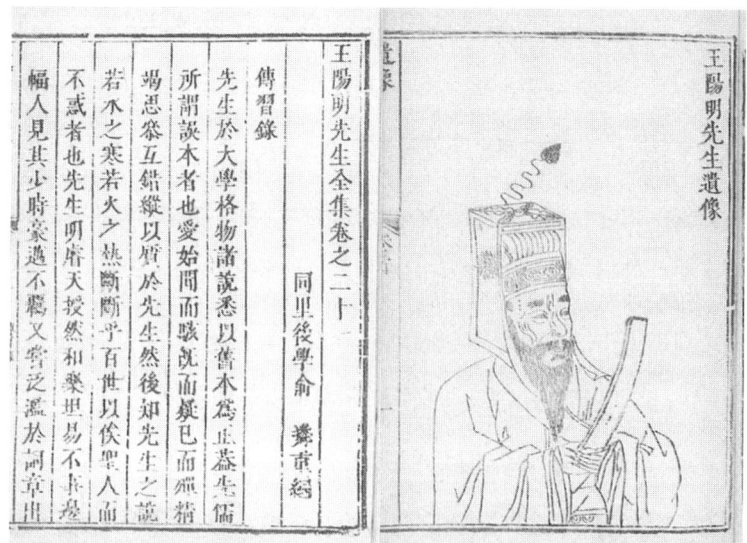

『전습록』
왕양명 어록과
서간집이다.

구별이 없는 듯하나, 실상은 오로지 밖의 견문에 의지해 그 '밝히 깨닫는 것'을 메우고 보충하는 것이 된다고 여겼다.

선생은 성인이 되는 학문이 심학(心學)이며 '마음이 곧 이치'라고 보았다. 선생의 입언(立言)의 큰 뜻이 여기에 있음을 모르고, 어떤 사람은 불교의 본심설이 심학에 자못 가깝다고 하니, 유교와 불교의 경계가 단지 하나의 이치에 있음을 모르는 것이다. 불교는 천지만물의 이치를 도외시하여 다시 말하지 않고, 이 '(마음이) 밝히 깨닫는 것'만 지킨다. 세속의 유학자들은 이 '(마음이) 밝히 깨닫는 것'을 믿지 않고 천지만물의 사이에서 이치만 찾는다. 구하는 것이 절대로 다르나, 천지만물에서 이치를 찾는 데만 신경 쓰고, '밝히 깨닫는 것'을 내 마음에서만 찾는 것은 매일반이다. 밖을 향하여 이치를 찾는 것은 근원이 없는 물이나 뿌리가 없는 나무 같으니, 설령 이치를 얻더라도 본체(本體) 상에 이미 헛되이 손만 놀릴 뿐이다. 그러므로 남의 집 대문을 돌아다니며 불을 빌리는 것은 눈을 합쳐 어둠을 보는 것과 다르지 않다.

선생이 마음이 마음 되는 까닭을 지적한 것은 '밝히 깨닫는 것'에 있지 않고 (마음이) 천리라는 것에 있으니, 도를 밝히는 것이 이미 실추되었으나 다시 밝힌 것이다. 드디어 유교와 불교의 경계를 산과 강처럼 아득하게 멀게 만들었으니, 눈이 있는 자는 모두 같이 볼 것이다. 시험 삼아 맹자의 말로 증명하면, 사물 가운데서 나의 양지를 실천하여 모두 얻은 이치가 이른바 '사람이 능히 도를 넓힌 것'이 아닌가? 만약 천리가 사물에만 있다면 이는 도가 능히 사람을 넓힌 것이리라. 고자(告子)가 의를 인간 본성 밖에 있다고 본 것은 어찌 의를 없애고 돌아보지 않았는가? 또한 사물 사이에서 그 의를 구하여 마음에 있는 것과 합쳐지니, 바로 세속의 유학자들이 말하는 궁리와 같다.

『왕양명실기』「서거 후 뒷이야기」

양명학은 시대를 구할 학문

박은식이 『왕양명실기』를 저술한 당시 1910년까지의 구국운동은 지식인들이 주도하여 국민의 애국심, 독립사상, 그리고 신사상을 계발하고 국권 회복의 민족 역량을 증강시키기 위한 애국계몽운동이었다. 그리고 일부 유생, 평민 의병장, 해산 군인들이 주도한 의병전쟁도 있었다. 이 의병전쟁은 표면적으로는 1915년까지 계속되었다. 이들 가운데 개화운동의 후계자들은 근대 민권사상에 근거하는 사회정치이론과 근대적 과학기술 문명을 대중에게 선전하고 민족 영웅들의 사적을 선양했다. 이들은 이전의 개화사상을 계승했지만, 역사적 배경의 차이에 따라 당면한 운동과제의 초점을 전환하여, 교육·언론을 통한 계몽이라는 방법으로 국권을 되찾으려 한 데 그 특징이 있다. 이 같은 계몽이라는 방식은 당시 사회·역사적 배경, 외래사상과 연관되어 있고, 이러한 조건이 박은식의 현실 인식의 변화를 주도했다.

당시는 이미 국권이 일본에게 빼앗긴 상태이므로 지식인들이 이전 역사에 대한 반성과 국권을 회복하기 위한 이러한 실천을 모색하고 있었다. 그러던 중 청말 지식인인 량치차오 등을 통한 서양의 사회진화론·계몽주의 사조·과학사상 등이 국내에 유입되어, 당시 지식인들에게 국권 회복과 자강운동에 큰 영향을 주었으며, 유학 내부에도 이러한 시대의 흐름에 조응하여 새로운 모색을 시도하고 있었다.

박은식은 유교를 양명학으로 개혁하고자 하는 의도에서 『왕양명실기』를 저술했다. 말 그대로 왕양명에 대한 실제 사실을 기록한 책으로, 그때가 1910년이다. 이 책의 내용을 음미하면 일제를 몰아내자는 구국의 구호나 정치적인 의도가 없다. 오히려 주자학만 고수하는 조선인들의 태도를 비판하고 일본을 부러워하는 내용이 들어 있으며, 일본인이 쓴 책을 참고로 했다. 그런데 일제는 왜 이 책이 읽히는 것을 두려워했을까?

이 책의 내용은 편년체(編年體) 형식으로 왕양명의 일대기를 기록한 것이다. 그 가운데 각종 일화(逸話)와 어록(語錄), 그리고 시(詩)가 포함되어 있고, 중간중간에 박은식 자신의 '안'(按) 설을 붙여 의견과 소감을 피력하고 있다.

따라서 이 책에는 목차가 없다. 다만 옮긴이가 독자들의 이해를 돕기 위하여 가계와 유년시절, 혼인과 청년기의 학문편력, 고난과 진리의 깨달음, 가르침을 시작함, 도적 토벌, 가르침을 이어감, 반란 진압, 다시 가르침의 길로, 마지막 도적 토벌과 서거, 그리고 서거 후 뒷이야기 등으로 제목을 붙여 편집했다. 박은식이 참고했다는 다카세 다케지로의 『양명상전』(陽明詳傳)도 차례가 있는데, 옮긴이가 붙인 것과 다르지만 내용을 총 10편으로 나누고 편마다 여러 개의 작은 단락으로 나눈 다음 소제목을 붙였다.

또 옮긴이는 안(按) 설에서 다음 안 설이 나올 때까지를 한 단위로 번호를 붙였다. 저자가 그 단위에 해당하는 내용을 쓰고 안 설을 붙였기 때문이다.

그런데 이 책을 저술할 때 참고한 책이 있었다. 물론 그것을 저자가 밝히고 있다. 그에 의하면 이 책을 쓰기 위해 왕양명의 『연보』(年譜), 『전습록』(傳習錄), 『명유학안』, 다카세 다케지로의 『양명상전』을 종합했다고 밝히고 있다. 이 책을 면밀히 검토하면 왕양명의 삶과 행동은 주로 『연보』와 『양명상전』에서 취하고, 인용한 말은 주로 『전습록』 『명유학안』, 그리고 량치차오의 『덕육감』에서 발견된다. 그래서 가능한 한 그런 것들의 출처를 밝히려 노력했다. 또한 시는 『양명상전』에서 주로 인용하고, 거기에 없는 것도 물론 보인다.

전체적으로 볼 때 왕양명의 삶을 많이 다루고 있지만, 양명학의 소개에도 많은 비중을 차지한다. 그래서 이 책을 한 번 읽어보면 왕양명의 생애뿐만 아니라 양명학의 진수를 맛볼 수 있다고 감히 말하고 싶다. 더불어 이 책을 저술할 당시의 시대상, 곧 그 시대에 풍미한 사상(여기서는 사회진화론이 대세를 이룸)은 물론이요, 이 책을 쓰게 된 의도를 충분히 살필 수 있다. 더욱이 학술사적으로 볼 때 한국 양명학의 한 모습을 발견할 수 있다. 곧 양명학에 대한 박은식의 독창적인 해석이 그것이다.

다소 아쉽게 느낀 것은 일본 메이지유신의 인사 다수가 양명학파이고, 중국학자들의 다수도 양명학을 종지(宗旨)로 삼고 있다는 데서 알 수 있듯이, 양명학을 시대를 구할 학문(정신)으로 확신에 차 있다는 점이다. 다시 말해 메이지유신의 주역들이 양명학파인지 아닌지는 차치하고라도, 1910년이라는 시대의 절박성에 비추어볼 때 아무리 유교를 양명학으로 새롭게 변화시킨들 유교적 토대가 상실된 마당에 그것으로 나라를 구한다는 것이 과연 가능한 일이었는지 생각해볼 문제로 지적되고 있다.

비록 박은식이 의도한 대로 유교를 양명학으로 개혁하여 그것을 무기로 구국운동을 하지 못했지만, 구체적 현실에서 인간의 본성을 긍정하고 거기에 따른 도덕을 구축하여 삶을 주체적으로 이끈 모습을 왕양명을 통하여 보여주고자 한 점은 오늘날에도 큰 의의가 있다. 왜냐하면 복잡한 현대인의 생활 속에서 현실을 긍정하면서도 간단하고 행하기 쉽고 알기 쉬운 도덕 근거가 필요하기 때문이다. 다시 말해 일개 서생(書生)의 탁상공론이 아닌, 파란만장한 인생의 역정에서 자신에게 주어진 일을 회피하지 않고, 한 인간이 어떻게 도덕성을 발휘하여 불의와 타협하지 않고 꿋꿋하게 살 수 있었는지 보여주는 것만으로도 큰 의미가 있을 것이다. 과거 일제가 조선 민중이 이것을 본받을까봐 이 책의 판매를 금지한 것이 아닐까.

이 책을 번역하기 위하여 옮긴이는 다시 그의 『연보』, 『전습록』, 『명유학안』, 다카세 다케지로의 『양명상전』, 그리고 량치차오의 『덕육감』을 역으로 추적해서 살펴보고 비교하지 않을 수 없었다. 특히 다카세 다케지로의 책은 국내에서 구할 수 없었기 때문에, 일본에 공부하러 간 후배 유학생을 통하여 아주 힘들게 사본을 구할 수 있었다. 그래서 가능한 한 서로의 연관관계나 상이점을 밝히려 노력했다.

이종란

한국철학

옮긴이 이종란은 서울교육대학교를 졸업하고, 성균관대학교 대학원에서 한국철학을 전공해 박사학위를 받았다. 한국방송대학교, 한국체육대학교, 성국관대학교에 출강했다. 주요 저서로는 『최한기의 운화와 윤리』 『전래동화 속의 철학 1~5』 『전래동화·민담의 철학적 이해』 『이야기 속의 논리와 철학』 『청소년을 위한 철학논술』 『동양철학자 18명의 이야기』 『강좌 한국철학』(공저), 『최한기의 철학과 사상』(공저), 『혜강 최한기』(공저), 『한국 철학 사상가 연구』(공저), 『한국철학 스케치』(공저)가 있다. 철학동화로 『최한기가 들려주는 기학 이야기』 『주희가 들려주는 성리학 이야기』 『이이가 들려주는 이통기국 이야기』 『왕수인이 들려주는 양지 이야기』 『정약용이 들려주는 경학 이야기』 『박지원이 들려주는 이용후생 이야기』 『신채호가 들려주는 자강론 이야기』 『서경덕이 들려주는 기 이야기』 『김시습이 들려주는 유불도 이야기』 『성인이 되려면』 『물 흐르듯 살아라』 『못생긴 칸트씨』 등이 있다. 역서로는 『주희의 철학』(진래, 공역), 『왕부지 대학을 논하다』(왕부지, 공역), 『기측체의』 등이 있다.

신화와 현실

미르치아 엘리아데 지음 | 이은봉 옮김 | 292쪽

▷ 저자의 다른 작품
『종교형태론』(GB 2)
『성과 속』(GB 30)

▷ 역자의 다른 번역 작품
『종교형태론』(GB 2)
『성과 속』(GB 30)

이 책은 무엇보다 쉬우면서도 심오한 사상을 담고 있다는 면에서 특색이 있다. 또한 신화가 과거는 물론 현재까지 살아 있는 모습 그대로, 우리가 바로 그런 신화 속에 살고 있음을 실감나게 묘사하고 있다. 엘리아데는 살아 있는 신화가 아직도 현대인의 행위에 모델이 되고 있으며, 삶에 의미와 가치를 부여한다고 주장한다. 그는 전통사회의 신화 구조와 기능을 이해하는 일이 인간의 역사 단계를 밝혀주는 것에 머물지 않고 우리가 살고 있는 세계와 인간, 그리고 삶이 초자연적 기원에 뿌리를 둔 역사라는 것을 밝힌다.

엘리아데가 이 책에서 사용하고 있는 것은 고대적 인간과 현대인을 끊임없이 대조시키고 있는 점이다. 고대적·전근대적·전통적이라는 말은 글자 그대로 미개사회를 말한다. 따라서 이들은 철학이나 신앙을 표현하는 논리적 언어를 가지고 있지 않다. 그러나 상징이나 신화, 의례를 통해서 보면 그들도 복잡한 체계를 가지고 있다는 것이다.

오늘의 세계에서 신화적 사고의 잔존을 탐구한 점이야말로 이 책의 가장 큰 특징이며 엘리아데의 독창성이 빛을 발하는 지점이라고 할 수 있다. 그는 기억과 망각에 관련된 신화적 관념, 우주 창조, 종말론 등 수많은 주제를 망라하고 있으나 신화의 기능에서 보편적 흐름을 보려고 하였다. 특히 가혹한 역사적 중압에 눌려 있는 인간 사회일수록 그 문화적 배경을 넘는 인간성에 뿌리박은 신화적 사고가 꿈틀거리고 있음에 틀림없을 것이다.

수많은 신화적인 이야기가 한낱 옛날이야기가 아니라 지금 우리 영혼에 살아 숨쉬는 이야기로 실감되는 계기가 이 책을 토대로 마련될 수 있을 것이다.

미르치아 엘리아데(1907~86)

엘리아데(Mircea Eliiade)는 루마니아의 수도 부쿠레슈티에서 출생하여 미국 시카고에서 죽음을 맞이할 때까지 종교학을 중심으로 문학·철학 등 다방면에 걸쳐 관심을 가진 학자였다.

부쿠레슈티 대학 재학시 로마에 머물면서 『이탈리아 철학, 마르실리오 피치노로부터 조르다노 부르노까지』를 쓸 무렵 인도철학자 다스굽타를 만나 그의 생애는 큰 전기를 맞게 된다. 서양의 고전적 전통을 이어받은 엘리아데는 다스굽타에게 산스크리트어를 배우며 인도의 사상과 상상력에서 깊은 영감을 받았다. 1936년에 쓴 박사학위 논문 「요가: 인도 신비주의 기원」은 파리와 부쿠레슈티에서 동시에 출간되어 큰 반향을 불러일으켰다.

그 후 연금술과 우파니샤드, 불교를 통한 상징해석에 남다른 특색을 보이기 시작하며, 『잘목시스: 종교학 연구 리뷰』를 출간하기도 한다. 1949년에는 그의 종교연구를 집대성한 『종교형태론』을 프랑스에서 출간하고 곧 영문판을 내게 되는데, 그의 학문적인 무대가 미국으로 옮겨져 영문판이 더 널리 읽히게 되었다.

1956년 미국으로 건너가 시카고 대학에서 한 '이니시에이션의 유행'이란 강의는 1958년에 『이니시에이션의 의례와 상징』『탄생과 재생의 신비』라 묶어 출간하였다. 1982년에 『종교관념의 역사』 2권을 출간하고 그 보완작업을 하던 중 사망하였다. 그가 책임편집을 하던 『종교대백과사전』은 그가 죽은 다음해에 출간되었다.

엘리아데는 유럽 문명의 우월성을 벗겨내고 제3세계 문화적 뿌리와 보편성을 일깨우는 데 큰 역할을 하였다. 특히 동양학 전반에 걸쳐 그의 종교현상학 방법이 널리 응용되었다.

신화의 위대함과 퇴폐성

문화의 고대적 단계에서 종교는 초인간 세계, 가치론적 세계를 향한 '입구'를 열어놓고 있다. 이러한 가치들은 신 또는 선조들에 의해 계시되었다고 여겨지는 의미에서 '초월적'이다. 그 때문에 그들은 절대적인 가치, 즉 모든 인간 활동의 범례를 구성한다. 이미 밝힌 바와 같이 이 범례는 신화에 의해 전해진다. 신화는 신의 세계이든 선조의 세계이든 타계(他界)·피안(彼岸)의 의식을 지속시키고 일깨우는 가장 일반적이고 유효한 수단이다.

성스러운 것의 경험은 어떤 것이 실제로 존재한다는 관념, 인간을 인도하고 그 존재에 의미를 부여해줄 수 있는 절대적 가치가 있다는 생각을 낳게 한다. 그러므로 실재·진리·의미의 이념이 비로소 나타나고, 나중에 형이상학적 사색에 의하여 정교해지고 체계화되는 것은 성스러운 것의 경험을 통해서이다.

신화의 필연적 가치는 주기적으로 의례를 통하여 재확인된다. 원초적 사건의 회상과 재현은 '미개인'이 참된 것을 판별하고 고수하는 것을 도와준다. 모범적인 행위의 끊임없는 반복에 따라, 어떤 것이 우주의 흐름 가운데에서 그 자체가 불변하거나 영속적으로 보이게 한다. 그때에 일어난 사건의 주기적인 반복은 어떤 것이 절대적으로 존재한다는 것을 불가피하게 만들어준다. 이 '어떤 것'은 '성스러운 것', 즉 초인간적·초세속적인 것이지만 인간이 체험할 수 있는 것이다. '실재'가 나타나 '초월적' 차원으로부터 구성되는 것이지만 그 '초월성'은 의례에 따라 경험되고 드디어 인간 생활의 필수적인 부분이 된다.

이러한 신이나 영웅, 신화적 선조의 '초월적' 세계는 고대인이 시간의 불가역성을 용인하지 않기 때문에 접근할 수 있다. 이미 거듭 고찰한 바와 같이 의례는 세속적·연대기적 시간을 폐지하고 신화의 성스러운 시간을 회복한다. 인간은 신이 그때에 행했던 모험과 동일한 시간에 있게 된다. 한편으로는 시간의 불가역성에 대한 이 반역이 인간의 '실재 구성'에 도움을 주고, 다른 한편으로는 인간을 죽음의 시간의 무게에서 해방하고 과거를 멸하며 인생을 새롭게 다시 살게 하고 자신의 세계를 재창조할 수 있게 한다.

신, 인간, 신화적 선조의 모범적 행위의 모방이 '동일한 것의 영원한 반복', 즉 문화의 전면적 부동성을 가져오지는 않는다. 민족학은 시간의 흐름 중에 변화하지 않고, '역사'를 갖지 않는 민족을 전혀 알지 못한다. 얼핏 고대사회의 인간은 동일한 전형적 행위를 영원히 반복하는 듯이 보일 것이다. 그러나 실제로 그는 지치지 않고 세계를 정복하고 조직하며, 자연의 풍토를 문화적 환경으로 변화시킨다. 왜냐하면 우주 창조신화에 의하여 계시된 모범적인 모델에 따라 사람도 역시 창조적이 되기 때문이다. 신화는 자신을 신성불가침의 모델로 제시하고 있어서 인간의 적극적인 활동을 마비시키는 것처럼 보일지 모르지만, 실제로는 인간에게 창조를 촉진하고 그 발명 능력에 새로운 전망을 항상 열어주고 있다.

신화는 인간에게 그가 하려고 하는 것은 이미 행해졌다는 점을 확인시켜준다. 달리 말하면, 그것은 그 일의 결과에 대한 의심을 극복하도록 도와준다. 신화적 영웅이 전설적인 때에 이미 행하였기 때문에 항해에 나서기 전에 주

불사의 약초를 들고 있는 길가메시

저할 이유는 없다. 그의 범례를 따르는 것만이 요구될 뿐이다. 마찬가지로, 사람은 무엇을 해야 할지를 알고 있기 때문에 미지의 황야에 정착하는 것을 두려워할 이유가 없다. 우주 창조 신화의 의례를 반복하게 되면 미지의 영토는 '우주'로 변용되고 세계의 상이 되며 의례에 의하여 정당화된 '거주지'가 된다. 모범적 모델의 존재는 창조적인 혁신을 방해하지 않는다. 신화적 모델의 응용 가능성은 무한한 것이다.

신화가 살아 있는 사회의 인간은 '암호'로 표현되고 신비스럽긴 하지만 '열려진' 세계에 살고 있다. 세계는 인간에게 '말하고' 있으며, 그는 그 언어를 이해하기 위해 신화를 알고 상징을 해석하는 것만이 필요하다. 달의 신화와 상징을 통하여 인간은 시간과 삶, 죽음과 부활, 성(性), 풍요, 비, 식물 등과의 신비스러운 연관을 파악한다. 세계는 이제 제멋대로 내던져진 불분명한 대상이 아니라 명확하고 의미 있는 살아 있는 우주이다. 요컨대, 세계는 언어로써 스스로를 계시한다. 그것은 그 존재양식·구조·리듬을 통하여 인간에게 말을 하고 있다.

세계가 존재하는 것은 신의 창조 활동 때문인데, 그 구조와 리듬은 시간의 시초에 일어난 사건의 결과이다. 달이 그 신화적 역사를 가지고 있는 것처럼 태양과 해양, 식물과 동물도 각각 역사를 가지고 있다. 모든 중요한 우주의 물체는 '역사'를 가지고 있다. 그것이 인간에게 '말할' 수 있는 것으로 알 수 있다. 그것이 자기에 대해서 말하고 있기 때문에 진실하고 의미가 깊다. 그것은 이제 '미지'의 것, 즉 불투명하고 이해할 수 없고 무의미한 것, 다시 말해서 '실재하지 않는 것'이 아니다. 그것은 인간과 똑같이 '세계'에 참여하고 있다.

「신화와 현실」 제8장 「신화의 위대함과 퇴폐」

우주 창조적인 신화

엘리아데는 '창조' '기원' '시초의 완전함'에 중요한 의미를 둔다. 엘리아데가 말하는 우주 창조신화는 그리스도교에서 하느님이 '무(無)에서' 하늘과 땅을 창조했다는 개념보다는 사물의 기원과 함께 사용하는 경우가 더 많다는 점을 먼저 지적해야 할 것이다. 신화 해석에서 가장 중요성을 두는 것은 물론 창조신화인데, 보통 우주 창조를 지속·완성·모방하는 것으로 해석한다.

신화는 존재와 세계, 인간이나 동물, 사회적 제도 등이 어떻게 생겨났는지 말해준다. 그런데 세계 창조는 이런 것들보다 선행하며, 우주 창조신화는 특별한 지위를 차지하고 있다. 따라서 우주 창조신화는 모든 기원신화의 모델을 제공해준다. 동물·식물·인간의 창조는 세계의 존재를 전제로 하고 이야기되는 것들이다. 엘리아데가 다루는 창조신화는 다음과 같이 분류할 수 있다.

첫째 유형은 무로부터의 창조이며, 하느님의 생각과 말씀으로 이루어졌다.

둘째 유형은 지구 침전 모티프라고 명명할 수 있겠는데, 신이 물의 새와 양서류를 시켜 원초적 대양의 밑바닥에서 흙(땅의 요소)을 가져오게 함으로써 창조하는 것이다.

셋째 유형은 두 개의 원초적 통일성으로 나눔으로써 창조하는 것인데, 여기에는 세 가지 변형이 보인다. ① 하늘과 땅이 세계의 양친이라는 것, ② 원래는 무정형, 즉 카오스였는데 거기에서 분리되어 나왔다는 것, ③ 우주란(宇宙卵)이 둘로 쪼개짐으로써 창조가 이루어졌다는 것 등이다.

넷째 유형은 자발적 인간형태의 희생을 통해 원초적 존재의 몸을 해체시킴으로써 이루어지는 창조인데, 스칸디나비아 신화의 이미르, 베다 신화의 푸루샤, 중국의 반고 등이 대표적인 형태이다. 또는 물의 괴물이 대지와 결투를 벌임으로써 창조가 이루어진다는 이야기도 있는데, 바빌로니아의 티아마트가 대표적이다.

우주 창조신화들은 전통사회에서 모든 종류의 창조에 대한 모델로 작용한다. 중심적인 신화는 상이한 단계에 적용되고, 다양하고 조각난 절망의 체험들을 의미 있고 희망적이며 창조적이고 통일적인 존재양식으로 변형시킨다. 전쟁에 이기지 못하는 것은 병이나 어둠과 동질적인 것이고, 이것은 우주 창조신화만이 치유할 수 있을 것이다. 절망적인 마음과 불임의 여인, 시인의 시적 영감의 결핍, 인간이 절망으로 내몰리는 실존적 상황 등도 이런 신화를 통해서만 치유가 이루어질 것이다. 모든 부정적이고 절망적인 상황은 창조신화의 낭송을 바탕으로 회복되며, 특별히 이오가 우주에 가져온 말씀으로 회복됨으로써 어둠에 빛이 오게 한다. 달리 말하면, 우주 창조는 모든 창조적 상황에 대해 범형(範型)이 된다. 즉 인간이 하는 것은 무엇이나 이미 있었던 '행위'를 반복하는 것이며 창조신의 원형적 몸짓, 세계의 창조를 반복함으로써 가능해진다.

엘리아데는 1966년 제네바에서 열린 세계철학자대회의 한 강연에서 인도네시아와 오스트레일리아의 창조신화를 소개하면서, 이 신화의 모범형의 역할을 들었다. 그는 고대적 창조신화의 과제를 철학자의 언어로 번역하는 것을 피하고, 창조신화는 '존재가 되게 하는 존재'라고 설명하였다. 세계의 탄생과 창조는 무엇보다도 존재의 출현, 즉 존재현현이라고 말했다. 이것이 창조신화가 모든 창조의 유형, 모범형이 되는 이유이다. 즉 마을의 건설이나 집의 건축을 비롯해 결혼 축하, 아이의 임신에 이르기까지 항상 세계의 새로운 창조, 즉 존재의 새로운 온토파니가 된다.

거대한 신화적 묘사와 비교하면 우주 창조신화는 상대적으로 많지 않다. 그러나 수적으로는 많지 않다 해도 비교적 양이 풍부한 온갖 기원신화들이 이 우주 창조신화를 전제하기 때문에 그 중요성이 작아지는 것은 아니다. 즉 인간의 기원, 다른 동식물과 나무와 산, 사냥과 농경, 탄생과 죽음, 사회관계와 제도, 종교 전문가들의 권위, 가입 의례와 온갖 종류의 의미 있는 행위들, 이런 기원에 관한 모든 신화적 설명은 우주 창조를 전제하고 계속된다.

구조적 관점에서 기원신화는 우주 창조신화와 동질적이 될 수 있다. 세계의 창조는 창조의 현저한 예이므로 우주 창조는 모든 종류의 창조의 전범이 된다. 이것은 기원신화가 우주 창조의 모델을 모방한다거나 복사하고 있다는 뜻은 아니다. 거기에 조직화된 반영이 내포되어 있지 않기 때문이다. 그러나 모든 새로운 출현(동물·식물·제도 등)은 세계의 실존을 포함하고 있다. 예컨대 하늘이 어떻게 땅과 분리되었는지 또는 인간이 어떻게 죽을 수밖에 없게 되었는지 하는 것처럼, 사물의 모든 다른 상태에서 출발하여 어떻게 그렇게 되었는지를 설명하게 될 때 '세계'는 이미 거기 있었으며, 비록 그 구조는 다를지라도, 즉 그것이 우리의 세계는 아닐지라도, 이미 세계는 거기에 있었던 것이다. 이것을 엘리아데는 『신화와 현실』에서 다음과 같이 요약한다.

모든 기원의 신화적 서술은 우주 창조를 전제로 하고 그것을 계승하고 있다. 구조상의 관점에서 보면 기원신화는 우주 창조신화와 동류에 속한다고 말할 수 있다. 세계 창조는 창조의 탁월한 예로서 모든 창조가 모범으로 삼는 모델이 되고 있다. 이것은 기원신화가 우주 창조신화 형태를 모방하고 복사한다는 의미는 아니다. 왜냐하면 여기에서는 일치되거나 체계화된 사고가 관여하고 있지 않기 때문이다. 그러나 모든 새로운 현상—동물·식물·제도—은 어떤 세계의 존재를 의미한다. 그것은 다른 상황으로부터 비롯되어 현재의 상황에 어떻게 도달하였는지(예를 들면, 하늘과 땅은 어떻게 갈라지게 되었는가, 또는 인간은 어떻게 죽지 않으면 안 되게 되었는가)를 설명하는 경우일지라도, '세계'는 비록 그 구조가 다르고 또 우리의 세계는 아니었다고 할지라도, 이미 존재하고 있었다는 것이다. 모든 기원신화는 '새로운 상황'—그것이 세계 개벽 이래 존재하지 않았다는 의미에서 새롭다—을 설명하고 정당화해 준다. 기원신화는 우주 창조 신화를 계승하고 완성한다. 즉 그들은 세계가 어떻게 변화하고 이전보다 더욱 풍부하거나 또는 빈궁하게 되었는지를 말한다.

이은봉

덕성여대 명예교수·종교학

옮긴이 이은봉은 서울대 문리대 종교학과와 같은 학교 대학원을 졸업하였으며, 성균관대 동양철학과 대학원 박사과정을 마쳤다. 덕성여대 인문대 학장과 대학원장, 한국종교학회 회장을 지냈으며, 지금은 덕성여대 명예교수이다. 저서로는 『한국고대종교사상』, 『종교세계의 초대』, 『종교와 상징』, 『여러 종교에서 본 죽음관』, 『한국인의 죽음관』, 『중국고대사상의 원형을 찾아서』, 『신판』(神判, 편저), 『노자―나만 홀로 우둔하고 멍청하도다』 등이 있다. 옮긴 책으로는 한길사에서 펴낸 미르치아 엘리아데의 『종교형태론』, 『성과 속』, 『신화와 현실』을 비롯해 『종교학 입문』(엘리아데·기다가와), 『심리학과 종교』(카를 융), 『근대 중국종교의 동향』(윙치찬), 『과학, 신념, 사회』(마이클 폴라니) 등이 있다.

사회변동과 사회학

레이몽 부동 지음 | 민문홍 옮김 | 456쪽

이 책은 1984년에 프랑스에서 출간되었지만, 4반세기가 지난 지금도 이 분야의 사회학 고전으로 읽히고 있다. 부동의 귀한 저서들이 여러 권 있지만, 한국의 젊은 지성인들을 위해 이 책을 한국사회학 공동체에 가장 먼저 소개하고자 한다.

이 책이 한국 사회학 공동체에 소중한 이유는 이 저서가 1960년대 이후 90년대까지 거의 30여 년간 쏟아져 나온 수많은 사회변동 이론들에 대한 방법론적·지식사회학적 성찰을 제공함으로써, 우리가 역사와 사회변동을 균형 잡힌 시각에서 볼 수 있도록 도와주기 때문이다.

부동은 자유주의 사회철학자 포퍼가 30년 전에 제기한 문제의식을 후기 현대사회의 다양한 사회변동론들에까지 확장 적용하여, 포퍼를 넘어서는 사회철학과 방법론적 문제제기를 하고 있다. 즉 그는 포퍼의 문제의식을 연장하여, 어째서 1950년대에서 70년대까지 수없이 쏟아져 나온 다양한 사회변동이론들이, 저자들의 의도와는 상관없이 일반 시민들과 독자들에게 전체주의 사회에 대한 환상을 심어주고 후기 현대사회에 적합한 사회변동관을 갖는 것을 방해하여 사회혼란을 야기시키는가에 대해, 사회학과 철학을 함께 전공한 학자만이 할 수 있는 독특하고 통찰력 있는 연구를 보여주고 있다.

부동의 이 저서가 21세기를 넘긴 한국의 사회학자들에게 커다란 호소력을 지닌 이유는, 그가 다양한 사회변동이론들의 방법론적·사회철학적 오류를 검토하는 작업을 넘어서, 이러한 작업을 토대로 후기 현대사회의 새로운 가치관 정립 문제를 해결할 수 있는 관점을 종합한 자신의 견해를 제시하고 있기 때문이다.

레이몽 부동(1934~)

부동(Raymond Boudon)은 파리 고등사범학교 출신의 사회학자로, 미국의 경험적 사회학과 유럽의 철학 및 사회사상사적 전통을 가장 독창적으로 종합한 세계적 석학이다. 프랑스 학계보다 세계 사회학 공동체에 더 잘 알려져 있는 부동은 미국의 명문대학(하버드·시카고·컬럼비아 대학 등) 및 유럽의 여러 대학(제네바·옥스퍼드 대학 등)에서 가르쳤다. 그는 1967년부터 2002년까지 프랑스 파리 소르본 대학 교수를 지냈으며, 지금은 소르본 대학(파리 IV대학) 명예교수이며, 프랑스 학술원 및 유럽과 미국의 여러 학술원 회원이다.

그의 사회학의 특징은 칼 포퍼와 레이몽 아롱으로 대표되는 유럽의 자유주의 정치철학의 유산과 고전사회학(토크빌, 뒤르케임, 베버, 짐멜, 애덤 스미스) 전통을 결합해 현대 사회학과 사회사상 분야에 독창적이면서도 설득력 있는 인문사회학 재건의 방향과 프로그램을 제시했다는 데 있다. 그의 학문적 여정 중 가장 주목할 점은, 1968년 5월혁명 이후 거의 30년 동안 프랑스 사회의 지적 헤게모니를 장악했던 네오마르크시즘에 대항해, 소르본 대학 임용 이후 꾸준히 토크빌에서 레이몽 아롱에 이르는 유럽의 자유주의 철학정신을 계승하고 확장시켜 자신만의 독창적인 인문사회학 이론체계를 구축했다는 데 있다. 그 과정에서 등장한 그의 핵심적 사회학 인식론이 구조주의를 비판하는 방법론적 개인주의적 시각의 행위 사회학이다. 이러한 학문적 노력과 인문사회학 분야에 기여한 점이 인정되어 2008년 유럽의 지식인들에게는 노벨상에 준하는 토크빌상을 받았다.

20권이 넘는 저서 중 한국 사회학계가 주목할 만한 것만 인용하면 『기회의 불평등』 『오늘날 다시 읽는 토크빌』 『민주주의에 대한 새로운 성찰』 『과학으로서의 사회학』 등이 있다.

주된 원동력의 탐구: 존재론적 편견

사회학자, 경제학자 그리고 정치학자들은 그들의 분석이 과학적이기를 원한다. 이러한 동기 때문에 이들은 19세기의 역사철학으로 분류되었던 커다란 논쟁들에 대한 그들의 지속적 관심을 숨기는 경향이 있다.

최근 미국에서 발간된 어떤 사회변동론 저서는 사회변동의 주된 원동력이 사회적 갈등이라는 주장을 펼치고 있다. 또 다른 사회변동론 저서들은 이 점을 더 자세히 논의하고 하면서, 계급 갈등에 우선적 중요성을 부여하고 있다. 이 경우, 계급갈등은 사회변동의 담지자가 될 수 있거나, 아니면 지배계급과 피지배계급을 다양한 형태로 구분함으로써 사회분열을 영속화할 수 있다. 한편 이와 반대의 주장도 제기되었다.

예를 들어, 뒤르케임에게 사회갈등은 사회조직이 훼손되었을 때나 사회질서를 보장하는 규제의 메커니즘이 비효율적이 될 때만 나타나는 부차적 현상이다. 현대 사회과학자들은 이러한 관점을 공유하고 있다.

또 어떤 학자들은, 비록 그들이 일반적으로 이 단어를 피하고 있기는 하나, 사회변동에 관한 '유물론적' 시각을 선택한다. 이들은 사회변동이 행위자의 사회적 지위에 따라 엄격히 속박되고 결정된 이해관계의 대립에서 생긴다고 주장한다. 가장 정통적인 네오마르크스주의의 입장에 의하면, 이념은 경제적 이해관계에 의해 엄격히 지배된다. 한편, 이것 보다 더 융통성 있는 관점에 의하면, 이해관계가 대립되는 집단들은 서로 다른 '문화적' 요구를 내세운다. 그리고 사회에서 점점 증대되는 중요성을 지닌 '기능적' 지위를 차지할 운명인 사람들은 자신들의 문화적 요구를 관철할 가능성이 크다. 따라서 장래의 문화적 혁신 그 자체도 지금의 '사회구조'에 엄격하게 종속되어 있는 것으로 생각된다. 이러한 시각에 의하면, 현재는 서로 대립되어 있는 집단들 사이에서 미래사회의 담지자를 결정한다.

그러나 사회변동에 대한 이러한 '유물론적' 관점에 대립하면서 고전적 전통을 존중하는 관념론적 관점이 있다. 이 입장은 항상 존재하지만, 사회과학을 커다란 철학적 논쟁과 '결별'시키려는 현대 사회학자들의 배려 때문에, 실제로 그 입장을 표현하는 단어는 결코 사용되지 않는다. 만약 우리가 사회과학분야에서 이 논쟁의 영속성을 보지 못한다면, 예를 들어 왜 『프로테스탄티즘의 윤리와 자본주의 정신』이 그렇게 '대중적으로 인기 있는 책'이 되었는지 이해할 수 없을 것이다.

반면 막스 베버의 나머지 저작들은 '교양 있는 일반 시민들'에게 알려져 있지 않을 뿐만 아니라 현재 사회과학의 생산활동에 제한된 영향력밖에 행사하지 못한다. 우리는 오늘날 베버의 논지─게다가 그 논지는 베버에 의해 여러 가지 방식으로 해석될 수 있는 여지를 제공하는 형태로 제시되었다─가 보완되어야 할 뿐만 아니라 상대화되어야 한다는 사실을 잘 알고 있다(우리는 이 점을 아래에서 다룰 것이다).

베버의 논지를 위의 의미로 해석하는 대신 사람들은 보통 그것을 독단적으로 표현한다. 즉 칼뱅의 윤리가 그 윤리를 지닌 사람에게 사업을 시작할 의지를 자극했다는 것이다. 따라서 칼뱅의 윤리는 자본주의적 기업가라는 특정 사회유형이 출현한 원인이며, 결과적으로 자본주의 자체의 발전 원인이 되었다는 것이다. 베

레이몽 아롱 프랑스 자유 지성을 대표하는 아롱은 부동의 지도교수였다.

버의 논지에 대한 이러한 통속화된 해석이 성공한 이유는, 우리가 거기에서 특정한 형이상학적 명제의 증명을 보기 때문이다. 그 명제란 근대 자본주의의 발전과 같은 중요한 사회변동은 '사회구조'에서의 변동이라기보다는 새로운 가치나 새로운 이념이 등장한 결과로 해석될 수 있다는 것이다. 더 일반적으로 말하자면, 이 명제는 마르크스주의 전통이 '생산관계'와 사회구조에 우위성을 부여하는 곳에서, 이념과 가치의 우위를 주장할 것이다.

갈등의 역할, 이념과 가치의 역할, 갈등의 우선적 성격, 이념과 가치의 우선적 성격 등등, 이 커다란 논쟁 주제들은 사회과학의 저작활동 속에 영속적으로 존재해왔다. 파슨스는 그것을 직접적으로 인정한 드문 저자들 중 한 사람이다. 그는 「사회적 행위에서 이념의 역할」이라는 제목의 논문을 명료하게 쓸 줄 알았던 충분한 학문적 권위를 지니고 있는 사람이었다.

그럼에도 불구하고, 그는 순수이론가로 간주되지도 않았고, 사회과학 영역 밖으로 추출될 위험도 없었다. 파슨스의 논문은 오래전에 쓰여진 것이다. 그러나 그가 거기에서 제기한 문제들이 오늘날 시대에 뒤떨어진 것으로 생각될 수 있다고 나는 생각하지 않는다. 내 테제를 의도적으로 조금 더 과장하자면, 오히려 사회과학의 중요한 일부는 바로 이 주제를 다루고 있다고 나는 주장하고 싶다.

『사회변동과 사회학』 제5장 「주된 원동력의 탐구: 존재론적 편견」

혼돈 속의 사회변동이론과 새로운 사회변동이론의 역할

이 책의 첫 번째 목표는 '역사와 사회변동' 사이의 관계를 다루는 기존의 사회변동이론을 두 가지 유형으로 다시 분류하는 것이다. 첫째는 랑케(Leopold Von Ranke)와 같은 역사학자, 니스벳(Robert A. Nisbet)과 같은 사회학자들의 유형이다. 이들은 과거 역사를 재구성하기 위해서 어떠한 일반화된 관점을 지닌 사회변동이론을 만드는 것도 불가능하며, 과거의 사실을 있는 그대로 기술하는 수밖에 없다고 주장한다. 둘째는 일반이론적 관점을 채택한 자연과학자나 사회과학자의 입장이다. 이들은 특정 사회의 변동과정을, 살아 있는 고등 유기체가 환경 변화에 어떻게 적응해가며 살아남는가를 일반적 법칙에 입각해 설명하고자 한다.

부동은 사회과학이 이데올로기적 주장으로 변질되는 것을 피하고, 과학적 이론이 되기 위해서 '형식적 사회변동론'이라 불리는 자신의 고유한 관점을 제시한다. 이 관점에서 나온 연구 프로그램의 특징은 사람들이 종종 일반적 타당성을 지닌 것으로 잘못 이해해온 사회변동이론들이 '특정한 상황 속에서만 타당성을 지닌다'는 사실을 인정하는 것이다. 이 경우 '과학적 사회변동이론'이란 '분명한 시간과 상황이 주어진 부분적이고도 지엽적인 사회과정에 관한 이론'을 구성하는 경우에만 가능할 뿐이다.

이 책의 두 번째 목표는 수많은 사회변동이론들이 내포한 구조주의 시각과 그것이 수반하는 존재론적 오류를 비판하는 것이다. 부동에 의하면, '사회구조'란 다양한 역사적 시점의 특정한 물리적·문화적 환경 속에서 수립된 자료를 토대로 도출된 단순한 구성물이다. 따라서 이 개념은 사회변동이론가들이 종종 주장하는 것처럼 과학적 설명을 위한 설득력 있는 개념이 되지 못한다. 게다가 '사회구조'는 그 안에서 수많은 행위자들이 서로 다른 목표와 의미를 추구하며 행동하는 구성물이기 때문에, 사회구조가 갖는 강제력이나 구속력이 반드시 기대했던 방향으로만 전개되는 것은 아니다. 바로 이러한 이유 때문에 사회변동이 자생적이기를 바라는 구조주의 시각의 사회과학자들에게, 부동은 오히려 외생적 요인의 상대적 중요성을 강조한다.

부동의 '사회변동론'이 추구하는 세 번째 목표는, 기존의 사회변동이론들이 이처럼 서로 대조적 모습을 보여주는 이유를 설명하는 것이다. 부동이 보기에 사회과학자들이 서로 다른 사회변동관을 취하고 있는 이유는 크게 두 가지 때문이다. 하나는 그들이 은연중에 자신의 학문보다 우월하다고 생각되는 다른 학문들—생물학·경제학—을 선호하면서 그 분야의 학문 분석 논리를 모방하기 때문이다. 둘째는 이 사회변동이론들이 과학적 논리 외에 자신의 이론들이 발전해온 특수한 정치적 상황을 반영하기 때문이다. 부동에 의하면, 1960년대부터 1980년대 초반까지 수없이 등장한 사회변동이론들의 과제는 근대화라는 이름으로 행해졌던 '의도하지 않았던 사회변동'의 '무질서'(disorder)가 야기한 사회문제들에 관한 정치적 관점을 담은 이론적 답변이기 때문이다."

『사회변동론』의 네 번째 목표는 특정 이론들과 관련된 사실 속에 숨겨진 사회변동 현상의 규칙성과 비규칙성을 동시에 강조하는 것이다. 부동은 사회변동이론을 구성하고 평가할 때,

시간이라는 변수가 갖는 다차원적 중요성을 강조한다. 경험적으로 볼 때 내생적·외생적 요인 또는 구조나 가치의 상대적 중요성은 분석에 사용된 시간의 단위가 무엇인가에 의존한다. 흔히 자생적 사회변동이론가들은 t 시점에서 관찰된 구조가 t+1 시점에서 관찰될 구조적 현상을 만들어낸다고 주장한다. 그러나 사회변동이론가들은 종종 그와는 정반대되는 입장도 받아들여야 할 때가 있다. 게다가 t 시점에서 관찰한 현상이 나타나려면 반드시 t-1 시점에서 특정한 구조가 있어야 한다고 가정하는 것은 사회변동을 관통하는 불변의 특정한 법칙이 있다는 것을 가정하는 형이상학을 하는 것이다. 이 경우 특정 시점의 사회적 사건은 사회행위자에게 행동의 원인만을 제공하는 것이 아니라 기회도 제공한다. 따라서 사회적 환경이 구성원들에게 특정한 해결책을 구조적으로 강요한다고 단정할 수는 없다. 왜냐하면 특정 사회환경은 행위자가 행동을 하거나 포기할 수 있는 선택기회를 제공하므로, 생태학적 변동론의 경우도 다양한 유형의 결정론보다는 시간과 공간이 주어진 특정 사회구조 속에서 사회행위자의 행위와 그것의 집합적 결합에 초점을 맞춘 사회변동에 관한 수많은 경험적 사례의 축적이 필요하기 때문이다.

이 책의 마지막 목표는, 앞에서 논의한 네 가지 주제를 바탕으로 '방법론적 개인주의'가 제대로 작동할 수 있는 필요조건을 기술하는 것이다. 부동은 이 관점만이 사회변동이론들을 과학으로 만들 수 있는 유일한 해결책이라고 본다. 이 경우 '방법론적 개인주의'라는 용어는 복합적 의미를 함축한다. 첫째, 사회과학에서 설명은 문제시되는 사회적 상황에 대한 개인의 반응에 초점이 맞추어져야 한다. 왜냐하면 사회변동은 그 상황에서 상대적 합리성을 지닌 개인의 결정을 수반하기 때문이다. 그리고 이러한 개인의 결정은 그가 직면한 상황의 상대적 구조화뿐만 아니라 행위자들이 유사하다고 생각한 이전의 상황에서 직접적 또는 간접적인 경험을 통해 얻은 지혜에도 의존한다. 둘째, 사회변동이 가져다주는 특정 상황에 대한 개인 선택의 결과는 언제나 문제적이다. 그것들은 집합적으로 구성되어야 한다. 그러나 이러한 개인행위의 집단적 구성이 개인행동들의 단순한 합계여서는 안 된다. 이때 '방법론적 개인주의'에 입각한 사회변동이론은 일반적 모델을 사용해서 특정의 문제된 상황에 대한 구성원들의 적응방식을 서로 연결시켜보는 것이다.

부동은 이러한 작업을 통해 독자들이 다양한 역사적·문화적 환경과 관련된 광범위한 문헌들을 비판적으로 독해할 것을 권유한다. 또한 현대의 '경험적 사회학'이 현실뿐만 아니라 그 분석 도구나 이론적 설명에도 관심을 기울여야 한다는 사실에 주의를 환기시킨다. 부동이 사회학과 인식론을 정치적 영향력이 큰 학문이라고 보는 이유는 바로 여기에 있다.

민문홍

국제비교사회문화정책연구소 소장·사회학이론, 사회사상

옮긴이 민문홍은 연세대학교 사회학과와 같은 대학교 대학원을 졸업하였다. 프랑스 파리 소르본 대학교(Paris IV대학)에서 사회학 박사학위를 받았다. 서울대·연대·고려대 등에서 강사를 지냈고, 서울신학대학교 교수 및 서울대 국제대학원 책임연구원을 지냈다. 지금은 한국외국어대학교 SSK 산학협력단 선임연구원, 서강대 대우교수, 국제비교사회문화정책연구소 소장으로 있다. 주요 저서로『유럽연합의 평생학습정책연구—지식기반 경제시대 경쟁력 제고와 사회통합 정책을 중심으로』(2009), 『현대사회학과 한국사회학의 위기』(2008), 『에밀 뒤르케임의 사회학』(2002) 등이 있다. 그리고 역서로 『사회분업론』(에밀 뒤르케임, 2012)이 있다.

자본주의 · 사회주의 · 민주주의

조지프 슘페터 지음 | 변상진 옮김 | 748쪽

슘페터는 마르크스와 마찬가지로 자본주의를 경제적 체제와 그 체제에 기초를 둔 제도 또는 질서라는 두 가지 차원에서 파악했다. 그러나 그는 마르크스와는 달리 자본주의가 경제체제로서는 안정적이나, 질서로서는 불 안정적이라고 보았다. 그는 경제체제의 안정성은 그 체제가 경제 내적인 요인에 의해서 자기를 파괴하는 경향을 보이는지의 여부에 결정되고, 자본주의적 질서의 안정성은 자본주의가 질서 또는 제도로서 존속할 것인지에 의해서 결정된다고 보았다.

그는 이렇게 주장했다. "자본주의는 경제적으로는 안정적이고 또 그의 안정성이 증대되기도 한다. 하지만 자본주의는 인간정신을 합리화함으로써 자신의 근본조건, 동기, 사회적 제도와 양립될 수 없는 사고방식과 생활양식을 만들어내고, 경제적 필연성에 의해서는 아닐지라도 아마도 어느 정도의 경제적 복지를 희생하면서도, 사회주의 또는 다른 것으로 부르는 것은 취향 또는 용어의 문제에 불과한 사물의 질서로 변화될 것이다."

슘페터의 이와 같은 결론은 마르크스와 크게 다르지 않다. 두 사람 모두 자본주의가 사멸할 것이라는 데에는 동의한다. 그러나 슘페터에게서는 마르크스의 하부구조와 상부구조의 역할이 전도된다. 슘페터는 자본주의는 경제체제에 발생한 암 때문이 아니라 그의 성공에 의해서 상부구조에서 발생한 신경쇠약과 이로 인한 생존의지의 상실 때문에 사망하고 사회주의적 사회질서가 불가피하게 등장할 것이라고 예측했다. 바꾸어 말하면 자본주의의 경제적 성공이 자본주의의 정치적 실패를 가져온다고 본 것이다. 우리는 슘페터가 어떻게 사회주의적 사회 상태를 향한 경향을 마르크스와는 다르게 확증할 것을 시도했는지에 초점을 맞출 것이다.

조지프 슘페터(1883~1950)

슘페터(Joseph Schumpeter)는 옛 합스부르크 제국 모라비아 지방의 트리시(현 체코공화국에 속함)에서 태어났으며, 빈 대학교에서 뵘-바베르크와 비저 아래에서 경제학과 법학을 전공했다. 체르노비치 대학교를 필두로 그라츠 대학교의 교수를 거쳐 1919년 오스트리아 연립내각의 재무장관을 역임했다.

슘페터는 전후의 오스트리아 경제의 전면적인 사회화를 추진하려는 사회주의자들의 계획을 반대하고, 사회화는 제1차 세계대전으로 피폐된 오스트리아의 경제를 복구하고, 시장경제의 재건을 통해 자본주의를 완전히 발전시켜 사물과 정신이 사회화된 다음에 추진되어야 한다는 것을 주장했다. 이러한 견해 차이로 다른 각료와 겪은 불화로 말미암아 재무장관직은 단기간에 끝나고 말았다. 그 후 민간은행의 은행장을 맡았으나 이 은행의 파산으로 은행장도 사임했다.

정계와 비즈니스계에서 뚜렷한 성공을 거두지 못한 그는 독일의 본 대학교를 거쳐 1932년 미국의 하버드 대학교 교수로 부임하여 타계할 때까지 경제이론과 경제학설사를 강의했다. 그는 경제학·사회학·역사 및 정치학을 아우르는 종합적인 사회과학을 발전시키기 위해 사회학자 파슨스(Talcott Parsons)와 긴밀히 협력하기도 했다.

주요 저서로는 『이론경제학의 본질과 주요내용』『경제발전의 이론』『경기순환』『10대 경제학자—마르크스에서 케인스까지』와 사후에 출판된 『경제분석의 역사』가 있다. 그는 자본주의는 하부구조의 안정성에도 불구하고 자신의 성공이 만들어낸 상부구조의 불안정성으로 말미암아 사멸하고, 사회주의에 의해서 불가피하게 대체될 것이라고 보고 이를 『자본주의·사회주의·민주주의』(1942)에서 상세히 논의했다.

모든 논리는 경제적 결정 패턴에서 도출된다

 순수하게 경제적인 고찰의 영역을 떠나 우리는 이제 자본주의 경제의 문화적 보완과 자본주의 사회, 특히 부르주아 계급의 특징적인 사고방식에 눈을 돌리기로 한다. 우리는 뚜렷한 사실을 지독히 간결하게 다음과 같이 전할 수도 있다.

 5만 년 전의 인간은 "선사학자," 사회학자와 인종학자가 인정하는 것과 같이 현대 원시인들의 태도와 거의 닮은 방식으로 주위 환경으로부터의 위험과 기회에 맞섰다. 우리에게 특히 중요한 것은 그 태도에서 볼 수 있는 두 가지 요소이다. 즉 그 하나는 원시인의 정신적 과정에서의 "집단적" "정서적" 성격이고, 다른 하나는 부분적으로는 중복되기도 하지만 완전히 정확하지 않게나마 내가 여기서 마법이라고 부르는 것의 역할이다. 전자로써 내가 지적하려는 것은 다음과 같다. 즉 소규모이면서 차별화되지 않은 또는 크게 차별화되지 않은 사회 그룹에서의 집단적 아이디어는 대규모이고 복잡한 사회 그룹의 아이디어보다도 더 엄격하게 개인의 마음에 강요된다는 것, 그래서 거기서의 결론과 결정은 우리의 목적에서 보자면 부정적 규범을 특징으로 한다고 할 수 있는 방법에 의해서 도달된다는 것, 다시 말해 이른바 논리를 무시한다는 것, 특히 모순을 제외하는 준칙을 무시한다는 것이 그것이다. 후자로써 내가 지적하고 싶은 것은 일련의 신앙의 준수이다. 그 신앙이란 경험과 완전히 절연되지는 않았지만 관찰된 일련의 현상 속에 비경험적 원천에서 도출되는 존재자 또는 신비한 힘을 주입한다. 이러한 타입의 심리적 과정과 신경성 환자들의 심리적 과정 사이의 유사성은 이미 드로말과 프로이트에 의해서 지적되었다.

 따라서 합리적 사고 또는 행동과 합리주의적 문명이 의미하는 것은 위에서 언급한 규범을 결여하고 있다는 것이 아니라, 개인이나 그룹이 주어진 상황을 다음과 같은 방식으로 다루려는 사회생활의 분야를 그것들이 서서히 그러나 부단히 확대시켜 나간다는 것을 의미할 뿐이다. 개인과 그룹이 그 주어진 상황을, 첫째 결코 전면적으로 그렇지는 않지만 자신의 관점에 따라서, 둘째 우리가 논리라고 부르는 그러한 일관성의 준칙들에 따라서, 셋째 그들 여러 준칙이 수적으로 극소라는 것과 그들 준칙 하나하나가 잠재적 경험이란 측면에서 표현될 수 있다는 두 가지 조건을 만족하는 가정에 따라서 다소간에 가장 잘 이용하려는 노력을 통해서 다룬다는 것이 그것이다.

 이 모든 것은 물론 매우 불충분하지만 우리의 목적을 위해서는 충분하다. 그렇지만 앞으로의 참조를 위해서 여기서 내가 언급할 합리주의적 문명의 개념에 관하여 더 말하고 싶은 한 가지 점이 있다. 매일의 생업을 합리적으로 분석하는 습관과 매일의 생활에서 합리적으로 행동하는 습관이 잘 보급된 경우, 그 습관은 일련의 집단적 아이디어에 되돌아가서 국왕과 교황, 복종, 십일조, 재산 등이 왜 존재해야 하는지를 의문시하는 방식으로 이들 아이디어들을 비판하며 어느 정도까지 그것들을 "합리화하기도 한다." 덧붙여 말하면 대부분의 사람들이 그러한 태도를 지적 발달의 "더 높은 단계"를 나타내는 징조로 받아들일지라도 이러한 가치판단은 반드시 또한 모든 의미에서 그 결과에 의해서 입증되지 못한다는 것을 지적하는 것도

레너 내각 당시의 슘페터 뒷줄 왼쪽에서 세 번째가 슘페터이다.

중요하다. 합리주의적 태도는 매우 적절하지 못한 정보와 기술상태에서도 작동할 수 있기 때문에, 그것에서 연유된 행동은 후일의 관찰자에게는 순수하게 지적인 관점에서 보더라도 당시 대부분의 사람들이 낮은 지능지수 탓으로 돌리는 경향을 보였던 태도들에 관련된 행동과 반외과의적인 성향에 비하여 열등한 것으로 보일 수도 있다. 17세기와 18세기의 정치사상의 많은 것들은 줄곧 망각되어온 이 진리를 예시한다. 계몽기의 저자들에게는 단순한 웃음거리에 불과했을지라도 후일의 "보수적" 반비판이 사회적 비전의 깊이뿐만 아니라 논리적 분석에서도 우월했다는 것은 분명하다.

그런데 추측컨대 합리적 태도는 일차적으로 경제적 필요에서 인간의 마음에 강요되었을 것이다. 하나의 종족으로서의 우리는 일상의 경제적 과업의 수행을 통해서 합리적 사고와 행동의 기본훈련을 받는다. 바꾸어 말하면 나는 주저 없이 모든 논리가 경제적 결정 패턴에서 도출된다고 말한다. 또는 내가 애용하는 문구로 표현한다면 경제적 패턴은 논리의 모태이다. 이것은 다음과 같은 이유로 그럴듯해 보이는 것 같다. 어떤 원시인이 모든 기계 가운데서 가장 초보적인 것인 한 자루의 막대기를 사용한다고 가정하자. 이 막대기는 우리의 사촌인 고릴라에 의해서 이미 그 진가가 인정되었다. 그리고 이 막대기가 그의 손에서 파손된다고 가정하자. 만약 그가 마술적 공식을 암송함으로써 이 파손된 막대기를 수선하려고 애쓴다면 이 경우 그는 합리적 사고 이전의 영역에 속한다. 만약 그가 조각난 막대기를 연결하기 위해, 또는 다른 막대기를 입수하기 위해 최선의 방안을 모색한다면 그는 우리의 의미에서 합리적이다.

『자본주의·사회주의·민주주의』 제11장 「자본주의 문명」

자본주의는 생존할 수 있는가

슈페터는 마르크스와 마찬가지로 자본주의를 경제적 체제와 그 체제에 기초를 둔 제도 또는 질서라는 두 가지 차원에서 파악했다. 그러나 그는 마르크스와는 달리 자본주의가 경제체제로서는 안정적이나, 질서로서는 불 안정적이라고 보았다. 그는 경제체제의 안정성은 그 체제가 경제 내적인 요인에 의해서 자기를 파괴하는 경향을 보이는지의 여부에 결정되고, 자본주의적 질서의 안정성은 자본주의가 질서 또는 제도로서 존속할 것인지에 의해서 결정된다고 보았다. 그는 이렇게 주장했다.

"자본주의는 경제적으로는 안정적이고 또 그의 안정성이 증대되기도 한다. 하지만 자본주의는 인간의 정신을 합리화함으로써 자신의 근본 조건, 동기 및 사회적 제도와 양립될 수 없는 사고방식과 생활양식을 만들어내고, 경제적 필연성에 의해서는 아닐지라도, 아마도 경제적 복지의 약간을 희생하면서 까지도 사회주의 또는 다른 것으로 부르는지는 단순히 취향 또는 용어의 문제인 사물의 질서로 변화될 것이다."

그의 이러한 결론은 마르크스의 그것과 다르지 않다. 이 두 사람 모두는 자본주의가 사멸할 것이라는 데에는 동의한다. 그러나 슈페터에 있어서 마르크스의 하부구조와 상부구조의 역할은 전도된다. 슈페터는 자본주의는 경제체제에 발생한 악성 암 때문이 아니라 그의 성공에 의해서 상부구조에서 발생한 신경 쇠약과 이로 인한 생존의지의 상실 때문에 사망하고 사회주의적인 사회질서가 "불가피하게" 등장할 것이라고 예측했다. 바꾸어 말하면 자본주의의 경제적 성공이 자본주의의 정치적 실패를 가져왔다. 우리는 슈페터가 이렇게 "사회주의적 사회 상태를 향한 경향을 마르크스와는 다르게 확증할 것"을 어떻게 시도했는지에 초점을 맞출 것이다.

(……………)

슈페터는 경제학이 물리학과 같이 사실을 기술하는 과학이기 때문에 결론을 내릴 수 없다고 보고 그의 저술에 별도의 결론을 덧붙이지 않는다. 그러나 여기서 요약을 위주로 결론을 쓰는 것은 그의 의도에 크게 어긋나지 않을 것으로 보인다.

슈페터는 1930년대의 대공황 이전에 자본주의가 장기적으로는 사멸할 것이라고 예측했다. 그 예측에서 그가 보여준 체제의 안정성에 대한 신념은 아마도 일반 균형체제의 안정성에 관한 발라의 이론에 심취했기 때문으로 볼 수 있다. 동시에 그는 마르크스가 자본주의를 생성, 발전, 쇠퇴하는 역사적 과정으로 파악하고 그 과정을 내적 요인에 의해 설명하는 동학을 발전시킨 것도 크게 찬양하고 있다. 우리는 슈페터가 경제체제의 안정성(발라적 접근)과 자본주의 질서의 변화 또는 불안정성(마르크스적 접근)을 그의 독특한 방법론으로 종합하여 자본주의의 장기적 진화에 관한 그의 이론을 전개했다고 볼 수 있다.

그러나 슈페터가 제시한 사회주의를 위한 장기적인 진화과정인 사회화 과정에서 노동자는 어떤 역할도 하지 않는다. 마르크스에게 사회주의를 위한 진정한 사회화 과정—그 본질은 계급투쟁이었다—은 존재하지 않는다. 마르크스는 사회주의로의 변이를 위한 가교, 사회화 과정을 결여하고 있는 그 이전의 일부 사회주의자들을 유토피아주의자라고 부르고 그들의 사회주의 이론을 비과학적이라고 불렀다. 그러나 슘페터의 관점에서 본다면, 노동자의 계급투쟁에 의존하던 마르크스의 자본주의의 변이이론도 역시 비과학적이다.

슘페터의 자본주의 변이이론은 역사를 혁신의 관점에서 해석하려는 시도이다. 따라서 우리는 슘페터가 마르크스의 역사의 경제적 해석의 명제를 역사의 혁신론적 해석의 명제로 보완 또는 대체했다고 볼 수 있다. 즉 슘페터에게서 혁신에 의한 자본주의 진화를 가로막는 것은 계급투쟁이 아니라 합리주의이다.

슘페터는 자본주의가 그의 성공에 의해서 그의 자리를 사회주의에 "불가피하게," "필연적으로" 내어줄 것이라고 예측했다. 그가 예측한 것은 어떤 현상에 존재하는 경향이 관찰하는 기간 중에 그대로 작동한다면, 또 이것을 교란하는 다른 요인이 없다면 무엇이 일어날 것인가 하는 것이다. 그 이상의 것을 예측하는 것은 예측이 아니라 예언이다. 따라서 관찰되는 경향은 일어날 수도 있고 일어나지 않을 수도 있다. 이러한 의미에서 그가 말하는 필연성이나 불가피성이 이해되어야 한다.

사람들은 슘페터가 장기적 경향에서 자본주의가 사멸할 것이라는 점을 지적했을 때 그를 패배주의자라고 비난했다. 그가 이러한 경향을 적극적인 행동으로 저지하려 하지 않는 태도만이 패배주의라고 응수한 것은 그가 말하는 예측의 의미를 이해할 경우 이해될 수 있다.

슘페터는 자신이 진단하고 기술한 경향이 실현할 문명을 싫어했다. 그는 이러한 진단을 하기 위해서 사회주의자가 될 필요가 없다고 주장한다. 그는 결코 사회주의자가 아니었다. 사회주의자들도 그에게서 그들이 바라는 어떤 사회주의도 찾아볼 수 없을 것이다. 슘페터는 다만 과학적으로 이러한 경향을 진술했을 뿐이다.

슘페터는 자신이 예측한 경향은 자본주의적 현상의 근저에서 서서히 진행되고 있다고 보았으며, 이러한 진단에서는 한 세기도 단기라고 보았다. 그는 사회주의의 가능성은 자본주의 진화와 더불어 점점 커지기는 하지만, 자본주의는 여전히 그의 왕성한 생명력을 유지하고 있다고 보았다. 이러한 의미에서 그를 자본주의와 부르주아 문명을 옹호하는 보수주의자로 보고 그의 이론에 접근하려는 시도가 최근 크게 일어나고 있다.

그는 "민주주의적 방법은 제도적인 장치인데, 이 장치 안에서 개인들은 인민들의 투표를 얻기 위해 경쟁적으로 투쟁함으로써 결정권한을 획득한다"라고 민주주의를 정의했다. 민주주의에 관한 그의 이론은 정치학에서 새로운 이론의 장을 크게 열었으나, 이에 대한 논의는 다른 기회로 미룰 수밖에 없다.

변상진

성균관대 명예교수·경제학

옮긴이 변상진은 서울대학교 상과대학을 졸업했다. 하와이 대학교(University of Hawaii)에서 석사과정을 이수하고, 서던 메소디스트 대학교(Southern Methodist University)에서 경제학 박사학위를 받았다. 아이다호 주립 대학교(Idaho State University)의 경제학 교수를 거쳐 성균관대학교 무역학과 교수와 같은 대학교 무역대학원장을 지냈다. 지금은 성균관대학교 명예교수로 있으면서 슘페터의 경제사회학을 연구하고 있다. 슘페터에 관한 주요 논문으로는 「슘페터의 이자이론에 관한 연구—그의 『경제발전의 이론』을 중심으로」, 「슘페터의 기업가·혁신·경제발전의 이론에 관한 연구」 등이 있다. 옮긴 책으로는 슘페터의 『경제발전의 이론—기업가 이윤, 자본, 신용, 이자 및 경기순환에 관한 연구』(공역)와 보토모어(Tom Bottomore)의 『한계주의와 마르크스주의 사이에서—J.A. 슘페터의 경제사회학』이 있다.

공화국의 위기

한나 아렌트 지음 | 김선욱 옮김 | 324쪽

▷ 저자의 다른 작품
『인간의 조건』(GB 11)
『혁명론』(GB 61)
『예루살렘의 아이히만』(GB 81)
『전체주의의 기원』(GB 83, 84)

▷ 역자의 다른 번역 작품
『예루살렘의 아이히만』(GB 81)

이 책에 실린 세 편의 논문은 미국의 상황에 대한 아렌트의 판단의 결과물이다. 아렌트 전기를 쓴 엘리자베스 영-브륄은 이 책을 저술할 당시를 '어두운 시절의 미국'이라고 표현했다. 이러한 미국의 모습에 대한 아렌트의 응답이 『공화국의 위기』라는 것이다. 이 시기에 흑인의 민권운동이 다양한 방식으로 일어났고, 케네디 대통령과 마틴 루터 킹 목사가 암살당하고, 대학에서 학생소요가 일어나고, 미국이 베트남전쟁에서 패배하는 등의 일이 일어났다.

아렌트는 「정치에서의 거짓말」을 통해 미국 정치에서 거짓이 누적되고 현실을 제대로 보지 못하게 된 메커니즘을 살펴보게 되었고, 「시민불복종」을 통해서 미국의 법이 갖는 특성과 국가에서 법의 준수와 불복종 행위를 통한 법의 개선이라는 변증법적 과정을 검토하게 되었다. 「폭력론」을 통해서 아렌트는 국가 혹은 집단, 개인에 의해 이루어지는 힘의 행사가 폭력과 권력으로 나뉘는 분기점이 무엇인지를 명확하게 드러내려 했다. 또 책의 마지막에 수록된 「정치와 혁명에 대한 소고: 하나의 주석」는 독일어로 이루어진 아렌트와의 대담 내용을 영어로 옮긴 것이다.

이러한 작업의 특징은 한 마디로 '현상학적'이라고 할 수 있다. 이론이나 사상에 의해 현실을 보는 눈이 제약을 받지 않고, 오히려 현실을 정확히 읽음으로써 제대로 된 관점과 정책, 나아가 이론이 형성될 수 있음을 보여준다. 이러한 작업의 기초에는 정치학의 기본적 개념들, 예컨대 권력, 폭력, 권위, 법, 계약 등과 같은 개념들을 실재에 기초하여 정확하게 이해하는 작업이 자리 잡고 있다.

한나 아렌트(1906~75)

아렌트(Hannah Arendt)는 독일 하노버에서 태어나 동프로이센의 수도인 쾨니히스베르크에서 성장했다. 그녀를 특징짓는 말은 유대인, 여성, 정치사상가 등이 있지만, 이 책에서는 공공지식인인 아렌트의 모습이 드러난다. 형이상학과 신학에 관심이 많았던 그녀는 마르부르크 대학에 입학해 하이데거의 현상학의 영향을 크게 받은 뒤 하이델베르크 대학으로 옮겨 야스퍼스에게서 세계시민적 관점에 입각한 철학을 공부한 다음 『성 아우구스티누스의 사랑 개념』으로 박사학위를 받았다.

교수자격시험을 준비하던 중 시온주의자들의 활동을 돕다가 독일 비밀경찰의 조사를 받은 뒤 프랑스로 망명해 유대인을 위한 활동을 했고, 이후 독일군이 프랑스를 점령하자 미국으로 망명했다.

프랑스와 미국 생활 초기에 쓴 유대인 관련 저술들은 유고집 『유대인 관련 저작집』(2007)으로 나왔다. 『전체주의의 기원』(1951)은 그녀를 유명하게 한 최초의 저술이며, 『인간의 조건』(1958)은 정치적 삶에 대한 심도 깊은 분석을 담고 있다. 독일의 전범 아이히만의 재판 참관기인 『예루살렘의 아이히만』(1963)에서 가졌던 인간에 대한 통찰은 이후 『과거와 미래 사이』(1968)와 유고집 『정신의 삶: 사유/의지』(1978)를 통해 구체적인 모습으로 드러났다.

현실문제에 대한 그녀의 숙고와 판단은 『혁명론』(1963)과 이 책 『공화국의 위기』(1972)에 담겨 있다. 특히 『공화국의 위기』는 베트남전쟁과 미국 및 유럽의 학생운동 및 반전운동 등과 관련해 공공지식인으로서의 모습을 여실히 보여준다. 1975년 12월에 심근경색으로 사망한 뒤 지금까지 유고집이 계속 출간되고 있다.

거짓말은 정치적 거래에서 정당화가 가능한 도구인가

인간 행위의 특징 중 하나는 항상 어떤 새로운 것을 시작할 수 있다는 점이다. 이 말은 인간이 절대적 시원을 이룩할 수 있다거나 무로부터 창조할 수 있도록 허용되었음을 의미하지 않는다. 어떤 사람이 자신의 행위를 준비하려면, 전에 거기에 있었던 것을 제거하거나 파괴해야 하고, 사물의 과거 모습은 변경되어야 한다. 만일 우리가 생각을 통해 우리 자신을 현재 우리의 몸이 머물고 있는 곳에서 움직일 수 없다면, 그리고 현 상태를 현재의 모습과는 다른 모습으로 상상할 수 없다면 그 같은 변화란 불가능할 것이다. 달리 말하면 사실적 진리에 대한 고의적 부정—거짓말하는 능력—과 사실을 변화시키는 소질—행위하는 능력—은 서로 결부되어 있다. 이 둘은 동일한 근원에 의존한다. 그것은 상상력이다. 실제로 비가 내리고 있는데도 "해가 비친다"고 우리가 말할 수 있는 것은 결코 당연한 문제가 아니다. 오히려 그것은 우리가 세계에 감각적으로나 정신적으로 잘 무장되어 있으며, 우리가 그 세계의 없어서는 안 될 한 부분으로 그에 짜 맞추어져 있거나 장착되어 있는 존재가 아니라는 것을 가리킨다. 우리는 자유롭게 이 세계를 바꿀 수 있고 또 그 안에서 새로운 일을 시작할 수 있다. 존재하는 것을 부정하거나 긍정하는, 즉—동의나 이견을 표현하기 위해 진술이나 명제에 대해서, 그리고 그뿐만 아니라 우리가 동의하거나 의견을 달리하는 것과 무관하게 우리의 지각과 인지기관에 주어진 그대로의 사태에 대해서도—"네"나 "아니오"를 말할 정신적 자유가 없이는 어떠한 행위도 가능하지 않을 것이다. 그리고 물론 행위가 정치를 구성하고 있는 핵심이다.

따라서 우리가 거짓에 대해 말할 때, 특히 행위자들이 행하는 거짓에 대해 말할 때, 그 거짓이 인간의 죄성(罪性)이라는 어떤 우연에 의해 정치로 흘러들어간 것이 아님을 기억하자. 바로 이러한 이유에서 볼 때, 도덕적 분노가 거짓을 사라지게 할 수는 없을 것 같다. 고의적 거짓은 우연적 사실들을 다룬다. 즉 그 안에 어떠한 내재적 진리도 담지 않은 문제들, 그러한 것이 그렇게 되어야 할 필연성을 갖지 않은 문제들을 다룬다. 사실적 진리가 결코 어쩔 수 없이 참인 것은 아니다. 역사가는 우리가 일상의 삶을 영위하는 사실들의 전체 망이 얼마나 취약한가를 잘 안다. 그 망은 단 한 번의 거짓말에 구멍이 날 위험에 항상 처해 있고, 집단이나 민족 혹은 계급의 조직적 거짓말로 산산조각날 수 있으며, 종종 거짓의 장막으로 조심스럽게 포장되거나 단순히 망각 속으로 빠져버릴 수 있다. 인간사의 영역이 안전한 거처를 갖기 위해서는 사실에 대해 기억할 만한 증거와 신뢰할 만한 증언이 필요하다. 따라서 어떠한 사실적 진술도—예컨대 2 더하기 2는 4라는 진술처럼 안전하고 잘 방어할 수 있을 만큼—의심의 여지가 없을 수가 없다.

기만이 아주 쉽게 어느 지점에까지 이를 수 있고 아주 유혹적인 것은 바로 이러한 취약성 때문이다. 기만은 결코 이성과 갈등을 일으키지 않는다. 왜냐하면 거짓말쟁이가 주장하는 것처럼 일이 실제로 그렇게 되었을 수도 있기 때문이다. 거짓말은 종종 현실보다 더 그럴듯하며 이성에 더 호소력을 갖는다. 왜냐하면 거짓말쟁이는 자신의 거짓말을 듣게 될 사람들이

연설하는 마틴 루터 킹 목사 한나 아렌트가 살았던 시대는 격동의 시기였다. 주권 없는 민족의 일원으로서 아렌트가 직접 경험한 망명, 미국의 베트남 전쟁에서의 패망, 흑인의 민권운동, 대학생들의 시위와 동맹휴업 등이 있었다.

듣고 싶어 하는 것이나 기대하는 것이 무엇인가를 사전에 알고 있다는 큰 강점을 갖고 있기 때문이다. 거짓말쟁이는 자기의 이야기를 대중이 받아들이도록 그럴듯하게 만들기 위해 조심스러운 눈으로 준비하는 반면, 현실은 우리가 미처 준비하지 못한 예기치 않은 일을 대면하게 하는 당혹스러운 습성을 갖고 있다.

정상적 상황에서 거짓말쟁이는 현실 앞에 무너진다. 현실을 대체할 수 있는 것이 없기 때문이다. 노련한 거짓말쟁이가 수많은 거짓말을 아무리 연거푸 내뱉더라도 결코 충분하지는 않을 것이다. 비록 그가 광대한 사실성을 은폐하기 위해 컴퓨터를 사용한다고 해도 말이다. 거짓말쟁이가 몇몇 거짓말을 감쪽같이 해치울 수 있을지 모르지만, 원칙적으로 그가 거짓말로 살아남기란 불가능할 것이다. 이것이 바로 전체주의의 실험, 그리고 거짓능력에 대한 전체주의적 통치자의 섬뜩한 신뢰——예컨대 과거를 현 순간의 '정치노선'에 맞추기 위해 역사를 연거푸 고쳐 쓰는 능력 혹은 자신의 이데올로기에 맞지 않은 원자료를 제거하는 능력에 대한 신뢰——에서 배울 수 있는 교훈 가운데 하나이다. 따라서 그들이 사회주의 경제에 실업이 있다는 것을 부정하려 했을 때, 실업자는 단적으로 존재하지 않는 자가 되어버렸다.

폭력수단을 소유한 사람들이 그러한 실험에 착수한다면 그 결과는 아주 끔찍할 것이다. 그래도 그들이 지속적으로 기만을 일삼을 수는 없다. 거짓이 비생산적으로 되는 지점이 언젠가는 도래하기 때문이다. 이 지점은 거짓말 대상인 자들이 생존을 위해 참과 거짓의 경계선을 전적으로 무시해야만 할 때 도달하게 되는 지점이다.

「공화국의 위기」「정치에서의 거짓말」

공공지식인의 정치적 판단

한나 아렌트가 살았던 시대는 실로 격동의 시대였다. 세계사적으로는 제1차 및 제2차 세계대전이 있었고, 과학기술문명의 급격한 발전과 더불어 다가온 풍요와 인간 소외가 있었으며, 원자폭탄의 실전에서의 사용과 인류를 완전히 파멸시킬 수 있을 정도의 원자폭탄 수의 증가가 있었고, 미국에서의 흑인의 권리를 위한 투쟁과 세계적인 학생운동의 경험이 있었으며, 베트남전쟁의 종식과 냉전 체제의 수립 및 강화가 있었다. 아렌트가 직접 경험했던 것을 중심으로 말하자면, 주권 없는 민족의 일원으로서 경험한 망명과 새로운 국가에서의 정착, 홀로코스트, 자신이 시민권을 얻은 미국이 경험한 베트남전쟁에서의 패망, 흑인의 민권운동, 대학생들의 시위와 동맹휴업 등이 있었다.

이러한 다사다난한 세월을 지내면서도 아렌트는 사유의 세계로 도피하지 않고 시대에 항상 충실했다. 자신을 둘러싼 구체적인 문제들에 대해 구체적인 응답을 했을 뿐만 아니라 그 문제들의 심층에 깔려 흐르는 저류들을 분석해냈다. 나아가 그녀는 그런 문제들을 끝없이 만들어내는 인간에 대한 깊은 통찰을 보여주었다. 이러한 폭넓고도 깊은 아렌트의 작업을 우리는 그 특성에 따라 다음과 같은 몇 가지로 구분하여 설명할 수 있을 것 같다.

우선, 아렌트는 구체적인 문제들에 대해 구체적인 응답을 제공하는 작업을 수행했다. 이러한 응답은 정화열 교수의 표현처럼 '공공지식인'(public intellectual)으로서의 활동이라고 할 수 있다. 정화열 교수는 "어떤 사람을 대중적 지식인이라고 부르는 것은, 미국을 예로 들어 설명하자면, 그런 이들이 『뉴요커』나 『뉴리퍼블릭』, 『디센트』 등과 같은 인쇄 매체에 '교육받은 대중들'을 위해 글을 쓰고 있음을 알리기 위한 것이다. 한나 아렌트는 하이데거의 80세 생일을 기념해 쓴 논문을 『뉴욕 리뷰 오브 북스』에 출간했다. 그뿐 아니라 『정신의 삶』의 제1권인 『사유』를 『뉴요커』에 세 부분으로 나누어 조금 다른 형태로 간행하기도 했다"라고 말한다. 정화열 교수에 따르면 아렌트는 정치철학자이면서 동시에 공공지식인이다.

이 같은 아렌트의 활동은 독일을 떠나 프랑스 파리에서 유대인 관련 단체의 일을 하면서부터 수행하기 시작하여 그녀의 평생 동안 이루어졌다. 처음에는 유대인의 입장에서 유대인 문제에 대한 많은 글들을 남겼는데 이러한 성격의 글들은 후에 론 펠드먼이 편집하여 2007년에 간행한 『유대인 관련 저작집』(The Jewish Writings)에 수록되어 있다. 그리고 보다 일반적인 관점에서 쓴 글은 『이해를 위한 에세이들: 1930~54』에 수록되어 있다. 이와 같은 성격의 작업이지만 그 분량의 면에서나 형식의 면에서 다른 차원에서 이루어진 것이 지금 우리가 만나고 있는 『공화국의 위기』이다. 이 책은 미국에서 벌어진 일련의 사건들에 대한 학문적 응답이지만 그 근본정신은 앞서 언급한 바와 같은, 구체적인 문제들에 대한 구체적인 응답에 있다고 할 수 있다. 하지만 이처럼 구체적인 응답을 이루는 가운데 아렌트는 중요한 개념들을 근본적으로 다시 생각하고 있으며, 우리로 하여금 함께 생각의 길을 걷도록 이끌고 있다. 바로 이런 성격 때문에 이 책은 한국에서 정치를 고민하고 있는 우리로 하여금 우리의 문제에 대해 근본적으로 고민하는 방법을 일러주고 있다고 할 수 있다.

이런 성격의 작업은 아렌트의 말로 하자면 "판단"(judging)의 작업이며, 여기서 아렌트는 이런 판단작업에 대한 이론적 규명으로 나아갔다. 현실 속에서 이루어지는 많은 일들에 대한 적절한 답을 줄 수 있는 원리와 원칙, 혹은 이론이 존재하지 않을 때, 그럼에도 불구하고 삶을 진행하기 위해 그런 일들에 대한 입장을 세우고 주장을 제시해야만 할 때, 우리가 해야 하는 작업이 판단이다. 이는 칸트가 『판단력비판』에서 설명한 '반성적 판단'과 같은 구조의 작업으로, 어떤 구체적인 사안에 대해 평가할 보편적 원리가 존재하지 않을 경우에도 그 사안에 대해 내릴 수 있는 판단의 방식을 말한다. 아렌트는 이러한 판단의 방식을 정치적 판단에 적용하여 어떻게 정치적 판단이 가능한가를 밝히고자 했는데, 이러한 작업의 단초들이 1950년대와 1960년대의 저술들에서 부분적으로 다루어지고 있으나 그녀가 남긴 마지막 학문적 작업의 정점에서 구체적인 모습이 드러나도록 되어 있었다. 유고로 나온 『정치의 약속』과 『과거와 미래 사이』의 일부 논문에서 그에 대한 단편적 언급이 등장하지만, 아렌트가 기획했던 3부작 『정신의 삶』의 마지막 부분으로 그의 최종적인 모습을 가져야 했다. 하지만 이는 그녀의 '때 이른' 죽음으로 말미암아 불발되었고, 비교적 완성된 형태를 이루고 있는 첫 2부만 유작으로 1권 『사유』, 2권 『의지』라는 소제목을 달고 세상에 나왔다. 3권이 되었어야 할 『판단』의 구체적인 내용을 알지 못하게 되었지만, 아렌트가 뉴스쿨에서 강의한 내용을 그의 제자였던 로널드 베이너가 편집하여 그 대략적인 아이디어를 알 수 있게 만들어 세상에 내놓았는데, 그것이 『칸트 정치철학 강의』이다. 70세의 나이로 사망한 아렌트의 죽음에 대해 사람들이 '때 이른'이라는 표현을 사용하는 이유는 '판단' 작업을 완성하지 못한 채 남겨 놓아야만 했기 때문이다.

아렌트의 또 다른 작업은 시대적 현상에 대한 분석의 지속적인 수행이다. 전체주의라는 현상으로 나아간 역사적·철학적 작업을 수행한 『전체주의의 기원』은 아렌트를 본격적인 정치사상가의 한 사람으로 유명하게 만들어주었고, 프랑스혁명과 미국혁명을 분석한 『혁명론』도 동일한 성격의 작업이라고 할 수 있다. 이 두 작업에서 아렌트는 논의를 전개하는 과정으로 이른바 '내러티브'의 방식을 사용하여 역사학자들을 곤혹스럽게 만들었고, 기존의 정치이론에 근거하여 논의를 전개하지 않고 현상에 대한 이해를 통해 정치 현상에 대한 새로운 통찰력을 정치학자들에게 제공하였다.

김선욱

숭실대 교수·철학

옮긴이 김선욱은 숭실대학교 철학과를 졸업하고 미국 뉴욕주립대(버펄로)에서 철학박사 학위를 받았다. 뉴욕주립대(버펄로), 호튼 칼리지, 캐니시어스 칼리지, 동국대, 경기대 등에서 강의를 했고 서울대 미국학연구소 책임연구원, 한국철학회 사무총장, 제22차 세계철학대회 한국조직위원회 사무총장, 사회연구를 위한 뉴스쿨의 풀브라이트 방문교수 등을 지냈다. 현재 숭실대학교 철학과 교수 및 숭실대 부설 가치와윤리연구소 소장, 베어드학부대학 학장으로 있으며, 한반도평화연구원의 연구원과 기독교윤리실천운동 본부장으로 사회활동에 참여하고 있다. 저서로 『정치와진리』, 『한나 아렌트 정치판단이론』, 『한나 아렌트가 들려주는 전체주의 이야기』, 『키르케고르가 들려주는 죽음에 이르는 병 이야기』, 『마르틴 부버가 들려주는 만남 이야기』, 『행복의 철학』 등이 있다. 역서로 한길사에서 펴낸 한나 아렌트의 『예루살렘의 아이히만』을 비롯해 『칸트 정치철학 강의』(한나 아렌트), 『정치의 약속』(한나 아렌트), 『휴머니티』(조너선 글로버, 공역), 『한나 아렌트와 유대인 문제』(리처드 J. 번스타인, 공역) 등이 있다. 마이클 샌델의 『공동체주의와 공공성』을 공역하고 『하버드 대학 명강의: 정의』를 감수했다.

차라투스트라는 이렇게 말했다

프리드리히 니체 지음 | 강대석 옮김 | 468쪽

▷ 역자의 다른 번역 작품
『종교의 본질에 대하여』(GB 77)
『기독교의 본질』(GB 98)

'모든 사람을 위한 그리고 누구를 위한 것도 아닌 책'이라는 부제가 붙은 이 책은 니체의 사상과 철학의 진수를 보여주는 철학적 산문시이다. 아름다운 문체와 모순으로 가득 찬 이 책이 제시하는 핵심사상은 무엇인가? 그것은 권력의지, 초인, 영겁회귀라는 개념으로 요약된다. 이러한 사상은 니체가 망치를 들고 종래 가치를 모조리 파괴한 후에 내세우는 긍정적인 것들이다.

권력의지는 권력을 지향하는 의지이며, 맹목적이 아니라 스스로를 강화해가는 것이다. 권력을 증가하려는 모든 의지는 우주에 산재해 있다. 세계의 모든 것은 권력이라는 중심에 의해서 지탱되고 있으며 삶은 권력의지의 한 표현이다.

권력의지를 철저하게 실현하는 인간이 '초인'이다. 종래의 모든 가치, 특히 종교적이고 초월적인 가치를 파괴한다는 의미에서 니체는 "신은 죽었다"라고 선언한다. 니체는 신의 죽음과 더불어 초인의 탄생을 예고했다.

초인은 다른 한편으로 영겁회귀 사상을 신봉하는 인간이다. 영겁회귀란 모든 것이 동일하게 되돌아온다는 것을 의미한다. 지금 존재하는 것이 이미 과거에 존재했으며 과거에 있던 것은 미래에 다시 되돌아온다. 이 사상은 부정적인 측면과 긍정적인 측면을 모두 포함한다. 니체 철학이 매력과 위험을 동시에 내포하고 있는 것과 비슷하다.

이렇듯 비유와 상징 및 시적인 문장 아래 기존의 기독교적 질서를 파괴하고 현대인의 중심 문제를 예언한 이 책은 뒤에 오는 철학자·시인·작가들에게 크나큰 영향을 끼쳤다.

프리드리히 니체(1844~1900)

"나는 인간이 아니고 다이너마이트다"라며 인류의 사상을 송두리째 파괴하고 새로운 이상을 제시하려 했던 니체(Friedrich Nietzsche)는 독일의 한 작은 마을에서 목사의 아들로 태어나 그리스 문학을 연구한 후 철학으로 넘어간 철학자이자 음악가이며 시인이다. 25살의 나이에 스위스 바젤 대학의 교수가 된 후 그리스 비극을 철학적으로 해석한 처녀작 『비극의 탄생』을 내었다. 계속 『비시대적 고찰』 『인간적인, 너무나 인간적인』 『서광』 『즐거운 지식』 등을 통해 이전의 서구문명과 사상을 비판했다.

그 후 주저라고 할 수 있는 『차라투스트라는 이렇게 말했다』에서는 스스로의 사상을 요약하고 초인이라는 새로운 이상을 제시했다. 종래의 이성적인 세계관을 거부하고 의지가 중심이 되는 인간과 세계를 옹호하려 한 쇼펜하우어의 철학과 바그너의 예술관을 계승·발전시킨 것이다. 초인은 세계의 근본원리가 권력의지라는 사실을 확신하며 내세나 초월적인 것을 부정하고 현세의 삶을 충실하게 살아가는 강한 인간의 전형이다.

건강 때문에 교수직을 사임하고 이탈리아의 항구도시와 프랑스 남쪽 해안을 전전하던 니체는 강인한 의지를 갖고 "나를 죽이지 못하는 것은 나를 더 강하게 만들 뿐이다"라며 철저하게 자기의 이념을 관철해갔다. 『선악의 피안』 『도덕 계보학』 『반기독교인』 등 훗날의 저술들은 이러한 이념을 보충해주는 역할을 하고 있다.

니체의 철학에는 매력과 위험이 동시에 포함되어 있다. 즉 이전의 편견을 버리고 자기 자신의 운명을 스스로 만들어가야 된다는 긍정적인 측면과 함께 강자만이 역사의 주도자가 될 수 있다는 귀족주의적이고 군국주의적인 사고방식이 깃들어 있다.

낡은 가치표와 새로운 가치표

1

부서진 낡은 가치표와 새로운 가치표들에 둘러싸인 채 나는 이곳에 앉아 기다리고 있다. 나의 때는 언제 오려나?

내가 아래로 내려가야 할 때는. 나는 다시 한번 인간들에게 가기를 원하기 때문이다.

나는 지금 기다리고 있다. 나의 때가 왔음을 알리는 신호가 먼저 내게 와야만 하기 때문이다. 비둘기떼를 거느린 웃는 사자가.

그때까지 나는 시간의 여유가 있으니 나 자신을 향해 이야기하리라. 내게 새로운 것을 말해주는 사람은 하나도 없으니 내가 나 자신에게 이야기하는 것이다.

2

인간들에게 갔을 때 나는 그들이 낡은 망상 위에 앉아 있는 것을 발견했다. 그들은 모두가 인간의 선과 악이 무엇인가를 전부터 알고 있다고 믿었다.

덕에 대해 이야기하는 것이 그들에게는 낡고 권태로운 일처럼 생각되었다. 그리하여 깊이 잠들고 싶을 때 그들은 '선'과 '악'에 대해 이야기하곤 했다.

무엇이 선이고 무엇이 악인지 창조자 이외에는 아무도 모른다! 나는 그들에게 이렇게 가르치면서 그들의 잠을 방해한 것이다.

그러나 창조자란 인간의 목표를 창조하고 대지에 그 의미와 그 미래를 부여하는 자이다. 이 사람이 비로소 선과 악이 무엇인가를 창조하는 것이다.

그리고 나는 그들에게 그들의 낡아빠진 강좌와 낡아빠진 망상이 도사리고 있는 자리를 뒤집어엎으라고 말했다. 나는 그들에게 위대한 도덕군자들, 성자들, 시인들, 구원자들을 비웃어주라고 말했다.

나는 그들에게 음울한 현자들, 그리고 검은 허수아비처럼 생명의 나무 위에 앉아 경고하듯 하는 자들을 비웃어주라고 말했다.

나는 그들의 커다란 무덤 길목에 앉기도 했으며, 심지어 썩은 시체와 독수리 곁에 앉기도 했다. 그리고 나는 그들의 모든 과거와 썩어 사라져가는 영광을 비웃었다.

진실로 나는 참회를 권하는 설교자들처럼 그리고 바보들처럼 그들의 크고 작은 모든 일들에 대해 분노와 수치를 외쳤다. 그들의 가장 선한 것이 그렇게 보잘것없다니! 그들의 가장 악한 것이 그렇게 보잘것없다니! 이렇게 나는 비웃었다.

(……………)

그곳에서는 모든 생성이 내게 신들의 춤으로 신들의 분방으로 보였으며, 세계는 해방되어 자유분방하게 자기 자신에게로 되돌아 달음질치는 것처럼 보였다.

많은 신들이 서로 영원히 달음질치면서 다시 서로를 찾는 것처럼 생각되고, 많은 신들이 행복하게 서로 반발하고 다시 귀를 기울이고 재결합하는 것처럼 생각되었다.

그곳에서는 모든 시간이 순간에 대한 행복한 조롱으로 생각되었다. 그곳에서 필연은 자유 그 자체였으며, 자유의 가시를 가지고 행복하게 놀고 있었다.

그곳에서 나는 나의 옛 악마이며 최대의 적인 무거운 정신과 그 영이 창조한 모든 것, 이를테면 강제, 규정, 필연과 결과, 목적과 의지,

표범을 타고 있는 디오니소스
니체는 한 시대의 정신문화가
디오니소스적인 것이 주도할 때
발전하고 아폴로적인 것이
주도할 때 쇠퇴한다고 보았다.

선과 악까지도 다시 발견했다.

왜냐하면 춤추며 넘어야 할, 춤추며 건너야 할 무엇이 있어야 하지 않겠는가? 가벼운 자들, 가장 가벼운 자들을 위해 두더지들과 무거운 난쟁이들이 있어야 하지 않겠는가?

3

내가 '초인'이라는 말을 길에서 터득하고 인간은 극복되어야 할 존재라는 것을 알게 된 것도 그곳에서였다.

인간은 다리이며 목적이 아니라는 것, 그리하여 새로운 아침노을에 이르는 길인 자신의 정오와 저녁을 맞아 스스로를 행복하게 찬양한다는 것을 알게 된 것도.

위대한 정오에 대한 차라투스트라의 가르침, 그리고 두 번째의 분홍빛 저녁노을인 양 내가 인간들의 머리 위에 걸어놓은 모든 것을 알게 된 것도.

진실로 나는 그들에게 새로운 밤과 함께 새로운 별들을 보여주었다. 그리고 구름과 낮과 밤 위에 나는 마치 화려한 천막처럼 웃음을 펼쳐놓았다.

나는 인간 내부에 존재하는 파편들과 수수께끼들과 두려운 우연을 하나로 짜맞추는 나의 모든 기술과 노력을 그들에게 가르쳤다.

시인으로서, 수수께끼를 푸는 자로서, 그리고 우연을 구제하는 자로서 나는 그들에게 미래를 창조하라고 가르쳤으며, 과거의 모든 것을 창조를 통해 구제하라고 가르쳤다.

인간의 과거를 구제하고, 의지가 마침내 "나는 그러기를 원했다! 나는 그렇게 원할 것이다"라고 말할 때까지 모든 과거를 개조할 것을.

『차라투스트라는 이렇게 말했다』 제3부 「낡은 가치표와 새로운 가치표」

더 높은 인간을 찾아 나서다

이 책 『차라투스트라는 이렇게 말했다』는 1883년에서 1885년 사이에 성립했다. 1883년 1월 말에 니체는 이탈리아의 작은 마을 라팔로(Rapallo)에서 차라투스트라에 대한 영감을 얻었다고 말한다. 최초의 원고는 10일 동안에 쓰였다. 니체 자신이 이 책을 "10일간의 작품"이라고 말한다. 2월 13일 "바그너가 죽은 바로 그 성스러운 순간"에 이 원고를 끝마쳤다고 니체는 말한다. 바그너의 죽음과 함께 '초인'이 탄생한 것이다. 다음날 그는 이 원고를 헴니츠(Chemnitz)에 있는 슈마이츠너(Schmeitzner) 출판사에 보냈다. 편집을 맡은 토이프너(Teubner)는 3월 말까지 출간하겠다고 약속했으나 그 약속은 지키지 못했다. 1883년에 이 지방에 새로운 찬송가가 도입되었고 이 출판사가 부활절까지 50만 권의 찬송가집을 찍어내야 했기 때문이다. 3월 20일에 니체는 출판사에 경고 편지를 보냈다. 그 결과 4월 26일에 인쇄에 들어갔다. 니체의 친구 가스트(Gast)가 교정을 보았다. 그러나 출간이 계속 미루어졌다. 6월 초에야 니체는 최초의 인쇄본을 로마에서 받아볼 수 있었다. 그 사이에 니체는 계속하여 이 책을 써나갔다. 그해 6월 17일과 7월 6일 사이에 질스-마리아(Sils-Maria)라는 아름다운 스위스 호숫가에서 제2부가 쓰였다. 1884년 1월 말에 니차(Nizza)에서 제3부가 쓰였고 니체는 제3부와 더불어 이 책을 끝마치려 했다. 1884년 2월 1일에 그는 "나의 차라투스트라가 끝났다. 완전히 끝났다"라고 썼다. 그러나 이해 9월에 이미 그는 다시 이 책을 계속 쓰고 싶은 생각에 사로잡혔다. 그해 가을에 제4부를 시작했고 독감 때문에 중단하다가 1885년 1월에 끝마쳤다. 니체는 제4부를 다른 출판사에서 단행본으로 출간하려 했다. 제목을 '정오와 영원'으로, 부제를 '차라투스트라의 시도'로 정했다. 그러나 그는 출판사를 찾지 못했다. 결국 나우만(Naumann) 출판사에서 자비로 40여 권을 찍어냈다. 1885년 4월 중순경이었다. 이 책에는 '일반용이 아니고 친구들만을 위한 것임'이라는 표지가 붙어 있었다. 겨우 20여 권을 친구들 앞으로 보냈다. 1888년 12월에 니체는 갑자기 이렇게 보낸 책자들을 다시 거두어들이고 싶은 생각이 떠올랐다. 아직 이 책을 이해할 수 있는 적합한 시대가 아니라고 생각했기 때문이다. 1892년 3월에야 비로소 제4부의 재판이 발행되어 일반에게 공개되었고 1892년 7월에 전부분이 포함된 『차라투스트라는 이렇게 말했다』가 최초로 출간되었다. 1893년 이후 계속 증판되었다. 오늘날에는 세계 각국어로 번역되었고 독일문학에서뿐만 아니라 세계문학에서도 중요한 자리를 차지하고 있다. 러시아에서 이 책이 처음 번역되었을 때 '신에 대한 모독'이라는 이유로 검열 대상이 되었으나 결국 허용되었다.

니체는 이 작품을 자신이 쓴 것이 아니라 이 작품이 자신을 덮쳤다고 말한다. 다시 말하면 계시 받은 작품이라는 것이다. 그리고 독자들에게도 차라투스트라를 읽는 대신 체험하라고 권한다. 그는 이 작품에 대하여 대단한 자부심을 갖고 있었다. 이 책을 '삶에 대한 찬가'로 부르기까지 했다.

『차라투스트라는 이렇게 말했다』가 부분적으로 출간되었을 당시 세상 사람의 반응은 전무 상태였다. 이 책을 읽는 사람은 거의 없었고 이해는 물론 아무도 이 책을 신중하게 대하지 않았다. 아직 때가 오지 않았다고 니체는 자위했다.

1888년에 비로소 이 책을 세상에 알리는 계기가 나타났다. 덴마크의 독문학 교수인 브란데스(G. Brandes)가 이 책에 대한 강의를 하기 시작한 것이다. 그후 계속하여 니체 붐이 일어나고 니체의 숭배는 히틀러가 정권을 잡던 1930년대에 절정을 이루었다. 군국주의적인 나치 이념에 니체 철학이 부응했기 때문이다. 전후에는 다시 니체를 재건하려는 움직임이 일어났다. 나치 이념으로부터 정화된 니체의 모습을 새로이 만들어내는 데 서구의 많은 철학자들이 심혈을 기울였다. 카를 야스퍼스, 마르틴 하이데거, 카를 뢰비트(Karl Löwith), 오이겐 핑크(Eugen Fink) 등이 그 대표적인 예이다.

『차라투스트라는 이렇게 말했다』에는 초인을 목표로 발전해가는 인간의 전형들이 나타난다. 제일 낮은 부류의 인간은 '어긋난 자들' '어중이떠중이' '양떼' 등으로 지칭되는 천민들이다. 니체는 노동자들도 이 부류에 포함한다. 다음은 '말인'으로서 자기를 넘어 창조하는 것을 포기하고 현실에 만족하는 배부른 인간들이다. 그 다음이 '더 높은 인간'인데 여기에 속하는 유형으로 니체는 왕, 늙은 마법사, 실직한 교황, 자진하여 거지가 된 자, 그림자, 정신의 양심가, 슬픔에 찬 예언자, 가장 추악한 인간 등을 제시한다. 이 들은 모두 초인이 될 수 있는 가능성을 갖고 있지만 차라투스트라의 동굴에 모여 만찬을 하면서 보여주는 것처럼 다시 말인으로 되돌아가려는 성향도 갖고 있다.

니체는 전체적으로 인간의 정신은 낙타의 단계에서 사자의 단계로 그리고 마지막으로 어린아이의 단계로 발전한다고 말한다. 낙타는 복종과 순종을, 사자는 반항과 파괴를, 어린아이는 진리를 깨달은 초인을 상징한다.

눈에 보이지 않는 신보다도 보이는 어떤 것을 신뢰하라는 이야기가 이 책에도 등장한다. 『차라투스트라는 이렇게 말했다』에 나타나는 신비적이고 상징적인 개념보다는 구체적인 내용에 관심을 두면서 이 책을 이해하는 것이 더 효과적이다. 그러므로 이 책의 독자들은 니체 철학이 지닌 일곱 가지 특성을 항상 염두에 두면서 어떤 부분이 이들과 연관되는가를 음미해보면 좋을 것 같다.

니체 철학에는 많은 매력과 위험이 동시에 들어 있다. 니체의 저술을 읽는 독자들은 이 점도 염두에 두면서 수용과 비판을 게을리 해서는 안 된다. 니체가 제시하는 초인의 철학이 우리의 현실과 어떤 연관이 있으며 어떤 도움을 주고 어떤 해를 끼치는가도 항상 스스로 판단해야 한다. 니체 자신이 차라투스트라의 입을 빌려 누구나 타인을 교조적으로 추종하지 말고 자기 자신의 길을 가야 한다고 강조하고 있지 않은가?

강대석

전 대구효성여대교수 · 철학

옮긴이 강대석은 경북대학교 사범대학 교육과와 같은 대학교 대학원 철학과를 졸업했다. 이후 DAAD(독일학술교류처) 장학생으로 독일 하이델베르크 대학에 2년간 유학했으며 스위스 바젤 대학에서 5년간 수학했다. 조선대학교 독일어과 교수 및 대구효성여자대학교 철학과 교수를 지냈다. 지금은 대전에서 저술활동을 하고 있다. 국제헤겔학회 및 국제포이어바흐학회 회원이다. 주요저서로는 『미학의 기초와 그 이론의 변천』(1984), 『서양근세철학』(1985), 『니체와 현대철학』(1986), 『그리스철학의 이해』(1987), 『현대철학의 이해』(1991), 『새로운 역사철학』(1991), 『김남주 평전』(2004), 『니체 평전』(2005), 『인간의 철학』(2007) 등이 있다. 역서로는 한길사에서 펴낸 루트비히 포이어바흐의 『종교의 본질에 대하여』(2006)와 『기독교의 본질』(2008) 등이 있다.

지중해의 기억

페르낭 브로델 지음 | 강주헌 옮김 | 544쪽

바다를 본다. 육지와 달리 바다에는 흔적이 남지 않는다. 모든 것을 삼켜버리니까. 우리 동해를 보아도 그렇고, 지중해를 보아도 그렇다.

지중해는 지도에서 볼 때 위로는 유럽, 아래로는 이집트와 아프리카, 오른쪽으로는 중동, 왼쪽으로는 대서양과 붙어 있는 호수 같은 바다이다. 세계지도를 펼쳐 봐도 이처럼 다양한 대륙이 맞붙어 있는 바다는 지중해 외에는 없다. 물론 대서양과 태평양을 거론할 수 있겠지만 그건 너무 넓다.

따라서 지중해의 역사는 이런 인식에서 시작되어야 할 것 같다는 추론이 가능하다. 지중해는 세 대륙에게 어떤 의미였을까. 이 책 『지중해의 기억』은 이런 의문에 대한 답을 페르낭 브로델이 이야기처럼 재미있게 풀어간 책이다. 지중해의 역사를 파노라마식으로 써내려간 이 책은 선사시대, 즉 지질학적 시대부터 로마가 지중해를 완전히 장악한 시대까지를 다루고 있다. 대개의 역사책에 중심으로 부각되는 전쟁이나 정치적 격변은 이 책에서 주변부적인 사건으로 다루어질 뿐이다.

브로델은 기후, 지형, 지질학적 변동 등에 따른 주변 지역의 부침을 중심으로 지중해 역사를 개괄적으로 써내려갔다. 옛 시대부터 지중해를 중심으로 일어나고 스러져간 문화들이 남긴 유산들과 그들이 살아남기 위해서 어떻게 몸부림쳤는가에 대한 이야기가 등장한다.

예컨대 나무가 부족했던 이집트는 어떻게 살아갔고 결국 어떤 결과를 맞았을까. 페니키아인은 배를 만드는 데 꼭 있어야 하는 역청을 어떻게 발견했을까. 말의 등장은 전쟁이나 인간의 삶에 어떤 역할을 했을까. 우리가 흔히 역사를 읽으면서 갖는 궁금증들이 이 책을 읽으면 해결이 된다.

페르낭 브로델(1902~85)

역사가 페르낭 브로델(Fernand Braudel)은 프랑스 북동부의 작은 도시 뤼네빌에서 태어났다. 소르본 대학에서 역사학과 지리학을 공부하고, 교사자격시험(agrégation)에 합격한 후 1932년까지 북아프리카 알제리의 수도 알제의 고등학교에서 역사학을 가르쳤다. 1932년부터 35년까지는 파리의 중등학교에서, 1935년부터 37년까지는 브라질의 상파울루 대학 등에서 강의를 하였다. 1937년 10월 브라질을 떠나 프랑스로 귀국하는 배에서 브로델은 뤼시앵 페브르를 만나 20여 일을 함께 보냈다. 이를 계기로 두 사람은 평생의 동료가 되었고 역사학의 새로운 국면을 만드는 작업을 함께 진행하게 된다.

그는 마르크 블로크와 뤼시앵 페브르가 창립한 『아날』(*Annales*)지의 편집위원을 거쳐 1956년에는 편집인이 되었는데, 이 잡지는 오늘날까지도 세계 역사학계에 지대한 영향을 미치고 있다.

1949년부터 콜레주 드 프랑스 교수였으며 고등연구원 멤버를 거쳐 원장을 맡았다. 이후 1962년부터 인간과학연구소의 소장을 지냈으며 1984년에는 아카데미 프랑세즈 회원이 되었다.

주요저서로는 『펠리페 2세 시대의 지중해 세계』 『역사학 논고』 『15~18세기 물질문명 · 경제 · 자본주의』 등이 있다. 그 가운데 『펠리페 2세 시대의 지중해 세계』는 제2차 세계대전 당시 포로가 되어 감옥에 있던 5년 동안 16세기 지중해 지역의 지리 · 역사 · 종교 · 농업 · 기술 · 지적 풍토에 대한 내용을 구상하여 저술한 것으로, 1949년에 출판되었다. 또한 『15~18세기 물질문명 · 경제 · 자본주의』(3권, 1979)는 중세에서 산업혁명까지의 사회경제사를 다룬 것이다.

도시국가 그리스의 기적

우리가 말하려는 그리스는 아르카이크 시대와 고전시대의 그리스이다. 달리 말하면 도시국가들이 크게 꽃피었던 시기를 다루려 한다. 이 시기가 예외적인 때이기는 했지만 비교할 만한 시대가 없는 것은 아니다. 르네상스 시대의 이탈리아 도시들을 생각해보면 된다. 이런 도시들처럼 그리스의 도시들도 자치권을 가졌다. 따라서 아르카이크 시대와 고전시대에 그리스는 소규모의 많은 정치단위로 나뉘어 있었다. 어디에서나 마찬가지로, 이런 자치권을 지닌 도시국가들은 끝없는 정복욕을 지닌 강대국이 없어야 탄생할 수 있다. 두 거대 정치집단, 게르만의 신성로마제국과 인노켄티우스 3세의 교황청에 치명적인 타격을 주었던 중세의 깊은 침체기가 없었더라면 기원후 15세기에 이탈리아의 도시들도 전성기를 누리지 못했을 것이다. 내 생각이지만, 기원전 12세기의 경제침체가 없었더라면 그리스의 도시들도 빛을 보지 못했을 것이다. 도리스인의 침입으로 미케네 문명이 무너진 뒤, 기원전 두 번째 천년시대에 다른 곳들에서도 그랬듯이 궁전 중심의 국가, 강력한 지배자와 유능한 서생들, 탐욕스러운 국가까지 붕괴되면서 닥친 암흑시대에 그리스의 도시들은 성장했다.

그러나 격동의 시간이 있은 뒤 성장한 그리스 도시들은 여전히 구조가 취약하여, 탐욕스러운 외세의 위협을 감당할 보호장치가 없었다. 르네상스 시대에 이탈리아 도시들을 노린 탐욕자—얼핏 생각하면 이 표현은 샤를 8세에게 어울리지 않는다—는 1494년 9월 알프스 산맥을 넘어온 프랑스의 샤를 8세였다. 한편 그리스 도시들을 노린 탐욕자는 페르시아의 아케메네스 왕조였다고 생각하기 쉽다. 사실 페르시아는 오랫동안 역사를 지배하면서 거대한 땅을 지녔지만 그리스를 탐내지는 않았다. 그리스의 도시들을 실질적으로 위협한 탐욕자는 마케도니아의 야만인들이었다. 그들이 그리스어를 사용했다는 것이 그나마 다행이었을까.

그리스는 도시국가들로 이루어졌다. 이피로스·아르카디아·아이톨리아 등과 같은 변방지역이나 그보다 더 소외된 북쪽에서 도시의 삶은 그다지 발달되지 못했다. 그러나 그리스 본연의 세계에서 도시들은 인색함·자유로움·생활방식 등으로 저마다 고유한 방식을 고집했다. 따라서 이처럼 작은 정치단위로의 분산은 필연적인 듯했다. 게다가 그리스인들에게 이러한 분산은 '자연스러운 현상'으로 비쳐졌다.

기복이 심한 땅, 그리고 비좁지만 많은 평원들로 인해 작은 정치단위로의 분열은 그리스의 운명인 듯했다. 그리스는 섬들로 이루어진 나라, 즉 바다에 떠 있는 섬과 '마른 땅 위의 섬'으로 이루어진 나라였다. 그리스의 도시들은 제한된 땅을 차지했다. 약간의 경작지, 말이 뛰어다닐 두세 군데의 초원, 포도나무와 올리브나무 재배지, 염소와 양이 다니는 헐벗은 산, 들쭉날쭉한 해안 그리고 항구를 갖추고 성벽으로 둘러싸인 도시가 있었다. 따라서 도시국가는 산과 바다로 가로막힌 작은 세계였다. 정말로 그리스는 섬들로 이루어진 나라였다.

따라서 비좁은 정치단위들 사이의 힘의 균형은 작은 사건에도 종종 크게 흔들렸다. 바다에 둘러싸인 시프노스 섬은 작은 금광과 은광으로도 부유한 섬이 되었다. 대리석이 풍부하게 매장되어 캐낸 만큼 대리석이 다시 생긴다고 알

포도주 항아리 돛과 노로 항해하는 작은 상선을 묘사하였다.

려진 채석장으로 파로스 섬은 부자가 되었다. 칼리스, 에레트리아, 메가라, 에기나는 몇 척의 배로 다른 도시들의 부러움을 샀다. 한편 아테네는 '가장 영리한 정치가', '폭군 중에서 가장 뛰어난 공화주의자', 요컨대 계몽된 독재자의 선구자였던 페이시스트라토스의 시대에 도기와 기름을 수출하여 처음으로 경제적인 도약을 이루어냈다.

모든 것이 상대적이어서, 상대적으로 큰 도시국가들도 있었다. 스파르타(8,400제곱킬로미터)는 올리브나무의 땅이던 라코니아로 시작했지만 이웃한 메시나를 무력으로 정복해 현대적인 의미의 식민지로 삼았으며, 몹시도 잔혹하게 착취해서 메시나 주민들이 폭동을 일으킬까 항상 두려워했다. 그리스의 도시들 중에서 스파르타는 상대적으로 넓은 도시였다. 이것이 가장 큰 차이였지만 유일한 차이는 아니었다. 그러나 그 면적도 오늘날 프랑스에서 평균적인 넓이를 가진 주의 둘을 합한 면적보다 좁았으니 대단한 것은 아니었다. 더욱이 해마다 겨울이면 눈에 덮이는 삭막한 산까지 있었다. 또 하나의 '괴물'이었던 아테네의 면적도 2,400제곱킬로미터에 불과했다. 오늘날 룩셈부르크와 비슷한 면적이다. 아티카의 네 평원도 고만고만한 면적이다. 아테네인이었다면 엘레시우스에서 마라톤까지, 또는 북쪽의 오로포스에서 남쪽의 수니온 곶까지 여러 번 거닐었을 것이다. 수니온 곶은 아티카의 남쪽 끝으로 에스파냐의 피니스테레 곶에 해당한다. 여기에서 바다를 굽어보는 포세이돈 신전을 플라톤이 제자들에게 둘러싸여 대화를 즐겨 나누었던 곳이다. 소크라테스는 파이돈을 데리고 여름이면 시냇물로 변해버리는 일리소스 강을 거슬러 올라갔다. 그들은 이야기를 나누면서 어느새 아테네 평원을 넘었을 것이고, 히메토스 산기슭을 돌아서 메소게 평원에 이르렀을 것이다.

「지중해의 기억」 제7장 「그리스의 기적」

브로델의 전체사

역사가 페르낭 브로델은 소르본 대학에서 역사학과 지리학을 공부하고, 교사자격시험에 합격한 후 알제리의 수도 알제의 고등학교에서 역사학을 가르쳤다. 브로델은 이때 박사학위논문을 준비했다. 논문의 주제로 처음에는 독일사를 고려했지만, 곧 에스파냐사로 바꾸었다. 브로델의 계획은 「펠리페 2세, 에스파냐 그리고 지중해」라는 제목 아래 펠리페 2세 말기의 지중해 정책에 대한 역사를 서술하는 것이었다. 1927년 여름부터 자료조사에 착수한 브로델은 뤼시앵 페브르에게 편지를 보내 자신의 학위논문에 관해 조언을 구했다. 페브르는 다음과 같이 답장을 보냈다. "펠리페 2세와 지중해, 멋진 주제입니다. 그러나 지중해와 펠리페 2세는 어떻습니까?" 주인공이 펠리페 2세에서 지중해로 바뀌는 순간이었다.

브로델은 1934년부터 1년 동안 소르본 대학에서 강의를 했고, 1935년부터 3년 동안은 브라질의 상파울루 대학에서 문명사를 가르쳤다. 1937년 브라질을 떠나 파리로 돌아온 브로델은 고등학문연구원의 제4부 역사문헌학부에 임용되었으며, 1939년 여름부터 본격적인 논문 집필에 들어갔다. 그러나 곧바로 제2차 세계대전이 발발했다. 브로델은 장교로서 라인 전선에 투입되었지만, 독일군의 포로가 되어 포로수용소에서 지낸다.

1945년 전쟁이 끝난 후 파리로 돌아온 브로델은 1947년 『펠리페 2세 시대의 지중해와 지중해 세계』를 박사학위 청구논문으로 제출한다. 1천 페이지가 넘는 이 방대한 논문은 1949년 세 권의 책으로 출간된다. 브로델의 의도는 펠리페 2세 시대의 지중해라는 거대한 세계를 연구의 대상으로 설정하고, 이 세계를 구성하는 역사적 세력들을 서로 대면시키는 것이었다. 16세기 지중해라는 커다란 무대에 역사적 시간을 구성하는 세 개의 주요한 세력이 등장한다. 각 권의 중심 주제인 지리적 구조, 사회, 개인이다. 브로델은 이 세력들을 시간 지속으로 측정하는데, 이에 따라 역사적 시간은 지리적인 시간과 사회적인 시간, 개인적인 시간으로 구분된다. 각각의 시간은 긴 시간, 중간의 시간, 짧은 시간으로도 불리지만, 단지 그 길이만 다른 것이 아니라 내적인 특성까지 서로 다르다.

브로델의 지중해 연구는 이전까지와는 명백하게 다른 역사학을 보여주었다. 전통적인 역사학이 위대한 개인들을 주인공으로 하는 사건들의 역사를 연구했다면, 브로델의 역사학은 다양한 역사적 세력들로 구성되는 전체사를 지향하고 있었다.

1968년 예술서적 전문 출판사인 스키라는 그림과 사진을 풍부하게 활용한 지중해의 역사 시리즈를 계획하고, 선사시대와 고대를 다룬 첫 권과 16, 17세기 부분의 집필을 브로델에게 부탁했다. 브로델이 선사시대와 고대사의 전문가는 아니지만, 지중해의 역사 연구에서 그의 명성을 고려한다면 일반 교양인을 대상으로 하는 시리즈 첫 권의 저자로서 가장 적합한 인물이었다. 이 작업은 브로델 본인에게도 의미가 있었다. 전체사가로서 지중해 역사의 아주 긴 시간을 관통할 수 있는 기회였다. 이 작업의 영향은 훗날 그의 유작이 된 『프랑스의 정체성』(1986)에서 연구 범위의 확장으로 나타난다.

1969년 브로델은 완성된 첫 권의 원고를 출판사에 보냈다. 그러나 스키라 출판사의 창업

자이자 이 시리즈를 기획했던 알베르트 스키라(Albert Skira)의 사망으로 출판 계획이 취소되었고, 당시 『물질문명과 자본주의』를 집필 중이던 브로델은 돌려받은 원고를 한쪽으로 밀쳐놓았다. 오랫동안 잊혔던 원고가 다시 빛을 보게 되는 것은 브로델이 사망하고 나서도 12년이 흐른 후였다. 그의 미출간 원고가 잇따라 유작으로 출판되면서 『지중해의 기억』도 세상에 알려지게 되었다.

편집자의 말에 따르면 이 책이 출판되는 과정에는 갖가지 우여곡절이 있었다. 우선, 30년 전에 쓰인 원고이기 때문에 이후에 새롭게 발견된 고고학의 성과들과 맞지 않는 부분이 다수 존재한다는 곤란이 있었다. 이 문제는 선사시대 전문가인 장 길렌(Jean Guilaine)과 피에르 루야르(Pierre Rouillard)가 참여하여 본문에 새로운 성과에 대한 주석을 달고, 관련된 참고문헌을 보완하는 것으로 해결했다. 또 다른 문제는 브로델의 원고에 결론이 빠져 있다는 것이다. 스키라의 원래 계획에 따르면, 비잔티움 전문가가 제2권을 집필하고 그 내용에 맞춰 브로델이 첫 권의 결론을 작성해야 했다. 그러나 지중해의 역사 시리즈 자체가 무산되었기에 브로델은 결론을 쓸 기회를 얻지 못했다. 결국 『지중해의 기억』은 결론이 빠진 채 1998년에 출간되었다.

모든 역사 지식은 유효기간이 있다. 시간이 지나면 새로운 자료가 발굴되고 새로운 해석이 등장하기 때문이다. 하지만 그렇다고 해서 모든 역사 서술이 시간이 지나면 더 이상 읽을 필요가 없는 낡은 것으로 취급받지는 않는다. 야코프 부르크하르트(Jacob C. Burckhardt)·요한 호이징가(Johan Huizinga) 등의 저작은 쓰인 지 오랜 시간이 지났지만 아직도 고전으로 널리 읽히고 있다. 브로델의 『펠리페 2세 시대의 지중해와 지중해 세계』『물질문명과 자본주의』도 오늘날 고전으로 남아 있다. 이 책들에 담겨 있는 역사를 바라보는 시각과 역사에 대한 인식이 독자들에게 깊은 영감과 시사점을 던져주기 때문이다.

『지중해의 기억』 역시 여러 가지 문제점에도 불구하고 여전히 가치 있는 저작이다. 무엇보다 이 책이 쓰인 시점이 1968~69년이라는 점에 주목할 필요가 있다. 이 시기는 『펠리페 2세 시대의 지중해와 지중해 세계』의 개정판이 이미 나오고, 브로델이 『물질문명과 자본주의』를 저술하고 있던 때이다. 다시 말하면 자신의 전체사를 수정하던 시기이다. 이러한 변화는 『지중해의 기억』의 서술에도 영향을 주었다. 이 책은 한 단계 진화된 전체사의 틀 속에서 지중해 세계의 역사를 고찰하고 있다. 『펠리페 2세 시대의 지중해와 지중해 세계』와는 또 다른 지중해 세계를 맛볼 수 있다.

고원

경희대 후마니타스 칼리지 교수 · 서양사

옮긴이 강주헌은 한국외국어대학교 불어과를 졸업한 뒤 같은 대학교 대학원에서 석사와 박사학위를 받고 프랑스 브장송 대학에서 공부했다. 언어학 박사로서 한국외국어대학교와 건국대학교 등에서 강의했다. 옮긴 책으로는 『문명의 붕괴』 『아프리카 방랑』 『촘스키, 누가 무엇으로 세상을 지배하는가』 『유럽사 산책』 『밤의 도서관』 『다빈치처럼 과학하라』 『하워드 진, 세상을 어떻게 통찰하는가』 『촘스키와 아슈카르, 주석으로 읽는 월든』 『렘브란트』 『이슬람 미술』 『낭만주의』 등 100여 권이 있다.

해석의 갈등

폴 리쾨르 지음 | 양명수 옮김 | 584쪽

▷ 역자의 다른 번역 작품
『인간현상』(GB 23)

이 책『해석의 갈등』은 폴 리쾨르가 자신의 해석학을 하나의 학문으로 세우게 된 중요한 책이다. 말하자면 이 책을 통해 리쾨르의 해석학은 처음으로 그 모습을 드러낸다.

해석학이란 해석한다는 것이 무엇인가를 생각하는 학문이다. 해석은 단순히 말의 뜻을 알아내 지식을 넓히는 것이 아니라 인간의 자기 이해와 관련이 있다. 인간의 자기 이해는 텍스트 앞에서 일어난다. 남의 말을 풀면서 자기를 안다. 내가 누군지는 직접 내 의식 속에서 아는 것이 아니다. 남의 말을 돌아 자기 이해에 도달한다. 이것은 데카르트 이후의 주체철학을 크게 뜯어고치는 선언이다.

해석에는 해석의 순환이 있다. 그래서 내가 해석하지만 이미 나는 해석되고 있다. 앎과 믿음의 순환속에서, 나는 나이지만 이미 세상에 속해 있다.

우리가 리쾨르의 해석학에 관심을 기울이는 이유는 주체 문제 때문이다. 우리 사회는 여전히 주체를 말해야 한다. 우리 사회의 문제는 서양과 달리 주체가 너무 지나쳐서 생기는 것이 아니다. 서양에서 배울 것이 있다면 역시 주체를 확립해온 그 과정이다. 그들의 주체 철학은 근대에 꽃을 피웠다. 그러나 서양의 근대 방식을 그대로 말할 수는 없다. 이미 코기토의 문제점이 많이 드러났기 때문이다. 주체를 세우되 교만한 주체를 피하며 세울 수 있는 방식을 우리는 리쾨르의 해석학에서 본다. 그의 해석학에서 나의 정체는 남과 함께 얽혀 이루어지므로 근대의 개인주의를 피할 수 있는 길도 열린다.

이 책은 그 깊이와 넓이가 이미 세상에 널리 알려진 책이다. 철학뿐만 아니라 문학과 신학에도 큰 영향을 끼친 책이다. 독자들은 이 책에서 개인이나 우리 사회를 위한 구원의 길을 찾을 수 있을 것이다.

폴 리쾨르(1913~2005)

리쾨르(Paul Ricœur)는 1913년 프랑스 동남부 발랑스에서 태어났다. 스트라스부르 대학에서 철학교수를 시작한 이후, 소르본 대학, 낭테르 대학(파리 10대학)에서 가르쳤고, 1970년부터는 파리와 미국을 오가며 시카고 대학에서도 가르쳤다. 2004년에는 인문학의 노벨상이라고 불리는 클러지(Kluge) 상을 받았다.

그는 프랑스 철학자 장 나베르의 영향을 받아, 인간의 자기 이해가 인류의 문화유산과 작품해석을 통해 이루어진다고 본다. 그 결과 상징과 언어를 중시하게 된다. 그런 각도에서 프로이트의 정신분석학과 헤겔의 정신현상학을 끌어들여 데카르트의 코기토의 확실성을 비판한다.

그가 말하는 언어는 구조주의적인 랑그의 언어가 아니라 사건의 언어로서 하이데거가 존재의 집이라고 말한 그 언어라고 할 수 있다. 그것은 근대적 비판 정신을 넘어 어떤 부름을 듣고자 하는 시도라고 할 수 있다. 그래서 그의 사상은 종교철학이라고도 할 수 있다. 다만 그는 근대의 비판의식을 중시하고, 그래서 인식론과 존재론의 통합을 시도한다. 악의 문제에 대한 고찰 때문에 그의 사상은 기독교적인 종말론과 연관된 용서의 문제를 중시한다. 희망은 그의 해석학의 중심 낱말이라고 할 수 있다. 그는 사회철학과 정치철학자로서도 이름이 높은데, 사랑과 정의의 문제가 그 핵심에 있다.

주요 저서로는『의지적인 것과 비의지적인 것』(1950),『역사와 진리』(1955),『악의 상징』(1960),『살아 있는 은유』(1975),『시간과 이야기』(1983~85),『텍스트에서 행동으로』(1986),『기억·역사·망각』(2000) 등이 있다.

실존과 해석학

해석학의 문제는 후설의 현상학보다 훨씬 앞서 제기되었다. 내가 '접목'이라는 표현을 쓴 것도 그 때문이다. 뒤늦은 접목이라 할 수 있다.

해석학의 문제가 처음에는 '주석'의 범위 안에서 제기되었음을 기억하는 것도 도움이 될 것이다. 주석이란 본문을 이해하는 학문 분야로 본문의 의도, 곧 본문이 말하고자 하는 것에서 본문을 이해하려는 노력이다. 주석이 해석학, 곧 해석의 문제를 일으킨 것은 본문을 읽어 내는 작업이 늘 어떤 공동체나 전통 또는 당시의 사상이 이루는 전제와 요청 안에서 이루어지기 때문이다. 그 본문이 쓰여진 목적을 가려내는 작업까지도 그런 전제 안에서 이루어진다. 예를 들어 스토아학파에서 그리스 신화를 읽을 때는 철학의 옷을 입은 물리학이나 윤리학에 따라 해석해낼 것이다. 그러한 스토아학파의 해석학은 할라카 또는 하가다에 들어 있는 토라를 해석하는 랍비 전통의 해석학과는 아주 다르다. 한편 그리스도 사건의 빛에서 구약성서를 해석하는 사도 전통은, 성서에 나오는 사건과 제도와 인물들을 해석하는 데서 랍비들과 전혀 다르다.

주석 방법을 둘러싼 이런 논란이 어떤 점에서 철학과 관련이 있을까? 성 아우구스티누스의 『그리스도교 교리』에서 볼 수 있듯이 주석에는 기호 이론과 의미 이론이 제대로 들어가 있다는 점에 주목해야 한다. 좀 더 자세히 말해서 만일 본문에 역사적인 의미도 들어 있고 영적인 의미도 들어 있다면, 단순 논리에 따라 본문을 홑뜻의 기호 개념을 가지고 해석해서는 안 되고 그보다 훨씬 복잡한 의미 개념을 가지고 해석해야 할 것이다. 그래서 결국 해석 작업에는 어떤 깊은 의도가 드러나게 마련인데, 그것은 문화 차이를 극복하고자 하는 의도이며, 낯선 본문과 친해지려는 의도이고, 본문의 의미를 지금 상황에서 이해해보려는 의도이다.

그러므로 해석학은 신탁이나 기적을 풀어내는 전문 기술자가 도맡을 일이 아니다. 무슨 '푸는 재주'가 될 수 없는 것이다. 해석학은 '이해'라고 하는 큰 문제를 따진다. 뛰어난 해석치고 신화나 우의(알레고리), 은유(메타포) 또는 유비(아날로지) 등 당시에 사용하던 이해방식을 빌리지 않는 경우는 없다. 이처럼 해석이 이해에 달려 있다는 것은 옛날부터 인정되어왔다. 해석학이라는 낱말 속에 당연히 그 점이 들어 있었다. 서양의 해석학이라는 말은 아리스토텔레스가 사용한 '페리 헤르메니아스'라는 말에서 왔는데, 아리스토텔레스에게 '헤르메네이아'는 알레고리에 제한되지 않고 뜻이 있는 모든 담론에 적용되었다. 게다가 뜻하는 말 자체가 '헤르메니아', 곧 현실의 '해석'(헤르메네이아)이었다. 말은 '무엇에' '대해' 무언가를 말하기 때문이다.

해석이라는 개념과 이해라는 개념 사이의 맨 첫 번째 관계이자 가장 오래된 관계가 거기에 있다. 거기에서 해석학은 본문 주석의 문제에 그치지 않고 말의 뜻 전반에 걸친 문제가 된다. 그러나 주석학이 해석학 일반의 문제를 불러일으키는 데는 두 번째 발전 과정을 거쳐야 했는데, 그것이 바로 18세기 말과 19세기 초에 등장한 고전문헌학과 '역사과학'이다. 해석학의 문제를 철학의 문제로 만든 사람은 슐라이어마허와 딜타이다. 딜타이는 실증철학의 시대에 자연과학에 뒤지지 않는 학문성을 '정신과학'

지그문트 프로이트
리쾨르는 프로이트를 빌려 데카르트 이후 근대를 지배한 의식철학을 극복하고자 한다.

에 주고자 했다. 그것을 위해 인식론의 문제가 중요할 수밖에 없었다. 그리하여 칸트의 자연인식 비판에 못지않은 역사인식 비판을 수립하고, 옛날부터 내려온 이런저런 해석학 작업을 끌어 모았다. 옛날부터 내려온 해석학의 유산이란 본문의 내면관계를 따지거나, 본문이 나온 맥락을 따지거나, 지리환경이나 민속환경 또는 사회환경을 따지는 법칙 따위이다.

어쨌든 딜타이가 볼 때 해석은 이해라고 하는 더 큰 세계의 한 부분에 지나지 않았다. 또한 이해는 하나의 삶에서 낯선 다른 삶으로, 어떤 정신세계에서 다른 정신세계로 가는 것이었다. 그렇게 해서 해석학은 심리학의 문제가 되었다. 이해는 유한한 어떤 존재가 다른 존재의 삶으로 옮겨가는 것이었다. 그리고 그쯤 되자 역사 이해의 문제에 들어 있는 어려운 문제들이 모두 드러나게 되었다. 어떻게 역사 안에 있는 존재가 역사를 역사로 이해할 수 있는가? 이런 어려운 문제들은 나아가 더 근본이 되는 문제로 되돌아간다. 그것은 '어떻게 삶이 표현을 통해 대상물이 될 수 있는가?' 하는 문제이다.

이런 문제들을 짚어가다 보면 결국 우리는 다음과 같은 문제에 부딪힌다. 힘과 뜻 사이의 관계, 의미를 만들어내는 삶과 그것을 일관되게 엮어내는 정신과의 관계이다. 만일 삶이 처음부터 무엇을 뜻하지 않는다면 이해는 아예 불가능할 것이다.

「해석의 갈등」, 「서론: 실존과 해석학」

해석을 통한 자기 이해

해석학이란 해석한다는 것이 무엇인가를 생각하는 학문이다. 해석은 단순히 말의 뜻을 알아내 지식을 넓히는 것이 아니다. 인간의 자기 이해와 관련이 있다. 인간의 자기 이해는 텍스트 앞에서 일어난다. 남의 말을 풀면서 자기를 안다. 내가 누군지는 직접 내 의식 속에서 아는 것이 아니다. 남의 말을 돌아 자기 이해에 도달한다. 이것은 데카르트 이후의 주체철학을 크게 뜯어고치는 선언이다.

해석에는 해석의 순환이 있다. 그래서 내가 해석하지만 이미 나는 해석되고 있다. 앎과 믿음의 순환 속에서, 나는 나이지만 이미 세상에 속해 있다. 텍스트를 해석하는 과정에는 역사와 전통이 들어오고, 진리와 존재의 의미 물음 같은 존재론이 들어오는 것이다. 그렇게 해서 주체는 겸손해지고 깊어진다. 그것이 리쾨르가 근대 이후에 찾은 인간 해방의 길이다.

리쾨르의 해석학은 여러 가지 학문을 종합하는 모습으로 나타난다. 자기 이해를 향해서 가는 길에 여러 가지 인간 이해가 끼어든다. 특별히 의식철학을 수정하는 이론들을 종합한다. 그래서 구조주의도 들어오고, 프로이트의 정신분석학이 중요하고, 칸트의 변증론과 종교론이 중요하고, 헤겔의 정신현상학도 해석학 안에서 제자리를 찾는다.

절충하지 않고 종합하는 것은, 그가 볼 때 철학이 해야 할 가장 중요한 작업이다. 인류의 사상의 역사에서 각기 다른 방식으로 의미를 찾던 노력들, 그것들이 주체를 세우고 존재의 깊이를 찾는 데 이바지하도록 이끈다. 『해석의 갈등』이라는 책 제목도 그것을 뜻한다. 여러 가지 학문이 삶을 놓고 서로 다른 해석을 하고 있으며 갈등을 빚고 있다. 다시 말해서 해석의 갈등은 여러 가지 해석들의 갈등을 뜻한다. 프로이트가 꿈을 해석하면서 사람을 이해한 것이 다르고, 헤겔이 형태의 발전을 놓고 사람을 이해한 것이 다르다. 종교 현상학자들이 이해한 사람이 다르고 신학에서 본 사람이 다르다. 정신분석학과 정신현상학과 종교현상학 그리고 신학은 각기 다른 방법으로 삶 전체를 해석하려고 했다. 그 학문들은 자기의 영역을 제한하지 않고 삶 전체를 자신의 눈으로 보고 설명했다. 원래 언어학에서 출발한 구조주의도, 삶을 구조주의 시각에서 이해하는 철학이 된다. 그래서 다른 해석들과 갈등을 일으킨다.

그러나 리쾨르는 그 점을 중요하게 본다. 그것들은 나름대로 독특한 해석 방법을 가지고 있으며 삶 전체를 꿰뚫어볼 수 있는 시각을 지니고 있다. 다만 차원이 다를 뿐이다. 여러 가지 해석은 같은 차원에서 서로 부딪히는 것이 아니다. 승자와 패자가 가려져야 하는 것이 아니다. 서로 다른 차원에서 삶을 이해하는 노력이요, 철학은 그러한 노력들을 이어주어야 한다. 그것이 리쾨르의 해석학이 전개되는 방식이다. 그러므로 해석학이란 여러 가지 철학 가운데 하나가 아니라, 철학 그 자체가 된다.

철학이란 결국 인간의 자기 이해이다. 사람이 삶을 이해하고 자기를 이해하려는 노력이 철학이다. 그런데 리쾨르가 볼 때 인간의 자기 이해는 해석의 산물이다. 자기 이해는, 내 속에서 직접 일어나는 것이 아니라 남이 해놓은 말을 해석하면서 생긴다. 작품과 기호를 거친다. 정신분석학과 정신현상학 그리고 종교현상학과 신학이 모두 인간의 자기 이해를 위한 노력이고, 특별히 인간의 직접 의식을 부정하는 것이라면, 그것들은 모두 저마다의 해석학 영역을 이룩하고 있는 셈이다. 겉으로는 해석학과 무관한 것처럼 보이는 정신현상학도, 인간의 자의식이 직접 의식이 아니기 때문에 해석학으로 들어온다.

리쾨르의 해석학이 의도하는 것이 있다. 모든 철학이 그렇듯이 리쾨르의 해석학에도 어떤 세계관과 인간관이 깔려 있다. 리쾨르는 여러 가지 해석을 하나의 해석학으로 묶으면서 새로운 인간 이해를 내놓으려는 것이다. 하나의 해석학 안에서 구조주의에 그 나름의 역할을 인정하고, 정신분석학에 그 나름의 역할을 인정하고, 정신현상학에도 나름의 역할을 인정한다. 구조주의는 수면 아래에서 일하고, 정신분석학과 정신현상학은 수면 위에서 긴장을 이루며 서로 밀고 당기며 새로운 인간 이해를 이룩한다. 그리고 리쾨르는 다시 거룩의 해석학으로 저 하늘을 향해 실존의 가슴을 연다. 거룩의 해석학에서는 신학과 칸트의 근본악이 길을 제시한다. 그렇게 해서 해석학은 완전하게 상징 철학의 모습을 띠게 된다.

리쾨르의 해석학이 이룩하는 새로운 인간 이해는 새로운 주체를 정립한다. 우리가 리쾨르 해석학에 관심을 기울이는 까닭도 결국 주체 문제 때문이다. 새로운 세기에 주체를 말하기 위한 하나의 모델을 우리는 리쾨르에게서 본다. 주체를 말하는 것은 자유를 찾는 길이다. 아무리 존재론을 말하고 자연주의가 득세한다 해도 주체를 말하지 않고 자유를 찾을 수는 없다. 자유는 구원이요, 인간 해방이다. 철학이 인간의 자기 이해라고 했을 때, 자기 이해 속에는 주체를 세우려는 노력과 욕망이 들어 있다. 이해는 그런 노력과 욕망의 산물이다. 자연이나 다른 사람에 의해 휘둘려지지 않는 자아를 확립하려는 노력이 사상의 역사이다.

리쾨르의 해석학은 이 시대에 주체를 말하려는 노력이다. 그러나 데카르트의 교만한 주체, 자신만만한 주체는 아니다. 코기토는 중요한 역할을 했지만, 존재의 깊이를 잃고 해방자의 역할을 하기 어렵게 되었다. 코기토의 확실성은 인정하지만 내용이 없다. 데카르트처럼 "나는 나다"(je suis ce que je suis)라고 자신 있게 말할 수 있는가? 그러므로 해석학은 코기토에 대립하는 철학의 모습을 띤다. 근대를 수정하는 것이다.

해석학 역시 인간의 자기 이해 문제를 다루고 주체를 말한다. 그러나 코기토와 다른 방식으로 주체를 말한다. 자기 이해는 자기로부터 자기에 의해 직접 일어나는 것이 아니다. 에둘러 일어난다. 내가 누군지 직접 알 수 없다. 텍스트를 해석하면서 안다. 해석을 통해 내가 누군지 안다. 그것은 기초존재론의 문제이기도 하다. 남의 말을 풀면서 존재를 향한 개방의 길이 열린다.

양명수

이화여대 교수 · 신학

옮긴이 양명수는 서울대학교 법과대학을 졸업하고 감신대 대학원에서 신학을 공부한 후 프랑스 스트라스부르 대학에서 신학박사 학위를 받았다. 지금은 이화여자대학교 기독교학과 교수로 있다. 정의론과 정치사상 그리고 해석학과 문명론에 관심을 가지고 있으며, 최근에는 퇴계 사상을 연구 발표하고 있다. 저서로는 『기독교사회정의론』『호모 테크니쿠스: 자연, 환경, 윤리』『녹색윤리』『어거스틴의 인식론: 이성과 신앙』『근대성과 종교: 세계화시대의 문명읽기』『욥이 말하다: 고난의 신비와 신학』이 있다. 최근에는 동서양 문명을 비교하고 새로운 삶의 양식을 찾는 시도로 『성명에서 생명으로: 서구의 기독교적 인문주의와 동아시아의 자연주의적 인문주의 비교연구』를 출판했다. 역서로는 한길사에서 펴낸 『인간현상』(테야르 드 샤르댕)을 비롯해 『악의 상징』(폴 리쾨르), 『윤리와 무한』(엠마누엘 레비나스), 『사람이냐 돈이냐』(자크 엘륄), 『하나님과 유토피아』(가브리엘 바하니안) 등이 있다.